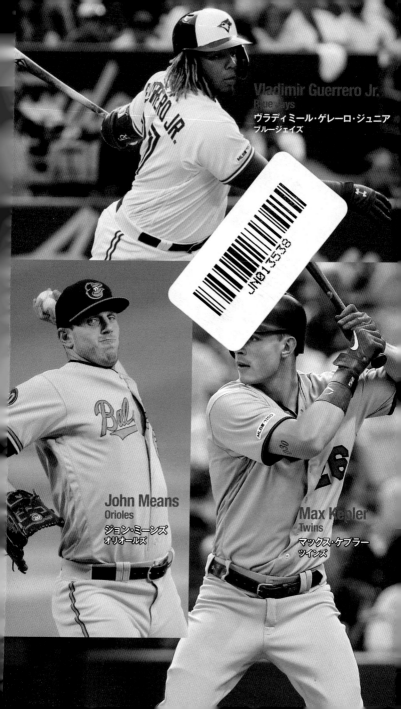

Vladimir Guerrero Jr.
Blue Jays
ヴラディミール・ゲレーロ・ジュニア
ブルージェイズ

John Means
Orioles
ジョン・ミーンズ
オリオールズ

Max Kepler
Twins
マックス・ケプラー
ツインズ

JR013538

Roberto Perez
Indians
ロベルト・ペレス
インディアンズ

Tim Anderson
White Sox
ティム・アンダーソン
ホワイトソックス

Jorge Soler
Royals
ホルヘ・ソレーア
ロイヤルズ

Daniel Norris
Tigers
ダニエル・ノリス
タイガース

Yordan Alvarez
Astros
ヨーダン・アルヴァレス
アストロズ

Marcus Semien
Athletics
マーカス・シミエン
アスレティックス

Lance Lynn
ランス・リン
レンジャーズ

Hansel Robles
Angels
ハンセル・ロブレス
エンジェルス

Mallex Smith
Mariners
マレックス・スミス
マリナーズ

Ronald Acuna Jr.
Braves
ロナルド・アクーニャ・ジュニア
ブレーブス

Max Scherzer

Nationals

マックス・シャーザー
ナショナルズ

Pete Alonso
Mets

ピート・アロンゾ
メッツ

Bryce Harper
Phillies
ブライス・ハーパー
フィリーズ

Jordan Yamamoto
Marlins
ジョーダン・ヤマモト
マーリンズ

Jack Flaherty
Cardinals
ジャック・フラハティ
カーディナルス

Keston Hiura
Brewers
ケストン・ヒウラ
ブリュワーズ

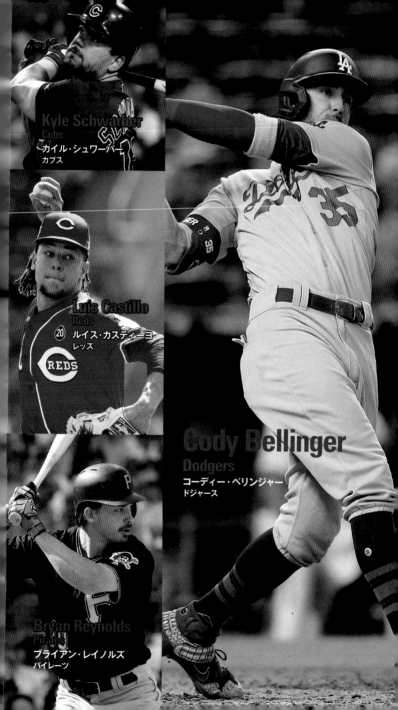

Kyle Schwarber
Cubs
カイル・シュワーバー
カブス

Luis Castillo
Reds
⑳ ルイス・カスティーヨ
レッズ

Cody Bellinger
Dodgers
コーディー・ベリンジャー
ドジャース

Bryan Reynolds
Pirates
ブライアン・レイノルズ
パイレーツ

Ketel Marte
Diamondbacks
ケテル・マーテイ
ダイヤモンドバックス

Mike Yastrzemski
Giants
マイク・ヤストレムスキー
ジャイアンツ

Trevor Story
Rockies
トレヴァー・ストーリー
ロッキーズ

Fernando Tatis Jr.
Padres
フェルナンド・タティース・ジュニア
パドレス

メジャーリーグ・完全データ選手名鑑 2020

監修 村上雅則　編著 友成那智

Major League
Perfect Data
Players Directory
2020

廣済堂出版

秋山、筒香、山口への期待と大谷の復帰

　イチローが19年の選手生活にピリオドを打ちました。それと入れ替わるように、今年は秋山、筒香、山口がメジャーに挑戦します。イチローと同じリードオフマンである秋山には、3割30本をクリアし、イチローが1年目に記録した56盗塁を抜いてほしいものです。筒香は日本を代表する長距離砲ですから、パワーのあるところを見せてほしいと思います。山口は先発とリリーフの両方をこなせるので、便利に使われることでしょう。

　気になるのは大谷の投手復帰です。当初は5月復帰と報じられていましたが、リハビリ登板に関する新ルールができたおかげで、復帰が少し早まりそうです。マドン監督は外野を守らせる計画もあるようなので、今後が楽しみです。田中は契約最終年なので、今年は15勝くらいして次の契約の条件を良くしたいところです。ダルビッシュは昨年、調整ミスが響いて前半ダメでしたが、今季は前半からの活躍を期待しています。前田は昨年も後半はリリーフに回され、規定投球回数には届きませんでした。このパターンにそろそろピリオドを打ってほしいものです。1年目は散々なシーズンになった菊池は、制球力を取り戻すと同時に、投球の組み立てを考え直す必要があると思います。マリナーズと契約した平野はクローザーの可能性もあるようなので、期待がふくらみます。

　もう一つ申し上げておきたいのは、一連のサイン盗み疑惑に対し、ＭＬＢが見せた対応のすばらしさです。アストロズのルーノウＧＭ、ヒンチ監督、レッドソックスのコーラ監督、メッツの監督に就任したばかりのカルロス・ベルトランが解雇される事態となりましたが、それによって膿を出し切る断固たる姿勢を示すことができたので、ファンは好意的に受け止めているようです。

　ＭＬＢは試合時間の短縮のため、今年からワンポイントリリーフを禁止しましたが、これによりベンチは投手の使い方に格段に気をつかわないといけなくなるでしょう。ロボット審判の導入には反対です。内外野からの返球をどうよけるのか、走者の邪魔になるときはどうするのか、気になることは多々あります。

　さあ開幕です！　誰を応援しているか？　アストロズのダスティ・ベイカー新監督ですよ、私は。

　　　　　　　　　　　　　　　　　　　　　　　　　村上雅則

「有望新人」と「デプスチャート」を新設

　2020年版は選手数が大幅に増え、838人を解説しています。今回から、入退団情報を充実させたほか、投手ページと野手ページの末尾に「有望新人」を2選手ずつ紹介するコーナーを設けました。最近、シーズンの途中からメジャーで大活躍するホープが増えているからです。掲載したのは①球団が今季途中のメジャー昇格を予定している者、②球団が新たに40人枠に加えた2A、3Aの好成績者、③各スポーツメディが作成した有望新人リストに入っている2A、3Aの好成績者などですが、該当者がいない場合は好成績をあげているドラフト上位指名選手を入れました。この中には、数試合メジャーでのプレー経験がある者がかなりいます。次のシーズンに向けたオーディション昇格やモチベーションを高める目的で、短期間メジャーに上げる「コーヒー一杯昇格」で呼ばれた選手たちです。メジャーリーグでは、彼らも「新人（＝ルーキー）」です。「新人＝ルーキー」の定義は、メジャーリーグ未経験者でなく、「130打数未満の打者」か「50イニング未満の投手」です。

　戦力分析のページでは「デプスチャート（Depth Chart）」を設けました。これはポジション別の序列をわかりやすく視覚化した図表のことです。レギュラーがほぼ毎試合先発出場する日本のプロ野球とは異なり、メジャーでは1つのポジションに数人の選手が起用されるのが普通です。1番手（レギュラー格）が80〜120試合、2番手が40〜70試合、3番手が20〜30試合、4番手が10〜20試合、5番手が5〜15試合というパターンです。デプスチャートを見ると、その選手がこの先どのように使われるか見えてきます。例えばレイズに入団した筒香は、「MLB.com」のデプスチャートではレフトの2番手、DHの2番手、サードの5番手に名前があります。「MLB.com」のレイズ担当記者は、筒香はレフトで40〜70試合、DHで40〜70試合、サードで5〜15試合使われると見ているのです。米国最大のスポーツ専門局「ESPN」のデプスチャートでは、筒香はレフトの2番手、DHの1番手、サードの5番手となっていてメディアによって多少違いがありますが、大きくずれることはありません。本書掲載のものは主要メディアのデプスチャートをもとに、独自の予測を加味して制作したものです。

友成那智

Contents

アメリカン・リーグ AMERICAN LEAGUE　　　27

ナショナル・リーグ NATIONAL LEAGUE 257

本書の見方

投 手

年齢（2020年満年齢）

身長 体重｜サイドハンド、アンダーハンドは明記　先発、クローザーなどの役割

背番号

保守的なテキサス人に敬愛される男の中の男　**先 発**

35 ジャスティン・ヴァーランダー
Justin Verlander

●37歳／196cm／102kg／右投右打

- ◆速球のスピード／150キロ台前半（フォーシーム主体）
- ◆決め球と持ち球／☆フォーシーム、☆スライダー、◎カーブ、△チェンジアップ
- ◆対左打者被打率／.163　◆対右打者被打率／.182
- ◆ホーム防御率／2.34　◆アウェー防御率／2.82
- ◆ドラフトデータ／2004①タイガース
- ◆出身地／ヴァージニア州　◆年俸／3300万ドル（約36億3000万円）
- ◆MVP1回（11年）、サイ・ヤング賞2回（11、19年）、最優秀防御率1回（11年）、最多勝3回（09、11、19年）、奪三振5回（09、11、12、16、18年）、新人王（06年）

球威 5
制球 5
緩急 5
守備・牽制 4
度胸 5

各能力5段階評価

- ◆好調時の速球のスピード
- ◆球種（☆はアウトピッチレベル、◎は上レベル、○は平均レベル、△は平均未満レベル）
- ◆昨季の対左打者・対右打者被打率
- ◆昨季のホーム・アウェー防御率
- ◆ドラフトデータ（入団年、指名巡（ドラフト外は外）、指名球団）
- ◆出身地
- ◆2020年の年俸
- ◆主要タイトル受賞歴（MVP、サイ・ヤング賞、最優秀防御率、最多勝、最多セーブ、最多奪三振、ゴールドグラブ賞、シルバースラッガー賞、カムバック賞、ロベルト・クレメンテ賞、新人王）

球威
制球
緩急
守備・牽制
度胸

（5+も、稀にあり）

野 手

今季移籍入団した選手（新人王受賞資格を有する者は、マークが入る）

ポジション

年齢（2020年満年齢）

身長 体重｜スイッチヒッターは両打と表示

背番号

クラッチヒッターの中のクラッチヒッター　**サード**　**移籍**

6 アンソニー・レンドーン
Anthony Rendon

●30歳／185cm／91kg／右投右打

- ◆対左投手打率／.316（136-43）　◆対右投手打率／.320（409-131）
- ◆ホーム打率／.317（271-86）　◆アウェー打率／.321（274-88）
- ◆得点圏打率／.365（159-58）
- ◆19年のポジション別出場数／サード=146、セカンド=1
- ◆ドラフトデータ／2011①ナショナルズ
- ◆出身地／テキサス州
- ◆年俸／2550万ドル（約28億500万円）　◆打点王1回（19年）、シルバースラッガー賞2回（14、19年）、カムバック賞1回（16年）

ミート 5
パワー 5
走塁 3
守備 4
肩 4

各能力5段階評価

- ◆昨季の対左投手・対右投手打率
- ◆昨季のホーム・アウェー打率
- ◆昨季の得点圏打率
- ◆昨季のポジション別出場数
- ◆ドラフトデータ（入団年、指名巡（ドラフト外は外）、指名球団）
- ◆出身地
- ◆2020年の年俸
- ◆主要タイトル受賞歴（MVP、首位打者、本塁打王、打点王、盗塁王、ゴールドグラブ賞、シルバースラッガー賞、ハンク・アーロン賞、カムバック賞、ロベルト・クレメンテ賞、新人王）

ミート
パワー
走塁
守備
肩

（5+も、稀にあり）

メジャー用語解説

主 な 球 種 と 代 表 的 投 手

■フォーシームの速球
日本における「直球」「ストレート」。昨季、G・コールは、平均156キロの
フォーシームを武器に三振を量産し、最多奪三振のタイトルを獲得。

■ツーシームの速球
微妙に動く速球で、打球がゴロになりやすい。一般にフォーシームより、
球速はやや落ちる。代表的な投手には、M・ソロカ、A・ノーラ、などがいる。

■シンカー
シュートしながら沈む球で、ゴロを打たせるのに最適。ツーシームに含
める場合もある。代表的投手は、Z・ブリットン、B・トライネンなど。

■カッター(カットファストボール)
打者の手元で鋭くヨコに変化する速球。カッターを武器にする代表的な
投手には、C・クルーバー、K・ジャンセン、D・ロバートソンなどがいる。

■チェンジアップ
打者の手元で沈むスピードの遅い変化球で、握り方により変化は異なる。
L・カスティーヨ、柳賢振、M・マイナーのチェンジアップはハイレベルだ。

■スライダー
ヨコやタテに鋭く曲がる変化球。メジャーの多くの投手が持ち球にして
いる。M・シャーザーやダルビッシュ有のスライダーはメジャー最高級。

■カーブ
大きく曲がりながら落ちる変化球。カーブを武器にする代表的投手は、
Z・グリンキー、S・ストラスバーグ、G・コール、J・ベリオスなど。

■スプリッター
打者の手元で落ちる変化球(フォークボールも含む)。人差し指と中指で
挟んで投げる。代表的な使い手は、田中将大、大谷翔平、K・イェーツなど。

■ナックルボール
揺れながらきて、打者の手元で予測のつかない沈みを見せる変化球。ほぼ
ナックルしか投げない投手のことを、「ナックルボーラー」と呼ぶ。

投 手 に 関 す る 用 語

■ブルペン
もとの意味は、投球練習場。転じて、「リリーフ」の意。

■クオリティ・スタート(QS)
先発して6回以上を投げ、自責点3以下に抑えた試合数。J・ヴァーラ
ンダーとG・コールのQS26が、昨季のメジャー最多。

■WHIP(Walks & Hits per Inning Pitched)
1イニングあたりに許した走者(安打+四球)の数。J・ヴァーランダー
の0.80が昨季、規定投球回に達した投手の中のベスト。

17

■サイ・ヤング賞
その年、最も活躍した投手に贈られる賞。両リーグから1人ずつ選ばれる。昨季はJ・ヴァーランダーとJ・デグロムが受賞した。

■スターター
先発投手のこと。メジャーでは100球を目途に交代するケースが多い。

■クローザー
リードしている試合の9回、ないし8回の途中から登板する抑え投手。

■セットアップ
7回、8回から登板し、クローザーへつなぐ役割を担う投手。

■スイングマン
チーム事情によって、先発にリリーフにと様々な使い方をされる投手。

■オープナー
本来はリリーフの投手が先発し、1、2回の短いイニング投げる戦術。

野手に関する用語

■5(ファイブ)ツール
野手を評価する際によく用いられる、重要な5つの能力。「高打率を出す能力」「長打力」「走塁技術」「守備力」「肩の強さ」を指す。

■クラッチヒッター
チャンスや大事な場面でしっかり結果を出す勝負強い打者。

■フリースインガー
狙い球をしぼらず、なんでもかんでも打ちに行く打者。出塁率が低い。

■ユーティリティ・プレーヤー
複数のポジションを守ることのできる選手。投手と捕手以外ならどこでも守れる、内外野兼用のユーティリティ・プレーヤーもいる。

■プラトーン・プレーヤー
左投手（右投手）が先発する際に、先発で出場する右打者（左打者）。

■OPS (On-base Plus Slugging)
出塁率と長打率を合わせた、強打者度を示す数値。昨季、アメリカン・リーグはM・トラウト(1.083)、ナショナル・リーグはC・イェリッチ(1.100)が1位。

■DRS (Defensive Runs Saved)
守備力を測る数値。ある選手がそのポジションの平均と比べ、シーズンを通して守備でどれだけ失点を防いだ（与えた）かを示す。

■アシスト
補殺のこと。打球を捕球後、打者や走者をアウトにした送球など。

■ゴールドグラブ賞・シルバースラッガー賞
ゴールドグラブ賞はその年、とくに優れた守備を見せた選手に贈られる賞。シルバースラッガー賞は、とくに優れた打撃を見せた選手に贈られる賞。両リーグから各ポジション1人ずつ選ばれる。

■ハンク・アーロン賞
その年、最も活躍した打者に贈られる賞。両リーグから1人ずつ選ばれる。昨年はM・トラウトとC・イェリッチが受賞した。

■ゼネラル・マネージャー(GM)

トレードやドラフトなど、チーム編成業務の統括的役職。最近ではさらなる編成上の責任者を、GMの上に置く球団も増えている。

■ベンチコーチ

監督の補佐的役割を担うコーチ。日本の「ヘッドコーチ」にあたる。

■フリー・エージェント(FA)

所属先が確定しておらず、どのチームとも契約を結べる自由契約選手。

■ドラフト

毎年6月上旬に開催。指名対象地域はアメリカ、カナダ、プエルトリコ。

■ルール5(ファイブ)ドラフト

毎年12月におこなわれる。各チームのメジャー登録選手枠に入っていない選手を他球団が獲得できる、選手の飼い殺しを防ぐ制度。獲得した選手の起用法や相手球団への補償など、細かな制約がいくつもある。

■セプテンバー・コールアップ

ベンチ入りの枠が9月に25人から40人にまで広がること。この時期、各チームは期待の若手をマイナーから上げ、来季に向けて試すことになる。

■故障者リスト(IL=Injured List)

故障選手の登録制度。リストに登録された選手は、メジャー選手の資格を持ったまま、申請期日満了となるまでベンチ入り枠から除外される。以前の呼称は「DL（Disabled List）」だったが、昨季より「IL」に変更。

■トミー・ジョン手術

ヒジの腱の移植手術。数多くの選手がこの手術を受け、復活している。

■スモールボール

犠打、盗塁、ヒットエンドランなど、小技や機動力を駆使する戦術。

■カムバック賞

病気やケガから復活した選手に贈られる賞。記者の投票で選出。

■ロベルト・クレメンテ賞

慈善活動に積極的に取り組んでいる選手に贈られる名誉ある賞。

MLB英語略記

G=試合、AB=打数、H=安打、HR=本塁打、RBI=打点、AVG=打率、BB=四球、SO=三振、SB=盗塁、CS=盗塁死、OBP=出塁率、GS=先発試合数、W=勝利、L=敗戦、SV=セーブ、IP=投球回、ER=自責点、E=失策、FPCT=守備率、WS=ワールドシリーズ、ALCS=アメリカン・リーグ・チャンピオンシップシリーズ、NLCS=ナショナル・リーグ・チャンピオンシップシリーズ、ALDS=アメリカン・リーグ・ディヴィジョンシリーズ、NLDS=ナショナル・リーグ・ディヴィジョンシリーズ

Roster（出場選手登録）略記

R=右投げ（右打ち）、L=左投げ（左打ち）、S=両打ち、SP=先発投手、RP=リリーフ投手、1B=ファースト、2B=セカンド、3B=サード、SS=ショート、LF=レフト、CF=センター、RF=ライト、OF=外野手、UT=ユーティリティ、DH=指名打者

秋山翔吾
Shogo Akiyama

筒香嘉智
Yoshitomo Tsutsugo

山口俊
Shun Yamaguchi

日本人・新メジャーリーガー 2020年大予測！

今シーズンから秋山翔吾、筒香嘉智、山口俊の実績のある日本人3選手が、メジャーでプレーすることになった。新天地での彼らの活躍を予測してみよう。

秋山翔吾(レッズ)〜破格の待遇で入団した安打製造機〜

秋山翔吾が3年2100万ドル(23億円)の大型契約で、シンシナティ・レッズに迎えられた。「3年2100万ドル」は、松井秀喜がヤンキースに行ったときの契約と同じ規模であり、レッズ側の期待の大きさを如実に示している。レッズはこれまで日本選手の在籍がなかった唯一の球団だが、ここでプレーすることは秋山にとってどんなメリットとデメリットがあるのだろう？

＋プラス要因 1：球団が秋山に求めるのは、攻撃面では出塁率の高いトップバッターになること、守りのほうでは守備範囲の広いセンターになることである。目標がハッキリしているので、無駄なことにエネルギーを浪費せずに済む。2：監督が好意的。今回の秋山獲得をGMに進言したのはベル監督だった。同監督はイチローがマリナーズに行った2001年にチームメートだったので、日本から来た

◀本拠地のグレートアメリカン・ボールパークは打者に有利な球場だ。

▲日本プロ野球のシーズン最多安打記録を持つ秋山への期待は、とても大きい。

安打製造機がどれだけチームの得点力をアップさせたか、はっきり記憶していた。そこで、得点力が低下しているレッズに、日本の安打製造機を導入して打線を活性化しようと考えたのだ。監督に好意を持ってもらえるということは、出場機会が増えるだけでなく、自分の能力を生かす使い方もしてもらえるので、大きなプラスになる。3：レッズにはスモールボールのスキルが高い選手が不在。秋山はその方面に習熟しているので、1点が欲しい場面で頼りにされそうだ。

外野3ポジションのすべてを守れるのも、秋山の強みだ。

――マイナス要因　1：日本人にあまり縁のない土地でプレーするので、ホームシックにかかる恐れがある。2：一時的にプラトーンで使われる恐れもある。秋山が入団したことで、昨年までレギュラーだったセンゼルは「トレード待ち」の状態。決まるまでは一定数の出場機会を与え、プレー感覚が鈍らないようにする必要があるため、今季序盤は秋山とセンゼルが

7対3くらいの割合でポジションを分け合う可能性がある。3：レフトの
ウインカーとライトのカステヤノスは守備に難があり、右中間、左中間に
フライが飛ぶとセンターの動きを考慮せず、やみくもに突っ込んでくる。
衝突して秋山が大ケガという事態が起きかねない。

　こうしたリスクも考えられるが、レッズが秋山を好待遇で迎え入れたの
は、センターの1番手＋トップバッターの1番手という位置付けで使う
ためである。したがって、一時的に成績が振るわなくなっても、すぐに出場
機会を失うことはないだろう。

筒香嘉智(レイズ)〜メジャー最強の貧乏球団に入団〜

　筒香が入団したタンパベイ・レイズは、名のある選手がほとんどいない
のに、ヤンキースやレッドソックスと互角に戦っている「最強の貧乏球団」
である。選手起用はネームバリューや実績を無視し、チームに貢献できる
ものをどんどん使っていくスタイルだ。筒香にとってレイズ入団はどんな
プラスとマイナスがあるのだろう？

＋プラス要因　1：他球団から来た低年俸の中堅や、マイナーから上がり

たての若手が多い青年団の
ようなチームなので、溶け
込みやすい。2：本拠地ト
ロピカーナ・フィールドは、
人工芝に慣れた日本人選手
にはやりやすい人工芝のドー
ム球場。天然芝では守備
に不安がある筒香でも、こ
こなら安心してレフトの守
備につける。3：ヤンキー
ス、レッドソックスと同地
区なので、あこがれの大投
手たちと対戦する機会が頻
繁にあり、打ち崩せばヒー
ローになれる。

ーマイナス要因　1：日本
人選手には不慣れなプラト

◀筒香は侍ジャパンで4
番打者も務めた、日本を
代表する長距離砲だ。

ーンで起用される可能性が高い。これは相手の先発が左投手のときは右打者を先発させ、右投手のときは左打者を使う、左右のマッチアップを優先する選手起用だ。レイズは資金力の面で劣るため、コストパフォーマンスのいいプラトーン起用を好んでやる。球団の構想では、筒香はレフトに右の大砲レンフローと、DHには右の好打者ホセ・マルティネスとプラトーンで起用されることになっている。

▲レイズを率いるキャッシュ監督（写真右）は、筒香の獲得を熱望していた。

日本のファンが期待するのは、毎試合レフトかDHで出場し、打線の中軸を担うことだ。しかしレイズは守備よりバットで貢献する選手に関しては、同じ打順で毎日使うことはせず、プラトーンで使うのが基本線。選手のプライドには一切配慮しないのが、この球団の流儀なのだ。2：レイズはシーズン中にトレードを頻繁にやるチームの代表格でもあるので、筒香もそれを経験する可能性がある。2シーズンずっとレイズにいる可能性より、途中でトレードされる可能性のほうが高いかもしれない。

このようにレイズでプレーする選手は、他球団なら遭遇しない試練にさらされることが多い。とくにベテランに対しては、使い捨てにして当然という姿勢が垣間見られる。そんな中で、筒香がどのようにして存在感を見せるか注目していきたい。

山口俊（ブルージェイズ）〜本拠地球場は人工芝のドーム球場〜

山口俊はセ・リーグの最多勝と最多奪三振のタイトルを置き土産に巨人を出て、トロント・ブルージェイズと契約した。ブルージェイズで投げることは、山口にとってどのようなメリットとデメリットがあるのだろう？

＋プラス要因 1：日本人投手で最も成功例が多い「速球＋スプリッター（フォークボール）」を主体にする投手で、ハイレベルなスライダーもある。メジャーではスプリッターが左打者、スライダーは右打者に対する強力な武器になる可能性が高い。2：ブルージェイズは、山口がクローザーとして活躍したことも評価し、

▼山口の背番号は「1」。メジャーに挑戦する日本人投手初の1ケタ番号を背負う。

23

先発でダメな場合は、セットアッパーで使えばいいと柔軟に考えている。3：ブルージェイズでは、偉大な野球選手を父に持つ優秀な2世選手が次々にマイナーから上がって、内野の守備力が上昇している。ゴロ打球の比率が高い山口には追い風になる。

－マイナス要因▶ 1：本拠地ロジャーズ・センターは、一発が出やすいことで知られるピッチャー泣かせの球場。山口もこの球場で投げることで本塁打を2, 3本余計に食うことになるだろう。2：アメリカン・リーグ東地区は、最強打線を擁するヤンキース、レッドソックスとの対戦が多くなるため、ピッチャー泣かせの地区。3：ブルージェイズでは、昨年は先発陣に故障者が続出し、ローテーションが崩壊状態になった。そのため球団は故障者が2、3人出てもいいように、オフに4人のベテラン(柳賢振、ロアーク、チェイス・アンダーソン、山口)をトレードやＦＡ市場で獲得。その結果、キャンプでは8投手が、ローテーションの5つのイスを争う図式になり、山口は予期せぬ過酷なサバイバル競争に巻き込まれることになった。

　山口には大トラになって病院で暴れた前歴があることは、すでにブルージェイズのファンに知られている。だが、マイナス要素にはなっておらず、日本人らしからぬコミカルなエピソードとして受け取られている。彼が記者会見で「お尻を出すのが恥ずかしくて、相撲に進まなかった」と言って爆笑をとったことが、ポジティブに作用しているのかもしれない。

山口本人は、メジャーでも「先発」で投げることに意欲を燃やしている。

何が変わる?

MLBのルール

改正

2020年から、メジャーリーグのルールが大きく変わることになった。何がどう変わるのか。そして、その影響は?

ワンポイント
リリーフ禁止!!

選手登録枠は
26人に拡大!!

MLBコミッショナー　ロブ・マンフレッド

新ルールは大谷翔平に有利に働く!?

　2020年シーズンから始まる3つの新ルールを紹介しよう。どのルールも、大谷翔平の活躍に大きな影響を与えることになりそうだ。

①スリーバッター・ミニマム

　これは「登板した投手は最低でも3人の打者と対戦しなくてはいけない」というルールのことである。導入の目的はゲームの迅速化(じんそく)にある。このルールの導入でシチュエーショナル・レフティ、レフティ・スペシャスト、ルーギーなどと呼ばれてきた左のワンポイント投手は、メジャーリーグの舞台から姿を消すことになる。彼らの多くは変則フォームで投げる個性派で、メジャーリーグの風物詩の一つになっていたため、消滅を惜しむ声もあった。だが、マンフレッド・コミッショナーの時間短縮にかける強い意志に抗(あらが)うことはできなかった。

　このルール改正で一番得をするのは大谷翔平だ。大谷は昨季、チャンスに

▼新ルールによって、アレックス・クラウディオのようなシチュエーショナル・レフティには、受難の時代に突入した。

25

打席に立つと、左のワンポイントを送られ、凡退することが多かった。それがなくなれば、打点が大幅に増える可能性がある。

②アクティブロースター26

これは選手登録枠を現行の25人から、26人に増やすことを定めたルールである。これに付随して、選手登録は「投手」「野手」「ツーウェイ・プレーヤー（二刀流選手）」の3種類に分けて登録することも定められた。大半の球団は、一つ増えた登録枠を投手の増員に使う意向だ。それにより、故障リスクの高い投手が多いチームや、年齢の高い投手が多いチームは、6人ローテーションに移行することが可能になった。

一番大きなメリットを享受することになるのはエンジェルスだ。今シーズン、エンジェルスは大谷翔平がマイナーでのリハビリ登板を終え次第、ローテーションに入れて先発させるが、一昨年と同様、週に1回の登板になる可能性が高い。これは実質的に6人ローテーションになったことを意味する。一昨年は投手の定員が12人だったので、これに移行したことでブルペン陣が7人から6人になり、負担が増して故障者が続出した。しかし、ブルペンを7人で回すことができれば、通常の起用パターンで行くことができるのだ。

③ツーウェイ・ルール

これは二刀流選手として登録された者の義務を定めたもので、投手として20イニング以上投げ、かつ、野手として20試合以上に出場し、各試合で3回以上打席に立つことを義務付けている。

これと同時に野手を投手として使う場合のルールも設けられ、点差が6点差以上開いた場面か、延長イニングでなければ使えないことになったが、ツーウェイ・プレーヤーはこの限りではないという但し書きが付いた。

この2つの新ルールは、ツーウェイ選手の粗製乱造を防ぐ狙いもあるが、それ以上に、ここ数年急増している、大差がついた場面で野手にモップアップ（敗戦処理）・ピッチャーをやらせることに、規制をかける狙いがある。

◀二刀流・大谷翔平の活躍は、メジャーリーグのルール改正に大きな影響を与えた。

アメリカン・リーグ

AMERICAN
LEAGUE

ニューヨーク・ヤンキース／タンパベイ・レイズ ボストン・レッドソックス／トロント・ブルージェイズ ボルティモア・オリオールズ	**東部地区**
ミネソタ・ツインズ／クリーブランド・インディアンス シカゴ・ホワイトソックス／カンザスシティ・ロイヤルズ デトロイト・タイガース	**中部地区**
ヒューストン・アストロズ／オークランド・アスレティックス テキサス・レンジャーズ／ロサンジェルス・エンジェルス シアトル・マリナーズ	**西部地区**

AMERICAN LEAGUE

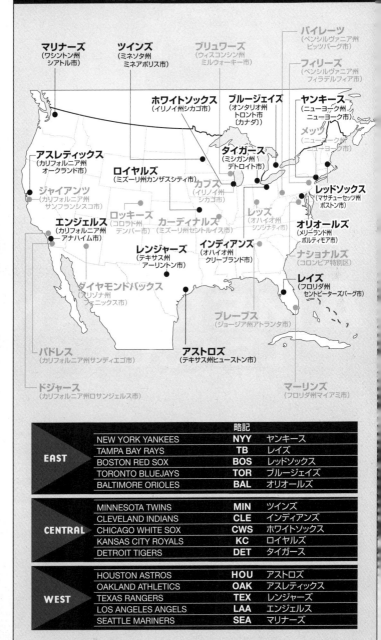

マリナーズ
（ワシントン州
シアトル市）

ツインズ
（ミネソタ州
ミネアポリス市）

ブリュワーズ
（ウィスコンシン州
ミルウォーキー市）

パイレーツ
（ペンシルヴァニア州
ピッツバーグ市）

フィリーズ
（ペンシルヴァニア州
フィラデルフィア市）

ホワイトソックス
（イリノイ州シカゴ市）

ブルージェイズ
（オンタリオ州
トロント市
（カナダ））

ヤンキース
（ニューヨーク州
ニューヨーク市）

メッツ
（ニューヨーク州
ニューヨーク市）

アスレティックス
（カリフォルニア州
オークランド市）

ロイヤルズ
（ミズーリ州カンザスシティ市）

タイガース
（ミシガン州
デトロイト市）

カブス
（イリノイ州
シカゴ市）

レッドソックス
（マサチューセッツ州
ボストン市）

ジャイアンツ
（カリフォルニア州
サンフランシスコ市）

ロッキーズ
（コロラド州
デンバー市）

カーディナルス
（ミズーリ州セントルイス市）

レッズ
（オハイオ州
シンシナティ市）

オリオールズ
（メリーランド州
ボルティモア市）

エンジェルス
（カリフォルニア州
アナハイム市）

レンジャーズ
（テキサス州
アーリントン市）

インディアンズ
（オハイオ州
クリーブランド市）

ナショナルズ
（コロンビア特別区）

ダイヤモンドバックス
（アリゾナ州
フェニックス市）

レイズ
（フロリダ州
セントピーターズバーグ市）

ブレーブス
（ジョージア州アトランタ市）

パドレス
（カリフォルニア州サンディエゴ市）

アストロズ
（テキサス州ヒューストン市）

ドジャース
（カリフォルニア州ロサンジェルス市）

マーリンズ
（フロリダ州マイアミ市）

		略記	
EAST	NEW YORK YANKEES	**NYY**	ヤンキース
	TAMPA BAY RAYS	**TB**	レイズ
	BOSTON RED SOX	**BOS**	レッドソックス
	TORONTO BLUEJAYS	**TOR**	ブルージェイズ
	BALTIMORE ORIOLES	**BAL**	オリオールズ
CENTRAL	MINNESOTA TWINS	**MIN**	ツインズ
	CLEVELAND INDIANS	**CLE**	インディアンズ
	CHICAGO WHITE SOX	**CWS**	ホワイトソックス
	KANSAS CITY ROYALS	**KC**	ロイヤルズ
	DETROIT TIGERS	**DET**	タイガース
WEST	HOUSTON ASTROS	**HOU**	アストロズ
	OAKLAND ATHLETICS	**OAK**	アスレティックス
	TEXAS RANGERS	**TEX**	レンジャーズ
	LOS ANGELES ANGELS	**LAA**	エンジェルス
	SEATTLE MARINERS	**SEA**	マリナーズ

アメリカン・リーグ……東部地区　　*NEW YORK YANKEES*

ニューヨーク・ヤンキース

◆創　立：1901年
◆本拠地：ニューヨーク州ニューヨーク市
◆ワールドシリーズ制覇：27回／リーグ優勝：40回
◆地区優勝：１９回／ワイルドカード獲得：7回

主要オーナー　ハル・スタインブレナー（スポーツ企業家）

過去5年成績

年度	勝	負	勝率	ゲーム差	地区順位	ポストシーズン成績
2015	87	75	.537	6.0	②	ワイルドカードゲーム敗退
2016	84	78	.519	9.0	④	―
2017	91	71	.562	2.0	②	リーグ優勝決定シリーズ敗退
2018	100	62	.617	8.0	②	地区シリーズ敗退
2019	103	59	.636	(7.0)	①	リーグ優勝決定シリーズ敗退

監督　▶ **17** アーロン・ブーン *Aaron Boone*

◆年　　齢…………47歳（カリフォルニア州出身）
（サード）
◆現役時代の経歴…12シーズン　レッズ（1997〜2003）、
　　ヤンキース（2003）、インディアンズ（2005〜06）、
　　マーリンズ（2007）、ナショナルズ（2008）、
　　アストロズ（2009）
◆現役通算成績……1152試合　.263　126本　555打点
◆監督経歴…………2シーズン　ヤンキース（2018〜）
◆通算成績…………203勝121敗（勝率.627）

　昨季はチーム内に故障者が続出したが、巧みな用兵術でチームは快進撃を続けて地区優勝。監督就任後、２年連続で100勝以上を達成したメジャー初の監督となった。監督就任時、人柄やコミュニケーション能力の高さは評価されていたものの、監督未経験であるブーンの手腕を疑問視する声も多かった。しかし、２年連続で結果を残し、評価は高まっている。昨年のアメリカン・リーグ最優秀監督賞の投票では、ツインズのバルテッリ監督に僅差で敗れ、２位だった。

注目コーチ　▶ ━ マット・ブレイク *Matt Blake*

　新投手コーチ。35歳。ロスチャイルド前投手コーチに比べ、30歳以上若い。昨季まではインディアンズの育成部門で働いていた。最新のピッチング理論に精通した人物。

編成責任者　▶ ブライアン・キャッシュマン *Brian Cashman*

　53歳。長年、豊富な予算をバックに数々の大型補強をおこない、常勝チームを作り上げてきた。このオフには、9年3億2400万ドルでゲリット・コールと契約を締結。

スタジアム　▶ ヤンキー・スタジアム *Yankee Stadium*

◆開場年…………2009年
◆仕　様…………天然芝
◆収容能力………47,309人
◆フェンスの高さ…2.4m
◆特　徴…………ホームからライトフェンスまでの距離が短いため、ライト方向へのホームランが出やすく、左の強打者に有利な球場となっている。ただ田中将大は昨季、この本拠地球場で防御率3.10と好投している（アウェーでの防御率は6.05）。

ヒッターズパーク ▶

122　124　117
97　96

29

Best Order [ベストオーダー]

①DJラメイヒュー……セカンド	⑥ジオ・アーシェラ……サード
②アーロン・ジャッジ……ライト	⑦マイク・トークマン……センター
③グレイバー・トーレス……ショート	⑧ルーク・ヴォイド……ファースト
④ジャンカルロ・スタントン……DH	⑨ブレット・ガードナー……レフト
⑤ゲーリー・サンチェス……キャッチャー	

Depth Chart [ポジション別選手層・メンバーリスト]

※2020年2月4日時点の候補選手。
数字は背番号(開幕前に変更する
場合もあり)、右・左等は投・打の順。

センター
39 マイク・トークマン [左・左]
11 ブレット・ガードナー [左・左]
31 アーロン・ヒックス [右・両]

レフト
11 ブレット・ガードナー [左・左]
27 ジャンカルロ・スタントン [右・右]
39 マイク・トークマン [左・左]
77 クリント・フレイジャー [右・右]

ライト
99 アーロン・ジャッジ [右・右]
39 マイク・トークマン [左・左]
77 クリント・フレイジャー [右・右]
14 タイラー・ウェイド [左・左]

ショート
25 グレイバー・トーレス [右・右]
14 タイラー・ウェイド [左・左]
90 タイロ・エストラーダ [右・右]

セカンド
26 DJラメイヒュー [右・右]
14 タイラー・ウェイド [左・左]
90 タイロ・エストラーダ [右・右]

ローテーション
45 ゲリット・コール [右・右]
19 田中将大 [右・右]
65 ジェイムズ・パクストン [左・右]
40 ルイス・セヴェリーノ [右・右]
33 ジェイ・ハップ [左・左]
47 ジョーダン・モンゴメリー [左・左]
43 ジョナサン・ロアイシガ [右・右]
73 マイケル・キング [右・右]

サード
29 ジオ・アーシェラ [右・右]
41 ミゲール・アンドゥハー [右・右]
26 DJラメイヒュー [右・右]
90 タイロ・エストラーダ [右・右]

ファースト
59 ルーク・ヴォイド [右・右]
36 マイク・フォード [右・右]
41 ミゲール・アンドゥハー [右・右]

DH
27 ジャンカルロ・スタントン [右・右]
41 ミゲール・アンドゥハー [右・右]
59 ルーク・ヴォイド [右・右]
36 マイク・フォード [右・右]

キャッチャー
24 ゲーリー・サンチェス [右・右]
66 カイル・ヒガシオカ [右・右]

ブルペン
54 アロルディス・チャプマン [左・左] CL
53 ザック・ブリットン [左・左]
48 トミー・ケインリー [右・右]
0 アダム・オタヴィーノ [右・両]
57 チャド・グリーン [右・右]
85 ルイス・セッサ [右・右]
ヘ ベン・ヘラー [右・右]
56 ジョナサン・ホルダー [右・右]
73 マイケル・キング [右・右]
43 ジョナサン・ロアイシガ [右・右]
87 アルバート・アブレイユ [右・右]
─ ブルックス・クリスク [右・右]

※CL=クローザー

ヤンキース試合日程……*はアウェーでの開催

3月26・28・29	オリオールズ*	28・29・30	タイガース	29・30・31	エンジェルス*
30・31・4月1	レイズ*	5月1・2・3	ブルージェイズ*	6月1・2・3	マリナーズ*
2・4・5	ブルージェイズ	5・6	パイレーツ	5・6・7	レイズ
6・7・8・9	オリオールズ	8・9・10	レッドソックス	9・10・11	ロイヤルズ
10・11・12	アスレチックス*	11・12・13・14	レイズ	12・13・14	レッドソックス*
13・14・15	レンジャーズ*	15・16・17	アストロズ*	16・17	パイレーツ
17・18・19	レッズ	19・20・21	ブリュワーズ*	18・19・20・21	ツインズ*
20・21・22・23	タイガース*	22・23・24・25	マリナーズ	23・24	オリオールズ
24・25・26	インディアンズ	26・27・28	ツインズ	26・27・28	カブス

30

球団メモ 2009年からヤンキースで投げていたCCサバシアが、昨季で引退。実働19年で、251勝161敗、防御率3.74、奪三振数3093。07年にサイ・ヤング賞を受賞。

ヤンキース

■投手力➡…★★★★☆【昨年度チーム防御率4.31、リーグ6位】

　開幕時はコール、パクストン、田中将大、セヴェリーノ、ハップの5人で行うことになるだろうが、エースが3人いるローテーションに大エースが一人加わったので、ネームバリューだけで見ればオールスターのような陣容だ。しかし昨年も、エース級が3人いても先発防御率は4.51で、アメリカン・リーグの平均より多い少ない程度だった。コールもプレッシャーがかかるので、2年続けてサイ・ヤング賞級のピッチングを見せるとは考えにくい。また、5人の年俸総額は1億ドルだが、5人の年俸総額が2500万ドルのレイズの最強ローテーション（先発防御率3.64）に勝てるとは思えない。ブルペンも金がかかっているわりには、リリーフ防御率が「中の上」レベルの4.08だった。ただチャップマンがこけても、ブリットンがいるのは大きな強みだ。

■攻撃力➡…★★★★☆【昨年度チーム得点943、リーグ1位】

　スタントンは今年も機能しない可能性があるが、打線は上り坂の打者が多いので、最強レベルではなくとも、「上」レベルの得点力は維持できるだろう。

■守備力↗…★★★☆☆【昨年度チーム失策数102、リーグ9位】

　外野はトップレベル。内野は「中の上」レベル。キャッチャーがネックだが、守備のミスがもとで試合を落とすことはほとんどないだろう。

■機動力➡…★★☆☆☆【昨年度チーム盗塁数55、リーグ12位】

　一発で簡単に得点できるので、スモールボールには消極的。盗塁能力の高い選手はいるが、ブーン監督は活用する気はないようだ。

総合評価 ➡ ★★★★☆	どう転んでも95勝はできる陣容に見える。怖いのは、コールが来たことですでに優勝した気分になり、はしゃぎすぎ現象が起きること。また、ぶっちぎり優勝の翌年はチームの士気が上がらないことがあり、昨年のレッドソックスのようになる恐れも。

IN 主な入団選手	OUT 主な退団選手
投手	投手
ゲリット・コール←アストロズ	デリン・ベタンセス→メッツ
	CCサバシア→引退
野手	野手
とくになし	ディディ・グレゴリアス→フィリーズ
	エドウィン・エンカーナシオン→ホワイトソックス
	オースティン・ローマイン→タイガース
	キャメロン・メイビン→所属先未定

29・30・7月1	オリオールズ＊	30・31・8月1・2	レッドソックス＊	31・9月1・2	レッドソックス
3・4・5	ブルージェイズ＊	3・4・5	ホワイトソックス	4・5・6・7	オリオールズ＊
7・8	メッツ	6・7・8・9	アスレティックス	8・9・10	レッドソックス
10・11・12	レンジャーズ	10・11・12	ロイヤルズ＊	11・12・13	ブルージェイズ
14	オールスターゲーム	13・15・16	ホワイトソックス＊	14・15・16	レイズ＊
17・18・19	カーディナルス＊	17・18・19	レイズ	18・19・20	ブルージェイズ＊
20・21・22・23	エンゼルス	20・21・22・23	ブルージェイズ	21・22・23・24	アストロズ
24・25・26	レッドソックス	25・26	オリオールズ	25・26・27	レイズ
28・29	メッツ＊	28・29・30	インディアンズ＊		

サイ・ヤング賞はヴァーランダーに惜敗 　先 発　 　移籍

45 ゲリット・コール
Gerrit Cole

30歳｜193cm｜102kg｜右投右打

◆速球のスピード／150キロ台中頃〜後半（フォーシーム主体）
◆決め球と持ち球／☆フォーシーム、☆スライダー、○カーブ、○チェンジアップ
◆対左打者被打率／.175　◆対右打者被打率／.198
◆ホーム防御率／2.63　◆アウェー防御率／2.36
◆ドラフトデータ／2011①パイレーツ
◆出身地／カリフォルニア州
◆年俸／3億2400万ドル（約356億円）※9年総額
◆最優秀防御率1回(19年)、最多奪三振1回(19年)

球威	5
制球	4
緩急	3
守備・牽制	3
度胸	4

　アストロズを出て、2020〜28年までの9年3億2400万ドルの契約で入団したパワーピッチャー。この契約規模はピッチャーでは史上最高額。契約の中には、5年目の2024年終了時点でコールが望めば、チームを出て他球団と契約できるというオプトアウト条項がある。ただ球団が9年契約を1年延ばして10年契約にすれば（10年目の年俸は3600万ドル）、オプトアウトを阻止できることも明記されている。

　昨季はアストロズの先発2番手としてシーズンに入り、序盤は制球が不安定で5月末時点の成績は5勝5敗、防御率4.02だった。しかし6月以降は速球とスライダーの制球が安定し、失点を最小限に抑えるようになった。6月からはシーズン終了まで21試合に先発したが、そのうちの15試合は1失点以内に抑えたゲームで、それがすべて勝ち星になったため、6月以降は15勝0敗で、初めてシーズン20勝をマークした。

　勝ち星以上に注目が集まったのは奪三振数だ。コールは一昨年、アストロズに来てツーシームを投げるのをやめた結果、ハイペースで三振を奪えるようになった。昨季はフォーシームのキレと球速がさらにアップしたため、奪三振率がさらにアップ。8月以降、マルドナードをパーソナル捕手にして投げるようになると、8月の2度目の先発から9試合連続で2ケタ奪三振を記録。その結果、奪三振数は326まで伸びた。

　ヤンキースはコールを獲得したあと、FAになっていたマルドナードをコールのパーソナル捕手で使う目的で獲得に動いたが、先にアストロズに持っていかれ、このアイデアは実現しなかった。

| カモ | M・ベッツ（ドジャース）.545(11-6)0本 | 崔志萬（レイズ）.600(5-3)1本 |
| 苦手 | W・アダメス（レイズ）.000(10-0)0本 | R・グリチック（ブルージェイズ）.111(9-1)0本 |

年度	所属チーム	勝利	敗戦	防御率	試合	先発	セーブ	投球イニング	被安打	失点	自責点	被本塁打	与四球	奪三振	WHIP
2013	パイレーツ	10	7	3.22	19	19	0	117.1	109	43	42	7	28	100	1.17
2014	パイレーツ	11	5	3.65	22	22	0	138.0	127	58	56	11	40	138	1.21
2015	パイレーツ	19	8	2.60	32	32	0	208.0	183	71	60	11	44	202	1.09
2016	パイレーツ	7	10	3.88	21	21	0	116.0	131	57	50	7	36	98	1.44
2017	パイレーツ	12	12	4.26	33	33	0	203.0	199	98	96	31	55	196	1.25
2018	アストロズ	15	5	2.88	32	32	0	200.1	143	68	64	19	64	276	1.03
2019	アストロズ	20	5	2.50	33	33	0	212.1	142	66	59	29	48	326	0.89
通算成績		94	52	3.22	192	192	0	1195.0	1034	461	427	115	315	1336	1.13

カモ 苦手 は通算成績

投 手

ピンストライプは今季限りになる可能性も 先 発

19 田中将大
Masahiro Tanaka

ヤンキース

32歳／191cm／98kg／右投右打

◆速球のスピード／140キロ台後半(フォーシーム、ツーシーム)
◆決め球と持ち球／☆スライダー、○スプリッター、△フォーシーム、△ツーシーム、△カッター、△カーブ
◆対左打者被打率／.285　◆対右打者被打率／.237
◆ホーム防御率／3.10　◆アウェー防御率／6.05
◆ドラフトデータ／2007①東北楽天、2014㊺ヤンキース
◆出身地／兵庫県
◆年俸／2300万ドル(約25億3000万円)

球威	3
制球	4
緩急	5
守備・牽制	5
度胸	5

　デビューから6年連続となる2ケタ勝利をマークした右腕。ただ、投球内容は悪化。これまで好調だった年は、スプリッターとスライダーがともに機能していたが、昨季はスプリッターの制球が不安定で、悪い日は浮いて頻繁(ひんぱん)に痛打された。軌道もフラットになっているため、空振りを取れなくなり、昨季はスプリッターで奪った三振が前年の51%から24%に減少した。大舞台での強さは相変わらずで、ポストシーズンでは好投している。

　7年契約の最終年に入るため、今季は1〜4のシナリオが考えられる。
1：開幕前後に3年間の契約延長にサイン：ヤンキースでは左のエース、パクストンも今季限りでFAになる。エース級を2人同時に失うのは球団にとって大きな痛手になるので、故障リスクが低く、ポストシーズンに強い田中を、3年4000万〜5000万ドルくらいの契約延長で残留させる。
2：今季いっぱいヤンキースで投げたあとFA市場へ：球団が再契約する意思を見せなかった場合は、今季終了後、FA市場に出ることになる。オフのFA市場は先発投手の出物が少なく、エース級は田中、パクストン、マイナー(レンジャーズ)くらいだ。売り手市場になるので、4年6000万〜7000万ドルくらいの契約をゲットできるかもしれない。
3：7月末にトレード：ヤンキースが故障者続出などで振るわない場合は、優勝を争うチームに助っ人として移籍し、シーズン終了後、FA市場に出ることになる。田中にはトレード拒否権があるが、フィリーズへの移籍は受けるだろう。恩師であるヤンキースのジラルディ前監督が、フィリーズの新監督に就任し、今季から指揮を執(と)ることになったからだ。
4：低年俸の1年契約で残留：故障で長期欠場した場合は市場価値が暴落するので、低年俸で1年残留し、好成績をあげて翌年のFA市場に出る。

カモ　C・ビジオ(ブルージェイズ).091(11-1)0本　V・ゲレーロ・ジュニア(ブルージェイズ).111(9-1)0本
苦手　R・デバーズ(レッドソックス).467(15-7)1本　J・ラミレス(インディアンズ).643(14-9)1本

年度	所属チーム	勝利	敗戦	防御率	試合数	先発	セーブ	投球イニング	被安打	失点	自責点	被本塁打	与四球	奪三振	WHIP
2014	ヤンキース	13	5	2.77	20	20	0	136.1	123	47	42	15	21	141	1.06
2015	ヤンキース	12	7	3.51	24	24	0	154.0	126	66	60	25	27	139	0.99
2016	ヤンキース	14	4	3.07	31	31	0	199.2	179	75	68	22	36	165	1.08
2017	ヤンキース	13	12	4.74	30	30	0	178.1	180	100	94	35	41	194	1.24
2018	ヤンキース	12	6	3.75	27	27	0	156.0	141	68	65	25	35	159	1.13
2019	ヤンキース	11	9	4.45	32	31	0	182.0	186	95	90	28	40	149	1.24
通算成績		75	43	3.75	164	163	0	1006.1	935	451	419	150	200	947	1.13

33

希望の星からヤンキースの恥に転落

先　発

55 ドミンゴ・ヘルマン
Domingo German

28歳／188cm／79kg／右投右打
◆速球のスピード／150キロ台前半（フォーシーム、ツーシーム）
◆決め球と持ち球／☆カーブ、◎チェンジアップ、
　○フォーシーム、△ツーシーム
◆対左打者被打率／.242　◆対右打者被打率／.210
◆ホーム防御率／2.26　◆アウェー防御率／5.45
◆ドラフトデータ／2010⑭マーリンズ
◆出身地／ドミニカ
◆年俸／56万3500ドル（約6200万円）+α

球威	4
制球	3
緩急	5
守備・牽制	2
度胸	3

　昨季、アメリカン・リーグ最高勝率とチーム最多の18勝をマークしたが、DV事件を起こし、ポストシーズンには出場できなかった困った君。昨季はオープン戦の防御率が4点台で、開幕メジャー入りは絶望的かと思われていた。しかし、開幕直前にルイス・セヴェリーノが故障で戦列を離れたため、急遽ローテーション入りが決まり、先発5番手として投げることになった。その後は勝ち運にトコトン恵まれ、5回で降板したゲームでも勝ち星が付き、5月末までに11試合に登板して9勝。6月に股関節屈筋を痛めて18日間戦列を離れたが、復帰後もツキは逃げず、勝ち星が積み重なっていった。18勝はアメリカン・リーグ4位の数字だ。

　球種はフォーシーム、ツーシーム、カーブ、チェンジアップの4つ。カーブは斜めに変化する軌道であるため、右打者に対し、強力な武器になる。左打者には、チェンジアップを決め球に使うことが多い。ピッチングの特徴は、ボールをリリースしたあと一塁側に体が倒れること。そのため体の右側に来たセンター返しのゴロには、対応できないことが多い。弱点はフライボール・ピッチャーであるため、一発を食いやすいことだ。

　以前から、同じドミニカ人のマーラ・ヴェガさんという南欧風のルックスをしたロングヘアの女性と事実婚状態で、昨年12月にはジャン君という男の子が誕生。その上にはクリスヘリアンちゃんという娘がいるので、2児の父になった。事件は、トロントからニューヨークに戻った9月16日の夜から17日の未明にかけて起きた。宿泊先の人通りのある場所で、ヘルマンとマーラさんが口論を続けたあと、激昂したヘルマンが手を上げてマーラさんを何度もひっぱたいた。その近くにコミッショナー事務局の職員がいて、一部始終を目撃していたため、すぐに事務局と球団に報告が行き、19日に出場停止になった。今季も開幕から約2カ月間、出場停止。

カモ M.ベッツ（ドジャース）.000(12-0)0本　J.マルティネス（レッドソックス）.091(11-1)0本
苦手 A.ベニンテンディ（レッドソックス）.500(10-5)2本　M.オルソン（アスレティックス）.800(5-4)2本

年度	所属チーム	勝利	敗戦	防御率	試合数	先発	セーブ	投球イニング	被安打	失点	自責点	本塁打	与四球	奪三振	WHIP
2017	ヤンキース	0	1	3.14	7	0	0	14.1	11	6	5	1	9	18	1.40
2018	ヤンキース	2	6	5.57	21	14	0	85.2	81	55	53	15	33	102	1.33
2019	ヤンキース	18	4	4.03	27	24	0	143.0	125	69	64	30	39	153	1.15
通算成績		20	11	4.52	55	38	0	243.0	217	130	122	46	81	273	1.23

少年時代はヤンキー・スタジアムが聖地

セットアップ

0 アダム・オタヴィーノ
Adam Ottavino

ヤンキース

35歳｜196cm｜100kg｜右投両打

◆速球のスピード／150キロ台前半（ツーシーム主体）
◆決め球と持ち球／☆スライダー、◎ツーシーム、△カッター
◆対左打者被打率／.241　◆対右打者被打率／.177
◆ホーム防御率／1.06　◆アウェー防御率／2.78
◆ドラフトデータ／2006①カーディナルス
◆出身地／ニューヨーク州
◆年俸／900万ドル（約9億9000万円）

球威	5
制球	2
緩急	3
守備・牽制	2
度胸	3

　ヤンキース１年目は、セットアッパーとして目を見張る活躍を見せた生粋のニューヨーカー。スリークォーターからスライダー、ツーシーム、カッターを投げ込んでくるパワーピッチャーだ。スライダーは曲がりの大きい典型的なフリスビースライダーで、昨年は曲がり幅がこれまでで最大になり、通常で25〜30センチ、最大で46.7センチもあった。昨季は高めのツーシームを見せ球に使い、スライダーでしとめるパターンで好投を続け、アメリカン・リーグ3位の29ホールドをマークした。

　ニューヨーク・ブルックリンのパークスロープ地区出身。インテリ家庭の一人っ子で、父ジョンさんは数々の映画作品やテレビシリーズに出演してきたプロの俳優。母イヴさんは公立小学校の先生。野球選手への道筋をつけてくれたのは父で、少年時代は夕食を早めに済ませて父と一緒に近くにあるプロスペクトパークの野球場に行き、ボールが見えなくなるまで、投げて打って走った。物心つく頃からのヤンキースファン。ヤンキー・スタジアムによく観戦に行っただけでなく、ファンイベントにも参加していたようで、ポール・オニール、デイヴィッド・コーンなど、90年代のスター選手とツーショットで写っている写真がたくさんある。

　ニューヨークのハーレムにある古いビルの中に「ピッチング・ラボ」と名付けた秘密の練習施設を作り、ロッキーズ時代からオフはここで投球練習やフォームのチェックをおこなっていた。ヤンキース移籍以後は、この「ピッチング・ラボ」の存在を地元メディアが盛んに報じたため、ヤンキースファンの間では名所の一つになった。

カモ T・マンシーニ（オリオールズ）.000(5-0)0本　J・ヴィアー（マーリンズ）.143(7-1)0本
苦手 S・カストロ（ナショナルズ）.583(12-7)0本　Y・プイグ（所属先未定）.545(11-6)1本

年度	所属チーム	勝利	敗戦	防御率	試合数	先発	セーブ	投球イニング	被安打	失点	自責点	被本塁打	与四球	奪三振	WHIP
2010	カーディナルス	0	2	8.46	5	3	0	22.1	37	21	21	5	9	12	2.06
2012	ロッキーズ	5	1	4.56	53	0	0	79.0	76	42	40	9	34	81	1.39
2013	ロッキーズ	1	3	2.64	51	0	0	78.1	73	27	23	5	31	78	1.33
2014	ロッキーズ	1	4	3.60	75	0	1	65.0	67	26	26	6	16	70	1.28
2015	ロッキーズ	1	0	0.00	10	0	3	10.1	3	0	0	0	2	13	0.48
2016	ロッキーズ	1	3	2.67	34	0	7	27.0	18	8	8	3	7	35	0.93
2017	ロッキーズ	2	3	5.06	63	0	0	53.1	48	30	30	8	39	63	1.63
2018	ロッキーズ	6	4	2.43	75	0	6	77.2	41	25	21	5	36	112	0.99
2019	ヤンキース	6	5	1.90	73	0	2	66.1	47	17	14	5	40	88	1.31
通算成績		23	25	3.44	439	3	19	479.1	410	197	183	46	214	552	1.30

カナダ人投手ではナンバーワンの実力 　先発

65 ジェイムズ・パクストン James Paxton

32歳｜193cm｜107kg｜左投左打

◆速球のスピード／150キロ台前半〜中頃(フォーシーム主体)
◆決め球と持ち球／☆ナックルカーブ、◎フォーシーム、◎カッター、△ツーシーム
◆対左.266 ◆対右.234 ◆ホ防3.35 ◆ア防4.33
◆ド2010④マリナーズ ◆出カナダ
◆年1250万ドル(約13億7500万円)

球威	5
制球	3
緩急	4
守備・走塁	4
度胸	4

マリナーズから移籍して迎えた昨季は、シーズン中盤まで不安定な投球が続いた。コーチらと不調の原因を探ると、フォーシームの多投が問題なことに気づいたため、8月からフォーシームの割合を減らし、ナックルカーブを増やしたところ、失点が減少。シーズン終盤に10連勝して、左のエースと評価されるようになった。投球フォームに特徴があり、テイクバックを大きくとり、上体を反り返らせてから投げ込んでくる。これはクレイトン・カーショウの投球スタイルをモデルにしているからだ。課題は立ち上がりの悪さ。昨季の初回防御率は9.00で、被本塁打23本中12本を初回に打たれている。

カモ C・ヴァスケス(レッドソックス).111(9-1)0本　苦手 J・ブラッドリー・ジュニア(レッドソックス).467(15-7)0本

年度	所属チーム	勝利	敗戦	防御率	試合	先発	セーブ	投球イニング	被安打	失点	自責点	被本塁打	与四球	奪三振	WHIP
2013	マリナーズ	3	0	1.50	4	4	0	24.0	15	5	4	2	7	21	0.92
2014	マリナーズ	6	4	3.04	13	13	0	74.0	60	29	25	3	29	59	1.20
2015	マリナーズ	3	4	3.90	13	13	0	67.0	67	34	29	8	29	56	1.43
2016	マリナーズ	6	7	3.79	20	20	0	121.0	134	62	51	9	24	117	1.31
2017	マリナーズ	12	5	2.98	24	24	0	136.0	113	47	45	9	37	156	1.10
2018	マリナーズ	11	6	3.76	28	28	0	160.1	134	67	67	23	42	208	1.10
2019	ヤンキース	15	6	3.82	29	29	0	150.2	138	71	64	23	55	186	1.28
通算成績		56	32	3.50	131	131	0	733.0	661	315	285	77	223	803	1.21

危ないキャラで知られる奪三振マシン 　クローザー

54 アロルディス・チャップマン Aroldis Chapman

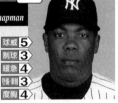

32歳｜193cm｜95kg｜左投左打

◆速球のスピード／160キロ前後(フォーシーム、ツーシーム)
◆決め球と持ち球／☆フォーシーム、◎スライダー、◎ツーシーム
◆対左.163 ◆対右.192 ◆ホ防2.35 ◆ア防2.05
◆ド2010外レッズ ◆出キューバ
◆年1600万ドル(約17億6000万円)

球威	5
制球	3
緩急	4
守備・走塁	3
度胸	4

ピークの年齢を過ぎ、4年前には161.5キロだった速球の平均スピードが158.3キロに落ちている豪腕サウスポー。この影響で速球を打たれやすくなっているため、速球の比率を下げてスライダーの比率を上げ、決め球にもスライダーを使うケースが珍しくなくなった。クローザーとしての働きはイマイチ。昨季はセーブ失敗が5回あり、セーブ成功率は88%という並の数字だった。昨季終了後FAになる権利を有していたが行使せず、ヤンキースと新たに3年契約を交わした。結果的に、ヤンキースで投げる期間が1年延びた。

カモ T・マンシーニ(オリオールズ).000(10-0)0本　苦手 M・ベッツ(ドジャース).500(8-4)1本

年度	所属チーム	勝利	敗戦	防御率	試合	先発	セーブ	投球イニング	被安打	失点	自責点	被本塁打	与四球	奪三振	WHIP
2010	レッズ	2	2	2.03	15	0	0	13.1	9	4	3	0	5	19	1.05
2011	レッズ	4	1	3.60	54	0	1	50.0	24	21	20	2	41	71	1.30
2012	レッズ	5	5	1.51	68	0	38	71.2	35	13	12	4	23	122	0.81
2013	レッズ	4	5	2.54	68	0	38	63.2	37	18	18	7	29	112	1.04
2014	レッズ	0	3	2.00	54	0	36	54.0	21	12	12	2	24	106	0.83
2015	レッズ	4	4	1.63	65	0	33	66.1	43	13	12	3	33	116	1.15
2016	ヤンキース	3	0	2.01	31	0	20	31.1	20	8	7	2	8	44	0.89
2016	カブス	1	1	1.01	28	0	16	26.2	12	4	3	0	10	46	0.82
2016	2チーム計	4	1	1.55	59	0	36	58.0	32	12	10	2	18	90	0.86
2017	ヤンキース	4	3	3.22	52	0	22	50.1	37	20	18	3	20	69	1.13
2018	ヤンキース	3	0	2.45	55	0	32	51.1	24	15	14	3	30	93	1.05
2019	ヤンキース	3	2	2.21	60	0	37	57.0	38	18	14	3	25	85	1.11
通算成績		33	26	2.23	550	0	277	535.2	300	146	133	27	248	883	1.02

対左=対左打者被打率　対右=対右打者被打率　ホ防=ホーム防御率　ア防=アウェー防御率
ド=ドラフトデータ　出=出身地　年=年俸　カモ 苦手 は通算成績

弁護士を妻に持つ、奇跡の復活を遂げた男　セットアップ

53 ザック・ブリットン Zack Britton

ヤンキース

33歳 191cm 88kg 左投左打
◆速球のスピード／150キロ台前半〜中頃(シンカー主体)
◆決め球と持ち球／☆シンカー、○カーブ
◆対左.158 ◆対右.191 ◆本防1.08 ◆ア防2.89
◆下2006⑥オリオールズ ◆出テキサス州
◆年1300万ドル(約14億3000万円) ◆最多セーブ1回(16年)

球威	5
制球	3
緩急	3
守備・牽制	4
度胸	4

　全球種の86%がシンカーで、打球の77%がゴロになるシンカーボーラーのリリーフ左腕。オリオールズでは2014年からクローザーを務めていたが、17年12月、トレーニング中にアキレス腱を断裂し、復帰まで半年かかった。その後7月末にトレードでヤンキースに移籍したが、アキレス腱断裂のダメージを感じさせない投球を見せたため、昨年1月に3年3900万ドルの契約延長にサインした。開幕後はフルシーズン、安定感のあるピッチングを見せている。チャップマンに赤信号が灯った場合は、いつでも守護神交代可能だ。

カモ J・ブラッドリー・ジュニア(レッドソックス).154(13-2)0本　苦手 M・シミエン(アスレティックス).750(4-3)0本

年度	所属チーム	勝利	敗戦	防御率	試合	先発	セーブ	投球イニング	被安打	失点	自責点	被本塁打	与四球	奪三振	WHIP
2011	オリオールズ	11	11	4.61	28	28	0	154.1	162	93	79	12	62	97	1.45
2012	オリオールズ	5	3	5.07	12	11	0	60.1	61	37	34	6	32	53	1.54
2013	オリオールズ	2	3	4.95	8	7	0	40.0	52	23	22	4	17	18	1.73
2014	オリオールズ	3	2	1.65	71	0	37	76.1	46	17	14	4	23	62	0.90
2015	オリオールズ	4	1	1.92	64	0	36	65.2	51	16	14	3	14	79	0.99
2016	オリオールズ	2	1	0.54	69	0	47	67.0	38	7	4	1	18	74	0.84
2017	オリオールズ	2	1	2.89	38	0	15	37.1	39	12	12	1	18	29	1.53
2018	オリオールズ	1	0	3.45	16	0	4	15.2	11	6	6	1	10	13	1.34
2018	ヤンキース	1	0	2.88	25	0	3	25.0	18	10	8	2	11	24	1.16
2018	2チーム計	2	0	3.10	41	0	7	40.2	29	16	14	3	21	34	1.23
2019	ヤンキース	3	1	1.91	66	0	3	61.1	38	13	13	3	32	53	1.14
通算成績		34	23	3.07	397	46	145	603.0	516	234	206	37	237	499	1.25

球威が戻る今季は怖い存在に　先発

40 ルイス・セヴェリーノ Luis Severino

26歳 188cm 98kg 右投右打
◆速球のスピード／150キロ台中頃(フォーシーム主体)
◆決め球と持ち球／◎フォーシーム、スライダー、○チェンジアップ
◆対左.148 ◆対右.143 ◆本防0.00 ◆ア防6.00
◆下2011⑩ヤンキース ◆出ドミニカ
◆年1000万ドル(約11億円)

球威	5
制球	4
緩急	4
守備・牽制	4
度胸	4

　悪夢の2019年が去り、心機一転巻き返しを図る、昨年故障に苛まれた投手。昨年は2月15日に4年4000万ドルの契約にサインし、キャンプで張り切っていた。だが、3月5日に肩を痛め、回旋筋の炎症と診断されたため、IL(故障者リスト)入り。4月いっぱいは復帰できなくなった。さらに4月9日には肩の裏側にある広背筋を痛め、6月中旬より前の復帰はなくなった。結局、実戦で投げられるようになったのは9月に入ってからで、9月17日の試合で復帰し、4回を無失点に抑えた。さらに次の登板でも5回まで1点も許さなかったため、ポストシーズンのメンバーに入って先発で投げることになった。ポストシーズンでは2試合に先発し、計8回3分の1を2失点に抑えた。

カモ X・ボーガーツ(レッドソックス).083(24-2)0本　苦手 A・ベニンテンディ(レッドソックス).407(27-11)2本

年度	所属チーム	勝利	敗戦	防御率	試合	先発	セーブ	投球イニング	被安打	失点	自責点	被本塁打	与四球	奪三振	WHIP
2015	ヤンキース	5	3	2.89	11	11	0	62.1	53	21	20	9	22	56	1.20
2016	ヤンキース	3	8	5.83	22	11	0	71.0	78	48	46	11	25	66	1.45
2017	ヤンキース	14	6	2.98	31	31	0	193.1	150	73	64	21	51	230	1.04
2018	ヤンキース	19	8	3.39	32	32	0	191.1	173	76	72	19	46	220	1.14
2019	ヤンキース	1	1	1.50	3	3	0	12.0	6	2	2	0	6	17	1.00
通算成績		42	26	3.46	99	88	0	530.0	460	220	204	60	150	589	1.15

チェンジアップの威力は魔球レベル

セットアップ

48 トミー・ケインリー Tommy Kahnle

31歳 / 185cm / 107kg / 右投右打 / 球150キロ台中頃（フォーシーム主体）/ 決◎チェンジアップ
対左.209 対右.191 ド2010⑤ヤンキース 出ニューヨーク州 年265万ドル（約2億9150万円）

球	4
制	3
緩	4
守	3
度	3

勝利の方程式に不可欠なリリーバー。一昨年は肩の故障に泣いたが、昨季は速球とチェンジアップを高低に投げ分けるピッチングで好投を続けた。このチェンジアップは、スイングすると49.8%が空振りになる魔球レベルのボール。4月は使用比率が32%だったが、月を追うごとに依存度が高くなり、9月には62%に上昇した。欠点は、打たれると感情を制御できなくなること。8月の試合では降板後、バブルガムの入った容器をボコボコにし、9月の試合でも降板後、ヒマワリの種が入った容器を叩いて憂さを晴らしたが、投げるほうの手を痛めてしまい、ブーン監督に叱責された。

年度	所属チーム	勝利	敗戦	防御率	試合数	先発	セーブ	投球イニング	被安打	失点	自責点	被本塁打	与四球	奪三振	WHIP
2019	ヤンキース	3	2	3.67	72	0	0	61.1	45	27	25	9	20	88	1.06
通算成績		9	9	3.84	284	0	4	276.2	224	138	118	28	131	341	1.28

投手生命をかけたシーズンに入るベテラン

先発

33 ジェイ・ハップ J.A. Happ

38歳 / 196cm / 93kg / 左投右打 / 球140キロ台中頃（フォーシーム、ツーシーム）/ 決◎ツーシーム
対左.228 対右.268 ド2004③フィリーズ 出イリノイ州 年1700万ドル（約18億7000万円）

球	2
制	3
緩	4
守	4
度	3

一昨年の7月末にブルージェイズから移籍して、7勝0敗、防御率2.69という見事な成績を出したサウスポー。ヤンキースは、ハップを年齢が30代後半になっても、毎年きっちり3点台の防御率を出せる黒田博樹モデルのベテランと評価し、一昨年のシーズン終了後に2年3400万ドルの契約で残留させた。しかし、球団の思惑は見事に外れてしまった。6年連続となる2ケタの勝ち星は記録したが、昨年のハップは、キレが落ちて棒球になるため空振りを取れなくなり、ホームランも頻繁に食うようになった。今季の復活は、速球のキレを取り戻せるかどうかにかかっている。

年度	所属チーム	勝利	敗戦	防御率	試合数	先発	セーブ	投球イニング	被安打	失点	自責点	被本塁打	与四球	奪三振	WHIP
2019	ヤンキース	12	8	4.91	31	30	0	161.1	160	88	88	34	49	140	1.30
通算成績		121	90	3.99	315	289	0	1692.0	1608	800	751	223	605	1497	1.31

ツーシームとカーブが武器の大崩れしない投手

**先発
ロングリリーフ**

47 ジョーダン・モンゴメリー Jordan Montgomery

28歳 / 198cm / 102kg / 左投左打 / 球150キロ前後（ツーシーム主体）/ 決◎カーブ
対左.250 対右.455 ド2014④ヤンキース 出サウスカロライナ州 年85万ドル（約9350万円）

球	3
制	4
緩	4
守	2
度	4

一昨年6月にトミー・ジョン手術を受けたため、今季が本格的なカムバックイヤーになる先発左腕。昨年9月15日にメジャー復帰したが、そこに至る道のりは平坦なものではなかった。昨年6月にタンパの球団施設で投げていたとき、左肩に違和感を覚えたのだ。MRI検査を受けたところ、病変は見つからず、2週間シャットダウンして様子を見ることに。その後、異常が見られなかったため、8月下旬に2度マイナーの試合で投げてからメジャー復帰が実現した。球団は今後も先発投手として育成する方針で、先発5番手候補の一人としてキャンプに入る。（5段階評価は手術前）

年度	所属チーム	勝利	敗戦	防御率	試合数	先発	セーブ	投球イニング	被安打	失点	自責点	被本塁打	与四球	奪三振	WHIP
2019	ヤンキース	0	0	6.75	2	1	0	4.0	7	3	3	1	0	5	1.75
通算成績		11	7	3.91	37	36	0	186.2	172	86	81	25	63	172	1.26

球=速球のスピード 決=決め球 対左=対左打者被打率 対右=対右打者被打率
ド=ドラフトデータ 出=出身地 年=年俸

投手

ヤンキース

---

57 チャド・グリーン Chad Green

ミドルリリーフ

昨季はオープナーのプチ先発で15試合登板

29歳 | 191cm | 95kg | 右投左打 | 速150キロ台中盤(フォーシーム主体) | 決◎スライダー | 対左.246 | 対右.248 | ド2013⑪タイガース | 出サウスカロライナ州 | 年127.5万ドル(約1億4025万円)

球5 / 制4 / 緩3 / 中2 / 度3

　セットアップ、ピンチの火消し役、ロングリリーフ、オープナーのプチ先発など多目的に使われている右腕。昨季は出だしから速球にスピードがないうえ、コースも甘く入るため滅多打ちあった。それにより4月24日に3A降格したが、これが格好のショック療法になったようで、5月12日に復帰後はスピードが戻り、制球も改善された。本人は多目的に使われることを素直に受け入れているわけではない。一昨年8月に集中打を浴びたあと、「打たれたのはぼくの制球が悪かったからだ。でも多目的に使われているせいでもある。集中力を保てなくなるからね」と語っている。

年度	所属チーム	勝利	敗戦	防御率	試合	先発	セーブ	投球イニング	被安打	失点	自責点	被本塁打	与四球	奪三振	WHIP
2019	ヤンキース	4	4	4.17	54	15	2	69.0	66	35	32	10	19	98	1.23
通算成績		19	11	3.16	169	24	3	259.1	213	97	91	35	66	347	1.08

---

85 ルイス・セッサ Luis Cessa

ロングリリーフ

スペイン語放送のゲスト解説者もやる才人

28歳 | 183cm | 95kg | 右投右打 | 速150キロ台前半(フォーシーム主体) | 決◎スライダー | 対左.278 | 対右.223 | ド2008外メッツ | 出メキシコ | 年89.5万ドル(約9845万円)

球3 / 制3 / 緩3 / 中3 / 度4

　昨年初めてメジャーでフルシーズン過ごしたメキシコ出身のリリーフ右腕。ピッチングの特徴は、スライダーがメインの球種で全投球の50%を占め、フォーシームは2番手の球種であること。リーグ優勝決定シリーズでは、このスライダーがフルに機能し、4イニングを無失点に抑えた。頭脳明晰(めいせき)で分析力もあるため、2016年に「FOXラテンアメリカ」がスペイン語でワールドシリーズの実況中継をおこなったとき、解説者を務めた。ナンシー・アルレオーラさんというスペイン語放送局の美人レポーターと行動をともにすることが多く、球団イベントにも一緒に参加している。

年度	所属チーム	勝利	敗戦	防御率	試合	先発	セーブ	投球イニング	被安打	失点	自責点	被本塁打	与四球	奪三振	WHIP
2019	ヤンキース	2	1	4.11	43	0	1	81.0	75	42	37	14	31	75	1.31
通算成績		7	12	4.50	86	19	3	232.0	226	126	116	42	75	190	1.30

― デイヴィ・ガルシア Deivi Garcia

先発リリーフ | 期待度 B⁻ | ルーキー

21歳 | 175cm | 73kg | 右投右打 | ◆昨季は1A+、2A、3Aでプレー | ド2015ヤンキース | 出ドミニカ

　昨季、1A+と2Aではすべて先発、3Aでは先発で使われたあとロングリリーフに回った。決め球はパワーカーブ。先発に固執すれば、不安定な制球がネックになってメジャーへの道は遠い険しいものになるが、リリーフで投げれば奪三振率の高さを買われ、今季中に昇格となる可能性は十分ある。

― クラーク・シュミット Clarke Schmidt

先発 | 期待度 B | ルーキー

24歳 | 185cm | 91kg | 右投右打 | ◆昨季は、1A+、2Aでプレー | ド2017①ヤンキース | 出ジョージア州

　2017年のドラフト1巡目指名だが、入団後ゲームで1球も投げないうちにヒジを痛め、トミー・ジョン手術を受けた。復帰後、手術前のレベルで投げられるようになったのは昨季中盤頃からで、8月下旬に2Aで2試合連続無失点をやって、評価が急上昇。今季は3Aないし2Aの先発としてスタートする。

※メジャー経験がない投手の「先発」「リリーフ」はマイナーでの役割

39

「トップバッターの打点100超」はすごい！

セカンド
サード
ファースト

26 DJラメイヒュー
DJ LeMahieu

32歳 | 193cm | 98kg | 右投右打

◆対左投手打率／.375(160-60) ◆対右投手打率／.310(442-137)
◆ホーム打率／.338(284-96) ◆アウェー打率／.318(318-101)
◆得点圏打率／.389(126-49)
◆19年のポジション別出場数／セカンド=128、サード=52、ファースト=40、DH=1
◆ドラフトデータ／2009②カブス
◆出身地／カリフォルニア州
◆年俸／1200万ドル(約13億2000万円)
◆首位打者1回(16年)、ゴールドグラブ賞3回(14、17、18年)、
　シルバースラッガー賞1回(19年)

ミート **5+**
パワー **4**
走塁 **3**
守備 **4**
肩 **3**

　脇役としてヤンキースに来たのに、30歳で大化けした内野手。2016年にナショナル・リーグの首位打者に輝いた。しかし、コロラドの標高が取らせてくれたタイトルだったので、その後も打者として高い評価を受けることはなく、ロッキーズに在籍した7年間の通算アウェー打率2割6分6厘が、真の実力であろうと思われていた。そんな見方をあざ笑うかのように、昨季は開幕直後からハイペースでヒットを生産。最初は9番打者だったが、4月下旬にトップバッターに固定された。その後は優秀なチャンスメーカーになっただけでなく、勝負強さをいかんなく発揮してチャンスに長打やタイムリーをよく打ち、トップバッターなのに打点を100の大台に乗せた。ロッキーズ時代は、長打を意識するとスイングが大きくなって打率が下がるため、ラインドライブヒッターに徹している感があったが、ヤンキースに来てからは長打を積極的に狙うようになり、本塁打26本を記録。そのうちの6本は先頭打者アーチだった。

　守備力の高い好打者に成長したのは、父トムさんが仕事から帰ったあと、息子の練習相手になって打撃投手やノッカーを務めてくれたからだ。父はコンピューター関連のコンサルタントが本業だが、野球を教えることも上手で「楽しませながら教えてくれたので、正しい方向に成長できた」とラメイヒューは語っている。野球を通じた父とのきずなは今も太いままで、頻繁(ひんぱん)に連絡を取り合って助言を受けている。妻ジョーダンさんはジョージア育ちのサザンベル（南部美人）。ルイジアナ州立大学1年のときにハロウィーンパーティーで知り合い、長い交際を経て2014年に結婚。

カモ T・ソーントン(ブルージェイズ).556(9-5)2本　B・スネル(レイズ).462(13-6)0本
苦手 N・イヴォルディ(レッドソックス).133(15-2)0本　E・ロドリゲス(レッドソックス).200(10-2)0本

年度	所属チーム	試合数	打数	得点	安打	二塁打	三塁打	本塁打	打点	四球	三振	盗塁	盗塁死	出塁率	OPS	打率
2011	カブス	37	60	3	15	2	0	0	4	1	12	0	0	.262	.546	.250
2012	ロッキーズ	81	229	26	68	12	4	2	22	13	42	1	2	.332	.742	.297
2013	ロッキーズ	109	404	39	113	21	3	2	28	19	67	18	7	.311	.673	.280
2014	ロッキーズ	149	494	59	132	15	5	5	42	33	97	10	10	.315	.663	.267
2015	ロッキーズ	150	564	85	170	21	5	6	61	50	107	23	3	.358	.746	.301
2016	ロッキーズ	146	552	104	192	32	8	11	66	66	80	11	7	.416	.911	.348
2017	ロッキーズ	155	609	95	189	28	4	8	64	59	90	6	5	.374	.783	.310
2018	ロッキーズ	128	533	90	147	32	2	15	62	37	82	6	5	.321	.749	.276
2019	ヤンキース	145	602	109	197	33	2	26	102	46	90	5	2	.375	.893	.327
通算成績		1100	4047	610	1223	196	33	75	451	324	667	80	41	.354	.776	.302

ヤンキース

ジーターへの道を歩み出した正遊撃手　ショート

25 グレイバー・トーレス
Gleyber Torres

24歳｜185cm｜91kg｜右投右打

- ◆対左投手打率／.286(140-40)　◆対右投手打率／.276(406-112)
- ◆ホーム打率／.277(267-74)　◆アウェー打率／.280(279-78)
- ◆得点圏打率／.344(128-44)
- ◆19年のポジション別出場数／ショート=77、
  セカンド=65、DH=5
- ◆ドラフトデータ／2013⑳カブス
- ◆出身地／ベネズエラ
- ◆年俸／56万3500ドル（約6200万円）+α

ミート	5
パワー	5
走塁	3
守備	3
肩	4

　2年目のジンクスを蹴散らして、前年を上回る活躍を見せたスター街道驀進中の内野手。昨季はスタントンが開幕から長期欠場、ジャッジも4月下旬から2カ月間IL入りしたため、トーレスが打線の中軸を担うことになった。打撃の才能に恵まれているとはいっても、トーレスはまだ22歳で経験に乏しいため、メディアの中には荷が重すぎると見る向きもあった。しかし、いざシーズンが回り出すと、快調に一発やタイムリーが出て打点をかせぎ、主砲として見事に機能した。

　ベネズエラ出身。16歳のとき、契約金170万ドル（1億8700万円）でカブスに入団。高校1年生の年齢でそれほどの高値が付く選手に成長したのは、父エウセビオさんのたゆまぬ努力があったからだ。

　父が息子にぬきんでた野球の才能があることに気づいたのは、息子が9歳のときだった。それからは自らがコーチになって連日、打撃練習と守備練習を暗くなるまでやってレベルアップを図った。息子が14歳になると、父は息子をマラカイ市にある全寮制の有望選手育成施設（野球アカデミー）に送った。2年後のプロ入りを目指すなら、スカウトたちがどのような点を重視するか知り尽くしているコーチたちに、指導をゆだねるのが得策だと思ったのだ。経験豊富なコーチたちに巡り合った息子はここで、さらに成長してスカウトたちから注目される存在になった。そして16歳になって、いくつかの球団が獲得の意思を見せると、カブスを選択した。

　カブスが2016年7月末のトレードで、チャップマンの見返りの一人としてトーレスをヤンキースに放出したのは、ハイレベルな若い遊撃手が2人いて（アディソン・ラッセルとハヴィエア・バエズ）、トーレスがマイナーで好成績を出し続けても、引き上げる余地がなかったからだ。

　マイナーの2Aに在籍していた2017年4月に、ベネズエラ時代から交際を続けていたエリザベスさんと、20歳の若さで結婚。

| カモ | M・ギヴンズ（オリオールズ）.400(10-4)1本　E・ロドリゲス（レッドソックス）.333(15-5)2本 |
| 苦手 | C・セイル（レッドソックス）.000(14-0)0本　J・ヴァーランダー（アストロズ）.083(12-1)0本 |

年度	所属チーム	試合数	打数	得点	安打	二塁打	三塁打	本塁打	打点	四球	三振	盗塁	盗塁死	出塁率	OPS	打率
2018	ヤンキース	123	431	54	117	16	1	24	77	42	122	6	2	.340	.820	.271
2019	ヤンキース	144	546	96	152	26	0	38	90	48	129	5	2	.337	.871	.278
通算成績		267	977	150	269	42	1	62	167	90	251	11	4	.338	.849	.275

99 アーロン・ジャッジ *Aaron Judge*

打球の初速は3年連続メジャー1位

ライト

28歳 | 201cm | 127kg | 右投右打
◆対左投手打率／.343　◆対右投手打率／.247
◆ホーム打率／.294　◆アウェー打率／.251　◆得点圏打率／.242
◆19年のポジション別出場数／ライト=92、DH=10　◆ドラフトデータ2013①ヤンキース
◆出身地カリフォルニア州　◆年俸850万ドル（約9億3500万円）
◆本塁打王1回（17年）、シルバースラッガー賞1回（17年）、新人王（17年）

ミート 3 / パワー 5+ / 走塁 4 / 守備 5 / 肩 5

守備でも多大な貢献をするようになった若きチームリーダー。昨シーズンは4月下旬に脇腹の筋肉を痛め、約2カ月戦列を離れた。しかし、パワフルなスイングは健在。昨年も打球の平均初速は154.3キロで、3年連続メジャー1位だった。昨年8月22日に菊池雄星から放った通算100号アーチは、センター・バックスクリーンの最上部に当たる推定飛距離141.1メートルの特大アーチ。通算371試合目での100号達成は、史上3番目に速い記録だった。昨季、ライトの守備では、DRS（守備で防いだ失点）が19あり、これはメジャー最多タイ。田中将大はジャッジのスーパーキャッチに何度も助けられた。人気も群を抜いており、ペプシコーラのテレビCMに3年前から出ている。

カモ M·ストローマン（メッツ）.444（18-8）4本　苦手 B·スネル（レイズ）.071（14-1）0本

年度	所属チーム	試合数	打数	得点	安打	二塁打	三塁打	本塁打	打点	四球	三振	盗塁	盗塁死	出塁率	OPS	打率
2016	ヤンキース	27	84	10	15	2	0	4	10	9	42	0	1	.263	.608	.179
2017	ヤンキース	155	542	128	154	24	3	52	114	127	208	9	4	.422	1.049	.284
2018	ヤンキース	112	413	77	115	22	0	27	67	76	152	6	3	.392	.919	.278
2019	ヤンキース	102	378	75	103	18	1	27	55	64	141	3	2	.381	.921	.272
通算成績		396	1417	290	387	66	4	110	246	276	543	18	10	.394	.952	.273

29 ジオ・アーシェラ *Gio Urshela*

昨年誰もが予期せぬ大化けをした三塁手

サード

29歳 | 183cm | 100kg | 右投右打
◆対左投手打率／.303　◆対右投手打率／.320
◆ホーム打率／.328　◆アウェー打率／.304　◆得点圏打率／.333
◆19年のポジション別出場数／サード=123、DH=3、ファースト=1、レフト=1
◆ドラフトデータ2008㊕インディアンズ　◆出身地コロンビア
◆年俸247.5万ドル（約2億7225万円）

ミート 4 / パワー 4 / 走塁 3 / 守備 4 / 肩 5

昨年アンドゥハーの代役でメジャーに呼ばれ、打ちまくってチームの救世主になった遅咲きのプレーヤー。かつてはインディアンズの内野のホープだったが、貧打にあえぎ、マイナーに沈んだまま一昨年8月にヤンキースの3Aに移籍。しかし、ここでプランティアー打撃コーチと出会い、その助言でスタンスを変えたところ、打球の速さが一変。昨年4月6日にメジャーに呼ばれるとさっそく成果が出て、ハイペースでヒットを打って注目された。シーズン後半には、しばしば値千金の一発を放ってチームに勝利を呼び込んだ。守備でも再三好守を見せ、アンドゥハーとのレベルの違いを見せつけた。今季はアンドゥハーが復帰するが、引き続き正三塁手はアーシェラが務める。

カモ Y·チリノス（レイズ）.750（8-6）1本　苦手 菊池雄星（マリナーズ）.000（5-0）0本

年度	所属チーム	試合数	打数	得点	安打	二塁打	三塁打	本塁打	打点	四球	三振	盗塁	盗塁死	出塁率	OPS	打率
2015	インディアンズ	81	267	25	60	8	1	6	21	18	58	0	1	.279	.608	.225
2017	インディアンズ	67	156	14	35	7	0	1	15	8	22	0	0	.262	.551	.224
2018	ブルージェイズ	19	43	7	10	1	0	1	3	2	10	0	0	.283	.608	.233
2019	ヤンキース	132	442	73	139	34	0	21	74	25	87	1	1	.355	.889	.314
通算成績		299	908	119	244	50	1	29	113	53	177	1	2	.313	.735	.269

値千金の一打と超美技を連発し、ファン急増　外野手

39 マイク・トークマン Mike Tauchman

30歳｜188cm｜100kg｜左投左打

◆対左投手打率／.357　◆対右投手打率／.247
◆ホーム打率／.246　◆アウェー打率／.304　◆得点圏打率／.324
◆19年のポジション別出場数／レフト＝59、ライト＝19、センター＝14
◆Ⓓ2013⑩ロッキーズ　◆Ⓔイリノイ州
◆Ⓨ56万3500ドル（約6200万円）＋α

ミート 4
パワー 4
走塁 5
守備 5
肩 4

　昨年の開幕直前にロッキーズから移籍し、打撃守備の両面で大ブレイクした注目の外野手。ロッキーズでは2016年から3年間、3Aでは抜群の成績を出すのに、メジャーに上げると結果を出せない状態が続いていた。しかし移籍後は月を追うごとに当たりが出るようになり、シーズン後半は45試合の出場で打率3割1分2厘、本塁打9、二塁打10と打ちまくり、「MLB.com」が選ぶ「シーズン後半のベストナイン」に選出された。守備力もトップレベルで、レフトの守備に就いたのは59試合しかないが、ピンチにスーパーキャッチを連発したため、DRS（守備で防いだ失点）が10あった。これはメジャーの左翼手で最多タイの数字だ。とくに8月6日のオリオールズ戦で見せたアクロバチックなホームランキャッチは、多くのファンのド肝を抜いた。

カモ B・スネル（レイズ）.750(4-3)0本　　苦手 平野佳寿（マリナーズ）.000(4-0)0本

年度	所属チーム	試合数	打数	得点	安打	二塁打	三塁打	本塁打	打点	四球	三振	盗塁	盗塁死	出塁率	OPS	打率
2017	ロッキーズ	31	27	2	6	0	1	0	2	5	10	1	2	.344	.640	.222
2018	ロッキーズ	21	32	5	3	1	0	0	0	4	15	1	0	.194	.319	.094
2019	ヤンキース	87	260	46	72	18	1	13	47	34	71	6	0	.361	.865	.277
通算成績		139	319	53	81	19	2	13	49	43	96	8	2	.343	.792	.254

失投を見逃さない破壊力と図太い神経が魅力　キャッチャー

24 ゲーリー・サンチェス Gary Sanchez

28歳｜188cm｜104kg｜右投右打　盗塁阻止率／.234(47-11)

◆対左投手打率／.200　◆対右投手打率／.243
◆ホーム打率／.276　◆アウェー打率／.194　◆得点圏打率／.231
◆19年のポジション別出場数／キャッチャー＝90、DH＝15
◆Ⓓ2009⑭ヤンキース　◆Ⓔドミニカ
◆Ⓨ500万ドル（約5億5000万円）　◆シルバースラッガー賞1回(17年)

ミート 3
パワー 5
走塁 2
守備 2
肩 4

　並外れたパワーを備えた、バットで貢献するタイプの捕手。昨季は2度IL入りしたため106試合の出場にとどまったが、ハイペースで外野席に叩き込み、キャリアハイの34本塁打をマークした。辛辣なファンと口うるさいメディアが多い、ニューヨークのチームの正捕手という損な立場にいるため、守備面の未熟さがよく批判の対象になり、昨年はポストシーズンで打撃不振と拙守が重なったこともあり、本拠地のファンからブーイングを浴びた。レギュラーシーズンではワイルドピッチやパスボールを出す頻度が大幅に減ったが、15失策はメジャー全捕手の中でワーストタイ。その6割は悪送球によるものだ。長所は図太い神経をしているため、批判やブーイングに動じないことだ。

カモ D・プライス（ドジャース）.467(15-7)5本　　苦手 C・セイル（レッドソックス）.174(23-4)0本

年度	所属チーム	試合数	打数	得点	安打	二塁打	三塁打	本塁打	打点	四球	三振	盗塁	盗塁死	出塁率	OPS	打率
2015	ヤンキース	2	2	0	0	0	0	0	0	0	0	0	0	.000	.000	.000
2016	ヤンキース	53	201	34	60	12	0	20	42	24	57	1	0	.376	1.032	.299
2017	ヤンキース	122	471	79	131	20	0	33	90	40	120	2	1	.345	.876	.278
2018	ヤンキース	89	323	51	60	17	0	18	53	46	94	1	0	.291	.697	.186
2019	ヤンキース	106	396	62	92	12	1	34	77	40	125	0	1	.316	.841	.232
通算成績		372	1393	226	343	61	1	105	262	150	397	4	2	.328	.846	.246

野手

昨シーズンの中盤以降、悪夢の展開に

ファースト DH

59 ルーク・ヴォイト Luke Voit

29歳／191cm／102kg／右投右打

◆対左投手打率／.250　◆対右投手打率／.268
◆ホーム打率／.236　◆アウェー打率／.292　◆得点圏打率／.308
◆19年のポジション別出場数／ファースト＝83、DH＝34
◆⑤2013㉒カーディナルス　◆⊞ミズーリ州
◆軍56万3500ドル（約6200万円）+α

ミート **3**
パワー **5**
走塁 **2**
守備 **2**
肩 **3**

　一昨年7月末にカーディナルスから移籍後、本塁打と打点をハイペースで生産。昨季も開幕から好調で、5月末の段階で14本塁打、38打点（チーム最多）をマーク。このまま中心打者に成長すると思われた。ところが、7月2日にインナーマッスルの断裂によって生じた腹痛の治療でIL入り。復帰後、今度は太ももの付け根に激痛が走るスポーツヘルニアになり、ひと月ほど戦列を離れた。さらに9月15日から32打数1安打というひどいスランプに見舞われ、ポストシーズンにも出場できなかった。10月下旬に入院してインナーマッスルの治療を受けているが、ダメージは軽微で今季はキャンプから参加。

カモ E・ロドリゲス（レッドソックス）.500(10-5)1本　**苦手** C・セイル（レッドソックス）.125(8-1)0本

年度	所属チーム	試合数	打数	得点	安打	二塁打	三塁打	本塁打	打点	四球	三振	盗塁	盗塁死	出塁率	OPS	打率
2017	カーディナルス	62	114	18	28	9	0	4	18	7	31	0	0	.306	.736	.246
2018	カーディナルス	8	11	2	2	0	0	1	3	2	4	0	0	.308	.762	.182
2018	ヤンキース	39	132	28	44	5	0	14	33	15	39	0	0	.405	1.095	.333
2018	2チーム計	47	143	30	46	5	0	15	36	17	43	0	0	.398	1.069	.322
2019	ヤンキース	118	429	72	113	21	1	21	62	71	142	0	0	.378	.842	.263
通算成績		227	686	120	187	35	1	40	116	95	216	0	0	.371	.873	.273

大学時代は二刀流で活躍した長距離砲

ファースト DH

36 マイク・フォード Mike Ford

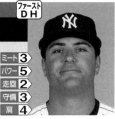

28歳／183cm／102kg／右投左打

◆対左投手打率／.333　◆対右投手打率／.236
◆ホーム打率／.224　◆アウェー打率／.282　◆得点圏打率／.241
◆19年のポジション別出場数／ファースト＝29、DH＝14、ピッチャー＝1
◆⑤2013㊐ヤンキース　◆⊞ニュージャージー州
◆軍軍56万3500ドル（約6200万円）+α

ミート **3**
パワー **5**
走塁 **2**
守備 **3**
肩 **4**

　昨年4月にメジャーデビューしたあとハイペースで一発を生産、ピッチャーとしても1試合に登板した異色の一塁手。昨季の本塁打ペースは11.9打数に1本で、ジャッジの14.0打数に1本、トーレスの14.4打数に1本というペースをしのぐものだ。秀才の集うプリンストン大学出身。同大では投手兼一塁手として活躍。3年生のとき、打者として打率3割2分0厘、6本塁打、38打点。投手として8試合に先発し、6勝0敗、防御率0.98という目を見張る成績をマークし、アイビーリーグのMVPに選出された。昨年8月15日のインディアンズ戦では、大差をつけられた場面で投手として起用されたが、2イニングを投げて一発を2本食い、6失点している。2013年のドラフトでは指名されず、8月になってヤンキースにドラフト外で入団。指名漏れは、スカウトたちの間で、投手で獲るか打者で獲るか、意見が分かれたからだ。

カモ ──　**苦手** G・イオーナ（レイズ）.000(5-0)0本

年度	所属チーム	試合数	打数	得点	安打	二塁打	三塁打	本塁打	打点	四球	三振	盗塁	盗塁死	出塁率	OPS	打率
2019	ヤンキース	50	143	30	37	7	0	12	25	17	28	0	0	.350	.909	.259
通算成績		50	143	30	37	7	0	12	25	17	28	0	0	.350	.909	.259

野手

27 ジャンカルロ・スタントン *Giancarlo Stanton*

ケガのデパート・ブロンクス支店

レフト DH

31歳 | 198cm | 111kg | 右投右打 | 対左.286 対右.289 ホ.293
⑦.278 得.429 ⑰2007②マーリンズ ⑭カリフォルニア州 年2600万ドル（約28億6000万円）
◆MVP1回(17年)、本塁打王2回(14,17年)、打点王1回(17年)、シルバースラッガー賞2回(14,17年)、ハンク・アーロン賞2回(14,17年)

ミ3
パ5
走3
守3
肩4

　不良資産化を避けるため、今季は年俸に見合った働きをする必要がある故障続きのスラッガー。ヤンキース1年目は数字的にはまずまずだったが、肝心の場面で結果を出せなかった。そのため2年目の昨季は巻き返しを期待されたが、4月に左腕上腕二頭筋の断裂、5月に左肩と左ふくらはぎの故障、6月にヒザの故障と、あちこちに故障が出たため、レギュラーシーズンは18試合の出場にとどまった。さらにポストシーズンでもリーグ優勝決定シリーズ初戦で右大腿四頭筋を痛め、4試合しか出場できなかった。契約はあと8年あるので、ヤンキースは268億円支払う義務がある。

年度	所属チーム	試合数	打数	得点	安打	二塁打	三塁打	本塁打	打点	四球	三振	盗塁	盗塁死	出塁率	OPS	打率
2019	ヤンキース	18	59	8	17	3	0	3	13	12	24	0	0	.403	.894	.288
通算成績		1162	4253	686	1141	239	11	308	785	569	1375	41	14	.358	.905	.268

41 ミゲール・アンドゥハー *Miguel Andújar*

今季はDHがメインになるカムバック賞候補

DH サード

25歳 | 183cm | 98kg | 右投右打 | 対左.000 対右.167 ホ.143 ⑦.083 得.077
⑰2011外ヤンキース ⑭ドミニカ 年56万3500ドル（約6200万円）+α

ミ4
パ4
走2
守1
肩5

　肩の故障で昨年5月中旬以降、出場がなかったスラッガー。一昨年、サードのレギュラーに抜擢され、本塁打27、二塁打47、打点92をマークし、新人王投票で次点になった。そのため昨季は期待されたが、開幕早々右肩を痛めてIL入り。ひと月ほど戦列を離れたあと復帰したが、すぐに再発。詳しい検査で関節唇の部分断裂と診断されたため修復手術を受けることになり、そのままシーズンを終えた。長期欠場している間に、正三塁手の座を守備力の高いアーシェラに奪われたため、球団は今季、守備に難のあるアンドゥハーをDH兼サードの2番手として使う可能性が高い。

年度	所属チーム	試合数	打数	得点	安打	二塁打	三塁打	本塁打	打点	四球	三振	盗塁	盗塁死	出塁率	OPS	打率
2019	ヤンキース	12	47	1	6	0	0	1	1	1	11	0	0	.143	.271	.128
通算成績		166	627	84	180	49	2	27	97	27	108	3	1	.318	.819	.287

11 ブレット・ガードナー *Brett Gardner*

メジャー12年目で自己ベストの打撃成績

センター レフト

37歳 | 180cm | 88kg | 左投左打 | 対左.212 対右.265 ホ.244 ⑦.257 得.198
⑰2005③ヤンキース ⑭サウスカロライナ州 年1250万ドル（約13億7500万円）
◆盗塁王1回(11年)、ゴールドグラブ賞1回(16年)

ミ2
パ4
走4
守4
肩2

　ヤンキース生え抜きのベテラン外野手。1年750万ドルで残留した昨季は、出場数の減少が予想されていた。だが、ヒックスやスタントンの離脱などもあり、計141試合に出場。ともに自己最多となる28本塁打、74打点をマークした。ヤンキースとは相思相愛の関係で、オフに1年1250万ドルで再契約。トミー・ジョン手術を受けたヒックスの復帰が今季途中になるため、レギュラー格で今季開幕を迎える見込みだ。ヤンキースの外野手として、通算で1449試合守備についている。これを上回るのは、ミッキー・マントル、ベーブ・ルース、バーニー・ウィリアムズら5名のみ。

年度	所属チーム	試合数	打数	得点	安打	二塁打	三塁打	本塁打	打点	四球	三振	盗塁	盗塁死	出塁率	OPS	打率
2019	ヤンキース	141	491	86	123	26	7	28	74	52	108	10	2	.325	.829	.251
通算成績		1499	5220	876	1355	230	68	124	524	613	1110	267	61	.342	.743	.260

ヤンキース

対左=対左投手打率　対右=対右投手打率　ホ=ホーム打率　⑦=アウェー打率　得=得点圏打率

45

銃撃事件の13カ月後に大願成就

90 タイロ・エストラーダ *Thairo Estrada*

ユーティリティ

24歳／178cm／86kg／右投右打　対左.154　対右.275　ホ.143　ア.302　得.400
ド2012外ヤンキース　出ベネズエラ　年56万3500ドル（約6200万円）＋α

ミ ③
パ ②
走 ③
守 ③
肩 ③

　苦難を乗り越え、昨年4月にメジャーデビューしたスーパーユーティリティ。エストラーダがレストランで2人の武装強盗に襲撃されたのは、ベネズエラに帰国中の一昨年1月のことだ。拳銃で臀部を撃たれた彼は重傷を負うが、設備が貧弱なベネズエラの病院では臀部にとどまった銃弾を摘出できず、銃弾が残った体で米国に戻り、リハビリを経て、シーズン終盤にマイナーの試合に復帰。シーズン終了後に、銃弾の摘出手術を受けた。これによって元の体に戻った彼は、招待選手として参加したキャンプで高出塁率をマーク。それが首脳陣に好印象を与え、開幕直後に昇格が決まった。

年度	所属チーム	試合数	打数	得点	安打	二塁打	三塁打	本塁打	打点	四球	三振	盗塁	盗塁死	出塁率	OPS	打率
2019	ヤンキース	35	64	12	16	3	0	3	12	3	15	4	0	.294	.732	.250
通算成績		35	64	12	16	3	0	3	12	3	15	4	0	.294	.732	.250

打者としての価値が上昇中のイケメン捕手

66 カイル・ヒガシオカ *Kyle Higashioka*

キャッチャー

30歳／185cm／93kg／右投右打　盗塁阻止率／.200(15-3)　対右.267　対右.195　ホ.214
ア.214　得.294　ド2008⑦ヤンキース　出カリフォルニア州　年56万3500ドル（約6200万円）＋α

ミ ②
パ ④
走 ②
守 ③
肩 ③

　ここにきてどんどんパワーが付き、長打がよく出るようになった日系4世のキャッチャー。一昨年はメジャーでの出場が29試合あったが、昨季は18試合にとどまり、安打数は12本だった。だが、このうちの5本は二塁打、3本は本塁打で、昨季は3Aでも長打を量産。241打数で、20本外野席に叩き込んでいる。これにより、長打を期待できない非力な打者というイメージは過去のものなった。リード面では、一昨年は田中将大と相性が良かったが、昨年はパクストンと組んだ3試合が防御率1.02、ヘルマンと組んだ4試合が防御率1.17で、どの試合でも好投を引き出していた。

年度	所属チーム	試合数	打数	得点	安打	二塁打	三塁打	本塁打	打点	四球	三振	盗塁	盗塁死	出塁率	OPS	打率
2019	ヤンキース	18	56	8	12	5	0	3	11	0	26	0	0	.211	.675	.214
通算成績		56	146	16	24	7	0	6	17	8	48	0	0	.212	.547	.164

— エステヴァン・フロリアル *Estevan Florial*

センター　期待度 C　ルーキー

23歳／185cm／84kg／右投左打　◆昨季は1A＋でプレー　ド2015外ヤンキース　出ドミニカ

　ヤング・バーニー・ウィリアムズと形容されたこともある、スピード、パワー、打撃センスを併せ持つ中堅手。一昨年はヤンキース有望株リストの2位に、昨年は1位にランクされながら、ケガで2年連続不本意な成績に終わった。だが潜在力の高さは群を抜く。ケガさえなければスピード出世する可能性も。

— ジョシュ・ブロー *Josh Breaux*

キャッチャー　期待度 C'　ルーキー

23歳／185cm／100kg／右投右打　◆昨季は1Aでプレー　ド2018②ヤンキース　出テキサス州

　ヤンキースが将来の正捕手になりえる人材を得るため、2018年のドラフトで1巡目と2巡目に捕手を指名した際、2巡目で指名した逸材。バットで貢献するタイプで、最大のウリはパワー。短大時代は投手としても活躍し、150キロ台半ばの豪速球を投げていた。その強肩は健在だが、動作に難があり、盗塁阻止率は低い。

　対左＝対左投手打率　対右＝対右投手打率　ホ＝ホーム打率　ア＝アウェー打率　得＝得点圏打率　ド＝ドラフトデータ　出＝出身地　年＝年俸

タンパベイ・レイズ

◆創　立：1998年　　　　　　　　　◆ワールドシリーズ制覇：0回　◆リーグ優勝：1回
◆本拠地：フロリダ州セントピーターズバーグ市　◆地区優勝：2回／◆ワイルドカード獲得：3回

主要オーナー　ステュワート・スターンバーグ（投資家）

過去5年成績

年度	勝	負	勝率	ゲーム差	地区順位	ポストシーズン成績
2015	80	82	.494	13.0	④	―
2016	68	94	.420	25.0	⑤	―
2017	80	82	.494	13.0	③	―
2018	90	72	.556	18.0	③	―
2019	**96**	**66**	**.593**	**7.0**	**②**	地区シリーズ敗退

監督　16 ケヴィン・キャッシュ *Kevin Cash*

◆年　　齢…………43歳（フロリダ州出身）
◆現役時代の経歴…8シーズン　ブルージェイズ（2002〜04）、
（キャッチャー）　　デビルレイズ（2005）、レッドソックス（2007〜
　　　　　　　　　08）、ヤンキース（2009）、アストロズ（2010）、
　　　　　　　　　レッドソックス（2010）
◆現役通算成績…… 246試合　.183　12本　58打点
◆監督経歴…………5シーズン　レイズ（2015〜）
◆通算成績…………414勝396敗（勝率.511）

「オープナー」を駆使し、強豪球団に立ち向かう若き名将。その手腕に対する評価は高く、アメリカン・リーグ最優秀監督賞の投票でも、一昨年、昨年と3位に入っている。ユーモアセンスもなかなかのもの。昨年のアストロズとの地区シリーズで、ヴァーランダーに完璧に抑えられた試合後、「我々はヴァーランダーされた」と、独特の言い回しで相手右腕を称賛した。尊敬する人物は、選手・コーチとして仕えたテリー・フランコーナ（現インディアンズ監督）。

注目コーチ　30 オジー・ティモンズ *Ozzie Timmons*

一塁ベースコーチ。50歳。現役時代は外野手で、デビルレイズ（現レイズ）退団後の2001年に来日。中日で1シーズン、プレーした（83試合・打率2割2分8厘・12本）。

編成責任者　エリック・ニアンダー *Erik Neander*

36歳。お金をかけずに的確な補強をおこない、マイナー組織も充実。ヤンキース、レッドソックスといったお金持ち球団とは、一味違ったチーム作りを展開している。

スタジアム　トロピカーナ・フィールド *Tropicana Field*

◆開場年…………1990年
◆仕　様…………人工芝、ドーム球場
◆収容能力………25,000人
◆フェンスの高さ…2.7〜3.4m
◆特　徴…………メジャーの球場には開閉式のドーム球場は数多くあるが、トロピカーナ・フィールドは、開閉機能のないメジャー唯一の密閉式ドーム球場。投手に比較的有利な造りで、右打者にやや本塁打が出にくいとのデータが出ている。

ピッチャーズ　パーク

123
125　　113
113
96　　98

Best Order [ベストオーダー]

①**ブランドン・ラウ**……セカンド
②**オースティン・メドウズ**……ライト
③**ハンター・レンフロー**……レフト
④**筒香嘉智**……DH
⑤**ヤンディ・ディアス**……サード
⑥**崔志萬（チェ・ジマン）**……ファースト
⑦**ウィリー・アダメス**……ショート
⑧**ケヴィン・キアマイア**……センター
⑨**マイク・ズニーノ**……キャッチャー

Depth Chart [ポジション別選手層・メンバーリスト]

※2020年2月4日時点の候補選手。
数字は背番号（開幕前に変更する
場合もあり）、右・左等は投・打の順。

センター
39 **ケヴィン・キアマイア [右・左]**
56 ランディ・アロザレーナ [右・右]

レフト
11 **ハンター・レンフロー [右・右]**
25 筒香嘉智 [右・左]
8 ブランドン・ラウ [右・左]
28 ダニエル・ロバートソン [右・右]

ライト
17 **オースティン・メドウズ [左・左]**
8 ブランドン・ラウ [右・左]
40 ホセ・マルティネス [右・右]

ショート
1 **ウィリー・アダメス [右・右]**
18 ジョーイ・ウェンドル [右・左]
28 ダニエル・ロバートソン [右・右]

セカンド
8 **ブランドン・ラウ [右・左]**
18 ジョーイ・ウェンドル [右・左]
28 ダニエル・ロバートソン [右・右]

ローテーション
4 ブレイク・スネル [左・左]
20 タイラー・グラスノウ [右・右]
50 チャーリー・モートン [右・右]
48 ライアン・ヤーブロー [左・右]
72 ヨニー・チリノス [右・右]
49 ブレンダン・マッケイ [左・左]
34 トレヴァー・リチャーズ [右・右]

サード
2 **ヤンディ・ディアス [右・右]**
18 ジョーイ・ウェンドル [右・左]
28 ダニエル・ロバートソン [右・右]
43 マイケル・ブロソー [右・右]
25 筒香嘉智 [右・左]

ファースト
26 **崔志萬（チェ・ジマン）[右・左]**
40 ホセ・マルティネス [右・右]
35 ネイト・ロウ [右・左]
31 ブライアン・オグラディ [右・左]

DH
25 **筒香嘉智 [右・左]**
40 ホセ・マルティネス [右・右]
17 オースティン・メドウズ [左・左]
35 ネイト・ロウ [右・左]

キャッチャー
10 **マイク・ズニーノ [右・右]**
7 マイケル・ペレス [右・左]
－ ケヴァン・スミス [右・右]

ブルペン
15 エミリオ・パガン [右・右] **CL**
70 ニック・アンダーソン [右・右]
63 ディエゴ・カスティーヨ [右・右]
46 ホセ・アルヴァラード [左・右]
47 オリヴァー・ドレイク [右・右]

38 コリン・ポシェ [左・右]
52 チャズ・ロー [右・右]
68 ジャレン・ビークス [左・左]
53 アンソニー・バンダ [左・左]
44 ピーター・フェアバンクス [右・右]

36 アンドルー・キトレッジ [右・右]
34 トレヴァー・リチャーズ [右・右]

※**CL**＝クローザー

レイズ試合日程……＊はアウェーでの開催

3月26・28・29 パイレーツ	27・28・29 インディアンズ	30・31 ブリュワーズ
30・31・**4**月1 ヤンキース	30・**5**月1・2・3 アスレティックス＊	**6**月1・2・3 ツインズ＊
3・4・5 レンジャーズ＊	5・6・7 ホワイトソックス＊	5・6・7 ヤンキース＊
6・7・8 レッドソックス＊	8・9・10 レンジャーズ	9・10・11 レッドソックス
9・10・11・12 インディアンズ＊	11・12・13・14 ヤンキース	12・13・14 オリオールズ
13・14・15 アストロズ	15・16・17 オリオールズ	16・17・18 ブルージェイズ＊
17・18・19 ブルージェイズ	19・20・21 レッドソックス＊	19・20・21 オリオールズ＊
20・21・22・23 アストロズ＊	23・24・25 タイガース	23・24・25 アスレティックス
24・25・26 ロイヤルズ	26・27・28 ブルージェイズ	26・27・28 マリナーズ

球団メモ 昨季開幕時のチーム総年俸は、メジャー最低の5350万ドルだった。なお総年俸が高かったのは、カブス、ヤンキース、ナショナルズ、レッドソックスで、約2億ドル。

レイズ

■投手力➡…★★★★☆【昨年度チーム防御率3.65、リーグ1位】

　昨年の先発防御率はリーグ2位の3.64で、首位アストロズに0.03及ばなかったが、これにはオープナー戦術のバルクガイ（コマ切れリレーで2番目に登場し、3～5イニング投げる役目）を務めた投手の成績が反映されていないので、実質リーグ最強だった。今季はスネルの復調も見込めるので、大きく数字を落とすことはないはず。ブルペンは、顔ぶれだけ見れば貧弱に見えるが、奪三振率の高い投手がそろっており、今年も平均以上の働きができるだろう。

■攻撃力↗…★★★☆☆【昨年度チーム得点769、リーグ7位タイ】

　昨年はチーム得点が「中の下」レベルだったが、筒香嘉智、レンフロー、マルティネスをオフに補強し、今季は年間の本塁打数が大幅に増えそうだ。ホームランバッターを多くそろえてプラトーンで起用する方針なので、うまく噛み合えば、昨年のツインズとはいかなくてもたくさんのアーチを生産し、ヤンキースやレッドソックスに打ち勝つシーンが度々見られるかもしれない。

■守備力↗…★★★★☆【昨年度チーム失策数87、リーグ5位】

　センターラインの守備力はトップレベル。外野はゴールドグラブ候補の強肩レンフローが加入し、さらにレベルアップした。捕手ズニーノは守備力を過小評価されている。打率1割台でも、正捕手で使う価値がある捕手だ。

■機動力➡…★★★☆☆【昨年度チーム盗塁数94、リーグ5位】

　策士キャッシュ監督は犠打を、アウトを一つ増やす無駄な行為と考えているようで、ほとんどやらなくなった。盗塁には積極的だが、成功率は平均レベル。

総合評価　★★★★☆

　昨季も年俸総額は低いのに、強豪と渡り合っていた。「最強の貧乏球団」という評価は揺らいでいない。オープナーの発明者キャッシュ監督は、今年も積極的に活用する方針。攻撃面では、自ら出向いて入団させた筒香を打線の秘密兵器にする腹づもりだ。

IN　主な入団選手	**OUT**　主な退団選手
投手	投手
とくになし	とくになし
野手	野手
筒香嘉智←横浜DeNA	アヴィサイル・ガルシア➡ブリュワーズ
ハンター・レンフロー←パドレス	エリック・ソガード➡ブリュワーズ
ホセ・マルティネス←カーディナルス	トラヴィス・ダーノウ➡ブレーブス
ランディ・アロザレーナ←カーディナルス	ヘスース・アギラー➡マーリンズ
ブライアン・オグラディ←レッズ	トミー・ファム➡パドレス

29・30・7月1・2	エンジェルス	31・8月1・2	レッズ*	31・9月1・2・3	ホワイトソックス
3・4・5	カブス*	3・4・5	ブルージェイズ*	4・5・6	ブルージェイズ*
7・8	ブリュワーズ*	7・8・9	レッドソックス	8・9	マーリンズ*
10・11・12	カーディナルス	10・11・12・13	ブルージェイズ	11・12・13	レッドソックス*
14	オールスターゲーム	14・15・16	オリオールズ	14・15・16	ヤンキース
17・18・19	オリオールズ*	17・18・19	ヤンキース*	17・18・19・20	レッドソックス
20・21・22	ロイヤルズ*	21・22・23	エンジェルス*	21・22・23・24	オリオールズ*
24・25・26	タイガース	24・25・26	マリナーズ*	25・26・27	ヤンキース*
28・29	マーリンズ	28・29・30	ツインズ		

球団メモ　観客動員数増加策として、カナダのモントリオールにも新球場を造り、現在の本拠セントピーターズバーグとのダブルフランチャイズを模索していたが、計画倒れに。

35歳で大ブレイクした人望のあるベテラン 先発

50 チャーリー・モートン
Charlie Morton

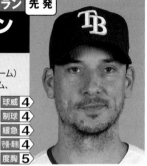

37歳｜196cm｜98kg｜右投右打
- ◆速球のスピード／150キロ前後（フォーシーム、ツーシーム）
- ◆決め球と持ち球／☆ナックルカーブ、◎フォーシーム、◎ツーシーム、◎スライダー、△スプリッター、△カッター
- ◆対左打者被打率／.227　◆対右打者被打率／.202
- ◆ホーム防御率／2.59　◆アウェー防御率／3.59
- ◆ドラフトデータ／2002③ブレーブス
- ◆出身地／ニュージャージー州
- ◆年俸／1500万ドル（約16億5000万円）

球威 4
制球 4
緩急 4
守備・牽制 4
度胸 5

　サイ・ヤング賞投票で3位に入る華々しい活躍を見せた、大器晩成型の右腕。活躍の場をヒューストンからタンパベイに移して迎えた昨シーズンは、出だしから決め球であるナックルカーブの制球が良く、速球を高めに、カーブを低めに投げ分けてハイペースで三振を奪い、勝ち星を積み重ねていった。シーズン前半時点の数字は10勝2敗、防御率2.32という見事なもので、2年連続でオールスターに選出された。

　圧巻だったのは、ポストシーズンでのピッチング。ワイルドカードゲームでは、アスレティックスの強力打線を5回まで失点1（自責点0）に抑えて、チームを地区シリーズに導いた。また、アストロズとの地区シリーズでは、0勝2敗で迎えた第3戦に先発。5回をアルトゥーヴェのソロアーチによる1点だけに抑え、古巣の3連勝を阻止した。

　昨季は序盤ナックルカーブで面白いように三振を奪ったため、使用頻度が増し、5月以降は全投球の4割をナックルカーブが占めるようになった。

　アストロズでは若手の面倒をよく見るベテランと評価され、人望があった。こうした評価はレイズでも変わっていない。レイズは経験に乏しい若手が多いため、モートンの経験に裏打ちされた助言は若手のレベルアップに大いに役立っている。とくに昨年グラスノウがブレイクしたのは、モートンの役割が大きかったと言われている。普段は物静かで、品行方正なジェントルマン。インタビューでも知性を感じさせるソフトな話し方をする。

カモ J・ブラッドリー・ジュニア（レッドソックス）.063(16-1)0本　A・ジャッジ（ヤンキース）.091(11-1)1本
苦手 B・ガードナー（ヤンキース）.400(20-8)3本　X・ボーガーツ（レッドソックス）.385(26-10)1本

年度	所属チーム	勝利	敗戦	防御率	試合	先発	セーブ	投球イニング	被安打	失点	自責点	被本塁打	与四球	奪三振	WHIP
2008	ブレーブス	4	8	6.15	16	15	0	74.2	80	56	51	9	41	48	1.62
2009	パイレーツ	5	9	4.55	18	18	0	97.0	102	49	49	7	40	62	1.46
2010	パイレーツ	2	12	7.57	17	17	0	79.2	112	79	67	15	26	59	1.73
2011	パイレーツ	10	10	3.83	29	29	0	171.2	186	82	73	6	77	110	1.53
2012	パイレーツ	2	6	4.65	9	9	0	50.1	62	30	26	5	11	25	1.45
2013	パイレーツ	7	4	3.26	20	20	0	116.0	113	51	42	6	36	85	1.28
2014	パイレーツ	6	12	3.72	26	26	0	157.1	143	76	65	9	57	126	1.27
2015	パイレーツ	9	9	4.81	23	23	0	129.0	137	77	69	13	41	96	1.38
2016	フィリーズ	1	1	4.15	4	4	0	17.1	15	8	8	1	8	19	1.33
2017	アストロズ	14	7	3.62	25	25	0	146.2	125	65	59	14	50	163	1.19
2018	アストロズ	15	3	3.13	30	30	0	167.0	130	63	58	18	64	201	1.16
2019	レイズ	16	6	3.05	33	33	0	194.2	154	71	66	15	57	240	1.08
通算成績		91	87	4.07	250	249	0	1401.1	1359	707	633	118	508	1234	1.33

カモ 苦手 は通算成績

復活のカギを握るのは変化球のコントロール 先発

4 ブレイク・スネル Blake Snell

28歳｜193cm｜98kg｜左投左打

◆速球のスピード／150キロ台前半～後半（フォーシーム主体）
◆決め球と持ち球／☆フォーシーム、◎カーブ、◎チェンジアップ、△スライダー
◆[対左].329 ◆[対右].222 ◆[ホ防]2.89 ◆[ア防]5.82
◆[ド]2011①レイズ ◆[出]ワシントン州 ◆[年]700万ドル（約7億7000万円）
◆サイ・ヤング賞1回（18年）、最優秀防御率1回（18年）、最多勝1回（18年）

球威	5
制球	3
緩急	5
守備・走塁	4
度胸	4

サイ・ヤング賞の一昨年とはうって変わって、昨年は制球難と故障で散々な年になった左のエース。昨年は2度IL（故障者リスト）入りがあった。まず4月中旬に、自宅で足に重い器具を落とすアクシデントがあり、つま先を痛めた。このときは10日ほどで復帰したが、その後、3つの変化球すべての制球が不安定になり、それがピークに達した6月には23イニングで失点が26もあった。さらに7月下旬にはヒジ関節の遊離物を除去する内視鏡手術を受け、50日ほど戦列を離れた。そのため一昨年の20勝投手が、昨年は6勝に終わった。12月上旬には、好守で度々助けてくれたトミー・ファムがパドレスにトレードされたと聞いて過剰反応してしまい、のちに謝罪する羽目に。

[カモ] X・ボーガーツ（レッドソックス）.095(21-2)0本　[苦手] D・ラメイヒュー（ヤンキース）.462(13-6)0本

年度	所属チーム	勝利	敗戦	防御率	試合	先発	セーブ	投球イニング	被安打	失点	自責点	本塁打	与四球	奪三振	WHIP
2016	レイズ	6	8	3.54	19	19	0	89.0	93	44	35	5	51	98	1.62
2017	レイズ	5	7	4.04	24	24	0	129.1	113	65	58	15	59	119	1.33
2018	レイズ	21	5	1.89	31	31	0	180.2	112	41	38	16	64	221	0.97
2019	レイズ	6	8	4.29	23	23	0	107.0	96	53	51	14	40	147	1.27
通算成績		38	28	3.24	97	97	0	506.0	414	203	182	50	214	585	1.24

5月上旬まではサイ・ヤング賞級の働き 先発

20 タイラー・グラスノウ Tyler Glasnow

27歳｜203cm｜104kg｜右投左打

◆速球のスピード／150キロ台後半（フォーシーム主体）
◆決め球と持ち球／☆フォーシーム、◎スライダー、◎カーブ
◆[対左].155 ◆[対右].212 ◆[ホ防]3.25 ◆[ア防]0.55
◆[ド]2011⑤パイレーツ ◆[出]カリフォルニア州
◆[年]205万ドル（約2億2550万円）

球威	5+
制球	4
緩急	4
守備・走塁	4
度胸	4

パイレーツからレイズに移籍後、実力エース級の投手に変身した長身のパワーピッチャー。昨季は先発3番手としてスタート。出だしから好調で、初登板の初回に1失点したあとは、16イニング失点がなかった。それが効いて3月と4月は併せて5勝0敗、防御率1.75で月間最優秀投手に選出された。これで大ブレイクの期待が高まったが、5月11日のヤンキース戦で、前腕の強い張りを訴えて降板。IL入りし、復帰予定は6週間後と発表された。しかしリハビリ中に再発したため時間がかかり、9月上旬にようやく復帰がかなった。昨年開幕から好調だったのは、第2の変化球としてタテに鋭く変化するスライダーを、15～20％の比率で使い出し、速球を高めに、スライダーを低めに投げ分けて、ハイペースで三振を奪えるようになったことが大きい。

[カモ] A・ベニンテンディ（レッドソックス）.111(9-1)0本　[苦手] K・ブライアント（カブス）.667(6-4)1本

年度	所属チーム	勝利	敗戦	防御率	試合	先発	セーブ	投球イニング	被安打	失点	自責点	本塁打	与四球	奪三振	WHIP
2016	パイレーツ	0	2	4.24	7	4	0	23.1	22	13	11	2	13	24	1.50
2017	パイレーツ	2	7	7.69	15	13	0	62.0	81	61	53	13	44	56	2.02
2018	パイレーツ	1	2	4.34	34	0	0	56.0	47	28	27	5	34	72	1.45
2018	レイズ	1	5	4.20	11	11	0	55.2	42	27	26	10	19	64	1.10
2018	2チーム計	2	7	4.27	45	11	0	111.2	89	55	53	15	53	136	1.27
2019	レイズ	6	1	1.78	12	12	0	60.2	40	13	12	4	14	76	0.89
通算成績		10	17	4.51	79	40	0	257.2	232	142	129	34	124	292	1.38

[対左]=対左打者被打率　[対右]=対右打者被打率　[ホ防]=ホーム防御率　[ア防]=アウェー防御率
[ド]=ドラフトデータ　[出]=出身地　[年]=年俸

投 手

キャッシュ監督お気に入りの元祖バルクガイ 先発

48 ライアン・ヤーブロー *Ryan Yarbrough*

29歳｜196cm｜95kg｜左投右打

◆速球のスピード／140キロ台前半～中頃(フォーシーム主体)
◆決め球と持ち球／☆カッター、☆チェンジアップ、◎スライダー、△フォーシーム
◆対左.231 ◆対右.228 ◆ホ防5.46 ◆ア防3.21
◆ド2014④マリナーズ ◆出フロリダ州
◆年56万3500ドル(約6200万円)+α

球威	2
制球	4
緩急	5
守備・牽制	4
度胸	4

地元タンパベイ・エリア出身のタイミングを外すことに長けた技巧派左腕。ロー・スリークォーターの変則フォームから、カッター、チェンジアップ、フォーシーム、スライダーを投げ込んでくる。昨年は初球ストライク率がアップしたため、早めに追い込めることが多くなり、効率良くアウトを取る投球に磨きがかかってきた。戦略家キャッシュ監督のお気に入りで、同監督が「オープナー」をやり始めた頃からバルクガイ(長いイニングを投げる2番手)として使われ、一昨年は16勝した。昨年は先発とバルクガイでそれぞれ14試合に登板。先発の3勝5敗、防御率4.31に対し、バルクガイでは8勝1敗、防御率3.86で、バルクガイ向きの投手であることを、証明する結果になった。

カモ A・ベニンテンディ(レッドソックス).000(11-0)0本　苦手 J・マルティネス(レッドソックス).636(11-7)1本

年度	所属チーム	勝利	敗戦	防御率	試合	先発	セーブ	投球イニング	被安打	失点	自責点	被本塁打	与四球	奪三振	WHIP
2018	レイズ	16	6	3.91	38	6	0	147.1	140	70	64	18	50	128	1.29
2019	レイズ	11	6	4.13	28	14	0	141.2	121	69	65	15	20	117	1.00
通算成績		27	12	4.02	66	20	0	289.0	261	139	129	33	70	245	1.15

契約金5000ドルの無名選手からクローザーに クローザー

15 エミリオ・パガン *Emilio Pagan*

29歳｜191cm｜93kg｜右投左打

◆速球のスピード／150キロ台前半～中頃(フォーシーム主体)
◆決め球と持ち球／☆フォーシーム、◎スライダー
◆対左.179 ◆対右.179 ◆ホ防2.75 ◆ア防1.76
◆ド2013⑩マリナーズ ◆出サウスカロライナ州
◆年56万3500ドル(約6200万円)+α

球威	5
制球	4
緩急	5
守備・牽制	4
度胸	4

昨年8月からクローザーを務める、マリナーズ育ちの豪腕リリーバー。好調時はキレのいいフォーシームと高速スライダーを高低に投げ分けて、三振と凡フライの山を築くタイプ。①無名の弱小大学出身、②通常より1年遅いプロ入り、③低い指名巡(10巡目指名)、④タダ同然の契約金(5000ドル)といった不利な条件がそろった中でプロ入り。そこからハードなトレーニングを積んで球威を向上させ、実質3年でメジャーに到達。昨季は実力だけで選手を評価してくれるレイズに移籍したことが幸いし、シーズン前半、数試合クローザーで使われたあと、8月から固定された。2017年のWBCに、父の祖国であるプエルトリコ代表として出場。ヤディアー・モリナとバッテリーを組んだことで大きな自信が生まれ、その年の5月にメジャーデビュー。

カモ Y・グリエル(アストロズ).000(10-0)0本　苦手 D・ラメイヒュー(ヤンキース).800(5-4)0本

年度	所属チーム	勝利	敗戦	防御率	試合	先発	セーブ	投球イニング	被安打	失点	自責点	被本塁打	与四球	奪三振	WHIP
2017	マリナーズ	2	3	3.22	34	0	0	50.1	39	20	18	7	8	56	0.93
2018	アスレティックス	3	1	4.35	55	0	0	62.0	55	30	30	13	19	63	1.19
2019	レイズ	4	2	2.31	66	0	20	70.0	45	19	18	12	13	96	0.83
通算成績		9	6	3.26	155	0	20	182.1	139	69	66	32	40	215	0.98

対左=対左打者被打率　対右=対右打者被打率　ホ防=ホーム防御率　ア防=アウェー防御率
ド=ドラフトデータ　出=出身地　年=年俸　カモ 苦手 は通算成績

時速160キロの超高速シンカーが最大の弱点

63 ディエゴ・カスティーヨ Diego Castillo

26歳｜191cm｜113kg｜右投右打｜速160キロ前後（シンカー、フォーシーム）｜決☆スライダー
対左.271 対右.205 ド2014年レイズ 出ドミニカ 年56万3500ドル（約6200万円）+α

球 4
制 2
緩 2
守 2
度 2

　速球のスピードが頻繁に時速100マイル（161キロ）になる豪腕リリーバー。球種はシンカー（シュートしながら沈む速球）とスライダーが主体で、これに時折フォーシームを交える。最大の特徴は、一見打たれそうもない超高速のシンカーをよく打たれること。とくに左打者からは軌道が見えやすいため、4割5分0厘（40打数16安打）という高率で打たれている。そのためこれを見せ球に使って、スライダーでしとめるパターンが多くなっている。それにより、昨季はスライダーの比率が45%から52%にアップし、奪三振89個のうち69個はスライダーで奪ったものだった。

年度	所属チーム	勝利	敗戦	防御率	試合数	先発	セーブ	投球イニング	被安打	失点	自責点	被本塁打	与四球	奪三振	WHIP
2019	レイズ	5	8	3.41	65	6	8	68.2	59	32	26	8	26	81	1.24
通算成績		9	10	3.30	108	17	8	125.1	95	53	46	14	44	146	1.11

28歳でメジャーデビューした奪三振マシン

70 ニック・アンダーソン Nick Anderson

30歳｜196cm｜88kg｜右投右打｜速150キロ台中頃（フォーシーム主体）｜決☆スライダー
対左.250 対右.183 ド2015年ツインズ 出ミネソタ州 年56万3500ドル（約6200万円）+α

球 5
制 3
緩 3
守 3
度 3

　メジャーリーグのリリーフ投手で昨年奪三振率が1位だった、異色の経歴を持つ右腕。大学3年終了時にブリュワーズから38巡目に指名されたが、入団交渉には至らず独立リーグでチャンスを待った。すると3年目にツインズのスカウトの目に留まり、1Aのチームに入団。そこから昇格を重ね、昨年の開幕時マーリンズでメジャーデビュー。44イニングで69奪三振を記録後、7月末にレイズに移籍。ここではさらにペースを上げ、21イニングで41三振を奪い、注目された。フォーシームをストライクゾーンにどんどん投げ込んで打者を追い込み、スライダーでしとめるのが基本線。

年度	所属チーム	勝利	敗戦	防御率	試合数	先発	セーブ	投球イニング	被安打	失点	自責点	被本塁打	与四球	奪三振	WHIP
2019	マーリンズ	2	4	3.92	45	0	1	43.2	40	19	19	5	16	69	1.28
2019	レイズ	3	0	2.11	23	0	0	21.1	12	5	5	3	2	41	0.66
2019	2チーム計	5	4	3.32	68	0	1	65.0	52	24	24	8	18	110	1.08
通算成績		5	4	3.32	68	0	1	65.0	52	24	24	8	18	110	1.08

バルクガイで使うと好投する傾向

72 ヨニー・チリノス Yonny Chirinos

27歳｜188cm｜109kg｜右投右打｜速150キロ台前半（ツーシーム）｜決○ツーシーム
対左.189 対右.255 ド2012年レイズ 出ベネズエラ 年56万3500ドル（約6200万円）+α

球 4
制 4
緩 3
守 3
度 2

　メジャー定着を目指す右腕。昨シーズンは中指の炎症で8月5日から9月21日までIL入りしたため、尻切れトンボに終わってしまった。昨年は先発で投げた18試合が6勝5敗、防御率3.54。オープナーのバルクガイで投げた5試合が3勝0敗、防御率1.96。通常のリリーフで投げた3試合が0勝0敗、防御率16.49という数字が出ており、バルクガイで投げたときの数字が一番良かった。球種はツーシーム、スライダー、スプリッター。打たせてアウトを取るタイプで、空振りより、芯を外すことに主眼を置いたピッチングを見せる。課題は、ピンチになると制球が甘くなること。

年度	所属チーム	勝利	敗戦	防御率	試合数	先発	セーブ	投球イニング	被安打	失点	自責点	被本塁打	与四球	奪三振	WHIP
2019	レイズ	9	5	3.85	26	18	0	133.1	112	61	57	23	28	114	1.05
通算成績		14	10	3.71	44	25	0	223.0	196	101	92	30	53	189	1.12

速=速球のスピード　決=決め球

レイズ

52 チャズ・ロー Chaz Roe

右のワンポイントで登板できなくなり、苦境に

セットアップ

34歳｜196cm｜86kg｜右投右打｜速140キロ台後半（ツーシーム、フォーシーム）｜決☆スライダー
対左.227 対右.258 ド2005①ロッキーズ 田オハイオ州 年218.5万ドル（約2億4035万円）

球4 制3 緩2 守2 度3

スライダーが全投球の65%を占めるベテランリリーバー。ウリは、スライダーの軌道を自在に変えられること。左打者には曲がりの小さいカッターに近いものを使い、右打者を追い込むと外角に曲がりの大きいフリスビー・スライダーを使ってくる。この強力なスライダーがあるため、右打者用のワンポイント、ツーポイントで使われることが多く、昨季は71試合のうち47試合がこの目的で使われたケースだった。しかしMLBのルール改正で、今季からリリーフ投手は最低でも3人の打者と対戦する決まりになった。そのため、今季はどのような形で起用されるか注目したい。

年度	所属チーム	勝利	敗戦	防御率	試合数	先発	セーブ	投球イニング	被安打	失点	自責点	被本塁打	与四球	奪三振	WHIP
2019	レイズ	1	3	4.06	71	0	1	51.0	49	27	23	3	31	65	1.57
通算成績		9	8	3.86	234	0	2	207.1	178	97	89	19	99	234	1.34

49 ブレンダン・マッケイ Brendan McKay

「タンパベイの大谷」を目指し、奮闘中

先発 ルーキー

25歳｜188cm｜95kg｜左投左打｜速150キロ前後（フォーシーム）｜決○フォーシーム
対左.220 対右.284 ド2017①レイズ 田ペンシルヴァニア州 年56万3500ドル（約6200万円）+α

球3 制4 緩2 守3 度3

メジャー定着を狙う、昨年6月29日にメジャーデビューした投手と打者を兼ねるツーウェイ・プレーヤー。打者より投手としての価値が高いと評価されているため、デビュー後はピッチング優先の起用になり、11試合に先発し2勝した。ポストシーズンのメンバーにも入り、リリーフで3試合に登板したが、いずれも無失点に抑えた。ウリは制球力があることと奪三振率が高いこと。弱点はフライボール・ピッチャーなため、一発を食いやすいこと。打者としては10打数2安打だったが、本塁打が1本ある。打者としての長所は球種の見極めがいいことと、出塁率が高いこと。

年度	所属チーム	勝利	敗戦	防御率	試合数	先発	セーブ	投球イニング	被安打	失点	自責点	被本塁打	与四球	奪三振	WHIP
2019	レイズ	2	4	5.14	13	11	0	49.0	53	32	28	8	16	56	1.41
通算成績		2	4	5.14	13	11	0	49.0	53	32	28	8	16	56	1.41

38 コリン・ポシェ Colin Poche

弱点は一発を食い過ぎること

セットアップ

26歳｜191cm｜107kg｜左投左打｜速150キロ前後（フォーシーム）｜決☆フォーシーム
対左.167 対右.190 ド2016⑭ダイヤモンドバックス 田テキサス州 年56万3500ドル（約6200万円）+α

球5 制4 緩2 守2 度4

昨年6月にメジャーデビューしたリリーフ左腕。攻めの投球が評価され、ポストシーズンではチームでただ一人5試合すべてに登板した。フォーシームが全投球の9割を占めるフライボール・ピッチャーで、キレのいいときは凡フライと三振の山ができるが、悪くなると一発を食いやすくなる。6月8日のボストンでのメジャーデビュー戦で、いきなり2失点して負け投手になったが、これは空路でボストン入りし、車でフェンウェイ・パークに向かっていたとき渋滞に巻き込まれ、大きなバッグを手に持って徒歩で向かうことになったのが原因。投げる前に疲れ果てていたのだ。

年度	所属チーム	勝利	敗戦	防御率	試合数	先発	セーブ	投球イニング	被安打	失点	自責点	被本塁打	与四球	奪三振	WHIP
2019	レイズ	5	5	4.70	51	0	2	51.2	33	27	27	9	19	72	1.01
通算成績		5	5	4.70	51	0	2	51.2	33	27	27	9	19	72	1.01

速=速球のスピード　決=決め球　対左=対左打者被打率　対右=対右打者被打率
ド=ドラフトデータ　田=出身地　年=年俸

海軍兵学校出身の秀才リリーバー

ミドルリリーフ

47 オリヴァー・ドレイク Oliver Drake

33歳｜193cm｜98kg｜右投右打　🔵150キロ前後（フォーシーム主体）　🟢◎スプリッター

対左.147　対右.216　Ⓓ2008㊺オリオールズ　Ⓑマサチューセッツ州　Ⓨ102.5万ドル（約1億1275万円）

球 4
制 3
縁 4
守 4
運 3

　日本人投手のように、速球とスプリッターのコンビネーションで投げているリリーフ右腕。昨季はスプリッターが全投球の6割を占めるようになり、それによりハイペースで三振を奪えるようになった。フォーシームは平均時速が151キロで並のレベルだが、真上から投げ下ろすため角度がつき、かなり威力がある。もう一つの特徴は、スプリッターがあるため左打者に抜群に強いが、右打者には強力な武器がなく、よく打たれる傾向にあること。ボストン郊外にあるマサチューセッツ州ウースター出身。高校時代は、冬シーズンはアイスホッケー、春シーズンは野球で活躍した。

年度 所属チーム	勝利	敗戦	防御率	試合数	先発	セーブ	投球イニング	被安打	失点	自責点	被本塁打	与四球	奪三振	WHIP
2019 レイズ	5	2	3.21	50	0	2	56.0	36	20	20	9	19	70	0.98
通算成績	10	8	4.19	185	0	3	193.1	178	98	90	22	77	221	1.32

好不調の波はジェットコースター級

ミドルリリーフ

68 ジャレン・ビークス Jalen Beeks

27歳｜180cm｜91kg｜左投左打　🔵150キロ前後（フォーシーム主体）　🟢◎チェンジアップ

対左.318　対右.268　Ⓓ2014④レッドソックス　Ⓑアーカンソー州　Ⓨ56万3500ドル（約6200万円）+α

球 2
制 4
縁 4
守 4
運 3

　オープナーのバルクガイで使うといい働きをする、レッドソックス育ちのサウスポー。昨季はロングリリーフ要員として開幕からメジャーで投げ、4月下旬からはオープナーのバルクガイとして使われた。シーズンを通してみると、バルクガイで使われた21試合は6勝1敗、防御率3.21。通常の先発で投げた3試合は0勝2敗、防御率10.95、通常のリリーフで投げた9試合は0勝0敗、防御率2.63だった。典型的な打たせて取るタイプで、好調時はチェンジアップやカーブを引っかけさせてテンポ良くアウトを取るが、好不調の波が大きく、不調時は失点が極端に多くなる。

年度 所属チーム	勝利	敗戦	防御率	試合数	先発	セーブ	投球イニング	被安打	失点	自責点	被本塁打	与四球	奪三振	WHIP
2019 レイズ	6	3	4.31	33	3	1	104.1	115	56	50	12	40	89	1.49
通算成績	11	4	4.70	44	4	1	155.0	167	87	81	18	64	131	1.49

45 ブレント・ハネウェル・ジュニア Brent Honeywell Jr.

先発　**期待度 B⁻**　**ルーキー**

25歳｜188cm｜88kg｜右投右打　◆昨季は全休　Ⓓ2014②レイズ　Ⓑジョージア州

　トミー・ジョン手術とヒジの骨折で2シーズン、1球も投げられなかった2018年のトップ・プロスペクト（最有望株）。今年は1月から投球練習を再開しているので、遅くても6月にはマイナーで実戦に復帰できるだろう。その後のことは不透明だが、回復が早ければシーズン中のメジャーデビューも。

— ジョシュ・フレミング Josh Fleming

先発リリーフ　**期待度 B**　**ルーキー**

24歳｜188cm｜95kg｜左投右打　◆昨季は2A、3Aでプレー　Ⓓ2017⑤レイズ　Ⓑイリノイ州

　1球1球軌道とスピードを変え、芯を外すことと効率良くアウトを取ることに徹する技巧派サウスポー。昨年7月23日に99球で9回を投げ切り、さらに次の28日の登板では88球で完封勝利を達成。「3Aのマダックス」と賞賛された。今季は3Aの先発投手としてスタートし、メジャー昇格の機会をうかがうことになる。

レイズ

メインの役割はDHの1番手兼レフトの2番手

DH レフト **ルーキー**

25 筒香嘉智
Yoshitomo Tsutsugo

29歳 | 183cm | 98kg | 右投左打

◆対左投手打率／◆メジャーでのプレー経験なし

◆ドラフトデータ／2010①横浜、2020㊱レイズ

◆出身地／和歌山県

◆年俸／500万ドル（約5億5000万円）

ミート	3
パワー	5
走塁	2
守備	2
肩	3

　2年1200万ドルの契約で入団した、昨年まで横浜DeNAベイスターズの看板打者だったスラッガー。日本では2016年に本塁打王と打点王のタイトルを獲得。17年のWBCでは日本代表の4番として活躍した。

　昨季終了後、メジャー挑戦を正式に表明。当初日本で予想された契約規模は、1年150万ドル〜2年800万ドルの範囲で、マイナー契約という声すらあった。だが、いざポスティングが公示され交渉が可能になると、ブルージェイズ、レイズ、タイガース、ホワイトソックスなど、低予算の長距離砲が欲しいアメリカン・リーグのチームが獲得に意欲を見せたため、売り手市場になり、契約規模は1200万ドルまでふくらんだ。レイズはこれ以外に、ポスティング金240万ドルをベイスターズに支払った。

　メジャーリーグの球団が評価したのは、①打球の初速の平均が148キロで、メジャーでもトップ30に入るレベル。②逆方向にも飛距離が出る。③選球眼が良く、高い出塁率を期待できる。④変化球への対応力が高い。⑤左投手を苦にしない、といった点である。

　獲得時にレイズが考えていた筒香の起用法は、主にDHの1番手とレフトの2番手として起用し、可能ならばサードないしファーストでもプレーさせるというものだった。シーズン開幕後もこの構想に変化がなければ、DHで80〜100試合、レフトで40〜50試合、ファーストないしサードで10〜20試合、先発出場することになるだろう。

　筒香獲得に当たってレイズは、ネアンダーGM、キャッシュ監督、日本人スタッフの福田紳一郎アスレチックトレーナーら6人からなるチームを編成。サンディエゴでおこなわれていたGMミーティングを気づかれぬように抜け出して、車で1時間くらいのところにあるロッキーズのアレナードが所有するトレーニング施設に移動。そこで練習していた筒香と面談して、レイズに来るよう説得した。キャッシュ監督は相当強い口調で説得したようで、筒香は「もしレイズに行かなかったら、ウチに来なさいと言ってるキャッシュ監督が、毎晩夢に出てきたでしょう」と語っている。

年度	所属チーム	試合数	打数	得点	安打	二塁打	三塁打	本塁打	打点	四球	三振	盗塁	盗塁死	出塁率	OPS	打率
2019	横浜DeNA	131	464	74	126	24	0	29	79	88	141	0	0	.388	.899	.272
通算成績		968	3426	515	977	195	11	205	613	532	833	5	4	.382	.910	.285

まだまだ成長の余地がある逸材中の逸材

17 オースティン・メドウズ Austin Meadows

25歳／191cm／100kg／左投左打

◆対左投手打率／.275　◆対右投手打率／.298
◆ホーム打率／.296　◆アウェー打率／.285　◆得点圏打率／.311
◆19年のポジション別出場数／ライト=57、DH=44、レフト=34、センター=3
◆ㄷ2013①パイレーツ　◆生ジョージア州
◆年56万3500ドル（約6200万円）+α

ミート **4**
パワー **5**
走塁 **4**
守備 **2**
肩 **2**

レイズ

　昨年ブレイクした、パワーと選球眼を併せ持つスラッガー。一昨年7月末のトレードで、アーチャーと交換でグラスノウとともにパイレーツから移籍。昨季はライトのレギュラー格に抜擢されてシーズンに入り、開幕戦でヴァーランダーから先頭打者本塁打を放ち、注目された。天性の打撃センスを備えており、バックスピンのかかったフライ打球を打つことに長けている。変化球への対応力も高く、昨季はスプリッターを除く全球種を外野席に叩き込んだ。調子の波がジェットコースターのように激しく、6月は打率が2割0分6厘でアーチが1本もなかったが、9月は打率3割7分8厘、9本塁打、20打点と打ちまくった。高校を出てプロ入りした2013年から、レクシス・ウィルソンさんという女性と行動をともにしていたが、一昨年12月に正式に結婚。

カモ T・ソーントン（オリオールズ）.583(12-7)3本　**苦手** D・プライス（ドジャース）.111(9-1)0本

年度	所属チーム	試合数	打数	得点	安打	二塁打	三塁打	本塁打	打点	四球	三振	盗塁	盗塁死	出塁率	OPS	打率
2018	パイレーツ	49	154	16	45	8	2	5	13	6	35	4	1	.327	.795	.292
2018	レイズ	10	24	3	6	1	0	1	4	2	5	1	0	.308	.724	.250
2018	2チーム計	59	178	19	51	9	2	6	17	10	40	5	1	.325	.785	.287
2019	レイズ	138	530	83	154	29	7	33	89	54	131	12	7	.364	.922	.291
通算成績		197	708	102	205	38	9	39	106	64	171	17	8	.354	.888	.290

長い回り道の末、メジャーに定着

26 崔志萬（チェ・ジマン） Ji-Man Choi

29歳／185cm／113kg／右投左打

◆対左投手打率／.210　◆対右投手打率／.274
◆ホーム打率／.239　◆アウェー打率／.284　◆得点圏打率／.250
◆19年のポジション別出場数／ファースト=103、DH=16
◆ㄷ2009外マリナーズ　◆生韓国

ミート **3**
パワー **5**
走塁 **2**
守備 **2**
肩 **3**

　韓国・仁川出身の苦労人の一塁手。もともとはマリナーズが韓国で発掘した人材で、2010年にマイナーでプレーを開始。順調に出世していたが、14年に筋肉増強剤メタンジェノンの使用が発覚し、50試合出場停止に。その後オリオールズにマイナー契約で入団したが、エンジェルスが15年12月のルール5で指名し、翌16年の開幕時にメジャーデビュー。しかし定着できず、ヤンキース、ブリュワーズと渡り歩き、一昨年6月にレイズでメジャー定着がかなった。左投手が苦手だが、一昨年1割3分6厘だった対左投手打率が、昨年は2割1分0厘まで上昇している。メジャー昇格のため様々な試行錯誤を繰り返したことで知られ、スイッチヒッターの練習を始めたこともあった。

カモ R・ポーセロ（メッツ）.421(17-7)1本　**苦手** A・ウォジハウスキー（オリオールズ）.000(7-0)0本

年度	所属チーム	試合数	打数	得点	安打	二塁打	三塁打	本塁打	打点	四球	三振	盗塁	盗塁死	出塁率	OPS	打率
2016	エンジェルス	54	112	9	19	4	0	5	12	16	27	2	4	.271	.611	.170
2017	ヤンキース	6	15	2	4	1	0	2	5	0	5	0	0	.3331	.067	.267
2018	ブリュワーズ	12	30	4	7	2	0	2	5	2	14	0	0	.281	.781	.233
2018	レイズ	49	160	21	43	12	1	8	27	24	41	2	0	.370	.877	.269
2018	2チーム計	61	190	25	50	14	1	10	32	26	55	2	0	.357	.863	.263
2019	レイズ	127	410	54	107	20	2	19	63	64	108	2	3	.363	.822	.261
通算成績		248	727	90	180	39	3	36	112	108	195	6	7	.347	.805	.248

11 ハンター・レンフロー *Hunter Renfroe*

好調時は本塁打製造機、不調時は大型扇風機　レフト ライト　移籍

28歳 | 185cm | 100kg | 右投右打
◆対左投手打率／.239　◆対右投手打率／.208
◆ホーム打率／.193　◆アウェー打率／.233　◆得点圏打率／.165
◆19年のポジション別出場数／ライト=86、レフト=67、センター=4
◆ドラフト2013①パドレス　◆出ミシシッピ州
◆年330万ドル（約3億6300万円）

ミート 2　パワー 5　走塁 3　守備 5　肩 5

パドレスから移籍した長所と短所がハッキリしている外野手。打撃面の長所は桁外れのパワー。守備面では際立って守備範囲が広いこと。昨季はレフト、ライト、センターを合わせてDRS（守備で防いだ失点）が22あった。これはメジャーの外野手で2位タイの数字。メジャーで5指に入る強肩でもある。短所は空振りが多いこと。追い込まれても、当てにいかずフルスイングするので、三振数もやたらに多い。チャンスに弱い点も改善が見られない。いったんスランプになると、長く続くことも短所の一つだ。昨年は7月下旬にスランプにおちいったあと、もがいているうちにシーズンが終わってしまった。そのため昨季後半の打率は、1割6分1厘という悲惨な数字になった。

カモ J・グレイ（ロッキーズ）.417(12-5)3本　苦手 L・オタヴィーノ（ヤンキース）.000(5-0)0本

年度	所属チーム	試合数	打数	得点	安打	二塁打	三塁打	本塁打	打点	四球	三振	盗塁	盗塁死	出塁率	OPS	打率
2016	パドレス	11	35	8	13	3	0	4	14	1	5	0	0	.389	1.189	.371
2017	パドレス	122	445	51	103	25	1	26	58	27	140	3	0	.284	.751	.231
2018	パドレス	117	403	53	100	23	1	26	68	30	109	2	1	.302	.805	.248
2019	パドレス	140	440	64	95	19	1	33	64	46	154	5	0	.289	.778	.216
通算成績		390	1323	176	311	70	3	89	204	104	408	10	1	.294	.788	.235

1 ウィリー・アダメス *Willy Adames*

課題は変化球への対応力と悪送球の多さ　ショート

25歳 | 183cm | 93kg | 右投右打
◆対左投手打率／.181　◆対右投手打率／.292
◆ホーム打率／.204　◆アウェー打率／.303　◆得点圏打率／.205
◆19年のポジション別出場数／ショート=152
◆ド2012外タイガース　◆出ドミニカ
◆年56万3500ドル（約6200万円）+α

ミート 3　パワー 3　走塁 3　守備 4　肩 4

攻守の両面でまだ成長の余地がある、昨年からショートのレギュラーを務めている内野手。守備面では打球への反応が早いため、守備範囲が広い。とくに右側に広く、三遊間に来たヒット性の当たりをグラブに収め、アウトにするシーンが何度もあった。DRS（守備で防いだ失点）13は、アメリカン・リーグの遊撃手では2位の数字。フットワークが良く、グラブさばきもうまいので、捕球ミスが少ない。ただ、強肩ではあるが、悪送球が多い。打撃面では早くも20本塁打を記録、ポストシーズンでもヴァーランダーとマイリーから1本ずつ外野席に叩き込み、パワーアップしていることをアピールした。課題は変化球への対応力。球種の見極めがイマイチで、昨季は左投手の変化球にてこずった。ドミニカ出身。16歳のとき、契約金48万ドルでプロ入り。

カモ M・カストロ（オリオールズ）.667(6-4)1本　苦手 D・プライス（レッドソックス）.071(14-1)0本

年度	所属チーム	試合数	打数	得点	安打	二塁打	三塁打	本塁打	打点	四球	三振	盗塁	盗塁死	出塁率	OPS	打率
2018	レイズ	85	288	43	80	7	0	10	34	31	95	6	5	.348	.754	.278
2019	レイズ	152	531	69	135	25	1	20	52	46	153	4	2	.317	.735	.254
通算成績		237	819	112	215	32	1	30	86	77	248	10	7	.328	.742	.263

ド=ドラフトデータ　出=出身地　年=年俸　カモ 苦手 は通算成績

8 パワーと技術を併せ持つ野球巧者 ブランドン・ラウ *Brandon Lowe*

セカンド

26歳 | 178cm | 84kg | 右投左打
◆対左投手打率／.242 ◆対右投手打率／.278
◆ホーム打率／.258 ◆アウェー打率／.283 ◆得点圏打率／.288
◆19年のポジション別出場数／セカンド=69、ファースト=5、ライト=5、DH=3、レフト=2
◆㋣2015③レイズ ◆㊥ヴァージニア州
◆㊎150万ドル（約1億6500万円）

ミート4 パワー5 走塁3 守備3 肩2

本塁打25本以上を期待できる、バットで貢献するタイプの二塁手。昨季は前半戦、本塁打やタイムリーがよく出てオールスターに選ばれたが、後半はケガで1カ月半IL入りしたため、ほとんど稼働できなかった。昨季開幕前に6年2400万ドルの長期契約にサインしたが、これはレイズが、ラウを中心選手に成長する逸材と見ているからだ。レイズは貧乏球団のため、現在長期契約をしているのは、ラウ以外ではスネルとキアマイアだけだが、この2人が長期契約を交わしたのは4年目に入ったときだ。それに対しラウは、43試合しか経験していない時点で長期契約をゲットしたので、球団の期待の大きさがわかる。弱点は三振が多いことと肩が弱いこと。妻マディソンさんは、同じメリーランド大学のソフトボールチームで活躍していたスポーツウーマン。

カモ E・ロドリゲス（レッドソックス）.500(6-3)2本 苦手 田中将大（ヤンキース）.167(12-2)0本

年度	所属チーム	試合数	打数	得点	安打	二塁打	三塁打	本塁打	打点	四球	三振	盗塁	盗塁死	出塁率	OPS	打率
2018	レイズ	43	129	16	30	6	2	6	25	16	38	2	1	.324	.774	.233
2019	レイズ	82	296	42	80	17	2	17	51	25	113	5	0	.336	.850	.270
通算成績		125	425	58	110	23	4	23	76	41	151	7	1	.333	.827	.259

39 驚異的なジャンプ力を誇る塀際の魔術師 ケヴィン・キアマイア *Kevin Kiermaier*

センター

30歳 | 185cm | 95kg | 右投左打
◆対左投手打率／.311 ◆対右投手打率／.197
◆ホーム打率／.231 ◆アウェー打率／.225 ◆得点圏打率／.302
◆19年のポジション別出場数／センター=125、DH=1
◆㋣2010㉛レイズ ◆㊥インディアナ州
◆㊎1000万ドル（約11億円） ◆ゴールドグラブ賞3回（15、16、19年）

ミート2 パワー3 走塁5 守備5 肩5

3度目のゴールドグラブ賞を受賞した、守備のうまい外野手の代名詞的存在。守備範囲の広さ、球際の強さ、飛球の軌道を読む能力、ジャンプ力、肩の強さ、送球の正確さに関しては、すべて二重マルが付く。「YouTube」にはメジャーリーガーのハイライトシーンを集めたクリップがたくさん出ているが、一番楽しめるのは「2019年版キアマイア・守備ハイライト」の類（たぐい）だ。アクロバットキャッチ、ホームランキャッチ、ダイビングキャッチ、バスケットキャッチが次々に出てきて、守備の王者であることを確認できる。一方、打撃面ではボール球に手が出てしまうケースが増え、出塁率が異常に低い。

カモ H・ヘンブリー（レッドソックス）.571(7-4)0本 苦手 L・セヴェリーノ（ヤンキース）.120(25-3)0本

年度	所属チーム	試合数	打数	得点	安打	二塁打	三塁打	本塁打	打点	四球	三振	盗塁	盗塁死	出塁率	OPS	打率
2013	レイズ	1	0	0	0	0	0	0	0	0	0	0	0	.—	.000	.—
2014	レイズ	108	331	35	87	16	8	10	35	23	71	5	4	.315	.765	.263
2015	レイズ	151	505	62	133	25	12	10	40	24	95	18	5	.298	.718	.263
2016	レイズ	105	366	55	90	20	2	12	37	40	74	21	3	.331	.741	.246
2017	レイズ	98	380	56	105	15	3	15	39	31	99	16	7	.338	.788	.276
2018	レイズ	88	332	44	72	12	9	7	29	25	91	10	5	.282	.653	.217
2019	レイズ	129	447	60	102	20	7	14	55	26	104	19	5	.278	.676	.228
通算成績		680	2361	312	589	108	41	68	235	169	534	89	29	.306	.723	.249

野手

ポストシーズンで打率5割3分8厘の活躍

DH ライト

移籍

40 **ホセ・マルティネス** *Jose Martinez*

32歳／198cm／98kg／右投右打

◆対左投手打率／.329　◆対右投手打率／.254
◆ホーム打率／.278　◆アウェー打率／.262　◆得点圏打率／.278
◆19年のポジション別出場数／ライト＝75、DH＝8、レフト＝7
◆Ⓓ2006⑯ホワイトソックス　◆⊞ベネズエラ
◆㊰200万ドル（約2億2000万円）

ミート **4**
パワー **3**
走塁 **3**
守備 **2**
肩 **3**

　オフのトレードでカーディナルスから来た、逆方向に弾き返すことに長けた外野手。昨季は「2番手の右翼手＋代打の切り札」という役回りで使われ、シーズン前半は好調だったが、後半はスランプとなり出番が減った。しかしポストシーズンでは、はじめ代打で使われて4試合連続で安打を記録したため、リーグ優勝決定シリーズの第3戦と4戦はスタメンで起用され、いい働きを見せた。今季打席数が250、300、350、400を超えるごとに10万ドル、450、500を超えるごとに20万ドルのボーナスが出る契約になっている。父のカルロスは、ホワイトソックスなどに7シーズン在籍した一塁手兼三塁手。

カモ J・キンターナ（カブス）.417(12-5)0本　苦手 K・ヘンドリックス（カブス）.133(15-2)0本

年度	所属チーム	試合数	打数	得点	安打	二塁打	三塁打	本塁打	打点	四球	三振	盗塁	盗塁死	出塁率	OPS	打率
2016	カーディナルス	12	16	4	7	1	0	0	1	2	1	0	0	.500	1.000	.438
2017	カーディナルス	106	272	47	84	13	1	14	46	32	60	4	0	.379	.897	.309
2018	カーディナルス	152	534	64	163	30	0	17	83	49	104	0	3	.364	.821	.305
2019	カーディナルス	128	334	45	90	13	2	10	42	35	82	3	0	.340	.751	.269
通算成績		398	1156	160	344	57	3	41	172	118	247	7	3	.363	.821	.298

逆方向への本塁打が多い、謎めいたキューバ出身者

サード

2 **ヤンディ・ディアス** *Yandy Diaz*

29歳／188cm／98kg／右投右打

◆対左投手打率／.311　◆対右投手打率／.245
◆ホーム打率／.297　◆アウェー打率／.235　◆得点圏打率／.195
◆19年のポジション別出場数／サード＝50、ファースト＝22、DH＝16
◆Ⓓ2013⑭インディアンズ　◆⊞キューバ
◆㊰56万3500ドル（約6200万円）＋α

ミート **4**
パワー **4**
走塁 **3**
守備 **3**
肩 **5**

　昨年レイズに来て、貧打者から強打者に変身したキューバ亡命組の三塁手。インディアンズでは、88試合で本塁打を1本しか打てなかった。異常なのは、筋力測定では平均以上のパワーがあるのに、本塁打が出ないことだった。昨年のキャンプでディアスのバッティングを観察したレイズの首脳は、スイングに原因があると見て、手首を返さずに、そのままフォロースルーしてフィニッシュにするようアドバイス。それを実行したところ、大きなフライ打球がよく出るようになった。逆方向に打つ技術はピカイチで、昨年のワイルドカードゲームでは、逆方向へのアーチを2本打ってヒーローになっている。

カモ E・ロドリゲス（レッドソックス）.571(7-4)0本　苦手 田中将大（ヤンキース）.111(9-1)0本

年度	所属チーム	試合数	打数	得点	安打	二塁打	三塁打	本塁打	打点	四球	三振	盗塁	盗塁死	出塁率	OPS	打率
2017	インディアンズ	49	156	25	41	8	1	0	13	21	35	2	0	.352	.679	.263
2018	インディアンズ	39	109	15	34	5	2	1	15	11	19	0	0	.375	.797	.312
2019	レイズ	79	307	53	82	20	1	14	38	35	61	2	2	.340	.816	.267
通算成績		167	572	93	157	33	4	15	66	67	115	4	2	.350	.775	.274

　Ⓓ=ドラフトデータ　⊞=出身地　㊰=年俸　カモ 苦手 は通算成績

レイズ

もうひと花咲かせて欲しい遅咲きの苦労人　ユーティリティ

18　ジョーイ・ウェンドル　*Joey Wendle*

30歳｜185cm｜91kg｜右投左打　対左.130　対右.261　ホ.252　ア.209　得.250
ド2012⑥インディアンズ　出デラウェア州　年56万3500ドル（約6200万円）+α

ミ4
パ3
走4
守3
肩3

　スーパーサブとして今季巻き返しを図る野球巧者。一昨年、ルーキーながら率率3割をマークし、大谷翔平、アンドゥハー、トーレスと新人王争いを繰り広げた。そのため昨季は大いに期待されたが、開幕直後にハムストリングを痛めてIL入り。20日後に復帰したが、その直後に今度はロイヤルズ戦で、死球が右手首を直撃。骨折が見つかり、ILに逆戻りする羽目に。このときは長くかかり、復帰したのは6月14日だった。さらに7月31日には、右手首に炎症が起きて3度目のIL入り。25日間欠場したため、最後までバッティングに集中力を欠き、打率が低空飛行を続けた。

年度	所属チーム	試合数	打数	得点	安打	二塁打	三塁打	本塁打	打点	四球	三振	盗塁	盗塁死	出塁率	OPS	打率
2019	レイズ	75	238	32	55	13	2	3	19	14	47	8	3	.293	.633	.231
通算成績		250	834	108	230	48	8	12	96	58	162	26	7	.330	.726	.276

守備面の貢献を評価されて残留　キャッチャー

10　マイク・ズニーノ　*Mike Zunino*

29歳｜188cm｜107kg｜右投右打　盗塁阻止率／.341(41-14)　対左.154　対右.171　ホ.188
ア.145　得.186　ド2012①マリナーズ　出フロリダ州　年450万ドル（約4億9500万円）

ミ1
パ3
走2
守4
肩5

　崩壊状態におちいったバッティングの立て直しが急務になっている、オールスター出場経験があるキャッチャー。マリナーズから移籍して迎えた昨季は、5月10日に大腿四頭筋を痛めてIL入り。20日後に復帰したが、このあとひどい打撃不振におちいり出場機会が減ったため、正捕手の座は5月10日に加入したダーノウにゆずる羽目になった。守備面は依然ハイレベル。盗塁阻止率34.1%（41-14）はトップレベル。リード面では、モートンの大ブレイクを好リードで支えた。球団は、打撃不振はいずれ終わると見て契約を更新。再度、正捕手としてマスクをかぶる可能性もある。

年度	所属チーム	試合数	打数	得点	安打	二塁打	三塁打	本塁打	打点	四球	三振	盗塁	盗塁死	出塁率	OPS	打率
2019	レイズ	90	266	30	44	10	1	9	32	20	98	0	0	.232	.544	.165
通算成績		677	2151	236	435	96	3	104	273	158	812	2	4	.271	.665	.202

筒香のライバルになる恐れがあるパワーヒッター　ファースト　サード

35　ネイト・ロウ　*Nate Lowe*

25歳｜193cm｜111kg｜右投左打　対左.292　対右.258　ホ.180　ア.319　得.147
ド2016⑬レイズ　出ジョージア州　年56万3500ドル（約6200万円）+α

ミ3
走2
守2
肩3

　フル出場すれば、25～30本塁打を期待できるパワーがウリの一塁手兼三塁手。「MLB.com」が昨年11月に掲載した「2020年のブレイクするのは誰か？」という特集の中で、4人の候補者の一人として名があがっていた前評判の高い逸材。大学時代はスイングの大きい二流選手だった。そのためドラフトでも13巡目指名という低い評価になったが、プロ入り後、コンパクトなスイングに改造。体重管理も厳格にやり、瞬発力のある体に変えた。その結果、ハイペースで本塁打を生産できるようになり、昨年4月29日にメジャーデビュー。その一方でスピードに欠け、守備力も平均以下。

年度	所属チーム	試合数	打数	得点	安打	二塁打	三塁打	本塁打	打点	四球	三振	盗塁	盗塁死	出塁率	OPS	打率
2019	レイズ	50	152	24	40	8	0	7	19	13	50	0	0	.325	.779	.263
通算成績		50	152	24	40	8	0	7	19	13	50	0	0	.325	.779	.263

対左=対左投手打率　対右=対右投手打率　ホ=ホーム打率　ア=アウェー打率　得=得点圏打率　　61

タナボタ入団のあとスピード出世した幸運児

ユーティリティ

43 マイケル・ブロソー *Michael Brosseau*

26歳｜178cm｜98kg｜右投右打 対左.300 対右.242 ホ.295 ア.254 得.286
Ｄ2016外レイズ 出インディアナ州 年56万3500ドル（約6200万円）+α

ミート	4
パワー	3
走	4
守	3
肩	3

　昨年6月のメジャーデビュー後、守備位置日替わりで生きのいい働きを見せたスーパーサブ。大学3年終了時におこなわれた2015年ドラフトで指名されなかったため、4年生に進み、前年より6分7厘いい3割5分4厘をマークして、16年のドラフトで指名されるのを待った。しかしこの年も指名されず打ちひしがれていると、夜にレイズのスカウトから電話が入り「ルーキーリーグに1つ空きができたから、君にチャンスを与えようと思うがどうかね」と問われたので、それに飛びついて入団。その後はトントン拍子にマイナーの出世階段を昇り、実質3年でメジャーに到達。

年度	所属チーム	試合数	打数	得点	安打	二塁打	三塁打	本塁打	打点	四球	三振	盗塁	盗塁死	出塁率	OPS	打率
2019	レイズ	50	132	17	36	7	0	6	16	7	39	1	0	.319	.781	.273
通算成績		50	132	17	36	7	0	6	16	7	39	1	0	.319	.781	.273

本塁打あり、バントありの異能派

外野手 **移籍** **ルーキー**

56 ランディ・アロザレーナ *Randy Arozarena*

25歳｜180cm｜77kg｜右投右打 対左.333 対右.294 ホ.200 ア.333 得.25
Ｄ2016外カーディナルス 出キューバ 年55万5000ドル（約6105万円）+α

ミート	4
パワー	3
走	4
守	3
肩	4

　昨季までカーディナルスに在籍していたキューバ亡命組の外野手。昨季はキャンプ中に手を骨折するアクシデントがありIL入り。5月に復帰し、2Aでプレーを再開した。球種の見極めが良くなったため、昨季は変化球を苦にしなくなり、2Aで高打率をキープして6月中旬に3A昇格。ここではさらに快調にヒットが出て、打率が3割5分8厘に上昇した8月12日にメジャー昇格となった。最大の魅力は、何をしてくるかわからないこと。スモールボールのスキルが高いため、本塁打を放った次の打席で、バントを転がすようなことは平気でやる。オフのトレードでレイズ入り。

年度	所属チーム	試合数	打数	得点	安打	二塁打	三塁打	本塁打	打点	四球	三振	盗塁	盗塁死	出塁率	OPS	打率
2019	カーディナルス	19	20	4	6	1	0	1	2	2	4	2	1	.391	.891	.300
通算成績		19	20	4	6	1	0	1	2	2	4	2	1	.391	.891	.300

37 ケヴィン・パドロ *Kevin Padlo*

サード ファースト **期待度 B⁻** **ルーキー**

24歳｜188cm｜93kg｜右投右打 ◆昨季は2A、3Aでプレー Ｄ2014⑤ロッキーズ 出カリフォルニア州

　長打力がウリの三塁手。2016年1月のトレードでロッキーズから移籍後、2シーズン故障続きだった。しかし昨シーズンはケガから解放され、開幕から7月15日まで2Aで70試合に出場し、二塁打20本と本塁打12本を生産したあと、3Aに昇格。ここでは40試合に出場し、二塁打11本と本塁打9本をマークしている。

一 ジョシュ・ロウ *Josh Lowe*

外野手 **期待度 C⁺** **ルーキー**

22歳｜193cm｜93kg｜右投左打 ◆昨季は2Aでプレー Ｄ2016①レイズ 出ジョージア州

　ネイト・ロウの3歳下の弟だが、1996年のドラフトでは兄が13巡目指名だったのに対し、弟は1巡目。契約金も兄の10万ドルに対し、その26倍だった。だがプロ入り後は、兄がスイングの改造に成功して3年弱でメジャーに到達したのに対し、まだ2A。それだけに何くそという気持ちが強い。

対左=対左投手打率 対右=対右投手打率 ホ=ホーム打率 ア=アウェー打率 得=得点圏打率
Ｄ=ドラフトデータ 出=出身地 年=年俸

ボストン・レッドソックス

◆創　立：1901年　　　　　　　　◆ワールドシリーズ制覇：9回／◆リーグ優勝：14回
◆本拠地：マサチューセッツ州ボストン市　◆地区優勝：10回／◆ワイルドカード獲得：7回

主要オーナー ▶ ジョン・ヘンリー（投資会社J.W.ヘンリー社会長）

過去5年成績	年度	勝	負	勝率	ゲーム差	地区順位	ポストシーズン成績
	2015	78	84	.481	15.0	⑤	―
	2016	93	69	.574	(4.0)	①	地区シリーズ敗退
	2017	93	69	.574	(2.0)	①	地区シリーズ敗退
	2018	108	54	.667	(8.0)	①	ワールドシリーズ制覇
	2019	84	78	.519	19.0	③	―

監　督 ▶ ― **監督未定（2月4日現在）**

　今年1月、MLBの調査で、アストロズが電子機器を使ってサイン盗みをしていたとする疑惑が事実と認定され、詳細が明らかになった。その結果、当時アストロズでベンチコーチとしてサイン盗みにかかわっていたアレックス・コーラ監督が、レッドソックス球団から解雇された。そのあと後任の監督選びが始まり、マーク・コッツェイ、ルイス・ウルエタら数人の候補者が球団に呼ばれて面接を受けたが、2月4日の本書校了時点では、決定に至っていない。

注目コーチ ▶ ― **デイヴ・ブッシュ** *Dave Bush*

　新投手コーチ。41歳。昨季までは、レッドソックスのマイナー組織で働いていた。現役時代の成績はメジャー実働9年で通算56勝。2012年には韓国でプレーしている。

編成責任者 ▶ **ハイム・ブルーム** *Chaim Bloom*

　37歳。レイズの編成部門で活躍していたが、昨年10月末に引き抜かれた。大金と若手有望株をつぎ込んだ補強の代償で、ボロボロになってしまったチームの再建が使命。

スタジアム ▶ **フェンウェイ・パーク** *Fenway Park*

◆開場年………1912年
◆仕　様………天然芝
◆収容能力………37,755人
◆フェンスの高さ…0.9～11.3m
◆特　徴………メジャー最古の球場。レフトにそびえ立つ、高さ11.3メートルの巨大なフェンス（通称グリーンモンスター）が名物となっている。このフェンスはホームからの距離が短いため、浅めのフライがこれに当たり、よく長打になる。

ヒッターズパーク

119　128
116　　116
95　　　　92

63

Best Order

①アレックス・ヴァードゥーゴ……ライト			⑥マイケル・チェイヴィス……ファースト	
②ラファエル・デヴァース……サード			⑦ジャッキー・ブラッドリー・ジュニア……センター	
③ザンダー・ボーガーツ……ショート			⑧クリスチャン・ヴァスケス……キャッチャー	
④JDマルティネス……DH			⑨ホセ・ペラザ……セカンド	
⑤アンドルー・ベニンテンディ……レフト				

Depth Chart

※2020年2月4日時点の候補選手。
数字は背番号(開幕前に変更する
場合もあり)、右・左等は投・打の順。

センター
19 ジャッキー・ブラッドリー・ジュニア [右・右]
50 ムッキー・ベッツ [右・右]
16 アンドルー・ベニンテンディ [左・左]

レフト
16 アンドルー・ベニンテンディ [左・左]
28 J.D.マルティネス [右・右]

ライト
- アレックス・ヴァードゥーゴ [左・左]
28 J.D.マルティネス [右・右]

ショート
2 ザンダー・ボーガーツ [右・右]
- ジョナサン・アラウス [右・両]

セカンド
3 ホセ・ペラザ [右・右]
23 マイケル・チェイヴィス [右・右]
15 ダスティン・ペドロイア [右・右]

ローテーション
41 クリス・セイル [左・左]
57 エドゥアルド・ロドリゲス [左・左]
17 ネイサン・イヴォルディ [右・右]
54 マーティン・ペレス [左・左]

サード
11 ラファエル・デヴァース [右・左]
23 マイケル・チェイヴィス [右・右]
- ジョナサン・アラウス [右・両]

ファースト
23 マイケル・チェイヴィス [右・右]
- ミッチ・モアランド [左・左]
- ボビー・ドルベック [右・右]

キャッチャー
7 クリスチャン・ヴァスケス [右・右]
25 ケヴィン・プラウェッキー [右・右]

DH
2 J.D.マルティネス [右・右]

ブルペン
44 ブランドン・ワークマン [右・右] CL
32 マット・バーンズ [右・右]
72 ジョシュ・テイラー [左・右]
63 ダーウィンゾン・ヘルナンデス [左・右]
37 ヒース・ヘンブリー [右・右]
64 マーカス・ウォルデン [右・右]
70 ライアン・ブレイジャー [右・右]
56 トラヴィス・ラーキンス [右・右]
76 ヘクター・ヴェラスケス [右・右]
65 ライアン・ウェバー [右・右]
66 ボビー・ボイナー [左・右]
- コルテン・ブルーワー [右・右]
- ジョシュ・オーシッチ [左・右]
31 オースティン・ブライス [右・右]

※CL=クローザー

レッドソックス試合日程……＊はアウェーでの開催

3月26・27・28・29 ブルージェイズ＊	27・28・29 ブルージェイズ＊	29・30・31 アストロズ＊
30・31・4月1 オリオールズ＊	5月1・2・3 レンジャーズ	6月1・2・3 インディアンズ＊
2・4・5 ホワイトソックス	5・6・7 エンジェルス	5・6・7 ブリュワーズ
6・7・8 レイズ	8・9・10 ヤンキース＊	9・10・11 レイズ＊
9・10・11・12 マリナーズ＊	12・13 ブレーブス＊	12・13・14 ヤンキース
13・14・15 アスレティックス＊	14・15・16・17 レンジャーズ＊	16・17 ブレーブス
17・18・19・20 インディアンズ	19・20・21 レイズ	19・20・21 カブス＊
21・22・23 ブルージェイズ	22・23・24 アストロズ	22・23・24 エンジェルス＊
24・25・26 ツインズ	25・26・27・28 ロイヤルズ	26・27・28 カーディナルス

球団メモ 昨年9月8日、編成トップのデイヴ・ドンブロウスキーを解任。積極的な大型補強で、2018年のワールドシリーズ制覇に貢献したが、チーム低迷の責任を取る形に。

レッドソックス

■投手力⬊…★★★☆☆ 【昨年度チーム防御率4.70、リーグ7位】

昨シーズンの先発防御率は4.95で平均よりやや悪かったが、ローテーションからプライスとポーセロが抜けてペレスが入る形になった。セイルとイヴォルディは復調すると読んでいるのだろうが、ピークを過ぎた投手たちなので、今シーズンはさらに悪くなる恐れもある。ブルペンは、昨年リリーフ防御率が4.40で平均レベルだった。ワークマンが孝行息子となって支えたが、今季もそんな存在で居続けるかどうかは疑問符が付く。

■攻撃力⬊…★★★☆☆ 【昨年度チーム得点901、リーグ4位】

アストロズのベンチコーチ時代に、電子機器を使ったサイン盗み行為にかかわっていたとして、有能と評判だったコーラ監督が解雇された。それだけでなく、レッドソックスでも同様の行為がおこなわれていたことが発覚。選手が処分されることはないだろうが、精神的に甚大な影響を及ぼすことは必至だ。打線の実力自体はトップレベルだが、士気が落ちた分、得点力が落ちることが予想される。チームの得点機を数々演出してきたベッツがトレードされたことは、得点力の低下に追い打ちをかけるのは確実。

■守備力➡…★★★★☆ 【昨年度チーム失策数88、リーグ6位】

キャッチャー、センター、ライトはトップレベルだが、内野がワーストレベルのため、チーム全体のDRSは-40。これは30球団中23位の数字。

■機動力➡…★★★☆☆ 【昨年度チーム盗塁数68、リーグ7位】

盗塁と送りバントの成功数は平均レベル。1点が欲しいときはやってくる。

総合評価➡ ★★★☆☆	今年はサイン盗みスキャンダルの煙がまだ残る中で、シーズンを迎えることになる。ニューヨークやタンパベイでの試合では、激しいヤジに選手たちはさらされそうだ。一昨年は108勝しているチームだが、今季は5割前後まで勝率が落ちる恐れがある。

IN 主な入団選手	OUT 主な退団選手
投手	投手
マーティン・ペレス←ツインズ	リック・ポーセロ➡メッツ
ジョシュ・オーシッチ←ホワイトソックス	ドルー・ポメランツ➡パドレス
ジェフリー・スプリングス←レンジャーズ	デイヴィッド・プライス➡ドジャース
野手	野手
ホセ・ペラザ←ツインズ	ムッキー・ベッツ➡ドジャース
ケヴィン・プラウェッキー←インディアンズ	サンディ・リオン➡インディアンズ
アレックス・ヴァードゥーゴ←ドジャース	ブロック・ホルト➡所属先未定

29・30・**7**月1	マリナーズ	30・31・**8**月1・2	ヤンキース	31・**9**月1・2	ヤンキース
3・4・5	パイレーツ*	4・5・6	オリオールズ*	4・5・6・7	タイガース
6・7・8	ブルージェイズ	7・8・9	レイズ*	8・9・10	ヤンキース*
10・11・12	オリオールズ	10・11・12・13	ツインズ	11・12・13	レイズ
14	オールスターゲーム	14・15・16	アスレティックス	15・16	レッズ*
17・18・19	ロイヤルズ	18・19	レッズ	17・18・19・20	レイズ*
20・21・22	ブルージェイズ*	20・21・22・23	オリオールズ*	22・23・24	ブルージェイズ
24・25・26	ヤンキース*	25・26・27	ホワイトソックス*	25・26・27	オリオールズ
27・28・29	オリオールズ	28・29・30	ヤンキース*		

球団メモ	2016年に引退し、背番号「34」が球団の永久欠番になっているデイヴィッド・オーティズが、昨年6月、母国ドミニカで銃撃事件に巻き込まれ、重傷を負った。

勝ち星19はアメリカン・リーグ3位

57 エドゥアルド・ロドリゲス
Eduardo Rodriguez

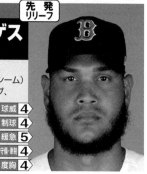

27歳｜188cm｜100kg｜左投左打

◆速球のスピード／150キロ前後（フォーシーム、ツーシーム）
◆決め球と持ち球／◎フォーシーム、◎チェンジアップ、
　◎ツーシーム、○カッター、△カーブ
◆対左打者被打率／.264　◆対右打者被打率／.250
◆ホーム防御率／3.09　◆アウェー防御率／4.58
◆ドラフトデータ／2010㊾オリオールズ
◆出身地／ベネズエラ

球威	4
制球	4
緩急	5
守備・走塁	4
度胸	4

　19勝をマークして、レッドソックスのエースにのし上がった先発サウスポー。昨季は出だしから制球が不安定。とくに左打者に対する制球が悪く、頻繁（ひんぱん）に長打を食って失点した。ターニングポイントになったのは5月26日のアストロズ戦。大エース、ヴァーランダーとの投げ合いになったが、ロドリゲスの速球とチェンジアップを高低に投げ分けるピッチングが冴え、ヴァーランダーが2失点だったのに対し、ロドリゲスは1失点に抑えて勝ち投手になった。この1勝は彼に計り知れない自信を与え、それ以降の24試合は14勝3敗、防御率3.28という見事な数字だった。

　サウスポーは通常左打者に強く、右打者に弱いケースが多い。だがロドリゲスは逆で、左打者が苦手で右打者に強い。いいチェンジアップがあるのでそれが右打者を抑える道具になるが、左打者に有効ないいスライダーがないのだ。チェンジアップは中学生の頃、お父さんが買ってくれた同じベネズエラ出身の大投手ヨハン・サンタナのビデオを、繰り返し見て覚えたものだ。のちにサンタナ自身からも、上手に投げるコツを伝授されている。いいスライダーがないことはチームメートも知っていて、昨年4月にはチームに帯同していたペドロイアが、ロドリゲスに新種のスライダーの投げ方をレクチャーしたことがある。

　早婚で、同じベネズエラ出身の妻キャスリーンさんとの間に長女アニーちゃんと長男イアン君がいる。キャスリーンさんはレッドソックス・ファンに人気の美人妻で、ファッションセンス抜群の女性。「cathedice」という彼女のインスタグラム・アカウントを訪れると、様々なドレスに身を包んだ彼女のファッショナブルな写真を見ることができる。

カモ　A・ジャッジ（ヤンキース）.150(20-3)0本　　W・アダメス（レイズ）.000(8-0)0本
苦手　L・ヴォイト（ヤンキース）.500(10-5)1本　　T・ヘルナンデス（ブルージェイズ）.357(14-5)3本

年度	所属チーム	勝利	敗戦	防御率	試合数	先発	セーブ	投球イニング	被安打	失点	自責点	被本塁打	与四球	奪三振	WHIP
2015	レッドソックス	10	6	3.85	21	21	0	121.2	120	55	52	13	37	98	1.29
2016	レッドソックス	3	7	4.71	20	20	0	107.0	99	58	56	16	40	100	1.30
2017	レッドソックス	6	7	4.19	25	24	0	137.1	126	66	64	19	50	150	1.28
2018	レッドソックス	13	5	3.82	27	23	0	129.2	119	66	55	16	45	146	1.26
2019	レッドソックス	19	6	3.81	34	34	0	203.1	195	88	86	24	75	213	1.33
通算成績		51	31	4.03	127	122	0	699.0	659	323	313	88	247	707	1.30

　カモ　苦手 は通算成績

PRP療法が効いて、11月に投球練習を再開　　先発

41 クリス・セイル
Chris Sale

31歳 | 198cm | 82kg | 左投左打

◆速球のスピード／150キロ前後（フォーシーム、ツーシーム）
◆決め球と持ち球／◎スライダー、◎チェンジアップ、
　◎ツーシーム、○フォーシーム
◆対左打者被打率／.247　◆対右打者被打率／.216
◆ホーム防御率／4.22　◆アウェー防御率／4.56
◆ドラフトデータ／2010①ホワイトソックス
◆出身地／フロリダ州
◆年俸／3000万ドル（約33億円）
◆最多奪三振2回（15、17年）

球威	5
制球	4
緩急	4
対左/対右	4
度胸	5

レッドソックス

　トミー・ジョン手術を回避して、PRP療法を選択した左のエース。昨季は開幕直前の3月23日に、2020年に始まる5年1億4500万ドル（約159億円）の契約にサインし、張り切ってシーズンに入った。

　その後は制球の波が大きい状態が続き、いい日は2失点以内に抑えるが、悪い日は大量失点する展開になった。しかもトコトン勝ち運に見放されたため、好投した日は勝ち星が付かず、失点が多かった日は必ず黒星が付いた。その結果、シーズン前半は自責点2以内に抑えたゲームが10試合あったのに、勝敗は3勝8敗（防御率4.04）だった。

　シーズン後半になっても好不調の波は大きいままだったが、8月13日にインディアンズ戦に登板後、ヒジの炎症でIL（故障者リスト）入り。側副靭帯の部分断裂が疑われたため、スポーツ整形外科の権威ジェイムズ・アンドリュース博士に診察を仰いだ。博士の見立ては、すぐに手術が必要なレベルではないので、まずPRP療法をやって効果を見る、というものだった。早速PRP療法を開始し、2カ月後に効果を見たところ、よく回復しているため、昨年11月下旬から投球練習を再開している。この流れは、2014年の田中将大と同じである。しかし、トミー・ジョン手術を回避できても、しばらく球威不足の状態が続く可能性がある。一番怖いのは、再度炎症が起きることだ。そうなればトミー・ジョン手術になる可能性が高くなる。もしそうなった場合、球団としては1年半〜2年分の年俸（4800万〜6400万ドル＝52億〜70億円）が無駄になる。それを考えれば、今季は石橋を叩いて渡るような慎重な使い方になるのではないだろうか。

カモ G・トーレス（ヤンキース）.000（14-0）0本　M・ズニーノ（レイズ）.000（14-0）0本
苦手 D・ラメイヒュー（ヤンキース）.667（9-6）3本　T・マンシーニ（オリオールズ）.400（25-10）0本

年度	所属チーム	勝利	敗戦	防御率	試合数	先発	セーブ	投球イニング	被安打	失点	自責点	被本塁打	与四球	奪三振	WHIP
2010	ホワイトソックス	2	1	1.93	21	0	4	23.1	15	5	5	2	10	32	1.07
2011	ホワイトソックス	2	2	2.79	58	0	8	71.0	52	22	22	6	27	79	1.11
2012	ホワイトソックス	17	8	3.05	30	29	0	192.0	167	66	65	19	51	192	1.14
2013	ホワイトソックス	11	14	3.07	30	30	0	214.1	184	81	73	23	46	226	1.07
2014	ホワイトソックス	12	4	2.17	26	26	0	174.0	129	48	42	13	39	208	0.97
2015	ホワイトソックス	13	11	3.41	31	31	0	208.2	185	88	79	23	42	274	1.09
2016	ホワイトソックス	17	10	3.34	32	32	0	226.2	190	88	84	27	45	233	1.04
2017	レッドソックス	17	8	2.90	32	32	0	214.1	165	73	69	24	43	308	0.97
2018	レッドソックス	12	4	2.11	27	27	0	158.0	102	39	37	11	34	237	0.86
2019	レッドソックス	6	11	4.40	25	25	0	147.1	123	80	72	24	37	218	1.09
通算成績		109	73	3.03	312	232	12	1629.2	1312	590	548	172	374	2007	1.03

投手

「日替わりクローザー」から「守護神」に昇格　クローザー

44 ブランドン・ワークマン　Brandon Workman

32歳／196cm／107kg／右投右打

- ◆球速のスピード／150キロ前後（フォーシーム主体）
- ◆決め球と持ち球／☆カーブ、◎カッター、◎フォーシーム
- ◆対左.132　◆対右.116　◆ホ防1.10　◆ア防2.54
- ◆ド2010②レッドソックス　◆出テキサス州
- ◆年350万ドル（約3億8500万円）

球威4／制球3／緩急4／守備・牽制3／度胸4

2017年にトミー・ジョン手術から復帰。カーブとカッターを磨いて、昨年クローザーに昇りつめた不屈のリリーバー。昨季は5月下旬から「日替わりクローザー」の一人となり、時々9回の抑えとして使われるようになった。そして8月以降はクローザー限定で使われるようになり、16セーブをマークしている。武器は、タテに大きく変化するカーブ。大半がワンバウンドするので見送ればボールなのだが、追い込まれると打者はバットが出てしまう。通常はこのカーブが5割、フォーシームが3割、カッターが2割くらいの比率で投げている。長所は狙って三振を取れることと、一発を食うリスクが低いこと。今季もキャンプで故障しない限り、開幕からクローザーを務める。

カモ N・クルーズ（ツインズ）.111(9-1)0本　苦手 M・ブラントリー（アストロズ）.857(7-6)1本

年度	所属チーム	勝利	敗戦	防御率	試合数	先発	セーブ	投球イニング	被安打	失点	自責点	被本塁打	与四球	奪三振	WHIP
2013	レッドソックス	6	3	4.97	20	3	0	41.2	44	23	23	5	15	47	1.42
2014	レッドソックス	1	10	5.17	19	15	0	87.0	88	57	50	11	36	70	1.43
2017	レッドソックス	1	1	3.18	33	0	0	39.2	37	17	14	7	11	37	1.21
2018	レッドソックス	6	1	3.27	43	0	0	41.1	34	15	15	6	16	37	1.21
2019	レッドソックス	10	1	1.88	73	0	16	71.2	29	18	15	1	45	104	1.03
通算成績		24	16	3.74	188	18	16	281.1	232	130	117	30	123	295	1.26

全投球の51%がナックルカーブ　セットアップ

32 マット・バーンズ　Matt Barnes

30歳／193cm／95kg／右投右打

- ◆球速のスピード／150キロ台中頃（フォーシーム）
- ◆決め球と持ち球／☆ナックルカーブ、○フォーシーム、△チェンジアップ
- ◆対左.174　◆対右.232　◆ホ防4.45　◆ア防3.25
- ◆ド2011①レッドソックス　◆出コネティカット州
- ◆年310万ドル（約3億4100万円）

球威5／制球2／緩急4／守備・牽制3／度胸3

酷使されても壊れない超タフなリリーバー。昨季は開幕前にコーラ監督から、クローザーはブレイジャーとバーンズを併用するという発表があった。しかし開幕後、優先的に使われたのはブレイジャーだった。その後、5月上旬にブレイジャーが外されたため、9回の抑えで登板する頻度が増したが、6月にセーブ失敗が3回あったためクローザーでは使われなくなり、本来の役目であるトップ・セットアッパーに専念した。昨季は速球の平均球速が1.5キロほどアップ。それによりナックルカーブの効果も増し、奪三振率15.39をマーク。これは、20イニング以上投げたメジャー545投手中3位の数字。

カモ G・サンチェス（ヤンキース）.125(8-1)0本　苦手 T・マンシーニ（オリオールズ）.417(12-5)0本

年度	所属チーム	勝利	敗戦	防御率	試合数	先発	セーブ	投球イニング	被安打	失点	自責点	被本塁打	与四球	奪三振	WHIP
2014	レッドソックス	0	0	4.00	5	0	0	9.0	11	4	4	1	2	8	1.44
2015	レッドソックス	3	4	5.44	32	2	0	43.0	56	28	26	9	15	39	1.65
2016	レッドソックス	4	3	4.05	62	0	1	66.2	62	32	30	6	31	71	1.40
2017	レッドソックス	7	3	3.88	70	0	1	69.2	57	31	30	7	28	83	1.22
2018	レッドソックス	6	4	3.65	62	0	0	61.2	47	25	25	5	31	96	1.26
2019	レッドソックス	5	4	3.78	70	0	4	64.1	51	29	27	8	38	110	1.38
通算成績		25	18	4.07	301	2	6	314.1	284	149	142	36	145	407	1.36

68

対左=対左打者被打率　対右=対右打者被打率　ホ防=ホーム防御率　ア防=アウェー防御率
ド=ドラフトデータ　出=出身地　年=年俸　カモ 苦手 は通算成績

投 手

ミドル
リリーフ

豪速球の土台はサッカーで鍛えた下半身
63 ダーウィンゾン・ヘルナンデス *Darwinzon Hernandez*

24歳｜188cm｜111kg｜左投左打

◆速球のスピード／150キロ台中頃（フォーシーム主体）
◆決め球と持ち球／◎フォーシーム、◎カーブ、△チェンジアップ
◆対左.089 ◆対右.319 ◆ホ防5.49 ◆ア防2.53
◆ド2013外レッドソックス ◆出ベネズエラ
◆年56万3500ドル（約6200万円）＋α

球威	5+
制球	2
緩急	2
守備・走塁	3
度胸	3

レッドソックス

　昨季後半メジャーで三振の山を築き、将来のクローザー候補と見なされるようになった左腕。開幕は2Aで迎え、6月中旬までに4回一日限定でメジャーに昇格後、7月16日の5回目の昇格からメジャーに定着した。その後はアウトの約3分の2を三振で取る圧巻の投球を見せ、奪三振率16.91は、昨年20イニング以上投げた545投手の中で1位。2位のヘイダーとの間には0.50差あった。ベネズエラ出身で、少年時代はサッカーに熱中。野球は時々遊びでやるスポーツに過ぎなかったが、野球をメインにしていた兄デイヴィッドがメジャー球団と高額で契約したあと、母ダマサさんから「お前は身体能力が高いから、本気で練習すればすぐうまくなる」と勧められて9カ月間、野球訓練施設で野球漬けの生活を送り、レッドソックスの入団テストに合格。

カモ 苦手 ―――

年度	所属チーム	勝利	敗戦	防御率	試合数	先発	セーブ	投球イニング	被安打	失点	自責点	被本塁打	与四球	奪三振	WHIP
2019	レッドソックス	0	1	4.45	29	1	0	30.1	27	18	15	1	26	57	1.75
通算成績		0	1	4.45	29	1	0	30.1	27	18	15	1	26	57	1.75

先 発

ローテーション投手の地位は不動
17 ネイサン・イヴォルディ *Nathan Eovaldi*

30歳｜188cm｜102kg｜右投右打

◆速球のスピード／150キロ台中頃（フォーシーム主体）
◆決め球と持ち球／◎フォーシーム、○スライダー、○カーブ、○カッター、○スプリッター、△ツーシーム、△チェンジアップ
◆対左.266 ◆対右.285 ◆ホ防7.20 ◆ア防5.02
◆ド2008⑪ドジャース ◆出テキサス州
◆年1700万ドル（約18億7000万円）

球威	4
制球	3
緩急	3
守備・走塁	3
度胸	3

　4年契約の1年目は期待を裏切ったため、2年目の今季、復活を期すパワーピッチャー。一昨年のポストシーズンで大活躍したため、レッドソックスと新たに4年6800万ドルの契約を交わし、2019年のシーズンに臨んだ。出だしは制球が悪く、3試合目まで15イニングで14失点の荒れようだったが、4試合目は自責点0に抑え、本調子になったと思われた。しかしその直後、ヒジの遊離骨片を摘出する手術を受けることになり、7月20日になってようやく復帰。その後ひと月ほどリリーフで投げたあと、先発に戻って8試合に登板。

カモ D・ラメイヒュー（ヤンキース）.133(15-2)0本　苦手 S・カストロ（ナショナルズ）.583(12-7)0本

年度	所属チーム	勝利	敗戦	防御率	試合数	先発	セーブ	投球イニング	被安打	失点	自責点	被本塁打	与四球	奪三振	WHIP
2011	ドジャース	1	2	3.63	10	6	0	34.2	28	14	14	2	20	23	1.38
2012	ドジャース	1	6	4.15	10	10	0	56.1	63	27	26	5	20	34	1.47
2012	マーリンズ	3	7	4.43	12	12	0	63.0	70	32	31	5	27	44	1.54
2012	2チーム計	4	13	4.30	22	22	0	119.1	133	59	57	10	47	78	1.51
2013	マーリンズ	4	6	3.39	18	18	0	106.1	100	44	40	7	40	78	1.32
2014	マーリンズ	6	14	4.37	33	33	0	199.2	223	107	97	14	43	142	1.33
2015	ヤンキース	14	3	4.20	27	27	0	154.1	175	72	72	10	49	121	1.45
2016	ヤンキース	9	8	4.76	24	21	0	124.2	123	66	66	23	40	97	1.31
2018	レイズ	3	4	4.26	10	10	0	57.0	48	27	27	11	8	53	0.98
2018	レッドソックス	3	3	3.33	12	11	0	54.0	57	28	20	12	12	48	1.28
2018	2チーム計	6	7	3.81	22	21	0	111.0	105	55	47	14	20	101	1.13
2019	レッドソックス	2	1	5.99	23	12	0	67.2	72	46	45	16	35	70	1.58
通算成績		46	54	4.30	179	160	0	917.2	959	463	438	96	294	710	1.37

69

セットアップ

72 ジョシュ・テイラー *Josh Taylor*

スライダーはランディ・ジョンソン直伝

27歳／196cm／102kg／左投左打

◆速球のスピード／150キロ台前半（フォーシーム、シンカー）
◆決め球と持ち球／◎スライダー、○フォーシーム、○シンカー、△カーブ
◆対左.203 ◆対右.245 ◆ホ防3.28 ◆ア防2.78
◆ド2014外フィリーズ ◆出アリゾナ州
◆年56万3500ドル（約6200万円）+α

球威	4
制球	3
緩急	3
精神・耐久	5
度胸	3

一度もチームの「有望株トップ30」に載ったことがないのに、昨年5月にメジャーデビューし、見事な働きをしたリリーフ左腕。NCAA（全米体育協会）2部の大学で投げていたため、3年終了時にドラフトで指名されず、ミネソタの独立リーグに入団。そこでJPマルティネスという投手コーチと出会って投球フォームを全面改造したところ、球速が大幅にアップした。それをフィリーズのスカウトに評価され、プロ入り。5年目にメジャーに到達した。武器はスライダー。ダイヤモンドバックスのマイナーにいた2016年のキャンプで、臨時コーチを務めていたあのランディ・ジョンソンから教わったもので、その後、自分なりに改良を加えて磨き上げた。現在は、これが全投球の37%を占めている。カーブは一昨年まで多投していたが、ほとんど使わなくなった。

| カモ | | 苦手 G・トーレス（ヤンキース）1.000(3-3)1本 |

年度	所属チーム	勝利	敗戦	防御率	試合数	先発	セーブ	投球イニング	被安打	失点	自責点	被本塁打	与四球	奪三振	WHIP
2019	レッドソックス	2	2	3.04	52	1	0	47.1	40	17	16	5	16	62	1.18
通算成績		2	2	3.04	52	1	0	47.1	40	17	16	5	16	62	1.18

先発リリーフ **移籍**

54 マーティン・ペレス *Martin Perez*

ダルビッシュに教わったカッターを武器に復活

29歳／183cm／91kg／左投左打

◆速球のスピード／150キロ台前半（ツーシーム、フォーシーム）
◆決め球と持ち球／☆カッター
◆対左.228 ◆対右.293 ◆ホ防5.36 ◆ア防4.81
◆ド2007外レンジャーズ ◆出ベネズエラ
◆年650万ドル（約7億1500万円）

球威	2
制球	4
緩急	3
精神・耐久	3
度胸	3

ツインズで1シーズン投げてよみがえったあと、1年600万ドルの契約で入団した先発5番手の有力候補。レンジャーズで立ち行かなくなったペレスが、昨年ツインズで復活したのは、カッターを多投するようになったからだ。カッターの投げ方は、2016年に同僚のダルビッシュから伝授されてマスターしていたが、制球が安定しないため死蔵されていた。しかし昨年キャンプでオドリッジや臨時コーチのヨハン・サンタナから、投げるようアドバイスされ、使う腹を固めた。今季の課題は、夏場のスタミナ切れ。昨季は後半になってスタミナが切れどんどん防御率が悪化し、再生が不完全なものになった。

| カモ J・レディック（アストロズ）.150(20-3)0本 | | 苦手 D・ラメイヒュー（ヤンキース）.444(9-4)1本 |

年度	所属チーム	勝利	敗戦	防御率	試合数	先発	セーブ	投球イニング	被安打	失点	自責点	被本塁打	与四球	奪三振	WHIP
2012	レンジャーズ	1	4	5.45	12	6	0	38.0	47	26	23	3	16	25	1.63
2013	レンジャーズ	10	6	3.62	20	20	0	124.1	129	55	50	15	37	84	1.34
2014	レンジャーズ	4	3	4.38	8	8	0	51.1	50	25	25	3	19	35	1.34
2015	レンジャーズ	3	6	4.46	14	14	0	78.2	88	45	39	3	24	48	1.42
2016	レンジャーズ	10	11	4.39	33	33	0	198.2	205	110	97	18	76	103	1.41
2017	レンジャーズ	13	12	4.82	32	32	0	185.0	221	108	99	23	63	115	1.54
2018	レンジャーズ	2	7	6.22	22	15	0	85.1	116	68	59	16	36	52	1.78
2019	ツインズ	10	7	5.12	32	29	0	165.1	184	104	94	23	67	135	1.52
通算成績		53	56	4.72	173	157	0	926.2	1040	541	486	104	337	597	1.49

対左=対左打者被打率 対右=対右打者被打率 ホ防=ホーム防御率 ア防=アウェー防御率
ド=ドラフトデータ 出=出身地 年=年俸 カモ 苦手は通算成績

広島で投げている間に生まれ変わった右腕

70 ライアン・ブレイジャー *Ryan Brasier*

ミドル
リリーフ

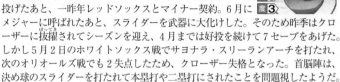

レッドソックス

33歳｜183cm｜102kg｜右投右打｜球150キロ台中頃（フォーシーム主体）｜決☆スライダー

対左.247｜対右.231｜ド2007⑥エンジェルス｜出テキサス州｜年56万3500ドル（約6200万円）+α

球5
制3
緩2
牢率3
度3

クローザーとしては短命に終わった遅咲きの豪腕リリーバー。2017年に広島カープで、ブレイシアの登録名で1年投げたあと、一昨年レッドソックスとマイナー契約。6月にメジャーに呼ばれたあと、スライダーを武器に大化けした。そのため昨季はクローザーに抜擢されてシーズンを迎え、4月までは好投を続けて7セーブをあげた。しかし5月2日のホワイトソックス戦でサヨナラ・スリーランアーチを打たれ、次のオリオールズ戦でも2失点したため、クローザー失格となった。首脳陣は、決め球のスライダーを打たれて本塁打や二塁打にされたことを問題視したようだ。

年度	所属チーム	勝利	敗戦	防御率	試合数	先発	セーブ	投球イニング	被安打	失点	自責点	本塁打	与四球	奪三振	WHIP
2019	レッドソックス	2	4	4.85	62	0	7	55.2	51	33	30	9	21	61	1.29
通算成績		2	4	3.48	103	0	7	98.1	77	41	38	12	32	97	1.11

2人の娘の名はサットンとパーマー

64 マーカス・ウォルデン *Marcus Walden*

ロング
リリーフ

32歳｜183cm｜88kg｜右投右打｜球150キロ前半（ツーシーム、フォーシーム）｜決☆カッター

対左.198｜対右.222｜ド2007⑨ブルージェイズ｜出カリフォルニア州｜年56万3500ドル（約6200万円）+α

球3
制3
緩3
牢率3
度3

メジャー昇格まで11年かかった苦労人。2007年に9巡目指名でブルージェイズ入団、その後アスレティックスのマイナー、レッズのマイナー、独立リーグ、ツインズのマイナーと渡り歩いて17年にレッドソックスとマイナー契約。その年は3Aで投げ、18年の開幕時にメジャーデビュー。その間にはベネズエラやドミニカのウインターリーグでも投げ、トミー・ジョン手術も経験。昨季はロングリリーフなどで70試合に登板、カッターとスライダーを武器に度々好投し9勝。長女にサットン、次女にパーマーという名を付けている。尊敬する2人の大投手にあやかった命名だ。

年度	所属チーム	勝利	敗戦	防御率	試合数	先発	セーブ	投球イニング	被安打	失点	自責点	本塁打	与四球	奪三振	WHIP
2019	レッドソックス	9	2	3.81	70	0	2	78.0	61	38	33	6	32	76	1.19
通算成績		9	2	3.79	78	0	2	92.2	75	45	39	6	35	90	1.19

カッターマシンに変身し再生

－ ジョシュ・オーシッチ *Josh Osich*

ミドル
リリーフ

移籍

32歳｜191cm｜104kg｜左投左打｜球150キロ前半（フォーシーム、ツーシーム）｜決◎カッター

対左.171｜対右.297｜ド2011⑥ジャイアンツ｜出アイダホ州｜年85万ドル（約9350万円）

球3
制2
緩3
牢率4
度4

一発病の克服が課題のリリーフ・サウスポー。一昨年までは「速球＋チェンジアップ、カーブ」で投げていたが、行き詰まってメジャーでの出場機会が減ったため、昨年カッター主体のピッチングに変えたところ、再びメジャーで通用するようになった。カッターは高速スライダーと言ったほうがいい曲がりの大きいタイプで、左打者に対し強力な武器になっている（被打率1割7分1厘）。ただ制球がイマイチで、浮くと一発を食いやすくなる。アイダホ育ちのカントリーボーイ。MLBでは数少ないバスク系の米国人。バスク人の末裔であることに、大きな誇りを持っている。

年度	所属チーム	勝利	敗戦	防御率	試合数	先発	セーブ	投球イニング	被安打	失点	自責点	本塁打	与四球	奪三振	WHIP
2019	ホワイトソックス	4	0	4.66	57	0	0	67.2	62	38	35	15	15	61	1.14
通算成績		10	5	4.88	217	0	0	188.0	185	113	102	35	76	166	1.39

ミドルリリーフ
37 ヒース・ヘンブリー Heath Hembree

監督からの信頼厚い計算できるリリーバー

31歳 | 193cm | 95kg | 右投右打 | 園150キロ前後（フォーシーム主体） | 決◎フォーシーム
対左.222 | 対右.225 | ⑤2010⑤ジャイアンツ | 出サウスカロライナ州 | 年161万ドル（約1億7710万円）

球4 制4 緩2 単3 度3

通算防御率が3.52というハイレベルなリリーバーなのに、過小評価されている投手。長所は三振をたくさん奪えるのに、与四球が少ないこと。短所はフライボール・ピッチャーなので、一発を食うリスクが高いことだ。昨年45試合の出場にとどまったのは、6月にヒジの伸筋を痛めて20日間、8月2日にはヒジの外側上顆炎で50日間IL入りしたからだ。高校時代は、秋はフットボールチームのクォーターバック、春は野球チームのエース投手を務める万能選手。これが災いし、高校の最終学年はフットボールで大ケガをして、野球シーズンに登板できず、DHで出場していた。

年度	所属チーム	勝利	敗戦	防御率	試合数	先発	セーブ	投球イニング	被安打	失点	自責点	被本塁打	与四球	奪三振	WHIP
2019	レッドソックス	1	0	3.86	45	0	2	39.2	34	20	17	7	18	46	1.31
通算成績		13	5	3.52	249	0	2	255.2	250	117	100	39	96	272	1.35

ミドルリリーフ
ー コルテン・ブルーワー Colten Brewer

カッターとカーブが全投球の9割

28歳 | 193cm | 104kg | 右投右打 | 園150キロ前後（カッター） | 決◎カッター
対左.244 | 対右.299 | ⑤2011④パイレーツ | 出テキサス州 | 年56万3500ドル（約6200万円）＋α

球3 制2 緩4 単3 度3

メジャー定着の一歩手前まで来ている右腕。最大の特徴はフォーシームの速球をほとんど投げず、その代わりにカッターを多投すること。それと組み合わせて投げるのはカーブで、この2つが全投球の9割を占める。昨季は開幕からメジャーで投げ、5月と8月にマイナー落ちがあったものの58試合に登板。中盤のリリーフやピンチの火消し役などで起用された。長所は①ゴロ打球の比率が高く一発を食うリスクが低いこと。②カッターを多投するため左打者に強いこと。短所は①制球に波があり、悪いときは四球を連発すること。②高い確率で空振りを奪える球種がないこと。

年度	所属チーム	勝利	敗戦	防御率	試合数	先発	セーブ	投球イニング	被安打	失点	自責点	被本塁打	与四球	奪三振	WHIP
2019	レッドソックス	1	2	4.12	58	0	0	54.2	59	26	25	6	34	52	1.70
通算成績		2	2	4.34	69	0	0	64.1	74	36	31	6	41	62	1.79

ー ブライアン・マータ Bryan Mata
先発リリーフ｜期待度B｜ルーキー

21歳 | 191cm | 73kg | 右投右打 | ◆昨季は1A＋、2Aでプレー | ⑤2016⑯レッドソックス | 出ベネズエラ

将来レッドソックスの先発3、4番手に成長する可能性があるパワーピッチャー。フォーシームは151〜154キロの球速があり、沈む軌道になるためゴロ打球の比率が高く、一発を食うリスクが低い。いいスライダーもあるので、奪三振率が高い。制球が安定すれば、スピード出世する可能性がある。

ー タナー・ハウク Tanner Houck
リリーフ先発｜期待度B-｜ルーキー

24歳 | 185cm | 91kg | 右投右打 | ◆昨季はルーキー級、1A＋、2Aでプレー | ⑤2017①ヤンキース | 出ジョージア州

サイドハンドに近いアングルから体をクロスターンさせて、シンカー、スライダー、チェンジアップを投げ込んでくる右腕。ゴロの打球を量産するタイプで、比較的制球が良く、四球からピンチを招くケースが少ない。チェンジアップの質が上がれば、リリーフ投手としてメジャーに呼ばれるだろう。

園=速球のスピード　決=決め球　対左=対左打者被打率　対右=対右打者被打率
⑤=ドラフトデータ　出=出身地　年=年俸
※メジャー経験がない投手の「先発」「リリーフ」はマイナーでの役割

母方の叔父が磨いてくれた打撃の才能　ショート

2 ザンダー・ボーガーツ
Xander Bogaerts

28歳｜185cm｜95kg｜右投右打

◆対左投手打率／.291(165-48)　◆対右投手打率／.316(449-142)
◆ホーム打率／.337(309-104)　◆アウェー打率／.282(305-86)
◆得点圏打率／.323(155-50)
◆19年のポジション別出場数／ショート=153、DH=1
◆ドラフトデータ／2009⑳レッドソックス
◆出身地／オランダ領アルバ島
◆年俸／2000万ドル（約22億円）
◆シルバースラッガー賞3回(15、16、19年)

ミート **5**
パワー **5**
走塁 **2**
守備 **2**
肩 **4**

　メジャーを代表する強打の遊撃手にのし上がった、カリブ海に浮かぶオランダ領アルバ島出身の内野手。昨季は5月からエンジン全開になり、途切れることなくタイムリーや一発が出た。しかも一度もスランプがなかったため本塁打、二塁打、打点の数が右肩上がりで伸び続け、打撃のほとんどの部門で自己ベストを更新した。とくに光るのは二塁打52本だ。これはボーガーツが、フライ打球至上主義が幅を利かせる中で、広角にライナーを弾き返すことに徹している何よりの証だ。

　ボーガーツがメジャーのスカウトたちにバッティングの才能を認められるようになったのは、14歳のときだ。所属するシニアリーグのアルバ・サウス・チームが地域の大会を勝ち上がって、米国で開催された決勝大会に出場。そこで打ちまくって注目されたのだ。

　天才打者に育ったのは、母一人子供3人のシングルマザーの家に、ブレンロイ・ブラウンさんという母方の叔父が同居していて、この人がボーガーツとその双子の兄弟であるジャイアの専属バッティングコーチになって、理想的なスイングを身につけさせてくれたからだ。米国の大会に出たあともこの叔父の指導は続き、それによって2人は周囲から注目される存在に成長。16歳のとき、レッドソックスから2人一緒に入団させてあげるというオファーが来たため、ボーガーツが契約金41万ドル（4500万円）、ジャイアが18万ドル（1970万円）で入団することになった。叔父は2人に「センター返しに徹しろ」と口癖のように言っていた。それを忠実に守ってきたボーガーツは、現在もセンターを中心に広角に弾き返すスタイルを固守している。それだからこそ、二塁打を52本も打てるのだ。

| カモ | K・ジャイルズ（ブルージェイズ）.625(8-5)0本　J・ミーンズ（オリオールズ）.417(12-5)1本 |
| 苦手 | L・セベリーノ（ヤンキース）.083(24-2)0本　B・スネル（レイズ）.095(21-2)0本 |

年度	所属チーム	試合数	打数	得点	安打	二塁打	三塁打	本塁打	打点	四球	三振	盗塁	盗塁死	出塁率	OPS	打率
2013	レッドソックス	18	44	7	11	2	0	1	5	5	13	1	0	.320	.684	.250
2014	レッドソックス	144	538	60	129	28	1	12	46	39	138	2	3	.297	.660	.240
2015	レッドソックス	156	613	84	196	35	3	7	81	32	101	10	2	.355	.776	.320
2016	レッドソックス	157	652	115	192	34	1	21	89	58	123	13	4	.356	.802	.294
2017	レッドソックス	148	571	94	156	32	6	10	62	56	116	15	1	.343	.746	.273
2018	レッドソックス	136	513	72	148	45	3	23	103	55	102	8	2	.360	.883	.288
2019	レッドソックス	155	614	110	190	52	0	33	117	76	122	4	2	.384	.939	.309
通算成績		914	3545	542	1022	228	14	107	503	321	715	53	14	.350	.801	.288

カモ 苦手 は通算成績

右打者版のデイヴィッド・オーティズ

28 **J.D.マルティネス** *J.D. Martinez*

DH
ライト

33歳｜191cm｜100kg｜右投右打

◆対左投手打率／.404　◆対右投手打率／.272
◆ホーム打率／.274　◆アウェー打率／.333　◆得点圏打率／.338
◆19年のポジション別出場数／DH=107、ライト=24、レフト=15
◆Ⓓ2009㉕アストロズ　◆Ⓗフロリダ州　◆Ⓨ2375万ドル（約26億1250万円）
◆打点王1回(18年)、シルバースラッガー賞3回(15.18年)※18年は外野とDHで受賞、ハンク・アーロン賞1回(18年)

ミート 4
パワー 5
走塁 2
守備 2
肩 3

　大方の予想に反し、チームを出て他球団と契約できる権利（オプトアウト）を行使せず残留した長距離砲。打撃面では昨年も3割30本100打点のノルマラインをクリアし、主砲としてフルに機能した。特徴は左投手にめっぽう強いこと。昨年の対左投手打率4割0分4厘は、メジャー全体で断トツの1位だった。左投手にこれだけ強いのは、速球よりゆるい変化球に強く、左投手の投じるチェンジアップを4割6分2厘、カーブを4割2分1厘という高率で打っているからだ。契約はあと3年6250万ドル（68億円）分残っている。

カモ 田中将大（ヤンキース）.348(23-8)3本　苦手 前田健太（ドジャース）.000(9-0)0本

年度	所属チーム	試合数	打数	得点	安打	二塁打	三塁打	本塁打	打点	四球	三振	盗塁	盗塁死	出塁率	OPS	打率
2011	アストロズ	53	208	29	57	13	0	6	35	13	48	0	1	.319	.742	.274
2012	アストロズ	113	395	34	95	14	3	11	55	40	96	0	2	.311	.685	.241
2013	アストロズ	86	296	24	74	17	0	7	36	10	82	2	0	.272	.650	.250
2014	タイガース	123	441	57	139	30	3	23	76	30	126	6	3	.358	.912	.315
2015	タイガース	158	596	93	168	33	2	38	102	53	178	3	2	.344	.879	.282
2016	タイガース	120	460	69	141	35	2	22	68	49	128	1	2	.373	.908	.307
2017	タイガース	57	200	38	61	13	2	16	39	29	54	2	0	.388	1.018	.305
2017	ダイヤモンドバックス	62	232	47	70	13	1	29	65	24	74	1	0	.366	1.107	.302
2017	2チーム計	119	432	85	131	26	3	45	104	53	128	3	0	.376	1.066	.303
2018	レッドソックス	150	569	111	188	37	2	43	130	69	146	6	1	.402	1.031	.330
2019	レッドソックス	146	575	98	175	33	2	36	105	72	138	2	0	.383	.939	.304
通算成績		1068	3972	600	1168	238	17	231	711	389	1070	24	11	.357	.894	.294

伸びしろがまだまだある才能の宝庫

11 **ラファエル・デヴァース** *Rafael Devers*

サード

24歳｜183cm｜107kg｜右投左打

◆対左投手打率／.269　◆対右投手打率／.330
◆ホーム打率／.318　◆アウェー打率／.304　◆得点圏打率／.336
◆19年のポジション別出場数／サード=152、ショート=1、DH=1
◆Ⓓ2013㉕レッドソックス　◆Ⓗドミニカ
◆Ⓨ56万3500ドル（約6200万円）+α

ミート 3
パワー 5
走塁 2
守備 2
肩 4

　昨年大ブレイクした強打の三塁手。メジャーデビュー3年目の昨季はオープン戦から絶好調で、5月には月間打率3割5分1厘、本塁打8、打点24をマークして月間MVPに選出された。さらに8月13日のインディアンズ戦では6打数6安打の離れ業をやってのけ、その週のMVPにも選ばれた。9月29日のシーズン最終戦では3安打を放って、シーズンの安打数を200の大台に乗せた。最終的に打撃成績は目を見張るものになり、得点129はリーグ2位、打点115は4位、打率3割1分1厘は5位で、OPSや四球数もトップ10に入った。その一方でサードの守備は進歩が見られず、DRS（守備で防いだ失点）−22はメジャーの三塁手でワースト。記録にならないエラーも多々あった。

カモ 田中将大（ヤンキース）.467(15-7)1本　苦手 L・セヴェリーノ（ヤンキース）.071(14-1)0本

年度	所属チーム	試合数	打数	得点	安打	二塁打	三塁打	本塁打	打点	四球	三振	盗塁	盗塁死	出塁率	OPS	打率
2017	レッドソックス	58	222	34	63	14	0	10	30	18	57	3	1	.338	.819	.284
2018	レッドソックス	121	450	59	108	24	0	21	66	38	121	5	2	.298	.731	.240
2019	レッドソックス	156	647	129	201	54	4	32	115	48	119	8	8	.361	.916	.311
通算成績		335	1319	222	372	92	4	63	211	104	297	16	11	.335	.837	.282

捕手王国プエルトリコのナンバーワン捕手に成長 〈キャッチャー〉

7 クリスチャン・ヴァスケス *Christian Vazquez*

30歳／175cm／88kg／右投右打　盗塁阻止率／.333(54-18)
◆対左投手打率／.285　◆対右投手打率／.272
◆ホーム打率／.286　◆アウェー打率／.265　◆得点圏打率／.297
◆19年のポジション別出場数／キャッチャー=119、DH=11、ファースト=10、サード=4、セカンド=2
◆ド2008⑨レッドソックス　◆出プエルトリコ
◆年420万ドル（約4億6200万円）

ミート3　パワー4　走塁2　守備3　肩4

昨年打撃守備の両面で目覚ましい進化を遂げ、メジャーリーグを代表する捕手の一人にのしあがった逸材。打撃面では、ずっと5本以下だった本塁打を23本記録した。これはフライ打球を打つことに意を注いだからではない。ドンピシャのタイミングで強い打球を打てるケースが、大幅に増えたからだ。守備面では、リードのうまさが光る。昨年はエドゥアルド・ロドリゲスのパーソナル捕手を務めて彼のブレイクを演出したほか、不調だったセイルもヴァスケスと組んだ19試合の防御率は3.79で、好投することが多かった。盗塁阻止率33.3%も賞賛に値する。これは20回以上盗塁阻止球を投げた捕手では、メジャー全体で7位の数字。唯一の弱点はボールブロック。昨年はワイルドピッチを55個出しており、メジャーの捕手の中でワーストだった。

カモ A・カッブ(オリオールズ).714(14-10)0本　苦手 田中将大(ヤンキース).133(15-2)0本

年度	所属チーム	試合数	打数	得点	安打	二塁打	三塁打	本塁打	打点	四球	三振	盗塁	盗塁死	出塁率	OPS	打率
2014	レッドソックス	55	175	15	42	9	0	1	20	19	33	0	0	.308	.617	.240
2016	レッドソックス	57	172	21	39	9	1	1	12	10	39	0	0	.277	.585	.227
2017	レッドソックス	99	324	43	94	18	2	5	32	17	64	7	2	.330	.735	.290
2018	レッドソックス	80	251	24	52	10	0	3	16	13	41	4	1	.257	.540	.207
2019	レッドソックス	138	482	66	133	26	1	23	72	33	101	4	2	.320	.798	.276
通算成績		429	1404	169	360	72	4	33	152	92	278	15	5	.305	.689	.256

過剰な筋トレで筋肉をつけすぎスランプに 〈レフトセンター〉

16 アンドルー・ベニンテンディ *Andrew Benintendi*

26歳／178cm／77kg／左投左打
◆対左投手打率／.269　◆対右投手打率／.265
◆ホーム打率／.264　◆アウェー打率／.268　◆得点圏打率／.325
◆19年のポジション別出場数／レフト=131、センター=12、DH=1
◆ド2015①レッドソックス　◆出オハイオ州

ミート4　パワー4　走塁4　守備4　肩4

昨季は中心打者に成長することを期待されたが、シーズンを通して精彩を欠いた外野手。不振の原因は、オフにウエイトトレーニングをやり過ぎたこと。それにより筋肉が必要以上について体のキレが悪くなり、瞬発力が低下したのだ。それでも二塁打40本はアメリカン・リーグ5位タイの数字で、才能の宝庫であることをうかがわせた。オフはトレーニングのメニューを変え、体のキレや瞬発力を取り戻すことに注力。コーラ前監督もその姿勢を称賛し、「最近は本塁打を量産する打者がもてはやされるけど、オレは彼のように本塁打20、二塁打45、出塁率4割を出せるバランスのいい打者が好きなんだ。2020年に一番盛り返すのは彼かもしれない」と、期待をにじませていた。

カモ L・セベリーノ(ヤンキース).407(27-11)2本　苦手 R・ヤーブロー(レイズ).000(11-0)0本

年度	所属チーム	試合数	打数	得点	安打	二塁打	三塁打	本塁打	打点	四球	三振	盗塁	盗塁死	出塁率	OPS	打率
2016	レッドソックス	34	105	16	31	11	1	2	11	10	25	1	0	.359	.835	.295
2017	レッドソックス	151	573	84	155	26	1	20	90	70	112	20	5	.352	.776	.271
2018	レッドソックス	148	579	103	168	41	6	16	87	71	106	21	3	.366	.830	.290
2019	レッドソックス	138	541	72	144	40	5	13	68	59	140	10	3	.343	.774	.266
通算成績		471	1798	275	498	118	13	51	259	210	383	52	11	.354	.796	.277

レッドソックス

野手

対右投手だけなら計算できるベテラン　ファースト

18　ミッチ・モアランド　*Mitch Moreland*

35歳｜188cm｜104kg｜左投左打

◆対左投手打率／.204　◆対右投手打率／.262
◆ホーム打率／.248　◆アウェー打率／.255　◆得点圏打率／.287
◆19年のポジション別出場数／ファースト＝85、DH＝4
◆Ⓓ2007⑰レンジャーズ　◆囲ミシシッピ州
◆年300万ドル（約3億3000万円）　◆ゴールドグラブ賞1回（16年）

ミート 3
パワー 4
走塁 4
守備 4
肩 3

　昨季終了後FAになったが、今年1月末にレッドソックスと再契約を結んだ
ベテラン一塁手。ムキムキの上半身と太ももを生かして力強い打球を飛ばす
スラッガーで、昨季も5月までに13本塁打を量産した。腰痛で6～7月は稼働
できなかったが、まだまだ長打力は健在だ。ただし、長年にわたって左投手
は大の苦手。一塁の守備は圧倒的な名手とまではいかないが、レンジャーズ
時代の2016年にゴールドグラブを獲得している通り、安心して任せられるレ
ベル。攻守にベテランらしい渋い働きを見せ、チームの勝利に貢献したい。

[カモ] J・ジマーマン（タイガース）.500(10-5)1本　　[苦手] G・コール（ヤンキース）.071(14-1)1本

年度	所属チーム	試合数	打数	得点	安打	二塁打	三塁打	本塁打	打点	四球	三振	盗塁	盗塁死	出塁率	OPS	打率
2010	レンジャーズ	47	145	20	37	4	0	9	25	25	36	3	1	.364	.833	.255
2011	レンジャーズ	134	464	60	120	22	1	16	51	39	92	2	2	.320	.733	.259
2012	レンジャーズ	114	327	41	90	18	0	15	50	23	71	1	1	.321	.789	.275
2013	レンジャーズ	147	462	60	107	24	1	23	60	45	117	0	0	.299	.736	.232
2014	レンジャーズ	52	167	18	41	9	1	2	23	12	43	0	0	.297	.644	.246
2015	レンジャーズ	132	471	51	131	27	0	23	85	32	112	1	0	.330	.812	.278
2016	レンジャーズ	147	460	49	107	21	0	22	60	35	118	1	0	.298	.720	.233
2017	レッドソックス	149	508	73	125	34	0	22	79	57	120	0	1	.326	.769	.246
2018	レッドソックス	124	404	57	99	23	4	15	68	50	102	2	0	.325	.758	.245
2019	レッドソックス	91	298	48	75	17	1	19	58	34	74	1	0	.328	.835	.252
通算成績		1137	3706	477	932	199	8	166	559	352	885	11	5	.319	.763	.251

ホームランキャッチが昨年のベストプレーに　センター

19　ジャッキー・ブラッドリー・ジュニア　*Jackie Bradley Jr.*

30歳｜178cm｜91kg｜右投左打

◆対左投手打率／.213　◆対右投手打率／.230
◆ホーム打率／.261　◆アウェー打率／.191　◆得点圏打率／.205
◆19年のポジション別出場数／センター＝144、ライト＝3
◆Ⓓ2011①レッドソックス　◆囲ヴァージニア州
◆年1100万ドル（約12億1000万円）　◆ゴールドグラブ賞1回（18年）

ミート 2
パワー 4
走塁 4
守備 5
肩 4

　今オフFAになるので、長期契約をかけた必死の踏ん張りを見せると思わ
れる守備の達人。昨季もセンターの守備でスーパープレーを連発していたが、
ゴールドグラブ賞の連続受賞には至らず。しかし、別な勲章を授かった。
「MLB.com」が11月におこなった2019年のトッププレー100の選考で、彼が
5月8日のオリオールズ戦でやったホームランキャッチが1位に選ばれたの
だ。ちなみに2位は、オリオールズのウィルカーソンが9月29日の試合で見
せたホームランキャッチ。その大飛球を打ったのはブラッドリーJr.だった。

[カモ] J・パクストン（ヤンキース）.467(15-7)0本　　[苦手] C・セイル（レッドソックス）.091(11-1)0本

年度	所属チーム	試合数	打数	得点	安打	二塁打	三塁打	本塁打	打点	四球	三振	盗塁	盗塁死	出塁率	OPS	打率
2013	レッドソックス	37	95	18	18	5	0	3	10	10	31	2	0	.280	.617	.189
2014	レッドソックス	127	384	45	76	19	2	1	30	31	121	8	0	.265	.531	.198
2015	レッドソックス	74	221	43	55	17	4	10	43	27	69	3	0	.335	.832	.249
2016	レッドソックス	156	558	94	149	30	7	26	87	63	143	9	2	.349	.835	.267
2017	レッドソックス	133	482	58	118	19	3	17	63	48	124	8	3	.323	.726	.245
2018	レッドソックス	144	474	76	111	33	4	13	59	46	137	17	1	.314	.717	.234
2019	レッドソックス	147	494	69	111	28	3	21	62	56	155	8	6	.317	.738	.225
通算成績		818	2708	403	638	151	23	91	354	281	780	55	12	.317	.727	.236

ボーンヘッドで大谷翔平に打点をプレゼント

セカンド ショート　**移籍**

3 ホセ・ペラザ Jose Peraza

26歳｜183cm｜88kg｜右投右打 対左.287 対右.220 ホ.236 ア.242 得.268
ド2010外ブレーブス 田ベネズエラ 年285万ドル(約3億1350万円)

ミ	3
パ	2
走	3
守	4
肩	4

ペドロイアがどの程度使えるか読めないため、その保険として獲得した二塁手。一昨年はレッズでショートのレギュラーを務めたが、昨季はイグレシアスの加入により、スーパーユーティリティに回った。セカンド、ショートで使うと平均以上の守備を期待できる。打者としては広角にライナーを弾き返すタイプだが、昨季はスライダーを打ちあぐね、打率が低迷した。集中力が切れることがあり、左翼手として出場した昨年6月26日のレッズ対エンジェルス戦では、大谷翔平のレフトへのフライを捕球後スリーアウトと勘違いして、二塁にいた走者の生還を許してしまった。

年度	所属チーム	試合数	打数	得点	安打	二塁打	三塁打	本塁打	打点	四球	三振	盗塁	盗塁死	出塁率	OPS	打率
2019	レッズ	141	376	37	90	18	2	6	33	17	58	7	6	.285	.631	.239
通算成績		520	1758	200	480	67	13	28	154	75	238	77	30	.312	.686	.273

今季はファーストに入る将来の主砲候補

ファースト セカンド

23 マイケル・チェイヴィス Michael Chavis

25歳｜178cm｜98kg｜右投右打 対左.226 対右.266 ホ.267 ア.237 得.273
ド2014①レッドソックス 田ジョージア州 年56万3500ドル(約6200万円)+α

ミ	3
パ	5
走	3
守	3
肩	3

昨季は開幕を3Aで迎えたあと、故障したペドロイアの穴埋め要員としてメジャーデビュー、連日スタメンでセカンドに使われ、途切れることなく一発が出た。5月には本塁打7、打点19を叩き出してアメリカン・リーグの月間最優秀新人に選出された。その後も下位打線の怖い打者となって活躍していたが、8月中旬に肩の肩鎖関節を痛めてIL入り。さらに復帰に備えてマイナーでリハビリ出場していた際、脇腹の筋肉を痛め、そのままシーズンを終えた。ウリは並外れたパワー。特徴は速球が苦手で変化球に強いこと。昨年は18本塁打中8本がスライダーを打ったものだった。

年度	所属チーム	試合数	打数	得点	安打	二塁打	三塁打	本塁打	打点	四球	三振	盗塁	盗塁死	出塁率	OPS	打率
2019	レッドソックス	95	347	46	88	10	1	18	58	31	127	2	1	.322	.766	.254
通算成績		95	347	46	88	10	1	18	58	31	127	2	1	.322	.766	.254

若い投手の能力を引き出せる捕手

キャッチャー　**移籍**

25 ケヴィン・プラウェッキー Kevin Plawecki

29歳｜188cm｜100kg｜右投右打 盗塁阻止率／.200(30-6) 対左.200 対右.231 ホ.154
ア.287 得.225 ド2012①メッツ 田イリノイ州 年90万ドル(約9900万円)

ミ	2
パ	4
走	2
守	3
肩	4

レッドソックスがバックアップ捕手として使う目的で、オフに1年90万ドルで獲得したキャッチャー。昨シーズンはインディアンズに在籍し、46試合に先発出場。守備では、盗塁阻止率が20.0%で平均レベル。ワイルドピッチを出す頻度は平均より少なかった。リード面ではシェイン・ビーバーと相性が良く、度々好投を引き出して大化けに貢献した。打撃面では、変化球にうまく対応できないことが多く、それが打率低迷の大きな要因になっている。かなりパワーがあるので、フライ打球の比率を上げて本塁打増につなげようとしているが、結果が出ない状態が続いている。

年度	所属チーム	試合数	打数	得点	安打	二塁打	三塁打	本塁打	打点	四球	三振	盗塁	盗塁死	出塁率	OPS	打率
2019	インディアンズ	59	158	13	35	10	0	3	17	12	31	0	1	.287	.629	.222
通算成績		296	861	81	188	43	2	17	92	88	206	1	2	.304	.636	.218

対左=対左投手打率　対右=対右投手打率　ホ=ホーム打率　ア=アウェー打率　得=得点圏打率

レッドソックス

度重なる故障で引退の危機

セカンド

15 ダスティン・ペドロイア *Dustin Pedroia*

37歳｜175cm｜79kg｜右投右打｜[対左].118 [対右].105 [ホ防].000 [ア防].143
[ド]2004④レッドソックス [出]カリフォルニア州 [年]1300万ドル（約14億3000万円）
◆MVP1回(08年)、ゴールドグラブ賞4回(08、11、13、14年)、シルバースラッガー賞1回(08年)、新人王(07年)

	ミ	5
---	バ	3
	走	4
	守	4
	肩	3

2017年10月にヒザの手術を受け、18年5月に復帰したが、数試合に出たところでヒザが痛み出し頓挫。19年も4月に復帰したが同じ結果になった。その後、5月2日から復帰に向けマイナーでリハビリ出場を始めたが、またヒザが痛み出し、60日間のIL入り。そのときの記者会見で、ペドロイアは「もうプレーできないかもしれない」と悲観的になっていたが、11月に球団幹部が面会したときは、8月に始めた治療が功を奏して痛みをシャットアウトできたので、今度こそ大丈夫と話していた。しかし、年明けにヒザの故障再発し、先行きは不透明。（5段階評価は手術前）

年度	所属チーム	試合数	打数	得点	安打	二塁打	三塁打	本塁打	打点	四球	三振	盗塁	盗塁死	出塁率	OPS	打率
2019	レッドソックス	6	20	1	2	0	0	1	1	2	0	0	0	.143	.243	.100
通算成績		1512	6031	922	1805	394	15	140	725	624	654	138	46	.365	.805	.299

チームの空気を明るくする陽気なジョーク男

外野手 / 移籍

― アレックス・ヴァードゥーゴ *Alex Verdugo*

24歳｜183cm｜95kg｜左投左打｜[対左].327 [対右].281 [ホ].305 [ア].283 [得].286
[ド]2014②ドジャース [出]アリゾナ州 [年]87.5万ドル（約9625万円）

	ミ	4
---	バ	4
	走	4
	守	4
	肩	5

昨季はドジャースで4人目の外野手としてスタートしたが、快調にヒットが出て出場機会を増やした。そのためブレイクイヤーになる可能性があったが、8月6日に脇腹の筋肉を痛めて9月末までIL入りし、尻切れトンボに終わった。それだけに今年は何が何でもレギュラー獲りを実現させたいという気持ちが強い。アリゾナの裕福なメキシコ系米国人の家庭に生まれ、両親が高額のレッスン料を負担して一年中野球ができる環境にしたため、高校時代には全米屈指の投手兼外野手に成長した。今年2月のトレードでツインズへ。（2月4日現在、移籍の正式発表なし）

年度	所属チーム	試合数	打数	得点	安打	二塁打	三塁打	本塁打	打点	四球	三振	盗塁	盗塁死	出塁率	OPS	打率
2019	ドジャース	106	343	43	101	22	2	12	44	26	49	4	1	.342	.817	.294
通算成績		158	443	55	125	28	2	14	49	36	67	4	2	.335	.784	.282

― ボビー・ドルベック *Bobby Dalbec*

ファースト / サード ｜ 期待度 A ｜ ルーキー

25歳｜193cm｜102kg｜右投右打｜◆昨季は2A、3Aでプレー [ド]2016④レッドソックス [出]ワシントン州

今季の早い時期にメジャーに呼ばれ、一塁手としてまとまった出場機会を与えられる可能性がある内野手。フル出場すれば25本塁打を期待できるが、200三振を覚悟しないといけない穴の大きい長距離砲。守備はグラブさばきがうまく強肩だが、スピードには欠け、守備範囲の広さは平均レベル。

― C.J.チャタム *C.J. Chatham*

ショート / セカンド ｜ 期待度 B+ ｜ ルーキー

26歳｜191cm｜84kg｜右投右打｜◆昨季は2A、3Aでプレー [ド]2016②レッドソックス [出]フロリダ州

ペドロイアの後継者候補の一人。打撃面では、ミートのうまい安打製造機タイプ。そこそこパワーもあり、二塁打の生産力が高い。今後、打球を上げることを覚えれば、本塁打も増えるだろう。守備力も高い。打球への反応の速さ、フットワーク、グラブさばきのうまさ、肩の強さは、どれも平均以上。

[対左]=対左打者被打率 [対右]=対右打者被打率 [ホ防]=ホーム防御率 [ア防]=アウェー防御率
[ド]=ドラフトデータ [出]=出身地 [年]=年俸

トロント・ブルージェイズ

◆創　立：1977年　　　　　　　　　◆ワールドシリーズ制覇：2回／◆リーグ優勝：2回
◆本拠地：オンタリオ州トロント市（カナダ）　◆地区優勝：6回／◆ワイルドカード獲得：1回

主要オーナー　ロジャーズ・コミュニケーションズ社（総合メディア企業）

過去5年成績

年度	勝	負	勝率	ゲーム差	地区順位	ポストシーズン成績
2015	93	69	.574	(6.0)	①	リーグ優勝決定シリーズ敗退
2016	89	73	.549	4.0	②(同率)	リーグ優勝決定シリーズ敗退
2017	76	86	.469	17.0	④	―
2018	73	89	.451	35.0	④	―
2019	67	95	.414	36.0	④	―

監督　25 チャーリー・モントーヨ　*Charlie Montoyo*

◆年　　齢…………55歳（プエルトリコ出身）
◆現役時代の経歴…1シーズン　エクスポズ（1993）
　（セカンド）
◆現役通算成績……4試合　.400　0本　3打点
◆監督経歴…………メジャーでの監督経験なし
◆監督経歴…………1シーズン　ブルージェイズ（2019～）
◆通算成績…………67勝95敗（勝率.414）

　2年目のシーズンを迎えるプエルトリコ出身の監督。監督就任前は、斬新な戦術で好成績を収めていたレイズで、ベンチコーチとして活躍。若い選手の扱いもうまいと評判で、世代交代が進むチームにピッタリの人選に思われた。しかし、就任1年目は今一つ自分のカラーを打ち出せず、チームは70勝にすら届かなかった。勝率.414は、21世紀に入って以降、チームワーストの成績だ。サルサ音楽を愛し、リラックスしたいときは、音楽に合わせてボンゴを叩く。

注目コーチ　40 ピート・ウォーカー　*Pete Walker*

　投手コーチ。51歳。現役時代の2004年に来日。打たせて取る巧みな投球術を評価され、横浜に入団したが、腰の故障で活躍できなかった（10試合2勝4敗、防御率6.80）。

編成責任者　ロス・アトキンス　*Ross Atkins*

　47歳。若手を中心としたチーム作りを断行中。元投手で、マイナーでのプレー経験がある。筒香嘉智を「エキサイティングな打者」と評していたが、獲得には至らず。

スタジアム　ロジャーズ・センター　*Rogers Centre*

◆開場年…………1989年
◆仕　様…………人工芝,開閉式屋根付き
◆収容能力………49,282人
◆フェンスの高さ…3.0m
◆特　徴…………カナダ最大の都市トロントにある、世界初の開閉式ドーム球場。アメリカ以外にある、唯一のメジャーの本拠地球場だ。メジャーの球場では比較的珍しい左右対称な形状で、他球場に比べ、ややホームランが出やすい傾向がある。

ヒッターズパーク

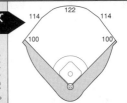

Best Order [ベストオーダー]

①ボー・ビシェット……ショート
②ギャバン・ビジオ……セカンド
③ルルデス・グリエル・ジュニア……レフト
④ヴラディミール・ゲレーロ・ジュニア……サード
⑤ロウディ・テレーズ……DH
⑥ランドール・グリチック……ライト
⑦トラヴィス・ショウ……ファースト
⑧テオスカー・ヘルナンデス……センター
⑨ダニー・ジャンセン……キャッチャー

Depth Chart [ポジション別選手層・メンバーリスト]

※2020年2月4日時点の候補選手。数字は背番号(開幕前に変更する場合もあり)、右・左等は投・打の順。

センター
37 テオスカー・ヘルナンデス [右·右]
49 ジョナサン・デイヴィス [右·右]
30 アンソニー・アルフォード [右·右]
20 デレク・フィッシャー [右·左]

レフト
13 ルルデス・グリエル・ジュニア [右·右]
23 デレク・フィッシャー [右·左]
28 ビリー・マッキニー [左·左]
37 テオスカー・ヘルナンデス [右·右]

ライト
15 ランドール・グリチック [右·右]
20 デレク・フィッシャー [右·左]
30 アンソニー・アルフォード [右·右]

ショート
11 ボー・ビシェット [右·右]
－ サンティアーゴ・エスピナル [右·右]
74 ブレイヴィク・ヴァレラ [右·両]

セカンド
8 キャヴァン・ビジオ [右·左]
3 ブランドン・ドルーリー [右·右]
74 ブレイヴィク・ヴァレラ [右·両]

ローテーション
99 柳賢振 (リュ・ヒョンジン) [左·右]
14 タナー・ロアーク [右·右]
34 マット・シューメイカー [右·右]
56 チェイス・アンダーソン [右·右]
56 ライアン・ボラッキー [左·左]
57 トレント・ソーントン [右·右]
1 山口俊 [右·右]
62 ジェイコブ・ワーゲスパック [右·右]

サード
27 ヴラディミール・ゲレーロ・ジュニア [右·右]
3 ブランドン・ドルーリー [右·右]
6 トラヴィス・ショウ [右·左]
74 ブレイヴィク・ヴァレラ [右·両]
－ サンティアーゴ・エスピナル [右·右]

ファースト
6 トラヴィス・ショウ [右·左]
44 ロウディ・テレーズ [左·左]
3 ブランドン・ドルーリー [右·右]

キャッチャー
9 ダニー・ジャンセン [右·右]
10 リース・マグワイア [右·左]

DH
44 ロウディ・テレーズ [左·左]
37 テオスカー・ヘルナンデス [右·右]

ブルペン
51 ケン・ジャイルズ [右·右] CL
63 ウィルマー・フォント [右·右]
52 アンソニー・バース [右·右]
68 ジョーダン・ロマーノ [右·右]
1 山口俊 [右·右]
43 サム・ガヴィーリオ [右·右]
54 ショーン・リードフォーリー [右·右]
69 A.J.コール [右·右]
－ ジャスティン・ミラー [右·右]
－ ヘクター・ペレス [右·右]
－ パトリック・マーフィー [右·右]
62 ジェイコブ・ワーゲスパック [右·右]
45 トーマス・パノーン [左·左]

※ CL =クローザー

ブルージェイズ試合日程……＊はアウェーでの開催

3月26·27·28·29	レッドソックス	27·28·29	レッドソックス	29·30·31	オリオールズ＊
30·31·4月1	レッズ	5月1·2·3	ヤンキース	6月1·2	カーディナルス＊
2·4·5	ヤンキース＊	4·5·6	オリオールズ	4·5·6·7	レンジャーズ
6·7	フィリーズ＊	8·9·10	アスレティックス＊	9·10·11	マリナーズ
9·10·11·12	ロイヤルズ	11·12·13	レンジャーズ＊	12·13·14	タイガース＊
13·14·15	ツインズ	14·15·16·17	ホワイトソックス＊	16·17·18	レイズ
17·18·19	レイズ＊	18·19·20	アストロズ	19·20·21	パイレーツ＊
21·22·23	レッドソックス＊	21·22·23·24	オリオールズ	22·23	ブリュワーズ＊
24·25·26	オリオールズ＊	26·27·28	レイズ＊	26·27·28	エンジェルス

80 **球団メモ** リリーフ左腕のティム・メイザが、昨年9月14日の試合で負傷。トミー・ジョン手術を受けることになり、今季は全休の見込み。昨季の登板数68はチーム最多だった。

■**投手力**⬊…★★⭐☆☆【昨年度チーム防御率4.79、リーグ8位】

　昨年7月末にストローマンを放出しあと、3Aのローテーションをそのままメジャーに移したような「ヤングローテーション」で実験してみたが、失敗。オフに、トレード経由や市場経由で4人のベテランを補強した。そのため先発陣は柳賢振、ロアーク、アンダーソン、シューメイカー、山口俊、ソーントン、ボラッキー、ワーゲスパックの8人になり、1番手の柳と2番手のロアークは動かさないが、3番手以降は6人の投手が争う図式になっている。ひとことで言えば故障リスクが極端に高いエースと実力平均レベルのベテランが4人、もうじき平均レベルになる若手が3人という陣容で、どの程度機能するかは故障者の数しだいといったところだ。ブルペンは未知数。

■**攻撃力**⬈…★★★⭐☆【昨年度チーム得点726、リーグ12位】

　ゲレーロ・ジュニア、ビジオ、ビシェット、グリエル・ジュニアにショウが加わり、これで今季は、大選手の2世が5人も打線に名を連ねることになった。ただ、いくらDNA付きのホープでも、2年目のジンクスに行く手を阻まれる者が必ず出る。そのため、得点力が大幅に伸びることはないだろう。

■**守備力**⬊…★★⭐☆☆【昨年度チーム失策数96、リーグ8位】

　ビシェットとビジオは、守備面でも成長が見込める。ファーストには、守備の名手であるショウが入る。これもプラスに作用するだろう。

■**機動力**⬅…★★★☆☆【昨年度チーム盗塁数51、リーグ1位】

　今季はビシェットとビジオで40盗塁以上行くかもしれない。

総合評価⬈
★★★☆☆

　2世軍団の台頭で、昨シーズンは前半リーグ11位だったチーム得点が後半は9位にアップした。だが、これから最強チーム形成に向けた生みの苦しみが始まるので、すぐに勝率5割に届くとは思えない。先発は柳と山口が故障したら一気に厳しくなる。

ブルージェイズ

IN　主な入団選手	OUT　主な退団選手
投手	投手
山口俊←巨人	ジャスティン・シェーファー→レッズ
柳賢振(リュ・ヒョンジン)←ドジャース	クレイトン・リチャード→所属先未定
タナー・ロアーク←アスレティックス	クレイ・バックホルツ→所属先未定
チェイス・アンダーソン←ブリュワーズ	野手
アンソニー・バース←マリナーズ	ジャスティン・スモーク→ブリュワーズ
野手	ルーク・メイリー→パイレーツ
トラヴィス・ショウ←ブリュワーズ	

30・**7**月1・2	ホワイトソックス	31・**8**月1・2	オリオールズ	**9**月1・2・3	タイガース
3・4・5	ヤンキース	3・4・5	レイズ	4・5・6	レイズ
6・7・8	レッドソックス*	6・7・8・9	アストロズ*	8・9・10	オリオールズ*
9・10・11・12	ツインズ	10・11・12・13	レイズ*	11・12・13	ヤンキース*
14	オールスターゲーム	14・15・16	カブス	15・16	フィリーズ
17・18・19	インディアンズ	18・19	カーディナルス	18・19・20	ヤンキース
20・21・22	レッドソックス	20・21・22・23	ヤンキース*	22・23・24	レッドソックス*
24・25・26	マリナーズ*	24・25・26	ロイヤルズ*	25・26・27	インディアンズ*
27・28・29	エンジェルス*	27・28・29・30	アスレティックス		

球団メモ　2017年に事故死した、大投手ロイ・ハラデーの背番号「32」が永久欠番。昨年のドラフトではハラデーに敬意を表し、32巡目に彼の息子を指名した（入団はせず）。

昨年は日本で最多勝&最多奪三振を記録 先 発 スイングマン ルーキー

1 山口俊
Shun Yamaguchi

33歳 | 188cm | 89kg | 右投右打

◆速球のスピード／140キロ台後半（フォーシーム主体）
◆決め球と持ち球／☆スプリッター、◎スライダー、
　○フォーシーム、△カーブ
◆メジャーでのプレー経験なし
◆ドラフトデータ／2006①横浜、2020㉘ブルージェイズ
◆出身地／大分県
◆年俸／317.5万ドル（約3億4925万円）

球威 3
制球 3
緩急 5
守備・牽制 4
度胸 4

　巨人を出て、ブルージェイズに2年600万ドルの契約で入団した大分県中津市出身の右腕。山口がポスティングでメジャー挑戦を表明したのは昨年11月18日のことだが、交渉解禁とともにブルージェイズが速攻で動いて、挑戦表明からひと月後の12月18日に入団が決まった。

　現地メディアは山口が昨年、日本のセントラル・リーグで最多勝と最多奪三振を記録した投手であること、はじめはクローザーで成功し112セーブをあげてから先発に転向したこと、父親はスモウレスラーであることなどを紹介している。山口は大相撲の時津風部屋に所属した元幕内力士・谷嵐の次男で、強靭なボディと高い身体能力は父親譲りのものだ。1月15日におこなわれた入団記者会見でもこのことが話題になり、地元メディアの記者から「なぜ父と同じ道を歩んでスモウレスラーにならなかったのですか」と質問された。それに対し、「お尻を出すのが恥ずかしいので野球選手になりました」と答えたので、爆笑が起きた。

　ブルージェイズが積極的に山口の獲得に動いたのは、先発だけでなく、クローザーで活躍した実績もあるため。仮に先発ローテーションで使って思ったほどの結果が出なくても、三振をたくさん取れるスプリッター（フォークボール）があるので、セットアッパーで使えばチームにとって大きな戦力になるという二段構えの読みがあったからだ。

　山口は先発で投げることに強くこだわっている。ブルージェイズのホームページに出ているポジション別の序列表（デプスチャート）を見ると、山口は先発投手の7番手のところに名前がある（2月5日時点）。そのため、一見するとローテーション入りは難しいように見える。しかし、6番手までに名前がある投手の中に、故障リスクの高い投手が3人いるので、早ければ開幕時、遅くても4月中には、ローテーション入りがかなうだろう。ただ球団のほうは、できればセットアッパーで使いたい、というのが本音ではないだろうか。なぜならオフの補強で、セットアッパーで使えるレベルの投手（防御率3.50以内）を一人も獲得していないからだ。

年度	所属チーム	勝利	敗戦	防御率	試合数	先発	セーブ	投球イニング	被安打	失点	自責点	被本塁打	与四球	奪三振	WHIP
2019	巨人	15	4	2.91	26	26	0	170	137	60	55	8	60	188	1.16
通算成績		64	58	3.35	427	116	112	1080.1	926	450	402	97	414	1053	1.24

サイ・ヤング賞2位を手土産にトロントへ　先発　移籍

99 柳賢振（リュ・ヒョンジン）
Hyun-Jin Ryu

33歳 | 191cm | 116kg | 左投右打

◆速球のスピード／140キロ台後半（フォーシーム、ツーシーム）
◆決め球と持ち球／☆チェンジアップ、◎フォーシーム、◎カーブ、○ツーシーム、△カッター
◆対左打者被打率／.199　◆対右打者被打率／.245
◆ホーム防御率／1.93　◆アウェー防御率／2.72
◆ドラフトデータ／2012㊐ドジャース
◆出身地／韓国　◆年俸／2000万ドル（約22億円）
◆最優秀防御率1回（19年）

球威 3
制球 5
緩急 5
守備・牽制 5
度胸 5

ブルージェイズ

大ブレイクしたあと、ドジャースを出て4年8000万ドルの契約でブルージェイズに来た韓国・仁川（インチョン）出身のサウスポー。昨季はカーショウの故障にともない開幕投手としてシーズンに入り、4月は可もなく不可もなくといった投球だった。だが、5月に入ったとたん、ピンポイントの制球力がよみがえり、最初の登板の2回から失点しなくなり、それが33イニング続いた。その結果初めて5月の月間MVPに選出された。

その後も安定した投球を続けて初めてオールスターに選出され、ナショナル・リーグの先発投手としてマウンドに立った。シーズン後半は8月下旬に2試合連続で7失点したため、それまで1点台だった防御率が2点台になったが、9月に復調してシーズンを終えた。防御率2.32はナショナル・リーグの1位で、韓国人選手が主要タイトルを取るのはこれが初めてだ。与四球24は規定投球回に達した投手の中でメジャー最少、WHIP1.01はリーグ2位。サイ・ヤング賞の投票でも2位になった。

昨年の柳（リュ）のピッチングを、チームメートのジャスティン・ターナーは「芸術的ピッチングの模範例」と評価し、「スピードを変えて打者のタイミングを外しながら、ストライクゾーンの四隅に投げ分けるピッチングは見事というしかなく、シーズンを通して彼は制球が良かった」と賞賛している。

最大の武器はチェンジアップ。昨年夏に発表された『ベースボール・アメリカ』の部門別ランキングでは、ナショナル・リーグのチェンジアップ部門の1位にランクされた、空振り率が際立って高いボールだ。

ぬいぐるみのようなポッチャリ体型がトレードマークだが、外見とは裏腹に、体のキレが良く、敏捷性（びんしょうせい）に富んでいる。笑いを取るのが上手な明るいキャラで、ドジャースではチームメートに人気があった。

カモ D・ラメイヒュー（ヤンキース）.211(19-4)0本　H・レンフロー（レイズ）.214(14-3)0本
苦手 N・アレナード（ロッキーズ）.516(31-16)4本　P・ゴールドシュミット（カーディナルス）.423(26-11)3本

年度	所属チーム	勝利	敗戦	防御率	試合数	先発	セーブ	投球イニング	被安打	失点	自責点	被本塁打	与四球	奪三振	WHIP
2013	ドジャース	14	8	3.00	30	30	0	192.0	182	67	64	15	49	154	1.20
2014	ドジャース	14	7	3.38	26	26	0	152.0	152	60	57	8	29	139	1.19
2016	ドジャース	0	1	11.57	1	1	0	4.2	8	6	6	1	2	4	2.14
2017	ドジャース	5	9	3.77	25	24	1	126.2	128	58	53	22	45	116	1.37
2018	ドジャース	7	3	1.97	15	15	0	82.1	68	23	18	9	15	89	1.01
2019	ドジャース	14	5	2.32	29	29	0	182.2	160	53	47	17	24	163	1.01
通算成績		54	33	2.98	126	125	1	740.1	698	267	245	72	164	665	1.16

カモ 苦手 は通算成績

奥さんはソフトボールの豪速球投手 [クローザー]

51 ケン・ジャイルズ
Ken Giles

30歳｜191cm｜95kg｜右投右打

- ◆速球のスピード／150キロ台中頃～後半（フォーシーム主体）
- ◆決め球と持ち球／☆スライダー、◎フォーシーム
- ◆対左打者被打率／.174 ◆対右打者被打率／.202
- ◆ホーム防御率／0.87 ◆アウェー防御率／3.27
- ◆ドラフトデータ／2011⑦フィリーズ
- ◆出身地／ニューメキシコ州
- ◆年俸／960万ドル（約10億5600万円）

球威	5
制球	4
緩急	3
守備・牽制	2
度胸	4

一昨年までは不安定なクローザーの代表格だったリリーフ右腕。しかし昨年は別人のように安定した投球を見せたため、評価が一変した。チームが再建途上ということもあって、昨季はセーブ機会が24回しかなかったが、失敗したのは1回だけでセーブ成功率は95.8％という高率だった。これはメジャー全体で最も高い成功率だ。

フォーシームとスライダーのシンプルなコンビネーションで投げるツーピッチ・ピッチャー。昨年見事によみがえったのは、スライダーが空振りを奪う道具としてフルに機能したからだ。スライダーの被打率は1割2分4厘という低さで、奪三振83のうち60はスライダーで奪ったものだ。制球がいいためスライダーを決め球に使って出した四球は2つしかなく、与四球17のうち15はフォーシームを使って出したものだ。

一昨年7月末、首位を独走するアストロズからブルージェイズにトレードで移籍した。だが、マイナーに落とされてからトレードされるという手の込んだ方法がとられたため、移籍直後は罠にかけられたような気持ちになり、アストロズへの反感を公然と口にし、それを知ったアストロズのヒンチ監督（当時）が不快感をにじませて反論する出来事があった。ジャイルズが昨年よみがえったのは、このわだかまりをオフの間にきれいに消去し、ピッチングに集中できる精神状態になったことが大きかった。

2015年11月にエステラ・ピニョイさんと結婚。現在は2児の父だ。彼は豪速球投手として知られるが、奥さんのエステラさんも豪速球投手として知られる。彼女はソフトボールの強豪アリゾナ大学のピッチャーとして鳴らした女性で、プロリーグのシカゴ・バンディッツでも活躍していた。

| カモ | K・シーガー（マリナーズ）.000(10-0)0本　M・トラウト（エンジェルス）.167(12-2)0本 |
| 苦手 | X・ボーガーツ（レッドソックス）.556(9-5)0本　D・グレゴリアス（フィリーズ）.500(8-4)1本 |

年度	所属チーム	勝利	敗戦	防御率	試合数	先発	セーブ	投球イニング	被安打	失点	自責点	被本塁打	与四球	奪三振	WHIP
2014	フィリーズ	3	1	1.18	44	0	1	45.2	25	7	6	1	11	64	0.79
2015	フィリーズ	6	3	1.80	69	0	15	70.0	59	23	14	2	25	87	1.20
2016	アストロズ	2	5	4.11	69	0	15	65.2	60	32	30	8	25	102	1.29
2017	アストロズ	1	3	2.30	63	0	34	62.2	44	16	16	4	21	83	1.04
2018	アストロズ	0	2	4.99	34	0	12	30.2	36	17	17	2	3	31	1.27
2018	ブルージェイズ	0	1	4.12	21	0	14	19.2	18	11	9	4	4	22	1.12
2018	2チーム計	0	3	4.65	55	0	26	50.1	54	28	26	6	7	53	1.21
2019	ブルージェイズ	2	3	1.87	53	0	23	53.0	36	11	11	5	17	83	1.00
通算成績		14	18	2.67	353	0	114	347.1	278	117	103	26	106	472	1.11

悪くても平均レベルの数字を出せる投手　先発　移籍

14 タナー・ロアーク Tanner Roark

34歳｜188cm｜109kg｜右投右打

◆速球のスピード／150キロ前後（ツーシーム、フォーシーム）
◆決め球と持ち球／○ツーシーム、○スライダー、○カーブ、○フォーシーム、△チェンジアップ、△カッター
◆対左 .289　◆対右 .262　◆ホ防 4.25　◆ア防 4.48
◆ド 2008㉕レンジャーズ　◆田 イリノイ州
◆年 1200万ドル（約13億2000万円）

球威	3
制球	3
緩急	3
守備・牽制	3
度胸	3

ブルージェイズ

　2年2400万ドルで入団したイニングイーター・タイプの右腕。特徴は①故障知らず、②安定感抜群で目を見張る好投は少ないが早い回のKOもほとんどない、③三振を量産する豪速球や必殺変化球はないが、アウトを効率よく取る投球術はある、など。これらはイニングイーターの特徴そのものだ。耐久性抜群で、昨年は中5日で投げると防御率が4.99だったが、中4日では3.28で、登板間隔が中4日でも球威が落ちない。課題は、増える一方の被本塁打。疲労がたまる時期になると投球が高めに浮き、一発を食いやすくなる。

カモ D・ラメイヒュー（ヤンキース）.100（10-1）0本　　苦手 G・トーレス（ヤンキース）.800（5-4）1本

年度	所属チーム	勝利	敗戦	防御率	試合数	先発	セーブ	投球イニング	被安打	失点	自責点	被本塁打	与四球	奪三振	WHIP
2013	ナショナルズ	7	1	1.51	14	5	0	53.2	38	11	9	1	11	40	0.91
2014	ナショナルズ	15	10	2.85	31	31	0	198.2	178	64	63	16	39	138	1.09
2015	ナショナルズ	4	7	4.38	40	12	1	111.0	119	55	54	17	26	70	1.31
2016	ナショナルズ	16	10	2.83	34	33	0	210.0	173	72	66	17	73	172	1.17
2017	ナショナルズ	13	11	4.67	32	30	0	181.1	178	105	94	23	64	166	1.33
2018	ナショナルズ	9	15	4.34	31	30	0	180.1	181	90	87	24	50	146	1.28
2019	レッズ	6	7	4.24	21	21	0	110.1	119	55	52	14	38	108	1.42
2019	アスレティックス	4	3	4.58	10	10	0	55.0	61	29	28	14	13	50	1.35
2019	2チーム計	10	10	4.35	31	31	0	165.1	180	84	80	28	51	158	1.40
通算成績		74	64	3.71	213	172	1	1100.1	1047	481	453	126	314	890	1.24

6イニング目以降のピッチングが課題　先発　移籍

22 チェイス・アンダーソン Chase Anderson

33歳｜185cm｜91kg｜右投右打

◆速球のスピード／150キロ前後（フォーシーム主体）
◆決め球と持ち球／◎チェンジアップ、◎カッター、○シンカー、△フォーシーム、△カーブ
◆対左 .189　◆対右 .280　◆ホ防 3.39　◆ア防 5.23
◆ド 2009⑨ダイヤモンドバックス　◆田 テキサス州
◆年 850万ドル（約9億3500万円）

球威	2
制球	4
緩急	4
守備・牽制	4
度胸	4

　昨年11月のトレードでブリュワーズから移籍した、制球力のあるベテラン右腕。昨季はオープン戦の不調と若手の台頭で、開幕時はローテーション入りできず、5試合リリーフで投げてから先発に回った。打者のタイミングを外すことに長けており、チェンジアップとカーブを大きな武器にしていたが、昨季はカーブの制球に苦しみ、チェンジアップへの依存度が高くなった。弱点はスタミナ。一昨年は6回になると判で押したように打ち込まれたため、昨季は27回の先発のうち19試合は5回終了までに降板。6回終了まで投げ切ったケースは3試合、6回を超えて投げ続けたゲームは1試合もなかった。

カモ D・ラメイヒュー（ヤンキース）.190（21-4）1本　　苦手 W・コントレラス（カブス）.588（17-10）2本

年度	所属チーム	勝利	敗戦	防御率	試合数	先発	セーブ	投球イニング	被安打	失点	自責点	被本塁打	与四球	奪三振	WHIP
2014	ダイヤモンドバックス	9	7	4.01	21	21	0	114.1	117	56	51	16	40	105	1.37
2015	ダイヤモンドバックス	6	6	4.30	27	27	0	152.2	158	75	73	18	40	111	1.30
2016	ブリュワーズ	9	11	4.39	31	30	0	151.2	155	83	74	28	53	120	1.37
2017	ブリュワーズ	12	4	2.74	25	25	0	141.1	113	47	43	14	41	133	1.09
2018	ブリュワーズ	9	8	3.93	30	30	0	158.0	131	71	69	30	57	128	1.19
2019	ブリュワーズ	8	4	4.21	32	27	0	139.0	126	67	65	23	50	124	1.27
通算成績		53	40	3.94	166	160	0	857.0	800	399	375	129	281	721	1.26

対左＝対左打者被打率　対右＝対右打者被打率　ホ防＝ホーム防御率　ア防＝アウェー防御率
ド＝ドラフトデータ　田＝出身地　年＝年俸

投|手

トレードマークは個性的な投球フォーム　先発

57 トレント・ソーントン Trent Thornton

27歳／183cm／88kg／右投右打

◆速球のスピード／150キロ前後（フォーシーム、ツーシーム）
◆決球と持ち球／◎スプリッター、◎カーブ、○フォーシーム、○スライダー、△カッター
◆対左.248 ◆対右.270 ◆ホ防4.86 ◆ア防4.83
◆ド2015⑤アストロズ ◆田ノースカロライナ州
◆年56万3500ドル（約6200万円）+α

球威	4
制球	3
緩急	3
守備・牽制	3
度胸	4

　ルーキーながら昨年開幕から先発の4番手で起用され、フルシーズン、ローテーションに入って投げ切った右腕。数字のうえでは3試合リリーフで投げたことになっているが、これはオープナーのバルクガイ（コマ切れリレーで2番目に登場し、3〜5イニング投げる役目）で5イニング投げたのがカウントされているため。実質的に32試合すべてで先発で投げた。特徴はトリッキーな投球フォーム。足を胸の高さまで上げ、一度上体を前後に動かしてから投げるのでタイミングを取りにくい。昨年の防御率4.84は、リーグの先発投手の平均防御率4.76と大差ない数字なので、今季ベテラン先発投手が4人加入しても、優先的に先発で使われる可能性が高い。スプリッターとカーブを決め球に使うことが多いが、カーブはスピン量が多い一級品。長所はどんな強力打線が相手でも、ストライクゾーンにどんどん投げ込んでくること。

カモ T・マンシーニ（オリオールズ）.100(10-1)0本　苦手 A・メドウズ（レイズ）.583(12-7)3本

年度	所属チーム	勝利	敗戦	防御率	試合	先発	セーブ	投球イニング	被安打	失点	自責点	被本塁打	与四球	奪三振	WHIP
2019	ブルージェイズ	6	9	4.84	32	29	0	154.1	156	87	83	24	61	149	1.41
通算成績		6	9	4.84	32	29	0	154.1	156	87	83	24	61	149	1.41

スプリッターでよみがえったとたんに大ケガ　先発

34 マット・シューメイカー Matt Shoemaker

34歳／188cm／102kg／右投右打

◆速球のスピード／140キロ台中頃（シンカー、フォーシーム）
◆決球と持ち球／☆スプリッター、◎シンカー、○フォーシーム、○スライダー、△カーブ
◆対左.189 ◆対右.148 ◆ホ防0.00 ◆ア防3.07
◆ド2008外エンジェルス ◆田ミシガン州
◆年420万ドル（約4億6200万円）

球威	3
制球	4
緩急	5
守備・牽制	3
度胸	3

　故障続きでこの2年間の稼働率は2割程度だが、球団が再契約してくれたため投手生命をかけて今季に臨む右腕。一昨年、エンジェルスは7試合の登板にとどまったシューメイカーとの再契約を見送ったが、ブルージェイズは1年420万ドルで再契約した。これは一昨年の故障がピッチングに直結した上腕筋を痛めたものであるのに対し、昨年の故障はヒザの前十字靭帯断裂だったのと、故障するまでのピッチングが目を見張る内容だったからだ。そのピッチングはスプリッターを多投するもので、全投球の33%を占めた。スプリッターの被打率は1割6分3厘で、奪三振の75%はこれで奪ったものだ。

カモ J・マルティネス（レッドソックス）.125(16-2)0本　苦手 S・ペレス（ロイヤルズ）.538(13-7)1本

年度	所属チーム	勝利	敗戦	防御率	試合	先発	セーブ	投球イニング	被安打	失点	自責点	被本塁打	与四球	奪三振	WHIP
2013	エンジェルス	0	0	0.00	1	1	0	5	2	0	0	0	2	5	0.80
2014	エンジェルス	16	4	3.04	27	20	0	136.0	122	49	46	14	24	124	1.07
2015	エンジェルス	7	10	4.46	25	24	0	135.1	135	70	67	24	35	116	1.26
2016	エンジェルス	9	13	3.88	27	27	0	160.0	166	71	69	18	30	143	1.23
2017	エンジェルス	6	3	4.52	14	14	0	77.2	73	41	39	15	28	69	1.30
2018	エンジェルス	2	2	4.94	7	7	0	31.0	29	17	17	3	10	33	1.26
2019	ブルージェイズ	3	0	1.57	5	5	0	28.2	16	7	5	3	9	24	0.87
通算成績		43	32	3.81	106	98	0	573.2	543	255	243	77	138	514	1.19

対左＝対左打者被打率　対右＝対右打者被打率　ホ防＝ホーム防御率　ア防＝アウェー防御率
ド＝ドラフトデータ　田＝出身地　年＝年俸　カモ 苦手 は通算成績

スライダーが機能しているときは好投

ロングリリーフ

43 サム・ガヴィーリオ *Sam Gaviglio*

30歳｜188cm｜93kg｜右投右打｜速140キロ台中頃（シンカー主体）｜決◎セットアップ
対左.277 対右.206 ド2011⑤カーディナルス 国オレゴン州 甲56万3500ドル（約6200万円）+α

	球	2
制	4
緩	3
守	4
度	3

昨季からリリーフ専任になった、クレバーで学習能力の高い右腕。速球の威力に欠けるため、軌道を動かすことと、タイミングを外すことに注力して投げている頭脳派。武器はスライダーで、スライダーの効果が最大限になるような組み立てをしている。以前は奪三振率が低かったが、昨年からスプリッターを使い始め、平均レベルで三振を取れるようになった。制球力が生命線の投手であるため、マウンド上では投球フォームにブレが生じないよう留意しながら投げている。昨季はロングリリーフの役目を担ったが、今季はセットアッパーとして使われる機会が多くなりそうだ。

年度	所属チーム	勝利	敗戦	防御率	試合数	先発	セーブ	投球イニング	被安打	失点	自責点	被本塁打	与四球	奪三振	WHIP
2019	ブルージェイズ	4	2	4.61	52	0	0	95.2	85	51	49	18	22	88	1.12
通算成績		11	17	4.84	94	37	0	293.2	301	169	158	55	86	242	1.32

ドジャース戦で7回を1安打に抑え、脚光を浴びる

先発 ロングリリーフ

62 ジェイコブ・ワーゲスパック *Jacob Waguespack*

27歳｜198cm｜107kg｜右投右打｜速140キロ台後半（フォーシーム、ツーシーム）｜決○カーブ
対左.208 対右.281 ド2012⑳パイレーツ 国ルイジアナ州 甲56万3500ドル（約6200万円）+α

	球	4
制	2
緩	3
守	4
度	4

昨年ブルージェイズで13試合以上先発で投げ、今季も引き続き所属している投手は4人いるが、その中で先発防御率が一番良かった投手。ドラフト37巡目指名から這い上がってきた投手で、昨年5月27日にスポット先発で呼ばれた際にメジャーデビュー。7月3日に再昇格後、ローテーションに入って投げた。198センチの長身を利し、オーバーハンドでフォーシーム、ツーシーム、カッター、カーブ、スライダー、チェンジアップを投げ込んでくる。速球は低めに決まると角度がつき、威力が増す。ベスト登板は8月22日のドジャース戦で、7回を1安打無失点に抑えた。

年度	所属チーム	勝利	敗戦	防御率	試合数	先発	セーブ	投球イニング	被安打	失点	自責点	被本塁打	与四球	奪三振	WHIP
2019	ブルージェイズ	5	5	4.38	16	13	0	78.0	75	43	38	12	29	63	1.33
通算成績		5	5	4.38	16	13	0	78.0	75	43	38	12	29	63	1.33

波乱万丈の投手人生の末にはまり役に出会う

オープナー

63 ウィルマー・フォント *Wilmer Font*

30歳｜193cm｜113kg｜右投右打｜速150キロ台前半（フォーシーム、ツーシーム）｜決○カーブ
対左.248 対右.238 ド2006⑨レンジャーズ 国ベネズエラ 甲56万3500ドル（約6200万円）+α

	球	3
制	3
緩	2
守	3
度	3

昨年7月にメッツから移籍し、14試合にオープナーの1番手として使われた右腕。この役割は、はまり役だったようで、大半のゲームで好投した。ベネズエラ出身。16歳でレンジャーズと契約。2012年9月に22歳でメジャーデビューをした成し遂げたところまでは順調だった。だが、メジャーで投げたのはこの年に2回、翌年3回あったきりで、17年9月にメジャーに復帰するまでの4年間はカナダの独立リーグ、ブルージェイズの3Aなどでプレー。メジャーに定着したのは18年5月にレイズに移籍してからで、その後メッツを経てブルージェイズに来たところで、はまり役に出会った。

年度	所属チーム	勝利	敗戦	防御率	試合数	先発	セーブ	投球イニング	被安打	失点	自責点	被本塁打	与四球	奪三振	WHIP
2019	レイズ	1	0	5.79	10	0	0	14.0	15	9	9	2	5	18	1.43
2019	メッツ	1	2	4.94	15	3	0	31.0	29	17	17	8	13	24	1.35
2019	ブルージェイズ	2	3	3.66	23	14	0	39.1	34	16	16	7	11	53	1.14
2019	3チーム計	4	5	4.48	48	17	0	84.1	78	42	42	17	29	95	1.27
通算成績		6	8	5.32	75	22	0	135.1	132	80	80	31	55	135	1.38

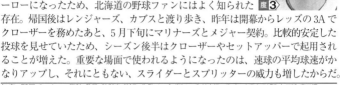

投手

スライダーとスプリッターがフルに機能

52 アンソニー・バース *Anthony Bass*

ミドル リリーフ｜移籍

33歳｜188cm｜91kg｜右投右打｜速150キロ台中頃（ツーシーム、フォーシーム）｜決○スライダー
対左.165 対右.191 ｜ド2008⑤パドレス｜出ミシガン州｜年150万ドル（約1億6500万円）

球 4
制 3
緩 4
守 5

　昨年マリナーズで復活後、トロントに来たジャーニーマン。2016年に来日し、北海道日本ハムで活躍。日本シリーズのヒーローになったため、北海道の野球ファンにはよく知られた存在。帰国後はレンジャーズ、カブスと渡り歩き、昨年は開幕からレッズの3Aでクローザーを務めたあと、5月下旬にマリナーズとメジャー契約。比較的安定した投球を見せていたため、シーズン後半はクローザーやセットアッパーで起用されることが増えた。重要な場面で使われるようになったのは、速球の平均球速がかなりアップし、それにともない、スライダーとスプリッターの威力も増したからだ。

年度	所属チーム	勝利	敗戦	防御率	試合数	先発	セーブ	投球イニング	被安打	失点	自責点	被本塁打	与四球	奪三振	WHIP
2019	マリナーズ	2	4	3.56	44	0	5	48.0	30	20	19	5	17	43	0.98
通算成績		7	13	4.38	191	18	8	347.1	341	182	169	35	127	245	1.35

奪三振も多いが、与四球も多いタイプ

68 ジョーダン・ロマーノ *Jordan Romano*

ミドル リリーフ｜ルーキー

27歳｜193cm｜91kg｜右投右打｜速150キロ台前半（フォーシーム主体）｜決○スライダー
対左.192 対右.333 ｜ド2014⑩ブルージェイズ｜出カナダ｜年56万3500ドル（約6200万円）+α

球 4
制 2
緩 3
守 3
度 3

　地元カナダ・オンタリオ州出身の速球とスライダーだけで投げるツーピッチ・ピッチャー。昨季、目まぐるしい動きがあった投手。まず一昨年12月のルール5でホワイトソックスに指名され、その直後にレンジャーズにトレードされた。オープン戦は防御率3.86でまずまずの出来だったが、不合格となり、3月下旬ブルージェイズに戻された。開幕は3Aで迎えたが、10イニングで12失点の荒れようでローテーション落ち。しかしリリーフに回って5月下旬から好投を続け、6月12日にメジャーデビュー。チーム唯一の地元出身者であるためメディアへの露出が多く、人気がある。

年度	所属チーム	勝利	敗戦	防御率	試合数	先発	セーブ	投球イニング	被安打	失点	自責点	被本塁打	与四球	奪三振	WHIP
2019	ブルージェイズ	0	2	7.63	17	0	0	15.1	17	14	13	4	9	21	1.70
通算成績		0	2	7.63	17	0	0	15.1	17	14	13	4	9	21	1.70

47 アンソニー・ケイ *Anthony Kay*

先発 リリーフ｜期待度 B｜ルーキー

25歳｜183cm｜100kg｜左投左打｜◆昨季メジャーで3試合出場｜ド2016①メッツ｜出ニューヨーク州

　ブルージェイズの先発3、4番手に成長すると予想する向きが多い左腕。スピン量の多いフォーシームを高めに、落差のあるカーブとチェンジアップを低めに投げ分け、三振と凡フライを量産するタイプ。昨年9月にオーディション目的でメジャーに呼ばれ、3試合に登板したが、結果はイマイチだった。

— ネイト・ピアソン *Nate Pearson*

先発｜期待度 A｜ルーキー

24歳｜198cm｜111kg｜右投右打｜◆昨季は1A+、2A、3Aでプレー｜ド2017①ブルージェイズ｜出フロリダ州

　7月末までにメジャーに昇格し、先発で試される可能性が高いトップ・プロスペクト（最有望株）。武器は最高163キロまで出る快速球。通常は150キロ台中盤〜後半で投げているが、回転が良く、メジャーでも十分通用するレベル。スライダー、カーブも平均以上のレベル。コントロールはイマイチ。

速=速球のスピード　決=決め球　対左=対左打者被打率　対右=対右打者被打率
ド=ドラフトデータ　出=出身地　年=年俸
※メジャー経験がない投手の「先発」「リリーフ」はマイナーでの役割

野手

サード

課題は体重管理と終盤のスタミナ切れ

27 ヴラディミール・ゲレーロ・ジュニア
Vladimir Guerrero Jr.

21歳｜188cm｜113kg｜右投右打

- ◆対左投手打率／.215(130-28)　◆対右投手打率／.293(334-98)
- ◆ホーム打率／.239(230-55)　◆アウェー打率／.303(234-71)
- ◆得点圏打率／.267(116-31)
- ◆19年のポジション別出場数／サード＝96、DH＝24
- ◆ドラフトデータ／2015⑭ブルージェイズ
- ◆出身地／カナダ
- ◆年俸／56万3500ドル(約6200万円)+α

ミート	4
パワー	4
走塁	2
守備	2
肩	5

ブルージェイズ

　2年目の今季は25本塁打、100打点級の活躍を期待される、殿堂入りしたスラッガーを父に持つ三塁手。昨シーズンはマイナーで13試合に出場したあと、4月26日にメジャーデビューした。ブルージェイズが開幕時にメジャー入りさせなかったのは、FA権の取得を1年遅らせることが目的で、大物ルーキーに対してよく取られる措置だ。

　デビュー後は4月が2割1分4厘、5月が2割5分3厘、6月が2割5分5厘、7月が2割8分4厘、8月が3割4分1厘で、月を追うごとにメジャーの投手に慣れ、打率が上昇。それにともない打点も増えたが、9月に入ると疲労がピークに達し、本塁打が1本もないままシーズンを終えた。本塁打が15本にとどまったのは、9月にスタミナ切れを起こしたことに加え、シーズンを通してゴロの比率が高かったことが原因。昨季はライナー打球が17.3%、ゴロ打球が49.6%、フライ打球が33.1%で、ゴロ打球の比率は300打席以上の打者では4番目に高かった。オフには本塁打の大幅増を狙って筋トレに励んでいたので、今季はその成果が出るかもしれない。

　サードの守備は低レベル。捕球エラーが多く、守備範囲の広さも平均以下だ。ただ、かなりの強肩で、悪送球もそう多くない。これは人間離れした強肩だった父のDNAによるものだろう。

　父ヴラディミール・ゲレーロは性豪として知られ、5人の女性との間に8人の子供がいるが、最初のパートナーとの間にできた子だ。父がモントリオール・エキスポス（現ワシントン・ナショナルズ）に在籍していたとき誕生したので、出生地はカナダのモントリオール。育ったのはドミニカだが、父から毎月5000ドルを超す養育費が支払われていたので、経済的には恵まれた環境で育った。20歳になった昨年国籍を選択することになり、カナダ市民になっている。私生活でも父と同じ道を歩んでいるようで、結婚はしていないが、子供が2人いる。どちらも女の子だ。

| カモ | S・アームストロング(オリオールズ)1.000(5-5)0本 ──── |
| 苦手 | J・ハップ(ヤンキース).100(10-1)0本　田中将大(ヤンキース).111(9-1)0本 |

年度	所属チーム	試合数	打数	得点	安打	二塁打	三塁打	本塁打	打点	四球	三振	盗塁	盗塁死	出塁率	OPS	打率
2019	ブルージェイズ	123	464	52	126	26	2	15	69	46	91	0	1	.339	.772	.272
通算成績		123	464	52	126	26	2	15	69	46	91	0	1	.339	.772	.272

カモ　苦手 は通算成績

「30-30」を期待できる快足スラッガー セカンド

8 キャヴァン・ビジオ Cavan Biggio

25歳｜188cm｜91kg｜右投左打

- ◆対左投手打率／.237　◆対右投手打率／.233
- ◆ホーム打率／.221　◆アウェー打率／.249　◆得点圏打率／.280
- ◆19年のポジション別出場数／セカンド=85、ファースト=8、ライト=8、DH=4、レフト=1
- ◆⑤2016⑤ブルージェイズ　⊞テキサス州
- ◆甲56万3500ドル（約6200万円）+α

ミート	3
パワー	4
走塁	5
守備	3
肩	3

　2015年に殿堂入りしたアストロズの元看板選手クレイグ・ビジオを父に持つ二塁手。昨年は3Aに初昇格してシーズンに入り、出だしから好調。3割越えのハイアベレージをキープし、長打もよく出たため、5月24日にメジャーデビューとなった。デビュー後はセカンドのレギュラーに固定され、シーズン終了までその座を守り通している。ウリは、パワーとスピードを併せ持っていること。昨季は100試合の出場で16本塁打、14盗塁だったが、フル出場すれば「20-20」は十分可能で、将来的には「30-30」を達成する快足打者に成長することを期待されている。盗塁成功が高く、昨シーズンは14回走って、成功率は100%だった。打者としては早打ちをせず、失投をじっくり待つタイプ。そのため三振が多いが四球も多く、出塁率が際立って高い。

| カモ | J・バクストン（ヤンキース）.500(6-3)0本 | 苦手 | 田中将大（ヤンキース）.091(11-1)0本 |

年度	所属チーム	試合数	打数	得点	安打	二塁打	三塁打	本塁打	打点	四球	三振	盗塁	盗塁死	出塁率	OPS	打率
2019	ブルージェイズ	100	354	66	83	17	2	16	48	71	123	14	0	.364	.793	.234
通算成績		100	354	66	83	17	2	16	48	71	123	14	0	.364	.793	.234

切り込み隊長にピッタリのイケイケタイプ ショート

11 ボー・ビシェット Bo Bichette

22歳｜183cm｜84kg｜右投右打

- ◆対左投手打率／.368　◆対右投手打率／.288
- ◆ホーム打率／.270　◆アウェー打率／.346　◆得点圏打率／.188
- ◆19年のポジション別出場数／ショート=42、DH=4
- ◆②2016②ブルージェイズ　⊞フロリダ州
- ◆甲56万3500ドル（約6200万円）+α

ミート	3
パワー	4
走塁	5
守備	3
肩	4

　本塁打王と打点王を各1回獲得、オールスターにも4度出場したダンテ・ビシェットを父に持つ注目の遊撃手。昨年は3Aでシーズンを迎えたあと、4月下旬に死球を左手に受けて骨折するアクシデントがあり、メジャーデビューが7月29日にズレ込んでしまった。しかし昇格後は「1番・ショート」に固定され、英才ぞろいの2世軍団の中でも、一番の働きをした。打者としての長所は、タイミングの取り方がうまいことと、動体視力がいいこと。ボール球によく手を出すが、動体視力がいいため、高い確率でヒットにできる。闘争心旺盛で、名前負けしないタイプ。ホヤホヤのルーキーなのに、8月にはクレイトン・カーショウから2本アーチを打ち、9月にはヤンキース戦でサヨナラアーチを放って男をあげた。ショートの守備も悪くない。守備範囲の広さは「中の下」レベルだが、グラブさばきがうまく、肩も強いほうだ。

| カモ | C・カーショウ（ドジャース）.667(3-2)2本 | 苦手 | 菊池雄星（マリナーズ）.000(4-0)0本 |

年度	所属チーム	試合数	打数	得点	安打	二塁打	三塁打	本塁打	打点	四球	三振	盗塁	盗塁死	出塁率	OPS	打率
2019	ブルージェイズ	46	196	32	61	18	0	11	21	14	50	4	4	.358	.930	.311
通算成績		46	196	32	61	18	0	11	21	14	50	4	4	.358	.930	.311

大選手を父に持つ2世選手の一人

13 ルルデス・グリエル・ジュニア *Lourdes Gurriel Jr.*

レフト／ライト

ブルージェイズ

27歳／191cm／98kg／右投右打

◆対左投手打率／.300 ◆対右投手打率／.265
◆ホーム打率／.268 ◆アウェー打率／.263 ◆得点圏打率／.267
◆19年のポジション別出場数／レフト=63、セカンド=9、DH=9、ファースト=3
◆⑥2016㉔ブルージェイズ ◆⑪キューバ
◆㊙250万ドル（約2億7500万円）

ミート	4
パワー	5
走塁	3
守備	3
肩	5

マイナー落ちが格好のショック療法になり、ワンランク上のプレーヤーに生まれ変わったキューバ亡命組の逸材。昨季はセカンドのレギュラーとしてスタートしたが、出だしひどいスランプで、4月15日にマイナー落ち。これを機に、球団首脳は守備の負担の少ないレフトにコンバートする方針を固め、3Aで連日レフトを守らせて慣れさせてから、5月24日にメジャーに呼び戻した。復帰後は連日左翼手として出場、打棒快調で6月中旬から3番打者に固定された。復帰後は本塁打を13.7打数に1本というペースで生産していたので、今季、故障さえなければ大化けの可能性がある。父のルルデス・グリエル・シニアは、キューバの野球界で活躍した国民的英雄で、日本の社会人野球でもプレーした経験がある。アストロズ所属のユリ・グリエルは兄。

カモ S・ロモ（ツインズ）1.000 (2-2) 2本　　苦手 田中将大（ヤンキース）.000 (8-0) 0本

年度	所属チーム	試合数	打数	得点	安打	二塁打	三塁打	本塁打	打点	四球	三振	盗塁	盗塁死	出塁率	OPS	打率
2018	ブルージェイズ	65	249	30	70	8	0	11	35	9	59	1		.309	.755	.281
2019	ブルージェイズ	84	314	52	87	19	2	20	50	20	86	6	4	.327	.869	.277
通算成績		149	563	82	157	27	2	31	85	29	145	7	6	.320	.819	.279

厚遇されても出塁率はメジャーワースト

15 ランドール・グリチック *Randal Grichuk*

ライト／センター

29歳／188cm／98kg／右投右打

◆対左投手打率／.250 ◆対右投手打率／.224
◆ホーム打率／.243 ◆アウェー打率／.222 ◆得点圏打率／.229
◆19年のポジション別出場数／ライト=88、センター=62、DH=10
◆⑥2009①エンジェルス ◆⑪テキサス州
◆㊙1200万ドル（約13億2000万円）

ミート	2
パワー	5
走塁	3
守備	3
肩	4

昨年の開幕直後に、5年5200万ドルの契約にサインした強打の外野手。この厚遇に応えるべく、昨季は本塁打を途切れることなく生産し、チーム最多の31本塁打をマーク。打点80もチームトップだった。しかし、賞賛の声は聞かれなかった。最も変わって欲しかった低い出塁率が、改善されるどころか2割8分0厘まで落ち、規定打席に達したメジャー全選手の中で、最下位になったからだ。ここまで低くなるのは、四球が極端に少ないのが最大の要因だが、理由はどうあれ出塁率重視の今のメジャーリーグでは、「出塁率の低い打者＝質の低い打者」である。今季はせめて3割台に戻す必要がある。

カモ J・アリエタ（フィリーズ）.417 (24-10) 2本　　苦手 B・スネル（レイズ）.125 (16-2) 0本

年度	所属チーム	試合数	打数	得点	安打	二塁打	三塁打	本塁打	打点	四球	三振	盗塁	盗塁死	出塁率	OPS	打率
2014	カーディナルス	47	110	11	27	6	1	3	8	5	31	0	2	.278	.678	.245
2015	カーディナルス	103	323	49	89	23	7	17	47	22	110	4	2	.329	.877	.276
2016	カーディナルス	132	446	66	107	29	3	24	68	28	141	5	4	.289	.769	.240
2017	カーディナルス	122	412	53	98	25	3	22	59	26	133	6	1	.285	.758	.238
2018	ブルージェイズ	124	424	60	104	32	1	25	61	27	122	3	2	.301	.803	.245
2019	ブルージェイズ	151	586	75	136	29	5	31	80	35	163	2	1	.280	.738	.232
通算成績		679	2301	314	561	144	20	122	323	143	700	20	12	.293	.776	.244

正捕手1年目でゴールドグラブ賞候補に

キャッチャー

9 ダニー・ジャンセン *Danny Jansen*

25歳｜188cm｜104kg｜右投右打　盗塁阻止率／.300(60-18)
- ◆対左投手打率／.224　◆対右投手打率／.199
- ◆ホーム打率／.196　◆アウェー打率／.218　◆得点圏打率／.243
- ◆19年のポジション別出場数／キャッチャー＝103、DH＝4
- ◆🄳2013⑯ブルージェイズ　◆🄱イリノイ州
- ◆🄨56万3500ドル（約6200万円）+α

ミート **2**
パワー **4**
走塁 **2**
守備 **4**
肩 **4**

　昨季、正捕手に抜擢され、急速に成長した逸材。一昨年までは肩の強さは平均以下という評価だったが、オフのトレーニングが実を結び、昨季は正捕手ではトップ10に入る盗塁阻止率30.0%（60-18）をマークし、捕手牽制刺も2つ記録。フィールディングでもDRS（守備で防いだ失点）が12あり、ゴールドグラブ賞の最終候補になったが、受賞はならなかった。投手の受け手としてもいい働きを見せ、捕手防御率はジャンセンが4.46であるのに対し、バックアップ捕手のメイリーは5.73。投手別ではストローマン、サンチェスと相性が良かった。打者としては、強い打球を打つことを最優先にしており、レフト方向に引っ張ることが多い。そのため、長打は多いが、打率は低い。

カモ J・ハップ(ヤンキース).500(6-3)2本　**苦手** R・ヤーブロー(レイズ).000(6-0)0本

年度	所属チーム	試合数	打数	得点	安打	二塁打	三塁打	本塁打	打点	四球	三振	盗塁	盗塁死	出塁率	OPS	打率
2018	ブルージェイズ	31	81	12	20	6	0	3	8	9	17	0	0	.347	.779	.247
2019	ブルージェイズ	107	347	41	72	12	1	13	43	31	79	0	1	.279	.640	.207
通算成績		138	428	53	92	18	1	16	51	40	96	0	1	.293	.667	.215

スイングの変更が致命傷になり、打撃が崩壊

ファースト サード

移籍

6 トラヴィス・ショウ *Travis Shaw*

30歳｜193cm｜104kg｜右投左打
- ◆対左投手打率／.102　◆対右投手打率／.171
- ◆ホーム打率／.150　◆アウェー打率／.165　◆得点圏打率／.104
- ◆19年のポジション別出場数／サード＝71、ファースト＝6、セカンド＝2
- ◆🄳2011⑨レッドソックス　◆🄱オハイオ州
- ◆🄨400万ドル（約4億4000万円）

ミート **3**
パワー **5**
走塁 **2**
守備 **4**
肩 **4**

　昨シーズンは極端な打撃不振が続いたためブリュワーズを解雇され、1年400万ドルの契約でブルージェイズに来た強打の内野手。2年連続30本塁打のショウが、昨年別人のように悪くなりメルトダウンしてしまったのは、スイングを変えたことが原因。結果が悪かったので途中から元に戻そうとしたが「筋肉の記憶に阻まれて、戻し切れないでいるうちにシーズンが終わってしまった」と、本人は語っている。昨季は6月下旬にマイナー落ちしたが、3Aではハイアベレージをキープし、本塁打を11打数に1本というハイペースで生産しているので、昨年のスランプが今年も続くことはないだろう。ブリュワーズではサードのレギュラーだったが、ブルージェイズではファーストに入る。

カモ I・ノヴァ(タイガース).632(19-12)3本　**苦手** N・イヴォルディ(レッドソックス).111(9-1)1本

年度	所属チーム	試合数	打数	得点	安打	二塁打	三塁打	本塁打	打点	四球	三振	盗塁	盗塁死	出塁率	OPS	打率
2015	レッドソックス	65	226	31	61	10	0	13	36	18	57	0	1	.327	.813	.270
2016	レッドソックス	145	480	63	116	34	2	16	71	43	133	5	1	.306	.726	.242
2017	ブリュワーズ	144	538	84	147	34	1	31	101	60	138	10	0	.349	.862	.273
2018	ブリュワーズ	152	498	73	120	23	0	32	86	78	108	5	2	.345	.825	.241
2019	ブリュワーズ	86	230	22	36	5	0	7	16	36	89	0	0	.281	.551	.157
通算成績		592	1972	273	480	106	3	99	310	235	525	20	4	.327	.778	.243

野手

特大アーチと満塁弾が多い長距離砲

DH / ファースト

44 ロウディ・テレーズ *Rowdy Tellez*

25歳／193cm／116kg／左投右打 対左.270 対右.208 ホ.210 ア.246 得.223
ド2013㉚ブルージェイズ 田カリフォルニア州 年56万3500ドル(約6200万円)+α

ミ**2**
バ**5**
走**2**
守**2**
肩**2**

今季はフルタイムに近い形で DH として打席に立つ巨漢スラッガー。最大のウリは飛距離がすごいこと。昨年4月11日にはフェンウェイ・パークでのレッドソックス戦で、ライトに154.2メートルのアーチを叩き込んだ。これは、1946年にテッド・ウィリアムズが作った最長本塁打記録153.3メートルを更新する特大アーチだった。特徴は、典型的なローボールヒッターであること。昨季は低めに来たボール球を叩いて外野席に運んだ本塁打が6本もあった。満塁男でもあり、昨季は満塁の場面で7回打席に立ち、本塁打を2本放っている。欠点は、四球が少なく出塁率が低いこと。

年度	所属チーム	試合数	打数	得点	安打	二塁打	三塁打	本塁打	打点	四球	三振	盗塁	盗塁死	出塁率	OPS	打率
2019	ブルージェイズ	111	370	49	84	19	0	21	54	29	116	1	1	.293	.742	.227
通算成績		134	440	59	106	28	0	25	68	31	137	1	1	.299	.774	.241

打力の向上で正捕手でも使えるレベルに

キャッチャー / ルーキー

10 リース・マグワイア *Reese McGuire*

25歳／183cm／98kg／右投左打 盗塁阻止率／.222(18-4) 対左.238 対右.316 ホ.347
ア.250 得.143 ド2013①パイレーツ 田ワシントン州 年56万3500ドル(約6200万円)+α

ミ**4**
バ**3**
走**2**
守**3**
肩**3**

今季は捕手の2番手として、50～70試合に先発出場すると思われるキャッチャーの成長株。2013年のドラフトで、パイレーツに1巡目で指名され入団したが、打撃面で伸び悩み、トレードでブルージェイズへ。移籍後はマイナーで、準備がいいことや投手あしらいがうまいことを評価され、トントン拍子に出世し、一昨年の終盤メジャーデビュー。昨年7月末に再昇格後、バッティングで多大な貢献をしたため、今季のバックアップ捕手に抜擢された。ジャンセンが右打者、マグワイアが左打者であるため、ジャンセンが打撃で不調の場合は、プラトーンで使われる可能性もある。

年度	所属チーム	試合数	打数	得点	安打	二塁打	三塁打	本塁打	打点	四球	三振	盗塁	盗塁死	出塁率	OPS	打率
2019	ブルージェイズ	30	97	14	29	7	0	5	11	7	18	0	0	.346	.872	.299
通算成績		44	128	19	38	10	0	7	14	9	24	0	0	.343	.882	.297

26本塁打を放ったのに見過ごされている選手

センター / ライト

37 テオスカー・ヘルナンデス *Teoscar Hernandez*

28歳／188cm／93kg／右投右打 対左.246 対右.222 ホ.240 ア.220 得.315
ド2011⑥アストロズ 田ドミニカ 年56万3500ドル(約6200万円)+α

ミ**2**
バ**4**
走**3**
守**3**
肩**3**

とくに優れた能力はないが、強い打球を打つことを心がけ好成績を出し、半レギュラー的な地位を維持している野球職人。強いチームなら4人目の外野手として使うレベルの選手だが、再建途上のブルージェイズにとっては、低コストで使えるリスクの低い労働力であるため、レギュラー級の出番を与えられている。出発点が牛乳パックのグラブであるためハングリー精神が旺盛で、昨季序盤、打撃不振で3Aに降格したが、必死の思いでいい数字を出し、ひと月もしないうち復帰。その後は適任者不在のセンターに起用され、長打をハイペースで生産して自分の居場所を確保した。

年度	所属チーム	試合数	打数	得点	安打	二塁打	三塁打	本塁打	打点	四球	三振	盗塁	盗塁死	出塁率	OPS	打率
2019	ブルージェイズ	125	417	58	96	19	2	26	65	45	153	6	3	.306	.778	.230
通算成績		327	1081	156	256	61	4	60	153	103	380	11	11	.304	.780	.237

対左=対左投手打率 対右=対右投手打率 ホ=ホーム打率 ア=アウェー打率 得=得点圏打率

ブルージェイズ

マイナーでは好成績を残しているが……

レフト
センター

23 デレク・フィッシャー *Derek Fisher*

27歳｜191cm｜93kg｜右投左打 対左.245 対右.155 ホ.156 ア.217 得.139
ド2014①アストロズ 出ペンシルヴァニア州 年56万3500ドル（約6200万円）+α

ミ **2**
パ **3**
走 **4**
守 **2**
肩 **2**

　2017年6月に大いなる活躍を期待され、アストロズでメ
ジャーデビューした外野手。同年7月31日、アストロズは
青木宣親をブルージェイズへ放出し、このフィッシャーが外
野のレギュラーに成長することを期待した。だがメジャーでは結果を残せず、昨
年7月31日、青木同様、ブルージェイズへ移籍となった。外野の選手層の薄さ
に悩むブルージェイズは、球団が変われば大きな戦力になると見込んだが、進化
が止まってしまっているのが現状だ。昨季移籍後の打率は1割6分1厘。守備は、
レフトで起用するとかろうじて平均レベルだが、センターの守備は「下」レベル。

年度	所属チーム	試合数	打数	得点	安打	二塁打	三塁打	本塁打	打点	四球	三振	盗塁	盗塁死	出塁率	OPS	打率
2019	アストロズ	17	53	9	12	2	1	1	5	7	14	4	1	.317	.675	.226
2019	ブルージェイズ	40	93	14	15	2	0	6	12	14	43	1	0	.271	.647	.161
2019	2チーム計	57	146	23	27	4	1	7	17	21	57	5	3	.287	.657	.185
通算成績		152	371	57	71	10	4	16	45	43	153	10	4	.279	.649	.191

出塁率の低さが致命的

ユーティリティ

3 ブランドン・ドルーリー *Brandon Drury*

28歳｜188cm｜98kg｜右投右打 対左.231 対右.211 ホ.226 ア.209 得.175
ド2010⑬ブレーブス 出オレゴン州 年205万ドル（約2億2550万円）

ミ **2**
パ **3**
走 **2**
守 **4**
肩 **4**

　内外野守れるユーティリティ。守備面の長所は、ファー
ストステップが早く、グラブさばきもうまいこと。昨季は主
にサードで出場（65試合）したほか、ライト、レフト、フ
ァースト、セカンド、ショートでも出場。どのポジションも、無難にこなしてい
た。一方、打撃面は出塁率が低いため、レギュラー格で起用するのは無理がある。
以前から、メジャーの投手のスライダーにうまく対応できず、それが改善されて
いない。足の速さも平均以下。もともとはダイヤモンドバックスでプレーしてい
た選手。2018年はヤンキースで開幕を迎えたが、活躍できず、7月にトロントへ。

年度	所属チーム	試合数	打数	得点	安打	二塁打	三塁打	本塁打	打点	四球	三振	盗塁	盗塁死	出塁率	OPS	打率
2019	ブルージェイズ	120	418	43	91	21	1	15	41	25	113	0	1	.262	.642	.218
通算成績		435	1457	151	365	96	4	47	175	93	344	2	3	.299	.718	.251

― サンティアーゴ・エスピナル *Santiago Espinal*

ショート
セカンド

期待度 **C+**

ルーキー

26歳｜178cm｜79kg｜右投右打 ◆昨季は2A、3Aでプレー ド2016⑩レッドソックス 出ドミニカ

　ショートとセカンドの2番手を兼ねるユーティリティとして使う
といい戦力になりそうな内野手。一番のウリは守備力の高さ。打球へ
の早さ、グラブさばき、守備範囲の広さは、どれも平均以上のレベル。打者とし
ては広角にライナーや強いゴロを打つことに徹するタイプで、高打率を期待できる。

― ライリー・アダムズ *Riley Adams*

キャッチャー

期待度 **B-**

ルーキー

24歳｜193cm｜102kg｜右投右打 ◆昨季は1A+、2Aでプレー ド2017③ブルージェイズ 出カリフォルニア州

　今季、捕手に故障者が出た場合、3Aから昇格して、一定の出場機
会を与えられると思われる捕手のホープ。打者としては、パワーと出
塁率の高さがウリ。欠点は三振が多いこと。守備力はオールラウンドに高い。長身
のわりに敏捷性に富んでいて、ボールブロックがうまい。盗塁阻止力も平均以上だ。

対左=対左投手打率　対右=対右投手打率　ホ=ホーム打率　ア=アウェー打率　得=得点圏打率
ド=ドラフトデータ　出=出身地　年=年俸

ボルティモア・オリオールズ

◆創　立:1901年　　　　　　　　　　　◆ワールドシリーズ制覇:3回　／リーグ優勝:7回
◆本拠地:メリーランド州ボルティモア市　◆地区優勝:9回　／ワイルドカード獲得:3回

主要オーナー▶ ピーター・アンジェロス(弁護士)

過去5年成績	年度	勝	負	勝率	ゲーム差	地区順位	ポストシーズン成績
	2015	81	81	.500	12.0	③	―
	2016	89	73	.549	4.0	②(同率)	ワイルドカードゲーム敗退
	2017	75	87	.463	18.0	⑤	―
	2018	47	115	.290	61.0	⑤	―
	2019	54	108	.333	49.0	⑤	―

監督 ▶ **18 ブランドン・ハイド** *Brandon Hyde*

◆年　　齢…………47歳(カリフォルニア州出身)
◆現役時代の経歴…メジャーでのプレー経験なし
　(キャッチャー、ファースト)
◆監督経歴…………メジャーでの監督経験なし
◆監督経歴…………1シーズン　オリオールズ(2019〜)
◆通算成績…………54勝108敗(勝率.333)

　就任1年目は大負けした、元マーリンズとカブスのベンチコーチ。負けが込んだことでチームのムードは悪くなったが、それを改善することもできなかった。8月には、不振のクリス・デイヴィスに代打を出したところ、デイヴィスがブチギレ。つかみかかられそうになったが、選手やコーチが間に入って制し、事なきを得た。その後、デイヴィスとは和解して「我々は互いにリスペクトしている」と語ったが、ハイドのリーダーシップに疑問符が付いた事件だった。

注目コーチ ▶ ■ **アンソニー・サンダース** *Anthony Sanders*

　新一塁ベースコーチ。46歳。昨季まではロッキーズのマイナーで外野守備やベースランニングを指導。現役時代の2001年途中に横浜に入団したが、活躍できなかった。

編成責任者 ▶ **マイク・エリアス** *Mike Elias*

　38歳。鬼才ジェフ・ルーノー(前アストロズGM)に信頼されていた人物。アストロズ編成時代の2012年、カルロス・コレイアのドラフト指名で中心的役割を果たした。

スタジアム ▶ **オリオールパーク・アット・キャムデンヤーズ** *Oriole Park at Camden Yards*

◆開場年…………1992年
◆仕　様…………天然芝
◆収容能力………45,971人
◆フェンスの高さ…2.1〜7.6m
◆特　徴…………左中間が浅めになっていて、フェンスも低いため、右打者にややホームランが出やすい。レンガと鉄骨を基調としたレトロな外観が人気で、90年代から00年代に造られたほかの球場のデザインに、多くの影響を与えている。

ヒッターズパーク

Best Order [ベストオーダー]

①ハンサー・アルベルト……セカンド
②トレイ・マンシーニ……ライト
③アンソニー・サンタンダー……レフト
④レナート・ヌニェス……DH
⑤リオ・ルイーズ……サード
⑥クリス・デイヴィス……ファースト
⑦オースティン・ヘイズ……センター
⑧ホセ・イグレシアス……ショート
⑨ペドロ・セヴェリーノ……キャッチャー

Depth Chart [ポジション別選手層・メンバーリスト]

※2020年2月4日時点の候補選手。
数字は背番号（開幕前に変更する
場合もあり)、右・左等は投・打の順。

センター
21 オースティン・ヘイズ [右・右]
31 セドリック・マリンズ [左・両]
25 アンソニー・サンタンダー [右・両]

レフト
25 アンソニー・サンタンダー [右・両]
35 ドワイト・スミス・ジュニア [右・左]
－ ライアン・マッケナ [右・右]

ライト
16 トレイ・マンシーニ [右・右]
25 アンソニー・サンタンダー [右・両]
24 DJ ステュワート [右・左]

ショート
11 ホセ・イグレシアス [右・右]
9 リチャード・ウレイニャ [右・両]
1 リッチー・マーティン [右・右]

セカンド
57 ハンサー・アルベルト [右・右]
9 リチャード・ウレイニャ [右・両]
－ パット・ヴァレイカ [右・右]

ローテーション
47 ジョン・ミーンズ [左・右]
17 アレックス・カッブ [右・右]
53 コール・ステュワート [右・右]
29 アーシャー・ウォジェハウスキー [右・右]
－ キーガン・エイキン [左・右]
－ ブランドン・ベイリー [右・右]
－ マイケル・ラッカー [右・右]
41 デイヴィッド・ヘス [右・右]

サード
14 リオ・ルイーズ [右・左]
57 ハンサー・アルベルト [右・右]
－ パット・ヴァレイカ [右・右]

ファースト
19 クリス・デイヴィス [右・左]
16 トレイ・マンシーニ [右・右]
－ ライアン・マウントキャッスル [右・右]
39 レナート・ヌニェス [右・右]

キャッチャー
28 ペドロ・セヴェリーノ [右・右]
15 チャンス・シスコ [右・右]
61 オースティン・ウィンズ [右・右]

DH
39 レナート・ヌニェス [右・右]
16 トレイ・マンシーニ [右・右]
－ ライアン・マウントキャッスル [右・右]

ブルペン
60 マイカル・ギヴンズ [右・右] CL
56 ハンター・ハーヴィー [右・右]
43 ショーン・アームストロング [右・右]
50 ミゲール・カストロ [右・右]
48 リチャード・ブライアー [左・右]
51 ポール・フライ [左・左]
－ ブランドン・ベイリー [右・右]
－ マイケル・ラッカー [右・右]
52 ブランドン・クライン [右・右]
58 エヴァン・フィリップス [右・右]
55 ディロン・テイト [右・右]
66 タナー・スコット [左・右]
－ コール・サルサー [右・右]
41 デイヴィッド・ヘス [右・右]

※ CL ＝クローザー

オリオールズ試合日程……＊はアウェーでの開催

3月26・28・29 ヤンキース	27・28・29・30 ロイヤルズ	29・30・31 ブルージェイズ
30・31・4月1 レッドソックス	5月1・2・3 ホワイトソックス＊	6月2・3 カブス＊
2・4・5 カーディナルス＊	4・5・6 ブルージェイズ＊	5・6・7 アストロズ
6・7・8・9 ヤンキース＊	8・9・10 エンジェルス	9・10・11 ツインズ
10・11・12 パイレーツ	11・12・13 インディアンズ	12・13・14 レイズ＊
14・15 カブス	15・16・17 レイズ＊	15・16・17・18 インディアンズ＊
17・18・19 ロイヤルズ＊	18・19・20 ツインズ＊	19・20・21 レイズ
20・21・22 エンジェルス＊	21・22・23・24 ブルージェイズ＊	22・23・24 ヤンキース＊
24・25・26 ブルージェイズ	25・26・27・28 ホワイトソックス	26・27・28 タイガース

96

球団メモ 昨季の被本塁打数305は、メジャー史上ワーストの数字。これまでのワースト記録は、2016年にレッズが記録した258本だったが、それを大幅に更新してしまった。

オリオールズ

■投手力⬇…★★★★★【昨年度チーム防御率5.59、リーグ15位】

昨季のチーム防御率は、アメリカン・リーグ最下位だった。先発防御率は5.57（リーグ14位）で、一昨季よりもさらに数字を落としたが、オフにチームトップの161.2回を投げたバンディを放出し、ローテーションは混迷。昨季はミーンズが12勝11敗、防御率3.60でオールスターにも選出されたが、後半戦は調子を落としており、エースになれるかは微妙な状況だ。昨季、54勝108敗のチーム成績が示す通り、ブルペン（リリーフ防御率昨季リーグワースト）も奮っていないが、とくに補強はなし。カストロ、スコットあたりの比較的若い投手が一皮むけない限り、浮上の目はない。

■攻撃力⬆…★★☆★★【昨年度チーム得点729、リーグ11位】

打線は意外にも健闘し、ドン底というほど悪いものではない。マンシーニとヌニェスが自身初の30本塁打をかっ飛ばし、中軸は整ってきた。しかし、打って走れるヴィアーがチームを去ったことは痛手。後釜のイグレシアスは確実性はあるが、長打力はヴィアーほどではなく、事実上、柱の1本を失った形になるだろう。マンシーニとヌニェスが好調を維持し、若手スラッガーが台頭することが、得点力維持の条件になりそうだ。

■守備力⬆…★★★★★【昨年度チーム失策数108、リーグ11位】

遊撃守備は、新加入のイグレシアスのほうがヴィアーよりも堅実。

■機動力⬇…★★☆★★【昨年度チーム盗塁数84、リーグ6位】

昨季40盗塁のヴィアーが抜け、チームに走り屋が不在。

総合評価
★★★★★

2018年に再建期に入り、今回のオフも目立った補強はなし。ドラフト指名権獲得のためとはいえ、2年連続の記録的大敗にファンは少しガッカリしているのも事実。ブレイクしたマンシーニにもトレード説が出ており、3年連続100敗も見えてきた。

IN 主な入団選手	**OUT** 主な退団選手
投手	投手
コール・ステュワート←ツインズ	ディラン・バンディ➡エンジェルス
	ガブリエル・イノーア➡東京ヤクルト
野手	野手
ホセ・イグレシアス←レッズ	ジョナサン・ヴィアー➡マーリンズ
ブライアン・ホラデイ←マーリンズ	マーク・トランボ➡所属先未定

29・30・**7**月1	ヤンキース	31・**8**月1・2	ブルージェイズ*	31・**9**月1・2	レッズ*
2・3・4・5	アスレチックス*	4・5・6	レッドソックス*	4・5・6・7	ヤンキース
6・7・8	マリナーズ*	8・9	ナショナルズ	8・9・10	ブルージェイズ*
10・11・12	レッドソックス*	11・12・13	タイガース*	11・12・13	ブリュワーズ
14	オールスターゲーム	14・15・16	レイズ*	15・16	ナショナルズ*
17・18・19	レイズ	17・18・19	レンジャーズ	17・18・19・20	アストロズ*
20・21・22	マリナーズ	20・21・22・23	レッドソックス	21・22・23・24	レイズ
24・25・26	アスレチックス	25・26	ヤンキース*	25・26・27	レッドソックス*
27・28・29	レッドソックス*	27・28・29・30	レンジャーズ*		

球団メモ 昨年のドラフト1巡目（全体1位）で、オレゴン州立大学のアドリー・ラッチマンを指名。捕手の全体1位は、ツインズがジョー・マウアーを指名した2001年以来。

魔球チェンジアップ一閃でエースに名乗り 先発

47 ジョン・ミーンズ
John Means

27歳／191cm／104kg／左投左打

- ◆速球のスピード／140キロ台後半（フォーシーム主体）
- ◆決め球と持ち球／☆チェンジアップ、◎スライダー、○フォーシーム、△カーブ
- ◆対左打者被打率／.184　◆対右打者被打率／.249
- ◆ホーム防御率／2.74　◆アウェー防御率／4.86
- ◆ドラフトデータ／2014⑪オリオールズ
- ◆出身地／カンザス州
- ◆年俸／56万3500ドル（約6200万円）+α

球威 **3**
制球 **5**
緩急 **5**
守備・援護 **5**
度胸 **4**

　2018年はメジャーでわずか1登板だったが、昨季本格デビューし、快投を繰り広げた若手左腕。開幕直後はミドルリリーフでのブルペン待機だった。だが3試合で5回2/3を投げ、ソロホームラン1本に抑えた結果を評価され、晴れてスターターに昇格。勢いのある速球と変化球のコンビネーションで打者を手玉に取った。とくに130キロ前後のチェンジアップは、非常にブレーキが効いており、打者はおろかテレビ画面で見ていてもタイミングがとれないほどの魔球。フルカウントからのチェンジアップは「邪悪な3-2チェンジアップ」と称されている。ストレートとチェンジアップだけではなく、中間速のスライダーの精度も高く、3種類のスピードを駆使した投球術が生命線。ストライクゾーンで勝負できるタイプであり、四球の少なさもアピールポイントになっている。

　しかし、メジャーリーグの打者は甘くない。シーズン前半は18試合で7勝4敗、防御率2.50の成績を収め、オールスターにも選出されたが（登板はなし）、シーズン後半は対策が進んだのか、13試合で5勝7敗、防御率4.85の結果に終わっている。チームはドラフト上位指名権獲得のため、補強を抑える「タンキング」をしており、ミーンズは引き続き、エースを狙える位置にいるが、2年目のジンクスに引っかかってしまわないか、ファンやメディアからは心配の声も上がっている。

　それでも本人にとっては夢のようなシーズンだったに違いない。2A時代の2017年のオフには、家賃を支払うため、近所の幼稚園のクリスマスミュージカルを手伝うアルバイトをしており、走り回る5歳児たちに翻弄されていたそうだ。11年にドラフト1巡目でロイヤルズに指名され、昨季メジャーデビューを果たしたバッバ・スターリングは高校時代のチームメートで、8月にはメジャーの大舞台で初対戦。カンザス州の小さな町から生まれた2人の英雄の対決を観るため、多くの住民が集結した。

カモ W・アダメス（レイズ）.000(7-0)0本　A・メドウズ（レイズ）.000(6-0)0本
苦手 M・ブロソー（レイズ）.444(9-4)3本　X・ボーガーツ（レッドソックス）.417(12-5)1本

年度	所属チーム	勝利	敗戦	防御率	試合数	先発	セーブ	投球イニング	被安打	失点	自責点	被本塁打	与四球	奪三振	WHIP
2018	オリオールズ	0	0	13.50	1	0	0	3.1	6	5	5	1	0	4	1.80
2019	オリオールズ	12	11	3.60	31	27	0	155.0	138	68	62	23	38	121	1.14
通算成績		12	11	3.81	32	27	0	158.1	144	73	67	24	38	125	1.15

8度の移籍を経験したジャーニーマン

先発

29 アーシャー・ウォジェハウスキー Asher Wojciechowski

32歳／193cm／107kg／右投右打　速140キロ台後半（フォーシーム主体）　決○スライダー
対左.253　対右.243　ド2010①ブルージェイズ　出サウスカロライナ州　年56万3500ドル(約6200万円)+α

球 3
制 4
緩 3
守 3
度 3

　昨年7月に金銭トレードでインディアンズ傘下より加入した力派右腕。迫力満点のフォームから繰り出すフォーシームとスライダー、カッターのコンビネーションが持ち味だ。2010年にブルージェイズに入団してから、8球団を渡り歩いているジャーニーマン。18年にはオリオールズ傘下でもプレーしていた。彼の母は入団以来、息子のユニフォームを買い続けていたが、5球団目のレッズに移籍した際、ついにユニフォームを買うのをやめてしまった。背番号の上に入る名前が、アーチ状になるほどファミリーネームが長いので、「ウォジョ(Wojo)」の愛称で親しまれている。

年度	所属チーム	勝利	敗戦	防御率	試合	先発	セーブ	投球イニング	被安打	失点	自責点	被本塁打	与四球	奪三振	WHIP
2019	オリオールズ	4	8	4.92	17	16	0	82.1	80	46	45	17	28	80	1.31
通算成績		8	12	5.76	47	27	0	161.0	174	107	103	33	54	160	1.42

昨季は巻き返しどころか稼働すらできず

先発

17 アレックス・カッブ Alex Cobb

33歳／191cm／93kg／右投右打　速140キロ台後半（フォーシーム主体）　決○ナックルカーブ
対左.292　対右.412　ド2006④デビルレイズ　出マサチューセッツ州　年1400万ドル(約15億4000万円)

球 3
制 4
緩 3
守 3
度 3

　レイズで4度の2ケタ勝利を記録し、2018年にFAでオリオールズに移籍してきた実績ある右腕。17年にはトミー・ジョン手術から復活し、自己最多の12勝をあげる活躍を見せたが、オリオールズでの1年目は5勝15敗、防御率4.90と散々な結果に。さらに巻き返しを期した昨季は、4月に3試合投げただけで腰を痛めてしまい、シーズンを終えた。そもそも細かい故障の多い選手で、これまで200イニング以上を投げたシーズンはなし。4年総額5700万ドルの契約が適正だったのか、ファンからは疑問の声も上がっている。自慢のスプリッターで、今季は不評を吹き飛ばしたい。

年度	所属チーム	勝利	敗戦	防御率	試合	先発	セーブ	投球イニング	被安打	失点	自責点	被本塁打	与四球	奪三振	WHIP
2019	オリオールズ	0	2	10.95	3	3	0	12.1	21	16	15	9	2	8	1.86
通算成績		53	52	3.85	146	146	0	864.2	841	399	370	98	249	680	1.26

イマイチ信頼されていない守護神

クローザー
セットアップ

60 マイカル・ギヴンズ Mychal Givens

30歳／183cm／95kg／右投スリー左打　速150キロ台前半（フォーシーム主体）　決○フォーシーム
対左.267　対右.179　ド2009②オリオールズ　出フロリダ州　年322.5万ドル(約3億5475万円)

球 3
制 3
緩 4
守 4
度 3

　低めのリリースポイントから、浮き上がるフォーシームを投げ込む右腕。最速は158キロに達し、稀少価値の高い速球派サイドハンドの一人。2018年の後半からクローザーを任されているが、火を噴くようなボールを投げる一方で調子のムラが激しく、対左打者に弱点を抱えている。18年は本塁打をほとんど打たれず、それがクローザー昇格のきっかけになったが、昨季は13本塁打を献上。チーム自体にあまりセーブ機会がなかったために目立たなかったが、9月にはひっそりとセットアップに役職を移していた。左打者に弱い以上、6～8回をフレキシブルに任せるのが最善か。

年度	所属チーム	勝利	敗戦	防御率	試合	先発	セーブ	投球イニング	被安打	失点	自責点	被本塁打	与四球	奪三振	WHIP
2019	オリオールズ	2	6	4.57	58	0	11	63.0	49	35	32	13	26	86	1.19
通算成績		20	16	3.40	284	0	20	323.0	246	131	122	34	123	387	1.14

速=速球のスピード　決=決め球　対左=対左打者被打率　対右=対右打者被打率
ド=ドラフトデータ　出=出身地　年=年俸

オリオールズ

48 リチャード・ブライアー *Richard Bleier*

肩の手術から復帰したが、防御率が急降下

セットアップ／クローザー

33歳 | 191cm | 98kg | 左投左打 | 速150キロ前後（シンカー主体） | 決○シンカー
対左.222 対右.355 ド2008⑥レンジャーズ 出フロリダ州 年91.5万ドル（約1億65万円）

球3
制5
緩3
守3
度4

　29歳でメジャーデビューし、遅咲きながら、持ち前の制球力を武器に2016年から3年連続で防御率1点台を記録していた左腕。18年は31試合に登板し、被本塁打0の結果を残していたが、6月に肩を痛めて離脱し、手術を受けた。昨季は開幕には間に合ったものの、53試合で防御率5.37。本調子でなかったことは事実だが、被打率やWHIPはそこまで悪化しておらず、後続の投手の責任も大きい。本人もフラストレーションをためていたようで、守備位置を巡り、ベンチでコーチと口論する場面もあった。メジャーデビュー前に、イスラエル代表でWBC予選に参加したことがある。

年度	所属チーム	勝利	敗戦	防御率	試合数	先発	セーブ	投球イニング	被安打	失点	自責点	本塁打	与四球	奪三振	WHIP
2019	オリオールズ	3	0	5.37	53	1	4	55.1	65	34	33	6	8	30	1.32
通算成績		8	1	3.05	164	1	4	174.1	183	70	59	12	29	84	1.22

50 ミゲール・カストロ *Miguel Castro*

荒々しい投球が魅力のタフネス右腕

セットアップ

26歳 | 201cm | 93kg | 右投右打 | 速150キロ前半（ツーシーム主体） | 決○スライダー
対左.258 対右.218 ド2012㊹ブルージェイズ 出ドミニカ 年105万ドル（約1億1550万円）

球5
制2
緩3
守2
度5

　2年連続で60登板を果たした若きブルペンの柱。ツーシームを低めに集める投球が理想だが、完全に制球できる能力は備わっておらず、いわゆる「荒れ球」の投手。一方でそこが打ちにくさでもあり、投げっぷりで打者を圧倒できるフレッシュさも魅力だ。昨季は防御率が4点台に悪化したが、奪三振率（9イニング換算の奪三振数）はキャリアハイの8.71を記録するなど、各種スタッツは高数値を示しており、着実にレベルアップしていることは間違いない。オフには母国ドミニカで強盗に襲われ、撃たれそうになったが、弾詰まりで銃弾が発射されず、九死に一生を得た。

年度	所属チーム	勝利	敗戦	防御率	試合数	先発	セーブ	投球イニング	被安打	失点	自責点	本塁打	与四球	奪三振	WHIP
2019	オリオールズ	3	4	4.66	65	0	2	73.1	63	42	38	10	41	71	1.42
通算成績		6	16	4.32	204	2	6	258.1	230	135	124	34	134	196	1.41

43 ショーン・アームストロング *Shawn Armstrong*

速球のスピンレートだけは超一流の数値

ミドルリリーフ

30歳 | 188cm | 102kg | 右投右打 | 速150キロ前後（フォーシーム主体） | 決○フォーシーム
対左.209 対右.324 ド2011⑱インディアンズ 出ノースカロライナ州 年56万3500ドル（約6200万円）+α

球5
制2
緩2
守3
度2

　昨年4月にマリナーズの40人枠から外され、オリオールズに移籍したリリーフ右腕。これまではなかなかメジャーでの出場機会を得られず、再建期のチームでようやく出番をつかんだんだが、51試合で防御率5.13とブレイクとはほど遠い成績に終わった。しかし、58イニングで63奪三振を記録するなど、評価すべき点はある。とくにフォーシームのスピン量はメジャーでもトップクラスに位置しており、ド真ん中でも空振りを奪える伸びを持っている。それだけの素材でありながら、ブレイクしきらないのは、変化球の精度が物足りないためだ。30歳になる今シーズンは勝負のとき。

年度	所属チーム	勝利	敗戦	防御率	試合数	先発	セーブ	投球イニング	被安打	失点	自責点	本塁打	与四球	奪三振	WHIP
2019	マリナーズ	0	1	14.73	4	0	0	3.2	8	6	6	3	3	3	3.00
2019	オリオールズ	1	0	5.13	51	0	0	54.1	58	32	31	7	26	60	1.55
2019	2チーム計	1	1	5.74	55	0	0	58.0	66	38	37	8	29	63	1.64
通算成績		2	4	4.34	108	0	1	116.0	112	57	56	16	49	116	1.39

速=速球のスピード　決=決め球　対左=対左打者被打率　対右=対右打者被打率
ド=ドラフトデータ　出=出身地　年=年俸

投手

オリオールズ

フライボール革命に大惨敗
41 デイヴィッド・ヘス David Hess

スイングマン

27歳｜188cm｜82kg｜右投右打｜球140キロ台後半（ツーシーム主体）｜決△スライダー｜対左.266｜対右.300｜ド2014⑤オリオールズ｜田テネシー州｜年56万3500ドル（約6200万円）+α

球2／制2／縦2／守2／度2

　昨シーズン、シーズン305被本塁打のメジャーワースト記録を塗り替えてしまったオリオールズにおいて、とくにボコボコに打たれまくったのが、ヘスである。チームワーストの29被本塁打を記録したのは、バンディとイノーアだったが、両者ともに100イニング以上投げており、80イニングで28被本塁打を献上したヘスは隠れた「被本塁打王」と言っても過言ではない。ムービング系の速球にスライダーを組み合わせて投げるオーソドックスな右腕だが、ストライクがド真ん中に集まってしまう悪癖があり、フライ打球を推奨する「フライボール革命」の食い物にされてしまった。

年度	所属チーム	勝利	敗戦	防御率	試合数	先発	セーブ	投球イニング	被安打	失点	自責点	被本塁打	与四球	奪三振	WHIP
2019	オリオールズ	1	10	7.09	23	14	0	80.0	94	73	63	28	30	68	1.55
通算成績		4	20	5.84	44	33	0	183.1	200	137	119	50	67	142	1.46

糖尿病とも戦う若手技巧派右腕
53 コール・ステュワート Kohl Stewart

先発ロングリリーフ　移籍

26歳｜191cm｜88kg｜右投右打｜球150キロ前後（シンカー主体）｜決○シンカー｜対左.242｜対右.313｜ド2013①マーリンズ｜田テキサス州｜年56万3500ドル（約6200万円）+α

球2／制3／縦3／度3

　2018年にツインズでメジャーデビューし、昨季も9試合に登板。昨年末にFAでオリオールズにやってきた若手右腕。高校、大学ではアメフトのクォーターバックとしても活躍し、地肩と身体能力は折り紙付きだ。入団以降、度重なる故障に苦しんできたが、シンカー、スライダー、カーブなどを駆使した投球術を身につけ、スターターとしての総合力を培ってきた。昨季は3Aで20試合に登板し、91イニングを投げ、防御率5.14だったが、オリオールズの先発ローテーションなら食い込む余地はある。1型糖尿病を発症しており、インスリンを打ちながらマウンドに登るファイター。

年度	所属チーム	勝利	敗戦	防御率	試合数	先発	セーブ	投球イニング	被安打	失点	自責点	被本塁打	与四球	奪三振	WHIP
2019	ツインズ	2	2	6.39	9	2	0	25.1	29	18	18	5	8	10	1.46
通算成績		4	3	4.79	17	6	0	62.0	63	34	33	6	26	34	1.44

― **キーガン・エイキン** Keegan Akin

先発　期待度 B-　ルーキー

25歳｜183cm｜102kg｜左投右打｜◆昨季は3Aでプレー｜ド2016②オリオールズ｜田ミシガン州

　下半身と上半身ともに太い巨漢型の左腕で、パワフルなフォーシームが持ち味。昨季は3Aに昇格し、25試合で6勝7敗、防御率4.73の成績を残した。投球回数を超える奪三振数も記録しており、順調に成長している。今季は早い段階で、メジャーのローテーションに入って投げる可能性もある。

56 **ハンター・ハーヴィー** Hunter Harvey

リリーフ　期待度 B-　ルーキー

26歳｜191cm｜79kg｜右投右打｜◆昨季はメジャーで7試合出場｜ド2013①オリオールズ｜田ノースカロライナ州

　2013年に入団。15年は肋骨とヒジのケガで全休したが、その後は持ち直し、昨季メジャーデビュー。リリーフで7試合に投げ、防御率1.42の好成績を記録した。最速160キロを超える豪速球が最大の魅力。父は、1991年にエンジェルスで最多セーブのタイトルを獲得したブライアン・ハーヴィー。

※メジャー経験がない投手の「先発」「リリーフ」はマイナーでの役割

進化を続けるオリオールズの主砲

16 トレイ・マンシーニ *Trey Mancini*

28歳｜193cm｜98kg｜右投右打

◆対左投手打率／.277 ◆対右投手打率／.297
◆ホーム打率／.290 ◆アウェー打率／.292 ◆得点圏打率／.266
◆19年のポジション別出場数／ライト=87、ファースト=56、DH=17、レフト=6
◆🅓2013⑧オリオールズ ◆🅗フロリダ州
◆🅎475万ドル（約5億2250万円）

ミート	4
パワー	5
走塁	2
守備	3
肩	4

　順調に看板打者に成長した長距離打者。2017年から2年連続24本塁打を放っていたスラッガーの卵が、ついに孵化。昨季は35本塁打をかっ飛ばし、2～3番の打順を任されるようになった。18年はチーム事情からリードオフマンを務めたが、走力があるタイプではないので、2～3番が適任だろう。デビュー以来、試合終盤の大事なシーンでホームランを放つことが多い「9回の男」。昨季も7回以降に10本塁打を叩き込んでおり、集中力を持続できるバッター。飛躍の要因としてあげられるのは、外角低めの対応の改善。もともと内角低めにホットゾーンを持っていたが、昨季は外角低めのボール球をすくい上げる打撃もできるようになり、ワンランク上の選手に成長した。

| カモ | L・セベリーノ（ヤンキース）.500(12-6)1本 | 苦手 | R・ヤーブロー（レイズ）.143(14-2)0本 |

年度	所属チーム	試合数	打数	得点	安打	二塁打	三塁打	本塁打	打点	四球	三振	盗塁	盗塁死	出塁率	OPS	打率
2016	オリオールズ	5	14	3	5	1	0	3	5	0	4	0	0	.400	1.471	.357
2017	オリオールズ	147	543	65	159	26	4	24	78	33	139	1	0	.338	.826	.293
2018	オリオールズ	156	582	69	141	23	3	24	58	44	153	0	1	.299	.715	.242
2019	オリオールズ	154	602	106	175	38	2	35	97	63	143	1	0	.364	.899	.291
通算成績		462	1741	243	480	88	9	86	238	140	439	2	1	.335	.819	.276

一気に才能が開花した早打ちヒットメーカー

57 ハンサー・アルベルト *Hanser Alberto*

28歳｜180cm｜98kg｜右投右打

◆対左投手打率／.398 ◆対右投手打率／.238
◆ホーム打率／.268 ◆アウェー打率／.345 ◆得点圏打率／.235
◆19年のポジション別出場数／セカンド=66、サード=66、レフト=3、ライト=1、DH=1、ピッチャー=1
◆🅓2009㊤レンジャーズ ◆🅗ドミニカ
◆🅎165万ドル（約1億8150万円）

ミート	5
パワー	3
走塁	4
守備	5
肩	4

　2018年まではレンジャーズでプレーしていたが、結果を残せず、同年11月にヤンキースへ。ところが編成の事情ですぐ40人枠から外れ、オリオールズに移籍。再び編成の都合でジャイアンツに移籍したが、同様の理由で40人枠から外れ、19年3月1日にオリオールズが再獲得を決めた。二転三転のオフが示す通り、あまり期待されていない選手だったが、セカンド、サード、ショートを守れるユーティリティ性が買われて開幕からベンチ入り。スタメンのチャンスをつかむと、鬱憤を晴らすかのように自慢のバットコントロールを見せつけ、アメリカン・リーグ8位の打率をマークした。早打ちで、四球も三振も極端に少ないタイプ。際際に強い内野守備も高い評価を得ている。

| カモ | J・ハップ（ヤンキース）.462(13-6)1本 | 苦手 | Y・チリノス（レイズ）.000(6-0)0本 |

年度	所属チーム	試合数	打数	得点	安打	二塁打	三塁打	本塁打	打点	四球	三振	盗塁	盗塁死	出塁率	OPS	打率
2015	レンジャーズ	41	99	12	22	2	1	0	4	2	17	1	0	.238	.500	.222
2016	レンジャーズ	35	56	2	8	1	0	0	5	0	17	1	0	.143	.304	.143
2018	レンジャーズ	13	27	0	5	2	0	0	0	2	4	0	1	.241	.501	.185
2019	オリオールズ	139	524	62	160	21	2	12	51	16	50	4	4	.329	.751	.305
通算成績		228	706	76	195	26	3	12	60	20	88	6	5	.299	.671	.276

野手

さらに伸びた掘り出し物スラッガー
DH サード

39 レナート・ヌニェス Renato Nunez

26歳｜185cm｜100kg｜右投右打

◆対左投手打率／.270　◆対右投手打率／.229
◆ホーム打率／.263　◆アウェー打率／.226　◆得点圏打率／.282
◆19年のポジション別出場数／DH=110、ファースト=24、サード=9、レフト=1
◆Ⓓ2010㊾アスレティックス　◆Ⓗベネズエラ
◆㊙56万3500ドル（約6200万円）+α

ミート **2**
パワー **5**
走塁 **2**
守備 **3**
肩 **3**

オリオールズ

　2018年5月にレンジャーズを戦力外になり、拾われる形でオリオールズにやってきた三塁手。移籍1年目からマニー・マチャードに代わる正三塁手としてのポジションを獲得したが、昨季は期待を大幅に上回る活躍で4番の座まで射止めた。8月以降、本塁打のペースが落ちたが、それでも本塁打の数を30の大台に乗せている。昨季、無走者時の打率は2割1分8厘にとどまるが、ランナーありの打席では2割7分5厘まで跳ね上がり、チャンスに強いクラッチヒッターの資質あり。基本的にはホームランの多くがレフト方向のプルヒッターだが、ライト方向へのコンパクトな打撃もそつなくこなす。

カモ J・ハップ（ヤンキース）.579(19-11)4本　　苦手 E・ロドリゲス（レッドソックス）.067(15-1)0本

年度	所属チーム	試合数	打数	得点	安打	二塁打	三塁打	本塁打	打点	四球	三振	盗塁	盗塁死	出塁率	OPS	打率
2016	アスレティックス	9	15	0	2	0	0	0	1	0	3	0	0	.133	.267	.133
2017	アスレティックス	8	15	1	3	0	0	1	3	1	8	0	0	.250	.650	.200
2018	レンジャーズ	13	36	2	6	1	0	1	2	3	12	0	0	.244	.522	.167
2018	オリオールズ	60	200	26	55	13	0	7	20	16	50	0	0	.336	.781	.275
2018	2チーム計	73	236	28	61	14	0	8	22	19	62	0	0	.322	.741	.258
2019	オリオールズ	151	541	72	132	24	0	31	90	44	143	1	1	.311	.771	.244
通算成績		241	807	101	198	38	0	40	116	64	216	1	1	.310	.751	.245

4000人のイギリス人が活躍を後押し
レフト ライト

25 アンソニー・サンタンダー Anthony Santander

26歳｜188cm｜86kg｜右投両打

◆対左投手打率／.272　◆対右投手打率／.254
◆ホーム打率／.278　◆アウェー打率／.242　◆得点圏打率／.271
◆19年のポジション別出場数／ライト=50、レフト=40、センター=24、DH=3
◆Ⓓ2011㊾インディアンズ　◆Ⓗベネズエラ
◆㊙56万3500ドル（約6200万円）+α

ミート **2**
パワー **4**
走塁 **3**
守備 **3**
肩 **3**

　2016年12月にルール5ドラフトでインディアンズから移籍し、大事に育てられてきた外野手。昨シーズンは3Aでスタートしたが、6月にメジャーに定着すると、20本塁打を放ち、ウリである長打力を証明した。右打席と左打席で大きな差がなく、使い勝手のいいスイッチヒッター。8月4日、本拠地でのブルージェイズ戦では、近隣で4年に1度のボーイスカウトの世界大会が開催された関係で、4000人ものイギリス人ボーイ＆ガールスカウトがレフトスタンドに集結。野球のルールをよく知らない子供たちは、とりあえず一番距離が近いレフトのサンタンダーを応援することに決め、一挙一動に大歓声。1日にして4000人のイギリス人が、サンタンダーの熱烈なファンになった。

カモ O・ドレイク（レイズ）.600(5-3)1本　　苦手 J・ハップ（ヤンキース）.000(6-0)0本

年度	所属チーム	試合数	打数	得点	安打	二塁打	三塁打	本塁打	打点	四球	三振	盗塁	盗塁死	出塁率	OPS	打率
2017	オリオールズ	13	30	1	8	3	0	0	2	0	8	0	0	.258	.625	.267
2018	オリオールズ	33	101	8	20	5	1	1	6	6	21	1	0	.250	.547	.198
2019	オリオールズ	93	380	46	99	20	1	20	59	19	86	1	2	.297	.773	.261
通算成績		139	511	55	127	28	2	21	67	25	115	2	2	.285	.720	.249

103

フリースインガーだが守備力は高い

ショート **移籍**

11 ホセ・イグレシアス *Jose Iglesias*

30歳／180cm／88kg／右投右打

◆対左投手打率／.270 ◆対右投手打率／.293
◆ホーム打率／.251 ◆アウェー打率／.322 ◆得点圏打率／.320
◆19年のポジション別出場数／ショート＝144
◆ⓓ2009㉟レッドソックス ◆ⓑキューバ
◆Ⓢ300万ドル（約3億3000万円）

ミート3 パワー2 走塁4 守備5 肩5

　1年300万ドルの契約で入団したキューバ亡命組の遊撃手。昨年2月、レッズとマイナー契約を交わしたが、ジェネットの故障にともなう異動で開幕から正遊撃手として起用された。結局、キャリアハイとなる146試合に出場し、メジャー8年目で初めて2ケタの本塁打をマークしている。守備も依然ハイレベルをキープ。タイガース時代の2015年8月、ベンチで捕手のジェイムズ・マッキャンから守備でのミスをなじられ、大ゲンカになったことがあった。それ以来、トラブルメーカーと見られがちだが、レッズに来てからは怠慢プレーは見せず、内野守備の要としてリーダーシップを発揮していた。

カモ	E・ロドリゲス(レッドソックス).444(9-4)1本	苦手	G・コール(ヤンキース).083(12-1)0本

年度	所属チーム	試合数	打数	得点	安打	二塁打	三塁打	本塁打	打点	四球	三振	盗塁	盗塁死	出塁率	OPS	打率
2011	レッドソックス	10	6	3	2	0	0	0	0	0	2	0	0	.333	.667	.333
2012	レッドソックス	25	68	5	8	2	0	1	2	4	16	1	0	.200	.391	.118
2013	レッドソックス	63	215	27	71	10	2	1	19	11	30	3	1	.376	.785	.330
2013	タイガース	46	135	12	35	6	0	2	10	4	30	2	1	.306	.654	.259
2013	2チーム計	109	350	39	106	16	2	3	29	15	60	5	2	.349	.735	.303
2015	タイガース	120	416	44	125	17	3	2	23	25	44	11	8	.347	.717	.300
2016	タイガース	137	467	57	119	26	0	4	32	28	50	7	4	.306	.643	.255
2017	タイガース	130	463	56	118	33	1	6	54	21	65	7	4	.288	.667	.255
2018	タイガース	125	432	43	116	31	3	5	48	19	47	15	6	.310	.699	.269
2019	レッズ	146	504	62	145	21	3	11	59	20	70	6	3	.318	.724	.288
通算成績		802	2706	309	739	146	12	32	247	132	354	52	30	.315	.687	.273

軽快なフットワークが魅力

サード

14 リオ・ルイーズ *Rio Ruiz*

26歳／185cm／98kg／右投左打

◆対左投手打率／.250 ◆対右投手打率／.228
◆ホーム打率／.251 ◆アウェー打率／.215 ◆得点圏打率／.306
◆19年のポジション別出場数／サード＝114、ファースト＝12、DH＝2、セカンド＝1
◆ⓓ2012④アストロズ ◆ⓑカリフォルニア州
◆Ⓢ56万3500ドル（約6200万円）＋α

ミート2 パワー3 走塁3 守備4 肩3

　昨季よりオリオールズに加入し、メジャーで出番を増やしつつある若手三塁手。肩はそれほど強くないが、軽快なステップと確実性の高いスローイングで、三塁守備は合格点以上のレベルを誇る。三塁はホットコーナーといわれるが、冷静かつクールに打球を処理できる能力の持ち主だ。打撃はまだまだ発展途上だが、豪快なスイングから生まれる打球の速度は出色。5月23日のヤンキース戦では、田中将大の右人差し指にピッチャーライナーをお見舞いした。また8月11日のアストロズ戦では、9回裏に逆転サヨナラホームランも記録。打撃で成長を見せ、攻守に貢献できる三塁手となれるか注目だ。

カモ	I・ノヴァ(タイガース).556(9-5)0本	苦手	M・シャーザー(ナショナルズ).100(10-1)1本

年度	所属チーム	試合数	打数	得点	安打	二塁打	三塁打	本塁打	打点	四球	三振	盗塁	盗塁死	出塁率	OPS	打率
2016	ブレーブス	5	7	1	2	0	0	0	0	0	2	1	0	.286	.857	.286
2017	ブレーブス	53	150	22	29	5	0	4	19	19	41	1	0	.283	.590	.193
2018	ブレーブス	14	12	1	1	0	0	0	0	1	5	0	0	.267	.350	.083
2019	オリオールズ	127	370	35	86	13	2	12	46	40	88	0	1	.306	.682	.232
通算成績		199	539	59	118	18	2	16	67	61	136	2	1	.298	.651	.219

ファースト

19 クリス・デイヴィス Chris Davis

メジャーワースト記録に加えて、監督と口論も

34歳／191cm／104kg／右投左打　対左.131　対右.191　ホ.169　ア.190　得.231
ド2005⑤レンジャーズ　田テキサス州　年2300万ドル（約25億3000万円）
●本塁打王2回（13、15年）、打点王1回（13年）、シルバースラッガー賞1回（13年）

ミ 1 ／ パ 4 ／ 走 2 ／ 守 2 ／ 肩 3

　2013年、15年のアメリカン・リーグ本塁打王。17年1月に7年総額1億6100万ドルの球団史上最大の契約を結んだが、ここ2年は打率1割台。昨年4月には、シーズンまたぎで62打席連続無安打の不名誉メジャー記録まで打ち立て、9歳の少年から励ましの手紙まで届いたそうだ。球団史上最大の不良資産と言われているうえ、8月7日のヤンキース戦では5回に代打を告げられて激怒。ハイド監督と口論になった。同僚選手が必死に止めなければ、殴りかかっていたことだろう。監督の恩情で大問題にはならなかったが、ファンは「給料をすべて返納せよ」と怒り心頭だ。

年度	所属チーム	試合数	打数	得点	安打	二塁打	三塁打	本塁打	打点	四球	三振	盗塁	盗塁死	出塁率	OPS	打率
2019	オリオールズ	105	307	26	55	9	0	12	36	39	139	0		.276	.601	.179
通算成績		1401	4926	704	1154	225	5	295	779	552	1835	19	11	.316	.778	.234

センター

21 オースティン・ヘイズ Austin Hays

昨年9月の結果は実力? まぐれ?

25歳／185cm／88kg／右投右打　対左.120　対右.419　ホ.303　ア.314　得.417
ド2016③オリオールズ　田フロリダ州　年56万3500ドル（約6200万円）+α

ミ 2 ／ パ 4 ／ 走 3 ／ 守 4 ／ 肩 4

　今季開幕時はまだ24歳の大砲候補。2016年のドラフトで、オリオールズから3巡目に指名されてプロ入り。翌年、2Aから飛び級で昇格し、16年ドラフト選手で真っ先にメジャーデビューを果たした。昨年9月、2年ぶりにメジャーの舞台に戻ってくると、少ない出番ながら好成績を残し、首脳陣に猛アピール。17年に比べ、ボール球に手を出す割合が減り、空振りも少なくなっている。だが昨季3Aでは、59試合で打率2割5分9厘、出塁率3割0分4厘にとどまっており、昨季のメジャーでの成績は「外れ値」とみなされるだろう。今季は真価を問われるシーズンとなる。

年度	所属チーム	試合数	打数	得点	安打	二塁打	三塁打	本塁打	打点	四球	三振	盗塁	盗塁死	出塁率	OPS	打率
2019	オリオールズ	21	68	12	21	6	0	4	13	7	13	2	0	.373	.947	.309
通算成績		41	128	16	34	9	0	5	21	9	29	2	0	.312	.765	.266

レフト／ライト

24 DJステュワート DJ Stewart

復帰初日に「ヘディング」で痛すぎる再離脱

27歳／183cm／104kg／右投左打　対左.333　対右.190　ホ.271　ア.196　得.267
ド2015①オリオールズ　田フロリダ州　年56万3500ドル（約6200万円）+α

ミ 3 ／ パ 3 ／ 走 3 ／ 守 3 ／ 肩 2

　2015年のドラフトで1巡目指名され、オリオールズに入団した強打の外野手。昨季はメジャーでのチャンスが何度も与えられたが、細かな故障が響き、メジャー定着には至らなかった。2度目の昇格を果たしたばかりの8月6日のヤンキース戦では、高いレフトフライを追った際、芝にスパイクを取られて転倒。打球が頭を直撃し、宇野勝（元中日）ばりの大ヘディングをかましてしまった。ヘディング直後は平気な様子だったが、その後、めまいの症状が出たため、IL（故障者リスト）入りしている。3Aでは3割近い打率を記録しており、今季はケガなく上昇気流に乗りたい。

年度	所属チーム	試合数	打数	得点	安打	二塁打	三塁打	本塁打	打点	四球	三振	盗塁	盗塁死	出塁率	OPS	打率
2019	オリオールズ	44	126	15	30	6	0	4	15	14	26	1	2	.317	.698	.238
通算成績		61	166	23	40	9	0	7	25	18	38	3	3	.323	.744	.241

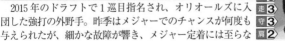

対左=対左投手打率　対右=対右投手打率　ホ=ホーム打率　ア=アウェー打率　得=得点圏打率

オリオールズ

「打てる捕手」候補だが、守備面がもろい

28 ペドロ・セヴェリーノ *Pedro Severino*

キャッチャー

27歳｜185cm｜100kg｜右投右打｜盗塁阻止率／.192(52-10)｜対左.273｜対右.228｜木.200
ア.300｜得.241｜Ⓓ2010ⓞナショナルズ｜出ドミニカ｜年56万3500ドル(約6200万円)+α

ミート	3
バット	3
走力	2
守備	2
肩	4

　昨季開幕直前の3月23日に、ナショナルズから移籍してきたドミニカ出身のキャッチャー。駒が足りない捕手陣の競争に勝ち、80試合で先発マスクをかぶった。6月5日のレンジャーズ戦では、1試合3本塁打を記録するなど、打ち始めると止まらない「固め打ち」ができる捕手。打撃面では、捕手としては及第点の活躍が見込めるが、問題は守備面。89試合で10個のパスボールは多すぎる。また、肩は強く、矢のような送球が持ち味だが、昨季は盗塁阻止率が19.2%で、平均レベルまで下がっていた。新天地で、相手のデータが頭に入っていなかった可能性も否めない。

年度	所属チーム	試合数	打数	得点	安打	二塁打	三塁打	本塁打	打点	四球	三振	盗塁	盗塁死	出塁率	OPS	打率
2019	オリオールズ	96	305	37	76	13	0	13	44	29	73	3	1	.321	.740	.249
通算成績		201	556	58	123	26	0	17	66	54	134	4	1	.299	.659	.221

正捕手候補として育てられたが期限がせまる

15 チャンス・シスコ *Chance Sisco*

キャッチャー

25歳｜188cm｜88kg｜右投左打｜盗塁阻止率／.107(28-3)｜対左.105｜対右.223｜木.217
ア.202｜得.212｜Ⓓ2013②オリオールズ｜出カリフォルニア州｜年56万3500ドル(約6200万円)+α

ミート	2
バット	3
走力	2
守備	2
肩	3

　未来の正捕手候補として、粘り強く起用されている若手キャッチャー。昨季は8本塁打と自慢の打撃力の片鱗を見せたが、課題の守備での成長は見られなかった。パスボールこそ少なかったが、盗塁阻止率は10.7%にとどまり、フレーミング（きわどいゾーンをストライク判定してもらうスキル）の評価も低い。なかなかブレイクしきらない現状に、ファンもしびれを切らしている。そのうえ、オリオールズは2019年のドラフトで、大学ナンバーワンの呼び声高い強打の捕手、アドリー・ラッチマンを全体1位で指名しており、シスコは「未来の正捕手」の座すら失いそうな状況だ。

年度	所属チーム	試合数	打数	得点	安打	二塁打	三塁打	本塁打	打点	四球	三振	盗塁	盗塁死	出塁率	OPS	打率
2019	オリオールズ	59	167	29	35	7	0	8	20	22	61	0	1	.333	.729	.210
通算成績		132	345	45	70	17	0	12	40	38	134	1	1	.319	.676	.203

ー ライアン・マウントキャッスル *Ryan Mountcastle*

ファースト
サード
期待度 A−
ルーキー

23歳｜191cm｜88kg｜右投右打｜◆昨季は3Aでプレー｜Ⓓ2015①オリオールズ｜出フロリダ州

　確実性とパワーを兼ね備えた将来の主砲候補。昨季は3Aでプレーし、打率3割1分2厘、25本塁打。プロ入り時はショート、その後はサードを守っていたが、肩があまり強くなく、昨季はファーストをメインで守っていた。春季キャンプでは外野やセカンドにも挑戦している。今季中のメジャー昇格が濃厚。

ー ユースニエル・ディアス *Yusniel Diaz*

外野手
期待度 B
ルーキー

24歳｜185cm｜88kg｜右投右打｜◆昨季は1A−、1A+、2Aでプレー｜Ⓓ2015⑭ドジャース｜出キューバ

　キューバ出身の外野手。2018年に、オリオールズがマニー・マチャードをドジャースへ放出した際、見返りに獲得した有望株の一人。マイナーでは、確実性・パワー・スピード・守備・肩の5ツールがそろったプレーヤーとの評価を得ている。3Aの成績しだいでは、今季中のメジャーデビューも。

対左＝対左投手率　対右＝対右投手率　木＝ホーム打率　ア＝アウェー打率　得＝得点圏打率
Ⓓ＝ドラフトデータ　出＝出身地　年＝年俸

ミネソタ・ツインズ

◆創　立：1901年　　　　　　　　◆ワールドシリーズ制覇：3回　◆リーグ優勝：6回
◆本拠地：ミネソタ州ミネアポリス市　◆地区優勝：11回　◆ワイルドカード獲得：1回
主要オーナー　ジム・ポーラッド（スポーツ企業家）

過去5年成績

年度	勝	負	勝率	ゲーム差	地区順位	ポストシーズン成績
2015	83	79	.512	12.0	②	―
2016	59	103	.364	35.5	⑤	―
2017	85	77	.525	17.0	②	ワイルドカードゲーム敗退
2018	78	84	.481	13.0	②	―
2019	101	61	.623	(8.0)	①	地区シリーズ敗退

監督　5 ロッコ・バルデッリ *Rocco Baldelli*

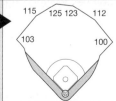

◆年　　齢…………39歳（ロードアイランド州出身）
◆現役時代の経歴…7シーズン
（外野手）　　　　　デビルレイズ[現レイズ]（2003〜04、06〜08）、
　　　　　　　　　　レッドソックス（2009）、レイズ（2010）
◆現役通算成績……519試合　.278　60本　262打点
◆監督経歴…………1シーズン　ツインズ（2019〜）
◆通算成績…………101勝61敗（勝率.623）　最優秀監督賞1回（19年）

　レイズで、並の打者を強打者に化けさせてきた実績を買われ、昨年就任。1年目で、アメリカン・リーグ最優秀監督賞を、史上最年少の38歳で受賞した。強い打球を打つことを徹底させ、前年166本だったツインズの本塁打数は一挙に307本に上昇、メジャーリーグのシーズン記録を塗り替えている。ヤンキースが1本差の306本だったが、本拠地が一発の出やすいヤンキースと出にくいツインズでは、難易度が違う。ツインズの307本は、奇跡に近いことだった。

注目コーチ ― エドガー・ヴァレラ *Edgar Varela*

　新打撃コーチ。40歳。昨季はツインズのマイナー組織で若手を指導。今季はメジャーで、強力打線のさらなる発展に努める。現役時代、メジャーでのプレー経験はない。

編成責任者 デレク・ファルヴィー *Derek Falvey*

　37歳。2018年オフにおこなった、打力アップの補強が奏功し、チームは見事地区優勝。19年オフは投手陣を強化し、連覇を狙う。前職はインディアンズのGM補佐だった。

スタジアム ターゲット・フィールド *Target Field*

◆開　場　年…………2010年
◆仕　　　様…………天然芝
◆収容能力…………38,544人
◆フェンスの高さ …2.4〜7.0m
◆特　　　徴…………気温が高くなる8月や9月はボールが飛びやすくなり、ホームランもよく出るが、春先はホームランが出にくい。右中間がやや浅くなってはいるが、ライトフェンスが高いため、左打者にややホームランが出にくい造りと言える。

ニュートラルパーク

115　125　123　112
103　　　　　　100

① マックス・ケプラー……ライト
② ホルヘ・ポランコ……ショート
③ ネルソン・クルーズ……DH
④ エディー・ロザリオ……レフト
⑤ ジョッシュ・ドナルドソン……サード

⑥ ミッチ・ガーヴァー……キャッチャー
⑦ ミゲール・サノー／
　　マーウィン・ゴンザレス……ファースト
⑧ ルイス・アラーエス……セカンド
⑨ バイロン・バクストン……センター

Depth Chart
[ポジション別選手層・メンバーリスト]

※2020年2月4日時点の候補選手。
数字は背番号(開幕前に変更する
場合もあり)、右・左等は投・打の順。

センター
25 バイロン・バクストン [右・右]
26 マックス・ケプラー [左・左]
60 ジェイク・ケイヴ [左・左]
30 ラモンテ・ウェイド・ジュニア [左・左]

レフト
20 エディー・ロザリオ [右・左]
60 ジェイク・ケイヴ [左・左]
30 ラモンテ・ウェイド・ジュニア [左・左]
9 マーウィン・ゴンザレス [右・両]

ライト
26 マックス・ケプラー [左・左]
60 ジェイク・ケイヴ [左・左]
30 ラモンテ・ウェイド・ジュニア [左・左]
9 マーウィン・ゴンザレス [右・両]

ショート
11 ホルヘ・ポランコ [右・両]
13 エイレ・アドリアンザ [右・両]
1 ニック・ゴードン [右・左]

セカンド
2 ルイス・アラーエス [右・右]
13 エイレ・アドリアンザ [右・両]
1 ニック・ゴードン [右・左]

ローテーション
17 ホセ・ベリオス [右・右]
12 ジェイク・オドリッジ [右・右]
- 前田健太 [右・右]
15 ホーマー・ベイリー [右・右]
44 リッチ・ヒル [左・左]
68 ランディ・ドブナク [右・右]
31 デヴィン・スメルツァー [左・右]
43 ルイス・ソープ [左・右]

サード
24 ジョッシュ・ドナルドソン [右・右]
13 エイレ・アドリアンザ [右・両]
1 ニック・ゴードン [右・左]
9 マーウィン・ゴンザレス [右・両]
64 ウィリャンス・アストゥディーヨ [右・右]

ファースト
22 ミゲール・サノー [右・右]
9 マーウィン・ゴンザレス [右・両]
64 ウィリャンス・アストゥディーヨ [右・右]

キャッチャー
18 ミッチ・ガーヴァー [右・右]
16 アレックス・アヴィーラ [右・左]
64 ウィリャンス・アストゥディーヨ [右・右]

DH
23 ネルソン・クルーズ [右・右]

ブルペン
55 テイラー・ロジャーズ [左・左] CL
65 トレヴァー・メイ [右・右]
21 タイラー・ダフィー [右・右]
54 セルジオ・ロモ [右・右]
36 タイラー・クリッパード [右・右]

52 ザック・リテル [右・右]
61 コーディー・ステインャック [右・右]
77 フェルナンド・ロメーロ [右・右]
- マット・ウィスラー [右・右]
68 ランディ・ドブナック [右・右]

51 ブルスダー・グラテロール [右・右]
43 ルイス・ソープ [左・右]
31 デヴィン・スメルツァー [左・右]

※ CL =クローザー

ツインズ試合日程……＊はアウェーでの開催

3月26・27・28・29	アスレティックス＊	28・29	ドジャース＊	29・30・31	ホワイトソックス＊
30・31・4月1	マリナーズ＊	5月1・2・3	エンジェルス＊	6月1・2・3	レイズ
2・4・5	アスレティックス	4・5・6	ジャイアンツ	4・5・6・7	エンジェルス
6・7・8	インディアンズ	8・9・10	ロイヤルズ	9・10・11	オリオールズ
10・11・12	ホワイトソックス＊	11・12・13・14	タイガース＊	12・13・14	ロイヤルズ＊
13・14・15	ブルージェイズ＊	15・16・17	インディアンズ＊	16・17	ブリュワーズ
17・18・19	タイガース	18・19・20	オリオールズ	18・19・20・21	ヤンキース
20・21・22・23	マリナーズ	21・22・23・24	ホワイトソックス	22・23・24	アストロズ＊
24・25・26	レッドソックス	26・27・28	タイガース	26・27・28	ロッキーズ

球団メモ 昨季のシーズン本塁打数307はメジャー新記録。306のヤンキースを1本上回った。
これまでの最高は、2018年にヤンキースが記録した267本だったが、大幅に更新。

ツインズ

■投手力➡…★★★☆☆【昨年度チーム防御率4.18、リーグ5位】

ローテーションは昨シーズン、先発防御率が4.19で「中の上」レベルだった。そこからライアンが抜け、前田健太が加わった。さらに、故障リスクの高いベイリーとヒルをギャンブル補強している。球団は、ベイリーは稼働率5割、ヒルは3割くらいで元が取れると踏んでいるのだろう。ピネダは薬物で昨年9月に60試合出場停止処分が下されているため、今シーズンは5月中旬に復帰する。昨年リリーフ防御率が「中の上」レベルの4.17だったブルペンでは、今季もロジャーズがクローザーを務める。老雄ロモが加わったが、スライダーの威力が戻ったので、いい戦力になるかもしれない。

■攻撃力⬈…★★★★☆【昨年度チーム得点939、リーグ2位】

打線は昨シーズン、何百年に一度の大噴火を起こし、メジャーリーグ・レコードとなる307本塁打を記録した。チーム得点も、トップのヤンキースに4点差しかない2位だった。オフに強打者のドナルドソンが加入したとはいえ、大噴火は毎年あるものではないので、今シーズンはチーム本塁打、チーム得点が落ちることは必至。1割程度の落ち込みなら御の字だ。

■守備力➡…★★★☆☆【昨年度チーム失策数111、リーグ13位】

バット優先のチームなので、グラブのほうはパッとしない。エラーの数は30球団中4番目に多い。とくに捕手ガーヴァーのディフェンスは問題山積。

■機動力➡…★☆☆☆☆【昨年度チーム盗塁数28、リーグ15位】

昨年は本塁打至上主義で行ったため、盗塁が激減。成功率も57%。

総合評価➡ ★★★☆☆

バルデッリ監督は昨年ツインズを変えた。選手たちはあり得ないほど大きな成果を手にしたので、優勝後の燃え尽き症候群が心配される。今シーズンはモチベーションを高く保つのに苦労するのではないだろうか。85勝くらいに終わるかもしれない。

IN　主な入団選手	OUT　主な退団選手
投手	**投手**
リッチ・ヒル←ドジャース	カイル・ギブソン➡レンジャーズ
ホーマー・ベイリー←アスレチックス	マーティン・ペレス➡レッドソックス
タイラー・クリッパード←インディアンズ	ライン・ハーパー➡ナショナルズ
前田健太←ドジャース	**野手**
野手	ジョナサン・スコープ➡タイガース
ジョシュ・ドナルドソン←ブレーブス	ジェイソン・カストロ➡エンジェルス
アレックス・アヴィーラ←ダイヤモンドバックス	C.J.クローン➡タイガース

30・**7**月1・2	タイガース*	31・**8**月1・2	アストロズ	31・**9**月1・2・3	インディアンズ	
3・4・5	インディアンズ*	3・4・5	インディアンズ	4・5・6	ホワイトソックス	
6・7・8	ロイヤルズ	6・7・8・9	ロイヤルズ*	8・9・10	インディアンズ*	
9・10・11・12	ブルージェイズ	10・11・12・13	レッドソックス*	11・12・13	タイガース	
14	オールスターゲーム	14・15・16	ロイヤルズ	15・16・17	レンジャーズ	
17・18・19	レンジャーズ*	18・19	ホワイトソックス	18・19・20	タイガース	
20・21・22	ダイヤモンドバックス*	21・22・23	タイガース	22・23・24	パドレス*	
23・24・25・26	ホワイトソックス*	25・26	ブリュワーズ*	25・26・27	ロイヤルズ*	
28・29	ドジャース	28・29・30	レイズ*			

球団メモ ポストシーズンで勝てない状態が続いている。2004年から5度、ポストシーズンに進出しているが、現在16連敗中。そのうち13敗は、ヤンキースに喫したものだ。

オフの間は故郷の砂浜で下半身の強化に専念 先 発

17 ホセ・ベリオス
Jose Berrios

26歳／183cm／93kg／右投右打
◆速球のスピード／150キロ前後（フォーシーム、ツーシーム）
◆決め球と持ち球／○ツーシーム、○フォーシーム、
○カーブ、○チェンジアップ
◆対左打者被打率／.247　◆対右打者被打率／.254
◆ホーム防御率／3.51　◆アウェー防御率／3.84
◆ドラフトデータ／2012①ツインズ
◆出身地／プエルトリコ

球威 5
制球 4
緩急 4
守備・牽制 4
度胸 4

　3点台の防御率と200前後のイニング数を、高い確率で出せる頼りになるエース。ハイ・ファストボール（高めのフォーシーム）で豪快に三振を奪うことに快感を覚えるタイプだが、昨季はそれにブレーキをかけ、出だしから効率良くアウトを取ることに注力。それが功を奏して、シーズン前半は防御率が3.00で、2年連続でオールスターに選ばれた。しかし後半は、腕の疲労がピークに達した8月に失投が増加。後半戦の防御率は4.64だった。今季は、この夏場の疲労をどうコントロールするかが課題になる。

　このベリオスのように、スリークォーターから体をクロスターンさせて投げ込んでくる投手は、制球に苦労するケースが多い。しかし、ベリオスにはそれがない。その秘訣は、強靭な下半身にある。これはオフシーズンに、故郷プエルトリコの砂浜でおこなう、過酷なトレーニングによって生み出されたものだ。体にいいことは何でもやるタイプで、食事はヘルシーフードだけに限定し、ピザやハンバーガーチェーンのジャンクフードなどは、オフリミットにしている。ただ、シーズン中は体が消耗するため、先発で登板した2日後は「ノン・ヘルシーフード・デー」にして、カロリーのあるものを腹いっぱい摂取している。

　その管理をするのは妻ヤニエリスさん。ベリオスがマイナーの1Aに在籍していたとき、ヤニエリスさんが妊娠し、19歳で出来ちゃった婚をしたのだが、その後は糟糠の妻となって、2人目3人目のベイビーを次々に出産しながら、夫の食生活をしっかり管理してきた賢夫人だ。

　カブスの看板選手ハヴィエア・バエズの奥さんイルマリーさんは、ヤニエリスさんと実の姉妹であるため、バエズとは義理の兄弟の関係。2人でネット放送のクイズ番組に出演して、知識を競ったことがある。

カモ T・アンダーソン（ホワイトソックス）.167(24-4)0本　R・ペレス（インディアンズ）.111(9-1)1本
苦手 R・オハーン（ロイヤルズ）.462(13-6)2本　G・スプリンガー（アストロズ）.500(12-6)1本

年度	所属チーム	勝利	敗戦	防御率	試合数	先発	セーブ	投球イニング	被安打	失点	自責点	被本塁打	与四球	奪三振	WHIP
2016	ツインズ	3	7	8.02	14	14	0	58.1	74	56	52	12	35	49	1.87
2017	ツインズ	14	8	3.89	26	25	0	145.2	131	71	63	15	48	139	1.23
2018	ツインズ	12	11	3.84	32	32	0	192.1	159	83	82	25	61	202	1.14
2019	ツインズ	14	8	3.68	32	32	0	200.1	194	94	82	26	51	195	1.22
通算成績		43	34	4.21	104	103	0	596.2	558	304	279	78	195	585	1.26

トレーニングの成果が出て8年目に大化け 先 発

12 ジェイク・オドリッジ
Jake Odorizzi

ツインズ

30歳｜188cm｜86kg｜右投右打

◆速球のスピード／150キロ前後（フォーシーム、シンカー）
◆決め球と持ち球／☆フォーシーム、◎シンカー、◎スライダー、○カッター、△スプリッター、△カーブ
◆対左打者被打率／.277 ◆対右打者被打率／.194
◆ホーム防御率／3.42 ◆アウェー防御率／3.62
◆ドラフトデータ／2008①ブリュワーズ
◆出身地／イリノイ州
◆年俸／1780万ドル（約19億5800万円）

球威	5
制球	4
緩急	4
守備・牽制	4
度胸	4

　昨季前半の驚異的な活躍で、「先発3番手」レベルから、メジャーリーグを代表する頭脳派の一人と見なされるようになった右腕。昨季は出だし不調で、2試合目のフィリーズ戦では初回にKOされる屈辱を味わった。だが、4月中旬から制球が安定し、6月中旬までの2カ月間は負けが1つもないまま10連勝し、初めてオールスターにも選出された。内容も見事で、その2カ月間には、3試合連続無失点が2度あった。

　昨年の大化けは、フォーシームの威力が飛躍的に増したことが最大の要因で、平均球速が2キロくらいアップし、浮き上がる感じが強くなった。これはキャンプ前に、10週間にわたってコンディショニング・コーチのランディ・サリヴァンの指導のもと、フロリダの練習施設で球速を取り戻すトレーニングをおこなった成果が出たものだ。スプリッターは落ちる幅が小さいB級品だが、威力の増したフォーシームと組み合わせて使ったことで、以前より多くの空振りを取れるようになった。このトレーニングによってツーシームの威力も増し、ヨコに動く幅が2インチ拡大した。シーズン終了後、1780万ドルのクオリファイング・オファーを受け入れ、契約を1年延長したのは、シーズン後半に入って失速したため、FA市場に出ても希望する4年8000万ドル規模の契約をとれないと判断したからだ。

　子煩悩で、息子のレット君（2016年生まれ）と遊ぶことが最優先事項。昨年8月6日にはレット君を連れ、NFLミネソタ・ヴァイキングスの全体練習を見るためトレーニング施設を訪問。看板選手であるワイドレシーバーのアダム・シーレンが出てきて歓迎してくれたので、レット君は大喜び。

[カモ] R・ペレス（インディアンズ）.000（10-0）0本　J・ジョーンズ（タイガース）.000（8-0）0本
[苦手] W・メリフィールド（ロイヤルズ）.500（16-8）3本　L・ガルシア（ホワイトソックス）.556（9-5）0本

年度	所属チーム	勝利	敗戦	防御率	試合数	先発	セーブ	投球イニング	被安打	失点	自責点	被本塁打	与四球	奪三振	WHIP
2012	ロイヤルズ	0	1	4.91	2	2	0	7.1	8	4	4	1	4	4	1.64
2013	レイズ	0	1	3.94	7	4	0	29.2	28	13	13	3	8	22	1.21
2014	レイズ	11	13	4.13	31	31	0	168.0	156	79	77	20	59	174	1.28
2015	レイズ	9	9	3.35	28	28	0	169.1	149	65	63	18	46	150	1.15
2016	レイズ	10	6	3.69	33	33	0	187.2	170	80	77	29	54	166	1.19
2017	レイズ	10	8	4.14	28	28	0	143.1	117	80	66	30	61	127	1.24
2018	ツインズ	7	10	4.49	32	32	0	164.1	151	89	82	20	70	162	1.34
2019	ツインズ	15	7	3.51	30	30	0	159.0	139	65	62	16	53	178	1.21
通算成績		62	55	3.88	191	188	1	1028.2	918	475	444	137	355	983	1.24

契約内容に異議を唱え、トレードを要求

先 発　**移籍**

前田健太
Kenta Maeda

32歳｜185cm｜84kg｜右投右打

◆速球のスピード／150キロ前後（フォーシーム主体）
◆決め球と持ち球／☆スライダー、◎スプリットチェンジ、○フォーシーム、○カーブ、○ツーシーム
◆対左打者被打率／.247　◆対右打者被打率／.158
◆ホーム防御率／3.13　◆アウェー防御率／5.12
◆ドラフトデータ／2007①広島、2016㉚ドジャース
◆出身地／大阪府
◆年俸／300万ドル（約3億3000万円）

球威	3
制球	4
緩急	5
守備・牽制	5
度胸	4

先発投手王国のドジャースにいたため、3年連続でシーズン終盤リリーフに回され、フラストレーションを募らせていた右腕。昨季は開幕からローテーションに入って投げた。序盤は好調で、5月末時点の数字は7勝2敗、防御率3.61と好成績をマーク。しかし6月以降は制球が悪くなり、5回終了までいかないうちに、球数リミットになるケースが相次いだ。その結果、チームがポストシーズンに向けた準備に入った9月初旬にローテーションを外され、リリーフに配置換えになった。地区シリーズでは、右打者が多いイニングのリリーフとして4試合に起用され、スライダーを投げまくって被安打1、奪三振7、失点0の目を見張る好投を見せた。

マエケンがリリーフへの配置転換に強い抵抗感を示していたのは、先発に強いこだわりがあるためプライドが傷つくことのほかに、1000万ドルを上限に設定されている出来高部分が、先発試合数と、先発を前提としたイニング数に応じて支払われるため、リリーフで投げる期間が長くなれば大きな減収になるからだ。マエケンは代理人を通じて、ドジャースのフリードマン編成責任者に先発に限定した起用と、契約内容の変更を求める要望を出し、話し合いが持たれた。しかし色良い返事はもらえなかった。メジャーリーグでは、どんなひどい契約でも、一度決めたことは変えないのが原則だからだ。そこでマエケンは、代理人をワッサーマン・メディアグループのアダム・カッツから、同グループのジョエル・ウルフに代えて、同編成責任者に、聞く耳持たぬのであればトレードして欲しいと要求していた。その影響もあったのか、キャンプ直前の今年2月になって、レッドソックスを含めた三角トレードがまとまり、ツインズへの移籍となった。（2月4日現在、球団からの正式な移籍発表はなし）

カモ N・アレナード（ロッキーズ）.133(30-4)0本　T・ストーリー（ロッキーズ）.136(22-3)0本
苦手 I・デズモンド（ロッキーズ）.412(17-7)2本　K・マーティ（ダイヤモンドバックス）.471(17-8)0本

年度	所属チーム	勝利	敗戦	防御率	試合数	先発	セーブ	投球イニング	被安打	失点	自責点	被本塁打	与四球	奪三振	WHIP
2016	ドジャース	16	11	3.48	32	32	0	175.2	150	72	68	20	50	179	1.14
2017	ドジャース	13	6	4.22	29	25	1	134.1	121	68	63	22	34	140	1.15
2018	ドジャース	8	10	3.81	39	20	2	125.1	115	58	53	13	43	153	1.26
2019	ドジャース	10	8	4.04	37	26	3	153.2	114	70	69	22	51	169	1.07
通算成績		47	35	3.87	137	103	6	589.0	500	268	253	77	178	641	1.15

一卵性双生児の兄弟もメジャーデビュー クローザー

55 テイラー・ロジャーズ Taylor Rogers

30歳／191cm／86kg／左投左打

- ◆速球のスピード／150キロ台前半〜中頃（シンカー主体）
- ◆決め球と持ち球／☆シンカー、◎スライダー、◎カーブ
- ◆対左.273　◆対右.208　◆ホ防3.71　◆ア防1.54
- ◆ド2012⑪ツインズ　◆出コロラド州
- ◆年445万ドル（約4億8950万円）

球威	4
制球	5
緩急	4
変・翻	4
度胸	3

今季もクローザーを務める進化し続けるリリーフ左腕。昨季は序盤、ブレイク・パーカーがメインのクローザーで使われていたが、5月末から失点が急増したため、ロジャーズに交代した。一昨年まではシンカーとスライダーで内野ゴロを量産する投手だったが、昨季は筋トレの成果が出て平均球速が2キロアップしたため、スライダーの効果も増し、ハイペースで三振を奪えるようになった。昨年一番うれしかったのは、双子の兄弟であるジャイアンツのタイラー・ロジャーズが、28歳でメジャーデビューを果たしたことだ。一卵性双生児のため、顔は瓜二つで体型もそっくりだが、テイラーが左の本格派であるのに対し、タイラーは右投げのアンダーハンドで好対照をなす。

| カモ F・リンドーア（インディアンズ）.077(13-1)0本 | 苦手 J・アブレイユ（ホワイトソックス）.667(3-2)2本 |

年度	所属チーム	勝利	敗戦	防御率	試合数	先発	セーブ	投球イニング	被安打	失点	自責点	被本塁打	与四球	奪三振	WHIP
2016	ツインズ	3	1	3.96	57	0	0	61.1	63	29	27	7	16	64	1.29
2017	ツインズ	7	3	3.07	69	0	0	55.2	52	20	19	6	21	49	1.31
2018	ツインズ	1	2	2.63	72	0	2	68.1	49	20	20	3	16	75	0.95
2019	ツインズ	2	4	2.61	60	0	30	69.0	58	20	20	8	11	90	1.00
通算成績		13	10	3.04	258	0	32	254.1	222	89	86	24	64	278	1.12

フォーシームの威力はトップレベル セットアップ

65 トレヴァー・メイ Trevor May

31歳／196cm／109kg／右投右打

- ◆速球のスピード／150キロ台前半（フォーシーム主体）
- ◆決め球と持ち球／☆フォーシーム、◎チェンジアップ、○スライダー、△カーブ
- ◆対左.185　◆対右.182　◆ホ防4.45　◆ア防1.41
- ◆ド2008④フィリーズ　◆出ワシントン州
- ◆年220.5万ドル（約2億4225万円）

球威	5
制球	3
緩急	3
変・翻	2
度胸	4

一昨年7月末にトミージョン手術から復帰後、どんどん良くなっているリリーフ右腕。昨季は主にセットアッパーで起用され、走者は出しても生還はさせない粘りのピッチングでチームに貢献した。昨季はフォーシームの球速が月を追うごとに増し、4月は平均152.4キロだったが、7月には154.6キロになり、10月には156.4キロまで上昇した。評価も急上昇。野球データサイト「ファングラフス」の球種別評価では、メイのフォーシームに、リリーフ投手では3番目に高い点が付いている。ピンチの火消し役としてもいい働きを見せ、昨年は引き継いだ走者の生還阻止率が、86.4％という高率だった。

| カモ K・デイヴィス（アスレティックス）.000(6-0)0本 | 苦手 M・ムスタカス（レッズ）.500(10-5)0本 |

年度	所属チーム	勝利	敗戦	防御率	試合数	先発	セーブ	投球イニング	被安打	失点	自責点	被本塁打	与四球	奪三振	WHIP
2014	ツインズ	3	6	7.88	10	9	0	45.2	59	41	40	7	22	44	1.77
2015	ツインズ	8	9	4.00	48	16	0	114.2	127	53	51	11	26	110	1.33
2016	ツインズ	2	2	5.27	44	0	0	42.2	39	26	25	7	17	60	1.31
2018	ツインズ	4	1	3.20	24	1	0	25.1	25	9	9	1	5	36	1.03
2019	ツインズ	5	3	2.94	65	0	2	64.1	43	24	21	8	26	79	1.07
通算成績		22	21	4.49	191	26	5	292.2	289	153	146	37	96	329	1.32

対左=対左打者被打率　対右=対右打者被打率　ホ防=ホーム防御率　ア防=アウェー防御率

ド=ドラフトデータ　出=出身地　年=年俸

60試合出場停止が解けるのは5月中旬　　先発

35 マイケル・ピネダ　Michael Pineda

31歳｜201cm｜127kg｜右投右打

◆速球のスピード／150キロ前後（フォーシーム主体）
◆決め球と持ち球／☆フォーシーム、◎スライダー、◎チェンジアップ
◆[対左].260　◆[対右].247　◆[ホ防]3.96　◆[ア防]4.05
◆[ド]2005⑦マリナーズ　◆[出]ドミニカ
◆[年]2000万ドル（約22億円）※2年総額

球威	4
制球	4
緩急	4
守備・牽制	2
度胸	3

オフにいったんFAになってから、ツインズと2年2000万ドルの契約を交わした右腕。2017年7月にトミー・ジョン手術を受け、さらに一昨年8月、マイナーでのリハビリ登板でヒザを痛めて手術を受けたため、昨シーズンは出遅れる可能性があった。しかしキャンプに元気な姿を見せ、オープン戦も好調だったことから、先発3番手としてシーズン入り。序盤は本塁打を頻繁に食ったが、6月以降はあまり食わなくなり、勝ち星がどんどん積み重なっていった。昨年9月8日、MLBの薬物検査で禁止薬物の使用が発覚。60試合出場停止になったため、今季は5月中旬から、マウンドに立つことになる。

[カモ] J・アブレイユ（ホワイトソックス）.071(14-1)1本　　[苦手] M・カブレラ（タイガース）.455(22-10)0本

年度	所属チーム	勝利	敗戦	防御率	試合	先発	セーブ	投球イニング	被安打	失点	自責点	被本塁打	与四球	奪三振	WHIP
2011	マリナーズ	9	10	3.74	28	28	0	171.0	133	76	71	18	55	173	1.10
2014	ヤンキース	5	5	1.89	13	13	0	76.1	56	18	16	5	7	59	0.83
2015	ヤンキース	12	10	4.37	27	27	0	160.2	176	83	78	21	21	156	1.23
2016	ヤンキース	6	12	4.82	32	32	0	175.2	184	98	94	27	53	207	1.35
2017	ヤンキース	8	4	4.39	17	17	0	96.1	103	55	47	20	21	92	1.29
2019	ツインズ	11	5	4.01	26	26	0	146.0	141	68	65	23	28	140	1.16
通算成績		51	46	4.04	143	143	0	826.0	793	398	371	114	185	827	1.18

投手コーチの一言がきっかけでブレイク　　セットアップ

21 タイラー・ダフィー　Tyler Duffey

30歳｜191cm｜100kg｜右投右打

◆速球のスピード／150キロ台前半（フォーシーム主体）
◆決め球と持ち球／☆フォーシーム、◎カーブ
◆[対左].196　◆[対右].205　◆[ホ防]2.30　◆[ア防]2.67
◆[ド]2012⑤ツインズ　◆[出]テキサス州
◆[年]120万ドル（約1億3200万円）

球威	5
制球	4
緩急	4
守備・牽制	2
度胸	3

フォーシーム主体の投球に変え、生き返ったリリーフ右腕。2015年にメジャーデビューし、2年間先発で投げたがうまくいかず、リリーフに回った投手。一昨年はリリーフでも不甲斐ない投球が続き、あとがなくなっていた。そのポンコツ投手をよみがえらせたのは、キャンプ開始時、ウェス・ジョンソン投手コーチが与えた「弱い部分をいつまでも引きずらずに、強い部分を伸ばそう」という指示だった。「オレの強みはフォーシームしかない」と思っていたダフィーは、ツーシームを封印。速球をフォーシームだけにした。そしてそれを高めに、カーブを低めに投げ分ける投球を展開したところ、三振を18年の2倍のペースで奪えるようになり、重要な場面で使われる投手になった。

[カモ] C・サンタナ（インディアンズ）.174(23-4)0本　　[苦手] W・メリフィールド（ロイヤルズ）.500(10-5)0本

年度	所属チーム	勝利	敗戦	防御率	試合	先発	セーブ	投球イニング	被安打	失点	自責点	被本塁打	与四球	奪三振	WHIP
2015	ツインズ	5	1	3.10	10	10	0	58.0	56	20	20	4	20	53	1.31
2016	ツインズ	9	12	6.43	26	26	0	133.0	167	103	95	25	32	114	1.50
2017	ツインズ	2	3	4.94	56	0	1	71.0	79	41	39	19	18	67	1.37
2018	ツインズ	2	2	7.20	19	1	0	25.0	26	22	20	8	14	19	1.60
2019	ツインズ	5	1	2.50	58	0	0	57.2	44	23	16	8	14	82	1.01
通算成績		23	19	4.96	169	37	1	344.2	372	209	190	52	88	335	1.33

[速]=速球のスピード　[決]=決め球　[対左]=対左打者被打率　[対右]=対右打者被打率
[ド]=ドラフトデータ　[出]=出身地　[年]=年俸　[カモ] [苦手] は通算成績

稼働率50%なら元が取れる故障が多い投手　先発　移籍

44 リッチ・ヒル　*Rich Hill*

40歳｜196cm｜100kg｜左投左打｜速140キロ台中頃（フォーシーム主体）｜決◎カーブ

対左.192｜対右.233｜ド2002④カブス｜出マサチューセッツ州｜年300万ドル（約3億3000万円）

	球	3
	制	5
	緩	5
	守	4
	度	4

　ドジャースが再契約を見送ったため、1年300万ドルの契約で入団したキャンプ中に40歳になるサウスポー。35歳までは様々な故障にさいなまれ、30代後半になってから実力を発揮できるようになった苦労人。フォーシーム5割、カーブ5割くらいの比率で投げるツーピッチ投手で、カーブが外側に決まっているときは相手打線に付け入る隙を与えない。故障リスクがかなり高いが、稼働している間はハイレベルなピッチングを期待できる。3カ月故障で離脱しても、3カ月働いてくれれば十分元が取れるので、今季ツインズは慎重に健康状態を見極めながら使うことになる。

年度	所属チーム	勝利	敗戦	防御率	試合数	先発	セーブ	投球イニング	被安打	失点	自責点	被本塁打	与四球	奪三振	WHIP
2019	ドジャース	4	1	2.45	13	13	0	58.2	48	20	16	10	18	72	1.13
通算成績		65	42	3.82	284	156	0	937.1	775	424	398	112	373	1004	1.22

奇跡の復活のあと、1年700万ドルで入団　先発　移籍

15 ホーマー・ベイリー　*Homer Bailey*

34歳｜193cm｜102kg｜右投右打｜速150キロ前後（フォーシーム主体）｜決◎フォーシーム

対左.216｜対右.299｜ド2004①レッズ｜出テキサス州｜年700万ドル（約7億7000万円）

	球	4
	制	3
	緩	3
	守	3
	度	3

　トミー・ジョン手術から復帰後、様々な故障が出てまともな投球ができない状態が続いた投手。2018年にレッズで1勝14敗に終わり、オフのトレードでケンプ、プイグの見返りに、マイナーの有望株2人とドジャースに放出された。しかしドジャースは、ベイリーが戦力になる可能性はないと判断し、年俸2300万ドルが無駄になるのを承知で即日解雇。これで投手生命が終わったように見えたが、その後、ロイヤルズとマイナー契約し、オープン戦で好投して開幕ローテーション入り。ここで完全復活後、7月末にアスレティックスにトレードされ、ここでもいい働きを見せた。

年度	所属チーム	勝利	敗戦	防御率	試合数	先発	セーブ	投球イニング	被安打	失点	自責点	被本塁打	与四球	奪三振	WHIP
2019	ロイヤルズ	7	6	4.80	18	18	0	90.0	89	49	48	12	38	81	1.41
2019	アスレティックス	6	3	4.30	13	13	0	73.1	73	35	35	9	15	68	1.20
2019	2チーム計	13	9	4.57	31	31	0	163.1	162	84	83	21	53	149	1.32
通算成績		80	86	4.57	243	243	0	1393.2	1449	753	707	174	460	1150	1.37

通算129セーブ、178ホールド　セットアップ

54 セルジオ・ロモ　*Sergio Romo*

37歳｜180cm｜84kg｜右投右打｜速140キロ前後（ツーシーム、フォーシーム）｜決☆スライダー

対左.242｜対右.205｜ド2005②ジャイアンツ｜出カリフォルニア州｜年500万ドル（約5億5000万円）

	球	5
	制	4
	緩	3
	守	3
	度	4

　1年500万ドルの契約で残留した、輝かしい実績を誇るリリーバー。実際には170センチしかない小さな体だが、自分をスライダーマシンに特化させ、ジャイアンツでセットアッパー、クローザーとして活躍。3度に及ぶワールドシリーズ制覇の主要メンバーの一人となった。現在も全投球の6割はスライダーで、右打者を追い込むとフリスビー・スライダーで空振りを誘ってくる。メキシコ系米国人であることに強いプライドを持ち、トランプ政権の移民政策に強く反駁（はんばく）しているが、普段はおふざけが好きなコメディアンのようなキャラクターで、いつも笑いの中心に彼がいる。

年度	所属チーム	勝利	敗戦	防御率	試合数	先発	セーブ	投球イニング	被安打	失点	自責点	被本塁打	与四球	奪三振	WHIP
2019	ツインズ	2	0	3.58	38	0	17	37.2	33	18	15	4	13	33	1.22
2019	マーリンズ	0	1	3.18	27	0	20	22.2	17	9	8	3	4	27	0.93
2019	2チーム計	2	1	3.43	65	0	37	60.1	50	27	23	7	17	60	1.11
通算成績		40	32	2.92	708	5	129	623.0	488	217	202	66	145	692	1.02

3年前は独立リーグにいた変わりダネ

先発
ロングリリーフ

ルーキー

68 ランディ・ドブナク Randy Dobnak

25歳｜185cm｜104kg｜右投右打｜球150キロ前後（シンカー、フォーシーム）｜決◎シンカー

対左.175｜対右.321｜2017⑪ツインズ｜出ペンシルバニア州｜年56万3500ドル（約6000万円）+α

球 4
制 4
緩 4
中╱劣 3
度 4

　昨年のポストシーズンで好投した先発5番手の有力候補。NCAA（全米大学体育協会）2部の大学でプレーしていたため、2017年のドラフトで指名されず、独立リーグに入団して投げていたところ、ツインズのスカウトの目に留まり、マイナー契約で入団。昨季は18年8月に覚えたばかりのシンカーが機能し、ゴロアウトが激増。マイナーの1A+、2A、3Aの各段で好成績を出し、8月27日にメジャーデビュー。オープナーではない通常の先発で投げた3試合は、17イニングで自責点が2しかなかった。内野手のような小さなテイクバックで投げるので打者はタイミングを取りにくい。

年度	所属チーム	勝利	敗戦	防御率	試合数	先発	セーブ	投球イニング	被安打	失点	自責点	被本塁打	与四球	奪三振	WHIP
2019	ツインズ	2	1	1.59	9	5	1	28.1	27	9	5	1	5	23	1.13
通算成績		2	1	1.59	9	5	1	28.1	27	9	5	1	5	23	1.13

彗星のごとく現れたダークホース

先発
ロングリリーフ

ルーキー

31 デヴィン・スメルツァー Devin Smeltzer

25歳｜191cm｜88kg｜左投右打｜球140キロ台中盤（フォーシーム主体）｜決○スライダー

対左.316｜対右.252｜2016⑤ドジャース｜出ニュージャージー州｜年56万3500ドル（約6200万円）+α

球 3
制 5
緩 3
中╱劣 5
度 4

　ローテーション定着を期待されている技巧派左腕。速球が145キロ程度であるため、マイナーではほとんど注目されず、一度も有望新人リストに入ったことがなかった。ところが昨季は速球とカーブの制球が良く、2Aと3Aで好投を続けて5月28日にメジャーデビュー。いきなりブリュワーズの打線を6回まで3安打無失点に抑え、注目された。球種はロー・スリークォーターから繰り出す速球、カーブ、チェンジアップが主体。速球は140キロ台中盤のスピードだが、ボールの出所が見えにくい投球フォームなので、見た目より威力がある。決め球は斜めに変化するカーブ。

年度	所属チーム	勝利	敗戦	防御率	試合数	先発	セーブ	投球イニング	被安打	失点	自責点	被本塁打	与四球	奪三振	WHIP
2019	ツインズ	2	2	3.86	11	6	1	49.0	50	23	21	8	12	38	1.27
通算成績		2	2	3.86	11	6	1	49.0	50	23	21	8	12	38	1.27

― グリフィン・ジャクス Griffin Jax

先発
リリーフ

期待度 B⁻

ルーキー

26歳｜188cm｜88kg｜右投右打｜◆昨季は2A、3Aでプレー｜ド2016③ツインズ｜出コロラド州

　文武両道のエリートが集う空軍士官学校出身の右腕。ブルドッグ・メンタリティの闘争心旺盛なタイプ。時速148キロ前後の速球と、チェンジアップ、スライダーでゴロを量産する。速球はシュートしながら沈むシンカー系を多投。一番の武器はチェンジアップ。スライダーはまだまだ改良の余地あり。

― ジョアン・デュラン Jhoan Duran

先発

期待度 B

ルーキー

22歳｜196cm｜104kg｜右投右打｜◆昨季は1A+、2Aでプレー｜ド2015⑦ダイヤモンドバックス｜出ドミニカ

　今後、制球力がアップすれば、一気に開花する可能性がある埋蔵資源の大きい未完の大器。最大の武器は「スプリンカー」。スプリッターとシンカーの中間の性質を持つ速球で、空振り率が際立って高い。フォーシームも最高157キロまで出る一級品だが、チェンジアップは「中の下」レベル。スライダーのレベルはさらに落ちる。

野手

昨シーズン36本塁打を放ち、大ブレイク

ライト
センター

26 マックス・ケプラー
Max Kepler

27歳｜193cm｜100kg｜左投左打

◆対左投手打率／.293(147-43) ◆対右投手打率／.236(377-89)
◆ホーム打率／.249(257-64) ◆アウェー打率／.255(267-68)
◆得点圏打率／.309(97-30)
◆19年のポジション別出場数／ライト＝84、
　センター＝60、DH＝2
◆ドラフトデータ／2009⑨ツインズ
◆出身地／ドイツ
◆年俸／625万ドル（約6億8750万円）

ミート **3**
パワー **5**
走塁 **5**
守備 **5**
肩 **5**

ツインズ

　昨年36本塁打を放って大ブレイクした、ドイツ人メジャーリーガーの第1号。昨季は開幕からトップバッターとして起用されたが、従来の1番打者の概念にとらわれることなく、バルデッリ監督が推進する好球必打と強い打球を打つことに徹した。甘い投球が来る確率が最も高いのは初球なので、ストライクゾーンに来た場合は初球から積極的に打ちにいき、しかも常に強い打球を打つことを心がけたので、打球はライトから右中間方向に行くことが多く、いい角度で上がった打球は本塁打になった。昨季は36アーチを記録しているが、31本はライトと右中間方向へ飛んだものだ。投手別に見ると、2018年にサイ・ヤング賞候補になったトレヴァー・バウアーをカモにし、「同一投手から5打席連続本塁打」という記録を作った。

　惜しまれるのは、9月8日のゲームで左肩の菱形筋を痛め、ポストシーズンでまったく活躍できなかったこと。この故障がなければシーズン40本塁打を達成していたと思われるので、その意味でも痛恨の故障となった。

　均整の取れた9頭身のボディと端正なマスクは、バレエダンサーの両親から受け継いだDNAによるものだ。父マレク・ロジツキーさんはポーランド出身のバレリーノで、旧西ドイツに亡命後、西ベルリンのベルリンドイツ歌劇場などの舞踏手として活躍し、現在はドイツの国立バレエ学校のディレクターを務める人物。母キャシー・ケプラーさんはテキサス生まれの米国人で、難関テストを経てベルリンドイツ歌劇場に採用されたバレリーナだ。この両親がベルリンの壁崩壊の翌年（1990年）に結婚し、3年後に誕生したのがマックスだった。正式名は「マキシミリアン・ロジツキー＝ケプラー」だが、登録名は覚えやすい「マックス・ケプラー」にしている。

カモ T・バウアー（レッズ）.351(37-13)5本　D・バンディ（エンジェルス）.462(13-6)2本
苦手 C・ロドン（ホワイトソックス）.000(12-0)0本　田中将大（ヤンキース）.111(9-1)0本

年度	所属チーム	試合数	打数	得点	安打	二塁打	三塁打	本塁打	打点	四球	三振	盗塁	盗塁死	出塁率	OPS	打率
2015	ツインズ	3	7	0	1	0	0	0	0	0	0	0	0	.143	.286	.143
2016	ツインズ	113	396	52	93	20	2	17	63	42	93	6	2	.309	.734	.235
2017	ツインズ	147	511	67	124	32	2	19	69	47	114	6	1	.312	.737	.243
2018	ツインズ	156	532	80	119	30	4	20	58	71	96	4	5	.319	.727	.224
2019	ツインズ	134	524	98	132	36	0	36	90	60	99	1	5	.336	.855	.252
通算成績		553	1970	297	469	114	8	92	280	220	405	17	13	.319	.763	.238

カモ 苦手 は通算成績

117

7月に40歳。衰え知らずのパワーハウス
DH / レフト

23 ネルソン・クルーズ
Nelson Cruz

40歳｜188cm｜104kg｜右投右打

- ◆対左投手打率／.322(115-37) ◆対右投手打率／.307(339-104)
- ◆ホーム打率／.304(250-76) ◆アウェー打率／.319(204-65)
- ◆得点圏打率／.368(106-39)
- ◆19年のポジション別出場数／DH=114
- ◆ドラフトデータ／1998⑨メッツ
- ◆出身地／ドミニカ
- ◆年俸／1200万ドル（約13億2000万円）
- ◆本塁打王1回(14年)、打点王1回(17年)、シルバースラッガー賞3回(15、17、19年)

ミート	5
パワー	5+
走塁	2
守備	1
肩	2

今季開幕前の時点で、現役選手では4番目に多い401本塁打をマークしているスラッガー。昨季は120試合の出場にとどまったが、メジャーで2番目にいい11.1打数に1本というペースで本塁打を生産し、昨年307本のシーズン本塁打記録を樹立したツインズ打線の牽引役になった。これはバルデッリ監督の指示で、強い打球を打つことに注力したからで、ハードコンタクト率（強い打球を打った比率）52.5%はメジャー全体で1位だった。昨季は手首を痛めて5月と8月に2度IL（故障者リスト）入りし、2度目のときはヒジから手に伸びる尺側手根伸筋の腱断裂が疑われ、シーズン中の復帰は絶望的という観測が流れた。しかしニューヨークで専門医による詳しい検査を受けたところ断裂はないことが判明し、数日で復帰できた。

昨年は2010年代最後の年ということで、シーズン終了後、2010年代（2010～19年）のベスト記録が発表されたが、本塁打は彼の374本が最多だった。本格的なホームランバッターになったのはレンジャーズ時代に、それまでのスクエアスタンスを、オープンスタンスに変えてからだ。それをアドバイスしたのは、当時レンジャーズの育成部門で打撃指導に当たっていたスコット・サーヴィス（現マリナーズ監督）だった。

打者としての長所は、広角に本塁打を打てること。昨シーズンの41本塁打の内訳は、レフト方向が11本、左中間が9本、センター方向が11本、右中間が2本、ライト方向が8本だった。

カモ M・シャーザー（ナショナルズ）.429(28-12)3本　C・カラスコ（インディアンズ）.370(27-10)4本
苦手 M・クレヴィンジャー（インディアンズ）.091(11-1)1本　田中将大（ヤンキース）.143(28-4)0本

年度	所属チーム	試合数	打数	得点	安打	二塁打	三塁打	本塁打	打点	四球	三振	盗塁	盗塁死	出塁率	OPS	打率
2005	ブリュワーズ	8	5	1	1	0	0	0	0	2	0	0	0	.429	.829	.200
2006	レンジャーズ	41	130	15	29	3	0	6	22	7	32	1	0	.261	.645	.223
2007	レンジャーズ	96	307	35	72	15	2	9	34	21	87	2	4	.287	.671	.235
2008	レンジャーズ	31	115	19	38	9	1	7	26	17	28	3	1	.421	1.030	.330
2009	レンジャーズ	128	462	75	120	21	1	33	76	49	118	20	4	.332	.856	.260
2010	レンジャーズ	108	399	60	127	31	3	22	78	38	81	17	4	.374	.950	.318
2011	レンジャーズ	124	475	64	125	28	1	29	87	33	116	9	5	.312	.821	.263
2012	レンジャーズ	159	585	86	152	45	0	24	90	48	140	8	4	.319	.779	.260
2013	レンジャーズ	109	413	49	110	18	0	27	76	35	109	5	1	.327	.833	.266
2014	オリオールズ	159	613	87	166	32	2	40	108	55	140	4	3	.333	.859	.271
2015	マリナーズ	152	590	90	178	22	1	44	93	59	164	3	2	.369	.936	.302
2016	マリナーズ	155	589	96	169	27	1	43	105	62	159	2	0	.360	.915	.287
2017	マリナーズ	155	556	91	160	28	0	39	119	70	140	1	1	.375	.924	.288
2018	マリナーズ	144	519	70	133	18	1	37	97	55	122	1	0	.342	.850	.256
2019	ツインズ	120	454	81	141	26	0	41	108	56	131	0	1	.392	1.031	.311
通算成績		1689	6212	919	1721	324	13	401	1119	607	1567	76	32	.346	.873	.277

野手

華麗なる復活を遂げ、大型契約をゲット

24 **ジョシュ・ドナルドソン** *Josh Donaldson* 　サード　移籍

35歳｜185cm｜95kg｜右投右打 対左.215 対右.271 ホ.283 ア.238 得.267
ド2007①カブス　出フロリダ州　年2100万ドル（約23億1000万円）
◆MVP1回(15年)、打点王1回(15年)、シルバースラッガー賞2回(15,18年)、ハンク・アーロン賞1回(15年)、カムバック賞1回(19年)

ミ**3**
パ**5**
走**2**
守**4**
肩**4**

　ブルージェイズ時代の2015年に、アメリカン・リーグのMVPに輝いたベテラン三塁手。17年、18年は故障に泣き、成績が低迷したが、ブレーブスと1年契約を結んだ昨季は打棒が復活。チームの地区優勝に貢献した。守備でも好守を連発し、ゴールドグラブ賞の最終候補に選ばれている。オフのFA市場では人気を集め、ブレーブスほか、ナショナルズ、レンジャーズなど複数の球団が獲得に興味を示したが、今年1月15日、4年9200万ドル（約101億円）の大型契約を交わしてツインズ入り。この金額は、FAとなった33歳以上の野手が交わした契約としては歴代最高額だ。

年度	所属チーム	試合数	打数	得点	安打	二塁打	三塁打	本塁打	打点	四球	三振	盗塁	盗塁死	出塁率	OPS	打率
2019	ブレーブス	155	549	96	142	33	0	37	94	100	155	4	2	.379	.900	.259
通算成績		1038	3841	652	1048	226	12	219	645	557	885	38	8	.369	.878	.273

ウリは並外れた長打力とリードのうまさ

18 **ミッチ・ガーヴァー** *Mitch Garver* 　キャッチャー

29歳｜185cm｜100kg｜右投右打 盗塁阻止率／.088(34-3) 対左.321 対右.249 ホ.252
ア.297 得.344 ド2013⑨ツインズ　出ニューメキシコ州　年56万3500ドル（約6200万円）＋α
◆シルバースラッガー賞1回(19年)

ミ**4**
パ**5**
走**2**
守**3**
肩**2**

　パワーと選球眼を併せ持つ強打の捕手。昨季は5月15日のエンジェルス戦で、本塁に滑り込んできた大谷翔平と衝突して足首を捻挫したため、18日間IL入りした。それもあって打数は311にとどまったが、10.0打数に1本という驚異的なペースで本塁打を生産した。規定打席数に達した打者で、ベストの生産ペースを記録したのはマイク・トラウトで、10.4打数に1本というペースだったが、ガーヴァーの10.0打数に1本という生産ペースはそれをしのぐものだ。打者としては早打ちをせず、失投をじっくり待つタイプ。守備面ではリードのうまさが光る。肩はイマイチ。

年度	所属チーム	試合数	打数	得点	安打	二塁打	三塁打	本塁打	打点	四球	三振	盗塁	盗塁死	出塁率	OPS	打率
2019	ツインズ	93	311	70	85	16	1	31	67	41	87	0	0	.365	.995	.273
通算成績		218	659	113	175	36	6	38	115	76	174	0	0	.346	.858	.266

109打点を叩き出したフリースインガー

20 **エディー・ロザリオ** *Eddie Rosario* 　レフト

29歳｜185cm｜82kg｜右投左打 対左.281 対右.274 ホ.280 ア.272 得.340
ド2010④ツインズ　出プエルトリコ　年775万ドル（約8億5250万円）

ミ**5**
パ**5**
走**3**
守**2**
肩**5**

　勝負強さが光るプエルトリコ出身のスラッガー。昨季は開幕から絶好調で、4月に11本塁打24打点、5月に6本塁打25打点と大暴れしてチームの快進撃を支えた。6月以降は失速したが、タイムリーはシーズンを通してよく出たため、打点はリーグ6位の109まで伸びた。早打ちでボール球に手を出す比率が高いフリースインガーだが、それでいてハイレベルな打撃成績をあげられるのは、動体視力がいいため、ボール球をうまく拾ってヒットにしてしまうケースが多いからだ。ただ、その半面、出塁率は極端に低く、昨季は4番打者なのに出塁率が3割を切るところだった。

年度	所属チーム	試合数	打数	得点	安打	二塁打	三塁打	本塁打	打点	四球	三振	盗塁	盗塁死	出塁率	OPS	打率
2019	ツインズ	137	562	91	155	28	1	32	109	22	86	3	1	.300	.800	.276
通算成績		640	2451	369	684	127	22	106	346	114	505	36	19	.309	.788	.279

対左＝対左投手打率　対右＝対右投手打率　ホ＝ホーム打率　ア＝アウェー打率　得＝得点圏打率

ツインズ

貧打から強打の遊撃手に変身

ショート

11 ホルヘ・ポランコ Jorge Polanco

27歳／180cm／91kg／右投両打　対左.270　対右.306　ホ.264　ア.324　得.333
ド2009例ツインズ　田ドミニカ　年396万ドル（約4億3560万円）

ミ **4**
パ **4**
走 **3**
守 **2**
肩 **3**

　バルデッリ監督の「ハードヒット革命」によってブレイクした打者の一人。昨季は主に2番打者で起用され、チャンスメーカーとしてフルに機能。その一方でキャリアハイの22本塁打を放って、非力なつなぎ役というイメージを一掃した。スイッチヒッターだが一昨年までは左打席では一流打者、右打席では三流打者という感じだった。しかし昨季は右打席でも平均以上の数字を出し、不均衡の度合いが幾分縮小した。ショートの守備は相変わらずエラーが多く、守備範囲の広さも平均以下。昨年11月22日に足首の痛みを除去する手術を受けたが、今季はキャンプから参加可能。

年度	所属チーム	試合数	打数	得点	安打	二塁打	三塁打	本塁打	打点	四球	三振	盗塁	盗塁死	出塁率	OPS	打率
2019	ツインズ	153	631	107	186	40	7	22	79	60	116	4	3	.356	.841	.295
通算成績		441	1682	232	472	104	18	45	226	147	305	29	18	.339	.783	.281

おバカな事件が毎年起きるスラッガー

ファースト

22 ミゲール・サノー Miguel Sano

27歳／193cm／122kg／右投右打　対左.284　対右.232　ホ.218　ア.276　得.245
ド2009例ツインズ　田ドミニカ　年700万ドル（約7億7000万円）

ミ **2**
パ **5+**
走 **2**
守 **2**
肩 **3**

　自己管理がしっかりできていれば、今頃押しも押されもせぬ主砲になっていたと思われるプロ意識に欠ける巨漢内野手。昨年は1月下旬にウインターリーグの祝勝会で酔っ払って金属製の階段を踏み外し、足のかかとに大きな裂傷を負った。そのためキャンプ地には来たものの、まったく練習ができず4月上旬から始動。メジャー復帰は5月中旬だった。その後は今年ダメなら選手生命が終わるという危機感から好球必打に徹し、11.2打数に1本というハイペースで本塁打を放った。内野の守備は依然ワーストレベル。122キロの体重が災いして敏捷性に欠け、守備範囲が狭い。

年度	所属チーム	試合数	打数	得点	安打	二塁打	三塁打	本塁打	打点	四球	三振	盗塁	盗塁死	出塁率	OPS	打率
2019	ツインズ	105	380	76	94	19	2	34	79	55	159	0	1	.346	.923	.247
通算成績		486	1786	286	437	87	6	118	315	247	744	2	3	.338	.836	.245

昨年9月に肩の手術を受け、出遅れ必至

センター

25 バイロン・バクストン Byron Buxton

27歳／188cm／86kg／右投右打　対左.317　対右.245　ホ.269　ア.258　得.282
ド2012例ツインズ　田ジョージア州　年307.5万ドル（約3億3825万円）
◆ゴールドグラブ賞1回（17年）

ミ **3**
パ **4**
走 **5**
守 **5**
肩 **5**

　一昨年は故障続きでまともな働きができなかったが、昨季は故障なしに開幕を迎え、出だしから目を見張るペースで二塁打を打って完全復活をアピール。5月には4本塁打19打点を叩き出し、ブレイクの期待が生まれた。だが、6月中旬に左手首、7月中旬に脳震盪の後遺症とおぼしき体の不調、8月には肩の脱臼と故障が続き、ケガのデパートに逆戻りしてしまった。肩の脱臼の再発を防ぐには関節唇の修復手術が不可欠と診断されたため、9月10日に手術を受け、そのままシーズンを終えている。復帰まで通常6～8カ月かかる手術なので、今季は大幅に出遅れる可能性が高い。

年度	所属チーム	試合数	打数	得点	安打	二塁打	三塁打	本塁打	打点	四球	三振	盗塁	盗塁死	出塁率	OPS	打率
2019	ツインズ	87	271	48	71	30	4	10	46	19	68	14	3	.314	.827	.262
通算成績		393	1250	185	296	74	17	38	145	89	408	60	8	.292	.706	.237

対左=対左投手打率　対右=対右投手打率　ホ=ホーム打率　ア=アウェー打率　得=得点圏打率
ド=ドラフトデータ　田=出身地　年=年俸

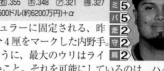

2 ルイス・アラーエス Luis Arraez

セカンド

首位打者争いに加わる可能性もある逸材

23歳｜178cm｜79kg｜右投左打　対左.274　対右.355　得.348　ア.321　得.327
Ｆ2013外ツインズ　田ベネズエラ　年56万3500ドル(約6200万円)+α

ミ5
パ5
走2
守2
肩2

　今季は開幕からセカンドのレギュラーに固定される、昨年規定打席未満ながら打率3割3分4厘をマークした内野手。「ライナー製造機」の異名があるように、最大のウリはライナーで弾き返す比率が際立って高いこと。それを可能にしているのは、ハイレベルな動体視力と球種識別能力だ。打球の初速が速いため、外野の間を抜けて二塁打になるケースが少なくない。もう一つのウリは、早打ちをせず失投をじっくり待つタイプであるため、四球が多く出塁率が高いこと。それでいて三振の数が少ないのは、追い込まれてもカットで逃げる技術があるからだ。守備力は「中の下」。

年度	所属チーム	試合数	打数	得点	安打	二塁打	三塁打	本塁打	打点	四球	三振	盗塁	盗塁死	出塁率	OPS	打率
2019	ツインズ	92	326	54	109	20	1	4	28	36	29	2	2	.399	.838	.334
通算成績		92	326	54	109	20	1	4	28	36	29	2	2	.399	.838	.334

9 マーウィン・ゴンザレス Marwin Gonzalez

ユーティリティ

1点が欲しいとき役に立つ野球巧者

31歳｜185cm｜93kg｜右投両打　対左.300　対右.249　得.251　ア.278　得.298
Ｆ2005外カブス　田ベネズエラ　年900万ドル(約9億9000万円)

ミ3
パ4
走4
守3
肩5

　「スイス・アーミー・ナイフのようなプレーヤー」と形容されることが多い名脇役。一番のウリは内外野の7つのポジションに対応し、左右どちらの代打にも使用可能なスイッチヒッターで、代走やバント屋としても起用できる使い勝手の良さにある。それに加え、相手の隙に付け込むことに長けた野球巧者であるため、アストロズではクセモノぶりをいかんなく発揮し人気者になった。しかしツインズ1年目の昨季は、ホームラン至上主義の激流に飲み込まれ、存在感を示せないまま終わった。座して死を待つタイプではないので、今季は何かやってくれそうな予感が漂う。

年度	所属チーム	試合数	打数	得点	安打	二塁打	三塁打	本塁打	打点	四球	三振	盗塁	盗塁死	出塁率	OPS	打率
2019	ツインズ	114	425	52	112	19	0	15	55	31	98	1	0	.322	.736	.264
通算成績		909	2891	355	762	158	8	91	347	210	639	38	26	.319	.737	.264

16 アレックス・アヴィーラ Alex Avila

キャッチャー　**移籍**

ガーヴァーの教育係も兼ねる経験豊富な捕手

33歳｜180cm｜95kg｜右投左打　盗塁阻止率／.500(20-10)　対左.219　対右.205　得.247
ア.169　得.237　Ｆ2008⑤タイガース　田フロリダ州　年425万ドル(約4億6750万円)
◆シルバースラッガー賞1回(11年)

ミ2
パ4
走2
守4
肩5

　昨年、メジャーの捕手でベストの盗塁阻止率50.0%(20-10)を記録したあと、ツインズに来たベテラン捕手。ツインズが投手のリードとボールブロックのうまさに定評があるアヴィーラを獲得したのは、バックアップ捕手として50～70試合に先発出場させるほか、若いガーヴァーのいい教育係になると評価したからだ。タイガースが4年連続地区優勝したときの正捕手で、ヴァーランダーやシャーザーがサイ・ヤング賞を獲得した年に女房役を務めた実績がある。2013年以降は脳震盪の後遺症に苦しみ、打撃成績が低下。バックアップ捕手としてチームを渡り歩くようになった。

年度	所属チーム	試合数	打数	得点	安打	二塁打	三塁打	本塁打	打点	四球	三振	盗塁	盗塁死	出塁率	OPS	打率
2019	ダイヤモンドバックス	63	164	22	34	8	0	9	24	36	68	1	0	.353	.774	.207
通算成績		995	2922	341	688	144	8	103	386	498	1009	8	8	.348	.744	.235

ツインズ

シャトル便状態に終止符を打てるか

外野手

60 ジェイク・ケイヴ Jake Cave

28歳｜183cm｜91kg｜左投左打 [対左].283 [対右].250 [ホ].256 [ア].259 [得].244 [ド]2011⑥ヤンキース [出]ヴァージニア州 [年]56万3500ドル(約6200万円)＋α

ミ 3
パ 4
走 4
守 2
肩 3

　一昨年の5月にメジャーデビューして以来、降格と昇格を7回繰り返している外野手。センターのレギュラーであるバクストンが、昨年9月に肩の関節唇修復手術を受けたため、今季は大幅に出遅れることが確実。そのためメジャー定着だけでなく、外野のレギュラーの座を獲得する千載一遇のチャンスが巡ってきた。5月末時点で本塁打を10本以上打ち、3割前後の打率をキープしていれば、バクストンが復帰してもすぐに選手交代とはならないだろう。もとはヤンキースのマイナーにいた、3A止まりと見られていた外野手。一昨年3月にトレードでツインズに来て運が開けた。

年度	所属チーム	試合数	打数	得点	安打	二塁打	三塁打	本塁打	打点	四球	三振	盗塁	盗塁死	出塁率	OPS	打率
2019	ツインズ	72	198	28	51	11	2	8	25	21	71	0	0	.351	.805	.258
通算成績		163	481	82	126	27	4	21	70	39	173	2	1	.329	.795	.262

一部のマニアックなファンに絶大な人気

セカンド ファースト キャッチャー

64 ウィリヤンス・アストゥディーヨ Willians Astudillo

29歳｜175cm｜102kg｜右投右打 盗塁阻止率.214(14-3) [対左].250 [対右].275 [ホ].274 [ア].264 [得].267 [ド]2008⑨フィリーズ [出]ベネズエラ [年]56万3500ドル(約6200万円)＋α

ミ 4
パ 4
走 2
守 3
肩 4

　175センチ102キロの重戦車のようなボディと、横に広い肉厚な顔がトレードマークの個性派。今季はセカンドとファーストの2番手、キャッチャーの3番手、サードの4番手という位置付けでシーズンに臨む。力士体型でいながらメジャーリーガーに成長したのは、ベネズエラのローカルリーグでプレーした経験がある父と祖父が、自宅の裏庭で野球の基礎を叩き込んでくれたからだ。意外に身軽で、バント処理でベリオスと交錯した際、上にのしかかりそうになったので、とっさにダイビングして惨事を未然に防いだことがある。8歳下の弟が、現在メッツのマイナーに在籍。

年度	所属チーム	試合数	打数	得点	安打	二塁打	三塁打	本塁打	打点	四球	三振	盗塁	盗塁死	出塁率	OPS	打率
2019	ツインズ	58	190	28	51	9	0	4	21	5	8	0	0	.299	.678	.268
通算成績		87	283	37	84	13	1	7	42	7	11	0	0	.322	.746	.297

ー ブレント・ルーカー Brent Rooker

ファースト レフト **期待度 B** **ルーキー**

26歳｜190cm｜98kg｜右投右打 ◆昨季は3Aでプレー [ド]2017①ツインズ [出]テネシー州

　群を抜くパワーを備えたスラッガー。失投をじっくり待つタイプのローボールヒッターで、低めの甘いコースに来た投球を、アッパー軌道のスイングで振り抜き、本塁打にする。弱点はインハイの速球。鈍足で守備にやや難があり、肩の強さもイマイチ。ファーストないしレフトで使われることが多い。

ー アレックス・キリロフ Alex Kirilloff

外野手 **期待度 A−** **ルーキー**

23歳｜188cm｜98kg｜左投左打 ◆昨季は2Aでプレー [ド]2016①ツインズ [出]ペンシルヴァニア州

　将来、3割30本級の打者になる可能性がある、パワーと天性の打撃センスを併せ持つ逸材。特徴は手首の力が強いため、逆方向に強烈な打球が行くこと。打球を上げる技術が身につけば、逆方向に頻繁にアーチを打てる打者になると期待されている。ポジションはライトだが、肩の強さはイマイチ。

122 [対左]=対左投手打率 [対右]=対右投手打率 [ホ]=ホーム打率 [ア]=アウェー打率 [得]=得点圏打率 [ド]=ドラフトデータ [出]=出身地 [年]=年俸

クリーブランド・インディアンズ

◆創　立：1894年
◆本拠地：オハイオ州クリーブランド市
主要オーナー ローレンス・ドーラン（弁護士）

◆ワールドシリーズ制覇：2回／◆リーグ優勝：6回
◆地区優勝：10回／◆ワイルドカード獲得：1回

過去5年成績

年度	勝	負	勝率	ゲーム差	地区順位	ポストシーズン成績
2015	81	80	.503	13.5	③	―
2016	94	67	.584	(8.0)	①	ワールドシリーズ敗退
2017	102	60	.630	(17.0)	①	地区シリーズ敗退
2018	91	71	.562	(13.0)	①	地区シリーズ敗退
2019	**93**	**69**	**.574**	**8.0**	**②**	―

監　督　**77** テリー・フランコーナ *Terry Francona*

◆年　齢…………61歳（サウスダコタ州出身）
◆現役時代の経歴…10シーズン　エクスポズ（1981～85）、
（ファースト、外野手）カブス（1986）、レッズ（1987）、インディアンズ
　　　　　　　　　（1988）、ブリュワーズ（1989～90）
◆現役通算成績……708試合 .274 16本 143打点
◆監督経歴………19シーズン　フィリーズ（1997～2000）、レッドソックス
　　　　　　　　　（2004～11）、インディアンズ（2013～）
◆通算成績………1667勝1409敗（勝率.542）最優秀監督賞2回（13、16年）

　若手の能力を最大限発揮させる名将。昨季は5月に、クルーバーが腕の骨折で離脱。それにより勝ち越しできるか危ぶまれたが、潜在力の高い若手を次々にローテーションに入れてフル活用。終わってみると、前年より2つ多い93勝をあげていた。ゲーム前は選手たちにジョークを言って回ることが多く、選手とトランプに興じることもある。こうしたリラックス路線はレッドソックス時代、規律の弛緩を招いて批判されたが、インディアンズでは規律もしっかり機能。

注目コーチ **29** タイ・ヴァンバークレオ *Ty Van Burkleo*

　打撃コーチ。57歳。現役時代の1988年に西武で38本塁打をマーク。チームのリーグ優勝、日本一に貢献した。帰国後、メジャーデビューしているが、通算1本塁打。

編成責任者 クリス・アントネッティ *Chris Antonetti*

　44歳。補強成功率が高く、ここ数年、チームは好成績を維持し続けている。それでいて有望株の流出は最低限にとどめているので、マイナーの充実度もなかなかのもの。

スタジアム プログレッシブ・フィールド *Progressive Field*

◆開 場 年…………1994年
◆仕　　様…………天然芝
◆収容能力…………34,778人
◆フェンスの高さ …2.7～5.8m
◆特　　徴…………センターからレフトにかけてのフェンスが、センターからライト方向へのフェンスに比べ、高くなっている。例年、三塁打の数が少ない傾向にある。球場名は、命名権を持つ大手自動車保険会社「プログレッシ社」の名から。

ニュートラルパーク

Best Order

[ベストオーダー]

① フランシスコ・リンドーア……ショート
② オスカー・メルカド……センター
③ カルロス・サンタナ……ファースト
④ ホセ・ラミレス……サード
⑤ フランミル・レイエス……ライト
⑥ ジェイク・バウアーズ……DH
⑦ ロベルト・ペレス……キャッチャー
⑧ ジョーダン・ラブロウ……レフト
⑨ シーザー・ヘルナンデス……セカンド

Depth Chart

[ポジション別選手層・メンバーリスト]

※2020年2月4日時点の候補選手。
数字は背番号（開幕前に変更する
場合もあり）、右・左等は投・打の順。

センター
35 オスカー・メルカド [右・右]
0 デライノ・デシールズ [右・右]
8 ジョーダン・ラブロウ [右・右]
1 グレッグ・アレン [右・両]

レフト
8 ジョーダン・ラブロウ [右・右]
35 オスカー・メルカド [右・右]
1 グレッグ・アレン [右・両]
10 ジェイク・バウアーズ [左・左]

ライト
32 フランミル・レイエス [右・右]
8 ジョーダン・ラブロウ [右・右]
35 オスカー・メルカド [右・右]
1 グレッグ・アレン [右・両]

ショート
12 フランシスコ・リンドーア [右・両]
2 ユー・チャン [右・右]

セカンド
－ シーザー・ヘルナンデス [右・両]
－ クリスチャン・アローヨ [右・右]
2 ユー・チャン [右・右]

ローテーション
52 マイク・クレヴィンジャー [右・右]
57 シェイン・ビーバー [右・右]
59 カルロス・カラスコ [右・右]
43 ザック・プリーサック [右・右]
43 アーロン・シヴァーリ [右・右]
45 アダム・プルトコ [右・右]
68 ジェフリー・ロドリゲス [右・右]
54 ローガン・アレン [左・右]

サード
11 ホセ・ラミレス [右・両]
2 ユー・チャン [右・右]
－ クリスチャン・アローヨ [右・右]

ファースト
41 カルロス・サンタナ [右・両]
10 ジェイク・バウアーズ [左・左]
40 ボビー・ブラッドリー [左・左]

キャッチャー
55 ロベルト・ペレス [右・右]
9 サンディ・レオン [右・両]

DH
10 ジェイク・バウアーズ [左・左]
32 フランミル・レイエス [右・右]
40 ボビー・ブラッドリー [左・左]
41 カルロス・サンタナ [右・両]

ブルペン
33 ブラッド・ハンド [左・左] CL
62 ニック・ウィットゲン [右・右]
90 アダム・シンバー [右・右]
39 オリヴァー・ペレス [左・左]
48 エマニュエル・クラセ [右・右]
70 ジェイムズ・カリンチャック [右・右]
68 ジェフリー・ロドリゲス [右・右]
44 ハンター・ウッド [右・右]
50 ジェイムズ・ホイト [右・右]
45 アダム・プルトコ [右・右]
88 フィル・メイトン [右・右]

※CL＝クローザー

インディアンズ試合日程……＊はアウェーでの開催

3月26・28・29 タイガース	27・28・29 レイズ＊	29・30・31 ロイヤルズ
30・31・4月1 ホワイトソックス	5月1・2・3 ジャイアンツ	6月1・2・3 レッドソックス
2・3・4・5 タイガース＊	4・5・6・7 レンジャーズ	5・6・7 ロイヤルズ＊
6・7・8 ツインズ＊	8・9・10 タイガース	9・10・11 ホワイトソックス＊
9・10・11・12 レイズ	11・12・13 オリオールズ＊	12・13・14 レンジャーズ＊
14・15・16 タイガース	15・16・17 ツインズ	15・16・17・18 オリオールズ
17・18・19・20 レッドソックス＊	19・20 レッズ	19・20・21 ホワイトソックス
21・22・23 アスレティックス	22・23・24 ドジャース＊	23・24 パドレス＊
24・25・26 ヤンキース＊	25・26・27 エンジェルス＊	26・27・28 ロイヤルズ＊

球団メモ　ここ数年、同地区のタイガースをカモにしているが、昨季も勝ち星を荒かせぎ。対戦成績はなんと18勝1敗だった。4月10日の試合で敗れたあと、17連勝している。

124

■投手力 ➡…★★★★✦ 【昨年度チーム防御率3.76、リーグ3位】

　昨シーズンはエース格の3人のうち、2人が長期欠場というほかのチームなら100敗してもおかしくない状況で、ローテーションの世代交代に成功した。ビーバー、シヴァーリ、プリーサックがローテーションの主役になった。ネームバリューはないが、全員3点台の防御率を期待できる逸材で、年俸総額を減らしたい球団は、エースになったばかりのクレヴィンジャーの放出までやってしまう構えだ。ブルペンはクローザーのハンドが耐用年限を迎えた感があるため、このオフに160キロの男クラセを補強した。

■攻撃力 ➡…★★★✦★ 【昨年度チーム得点769、リーグ7位タイ】

　昨シーズン前半は中心打者のラミレスがスランプで、チーム得点が平均以下になった。しかし後半復調し、それが押し上げる形で後半はチーム得点が「中の上」レベルに上昇した。今季は、昨年7月末に移籍したレイエスにブレイクの期待がかかる。しかし、最強のトップバッターであるリンドーアは、球団の予算的な事情でトレードされるのが確実な情勢だ。これが早い時期におこなわれれば、チーム得点の減少は避けられないだろう。

■守備力 ➡…★★★★★ 【昨年度チーム失策数83、リーグ4位】

　セカンドは、昨年まで在籍したキプニスに代わり、ヘルナンデスが入るので、ハイレベルだったセンターラインがさらに強化された。

■機動力 ➡…★★★★★ 【昨年度チーム盗塁数103、リーグ4位】

　昨年は得点力が低下したため、盗塁と送りバントを積極的にやった。

総合評価 ➡ **★★★★★**

　昨年はエース格の3人と主砲が機能しない中で勝ち星を積み重ね、93勝した。今季は、シーズン中にクレヴィンジャーとリンドーアのトレードがありそうだが、うまくやりくりして優勝争いに加わってくるはずだ。今季も90勝前後までは行くだろう。

IN 主な入団選手	**OUT** 主な退団選手
投手	投手
エマニュエル・クラセ←レンジャーズ	コーリー・クルーバー➡レンジャーズ
	タイラー・クリッパード➡ツインズ
野手	野手
シーザー・ヘルナンデス←フィリーズ	ケビン・プラウェッキー➡レッドソックス
デライノ・デシールズ←レッドソックス	ジェイソン・キプニス➡所属先未定
サンディ・リオン←レッドソックス	ヤシエル・プイグ➡所属先未定

29・30・7月1・2	アストロズ	30・31・8月1・2	ホワイトソックス	31・9月1・2・3	ツインズ＊
3・4・5	ツインズ	3・4・5	ツインズ＊	4・5・6	ロッキーズ＊
7・8	レッズ＊	7・8・9	ホワイトソックス＊	8・9・10	ツインズ
9・10・11・12	ロイヤルズ	11・12	パドレス	11・12・13	エンジェルス
14	オールスターゲーム	14・15・16	マリナーズ	14・15・16	タイガース
17・18・19	ブルージェイズ＊	17・18・19	アスレティックス＊	17・18・19・20	マリナーズ＊
21・22・23	タイガース＊	20・21・22・23	ロイヤルズ＊	21・22・23	ホワイトソックス＊
24・25・26	アストロズ＊	25・26・27	ダイヤモンドバックス	25・26・27	ブルージェイズ
28・29	ロイヤルズ	28・29・30	ヤンキース		

球団メモ 1920年8月16日、ヤンキース戦で29歳のレイ・チャップマン内野手が頭部に死球を受け、命を落とした。これはメジャーにおける、死球による唯一の死亡事故。

慢性骨髄性白血病と共存しながら現役を続行 先発

59 カルロス・カラスコ
Carlos Carrasco

33歳｜193cm｜102kg｜右投右打
◆速球のスピード／150キロ台前半（フォーシーム、ツーシーム）
◆決め球と持ち球／◎スライダー、○フォーシーム、
　○ツーシーム、○チェンジアップ、△カーブ
◆対左打者被打率／.274　◆対右打者被打率／.301
◆ホーム防御率／4.39　◆アウェー防御率／6.23
◆ドラフトデータ／2003⑭フィリーズ
◆出身地／ベネズエラ　◆年俸／1025万ドル（約11億2750万円）
◆最多勝1回（17年）、カムバック賞1回（19年）、
　ロベルト・クレメンテ賞1回（19年）

球威	3
制球	5
緩急	4
守備・牽制	4
度胸	4

　球団と新たに4年4700万ドルの契約を交わして臨んだ昨季は、序盤から調子の波が大きかった。最初の3試合で計14失点、次の2試合は無失点、次の2試合は計8失点、次の2試合は無失点、そして次の3試合で15失点したあと、故障理由が不明なまま6月5日にIL（故障者リスト）入りした。その後、7月7日になって球団から、カラスコが5月に血液の癌である慢性骨髄性白血病と診断され、治療を受けているという発表があった。癌にもいろいろあって、臓器にできる癌は手術で切り取るのが最良の治療法だが、慢性骨髄性白血病の治療は、抗癌剤の一種である分子標的薬を使い続けながら進行を食い止めるという形をとる。分子標的薬は従来の抗癌剤に比べて副作用が軽いので、投与を受けながら野球活動を継続することも可能だ。それを知らされたカラスコはシーズン中の復帰に強い意欲を見せ、8月5日にマウンドからの投球練習を開始。8月20日からはマイナーの2Aで実戦に登板して9月1日に復帰した。その後はリリーフで11試合に登板し、2勝1セーブをマーク。速球のスピードは最高156キロまで出ていた。アントネリGMは今年1月末の時点では、今季の起用法について明言していないが、オープン戦でよほど悪くない限り、開幕から先発で使いたいようだ。カラスコの家は妻カレリス（キャリー）さんのほか、5人の子供（息子3人、娘2人）がいる大家族だが、みながいつも近くにいて励ましてくれたので、きずなが一層深まった。オフには、これまでの熱心な社会貢献活動を評価され、ロベルト・クレメンテ賞を授与された。

カモ Y・モンカダ（ホワイトソックス）.056（18-1）0本　M・シミエン（アスレティックス）.071（14-1）0本
苦手 N・クルーズ（ツインズ）.370（27-10）4本　J・ポランコ（ツインズ）.474（19-9）0本

年度	所属チーム	勝利	敗戦	防御率	試合	先発	セーブ	投球イニング	被安打	失点	自責点	本塁打	与四球	奪三振	WHIP
2009	インディアンズ	0	4	8.87	5	5	0	22.1	40	23	22	6	11	11	2.28
2010	インディアンズ	2	2	3.83	7	7	0	44.2	47	20	19	6	14	38	1.37
2011	インディアンズ	8	9	4.62	21	21	0	124.2	130	68	64	15	40	85	1.36
2013	インディアンズ	1	4	6.75	15	7	0	46.2	64	36	35	4	18	30	1.76
2014	インディアンズ	8	7	2.55	40	14	1	134.0	103	40	38	7	29	140	0.99
2015	インディアンズ	14	12	3.63	30	30	0	183.2	154	75	74	18	43	216	1.07
2016	インディアンズ	11	8	3.32	25	25	0	146.1	134	54	54	21	34	150	1.15
2017	インディアンズ	18	6	3.29	32	32	0	200.0	173	73	73	21	46	226	1.10
2018	インディアンズ	17	10	3.38	32	30	0	192.0	173	78	72	21	43	231	1.13
2019	インディアンズ	6	7	5.29	23	12	1	80.0	92	48	47	18	16	96	1.35
通算成績		85	69	3.82	230	183	2	1174.1	1110	525	498	137	294	1223	1.20

5年前は落ちこぼれ投手だった球宴MVP 先発

57 シェイン・ビーバー
Shane Bieber

25歳｜191cm｜91kg｜右投右打

◆速球のスピード／150キロ前後（フォーシーム主体）
◆決め球と持ち球／☆フォーシーム、☆スライダー、○カーブ、△チェンジアップ
◆対左打者被打率／.228　◆対右打者被打率／.231
◆ホーム防御率／3.64　◆アウェー防御率／2.88
◆ドラフトデータ／2016④インディアンズ
◆出身地／カリフォルニア州
◆年俸／56万3500ドル（約6200万円）+α

球威 4
制球 5
緩急 4
守備・牽制 4
度胸 4

インディアンズ

　2年目で早くもチーム最多の15勝をマークした先発右腕。昨季は先発5番手としてシーズンに入り、効率良くアウトを取るピッチングで勝ち星を積み重ねていった。シーズン成績は投手の各部門で軒並み上位に入り、投球イニング214回1/3はアメリカン・リーグ2位、奪三振259、QS24、WHIP1.05はどれも3位だった。とくに賞賛されたのは、制球力と与四球の少なさだ。与四球率1.29は、規定投球回に達したアメリカン・リーグの投手ではベストの数字で、無駄球が少ないため、完封勝ちが2試合あった。

　昨年最も注目されたのは、地元クリーブランドで開催されたオールスターゲームに代替出場したときだった。5回表に登板したビーバーは、コントレラス、マーテイ、アクーニャ Jr. を立て続けに三振に切ってとり、観衆を熱狂させた。さらにMVPにも選出され、地味な先発5番手から一夜にして、インディアンズの看板選手の一人になった。

　そのビーバーの経歴をよく知る地元のスポーツ記者は「5年前ビーバーは大学の野球チームに、一般入部で何とか入れてもらったレベルの低い投手だった。たまたまプロに行った部員が出たので、空きができて入部できたんだ。そんなヤツが、5年後にオールスターで満員の観衆の『レッツゴー・ビーバー！』の歓呼を背に、1イニングを全部三振で終わらせたんだ。こんなすごい話はない」とツイートした。このツイートにあるように、ビーバーは高校時代、大学のチームに入ることすらままならない三流投手だった。高校の最終学年になっても、速球のスピードが135キロしかなかったため、奨学金付きで勧誘に来る大学は一つもなかったのだ。しかし頭は良く、勉強はできたので、ロサンゼルス郊外にある難関カリフォルニア大学サンタバーバラ校に入学。そこの野球チームに一般入部で何とか参加を認められたので、野球を断念せずに済んだのだった。

カモ C・クローン（タイガース）.111(9-1)0本　H・ドージャー（ロイヤルズ）.143(14-2)0本
苦手 M・ゴンザレス（ツインズ）.667(9-6)1本　Y・モンカダ（ホワイトソックス）.400(15-6)2本

年度	所属チーム	勝利	敗戦	防御率	試合数	先発	セーブ	投球イニング	被安打	失点	自責点	本塁打	与四球	奪三振	WHIP
2018	インディアンズ	11	5	4.55	20	19	0	114.2	130	60	58	13	23	118	1.33
2019	インディアンズ	15	8	3.28	34	33	0	214.1	186	86	78	31	40	259	1.05
通算成績		26	13	3.72	54	52	0	329.0	316	146	136	44	63	377	1.15

サイ・ヤング賞を狙えるレベルの投手に成長　先発

52　マイク・クレヴィンジャー　*Mike Clevinger*

30歳／193cm／98kg／右投右打

◆速球のスピード／150キロ台半ば〜後半（フォーシーム主体）
◆決め球と持ち球／☆フォーシーム ☆スライダー、○カーブ、○チェンジアップ
◆対左.219 ◆対右.198 ◆ホ防1.78 ◆ア防3.58
◆ド2011④エンジェルス ◆出フロリダ州
◆年410万ドル（約4億5100万円）

球威	5
制球	3
緩急	4
守備・牽制	4
度胸	4

　クルーバーがチームを去り、カラスコが闘病中のため、いつの間にかエースになった感がある先発右腕。昨季は4月7日の登板で背中の筋肉を痛めIL入りし、2カ月以上戦列を離れた。しかし7月からは本来のパワーピッチングが見られるようになり、ハイペースで勝ち星を重ねていった。2.71という見事な防御率を出すことができたのは、フォーシームの威力がさらに増したことに加え、スライダーの制球が安定していたことが大きい。残念なのはインディアンズが予算的な制約の大きい球団であるため、年俸総額を減らす目的でトレードされる可能性が浮上していること。オフには8年前にクレヴィンジャーを放出した過去があるエンジェルスが、積極的な動きを見せていた。

| カモ Y・モンカダ（ホワイトソックス）.077(13-1)0本 | 苦手 J・ソレーア（ロイヤルズ）.500(16-8)0本 |

年度	所属チーム	勝利	敗戦	防御率	試合数	先発	セーブ	投球イニング	被安打	失点	自責点	被本塁打	与四球	奪三振	WHIP
2016	インディアンズ	3	3	5.26	17	10	0	53.0	50	31	31	8	29	50	1.49
2017	インディアンズ	12	6	3.11	27	21	0	121.2	92	46	42	13	60	137	1.25
2018	インディアンズ	13	8	3.02	32	32	0	200.0	164	71	67	21	67	207	1.16
2019	インディアンズ	13	4	2.71	21	21	0	126.0	96	38	38	10	37	169	1.06
通算成績		41	21	3.20	97	84	0	500.2	402	186	178	52	193	563	1.19

ルーキーながら10試合中6試合がQS　先発

43　アーロン・シヴァーリ　*Aaron Civale*

25歳／188cm／98kg／右投右打

◆速球のスピード／150キロ前後（シンカー主体）
◆決め球と持ち球／○シンカー、○カッター、○スライダー、○カーブ、△カーブ、△フォーシーム
◆対左.235 ◆対右.203 ◆ホ防1.09 ◆ア防3.27
◆ド2016③インディアンズ ◆出コネティカット州
◆年56万3500ドル（約6200万円）+α

球威	2
制球	4
緩急	4
守備・牽制	3
度胸	4

　昨年6月22日にスポット先発で呼ばれ、メジャーデビューした頭脳的な投球が光る先発右腕。このゲームで初勝利をあげたあと3Aに戻されたが、8月5日に再昇格し、ローテーション入りしてシーズン終了まで先発で投げた。防御率2.34という数字が示すように結果は上々で、10試合中6試合がQSだった。一番のウリは制球力。球種はシンカーとカッターが主体で、これにスライダー、カーブ、チェンジアップを組み合わせ、一球一球スピードと軌道を変えならストライクゾーンにどんどん投げ込んでくる。球種は多彩だが、アウトピッチと呼べるレベルの球種はない。特徴は左打者の外側に、バックドア・カッターをよく使うことと、シンカーとカッターが主体なのに、打球はゴロではなくフライになりやすいこと。大学2年まではリリーフで、3年のとき先発にコンバートされたとたん、目を見張る投球をするようになった。

| カモ M・ケプラー（ツインズ）.000(5-0)0本 | 苦手 —— |

年度	所属チーム	勝利	敗戦	防御率	試合数	先発	セーブ	投球イニング	被安打	失点	自責点	被本塁打	与四球	奪三振	WHIP
2019	インディアンズ	3	4	2.34	10	10	0	57.2	44	18	15	4	16	46	1.04
通算成績		3	4	2.34	10	10	0	57.2	44	18	15	4	16	46	1.04

対左=対左打者被打率　対右=対右打者被打率　ホ防=ホーム防御率　ア防=アウェー防御率
ド=ドラフトデータ　出=出身地　年=年俸　カモ 苦手 は通算成績

いろんなスライダーを投げ分ける守護神　クローザー

33 ブラッド・ハンド Brad Hand

30歳｜191cm｜100kg｜左投左打

◆速球のスピード／150キロ前後（フォーシーム主体）
◆決め球と持ち球／◎スライダー、○フォーシーム
◆対左.196　◆対右.258　◆ホ防3.34　◆ア防3.24
◆ド2008②マーリンズ　◆出ミネソタ州
◆年700万ドル（約7億7000万円）

	球威	4
	制球	3
	緩急	4
	守備・牽制	3
	度胸	3

3年契約の最終年に入る、速球とスライダーだけで投げるツーピッチ・ピッチャーのクローザー。昨季は前半戦好調で、防御率2.17、23セーブをマークしたため、3年連続でオールスターに選出されている。ところが後半戦に入ると、右打者に多投するバックドア・スライダーの制球が甘くなり、痛打されるケースが多くなった。そのため後半戦は防御率5.40、11セーブという冴えない数字になった。今季、クローザーの座をキープできるかどうかは、バックドア・スライダーのコントロールを取り戻せるかどうかにかかっている。

カモ C・シーガー（ドジャース）.077(13-1)0本　苦手 A・レンドーン（エンジェルス）.500(18-9)0本

年度	所属チーム	勝利	敗戦	防御率	試合数	先発	セーブ	投球イニング	被安打	失点	自責点	被本塁打	与四球	奪三振	WHIP
2011	マーリンズ	1	8	4.20	12	12	0	60.0	53	32	28	10	35	38	1.47
2012	マーリンズ	0	1	17.18	1	1	0	3.2	6	7	7	1	6	3	3.27
2013	マーリンズ	1	1	3.05	7	2	0	20.2	13	7	7	2	8	15	1.02
2014	マーリンズ	3	8	4.38	32	16	1	111.0	112	56	54	10	39	67	1.36
2015	マーリンズ	4	7	5.30	38	12	0	93.1	107	55	55	9	32	67	1.49
2016	パドレス	4	4	2.92	82	0	1	89.1	63	32	29	8	36	111	1.11
2017	パドレス	3	4	2.16	72	0	21	79.1	54	20	19	9	20	104	0.93
2018	パドレス	2	4	3.05	41	0	24	44.1	53	21	15	5	15	65	1.08
2018	インディアンズ	0	1	2.28	28	0	8	27.2	19	7	7	3	13	41	1.16
2018	2チーム計	2	5	2.75	69	0	32	72.0	52	28	22	8	28	106	1.11
2019	インディアンズ	6	4	3.30	60	0	34	57.1	53	21	21	6	18	84	1.24
通算成績		24	42	3.71	373	43	89	586.2	513	258	242	63	222	595	1.25

制球力と守備力はハイレベル　先発

65 ザック・プリーサック Zach Plesac

25歳｜191cm｜100kg｜右投右打

◆速球のスピード／150キロ前後（フォーシーム主体）
◆決め球と持ち球／◎スライダー、◎チェンジアップ、○フォーシーム、△カーブ
◆対左.216　◆対右.253　◆ホ防4.10　◆ア防3.51
◆ド2016⑫インディアンズ　◆出インディアナ州
◆年56万3500ドル（約6200万円）＋α

	球威	3
	制球	4
	緩急	4
	守備・牽制	5
	度胸	4

昨年5月8日にメジャーデビューし、最後まで3点台の防御率をキープしたワクワクする要素がたくさんある右腕。メジャーリーグで18シーズン投げ、65勝と158セーブをマークしたダン・プリーサックの甥。これまで一度も有望新人リストに入ったことがなかったが、投球術を磨いて昨シーズン2Aと3Aで好成績をあげ、トントン拍子にメジャーへ駆け上がった。ブルドッグ・メンタリティの投手で、打者のインサイドに果敢に投げ込む強気のピッチングが身上。変化球はチェンジアップ、スライダー、カーブとあるが、チェンジアップがベストと評価する向きが多い。長所は制球力があるため、球数がふくらまないこと。また、身体能力が高いため、守備も抜群にうまい。昨年7月27日のロイヤルズ戦では、一塁側のダグアウト前に飛んだ小飛球を、猛ダッシュしてダイビングキャッチでグラブに収め、ニュースになった。

カモ W・メリフィールド（ロイヤルズ）.182(11-2)0本　苦手 ──

年度	所属チーム	勝利	敗戦	防御率	試合数	先発	セーブ	投球イニング	被安打	失点	自責点	被本塁打	与四球	奪三振	WHIP
2019	インディアンズ	8	6	3.81	21	21	0	115.2	102	52	49	19	40	88	1.23
通算成績		8	6	3.81	21	21	0	115.2	102	52	49	19	40	88	1.23

インディアンズ

ピンチの火消し役として最高の働き

セットアップ

62 ニック・ウィットゲン Nick Wittgren

29歳／188cm／98kg／右投右打

- ◆速球のスピード／150キロ前後（フォーシーム主体）
- ◆決め球と持ち球／◎フォーシーム、○カーブ、△チェンジアップ
- ◆対左.241　◆対右.203　◆ホ防3.38　◆ア防2.10
- ◆ド2012⑨マーリンズ　◆出カリフォルニア州
- ◆年112.5万ドル（約1億2375万円）

球威 4
制球 4
緩急 2
守備・牽制 5
度胸 4

マーリンズで冷遇されたあと、インディアンズに来ていい働きをしている右腕。昨季は開幕を3Aで迎えたがすぐメジャーに呼ばれ、その後はセットアッパー、クローザー、ピンチの火消し役、ロングリリーフなど様々な役目で使われた。一番いい仕事をしたのはピンチの火消し役で、引き継いだ走者26人のうち24人を生還させなかった。生還阻止率92%はトップレベルの数字。速球は並のスピードだが、左足を三塁寄りに踏み出して体をクロスターンさせながら投げ込んでくるため、ボールの出どころが見えにくく、見た目よりずっと威力がある。ウリは速球を両サイドにキッチリ投げ分ける制球力があること。弱点はフライボール・ピッチャーであるため、一発を食いやすいこと。

| カモ | W・メリフィールド（ロイヤルズ）.000（7-0）0本 | 苦手 | A・ゴードン（ロイヤルズ）.750（4-3）0本 |

年度	所属チーム	勝利	敗戦	防御率	試合	先発	セーブ	投球イニング	被安打	失点	自責点	被本塁打	与四球	奪三振	WHIP
2016	マーリンズ	4	3	3.14	48	0	0	51.2	50	18	18	6	10	42	1.16
2017	マーリンズ	3	1	4.68	38	0	0	42.1	46	22	22	5	13	43	1.39
2018	マーリンズ	2	1	2.94	32	0	0	33.2	29	13	11	1	15	31	1.31
2019	インディアンズ	5	1	2.81	55	0	4	57.2	47	22	18	10	15	60	1.08
通算成績		14	6	3.35	173	0	4	185.1	172	75	69	22	53	176	1.21

クルーバーの見返りで獲得した火の玉投手

ミドルリリーフ　**移籍**

48 エマニュエル・クラセ Emmanuel Clase

22歳／188cm／93kg／右投右打

- ◆速球のスピード／160キロ前後（フォーシーム）
- ◆決め球と持ち球／☆フォーシーム、△スライダー
- ◆対左.227　◆対右.233　◆ホ防2.08　◆ア防2.61
- ◆ド2015⑰パドレス　◆出ドミニカ
- ◆年56万3500ドル（約6200万円）+α

球威 5
制球 3
緩急 2
守備・牽制 2
度胸 4

昨年12月のトレードでレンジャーズから移籍した、昨年の速球の平均球速が159.6キロだったリリーフ右腕。そのトレードで大エースのクルーバーがレンジャーズに放出されたが、その見返りとして受け取った選手の目玉がこのクラセだった。ドミニカ人選手ではかなり遅い18歳でプロ入り。その時点では、速球の球速は140キロ程度だった。しかしプロ入り後、筋肉を付けて体重が14キロ増えた結果、一昨年には155キロ前後になり、昨年は160キロにアップした。速球とスライダーだけで投げるツーピッチ・ピッチャー。スライダーはタテの変化が大きいタイプだが、腕の振りがやや遅くなるので見分けがつきやすく、レベルはイマイチ。通常は速球8割、スライダー2割くらいの比率で投げている。タイミングを合わせやすい投球フォームで、ハイレベルな変化球もないため、球速がすごいわりに奪三振率はさほど高くない。

| カモ | ―― | 苦手 | ―― |

年度	所属チーム	勝利	敗戦	防御率	試合	先発	セーブ	投球イニング	被安打	失点	自責点	被本塁打	与四球	奪三振	WHIP
2019	レンジャーズ	2	3	2.31	21	1	1	23.1	20	8	6	2	6	21	1.11
通算成績		2	3	2.31	21	1	1	23.1	20	8	6	2	6	21	1.11

対左=対左打者被打率　対右=対右打者被打率　ホ防=ホーム防御率　ア防=アウェー防御率
ド=ドラフトデータ　出=出身地　年=年俸　カモ　苦手は通算成績

投　手

今季はローテーション定着のラストチャンス

45 アダム・プルトコ *Adam Plutko*

29歳｜191cm｜98kg｜右投右打　速140キロ台後半（フォーシーム主体）　決◎スライダー
対左.283 対右.252 ド2013⑪インディアンズ 出カリフォルニア州 年56万3500ドル（約6200万円）+α

先発
ロングリリーフ

球 **2**
制 **3**
緩 **3**
守 **4**
度 **3**

芯を外すことと、タイミングを外すことに長けた先発右腕。昨季は5月の途中にローテーション入りしてシーズン終了まで先発で投げたが、先発陣のレベルが高いインディアンズで合格をもらえるような数字は出せなかった。今季、再チャレンジとなるが、マイナーで先発向きの優秀な人材が育っているため、ラストチャンスになるだろう。UCLA（カリフォルニア大学ロサンジェルス校）では、ゲリット・コール、トレヴァー・バウアーとチームメートでライバル関係にあった。2013年にUCLAが全米大学野球選手権を制したときは、プルトコがエースで最優秀選手に選出された。

年度	所属チーム	勝利	敗戦	防御率	試合数	先発	セーブ	投球イニング	被安打	失点	自責点	被本塁打	与四球	奪三振	WHIP
2019	インディアンズ	7	5	4.86	21	20	0	109.1	115	61	59	22	26	78	1.29
通算成績		11	10	5.08	40	32	1	189.2	198	109	107	44	51	141	1.31

リリースポイントの低さはメジャーで一番

90 アダム・シンバー *Adam Cimber*

30歳｜193cm｜88kg｜右投アンダー右打　速130キロ台後半（シンカー）　決◎シンカー
対左.296 対右.244 ド2013⑨パドレス 出オレゴン州 年56万3500ドル（約6200万円）+α

ミドル
リリーフ

球 **2**
制 **3**
緩 **4**
守 **3**
度 **3**

アンダーハンドからシンカーとスライダーを投げ込んでくる変則タイプのリリーフ右腕。一昨年パドレスでメジャーデビューしたあと、7月末のトレードでインディアンズに移籍。昨季はフルシーズン、メジャーで過ごし、68試合に登板。セットアッパー、ピンチの火消し役、右のワンポイント、ロングリリーフなど様々な役回りで使われた。ピンチの火消し役としては、引き継いだ走者の生還阻止率が76％で、「中の上」レベルだった。好調時はシンカーを低めに投げ込んで、テンポよく内野ゴロにしとめるが、疲労がたまると腕の振りが鈍くなり、投球が浮いて長打をよく食う。

年度	所属チーム	勝利	敗戦	防御率	試合数	先発	セーブ	投球イニング	被安打	失点	自責点	被本塁打	与四球	奪三振	WHIP
2019	インディアンズ	6	3	4.45	68	0	1	56.2	56	29	28	6	19	41	1.32
通算成績		9	11	3.89	138	0	1	125.0	124	57	54	11	36	99	1.28

オフはカモ猟で足腰を鍛錬する南部人

44 ハンター・ウッド *Hunter Wood*

27歳｜185cm｜79kg｜右投右打　速150キロ前後（フォーシーム主体）　決◎カッター
対左.267 対右.248 ド2013④レイズ 出アーカンソー州 年56万3500ドル（約6200万円）+α

ミドル
リリーフ

球 **3**
制 **4**
緩 **2**
守 **3**
度 **3**

昨年7月末にレイズから移籍後、念願のメジャー定着を実現したように見える右腕。レイズではリリーフの7番手だったため、シャトル便のようにメジャーとマイナーの間を行き来していたが、インディアンズに来てからそれがなくなった。球種はフォーシーム、カッター、チェンジアップ、カーブの4つで、一番の武器はカッター。これを左打者のインサイドに決める制球力もある。オフの間は足腰の鍛錬も兼ねて、毎日のように2匹の猟犬を連れてカモ猟に出かけていた。将来の夢は、まだ小さい2人の息子（イーストン君、ローリング君）とも一緒にカモ猟をすること。

年度	所属チーム	勝利	敗戦	防御率	試合数	先発	セーブ	投球イニング	被安打	失点	自責点	被本塁打	与四球	奪三振	WHIP
2019	インディアンズ	1	1	2.48	19	2	1	29.0	26	11	8	4	7	24	1.14
2019	インディアンズ	0	0	3.86	17	0	0	16.1	20	9	7	3	5	15	1.53
2019	2チーム計	1	1	2.98	36	2	1	45.1	46	20	15	7	12	39	1.28
通算成績		2	2	3.32	66	10	1	86.2	88	37	32	11	30	81	1.36

速=速球のスピード　決=決め球

インディアンズ

有力なローテーション候補の一人

先発 ロングリリーフ

68 ジェフリー・ロドリゲス *Jefry Rodriguez*

27歳｜198cm｜104kg｜右投右打｜速150キロ台前半(シンカー、フォーシーム)｜決○カーブ
対左.237 対右.294 ド2012外ナショナルズ 田ドミニカ 年56万3500ドル(約6200万円)+α

球制3
制2
緩3
守3
度3

　一昨年の12月にヤン・ゴームスを放出した見返りに、ナショナルズから獲得した投手。昨季は3Aでスタート後、メジャーで4月中旬から6月上旬にかけて8試合先発で使われた。4月末から5月にかけて3試合連続でQSが付く好投をしたため、期待が高まったが、それ以降は失点が多くなり、さらに6月以降は肩痛で戦列を離れ、ローテーション定着は今季に持ち越されることに。欠点は奪三振が少ないのに、与四球が多いこと。2017年5月に薬物検査で陽性反応が出て、80試合出場禁止になったが、それまではナショナルズのマイナーで最も評価が高い投手の一人だった。

年度	所属チーム	勝利	敗戦	防御率	試合数	先発	セーブ	投球イニング	被安打	失点	自責点	被本塁打	与四球	奪三振	WHIP
2019	インディアンズ	1	5	4.63	10	8	0	46.2	48	26	24	5	21	33	1.48
通算成績		4	8	5.20	24	16	0	98.2	91	61	57	13	58	72	1.51

制球が安定すればセットアッパーに最適

ミドルリリーフ **ルーキー**

70 ジェイムズ・カリンチャク *James Karinchak*

25歳｜191cm｜104kg｜右投右打｜速150キロ台中頃(フォーシーム主体)｜決○カーブ
対左.091 対右.222 ド2017⑨インディアンズ 田ニューヨーク州 年56万3500ドル(約6200万円)+α

球5
制2
緩5
守3
度3

　昨季、2Aと3Aでアウトの8割を三振で取った注目の奪三振マシン。150キロ台中頃のフォーシームとタテに変化するカーブをオーバーハンドで投げ込んでくるツーピッチ・ピッチャーで、高めのフォーシームを見せ球に使い、ワンバウンドするカーブで三振を取るのが基本パターン。リリーフ専任になってからスプリッターは使わなくなった。昨年9月14日にオーディション目的でメジャーに呼ばれ5試合に登板したが、ここでもアウトの半分を三振で取る豪快な投球を見せ、今季の飛躍を期待されるようになった。短所は制球に波があり、悪いときは四球を連発すること。

年度	所属チーム	勝利	敗戦	防御率	試合数	先発	セーブ	投球イニング	被安打	失点	自責点	被本塁打	与四球	奪三振	WHIP
2019	インディアンズ	0	0	1.69	5	0	0	5.1	3	1	1	0	8	8	0.75
通算成績		0	0	1.69	5	0	0	5.1	3	1	1	0	8	8	0.75

ー スコット・モス *Scott Moss*

先発 **期待度 A** **ルーキー**

26歳｜198cm｜102kg｜左投左打｜◆昨季は2A、3Aでプレー｜ド2016④レッズ｜田フロリダ州

　2000年代後半に活躍した大投手クリフ・リーに似たタイプの、奪三振率が際立って高い技巧派サウスポー。球種は140キロ台後半の速球、スライダー、チェンジアップ。この3つを効果的に組み合わせて、四隅に投げ分けてくる。ピンポイントの制球力はないが、打者の目線を狂わすことと、タイミングを外すことに長けている。

ー トリスタン・マッケンジー *Triston McKenzie*

先発 **期待度 A** **ルーキー**

23歳｜196cm｜75kg｜右投右打｜◆昨季は全休｜ド2015①インディアンズ｜田ニューヨーク州

　昨年は腰の手術で全休した昨年度の最有望新人。球種はフォーシーム、カーブ、チェンジアップ。フォーシームは平均球速が148キロくらいだが、スピン量が際立って高い一級品。2019年までにメジャーに上げる予定だったので、マイナーでの成績が悪くなければ今季早い時期に昇格となるだろう。

速=速球のスピード　決=決め球　対左=対左打者被打率　対右=対右打者被打率
ド=ドラフトデータ　田=出身地　年=年俸

守備とリードはメジャーでナンバーワンの捕手 `キャッチャー`

55 ロベルト・ペレス
Roberto Perez

32歳／180cm／100kg／右投右打　◆盗塁阻止率／.370(46-17)
◆対左投手打率／.264(129-34)　◆対右投手打率／.227(260-59)
◆ホーム打率／.228(184-42)　◆アウェー打率／.249(205-51)
◆得点圏打率／.250(100-25)
◆19年のポジション別出場数／キャッチャー=118、DH=1
◆ドラフトデータ／2008③インディアンズ
◆出身地／プエルトリコ
◆年俸／350万ドル(約3億8500万円)
◆ゴールドグラブ賞1回(19年)

ミート	2
パワー	4
走塁	2
守備	5
肩	5

インディアンズ

　ヤン・ゴームスがトレードでチームを出たため、昨年30歳で初めて正捕手になり、目を見張る活躍を見せたキャッチャー。昨季はアメリカン・リーグの捕手では最多の114試合に先発出場。守備面では盗塁阻止率が37.0%（46-17）で、30回以上走られたアメリカン・リーグの捕手の中では2位、併殺達成数12と捕手フライ捕球数22はアメリカン・リーグの捕手で1位、ワイルドピッチを出す頻度も最少レベルで、DRS（守備で防いだ失点）がメジャーの捕手で最も多い29あった。こうした守備面での驚異的な活躍を評価され、初めてゴールドグラブ賞を受賞しただけでなく、各ポジションでリーグに関係なく一人だけ選ばれるフィールディング・バイブル賞も併せて受賞。さらにウィルソン・ディフェンシブ・プレーヤー・オブ・ザ・イヤーにも選出され、昨年度の守備のMVPになった。

　もう一つの大きな功績は、B級のルーキーである先発投手シヴァーリとプリーサックを巧みにリードして、大きな戦力にしたことだ。シヴァーリがペレスと組んだ8試合の防御率は2.35、プリーサックがペレスと組んだ11試合の防御率は2.43で、この2人のB級ルーキーはペレスと組むとエースのようなピッチングを見せていた。

　また昨年は、インディアンズでは2年目のビーバーが大化けし、荒れ球だったクレヴィンジャーがエースに成長したが、これらも女房役を務めたペレスの存在を抜きに語ることはできない。

　一昨年までは「貧打のキャッチャー」の代表格だったが、昨年は打撃面でも大ブレイク。24本塁打はアメリカン・リーグの捕手（打数300以上）では3位の数字で、打点63は同4位の数字だ。

`カモ` T・ダフィー(ツインズ).417(12-5)1本　K・ギブソン(レンジャーズ).462(13-6)1本
`苦手` J・オドリッジ(ツインズ).000(10-0)0本　T・ロジャーズ(ツインズ).000(8-0)0本

年度	所属チーム	試合数	打数	得点	安打	二塁打	三塁打	本塁打	打点	四球	三振	盗塁	盗塁死	出塁率	OPS	打率
2014	インディアンズ	29	85	10	23	5	0	1	4	5	26	0	0	.311	.676	.271
2015	インディアンズ	70	184	30	42	9	1	7	21	33	64	0	0	.348	.751	.228
2016	インディアンズ	61	153	14	28	6	1	3	17	23	44	0	0	.285	.579	.183
2017	インディアンズ	73	217	22	45	12	0	8	38	26	71	0	1	.291	.664	.207
2018	インディアンズ	62	179	16	30	9	1	2	19	21	70	1	0	.256	.519	.168
2019	インディアンズ	119	389	46	93	9	1	24	63	45	127	0	0	.321	.774	.239
通算成績		414	1207	138	261	50	4	45	162	153	402	1	1	.305	.681	.216

`カモ` `苦手` は通算成績

早い時期にトレードされる可能性が高まる　ショート

12 フランシスコ・リンドーア　*Francisco Lindor*

27歳／180cm／86kg／右投両打

◆対左投手打率／.258 ◆対右投手打率／.297
◆ホーム打率／.289 ◆アウェー打率／.280 ◆得点圏打率／.202
◆19年のポジション別出場数／ショート＝137、DH＝5
◆Ⓓ2011①インディアンズ ◆Ⓔプエルトリコ
◆Ⓨ1750万ドル（約19億2500万円）◆ゴールドグラブ賞2回(16、19年)、シルバースラッガー賞2回(17、18年)

ミート **4**
パワー **5**
走塁 **5**
守備 **5**
肩 **5**

　すべてに優秀なオールラウンドプレーヤー。打者としては昨季もリードオフマンで起用され、本塁打30、二塁打40、得点100の目標ラインを昨年もすべてクリアした。ショートの守備でも、内野の司令塔としてフルに機能していたため、2016年以来2度目となるゴールドグラブ賞を受賞している。こうした華々しい活躍をしたのに、オフにはトレード話が飛び交っていた。リンドーアは今季終了後にFA権を取得するが、つなぎ止めるには7年2億ドルくらいの大型契約が必要になるため、球団が継続雇用をあきらめ、早くトレードに出して、レベルの高い見返りを得ようと考えるようになったからだ。

カモ J・ジュニス（ロイヤルズ）.500(32-16)4本　苦手 T・ロジャーズ（ツインズ）.077(13-1)0本

年度	所属チーム	試合数	打数	得点	安打	二塁打	三塁打	本塁打	打点	四球	三振	盗塁	盗塁死	出塁率	OPS	打率
2015	インディアンズ	99	390	50	122	22	4	12	51	27	69	12	2	.353	.835	.313
2016	インディアンズ	158	604	99	182	30	3	15	78	57	88	19	5	.358	.794	.301
2017	インディアンズ	159	651	99	178	44	4	33	89	60	93	15	3	.337	.842	.273
2018	インディアンズ	158	661	129	183	42	2	38	92	70	107	25	10	.352	.871	.277
2019	インディアンズ	143	598	101	170	40	2	32	74	46	98	22	5	.335	.854	.284
通算成績		717	2904	478	835	178	15	130	384	260	455	93	25	.347	.840	.288

本塁打と四球が多く三振が少ない主砲　ファースト

41 カルロス・サンタナ　*Carlos Santana*

34歳／180cm／95kg／右投両打

◆対左投手打率／.324 ◆対右投手打率／.260
◆ホーム打率／.274 ◆アウェー打率／.288 ◆得点圏打率／.289
◆19年のポジション別出場数／ファースト＝135、DH＝23
◆Ⓓ2004⑬ドジャース ◆Ⓔドミニカ
◆Ⓨ1750万ドル（約19億2500万円）◆シルバースラッガー賞1回(19年)

ミート **5**
パワー **5**
走塁 **3**
守備 **3**
肩 **4**

　1年間他球団でプレー後、パワーアップして古巣に復帰し、ワンランク上の活躍をした両打ちの一塁手。長所その1は、選球眼が良く、ボール球にあまり手を出さないこと。昨季ボール球に手を出した比率は、少ないほうのトップ5に入る。長所その2は、ボール球に手を出さないため四球が多いこと。昨年の四球108はメジャー全体でトップ5に入る数字だ。当てるのがうまく三振が少ないため、三振と四球の数が毎年同じくらいの数字になる。チェンジアップ、カーブなど、タイミングを外す変化球に強いのも大きな特長だ。

カモ D・ダフィー（ロイヤルズ）.444(36-16)3本　苦手 M・シャーザー（ナショナルズ）.080(50-4)0本

年度	所属チーム	試合数	打数	得点	安打	二塁打	三塁打	本塁打	打点	四球	三振	盗塁	盗塁死	出塁率	OPS	打率
2010	インディアンズ	46	150	23	39	13	0	6	22	37	29	3	0	.401	.868	.260
2011	インディアンズ	155	552	84	132	35	2	27	79	97	133	5	3	.351	.808	.239
2012	インディアンズ	143	507	72	128	27	2	18	76	91	101	3	5	.365	.785	.252
2013	インディアンズ	154	541	75	145	39	1	20	74	93	110	3	1	.377	.832	.268
2014	インディアンズ	152	541	68	125	25	0	27	85	113	124	5	2	.365	.792	.231
2015	インディアンズ	154	550	72	127	29	2	19	85	108	122	11	3	.357	.752	.231
2016	インディアンズ	158	582	89	151	31	3	34	87	99	99	5	2	.366	.865	.259
2017	インディアンズ	154	571	90	148	37	3	23	79	88	94	5	1	.363	.818	.259
2018	フィリーズ	161	560	82	128	28	2	24	86	110	93	2	1	.352	.766	.229
2019	インディアンズ	158	573	110	161	30	1	34	93	108	108	4	0	.397	.911	.281
通算成績		1435	5127	765	1284	294	16	232	766	944	1013	46	18	.367	.817	.250

全方向に本塁打を打てるバズーカ砲

32 **フランミル・レイエス** Franmil Reyes

25歳／196cm／125kg／右投右打

- ◆対左投手打率／.280 ◆対右投手打率／.238
- ◆ホーム打率／.245 ◆アウェー打率／.253 ◆得点圏打率／.205
- ◆19年のポジション別出場数／ライト＝86、DH＝48
- ◆㊅2011㉚パドレス ◆囲ドミニカ
- ◆匍56万3500ドル（約6200万円）＋α

ミート **3**
パワー **5+**
走塁 **2**
守備 **2**
肩 **3**

　昨年7月末の三角トレードでパドレスから移籍した、本塁打の生産能力が際立って高い打者。昨季はパドレスで7月末までに27本塁打を記録。これは11.9打数に1本というすごいペースだった。しかしインディアンズ移籍後は2カ月で10本にとどまり、生産ペースは17.0打数に1本に落ちた。ただしパドレスでは本塁打の74%がソロアーチだったのに対し、インディアンズではツーラン以上が9割を占めた。打者としての特徴は、早いカウントから積極的に打ちにいくタイプで速球系を好むこと。長所は逆方向に飛距離が出ること。昨季もライト、右中間方向へのアーチが37.8%を占めた。守備は低レベル。パドレスではライトを守っていたが、体重が130キロ近くあるため敏捷性に欠け、守備範囲が狭い。インディアンズのようにDHで使うのが正解。

|カモ| C・カーショウ（ドジャース）.417(12-5)2本　|苦手| J・デグロム（メッツ）.000(6-0)0本

年度	所属チーム	試合数	打数	得点	安打	二塁打	三塁打	本塁打	打点	四球	三振	盗塁	盗塁死	出塁率	OPS	打率
2018	パドレス	87	261	36	73	9	0	16	31	24	80	1	0	.340	.838	.280
2019	パドレス	99	321	43	82	9	0	27	46	29	93	0	0	.314	.849	.255
2019	インディアンズ	51	173	26	41	10	0	10	35	18	63	0	0	.304	.772	.237
2019	2チーム計	150	494	69	123	19	0	37	81	47	156	0	0	.310	.822	.249
通算成績		237	755	105	196	28	0	53	112	71	236	1	0	.321	.828	.260

スーパープレーを連発し、人気急上昇

35 **オスカー・メルカド** Oscar Mercado

26歳／188cm／88kg／右投右打

- ◆対左投手打率／.263 ◆対右投手打率／.273
- ◆ホーム打率／.289 ◆アウェー打率／.250 ◆得点圏打率／.323
- ◆19年のポジション別出場数／センター＝82、レフト＝24、ライト＝9、DH＝1
- ◆㊅2013②カーディナルス ◆囲コロンビア
- ◆匍56万3500ドル（約6200万円）＋α

ミート **3**
パワー **4**
走塁 **4**
守備 **4**
肩 **3**

　昨年メジャーデビューし、またたく間にセンターのレギュラーになった外野手。昨年は開幕を3Aで迎えたが、オープン戦で打率4割を記録し、早い時期の昇格が取りざたされた。メジャーデビューは5月14日で、その後途切れることなくヒットが出たおかげで2番打者に固定され、守備では主にセンターで使われた。打撃のウリはパワーとスピードを兼ね備えているため、二塁打を量産できること。勝負強さも備えており、昨年の得点圏打率は3割2分3厘。昨年は115試合で15本塁打を放っており、フル出場する今季は本塁打と盗塁の「20-20」を期待されている。守備力はオールラウンドに高い。ピンチに強いクラッチディフェンダーで、DRS（守備で防いだ失点）が9あった。コロンビア生まれだが、8歳のとき一家で米国に移住、フロリダのタンパで成長。

|カモ| D・ノリス（タイガース）.400(10-4)1本　|苦手| J・オドリッジ（ツインズ）.000(7-0)0本

年度	所属チーム	試合数	打数	得点	安打	二塁打	三塁打	本塁打	打点	四球	三振	盗塁	盗塁死	出塁率	OPS	打率
2019	インディアンズ	115	438	70	118	25	3	15	54	28	84	15	4	.318	.761	.269
通算成績		115	438	70	118	25	3	15	54	28	84	15	4	.318	.761	.269

フォーシームに対応できなくなり、大スランプに

11 ホセ・ラミレス *Jose Ramirez*

サード

28歳｜175cm｜86kg｜右投左打　対左.269　対右.248　困.266　ア.245　得.262
ド2009外インディアンズ　田ドミニカ　甲625万ドル（約6億8750万円）
◆シルバースラッガー賞2回（17、18年）

ミ 4
パ 5
走 3
守 4
肩 4

　昨年は4月から6月にかけて長いスランプがあった小さな体の強打者。一昨年は39本塁打を放ってMVP投票で3位になったが、昨年は出だしからフォーシームにうまく対応できず、打率が低空飛行を続けた。そのような事態が生じたのは、ローボールヒッターであることが知れ渡り、投手たちがこぞって高めに投げてくるようになったことも関係していたようだ。その結果、昨季前半は打率2割1分8厘、7本塁打、35打点という悲惨な数字になったが、後半は復調し、3割2分7厘、16本塁打、48打点という見事な結果を残した。今季もこの後半の好調が続く可能性がある。

年度	所属チーム	試合数	打数	得点	安打	二塁打	三塁打	本塁打	打点	四球	三振	盗塁	盗塁死	出塁率	OPS	打率
2019	インディアンズ	129	482	68	123	33	3	23	83	52	74	24	4	.327	.806	.255
通算成績		770	2774	451	776	197	22	110	391	301	361	117	28	.351	.837	.280

キプニスの後任になる野球巧者

— シーザー・ヘルナンデス *Cesar Hernandez*

セカンド　移籍

30歳｜178cm｜73kg｜右投両打　対左.263　対右.286　困.300　ア.261　得.282
ド2006外フィリーズ　田ベネズエラ　甲625万ドル（約6億8750万円）

ミ 3
パ 3
走 4
守 4
肩 3

　フィリーズが契約更新を見送ったため、1年625万ドルの契約で入団したスイッチヒッターの二塁手。打撃守備の両面で貢献度の高いヘルナンデスをフィリーズが手放したのは、今年が年俸調停期間の3年目で年俸が1180万ドルになると予想されたため、対費用効果が悪すぎと考えたからだ。典型的な野球巧者タイプで、守備ではグラブさばきがうまく、連係プレーもそつなくこなす。打撃面では二塁打を量産するタイプだが、最近はパワーアップし、本塁打も15本前後期待できる。その一方でスモールボールのスキルが高く、1点が欲しいときはバントや盗塁でチームに貢献。

年度	所属チーム	試合数	打数	得点	安打	二塁打	三塁打	本塁打	打点	四球	三振	盗塁	盗塁死	出塁率	OPS	打率
2019	フィリーズ	161	612	77	171	31	3	14	71	45	100	9	3	.333	.741	.279
通算成績		832	2915	407	807	113	29	46	253	325	620	80	35	.352	.733	.277

昨季は左投手用の左翼手としていい働き

8 ジョーダン・ラプロウ *Jordan Luplow*

レフト

27歳｜185cm｜88kg｜右投右打　対左.320　対右.216　困.282　ア.266　得.261
ド2014③パイレーツ　田カリフォルニア州　甲56万3500ドル（約6200万円）+α

ミ 3
パ 5
走 3
守 3
肩 4

　プラトーンプレーヤーを卒業したい強打の外野手。パイレーツから移籍して迎えた昨季は、出だし不調で4月中旬にマイナー落ちした。だが、2週間ほどで復帰したあとは快調に本塁打が出て、左打者のネイクインとコンビを組む形でレフトにプラトーンで起用されるようになった。打者としては失投をじっくり待つタイプ。パワーがあり、昨年の本塁打生産ペースはトップレベルの15.0打数に1本。四球をたくさん選べるため、出塁率も高い。ネイクインが昨年秋にヒザの手術を受け、今季は6月まで復帰できないため、エブリデープレーヤーになるチャンスが巡ってきた。

年度	所属チーム	試合数	打数	得点	安打	二塁打	三塁打	本塁打	打点	四球	三振	盗塁	盗塁死	出塁率	OPS	打率
2019	インディアンズ	85	225	42	62	15	1	15	38	33	61	3	2	.372	.923	.276
通算成績		149	395	64	95	19	5	21	56	49	101	5	3	.330	.804	.241

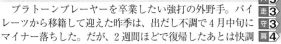

対左=対左投手打率　対右=対右投手打率　困=ホーム打率　ア=アウェー打率　得=得点圏打率
ド=ドラフトデータ　田=出身地　甲=年俸

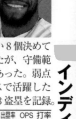

野手

インディアンズ

父から快足のDNAを受け継いだ2世選手 （センターレフト）（移籍）
0 デライノ・デシールズ Delino DeShields

28歳 / 175cm / 91kg / 右投右打 （対左）.274 （対右）.236 （得）.299 （ア）.190 （得）.329
（ド）2010①アストロズ （出）メリーランド州 （年）200万ドル（約2億2000万円）

ミ ③ / パ ② / 走 ⑤ / 肩 ②

　トレードでレンジャーズから移籍した快足外野手。一番のウリはスモールボールのスキルが高いこと。レンジャーズでは、5年間で106盗塁を記録。成功率も「上」レベルの79％だ。バント名人で、昨季もバントヒットをメジャーで2番目に多い8個決めている。守備力も高い。昨年はセンターのレギュラー格で使われていたが、守備範囲の広さは「中の上」レベルで、DRS（守備で防いだ失点）が7つあった。弱点はパワーに欠けることと弱肩。同名の父は、野茂英雄がドジャースで活躍した1995年と96年にトップバッターを務めていた快足二塁手で、通算453盗塁を記録。

年度	所属チーム	試合数	打数	得点	安打	二塁打	三塁打	本塁打	打点	四球	三振	盗塁	盗塁死	出塁率	OPS	打率
2019	レンジャーズ	118	357	42	89	15	4	4	32	38	100	24	6	.325	.672	.249
通算成績		539	1674	288	411	73	17	18	126	193	447	106	29	.326	.668	.246

ピッチャーから好投を引き出すキャッチャー （キャッチャー）（移籍）
9 サンディ・レオン Sandy Leon

31歳 / 178cm / 102kg / 右投両打 盗塁阻止率／.188(32-6) （対左）.187 （対右）.196 （得）.259
（ア）.132 （得）.209 （ド）2007外ナショナルズ （出）ベネズエラ （年）200万ドル（約2億2000万円）

ミ ② / パ ③ / 走 ① / 守 ④ / 肩 ④

　バックアップ捕手を務める、レッドソックスから移籍した守備力の高いキャッチャー。レッドソックスでは2016年から4年連続でヴァスケスと併用され、17年にはレオンが正捕手格で使われた。昨季は50試合に先発出場。盗塁阻止率は平均レベルの18.8％だったが、ワイルドピッチを出す頻度は最少レベルだった。リードのうまさに定評があり、一昨年はクリス・セイルのパーソナル捕手を務め、好成績をアシスト。昨年は不安定なポーセロから、度々好投を引き出した。出場機会を増やすには、バッティングを立て直す必要がある。速球に弱く、差し込まれることが多い。

年度	所属チーム	試合数	打数	得点	安打	二塁打	三塁打	本塁打	打点	四球	三振	盗塁	盗塁死	出塁率	OPS	打率
2019	レッドソックス	65	172	14	33	3	0	5	19	13	47	0	1	.251	.548	.192
通算成績		392	1169	129	258	51	2	25	123	93	322	1	1	.283	.615	.221

メジャーの投手の変化球に大苦戦 （ユーティリティ）（ルーキー）
2 ユー・チャン Yu Chang

25歳 / 185cm / 82kg / 右投右打 （対左）.115 （対右）.213 （得）.200 （ア）.167 （得）.118
（ド）2013外外インディアンズ （出）台湾 （年）56万3500ドル（約6200万円）+α

ミ ② / パ ④ / 走 ③ / 守 ③ / 肩 ④

　5人目の内野手としてメジャー定着を目指す、昨年メジャーデビューした台湾・台東県出身の内野手。台湾名は「張育成」。打者としては、パワーとスピードを兼ね備えており、早打ちをせず、じっくり失投を待つタイプ。昨シーズン、メジャーでは速球系には打率3割0分1厘だったが、メジャーの投手の質の高い変化球に手こずり、変化球系は1割3分7厘だった。変化球を克服できるかどうかが、メジャー定着へのカギになる。郭源治、陽岱鋼など多くの名選手を生み出した台湾の先住民アミ族の出身。兄の張進徳は捕手で、現在サンフランシスコ・ジャイアンツの2Aに在籍。

年度	所属チーム	試合数	打数	得点	安打	二塁打	三塁打	本塁打	打点	四球	三振	盗塁	盗塁死	出塁率	OPS	打率
2019	インディアンズ	28	73	8	13	2	1	1	6	11	22	0	0	.286	.560	.178
通算成績		28	73	8	13	2	1	1	6	11	22	0	0	.286	.560	.178

大谷翔平の翌日、2日連続のサイクルヒット

レフト
ファースト
DH

10 ジェイク・バウアーズ *Jake Bauers*

25歳｜185cm｜88kg｜左投左打 対左.231 対右.224 ホ.166 ア.279 得.221
ド2013⑦パドレス 出カリフォルニア州 年56万3500ドル（約6200万円）+α

ミ2
パ4
走2
守3
肩3

　打撃練習では主砲級だが、実戦では結果が出ない未完の大器。昨シーズンもブレイクの兆候が見えないままレフトとファーストで使われていたが、一瞬きらめいた瞬間はあった。最初は大谷翔平がサイクルヒットを達成した翌日にサイクルヒットをやってのけ、ニュースになったときだ。もう一つは、7月末のトレードでF・レイエスとプイグが来たあおりでマイナー落ちしたあと、ひと月ほどで復帰して代打本塁打を放ち、意地を見せたとき。このマイナー落ちは、422日間連続でメジャーで過ごし、定着したと思っていたときに突然通告されたため、怒りは半端ではなかった。

年度	所属チーム	試合数	打数	得点	安打	二塁打	三塁打	本塁打	打点	四球	三振	盗塁	盗塁死	出塁率	OPS	打率
2019	インディアンズ	117	372	46	84	16	1	12	43	45	115		3	.312	.683	.226
通算成績		213	695	94	149	38	3	23	91	99	219	9	9	.314	.691	.214

昨年3Aで期待を抱かせる成績

ユーティリティ

ー クリスチャン・アローヨ *Christian Arroyo*

25歳｜185cm｜100kg｜右投右打 対左.240 対右.200 ホ.304 ア.148 得.214
ド2013①ジャイアンツ 出フロリダ州 年56万3500ドル（約6200万円）+α

ミ2
パ3
走3
守2
肩3

　昨年7月末のトレードでレイズから来た、ケガのデパートと化している内野手。ジャイアンツ時代の2017年に、2度死球が左手の同じところを直撃、オフに修復手術を受け、完治したかに見えた。翌年はレイズに移籍し、ロンゴリアの後継者になることを期待されたが、この一番大事なときに左手の痛み、脇腹の筋肉痛、右腕上腕の腱炎などが次々に出て戦列を離れ、レギュラー獲りのチャンスを失った。右腕上腕の腱炎は昨年秋には完治しており、球団は今季5人目の内野手としてベンチ入りさせ、セカンドの2番手、サードの3番手および右の代打の切り札として活用する方針。

年度	所属チーム	試合数	打数	得点	安打	二塁打	三塁打	本塁打	打点	四球	三振	盗塁	盗塁死	出塁率	OPS	打率
2019	レイズ	16	50	8	11	2	0	2	6	3	18	0		.304	.684	.220
通算成績		70	228	22	49	9	1	6	27	19	66	1	2	.280	.622	.215

ー ダニエル・ジョンソン *Daniel Johnson*

外野手

期待度 A⁻

ルーキー

25歳｜178cm｜91kg｜左投左打　◆昨季は2A、3Aでプレー　ド2016⑤ナショナルズ 出カリフォルニア州

　開幕メジャー入りを狙うパワー、スピード、選球眼が三位一体となった外野手。昨季は2Aでプレー後、5月25日に3Aに昇格。87試合で打率3割0分6厘、二塁打27、三塁打5、本塁打9をマークした。守備は外野の3つのポジションに対応するが、並外れた強肩なのでライトで、使うのがベスト。

ー ノーラン・ジョーンズ *Nolan Jones*

サード

期待度 C⁺

ルーキー

22歳｜188cm｜84kg｜右投左打　◆昨季は1A＋、2Aでプレー　ド2016②インディアンズ 出ペンシルヴァニア州

　打者としては失投をじっくり待てるパワーヒッターで、選球眼もいいため、出塁率が高い。着実にパワーアップしており、打撃面ではメジャーレベルに接近中。ネックは守備。本職はサードだが、捕球に難があり、悪送球も多い。メジャーに上がる際、外野か一塁にコンバートされる可能性が高い。

対左＝対左投手打率　対右＝対右投手打率　ホ＝ホーム打率　ア＝アウェー打率　得＝得点圏打率
ド＝ドラフトデータ　出＝出身地　年＝年俸

シカゴ・ホワイトソックス

◆創　立：1901年
◆本拠地：イリノイ州シカゴ市
◆主要オーナー……ジェリー・レインズドーフ（弁護士、公認会計士、シカゴ・ブルズ オーナー）

◆ワールドシリーズ制覇：3回／◆リーグ優勝：6回
◆地区優勝：5回／◆ワイルドカード獲得：0回

過去5年成績

年度	勝	負	勝率	ゲーム差	地区順位	ポストシーズン成績
2015	76	86	.469	19.0	④	―
2016	78	84	.481	16.5	④	―
2017	67	95	.414	35.0	④	―
2018	62	100	.383	29.0	④	―
2019	72	89	.447	28.5	③	―

監督　17 リック・レンテリーア *Rick Renteria*

◆年　齢…………59歳（カリフォルニア州出身）
◆現役時代の経歴…5シーズン パイレーツ（1986）、
（セカンド、サード）マリナーズ（1987〜88）、マーリンズ（1993〜94）
◆現役通算成績……184試合　.237 4本　41打点
◆監督経歴…………4シーズン カブス（2014）、
　　　　　　　　　　ホワイトソックス（2017〜）
◆通算成績…………274勝373敗（勝率.423）

　シカゴの2球団で監督を務めた経験がある、メジャー史上2人目の人物。昨季も大きく負け越したが、若手が順調に成長しており、シーズン終了間際には「来年の春が待ち遠しい」と、早くも今季への期待を語っていた。ラインナップや作戦が、しばしば「本能的」と批判されることがある。昨季は開幕から約1カ月の間に3度も退場。そのハイペースぶりが話題になった。結局、シーズンを通して8度、退場になっている。この数字は昨季の監督の中では最多タイ。

注目コーチ　━ スコット・クールボー *Scott Coolbaugh*

　新打撃コーチ補佐。昨季はドジャースの3Aで打撃コーチを務めていた。1995年、96年に阪神で、のちにメジャーリーガーとなる新庄剛志や薮恵壹とプレーしている。

編成責任者　リック・ハーン *Rick Hahn*

　49歳。2018年オフから積極的に補強を進め、このオフには主砲ホセ・アブレイユと契約延長。FA捕手の目玉・グランダルも新たに獲得し、勝負モードに入っている。

スタジアム　ギャランティード・レート・フィールド *Guaranteed Rate Field*

◆開場年…………1991年
◆仕　様…………天然芝
◆収容能力………40,615人
◆フェンスの高さ…2.4m
◆特　微…………全体的に外野フェンスが低く、また、風の影響もあって、他球場に比べてホームランが出やすい傾向にある。昨年、観客の安全を考え、内野全席にネットを設置した。球場グルメのおいしさは、メジャートップクラスと評判だ。

ヒッターズパーク

115　122　113
101　　　　102

Best Order [ベストオーダー]

① レウリー・ガルシア……セカンド　　⑥ エロイ・ヒメネス……レフト
② ティム・アンダーソン……ショート　　⑦ ヤスマニ・グランダル……キャッチャー
③ ヨアン・モンカダ……サード　　　　　⑧ ルイス・ロバート……センター
④ ホセ・アブレイユ……ファースト　　　⑨ ノマー・マザーラ……ライト
⑤ エドウィン・エンカーナシオン……DH

Depth Chart [ポジション別選手層・メンバーリスト]

※2020年2月4日時点の候補選手。数字は背番号(開幕前に変更する場合もあり)、右・左等は投・打の順。

センター
88 ルイス・ロバート [右・右]
15 アダム・エンゲル [右・右]
28 レウリー・ガルシア [右・両]

レフト
74 エロイ・ヒメネス [右・右]
28 レウリー・ガルシア [右・両]

ライト
- ノマー・マザーラ [左・左]
28 レウリー・ガルシア [右・両]

ショート
7 ティム・アンダーソン [右・右]
28 レウリー・ガルシア [右・両]
20 ダニー・メンディック [右・右]

セカンド
20 レウリー・ガルシア [右・両]
20 ダニー・メンディック [右・右]

サード
10 ヨアン・モンカダ [右・両]
20 ダニー・メンディック [右・右]
28 レウリー・ガルシア [右・両]

ローテーション
27 ルーカス・ジオリート [右・右]
60 ダラス・カイクル [左・左]
- ジオ・ゴンザレス [左・右]
84 ディラン・シーズ [右・右]
40 レイナルド・ロペス [右・右]
34 マイケル・コペック [右・右]

ファースト
79 ホセ・アブレイユ [右・右]
24 ヤスマニ・グランダル [右・両]
23 エドウィン・エンカーナシオン [右・右]
38 ザック・コリンズ [右・右]

キャッチャー
24 ヤスマニ・グランダル [右・両]
33 ジェイムズ・マッキャン [右・右]
38 ザック・コリンズ [右・右]

DH
23 エドウィン・エンカーナシオン [右・右]
38 ザック・コリンズ [右・右]
24 ヤスマニ・グランダル [右・両]
79 ホセ・アブレイユ [右・右]

ブルペン
48 アレックス・コロメ [右・右] CL
39 アーロン・バマー [左・右]
31 スティーヴ・スィーシェク [右・右]
41 ケルヴィン・ヘレーラ [右・右]
57 ジェイス・フライ [左・右]
43 エヴァン・マーシャル [右・右]
60 ジミー・コーデロ [右・右]
52 イアン・ハミルトン [右・右]
51 カーソン・フルマー [右・右]
66 ホセ・ルイーズ [右・右]
- ザック・バーディ [右・右]

※CL=クローザー

ホワイトソックス試合日程……＊はアウェーでの開催

3月26・28・29 ロイヤルズ	28・29 ロッキーズ＊	29・30・31 ツインズ
30・31・**4月**1 インディアンズ＊	**5月**1・2・3 オリオールズ	**6月**2・3・4 ロイヤルズ＊
2・4・5 レッドソックス＊	5・6・7 レイズ	5・6・7 タイガース
6・7・8 マリナーズ	8・9・10 ジャイアンツ＊	9・10・11 インディアンズ
10・11・12 ツインズ	11・12・13 パドレス＊	12・13・14 アストロズ＊
13・14・15 ロイヤルズ＊	14・15・16・17 ブルージェイズ	16・17・18 タイガース＊
16・17・18・19 レンジャーズ	19・20 ロッキーズ	19・20・21 インディアンズ
20・21・22 ロイヤルズ	21・22・23・24 ツインズ＊	23・24・25 タイガース
23・24・25・26 エンジェルス＊	25・26・27・28 オリオールズ＊	26・27・28 アスレティックス

球団メモ 昨季のチーム打率2割6分1厘は、アメリカン・リーグ5位。しかし四球数がリーグ最下位で、出塁率はリーグ平均を下回った。チーム本塁打数183本はリーグ13位。

140

■投手力 ➡ …★★★☆☆ 【昨年度チーム防御率4.90、リーグ9位】

ローテーションは昨年ジオリートがブレイクしたにもかかわらず、先発防御率がリーグ11位の5.30だった。オフにノヴァがFAになり、ロドンは今季長期欠場となるが、カイクルとゴンザレスをローテーションに加えてシーズンに臨む。ネームバリューはあるが、戦力的には微妙なところだ。トミー・ジョン手術明けのコペックは、ブレイクの可能性がある逸材。期待通り回復していれば、大きな戦力になる。ブルペンは昨年リリーフ防御率が平均レベルの4.31。スィーシェクの加入で、多少レベルアップしたように見える。

■攻撃力 ➚ …★★★★☆ 【昨年度チーム得点708、リーグ13位】

昨季はチーム打率がリーグ平均を上回ったにもかかわらず、チーム得点は、リーグのワースト3位だった。しかし、オフに大型補強を断行。エンカーナシオン、グランダル、マザーラらが加入し、キューバの星ロバートが開幕から打線に名を連ねる。これで得点力が平均以上になるのは確実。ヒットばかり出て決定力を欠く状態にも、ピリオドが打たれるだろう。

■守備力 ➘ …★★☆☆☆ 【昨年度チーム失策数117、リーグ14位】

正捕手にグランダルが入るが、守備力はマッキャンのほうが上なので、過剰評価は禁物。マザーラも守備では多くを期待できない。

■機動力 ➘ …★★☆☆☆ 【昨年度チーム盗塁数63、リーグ10位】

レンテリーア監督はこれまで送りバントを多用してきたが、今季は一発志向野球になるので、細かい野球は影をひそめる可能性が高い。

ホワイトソックス

総合評価 ➡
★★★☆☆

オフの補強をしっかりやって、打線には長距離砲が顔をそろえている。故障者が続出しなければ、シーズン250本塁打も夢ではない打線だ。しかし投手陣は平均レベルに届かない顔ぶれなので、75勝は行くだろうが、85勝は難しいかもしれない。

IN 主な入団選手	**OUT** 主な退団選手
投手	**投手**
ダラス・カイクル ← ブレーブス	イヴァン・ノヴァ → タイガース
ジオ・ゴンザレス ← ブリュワーズ	ジョシュ・オーシッチ → レッドソックス
スティーヴ・スィーシェク ← カブス	ヘクター・サンティアーゴ → タイガース
野手	**野手**
ヤスマニ・グランダル ← ブリュワーズ	ヨルマー・サンチェス → ジャイアンツ
エドウィン・エンカーナシオン ← ヤンキース	ジョン・ジェイ → 所属先未定
ノマー・マザーラ ← レンジャーズ	

30・**7月**1・2	ブルージェイズ*	30・31・**8月**1・2	インディアンズ*	31・**9月**1・2・3	レイズ*
3・4・5	レンジャーズ*	3・4・5	ヤンキース*	4・5・6	ツインズ*
7・8	カブス	7・8・9	インディアンズ	8・9・10	ドジャース
10・11・12	ダイヤモンドバックス	10・11・12	エンジェルス	11・12・13	ロイヤルズ*
14	オールスターゲーム	13・15・16	ヤンキース	14・15・16	アスレチックス*
17・18・19	タイガース*	18・19	ツインズ*	17・18・19・20	ロイヤルズ
20・21	カブス*	20・21・22・23	マリナーズ*	21・22・23	インディアンズ
23・24・25・26	ツインズ	25・26・27	レッドソックス	25・26・27	タイガース*
27・28・29	アストロズ	28・29・30			

球団メモ 今年8月13日のヤンキース戦は、有名な野球映画『フィールド・オブ・ドリームス』の舞台となった、アイオワ州ダイアーズビルの仮設球場でおこなわれる予定だ。

投 手

さらなる飛躍を期すハリウッド産の新エース 先発

27 ルーカス・ジオリート
Lucas Giolito

26歳 | 198cm | 111kg | 右投右打

◆速球のスピード／150キロ台前半（フォーシーム主体）
◆決め球と持ち球／☆フォーシーム、☆チェンジアップ、○スライダー、△カーブ
◆対左打者被打率／.172　◆対右打者被打率／.235
◆ホーム防御率／4.06　◆アウェー防御率／2.83
◆ドラフトデータ／2012①ナショナルズ
◆出身地／カリフォルニア州
◆年俸／56万3500ドル（約6200万円）＋α

球威	4
制球	3
緩急	5
守備・牽制	4
度胸	4

　昨年大ブレイクした長身・イケメンの先発右腕。昨季は5月2日にハムストリング痛から復帰したあと好投が続くようになり、5月7日の登板から6月14日の登板までは8連勝。6月14日時点の成績は、10勝1敗、防御率2.22で、サイ・ヤング賞候補の一人と見なされるようになった。7月以降は勝ち運に見放されたことや、9月12日の登板を最後にシャットダウンしたことで勝ち星は14勝止まりだったが、防御率3.41はアメリカン・リーグ5位、WHIP1.06はリーグ4位で、一昨年のみじめな成績（防御率6.13）を思えばあり得ないレベルの大化けだった。

　このような目を見張る成績を残せた最大の要因は、オフにやった新しいトレーニング法でパワーアップし、速球の球速が平均3キロ向上したことだ。また、チェンジアップを投げるとき、腕の振りが長すぎたので、その動きをコンパクトにしてみたところ、リリースポイントが安定しただけでなく、腕の振りにつられてバットが出る打者が多くなった。

　ジオリートがチェンジアップを覚えたのは、高校時代のこと。トミー・ジョン手術を受けてから復帰するまでの間、たっぷり時間があったので、数種類あるチェンジアップのグリップを一つ一つ実際に投げて感触を確かめたうえで、サークルチェンジを選択した。投げるときは中指と薬指を縫い目に沿って置くツーシームグリップで握り、落差を大きくしている。

　ロサンジェルスの芸能一家の出身で、母リンゼイ・フロストは、テレビシリーズを中心に活躍してきた名のある女優。父リック・ジオリートも元俳優で、現在はプロデューサー。母方の祖父ウォーレン・フロストも俳優だった。また、叔父のマーク・フロストは脚本家兼プロデューサーと、一族がみなハリウッド関連の仕事に就いている。

カモ A・モンデシー（ロイヤルズ）.059(17-1)0本　M・サノー（ツインズ）.176(17-3)0本
苦手 N・クルーズ（ツインズ）.417(12-5)3本　J・スコープ（タイガース）.500(10-5)1本

年度	所属チーム	勝利	敗戦	防御率	試合数	先発	セーブ	投球イニング	被安打	失点	自責点	本塁打	与四球	奪三振	WHIP
2016	ナショナルズ	0	1	6.75	6	4	0	21.1	26	18	16	7	12	11	1.78
2017	ホワイトソックス	3	3	2.38	7	7	0	45.1	31	14	12	8	12	34	0.95
2018	ホワイトソックス	10	13	6.13	32	32	0	173.1	166	123	118	27	90	125	1.48
2019	ホワイトソックス	14	9	3.41	29	29	0	176.2	131	69	67	24	57	228	1.06
通算成績		27	26	4.60	74	72	0	416.2	354	224	213	66	171	398	1.26

評価が再上昇し、3年5500万ドルで入団 先発 移籍

60 ダラス・カイクル Dallas Keuchel

32歳／191cm／93kg／左投左打

◆速球のスピード／140キロ台半ば（シンカー主体）

◆決め球と持ち球／◎シンカー、○チェンジアップ、○スライダー、○カッター、△フォーシーム

◆対左.189　◆対右.281　◆ホ防2.74　◆ア防5.01

◆ド2009⑦アストロズ　◆出オクラホマ州　◆年1800万ドル（約19億8000万円）

◆サイ・ヤング賞1回(15年)、最多勝1回(15年)、ゴールドグラブ賞4回(14、15、16、18年)

球威	4	
制球	3	
緩急	4	
守・耐	5	
度胸	4	

一昨年のオフにFAになったが、評価が落ちていたのに4年契約にこだわり、契約先が見つからないまま2019年のシーズンがスタート。6月になってブレーブスに1年1600万ドルで入団が決まり、ローテーション入りして投げ始めた。その後は伝家の宝刀シンカーに、カッター、チェンジアップ、スライダーを組み合わせて、効率良くゴロを引っかけさせるピッチングを展開。19試合のうち12試合がQSだった。ゴロ打球比率60.1%は、80イニング以上投げた投手では断トツの1位。これが評価を再上昇させることになった。

カモ S・ペレス（ロイヤルズ）.083(24-2)0本　　苦手 W・メリフィールド（ロイヤルズ）.500(12-6)0本

年度	所属チーム	勝利	敗戦	防御率	試合数	先発	セーブ	投球イニング	被安打	失点	自責点	被本塁打	与四球	奪三振	WHIP
2012	アストロズ	3	8	5.27	16	16	0	85.1	93	56	50	14	39	38	1.55
2013	アストロズ	6	10	5.15	31	22	0	153.2	184	96	88	20	52	123	1.54
2014	アストロズ	12	9	2.93	29	29	0	200.0	187	71	65	11	48	146	1.18
2015	アストロズ	20	8	2.48	33	33	0	232.0	185	68	64	17	51	216	1.02
2016	アストロズ	9	12	4.55	26	26	0	168.0	168	88	85	20	48	144	1.29
2017	アストロズ	14	5	2.90	23	23	0	145.2	116	50	47	15	47	125	1.12
2018	アストロズ	12	11	3.74	34	34	0	204.2	211	92	85	18	58	153	1.31
2019	ブレーブス	8	8	3.75	19	19	0	112.2	115	50	47	16	39	91	1.37
通算成績		84	71	3.67	211	202	0	1302.0	1259	571	531	131	382	1036	1.26

クローザーで使われると気合いが入るタイプ クローザー

48 アレックス・コロメ Alex Colome

32歳／185cm／100kg／右投右打

◆速球のスピード／150キロ台前半（フォーシーム主体）

◆決め球と持ち球／☆カッター、◎フォーシーム

◆対左.190　◆対右.192　◆ホ防1.60　◆ア防4.28

◆ド2007㉔レイズ　◆出ドミニカ　◆年1053万ドル（約11億5830万円）　◆最多セーブ1回(17年)

球威	5	
制球	3	
緩急	2	
守・耐	4	
度胸	4	

昨年、リーグ2位のセーブ成功率90.9%を記録した守護神。マリナーズから移籍して迎えた昨季は、キャンプ終盤にレンテリーア監督からクローザーに指名され、大張り切り。開幕から16連続セーブの球団記録を作り、地位を固めた。通常、カッター7割、フォーシーム3割くらいの比率で投げている。昨季はカッターの制球が良く、被打率は「上」レベルの1割8分2厘。三振も82%はカッターで奪ったものだ。カッターはスプリッターのように、打者の手元でタテに変化するのが特徴。ヨコに変化するタイプは使わなくなった。

カモ C・サンタナ（インディアンズ）.000(13-0)0本　　苦手 M・カブレラ（タイガース）.500(8-4)2本

年度	所属チーム	勝利	敗戦	防御率	試合数	先発	セーブ	投球イニング	被安打	失点	自責点	被本塁打	与四球	奪三振	WHIP
2013	レイズ	1	1	2.25	3	3	0	16.0	14	8	4	2	9	12	1.44
2014	レイズ	2	0	2.66	5	3	0	23.2	19	7	7	1	10	13	1.23
2015	レイズ	8	5	3.94	43	13	0	109.2	112	50	48	9	31	88	1.30
2016	レイズ	2	4	1.91	57	0	37	56.2	43	12	12	6	15	71	1.02
2017	レイズ	2	3	3.24	65	0	47	66.2	57	27	24	4	23	58	1.20
2018	レイズ	2	5	4.15	23	0	11	21.2	24	12	10	1	8	23	1.48
2018	マリナーズ	5	0	2.53	47	0	1	46.1	35	14	13	6	13	49	1.04
2018	2チーム計	7	5	3.04	70	0	12	68.0	59	26	23	7	21	72	1.18
2019	ホワイトソックス	4	5	2.80	62	0	30	61.0	42	28	19	7	23	55	1.07
通算成績		26	23	3.07	305	19	126	401.2	346	158	137	36	132	369	1.19

対左=対左打者被打率　　対右=対右打者被打率　　ホ防=ホーム防御率　　ア防=アウェー防御率

ド=ドラフトデータ　　出=出身地　　年=年俸

ホワイトソックス

巻き返しを期待される素質エース級の逸材

先発

40 レイナルド・ロペス *Reynaldo Lopez*

26歳｜185cm｜91kg｜右投右打｜阄150キロ台前半〜中頃（フォーシーム主体）｜阄○スライダー
阦.290 阦.267 阦2012㊡ナショナルズ 阦ドミニカ 阦56万3500ドル（約6200万円）+α

球 **4**
制 **2**
緩 **2**
守 **2**
度 **2**

　一昨年は先発陣でただ一人防御率3点台をマーク。しかも終盤に目を見張る投球が続いたため、昨季はエースに成長することを期待された。しかし出だしから速球の制球が不安定で失点が多く、防御率がリーグの先発投手でワーストかそれに近い状態が続いた。そのためファンの期待は失望に変わり、シーズンを通して「マイナーに落とせ」という声にさらされた。それでもローテーションを外されずに済んだのは、たまに圧巻のピッチングを見せたからだ。4月28日のタイガース戦では、6回までに14奪三振を記録。9月5日のインディアンズ戦では、9回を1安打に抑えている。

年度	所属チーム	勝利	敗戦	防御率	試合数	先発	セーブ	投球イニング	被安打	失点	自責点	被本塁打	与四球	奪三振	WHIP
2019	ホワイトソックス	10	15	5.38	33	33	0	184.0	203	119	110	35	65	169	1.46
通算成績		25	31	4.67	84	79	0	464.1	464	263	241	71	176	392	1.38

菊池雄星に称賛された変化球のアーチスト

先発 **移籍**

一 ジオ・ゴンザレス *Gio Gonzalez*

35歳｜183cm｜93kg｜左投右打｜阄140キロ台中頃（フォーシーム、ツーシーム）｜阄☆チェンジアップ
阦.147 阦.257 阦2004㊡ホワイトソックス 阦フロリダ州 阦425万ドル（約4億6750万円）
◆最多勝1回（12年）

球 **2**
制 **3**
緩 **5**
守 **4**
度 **4**

　1年500万ドルの契約で古巣に復帰した通算130勝の左腕。昨年はメジャー契約のオファーがどこからもなく、ヤンキースにマイナー契約で入団。その後、「4月20日時点でメジャーに在籍していなければ契約を解除できる」という契約を交わしていたため、4月下旬に退団し、2018年に短期間在籍したブリュワーズにメジャー契約（年俸200万ドル）で入団。ローテーション入りし、3試合連続で1失点以内に抑える好投を見せた。その後、腕の疲労で6月1日から7月15日まで戦列を離れたが、7月20日にローテーションに復帰。シーズン終了までほとんど先発で投げている。

年度	所属チーム	勝利	敗戦	防御率	試合数	先発	セーブ	投球イニング	被安打	失点	自責点	被本塁打	与四球	奪三振	WHIP
2019	ブリュワーズ	3	2	3.50	19	17	0	87.1	76	36	34	9	37	78	1.29
通算成績		130	99	3.68	332	324	0	1901.0	1704	838	778	165	796	1826	1.31

効率良くアウトを取る内野ゴロ製造マシン

**セット
アップ**

39 アーロン・バマー *Aaron Bummer*

27歳｜191cm｜91kg｜左投右打｜阄150キロ台前半〜中頃（シンカー主体）｜阄☆シンカー
阦.178 阦.188 阦2014㊡ホワイトソックス 阦アリゾナ州 阦56万3500ドル（約6200万円）+α

球 **5**
制 **2**
緩 **2**
守 **4**
度 **4**

　セットアップマンとしていい働きをするようになった左腕のシンカーボーラー。昨季は3Aで開幕を迎えたあと4月29日にメジャーに呼ばれ、9試合連続で無失点に抑えたため、6月からセットアッパーで使われることが多くなった。最大の武器はシンカー。昨年、ゴロ打球率がメジャーのリリーフ投手で2番目に高い72.1％までアップしたのは、シンカーの割合を54％から71％に増やしたことが大きい。昨季はセットアッパーとしてアメリカン・リーグ6位の27ホールドを記録。ピンチの火消し役としても優秀で、引き継いだ走者35人のうち83％を生還させなかった。

年度	所属チーム	勝利	敗戦	防御率	試合数	先発	セーブ	投球イニング	被安打	失点	自責点	被本塁打	与四球	奪三振	WHIP
2019	ホワイトソックス	0	0	2.13	58	0	1	67.2	43	17	16	4	24	60	0.99
通算成績		1	4	3.12	125	0	1	121.1	96	47	42	9	49	112	1.20

阄=速球のスピード 阄=決め球 阦=対左打者被打率 阦=対右打者被打率
㊡=ドラフトデータ 阦=出身地 阦=年俸

クローザーが使えなくなったときの保険

セットアップ **移籍**

31 スティーヴ・スィーシェク Steve Cishek

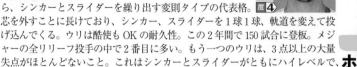

34歳 / 198cm / 98kg / 右投げ右打 / 速140キロ後半（シンカー、フォーシーム）/ 決◎シンカー
対左.216 対右.206 图2007⑤マーリンズ 囲マサチューセッツ州 囲600万ドル（約6億6000万円）

球 2
制 3
緩 5
守 3
度 4

　1年600万ドルで入団した、通算132セーブ・82ホールドの実績があるサイドハンドのリリーフ右腕。低いアングルから、シンカーとスライダーを繰り出す変則タイプの代表格。芯を外すことに長けており、シンカー、スライダーを1球1球、軌道を変えて投げ込んでくる。ウリは酷使もOKの耐久性。この2年間で150試合に登板。メジャーの全リリーフ投手の中で2番目に多い。もう一つのウリは、3点以上の大量失点がほとんどないこと。これはシンカーとスライダーがともにハイレベルで、どちらかがダメでももう一方を多投して、3つアウトを取ることができるからだ。

年度	所属チーム	勝利	敗戦	防御率	試合数	先発	セーブ	投球イニング	被安打	失点	自責点	被本塁打	与四球	奪三振	WHIP
2019	カブス	4	6	2.95	70	0	7	64.0	48	22	21	7	29	57	1.20
通算成績		32	37	2.69	572	0	132	556.0	429	187	166	37	211	584	1.15

野球以外のところでちょっとした有名人に

ミドルリリーフ

57 ジェイス・フライ Jace Fry

27歳 / 185cm / 86kg / 左投左打 / 速150キロ前後（ツーシーム、フォーシーム）/ 決◎スライダー
対左.193 対右.235 图2014③ホワイトソックス 囲オレゴン州 囲56万3500ドル（約6200万円）+α

球 2
制 2
緩 3
守 4
度 3

　2度のトミー・ジョン手術を乗り越えてメジャーの投手になった、スライダー主体の投球を見せる左腕。スライダーは14歳の頃から投げていたが、その頃投げていたのはループ状に大きく変化するタイプだった。しかしトミー・ジョン手術を2回受けたことで、現在のヒジへの負担が軽いスピードがあるタイプに変えた。昨年8月にパパになったが、一昨年秋に元婚約者であるケルシーさんが、ソーシャルメディアを使って「フライは浮気者で、（ほかの女性からもらった）性行為感染症を私に移したから婚約を解消したの」と告発し、それがあっという間に拡散したことがある。

年度	所属チーム	勝利	敗戦	防御率	試合数	先発	セーブ	投球イニング	被安打	失点	自責点	被本塁打	与四球	奪三振	WHIP
2019	ホワイトソックス	3	4	4.75	68	0	0	55.0	44	33	29	7	43	68	1.58
通算成績		5	7	4.94	138	1	4	113.0	93	69	62	12	68	141	1.42

今季の課題は一発病の克服

先発

84 ディラン・シース Dylan Cease

25歳 / 188cm / 86kg / 右投右打 / 速150キロ台中頃（フォーシーム主体）/ 決◎チェンジアップ
対左.285 対右.257 图2014⑥カブス 囲ジョージア州 囲56万3500ドル（約6200万円）+α

球 3
制 2
緩 3
守 4
度 3

　ローテーション定着を期待される、昨年7月にメジャーデビューした先発のホープ。オーバーハンドから速球、カーブ、スライダー、チェンジアップを投げ込んでくるパワーピッチャー。速球は153～158キロのスピードがあり、通常の握りで投げても低めに行くとナチュラルシンカーになる。ただ浮くとストレートな軌道になりやすく、よく一発を食う。カーブは垂直に変化するタイプだが、制球がイマイチ。スライダーは昨季被打率が1割8分3厘だが、抜けて一発を食うことがよくある。チェンジアップは通常とは逆のカッター軌道で沈むタイプで被打率は1割2分1厘。

年度	所属チーム	勝利	敗戦	防御率	試合数	先発	セーブ	投球イニング	被安打	失点	自責点	被本塁打	与四球	奪三振	WHIP
2019	ホワイトソックス	4	7	5.79	14	14	0	73.0	78	51	47	15	35	81	1.55
通算成績		4	7	5.79	14	14	0	73.0	78	51	47	15	35	81	1.55

ホワイトソックス

チェンジアップが魔球レベルに進化

43 エヴァン・マーシャル Evan Marshall

ミドル
リリーフ

30歳｜188cm｜102kg｜右投右打｜球150キロ前後（フォーシーム主体）｜決☆チェンジアップ
対左.221｜対右.233｜2011④ダイヤモンドバックス｜出カリフォルニア州｜年110万ドル（約1億2100万円）

球 4
制 2
緩 5
守 2
度 2

　チェンジアップが最強の武器になり、29歳でメジャーに定着できるようになったリリーフ右腕。昨季はマイナー契約で入団し、開幕を3Aで迎えたあと、5月1日にメジャー昇格。その後はチェンジアップを多投するピッチングで18試合連続無失点を続け、首脳陣の信頼を勝ち取り、セットアッパーで使われるようになった。チェンジアップの被打率は1割5分4厘という低さで、メジャー屈指と評価されるようになった。このチェンジアップは、サークルチェンジを手の小さい自分向けに改良したもの。制球しやすいため、両サイドに投げ分けられるのが一番いい点だという。

年度	所属チーム	勝利	敗戦	防御率	試合	先発	セーブ	投球イニング	被安打	失点	自責点	被本塁打	与四球	奪三振	WHIP
2019	ホワイトソックス	4	2	2.49	55	0	1	50.2	42	16	14	5	24	41	1.30
通算成績		8	9	4.21	156	0	1	143.1	164	74	67	14	63	124	1.58

20億円の粗大ゴミになりそうな雲行き

41 ケルヴィン・ヘレーラ Kelvin Herrera

ミドル
リリーフ

31歳｜178cm｜91kg｜右投右打｜球150キロ台中頃（フォーシーム）｜決○チェンジアップ
対左.296｜対右.283｜2006⑩ロイヤルズ｜出ドミニカ｜年850万ドル（約9億3500万円）

球 3
制 2
緩 2
守 2
度 2

　かつては時速100マイルの男として一世を風靡(ふうび)したリリーフ右腕。昨季、ホワイトソックスに2年1800万ドルの契約で入団し、ロイヤルズ時代の実績を知るファンからは強力なトップセットアッパーが来たと歓迎された。開幕後は4月末まで好投が続いたが、5月は7回1/3で自責点14の荒れようで首脳陣の信頼を失い、その後は重要度の低い場面で使われるようになった。フォーシームは最盛期には平均158.5キロあったが、昨年は154.5キロに低下。それを補ういい変化球もないので、このままでは今季限りで終わってしまう。投手生命をかけた踏ん張りに期待したい。

年度	所属チーム	勝利	敗戦	防御率	試合	先発	セーブ	投球イニング	被安打	失点	自責点	被本塁打	与四球	奪三振	WHIP
2019	ホワイトソックス	3	3	6.14	57	0	1	51.1	60	36	35	8	23	53	1.62
通算成績		27	32	3.15	520	0	61	511.1	455	193	179	48	159	507	1.20

34 マイケル・コペック Michael Kopech

先発

期待度 A

ルーキー

24歳｜191cm｜93kg｜右投右打｜◆昨季は全休｜D2014①レッドソックス｜出テキサス州

　一昨年9月にトミー・ジョン手術を受けたため昨季は全休したが、将来のエース候補という評価が揺らいでいないパワーピッチャー。制球に難があったが一昨年、それを克服して3Aで好成績をあげ、メジャーデビュー。しかしその直後、ヒジを痛めてしまった。武器は150キロ台中盤のフォーシーム。

ー タイラー・ジョンソン Tyler Johnson

リリーフ

期待度 B−

ルーキー

25歳｜188cm｜93kg｜右投右打｜◆昨季は1A+、2Aでプレー｜D2017⑤ホワイトソックス｜出ヴァージニア州

　近い将来、ホワイトソックスのセットアッパーになる人材と期待されているリリーフ右腕。ウリは奪三振率が際立って高いこと。その大半は、時速150キロ台前半の浮き上がる軌道のフォーシームで奪ったものだ。スライダーは曲がりがフラット。これがレベルアップすればメジャーへの道が開ける。

球=速球のスピード　決=決め球　対左=対左打者被打率　対右=対右打者被打率
D=ドラフトデータ　出=出身地　年=年俸
※メジャー経験がない投手の「先発」「リリーフ」はマイナーでの役割

キューバ時代もアブレイユと同じチーム　**サード**

10 ヨアン・モンカダ
Yoan Moncada

25歳｜188cm｜93kg｜右投両打

◆対左投手打率／.299(154-46)　◆対右投手打率／.322(357-115)
◆ホーム打率／.309(246-76)　◆アウェー打率／.321(265-85)
◆得点圏打率／.270(126-34)
◆19年のポジション別出場数／サード＝129、DH＝1
◆ドラフトデータ／2015㉘レッドソックス
◆出身地／キューバ
◆年俸／56万3500ドル(約6200万円)+α

ミート	4
パワー	4
走塁	4
守備	2
肩	4

　昨年ようやくブレイクしたスイッチヒッターの内野手。埋蔵資源の大きさではキューバ選手の中でナンバーワンと言われながら、打撃守備の両面で伸び悩んでいた。しかし、昨季は出だしからハイアベレージをキープ。長打もコンスタントに出たため6月末時点の数字は、打率3割0分4厘、本塁打13、二塁打16、打点44で、初めてオールスターに選出された。後半は8月にスランプがあったが、9月に盛り返して打率3割1分5厘でシーズンを終えた。昨年大化けした要因を、兄貴分のホセ・アブレイユは「あいつは前のシーズンの失敗から多くを学んだんだよ。オフにハードなトレーニングに精を出していたけど、それをやったおかげで、いろんな面で進歩したしね」と語っている。アブレイユととくに親しい関係にあるのは、キューバのトップリーグ（セリエ・ナシオナール）時代、同じシエンフエゴスのチームに所属していただけでなく、お互いの家もマルティエンポという地域にあり、同じ村の出身者という連帯感があるからだ。

　スイッチヒッターとしての特色は、左打席のほうがパワーがあり、スイングも鋭い印象を受けることだ。左打席のスイングは、全盛期のロビンソン・カノーのスイングとそっくりと評されることが多い。本人はカノーをロールモデルにしているため、それを最高のほめ言葉と思っている。

　まだ正式な結婚はしていないが、ニコル・バンクスさんという黒髪碧眼の女性とかなり以前から一緒に暮らしている。2人の間には今年4歳になるロビンソン君という男児がいるが、この名前はロビンソン・カノーにあやかったもの。ニコルさんは以前、カリフォルニア・スポーツマネジメントという代理人事務所に勤務した経験があり、現在は子育てをしながら、キューバ人選手を手助けする活動をしている。

カモ J・ジュニス(ロイヤルズ).450(20-9)2本　T・バウアー(レッズ).421(19-8)2本
苦手 C・カラスコ(インディアンズ).056(18-1)0本　M・クレヴィンジャー(インディアンズ).077(13-1)0本

年度	所属チーム	試合数	打数	得点	安打	二塁打	三塁打	本塁打	打点	四球	三振	盗塁	盗塁死	出塁率	OPS	打率
2016	レッドソックス	8	19	3	4	1	0	0	1	1	12	0	0	.250	.513	.211
2017	ホワイトソックス	54	199	31	46	8	2	8	22	29	74	3	2	.338	.750	.231
2018	ホワイトソックス	149	578	73	136	32	6	17	61	67	217	12	6	.315	.714	.235
2019	ホワイトソックス	132	511	83	161	34	5	25	79	40	154	10	3	.367	.915	.315
通算成績		343	1307	190	347	75	13	50	163	137	457	25	11	.338	.795	.265

カモ 苦手 は通算成績

打率は最高でも四球は最少だった早打ちマン ショート

7 ティム・アンダーソン Tim Anderson

27歳／185cm／84kg／右投右打

◆対左投手打率／.326 ◆対右投手打率／.339
◆ホーム打率／.325 ◆アウェー打率／.345 ◆得点圏打率／.279
◆19年のポジション別出場数／ショート=122、DH=1
◆⑤2013①ホワイトソックス ◆⑪アラバマ州
◆⑭400万ドル（約4億4000万円） ◆首位打者1回（19年）

ミート **5**
パワー **3**
走塁 **5**
守備 **2**
肩 **4**

　初めて首位打者のタイトルを手にした好打の遊撃手。昨季は出だしヒット・ラッシュとなり、4月末の時点で打率は3割7分5厘だった。しかしその後は徐々に低下して、6月25日に3割1分7厘まで落ちたところでハムストリングを痛めIL入り。しかし7月末に復帰後、またヒット・ラッシュになって、最後まで勢いが衰えなかった。一昨年は2割4分0厘だった打率が、昨年1割近くも上昇したのは、一昨年、1割6分0厘（131-21）しか打てなかったスライダーを、3割3分6厘（140-47）という高率で打てるようになったことが大きい。その一方で、早打ち癖はさらにひどくなっており、昨季は規定打席数に到達したメジャーの全打者の中で、四球が最も少なかった。

カモ	J・ハップ（ヤンキース）.563（16-9）2本	苦手	J・ヴァーランダー（アストロズ）.095（21-2）0本

年度	所属チーム	試合数	打数	得点	安打	二塁打	三塁打	本塁打	打点	四球	三振	盗塁	盗塁死	出塁率	OPS	打率
2016	ホワイトソックス	99	410	57	116	22	6	9	30	13	117	10	2	.306	.738	.283
2017	ホワイトソックス	146	587	72	151	26	4	17	56	13	162	15	1	.276	.679	.257
2018	ホワイトソックス	153	567	77	136	28	3	20	64	30	149	26	8	.281	.687	.240
2019	ホワイトソックス	123	498	81	167	32	0	18	56	15	109	17	5	.357	.865	.335
通算成績		521	2062	287	570	108	13	64	206	71	537	68	16	.303	.738	.276

打点王に輝いたキューバ亡命組の代表格 ファースト

79 ホセ・アブレイユ Jose Abreu

33歳／191cm／116kg／右投右打

◆対左投手打率／.360 ◆対右投手打率／.257
◆ホーム打率／.309 ◆アウェー打率／.262 ◆得点圏打率／.337
◆19年のポジション別出場数／ファースト=125、DH=34
◆⑤2013㉘ホワイトソックス ◆⑪キューバ ◆⑭1100万ドル（約12億1000万円）
◆打点王1回（19年）、シルバースラッガー賞2回（14、18年）、新人王（14年）

ミート **4**
パワー **5**
走塁 **2**
守備 **2**
肩 **3**

　オフに球団と新たに3年5000万ドルの契約を交わし、残留した強打の一塁手。FAになる可能性が高いと見られていたのに、長期契約で残ったのは、ラインズドーフ・オーナーがアブレイユを気に入っており、その意向が反映されたようだ。最大の長所は、毎年、判で押したようにハイレベルな成績を出せること。6年間の平均値は30本塁打102打点で、これほど計算できる打者はいないと言っていい。ホワイトソックスに入団後、3年目までは亡命を手助けしてくれた密航業者との腐れ縁が切れず、裏手数料として700万ドル以上を支払っていたが、事件化したため、今ではそのしがらみもなくなった。

カモ	M・ボイド（タイガース）.419（31-13）2本	苦手	M・ピネダ（ツインズ）.071（14-1）1本

年度	所属チーム	試合数	打数	得点	安打	二塁打	三塁打	本塁打	打点	四球	三振	盗塁	盗塁死	出塁率	OPS	打率
2014	ホワイトソックス	145	556	80	176	35	2	36	107	51	131	3	1	.383	.964	.317
2015	ホワイトソックス	154	613	88	178	34	3	30	101	39	140	0	0	.347	.850	.290
2016	ホワイトソックス	159	624	67	183	32	1	25	100	47	125	0	2	.353	.820	.293
2017	ホワイトソックス	159	621	95	189	43	6	33	102	35	119	3	0	.354	.906	.304
2018	ホワイトソックス	128	499	68	132	36	1	22	78	37	109	2	0	.325	.798	.265
2019	ホワイトソックス	159	634	85	180	38	1	33	123	36	152	2	2	.330	.834	.284
通算成績		901	3547	483	1038	218	14	179	611	245	776	10	5	.349	.862	.293

4年契約にこだわり、2度目のFAでゲット　キャッチャー

24 ヤスマニ・グランダル *Yasmani Grandal*　移籍

32歳｜185cm｜107kg｜右投両打　盗塁阻止率／.232(95-22)

◆対左投手打率／.258　◆対右投手打率／.240

◆ホーム打率／.221　◆アウェー打率／.266　◆得点圏打率／.255

◆19年のポジション別出場数／キャッチャー＝137、ファースト＝20、DH＝1

◆Ⓓ2010①レッズ　◆囲キューバ

◆匣1825万ドル（約20億750万円）

ミート **3**
パワー **5**
走塁 **2**
守備 **4**
肩 **4**

4年7300万ドルの契約で入団した強打の捕手。2018年のシーズン終了後FAになったが、希望する4年契約をゲットできず、昨季はブリュワーズでプレー。キャリアハイの28本塁打と77打点を記録して、商品価値を高めたうえで再度FAになり、念願の4年契約を手にした。守備ではボールブロックがうまいため、ワイルドピッチを出す頻度は最少レベルだが、盗塁阻止率は23.2％で平均レベル。捕手防御率は4.62で、バックアップのピーニャの3.82に後れをとった。ただウッドラフとは相性が良く、彼のブレイクを支えた。

カモ　T・チャトウッド（カブス）.412(17-7)1本　苦手　M・シャーザー（ナショナルズ）.077(13-1)0本

年度	所属チーム	試合数	打数	得点	安打	二塁打	三塁打	本塁打	打点	四球	三振	盗塁	盗塁死	出塁率	OPS	打率
2012	パドレス	60	192	28	57	7	1	8	36	31	39	0	0	.394	.863	.297
2013	パドレス	28	88	13	19	8	0	1	9	18	18	0	0	.352	.693	.216
2014	パドレス	128	377	47	85	19	1	15	49	58	115	3	0	.327	.728	.225
2015	ドジャース	115	355	43	83	12	0	16	47	65	92	0	1	.353	.756	.234
2016	ドジャース	126	390	49	89	14	1	27	72	64	116	1	3	.339	.816	.228
2017	ドジャース	129	438	50	108	27	0	22	58	40	130	0	1	.308	.767	.247
2018	ドジャース	140	440	65	106	23	2	24	68	72	124	2	1	.349	.815	.241
2019	ブリュワーズ	153	513	79	126	26	2	28	77	109	139	5	1	.380	.848	.246
通算成績		879	2793	374	673	136	7	141	416	457	773	11	7	.348	.794	.241

プラトーンで使えば大きな戦力なる打者　ライト

一 ノマー・マザーラ *Nomar Mazara*　移籍

25歳｜193cm｜98kg｜左投左打

◆対左投手打率／.220　◆対右投手打率／.288

◆ホーム打率／.273　◆アウェー打率／.264　◆得点圏打率／.250

◆19年のポジション別出場数／ライト＝101、DH＝8

◆Ⓓ2011外レンジャーズ　◆囲ドミニカ

◆匣556万ドル（約6億1160万円）

ミート **3**
パワー **5**
走塁 **2**
守備 **3**
肩 **5**

レンジャーズから移籍した強打の外野手。レ軍がずっと打線の中軸を担ってきたマザーラを放出したのは、①パワーはトップレベルなのに、いつまでたっても30本100打点級の打者に成長しない、②相変わらず左投手と相性が悪い、といった点が評価を下げる結果になったからだ。プラトーンで使うのがベターなので、今季は左投手と相性がいい右打者とコンビを組む形で使われる可能性が高い。うってつけなのは、昨年左投手を3割1分3厘という高率で打っているエンゲルだ。パワーは最強レベルなので、当たれば飛ぶ。昨年6月21日のホワイトソックス戦では、ロペスから飛距離154.2メートルの特大アーチを放っている。これは昨年、メジャーで最も飛んだ本塁打だ。

カモ　M・リーク（ダイヤモンドバックス）.409(22-9)1本　苦手　G・コール（ヤンキース）.063(16-1)0本

年度	所属チーム	試合数	打数	得点	安打	二塁打	三塁打	本塁打	打点	四球	三振	盗塁	盗塁死	出塁率	OPS	打率
2016	レンジャーズ	145	516	59	137	13	3	20	64	39	112	0	2	.320	.739	.266
2017	レンジャーズ	148	554	64	140	30	2	20	101	55	127	2	2	.323	.745	.253
2018	レンジャーズ	128	489	61	126	25	1	20	77	40	116	1	0	.317	.753	.258
2019	レンジャーズ	116	429	69	115	27	1	19	66	28	108	4	1	.318	.786	.268
通算成績		537	1988	253	518	95	7	79	308	162	463	7	5	.320	.754	.261

野手

2年目の目標は35本100打点　レフト

74 エロイ・ヒメネス Eloy Jimenez

24歳 | 193cm | 93kg | 右投右打

- ◆対左投手打率／.259　◆対右投手打率／.270
- ◆ホーム打率／.238　◆アウェー打率／.290　◆得点圏打率／.235
- ◆19年のポジション別出場数／レフト＝114、DH＝8
- ◆Ⓓ2013⑩カブス　◆囲ドミニカ
- ◆囲150万ドル（約1億6500万円）

ミート3　パワー5　走塁2　守備2　肩2

昨年の開幕時にメジャーデビューし、ルーキー最多の31本塁打、79打点を記録した外野手。打者としての特徴は、センターから逆方向に飛距離が出ること。昨年記録した本塁打31本のうち、11本はセンター方向、12本は右中間からライト方向に飛んだものだ。センター方向への本塁打の中には143.8メートル飛んだものがあり、これが昨年のチームのロンゲストアーチだった。打者としての完成度が高く、どの球種にもタイミングをうまくとって対応できる。とくに大半の右打者が打ちあぐねる右投手のスライダーに強い。守備は低レベル。守備範囲が狭く、捕球にも難がある。また、やみくもに打球を追いかけるため、フェンスや同僚と衝突し、ケガをすることがある。

カモ　J・ジュニス（ロイヤルズ）.444(9-4)1本　　苦手　T・アレクサンダー（タイガース）.182(11-2)0本

年度	所属チーム	試合数	打数	得点	安打	二塁打	三塁打	本塁打	打点	四球	三振	盗塁	盗塁死	出塁率	OPS	打率
2019	ホワイトソックス	122	468	69	125	18	2	31	79	30	134	0	0	.315	.828	.267
通算成績		122	468	69	125	18	2	31	79	30	134	0	0	.315	.828	.267

昨年の本塁打生産ペースは過去最高　DH ファースト　移籍

23 エドウィン・エンカーナシオン Edwin Encarnacion

37歳 | 185cm | 104kg | 右投右打

- ◆対左投手打率／.245　◆対右投手打率／.244
- ◆ホーム打率／.268　◆アウェー打率／.223　◆得点圏打率／.303
- ◆19年のポジション別出場数／ファースト＝57、DH＝51、セカンド＝1
- ◆Ⓓ2000⑨レンジャーズ　◆囲ドミニカ
- ◆囲1200万ドル（約13億2000万円）　◆打点王1回(16年)

ミート3　パワー5　走塁2　守備2　肩2

1年契約で入団した、8年連続で本塁打を30本以上打っている強打者。昨季はマリナーズとヤンキースでプレーしたが、8月3日に手首を骨折、109試合の出場にとどまった。だが、以前より失投をじっくり待つようになったため、本塁打を12.3打数に1本というハイペースで生産。これは過去最高のペースだ。変化球を打つ技術も依然高く、昨シーズンはチェンジアップを3割8分7厘、6本塁打、カーブを3割4分2厘、5本塁打と打ちまくった。

カモ　田中将大（ヤンキース）.444(27-12)3本　　苦手　J・ジュニス（ロイヤルズ）.125(16-2)0本

年度	所属チーム	試合数	打数	得点	安打	二塁打	三塁打	本塁打	打点	四球	三振	盗塁	盗塁死	出塁率	OPS	打率
2005	レッズ	69	211	25	49	16	0	9	31	20	60	3	0	.308	.744	.232
2006	レッズ	117	406	60	112	33	1	15	72	41	78	6	3	.359	.831	.276
2007	レッズ	139	502	66	145	25	1	16	76	39	86	8	1	.356	.794	.289
2008	レッズ	146	506	75	127	29	1	26	68	61	102	1	0	.340	.807	.251
2009	レッズ	43	139	10	29	6	1	5	16	24	38	1	1	.333	.707	.209
2009	ブルージェイズ	42	154	25	37	5	1	8	23	13	29	1	0	.306	.748	.240
2009	2チーム計	85	293	35	66	11	2	13	39	37	67	2	1	.320	.729	.225
2010	ブルージェイズ	96	332	47	81	16	0	21	51	29	60	1	0	.305	.787	.244
2011	ブルージェイズ	134	481	70	131	36	0	17	55	43	77	8	2	.334	.787	.272
2012	ブルージェイズ	151	542	93	152	24	0	42	110	84	94	13	3	.384	.941	.280
2013	ブルージェイズ	142	530	90	144	29	1	36	104	82	62	7	1	.370	.904	.272
2014	ブルージェイズ	128	477	75	128	27	2	34	98	62	62	2	1	.354	.901	.268
2015	ブルージェイズ	146	528	94	146	31	0	39	111	77	98	3	2	.372	.929	.277
2016	ブルージェイズ	160	601	99	158	34	0	42	127	87	138	2	0	.357	.886	.263
2017	インディアンズ	157	554	96	143	25	0	38	107	104	133	2	0	.377	.881	.258
2018	インディアンズ	137	500	74	123	25	1	32	107	63	132	3	0	.336	.810	.246
2019	マリナーズ	65	241	48	58	7	0	21	49	41	55	0	1	.356	.888	.241
2019	ヤンキース	44	177	33	44	11	0	13	37	17	48	0	0	.325	.856	.249
2019	2チーム計	109	418	81	102	18	0	34	86	58	103	0	1	.344	.875	.244
通算成績		1916	6681	1080	1267	363	10	414	1242	887	1372	61	14	.352	.851	.263

対左＝対左投手打率　対右＝対右投手打率　ホ＝ホーム打率　ア＝アウェー打率　得＝得点圏打率
ド＝ドラフトデータ　出＝出身地　年＝年俸

88 ルイス・ロバート Luis Robert

18歳で打率4割を記録したキューバ産の逸材

センター｜ルーキー

23歳｜191cm｜84kg｜右投右打 ◆メジャーでのプレー経験なし
🅓2017㊙ホワイトソックス 🅑キューバ 🅔150万ドル（約1億6500万円）

ミ3 パ4 走5 守3 肩3

　開幕からセンターのレギュラーとして起用される、走攻守すべてにハイレベルな外野手。キューバのトップリーグ（セリエ・ナシオナール）で、2016～17年シーズンに18歳の若さで打率4割0分1厘を記録した天才打者だ。ホワイトソックスが機敏に動き、17年5月に契約金2600万ドルで入団させることに成功。ルーキーリーグでキャリアをスタートさせ、昨シーズンはマイナーの3つのレベル（1A+、2A、3A）で合わせて本塁打32、二塁打31、三塁打11、打率3割2分8厘という見事な数字を出したため、今シーズン開幕時にメジャーデビューすることが決まった。今年1月に球団と6年5000万ドルの長期契約を交わしている。

28 レウリー・ガルシア Leury Garcia

今季は期間限定でセカンドのレギュラー

セカンド｜ライト

29歳｜173cm｜82kg｜右投両打 🈠.311 🈯.264 🅗.293 🅟.267 🈓.206
🅓2007㊙レンジャーズ 🅑ドミニカ 🅔325万ドル（約3億5750万円）

ミ4 パ3 走5 守3 肩4

　使い勝手のいい野球巧者タイプの万能プレーヤー。本来の役回りは内野外野兼用のユーティリティだが、今季は若手有望株のマドリガルがメジャーデビューするまでの間、セカンドのレギュラーを務める。昨季は故障がなく、自己最多の140試合に出場し、メジャー7年目で初めて規定打席にも到達。出塁率が低いにもかかわらず、スピードを買われ主にトップバッターで起用され、チャンスメーカーとしていい働きをしていた。得意技は、盗塁とバント。進塁打も確実に打てるため、1点が欲しい場面で役に立つ。特長は足でかせぐヒットが多いこと。スイッチヒッターで、右打席では高打率を期待できる。左打席では長打がよく出る。

年度	所属チーム	試合数	打数	得点	安打	二塁打	三塁打	本塁打	打点	四球	三振	盗塁	盗塁死	出塁率	OPS	打率
2019	ホワイトソックス	140	577	93	161	27	3	8	40	21	139	15	5	.310	.688	.279
通算成績		462	1443	186	370	54	11	23	119	57	379	56	15	.292	.649	.256

33 ジェイムズ・マッキャン James McCann

飼い殺しにされる可能性が高い優秀な捕手

キャッチャー

30歳｜191cm｜102kg｜右投右打 盗塁阻止率／.260(50-13) 🈠.295 🈯.265 🅗.257
🅟.290 🈓.321 🅓2011②タイガース 🅑カリフォルニア州 🅔540万ドル（約5億9400万円）

ミ3 パ3 走2 守4 肩4

　昨年打撃守備の両面で華々しい活躍をしたのに、グランダルが4年契約で入団したため、今季はバックアップに回る気の毒な捕手。タイガースで4シーズン正捕手を務めたあと昨年ホワイトソックスに来たが、出だしから打棒快調で、6月末時点で打率3割1分9厘、本塁打9、二塁打14をマーク。そのため初めてオールスターに選出された。守備面では盗塁阻止率が「中の上」レベルの26.0%で、捕手率刺刺が2つある。リード面ではジオリートのパーソナル捕手として、彼が先発したすべての試合で女房役を務め、大化けを支えたことが光る。ノヴァとも相性が良かった。

年度	所属チーム	試合数	打数	得点	安打	二塁打	三塁打	本塁打	打点	四球	三振	盗塁	盗塁死	出塁率	OPS	打率
2019	ホワイトソックス	118	439	62	120	26	1	18	60	30	137	4	1	.328	.789	.273
通算成績		570	1975	197	488	84	9	58	237	121	543	6	6	.297	.683	.247

ホワイトソックス

昨年シンデレラ・ストーリーの主人公に

20 ダニー・メンディック *Danny Mendick*

ユーティリティ｜ルーキー

27歳｜178cm｜86kg｜右投右打｜対左.235｜対右.364｜ホ.286｜ア.333｜得.333
ド2015㉒ホワイトソックス｜出ニューヨーク州｜年56万3500ドル（約6200万円）＋α

ミ	2
パ	2
走	3
守	3
肩	3

　昨年9月にメジャーデビューし、初安打を意表を突くスリーバントで決めたクセモノ内野手。大学時代は、スポーツ奨学金のない一般部員としてプレー。それでも通常より1年遅い大学4年終了時に、ドラフト22巡目で指名された人。契約金はたった2300ドル（25万円）だったが、そこから這い上がってメジャーに到達したド根性男。低い評価でプロ入りしたため、ルーキーリーグのときからレギュラーポジションを与えられず、サブとして使われてきたが、勝利を呼び込む打撃や、相手の隙を突くプレーを連発して高く評価され、マイナーの出世階段を着実に上がっていった。

年度	所属チーム	試合数	打数	得点	安打	二塁打	三塁打	本塁打	打点	四球	三振	盗塁	盗塁死	出塁率	OPS	打率
2019	ホワイトソックス	16	39	6	12	0	0	2	4	1	11	0	0	.325	.787	.308
通算成績		16	39	6	12	0	0	2	4	1	11	0	0	.325	.787	.308

活躍の場がない他球団が欲しがりそうなホープ

38 ザック・コリンズ *Zack Collins*

ファースト
キャッチャー
DH｜ルーキー

25歳｜191cm｜100kg｜右投左打｜盗塁阻止率.000(8-0)｜対左.136｜対右.203｜ホ.135｜ア.224｜得.261
ド2016①ホワイトソックス｜出フロリダ州｜年56万3500ドル（約6200万円）＋α

ミ	2
パ	5
走	2
守	2
肩	4

　大物捕手グランダルが4年契約で入団したため、キャッチャーとしてプレーする機会を失い、今季はバットで貢献するサブに回る不運な逸材。打者としてのウリは、選球眼とカットする技術を併せ持つため、四球で出塁する能力が際立って高いこと。マイナーでの通算打率は平均以下の2割4分4厘だが、通算出塁率はトップレベルの3割8分5厘。昨年メジャーでも打率は1割8分6厘だったが、出塁率は3割0分7厘とまずまずの数字だった。このところメキメキパワーアップしており、昨年3Aでは、本塁打を15.5打数に1本という目を見張るハイペースで生産している。

年度	所属チーム	試合数	打数	得点	安打	二塁打	三塁打	本塁打	打点	四球	三振	盗塁	盗塁死	出塁率	OPS	打率
2019	ホワイトソックス	27	86	10	16	3	1	3	12	14	39	0	0	.307	.656	.186
通算成績		27	86	10	16	3	1	3	12	14	39	0	0	.307	.656	.186

― ニック・マドリガル *Nick Madrigal*

セカンド｜期待度 A⁺｜ルーキー

23歳｜170cm｜75kg｜右投右打｜◆昨季は1A+、2A、3Aでプレー｜ド2018①ホワイトソックス｜出カリフォルニア州

　今季中盤までにメジャーデビューし、セカンドのレギュラーとして起用されることになる注目の内野手。打撃面のウリは、高度な動体視力とミートのうまさ。昨年2Aで3割4分1厘、3Aでも3割3分1厘の高打率を記録している。スピードもトップレベル。守備も敏捷でグラブさばきがうまい。

― ギャヴィン・シーツ *Gavin Sheets*

ファースト｜期待度 B⁻｜ルーキー

24歳｜193cm｜104kg｜左投左打｜◆昨季は2Aでプレー｜ド2017②ホワイトソックス｜出メリーランド州

　強打者のDNAを持って生まれてきた一塁手。父ラリーはオリオールズや日本の大洋ホエールズ（現横浜DeNA）で活躍した長距離砲。ここに来てパワーアップし、本塁打の生産能力が向上。選球眼もいいため、高い出塁率を期待できる。守備はグラブさばきがうまく強肩だが、守備範囲の広さはイマイチ。

対左＝対左投手打率　対右＝対右投手打率　ホ＝ホーム打率　ア＝アウェー打率　得＝得点圏打率
ド＝ドラフトデータ　出＝出身地　年＝年俸

カンザスシティ・ロイヤルズ

◆創　立：1969年　　　　　　　　　◆ワールドシリーズ制覇：2回　◆リーグ優勝：4回
◆本拠地：ミズーリ州カンザスシティ市　　◆地区優勝：7回　◆ワイルドカード獲得：1回
主要オーナー　ジョン・シャーマン（実業家）

過去5年成績

年度	勝	負	勝率	ゲーム差	地区順位	ポストシーズン成績
2015	95	67	.586	(12.0)	①	ワールドシリーズ制覇
2016	81	81	.500	13.5	③	―
2017	80	82	.494	22.0	③	―
2018	58	104	.358	33.0	⑤	―
2019	59	103	.364	42.0	④	―

監督　─マイク・マシーニー─ *Mike Matheny*

新

◆年　齢………50歳（オハイオ州）
◆現役時代の経歴…13シーズン　ブリュワーズ（1994～98）、
（キャッチャー）　　ブルージェイズ（1999）、カーディナルス
　　　　　　　　　（2000～04）、ジャイアンツ（2005～06）
◆現役通算成績……1305試合　.239　67本　443打点
◆監督経歴………7シーズン　カーディナルス（2012～18）
◆通算成績………591勝474敗（勝率.555）

　4度のゴールドグラブ賞獲得歴がある、捕手出身の新監督。2012年にカーディナルスの監督に就任。就任初年度から4年連続でチームをポストシーズンへ導いた、メジャー史上初の監督となった。だが、その後は期待された成績を残せず、18年途中に解任されている。伝統的なやり方を好む、いわゆる「オールドスクール」タイプの監督と見なされることが多い。カーディナルス監督時代の終盤は、データに反する作戦や継投が、しばしば批判されていた。

注目コーチ　22　カル・エルドレッド　*Cal Eldred*

　投手コーチ。53歳。今季が就任3年目。マシーニー新監督は20年来の親友で、家族ぐるみの付き合いがある。現役時代、5度のシーズン2ケタ勝利を記録している。

編成責任者　デイトン・ムーア　*Dayton Moore*

　53歳。弱小ロイヤルズを生まれ変わらせ、2015年にワールドシリーズ制覇の偉業を成し遂げた。だが、その後は再建モードに入ったままで、上昇の気配は見られず。

スタジアム　コーフマン・スタジアム　*Kauffman Stadium*

◆開場年………1973年
◆仕　様………天然芝
◆収容能力………37,903人
◆フェンスの高さ…2.4m
◆特　徴………外野が広く、外野手には広い守備範囲が求められる。本塁打はやや出にくいが、二塁打や三塁打は出やすい傾向にある。噴水の街・カンザスシティの球場だけあって、外野席には、噴水や滝の巨大ディスプレイが設置されている。

ニュートラルパーク

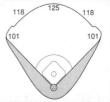

153

Best Order [ベストオーダー]

①ウィット・メリフィールド……センター
②アダルベルト・モンデシー……ショート
③ホルヘ・ソレーア……DH
④ハンター・ドージャー……ライト
⑤サルヴァドール・ペレス……キャッチャー
⑥アレックス・ゴードン……レフト
⑦ライアン・オハーン……ファースト
⑧マイケル・フランコ……サード
⑨ニッキー・ロペス……セカンド

Depth Chart [ポジション別選手層・メンバーリスト]

※2020年2月4日時点の候補選手。数字は背番号(開幕前に変更する場合もあり)、右・左等は投・打の順。

センター
15 ウィット・メリフィールド [右・右]
11 ババ・スターリング [右・右]
14 ブレット・フィリップス [右・左]

レフト
4 アレックス・ゴードン [右・左]
11 ババ・スターリング [右・右]
14 ブレット・フィリップス [右・左]

ライト
17 ハンター・ドージャー [右・右]
15 ウィット・メリフィールド [右・右]
12 ホルヘ・ソレーア [右・右]

ショート
27 アダルベルト・モンデシー [右・両]
1 ニッキー・ロペス [右・左]
− マット・レイノルズ [右・右]

セカンド
1 ニッキー・ロペス [右・左]
15 ウィット・メリフィールド [右・右]

ローテーション
56 ブラッド・ケラー [右・右]
41 ダニー・ダフィー [左・右]
65 ジェイコブ・ジュニス [右・右]
21 マイク・モンゴメリー [左・右]
57 グレン・スパークマン [右・右]
28 ホルヘ・ロペス [右・右]
32 ジェシー・ハーン [右・右]
53 エリック・スコグランド [左・左]

サード
6 マイケル・フランコ [右・右]
17 ハンター・ドージャー [右・右]

ファースト
66 ライアン・オハーン [左・左]
9 ライアン・マクブルーム [左・右]
17 ハンター・ドージャー [右・右]

キャッチャー
13 サルヴァドール・ペレス [右・右]
72 メイブリース・ヴィロリア [右・左]
36 カム・ギャラガー [右・右]

DH
12 ホルヘ・ソレーア [右・右]

ブルペン
31 イアン・ケネディ [右・右] CL
58 スコット・バーロウ [右・右]
28 ホルヘ・ロペス [右・右]
54 ティム・ヒル [左・右]
32 ジェシー・ハーン [右・右]
45 カイル・ジマー [右・右]
61 ケヴィン・マッカーシー [右・右]
43 ランディ・ロザリオ [左・左]
68 ジェイク・ニューベリー [右・右]
49 ヒース・フィルマイア [右・右]
55 リチャード・ラヴレイディ [左・左]
93 ジョシュ・ストーモント [右・右]
67 ゲイブ・スパイアー [左・右]
− チャンス・アダムズ [右・右]

※ CL =クローザー

ロイヤルズ試合日程……＊はアウェーでの開催

3月26・28・29	ホワイトソックス＊	27・28・29・30	オリオールズ＊	29・30・31	インディアンズ＊
30・4月1	タイガース＊	5月1・2・3	タイガース	6月2・3・4	ホワイトソックス
2・4・5	マリナーズ	4・5・6	アストロズ	5・6・7	インディアンズ
6・7・8	タイガース	8・9・10	ツインズ＊	9・10・11	ヤンキース＊
9・10・11・12	ブルージェイズ＊	11・12・13	アストロズ＊	12・13・14	ツインズ
13・14・15	ホワイトソックス	15・16・17	ドジャース	15・16・17	レンジャーズ＊
17・18・19	オリオールズ	18・19・20・21	エンジェルス	18・19・20・21	マリナーズ
20・21・22	ホワイトソックス＊	22・23・24	レンジャーズ	22・23・24	ロッキーズ＊
24・25・26	レイズ＊	25・26・27・28	レッドソックス＊	26・27・28	インディアンズ

球団メモ 昨年、ロイヤルズのオーナーを20年間務めていたデイヴィッド・グラスが、カンザスシティの実業家ジョン・シャーマンらのグループに、10億ドルで球団を売却。

■投手力 ➡…★★☆☆☆ 【昨年度チーム防御率5.20、リーグ13位】

ローテーションの1～4番手は、ケラー、ダフィー、ジュニス、モンゴメリーで昨季から大きな変動はない。他球団と比べると見劣りする陣容だが、リリーフ防御率がリーグで2番目に悪かったブルペンのほうが事態は深刻。守護神ケネディはまだいいとして、6～8回を安心して任せられる人材が不足。

■攻撃力 ➡…★★☆☆☆ 【昨年度チーム得点691、リーグ14位】

昨季はソレーアが本塁打王に輝いたが、それにもかかわらず、チーム本塁打数はリーグで2番目に少なかった。自慢の足を絡めた攻撃も、思うように展開できていない。オフにフランコが加入したが、過度な期待は禁物。

■守備力 ➡…★★★★☆ 【昨年度チーム失策数73、リーグ2位】

守備は名手がそろっていて、昨季の失策数はリーグで2番目に少なかった。今季は開幕から、ヒジの手術の影響で昨季全休した捕手ペレス（ゴールドグラブ賞5回受賞）が出場可能。左翼手のゴードン（ゴールドグラブ賞7回受賞）とも再契約を交わした。ロペス、モンデシーの二遊間も強固だ。

■機動力 ➡…★★★★☆ 【昨年度チーム盗塁数117、リーグ2位】

ロイヤルズと言えば「機動力」。昨季はメリフィールド、モンデシー、ハミルトンという盗塁王候補を3人もそろえてシーズン入り。この3人で、リーグ平均を上回る81個の盗塁を記録した。だが、それが得点になかなか結びつかず、チーム得点はリーグで2番目に少なかった。なお、低出塁率にあえいだハミルトンは、昨季途中、事実上の戦力外となり、チームを去っている。

ロイヤルズ

| 総合評価 ➡ ★★☆☆☆ | 昨季、トレンドに逆行する「機動力野球」が不発に終わり、「フライボール革命」の時流に乗ったソレーアが、皮肉なことに球団初の本塁打王に輝いた。マシーニー新監督もデータを駆使するタイプではない。時代に抗うロイヤルズの戦いは今季も続く。 |

IN 主な入団選手	OUT 主な退団選手
投手	投手
チャンス・アダムズ ←ヤンキース	とくになし
野手	野手
マイケル・フランコ ←フィリーズ	チェスラー・カスバート →ホワイトソックス

30・**7月**1	ダイヤモンドバックス	30・31・**8月**1・2	タイガース*	31・**9月**1・2	アスレティックス*
3・4・5	タイガース*	4・5	カーディナルス*	4・5・6	エンジェルス*
6・7・8	ツインズ*	6・7・8・9	ツインズ	7・8・9・10	アスレティックス
9・10・11・12	インディアンズ*	10・11・12	ヤンキース	11・12・13	ホワイトソックス
14	オールスターゲーム	14・15・16	ツインズ*	15・16	カーディナルス*
17・18・19	レッドソックス	17・18	ダイヤモンドバックス*	17・18・19・20	ホワイトソックス*
20・21・22	レイズ	20・21・22・23	インディアンズ	21・22・23・24	タイガース
24・25・26	パドレス	24・25・26	ブルージェイズ*	25・26・27	ツインズ
28・29	インディアンズ*	28・29・30	ジャイアンツ*		

球団メモ 昨年のドラフトで、1巡目（全体2位）に高校生遊撃手ボビー・ウィット・ジュニアを指名。父ボビーは通算142勝の元投手。西武ライオンズのザック・ニールは義兄。

バットフリップの相手に報復死球

56 ブラッド・ケラー *Brad Keller*

先 発

25歳／196cm／104kg／右投右打

◆速球のスピード／150キロ前後(フォーシーム、ツーシーム)
◆決め球と持ち球／◎フォーシーム、◎スライダー、○ツーシーム
◆[対左].251 ◆[対右].243 ◆[ホ防]4.21 ◆[ア防]4.18
◆[ド]2013⑧ダイヤモンドバックス ◆[出]ジョージア州
◆[年]56万3500ドル(約6200万円)+α

球威	4
制球	3
緩急	3
守備・牽制	4
度胸	3

　ロイヤルズの次代を担うエース候補。メジャー2年目の昨季は開幕投手を任され、7回2安打無失点で勝利投手に。最高のスタートを切ったが、その後の3カ月間は2勝しかできなかった。後半戦は盛り返したものの、腕の疲労を考慮した球団の判断で、8月末でシーズンを終えている。4月17日のホワイトソックス戦では、ケラーからホームランを放ったティム・アンダーソンが、派手なバット投げを披露。その次の打席で死球をぶつけてやり返し、退場処分を受けた。普段は真面目な好青年。アルバート・プーホールスの夫人が立ち上げた、人身売買撲滅の運動に感銘を受け、賛同の意を表明している。

[カモ] T・アンダーソン(ホワイトソックス).118(17-2)1本　[苦手] M・カブレラ(タイガース).444(9-4)0本

年度	所属チーム	勝利	敗戦	防御率	試合数	先発	セーブ	投球イニング	被安打	失点	自責点	被本塁打	与四球	奪三振	WHIP
2018	ロイヤルズ	9	6	3.08	41	20	0	140.1	133	50	48	7	50	96	1.30
2019	ロイヤルズ	7	14	4.19	28	28	0	165.1	154	80	77	15	70	122	1.35
通算成績		16	20	3.68	69	48	0	305.2	287	130	125	22	120	218	1.33

クローザー転向で輝きを取り戻す

31 イアン・ケネディ *Ian Kennedy*

クローザー

36歳／183cm／93kg／右投右打

◆速球のスピード／150キロ台前半(フォーシーム主体)
◆決め球と持ち球／◎フォーシーム、○カーブ、○カッター、△チェンジアップ
◆[対左].226 ◆[対右].298 ◆[ホ防]2.43 ◆[ア防]4.78
◆[ド]2006①ヤンキース ◆[出]カリフォルニア州
◆[年]1650万ドル(約18億1500万円) ◆最多勝1回(11年)

球威	4
制球	4
緩急	3
守備・牽制	4
度胸	4

　2011年のナショナル・リーグ最多勝右腕。ロイヤルズ移籍後、年俸に見合った働きができず、昨季は先発失格の烙印を押され、ブルペンに回ることになった。結果的にこれが大成功。速球の平均スピードが約5キロアップし、守護神として期待以上の活躍を見せた。これでシーズン20勝以上、シーズン30セーブ以上の両方を経験したことになるが、この記録の達成者は過去に、デニス・エカーズリー、デレク・ロウ、ジョン・スモルツの3名しかいない。

[カモ] C・サンタナ(インディアンズ).167(24-4)1本　[苦手] D・ラメイヒュー(ヤンキース).406(32-13)1本

年度	所属チーム	勝利	敗戦	防御率	試合数	先発	セーブ	投球イニング	被安打	失点	自責点	被本塁打	与四球	奪三振	WHIP
2007	ヤンキース	1	0	1.89	3	3	0	19.0	13	6	4	1	9	15	1.16
2008	ヤンキース	0	4	8.17	10	9	0	39.2	50	37	36	5	26	27	1.92
2009	ヤンキース	0	0	0.00	1	0	0	1.0	0	0	0	0	2	1	2.00
2010	ダイヤモンドバックス	9	10	3.80	32	32	0	194.0	163	87	82	26	70	168	1.20
2011	ダイヤモンドバックス	21	4	2.88	33	33	0	222.0	186	73	71	19	55	198	1.09
2012	ダイヤモンドバックス	15	12	4.02	33	33	0	208.1	216	101	93	28	55	187	1.30
2013	ダイヤモンドバックス	3	8	5.23	21	21	0	124.0	128	79	72	18	48	108	1.42
2013	パドレス	4	2	4.24	10	10	0	57.1	52	29	27	9	25	55	1.34
2013	2チーム計	7	10	4.91	31	31	0	181.1	180	108	99	27	73	163	1.40
2014	パドレス	13	13	3.63	33	33	0	201.0	189	85	81	16	70	207	1.29
2015	パドレス	9	15	4.28	30	30	0	168.1	166	95	80	31	52	174	1.30
2016	ロイヤルズ	11	11	3.68	33	33	0	195.2	173	81	80	33	66	184	1.22
2017	ロイヤルズ	5	13	5.38	30	30	0	154.0	143	99	92	34	61	131	1.32
2018	ロイヤルズ	3	9	4.66	22	22	0	119.2	125	66	62	20	40	105	1.38
2019	ロイヤルズ	3	2	3.41	63	0	30	63.1	64	24	24	6	17	73	1.28
通算成績		97	103	4.09	354	289	30	1767.1	1668	862	804	246	569	1633	1.28

[対左]=対左打者被打率　[対右]=対右打者被打率　[ホ防]=ホーム防御率　[ア防]=アウェー防御率
[ド]=ドラフトデータ　[出]=出身地　[年]=年俸　[カモ] [苦手] は通算成績

勇気ある告白が話題に 先発

41 ダニー・ダフィー *Danny Duffy*

32歳／191cm／93kg／左投左打

◆速球のスピード／150キロ前後（フォーシーム主体）
◆決め球と持ち球／◎スライダー、◎チェンジアップ、◎フォーシーム、△カーブ、△ツーシーム
◆対左.257 ◆対右.249 ◆ホ防4.31 ◆ア防4.39
◆ド2007③ロイヤルズ ◆出カリフォルニア州
◆年1525万ドル（約16億7750万円）

球威	4
制球	3
緩急	4
守備・走塁	3
度胸	3

メジャー10年目のシーズンを迎える、ロイヤルズ一筋のサウスポー。2016年に2ケタの勝ち星をあげ、球団と5年6500万ドルの契約を結んだ。しかし、その後は9勝、8勝、7勝と、不本意な成績が続いている。マイナー時代、有望株だったダフィーをねたむ一部の先輩投手たちから、陰湿ないじめを受け、深刻な不安障害やうつに悩まされるようになった。セラピストやムーアGMらの支援を受けてそれに対処してきたが、現在もなお、パニック発作を起こすことがあるという。こうした事実はおおやけにされていなかったが、「同じように苦しんでいる誰かのためになるなら」と、昨年9月に公表している。

| カモ | M・ガーヴァー（ツインズ）.000（11-0）0本 | 苦手 | C・サンタナ（インディアンズ）.444（36-16）3本 |

年度	所属チーム	勝利	敗戦	防御率	試合数	先発	セーブ	投球イニング	被安打	失点	自責点	被本塁打	与四球	奪三振	WHIP
2011	ロイヤルズ	4	8	5.64	20	20	0	105.1	119	66	66	15	51	87	1.61
2012	ロイヤルズ	2	2	3.90	6	6	0	27.2	26	13	12	2	18	28	1.59
2013	ロイヤルズ	2	0	1.85	5	5	0	24.1	19	5	5	0	14	22	1.36
2014	ロイヤルズ	9	12	2.53	31	25	0	149.1	113	52	42	12	53	113	1.11
2015	ロイヤルズ	7	8	4.08	30	24	1	136.2	137	64	62	15	53	102	1.39
2016	ロイヤルズ	12	3	3.51	42	26	0	179.2	163	71	70	27	42	188	1.14
2017	ロイヤルズ	9	10	3.81	24	24	0	146.1	143	67	62	13	41	130	1.26
2018	ロイヤルズ	8	12	4.88	28	28	0	155.0	161	86	84	23	70	141	1.49
2019	ロイヤルズ	7	6	4.34	23	23	0	130.2	125	69	63	21	46	115	1.31
通算成績		60	61	3.98	209	181	1	1055.0	1006	493	466	128	388	926	1.32

今季はリリーフ転向の可能性もあり 先発

65 ジェイコブ・ジュニス *Jakob Junis*

28歳／188cm／102kg／右投右打

◆速球のスピード／140キロ台後半（フォーシーム、シンカー）
◆決め球と持ち球／☆スライダー、△フォーシーム、△シンカー、△チェンジアップ
◆対左.298 ◆対右.250 ◆ホ防5.85 ◆ア防4.48
◆ド2011㉙ロイヤルズ ◆出イリノイ州
◆年56万3500ドル（約6200万円）+α

球威	2
制球	3
緩急	4
守備・走塁	2
度胸	3

またしても2ケタの勝ち星に届かなかった右腕。ハイレベルなスライダーを決め球にしているが、それを打者に警戒され、昨季は見極められることが多かった。そのため与四球率が悪化し、防御率が5点台になる原因となってしまった。結局、メジャーデビューの2017年、18年に続き、昨季も9勝でシーズンを終えている。高校卒業時のドラフトで、29巡目にロイヤルズに指名されたが、本人は大学に進学するつもりだった。だが、磨けば光る逸材と確信していたロイヤルズは高い契約金を提示し、入団させることに成功した。昨季開幕前に男児が誕生。これで3人の子供（2男1女）のパパになった。

| カモ | J・アブレイユ（ホワイトソックス）.176（17-3）1本 | 苦手 | F・リンドーア（インディアンズ）.500（32-16）4本 |

年度	所属チーム	勝利	敗戦	防御率	試合数	先発	セーブ	投球イニング	被安打	失点	自責点	被本塁打	与四球	奪三振	WHIP
2017	ロイヤルズ	9	3	4.30	20	16	0	98.1	101	52	47	15	25	80	1.28
2018	ロイヤルズ	9	12	4.37	30	30	0	177.0	182	94	86	32	43	164	1.27
2019	ロイヤルズ	9	14	5.24	31	31	0	175.1	192	108	102	31	58	164	1.43
通算成績		27	29	4.69	81	77	0	450.2	475	254	235	78	126	408	1.33

ロイヤルズ

21 マイク・モンゴメリー Mike Montgomery
移籍で念願のローテーション投手に　**先発**

31歳｜196cm｜98kg｜左投左打｜速140キロ台後半（シンカー、フォーシーム）｜決◎カーブ
対左.452 対右.273 ド2008①ロイヤルズ 出カリフォルニア州 年310万ドル（約3億4100万円）

球3 制3 緩3 守・走3 度3

　昨年7月のトレードでカブスから移籍の左腕。ローテーションに入って投げる実力がありながら、実績ある投手が顔を並べるカブスでは、リリーフと先発を兼ねるスイングマンとして起用されていた。昨季は開幕からリリーフで使われ続け、調子が上がらないまま、プロ入り時の球団であるロイヤルズへ移籍。ロイヤルズでは、本人も望んでいた先発の地位を与えられた。ピッチングは、速球（シンカー、フォーシーム）に、カーブ、チェンジアップ、カッターを交えるが、打者を封じる絶対的な球種がないのが弱点。ステファニー夫人はミシガン大学出身の才媛で、元Google勤務。

年度	所属チーム	勝利	敗戦	防御率	試合数	先発	セーブ	投球イニング	被安打	失点	自責点	本塁打	与四球	奪三振	WHIP
2019	カブス	1	2	5.67	20	0	0	27.0	35	18	17	6	13	18	1.78
2019	ロイヤルズ	2	7	4.64	13	13	0	64.0	78	37	33	6	21	51	1.55
2019	2チーム計	3	9	4.95	33	13	0	91.0	113	55	50	12	34	69	1.62
通算成績		23	34	3.83	180	69	3	535.2	518	247	228	57	203	411	1.35

58 スコット・バーロウ Scott Barlow
2018年日米野球で秋山翔吾から三振を奪う　**セットアップ**

28歳｜191cm｜98kg｜右投右打｜速150キロ台前半（フォーシーム主体）｜決◎スライダー
対左.288 対右.209 ド2011⑥ドジャース 出カリフォルニア州 年56万3500ドル（約6200万円）+α

球3 制2 緩2 守・走2 度3

　今季はセットアッパーとしての役割が期待される右腕。昨年5月10日のフィリーズ戦では、2イニングを6者連続三振で抑える完璧なリリーフ。実力をアピールすると、シーズン後半は大事な場面で登板するケースが多くなり、期待に応える活躍を見せた。後半戦の防御率は2.12という見事な数字を残している。ピッチングの基本は、速球とスライダーのコンビネーション。時折、120キロ台のカーブも交え、打者のタイミングを外してくる。2018年の日米野球では、MLBオールスターチームの一員として来日。今季よりメジャーでプレーする秋山翔吾から、カーブで三振を奪っている。

年度	所属チーム	勝利	敗戦	防御率	試合数	先発	セーブ	投球イニング	被安打	失点	自責点	本塁打	与四球	奪三振	WHIP
2019	ロイヤルズ	3	3	4.22	61	0	1	70.1	64	33	33	6	37	92	1.44
通算成績		4	4	4.11	67	0	1	85.1	80	44	39	8	40	107	1.41

54 ティム・ヒル Tim Hill
病苦に打ち克ち、メジャー定着　**セットアップ**

30歳｜188cm｜91kg｜左投左右打｜速140キロ台中頃（シンカー、フォーシーム）｜決◎シンカー
対左.186 対右.238 ド2014㉜ロイヤルズ 出カリフォルニア州 年56万3500ドル（約6200万円）+α

球3 制3 緩3 守・走3 度3

　右打者にも強い左のサイドハンド。シンカーを武器に、ゴロを打たせてアウトを取るピッチングが持ち味だ。昨シーズンは、前半こそマイナー落ちも経験したが、後半に入って復調。初セーブも記録した。首脳陣の評価をさらに得るには、ランナーを引き継いだ場面で、もう少し抑えられるようになる必要がある。プロ入り時の評価は高くなく、ドラフト32巡目指名で入団。しかもプロ入りからまもなくして、大腸癌が発覚。治療の過程で、100キロ近くあった体重は60キロ台まで減ってしまった。しかしそこから不屈の精神で練習に励み、メジャーまで到達したのは称賛に値する。

年度	所属チーム	勝利	敗戦	防御率	試合数	先発	セーブ	投球イニング	被安打	失点	自責点	本塁打	与四球	奪三振	WHIP
2019	ロイヤルズ	2	0	3.63	46	0	1	39.2	31	17	16	4	13	39	1.11
通算成績		3	4	4.11	116	0	3	85.1	75	45	39	8	27	81	1.22

速=速球のスピード　決=決め球　対左=対左打者被打率　対右=対右打者被打率
ド=ドラフトデータ　出=出身地　年=年俸

ロイヤルズ

序盤不調もシーズン終盤に好投
ミドルリリーフ

61 ケヴィン・マッカーシー Kevin McCarthy

28歳｜191cm｜98kg｜右投右打 球140キロ台中頃（ツーシーム主体）決◯ツーシーム
対左.297 対右.277 ド2013⑯ロイヤルズ 囲ニューヨーク州 俸56万3500ドル（約6200万円）+α

球 3
制 3
緩 3
守 3
度 3

昨季、チームで3番目に多い56試合に登板したリリーフ右腕。一昨年、リリーフで65試合に登板し、防御率3.25をマーク。昨季もセットアッパーとして大いに期待されたが、開幕直後は失点を重ね、マイナー落ちも経験した。だが、5月下旬にメジャー復帰後はシーズン終了まで投げ、最後の9試合は自責点0に抑えている。高校3年生のときに急成長し、マリスト大学で活躍。2013年のドラフトでは指名されるかどうか、家族で半信半疑だったが、無事ロイヤルズから16巡目に指名され、プロ入り。16年にメジャー昇格を果たして、同大学初のメジャーリーガーになった。

年度	所属チーム	勝利	敗戦	防御率	試合数	先発	セーブ	投球イニング	被安打	失点	自責点	被本塁打	与四球	奪三振	WHIP
2019	ロイヤルズ	4	2	4.48	56	0	1	60.1	68	31	30	4	21	38	1.48
通算成績		11	6	3.78	164	0	4	185.2	199	90	78	16	59	118	1.39

成功のカギは自分を信じること
先発 ミドルリリーフ

28 ホルヘ・ロペス Jorge Lopez

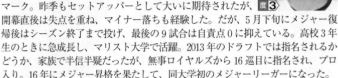

27歳｜191cm｜88kg｜右投右打 球150キロ台前半（フォーシーム、シンカー）決◯スライダー
対左.332 対右.241 ド2011②ブリュワーズ 囲プエルトリコ 俸56万3500ドル（約6200万円）+α

球 4
制 3
緩 2
守 3
度 2

先発ローテーションの座を狙う、プエルトリコ出身の右腕。昨年はシーズン序盤と8月以降、ローテーションに入って投げる機会を与えられたが、思うような結果を残せなかった。課題はメンタル面。同僚のウィットフィールドも、「自分の能力をもっと信じること」と語っている。ロペス本人も、昨シーズン後半から自身の力を信頼できるようになってきているので、今季のブレイクが期待される。6歳の息子と妻の存在が最大のモチベーション。息子のマイケル君は、赤ちゃんの頃から複数の難病を抱えており、「野球で成功し、お金をかせぎたいんだ。それが息子を助けるんだ」。

年度	所属チーム	勝利	敗戦	防御率	試合数	先発	セーブ	投球イニング	被安打	失点	自責点	被本塁打	与四球	奪三振	WHIP
2019	ロイヤルズ	4	9	6.33	39	18	1	123.2	140	94	87	27	42	109	1.47
通算成績		7	15	5.89	59	27	1	189.1	215	131	124	33	70	157	1.51

─ ブレイディ・シンガー Brady Singer
先発 **期待度 A⁻** **ルーキー**

24歳｜196cm｜95kg｜右投右打 ◆昨季は1A+、2Aでプレー ド2018①ロイヤルズ 囲フロリダ州

2018年のドラフトで、ロイヤルズが1巡目に指名した期待の星。昨季は後半から2Aで投げ、3.47の防御率を残している。ピッチングは、最速154キロの速球に、スライダー、チェンジアップを交える。今季はまず3Aで投げ、早い時期のメジャー昇格が見込まれている。趣味はハンティングと釣り。

─ ジャクソン・コーワー Jackson Kowar
先発 **期待度 B** **ルーキー**

24歳｜196cm｜82kg｜右投右打 ◆昨季は1A+、2Aでプレー ド2018①ロイヤルズ 囲ノースカロライナ州

昨季2Aでの防御率は3.53。ハイレベルなチェンジアップが最大の武器だ。ロイヤルズが2018年のドラフトで、1巡目終了後の補完指名で獲得。同じ大学出身で同期のブレイディ・シンガーは、良き友、そしてローテーションの座を争うライバルでもある。シンガーいわく、「オシャレでは負ける」。

本塁打はリーグ1位、打点はリーグ2位

DH
ライト

12 ホルヘ・ソレーア
Jorge Soler

28歳｜193cm｜104kg｜右投右打

◆対左投手率／.259(143-37) ◆対右投手率／.267(446-119)
◆ホーム率／.265(294-78) ◆アウェー率／.264(295-78)
◆得点圏打率／.268(138-37)
◆19年のポジション別出場数／DH=107、ライト=56
◆ドラフトデータ／2012⑭カブス
◆出身地／キューバ
◆年俸／730万ドル（約8億300万円）
◆本塁打王1回(19年)

ミート	3
パワー	5
走塁	3
守備	2
肩	4

　球団史上初のホームラン王に輝いた、キューバ出身のパワーヒッター。昨季は開幕から快調に一発を放っていたが、シーズン後半にそのペースがさらにアップ。8月と9月に10本ずつ外野席に叩き込み、アメリカン・リーグ最多の48本塁打をマークした。これまでの球団記録は、2017年にマイク・ムスタカスが放った38本塁打。その数字を一気に10本も更新したことになる。本塁打が出にくい本拠地チームに在籍しながらの、非常に価値あるタイトル獲得となった。「ロイヤルズ初の本塁打王」とともに、誇りに思っていることがある。「キューバ人選手のシーズン最多本塁打」を記録したことだ。キューバ出身の大打者ラファエル・パルメイロの47本塁打を上回ったことは、「本当に特別なことなんだ」と語っている。

　ボールを叩きつぶすような激しいスイングが特徴だが、それも原因の一つとなって、これまでのソレーアはとにかく故障が多かった。しかしメジャー6年目の昨季は、初めて大きな故障なくシーズンを過ごし、好調な状態をキープしたまま全162試合に出場。それが本塁打の大幅増につながった。後半戦の打撃成績がとくに良かったのは、シーズン半ばから、ボール球にあまり手を出さなくなったことが大きい。シーズン序盤は、4月21日のヤンキース戦で5打席5三振を喫したように、粗さが目立った。それもあり、昨季の178三振はリーグワーストの数字だった。

　キューバの首都ハバナ出身。ジュニア・ナショナルチームのメンバーにも選ばれた逸材だったが、19歳のときにキューバを脱出。亡命翌年の2012年にカブスと契約し、その後、ロイヤルズへトレードで移った。カブス時代は、手抜きプレーを問題視されることが度々あった。

　まだ正式な結婚はしていないが、ガールフレンドとの間に5歳の男の子があり、インスタグラムによく、3人の仲むつまじい画像をあげている。

カモ D・ノリス(タイガース).533(15-8)3本　菊池雄星(マリナーズ).500(6-3)2本
苦手 S・ビーバー(インディアンズ).125(8-1)0本　C・セイル(レッドソックス).091(11-1)0本

年度	所属チーム	試合数	打数	得点	安打	二塁打	三塁打	本塁打	打点	四球	三振	盗塁	盗塁死	出塁率	OPS	打率
2014	カブス	24	89	11	26	8	1	5	20	6	24	1	0	.330	.903	.292
2015	カブス	101	366	39	96	18	1	10	47	32	121	3	1	.324	.723	.262
2016	カブス	86	227	37	54	9	0	12	31	31	66	0	0	.333	.769	.238
2017	ロイヤルズ	35	97	7	14	5	0	2	6	12	36	0	1	.245	.503	.144
2018	ロイヤルズ	61	223	27	59	18	0	9	28	28	69	3	1	.354	.820	.265
2019	ロイヤルズ	162	589	95	156	33	1	48	117	73	178	3	1	.354	.922	.265
通算成績		469	1591	216	405	91	3	86	249	182	494	10	3	.336	.814	.255

野手

15 2年連続のメジャー最多安打　ユーティリティ
ウィット・メリフィールド *Whit Merrifield*

31歳｜183cm｜88kg｜右投右打　対左.280　対右.311　ホ.307　ア.298　得.331
ド2010⑨ロイヤルズ　田サウスカロライナ州　年500万ドル（約5億5000万円）
◆盗塁王2回（17、18年）

ミ 4
パ 3
走 5
守 5
肩 3

　初めてオールスターにも選ばれたロイヤルズの切り込み隊長。昨季も開幕からヒットを量産。シーズン終了までスランプにおちいることなく、安打を積み重ねた。一昨年の192安打、昨季の206安打は、ともにメジャー最多の数字だ。また、リーグ最多タイの10本の三塁打を記録したほか、7月と8月にはランニングホームランも記録。自慢の快足を披露したが、盗塁は成功率が低く、2年連続で獲得していた盗塁王のタイトルには、まったく手が届かなかった。守備面では、スーパーユーティリティとしてその価値が年々上昇中。セカンドと外野で平均以上の守備力を期待できる。

年度	所属チーム	試合数	打数	得点	安打	二塁打	三塁打	本塁打	打点	四球	三振	盗塁	盗塁死	出塁率	OPS	打率
2019	ロイヤルズ	162	681	105	206	41	10	16	74	45	126	20	10	.348	.811	.302
通算成績		546	2211	317	655	138	22	49	241	154	400	107	31	.344	.789	.296

17 今季はサードからライトにポジション変更　ライト　サード
ハンター・ドージャー *Hunter Dozier*

29歳｜193cm｜100kg｜右投右打　対左.281　対右.279　ホ.294　ア.264　得.273
ド2013①ロイヤルズ　田テキサス州　年56万3500ドル（約6200万円）+α

ミ 3
パ 5
走 3
守 2
肩 4

　昨季、チーム2位の26本塁打を放った強打者。一昨年は2割2分9厘だった打率も、2割7分9厘までアップした。昨季は4月5月と打棒絶好調だったが、6月に故障で3週間ほど戦列を離れることに。それさえなければ30本塁打以上、記録できたはずだ。子供の頃は、パイロットだった父ケリーさんが作ってくれたバッティングケージで技術を磨き、ドラフト1巡目指名されるまでの選手に成長した。奥さんのアマンダさんとの間に、2歳になるボディ君がいる。ボディ君は父親譲りの強打（？）の持ち主で、室内で元気にバットを振り回し、テレビを壊したことがあるそうだ。

年度	所属チーム	試合数	打数	得点	安打	二塁打	三塁打	本塁打	打点	四球	三振	盗塁	盗塁死	出塁率	OPS	打率
2019	ロイヤルズ	139	523	75	146	29	10	26	84	55	148	2	2	.348	.870	.279
通算成績		249	904	115	233	49	14	37	119	81	265	4	5	.320	.785	.258

27 故障の多さが悩みの種　ショート
アダルベルト・モンデシー *Adalberto Mondesi*

25歳｜185cm｜86kg｜右投両打　対左.256　対右.266　ホ.283　ア.241　得.296
ド2011⑭ロイヤルズ　田カリフォルニア州　年56万3500ドル（約6200万円）+α

ミ 3
パ 3
走 5+
守 4
肩 4

　メジャーを代表する俊足の持ち主。一昨年は75試合の出場で32個もの盗塁をゲット。そのため昨季は盗塁王候補の一人と目されていたが、左肩の負傷などで度々戦列を離れ、102試合の出場にとどまった。それでも盗塁数43は、マレックス・スミス（マリナーズ）の46にせまる、アメリカン・リーグ2位の数字。また10本の三塁打は、同僚のウィットフィールド、ドージャーと並び、リーグ最多だった。シーズン終盤に左肩を手術。今季開幕にはぎりぎり間に合う見込みだが、万全の状態でシーズンに入れるかは微妙なところだ。父はメジャー通算271本塁打のラウル・モンデシー。

年度	所属チーム	試合数	打数	得点	安打	二塁打	三塁打	本塁打	打点	四球	三振	盗塁	盗塁死	出塁率	OPS	打率
2019	ロイヤルズ	102	415	58	109	20	10	9	62	19	132	43	7	.291	.715	.263
通算成績		249	878	125	219	35	16	26	115	39	279	89	17	.282	.696	.249

対左=対左投手打率　対右=対右投手打率　ホ=ホーム打率　ア=アウェー打率　得=得点圏打率
ド=ドラフトデータ　田=出身地　年=年俸

ロイヤルズ

トミー・ジョン手術で昨季は全休

13 サルヴァドール・ペレス *Salvador Perez* 〔キャッチャー〕

30歳｜193cm｜109kg｜右投右打　◆昨季メジャー出場なし
Ⓓ2006㉞ロイヤルズ　Ⓗベネズエラ　Ⓢ1300万ドル（約14億3000万円）
◆ゴールドグラブ賞5回（13～16、18年）、シルバースラッガー賞2回（16、18年）

ミ	2
パ	4
走	1
守	5
肩	5

　右ヒジの手術から復帰する、5度のゴールドグラブ受賞歴がある名捕手。昨年は年明けから右ヒジの痛みに悩まされ、大谷翔平の手術も担当したニール・エラトラシュ医師の執刀で、3月にトミー・ジョン手術を受けた。そのため昨季はリハビリに費やされ、シーズン全休となった。今季は開幕からマスクをかぶるが、これまでメジャートップクラスだった盗塁阻止率が、手術の影響で低下しないか懸念されている。ディフェンス面では強肩やボールブロッキング能力だけでなく、ポジティブな言葉やボディランゲージで投手を盛り立てるリーダーシップも、高く評価されている。

年度	所属チーム	試合数	打数	得点	安打	二塁打	三塁打	本塁打	打点	四球	三振	盗塁	盗塁死	出塁率	OPS	打率
2018	ロイヤルズ	129	510	52	120	23	0	27	80	17	108		1	.274	.713	.235
通算成績		942	3537	381	942	177	10	141	503	131	599	4	1	.297	.739	.266

昨季は打球が上がらずに苦戦

66 ライアン・オハーン *Ryan O'Hearn* 〔ファースト〕

27歳｜191cm｜91kg｜左投左打　対左.170　対右.200　ホ.185　ア.206　得.146
Ⓓ2014⑧ロイヤルズ　Ⓗテキサス州　Ⓢ56万3500ドル（約6200万円）+α

ミ	3
パ	4
走	2
守	2
肩	3

　左投手をまったく打てない一塁手。2018年の後半にメジャーデビューし、ハイペースで本塁打を放って注目されたが、昨季は期待を大きく裏切る結果に終わってしまった。ただ、シフトのえじきになったとはいえ強烈な打球が多かったこと、四球を選べる選球眼があること、昨季終盤は長打が増加したことなどから、今季きっかけさえつかめば、活躍すると見るアナリストもいる。本人もプラトーン・プレーヤーで満足する気はさらさらなく、左投手に今後対応していく自信もあるようだ。昨年9月3日のタイガース戦で、球団史上2人目となる代打サヨナラ本塁打を放っている。

年度	所属チーム	試合数	打数	得点	安打	二塁打	三塁打	本塁打	打点	四球	三振	盗塁	盗塁死	出塁率	OPS	打率
2019	ロイヤルズ	105	328	32	64	13	1	14	38	39	99	0	1	.281	.650	.195
通算成績		149	477	55	103	23	3	26	68	59	144	0	1	.304	.744	.216

メジャー初本塁打は今季におあずけ

9 ライアン・マクブルーム *Ryan McBroom* 〔ファースト〕〔ルーキー〕

28歳｜191cm｜107kg｜左投右打　対左.280　対右.300　ホ.270　ア.316　得.150
Ⓓ2014⑮ブルージェイズ　Ⓗヴァージニア州　Ⓢ56万3500ドル（約6200万円）+α

ミ	3
パ	3
走	2
守	3
肩	3

　今季はオハーンとのプラトーン起用が濃厚な、左投げ右打ちの一塁手。昨季はヤンキース傘下のマイナーでコンスタントに長打を放ち、出塁率も4割を超えていた。すると8月末に球団から連絡が。ようやくメジャー初昇格の知らせが来たと思ったら、実際はロイヤルズへのトレード通告だった。しかしそれをチャンスととらえると、移籍直後にメジャーデビューを果たし、本塁打こそ出なかったが、確かな打撃センスを示して、今季の開幕メジャーを決定づけている。メジャー初本塁打は早々に見られそうだ。一塁の守備はまずまず。レフト、ライトの守りも大きな問題はない。

年度	所属チーム	試合数	打数	得点	安打	二塁打	三塁打	本塁打	打点	四球	三振	盗塁	盗塁死	出塁率	OPS	打率
2019	ロイヤルズ	23	75	8	22	5	0	0	6	7	25	0	0	.361	.721	.293
通算成績		23	75	8	22	5	0	0	6	7	25	0	0	.361	.721	.293

対左=対左投手打率　対右=対右投手打率　ホ=ホーム打率　ア=アウェー打率　得=得点圏打率
Ⓓ=ドラフトデータ　Ⓗ=出身地　Ⓢ=年俸

野手

ロイヤルズ生え抜きの守備の名手　レフト

4　アレックス・ゴードン　Alex Gordon

36歳｜185cm｜102kg｜右投左打　対左.248　対右.273　甮.288
⑦.246　僂.271　⑤2005①ロイヤルズ　囲ネブラスカ州　囲400万ドル（約4億4000万円）
◆ゴールドグラブ賞7回（'11、'12、'13、'14、'17、'18、'19年）

ミ3
パ3
走3
守5
肩4

守備での貢献が大きいベテラン外野手。2016年のシーズン前に、4年7200万ドルでロイヤルズと契約を延長。契約最終年となった昨季もレフトで安定した守備を見せ、3年連続7度目のゴールドグラブ賞を受賞した。打撃面でも、16年の大型契約以降、最も良い数字を残している。昨季限りの引退をほのめかしていたが、今年1月22日にロイヤルズと1年400万ドルの契約を結び、メジャー、そしてロイヤルズ14年目のシーズンを迎えることになった。なお、昨季の死球19は、アメリカン・リーグトップの数字。これで通算死球数は118となり、球団記録をさらに更新した。

年度	所属チーム	試合数	打数	得点	安打	二塁打	三塁打	本塁打	打点	四球	三振	盗塁	盗塁死	出塁率	OPS	打率
2019	ロイヤルズ	150	556	77	148	31	1	13	76	51	100	5	3	.345	.741	.266
通算成績		1703	6228	852	1609	353	26	186	738	646	1498	113	45	.339	.752	.258

ロイヤルズ

ようやくデビューしたかつてのスター候補　センター

11　ババ・スターリング　Bubba Starling

28歳｜193cm｜98kg｜右投右打　対左.185　対右.227　甮.267　⑦.153　僂.150
⑤2011①ロイヤルズ　囲カンザス州　囲56万3500ドル（約6200万円）＋α

ミ3
パ2
走3
守4
肩5

センターのレギュラーを狙う強肩外野手。ロイヤルズが本拠地を置くカンザスシティ近郊で生まれ育ち、高校時代はアメフトやバスケットボールでも活躍。地元では当時からスターだった。2011年のドラフト1巡目（全体5位）でロイヤルズに指名され、プロ入り。契約金は、高卒選手では破格の750万ドルだった。故障もあってマイナーではやや足踏みしたが、昨季念願のメジャーデビューを果たし、随所に才能の片鱗を見せている。昨季、オリオールズで大ブレイクを果たしたジョン・ミーンズは、高校時代のチームメート。8月16日のメジャー初対決はセカンドゴロだった。

年度	所属チーム	試合数	打数	得点	安打	二塁打	三塁打	本塁打	打点	四球	三振	盗塁	盗塁死	出塁率	OPS	打率
2019	ロイヤルズ	56	186	26	40	7	0	4	12	9	56	2	0	.255	.572	.215
通算成績		56	186	26	40	7	0	4	12	9	56	2	0	.255	.572	.215

メジャーではパワー不足を露呈　セカンド

1　ニッキー・ロペス　Nicky Lopez

25歳｜180cm｜79kg｜右投左打　対左.267　対右.230　甮.257　⑦.224　僂.287
⑤2016⑤ロイヤルズ　囲イリノイ州　囲56万3500ドル（約6200万円）＋α

ミ3
パ1
走4
守3
肩3

今季は開幕からセカンドのレギュラーを務める内野手。昨季は3Aでスタートしてヒットを量産。打率3割5分3厘、出塁率4割5分7厘という好成績を引っさげて、5月14日にメジャーデビューを果たした。その後はレギュラー格で起用され、セカンドで76試合、ショートで33試合に出場している。課題はパワー不足。本人もそれを自覚しており、オフには筋力アップのトレーニングに励んでいる。子供の頃に応援していた球団は、カブスとヤンキース。カブスはシカゴ近郊で育ったため、ヤンキースは大好きなデレク・ジーター（現マーリンズ最高経営責任者）がいたためだ。

年度	所属チーム	試合数	打数	得点	安打	二塁打	三塁打	本塁打	打点	四球	三振	盗塁	盗塁死	出塁率	OPS	打率
2019	ロイヤルズ	103	379	44	91	22	2	2	30	18	51	1	1	.276	.601	.240
通算成績		103	379	44	91	22	2	2	30	18	51	1	1	.276	.601	.240

打線の起爆剤となれるかは疑問

6 マイケル・フランコ *Maikel Franco*

サード｜移籍

28歳｜185cm｜98kg｜右投右打｜対左.245｜対右.230｜ホ.234｜ア.234｜得.22
ド2010外フィリーズ｜出ドミニカ｜年295万ドル（約3億2400万円）

ミ2
パ4
走2
守2
肩4

昨季までは、フィリーズでプレーしていたドミニカ出身の三塁手。オフに1年295万ドルでロイヤルズ入り。フィリーズではマイナー時代から、将来、チームの看板打者になる存在と見なされていた。そのため2016年から一昨年まで、3年連続で20本塁打以上放ってはいたが、期待通りの成績とは言えず、首脳陣やファンを落胆させていた。メジャー6年目の昨季は、開幕から4試合で3本塁打。しかし、その後は続かず、マイナー落ちも経験。結局シーズンを通して低レベルな打撃成績に終わり、フィリーズもついに見限っている。三塁の守備も、集中力を欠いたプレーが依然多い。

年度	所属チーム	試合数	打数	得点	安打	二塁打	三塁打	本塁打	打点	四球	三振	盗塁	盗塁死	出塁率	OPS	打率
2019	フィリーズ	123	389	48	91	17	0	17	56	36	61	0	0	.297	.705	.234
通算成績		656	2338	279	583	110	4	102	343	173	389	3	1	.302	.733	.249

23歳の伸びしろ十分なキャッチャー

72 メイブリース・ヴィロリア *Meibrys Viloria*

キャッチャー

23歳｜180cm｜100kg｜右投左打｜盗塁阻止率.381(21-8)｜対左.125｜対右.238｜ホ.212
ア.209｜得.250｜ド2013外ロイヤルズ｜出コロンビア｜年56万3500ドル（約6200万円）＋α

ミ2
パ2
走2
守3
肩4

一昨年9月にメジャーデビューした、成長著しいコロンビア出身の若手捕手。昨季は7月16日にメジャー昇格。やる気に満ちあふれていたが、同月19日の試合では、バッテリーを組んだウィリー・ペラルタと呼吸が合わずに失点を重ね、ペラルタから激しいいらだちをぶつけられてしまった。困惑したヴィロリアだったが、球団はその3日後、ペラルタを放出。逆にヴィロリアには出場の機会を与え続け、この若手捕手の成長を後押ししている。試合前には投手とのコミュニケーションを密に取り、対戦相手のビデオやデータもよく研究。その勉強熱心な姿勢が評価されている。

年度	所属チーム	試合数	打数	得点	安打	二塁打	三塁打	本塁打	打点	四球	三振	盗塁	盗塁死	出塁率	OPS	打率
2019	ロイヤルズ	42	133	7	28	7	0	1	15	10	44	0	1	.259	.544	.211
通算成績		52	160	11	35	9	0	1	19	11	53	0	1	.263	.557	.219

ー ケルヴィン・グティエレス *Kelvin Gutierrez*

サード｜期待度C+｜ルーキー

26歳｜191cm｜98kg｜右投右打｜◆昨季メジャーで20試合出場｜ド2013外ナショナルズ｜出ドミニカ

昨年4月にメジャーデビューした、ドミニカ出身の三塁手。一昨年6月、ケルヴィン・ヘレーラをナショナルズに放出した際、見返りに獲得した選手の一人。昨季、3Aでは75試合で打率2割8分7厘、9本塁打。首脳陣はまだ伸びしろがあると見ていて、長打の増加に期待している。守備では強肩が光る。

ー カリル・リー *Khalil Lee*

外野手｜期待度A-｜ルーキー

22歳｜178cm｜77kg｜左投左打｜◆昨季は2Aでプレー｜ド2016③ロイヤルズ｜出デラウェア州

今シーズン終盤にメジャーデビューする可能性が高い、強肩俊足の外野手。昨季はシーズンを通して2Aでプレーし、打率2割6分4厘、8本塁打、53盗塁。ボールを見ていくタイプで、三振も多いが、四球も多い。高校時代は投手としても活躍。ドラフトでは、投手での獲得を検討していた球団もあったようだ。

対左=対左投手打率　対右=対右投手打率　ホ=ホーム打率　ア=アウェー打率　得=得点圏打率
ド=ドラフトデータ　出=出身地　年=年俸

アメリカン・リーグ……中部地区　　　　　*DETROIT TIGERS*

デトロイト・タイガース

◆創　立：1894年
◆本拠地：ミシガン州デトロイト市
◆ワールドシリーズ制覇：4回／◆リーグ優勝：11回
◆地区優勝：7回／◆ワイルドカード獲得：1回

主要オーナー　クリストファー・イーリッチ（スポーツ企業家）

過去5年成績	年度	勝	負	勝率	ゲーム差	地区順位	ポストシーズン成績
	2015	74	87	.460	20.5	⑤	―
	2016	86	75	.534	8.0	②	―
	2017	64	98	.395	38.0	⑤	―
	2018	64	98	.395	27.0	③	―
	2019	**47**	**114**	**.292**	**53.5**	**⑤**	**―**

監督　**15 ロン・ガーデンハイア** *Ron Gardenhire*

◆年　齢…………63歳（ドイツ出身）
◆現役時代の経歴…5シーズン　メッツ（1981〜85）
（ショート）
◆現役通算成績……285試合　.232　4本　49打点
◆監督経歴…………15シーズン　ツインズ（2002〜14）、
タイガース（2018〜）
◆通算成績…………1179勝1251敗（勝率.485）
最優秀監督1回（10年）

　昨年、記録的な大負けをした監督歴15年の指揮官。クビにならなかったのは、オーナーが「どん底に落ちるのも強いチームを作るための一つのプロセス」と考えているため。ツインズ監督時代は、スモールボールを積極的に展開していたが、タイガースにはそれに対応できる俊足選手がいないため、やりたくてもできないのが実情のようだ。審判に激しく抗議する監督として知られる。昨年も8回退場になり、通算退場数は83になった。これは現役監督では最多。

注目コーチ　**20 ロイド・マクレンドン** *Lloyd McClendon*

　新ベンチコーチ。61歳。昨季までは打撃コーチ。過去にパイレーツ（2001〜05年途中）、マリナーズ（2014〜15年）で監督経験がある。闘志を前面に出す熱血タイプ。

編成責任者　**アル・アヴィーラ** *Al Avila*

　62歳。チームは再建期間に入っているが、効果的な策をほどこせずにいる。息子のアレックスは現役メジャーリーガー（捕手）で、今季は同地区のツインズでプレー。

スタジアム　**コメリカ・パーク** *Comerica Park*

◆開場年…………2000年
◆仕　様…………天然芝
◆収容能力………41,083人
◆フェンスの高さ…2.1〜3.7m
◆特　徴…………他球場に比べ、三塁打が非常に出やすいというデータが出ている。その要因の一つが、センターからライトにかけてのフェンスに、一部いびつな箇所があること。クッションボールの処理を誤ると、二塁打性の打球が三塁打になる。

ニュートラルパーク

113　128
111
105　101

165

Best Order [ベストオーダー]

① ジャコビー・ジョーンズ……センター
② ニコ・グッドラム……ショート
③ ミゲール・カブレラ……DH
④ C.J.クローン……ファースト
⑤ ジョナサン・スコープ……セカンド
⑥ クリスティン・ステュワート……レフト
⑦ ジャイマー・キャンデラリオ……サード
⑧ オースティン・ローマイン……キャッチャー
⑨ ヴィクター・レイエス……ライト

Depth Chart [ポジション別選手層・メンバーリスト]

※2020年2月4日時点の候補選手。数字は背番号（開幕前に変更する場合もあり）、右・左等は投・打の順。

センター
21 ジャコビー・ジョーンズ [右・右]
50 トラヴィス・ディミトリ [左・右]
22 ヴィクター・レイエス [右・両]
30 ハロルド・カストロ [右・左]

レフト
14 クリスティン・ステュワート [左・左]
22 ヴィクター・レイエス [右・両]
－ トロイ・ストークス・ジュニア [右・右]
30 ハロルド・カストロ [右・左]

ライト
22 ヴィクター・レイエス [右・両]
50 トラヴィス・ディミトリ [左・右]
30 ハロルド・カストロ [右・左]

ショート
28 ニコ・グッドラム [右・両]
49 ウィリ・カストロ [右・両]
30 ハロルド・カストロ [右・左]

セカンド
－ ジョナサン・スコープ [右・右]
30 ハロルド・カストロ [右・左]
49 ウィリ・カストロ [右・両]

ローテーション
48 マシュー・ボイド [左・右]
27 ジョーダン・ジマーマン [右・右]
56 スペンサー・ターンブル [右・右]
43 イヴァン・ノヴァ [右・右]
44 ダニエル・ノリス [左・右]
70 タイラー・アレクサンダー [左・右]
32 マイケル・フルマー [右・右]

サード
46 ジャイマー・キャンデラリオ [右・両]
18 ダーウェル・ルーゴ [右・右]
30 ハロルド・カストロ [右・左]

ファースト
26 C.J.クローン [右・右]
46 ジャイマー・キャンデラリオ [右・両]
24 ミゲール・カブレラ [右・右]
30 ハロルド・カストロ [右・左]

キャッチャー
7 オースティン・ローマイン [右・右]
17 グリーソン・グライナー [右・右]
34 ジェイク・ロジャーズ [右・右]
－ エリック・ハーセ [右・右]

DH
24 ミゲール・カブレラ [右・右]

ブルペン
77 ジョー・ヒメネス [右・右] CL
45 バック・ファーマー [右・右]
65 グレゴリー・ソト [左・右]
67 ホセ・シスネド [右・右]
33 ブライアン・ガルシア [右・右]
－ ロニー・ガルシア [右・右]
71 ジョン・スライバー [右・右]
62 デイヴィッド・マッケイ [右・右]
63 アレックス・ウィルソン [右・右]
70 タイラー・アレクサンダー [左・右]

※ CL ＝クローザー

タイガース試合日程……＊はアウェーでの開催

3月26・28・29	インディアンズ＊	28・29・30	ヤンキース＊	29・30・31	ダイヤモンドバックス＊
30・4月1	ロイヤルズ	5月1・2・3	ロイヤルズ＊	6月2・3・4	アスレティックス＊
2・3・4・5	インディアンズ	4・5・6	ロッキーズ	5・6・7	ホワイトソックス＊
6・7・8	ロイヤルズ＊	8・9・10	インディアンズ	9・10・11	アスレティックス
10・11・12	エンジェルス	11・12・13・14	ツインズ	12・13・14	ブルージェイズ
14・15・16	インディアンズ＊	15・16・17	マリナーズ＊	16・17・18	ホワイトソックス
17・18・19	ツインズ＊	19・20	ジャイアンツ＊	19・20・21	ドジャース＊
20・21・22・23	ヤンキース	22・23・24・25	レイズ	22・23・24・25	ホワイトソックス＊
24・25・26	パドレス	26・27・28	マリナーズ	26・27・28	オリオールズ＊

166

球団メモ 昨季の114敗、勝率.292は、30球団ワースト。チームの歴史（1901年設立）で見ても、負け数、勝率はともに、2003年（119敗、勝率.265）に次いで悪い数字。

■投手力 ➡ …★★★★★　【昨年度チーム防御率5.24、リーグ14位】

ローテーションに入って投げるボイド、ターンブル、ノリスは昨季、リーグ平均レベルの先発防御率を出している。だが貧打のタイガースで投げているため、勝ち星は伸びなかった。オフに、昨季2ケタ勝ち星のノヴァが加わったが、投球内容はあまり良くなかったので、ローテーションの大幅な底上げとはならないだろう。不安定だったリリーフ陣は、大きな補強なく、不安定なまま。ヒメネスやファーマーが機能しなければ、たいへんなことになる。

■攻撃力 ⬆ …★★★★★　【昨年度チーム得点582、リーグ15位】

昨季は20本塁打以上が一人もおらず、チーム本塁打数はリーグワースト。出塁率もリーグワーストで、チーム得点も当然ワーストだった。チームの記録的な負け越しは、この貧打に起因している。だがオフに、スコープ（昨季23本塁打）とクローン（昨季25本塁打）が加わり、多少マシになった。

■守備力 ⬆ …★★★★★　【昨年度チーム失策数110、リーグ12位】

貧打ばかりに目が行きがちだが、昨季は守備の乱れもひどく、好守で知られる中堅手のジョーンズも安定感に欠けた。オフのプラス要素は、昨季ヤンキースで堅実な守りを見せていたローマインが加入したこと。

■機動力 ➡ …★★★★★　【昨年度チーム盗塁数57、リーグ11位】

スモールボールに対応できる選手が少ない。昨季、2ケタの盗塁をマークしたのは、グッドラムだけだった。ガーデンハイア監督は機動力を駆使した戦いを好むが、現在のレギュラーメンバーでそれをやるのは難しい。

総合評価 ➡
★★★★★

最大の補強ポイントだったセカンドとキャッチャーに、スコープとローマインを招き、一応の格好はついた。だが、今季ブレイクしそうな若手が見当たらず、勝ち星の大幅アップも見込み薄。元三冠王カブレラへの高額報酬が球団財政を圧迫している。

タイガース

IN　主な入団選手	OUT　主な退団選手
投手	**投手**
イヴァン・ノヴァ ⬅ ホワイトソックス	マット・ムーア ➡ ソフトバンク
ダリオ・アグラザル ⬅ パイレーツ	トレヴァー・ローゼンソール ➡ ロイヤルズ
ヘクター・サンティアーゴ ⬅ ホワイトソックス	タイソン・ロス ➡ ジャイアンツ
野手	**野手**
ジョナサン・スコープ ⬅ ツインズ	ロニー・ロドリゲス ➡ ブリュワーズ
C.J.クローン ⬅ ツインズ	
オースティン・ローマイン ⬅ ヤンキース	

30・**7月**1・2	ツインズ	30・31・**8月**1・2	ロイヤルズ	**9月**1・2・3	ブルージェイズ*
3・4・5	ロイヤルズ	4・5	ジャイアンツ	4・5・6・7	レッドソックス*
6・7・8・9	エンジェルス*	6・7・8・9	レンジャーズ*	8・9	パイレーツ
10・11・12	アストロズ*	11・12・13	オリオールズ	11・12・13	ツインズ
14	オールスターゲーム	14・15・16	レンジャーズ	14・15・16	インディアンズ*
17・18・19	ホワイトソックス	18・19	パイレーツ*	18・19・20	ツインズ*
21・22・23	インディアンズ	21・22・23	ツインズ*	21・22・23・24	ロイヤルズ*
24・25・26	レイズ	24・25・26・27	アストロズ	25・26・27	ホワイトソックス
27・28・29	ホワイトソックス*	28・29・30	レッドソックス		

投手

アメリカン・リーグ6位の238奪三振　先発

48 マシュー・ボイド *Matthew Boyd*

29歳｜191cm｜107kg｜左投左打

◆速球のスピード／140キロ台後半（フォーシーム）
◆決め球と持ち球／○スライダー、○フォーシーム、△チェンジアップ、△カーブ、△ツーシーム
◆対左.231　◆対右.250　◆ホ防4.59　◆ア防4.55
◆ド2013⑥ブルージェイズ　◆出ワシントン州
◆年530万ドル（約5億8300万円）

球威	4
制球	4
緩急	4
守備・牽制	4
度胸	4

切れ味鋭いスライダーを武器にするタイガースのエース。弱小球団で投げている宿命で、昨季も勝ち星は2ケタに届かなかったが、打線の援護があるチームで投げれば、大勝ちできる実力はある。昨季のピッチングの変化は、フォーシームの割合を増やし、ほぼスライダーとフォーシームのコンビネーションで投げていたこと。これにより奪三振数が大幅にアップしたが、被本塁打も増え、リーグ最多の39本塁打を献上している。他球団からトレードの引き合いが殺到しているが、球団はよほどの好条件でなければ応じる気はないようだ。牽制も上手で、昨季は5人の走者を刺している（リーグ2位）。

カモ　B・バクストン（ツインズ）.048（21-1）0本　苦手　W・メリフィールド（ロイヤルズ）.513（39-20）0本

年度	所属チーム	勝利	敗戦	防御率	試合数	先発	セーブ	投球イニング	被安打	失点	自責点	被本塁打	与四球	奪三振	WHIP
2015	ブルージェイズ	0	2	14.85	2	2	0	6.2	15	11	11	5	1	7	2.40
2015	タイガース	1	4	6.57	11	10	0	50.2	56	39	37	12	19	36	1.48
2015	2チーム計	1	6	7.53	13	12	0	57.1	71	50	48	17	20	43	1.59
2016	タイガース	6	5	4.53	20	18	0	97.1	97	51	49	17	29	82	1.29
2017	タイガース	6	11	5.27	26	25	0	135.0	157	84	79	18	53	110	1.56
2018	タイガース	9	13	4.39	31	31	0	170.1	146	87	83	27	51	159	1.16
2019	タイガース	9	12	4.56	32	32	0	185.1	178	101	94	39	50	238	1.23
通算成績		31	47	4.92	122	118	0	645.1	649	373	353	118	203	632	1.32

なかなかつかめないデトロイトでの勝利　先発

56 スペンサー・ターンブル *Spencer Turnbull*

28歳｜191cm｜98kg｜右投右打

◆速球のスピード／150キロ前後（フォーシーム、シンカー）
◆決め球と持ち球／○フォーシーム、○シンカー、△スライダー、△カーブ、△チェンジアップ
◆対左.298　◆対右.234　◆ホ防4.92　◆ア防4.26
◆ド2014②タイガース　◆出ミシシッピ州
◆年56万3500ドル（約6200万円）＋α

球威	3
制球	2
緩急	3
守備・牽制	3
度胸	3

ツキにも見放され、リーグ最多の17敗を喫した右腕。一昨年9月にメジャーデビュー。ローテーションの3番手で開幕を迎えた昨季は、3点台前半の防御率で前半をターン。しかし疲労から調子を崩し、シーズン後半の防御率は6点台だった。話題になったのは、好投した試合が何試合もあったのに、ホームで勝利投手になれなかったこと。1シーズンで、ホームで16試合先発しながら1勝もできなかったケースは、メジャーの歴史でも例がないことだった。持ち味は豊富な球種と強気のピッチング。制球力を向上させ、もう少し長いイニングを投げられるようになれば、おのずと勝ち星は増えていくだろう。昨季は死球を16も与えたが、この数も負け同様、リーグワースト。

カモ　M・ケプラー（ツインズ）.000（9-0）0本　苦手　C・サンタナ（インディアンズ）.467（15-7）0本

年度	所属チーム	勝利	敗戦	防御率	試合数	先発	セーブ	投球イニング	被安打	失点	自責点	被本塁打	与四球	奪三振	WHIP
2018	タイガース	0	2	6.06	4	1	0	16.1	17	11	11	1	4	15	1.29
2019	タイガース	3	17	4.61	30	30	0	148.1	154	86	76	14	59	146	1.44
通算成績		3	19	4.76	34	33	0	164.2	171	97	87	15	63	161	1.42

168　　対左＝対左打者被打率　対右＝対右打者被打率　ホ防＝ホーム防御率　ア防＝アウェー防御率　ド＝ドラフトデータ　出＝出身地　年＝年俸　カモ　苦手は通算成績

43 被安打と被打率はリーグワースト
イヴァン・ノヴァ *Ivan Nova*

先発 **移籍**

33歳｜196cm｜113kg｜右投右打 ⏱150キロ前後（ツーシーム、フォーシーム）⚾○カーブ
対左.293 対右.313 ▷2004⑯ヤンキース ⊞ドミニカ ⏩150万ドル（約1億6500万円）

球	2
制	4
緩	2
守備	3
度	3

　昨季、ホワイトソックスで2ケタの勝ち星をマークした
ドミニカ出身の右腕。1年間ローテーションを守り切った点
は評価できるが、昨季の被安打225はアメリカン・リーグの
ワースト。被打率3割0分3厘も、規定投球回数に達したリーグの投手の中で、
ワーストだった。自身はバッティングが大の苦手。DHのあるリーグで投げてい
るため、昨季は5回（無安打4三振）しか打席に立たずに済んだが、パイレーツ
時代は60回打席に立って、1安打しか打てないシーズンもあった。メジャー通
算打率は0割4分0厘（149打数6安打）。今年1月、1年契約でタイガース入り。

年度	所属チーム	勝利	敗戦	防御率	試合数	先発	セーブ	投球イニング	被安打	失点	自責点	被本塁打	与四球	奪三振	WHIP
2019	ホワイトソックス	11	12	4.72	34	34	0	187.0	225	107	98	30	47	114	1.45
通算成績		89	76	4.32	236	223	1	1328.2	1441	684	638	181	359	954	1.35

44 オフは大自然の中で生活
ダニエル・ノリス *Daniel Norris*

先発

27歳｜188cm｜84kg｜左投左打 ⏱140キロ台中頃（フォーシーム主体）⚾○スライダー
対左.260 対右.279 ▷2011②ブルージェイズ ⊞テネシー州 ⏩296万ドル（約3億2560万円）

球	2
制	4
緩	3
守備	3
度	3

　一風変わったライフスタイルで有名な先発サウスポー。一
昨年は故障もあって0勝。昨季も大きく負け越す物足りない
成績に終わったが、これは球団によるイニング制限や、打線
の援護がなかったことが原因。依然として首脳陣の評価は高い。敬虔なクリスチ
ャン。メジャーリーガーとなり大金を手にしたが、物欲はなく、ぜいたくな暮ら
しには興味がない。サーフィンを愛するアウトドア派で、毎年オフになると改装
したバンに寝泊まりし、車上生活を満喫している。また、最近は東洋武術にも興
味を持ち、トレーニングに取り入れている。VS大谷翔平は3打数0安打2三振。

年度	所属チーム	勝利	敗戦	防御率	試合数	先発	セーブ	投球イニング	被安打	失点	自責点	被本塁打	与四球	奪三振	WHIP
2019	タイガース	3	13	4.49	32	29	0	144.1	154	75	72	25	38	125	1.33
通算成績		15	30	4.54	97	82	0	426.1	453	232	215	65	147	382	1.41

27 今季は大型契約の最終シーズン
ジョーダン・ジマーマン *Jordan Zimmermann*

先発

34歳｜188cm｜102kg｜右投右打 ⏱140キロ台中頃（フォーシーム主体）⚾○カーブ
対左.346 対右.275 ▷2007②ナショナルズ ⊞ウィスコンシン州 ⏩2500万ドル（約27億5000万円）
◆最多勝1回（13年）

球	2
制	4
緩	3
守備	3
度	3

　自己最低のシーズンに終わった2013年の最多勝投手。昨
季も開幕投手としてマウンドに立ち、7回を1安打無四球無
失点に抑える好投を見せた。しかし打線の援護がなく、勝ち
星はつかず。その後、3戦目以降は序盤に打ち込まれる試合が続いた。結局、途
中IL（故障者リスト）入りをはさみ、14度目の先発となった7月29日のエンジ
ェルス戦で、ようやく初勝利をマーク。球団記録となっていた、前年から続く先
発での連続未勝利試合記録が17でストップしたが、昨季の勝ち星はこの1勝だ
けだった。15年オフに5年1億1000万ドルでタイガース入り。今季が契約最終年。

年度	所属チーム	勝利	敗戦	防御率	試合数	先発	セーブ	投球イニング	被安打	失点	自責点	被本塁打	与四球	奪三振	WHIP
2019	タイガース	1	13	6.91	23	23	0	112.0	145	89	86	19	25	82	1.52
通算成績		95	91	4.04	274	273	0	1602.2	1654	778	720	194	342	1265	1.25

⏱=速球のスピード　⚾=決め球

タイガース

クローザー試験は合格点

77 ジョー・ヒメネス *Joe Jimenez*

クローザー

25歳｜191cm｜122kg｜右投右打｜速150キロ台前半（フォーシーム）｜決◎フォーシーム
対左.262 対右.228 ⓓ2013⑥タイガース 出プエルトリコ 年56万3500ドル（約6200万円）+α

球5
制3
緩3
守3
度4

　昨季後半はクローザーを務めた若手右腕。昨季は守護神の
シェイン・グリーンにつなぐ、セットアッパーとしてスター
ト。シーズン半ばにやや調子を落としたが、グリーンが7月
末に移籍したため、それ以降、9回のマウンドを任されるようになった。弱小チー
ムゆえ、セーブがつく場面での登板は10試合しかなかったが、そのうちの9試
合でセーブを記録している。投球の約7割が150キロ台前半のフォーシームで、
それにスライダー、時折チェンジアップも交える。2017年のWBCでは、プエル
トリコ代表で出場。兄のA.J.はメジャー経験もある捕手で、現在は独立リーグ所属。

年度	所属チーム	勝利	敗戦	防御率	試合数	先発	セーブ	投球イニング	被安打	失点	自責点	被本塁打	与四球	奪三振	WHIP
2019	タイガース	4	7	4.37	66	0	9	59.2	56	33	29	13	23	82	1.32
通算成績		9	13	5.41	158	0	19	141.1	140	95	85	22	54	177	1.37

登板数73はアメリカン・リーグ4位タイの数字

45 バック・ファーマー *Buck Farmer*

セット
アップ

29歳｜193cm｜104kg｜右投左打｜速150キロ台前半（フォーシーム）｜決◎チェンジアップ
対左.270 対右.232 ⓓ2013⑤タイガース 出ジョージア州 年115万ドル（約1億2650万円）

球4
制3
緩4
守3
度4

　崩壊寸前のタイガースブルペンを支える右腕。一昨年は
66試合に登板したが、昨季はさらに増え、チーム最多の73
試合に登板。フル回転の活躍を見せた。一昨年から投球内容
がさらに良くなったのは、フォームや投球リズムを見直したことで、制球力が向
上したからだ。数年前から、難病に苦しむ少年少女たちへの支援活動に従事。昨
年8月、選手たちがいつもと違ったユニフォームを着用する「プレイヤーズ・ウ
ィークエンド」の期間には、難病の少女がデザインしたカラフルなスパイクを履
いてプレーしていた。昨年11月に、ケイラ夫人が第1子となる女の子を出産した。

年度	所属チーム	勝利	敗戦	防御率	試合数	先発	セーブ	投球イニング	被安打	失点	自責点	被本塁打	与四球	奪三振	WHIP
2019	タイガース	6	6	3.72	73	1	0	67.2	62	32	28	8	24	73	1.27
通算成績		14	21	5.32	182	21	0	264.0	274	166	156	39	127	241	1.52

メジャー定着には制球難の克服が不可欠

65 グレゴリー・ソト *Gregory Soto*

セット
アップ

25歳｜185cm｜109kg｜左投左打｜速150キロ台中頃（フォーシーム主体）｜決◎フォーシーム
対左.294 対右.314 ⓓ2012⑰タイガース 出ドミニカ 年56万3500ドル（約6200万円）+α

球4
制2
緩2
守2
度3

　昨年5月、2Aから一足飛びにメジャーデビューを果たし
たドミニカ出身のサウスポー。先発では結果を残せなかった
が、7月以降、リリーフに回ってからはまずまずのピッチン
グを見せ、先発で投げたときの防御率が8点台だったのに対し、リリーフで投げ
たときの防御率は3点台だった。150キロ台中盤の速球をどんどん投げ込んでく
るパワーピッチャーで、これにスライダーを交える。チェンジアップは時折交え
る程度だ。課題は制球難。また、守備にも難があり、打球処理にあわててしまい、
捕球ミスや悪送球をよくやる。オフにドミニカのウインターリーグに参加し、好投。

年度	所属チーム	勝利	敗戦	防御率	試合数	先発	セーブ	投球イニング	被安打	失点	自責点	被本塁打	与四球	奪三振	WHIP
2019	タイガース	0	5	5.77	33	7	0	57.2	74	39	37	9	33	45	1.86
通算成績		0	5	5.77	33	7	0	57.2	74	39	37	9	33	45	1.86

速=速球のスピード　決=決め球　対左=対左打者被打率　対右=対右打者被打率
ⓓ=ドラフトデータ　出=出身地　年=年俸

投手

与四球率の低さがマイナー時代から評判　**先発 ロングリリーフ**

70 タイラー・アレクサンダー *Tyler Alexander*

26歳｜188cm｜91kg｜左投右打　園140キロ台中頃（フォーシーム、ツーシーム）　図○スライダー
対左.239 対右.318　▶2015②タイガース　曲イリノイ州　囲56万3500ドル（約6200万円）+α

球 **2**
制 **4**
緩 **3**
守・走 **3**
度 **3**

　昨年7月にメジャーデビューした、制球力に定評がある
左腕。昨季は先発とリリーフの両方で使われたが、リリーフ
防御率が6.00であったのに対し、先発防御率は4.54だった。
今季は開幕からローテーションに入って投げる可能性がある。ピッチングは、速
球にカーブ、スライダー、チェンジアップを交える。速球は威力に欠けるため、
甘く入ると長打を食いやすい。少年時代をテキサス州ダラスで過ごし、レンジャ
ーズの本拠地でよく試合を観戦していた。レンジャーズは今季から新球場となる
が、昨季は1試合、あこがれの旧球場でマウンドに立つ幸運にめぐまれている。

年度	所属チーム	勝利	敗戦	防御率	試合数	先発	セーブ	投球イニング	被安打	失点	自責点	被本塁打	与四球	奪三振	WHIP
2019	タイガース	1	4	4.86	13	8	0	53.2	68	30	29	9	7	47	1.40
通算成績		1	4	4.86	13	8	0	53.2	68	30	29	9	7	47	1.40

今季前半は全休してリハビリに専念　**先発**

32 マイケル・フルマー *Michael Fulmer*

27歳｜191cm｜111kg｜右投右打　園150キロ台中頃（フォーシーム、ツーシーム）　図○フォーシーム
◆昨季メジャー出場なし　▶2011①メッツ　曲オクラホマ州　囲280万ドル（約3億800万円）
◆新人王（16年）

球 **4**
制 **3**
緩 **3**
守・走 **3**
度 **4**

　昨年3月にトミー・ジョン手術を受け、シーズンを全休し
た2016年のアメリカン・リーグ新人王。長期離脱はショッ
クだったが、手術の1カ月後に誕生した赤ちゃん（マイルズ
君）の存在が、リハビリに励むフルマーの心の支えとなったようだ。術後の経過
は順調で、今年の8月頃にはメジャー復帰できる見込み。メジャーデビューした
16年に、11勝、防御率3.06の好成績で新人王を受賞。翌17年もオールスターに
選ばれる活躍を見せ、同年オフにはヤンキースがトレードでの獲得を画策してい
た。ケルシー夫人とは15歳のときに出会い、メジャーデビュー直前に結婚した。

年度	所属チーム	勝利	敗戦	防御率	試合数	先発	セーブ	投球イニング	被安打	失点	自責点	被本塁打	与四球	奪三振	WHIP
2018	タイガース	3	12	4.69	24	24	0	132.1	128	75	69	19	46	110	1.31
通算成績		24	31	3.81	75	75	0	456.0	414	212	193	48	128	356	1.19

─ ケイシー・マイズ *Casey Mize*　**先発**　期待度 **A**　ルーキー

23歳｜191cm｜100kg｜右投右打　◆昨季は1A+、2Aでプレー　▶2018①タイガース　曲アラバマ州

　2018年のドラフトにおいて、メジャー全体で真っ先に指名された
逸材中の逸材。速球、変化球（スプリッター、スライダー）、制球力は
すでにハイレベルなものがあり、将来のエース候補としての期待は高まる一方だ。
球団の心配は故障だけ。今季早い時期のメジャーデビューが、濃厚になっている。

─ マット・マニング *Matt Manning*　**先発**　期待度 **A⁻**　ルーキー

22歳｜198cm｜98kg｜右投右打　◆昨季は2Aでプレー　▶2016①タイガース　曲カリフォルニア州

　2メートル近い長身から、150キロ台前半の速球を投げ込んでくる
有望株。カーブも威力があり、三振を奪う強力な武器になっている。
チェンジアップは勉強中だ。昨季2Aでは24試合に先発し、防御率2.56をマークし
た。父親のリッチさんは、NBAでのプレー経験がある元バスケットボール選手だ。

※メジャー経験がない投手の「先発」「リリーフ」はマイナーでの役割

タイガース

投手捕手以外の7ポジションでプレー ユーティリティ

28 ニコ・グッドラム *Niko Goodrum*

28歳／191cm／100kg／右投両打

- ◆対左投手打率／.361 ◆対右投手打率／.215
- ◆ホーム打率／.221 ◆アウェー打率／.279 ◆得点圏打率／.208
- ◆19年のポジション別出場数／ショート=38、セカンド=22、レフト=20、ファースト=18、センター=8、ライト=5、サード=1 ◆㊅2010②ツインズ
- ㊥ジョージア州 ◆㊐56万53500ドル（約6200万円）+α

ミート	2
パワー	3
走塁	4
守備	3
肩	3

内野も外野も守れる使い勝手の良さが魅力のスーパーユーティリティ。ただ守るだけでなく、どのポジションでも平均レベルの守備を期待できる。また、スピードも武器で、昨季はチームで唯一の2ケタ盗塁（12）を記録。二塁打27本はチーム2位、三塁打5本はチーム最多タイの数字だった。スイッチヒッターだが、右打席では通算打率が3割2分1厘もあるのに対し、左打席は2割1分7厘と1割以上低い。チャリティ活動に積極的なナイスガイ。

[カモ] J・ハップ（ヤンキース）.750(8-6)0本　[苦手] B・ケラー（ロイヤルズ）.083(12-1)0本

年度	所属チーム	試合数	打数	得点	安打	二塁打	三塁打	本塁打	打点	四球	三振	盗塁	盗塁死	出塁率	OPS	打率
2017	ツインズ	11	17	1	1	0	0	0	0	1	6	0	0	.111	.170	.059
2018	タイガース	131	444	55	109	29	3	16	53	42	136	12	4	.315	.747	.245
2019	タイガース	112	423	61	105	27	5	12	45	46	138	12	3	.322	.743	.248
通算成績		254	884	117	215	56	8	28	98	89	280	24	7	.315	.734	.243

打撃不振をチーム状況に責任転嫁 DH

24 ミゲール・カブレラ *Miguel Cabrera*

37歳／193cm／113kg／右投右打

- ◆対左投手打率／.340 ◆対右投手打率／.268
- ◆ホーム打率／.315 ◆アウェー打率／.250 ◆得点圏打率／.369
- ◆19年のポジション別出場数／DH=107、ファースト=26 ◆㊅1999外㊅マーリンズ
- ㊥ベネズエラ ◆㊐3000万ドル（約33億円） ◆MVP1回（12、13年）、首位打者4回（11、12、13、15年）、本塁打2回（08、12年）、打点王2回（10、12年）、シルバースラッガー賞7回（05、06、10、12、13、15、16年）、ハンク・アーロン賞2回（12、13年）

ミート	4
パワー	3
走塁	1
守備	2
肩	2

将来の殿堂入りが確実な2012年の三冠王。年齢的な衰えから往年の輝きは失われ、昨季は開幕から1カ月経っても本塁打は1本だけ。イライラがつのり、「プリンス・フィルダーも、ヴィクター・マルティネスも、ジョニー・ペラルタもいないんだ」と過去のチームメートの名をあげ、「オレが打てないのは、自分のほかに強打者がいないから」と主張。このチーム批判が物議をかもし、ガーデンハイア監督が火消しに追われることになった。長期契約はまだ半ば。球団は2023年まで、毎年3000万ドル以上支払わねばならない。

[カモ] J・レスター（カブス）.538(26-14)1本　[苦手] 田中将大（ヤンキース）.200(15-3)0本

年度	所属チーム	試合数	打数	得点	安打	二塁打	三塁打	本塁打	打点	四球	三振	盗塁	盗塁死	出塁率	OPS	打率
2003	マーリンズ	87	314	39	84	21	3	12	62	25	84	0	2	.325	.793	.268
2004	マーリンズ	160	603	101	177	31	1	33	112	68	148	5	2	.366	.879	.294
2005	マーリンズ	158	613	106	198	43	2	33	116	64	125	1	0	.385	.947	.323
2006	マーリンズ	158	576	112	195	50	2	26	114	86	108	9	6	.430	.998	.339
2007	マーリンズ	157	588	91	188	38	2	34	119	79	127	2	1	.401	.965	.320
2008	タイガース	160	616	85	180	36	2	37	127	56	126	1	0	.349	.887	.292
2009	タイガース	160	611	96	198	34	0	34	103	68	107	6	2	.396	.942	.324
2010	タイガース	150	548	111	180	45	1	38	126	89	95	3	3	.420	1.042	.328
2011	タイガース	161	572	111	197	48	0	30	105	108	89	2	1	.448	1.033	.344
2012	タイガース	161	622	109	205	40	0	44	139	66	98	4	1	.393	.999	.330
2013	タイガース	148	555	103	193	26	1	44	137	90	94	3	0	.442	1.078	.348
2014	タイガース	159	611	101	191	52	1	25	109	60	117	1	1	.371	.895	.313
2015	タイガース	119	429	64	145	28	1	18	76	77	82	1	1	.440	.974	.338
2016	タイガース	158	595	92	188	31	1	38	108	75	116	0	0	.393	.956	.316
2017	タイガース	130	469	50	117	22	0	16	60	54	110	0	1	.329	.728	.249
2018	タイガース	38	134	17	40	11	0	3	22	22	27	0	0	.395	.843	.299
2019	タイガース	136	493	41	139	21	0	12	59	48	108	0	0	.346	.744	.282
通算成績		2400	8949	1429	2815	577	17	477	1694	1135	1761	38	21	.392	.935	.315

オリオールズ時代の2017年に32本塁打

セカンド 移籍

一 ジョナサン・スクープ *Jonathan Schoop*

29歳｜185cm｜102kg｜右投右打 対左.277 対右.249 ホ.245 ア.266 得.176
ド2008⑯オリオールズ 出オランダ領キュラソー島 年610万ドル（約6億7100万円）

ミ 2
パ 5
走 2
守 3

新たに加入した、オランダ領キュラソー島出身の強打の二塁手。ツインズでプレーした昨季は、5試合でマルチ本塁打を記録するなど、計23本塁打を放ったが、シーズンを通して調子に波があった。昨季、スクープが本塁打を打った18試合でチームは16勝と、高い確率で勝利。ただ、殊勲の本塁打というよりは、大勝ちしているときの一発が多かった。打撃面の特徴は、典型的なフリースインガーで、四球をほとんど選ばないこと。二塁の守備はエラーの数が3年連続で、メジャーのレギュラー二塁手で2番目に多かった。ただ、ダブルプレーを完成させる際の動きは機敏だ。

年度	所属チーム	試合数	打数	得点	安打	二塁打	三塁打	本塁打	打点	四球	三振	盗塁	盗死	出塁率	OPS	打率
2019	ツインズ	121	433	61	111	23	1	23	59	20	116	1		.304	.777	.256
通算成績		802	2917	383	751	153	3	133	392	118	713	8	4	.295	.744	.257

シーズン本塁打最下位のチームを教えるか!?

ファースト 移籍

26 C.J.クローン *C.J. Cron*

30歳｜193cm｜107kg｜右投右打 対左.326 対右.225 ホ.231 ア.275 得.299
ド2011①エンジェルス 出カリフォルニア州 年610万ドル（約6億7100万円）

ミ 2
パ 5
走 2
守 3
肩 3

4年連続でチームが変わる、野球ファミリー出身の一塁手。2018年2月、大谷翔平加入のあおりで、エンジェルスからトレードでレイズへ移籍。その年、30本塁打をマークしたが、オフにレイズの構想から外れ、昨季はツインズでプレーすることに。故障もあって125試合の出場にとどまったが、チャンスに長打がよく出て、まずまずの活躍を見せた。ただ、出塁率の低さは相変わらず。オフに1年契約でタイガース入り。昨年、弟ケヴィンがダイヤモンドバックスでメジャーデビュー。父クリスも元選手で、12試合メジャーでのプレー経験がある。守備位置は3人ともファースト。

年度	所属チーム	試合数	打数	得点	安打	二塁打	三塁打	本塁打	打点	四球	三振	盗塁	盗死	出塁率	OPS	打率
2019	ツインズ	125	458	51	116	24	0	25	78	29	107	0	0	.311	.780	.253
通算成績		673	2325	274	601	120	6	114	365	139	566	9	8	.311	.774	.258

ケガに泣き、消化不良のシーズン

センター

21 ジャコビー・ジョーンズ *JaCoby Jones*

28歳｜188cm｜91kg｜右投右打 対左.200 対右.244 ホ.204 ア.265 得.189
ド2013③パイレーツ 出オクラホマ州 年157.5万ドル（約1億7325万円）

ミ 2
パ 3
走 4
守 4
肩 4

守備力の高さを買われ、センターのレギュラーを任されている外野手。昨季は春季キャンプで肩を負傷し、開幕から2週間ほど遅れてのスタート。課題の打撃が相変わらずで、4月は1割台前半の打率だったが、マクレンドン打撃コーチの指導でフォームを修正し、5月以降、徐々にヒットが出るようになった。それとは対照的に、5月、6月は自慢の守備で精彩を欠いたが、6月30日のナショナルズ戦で、センターフェンスを越える大飛球を、手を伸ばしてスーパーキャッチ。名手の面目をほどこした。8月8日の試合で、左手首に死球を受けて骨折。シーズンを終えている。

年度	所属チーム	試合数	打数	得点	安打	二塁打	三塁打	本塁打	打点	四球	三振	盗塁	盗死	出塁率	OPS	打率
2019	タイガース	88	298	39	70	19	3	11	26	27	94	7	2	.310	.740	.235
通算成績		286	896	110	189	47	10	25	75	60	313	26	9	.276	.645	.211

タイガース

対左＝対左投手打率　対右＝対右投手打率　ホ＝ホーム打率　ア＝アウェー打率　得＝得点圏打率　173

昨季まではヤンキースの第2捕手　キャッチャー｜移籍

7　オースティン・ローマイン *Austin Romine*

32歳｜185cm｜100kg｜右投右打　盗塁阻止率／.207(29-6)　対左.309　対右.269　対.219
Ｄ.333　Ｇ.314　Ｄ2007②ヤンキース　出カリフォルニア州　年415万ドル(約46億5650万円)

ミ3　パ4　走2　守4　肩3

　昨季までヤンキースで、田中将大を好リードと堅い守りで支えたベテラン捕手。昨年も田中とは相性がたいへん良く、バッテリーを組んだ15試合の防御率は2.70だった。9月には、戻ってきたセヴェリーノの女房役を3試合連続で務め、復活の介添え役を果たしている。守備ではボールブロックとキャッチングが巧みで、ワイルドピッチを出す頻度は最少レベル。敏捷性にやや欠けるが、雑なプレーをしないため、エラーが少ない。盗塁阻止率20.7%は、メジャー平均に近いレベル。野球ファミリー出身で、父ケヴィンは7シーズン、兄アンドルーは9シーズン、メジャーでプレー。

年度	所属チーム	試合数	打数	得点	安打	二塁打	三塁打	本塁打	打点	四球	三振	盗塁	盗塁死	出塁率	OPS	打率
2019	ヤンキース	72	228	29	64	12	0	8	35	10	50		1	.310	.748	.281
通算成績		368	1033	114	247	54	1	25	135	59	251	4	1	.281	.647	.239

期待を大きく裏切った中距離ヒッター　サード｜ファースト

46　ジャイマー・キャンデラリオ *Jeimer Candelario*

27歳｜185cm｜100kg｜右投両打　対左.193　対右.206　ホ.208　ア.199　得.190
Ｄ2010外カブス　出ニューヨーク州　年56万3500ドル(約6200万円)+α

ミ2　パ3　走2　守3　肩4

　昨季開幕は4番を任されていた三塁手。しかし、シーズンを通して極度の打撃不振で、マイナー落ちも経験した。今季も開幕から調子が上がらなければ、早々に見切られることになるだろう。不安定な打撃に対し、三塁の守備は安定していた。父ロヘリオは元マイナーの投手だが、メジャーに上がることなく、故郷のドミニカに帰国。そのためキャンデラリオはニューヨーク生まれだが、育ったのはドミニカで、ドミニカ出身のサミー・ソーサの大ファンだった。16歳のとき、そのソーサがかつて所属していたカブスと契約し、プロ入りしている。ニックネームは「キャンディ」。

年度	所属チーム	試合数	打数	得点	安打	二塁打	三塁打	本塁打	打点	四球	三振	盗塁	盗塁死	出塁率	OPS	打率
2019	タイガース	94	335	33	68	17	2	8	32	43	99	3	1	.306	.643	.203
通算成績		281	1012	129	226	54	5	30	102	124	294	6	3	.318	.693	.223

重圧に押しつぶされた主砲候補　レフト

14　クリスティン・ステュワート *Christin Stewart*

27歳｜183cm｜93kg｜右投左打　対左.236　対右.232　ホ.265　ア.206　得.233
Ｄ2015①タイガース　出ジョージア州　年56万3500ドル(約6200万円)+α

ミ2　パ4　走2　守2　肩3

　2014年オフ、マックス・シャーザーがナショナルズへFA移籍した際に得たドラフト指名権を行使し、15年のドラフトでタイガースが獲得した逸材。チームの主軸としての飛躍を期待された昨季は、ブルージェイズとの開幕戦で、延長10回表に勝利を呼び込む決勝本塁打。幸先のいいスタートを切ると、本拠地最初の3連戦となったロイヤルズ戦でも、逆転満塁ホームランを放つなどの活躍を見せ、デトロイトのファンの希望となった。だがその後は低打率にあえぎ、長打も激減。負傷もあって8月にマイナー落ちし、9月の再昇格後も、バットが火を噴くことはなかった。

年度	所属チーム	試合数	打数	得点	安打	二塁打	三塁打	本塁打	打点	四球	三振	盗塁	盗塁死	出塁率	OPS	打率
2019	タイガース	104	369	32	86	25	1	10	40	34	103	0	1	.305	.693	.233
通算成績		121	429	39	102	26	2	12	50	44	116	0	1	.316	.707	.238

対左=対左打者被打率　対右=対右打者被打率　ホ防=ホーム防御率　ア防=アウェー防御率
Ｄ=ドラフトデータ　出=出身地　年=年俸

野手

昨季の打率3割はできすぎ!?　外野手

22 ヴィクター・レイエス *Victor Reyes*

26歳｜196cm｜98kg｜右投両打　対左.292　対右.309　团.301　ア.308　得.259
ド2011例ブレーブス　囲ベネズエラ　围56万3500ドル（約6200万円）+α

ミ③
バ②
走④
守③
肩③

　2017年のルール5ドラフトで、ダイヤモンドバックスから移籍した外野手。メジャーデビューした18年は結果を残せなかったが、後半に入ってメジャーに定着した昨季は、主に1番打者で起用され、好成績を残した。9月は3割3分0厘（106打数35安打）の高打率をマークし、期待に応えている。ただ、相変わらずボール球に手を出す傾向が強く、今季も同程度の成績を残せるかは、微妙なところだ。四球が少なく高出塁率を期待できない、変化球が苦手、パワー不足などの欠点もあり、レギュラー外野手で起用するには、まだまだ修業が必要だ。以前より外野の守備は進歩。

年度	所属チーム	試合数	打数	得点	安打	二塁打	三塁打	本塁打	打点	四球	三振	盗塁	盗塁死	出塁率	OPS	打率
2019	タイガース	69	276	29	84	16	5	3	25	14	64	9	4	.336	.767	.304
通算成績		169	488	64	131	21	8	4	37	19	110	18	4	.294	.663	.268

レギュラー奪取にはパワー不足　サード／セカンド

18 ダーウェル・ルーゴ *Dawel Lugo*

26歳｜183cm｜100kg｜右投右打　対左.232　対右.250　团.272　ア.209　得.196
ド2011例ブルージェイズ　囲ドミニカ　围56万3500ドル（約6200万円）+α

ミ②
バ②
走②
守②
肩③

　キャンデラリオの不振により、昨季はサードで70試合に先発出場した内野手。開幕はマイナーで迎えたが、5月16日に昇格。最初の試合でホームランを放ったが、その後は3カ月以上、一発が出ない状態が続いた。昨季の本塁打は計6本で、そのうちの5本は負け試合で放ったもの。好機で打てない場面も多く、せっかくのチャンスを十分に生かし切れないシーズンだった。2017年7月のトレードで、タイガースがJ.D.マルティネスを放出した見返りに、ダイヤモンドバックスから獲得した選手の一人。もともとは遊撃手だったが、守備範囲が狭いため、配置転換となった。

年度	所属チーム	試合数	打数	得点	安打	二塁打	三塁打	本塁打	打点	四球	三振	盗塁	盗塁死	出塁率	OPS	打率
2019	タイガース	77	273	28	67	11	4	6	26	8	59	0	0	.271	.652	.245
通算成績		104	367	38	87	15	5	7	34	15	79	0	0	.270	.632	.237

最大の課題は出塁率の低さ　ユーティリティ

30 ハロルド・カストロ *Harold Castro*

27歳｜183cm｜82kg｜右投左打　対左.212　対右.309　团.267　ア.317　得.329
ド2011例タイガース　囲ベネズエラ　围56万3500ドル（約6200万円）+α

ミ③
バ②
走③
守③
肩②

　内外野守れる、ベネズエラ出身のユーティリティ。昨季は4月末にメジャー昇格。当たりが出ず、すぐにマイナー降格となったが、6月のメジャー再昇格後はコンスタントにヒットが出るようになった。だが、四球をまったくと言っていいほど選べないため、出塁率が伸びず、高い評価を得られていない。ポジションはセカンドでの出場が多かったが、ジャコビー・ジョーンズが故障離脱した8月途中からは、センターのレギュラー格で起用されていた。しかし、センターの守備範囲の広さはイマイチ。メジャー定着のためには、打撃、守備をともにレベルアップさせる必要がある。

年度	所属チーム	試合数	打数	得点	安打	二塁打	三塁打	本塁打	打点	四球	三振	盗塁	盗塁死	出塁率	OPS	打率
2019	タイガース	97	354	30	103	10	4	5	38	9	86	4	2	.305	.689	.291
通算成績		103	364	32	106	10	4	5	38	9	88	5	2	.305	.687	.291

タイガース

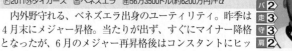

守備力の高さはマイナー時代から有名

34 ジェイク・ロジャーズ *Jake Rogers*

キャッチャー ルーキー

25歳｜185cm｜93kg｜右投右打｜盗塁阻止率／.267(15-4)｜対左.286｜対右.088｜ホ防.158｜ア防.091｜防.125｜ドラフト2016③アストロズ｜出身地テキサス州｜年俸56万3500ドル（約6200万円）＋α

ミート 2
パワー 3
走力 2
守備 4
肩力 5

　昨年7月末にメジャーデビューした、ディフェンス能力の高い若手捕手。とくに、ガーデンハイア監督が「まるで稲妻」と評した強肩がウリで、捕球から送球までのスピードや、送球の正確さも高く評価されている。ワンバウンドの投球にもうまく対応し、打球を処理する際の動きも俊敏。ただ、昨季メジャーでは、フレーミングに気を取られすぎ、パスボールがやや多かった。2017年8月、ジャスティン・ヴァーランダーの交換要員の一人としてアストロズから移籍。学生時代はホセ・モリナ（現エンジェルス捕手コーチ）がプレーするビデオを熱心に見て、技術の向上に努めた。

年度	所属チーム	試合数	打数	得点	安打	二塁打	三塁打	本塁打	打点	四球	三振	盗塁	盗塁死	出塁率	OPS	打率
2019	タイガース	35	112	11	14	3	0	4	8	13	51	0	0	.222	.481	.125
通算成績		35	112	11	14	3	0	4	8	13	51	0	0	.222	.481	.125

未来の正遊撃手候補は発展途上

49 ウィリ・カストロ *Willi Castro*

ショート ルーキー

23歳｜185cm｜93kg｜右投両打｜対左.250｜対右.225｜対左.279｜ア防.154｜防.292｜ドラフト2013外インディアンズ｜出身地プエルトリコ｜年俸56万3500ドル（約6200万円）＋α

ミート 2
パワー 2
走力 3
守備 2
肩力 4

　昨年9月にメジャーデビューした、タイガース期待の若手遊撃手。メジャーでは低打率に終わり、守備でもミスが多かったが、「彼はうまくやっていたし、才能があるのもわかった」と、ガーデンハイア監督の評価は上々。今季のさらなる飛躍に向け、春季キャンプではコーチのラモン・サンティアゴの指導のもと、守備のレベルアップに取り組んでいる。今季開幕時、まだ22歳。今後のさらなる成長が見込まれており、期待の大きい守備面だけでなく、打撃面においても、いずれ2ケタの本塁打を放てるようになると球団は成長を待ち望んでいる。昨季3Aでは打率3割0分1厘。

年度	所属チーム	試合数	打数	得点	安打	二塁打	三塁打	本塁打	打点	四球	三振	盗塁	盗塁死	出塁率	OPS	打率
2019	タイガース	30	100	10	23	6	1	1	8	6	34	0	1	.284	.624	.230
通算成績		30	100	10	23	6	1	1	8	6	34	0	1	.284	.624	.230

— アイザック・パレデス *Isaac Paredes*

サード 期待度 B⁺ ルーキー

21歳｜180cm｜102kg｜右投右打｜◆昨季は2Aでプレー｜ドラフト2015外カブス｜出身地メキシコ

　今年の2月に、21歳になったばかりのメキシコ出身の三塁手。昨季はシーズンを通して2Aでプレーし、127試合で打率2割8分2厘、13本塁打。今後経験を積めば、いずれチームの主軸になれる存在と球団は期待している。選球眼もいいほうだ。サードの守備も平均以上で、ショート、セカンドも守れる。

— ダズ・キャメロン *Daz Cameron*

外野手 期待度 B⁻ ルーキー

23歳｜188cm｜88kg｜右投右打｜◆昨季は3Aでプレー｜ドラフト2015①アストロズ｜出身地ジョージア州

　2017年8月に、ジャスティン・ヴァーランダーをアストロズにトレードした際、ジェイク・ロジャーズらとともにやって来た外野手。タイガースは早い段階で、センターのレギュラーに据える目算だった。だが昨季プレーした3Aでは打率2割1分4厘と苦しみ、今季の開幕メジャーは難しくなっている。

対左＝対左打者被打率　対右＝対右打者被打率　ホ防＝ホーム防御率　ア防＝アウェー防御率　ドラフト＝ドラフトデータ　出身地＝出身地　年俸＝年俸

ヒューストン・アストロズ

◆創　立：1962年
◆本拠地：テキサス州ヒューストン市
◆主要オーナー：ジム・クレイン（投資グループ代表）

◆ワールドシリーズ制覇：1回　◆リーグ優勝：3回
◆地区優勝：10回　◆ワイルドカード獲得：3回

過去5年成績

年度	勝	負	勝率	ゲーム差	地区順位	ポストシーズン成績
2015	86	76	.531	2.0	②	地区シリーズ敗退
2016	84	78	.519	11.0	③	―
2017	101	61	.623	(21.0)	①	ワールドシリーズ制覇
2018	103	59	.636	(6.0)	①	リーグ優勝決定シリーズ敗退
2019	107	55	.660	(10.0)	①	ワールドシリーズ敗退

監督　12 ダスティ・ベイカー Dusty Baker

新

◆年　齢…………71歳（カリフォルニア州出身）
◆現役時代の経歴…19シーズン　ブレーブス（1968～75）、
　（外野手）　　　　ドジャース（1976～83）、ジャイアンツ（1984）、
　　　　　　　　　アスレティックス（1985～86）
◆現役通算成績……2039試合　.278　242本　1013打点
◆監督経歴………22シーズン　ジャイアンツ（1993～2002）、カブス（2003
　　　　　　　　　～06）、レッズ（2008～13）、ナショナルズ（2016～17）
◆通算成績………1863勝1636敗(勝率.532)　最優秀監督3回（93, 97, 00年）

　アストロズは今年1月17日に、チームぐるみでおこなっていた不正なサイン盗みの責任を取らせる形で、A.J.ヒンチ監督とジェフ・ルーノーGMを解任。同月29日、経験豊富なベイカーを後任に据えた。就任会見では「勝ち方を知っているすばらしい選手がたくさんいる」と、今季は荒波にもまれそうな選手たちへの敬意を示し、防波堤になる決意をにじませている。今年6月で71歳になる、現役のメジャー監督では最高齢。スター選手たちをまとめる手腕に定評あり。

注目コーチ　56 ブレント・ストローム Brent Strom

　投手コーチ。72歳。長い経験と新しい理論に裏打ちされた指導で、2年連続のチーム防御率トップに貢献。1978年に、史上2例目のトミー・ジョン手術を受けている。

編成責任者　ジェイムズ・クリック James Click

　43歳。今年2月3日に就任した新GM。最強の貧乏球団・レイズのフロントで長く要職を務め、先進的なチーム作りに多大な貢献を果たしてきた。名門イェール大学卒。

スタジアム　ミニッツメイド・パーク Minute Maid Park

◆開 場 年………2000年
◆仕　　様………天然芝、開閉式屋根付き
◆収容能力………41,168人
◆フェンスの高さ…2.1～7.6m
◆特　　徴………左中間、右中間のフェンスにふくらみがなく浅いため、気温が上がってボールが飛びやすくなる夏場は、ホームランが出やすくなる。夏は蚊が大量発生するため、雨が降っていなくても、屋根を閉じて試合をすることが多い。

ニュートラルパーク

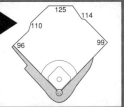

125　114
110
96　99

Best Order [ベストオーダー]

①ジョージ・スプリンガー……センター
②ホセ・アルトゥーヴェ……セカンド
③マイケル・ブラントリー……レフト
④アレックス・ブレグマン……サード
⑤ヨーダン・アルヴァレス……DH
⑥ユリ・グリエル……ファースト
⑦カルロス・コレイア……ショート
⑧ジョッシュ・レディック……ライト
⑨マーティン・マルドナード……キャッチャー

Depth Chart [ポジション別選手層・メンバーリスト]

※2020年2月4日時点の候補選手。数字は背番号(開幕前に変更する場合もあり)、()右・左等は投・打の順。

センター
4 ジョージ・スプリンガー [右・右]
3 マイルズ・ストロウ [右・右]

レフト
23 マイケル・ブラントリー [左・左]
30 カイル・タッカー [右・左]
44 ヨーダン・アルヴァレス [右・左]
16 アレドミス・ディアス [右・右]

ライト
22 ジョッシュ・レディック [左・左]
30 カイル・タッカー [右・左]
4 ジョージ・スプリンガー [右・右]

ショート
1 カルロス・コレイア [右・右]
2 アレックス・ブレグマン [右・右]
16 アレドミス・ディアス [右・右]

セカンド
27 ホセ・アルトゥーヴェ [右・右]
16 アレドミス・ディアス [右・右]
10 ユリ・グリエル [右・右]

ローテーション
35 ジャスティン・ヴァーランダー [右・右]
21 ザック・グリンキー [右・右]
43 ランス・マッカラーズ・ジュニア [右・右]
65 ホセ・アーキーディ [右・右]
41 ブラッド・ピーコック [右・右]
59 フランバー・ヴァルデス [左・右]
58 フランシス・マーテス [右・右]
51 オースティン・プルイット [右・右]

サード
2 アレックス・ブレグマン [右・右]
16 アレドミス・ディアス [右・右]
13 エイブラハム・トロ [右・両]

ファースト
10 ユリ・グリエル [右・右]
16 アレドミス・ディアス [右・右]

キャッチャー
12 マーティン・マルドナード [右・右]
13 ダスティン・ガノー [右・右]
11 ギャレット・スタッブス [左・左]

DH
44 ヨーダン・アルヴァレス [右・左]

ブルペン
54 ロベルト・オスーナ [右・右] CL
55 ライアン・プレスリー [右・右]
38 ジョー・スミス [右・右]
39 ジョッシュ・ジェイムズ [右・右]
29 ジョー・ビアジーニ [右・右]
47 クリス・デヴェンスキー [右・右]
66 ブライアン・アブレイユ [右・右]
ー ブレイク・テイラー [左・左]
58 フランシス・マーテス [右・右]
51 シオネル・ペレス [左・右]
67 サイ・スニード [右・右]
10 ロヘリオ・アルメンテロス [右・右]
41 ブラッド・ピーコック [右・右]

※CL=クローザー

178

球団メモ 2017年シーズンから、3年連続でシーズン100勝以上。だがオフに、電子機器を利用した不正なサイン盗みを、数年前からしていた事実が発覚し、大問題に発展。

■投手力🔽…★★★★★【昨年度チーム防御率3.66、リーグ2位】

ローテーションの実力うんぬんより、球界を揺るがす事件を引き起こしたことで投手陣は、アウェーのゲームで厳しいヤジにさらされるのは必至と言える。シーズン序盤は、士気の低下を防ぐことが最優先の課題になるだろう。シーズン中盤以降はローテーション、ブルペンとも機能するようになるだろうが、そうなると、コール（昨季21勝）とマイリー（昨季14勝）が向けた穴を内部昇格で間に合わせたツケが回ってきそうだ。

■攻撃力🔽…★★★★☆★【昨年度チーム得点920、リーグ3位】

打線に名を連ねるメンバーの大半が、2017年のポストシーズンのメンバーでもあるので、サイン盗みの受益者だったことは確実。ほぼ全員が反省モードにならざるを得ず、スキャンダルの余波が残るうちはモチベーションを上げることに苦労しそうだ。彼らが一番恐れているのは内部告発で、「A選手が何月何日の試合で打ったホームランは、サイン盗みの助けを借りたものだった」といった具体的な報道が出ることだろう。そうなると、選手たちは処分しないと聞かされていても、平常心を保つことは難しくなる。そうした事態が生じなければ、活力を徐々に取り戻すだろう。

■守備力🔽…★★★★☆★【昨年度チーム失策数71、リーグ1位】

士気の低下によるミスが頻繁に発生しそうな情勢だ。

■機動力➡️…★★☆★★【昨年度チーム盗塁数67、リーグ8位】

ホームラン野球をおこなっているので、スモールボールには消極的。

総合評価
★★★☆★

ベイカー新監督がいくら人心掌握に長けているとはいえ、すぐにチームを戦闘モードにするのは困難だろうが、シーズン中盤には正常に戦える状態に戻してくるはず。それでも勝ち越すのが精一杯で、ポストシーズン進出まではいかないのでは。

アストロズ

IN 主な入団選手	OUT 主な退団選手
投手	投手
とくになし	ゲリット・コール➡ヤンキース
	ウェイド・マイリー➡レッズ
野手	ウィル・ハリス➡ナショナルズ
とくになし	アーロン・サンチェス➡所属先未定
	野手
	ジェイク・マリズニック➡メッツ
	ロビンソン・チリノス➡レンジャーズ

29・30・7月1・2	インディアンズ＊	31・8月1・2	ツインズ＊	9月1・2・3	マーリンズ
3・4・5	ナショナルズ＊	4・5	ダイヤモンドバックス	4・5・6	マリナーズ
7・8・9	フィリーズ	6・7・8・9	ブルージェイズ	7・8・9	エンジェルス＊
10・11・12	タイガース	10・11・12	マリナーズ＊	11・12・13	レンジャーズ＊
14	オールスターゲーム	13・14・15・16	エンジェルス＊	14・15	エンジェルス
17・18・19	アスレティックス＊	17・18・19	マリナーズ	17・18・19・20	オリオールズ
20・21・22・23	レンジャーズ＊	21・22・23	レンジャーズ	21・22・23・24	ヤンキース＊
24・25・26	インディアンズ	24・25・26・27	タイガース＊	25・26・27	ブレーブス＊
27・28・29	アスレティックス	28・29・30	ホワイトソックス＊		

球団メモ 昨季のQS数89は、メジャートップの数字だった。ちなみに2位は、ワールドシリーズで戦ったナショナルズの87。最も少なかったのは、同地区エンジェルスの22。

保守的なテキサス人に敬愛される男の中の男　先発

35 ジャスティン・ヴァーランダー
Justin Verlander

37歳 | 196cm | 102kg | 右投右打

◆速球のスピード／150キロ台前半（フォーシーム主体）
◆決め球と持ち球／☆フォーシーム、☆スライダー、◎カーブ、△チェンジアップ
◆対左打者被打率／.163　◆対右打者被打率／.182
◆ホーム防御率／2.34　◆アウェー防御率／2.82
◆ドラフトデータ／2004①タイガース
◆出身地／ヴァージニア州　◆年俸／3300万ドル（約36億3000万円）
◆MVP1回（11年）、サイ・ヤング賞2回（11、19年）、最優秀防御率1回（11年）、最多勝3回（09、11、19年）、奪三振王5回（09、11、12、16、18年）、新人王（06年）

球威 5
制球 5
緩急 5
耐・総 4
度胸 5

　2度目のサイ・ヤング賞に輝いた、メジャーリーグ最高のパワーピッチャー。昨季は勝利数、WHIP、投球イニング数がリーグ1位で順風満帆な年だったように見えるが、実際はそうではない。ボールの縫い目が低くなり、フライ打球の飛距離が伸びるようになったことで、被本塁打が目に見えて多くなり、6月末時点で被本塁打がメジャー最多の23本もあった。だが、フォーシームを減らしてスライダーを増やすことで乗り切ったことは、さすがと言うほかない。変化球の使い方に習熟したチリノスがパーソナル捕手となって、全試合で女房役を務めたこともプラスに作用した。

　カリスマ性満点の堂々たるマウンドさばきと、真っ向勝負を挑むマッチョな投球スタイルは、保守的な南部のブルーカラー層に好感され、彼らをターゲットにしたCMに度々起用されている。昨年秋にはフォード自動車のトラック「F150」のCMに登場し、ハンドルを握りながら「こんなタフで心地いいトラックはないね」と、カッコ良くセリフを決めていた。昨年5月のメモリアルデー（戦没将兵記念日）の前後には、USAA（軍人、軍属とその家族を対象にした保険、金融会社）のCMにスーツ姿で登場し、「赤いひなげしの記章を付けて戦争犠牲者を讃えましょう」と訴えかけている。

　奥さんのケイト・アプトンは、「全米で最もセクシーな女性」に選ばれたこともある元人気モデルで、ハリウッド映画で主役を張ったこともある。

カモ M・トラウト（エンジェルス）.125(40-5)2本　M・チャップマン（アスレティックス）.056(18-1)1本
苦手 W・カルフーン（レンジャーズ）.625(8-5)1本　S・ペレス（ロイヤルズ）.413(63-26)2本

年度	所属チーム	勝利	敗戦	防御率	試合数	先発	セーブ	投球イニング	被安打	失点	自責点	被本塁打	与四球	奪三振	WHIP
2005	タイガース	0	2	7.15	2	2	0	11.1	15	9	9	1	9	7	1.76
2006	タイガース	17	9	3.63	30	30	0	186.0	187	78	75	21	60	124	1.33
2007	タイガース	18	6	3.66	32	32	0	201.2	181	88	82	20	67	183	1.23
2008	タイガース	11	17	4.84	33	33	0	201.0	195	119	108	18	87	163	1.40
2009	タイガース	19	9	3.45	35	35	0	240.0	219	99	92	20	63	269	1.18
2010	タイガース	18	9	3.37	33	33	0	224.1	190	89	84	14	71	219	1.16
2011	タイガース	24	5	2.40	34	34	0	251.0	174	73	67	24	57	250	0.92
2012	タイガース	17	8	2.64	33	33	0	238.1	192	81	70	19	60	239	1.06
2013	タイガース	13	12	3.46	34	34	0	218.1	212	94	84	19	75	217	1.31
2014	タイガース	15	12	4.54	32	32	0	206.0	223	114	104	18	65	159	1.40
2015	タイガース	5	8	3.38	20	20	0	133.1	113	56	50	13	32	113	1.09
2016	タイガース	16	9	3.04	34	34	0	227.2	171	81	77	30	57	254	1.00
2017	タイガース	10	8	3.82	28	28	0	172.0	153	76	73	23	67	176	1.28
2017	アストロズ	5	0	1.06	5	5	0	34.0	17	4	4	4	5	43	0.65
2017	2チーム計	15	8	3.36	33	33	0	206.0	170	80	77	27	72	219	1.17
2018	アストロズ	16	9	2.52	34	34	0	214.0	156	63	60	28	37	290	0.90
2019	アストロズ	21	6	2.58	34	34	0	223.0	137	66	64	36	42	300	0.80
通算成績		225	129	3.33	453	453	0	2982.0	2535	1190	1103	308	850	3006	1.14

40試合連続無失点はメジャー記録!

55 ライアン・プレスリー
Ryan Pressly

32歳／191cm／95kg／右投右打

◆速球のスピード／150キロ台中頃(フォーシーム主体)
◆決め球と持ち球／☆カーブ、◎スライダー、◎フォーシーム
◆対左打者被打率／.124 ◆対右打者被打率／.250
◆ホーム防御率／0.75 ◆アウェー防御率／3.56
◆ドラフトデータ／2007⑪レッドソックス
◆出身地／テキサス州
◆年俸／875万ドル(約9億6250万円)

球威	5
制球	4
緩急	4
守備・走塁	4
度胸	3

アストロズ

　2018年7月末のツインズ移籍後から、アストロズの勝利の方程式に不可欠なセットアッパーになった豪腕。移籍後の大化けは、変化球主体の投球に切り替えたことが大きい。それによってめったに失点しない投手に変身し、移籍直後の18年8月10日の試合から、翌19年5月20日の試合まで、40試合連続無失点という離れ業をやってのけた。これは11年にクレイグ・キンブルが作った、38試合連続無失点を書き換えるメジャー記録だ。

　高校時代は万能選手で、秋はアメフト、春は野球で活躍していたが、アメフトの試合で激しいタックルを受けた際、ヒザの後十字靭帯を断裂する大ケガを負った。それによりアメフトができなくなっただけでなく、野球でもバッティングに支障をきたすようになったため、投手に専念するようになった。高校の最終学年に入るとき、レッドソックスのスカウトの目に留まり、ドラフト11巡目でプロ入りしたが、出世が遅く6年目にようやく2Aに進んだ。しかし球威に目を付けたツインズがルール5ドラフトで指名したため、突然メジャーで投げる幸運をつかんだ。17年までは奪三振が少ない打たせて取るタイプだったが、18年から別人のようにハイペースで三振を奪うようになった。これはカーブに磨きをかけ、平均12.5センチだった曲がり幅を、20センチに拡大したことが大きい。

　正式な結婚はしていないが、キャットさんというブロンド美人と事実婚状態。キャットさんは新体操の元選手で、15歳のとき、全米チームの強化合宿に呼ばれた実績がある。大学卒業後は女優に転身、テレビシリーズに出演する一方で、ダラス・カウボーイズのチアリーダーとしても活躍。

カモ M・トラウト(エンジェルス).111(9-1)0本　K・シーガー(マリナーズ).000(7-0)0本
苦手 M・シミエン(アスレティックス).571(7-4)0本　R・グロスマン(アスレティックス).500(6-3)0本

年度	所属チーム	勝利	敗戦	防御率	試合数	先発	セーブ	投球イニング	被安打	失点	自責点	被本塁打	与四球	奪三振	WHIP
2013	ツインズ	3	3	3.87	49	0	0	76.2	71	37	33	5	27	49	1.28
2014	ツインズ	2	0	2.86	25	0	0	28.1	30	10	9	3	8	14	1.34
2015	ツインズ	3	2	2.93	27	0	0	27.2	27	9	9	0	12	22	1.41
2016	ツインズ	6	7	3.70	72	0	1	75.1	79	34	31	8	23	67	1.35
2017	ツインズ	2	3	4.70	57	0	0	61.1	52	34	32	10	19	61	1.16
2018	ツインズ	1	1	3.40	51	0	0	47.2	46	19	18	5	19	69	1.36
2018	アストロズ	1	0	0.77	26	0	2	23.1	11	2	2	1	3	32	0.60
2018	2チーム計	2	1	2.54	77	0	2	71.0	57	21	20	6	22	101	1.11
2019	アストロズ	2	3	2.32	55	0	3	54.1	37	15	14	6	12	72	0.90
通算成績		20	19	3.38	362	0	6	394.2	353	160	148	38	123	386	1.21

家庭内暴力の恥辱を乗り越えて復活

クローザー

54 ロベルト・オスーナ
Roberto Osuna

25歳／188cm／98kg／右投右打

- ◆速球のスピード／150キロ台中頃（フォーシーム主体）
- ◆決め球と持ち球／◎フォーシーム、◎スライダー、◎カッター、◎チェンジアップ、△シンカー
- ◆対左打者被打率／.150　◆対右打者被打率／.231
- ◆ホーム防御率／2.68　◆アウェー防御率／2.57
- ◆ドラフトデータ／2011㉚ブルージェイズ
- ◆出身地／メキシコ
- ◆年俸／1000万ドル（約11億万円）
- ◆最多セーブ1回（19年）

球威	4
制球	4
緩急	4
守備・走塁	4
度胸	4

　まだ25歳だが、すでに154セーブを記録しているメキシコ産の豪腕リリーバー。昨季は開幕から5月中旬まで21試合に登板し、失点がわずか1だった。しかし5月下旬以降は甘く入った速球や抜けたチェンジアップをスタンドに運ばれることが多くなり、34回のセーブ機会でBS（セーブ失敗）が8回もあった。昨季の自責点19のうち、12は本塁打によるものなので、今季は一発を半減させることが第一目標となる。

　ブルージェイズの中心選手だったオスーナが、一昨年7月末にトレードで放出されたのは、悪質な家庭内暴力事件を起こして逮捕され、さらにMLBから75試合出場停止処分を受けたからだ。オスーナは正式な結婚はしていないが、メキシコの自宅にアレハンドラさんという内縁の妻と19歳のとき授かった息子がいて、シーズン中よくトロントに遊びに来ていた。DV事件が発生したのは、オスーナが別の2人の女性とも関係して子供を作り、双方から養育費請求訴訟を起こされたことで、夫婦仲が険悪になったためと見られている。トロントでカナダの警察に逮捕されたあとオスーナは刑事告発されたが、被害者のアレハンドラさんがメキシコに帰国したまま裁判に出廷する意思を見せなかったため、検察が訴えを取り下げ、オスーナは謹慎証明書を提出して事件から解放された。

　ブルージェイズが、チームで一番重要な戦力だったオスーナを放出する決断をしたのは、インタビューでメキシコの麻薬王ジョアキン・グスマンを「我らが英雄」と賞賛した幼稚な言動も、大きなマイナスになったとする説がある。オスーナは評判が地に落ちたことで、行動や言動を慎むようになり、トレードでアストロズに来たとき、嫌悪感を隠さなかったチームメートも、今では多大な信頼を置くようになっている。

カモ	M・トラウト（エンジェルス）.000(5-0)0本　A・プーホールス（エンジェルス）.000(7-0)0本
苦手	秋信守（レンジャーズ）.500(6-3)0本　A・イートン（ナショナルズ）1.000(2-2)2本

年度	所属チーム	勝利	敗戦	防御率	試合数	先発	セーブ	投球イニング	被安打	失点	自責点	被本塁打	与四球	奪三振	WHIP
2015	ブルージェイズ	1	6	2.58	68	0	20	69.2	48	21	20	7	16	75	0.92
2016	ブルージェイズ	4	3	2.68	72	0	36	74.0	55	23	22	9	14	82	0.93
2017	ブルージェイズ	3	4	3.38	66	0	39	64.0	46	26	24	3	9	83	0.86
2018	ブルージェイズ	0	0	2.93	15	0	9	15.1	16	5	5	0	1	13	1.11
2018	アストロズ	2	2	1.99	23	0	12	22.2	17	5	5	1	3	19	0.88
2018	2チーム計	2	2	2.37	38	0	21	38.0	33	10	10	1	4	32	0.97
2019	アストロズ	4	3	2.63	66	0	38	65.0	45	20	19	8	12	73	0.88
通算成績		14	18	2.75	310	0	154	310.2	227	100	95	28	55	345	0.91

打者の目線を狂わす技術はメジャー1　先発

21 ザック・グリンキー
Zack Greinke

37歳｜188cm｜91kg｜右投右打

- ◆速球のスピード／140キロ台中頃〜後半（フォーシーム、ツーシーム）
- ◆決め球と持ち球／☆カーブ、☆チェンジアップ、☆フォーシーム、○スライダー、○ツーシーム
- ◆対左打者被打率／.221　◆対右打者被打率／.235
- ◆ホーム防御率／3.27　◆アウェー防御率／2.64
- ◆ドラフトデータ／2002①ロイヤルズ
- ◆出身地／フロリダ州　◆年俸／3500万ドル（約38億5000万円）
- ◆サイ・ヤング賞1回（09年）、最優秀防御率2回（09、15年）、ゴールドグラブ賞6回（14〜19年、シルバースラッガー賞1回（13年）

球威 3
制球 5
緩急 4
打球・牽制 4
度胸 4

アストロズ

　昨年7月末にダイヤモンドバックスから移籍後、200勝を達成したメジャー屈指の技巧派投手。アリゾナの大エースだったグリンキーが、7月末にトレードされたのは、ダイヤモンドバックスが一昨年から、優勝よりも年俸総額の大幅削減を第一目標に掲げるようになり、投手ではメジャー最高年俸（昨季3250万ドル＝約36億円）であるグリンキーの放出に全力を傾けたからだ。2016年に始まった6年契約が2021年まであるため、残存年俸が7800万ドル分もあり、その分担をどうするかでタフな交渉が繰り広げられたが、ダイヤモンドバックスが30%強の2400万ドル分を負担することで話がまとまり、トレードが成立した。制球力と投球技術の高さはメジャー屈指。速球を高めに、カーブとチェンジアップを低めに投げ分け、打者の目線を狂わせることに長けており、三振より凡打を量産することに主眼を置いている。昨季はハイファストボール（高めに投げ込むフォーシーム）の制球が安定していたため、カーブとチェンジアップの威力がさらに増し、好成績につながった。打撃のいい投手の代表格で、昨年4月2日のパドレス戦では、投手ながら1試合2本塁打の離れ業をやってのけた。

　2006年のキャンプ中に精神が不安定になり、社会不安症候群と診断され、フロリダの自宅に返されて治療に専念したことがある。現在も精神科で処方された抗うつ剤「ゾロフト」を毎日服用し、再発を防いでいる。

カモ　J・ギャロ（レンジャーズ）.000(8-0)0本　A・レンドーン（エンジェルス）.083(12-1)1本
苦手　K・カルフーン（ダイヤモンドバックス）.579(19-11)1本　C・ベリンジャー（ドジャース）.458(24-11)2本

年度	所属チーム	勝利	敗戦	防御率	試合数	先発	セーブ	投球イニング	被安打	失点	自責点	被本塁打	与四球	奪三振	WHIP
2004	ロイヤルズ	8	11	3.97	24	24	0	145.0	143	64	64	26	26	100	1.17
2005	ロイヤルズ	5	17	5.80	33	33	0	183.0	233	125	118	23	53	114	1.56
2006	ロイヤルズ	1	0	4.26	3	0	0	6.1	7	3	3	1	3	5	1.58
2007	ロイヤルズ	7	7	3.69	52	14	1	122.0	122	52	50	12	36	106	1.30
2008	ロイヤルズ	13	10	3.47	32	32	0	202.1	202	87	78	21	56	183	1.28
2009	ロイヤルズ	16	8	2.16	33	33	0	229.1	195	64	55	11	51	242	1.07
2010	ロイヤルズ	10	14	4.17	33	33	0	220.0	219	114	102	18	55	181	1.25
2011	ブリュワーズ	16	6	3.83	28	28	0	171.2	161	82	73	19	45	201	1.20
2012	ブリュワーズ	9	3	3.44	21	21	0	123.0	120	49	47	7	28	122	1.20
2012	エンジェルス	6	2	3.53	13	13	0	89.1	80	35	35	11	26	78	1.19
2012	2チーム計	15	5	3.48	34	34	0	212.1	200	84	82	18	54	200	1.20
2013	ドジャース	15	4	2.63	28	28	0	177.2	152	54	52	13	46	148	1.11
2014	ドジャース	17	8	2.71	32	32	0	202.1	190	69	61	19	43	207	1.15
2015	ドジャース	19	3	1.66	32	32	0	222.2	148	43	41	14	40	200	0.84
2016	ダイヤモンドバックス	13	7	4.37	26	26	0	158.2	161	80	77	23	41	134	1.27
2017	ダイヤモンドバックス	17	7	3.20	32	32	0	202.1	172	80	72	25	45	215	1.07
2018	ダイヤモンドバックス	15	11	3.21	33	33	0	207.2	181	77	74	28	43	199	1.08
2019	ダイヤモンドバックス	10	4	2.90	23	23	0	146.0	117	48	47	15	21	135	0.95
2019	アストロズ	8	1	3.02	10	10	0	62.2	58	25	21	6	9	52	1.07
2019	2チーム計	18	5	2.93	33	33	0	208.2	175	73	68	21	30	187	0.98
通算成績		205	123	3.35	488	447	1	2872.0	2661	1151	1070	292	667	2622	1.16

43 ランス・マッカラーズ・ジュニア Lance McCullers Jr.

1年の全休を乗り越え、ローテーション復活を期す 先発

27歳／185cm／93kg／右投左打

◆速球のスピード／150キロ台中頃〜後半(ツーシーム主体)　球威 **5**
◆決め球と持ち球/☆カーブ、◎ツーシーム、◎チェンジアップ、○フォーシーム　制球 **3**
◆昨季メジャー出場なし　緩急 **4**
◆⑤2012①アストロズ　◆⊞フロリダ州　守備・牽制 **4**
◆⑲410万ドル(約4億5100万円)　度胸 **4**

　一昨年11月にトミー・ジョン手術を受け、昨季は全休した豪腕投手。エース級に成長した期待の星だったので、ファンの落胆は大きかった。しかし術後の回復は順調で、今シーズンの開幕ローテーション入りを切望する声が大きくなっている。2015年12月に結婚したあと、しばらく子供ができなかったが、昨年7月に待望の第一子(女児)が誕生し、モチベーションも上がっている。生活態度が真面目なカトリック信者で、信仰を心の糧とする。「プロ入り後、厄介なヒジ痛や腰痛に度々苦しめられたけど、神の助けがあったから乗り越えることができた」と断言している。(5段階評価は手術前のもの)

[カモ] A・プーホールス(エンジェルス).160(25-4)1本　[苦手] E・アンドルス(レンジャーズ).571(14-8)1本

年度	所属チーム	勝利	敗戦	防御率	試合数	先発	セーブ	投球イニング	被安打	失点	自責点	被本塁打	与四球	奪三振	WHIP
2015	アストロズ	6	7	3.22	22	22	0	125.2	106	49	45	10	43	129	1.19
2016	アストロズ	6	5	3.22	14	14	0	81.0	80	29	29	5	45	106	1.54
2017	アストロズ	7	4	4.25	22	22	0	118.2	114	61	56	8	40	132	1.30
2018	アストロズ	10	6	3.86	25	22	0	128.1	100	60	55	12	50	142	1.17
通算成績		29	22	3.67	83	80	0	453.2	400	199	185	35	178	509	1.27

41 ブラッド・ピーコック Brad Peacock

スイングマンではメジャー随一の実力 スイングマン

32歳／185cm／95kg／右投右打

◆速球のスピード／140キロ台後半(ツーシーム主体)　球威 **3**
◆決め球と持ち球/○ツーシーム、◎スライダー、○チェンジアップ、△カーブ、△フォーシーム　制球 **4**
◆対左.279　◆対右.179　◆ホ防4.08　◆ア防4.19　緩急 **4**
◆⑤2006④ナショナルズ　◆⊞フロリダ州　守備・牽制 **4**
◆⑲390万ドル(約4億2900万円)　度胸 **2**

　2017年と19年は先発中心、18年はほとんどリリーフで使われた使い勝手のいい右腕。どの球団にも、先発とリリーフを兼任する便利屋的な投手がいるが、その多くは先発で使えば防御率5点台、リリーフで使えば防御率4点台という輩である。しかし、このピーコックは違う。先発の5番手で使えば、平均よりいい防御率をキープして3番手レベルの働きをするし、リリーフで使えば3点台前半の防御率を出せる。しかも苦労人で仕事の選り好みをしないので、多目的に使える。今シーズンのオフにFA権を取得するが、こうした長所は知れ渡っているので、多くの球団が獲得に乗り出す可能性がある。

[カモ] M・トラウト(エンジェルス).136(22-3)0本　[苦手] R・オドーア(レンジャーズ).533(15-8)2本

年度	所属チーム	勝利	敗戦	防御率	試合数	先発	セーブ	投球イニング	被安打	失点	自責点	被本塁打	与四球	奪三振	WHIP
2011	ナショナルズ	2	0	0.75	3	—	—	12.0	7	1	1	0	6	4	1.08
2013	アストロズ	5	6	5.18	18	14	0	83.1	78	51	48	15	37	77	1.38
2014	アストロズ	4	9	4.72	28	24	0	131.2	136	80	69	20	70	119	1.56
2015	アストロズ	0	1	5.40	1	1	0	5.0	5	3	3	0	2	3	1.40
2016	アストロズ	0	0	3.69	10	5	0	31.2	21	15	13	6	14	28	1.11
2017	アストロズ	13	2	3.00	34	21	0	132.0	100	46	44	10	57	161	1.19
2018	アストロズ	3	5	3.46	61	1	3	65.0	56	26	25	11	20	96	1.17
2019	アストロズ	7	6	4.12	23	15	0	91.2	78	43	42	15	31	96	1.19
通算成績		34	30	3.99	178	83	3	552.1	481	265	245	77	237	584	1.30

[対左]=対左打者被打率　[対右]=対右打者被打率　[ホ防]=ホーム防御率　[ア防]=アウェー防御率
⑤=ドラフトデータ　⊞=出身地　⑲=年俸　[カモ] [苦手] は通算成績

最高スピード164キロの豪球投手

39 ジョシュ・ジェイムズ *Josh James*

セットアップ

27歳／191cm／93kg／右投右打／速150キロ台後半（フォーシーム主体）／決◎フォーシーム

対左.193 対右.212 ド2014④アストロズ 田フロリダ州 年56万3500ドル（約6200万円）+α

球5
制2
緩4
守4
度3

　三振を奪う能力が際立って高い期待の星。昨年は先発5番手の有力候補だったが、キャンプ中にハムストリングを痛めたため、リリーフに回ることになった。4月は乱調だったが、その後は尻上がりに良くなり、驚異的なペースで三振を奪って注目された。2016年には、速球が144〜148キロ程度だったが、その後どんどん球速がアップ。18年には、平均球速が156キロまで上がった。これは筋力強化や投球フォームの改造によるものではない。無呼吸症候群と診断され、CPAPという器具を使った治療を始めたところ、睡眠の質が著しく改善されたからだと、本人は語っている。

年度	所属チーム	勝利	敗戦	防御率	試合数	先発	セーブ	投球イニング	被安打	失点	自責点	被本塁打	与四球	奪三振	WHIP
2019	アストロズ	5	1	4.70	49	1	1	61.1	46	34	32	10	35	100	1.32
通算成績		7	1	4.06	55	4	1	84.1	61	40	38	13	42	129	1.22

ワールドシリーズで好投

65 ホセ・アーキーデイ *Jose Urquidy*

先発 ルーキー

25歳／183cm／82kg／右投右打／速150キロ台前半（フォーシーム主体）／決◎チェンジアップ

対左.179 対右.300 ド2015④アストロズ 田メキシコ 年56万3500ドル（約6200万円）+α

球4
制3
緩4
守3
度4

　昨季終盤大化けした注目のメキシカン。昨季はルーキーながら、ワールドシリーズ第4戦に先発。好投してヒーローになり、将来のエース候補として期待が高まっている。マイナーの1A在籍中の2016年秋にトミー・ジョン手術を受け、17年は全休。18年6月に復帰して1Aから再出発したが、わずか1年足らずでメジャーに到達した。トミー・ジョン手術後に球速がアップした典型的なケースで、それによりチェンジアップの威力も倍増。これがスピード出世の原動力になった。昨年の開幕時、登録名を「ホセ・ルイス・ヘルナンデス」から、「ホセ・アーキーデイ」に変更。

年度	所属チーム	勝利	敗戦	防御率	試合数	先発	セーブ	投球イニング	被安打	失点	自責点	被本塁打	与四球	奪三振	WHIP
2019	アストロズ	2	1	3.95	9	7	0	41.0	38	18	18	6	7	40	1.10
通算成績		2	1	3.95	9	7	0	41.0	38	18	18	6	7	40	1.10

再生にはピッチングIQの向上が不可欠

47 クリス・デヴェンスキー *Chris Devenski*

ミドルリリーフ

30歳／191cm／95kg／右投右打／速150キロ台前半〜中頃（フォーシーム主体）／決◎チェンジアップ

対左.273 対右.237 ド2011⑤ホワイトソックス 田カリフォルニア州 年200万ドル（約2億2000万円）

球3
制2
緩3
守2
度3

　「一発病」と「盗塁のフリーパス」が、改善されるどころか、ますますひどくなっている危機に瀕する投手。メジャーに上がった当初は豪速球とチェンジアップで三振の山を築いたが、この2つも劣化が進んでおり、並の威力になってしまった。大事な場面で起用される機会もめっきり減っているので、新たな投球スタイルを構築し、信頼を取り戻す必要がある。ロサンジェルス郊外の治安の悪いエリアで育ち、まわりは不良だらけだった。だが、短大の野球チームに入ったあと、父マイクさんの助言で悪い連中とつるむのをやめ、ピッチングに打ち込むようになり、プロへの道が開けた。

年度	所属チーム	勝利	敗戦	防御率	試合数	先発	セーブ	投球イニング	被安打	失点	自責点	被本塁打	与四球	奪三振	WHIP
2019	アストロズ	2	3	4.83	61	1	0	69.0	69	39	37	13	21	72	1.30
通算成績		16	15	3.21	221	7	7	305.1	240	114	109	37	80	327	1.05

アストロズ

速=速球のスピード　決=決め球

投手

現役投手では2番目に多い通算登板数 セットアップ

38 ジョー・スミス Joe Smith

36歳 | 188cm | 93kg | 右投右打 右打 | 速140キロ前後(シンカー)、140キロ台前半(フォーシーム) | 決○スライダー

対左.229 対右.196 ド2006③メッツ 出オハイオ州 年400万ドル(約4億4000万円)

球 4
制 4
緩 3
守 4

オフに 2 年 800 万ドルでアストロズと再契約を交わした、サイドハンドのベテランリリーバー。昨季はアキレス腱手術の影響で、シーズン前半は全休。だが後半に復帰後は、速球（シンカー、フォーシーム）とスライダーのコンビネーションで好投を続けた。2018 年に、「ワールドシリーズ制覇の可能性がある球団」ということでアストロズを選択し、昨季、念願のワールドシリーズに初出場。だが、シリーズ最終戦の 9 回に、決定的な得点をナショナルズに与えるピンチを作ってしまった。昨季までのメジャー通算登板数 782 は、現役投手ではフェルナンド・ロドニーに次ぐ数字だ。

年度	所属チーム	勝利	敗戦	防御率	試合数	先発	セーブ	投球イニング	被安打	失点	自責点	被本塁打	与四球	奪三振	WHIP
2019	アストロズ	1	0	1.80	28	0	0	25.0	19	6	5	2	5	22	0.96
通算成績		50	29	2.98	782	0	30	695.1	573	248	230	54	237	615	1.16

昨年メジャーでは7試合に投げて失点1 ミドルリリーフ ルーキー

66 ブライアン・アブレイユ Bryan Abreu

23歳 | 185cm | 93kg | 右投右打 右投 | 速150キロ台前半～中頃(フォーシーム主体) | 決○カーブ

対左.071 対右.200 ド2013⑦アストロズ 出ドミニカ 年56万3500ドル(約6200万円)＋α

球 4
制 2
緩 3
守 2
度 3

ハイレベルなカーブとスライダーを武器に、メジャー定着を目論む昨年 7 月末にメジャーデビューした逸材。アストロズがドミニカで入団テストをおこなった際、速球は 135 キロ程度だが、体型と投球フォームを見たスカウトが、強烈なカーブを投げる投手になると予見して契約を交わした。プロ入り後はその予見通り、鋭く変化するカーブとスライダーを身につけ、着実に成長。速球のスピードも 150 キロ台前半にアップし、目を見張るペースで三振を奪うようになった。欠点は、制球のバラつきが大きいこと。これは、一塁側に大きく倒れ込む投球フォームが原因のようだ。

年度	所属チーム	勝利	敗戦	防御率	試合数	先発	セーブ	投球イニング	被安打	失点	自責点	被本塁打	与四球	奪三振	WHIP
2019	アストロズ	0	0	1.04	7	0	0	8.2	4	1	1	0	3	13	0.81
通算成績		0	0	1.04	7	0	0	8.2	4	1	1	0	3	13	0.81

— クリスチャン・ハヴィエア Cristian Javier リリーフ先発 期待度 B ルーキー

23歳 | 185cm | 92kg | 右投右打 ◆昨季は1A＋、2A、3Aでプレー ド2015⑦アストロズ 出ドミニカ

昨年マイナーの 1A ＋で防御率 1.64、2A で 2.07、3A で 1.64 と、各段で抜群の数字を出した逸材。スライダーが武器で、ボール球を振らせる技術が高い。昨季はすべて先発で投げたが、球団は奪三振率が高いことに注目し、メジャーではリリーフで起用していく方針のようだ。今シーズン前半の昇格を期待されている。

— ブランドン・ビーラック Brandon Bielak 先発 期待度 B ルーキー

24歳 | 178cm | 79kg | 右投左打 ◆昨季は2A、3Aでプレー ド2017⑪アストロズ 出ニュージャージー州

最大の武器はチェンジアップ。カーブもメジャーレベルで、速球とこの 2 つを組み合わせ、巧みに打者のタイミングを外してくる。昨季は 2A で主に先発で起用され、3.30 という良好な防御率を出した。今季は 3A に昇格して先発の一角を担い、メジャー昇格の機会をうかがうことになるだろう。

速=速球のスピード 決=決め球 対左=対左打者被打率 対右=対右打者被打率

ド=ドラフトデータ 出=出身地 年=年俸

※メジャー経験がない投手の「先発」「リリーフ」はマイナーでの役割

ユダヤ系の弁護士一家に生まれた秀才スラッガー

サード ショート

2 アレックス・ブレグマン
Alex Bregman

26歳／183cm／82kg／右投右打

◆対左投手打率／.350(163-57) ◆対右投手打率／.274(391-107)
◆ホーム打率／.278(281-78) ◆アウェー打率／.315(273-86)
◆得点圏打率／.250(128-32)
◆19年のポジション別出場数／サード=99、ショート=65、
　DH=6 ◆ドラフトデータ／2015①アストロズ
◆出身地／ニューメキシコ州
◆年俸／1100万ドル(約12億1000万円)
◆シルバースラッガー賞1回(19年)

ミート **5**
パワー **5**
走塁 **4**
守備 **4**
肩 **4**

　昨年、アメリカン・リーグのMVP投票で2位になった、頭脳明晰なオールラウンドプレーヤー。昨季は一昨年からさらにパワーアップして、リーグ3位の41本塁打を放ったが、選球眼にもさらに磨きがかかり、ボール球に手を出す比率はメジャー全体で最も低かった。

　語学力が高く、高校のときに知的好奇心から始めたスペイン語は、努力の甲斐あって、今では聞くことも話すこともネイティブスピーカー級になった。アストロズの内野レギュラー陣は、ブレグマン以外みなラテンアメリカ出身で、普段はスペイン語で会話しているため、ブラグマンもスペイン語で彼らとコミュニケーションをとっている。

　昨年5月初旬にメキシコでメジャー公式戦がおこなわれた際は、前日の記者会見に登場し、記者たちが発するスペイン語の質問に流暢なスペイン語で答えを返していた。その模様は『MLB.com』で報じられ、コメント欄には驚きと賞賛のメッセージが多数寄せられていた。

　ブレグマン家は『屋根の上のバイオリン弾き』と同様、19世紀末にポグロム(ユダヤ人迫害)を逃れて、ロシアから米国移住したユダヤ人の家系。身内には弁護士が多く、父サムさん、母ジャッキーさん、父方の祖父スタンさんは、みな弁護士だ。しかしブレグマンは少年時代からプロスポーツ選手になりたいという願望が強く、ユダヤ教徒が13歳のときにおこなうバーミツヴァ(成人式)の席で来賓に向けてスピーチした際、「将来はプロスポーツ選手の道に進みます」と宣言している。ユダヤ教徒の選手は、ポストシーズン中であっても、ヨムキップール(贖罪の日)が来ると、戒律に従ってその日だけは試合を休むことがある。しかしブレグマンは戒律を厳格に守る気はないようで、昨年10月8日のヨムキップールの日は、迷うことなくレイズとの地区シリーズ第4戦に出場している。

カモ	M・ゴンザレス(マリナーズ).471(17-8)0本　田中将大(ヤンキース).444(9-4)1本
苦手	Y・ペティット(アスレティックス).000(8-0)0本　J・ルクラーク(レンジャーズ).000(8-0)0本

年度	所属チーム	試合数	打数	得点	安打	二塁打	三塁打	本塁打	打点	四球	三振	盗塁	盗塁死	出塁率	OPS	打率
2016	アストロズ	49	201	31	53	13	3	8	34	15	52	2	0	.313	.791	.264
2017	アストロズ	155	556	88	158	39	5	19	71	55	97	17	5	.352	.827	.284
2018	アストロズ	157	594	105	170	51	1	31	103	96	85	10	6	.394	.926	.286
2019	アストロズ	156	554	122	164	37	2	41	112	119	83	5	1	.423	1.015	.296
通算成績		517	1905	346	545	140	11	99	320	285	317	34	10	.384	.911	.286

カモ 苦手 は通算成績

ハッスルプレーを連発する人気者

センター／ライト

4 ジョージ・スプリンガー
George Springer

31歳／191cm／98kg／右投右打

- ◆対左投手打率／.272(125-34) ◆対右投手打率／.299(354-106)
- ◆ホーム打率／.287(230-66) ◆アウェー打率／.297(249-74)
- ◆得点圏打率／.316(114-36)
- ◆19年のポジション別出場数／センター=75、ライト=59、DH=13 ◆ドラフトデータ／2011①アストロズ
- ◆出身地／コネティカット州
- ◆年俸／2100万ドル（約23億2100万円）
- ◆シルバースラッガー賞2回(17、19年)

ミート	4
パワー	5
走塁	3
守備	5
肩	5

　アストロズ打線の起爆剤としてフルに機能している、エネルギッシュなプレーヤー。昨季は5月中旬にハムストリングを痛め、5週間ほど戦列を離れた。そのため122試合の出場にとどまったが、12.3打数に1本という驚異的ペースで一発を生産して、39本塁打を記録した。生産ペースが急上昇したのは、速球に的をしぼって、積極的に打ちに行ったことが大きい。39本塁打のうち24本はフォーシームを叩いたものだ。ちなみに昨年5週間の欠場がなく、155試合前後出場していれば、本塁打数は50本前後になり、本塁打王のタイトルに手が届いていたところだった。昨季は守備での活躍も目立ち、DRS（守備で防いだ失点）が11あった。

　今季のオフにFA権を取得するため、去就が注目されている。アストロズは2020年限りでブラントリー（今季年俸1600万ドル）、レディック（同1300万ドル）との契約が切れ、さらに2021年限りで超高給取りのグリンキー（同3500万ドル）、ヴァーランダー（同3300万ドル）との契約が終わる。それを考えればスプリンガーと、7年2億ドル規模の長期契約を交わす余地はあるように見える。しかし、次にコレイアが控えているので、外野の有望株であるカイル・タッカーとマイルズ・ストロウがそろって急成長すれば、カイクルやコールのときのように、スプリンガーのFA流出を容認する可能性も残されている。本人はヒューストンに愛着があり、オフの間も18年1月に結婚した妻シャリーズさんとヒューストンの自宅で暮らしているので、残留を強く希望している。シャリーズさんは、プエルトリコ出身の元ソフトボール選手で、オルバニー大学のチームで活躍。プエルトリコ・ナショナルチームのメンバーに選出されたこともある。

カモ 菊池雄星（マリナーズ）.667(9-6)0本　J・ルクラーク（レンジャーズ）.750(4-3)2本
苦手 M・ゴンザレス（マリナーズ）.000(9-0)0本　N・ラミレス（エンジェルス）.111(9-1)1本

年度	所属チーム	試合数	打数	得点	安打	二塁打	三塁打	本塁打	打点	四球	三振	盗塁	盗塁死	出塁率	OPS	打率
2014	アストロズ	78	295	45	68	8	1	20	51	39	114	5	2	.336	.804	.231
2015	アストロズ	102	388	59	107	19	2	16	41	50	109	16	4	.367	.826	.276
2016	アストロズ	162	644	116	168	29	5	29	82	88	178	9	10	.359	.815	.261
2017	アストロズ	140	548	112	155	29	0	34	85	64	111	5	7	.367	.889	.283
2018	アストロズ	140	544	102	144	26	4	22	71	64	122	6	4	.346	.780	.265
2019	アストロズ	122	479	96	140	20	3	39	96	67	113	6	2	.383	.974	.292
通算成績		744	2898	530	782	131	11	160	426	372	747	47	29	.361	.849	.270

野手

突然現れた本塁打生産マシン

DH
レフト

44 ヨーダン・アルヴァレス
Yordan Alvarez

23歳｜196cm｜102kg｜右投左打

◆対左投手打率／.307(114-35) ◆対右投手打率／.317(199-63)
◆ホーム打率／.349(166-58) ◆アウェー打率／.272(147-40)
◆得点圏打率／.344(93-32)
◆19年のポジション別出場数／DH=74、レフト=10
◆ドラフトデータ／2016⑰ドジャース
◆出身地／キューバ
◆年俸／56万3500ドル（約6200万円）+α
◆新人王（19年）

ミート	4
パワー	5
走塁	1
守備	2
肩	2

アストロズ

　アメリカン・リーグの新人王に選出された、並外れたパワーを備えた若き怪物打者。16歳のとき、キューバの事実上のプロリーグであるナショナル・シリーズのラス・ツナス球団に入団。2年目にハイアベレージ（3割5分1厘）を記録したあと、メジャーでプレーする夢を実現するため、密航船に乗って夜のカリブ海をハイチに向かい、そこで拠点を構えて、メジャー球団のスカウトたちを集め、プレーを見てもらった。

　その結果、200万ドルの契約金を提示したドジャースに入団。しばらく球団の施設でトレーニングを積んだのち、マイナーのチームに合流することになった。ところが、入団からひと月半が経過した2016年8月1日に、ドジャースとアストロズとの間でトレードが成立。ドジャース傘下のマイナーで1度も打席に入ることなく、救援投手のジョシュ・フィールズと交換で、アストロズに移籍することとなった。

　その後は手首やヒザの故障に悩まされたが、どのレベルでも良好な打撃成績をマークして昇格を重ねて、2年弱で3Aに到達。昨季は3Aの主砲として開幕を迎え、9.3打数に1本という有り得ないペースで本塁打を打ちまくって6月9日にメジャーデビュー。いきなり5試合で4本、外野席に叩き込んで地元のファンの度肝を抜いた。その後もコンスタントに一発が出たため、6月と7月に、2カ月連続で月間最優秀新人に選出された。

　打撃面の長所は、広角に飛距離が出るため、逆方向への本塁打がよく出ること。昨季は3Aで23本、アストロズで27本、計50本も打っているので、今季は本塁打王の期待がかかる。

　レフトの守備は、ひいき目に見ても「中の下」レベル。フライ打球の軌道を的確に読めないため、落下点へのルートが直線ではなく、ループ状にふくらんでしまうことが多い。肩の強さにも難があるので、今季も昨季同様、DHで起用されることが多くなりそうだ。

[カモ] 菊池雄星（マリナーズ）.500(8-4)1本　M・ゴンザレス（マリナーズ）.500(8-4)0本
[苦手] T・ソーントン（ブルージェイズ）.000(5-0)0本　A・ヒーニー（エンジェルス）.167(6-1)0本

年度	所属チーム	試合数	打数	得点	安打	二塁打	三塁打	本塁打	打点	四球	三振	盗塁	盗塁死	出塁率	OPS	打率
2019	アストロズ	87	313	58	98	26	0	27	78	52	94	0	0	.412	1.067	.313
通算成績		87	313	58	98	26	0	27	78	52	94	0	0	.412	1.067	.313

189

試合の流れを変える一打が多い千両役者　セカンド

27 ホセ・アルトゥーヴェ
Jose Altuve

30歳／168cm／75kg／右投右打

◆対左投手打率／.331(130-43)　◆対右投手打率／.286(370-106)
◆ホーム打率／.306(232-71)　◆アウェー打率／.291(268-78)
◆得点圏打率／.255(94-24)
◆19年のポジション別出場数／セカンド=121、DH=2、
ショート=1　◆ドラフトデータ／2007⑦アストロズ
◆出身地／ベネズエラ　◆年俸／2600万ドル
（約28億6000万円）　◆MVP1回(17年)、首位打者3回
(14、16、17年)、盗塁王2回(14、15年)、ゴールドグラブ賞1回
(15年)、シルバースラッガー賞5回(14〜18年)

ミート	5
パワー	5
走塁	4
守備	3
肩	2

　シーズンの本塁打数が初めて30を超えた身長168センチのスーパースター。昨季は5月にハムストリングを痛め、ひと月以上戦列を離れたため、シーズン前半は影が薄かった。しかし、後半に入ってエンジン全開になり、本塁打を量産。ポストシーズンでもほかの打者が不振をかこつ中で、チーム最多の5本塁打を放って一人気を吐いた。

　早いカウントから積極的に打ちにいくタイプ。ハイボールヒッターであるため、速球が高めに来ると、即反応して振り抜き、高い弾道で外野席まで運んでしまう。しかし、相手バッテリーに高めに反応する習性を見抜かれて、高めの釣り球で三振や凡フライに仕留められることも多々ある。

　奥さんのニーナさんは2歳下で、同じベネズエラ・マラカイ市出身。ローティーンの頃に知り合って熱愛、アルトゥーヴェが16歳でアストロズと契約した直後に結婚の約束をした。しかし彼女はまだ14歳だったので、親元で学業を続けることになり、地元の高校、大学に進んだ。そのため長い間、米国のマイナーリーグでプレーするアルトゥーヴェとシーズン中は離れ離れに暮らす状態が続いたが、卒業後は、彼女が米国に来て一緒に暮らすようなり、16年に第1子となる女児メラニーちゃんが誕生。

　ひときわ小さな体でMVPに輝く大打者にのし上がった点が共通するため、ダスティン・ペドロイアとよく比較される。ペドロイアは小さな体に、過重な負担をかけてきたことが災いし、30歳を過ぎた頃から毎年のように故障するようになり、最後はメルトダウンしてしまった。アルトゥーヴェも一昨年はヒザ、昨年はハムストリングと故障が続いているため、アナリストの一部から、ペドロイア化を懸念する声が上がっている。

カモ M・マイナー(レンジャーズ).417(24-10)1本　J・バリーア(エンジェルス).429(14-6)1本
苦手 S・マナイア(アスレティックス).172(29-5)1本　菊池雄星(マリナーズ).200(10-2)1本

年度	所属チーム	試合数	打数	得点	安打	二塁打	三塁打	本塁打	打点	四球	三振	盗塁	盗塁死	出塁率	OPS	打率
2011	アストロズ	57	221	26	61	10	1	2	12	5	29	7	3	.297	.654	.276
2012	アストロズ	147	576	80	167	34	4	7	37	40	74	33	11	.340	.740	.290
2013	アストロズ	152	626	64	177	31	2	5	52	32	85	35	13	.316	.678	.283
2014	アストロズ	158	660	85	225	47	3	7	59	36	53	56	9	.377	.830	.341
2015	アストロズ	154	638	86	200	40	4	15	66	33	67	38	13	.353	.812	.313
2016	アストロズ	161	640	108	216	42	5	24	96	60	70	30	10	.396	.928	.338
2017	アストロズ	153	590	112	204	39	4	24	81	58	84	32	6	.410	.957	.346
2018	アストロズ	137	534	84	169	29	2	13	61	55	79	17	4	.386	.837	.316
2019	アストロズ	124	500	89	149	27	3	31	74	41	82	6	5	.353	.903	.298
通算成績		1243	4985	734	1568	299	28	128	538	360	623	254	74	.364	.827	.315

マッサージで胸を強く圧迫して骨折

ショート

1 カルロス・コレイア *Carlos Correa*

26歳｜193cm｜98kg｜右投右打

◆対左投手打率／.308　◆対右投手打率／.270
◆ホーム打率／.320　◆アウェー打率／.242　◆得点圏打率／.277
◆19年のポジション別出場数／ショート＝75
◆Ⓓ2012①アストロズ　◆Ⓗプエルトリコ
◆Ⓨ800万ドル（約8億8000万円）　◆新人王（15年）

様々なケガで2017年以降、毎年ひと月半以上の長期欠場を余儀なくされているスター遊撃手。昨年は肋骨の骨折で、5月下旬から約2ヵ月間欠場している。本人の説明によると、これは自宅でマッサージを受けたとき、マッサージ師が胸を強く圧迫したのが原因だという。この説明に多くの人が疑問を覚えたようで、ネット上に様々な憶測が飛び交うようになりDV説まで出現した。これに頭を抱えたコレイアは、一緒に住んでいる婚約者ダニエラさんと相談して、克明に当時の状況を説明した動画を彼女のブログに掲載し、フェイク情報の拡散に歯止めをかけた。ダニエラさんは、2016年にミス・テキサスに選ばれた長身の十頭身美人。女優やモデルとしての活動歴もある。

カモ F・モンタス（アスレティックス）.500(8-4)1本	苦手 J・ルクラーク（レンジャーズ）.000(9-0)0本

年度	所属チーム	試合数	打数	得点	安打	二塁打	三塁打	本塁打	打点	四球	三振	盗塁	盗塁死	出塁率	OPS	打率
2015	アストロズ	99	387	52	108	22	1	22	68	40	78	14	4	.345	.857	.279
2016	アストロズ	153	577	76	158	36	3	20	96	75	139	13	3	.361	.811	.274
2017	アストロズ	109	422	82	133	25	1	24	84	53	92	2	1	.391	.941	.315
2018	アストロズ	110	402	60	96	20	1	15	65	53	111	3	0	.323	.728	.239
2019	アストロズ	75	280	42	78	16	1	21	59	35	75	1	0	.358	.926	.279
通算成績		546	2068	312	573	119	7	102	372	256	495	33	8	.356	.845	.277

ブレグマンが「安定感のロールモデル」と賞賛

レフト

23 マイケル・ブラントリー *Michael Brantley*

33歳｜188cm｜91kg｜左投左打

◆対左投手打率／.282　◆対右投手打率／.323
◆ホーム打率／.312　◆アウェー打率／.311　◆得点圏打率／.343
◆19年のポジション別出場数／レフト＝120、DH＝25、ライト＝9
◆Ⓓ2005⑦ブリュワーズ　◆Ⓗワシントン州
◆Ⓨ1500万ドル（約16億5000万円）　◆シルバースラッガー賞1回（14年）

見習うべき点がたくさんある付加価値の高いベテラン。10年ぶりに新天地でプレーすることになったため、すぐにアジャストできるか懸念されたが、いざ開幕してみると、完璧な準備で試合に臨み、理想形と賞賛されるスムーズなスイングで長打単打を量産してチームの快進撃を支えた。経験豊富で、かつ理論にも通じているため、チームメートから助言を求められることも多い。また、面倒見のいいベテランで、チーム内でも広く人望があり、スプリンガーは親しみを込め、「アンクル・マイケル」というあだ名を献じている。

カモ C・ペドローシャン（エンジェルス）.600(5-3)0本	苦手 菊池雄星（マリナーズ）.000(8-0)0本

年度	所属チーム	試合数	打数	得点	安打	二塁打	三塁打	本塁打	打点	四球	三振	盗塁	盗塁死	出塁率	OPS	打率
2009	インディアンズ	28	112	10	35	4	0	0	11	8	19	4	4	.358	.707	.313
2010	インディアンズ	72	297	38	73	9	3	3	22	22	38	10	2	.296	.623	.246
2011	インディアンズ	114	451	63	120	24	4	7	46	34	76	13	5	.318	.702	.266
2012	インディアンズ	149	552	63	159	37	4	6	60	53	56	12	9	.348	.750	.288
2013	インディアンズ	151	556	66	158	26	3	10	73	40	67	17	4	.332	.728	.284
2014	インディアンズ	156	611	94	200	45	2	20	97	52	56	23	1	.385	.890	.327
2015	インディアンズ	137	529	68	164	45	0	15	84	60	51	15	1	.379	.859	.310
2016	インディアンズ	11	39	5	9	2	0	0	7	3	6	1	0	.279	.561	.231
2017	インディアンズ	90	338	47	101	20	1	9	52	31	50	11	1	.357	.801	.299
2018	インディアンズ	143	570	89	176	36	2	17	76	48	60	12	3	.364	.832	.309
2019	アストロズ	148	575	88	179	40	2	22	90	51	66	3	2	.372	.875	.311
通算成績		1199	4630	631	1374	288	21	109	618	402	545	121	32	.354	.792	.297

Ⓓ＝ドラフトデータ　Ⓗ＝出身地　Ⓨ＝年俸

アストロズ

野手

ファースト / セカンド

10 ユリ・グリエル Yuli Gurriel

36歳｜183cm｜86kg｜右投右打

- ◆対左投手打率／.241 ◆対右投手打率／.320
- ◆ホーム打率／.311 ◆アウェー打率／.287 ◆得点圏打率／.301
- ◆19年のポジション別出場数／ファースト=110、サード=42、セカンド=4、DH=1 ◆⑤2016外アストロズ
- ◆⑪キューバ ◆囲830万ドル（約9億1300万円）

ミート	5
パワー	4
走塁	3
守備	3
肩	3

　スライダー打ちの名人と評価されるようになった、キューバ亡命組の内野手。昨季は初めて本塁打を30の大台に乗せたが、これを可能にしたのは、大半の右打者が苦手にする右投手のスライダーを叩き、アーチを10本かせいだことが大きい。ヒンチ監督は「彼は球種の見極めが抜群」と賞賛している。外に逃げる誘い球のスライダーを察知することも得意で、バットが出てしまうことがほとんどない。今季で5年契約が終了。通常なら、36歳になれば実績ある選手でも1年300万〜500万ドル程度の契約しか取れなくなるが、衰えが見られないので、FA市場に出れば2年契約をゲットできるかも。

カモ C・バシット（アスレティックス）.455(11-5)0本　**苦手** 菊池雄星（マリナーズ）.000(5-0)0本

年度	所属チーム	試合数	打数	得点	安打	二塁打	三塁打	本塁打	打点	四球	三振	盗塁	盗塁死	出塁率	OPS	打率
2016	アストロズ	36	130	13	34	7	0	3	15	5	12	1	1	.292	.677	.262
2017	アストロズ	139	529	69	158	43	1	18	75	22	62	3	2	.332	.817	.299
2018	アストロズ	136	537	70	156	33	1	13	85	23	63	5	1	.323	.751	.291
2019	アストロズ	144	564	85	168	40	2	31	104	37	65	5	3	.343	.884	.298
通算成績		455	1760	237	516	123	4	65	279	87	202	14	7	.330	.808	.293

ライト

22 ジョシュ・レディック Josh Reddick

33歳｜188cm｜88kg｜右投左打

- ◆対左投手打率／.309 ◆対右投手打率／.266
- ◆ホーム打率／.257 ◆アウェー打率／.294 ◆得点圏打率／.270
- ◆19年のポジション別出場数／ライト=119、レフト=29、センター=9、ファースト=4、DH=4
- ◆⑤2006⑰レッドソックス ◆⑪ジョージア州
- ◆囲1300万ドル（約14億3000万円）◆ゴールドグラブ賞1回（12年）

ミート	3
パワー	4
走塁	4
守備	4
肩	5

　4年契約の最終年に入るため、アストロズのユニフォーム姿は今季が最後になりそうな女性ファンが多い外野手。一昨年の打撃不振は、インサイドに来た投球を引っ張ることに意識が行きすぎたためと反省。昨季は逆方向に弾き返すことを心がけていたが、打撃成績の向上にはつながらなかった。極端なローボールヒッターで、昨年記録した14本塁打のうち3本は低めのボールゾーンに来た投球をすくい上げ、ライト席に運んだものだ。昨年のポストシーズンが始まる直前、ジョージェット夫人が初産となる双子の男児を出産。

カモ M・ゴンザレス（マリナーズ）.500(12-6)1本　**苦手** R・リン（レンジャーズ）.111(9-1)0本

年度	所属チーム	試合数	打数	得点	安打	二塁打	三塁打	本塁打	打点	四球	三振	盗塁	盗塁死	出塁率	OPS	打率
2009	レッドソックス	27	59	5	10	4	0	2	4	2	17	0	0	.210	.549	.169
2010	レッドソックス	29	62	5	12	3	1	1	5	1	15	1	0	.206	.529	.194
2011	レッドソックス	87	254	41	71	18	3	7	28	19	50	1	2	.327	.784	.280
2012	アスレティックス	156	611	85	148	29	5	32	85	55	151	11	1	.305	.768	.242
2013	アスレティックス	114	385	54	87	19	2	12	56	46	86	9	2	.307	.686	.226
2014	アスレティックス	109	363	53	96	16	7	12	54	28	63	1	1	.316	.763	.264
2015	アスレティックス	149	526	67	143	25	4	20	77	49	65	10	2	.333	.781	.272
2016	アスレティックス	68	243	33	72	11	1	8	28	28	34	5	0	.368	.816	.296
2016	ドジャース	47	155	20	40	6	0	2	9	11	22	3	3	.307	.643	.258
2016	2チーム計	115	398	53	112	17	1	10	37	39	56	8	3	.345	.749	.281
2017	アストロズ	134	477	77	150	34	4	13	82	43	72	7	3	.363	.847	.314
2018	アストロズ	134	433	63	105	13	2	17	47	49	77	5	2	.318	.718	.242
2019	アストロズ	141	501	57	138	19	3	14	56	36	66	5	2	.319	.728	.275
通算成績		1195	4069	560	1072	197	32	140	531	367	718	60	18	.322	.753	.263

野手

2年契約で残留した、大谷翔平の元女房役

キャッチャー

12 マーティン・マルドナード *Martin Maldonado*

34歳 | 183cm | 104kg | 右投右打 | 盗塁阻止率／.216(37-8) | 対左.229 | 対右.206 | 雨.219
⑦.207 | 得.173 | Ⓓ2004②エンゼルス | 囲プエルトリコ | 甲350万ドル(約3億8500万円)
◆ゴールドグラブ賞1回(17年)

ミ	2
パ	3
走	2
守	4
肩	4

オフに再契約し、今季もアストロズでマスクをかぶることになった2017年のゴールドグラブ捕手。昨季は開幕をロイヤルズで迎えたが、7月15日にカブスへトレード。だがすぐにまたトレードで、アストロズへ移籍となった。アストロズではゲリット・コール(今季ヤンキース)の女房役を務め、バッテリーを組んだ10試合の防御率は1.57と抜群の数字を残している。17年から18年途中まで、エンゼルスでプレー。投手・大谷翔平とは、彼のメジャーデビュー戦を含め、8試合でバッテリーを組んでいる。

年度	所属チーム	試合数	打数	得点	安打	二塁打	三塁打	本塁打	打点	四球	三振	盗塁	盗塁死	出塁率	OPS	打率
2019	ロイヤルズ	74	238	26	54	15	0	6	17	17	55	0	0	.291	.657	.227
2019	カブス	4	11	0	0	0	0	0	0	2	5	0	0	.154	.154	.000
2019	アストロズ	27	84	20	17	4	0	6	10	13	26	0	0	.316	.781	.202
2019	3チーム計	105	333	46	71	19	0	12	27	32	86	0	0	.293	.671	.213
通算成績		717	2100	217	459	91	3	63	220	162	566	2	5	.289	.644	.219

クラッチヒッターだが、守備はイマイチ

ユーティリティ

16 アレドミス・ディアス *Aledmys Diaz*

30歳 | 185cm | 88kg | 右投右打 | 対左.215 | 対右.297 | 雨.301 | ⑦.237 | 得.321
Ⓓ2014⑨カーディナルス | 囲キューバ

ミ	3
パ	4
走	3
守	2
肩	3

バットで貢献するタイプのユーティリティ。マーウィン・ゴンザレスがチームを去ったため、一昨年11月にアストロズがその後釜としてブルージェイズからトレードで獲得。好打者ぞろいのチームに来たため出番が減ったが、あまりボール球に手を出さなくなり、出塁率がアップした。キューバ亡命組の一人。3000万ドル規模の契約をゲットしようと目論み、メキシコにメジャー球団のスカウトたちを呼んでプレーを披露したが、体重オーバーで動きが鈍く、興味を示す球団はゼロだった。その後メキシカンリーグで1年半プレー後、契約金800万ドルでカーディナルスに入団。

年度	所属チーム	試合数	打数	得点	安打	二塁打	三塁打	本塁打	打点	四球	三振	盗塁	盗塁死	出塁率	OPS	打率
2019	アストロズ	69	210	36	57	12	1	9	40	26	28	2	0	.356	.823	.271
通算成績		389	1322	193	363	83	4	51	180	103	192	13	9	.330	.789	.275

30本塁打を期待できる将来の主砲候補

ライト
レフト

30 カイル・タッカー *Kyle Tucker*

23歳 | 193cm | 86kg | 右投左打 | 対左.296 | 対右.250 | 雨.281 | ⑦.257 | 得.250
Ⓓ2015①アストロズ | 囲フロリダ州 | 甲56万3500ドル(約6200万円)+α

ミ	3
パ	5
走	4
守	3
肩	3

アストロズの外野に空きがないため、一昨年3Aで目を見張る成績をあげながら、昨年も3Aでプレーすることを強いられた不運な最有望株。偉いのは、腐らずに本塁打を量産し、盗塁も次々に成功させ、30本塁打と30盗塁を同時達成する「30-30(サーティ・サーティ)」をやってのけたことだ。これで評価がさらに高くなり、9月にメジャーに呼ばれてまとまった出場機会を与えられた。ポストシーズンのメンバーにも抜擢され、レギュラー候補生扱いされているので、シーズン中にライトかレフトのレギュラーが放出され、タッカーのレギュラー化が実現する可能性が高い。

年度	所属チーム	試合数	打数	得点	安打	二塁打	三塁打	本塁打	打点	四球	三振	盗塁	盗塁死	出塁率	OPS	打率
2019	アストロズ	22	67	15	18	6	0	4	11	4	20	5	0	.319	.857	.269
通算成績		50	131	25	27	8	1	4	15	10	33	6	1	.278	.652	.206

対左=対左投手打率　対右=対右投手打率　雨=ホーム打率　⑦=アウェー打率　得=得点圏打率　193

アストロズ

1点が欲しいとき、キーマンになり得る人材

センター／ショート

3 マイルズ・ストロウ *Myles Straw*

26歳｜178cm｜82kg｜右投左打　対左.294　対右.257　ホ.241　ア.300　得.296
ド2015⑫アストロズ　出カリフォルニア州　年56万3500ドル（約6200万円）+α

ミ	4
パ	1
走	5
肩	4

　パワーには欠けるが、出塁する能力と逆方向に弾き返す技術が高いスモールボールで活きるタイプの逸材。高い出塁率を出せるのは、動態視力が際立って高いため、ハイレベルな変化球が来てもバットに当ててファウルで逃れることができ、最後は投手が根負けして歩かせてしまうことが多いからだ。一昨年マイナーで、シーズン70盗塁を記録したスピードも大きな魅力。塁に出ると、リードを大きくとって投手や相手守備陣にプレッシャーをかけ、ミスを誘う。群を抜くスピードがあり、強肩で敏捷性にも富んでいるため、センターだけでなく、ショートとして使うことも可能だ。

年度	所属チーム	試合数	打数	得点	安打	二塁打	三塁打	本塁打	打点	四球	三振	盗塁	盗塁死	出塁率	OPS	打率
2019	アストロズ	56	108	27	29	4	2	0	7	19	24	8	1	.378	.721	.269
通算成績		65	117	31	32	4	2	1	8	20	24	10	1	.380	.747	.274

名門USC出身のキャッチャーのホープ

キャッチャー　**ルーキー**

11 ギャレット・スタッブス *Garrett Stubbs*

27歳｜178cm｜79kg｜右投左打　盗塁阻止率.250(4-1)　対左.375　対右.148　ホ.316
ア.063　得.083　ド2015⑧アストロズ　出カリフォルニア州　年56万3500ドル（約6200万円）+α

ミ	2
パ	2
走	4
守	3
肩	4

　守備面でのウリは、強肩で盗塁阻止力が高いことと、ボールブロッキングとキャッチングに優れ、ワイルドピッチをあまり出さないこと。ただメジャーに定着するには、リード面で経験を積む必要がある。キャッチャーとは思えないスピードがあり、昨年5月28日のメジャーデビュー戦では、ショート後方にポトンと落ちるテキサスヒットを放ったが、俊足にものを言わせて一気にセカンドに走り二塁打にした。マイナーでは、盗塁を28回連続で成功させた実績がある。弟のC.J.もUSC（南カルフォルニア大学）出身の捕手で、昨年アストロズから10巡目に指名され、入団。

年度	所属チーム	試合数	打数	得点	安打	二塁打	三塁打	本塁打	打点	四球	三振	盗塁	盗塁死	出塁率	OPS	打率
2019	アストロズ	19	35	8	7	3	0	0	2	4	7	1	0	.282	.568	.200
通算成績		19	35	8	7	3	0	0	2	4	7	1	0	.282	.568	.200

― エイブラハム・トロ *Abraham Toro*

ファースト／セカンド　**期待度 B+**　**ルーキー**

24歳｜185cm｜86kg｜右投両打　◆昨季メジャーで25試合出場　ド2016⑤アストロズ　出カナダ

　昨年スイングを改良してヒットを量産できるようになり、2Aと3Aあわせて打率3割2分4厘、17本、80打点をマーク。シーズン終盤には次期に向けたオーデイション目的でメジャーに呼ばれた。合格点はもらえなかったが、急成長しており、グリエルの後継者候補の一人に浮上する可能性がある。

― テイラー・ジョーンズ *Taylor Jones*

ファースト／レフト　**期待度 C**　**ルーキー**

27歳｜201cm｜102kg｜右投右打　◆昨季は3Aでプレー　ド2016⑲アストロズ　出ワシントン州

　3Aを十分卒業できる好成績を出しながら、上がつかえているため、3Aで塩漬けになっているいわゆる4A選手。ウリは長打力と左投手に強いこと。メジャーでも、プラトーンでの起用なら結果を出せる可能性が高い。守備力は平均以下だが、ファースト、サード、レフトに対応可能で、使い勝手もいい。

対左=対左投手打率　対右=対右投手打率　ホ=ホーム打率　ア=アウェー打率　得=得点圏打率　ド=ドラフトデータ　出=出身地　年=年俸

オークランド・アスレティックス

◆創 立：1901年
◆本拠地：カリフォルニア州オークランド市
◆ワールドシリーズ制覇：9回 ／リーグ優勝：15回
◆地区優勝：16回 ／ワイルドカード獲得：4回

主要オーナー　ジョン・フィッシャー（スポーツ企業家）

過去5年成績

年度	勝	負	勝率	ゲーム差	地区順位	ポストシーズン成績
2015	68	94	.420	20.0	⑤	―
2016	69	93	.426	26.0	⑤	―
2017	75	87	.463	26.0	⑤	―
2018	97	65	.599	6.0	②	ワイルドカードゲーム敗退
2019	**97**	**65**	**.599**	**10.0**	**②**	ワイルドカードゲーム敗退

監督　6 ボブ・メルヴィン *Bob Melvin*

◆年 齢…………59歳（カリフォルニア州出身）
◆現役時代の経歴…10シーズン　タイガース（1985）、ジャイアンツ（1986～88）、
（キャッチャー）　オリオールズ（1989～91）、ロイヤルズ（1992）、レッドソックス
（1993）、ヤンキース（1994）、ホワイトソックス（1994）
◆現役通算成績……692試合 .233 35本 212打点
◆監督経歴…………16シーズン　マリナーズ（2003～04）、ダイヤモンド
バックス（2005～09）、アスレティックス（2011～）
◆通算成績…………1224勝1172敗（勝率.511）　最優秀監督3回（07、12、18年）

アスレティックスには、評価の低い他球団の選手を低コストで獲得し、大化けさせる「最強の貧乏球団」というイメージがある。しかし、他球団のポンコツが、自然に大化けするわけではない。メルヴィンとコーチ陣が、選手の特性を把握し、上手に使ってくれるので、大化けできるのだ。クリス・デイヴィス、ローリアーノは、その典型的なケース。使い続けることの重要さを最も知る監督でもあり、それが昨年のシミエン、ヘンドリックスの大化けにつながった。

注目コーチ　7 マーク・コッツェイ *Mark Kotsay*

クオリティ・コントロールコーチ。45歳。2018年より現職。フロントと連携し、球団の方針に沿った指導、相手選手の情報伝達などをおこない、選手を支援している。

編成責任者　ビリー・ビーン *Billy Beane*

58歳。チーム運営に統計学的手法を本格的に導入した先駆者。20年以上、アスレティックスの編成トップの座にある。ドラフト1巡目でプロ入りも、選手では大成せず。

スタジアム　リングセントラル・コロシアム *RingCentral Coliseum*

◆開場年…………1966年
◆仕様…………天然芝
◆収容能力…………46,847人
◆フェンスの高さ …2.4～4.6m
◆特微…………独特の形状は、アメフトとの兼用球場であるため。ファウルテリトリーが広いので、内野フライが多くなる。海風の影響で打球が飛びにくくなることも。老朽化が進み、選手と観客の評価はともに最悪。現在の球場名は昨年から。

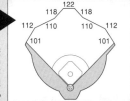

ピッチャーズパーク

Best Order

[ベストオーダー]

①マーカス・シミエン……ショート
②ラモン・ローリアーノ……センター
③マット・チャップマン……サード
④マット・オルソン……ファースト
⑤マーク・カナ……レフト
⑥クリス・デイヴィス……DH
⑦スティーヴン・ピスコッティ……ライト
⑧ショーン・マーフィー……キャッチャー
⑨シェルドン・ノイジー……セカンド

Depth Chart

[ポジション別選手層・メンバーリスト]

※2020年2月4日時点の候補選手。数字は背番号（開幕前に変更する場合もあり）、右・左等は投・打の順。

センター
22 ラモン・ローリアーノ [右・右]
8 ロビー・グロスマン [左・両]
20 マーク・カナ [右・右]
49 スカイ・ボルト [右・両]

レフト
20 マーク・カナ [右・右]
8 ロビー・グロスマン [左・両]
15 セス・ブラウン [左・左]
18 チャド・ピンダー [右・右]

ライト
25 スティーヴン・ピスコッティ [右・右]
8 ロビー・グロスマン [左・両]
18 チャド・ピンダー [右・右]
15 セス・ブラウン [左・左]

ショート
10 マーカス・シミエン [右・右]
18 チャド・ピンダー [右・右]
1 フランクリン・バレト [右・右]

セカンド
64 シェルドン・ノイジー [右・右]
1 フランクリン・バレト [右・右]
13 ホルヘ・マテオ [右・右]

ローテーション
55 ショーン・マナイア [左・右]
47 フランキー・モンタス [右・右]
44 ヘスース・ルザード [左・左]
50 マイク・ファイアーズ [右・右]
31 A.J.パク [左・左]
40 クリス・バシット [右・右]

サード
26 マット・チャップマン [右・右]
18 チャド・ピンダー [右・右]

ファースト
28 マット・オルソン [右・左]
20 マーク・カナ [右・右]
15 セス・ブラウン [左・左]
18 チャド・ピンダー [右・右]

キャッチャー
12 ショーン・マーフィー [右・右]
— オースティン・アレン [左・左]

DH
2 クリス・デイヴィス [右・右]
20 マーク・カナ [右・右]
64 シェルドン・ノイジー [右・右]

ブルペン
16 リーアム・ヘンドリックス [右・右] CL
62 ルー・トリヴィーノ [右・右]
36 ユスメイロ・ペティット [右・右]
35 ジェイク・ディークマン [左・左]
48 ホアキム・ソリア [右・右]
33 ダニエル・メングデン [右・右]
40 クリス・バシット [右・右]
57 J.B.ウェンドルケン [右・右]
66 T.J.マクファーランド [左・右]
58 ポール・ブラックバーン [右・右]

※CL＝クローザー

アスレティックス試合日程……＊はアウェーでの開催

3月26・27・28・29 ツインズ	27・28・29 レンジャーズ＊	29・30・31 レンジャーズ＊
30・31・4月1 アストロズ	30・5月1・2・3 レイズ	6月2・3・4 タイガース
2・4・5 ツインズ＊	4・5・6 マリナーズ	6・7 ジャイアンツ
6・7・8 エンジェルス＊	8・9・10 ブルージェイズ	9・10・11 タイガース＊
10・11・12 ヤンキース	12・13・14 マリナーズ＊	12・13・14 フィリーズ＊
13・14・15 レッドソックス	15・16・17 エンジェルス＊	15・16・17 エンジェルス
16・17・18・19 マリナーズ	19・20・21 レンジャーズ	19・20・21 アストロズ
21・22・23 インディアンズ＊	22・23・24 エンジェルス	23・24・25 レイズ＊
24・25・26 アストロズ＊	25・26・27・28 アストロズ＊	26・27・28 ホワイトソックス＊

196 | 球団メモ | 昨季は4月こそ負け越したが、5月以降は毎月勝ち越しと、安定した戦いぶりを見せた。とくに後半戦好調で、前半の勝率.554に対し、後半の勝率は.657だった。

■投手力 ➡ …★★★★☆ 【昨年度チーム防御率3.97、リーグ4位】

　ローテーションは昨シーズン、先発防御率が4.02でリーグの4位。自前で育てた活きのいい若手が主体で、伸びしろが大きいためローテーション全体のレベルはトップクラスになっている可能性がある。ブルペンはクローザーがヘンドリックス、セットアッパーがソリアとペティットという布陣。ヘンドリックスは昨シーズン急成長したので、あと1、2年はクローザーが務まるように見えるが、もしこけたとしても、ソリアにすぐスイッチできる。

■攻撃力 ➡ …★★★★☆ 【昨年度チーム得点845、リーグ5位】

　昨シーズンのチーム得点845は「中の上」レベル。外部からの補強はおこなわなかったが、打線の中軸を担うチャップマン、オルソン、カナが力を付けてきている。3人で100本塁打を期待できるトリオに成長した。昨季はシミエンの大化けがあったが、今季はクリス・デイビスの復調を期待できるので、チーム得点が大幅にダウンすることはないだろう。

■守備力 ➡ …★★★★☆ 【昨年度チーム失策数80、リーグ3位】

　チャップマンとオルソンがゴールドグラブ賞、シミエンとグロスマンがゴールドグラブ賞候補で、内野、外野とも守備力はメジャーでもトップクラス。正捕手に抜擢されるマーフィーも、守備力はハイレベルだ。

■機動力 ➡ …★★☆☆☆ 【昨年度チーム盗塁数49、リーグ14位】

　打線に長距離砲がそろっているため、スモールボールには消極的になった。チーム盗塁数49は、リーグではツインズに次いで少ない数字。

アスレティックス

総合評価 ➡	優秀な若手が次々に育っており、打線もローテーションも最強の陣容になりつつある。FA権取得まであと2，3年ある選手が多いので、来シーズンまでは、自前で育てた主力をフルに活用できる。今シーズンは、95勝ぐらいまで行く可能性が高い。
★★★★☆	

IN　主な入団選手
投手
T.J.マクファーランド ← ダイヤモンドバックス
野手
オースティン・アレン ← パドレス

OUT　主な退団選手
投手
タナー・ロアーク → ブルージェイズ
ホーマー・ベイリー → ツインズ
ブレット・アンダーソン → ブリュワーズ
ブレイク・トライネン → ドジャース
ジャレル・コットン → カブス
野手
ジュリクソン・プロファー → パドレス

29・30・**7月**1	マーリンズ	30・31・**8月**1・2	レンジャーズ	31・**9月**1・2	ロイヤルズ
2・3・4・5	オリオールズ	3・4	マリナーズ	4・5・6	レンジャーズ
7・8	ジャイアンツ*	6・7・8・9	ヤンキース*	7・8・9・10	ロイヤルズ*
9・10・11・12	マリナーズ*	10・11・12	ナショナルズ*	11・12・13	マリナーズ*
14	オールスターゲーム	14・15・16	レッドソックス*	14・15・16	ホワイトソックス*
17・18・19	アストロズ	17・18・19	インディアンズ	17・18・19・20	エンジェルス
21・22	ブレーブス	21・22・23	メッツ	22・23・24	レンジャーズ
24・25・26	オリオールズ*	25・26	ブレーブス*	25・26・27	エンジェルス*
27・28・29	アストロズ*	27・28・29・30	ブルージェイズ*		

オージーフットボールで鍛えられた新守護神 クローザー

16 リーアム・ヘンドリックス
Liam Hendriks

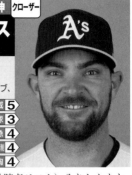

31歳/183cm/102kg/右投右打

◆速球のスピード/150キロ台中頃(フォーシーム主体)
◆決め球と持ち球/☆フォーシーム、☆スライダー、○カーブ、△ツーシーム
◆対左打者被打率/.257　◆対右打者被打率/.145
◆ホーム防御率/1.59　◆アウェー防御率/2.04
◆ドラフトデータ/2007㉘ツインズ
◆出身地/オーストラリア
◆年俸/530万ドル(約5億8300万円)

球威	5
制球	3
緩急	4
守備・輝	4
度胸	4

　昨年6月下旬にトライネンが肩痛でIL(故障者リスト)入りしたあと、クローザーに抜擢され、目を見張る働きをした豪州パース出身の右腕。一昨年までは重要度が高くない場面で使われることが多く、昨季も序盤はロングリリーフやミドルリリーフで使われていたが、フォーシームの平均球速がかなりアップしたうえ、スライダーの制球も良くなったため、4月末からほとんど失点しなくなった。それにより6月初旬からセットアッパーに格上げされ、さらに6月20日にトライネンがIL入りするとクローザーに指名された。29歳で初めて大きなプレッシャーがかかる中で投げることになったが、打者に真っ向勝負を挑むアグレッシブな投球スタイルはいささかも揺らがず、それからひと月ほどは1点も許さなかった。この活躍が認められ、オールスターにもモートンの代役として出場し、1イニング投げた。

　先発で投げていたときは、一発を食って大量失点するため頻繁にマイナー落ちしていたが、2015年にリリーフ専任になってメジャーに定着できるようになった。リリーフに向いている理由を、彼自身は「僕は長い間、荒っぽいオーストラリアン・フットボール(以下AFと略記)をやっていたんで、メンタリティが攻撃的になっている。先発で投げるときは冷静さが必要だからそれはマイナスに作用するけど、リリーフ投手は何よりも打者にアタックしていく気持ちが重要だから、攻撃的なメンタリティがプラスに作用しているんだと思う」と語っている。父ジェフさんはAFで活躍した猛者で、その影響でヘンドリックスも野球と並行してAFにも情熱を注ぎ、高校ではハーフバック・フランクというポジションで活躍していた。

[カモ] E・アンドルス(レンジャーズ).059(17-1)0本　M・ブラントリー(アストロズ).077(13-1)0本
[苦手] A・ブレグマン(アストロズ).625(8-5)1本　N・マザーラ(ホワイトソックス).625(8-5)0本

年度	所属チーム	勝利	敗戦	防御率	試合数	先発	セーブ	投球イニング	被安打	失点	自責点	被本塁打	与四球	奪三振	WHIP
2011	ツインズ	0	2	6.17	4	4	0	23.1	29	16	16	3	6	16	1.50
2012	ツインズ	1	8	5.59	16	16	0	85.1	106	61	53	17	26	50	1.55
2013	ツインズ	1	3	6.85	10	8	0	47.1	67	39	36	10	14	34	1.71
2014	ブルージェイズ	1	0	6.08	3	3	0	13.1	12	9	9	3	4	8	1.20
2014	ロイヤルズ	0	2	4.66	6	3	0	19.1	26	12	10	0	3	15	1.50
2014	2チーム計	1	2	5.23	9	6	0	32.2	38	21	19	3	7	23	1.38
2015	ブルージェイズ	5	0	2.92	58	0	0	64.2	59	23	21	3	11	71	1.08
2016	アスレティックス	0	4	3.76	53	0	0	64.2	69	31	27	6	14	71	1.28
2017	アスレティックス	4	2	4.22	70	0	1	64.0	57	34	30	7	23	78	1.25
2018	アスレティックス	0	1	4.13	25	0	0	24.0	25	11	11	3	10	22	1.46
2019	アスレティックス	4	4	1.80	75	2	25	85.0	61	18	17	5	21	124	0.96
通算成績		16	26	4.22	320	44	26	491.0	511	254	230	57	132	489	1.31

　[カモ] [苦手] は通算成績

投手

筋肉増強剤なしで、どの程度働けるか注目 　**先発**

47 フランキー・モンタス
Frankie Montas

27歳／188cm／111kg／右投右打

◆速球のスピード／150キロ台中頃～後半（ツーシーム主体）
◆決め球と持ち球／☆スライダー、◎ツーシーム、◎フォーシーム、◎スプリッター
◆対左打者被打率／.231 ◆対右打者被打率／.229
◆ホーム防御率／3.00 ◆アウェー防御率／2.33
◆ドラフトデータ／2009㉟レッドソックス
◆出身地／ドミニカ
◆年俸／56万3500ドル（約6200万円）+α

球威	5
制球	4
緩急	5
守備·走塁	3
度胸	3

　昨年6月、薬物検査の結果報告で筋肉増強剤オスタリンの陽性反応が出たことが公表され、80試合出場停止になった先発右腕。昨季は前評判が高く、先発3番手に抜擢されてシーズンを迎えた。それから6月22日に出場停止になるまで16試合に先発。自責点2以内に抑えた試合が13、QSが付いた試合が12あり、出場停止になった時点の防御率は2.70で、アメリカン・リーグ4位、勝ち星9も4位タイだった。序盤からこうしたハイレベルな数字を出し続けていたため、大ブレイク確実と思われたが、この活躍がクスリの力を借りてのものだったことがわかり、評価は地に落ちた。

　球種はツーシーム、スライダー、スプリッターが主体で、フォーシームは時折使う程度。スプリッターは昨季から使い出したもので、『ブルックス・ベースボール』が公表している数字を見ると、被打率は1割5分5厘となっており、強力な武器になっていた。昨季はスライダーの制球も良く、スライダーの被打率は1割5分2厘だった。最大の強みは、速球はツーシームが主体なので一発を食うリスクが低いことだ。

　昨シーズン終了前に出場停止が解けたため、9月25日に先発で1試合登板し、エンジェルスを相手に6回を1失点に抑える好投を見せた。そのため、今季のブレイクを期待されるようになった。ただ、MLBのルールにより、ポストシーズンには出場できなかった。また、薬物で出場停止になった期間は俸給が支払われない決まりになっているため、昨季球団から支払われた俸給は、年俸56万ドルの50%強だった。今季は何の拘束も受けないため、開幕からローテーションに入って投げる。

　以前からニコレットさんというヒスパニック系の女性と事実婚状態で、すでに男の子が誕生していたが、昨年のキャンプ前に豪華なウエディングセレモニーを執り行って、名実ともに夫婦になった。

カモ B・グッドウィン（エンジェルス）.100(10-1)0本 G・スプリンガー（アストロズ）.125(8-1)0本
苦手 D・サンタナ（レンジャーズ）.571(7-4)0本 大谷翔平（エンジェルス）.500(6-3)1本

年度	所属チーム	勝利	敗戦	防御率	試合数	先発	セーブ	投球イニング	被安打	失点	自責点	本塁打	与四球	奪三振	WHIP
2015	ホワイトソックス	0	2	4.80	7	2	0	15.0	14	8	8	1	9	20	1.53
2017	アスレティックス	1	1	7.03	23	0	0	32.0	39	25	25	10	20	36	1.84
2018	アスレティックス	5	4	3.88	13	11	0	65.0	74	34	28	5	21	43	1.46
2019	アスレティックス	9	2	2.63	16	16	0	96.0	84	35	28	8	23	103	1.11
通算成績		15	9	3.85	59	29	0	208.0	211	102	89	24	73	202	1.37

アスレティックス

今季が本格的なカムバックイヤー 　先発

55 ショーン・マナイア Sean Manaea

28歳｜196cm｜111kg｜左投右打

- ◆速球のスピード／140キロ台後半（フォーシーム主体）
- ◆決め球と持ち球／☆チェンジアップ、◎フォーシーム、○スライダー
- ◆対左.211　◆対右.129　◆ホ防2.13　◆ア防0.53
- ◆ド2013①ロイヤルズ　◆出インディアナ州
- ◆年375万ドル（約4億1250万円）

球威 4 / 制球 4 / 緩急 5 / 守備・牽制 4 / 度胸 3

　サモア系米国人の左腕。2018年4月、飛ぶ鳥を落とす勢いだったレッドソックス相手にノーヒットノーランをやり、注目された。その後もまずまずの投球を見せたが、8月下旬に肩痛で戦線離脱。インターナル・インピンジメントと判明し、9月19日に手術を受けた。この投球障害は、肩関節にある関節唇（かんせつしん）が、肩を動かすたびに腱板（けんばん）や滑液包（かつえきほう）に衝突して激しい痛みが生じるものだ。通常は復帰まで1年以上かかるが、マナイアは回復が早く、昨年9月1日に復帰。その後、5試合に先発して4勝をマークした（防御率1.21）。

カモ J・アルトゥーヴェ（アストロズ）.172(29-5)1本　　苦手 M・トラウト（エンジェルス）.412(17-7)3本

年度	所属チーム	勝利	敗戦	防御率	試合	先発	セーブ	投球イニング	被安打	失点	自責点	被本塁打	与四球	奪三振	WHIP
2016	アスレティックス	7	9	3.86	25	24	0	144.2	135	65	62	20	37	124	1.19
2017	アスレティックス	12	10	4.37	29	29	0	158.2	167	88	77	18	55	140	1.40
2018	アスレティックス	12	9	3.59	27	27	0	160.2	141	67	64	21	32	108	1.08
2019	アスレティックス	4	0	1.21	5	5	0	29.2	16	4	4	3	7	30	0.78
通算成績		35	28	3.77	86	85	0	493.2	459	224	207	62	131	402	1.20

東京ドームでの開幕戦に先発したヒゲモジャ男 　先発

50 マイク・ファイアーズ Mike Fiers

35歳｜188cm｜91kg｜右投右打

- ◆速球のスピード／140キロ台中頃～後半（フォーシーム、ツーシーム）
- ◆決め球と持ち球／◎カーブ、◎チェンジアップ、
　◯フォーシーム、◯カッター、◯ツーシーム、△スライダー
- ◆対左.248　◆対右.239　◆ホ防2.90　◆ア防5.14
- ◆ド2009②ブリュワーズ　◆出フロリダ州　◆年810万ドル（約8億9100万円）

球威 2 / 制球 5 / 緩急 5 / 守備・牽制 2 / 度胸 4

　通算防御率が4.02の地味なイニングイーターなのに、ノーヒットノーランを2度やっているすごい男。打者の目線を狂わす技術と芯を外す技術を磨き、30歳を過ぎてから2ケタ勝利をあげるようになった大器晩成型。制球力が生命線で、制球のいい日は7回以上を無失点に抑えるが、悪い日は一発を立て続けに食って早い回にKOされる傾向がある。昨年、制球がいい日を象徴するのは5月7日のノーヒットノーラン（対レッズ戦）、悪い日を象徴するのは初回に一発を5本食ってKOされた9月9日のアストロズ戦だった。オフに、以前所属したアストロズの不正なサイン盗みを告発。大騒動を引き起こした。

カモ G・スプリンガー（アストロズ）.167(12-2)0本　　苦手 大谷翔平（エンジェルス）.545(11-6)0本

年度	所属チーム	勝利	敗戦	防御率	試合	先発	セーブ	投球イニング	被安打	失点	自責点	被本塁打	与四球	奪三振	WHIP
2011	ブリュワーズ	0	0	0.00	2	0	0	2.0	2	0	0	0	3	2	2.50
2012	ブリュワーズ	9	10	3.74	23	22	0	127.2	125	56	53	12	36	135	1.26
2013	ブリュワーズ	1	4	7.25	11	3	0	22.1	28	20	18	8	6	15	1.52
2014	ブリュワーズ	6	5	2.13	14	10	0	71.2	46	19	17	7	17	76	0.88
2015	ブリュワーズ	5	9	3.89	21	21	0	118.0	117	57	51	14	43	121	1.36
2015	アストロズ	2	1	3.32	10	9	0	62.1	45	26	23	10	21	59	1.06
2015	2チーム計	7	10	3.69	31	30	0	180.1	162	83	74	24	64	180	1.25
2016	アストロズ	11	8	4.48	31	30	0	168.2	187	89	84	26	42	134	1.36
2017	アストロズ	8	10	5.22	29	28	0	153.1	157	95	89	32	62	146	1.43
2018	タイガース	7	6	3.48	21	21	0	119.0	121	49	46	20	26	87	1.24
2018	アスレティックス	5	2	3.74	10	9	0	53.0	45	22	22	12	11	52	1.06
2018	2チーム計	12	8	3.56	31	30	0	172.0	166	71	68	32	37	139	1.18
2019	アスレティックス	15	4	3.90	33	33	0	184.2	166	82	80	30	53	126	1.19
通算成績		69	59	4.02	205	186	0	1082.2	1039	515	483	171	320	953	1.26

対左=対左打者被打率　対右=対右打者被打率　ホ防=ホーム防御率　ア防=アウェー防御率
ド=ドラフトデータ　出=出身地　年=年俸　カモ 苦手 は通算成績

時速150キロのカミソリシュートが武器 先発

40 クリス・バシット Chris Bassitt

31歳｜196cm｜100kg｜右投右打

◆速球のスピード／150キロ前後（シンカー、フォーシーム）
◆決め球と持ち球／☆シンカー、◎フォーシーム、○カーブ、△チェンジアップ、△カッター
◆対左.209 ◆対右.251 ◆ホ防3.01 ◆ア防4.54
◆ド2001⑯ホワイトソックス ◆田オハイオ州
◆囲225万ドル（約2億4750万円）

球威5 / 制球3 / 緩急2 / 努力・運勢3 / 度胸3

昨年30歳で初めてローテーションに定着し、2ケタ勝利をマークした右腕。最大の武器はシンカー。軌道の特徴はヨコに鋭くシュートすること。日本式に言えば、「時速150キロのカミソリシュート」ということになる。長所は、球持ちがいいことで、シンカーがプレート付近に来てから鋭く変化するのは、この球持ちの良さによるものだ。このシンカーは評価がうなぎのぼりで、野球データサイト『ファングラフス』の球種別評価「ピッチタイプヴァリュー」では、断トツ1位の評価点が付いている。昨シーズンから使い始めたカッターはフラットな軌道になりがちで、一発を食うリスクが高い。

カモ K・シーガー（マリナーズ）.133(15-2)1本　苦手 Y・グリエル（アストロズ）.455(11-5)0本

年度	所属チーム	勝利	敗戦	防御率	試合数	先発	セーブ	投球イニング	被安打	失点	自責点	被本塁打	与四球	奪三振	WHIP
2014	ホワイトソックス	1	1	3.94	6	5	0	29.2	34	13	13	0	13	21	1.58
2015	アスレティックス	1	8	3.56	18	13	0	86.0	78	36	34	5	30	64	1.26
2016	アスレティックス	0	2	6.11	5	5	0	28.0	35	20	19	5	14	23	1.75
2018	アスレティックス	2	3	3.02	11	7	0	47.2	40	21	16	4	19	41	1.24
2019	アスレティックス	10	5	3.81	28	25	0	144.0	125	66	61	21	47	141	1.19
通算成績		14	19	3.84	68	55	0	335.1	312	156	143	35	123	290	1.30

9月下旬シャワー室で転倒して骨折 セットアップ

62 ルー・トリヴィーノ Lou Trivino

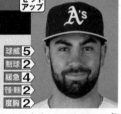

29歳｜196cm｜109kg｜右投右打

◆速球のスピード／150キロ台中頃～後半（フォーシーム、ツーシーム）
◆決め球と持ち球／◎フォーシーム、○カッター、○ツーシーム、○カーブ、△チェンジアップ
◆対左.267 ◆対右.263 ◆ホ防4.73 ◆ア防5.86
◆ド2013⑪アスレティックス ◆田ペンシルヴァニア州
◆囲56万3500ドル（約6200万円）＋α

球威5 / 制球2 / 緩急4 / 努力・運勢2 / 度胸2

ママの作ったカボチャのパイが大好物というコミカルなキャラクターの豪腕リリーバー。一昨年は4月のメジャーデビュー後、速球を中心としたパワーピッチングで、目を見張る活躍を見せた。そのため昨年は大いに期待され、トップセットアッパーとしてシーズン入り。序盤は好調だったが、5月中旬からツーシームとカッターの制球が不安定になり、甘く入ったところを痛打されるようになった。とくにツーシームは左打者に打たれまくった。制球難は夏場に入っても改善されないため首脳陣の信頼を失い、重要な場面で起用されることはほとんどなくなった。その挙句、9月25日にシャワー室で転倒し、肋骨を骨折。最低のシーズンにふさわしい、締まらない幕切れとなった。マイナー時代、体重管理に対する意識の低さが問題になったことがある。

カモ C・コレイア（アストロズ）.000(8-0)0本　苦手 D・ゴードン（マリナーズ）.750(4-3)0本

年度	所属チーム	勝利	敗戦	防御率	試合数	先発	セーブ	投球イニング	被安打	失点	自責点	被本塁打	与四球	奪三振	WHIP
2018	アスレティックス	8	3	2.92	69	1	4	74.0	53	24	24	8	31	82	1.14
2019	アスレティックス	4	6	5.25	61	0	0	60.0	61	40	35	7	31	57	1.53
通算成績		12	9	3.96	130	1	4	134.0	114	64	59	15	62	139	1.31

アスレティックス

昨季終盤に昇格し、圧巻のピッチング

先発／ロングリリーフ **ルーキー**

44 ヘスース・ルザード Jesus Luzardo

23歳／183cm／95kg／左投右打　速150キロ台中盤～後半(フォーシーム、ツーシーム)　決○カーブ
対左.071　対右.143　ド2016③ナショナルズ　出フロリダ州　年56万3500ドル(約6200万円)+α

球 5
制 3
緩 4
守 3
度 3

　今季は先発で起用される、将来のエース候補の呼び声が高いサウスポー。昨年は有望株リストのトップにランクされ、キャンプでも絶好調だった。そのため開幕メジャー入りの可能性が高まったが、キャンプ終盤に肩の回旋筋を痛めてIL入り。その後、6月中旬からマイナーで投げ始めたが、7月上旬に今度は肩の裏側の広背筋を痛めてIL入り。この2度の故障によりメジャーデビューは大幅に延び、9月8日によ
うやく実現した。その後6試合リリーフで起用されたが、時速160キロ近い豪速球とカーブ、チェンジアップを効果的に組み合わせて好投を続け、評価が急上昇。

年度	所属チーム	勝利	敗戦	防御率	試合数	先発	セーブ	投球イニング	被安打	失点	自責点	被本塁打	与四球	奪三振	WHIP
2019	アスレティックス	0	0	1.50	6	0	2	12.0	5	2	2	1	3	16	0.67
通算成績		0	0	1.50	6	0	2	12.0	5	2	2	1	3	16	0.67

契約最終年のため、今季限りで引退の可能性も

セットアップ

48 ホアキム・ソリア Joakim Soria

36歳／191cm／91kg／右投右打　速150キロ前後(フォーシーム主体)　決○フォーシーム
対左.230　対右.175　ド2001⑨ドジャース　出メキシコ　年850万ドル(約9億3500万円)

球 4
制 4
緩 4
守 5
度 3

　通算221セーブ、102ホールドを記録している大ベテラン。昨年5月には、デニス・レイエスが持つメキシコ人リリーバーの最多登板記録673を更新しているが、これまでの投手人生は決して平坦なものではなかった。最大の危機は、2012年4月に受けた2度目のトミー・ジョン手術。同手術は、1度目の場合は成功確率が9割以上あるが、2度目になると大きく下がる。手術を担当した高名な医師からは「成功確率は2割しかない」と告げられた。敬虔なカトリックである彼はそれに絶望せず、家族とともに主イエスに最良の結果が出ることを祈り続けたところ、願いがかなった。

年度	所属チーム	勝利	敗戦	防御率	試合数	先発	セーブ	投球イニング	被安打	失点	自責点	被本塁打	与四球	奪三振	WHIP
2019	アスレティックス	2	4	4.30	71	1	1	69.0	51	33	33	9	20	79	1.03
通算成績		33	39	3.02	710	1	221	703.1	576	250	236	60	209	767	1.12

一発病を改善できれば40歳までやれるかも

セットアップ

36 ユスメイロ・ペティット Yusmeiro Petit

36歳／185cm／116kg／右投右打　速140キロ台中頃(フォーシーム主体)　決☆カッター
対左.218　対右.176　ド2001⑭メッツ　出ベネズエラ　年550万ドル(約6億500万円)

球 3
制 4
緩 3
守 4

　投げる姿は地味で、派手なスピードボールもないが、ピッチングの質の高さは群を抜くベテランリリーバー。以前から効率良くアウトを取ることに主眼を置いていて、昨年はそ
れに磨きがかかり、1イニングあたりの平均投球数13.9は、メジャー全投手(60イニング以上)の中で断トツだった。酷使しても壊れない耐久性も健在だ。昨季は酷使がエスカレートして、メジャー最多の80試合に登板したが、どこも痛めずにシーズンを終えている。序盤の好投が評価され、5月以降はセットアッパーとして使われることが多くなり、アメリカン・リーグ3位の29ホールドをマーク。

年度	所属チーム	勝利	敗戦	防御率	試合数	先発	セーブ	投球イニング	被安打	失点	自責点	被本塁打	与四球	奪三振	WHIP
2019	アスレティックス	5	3	2.71	80	0	0	83.0	57	25	25	11	10	71	0.81
通算成績		40	40	3.99	411	59	6	600.1	745	375	357	122	188	713	1.16

速=速球のスピード　決=決め球　対左=対左打者被打率　対右=対右打者被打率
ド=ドラフトデータ　出=出身地　年=年俸

35 ジェイク・ディークマン Jake Diekman
昨季はアメリカン・リーグ2位の登板数

ミドル
リリーフ

33歳｜193cm｜91kg｜左投左打｜球150キロ台中盤(フォーシーム主体)｜決◎スライダー
対左.224 対右.210｜ド2007③フィリーズ｜囲ネブラスカ州｜年275万ドル(約3億250万円)

球制 5
制 2
緩 3
守備 3
度 4

　2年連続で70試合以上登板しているリリーフ左腕。昨季はロイヤルズで開幕を迎え、7月にアスレティックスへトレードで移籍。2球団で、アメリカン・リーグの投手で2番目に多い76試合に登板した。オフにFAとなったが、アスレティックスと2年750万ドルの契約を交わし、残留している。ピッチングは、サイドハンド気味のスリークォーターから、威力のあるフォーシームとスライダーを投げ込んでくる。長所は狙って三振を取れることと、右打者も苦にしないこと。短所は与四球率の高さ。2017年は潰瘍性大腸炎の影響でほとんど投げられなかったが、そこから見事復活。

年度	所属チーム	勝利	敗戦	防御率	試合数	先発	セーブ	投球イニング	被安打	失点	自責点	被本塁打	与四球	奪三振	WHIP
2019	ロイヤルズ	0	6	4.75	48	0	0	41.2	33	23	22	3	23	63	1.34
2019	アスレティックス	1	1	4.43	28	0	0	20.1	16	11	10	0	16	21	1.57
2019	2チーム計	1	7	4.65	76	0	0	62.0	49	34	32	3	39	84	1.42
通算成績		15	22	3.90	441	0	7	374.0	316	188	162	23	208	467	1.40

31 A.J.パク A. J. Puk
リリーフで使うと速球は平均157キロ

先発
ロングリリーフ

ルーキー

25歳｜201cm｜109kg｜左投左打｜球150キロ台中盤〜後半(フォーシーム主体)｜決◎フォーシーム
対左.385 対右.172｜ド2016①アスレティックス｜囲アイオワ州｜年56万3500ドル(約6200万円)+α

球制 5
制 3
緩 3
守備 3
度 3

　今季途中からローテーション入りし、先発で投げる可能性が高い昨年8月にメジャーデビューしたサウスポー。2016年ドラフトの1巡目、全体の6番目で指名され、プロ入り。順調に成長していたが、18年のキャンプでヒジを痛め、4月にトミー・ジョン手術を受けた。そのため18年は全休。昨季も序盤はリハビリに費やし、6月中旬にマイナーの1A+で復帰した。その後はすべてリリーフで起用され、2A、3Aを経て、8月20日にメジャーデビュー。フォーシームとスライダーを主体に投げるパワーピッチャーで、速球の平均スピードは157キロ。160キロに届くこともあった。

年度	所属チーム	勝利	敗戦	防御率	試合数	先発	セーブ	投球イニング	被安打	失点	自責点	被本塁打	与四球	奪三振	WHIP
2019	アスレティックス	2	0	3.18	10	0	0	11.1	10	4	4	1	5	13	1.32
通算成績		2	0	3.18	10	0	0	11.1	10	4	4	1	5	13	1.32

─ パーカー・ダンシー Parker Dunshee

先発
リリーフ

期待度 B⁻

ルーキー

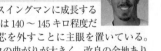

25歳｜183cm｜98kg｜右投右打｜◆昨季は2A、3Aでプレー｜ド2017⑦アスレティックス｜囲インディアナ州

　技巧派のホープ。先発とリリーフを兼ねるスイングマンに成長する可能性があると見られている。速球のスピードは140〜145キロ程度だが、軌道を動かすことに長け、空振りより芯を外すことに主眼を置いている。カッターはハイレベルだが、スライダーはヨコの曲がりが大きく、改良の余地あり。

56 ジェイムズ・キャプリリアン James Kaprielian

先発

期待度 B⁺

ルーキー

26歳｜191cm｜95kg｜右投右打｜◆昨季はA+、2A、3Aでプレー｜ド2015①ヤンキース｜囲カリフォルニア州

　ヤンキースに入団後、3試合に投げただけで、屈筋の故障とトミー・ジョンでほぼ3年間、投げられない状態が続いた。その間にトレードで移籍し、昨年5月にアスレティックスのマイナーで実戦復帰。その後、月を追うごとに良くなったため、今シーズンの早い時期にメジャー昇格の可能性が出てきた。

アスレティックス

MVP候補になったのにオフにトレード説 ショート

10 マーカス・シミエン
Marcus Semien

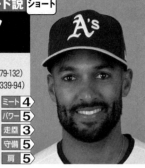

30歳｜183cm｜88kg｜右投右打

◆対左投手打率／.309(178-55)　◆対右投手打率／.276(479-132)
◆ホーム打率／.292(318-93)　◆アウェー打率／.277(339-94)
◆得点圏打率／.327(104-34)
◆19年のポジション別出場数／ショート＝161
◆ドラフトデータ／2011⑥ホワイトソックス
◆出身地／カリフォルニア州
◆年俸／1300万ドル（約14億3000万円）

ミート	4
パワー	5
走塁	3
守備	5
肩	5

　昨年大化けし、MVP投票で3位になった地元産の遊撃手。昨シーズンは強い打球を打つことに徹したことと、ストライク・ボールの見極めが格段に良くなったことで、打撃成績がほぼ全部門でアップした。昨季はチャンスメーカーとしてフルに機能し、リーグ3位の123得点をマークしたが、その一方で、自身もチャンスで無類の勝負強さを発揮。トップバッターながら、チーム最多の92打点を記録した。守備でもエラーが大幅に減り、ゴールドグラブ賞の最終候補にノミネートされたが、受賞はならなかった。

　これだけ見事な成績を出すと、他球団ならすぐに長期契約の話が出てメガコントラクト（総額1億ドル以上の契約）にサインという運びになるが、マネーボールのアスレティックスは違う。市場価値が最高になったと判断して、トレードに出すのが常套手段なので、オフには盛んにトレード説が流れた。しかしシミエンはオークランドの対岸にあるサンフランシスコで生まれ育ち、大学時代はオークランドの隣町バークレーにあるカリフォルニア大学（UC）の野球チームでプレーした。そのため人一倍愛郷心が強く、球団に長期契約に応じてくれるよう要望している。

　父デミアンさんと母トレイシーさんもUCの卒業生。父は学生時代、アメフトで活躍。シミエンが抜群の身体能力を備えているのは、父のDNAによるものだ。妻タラーさんもUCの出身で、大学時代はバレーボールで活躍したスポーツウーマン。2人はUC時代に交際を始めて結婚、2017年4月に長男アイザイア君を、18年5月には次男ジョシュア君を授かっている。少年時代はおばあさん子で、祖母キャロルさんがよくジャイアンツ戦に連れていってくれたので、メジャーリーガーにあこがれるようになった。

カモ　L・リン（レンジャーズ）.500(12-6)1本　M・ストローマン（メッツ）.538(13-7)0本
苦手　R・ポーセロ（メッツ）.000(19-0)0本　B・ピーコック（アストロズ）.111(18-2)0本

年度	所属チーム	試合数	打数	得点	安打	二塁打	三塁打	本塁打	打点	四球	三振	盗塁	盗塁死	出塁率	OPS	打率
2013	ホワイトソックス	21	69	9	18	4	0	2	7	1	22	3		2	.268	.673	.261
2014	ホワイトソックス	64	231	30	54	10	2	6	28	21	70	3		0	.300	.673	.234
2015	アスレティックス	155	556	65	143	23	7	15	45	42	132	11		5	.310	.715	.257
2016	アスレティックス	159	568	72	135	27	2	27	75	51	139	10		2	.300	.735	.238
2017	アスレティックス	85	342	53	85	19	1	10	40	38	85	12		1	.325	.722	.249
2018	アスレティックス	159	632	89	161	35	2	15	70	61	131	14		6	.318	.706	.255
2019	アスレティックス	162	657	123	187	43	7	33	92	87	102	10		8	.369	.892	.285
通算成績		805	3055	439	783	161	21	108	357	301	681	62		24	.323	.752	.256

特技はホームランキャッチとレーザービーム センターライト

22 ラモン・ローリアーノ
Ramon Laureano

26歳｜180cm｜91kg｜右投右打

◆対左投手打率／.296(125-37) ◆対右投手打率／.285(309-88)
◆ホーム打率／.292(216-63) ◆アウェー打率／.284(218-62)
◆得点圏打率／.235(102-24)
◆19年のポジション別出場数／センター＝110、ライト＝13
◆ドラフトデータ／2014⑯アストロズ
◆出身地／フロリダ州
◆年俸／56万3500ドル(約6200万円)＋α

ミート	3
パワー	5
走塁	5
守備	5
肩	5+

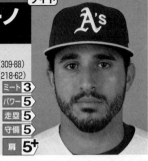

アスレティックス

　「メジャーリーグ・ナンバーワンの強肩」と見なされるようになったスーパーディフェンダー。昨季は7月末から9月初旬にかけて、脛骨疲労骨折でIL入りしたため、123試合の出場にとどまった。しかし、打撃面では本塁打を18打数に1本のペースで生産し、下位打線の主砲として機能していた。まだ球種の見極めに難があるが、メジャー1年目（2018年）はうまく打てなかったスライダーを、昨季は広角にライナーで弾き返せるようになっていて、大きな穴はなくなった。

　守備面では、シーズンを通して目を見張るプレーを連発。「本日のハイライト男（HUMAN HIGHLIGHT REEL）」という異名をとるようになった。守備面で得意にしているのは、ウルトラ強肩を利してのレーザービーム送球と、並外れたジャンプ力が生み出すホームランキャッチ。昨季は中堅手として、メジャーリーグ最多の9アシスト（補殺）を記録している。その第1号となった、4月1日の試合で見せたセンターからホームへのレーザービームは、弾みをつけて投げなかったのに初速が154キロもあり、ニュースネタになった。ホームランキャッチでは、5月7日のレッズ戦でヴォトの大飛球をグラブに収めた神業キャッチが光る。これがあったおかげで、ファイアーズが2度目のノーヒットノーランを達成できたからだ。

　ドミニカ出身なのに、ドラフトを経由してプロの世界に入っている。これは、高校時代にアメリカに来て、短大のチームでプレーしていたからだ。高校はプロや大学のスカウトが見に来ない、ニューヨーク州の山間部にあった。そのため、2年生のとき打率5割4分4厘、3年生のとき4割6分2厘と打ちまくったにもかかわらず、奨学金付きで勧誘に来る大学は一つもなく、野球を断念する瀬戸際に立たされた。しかし、サマーリーグの監督の仲立ちで、北東オクラホマ農工短大に奨学金付きで進めることになり、そこで好成績をあげて、プロ入りの道が開けた。

| カモ | K・ギブソン(ツインズ).750(8-6)1本　G・キャニング(エンジェルス).667(6-4)2本 |

| 苦手 | N・ラミレス(エンジェルス).000(7-0)0本　J・スプリングス(レンジャーズ).125(8-1)0本 |

年度	所属チーム	試合数	打数	得点	安打	二塁打	三塁打	本塁打	打点	四球	三振	盗塁	盗塁死	出塁率	OPS	打率
2018	アスレティックス	48	156	27	45	12	1	5	19	16	50	7	1	.358	.832	.288
2019	アスレティックス	123	434	79	125	29	0	24	67	27	123	13	2	.340	.860	.288
通算成績		171	590	106	170	41	1	29	86	43	173	20	3	.345	.853	.288

変化球への対応力はピカイチ

サード

26 マット・チャップマン Matt Chapman

27歳｜183cm｜100kg｜右投右打

- ◆対左投手打率／.234　◆対右投手打率／.254
- ◆ホーム打率／.263　◆アウェー打率／.235　◆得点圏打率／.296
- ◆19年のポジション別出場数／サード=156　Ｄ2014①アスレティックス
- ◆囲カリフォルニア州　◆囲56万3500ドル（約6200万円）+α
- ◆ゴールドグラブ賞2回（18、19年）

ミート	3
パワー	5
走塁	3
守備	5
肩	5

今季は MVP 級の活躍を期待される、パワー、選球眼、守備力を併せ持つ三塁手。昨季は前半好調で21本塁打を記録したが、後半は足首のケガ、頭直撃の死球などがあり伸び悩んだ。それでも本塁打36本はリーグ7位で、投手との駆け引きがうまくなれば、さらに数が伸びる可能性がある。サードの守備では、DRS（守備で防いだ失点）がメジャーの三塁手で最多の18あったほか、守備率9割8分1厘もベストだった。長所は、フライに対する守備範囲が広いこと。本拠地球場のファウルテリトリーが広いこともあって、昨季はフライやライナーを直接捕球してアウトにした数が120あり、2位のモンカダ（87）に大差をつけていた。ベアハンド・キャッチの名人で、バント処理もうまい。

カモ M・ゴンザレス（マリナーズ）.462（26-12）1本　**苦手** J・ヴァーランダー（アストロズ）.056（18-1）1本

年度	所属チーム	試合数	打数	得点	安打	二塁打	三塁打	本塁打	打点	四球	三振	盗塁	盗塁死	出塁率	OPS	打率
2017	アスレティックス	84	290	39	68	23	1	14	40	32	92	0	1	.313	.785	.234
2018	アスレティックス	145	547	100	152	42	6	24	68	58	146	1	2	.356	.864	.278
2019	アスレティックス	156	583	102	145	36	3	36	91	73	147	1	1	.342	.848	.249
通算成績		385	1420	241	365	101	11	74	199	163	385	2	6	.341	.841	.257

今季はエブリデープレーヤーに格上げ

レフト

20 マーク・カナ Mark Canha

31歳｜188cm｜95kg｜右投右打

- ◆対左投手打率／.221　◆対右投手打率／.297
- ◆ホーム打率／.310　◆アウェー打率／.238　◆得点圏打率／.221
- ◆19年のポジション別出場数／センター=56、ライト=27、DH=16、
  ファースト=15、レフト=10　◆Ｄ2010⑦マーリンズ
- ◆囲カリフォルニア州　◆囲480万ドル（約5億2800万円）

ミート	3
パワー	5
走塁	3
守備	3
肩	3

今季はレフトのレギュラーで起用される可能性が高い、昨年ブレイクしたスラッガー。昨季も一塁と外野の3つのポジションを兼ねるユーティリティとしてスタート。序盤は不調だったが、5月中旬に手首の故障から復帰後、一発が快調に出るようになった。7月以降はピスコッティとローリアーノの故障で連日スタメン起用され、ド不調のクリス・デイヴィスに代わって快調に長打を生産。主砲として機能した。本塁打をハイペースで打てるようになったのは、以前ほどボール球に手を出さなくなったことが大きい。サンフランシスコ育ちで、少年時代はジャイアンツファン。昨年8月のジャイアンツ2連戦は大張り切りで、3本外野席に叩き込み、初めて週間 MVP に選ばれた。

カモ C・ベドローシャン（エンジェルス）.714（7-5）0本　**苦手** A・ヒーニー（エンジェルス）.091（11-1）1本

年度	所属チーム	試合数	打数	得点	安打	二塁打	三塁打	本塁打	打点	四球	三振	盗塁	盗塁死	出塁率	OPS	打率
2015	アスレティックス	124	441	61	112	22	3	16	70	33	96	7	2	.315	.742	.254
2016	アスレティックス	16	41	4	5	0	0	3	6	0	20	0	1	.140	.481	.122
2017	アスレティックス	57	173	16	36	13	1	5	14	7	56	2	0	.262	.644	.208
2018	アスレティックス	122	365	60	91	22	0	17	52	34	88	1	2	.328	.778	.249
2019	アスレティックス	126	410	80	112	16	3	26	58	67	107	3	2	.396	.913	.273
通算成績		445	1430	221	356	73	7	67	200	141	367	13	7	.333	.783	.249

今季はホームラン王候補の一人

ファースト

28 マット・オルソン Matt Olson

26歳｜196cm｜104kg｜右投左打

◆対左投手打率／.223　◆対右投手打率／.288
◆ホーム打率／.236　◆アウェー打率／.300　◆得点圏打率／.250
◆19年のポジション別出場数／ファースト=127　◆Ⓓ2012①アスレティックス
◆⾝ジョージア州　◆年56万3500ドル（約6200万円）+α
◆ゴールドグラブ賞2回（18、19年）

ミート	3
パワー	5
走塁	3
守備	5
肩	4

並外れたパワーと高い守備力を併せ持つ一塁手。昨季は3月21日に東京ドームでおこなわれたマリナーズ戦で、手の有鈎骨を骨折。修復手術を受け、復帰したのは5月7日だった。一昨年はじっくり見ていく姿勢が強すぎ、甘い投球を見逃すケースが多々あったため、昨季は好球必打で行くようになり、失投を見逃さなくなった。そのおかげで復帰後は13.4打数に1本というハイペースで一発を生産。最終的に36本まで伸ばした。ローボールヒッターで、低めの中寄りに来た投球は、球種にかかわらず、高確率で外野席に運んでしまう。ファーストの守備では2年連続でゴールドグラブ賞を受賞。DRS（守備で防いだ失点）が13あるが、これはメジャーの一塁手で最多の数字。

| カモ | 菊池雄星（マリナーズ）.400(10-4)1本 | 苦手 | G・コール（ヤンキース）.000(19-0)0本 |

年度	所属チーム	試合数	打数	得点	安打	二塁打	三塁打	本塁打	打点	四球	三振	盗塁	盗塁死	出塁率	OPS	打率
2016	アスレティックス	11	21	3	2	1	0	0	0	7	4	0	0	.321	.464	.095
2017	アスレティックス	59	189	33	49	2	0	24	45	22	60	0	0	.352	1.003	.259
2018	アスレティックス	162	580	85	143	33	0	29	84	70	163	2	1	.335	.788	.247
2019	アスレティックス	127	483	73	129	26	0	36	91	51	138	0	0	.351	.896	.267
通算成績		359	1273	194	323	62	0	89	220	150	365	2	1	.343	.855	.254

質の高い守備を期待できる、一人7役の男

ユーティリティ

18 チャド・ピンダー Chad Pinder

28歳｜188cm｜93kg｜右投右打

◆対左投手打率／.252　◆対右投手打率／.230
◆ホーム打率／.238　◆アウェー打率／.242　◆得点圏打率／.250
◆19年のポジション別出場数／レフト=46、ライト=34、セカンド=21、サード=17、センター=5、ショート=3、DH=3、ファースト=2
◆Ⓓ2013②アスレティックス　◆⾝ヴァージニア州
◆年202.5万ドル（約2億2275万円）

ミート	2
パワー	5
走塁	2
守備	4
肩	4

チームの大きな財産になっているスーパーサブ。最大のウリは、単に内外野の7つのポジションに対応できるというだけでなく、各ポジションでレベルの高い守備を期待できること。昨季はすべてのポジションを合計すると、DRS（守備で防いだ失点）が13もあった。打撃面では、出塁率が低いという欠点があるものの、毎年15本前後の本塁打と15〜20本の二塁打をきっちり打てる計算できる打者である。2018年11月に結婚した妻テイラーさんは小学校の先生で、時々夫婦で特別支援学校を訪れ、ボランティアをおこなっている。これはトレードでチームを去ったヴォートがやっていた活動を、引き継いだものだ。弟のチェイスは外野手で、現在カーディナルスの2Aに在籍。

| カモ | C・ハメルズ（ブレーブス）.800(10-8)3本 | 苦手 | C・セイル（レッドソックス）.000(9-0)0本 |

年度	所属チーム	試合数	打数	得点	安打	二塁打	三塁打	本塁打	打点	四球	三振	盗塁	盗塁死	出塁率	OPS	打率
2016	アスレティックス	22	51	4	12	4	0	1	4	3	14	0	0	.273	.645	.235
2017	アスレティックス	87	282	36	67	15	1	15	42	18	92	2	1	.292	.750	.238
2018	アスレティックス	110	298	43	77	12	1	13	27	27	88	0	2	.332	.769	.258
2019	アスレティックス	124	341	45	82	21	0	13	47	20	88	0	1	.290	.706	.240
通算成績		343	972	128	238	52	2	42	120	68	282	2	4	.303	.735	.245

スランプ知らずの男がスランプにあえぐ
2 クリス・デイヴィス Khris Davis

DHレフト

33歳／180cm／93kg／右投右打

◆対左投手打率／.285 ◆対右投手打率／.197
◆ホーム打率／.172 ◆アウェー打率／.270 ◆得点圏打率／.252
◆19年のポジション別出場数／DH＝123、レフト＝4
◆ⓓ2009⑦ブリュワーズ ◆ⓗカリフォルニア州
◆ⓨ1675万ドル（約18億4250万円） ◆本塁打王1回（18年）

ミート **3** パワー **5** 走塁 **2** 守備 **2** 肩 **3**

昨シーズンの極端なスランプを乗り越え、今季巻き返しを図る一昨年のホームラン王。昨シーズンは出だし好調で、18試合目までに10本アーチを生産した。しかし4月14日から21試合連続、6月19日からは32試合連続でホームランが出なかったため、スポーツメディアにその原因を探る記事が次々に出た。本人が「あまりにもボール球に手を出し過ぎている。クレイジーだよ」と語っているように、不振の原因は悪球打ちに歯止めがかからなくなったことにある。さらにそれを解決しようと、あれこれ考えているうちに、かえって混乱し、立て直せないままシーズンが終わってしまったのだった。

カモ D・バンディ（エンジェルス）.462(13-6)3本　苦手 L・リン（レンジャーズ）.138(29-4)0本

年度	所属チーム	試合数	打数	得点	安打	二塁打	三塁打	本塁打	打点	四球	三振	盗塁	盗塁死	出塁率	OPS	打率
2013	ブリュワーズ	56	136	27	38	10	0	11	27	11	34	3	0	.353	.949	.279
2014	ブリュワーズ	144	501	70	122	37	2	22	69	32	122	4	1	.299	.756	.244
2015	ブリュワーズ	121	392	54	97	16	2	27	66	44	122	6	2	.323	.828	.247
2016	アスレティックス	150	555	85	137	24	2	42	102	42	166	1	2	.307	.831	.247
2017	アスレティックス	153	566	91	140	28	1	43	110	73	195	4	0	.336	.864	.247
2018	アスレティックス	151	576	98	142	28	1	48	123	59	175	0	0	.326	.874	.247
2019	アスレティックス	133	481	61	106	11	0	23	73	47	146	0	0	.293	.679	.220
通算成績		908	3207	486	782	154	8	216	570	308	960	18	5	.316	.815	.244

地元スタンフォード大学出身の人気選手
25 スティーヴン・ピスコッティ Stephen Piscotty

ユーティリティ

29歳／193cm／93kg／右投右打

◆対左投手打率／.360 ◆対右投手打率／.214
◆ホーム打率／.305 ◆アウェー打率／.247 ◆得点圏打率／.247
◆19年のポジション別出場数／ライト＝90、DH＝16
◆ⓓ2012①カーディナルス ◆ⓗカリフォルニア州
◆ⓨ700万ドル（約7億7000万円）

ミート **3** パワー **4** 走塁 **3** 守備 **4** 肩 **4**

昨季は病気やケガにたたられ続けた地元出身の外野手。最初は6月に見つかった皮膚癌で、これは切除しただけで治療が終わった。次はヒザの捻挫。二塁に滑り込んだ際にやったもので、6月末からひと月ほど戦列を離れた。ただ、その間にスイングを見直し、スライダーマシンを使った打撃練習にも取り組んだため、復帰後は快調にヒットが出て、本塁打も4試合に1本のペースで出ていた。3つめは足首の捻挫。8月24日のゲームで痛めたもので、これで再度IL入りすることに。それでもシーズン最終戦で復帰したが、結局、ポストシーズンのメンバーには入れなかった。故障リスクが高くなっているため、球団はトレードで放出したいのが本音のようだ。

カモ M・シューメイカー（ブルージェイズ）.500(10-5)2本　苦手 B・ピーコック（アストロズ）.091(11-1)1本

年度	所属チーム	試合数	打数	得点	安打	二塁打	三塁打	本塁打	打点	四球	三振	盗塁	盗塁死	出塁率	OPS	打率
2015	カーディナルス	63	233	29	71	15	4	7	39	20	56	2	1	.359	.853	.305
2016	カーディナルス	153	582	86	159	35	3	22	85	51	133	7	5	.343	.800	.273
2017	カーディナルス	107	341	40	80	16	1	9	39	52	87	3	6	.342	.708	.235
2018	アスレティックス	151	546	78	146	41	0	27	88	42	114	2	0	.331	.821	.267
2019	アスレティックス	93	357	46	89	17	1	13	44	29	84	2	0	.309	.720	.249
通算成績		567	2059	279	545	124	9	78	295	194	474	16	12	.336	.783	.265

ワイルドカード・ゲームに先発出場 キャッチャー ルーキー

12 ショーン・マーフィー *Sean Murphy*

26歳｜191cm｜104kg｜右投右打｜盗塁阻止率／.333(6-2)｜対左.278｜対右.229｜ホ.143｜ア.313｜得.188｜ド2016③アスレティックス｜出ニューヨーク州｜年56万3500ドル(約6200万円)+α

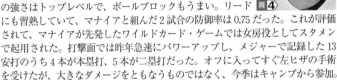

ミ	2
パ	4
走	2
守	4
肩	4

今季はまとまった出場機会を与えられる、「将来の正捕手」の呼び声が高いホープ。ウリは守備力が全般に高いこと。肩の強さはトップレベルで、ボールブロックもうまい。リードにも習熟していて、マナイアと組んだ2試合の防御率は0.75だった。これが評価されて、マナイアが先発したワイルドカード・ゲームでは女房役としてスタメンで起用された。打撃面では昨年急速にパワーアップし、メジャーで記録した13安打のうち4本が本塁打、5本が二塁打だった。オフに入ってすぐ左ヒザの手術を受けたが、大きなダメージをともなうものではなく、今季はキャンプから参加。

年度	所属チーム	試合数	打数	得点	安打	二塁打	三塁打	本塁打	打点	四球	三振	盗塁	盗塁死	出塁率	OPS	打率
2019	アスレティックス	20	53	14	13	5	0	4	8	6	16	0	0	.333	.899	.245
通算成績		20	53	14	13	5	0	4	8	6	16	0	0	.333	.899	.245

昨年9月のテスト起用では守備に好評価 セカンド ルーキー

64 シェルドン・ノイジー *Sheldon Neuse*

26歳｜183cm｜100kg｜右投右打｜対左.212｜対右.304｜ホ.250｜ア.250｜得.267｜ド2016②ナショナルズ｜出テキサス州｜年56万3500ドル(約6200万円)+α

ミ	3
パ	4
走	3
守	3
肩	5

正二塁手の第一候補である、昨年打撃面で急成長した内野手。昨季は日本でおこなわれたマリナーズとの開幕2連戦のロースター（28人）に入り、東京に遠征。しかし出番はなく、帰国後は3Aでシーズンに入った。2018年は3Aでほぼフル出場して本塁打を5本しか打てなかったが、昨季は筋トレの成果が出て6月半ばには2ケタになり、8月末には27本まで伸びた。8月下旬にメジャーに呼ばれ、セカンドで20試合、サードで5試合に出場したが、守備範囲の広さは平均以上。肩の強さはトップレベルだ。大学時代はクローザーを兼任し、最速153キロの快速球を投げていた。

年度	所属チーム	試合数	打数	得点	安打	二塁打	三塁打	本塁打	打点	四球	三振	盗塁	盗塁死	出塁率	OPS	打率
2019	アスレティックス	25	56	3	14	3	0	0	7	4	19	0	0	.295	.599	.250
通算成績		25	56	3	14	3	0	0	7	4	19	0	0	.295	.599	.250

ダイビングキャッチのツボを心得ている達人 レフトライト

8 ロビー・グロスマン *Robbie Grossman*

31歳｜183cm｜98kg｜左投両打｜対左.173｜対右.250｜ホ.209｜ア.273｜得.259｜ド2008⑥パイレーツ｜出カリフォルニア州｜年372.5万ドル(約4億975万円)

ミ	3
パ	3
走	4
守	5
肩	4

昨年レフトでスーパープレーを連発し、ゴールドグラブ賞の最終候補になった外野手。一昨年はツインズでプレーしたが再契約を見送られ、1年200万ドルのバーゲン価格で入団。得意技はダイビングキャッチ。飛球の軌道を読むのがうまく、ベストのタイミングでダイブするため、飛球がグラブにキッチリ収まり、こぼれ出ない。本拠地球場の広いファウルテリトリーではスライディングキャッチで対処し、フェンスやブルペンの障害物との激突を回避している。打撃面では選球眼の良さがウリ。球種の見極めもいいため、誘い球のスライダーに引っかかることはめったにない。

年度	所属チーム	試合数	打数	得点	安打	二塁打	三塁打	本塁打	打点	四球	三振	盗塁	盗塁死	出塁率	OPS	打率
2019	アスレティックス	138	420	57	101	21	3	6	38	59	86	9	4	.334	.682	.240
通算成績		675	2196	296	556	119	8	42	231	324	536	29	19	.351	.723	.253

アスレティックス

対左=対左投手打率　対右=対右投手打率　ホ=ホーム打率　ア=アウェー打率　得=得点圏打率　209

昨年3Aで37本塁打104打点のすごい活躍

15 セス・ブラウン *Seth Brown*

ファースト・レフト・DH / ルーキー

28歳 | 191cm | 100kg | 左投左打 | 対左.214 | 対右.311 | ホ.261 | ア.308 | 得.300
ド2015⑲アスレティックス | 出オレゴン州 | 年56万3500ドル(約6200万円)+α

ミート 4
パワー 5
走力 3
守備 2
肩 3

　ドラフト19巡目指名という低評価でプロ入りしながら、昨年8月にメジャーデビューを果たした苦労人。昨季は開幕から3Aでプレー。本塁打をハイペースで生産する一方でタイムリーもよく出て、打点もどんどん増えていった。そして本塁打が37になり、打点が100を超えた8月26日についにメジャー昇格が決まり、飛行機を乗り継いで駆けつけた奥さんや両親が見守る前で、2安打1打点の活躍を見せた。9月4日のホームデビュー戦では、1試合に三塁打を2本打って賞賛された。妻ブリッタニーさんは中学校の先生で、女子バスケチームの監督も兼務するスポーツウーマン。

年度	所属チーム	試合数	打数	得点	安打	二塁打	三塁打	本塁打	打点	四球	三振	盗塁	盗塁死	出塁率	OPS	打率
2019	アスレティックス	26	75	11	22	8	2	0	13	7	23	1	0	.361	.815	.293
通算成績		26	75	11	22	8	2	0	13	7	23	1	0	.361	.815	.293

メジャーの投手を克服できないまま3年経過

1 フランクリン・バレト *Franklin Barreto*

ユーティリティ

24歳 | 178cm | 91kg | 右投右打 | 対左.148 | 対右.100 | ホ.148 | ア.100 | 得.118
ド2012㊅ブルージェイズ | 出ベネズエラ | 年56万3500ドル(約6200万円)+α

ミート 2
パワー 3
走力 4
守備 3
肩 3

　2017年6月にメジャーデビュー。その年のトップ・プロスペクトで、「将来の主砲」と期待されていたため、すぐにメジャーの投手たちを打ち崩して出世街道を走り出すと思われた。しかし身体能力は高くても野球IQは低かったようで、メジャーの投手の投球術を克服できないまま、3年が経過。3Aでも有望株扱いされなくなり、昨季はサードとセカンドを中心に、レフトやセンターにも時々入るユーティリティとして使われていた。このままでは終わってしまうので、プロファーのトレードによって生じたセカンドのレギュラー争いに勝ち、反撃の足場にする必要がある。

年度	所属チーム	試合数	打数	得点	安打	二塁打	三塁打	本塁打	打点	四球	三振	盗塁	盗塁死	出塁率	OPS	打率
2019	アスレティックス	23	57	6	7	2	0	2	5	1	23	1	0	.138	.401	.123
通算成績		80	201	26	38	7	2	9	27	7	85	3	0	.220	.598	.189

13 ホルヘ・マテオ *Jorge Mateo*

ショート・セカンド / 期待度 B / ルーキー

25歳 | 183cm | 86kg | 右投右打 | ◆昨季は3Aでプレー | ド2012㊅ヤンキース | 出ドミニカ

　今季中の昇格が予想される守備力の高い遊撃手。シミエンがトレードされる可能性がなくなったので、メジャーでは二塁手として活用される可能性が高い。ウリは守備力が全般に高いこと。スカウトの多くは、グラブさばき、守備範囲、肩の強さ、スピードの各項目に、満点近い点数を付けている。

― ジョナー・ハイム *Jonah Heim*

キャッチャー / 期待度 B⁻ / ルーキー

25歳 | 193cm | 100kg | 右投両打 | ◆昨季は2A、3Aでプレー | ド2013④オリオールズ | 出ニューヨーク州

　昨年6月9日に3A昇格後、約2カ月間4割台の打率をキープして注目されたスイッチヒッターの捕手。打撃面のウリは、2ケタ本塁打を期待できるパワー。守備面ではボールブロックが巧みで、ワイルドピッチが少ない。肩の強さは平均レベルだが、リリースまでが速く、盗塁阻止率は高いほうだ。

対左=対左投手打率　対右=対右投手打率　ホ=ホーム打率　ア=アウェー打率　得=得点圏打率
ド=ドラフトデータ　出=出身地　年=年俸

テキサス・レンジャーズ

◆創　立：1961年　　　　　　　◆ワールドシリーズ制覇：0回　／◆リーグ優勝：2回
◆本拠地：テキサス州アーリントン市　　◆地区優勝：7回　◆ワイルドカード獲得：1回
主要オーナー　レイ・デイヴィス（投資グループ代表）

過去5年成績

年度	勝	負	勝率	ゲーム差	地区順位	ポストシーズン成績
2015	88	74	.543	(2.0)	①	地区シリーズ敗退
2016	95	67	.586	(9.0)	①	地区シリーズ敗退
2017	78	84	.481	23.0	③(同率)	―
2018	67	95	.414	36.0	⑤	―
2019	78	84	.481	29.0	③	―

監督 　**8 クリス・ウッドワード** *Chris Woodward*

◆年　齢…………44歳（カリフォルニア州出身）
◆現役時代の経歴…12シーズン　ブルージェイズ（1999～2004）、
（ユーティリティ）　メッツ（2005～06）、ブレーブス（2007）、
　　　　　　　　　マリナーズ（2009）、レッドソックス（2009）、
　　　　　　　　　マリナーズ（2010）、ブルージェイズ（2011）
◆現役通算成績……659試合　.239　33本　191打点
◆監督経歴…………1シーズン　レンジャーズ（2019～）
◆通算成績…………78勝84敗（勝率.481）

　リーダーシップや、コミュニケーション能力の高さが光る指揮官。監督1年目の昨季は、選手たちとの信頼関係構築に心を砕いた。指導や伝達は高圧的ではなく、かつ、わかりやすいため、シーズン終了後には、選手たちから多くの信頼を集めるまでになっている。昨季は前年から戦力がアップしたわけでもないのに、勝ち星を11も上乗せすることに成功。今季はさらなる躍進を狙っている。レンジャーズ監督就任前は、ドジャースで三塁ベースコーチの職にあった。

注目コーチ **22 ドン・ワカマツ** *Don Wakamatsu*

　ベンチコーチ。57歳。日系4世。2009年、イチローや城島健司が所属していたマリナーズの監督となり、MLB初のアジア系米国人監督となった。翌10年途中に解任。

編成責任者 **ジョン・ダニエルズ** *Jon Daniels*

　43歳。安価で獲得した選手が、一定の成功を収めている。2005年、MLB史上最年少の28歳でGMに就任。パドレスのA.J.プレラGMは、コーネル大学時代の同級生だ。

スタジアム **グローブライフ・フィールド** *Globe Life Field*

◆開 場 年…………2020年
◆仕　　様…………人工芝、開閉式屋根付き
◆収容能力…………40,300人
◆特　　徴…………レンジャーズの新球場。ホームから左翼ポールまでの距離324フィートはエイドリアン・ベルトレイの背番号「24」、左翼席までの距離334フィートはノーラン・ライアンの「34」のように、球場サイズが球団の永久欠番などの数字と結びついている。ファウルゾーンはやや狭い。

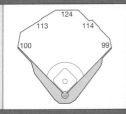

211

Best Order [ベストオーダー]

① 秋信守（チュ・シンス）……DH
② エルヴィス・アンドルス……ショート
③ ジョーイ・ギャロ……ライト
④ ダニー・サンタナ……センター
⑤ ウィリー・カルフーン……レフト
⑥ トッド・フレイジャー……サード
⑦ ロウグネッド・オドーア……セカンド
⑧ ロビンソン・チリノス……キャッチャー
⑨ ロナルド・グーズマン……ファースト

Depth Chart [ポジション別選手層・メンバーリスト]

※2020年2月4日時点の候補選手。
数字は背番号（開幕前に変更する
場合もあり）、右・左等は投・打の順。

センター
38 ダニー・サンタナ [右・両]
16 スコット・ハイネマン [右・右]
15 ニック・ソラック [右・右]

レフト
5 ウィリー・カルフーン [右・左]
16 スコット・ハイネマン [右・右]
53 アドリス・ガルシア [右・右]

ライト
13 ジョーイ・ギャロ [右・左]
5 ウィリー・カルフーン [右・左]
16 スコット・ハイネマン [右・右]
53 アドリス・ガルシア [右・右]

ショート
1 エルヴィス・アンドルス [右・右]
9 アイザイア・カイナーファレーファ [右・右]
38 ダニー・サンタナ [右・両]

セカンド
12 ロウグネッド・オドーア [右・左]
15 ニック・ソラック [右・右]
38 ダニー・サンタナ [右・両]

ローテーション
28 コーリー・クルーバー [右・右]
23 マイク・マイナー [左・右]
35 ランス・リン [右・両]
44 カイル・ギブソン [右・右]
24 ジョーダン・ライルズ [右・右]
37 アリエル・フラド [右・右]
39 コルビー・アラード [左・左]

サード
21 トッド・フレイジャー [右・右]
9 アイザイア・カイナーファレーファ [右・右]
15 ニック・ソラック [右・右]
38 ダニー・サンタナ [右・両]

ファースト
11 ロナルド・グーズマン [左・左]
16 スコット・ハイネマン [右・右]
38 ダニー・サンタナ [右・両]

キャッチャー
61 ロビンソン・チリノス [右・右]
2 ジェフ・マシス [右・右]
56 ホセ・トレヴィーノ [右・右]

DH
17 秋信守（チュ・シンス）[左・左]
5 ウィリー・カルフーン [右・左]

ブルペン
25 ホセ・ルクラーク [右・右] CL
48 ラファエル・モンテーロ [右・右]
30 ジェシー・チャヴェス [右・右]
57 ジョエリー・ロドリゲス [左・左]
59 ブレット・マーティン [左・左]
60 ルーク・ファレル [右・右]
64 ニック・グッディ [右・右]
― デマーカス・エヴァンァズ [右・右]
55 カイル・バード [左・左]
65 ヨハンダー・メンデス [左・左]
― 黄瑋傑（ホワン・ウェイジェイ）[右・右]
― イアン・ジバウト [右・右]
― ティム・ディラード [右・右]
72 ジョナサン・ヘルナンデス [右・右]

※ CL＝クローザー

レンジャーズ試合日程……＊はアウェーでの開催

3月26・27・28・29 マリナーズ＊	27・28・29 アスレティックス	29・30・31 アスレティックス
31・4月1・2 エンジェルス	5月1・2・3 レッドソックス＊	6月1・2・3 エンジェルス
3・4・5 レイズ	4・5・6・7 インディアンズ＊	4・5・6・7 ブルージェイズ＊
7・8 ロッキーズ＊	8・9・10 レイズ＊	9・10・11 アストロズ＊
10・11・12 アストロズ	11・12・13 ブルージェイズ	12・13・14 インディアンズ
13・14・15 ヤンキース	14・15・16・17 レッドソックス	15・16・17 ロイヤルズ
16・17・18・19 ホワイトソックス＊	19・20・21 アスレティックス＊	18・19・20・21 エンジェルス＊
21・22 フィリーズ＊	22・23・24 ロイヤルズ＊	22・23・24 マリナーズ＊
24・25・26 マリナーズ	26・27・28 ナショナルズ	26・27・28 アストロズ

球団メモ サイ・ヤング賞投手が出ていない、アメリカン・リーグ唯一の球団。投票で2位に入ったのも、ファギー・ジェンキンス（1974年）とダルビッシュ有（2013年）だけ。

■投手力 ↗ … ★★★★☆ 【昨年度チーム防御率5.06、リーグ11位】

　オフに最も力を注いだのが、先発陣の強化。ツインズから昨季13勝のギブソン、ブリュワーズから昨季12勝のライルズを獲得したのに続き、インディアンズとのトレードでメジャーを代表する先発右腕クルーバーを迎え入れた。ここに昨季のチーム先発陣を支えたマイナーとリンが加わり、ローテーション5人に関しては、優勝争いできるだけの陣容がそろった。さらに期待の若手フラドの成長があれば、主力にケガや故障があったとしても、大きく戦力を落とすことはなさそうだ。ルクラークがクローザーを務めるリリーフ陣は、中日から移籍のロドリゲスを含め、安定感の面で不安が残る。

■攻撃力 ↗ … ★★★☆☆ 【昨年度チーム得点810、リーグ6位】

　最大の補強ポイントだったサードのレギュラーを務める強打の右打者は、メッツから移籍のフレイジャーに落ち着いた。全盛時の力はないかもしれないが、ギャロ、オドーアら左の強打者が多い打線に、バランスの良さをもたらすことは確かだろう。さらに、打撃不足が顕著だった捕手陣にチリノスが加わったことは、間違いなく攻撃力アップにつながるはずだ。

■守備力 ↗ … ★★☆☆☆ 【昨年度チーム失策数105、リーグ10位】

　「守りが堅い」という印象は希薄なチームだが、身体能力の高い選手が多く、ときにすばらしいプレーを見せることもある。課題は凡ミスをなくすこと。

■機動力 ↘ … ★★☆☆☆ 【昨年度チーム盗塁数131、リーグ1位】

　盗塁でチャンスを広げるよりは、一発長打に期待する打線と言える。

総合評価 ↗ ★★★☆☆	オフに入ると、新球場元年の2020年に向け、積極的な補強を敢行。だが、コール、レンドーン、ドナルドソンといった、目玉となる大物選手の獲得には至らなかった。とはいえ、先発陣は昨シーズンより大幅に改善されたことは間違いなく、戦力はアップ。

レンジャーズ

IN　主な入団選手	OUT　主な退団選手
投手	投手
コーリー・クルーバー←インディアンズ	ジェフリー・スプリングス➡レッドソックス
カイル・ギブソン←ツインズ	エマニュエル・クラセ➡インディアンズ
ジョーダン・ライルズ←ブリュワーズ	野手
ジョエリー・ロドリゲス←中日	ノマー・マザーラ➡ホワイトソックス
野手	デライノ・デシールズ➡インディアンズ
トッド・フレイジャー←メッツ	ローガン・フォーサイス➡フィリーズ
ロビンソン・チリノス←アストロズ	ハンター・ペンス➡所属先未定

29・30・**7月**1	ブレーブス		30・31・**8月**1・2	アスレティックス＊		31・**9月**1・2・3	エンジェルス＊
3・4・5	ホワイトソックス		3・4	エンジェルス＊		4・5・6	アスレティックス＊
7・8・9	マーリンズ＊		6・7・8・9	タイガース		7・8・9・10	マリナーズ
10・11・12	ヤンキース＊		11・12	フィリーズ		11・12・13	アストロズ
14	オールスターゲーム		14・15・16	タイガース＊		15・16・17	ツインズ＊
17・18・19	ツインズ		17・18・19	オリオールズ＊		18・19・20	メッツ＊
20・21・22・23	アストロズ		21・22・23	アストロズ＊		22・23・24	アスレティックス
24・25・26	エンジェルス		24・25	ロッキーズ		25・26・27	マリナーズ
28・29	マリナーズ＊		27・28・29・30	オリオールズ			

球団メモ	昨年、2018年に引退したエイドリアン・ベルトレイの背番号「29」、13年に引退したマイケル・ヤングの背番号「10」を、それぞれ球団の永久欠番に指定している。	213

シーズン200投球回、200奪三振に到達 <先発>

23 マイク・マイナー
Mike Minor

33歳／193cm／95kg／左投右打
◆速球のスピード／150キロ前後（フォーシーム主体）
◆決め球と持ち球／☆チェンジアップ、◎フォーシーム、
◎スライダー、○カーブ、○ツーシーム
◆対左打者被打率／.249　◆対右打者被打率／.242
◆ホーム防御率／4.31　◆アウェー防御率／2.99
◆ドラフトデータ／2009①ブレーブス
◆出身地／テネシー州
◆年俸／950万ドル（約10億4500万円）

球威	4
制球	5
緩急	5
守備・牽制	3
度胸	4

　昨季、先発陣の柱として、シーズンを通して活躍したサウスポー。自身初となる「シーズン200投球回、200奪三振」に到達し、やはり初めてとなるオールスター選出も果たした。シーズン前から大きな目標と公言していた「200奪三振」は、自身の最終登板試合となる9月26日レッドソックス戦の9回表という、ギリギリのタイミングで達成されたものだったが、物議を醸すことにもなってしまう。まず、9回の先頭打者となったクリス・オウイングスが、カウント1-1から放ったファウルフライを一塁手ロナルド・グーズマンがスルー。直後にインハイに投じられた際どい球がストライクと判定され、見逃し三振となったのだが、一連のシーンの動画が『ESPN』にアップされると、「チームメートと審判がアシストした偽りの記録」といったファンからの批判の声が殺到した。ちなみに、マイナー自身は最後の一球について、「ボーダーラインの球だったけど、ストライクになって良かったよ」と、安堵のコメントを残している。
　ピッチングは、球速表示以上に伸びを感じさせる150キロ前後のフォーシームに、ハイレベルなチェンジアップ、スライダー、ナックルカーブを織り交ぜる。三振、もしくはフライでアウトを取るタイプで、ゴロアウトは極端に少ない。ヴァンダービルト大学時代には、チェコで開催された世界大学野球選手権アメリカ代表チームの一員として金メダルを獲得。大学の2学年先輩に、同じ左腕投手のデイヴィット・プライスがいる。
　今季が3年契約の最終年。2020年のオフは、FA市場に出回るエース級の投手が少ない。今季も好成績を残せば、高額契約をゲットできるだろう。

カモ M・オルソン（アスレティックス）.000(9-0)0本　T・ラステーラ（エンジェルス）.000(8-0)0本
苦手 M・ハニガー（マリナーズ）.467(15-7)0本　J・アルトゥーヴェ（アストロズ）.417(24-10)1本

年度	所属チーム	勝利	敗戦	防御率	試合数	先発	セーブ	投球イニング	被安打	失点	自責点	被本塁打	与四球	奪三振	WHIP
2010	ブレーブス	3	2	5.98	9	8	0	40.2	53	28	27	6	11	43	1.57
2011	ブレーブス	5	3	4.14	15	15	0	82.2	93	39	38	7	30	77	1.49
2012	ブレーブス	11	10	4.12	30	30	0	179.1	151	88	82	26	56	145	1.15
2013	ブレーブス	13	9	3.21	32	32	0	204.2	177	79	73	22	46	181	1.09
2014	ブレーブス	6	12	4.77	25	25	0	145.1	165	77	77	21	44	120	1.44
2017	ロイヤルズ	6	6	2.55	65	0	6	77.2	57	23	22	5	22	88	1.02
2018	レンジャーズ	12	8	4.18	28	28	0	157.0	138	76	73	25	38	132	1.12
2019	レンジャーズ	14	10	3.59	32	32	0	208.1	190	86	83	30	68	200	1.24
通算成績		70	60	3.90	236	170	6	1095.2	1024	496	475	142	315	986	1.22

移籍初年度にサイ・ヤング賞投票で5位　先発

35 ランス・リン　Lance Lynn

33歳｜196cm｜127kg｜右投両打

◆速球のスピード／150キロ台前半（フォーシーム主体）　球威 5
◆決め球と持ち球／☆フォーシーム、○ツーシーム、○カーブ、○カッター、△チェンジアップ　制球 3
◆対左.267　◆対右.219　◆ホ防3.50　◆ア防3.84　緩急 4
◆ド2008①カーディナルス　◆出インディアナ州　守備・牽制 3
◆年1100万ドル（約12億1000万円）　度胸 4

2018年オフに、3年3000万ドルでレンジャーズ入りした先発右腕。移籍初年度の昨季は、序盤から順調に勝ち星を積み重ねた。7回を無失点に抑え、11三振を奪った7月11日のアストロズ戦で、メジャー最速の12勝目に到達している。夏場にペースダウンしたものの、チーム最多となる16勝をマーク。サイ・ヤング賞投票でも5位に食い込んだ。トミー・ジョン手術明けの2017年以降、直球の威力が年々アップ。昨季は奪三振率10.63というすばらしい数字を残している。一方、暴投数18はアメリカン・リーグワーストだった。

| カモ | M・ハニガー（マリナーズ）.000(10-0)0本 | 苦手 | M・シミエン（アスレティックス）.500(12-6)1本 |

年度	所属チーム	勝利	敗戦	防御率	試合数	先発	セーブ	投球イニング	被安打	失点	自責点	被本塁打	与四球	奪三振	WHIP
2011	カーディナルス	1	1	3.12	18	2	1	34.2	25	12	12	3	11	40	1.04
2012	カーディナルス	18	7	3.78	35	29	0	176.0	168	76	74	16	64	180	1.32
2013	カーディナルス	15	10	3.97	33	33	0	201.2	189	92	89	14	76	198	1.31
2014	カーディナルス	15	10	2.74	33	33	0	203.2	185	72	62	13	72	181	1.26
2015	カーディナルス	12	11	3.03	31	31	0	175.1	172	66	59	13	68	167	1.37
2017	カーディナルス	11	8	3.43	33	33	0	186.1	151	80	71	27	78	153	1.23
2018	ツインズ	7	8	5.10	20	20	0	102.1	105	61	58	12	62	100	1.63
2018	ヤンキース	3	2	4.14	11	9	0	54.1	58	26	25	2	14	61	1.33
2018	2チーム計	10	10	4.77	31	29	0	156.2	163	87	83	14	76	161	1.53
2019	レンジャーズ	16	11	3.67	33	33	0	208.1	195	89	85	21	59	246	1.22
通算成績		98	68	3.59	247	223	1	1342.2	1248	574	535	121	504	1326	1.30

「新球場補強」の目玉となる新戦力　先発　移籍

28 コーリー・クルーバー　Corey Kluber

34歳｜193cm｜98kg｜右投右打

◆速球のスピード／140キロ台後半（シンカー、フォーシーム）、140キロ台前半（カッター）　球威 3
◆決め球と持ち球／○シンカー、○カッター、○フォーシーム、○カーブ、○チェンジアップ　制球 5
◆対左.286　◆対右.306　◆ホ防6.97　◆ア防5.33　緩急 4
◆ド2007④パドレス　◆出アラバマ州　◆年1750万ドル（約19億2500万円）　守備・牽制 4
◆サイ・ヤング賞2回(14、17年)、最優秀防御率1回(17年)、最多勝2回(14、17年)　度胸 4

サイ・ヤング賞を2度受賞している大物右腕。新球場元年に向け、積極的な補強を敢行していたレンジャーズだが、デシールズ、クラーセとのトレードで獲得したクルーバーにより、強力なローテーションが完成した。一昨年、自己最多の20勝をマークしたが、昨季は5月1日のマーリンズ戦で、右腕に打球を受けて骨折。そのままシーズンを終え、わずか2勝という不本意な一年となった。今季年俸は1750万ドル、球団オプションが付く2021年の年俸は1800万ドル。期待通りの活躍を示せば、「安い買物」と言えるだろう。

| カモ | M・トラウト（エンジェルス）.133(15-2)1本 | 苦手 | M・ハニガー（マリナーズ）.667(9-6)1本 |

年度	所属チーム	勝利	敗戦	防御率	試合数	先発	セーブ	投球イニング	被安打	失点	自責点	被本塁打	与四球	奪三振	WHIP
2011	インディアンズ	0	0	8.31	3	0	0	4.1	6	4	4	0	3	5	2.08
2012	インディアンズ	2	5	5.14	12	12	0	63.0	76	44	36	9	18	54	1.49
2013	インディアンズ	11	5	3.85	26	24	0	147.1	153	67	63	15	33	136	1.26
2014	インディアンズ	18	9	2.44	34	34	0	235.2	207	72	64	14	51	269	1.09
2015	インディアンズ	9	16	3.49	32	32	0	222.0	189	92	86	22	45	245	1.05
2016	インディアンズ	18	9	3.14	32	32	0	215.0	170	82	75	22	57	227	1.06
2017	インディアンズ	18	4	2.25	29	29	0	203.2	141	56	51	21	36	265	0.87
2018	インディアンズ	20	7	2.89	33	33	0	215.0	179	75	69	25	34	222	0.99
2019	インディアンズ	2	3	5.80	7	7	0	35.2	44	26	23	4	15	38	1.65
通算成績		98	58	3.16	208	203	0	1341.2	1165	518	471	132	292	1461	1.09

対左＝対左打者被打率　対右＝対右打者被打率　ホ防＝ホーム防御率　ア防＝アウェー防御率
ド＝ドラフトデータ　出＝出身地　年＝年俸

レンジャーズ

強力先発陣の一角として期待大

先発 移籍

44 カイル・ギブソン Kyle Gibson

33歳／198cm／98kg／右投右打／速150キロ前後（ツーシーム、フォーシーム）／決◎スライダー
対左.288 対右.262 ⑫2009①ツインズ 出インディアナ州 年1000万ドル（約11億円）

球4
制4
緩4
中4
度3

　昨季、ツインズで自己最多タイの13勝をマークした長身
右腕。オフにFAとなり、レンジャーズと3年2800万ドル
の契約を結んだ。150キロ前後のツーシーム、フォーシーム
を主体に、切れ味鋭いスライダー、落差のあるチェンジアップで勝負する。以前
は打たせて取るタイプだったが、近年は奪三振率もアップしてきた。昨季終盤、
潰瘍性大腸炎でIL（故障者リスト）入りしたが、今季への悪影響はなさそうで、
同じ移籍組であるクルーバー、ライルズとともに、強力先発陣の一翼を担う。慈
善活動にも熱心に取り組み、昨年、ロベルト・クレメンテ賞にノミネートされた。

年度	所属チーム	勝利	敗戦	防御率	試合数	先発	セーブ	投球イニング	被安打	失点	自責点	被本塁打	与四球	奪三振	WHIP
2019	ツインズ	13	7	4.84	34	29	0	160.0	175	99	86	23	56	160	1.44
通算成績		67	68	4.52	193	188	0	1087.0	1142	586	546	127	392	845	1.41

ブリュワーズのワイルドカード獲得に大貢献

先発 移籍

24 ジョーダン・ライルズ Jordan Lyles

30歳／196cm／104kg／右投右打／速150キロ前後（フォーシーム主体）／決◎カーブ
対左.277 対右.220 ⑫2008①アストロズ 出サウスカロライナ州 年700万ドル（約7億7000万円）

球4
制4
緩4
中3
度4

　2年1600万ドルで入団した先発右腕。2011年にアストロズ
でメジャーデビュー。その後、先発でもリリーフでもパッと
しない成績が続いていたが、昨年7月下旬、パイレーツから
ブリュワーズへ移籍してから覚醒。11試合に先発し、7勝1敗、防御率2.45とい
う好成績を残し、チームのワイルドカード獲得に貢献した。シーズン終了後FA
となり、レンジャーズへ。速球とカーブとのコンビネーションが冴えたブリュワ
ーズでの投球が継続できれば、強力先発陣の一角としてしっかり機能するはずだ。
心配なのは、故障が多いこと。高校時代はアメフトのレシーバーとしても活躍。

年度	所属チーム	勝利	敗戦	防御率	試合数	先発	セーブ	投球イニング	被安打	失点	自責点	被本塁打	与四球	奪三振	WHIP
2019	パイレーツ	5	7	5.36	17	17	0	82.1	88	53	49	16	33	90	1.47
2019	ブリュワーズ	7	1	2.45	11	11	0	58.2	43	19	16	9	22	56	1.11
2019	2チーム計	12	8	4.15	28	28	0	141.0	131	72	65	25	55	146	1.32
通算成績		43	61	5.11	245	143	2	909.2	991	573	516	122	315	696	1.44

奪三振率の高さが魅力の豪腕

クローザー

25 ホセ・ルクラーク Jose Leclerc

27歳／183cm／86kg／右投右打／速150キロ台中頃（フォーシーム主体）／決☆フォーシーム
対左.267 対右.158 ⑫2010外レンジャーズ 出ドミニカ 年225万ドル（約2億4750万円）

球5
制3
緩3
度4

　昨季68回2/3を投げて100三振を奪った、ドミニカ人リ
リーバー。150キロ台中盤〜後半のフォーシームとスライダ
ーの2球種を主体に、チェンジアップ、カーブなどを織り交
ぜていく投球スタイルだが、四死球をきっかけに崩れてしまうケースも多い。
シーズン途中からクローザーを任された一昨年は、59試合で防御率1.56の好成績。
昨シーズン開幕前に、4年1475万ドルで契約を延長した。だが、昨季は開幕か
ら内容が悪く、5月にクローザーの座から陥落。8月に再び9回を任されるよう
になり、10度のセーブ機会で9セーブをあげたが、危なっかしい場面も多かった。

年度	所属チーム	勝利	敗戦	防御率	試合数	先発	セーブ	投球イニング	被安打	失点	自責点	被本塁打	与四球	奪三振	WHIP
2019	レンジャーズ	2	4	4.33	70	3	14	68.2	52	34	33	7	39	100	1.33
通算成績		6	10	3.18	188	3	26	187.0	110	75	66	12	117	260	1.21

速＝速球のスピード　決＝決め球　対左＝対左打者被打率　対右＝対右打者被打率
⑫＝ドラフトデータ　出＝出身地　年＝年俸

マイナー契約から頼れるセットアッパーに

48 **ラファエル・モンテーロ** *Rafael Montero*

セット
アップ

30歳｜183cm｜84kg｜右投右打｜(球)150キロ台中頃(フォーシーム)、150キロ前後(ツーシーム)｜(決)◎フォーシーム
(対左).111 (対右).327 (ド)2011(外)メッツ (国)ドミニカ (年)78.5万ドル(約8635万円)

球 4
制 4
緩 4
守 4
度 3

　細身の体から伸びのある速球を投げ込むドミニカ人右腕。2017年にはメッツで34試合（うち先発で18試合）に登板したが、トミー・ジョン手術を受けたため、18年シーズンを全休。復活を期して臨んだ昨年は、1月にレンジャーズとマイナー契約を結び、7月22日にメジャー昇格。シーズン終盤は頼れるセットアッパーとして、主に8回のマウンドを任された。四球で崩れたメッツ時代に比べ、制球力が進歩した点が、昨季の好投につながった。ピッチングはフォーシーム、ツーシームに、ともにレベルの高いスライダー、カーブを織り交ぜる。奪三振率の高さが最大の魅力だ。

年度	所属チーム	勝利	敗戦	防御率	試合数	先発	セーブ	投球イニング	被安打	失点	自責点	本塁打	与四球	奪三振	WHIP
2019	レンジャーズ	2	0	2.48	22	0	0	29.0	23	8	8	5	5	34	0.97
通算成績		8	16	5.00	80	30	0	221.1	240	127	123	29	116	223	1.61

中日で快投を続け、メジャー復帰

57 **ジョエリー・ロドリゲス** *Joely Rodriguez*

セット
アップ

移籍

29歳｜185cm｜91kg｜左投左打｜(球)150キロ台後半(フォーシーム主体)｜(決)◎フォーシーム
◆昨季メジャー出場なし (ド)2009(外)パイレーツ (国)ドミニカ (年)250万ドル(約2億7500万円)

球 5
制 3
緩 3
守 3
度 4

　日本で成長を遂げた豪腕サウスポー。オリオールズのマイナーで投げていた2018年7月に、中日ドラゴンズに入団。64試合にリリーフ登板した昨季、防御率1.94をマークして、「最優秀中継ぎ投手」のタイトルを獲得した。シーズン終了後の12月、傘下のマイナーでプレーした経験もあるレンジャーズと、2年550万ドルで契約。中日側も残留を願ったが、メジャーに復帰したいという本人の意志は強固だったようだ。16、17年とフィリーズでプレーしていた時代は、スライダーが投球の中心だったが、日本に来て球速が増し、パワーピッチに徹したことが成功の要因となった。

年度	所属チーム	勝利	敗戦	防御率	試合数	先発	セーブ	投球イニング	被安打	失点	自責点	本塁打	与四球	奪三振	WHIP
2017	フィリーズ	1	2	6.33	26	0	0	27.0	37	26	19	4	15	18	1.93
通算成績		1	2	5.40	38	0	0	36.2	45	29	22	4	19	25	1.75

病と向き合いながら、見事メジャーデビュー

59 **ブレット・マーティン** *Brett Martin*

ミドル
リリーフ

25歳｜193cm｜86kg｜左投左打｜(球)150キロ台前半(フォーシーム、ツーシーム)｜(決)◎スライダー
(対左).269 (対右).288 (ド)2014(4)レンジャーズ (国)テネシー州 (年)56万3500ドル(約6200万円)+α

球 3
制 4
緩 4
守 4
度 3

　昨季、リリーフ左腕の少ないチーム状況の中で、重宝されたサウスポー。昨年4月19日のアストロズ戦でメジャーデビューし、1回を無失点に抑えた。その後、貴重な左の中継ぎとして、計49試合にリリーフ登板。オープナーとして2度の先発も経験した。ピッチングの基本は、速球（フォーシーム、ツーシーム）とスライダーのコンビネーション。時折、カーブも交える。若者が発症するケースが多い1型糖尿病の患者で、治療を受けながらプレーを続けている。社会貢献活動にも熱心で、昨季9月には、カルフーン、トレヴィーノらと、地元アーリントンの子供病院を慰問。

年度	所属チーム	勝利	敗戦	防御率	試合数	先発	セーブ	投球イニング	被安打	失点	自責点	本塁打	与四球	奪三振	WHIP
2019	レンジャーズ	2	3	4.76	51	2	0	62.1	72	38	33	7	18	62	1.44
通算成績		2	3	4.76	51	2	0	62.1	72	38	33	7	18	62	1.44

レンジャーズ

37 壁を突き破りたい若手右腕
アリエル・フラド Ariel Jurado

ロングリリーフ
先発

24歳 | 185cm | 82kg | 右投右打 | 速140キロ台後半（ツーシーム主体）| 決◎ツーシーム
対左.281 | 対右.324 | ド2012外レンジャーズ | 田パナマ | 年56万3500ドル（約6200万円）+α

球 4
制 3
緩 2
守 3
度 3

今季開幕を24歳で迎えるパナマ人右腕。昨季開幕時は3Aだったが、4月下旬にメジャー昇格。32試合（うち先発18試合）に投げ、自己最多となる7勝をマークしている。ツーシームを主な武器に、フォーシーム、スライダー、チェンジアップ、カーブといった変化球の精度はいま一つ。ヒットを重ねられて複数失点を喫するイニングも多かった。まだまだ伸びしろは大きそうだが、オフにチームが先発陣を大幅に補強したため、今季はリリーフでの起用が中心となりそう。同地区エンジェルスの大谷翔平との相性は良く、通算11打数2安打3奪三振と抑えている。

年度	所属チーム	勝利	敗戦	防御率	試合数	先発	セーブ	投球イニング	被安打	失点	自責点	被本塁打	与四球	奪三振	WHIP
2019	レンジャーズ	7	11	5.81	32	18	0	122.1	148	94	79	21	36	81	1.50
通算成績		12	16	5.85	44	26	0	177.0	214	130	115	28	54	103	1.51

39 成長が期待される若手技巧派左腕
コルビー・アラード Kolby Allard

ロングリリーフ
先発

23歳 | 185cm | 86kg | 左投右打 | 速140キロ台後半（フォーシーム）、140キロ前後（カッター）| 決◎カッター
対左.296 | 対右.275 | ド2015①ブレーブス | 田カリフォルニア州 | 年56万3500ドル（約6200万円）+α

球 3
制 3
緩 3
守 2
度 3

昨年7月末にブレーブスから移籍し、8月にメジャー昇格。9試合に先発し、4勝をマークした。右打者の内角、左打者の外角にフォーシーム、カッターを投げ込み、打たせて取るピッチングが身上。一昨年に比べ、昨季は直球の平均球速が4キロ以上アップしたのは好材料。さらに球威が増せば、チェンジアップ、カーブといった変化球もさらに効いてくるはずだ。カリフォルニ州アナハイムの出身。バスケ好きで、NBAのロサンジェルス・レイカーズのファン。自身のツイッターにも、同チームの大スターであるレブロン・ジェイムズ関連のネタなどをよく取り上げている。

年度	所属チーム	勝利	敗戦	防御率	試合数	先発	セーブ	投球イニング	被安打	失点	自責点	被本塁打	与四球	奪三振	WHIP
2019	レンジャーズ	4	2	4.96	9	9	0	45.1	52	26	25	3	19	33	1.57
通算成績		5	3	6.08	12	10	0	53.1	71	38	36	6	23	36	1.76

70 ブロック・バーク Brock Burke

先発
リリーフ

期待度 C+

ルーキー

24歳 | 193cm | 82kg | 左投左打 | ◆昨季メジャーで6試合出場 | ド2014③レイズ | 田イリノイ州

昨季終盤、メジャーに初昇格し、先発で6試合試された左腕。最初の3試合は好投したが、その後続かず、防御率は7.43だった。フォーシームを軸に、カーブ、チェンジアップで緩急をつける技巧派で、迫力には欠けるがまとまりはあるタイプ。マイナー時代、夢遊病に悩まされていたことがある。

72 ジョナサン・ヘルナンデス Jonathan Hernandez

リリーフ
先発

期待度 C

ルーキー

24歳 | 188cm | 79kg | 右投右打 | ◆昨季メジャーで9試合出場 | ド2013外レンジャーズ | 田テネシー州

テネシー州生まれ、ドミニカ育ちの右腕。16歳のときにレンジャーズとマイナー契約を結んだ。150キロ台中盤のシンカーを中心に、スライダー、チェンジアップで緩急をつけていく。奪三振率は高いが四球も多く、制球力のアップが今後の課題だ。父のフェルナンドも、メジャー経験のある元投手。

速=速球のスピード　決=決め球　対左=対左打者被打率　対右=対右打者被打率
ド=ドラフトデータ　田=出身地　年=年俸
※メジャー経験がない投手「先発」「リリーフ」はマイナーでの役割

野手

オフに獲得した待望の「強打の三塁手」 サード 移籍

21 トッド・フレイジャー *Todd Frazier*

34歳｜191cm｜100kg｜右投右打

- ◆対左投手打率／.294　◆対右投手打率／.234
- ◆ホーム打率／.255　◆アウェー打率／.245　◆得点圏打率／.301
- ◆19年のポジション別出場数／サード＝120、ファースト＝3、DH＝3
- ◆Ⓓ2007①レッズ　◆Ⓗニュージャージー州
- ◆圉500万ドル（約5億5000万円）

ミート **3**
パワー **4**
走塁 **3**
守備 **3**
肩 **4**

2020年1月15日に、1年500万ドル（バイアウトの際に払われる150万ドル含む）の契約でメッツからFA移籍したベテラン三塁手。アンソニー・レンドーン獲得が不調に終わった19年12月中旬以降、チームはフレイジャーにしぼって交渉を重ね、待望の「打てる三塁手」の獲得にこぎつけた。昨季は左脇腹の筋肉を痛め、ILで開幕を迎えたが、4月に復帰し、18年シーズンを上回る打率、本塁打数、打点、OPSをマークした。とはいえ、4、5年前に比べると、本塁打数が物足りないことも事実。過大な期待は禁物だろう。

| カモ | J・ケリー（ドジャース）.500(12-6)0本 | 苦手 | 田中将大（ヤンキース）.077(13-1)0本 |

年度	所属チーム	試合数	打数	得点	安打	二塁打	三塁打	本塁打	打点	四球	三振	盗塁	盗塁死	出塁率	OPS	打率
2011	レッズ	41	112	17	26	5	0	6	15	7	27	1	0	.289	.727	.232
2012	レッズ	128	422	55	115	26	6	19	67	36	103	3	2	.331	.829	.273
2013	レッズ	150	531	63	124	29	3	19	73	50	125	6	5	.314	.721	.234
2014	レッズ	157	597	88	163	22	1	29	80	52	139	20	5	.336	.795	.273
2015	レッズ	157	619	82	158	43	1	35	89	44	137	13	8	.309	.806	.255
2016	ホワイトソックス	158	590	89	133	21	0	40	98	64	163	15	5	.302	.767	.225
2017	ホワイトソックス	81	280	41	58	15	0	16	44	48	71	4	3	.328	.761	.207
2017	ヤンキース	66	194	33	43	4	1	11	32	35	54	0	0	.365	.788	.222
2017	2チーム計	147	474	74	101	19	1	27	76	83	125	4	3	.344	.772	.213
2018	メッツ	115	408	54	87	18	0	18	59	48	112	9	4	.303	.693	.213
2019	メッツ	133	447	63	112	19	2	21	67	40	106	1	0	.329	.772	.251
通算成績		1186	4200	585	1019	202	14	214	624	424	1037	72	37	.320	.770	.243

マイナー契約から躍進を遂げたドミニカン ユーティリティ

38 ダニー・サンタナ *Danny Santana*

30歳｜180cm｜84kg｜右投両打

- ◆対左投手打率／.276　◆対右投手打率／.286
- ◆ホーム打率／.297　◆アウェー打率／.269　◆得点圏打率／.301
- ◆19年のポジション別出場数／ファースト＝44、センター＝27、セカンド＝17、レフト＝16、ライト＝15、ショート＝9、サード＝8、DH＝1　◆Ⓓ2007外ツインズ
- ◆Ⓗドミニカ　◆圉360万ドル（約3億9600万円）

ミート **4**
パワー **4**
走塁 **5**
守備 **3**
肩 **4**

昨季、内外野計7つのポジションをこなしたユーティリティ。2019年1月にレンジャーズとマイナー契約を結び、春季キャンプには招待選手として参加。4月13日にメジャー昇格を果たすと、確実性とパワーを兼備した両打ちのバッティング、俊足、どこでも守れる器用さといった自らの武器をアピールし、チームにとってなくてはならない存在となった。左右両打席で、打率、出塁率、長打率、OPSの差異がほとんどないことも大きな特徴と言える。ウッドワード監督も、サンタナが誇る多様性に極めて高い評価を与えている。

| カモ | C・バシット（アスレティックス）.500(8-4)1本 | 苦手 | A・ヒーニー（エンジェルス）.000(6-0)0本 |

年度	所属チーム	試合数	打数	得点	安打	二塁打	三塁打	本塁打	打点	四球	三振	盗塁	盗塁死	出塁率	OPS	打率
2014	ツインズ	101	405	70	129	27	7	7	40	19	98	20	4	.353	.824	.319
2015	ツインズ	91	261	30	56	10	5	0	21	6	68	8	4	.241	.532	.215
2016	ツインズ	75	233	29	56	10	2	2	14	12	55	12	9	.279	.606	.240
2017	ツインズ	13	25	3	5	1	0	1	1	1	8	1	0	.231	.591	.200
2017	ブレーブス	69	143	16	29	9	2	3	22	7	33	6	0	.245	.602	.203
2017	2チーム計	82	168	19	34	10	2	4	23	8	41	7	0	.243	.600	.202
2018	ブレーブス	15	28	4	5	3	0	0	2	3	11	1	1	.281	.567	.179
2019	レンジャーズ	130	474	81	134	23	6	28	81	25	151	21	6	.324	.857	.283
通算成績		494	1569	233	414	83	22	41	181	73	424	69	24	.302	.725	.264

| カモ | 苦手 | は通算成績

レンジャーズ

史上初の記録を作った異才の長距離砲　ライト

13 ジョーイ・ギャロ Joey Gallo

27歳／196cm／107kg／右投左打

◆対左投手打率／.333　◆対右投手打率／.217 ミート **2**
◆ホーム打率／.301　◆アウェー打率／.211　◆得点圏打率／.174 パワー **5**
◆19年のポジション別出場数／センター=38、レフト=34、DH=7 走塁 **3**
◆Ⓓ2012①レンジャーズ　◆出ネヴァダ州 守備 **3**
◆年440万ドル（約4億8400万円） 肩 **5**

昨年5月、「通算100本塁打を放った時点で、シングルヒット数は93本」というMLB史上に残る記録を樹立した生粋のホームラン打者。ちなみに、過去に通算100本塁打を放った時点でもっとも単打が少なかったのは、ラッセル・ブラニヤンの172本だった。昨季は6月に左脇腹を痛めて約3週間の離脱、7月下旬には右手有鉤骨骨折手術を受け、そのままシーズン終了とケガに泣かされたが、出場70試合で22本と、相変わらずの本塁打量産体制を維持している。父トニーはエクスポス（現ナショナルズ）傘下のマイナーでプレー。

カモ B・スネル（レイズ）.600（5-3）2本　苦手 J・ヴァーランダー（アストロズ）.097（31-3）1本

年度	所属チーム	試合数	打数	得点	安打	二塁打	三塁打	本塁打	打点	四球	三振	盗塁	盗塁死	出塁率	OPS	打率
2015	レンジャーズ	36	108	16	22	3	1	6	14	15	57	3	0	.301	.717	.204
2016	レンジャーズ	17	25	2	1	0	0	1	1	5	19	1	0	.200	.360	.040
2017	レンジャーズ	145	449	85	94	18	3	41	80	75	196	7	2	.333	.869	.209
2018	レンジャーズ	148	500	82	103	24	1	40	92	74	207	3	4	.312	.810	.206
2019	レンジャーズ	70	241	54	61	15	1	22	49	52	114	4	2	.389	.986	.253
通算成績		416	1323	239	281	60	6	110	236	221	593	18	8	.331	.847	.212

アジア人初の通算200本塁打に到達　DH

17 秋信守（チュ・シンス）Shin-Soo Choo

38歳／180cm／95kg／左投左打

◆対左投手打率／.229　◆対右投手打率／.280 ミート **3**
◆ホーム打率／.287　◆アウェー打率／.242　◆得点圏打率／.296 パワー **4**
◆19年のポジション別出場数／DH=62、ライト=42、レフト=40 走塁 **4**
◆Ⓓ2000外マリナーズ　◆出韓国 守備 **2**
◆年2100万ドル（約23億1000万円） 肩 **3**

今季が7年契約の最終年となる韓国人スラッガー。2019年4月4日に「メジャー通算1500安打」を記録。また6月5日には、アジア人選手初となる「通算200本塁打」に到達した。シーズン終了後に左肩の関節鏡視下手術を受けたが、今季開幕からのプレーに影響はなさそう。長打力とともに、選球眼の良さも大きな武器で、メジャー15年目の昨シーズンも高い出塁率をマークしている。日本プロ野球でも活躍した李大浩は、同じ釜山出身の幼馴染だ。

カモ M・シャーザー（ナショナルズ）.583（24-14）3本　苦手 J・ヴァーランダー（アストロズ）.188（96-18）3本

年度	所属チーム	試合数	打数	得点	安打	二塁打	三塁打	本塁打	打点	四球	三振	盗塁	盗塁死	出塁率	OPS	打率
2005	マリナーズ	10	18	1	1	0	0	0	1	3	4	0	0	.190	.246	.056
2006	マリナーズ	4	11	0	1	1	0	0	0	0	4	0	0	.167	.348	.091
2006	インディアンズ	45	146	23	43	11	3	3	22	18	46	5	3	.373	.846	.295
2006	2チーム計	49	157	23	44	12	3	3	22	18	50	5	3	.360	.812	.280
2007	インディアンズ	6	17	5	5	0	0	0	5	2	5	0	1	.350	.644	.294
2008	インディアンズ	94	317	68	98	28	3	14	66	44	78	4	3	.397	.946	.309
2009	インディアンズ	156	583	87	175	38	6	20	86	78	151	21	2	.394	.883	.300
2010	インディアンズ	144	550	81	165	31	2	22	90	83	118	22	7	.401	.885	.300
2011	インディアンズ	85	313	37	81	11	3	8	36	36	78	12	5	.344	.733	.259
2012	インディアンズ	155	598	88	169	43	2	16	67	73	150	21	7	.373	.815	.283
2013	レッズ	154	569	107	162	34	2	21	54	112	133	20	11	.423	.885	.285
2014	レンジャーズ	123	455	58	110	19	1	13	40	58	131	3	4	.340	.714	.242
2015	レンジャーズ	149	555	94	153	32	3	22	82	76	147	4	2	.375	.812	.276
2016	レンジャーズ	48	178	27	43	7	0	7	17	25	46	6	3	.357	.756	.242
2017	レンジャーズ	149	544	96	142	20	1	22	78	77	134	12	3	.357	.780	.261
2018	レンジャーズ	146	560	83	148	30	1	21	62	92	156	6	5	.377	.810	.264
2019	レンジャーズ	151	563	93	149	31	2	24	61	78	165	15	1	.371	.826	.265
通算成績		1619	5977	948	1645	336	29	213	767	855	1546	151	53	.377	.826	.275

野手

俊足、好打、好守のショートストップ

ショート

1 エルヴィス・アンドルス Elvis Andrus

32歳｜183cm｜91kg｜右投右打

◆対左投手打率／.275　◆対右投手打率／.275
◆ホーム打率／.280　◆アウェー打率／.270　◆得点圏打率／.262
◆19年のポジション別出場数／ショート＝146、DH＝1
◆④2005⑭ブレーブス　◆⑪ベネズエラ
◆㊓1500万ドル（約16億5000万円）

ミート **3**
パワー **3**
走塁 **4**
守備 **4**
肩 **4**

　昨年7月にアメリカ合衆国の市民権を取得した、ベネズエラ出身のベテラン遊撃手。故障に泣いた2018年とは違い、昨季はハムストリングを痛め10日間のIL入りこそあったものの、計147試合に出場。自身5度目のシーズン30盗塁以上（31個）を記録し、「らしさ」を取り戻した。17年に挙式したコーリー夫人との間に、相次いで2人の子供が誕生。昨季は子供たちが大好きな童謡『ベイビーシャーク』が、打席に向かう際の登場曲に採用されている。

カモ C・ベドローシアン（エンジェルス）.643(14-9)1本　苦手 L・ヘンドリックス（アスレティックス）.059(17-1)0本

年度	所属チーム	試合数	打数	得点	安打	二塁打	三塁打	本塁打	打点	四球	三振	盗塁	盗塁死	出塁率	OPS	打率
2009	レンジャーズ	145	480	72	128	17	8	6	40	47	77	33	6	.329	.702	.267
2010	レンジャーズ	148	588	88	156	15	3	0	35	64	96	32	15	.342	.643	.265
2011	レンジャーズ	150	587	96	164	27	3	5	60	56	74	37	12	.347	.708	.279
2012	レンジャーズ	158	629	85	180	31	9	3	62	57	96	21	10	.349	.727	.286
2013	レンジャーズ	156	620	91	168	17	4	4	67	52	97	42	8	.328	.659	.271
2014	レンジャーズ	157	619	72	163	35	1	2	41	46	96	27	15	.314	.647	.263
2015	レンジャーズ	160	596	69	154	34	2	7	62	46	78	25	9	.309	.667	.258
2016	レンジャーズ	147	506	75	153	31	7	8	69	47	70	24	8	.362	.808	.297
2017	レンジャーズ	158	643	100	191	44	4	20	88	38	101	25	10	.337	.808	.297
2018	レンジャーズ	97	395	53	101	20	3	6	33	28	66	5	3	.308	.675	.256
2019	レンジャーズ	147	600	81	165	27	4	12	72	34	96	31	8	.313	.707	.275
通算成績		1623	6263	882	1723	298	48	73	629	508	947	302	104	.331	.704	.275

才能と粗さを併せ持つ超個性派

セカンド

12 ロウグネッド・オドーア Rougned Odor

26歳｜180cm｜88kg｜右投左打

◆対左投手打率／.236　◆対右投手打率／.190
◆ホーム打率／.211　◆アウェー打率／.199　◆得点圏打率／.274
◆19年のポジション別出場数／セカンド＝137、DH＝3
◆④2011⑭レンジャーズ
◆⑪ベネズエラ　◆㊓900万ドル（約9億9000万円）

ミート **2**
パワー **4**
走塁 **4**
守備 **3**
肩 **4**

　昨季、自身3度目となるシーズン30本塁打に到達した、長打力が武器の二塁手。決勝打となる逆転スリーランを放った9月11日のレイズ戦、グランドスラムを含む計6打点叩き出した9月28日のヤンキース戦など、ここぞの場面で快打を放つ勝負強さも大きな魅力だ。また、遊撃手アンドルスとのコンビで、数多くの華麗なダブルプレーを完成させている守備も、十分に金を取れるものではある。一方、規定打席到達者の中でメジャーワーストとなった2割0分5厘という低打率、やはりリーグワーストとなる178三振、二塁手最多の15失策と、粗さが際立つプレーヤーであることも否定できない。

カモ B・ピーコック（アストロズ）.533(15-8)2本　苦手 C・バシット（アスレティックス）.111(9-1)0本

年度	所属チーム	試合数	打数	得点	安打	二塁打	三塁打	本塁打	打点	四球	三振	盗塁	盗塁死	出塁率	OPS	打率
2014	レンジャーズ	114	386	39	100	14	4	9	48	17	71	4	7	.297	.698	.259
2015	レンジャーズ	120	426	54	111	21	9	16	61	23	79	6	7	.316	.781	.261
2016	レンジャーズ	150	605	89	164	33	4	33	88	19	135	14	7	.296	.798	.271
2017	レンジャーズ	162	607	79	124	21	3	30	75	32	162	15	6	.252	.649	.204
2018	レンジャーズ	129	474	76	120	23	2	18	63	43	127	12	15	.326	.721	.253
2019	レンジャーズ	145	522	77	107	30	1	30	93	52	178	11	9	.283	.721	.205
通算成績		820	3020	414	726	142	26	136	428	186	752	62	48	.293	.733	.240

レンジャーズ

61 ロビンソン・チリノス Robinson Chirinos

レンジャーズに戻ったベテラン捕手　キャッチャー　移籍

36歳｜185cm｜95kg｜右投右打　盗塁阻止率／.211(57-12)
- ◆対左投手打率／.274　◆対右投手打率／.227
- ◆ホーム打率／.273　◆アウェー打率／.205　◆得点圏打率／.224
- ◆19年のポジション別出場数／キャッチャー＝112
- ◆Ⓓ2000㉚カブス　◆田ベネズエラ
- ◆㉛650万ドル(約7億1500万円)

ミート **2**
パワー **4**
走塁 **2**
守備 **3**
肩 **3**

　オフにアストロズからFAとなり、2018年まで6年間在籍したレンジャーズに出戻ったベネズエラ人捕手。1年575万ドルの契約で、2021年は650万ドルで球団がオプションを持つ。規定打席未満ながら、直近3シーズンで17、18、17本塁打を放っている長打力は大きな武器。また、昨季は二塁打、四球ともに自己最多の数字をマークし、強力アストロズ打線の一員として、しっかり機能していた。18年オフに開催された日米野球に、MLB選抜の一員として参加。日本代表の主軸・柳田悠岐の打撃と守備に、高い評価を与えている。

カモ A・ヒーニー(エンジェルス).364(11-4)2本　苦手 B・ピーコック(アストロズ).083(12-1)0本

年度	所属チーム	試合数	打数	得点	安打	二塁打	三塁打	本塁打	打点	四球	三振	盗塁	盗塁死	出塁率	OPS	打率
2011	レイズ	20	55	4	12	2	0	1	5	13	0	0	.283	.592	.218
2013	レンジャーズ	13	28	3	5	3	0	0	0	2	6	0	0	.233	.519	.179
2014	レンジャーズ	93	306	36	73	15	0	13	40	17	71	0	1	.290	.705	.239
2015	レンジャーズ	78	233	33	54	16	1	10	34	28	62	0	0	.325	.762	.232
2016	レンジャーズ	57	147	21	33	11	0	9	20	15	44	0	1	.314	.797	.224
2017	レンジャーズ	88	263	46	67	13	1	17	38	34	79	1	0	.360	.866	.255
2018	レンジャーズ	113	360	48	80	15	1	18	65	45	140	2	0	.338	.757	.222
2019	アストロズ	114	366	57	87	22	1	17	58	51	125	1	2	.347	.790	.238
通算成績		576	1758	248	411	97	4	85	262	197	540	4	4	.329	.767	.234

5 ウィリー・カルフーン Willie Calhoun

長打力を開花させた小柄な左打者　レフト

26歳｜173cm｜84kg｜右投左打
- ◆対左投手打率／.225　◆対右投手打率／.290
- ◆ホーム打率／.268　◆アウェー打率／.270　◆得点圏打率／.250
- ◆19年のポジション別出場数／レフト＝71、DH＝7
- ◆Ⓓ2015④ドジャース　◆田カリフォルニア州
- ◆㉛56万3500ドル(約6200万円)＋α

ミート **3**
パワー **4**
走塁 **2**
守備 **2**
肩 **3**

　昨季21本塁打を放ち、一気に存在感を高めた左打ちの外野手。身長は170センチをわずかに超える程度だが、体幹が強く、打球を遠くへ飛ばすパワーを備えている。2017年7月に、ダルビッシュ有との交換要員の一人としてドジャースから移籍。その1カ月後にメジャーデビューを果たした。昨季はマイナーで開幕を迎え、5月に一度昇格したものの6試合に出場しただけで、再びマイナー降格。だが、6月に再昇格後はレギュラーとして定着し、8、9月だけで14本塁打と結果を残した。そのため今季への期待が高まっている。ウッドワード監督は昨季最も成長した選手として、カルフーンの名をあげている。レフトの守備は「中の下」レベル。今季はDHでの起用が増えるかも。

カモ J・ヴァーランダー(アストロズ).625(8-5)1本　苦手 C・ベドローシアン(エンジェルス).000(6-0)0本

年度	所属チーム	試合数	打数	得点	安打	二塁打	三塁打	本塁打	打点	四球	三振	盗塁	盗塁死	出塁率	OPS	打率
2017	レンジャーズ	13	34	3	9	0	0	1	4	2	7	0	0	.324	.677	.265
2018	レンジャーズ	35	99	8	22	5	0	2	11	6	24	0	0	.269	.602	.222
2019	レンジャーズ	83	309	51	83	14	1	21	48	23	53	0	0	.323	.848	.269
通算成績		131	442	62	114	19	1	24	63	31	84	0	0	.311	.780	.258

通算打率1割台の守備重視型捕手 〔キャッチャー〕

2 ジェフ・マシス Jeff Mathis

37歳/183cm/93kg/右投右打 盗塁阻止率/.138(58-8) 対左.149 対右.161 ホ.184
ア.132 得.200 ド2001①エンジェルス 出フロリダ州 年300万ドル(約3億3000万円)

ミ	1
バ	2
走	1
守	3
肩	3

　昨季がレンジャーズと結んだ2年契約の初年度だったベテランキャッチャー。15シーズンにわたるメジャー生活を通して、「打てないこと」が常態となっており、昨季も244打席で打率1割5分8厘、2本塁打、12打点と、かなり厳しい数字が残った。昨季終了時点でのメジャー通算打率は1割9分5厘。三振も多く、「史上最低打者の一人」という声も上がるのも致し方ないところではある。評価が高かった守備力にも、陰りが見えてきた。長年高いレベルを維持していた盗塁阻止率が、昨季は13.8%まで低下。ショートバウンドの投球に対するブロックの巧みさも、薄れてきている。

年度	所属チーム	試合数	打数	得点	安打	二塁打	三塁打	本塁打	打点	四球	三振	盗塁	盗塁死	出塁率	OPS	打率
2019	レンジャーズ	86	228	17	36	9	0	2	12	15	87	1	0	.209	.433	.158
通算成績		921	2647	249	516	111	7	50	277	200	843	11	8	.254	.552	.195

昨季は伸び悩んだ左の大砲候補 〔ファースト〕

11 ロナルド・グーズマン Ronald Guzman

26歳/196cm/102kg/左投右打 対左.134 対右.249 ホ.220 ア.218 得.288
ド2011外レンジャーズ 出ドミニカ 年56万3500ドル(約6200万円)+α

ミ	2
バ	4
走	2
守	3
肩	2

　恵まれた体格を持つ、ドミニカ出身の若手一塁手。ギャロに続く、左の大砲候補として期待された2年目の昨季だが、開幕早々右ハムストリングを痛め、IL入り。7月にはマイナー降格を味わうなど、満足する結果を残せなかった。とは言え、打率は2割そこそこながら出塁率は3割超えという選球眼の良さ、ヒット56本中30本が長打となったパワーなど、豊かな才能の一端は示している。一昨年8月10日のヤンキース戦では、家族が観戦する前で3本塁打。そのうちの2本は、田中将大から放ったものだった。だが、昨季は田中と5度対決し、ノーヒットに終わっている(3三振)。

年度	所属チーム	試合数	打数	得点	安打	二塁打	三塁打	本塁打	打点	四球	三振	盗塁	盗塁死	出塁率	OPS	打率
2019	レンジャーズ	87	256	34	56	20	0	10	36	32	87	1	2	.308	.723	.219
通算成績		210	643	80	147	38	2	26	94	65	208	2	2	.307	.722	.229

日本人の祖母を持つユーティリティ 〔サード〕

9 アイザイア・カイナーファレーファ Isiah Kiner-Falefa

25歳/178cm/79kg/右投右打 対左.209 対右.252 ホ.248 ア.225 得.242
ド2013④レンジャーズ 出ハワイ州 年56万3500ドル(約6200万円)+α

ミ	2
バ	2
走	3
守	3
肩	4

　昨季はキャッチャーで31試合、サードで23試合に先発出場した、使い勝手に優れたプレーヤー。一昨年はセカンドやショートでも出場し、無難にこなしている。今季はサードを守るフレイジャーのバックアップが主な役回りになりそうだが、チーム状況により、昨季同様マスクをかぶる試合が出てくるかもしれない。打撃面は多くを期待できないが、昨年8月19日のエンジェルス戦では、延長11回裏にサヨナラ内野安打を放ち、喝采を浴びた。ハワイ州オアフ島のホノルル出身。広島で生まれ、ハワイに移住した祖母を持ち、日本、ハワイに加え、サモアの血も引いている。

年度	所属チーム	試合数	打数	得点	安打	二塁打	三塁打	本塁打	打点	四球	三振	盗塁	盗塁死	出塁率	OPS	打率
2019	レンジャーズ	65	202	23	48	12	1	1	21	14	49	3	0	.299	.620	.238
通算成績		176	558	66	141	30	3	5	55	42	111	10	5	.315	.659	.253

対左=対左投手打率　対右=対右投手打率　ホ=ホーム打率　ア=アウェー打率　得=得点圏打率

野手

さらなる打撃面の向上がメジャー定着のカギ

キャッチャー **ルーキー**

56 ホセ・トレヴィーノ *Jose Trevino*

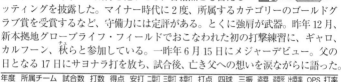

28歳／180cm／95kg／右投右打 盗塁阻止率＝.400(15-6) 対左.333 対右.222 ホ.313
ア.196 得.308 ド2014⑥レンジャーズ 出テキサス州 年56万3500ドル（約6200万円）+α

ミ **2**
パ **2**
走 **2**
守 **4**
肩 **5**

　今季、メジャー定着を狙う捕手。昨季は 3A で開幕を迎え、8 月に入り、ようやくメジャー昇格。先発出場が増えたシーズン終盤は、今季への期待を抱かせる、合格点とも言えるバッティングを披露した。マイナー時代に 2 度、所属するカテゴリーのゴールドグラブ賞を受賞するなど、守備力には定評がある。とくに強肩が武器。昨年 12 月、新本拠地グローブライフ・フィールドでおこなわれた初の打撃練習に、ギャロ、カルフーン、秋らと参加している。一昨年 6 月 15 日にメジャーデビュー。父の日となる 17 日にサヨナラ打を放ち、試合後、亡き父への想いを涙ながらに語った。

年度	所属チーム	試合数	打数	得点	安打	二塁打	三塁打	本塁打	打点	四球	三振	盗塁	盗塁死	出塁率	OPS	打率
2019	レンジャーズ	40	120	18	31	9	0	2	13	3	27	0	0	.272	.655	.258
通算成績		43	128	18	33	9	0	2	16	3	28	0	0	.271	.646	.258

どこまで打撃をアピールできるか注目

セカンド **サード**

15 ニック・ソラック *Nick Solak*

25歳／180cm／86kg／右投右打 対左.319 対右.275 ホ.280 ア.300 得.308
ド2016②ヤンキース 出イリノイ州 年56万3500ドル（約6200万円）+α

ミ **3**
パ **3**
走 **3**
守 **2**
肩 **3**

　昨季は 7 月までレイズ傘下の 3A でプレーし、快調に長打を飛ばしていた。その後、トレードで移籍したレンジャーズ傘下の 3A でも好調は続き、8 月 20 日にメジャー昇格。その日おこなわれたエンジェルスとのダブルヘッター第 1 戦でデビューし、第 2 戦で早速、初本塁打を放っている。パワフルな打撃がウリで、昨季メジャーでは 33 試合の出場ながら 5 本塁打、OPS.884。選球眼もいいので、高い出塁率も期待できる。守備はセカンド、サード、外野を守るが、セカンド以外は不安が残る。今シーズンはセカンドの 2 番手、サードの 3 番手としてスタートすることになりそうだ。

年度	所属チーム	試合数	打数	得点	安打	二塁打	三塁打	本塁打	打点	四球	三振	盗塁	盗塁死	出塁率	OPS	打率
2019	レンジャーズ	33	116	19	34	6	1	5	17	15	29	2	0	.393	.884	.293
通算成績		33	116	19	34	6	1	5	17	15	29	2	0	.393	.884	.293

53 アドリス・ガルシア *Adolis Garcia*

外野手 期待度 **B** **ルーキー** **移籍**

27歳／185cm／82kg／右投右打 ◆昨季は3Aでプレー ド2017㊾カーディナルス 出キューバ州

　一昨年 9 月、カーディナルスでメジャーデビューしたキューバ出身の外野手。昨季は 3A でプレーし、132 試合で打率 2 割 5 分 3 厘、32 本塁打を記録。オフに金銭トレードでレンジャーズへ移籍。2016 年に巨人に入団。1 軍で 7 打数 0 安打、2 軍でも結果を残せず契約解除となり、キューバへ帰国する途中、亡命。

16 スコット・ハイネマン *Scott Heineman*

外野手 ファースト 期待度 **C⁻** **ルーキー**

28歳／185cm／98kg／右投右打 ◆昨季メジャーで25試合出場 ド2015⑪レンジャーズ 出カリフォルニア州

　昨年 8 月 2 日にメジャーデビューした外野手。メジャーでは外野の 3 ポジションとファーストの守備についた。まだまだ粗削りだが、スピード感のあるプレーが身上。選球眼の良さもセールスポイントだ。1 歳上の兄タイラー（捕手）も、昨年 9 月にマーリンズでメジャーデビューを果たしている。

対左＝対左投手打率 対右＝対右投手打率 ホ＝ホーム打率 ア＝アウェー打率 得＝得点圏打率
ド＝ドラフトデータ 出＝出身地 年＝年俸

ロサンジェルス・エンジェルス

◆創　立：1961年
◆本拠地：カリフォルニア州アナハイム市
◆ワールドシリーズ制覇：1回　◆リーグ優勝：1回
◆地区優勝：9回　◆ワイルドカード獲得：1回

主要オーナー　アーティ・モレノ（広告会社アウトドア・システムズ社オーナー）

過去5年成績

年度	勝	負	勝率	ゲーム差	地区順位	ポストシーズン成績
2015	85	77	.525	3.0	③	―
2016	74	88	.457	21.0	④	―
2017	80	82	.494	21.0	②	―
2018	80	82	.494	23.0	④	―
2019	72	90	.444	35.0	④	―

監督 ■ ジョー・マドン *Joe Maddon*

新

◆年　齢…………66歳（ペンシルヴァニア州出身）
◆現役時代の経歴…メジャーでのプレー経験なし（キャッチャー）
◆監督経歴………16シーズン　エンジェルス（1996、99）、デビルレイズ・レイズ（2006〜14）、カブス（2015〜19）
◆通算成績………1252勝1068敗（勝率.581）
最優秀監督賞3回（08、11、15年）

　昨季まではカブスの監督だった、「作戦の発明王」として名高い智将。守備データに基づいた「シフト」を最初にやったのは彼である。9回絶体絶命のピンチに、内野手を5人にして併殺ゴロを狙う作戦は以前からあったが、頻繁にやるようになったのは彼である。基本姿勢は、チームが持つ資源を最大限に活用してどん欲に勝つこと。一人の選手を何人分も働かせることが上手で、これまでベン・ゾブリストのような使い勝手のいい選手を切り札として使ってきた。

注目コーチ ■ ミッキー・キャラウェイ *Mickey Callaway*

　新投手コーチ。45歳。2018年からメッツで監督を務めていたが、昨季終了後、解雇された。それ以前はインディアンズで投手コーチを務め、高い評価を得ていた人物。

編成責任者 ビリー・エプラー *Billy Eppler*

　45歳。昨季開幕前に、最強打者マイク・トラウトとの契約延長に成功。しかし、肝心の投手の補強がうまくいっていない。このオフは、FA野手の目玉・レンドーンを獲得。

スタジアム エンジェル・スタジアム・オブ・アナハイム *Angel Stadium of Anaheim*

◆開場年…………1966年
◆仕　様…………天然芝
◆収容能力………45,517人
◆フェンスの高さ…2.4〜5.5m
◆特　徴…………ライトフェンスが高く、左のプルヒッターには本塁打が出にくい球場。シーズン中は雨がほとんど降らないため、試合が雨で順延になることはまずない。センター後方のスタンドに設置された、巨大な岩山のオブジェが名物だ。

ニュートラルパーク

118　122　113
101　101

Best Order [ベストオーダー]

①トミー・ラステーラ／
　デイヴィッド・フレッチャー……セカンド
②マイク・トラウト……センター
③アンソニー・レンドーン……サード
④大谷翔平……DH
⑤ジャスティン・アプトン……レフト
⑥アルバート・プーホールズ……ファースト
⑦ブライアン・グッドウィン……ライト
⑧アンデルトン・シモンズ……ショート
⑨ジェイソン・カストロ……キャッチャー

Depth Chart [ポジション別選手層・メンバーリスト]

※2020年2月4日時点の候補選手。数字は背番号(開幕前に変更する場合もあり)、右・左等は投・打の順。

センター
27 マイク・トラウト [右・右]
18 ブライアン・グッドウィン [右・左]
21 マイケル・エルモシーヨ [右・右]

レフト
8 ジャスティン・アプトン [右・右]
18 ブライアン・グッドウィン [右・左]
21 マイケル・エルモシーヨ [右・右]

ライト
18 ブライアン・グッドウィン [右・左]
21 マイケル・エルモシーヨ [右・右]

ショート
2 アンデルトン・シモンズ [右・右]
22 デイヴィッド・フレッチャー [右・右]
4 ルイス・レンヒーフォ [右・両]

セカンド
9 トミー・ラステーラ [右・左]
22 デイヴィッド・フレッチャー [右・右]
4 ルイス・レンヒーフォ [右・両]

サード
6 アンソニー・レンドーン [右・右]
22 デイヴィッド・フレッチャー [右・右]
23 マット・タイス [右・右]

ローテーション
17 大谷翔平 [右・左]
28 アンドルー・ヒーニー [左・左]
49 フリオ・テヘラン [右・右]
37 ディラン・バンディ [右・両]
47 グリフィン・キャニング [右・右]
43 パトリック・サンドヴァル [左・左]
64 フェリックス・ペーニャ [右・右]

ファースト
5 アルバート・プーホールズ [右・右]
25 ジャレッド・ウォルシュ [左・左]
23 マット・タイス [右・右]
9 トミー・ラステーラ [右・左]

キャッチャー
15 ジェイソン・カストロ [右・左]
33 マックス・スタッシ [右・右]
48 アンソニー・ベンブーム [右・左]

DH
17 大谷翔平 [右・左]
5 アルバート・プーホールズ [右・右]

ブルペン
57 ハンセル・ロブレス [右・右] CL
31 タイ・バトリー [右・左]
99 キーナン・ミドルトン [右・右]
24 ノエ・ラミレス [右・右]
38 ジャスティン・アンダーソン [右・右]
32 キャム・ベドローシアン [右・右]
39 ルーク・バード [右・右]
ー パーカー・マーケル [右・右]
ー マイク・メイヤーズ [右・右]
68 カイル・ケラー [右・右]
67 テイラー・コール [右・右]
52 ディロン・ピータース [左・右]
51 ハイメ・バリーア [右・右]
54 ホセ・スアレス [左・左]

※CL=クローザー

エンジェルス試合日程……*はアウェーでの開催

3月26・27・28・29	アストロズ*	28・29	マリナーズ*	29・30・31	ヤンキース
31・4月1・2	レンジャーズ*	5月1・2・3	ツインズ*	6月1・2・3	レンジャーズ*
3・4・5	アストロズ	5・6・7	レッドソックス*	4・5・6・7	ツインズ*
6・7・8	アスレティックス	8・9・10	オリオールズ*	9・10	マリナーズ
10・11・12	タイガース*	11・12・13	ナショナルズ	12・13・14	マリナーズ
14・15	マーリンズ*	15・16・17	アスレティックス	15・16・17	アスレティックス*
17・18・19	アストロズ*	18・19・20・21	ロイヤルズ*	18・19・20・21	レンジャーズ
20・21・22	オリオールズ	22・23・24	アスレティックス*	22・23・24	レッドソックス
23・24・25・26	ホワイトソックス	25・26・27	インディアンズ	26・27・28	ブルージェイズ*

226　**球団メモ** 昨年7月1日、それまでチーム最多の7勝をあげていたタイラー・スカッグスが、遠征先のホテルで急死。医療用麻薬の過剰摂取が、死の引き金になったとされている。

■投手力⬈…★★★☆☆【昨年度チーム防御率5.12、リーグ12位】

昨年は投手・大谷翔平が全休。7月には2番手のスカッグスが急死するアクシデントもあった。昨年の先発防御率5.64はリーグのワースト。故障者が異常に多いため、オフの先発投手の補強は耐久性を優先。トレードでテヘランとバンディを獲得した。大谷は4月にマイナーでリハビリ登板をおこなってから復帰するため、大谷を含めた6人ローテーションで回すのは4月下旬になるだろう。大谷とキャニングは3点台の防御率を、ヒーニーとテヘランは4点台前半の防御率を期待できるので、全体で見れば平均レベルのローテーションに見える。ブルペンはロブレスにそろそろ黄信号が点滅しそうだ。

■攻撃力⬈…★★★★☆【昨年度チーム得点769、リーグ7位タイ】

このオフの補強でレンドーンが加入したことは大きなプラスとなっている。昨シーズン不振を極めたアプトンの復調も見込めるので、平均レベルだった得点力は、かなりアップしているように見える。

■守備力➡…★★★⬊☆【昨年度チーム失策数92、リーグ7位】

昨季守備力が低かったのはキャッチャーで、ワイルドピッチを98も出した。これはメジャー30球団で断トツに多い数字。今季正捕手を務めるのは守備力が落ちているカストロなので、大幅に減らすのは無理かもしれない。

■機動力➡…★★⬊☆☆【昨年度チーム盗塁数65、リーグ9位】

オースマス前監督はスモールボールに消極的で、送りバント成功数は4。これはリーグ最少だったが、マドン体制になり、改善の可能性も。

総合評価
★★★⬊☆

最大の補強は名将ジョー・マドンを監督に据えたことだ。ただプーホールスだけでなく、アプトンも不良資産化の兆候が見え、同監督の重い足かせになってきそうだ。5年ぶりに勝ち越すことはできるだろうが、それでも90勝までは届かないだろう。

エンジェルス

IN　主な入団選手

投手
ディラン・バンディ←オリオールズ
フリオ・テヘラン←ブレーブス
マイク・マイヤーズ←カーディナルス
マット・アンドリース←ダイヤモンドバックス
野手
アンソニー・レンドーン←ナショナルズ
ジェイソン・カストロ←ツインズ

OUT　主な退団選手

投手
トレヴァー・ケイヒル➡所属先未定
野手
コール・カルフーン➡ダイヤモンドバックス
ザック・コザート➡所属先未定
ジャスティン・ボーア➡阪神
ケヴァン・スミス➡レイズ

29・30・**7月**1・2 レイズ*	30・31・**8月**1・2 マリナーズ	31・**9月**1・2・3 レンジャーズ
3・4・5 ブレーブス*	3・4 レンジャーズ	4・5・6 ロイヤルズ
6・7・8・9 タイガース	6・7・8・9 マリナーズ*	7・8・9 アストロズ
10・11 ドジャース	10・11・12 ホワイトソックス*	11・12・13 インディアンズ*
14 オールスターゲーム	13・14・15・16 アストロズ	14・15 アストロズ*
17・18・19 フィリーズ*	18・19・20 メッツ	17・18・19・20 アスレティックス*
20・21・22・23 ヤンキース*	21・22・23 レイズ	22・23・24 マリナーズ
24・25・26 レンジャーズ*	25・26 ドジャース*	25・26・27 アスレティックス
27・28・29 ブルージェイズ	28・29・30 マリナーズ*	

球団メモ　昨季の投手成績では、先発防御率のほか、QS数、ワイルドピッチ数、死球数、ボーク数などが、アメリカン・リーグでワーストだった。被本塁打数も15球団中14位。

年間の先発数は22試合前後か　先発

17 大谷翔平
Shohei Ohtani

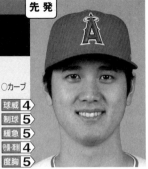

26歳／193cm／95kg／右投左打
- ◆速球のスピード／150キロ台中頃（フォーシーム主体）
- ◆決め球と持ち球／☆スプリッター、◎フォーシーム、◎スライダー、○カーブ
- ◆昨季は登板なし
- ◆ドラフトデータ／2013①北海道日本ハム、2018㉙エンジェルス
- ◆出身地／岩手県
- ◆年俸／56万3500ドル（約6200万円）+α
- ◆新人王（18年）※野手の大谷→236ページ

球威	4
制球	5
緩急	5
守備・牽制	4
度胸	5

　今シーズン、二刀流が復活するベースボールの革命児。大谷がトミー・ジョン手術を受けたのは、2018年10月1日のことだ。その後の回復は順調で、打者としては昨年5月7日に復帰を果たした。今季は投手としても戻ってくることになるが、そのためには、数試合マイナーのゲームに登板しないといけない。エンジェルスはトミー・ジョン手術から復帰する投手に、まずルーキーリーグのチームで1イニング投げさせる。そのあとマイナーの1A＋級のチームに行かせて2試合、短いイニングを投げさせ、問題がなければユタ州にある3Aのチームに送って2、3試合に先発させ、結果が悪くなければメジャー復帰となる。

　大谷も本来はこの手順を踏まないといけないのだが、遠隔地に何日もとどまりながら登板していたのでは、メジャーのゲームにDHとして出場できなくなる。そうした事態を避けるため、エンジェルスのエプラーGMはMLBに働きかけて「ツーウェイ選手（Two-Way Player）は、マイナーのゲームで投げたあと、翌日のメジャーのゲームに打者として出場できる」という特例条項を作ってもらうことに成功。大谷はこの特例の適用第1号となる（詳細は25ページからの特集を参照）。

　大谷のマイナーでのリハビリ登板は早ければ2週間、遅くともひと月ほどで終了し、メジャー復帰となる。その後の使われ方は、一昨年、ソーシア監督がやっていた1週間ごとに先発させ、先発する前日と翌日は休養。それ以外の日は、指名打者として先発出場させるというパターンに近いものになろう。ただマドン新監督は、大谷のケガや疲労に配慮して、DH専任で使うことに違和感を覚えているようで、今季は外野手として起用される機会が増えるかもしれない。4月20日前後に復帰できたと仮定すれば、年間の登板数は22試合前後になり、2ケタ勝利の期待がふくらむ。今シーズンは投打にそのポテンシャルを発揮してくれそうだ。

カモ M・オルソン（アスレティックス）.000(6-0)0本　J・アルトゥーヴェ（アストロズ）.000(5-0)0本
苦手 G・スプリンガー（アストロズ）.800(5-4)1本

年度	所属チーム	勝利	敗戦	防御率	試合数	先発	セーブ	投球イニング	被安打	失点	自責点	被本塁打	与四球	奪三振	WHIP
2018	エンジェルス	4	2	3.31	10	10	0	51.2	38	19	19	6	22	63	1.16
通算成績		4	2	3.31	10	10	0	51.2	38	19	19	6	22	63	1.16

カモ 苦手 は通算成績

エンジェルスがタダで手に入れた「掘り出し物」 クローザー/セットアップ

57 ハンセル・ロブレス Hansel Robles

30歳｜183cm｜100kg｜右投右打

◆速球のスピード／150キロ台中頃〜後半（フォーシーム）
◆決め球と持ち球／☆フォーシーム、◎チェンジアップ、◎シンカー、△スライダー
◆対左.226 ◆対右.217 ◆ホ防2.37 ◆ア防2.60
◆ド2008㊾メッツ ◆出ドミニカ
◆年385万ドル（約4億2350万円）

球威 5
制球 4
緩急 4
守備・牽制 4
度胸 4

今季もクローザーとしてシーズンを迎える右腕。昨季、エンジェルスはコーディ・アレンをクローザーに据えてシーズンに入ったが、4月中旬から連続してセーブ失敗があったため、4月末にロブレスがクローザーに抜擢された。その後は平均球速156.7キロのフォーシームとチェンジアップ、スライダーを高低に投げ分け、ハイペースで三振を奪い、セーブを積み重ねていった。2018年6月にメッツで不用品の烙印を押され、ウェーバーにかけられたところ、エンジェルスが獲得。移籍後は筋トレに励み、速球のスピードが2キロ上昇。それにより変化球の効果も増し、そう簡単には打てない投手になった。

カモ E・ヘルナンデス（ドジャース）.111（9-1）0本　苦手 M・オズーナ（ブレーブス）.545（11-6）0本

年度	所属チーム	勝利	敗戦	防御率	試合数	先発	セーブ	投球イニング	被安打	失点	自責点	被本塁打	与四球	奪三振	WHIP
2015	メッツ	4	3	3.67	57	0	0	54.0	37	27	22	8	18	61	1.02
2016	メッツ	6	4	3.48	68	0	1	77.2	69	32	30	7	36	85	1.35
2017	メッツ	7	5	4.92	46	0	0	56.2	47	31	31	10	29	60	1.34
2018	メッツ	2	2	5.03	46	0	0	19.2	21	11	11	7	10	23	1.58
2018	エンジェルス	0	1	2.97	37	0	2	36.1	32	15	-12	2	15	36	1.29
2018	2チーム計	2	3	3.70	53	0	2	56.0	53	26	23	9	25	59	1.39
2019	エンジェルス	5	1	2.48	71	1	23	72.2	58	20	20	6	16	75	1.02
通算成績		24	16	3.58	295	1	26	317.0	264	136	126	40	124	340	1.22

毎年170イニングを食べてくれる投手 先発 移籍

49 フリオ・テヘラン Julio Teheran

29歳｜188cm｜93kg｜右投右打

◆速球のスピード／140キロ台中頃（シンカー、フォーシーム）
◆決め球と持ち球／☆シンカー、◎フォーシーム、◎チェンジアップ、△スライダー、△カーブ
◆対左.215 ◆対右.239 ◆ホ防3.03 ◆ア防4.57
◆ド2007㊾ブレーブス ◆出コロンビア
◆年900万ドル（約9億9000万円）

球威 3
制球 2
緩急 4
守備・牽制 4
度胸 3

1年900万ドルの契約で入団した技巧派右腕。昨季はブレーブスの開幕投手を務めたが、序盤は制球が定まらずに失点が多かった。しかし6月以降は一発を食わないことに留意し、3点台の防御率をキープしたままシーズンを終えた。エンジェルスがテヘラン獲得に動いたのは①故障リスクが低い、②毎年安定して「中の上」レベルの数字を出せる、③170イニング以上を消化してくれる、といった点を評価したからだ。牽制球の名人だが、最近は一塁走者が警戒して大きなリードを取らなくなり、昨年は1回しか刺せなかった。

カモ D・ラメイヒュー（ヤンキース）.125（24-3）0本　苦手 B・ハーパー（フィリーズ）.404（47-19）9本

年度	所属チーム	勝利	敗戦	防御率	試合数	先発	セーブ	投球イニング	被安打	失点	自責点	被本塁打	与四球	奪三振	WHIP
2011	ブレーブス	1	1	5.03	5	3	0	19.2	21	11	11	4	8	10	1.47
2012	ブレーブス	0	0	5.68	2	1	0	6.1	5	4	4	0	1	5	0.95
2013	ブレーブス	14	8	3.20	30	30	0	185.2	173	69	66	22	45	170	1.17
2014	ブレーブス	14	13	2.89	33	33	0	221.0	188	82	71	22	51	186	1.08
2015	ブレーブス	11	8	4.04	33	33	0	200.2	189	99	90	27	73	171	1.31
2016	ブレーブス	7	10	3.21	30	30	0	188.0	157	70	67	22	41	167	1.05
2017	ブレーブス	11	13	4.49	32	32	0	188.1	186	103	94	31	72	151	1.37
2018	ブレーブス	9	9	3.94	31	31	0	175.2	122	80	77	25	84	162	1.17
2019	ブレーブス	10	11	3.81	33	33	0	174.2	148	81	74	26	83	162	1.32
通算成績		77	73	3.67	229	226	0	1360.0	1189	599	554	176	458	1184	1.21

対左＝対左打者被打率　対右＝対右打者被打率　ホ防＝ホーム防御率　ア防＝アウェー防御率
ド＝ドラフトデータ　出＝出身地　年＝年俸

エンジェルス

投手

スカッグスを偲ぶ会で感動のスピーチ　先発

28 アンドルー・ヒーニー　Andrew Heaney

29歳｜188cm｜91kg｜左投左打

◆速球のスピード／150キロ前後（シンカー主体）
◆決め球と持ち球／◎シンカー、△カーブ、△チェンジアップ
◆対左.321　◆対右.231　◆ホ防4.92　◆ア防4.89
◆ド2012①マーリンズ　◆出オクラホマ州
◆年430万ドル（約4億7300万円）

球威 4
制球 3
緩急 3
守備・牽制 4
度胸 3

　ジェットコースターのように浮き沈みの激しい投手人生を送っているサウスポー。一昨年、トミー・ジョン手術のダメージが消えて完全復活したため、昨年はエース格と見なされ、大勝ちを期待された。だが開幕直前にヒジ痛でIL（故障者リスト）入り。5月26日に復帰後は制球が不安定で最後まで失点の多い状態が続いた。とくに制球に苦しんだのはチェンジアップとカーブで、浮いたところを頻繁に痛打された。投手での活躍はイマイチだったが、昨年7月1日に、同僚の先発投手タイラー・スカッグスがテキサスのホテルで不慮の死を遂げたときは、選手を代表してメディアに真摯に応対。スカッグスを偲ぶ会では、スーツ姿で心にしみるスピーチをおこない、称賛された。

カモ M・カナ（アスレティックス）.091(11-1)1本　苦手 J・アルトゥーヴェ（アストロズ）.400(25-10)1本

年度	所属チーム	勝利	敗戦	防御率	試合数	先発	セーブ	投球イニング	被安打	失点	自責点	被本塁打	与四球	奪三振	WHIP
2014	マーリンズ	0	3	5.83	7	5	0	29.1	32	19	19	6	7	20	1.33
2015	エンジェルス	6	4	3.49	18	18	0	105.2	99	41	41	9	28	78	1.20
2016	エンジェルス	0	0	6.00	1	1	0	6.0	7	4	4	2	0	7	1.17
2017	エンジェルス	1	2	7.06	5	5	0	21.2	27	17	17	12	9	27	1.66
2018	エンジェルス	9	10	4.15	30	30	0	180.0	171	91	83	27	45	180	1.20
2019	エンジェルス	4	6	4.91	18	18	0	95.1	93	53	52	20	30	118	1.29
通算成績		20	26	4.44	79	77	0	438.0	429	225	216	76	119	430	1.25

LAで生まれ育ったUCLAの元エース　先発

47 グリフィン・キャニング　Griffin Canning

24歳｜188cm｜82kg｜右投右打

◆速球のスピード／150キロ台前半（フォーシーム主体）
◆決め球と持ち球／◎カーブ
◆対左.204　◆対右.263　◆ホ防4.12　◆ア防5.30
◆ド2017②エンジェルス　◆出カリフォルニア州
◆年56万3500ドル（約6200万円）+α

球威 4
制球 4
緩急 4
守備・牽制 3
度胸 3

　2年目の今季、エースに成長することを期待されている逸材。昨年4月30日にメジャーデビュー。5月と6月は先発10試合中、2失点以内が6試合あり、防御率も3点台で推移した。だが7月になると制球が不安定になり、2度大量失点後、ヒジ痛でIL入り。このときはすぐ復帰したが、2試合投げたところで再発し、シャットダウンした。全体で見れば、防御率4.58はアメリカン・リーグの先発投手の平均（4.73）より多いいい数値で、2年目に期待を抱かせる結果になった。ヒジ痛は完治しており、今季は開幕からフル回転できる。長所はハイレベルな変化球が2つ（カーブ、スライダー）あること。目標とする投手はドジャースの大エースだったオーレル・ハーシハイザー。そのピッチングをビデオなどで研究し、自分のスキルアップに役立てている。

カモ M・チャップマン（アスレティックス）.125(8-1)0本　苦手 R・ローリアーノ（アスレティックス）.667(6-4)2本

年度	所属チーム	勝利	敗戦	防御率	試合数	先発	セーブ	投球イニング	被安打	失点	自責点	被本塁打	与四球	奪三振	WHIP
2019	エンジェルス	5	6	4.58	18	17	0	90.1	80	46	46	14	30	96	1.22
通算成績		5	6	4.58	18	17	0	90.1	80	46	46	14	30	96	1.22

対左=対左打者被打率　対右=対右打者被打率　ホ防=ホーム防御率　ア防=アウェー防御率
ド=ドラフトデータ　出=出身地　年=年俸　カモ 苦手 は通算成績

230

レッドソックスから移籍して一気に開花 <セットアップ>

31 タイ・バトリー *Ty Buttrey*

27歳 | 198cm | 109kg | 右投左打

◆速球のスピード／150キロ台中頃〜後半（フォーシーム）
◆決め球と持ち球／◎フォーシーム、◎スライダー、△チェンジアップ
◆対左.228　◆対右.263　◆ホ防4.50　◆ア防3.34
◆ド2012④レッドソックス　◆出ノースカロライナ州
◆年56万3500ドル（約6200万円）+α

- 球威 5
- 制球 3
- 緩急 3
- 守備・牽制 3
- 度胸 3

　シーズンを通して活躍できるスタミナが欲しい、セットアッパーとして2年目に入る右腕。開幕からセットアッパーで起用された昨季は、5月末時点で防御率が1.27だった。だが6月以降は失点が増え、立て直せないままシーズンを終えた。フォーシーム6割、スライダー3割、チェンジアップ1割くらいの比率で投げるパワーピッチャーで、フォーシームの平均球速は156.7キロ。スライダーは、プレート付近でタテに急激に変化する威力満点のボールだ。長所は気持ちの切り替えがうまいこと。大事な試合でリリーフに失敗しても、人の意見に耳を傾けるようなことはせず、オレは今のやり方で成功してきたんだからどこも治す必要はないと、いい意味で開き直れるタイプ。

カモ R・オドーア（レンジャーズ）.000（5-0）　苦手 M・チャップマン（アスレティックス）.500（6-3）0本

年度	所属チーム	勝利	敗戦	防御率	試合数	先発	セーブ	投球イニング	被安打	失点	自責点	被本塁打	与四球	奪三振	WHIP
2018	エンゼルス	0	1	3.31	16	0	4	16.1	15	7	6	0	5	20	1.22
2019	エンゼルス	6	7	3.98	72	0	2	72.1	69	34	32	8	23	84	1.27
通算成績		6	8	3.86	88	0	6	88.2	84	41	38	8	28	104	1.26

必殺変化球のルーツは父直伝のスライダー <ミドルリリーフ>

32 キャム・ベドローシアン *Cam Bedrosian*

29歳 | 185cm | 102kg | 右投右打

◆速球のスピード／150キロ前後（フォーシーム主体）
◆決め球と持ち球／☆カーブ（スライダー）、◎フォーシーム
◆対左.172　◆対右.241　◆ホ防2.60　◆ア防3.74
◆ド2010①エンゼルス　◆出ジョージア州
◆年280万ドル（約3億800万円）

- 球威 4
- 制球 3
- 緩急 3
- 守備・牽制 3
- 度胸 2

　1987年にサイ・ヤング賞を受賞した偉大なリリーフ投手スティーブ・ベドローシアンを父に持つリリーフ右腕。速球とカーブ（スライダー）だけで投げる、ツーピッチ・ピッチャーであることに変わりはない。しかし4年前は速球とカーブの比率が7対3だったのが、年を追うごとにカーブの比率が増え、昨年はついに50％を超えた。このカーブは12、13歳の頃、父スティーブから教えてもらったスライダーが土台になっていて、その後、グリップを変えずにリリースのとき、強いひねりを加えて投げてみたところ、現在のようなタテに大きく変化するカーブになった。グリップはスライダーでも、タテに大きく変化する軌道は明らかにカーブなので、本人はカーブと呼んでいる。

カモ M・シミエン（アスレティックス）.143（14-2）1本　苦手 E・アンドルス（レンジャーズ）.643（14-9）1本

年度	所属チーム	勝利	敗戦	防御率	試合数	先発	セーブ	投球イニング	被安打	失点	自責点	被本塁打	与四球	奪三振	WHIP
2014	エンゼルス	0	1	6.52	17	0	0	19.1	23	17	14	2	12	20	1.81
2015	エンゼルス	1	0	5.40	34	0	0	33.1	40	21	20	3	19	34	1.77
2016	エンゼルス	2	0	1.12	45	0	1	40.1	30	7	5	1	14	51	1.09
2017	エンゼルス	6	5	4.43	48	0	6	44.2	41	26	22	5	17	53	1.30
2018	エンゼルス	5	4	3.80	71	0	1	64.0	63	30	27	7	26	57	1.39
2019	エンゼルス	3	3	3.23	59	7	1	61.1	48	30	22	7	22	64	1.14
通算成績		17	13	3.76	274	7	9	263.0	245	131	110	25	110	279	1.35

オリオールズでは味方の援護なく負け越し

先発 移籍

37 ディラン・バンディ *Dylan Bundy*

28歳／185cm／91kg／右投両打　速140キロ台後半(フォーシーム主体)　決◎スライダー
対左.274　対右.239　ド2011①オリオールズ　出オクラホマ州　年500万ドル(約5億5000万円)

球制2
制3
緩4
守2
度4

　エンジェルスが先発の2、3番手で使う目的で、マイナーの4選手と交換でオリオールズから獲得した右腕。球団が魅力を感じたのは①故障リスクが低く計算できる人材、②平均レベルの防御率を出せる実力を保持、③FA権の取得まであと2年あるのでそれまでは割安で使える、といった点だ。昨季のバンディの防御率は、アメリカン・リーグの先発投手の平均値(4.76)に近い4.79だったが、チームの得点力の低さや低レベルな守備に足をすくわれ、7勝14敗と大きく負け越した。得点力が中レベルのエンジェルスでその防御率を出していたら、10勝10敗くらいだったはずだ。

年度	所属チーム	勝利	敗戦	防御率	試合数	先発	セーブ	投球イニング	被安打	失点	自責点	被本塁打	与四球	奪三振	WHIP
2019	オリオールズ	7	14	4.79	30	30	0	161.2	161	95	86	29	58	162	1.35
通算成績		38	45	4.67	127	103	0	614.1	611	345	319	114	208	602	1.33

メキシコ系であることに大きなプライド

ミドルリリーフ

24 ノエ・ラミレス *Noe Ramirez*

31歳／191cm／93kg／右投右打　速140キロ台中盤(フォーシーム主体)　決◎チェンジアップ
対左.212　対右.243　ド2011④レッドソックス　出カリフォルニア州　年90万ドル(約9900万円)

球制2
制4
緩4
守4
度3

　セットアップ、ミドルリリーフ、ロングリリーフ、ピンチの火消し役、モップアップ(敗戦処理)など様々な役回りで起用されている地元産のリリーフ右腕。昨季いちばん注目されたのは、アストロズのマリズニクに故意死球をぶつけ、3試合出場停止になったときだ。ファンはこの故意死球を義挙と称賛した。マリズニクの悪辣な体当たりで鼻骨を骨折した捕手ルクロイに成り代わって報復したことは、誰の目にも明らかだったからだ。7月下旬には感染症にかかり4日間で体重が5キロも減り、球団関係者をあわてさせた。このときは3週間ほどIL入りし、復帰している。

年度	所属チーム	勝利	敗戦	防御率	試合数	先発	セーブ	投球イニング	被安打	失点	自責点	被本塁打	与四球	奪三振	WHIP
2019	エンジェルス	5	4	3.99	51	7	0	67.2	59	30	30	9	20	79	1.17
通算成績		12	10	4.31	163	8	1	190.0	169	99	91	33	70	216	1.26

優秀なイニングイーターになる可能性が大

先発 ミドルリリーフ 移籍

35 マット・アンドリース *Matt Andriese*

31歳／188cm／102kg／右投右打　速150キロ前後(フォーシーム主体)　決◎フォーシーム
対左.228　対右.286　ド2011③パドレス　出カリフォルニア州　年139万ドル(約1億5290万円)

球制3
制3
緩3
守3
度3

　2年間リリーフで投げたあと、エンジェルスへの移籍を機に先発に再挑戦する右腕。キャンプでは先発組に入ってキャニング、サンドヴァルらとローテーションの4、5番手の座を争うことになる。エプラーGMが先発で試してみることにしたのは、ハイレベルな球種がないので目を見張る好投はしないが、一発を食わないため大量失点することもない、優秀なイニングイーターになるという読みがあるからだ。これまでの成績を見ると、先発で投げていた2014～17年は毎年防御率が4点台前半で、三振は少ないが、一発を最小限に抑えて優秀なイニングイーターになっていた。

年度	所属チーム	勝利	敗戦	防御率	試合数	先発	セーブ	投球イニング	被安打	失点	自責点	被本塁打	与四球	奪三振	WHIP
2019	ダイヤモンドバックス	5	5	4.71	54	0	1	70.2	72	37	37	8	27	79	1.40
通算成績		24	30	4.58	167	49	5	428.2	446	232	218	64	123	391	1.33

速=速球のスピード　決=決め球　対左=対左打者被打率　対右=対右打者被打率
ド=ドラフトデータ　出=出身地　年=年俸

99 キーナン・ミドルトン Keynan Middleton

球速が戻ればクローザー返り咲きも可能

セットアップ
クローザー

27歳｜191cm｜98kg｜右投右打｜球150キロ台前半（フォーシーム主体）｜決◎フォーシーム
対左.000｜対右.200｜ド2013③エンジェルス｜田オレゴン州｜年80万ドル（約8800万円）

球3
制1
緩3
守3
度3

　一昨年の5月にトミー・ジョン手術を受けたため、今季が本格的なカムバックイヤーになる豪腕リリーバー。クローザーに指名されて、ひと月も経っていない時期に同手術を受けることになり大いに同情されたが、術後は無念な気持ちを振り払ってリハビリに専念。昨年7月からマイナーでリハビリ登板をやったあと、8月27日にメジャー復帰がかなった。その後7試合に登板したが、平均球速が手術前より3キロ落ちているうえ、ひどい制球難で7回1/3を投げて7個四球を出した。球速の低下と制球難は復帰直後の選手によく見られる現象なので、今季も続く可能性は低い。

年度	所属チーム	勝利	敗戦	防御率	試合数	先発	セーブ	投球イニング	被安打	失点	自責点	被本塁打	与四球	奪三振	WHIP
2019	エンジェルス	0	0	1.17	11	0	0	7.2	4	1	1	0	7	6	1.43
通算成績		6	1	3.23	91	0	9	83.2	78	30	30	12	34	85	1.34

43 パトリック・サンドヴァル Patrick Sandoval

ブルドッグ・メンタリティのホープ

先発
ロングリリーフ

24歳｜191cm｜86kg｜左投左打｜球150キロ前後（フォーシーム主体）｜決◎チェンジアップ
対左.306｜対右.218｜ド2015⑪アストロズ｜田カリフォルニア州｜年56万3500ドル（約6200万円）+α

球3
制2
緩4
守4
度4

　今季はキャンプでキャニング、アンドリースと先発4、5番手の座を争う2年目のサウスポー。昨年は3Aで制球難におちいり、7月末時点の防御率が6点台だった。しかし、8月5日にペーニャがヒザのケガでIL入りして、彼のスポットに入る先発投手を補充する必要が生じ、タナボタでメジャー昇格が決まった。その後はシーズン終了まで先発で投げ、まずまずのピッチングを見せた。闘争心旺盛なブルドッグ・メンタリティの投手。攻めのピッチングが持ち味で、打者を追い込むと定石のチェンジアップやカーブではなく、高めにズドンと速球を叩き込んで豪快に三振を奪う。

年度	所属チーム	勝利	敗戦	防御率	試合数	先発	セーブ	投球イニング	被安打	失点	自責点	被本塁打	与四球	奪三振	WHIP
2019	エンジェルス	0	4	5.03	10	9	0	39.1	35	22	22	6	19	42	1.37
通算成績		0	4	5.03	10	9	0	39.1	35	22	22	6	19	42	1.37

52 ディロン・ピータース Dillon Peters

スリル満点の投球を見せる投げる千両役者

ロングリリーフ
先発

28歳｜180cm｜86kg｜左投左打｜球140キロ台後半（フォーシーム主体）｜決◎カーブ
対左.232｜対右.313｜ド2014⑩マーリンズ｜田インディアナ州｜年56万3500ドル（約6200万円）+α

球2
制3
緩5
守5
度5

　小さな体で大胆なピッチングをするため、見ていて楽しい左腕。マーリンズから移籍して迎えた昨季は3Aでスタート。その後、メジャーに3回ミニ昇格し、7月末の4回目の昇格からローテーション入りしてシーズン終了まで先発で投げた。長所は打者心理を感じ取る能力が高いことと、タイミングを外す技術が高いこと。投手としての特徴は、あえてセオリーの逆を行く豪胆さがあること。昨年8月8日のレッドソックス戦では、速球とカーブを高めにどんどん投げ込む肝っ玉ピッチングで、クリス・セイルと白熱した投げ合いを演じた。今季はリリーフに回る可能性が高い。

年度	所属チーム	勝利	敗戦	防御率	試合数	先発	セーブ	投球イニング	被安打	失点	自責点	被本塁打	与四球	奪三振	WHIP
2019	エンジェルス	4	4	5.38	17	12	0	72.0	85	50	43	18	26	55	1.54
通算成績		7	8	5.70	30	23	0	131.0	151	90	83	25	60	99	1.61

エンジェルス

64 フェリックス・ペーニャ *Felix Pena*

バルクガイ 先発

8勝はすべてオープナーのバルクガイで得たもの

30歳｜188cm｜100kg｜右投右打　球140キロ台後半（シンカー、フォーシーム）　決☆スライダー
対左.260　対右.181　田2009外カブス　田ドミニカ　年56万3500ドル（約6200万円）+α

球**4**
制**3**
緩**3**
守**2**
度**2**

　8月にヒザの前十字靱帯断裂の手術を受けたため、今季は
シーズン中盤に復帰予定の右腕。昨季は、記録上は22試合
に登板し、うち7試合が先発と出ているが、メインの仕事は
オープナーのゲームでリリーフ投手が少し投げたあとに登場し、4〜6イニングを
投げるバルクガイだった。この役目で登板したときは8勝1敗、防御率4.32だっ
たのに対し、通常の先発で投げた7試合は0勝2敗、防御率5.34という冴えない
数字だった。ピッチングは、シンカーとスライダーを両サイドに投げ分け、ゴロを
引っかけさせるのが基本線。スライダーは制球が良くなり、強力な武器になった。

年度	所属チーム	勝利	敗戦	防御率	試合	先発	セーブ	投球イニング	被安打	失点	自責点	被本塁打	与四球	奪三振	WHIP
2019	エンジェルス	8	3	4.58	22	7	0	96.1	80	56	49	16	34	101	1.18
通算成績		12	8	4.49	77	24	1	232.1	207	126	116	37	83	236	1.25

54 ホセ・スアレス *Jose Suarez*

先発 ロングリリーフ

先発で使うにはスタミナがなさすぎ

22歳｜178cm｜102kg｜左投左打　球140キロ台後半（フォーシーム主体）　決○チェンジアップ
対左.202　対右.339　田2014外エンジェルス　田ベネズエラ　年56万3500ドル（約6200万円）+α

球**2**
制**2**
緩**4**
守**4**
度**3**

　昨年6月にメジャーデビューしたが、散々の結果に終わ
った技巧派左腕。球種は速球、チェンジアップ、カーブ。こ
のうちメジャーの打者に通用したのはチェンジアップだけで、
速球は3割3分8厘、カーブは4割5分5厘という高率で打たれた。この2つが
狙い撃ちされたのは、多くの打者が、追い込まれると厄介なチェンジアップが来
るので、その前にカウントをかせぎに来た速球や、間に挟むカーブを叩くのが得
策と考えたからだ。課題はスタミナ。まだ先発の責任を果たすだけのスタミナ
が備わっていないため、先発して5回終了まで投げ切れない試合が6割もあった。

年度	所属チーム	勝利	敗戦	防御率	試合	先発	セーブ	投球イニング	被安打	失点	自責点	被本塁打	与四球	奪三振	WHIP
2019	エンジェルス	2	6	7.11	19	15	0	81.0	100	67	64	23	33	72	1.64
通算成績		2	6	7.11	19	15	0	81.0	100	67	64	23	33	72	1.64

― オリヴァー・オルテガ *Oliver Ortega*

先発 リリーフ　期待度 C　ルーキー

24歳｜183cm｜75kg｜右投右打　◆昨季は1A+、2Aでプレー　田2015外エンジェルス　田ドミニカ

　エンジェルスのマイナーには、投手にめぼしい人材がほとんどいない。しかし、
そんな中にあって奪三振率の高さを注目されているのが、このオルテガだ。ハイ
ペースで三振を奪えるのは、フォーシームとカーブがともにハイレベルで、打者
を追い込むと、この2つをどこに投げれば空振りを誘えるか熟知しているからだ。

― ヘクター・ヤン *Hector Yan*

先発 リリーフ　期待度 C　ルーキー

21歳｜180cm｜82kg｜左投左打　◆昨季は1Aでプレー　田2015外エンジェルス　田ドミニカ

　まだマイナーの1Aより上で投げたことはないが、昨年11月に40人ロスター
ー（出場選手枠）に加えられたサウスポー。目的は、ルール5ドラフトで他球団
から指名されるのを防ぐためだ。武器は打者の手元で大きく変化するカーブ。現
在は先発だが、球団は将来メジャーに上がってリリーフで活躍する人材と見ている。

球=速球のスピード　決=決め球　対左=対左打者被打率　対右=対右打者被打率
田=ドラフトデータ　田=出身地　年=年俸
※メジャー経験がない投手の「先発」「リリーフ」はマイナーでの役割

野手

大谷効果が生んだトラウトのMVP

センター

27 マイク・トラウト
Mike Trout

29歳｜188cm｜107kg｜右投右打

◆対左投手打率／.266(143-38) ◆対右投手打率／.303(327-99)
◆ホーム打率／.284(215-61) ◆アウェー打率／.298(255-76)
◆得点圏打率／.297(91-27)
◆19年のポジション別出場数／センター＝122、DH＝12
◆ドラフトデータ／2009①エンジェルス ◆出身地／ニュージャージー州
◆年俸／3600万ドル(約39億6000万円) ◆MVP3回(14、16、19年)、
打点王1回(14年)、盗塁王1回(12年)、シルバースラッガー賞7回
(12～16、18、19年)、ハンク・アーロン賞2回(14、19年)、新人王(12年)

ミート **4**
パワー **5**
走塁 **5**
守備 **5**
肩 **5**

　昨シーズン、3度目のMVPに輝いた、エンジェルスの看板選手。昨季のMVP争いは、トラウトとブレグマン（アストロズ）の一騎打ちになり、45本塁打104打点のトラウトが、41本塁打112打点のブレグマンを僅差で下して選出された。このトラウトのMVPは、大谷効果で生まれたと言っても過言ではない。

　昨年エンジェルスは、2番打者がトラウトで3番打者が大谷だった。もし3番打者が弱体なら、相手投手はトラウトを歩かせて、3番打者と勝負する。一昨年、エンジェルスで3番に入ることが多かったのは、ジャスティン・アプトンである。アプトンはチャンスに打てないことが多く、得点圏打率は1割9分7厘だった。相手チームはこうしたデータを持っているので、塁に走者が2人いるときでもトラウトを歩かせてアプトンと勝負し、ピンチを切り抜けていた。その結果、トラウトは打点が79に終わった。昨年も、序盤は3番打者に適材を欠いたため、2番打者のトラウトは勝負してもらえないことが多く、本塁打、打点とも、イマイチの数字だった。

　ところが大谷が復帰し、本調子になった6月になると、状況が一変。大谷がすごい勢いで打ち出したので、相手投手はトラウトと勝負せざるを得なくなった。トラウトは言わずと知れたメジャー最強の打者である。ピッチャーがまともに投げてくれれば、ハイペースでアーチを生産できる。6月と7月の2カ月間に、トラウトは本塁打を22本、打点を52叩き出して、本塁打王、打点王レースのトップに躍り出たのだ。残念ながら9月7日に足を痛めてそれ以降出場がなく、本塁打王、打点王争いからは脱落。それでも十分な成績を残していたので、MVPの栄誉を手にすることができた。

エンジェルス

カモ M・ゴンザレス(マリナーズ).429(28-12)2本 S・マナイア(アスレティックス).412(17-7)3本
苦手 J・ヴァーランダー(アストロズ).125(40-5)2本 B・ピーコック(アストロズ).136(22-3)0本

年度	所属チーム	試合数	打数	得点	安打	二塁打	三塁打	本塁打	打点	四球	三振	盗塁	盗塁死	出塁率	OPS	打率
2011	エンジェルス	40	123	20	27	6	0	5	16	9	30	4	0	.281	.672	.220
2012	エンジェルス	139	559	129	182	27	8	30	83	67	139	49	5	.399	.963	.326
2013	エンジェルス	157	589	109	190	39	9	27	97	110	136	33	7	.432	.988	.323
2014	エンジェルス	157	602	115	173	39	9	36	111	83	184	16	2	.377	.939	.287
2015	エンジェルス	159	575	104	172	32	6	41	90	92	158	11	7	.402	.991	.299
2016	エンジェルス	159	549	123	173	32	5	29	100	116	137	30	7	.441	.991	.315
2017	エンジェルス	114	402	92	123	25	3	33	72	94	90	22	4	.442	1.071	.306
2018	エンジェルス	140	471	101	147	24	4	39	79	122	124	24	2	.460	1.088	.312
2019	エンジェルス	134	470	110	137	27	2	45	104	110	120	11	2	.438	1.083	.291
通算成績		1199	4340	903	1324	251	46	285	752	803	1118	200	36	.419	1.000	.305

カモ 苦手 は通算成績

昨シーズン後半のスランプはヒザの不調が原因

DH 外野手

17 大谷翔平
Shohei Ohtani

26歳 | 193cm | 95kg | 右投左打

◆対左投手打率／.282(103-29) ◆対右投手打率／.288(281-81)
◆ホーム打率／.274(179-49) ◆アウェー打率／.298(205-61)
◆得点圏打率／.292(96-28)
◆19年のポジション別出場数／DH=92
◆ドラフトデータ／2013①北海道日本ハム、2018㊾エンゼルス
◆出身地／岩手県
◆年俸／56万3500ドル（約6200万円）＋α
◆新人王(18年) ※投手の大谷→228ページ

ミート **5**
パワー **5**
走塁 **5**
守備 **ー**
肩 **5**

　打者としては3年目に入る二刀流の偉才。打者に専念した昨季は、多くの見せ場を作ったものの、シーズン後半はスランプにおちいり、全体で見れば不満の残るシーズンになった。一昨年10月1日の右ヒジの手術から、復帰がかなったのは昨年5月7日のことだが、エンジン全開になったのは6月になってから。真ん中より外側に来た投球をギリギリまで引きつけてスイングすると、打球はいい角度で上がって、逆方向のスタンドに飛び込んだ。シーズン前半終了時点で本塁打は14本になり、誰もが前年の22本を抜くのは確実だと思った。ところが後半戦になると、同じスイングで打ち、いい角度で上がってもフェンスを越えなくなった。

　原因はヒザの不調にあった。大谷は先天的に膝蓋骨が2つに割れた状態になる二分膝蓋骨で、長い間強い負荷がかかったことで、痛みが生じるようになったのだ。今季の開幕に間に合わせるには、なるべく早く手術を受ける必要がある。大谷は9月12日に手術を受けることを決断し、その前日のゲームを最後にシャットダウンした。

　術後の回復は順調で、今季は開幕からフル回転で行ける見込みだ。では、打者大谷の今季出場試合数は、どれくらいになるのだろう？

　一昨年のように週に1回先発で投げ、その前日と翌日を休養日にするというパターンが採用されると、大谷は週平均3試合に打者として出場することになるので、シーズンの出場数は80試合前後になる。ただ、今季エンゼルスの監督に就任したマドン新監督は、先発日の前後に休養日を設けるのは過保護だと感じているようで、「大谷が先発する日は指名打者でも使うべきだ」と主張している。これが実現すると大谷のワンマンショーになるゲームも出てくるので、日本のファンはテレビにかじりつくことになるだろう。ただ先発するたびに、指名打者もやるのは体力的にかなりきつい。しかし月に一度なら十分可能なので、実現が待ち望まれる。

カモ M・ファイアーズ(アスレティックス).545(11-6)0本　　菊池雄星(マリナーズ).429(7-3)1本
苦手 A・フラド(レンジャーズ).182(11-2)0本　　M・ゴンザレス(マリナーズ).000(7-0)0本

年度	所属チーム	試合数	打数	得点	安打	二塁打	三塁打	本塁打	打点	四球	三振	盗塁	盗塁死	出塁率	OPS	打率
2018	エンゼルス	104	326	59	93	21	2	22	61	37	102	10	4	.361	.925	.285
2019	エンゼルス	106	384	51	110	20	5	18	62	33	110	12	3	.343	.848	.286
通算成績		210	710	110	203	41	7	40	123	70	212	22	7	.351	.883	.286

クラッチヒッターの中のクラッチヒッター サード 移籍

6 アンソニー・レンドーン
Anthony Rendon

30歳｜185cm｜91kg｜右投右打

◆対左投手打率／.316(136-43)　◆対右投手打率／.320(409-131)
◆ホーム打率／.317(271-86)　◆アウェー打率／.321(274-88)
◆得点圏打率／.365(159-58)
◆19年のポジション別出場数／サード=146、セカンド=1
◆ドラフトデータ／2011①ナショナルズ
◆出身地／テキサス州
◆年俸／2550万ドル（約28億500万円）　◆打点王1回（19年）、
シルバースラッガー賞2回(14、19年)、カムバック賞1回(16年)

ミート	5
パワー	5
走塁	3
守備	4
肩	4

エンジェルス

　ナショナルズを出て、7年2億4500万ドルの契約でエンジェルスに来た強打の三塁手。昨季はオフにFAになって長期契約で他球団に移るという進路がハッキリ見えていたため、出だしからヒットを量産。失投をじっくり待てるようになったため、本塁打、二塁打もかつてないペースで出た。とくに注目されたのは勝負強さ。昨季はシーズンを通してチャンスにタイムリーや一発がよく出て、得点圏打率は3割6分5厘。打点は126まで積み上がり、初めて打点王のタイトルを獲得している。また、5年ぶり2度目となるシルバースラッガー賞も受賞した。

　ポストシーズンでの活躍も見事だった。ドジャースとの地区シリーズ第5戦ではカーショウからソロアーチを放って逆転の足がかりを作り、ワールドシリーズの第6戦と7戦では2試合連続で値千金の一発を外野席に叩き込み、筋金入りのクラッチヒッターであることを知らしめた。打者としてのウリは、タイミングの取り方がうまいことと、動体視力がいいため空振りが少ないこと。昨季は守備でも高い評価を受け、ゴールドグラブ賞の最終候補になったが、受賞には至らなかった。

　野球が嫌いな野球選手の代表格で、「野球はあくまでもビジネスと割り切ってやっている」「テレビの野球中継ほど長くて退屈なものはない」と、野球をこき下ろす悪い癖があるため、扱いにくいへそ曲がりと見なされている。以前からオールスターゲームを小馬鹿にしていて、昨年初めて選出され、先輩のジマーマンからも「一回行ったほうがいいぜ。いろんな経験ができるから」と勧められたのに、病気を理由に辞退し、代わりにドジャースのマックス・マンシーがメンバー入りした。

[カモ] N・ピヴェッタ（フィリーズ）.524(21-11)4本　W・マイリー（レッズ）.583(12-7)0本
[苦手] Z・グリンキー（アストロズ）.083(12-1)1本　M・ファイアーズ（アスレティックス）.125(8-1)0本

年度	所属チーム	試合数	打数	得点	安打	二塁打	三塁打	本塁打	打点	四球	三振	盗塁	盗塁死	出塁率	OPS	打率
2013	ナショナルズ	98	351	40	93	23	1	7	35	31	69	1	1	.329	.725	.265
2014	ナショナルズ	153	613	111	176	39	6	21	83	58	104	17	3	.351	.824	.287
2015	ナショナルズ	80	311	43	82	16	0	5	25	36	70	1	2	.344	.707	.264
2016	ナショナルズ	156	567	91	153	38	2	20	85	65	117	12	6	.348	.797	.270
2017	ナショナルズ	147	508	81	153	41	1	25	100	84	82	7	2	.403	.937	.301
2018	ナショナルズ	136	529	88	163	44	2	24	92	55	82	2	1	.374	.909	.308
2019	ナショナルズ	146	545	117	174	44	3	34	126	80	86	5	1	.4121	.010	.319
通算成績		916	3424	571	994	245	15	136	546	409	610	45	16	.369	.859	.290

ケガで3年連続のゴールドグラブはならず ショート

2 アンデルトン・シモンズ *Andrelton Simmons*

31歳 | 188cm | 88kg | 右投右打

◆対左投手打率／.303 ◆対右投手打率／.251
◆ホーム打率／.281 ◆アウェー打率／.245 ◆得点圏打率／.235
◆19年のポジション別出場数／ショート=102、DH=1
◆ド2010②ブレーブス ◆出オランダ領キュラソー島
◆年1500万ドル（約16億5000万円）◆ゴールドグラブ賞4回（13、14、17、18年）

ミート4 パワー2 走塁4 守備5 肩5

6年契約の最終年に入るため、去就が注目されるメジャーきっての守備の達人。昨季は足首の捻挫で2度にわたり計57日間IL入りしたため、打撃守備の両面でやや影の薄い年になった。ゴールドグラブ賞の選考でも最終候補にはなったが、3年連続の受賞はならなかった。ただ、ショートの守備力が目立って落ちているわけではない。昨年はDRS（守備で防いだ失点）が14で、一昨年の21に比べると33%減ったことになるが、2度のIL入りでイニング数も30.4%減っているので、DRSをゲットするペースはほぼ同じだった。

カモ C・デヴェンスキー（アストロズ）.429（14-6）0本　苦手 B・ピーコック（アストロズ）.095（21-2）0本

年度	所属チーム	試合数	打数	得点	安打	二塁打	三塁打	本塁打	打点	四球	三振	盗塁	盗塁死	出塁率	OPS	打率
2012	ブレーブス	49	166	17	48	8	2	3	19	12	21	1	0	.335	.751	.289
2013	ブレーブス	157	606	76	150	27	6	17	59	40	55	6	5	.296	.692	.248
2014	ブレーブス	146	540	44	132	18	4	7	46	32	60	4	3	.286	.617	.244
2015	ブレーブス	147	535	60	144	23	2	4	44	39	48	5	3	.321	.660	.265
2016	エンジェルス	124	448	48	126	22	2	4	44	28	38	10	1	.324	.690	.281
2017	エンジェルス	158	589	77	164	38	2	14	69	47	67	19	6	.331	.752	.278
2018	エンジェルス	146	554	68	162	26	5	11	75	35	44	10	2	.337	.754	.292
2019	エンジェルス	103	398	47	105	19	0	7	40	24	37	10	2	.309	.673	.264
通算成績		1030	3836	437	1029	181	23	67	396	257	370	65	24	.316	.696	.268

自己犠牲をいとわないマドン野球の先兵 ユーティリティ

22 デイヴィッド・フレッチャー *David Fletcher*

26歳 | 175cm | 84kg | 右投右打

◆対左投手打率／.276 ◆対右投手打率／.296
◆ホーム打率／.299 ◆アウェー打率／.282 ◆得点圏打率／.328
◆19年のポジション別出場数／サード=90、セカンド=42、ショート=39、レフト=21、ライト=2
◆ド2015⑥エンジェルス ◆出カリフォルニア州
◆年56万3500ドル（約6200万円）+α

ミート5 パワー2 走塁4 守備4 肩2

二塁手として使ってもスーパーサブとして使っても、トップレベルの働きをする野球巧者。昨季は打撃面で長足の進歩を遂げたが、守備面でも進化し、とくにシモンズと二遊間コンビを組んだときのトス・ワークのうまさが光った。フレッチャーがダイビングキャッチでゴロを止めたあと、寝たままグラブトス。それをシモンズがベースを踏みながら素手でキャッチして一塁に送球し、間一髪アウトというプレーは、曲芸師でもそう簡単にできないプレーだ。ユーティリティとして守備についたセカンド、ショート、サード、レフトの4ポジションでDRSを1つ以上記録していることも特筆に値する。以前から自分よりチームを優先する人間と評価されていたが、レンドーンの入団後、背番号「6」を躊躇なくゆずったことでその評価は揺るぎないものになった。

カモ J・アーキーディ（アストロズ）.714（7-5）0本　苦手 G・コール（ヤンキース）.077（13-1）0本

年度	所属チーム	試合数	打数	得点	安打	二塁打	三塁打	本塁打	打点	四球	三振	盗塁	盗塁死	出塁率	OPS	打率
2018	エンジェルス	80	284	35	78	18	2	1	25	15	34	3	0	.316	.678	.275
2019	エンジェルス	154	596	83	173	30	4	6	49	55	64	8	3	.350	.734	.290
通算成績		234	880	118	251	48	6	7	74	70	98	11	3	.339	.716	.285

新天地でアーチを量産し、脇役から主役に ［セカンド ファースト］

9 トミー・ラステーラ *Tommy La Stella*

31歳｜180cm｜82kg｜右投左打

◆対左投手打率／.265　◆対右投手打率／.306
◆ホーム打率／.284　◆アウェー打率／.307　◆得点圏打率／.250
◆19年のポジション別出場数／セカンド=46、サード=30、ファースト=3、DH=3
◆Ｄ2011⑧ブレーブス　◆囲ニュージャージー州
◆囲325万ドル（約3億5750万円）

ミート	4
パワー	5
走塁	3
守備	3
肩	2

昨年30歳でエンジェルスに来て長距離砲に変身した異色の内野手。一昨年までは、一発は期待できないがライナーで弾き返すのがうまい巧打者というイメージだった。ところが昨年エンジェルスに来ると、早打ちをせず、速球系が甘いコースに来ると狙いすましましたようにフルスイングして外野席に叩き込むようになった。その結果、それまでの5シーズンで10本しか打っていないのに、昨季はわずか3カ月で16本を記録。オールスターにも選出された。ところが両親に晴れ姿を見せられると喜んだ矢先に、自打球を向こうずねに当てて骨折するアクシデントがあり、夢のような時間は突然終わりを迎えた。

[カモ] M・シャーザー（ナショナルズ）.400(10-4)1本　[苦手] L・リン（レンジャーズ）.133(15-2)0本

年度	所属チーム	試合数	打数	得点	安打	二塁打	三塁打	本塁打	打点	四球	三振	盗塁	盗塁死	出塁率	OPS	打率
2014	ブレーブス	93	319	22	80	16	1	1	31	36	40	2	1	.328	.644	.251
2015	カブス	33	67	4	18	6	0	1	11	5	7	2	0	.324	.727	.269
2016	カブス	74	148	17	40	12	1	2	11	18	27	0	1	.357	.763	.270
2017	カブス	73	125	18	36	3	0	5	22	20	18	0	0	.389	.861	.288
2018	カブス	123	169	23	45	8	0	1	19	17	27	0	1	.340	.672	.266
2019	エンジェルス	80	292	49	86	8	0	16	44	30	36	0	0	.346	.832	.295
通算成績		476	1120	133	305	58	2	26	138	116	147	4	3	.345	.743	.272

開幕前日にドタバタで移籍し、大化け ［ライト］

18 ブライアン・グッドウィン *Brian Goodwin*

30歳｜183cm｜91kg｜右投左打

◆対左投手打率／.263　◆対右投手打率／.261
◆ホーム打率／.258　◆アウェー打率／.266　◆得点圏打率／.205
◆19年のポジション別出場数／レフト=68、センター=39、ライト=17、DH=2
◆Ｄ2011①ナショナルズ　◆囲ノースカロライナ州

ミート	4
パワー	4
走塁	4
守備	3
肩	3

昨季開幕直前、欠員が生じたエンジェルスがウェーバー経由で獲得したところ、予期せぬ大活躍を始めた異色の外野手。グッドウィンがロイヤルズからウェーバーにかけられたのは、ライトのレギュラーに予定されていたのに、オープン戦、打率1割1分6厘のド不調で40人枠から外されたからだ。移籍が決まったグッドウィンは開幕前日にチームに合流。早速、足のケガでIL入りしたアプトンに代わってスタメンでレフトに起用されるようになった。地獄の淵からよみがえったグッドウィンは、ヒットを打ちまくって高打率を出し、注目の的になった。今季はカルフーンが抜けたライトにレギュラー格で起用される予定。本塁打25、二塁打35レベルの活躍を期待されている。

[カモ] M・フォルティネヴィッチ（ブレーブス）.462(13-6)2本　[苦手] F・モンタス（アスレティックス）.100(10-1)0本

年度	所属チーム	試合数	打数	得点	安打	二塁打	三塁打	本塁打	打点	四球	三振	盗塁	盗塁死	出塁率	OPS	打率
2016	ナショナルズ	22	42	1	12	4	1	0	5	2	14	0	0	.318	.747	.286
2017	ナショナルズ	74	251	41	63	21	1	13	30	23	69	6	0	.313	.811	.251
2018	ナショナルズ	48	65	9	13	1	0	1	12	10	26	3	1	.321	.674	.200
2018	ロイヤルズ	27	94	11	25	5	0	3	13	6	31	1	1	.317	.732	.266
2018	2チーム計	75	159	20	38	6	0	6	25	16	57	4	2	.318	.708	.239
2019	エンジェルス	136	413	65	108	29	3	17	47	38	129	7	3	.326	.796	.262
通算成績		307	865	127	221	60	5	36	107	79	269	17	5	.320	.782	.255

エンジェルス

衰えと共存する起用法でよみがえる

ファースト DH

5 アルバート・プーホールス Albert Pujols

40歳 | 191cm | 107kg | 右投右打 [対左].261 [対右].236 [ホ].244 [ア].245 [得].294 [F]1999①カーディナルス

◆MVP3回(05.08.09年)、首位打者1回(03年)、本塁打2回(09.10年)、打点王1回(10年)、ゴールドグラブ賞2回(06.10年)、シルバースラッガー賞6回(01.03.04.08.09.10年)、ハンク・アーロン賞2回(03.09年)、ロベルト・クレメンテ賞1回(08年)

	ミ	3
バ	4
走	1
守	2
肩	2

年俸2900万ドル(約31億9000万円)

10年契約の9年目に入る40歳になったスラッガー。昨季は4試合以上の連続出場を避ける無理のない使い方をしてもらったことで打棒がよみがえり、93打点をマークして存在感を示した。ただ復活したとはいえ、OPSはメジャーの一塁手の中で20位に過ぎない。40歳になったことで年齢的な衰えも進むので、今季はメジャーに左打者のウォルシュかラステーラとコンビを組む形で、プラトーンで使われる可能性が高い。通算本塁打は昨季終了時点で656本になったが、ボンズの762本が違法な手段で達成したものであるため、それに関連した特集を組むメディアはほとんどない。

年度	所属チーム	試合数	打数	得点	安打	二塁打	三塁打	本塁打	打点	四球	三振	盗塁	盗塁死	出塁率	OPS	打率
2019	エンジェルス	131	491	55	120	22	0	23	93	43	68	3	0	.305	.734	.244
通算成績		2823	10687	1828	3202	661	16	656	2075	1322	1279	114	41	.379	.927	.300

兄の天敵だったマドンが監督に就任

レフト

8 ジャスティン・アプトン Justin Upton

33歳 | 185cm | 96kg | 右投右打 [対左].133 [対右].248 [ホ].202 [ア].226 [得].258

[F]2005①ダイヤモンドバックス [田]ヴァージニア州 [年]2100万ドル(約23億1000万円)

◆シルバースラッガー賞3回(11.14.17年)

	ミ	2
バ	4
走	3
守	1
肩	4

劣化が深刻な5年契約の3年目に入る外野手。昨季はオープン戦で足の親指を痛め、6月17日からの出場となった。その後は極端な打撃不振にあえぎ、追い込まれてからチェンジアップかスライダーが来るとお手上げで、バットが空を切った。レフトの守備は、守備率が.957でメジャーの左翼手(400イニング以上)でワースト2位、DRS(守備で防いだ失点)-13はワーストタイ。マドン監督は手抜きの多い者や同じ失敗を繰り返す者を嫌う。兄のBJアプトンはそのタイプで、レイズ時代、マドン監督に嫌われて口論になったこともある。それが再現される恐れは大いにある。

年度	所属チーム	試合数	打数	得点	安打	二塁打	三塁打	本塁打	打点	四球	三振	盗塁	盗塁死	出塁率	OPS	打率
2019	エンジェルス	63	219	34	47	8	0	12	40	32	78	1	1	.309	.724	.215
通算成績		1697	6208	989	1651	332	38	298	937	729	1798	147	56	.347	.822	.266

昨年一番の働きは7月29日のサヨナラ弾

サード ファースト

23 マット・タイス Matt Thaiss

25歳 | 183cm | 98kg | 右投左打 [対左].227 [対右].208 [ホ].273 [ア].143 [得].214

[F]2016①エンジェルス [田]ニュージャージー州 [年]56万3500ドル(約6200万円)+α

	ミ	2
バ	4
走	1
守	2
肩	4

昨年7月3日にメジャーデビューし、サードで31試合、ファーストで8試合スタメン出場した内野手。打者としてのウリは、パワーと選球眼を兼ね備えていること。昨季は31本の安打のうち、15本が長打だった。打者としては早打ちせず失投をじっくり待つタイプで、速球系に比較的強い。その一方で変化球への対応力が低く、右投手のチェンジアップ、左投手のスライダーにはとことん苦しめられた。守備は低レベル。守備範囲が狭いうえエラーが多い。サードで使われたときの守備率は.909という低さだった。四角い体型をしていて、大学時代までは捕手がメインだった。

年度	所属チーム	試合数	打数	得点	安打	二塁打	三塁打	本塁打	打点	四球	三振	盗塁	盗塁死	出塁率	OPS	打率
2019	エンジェルス	53	147	17	31	7	0	8	23	17	52	0	0	.293	.714	.211
通算成績		53	147	17	31	7	0	8	23	17	52	0	0	.293	.714	.211

[対左]=対左投手打率 [対右]=対右投手打率 [ホ]=ホーム打率 [ア]=アウェー打率 [得]=得点圏打率 [F]=ドラフトデータ [田]=出身地 [年]=年俸

優秀なサブになりそうなタイプ

4 セカンド／ショート

ルイス・レンヒーフォ Luis Rengifo

23歳｜178cm｜88kg｜右投両打｜対左.223｜対右.246｜得.258｜ア.217｜得.266｜ド2013外マリナーズ｜国ベネズエラ｜年56万3500ドル（約6200万円）+α

ミ 3
パ 2
走 3
守 4
肩 3

　昨年4月25日にメジャーデビューし、シーズン中盤以降は連日セカンドのスタメンで使われたスイッチヒッターの二塁手。打者としては、広角にライナーや強いゴロを弾き返すタイプ。まだメジャーの投手の変化球にうまく対応できないため打率が低いが、選球眼がいいため四球が多く、出塁率（3割2分1厘）はメジャー平均（3割2分3厘）と同レベルだ。セカンドの守備は、球場が沸くようなスーパープレーは少ないが、グラブさばきがうまく、エラーが少ない。今後はメジャーでサブとして使われることが多くなるので、スモールボールのスキルをもっと高める必要がある。

年度	所属チーム	試合数	打数	得点	安打	二塁打	三塁打	本塁打	打点	四球	三振	盗塁	盗塁死	出塁率	OPS	打率
2019	エンゼルス	108	357	44	85	18	3	7	33	40	93	2	5	.321	.685	.238
通算成績		108	357	44	85	18	3	7	33	40	93	2	5	.321	.685	.238

リーダーの資質を備えたインテリ捕手

15 キャッチャー 移籍

ジェイソン・カストロ Jason Castro

33歳｜191cm｜98kg｜右投左打｜盗塁阻止率.171(35-6)｜対左.125｜対右.254｜得.235｜ア.230｜得.200｜ド2008①アストロズ｜国カリフォルニア州｜年685万ドル（約7億5350万円）

ミ 2
パ 4
走 2
守 3
肩 3

　1年685万ドルの契約で入団したベテラン・キャッチャー。今季、エンゼルスで正捕手を務める。昨季はツインズでプレーしたが、長打力のある捕手ミッチ・ガーヴァーの台頭により出場機会が減り、先発出場は72試合にとどまった。それでもバットで存在感を示し、限られた打数で13本塁打を記録した。守備はイマイチ。盗塁阻止率は17.3%（35-6）で、ギリギリ平均レベルだったが、ワイルドピッチを出す頻度が高く、捕手防御率もライバルのガーヴァーより0.63も悪かった。それでもトミー・ジョン手術明けのピネダとは相性が良く、好投を引き出して復活を助けた。

年度	所属チーム	試合数	打数	得点	安打	二塁打	三塁打	本塁打	打点	四球	三振	盗塁	盗塁死	出塁率	OPS	打率
2019	ツインズ	79	237	39	55	9	0	13	30	33	88	0	0	.332	.767	.232
通算成績		825	2674	332	619	148	9	86	292	302	843	5	2	.313	.703	.231

昨年3Aで36本塁打を記録した二刀流

25 ファースト／ピッチャー ルーキー

ジャレッド・ウォルシュ Jared Walsh

27歳｜183cm｜95kg｜左投左打｜対左.250｜対右.197｜得.171｜ア.237｜得.273｜ド2015㊴エンゼルス｜国ジョージア州｜年56万3500ドル（約6200万円）+α

ミ 4
パ 4
走 2
守 3
肩 5

　昨年5月15日にメジャーデビューした、野手と投手を兼ねるツーウェイ・プレーヤーの第2号。昨季は計5回メジャーに呼ばれたが、フォーシームを打ちあぐねて低レベルな数字しか出せなかった。しかし3Aでは96試合で36本塁打をマーク。これほど打つと飼い殺しにすることは許されないので、球団はトレードに出してピッチャーと交換するか、開幕からメジャーに置いてプラトーンでファーストかライトで使うか、決断しないといけない状況になっている。二刀流選手だがピッチャーのほうはモップアップ（敗戦処理）要員として役に立つという程度で、過剰評価は禁物。

年度	所属チーム	試合数	打数	得点	安打	二塁打	三塁打	本塁打	打点	四球	三振	盗塁	盗塁死	出塁率	OPS	打率
2019	エンゼルス	31	79	6	16	5	1	1	5	6	35	0	0	.276	.605	.203
通算成績		31	79	6	16	5	1	1	5	6	35	0	0	.276	.605	.203

エンゼルス

4年ぶりにジェイソン・カストロと正副コンビ

33 マックス・スタッシ *Max Stassi*

29歳｜178cm｜91kg｜右投右打　盗塁阻止率／.138(29-4)　対左.028　対右.177　ホ.136　ア.137　得.071　ド2009④アスレティックス　出カリフォルニア州　年80万ドル(約8800万円)

ミ2
バ4
走2
肩2

バックアップ捕手を務める。昨夏7月末にアストロズから移籍したキャッチャー。若い投手の力を引き出すことに長けた捕手との評価を得ている。ただ、バッティングは期待できない。今季、正捕手を務めるジェイソン・カストロとは、アストロズ時代にも正副の捕手としてコンビを組んでいた気心の知れた仲だ。父ジムはプロ経験のある元捕手で、ジャイアンツのマイナーでプレーしたあと、母校ユバ高校の野球チーム監督を長い間、務めた。スタッシーもユバ高校で父に鍛えられ、優秀な捕手に成長。高校の最終学年には、全米の高校生捕手ランキングの1位になっている。

年度	所属チーム	試合数	打数	得点	安打	二塁打	三塁打	本塁打	打点	四球	三振	盗塁	盗塁死	出塁率	OPS	打率
2019	アストロズ	31	90	4	15	1	0	1	3	7	34	0	0	.235	.446	.167
2019	エンジェルス	20	42	3	3	0	0	0	2	5	15	0	0	.163	.235	.071
2019	2チーム計	51	132	7	18	1	0	1	5	12	49	0	0	.211	.378	.136
通算成績		183	432	47	88	17	0	12	43	42	145	0	0	.285	.611	.204

9度目の正直でメジャーに定着できるか

21 マイケル・エルモシーヨ *Michael Hermosillo*

25歳｜183cm｜93kg｜右投右打　対左.000　対右.172　ホ.059　ア.211　得.111　ド2013㉘エンジェルス　出アリゾナ州　年56万3500ドル(約6200万円)+α

ミ1
バ3
走4
守4
肩5

2018年5月以降、メジャーでプレーする機会を8回与えられたが、いずれも問題外の結果に終わった外野手。それでも今季はライトの2番手に位置づけられており、球団は望みを捨てていない。これはエンジェルスのマイナーに、メジャーの即戦力になりそうな人材が払底しているのが原因。昨季は打率が無残な数字になったが、出塁率は少し上がった。早打ちしなくなったことで四球が少し増えたからだ。しかし追い込まれるケースも格段に増えたため、三振に倒れる比率があきれるほど多くなった。守備はハイレベル。強肩なうえ、落下点に最短の軌道で入るケースが多い。

年度	所属チーム	試合数	打数	得点	安打	二塁打	三塁打	本塁打	打点	四球	三振	盗塁	盗塁死	出塁率	OPS	打率
2019	エンジェルス	18	36	7	5	1	0	0	3	5	19	2	0	.304	.527	.139
通算成績		49	93	14	17	5	1	1	4	8	36	2	1	.287	.577	.183

ー ジョー・アデル *Jo Adell*

21歳｜191cm｜98kg｜右投右打　◆昨季は1A+、2A、3Aでプレー　ド2017①エンジェルス　出ケンタッキー州

エンジェルスはディポート前GMの時代にマイナーの育成力が低下し、自前で育てた主砲級の打者が出なくなって久しい。その状態を終わらせる逸材と期待されている外野手のホープだ。パワーとスピードはトップレベル。ただ選球眼がイマイチで、空振りが多い。守備はオールラウンドに能力が高い。

ー ブランドン・マーシュ *Brandon Marsh*

23歳｜193cm｜98kg｜右投左打　◆昨季は2Aでプレー　ド2016②エンジェルス　出ジョージア州

メジャーで活躍できる要素を幾つも備えた成長株。打者としてのウリは選球眼とスピード。昨季は2Aで3割8分3厘という高出塁率を記録。スイングも安定し、打率も3割ちょうどだった。守備は外野の全ポジションに対応できるが、センターで使うのが最適。強肩で守備範囲が広く、球際にも強い。

対左=対左投手打率　対右=対右投手打率　ホ=ホーム打率　ア=アウェー打率　得=得点圏打率
ド=ドラフトデータ　出=出身地　年=年俸

シアトル・マリナーズ

◆創　立：1977年
◆本拠地：ワシントン州シアトル市
◆ワールドシリーズ制覇：0回／◆リーグ優勝：0回
◆地区優勝：3回／◆ワイルドカード獲得：1回

主要オーナー　ジョン・スタントン（投資グループ代表）

過去5年成績

年度	勝	負	勝率	ゲーム差	地区順位	ポストシーズン成績
2015	76	86	.469	12.0	④	—
2016	86	76	.531	9.0	②	—
2017	78	84	.481	23.0	③(同率)	—
2018	89	73	.549	14.0	③	—
2019	**68**	**94**	**.420**	**39.0**	**⑤**	**—**

監　督　**29 スコット・サーヴィス** *Scott Servais*

◆年　齢…………53歳（ウィスコンシン州出身）
◆現役時代の経歴…11シーズン
（キャッチャー）　アストロズ（1991〜95）、カブス（1995〜98）、
　　　　　　　　　ジャイアンツ（1999〜2000）、
　　　　　　　　　ロッキーズ（2000）、アストロズ（2001）
◆現役通算成績……820試合　.245　63本　319打点
◆監督経歴…………4シーズン　マリナーズ（2016〜）
◆通算成績…………321勝327敗（勝率.495）

　データ分析に長けた理論派監督。昨季は期待外れの成績に終わった菊池雄星を非難するメディアも多かったが、サーヴィスはシーズン終了後、「今年は学びのシーズン。彼はがんばっている」と菊池をかばう姿勢を見せた。現役時代は捕手。現マリナーズGMのディポートとロッキーズで一緒だったことがある。また引退後、エンジェルスのGMだったディポートの下で、GM補佐を務めたこともある。1988年、ソウルオリンピックに米国代表で出場し、金メダルを獲得。

注目コーチ　**32 ピート・ウッドワース** *Pete Woodworth*

　新投手コーチ。32歳。昨季、2Aのチームで投手コーチを務め、リーグの最優秀コーチ賞を受賞。若手たちを急成長させた手腕を球団に評価され、大抜擢となった。

編成責任者　**ジェリー・ディポート** *Jerry Dipoto*

　52歳。積極的にトレードや補強をおこなっているが、結果が出ていない。元メジャーのリリーフ投手。吉井理人（現千葉ロッテ投手コーチ）はロッキーズ時代の同僚。

スタジアム　**T-モバイル・パーク** *T-Mobile Park*

◆開場年…………1999年
◆仕　様…………天然芝、開閉式屋根付き
◆収容能力………47,929人
◆フェンスの高さ…2.4m
◆特　徴…………球場のサイズ、球場に吹き込む
　　風などが、投手に有利な条件を作り出している。
　　とくにシーズン序盤は、湿気を含んだ空気の影
　　響でボールが飛びにくい。投手に有利な球場だが、
　　昨季の菊池雄星のホーム防御率は5.73だった。

ピッチャーズ
パーク

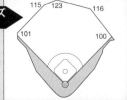

Best Order [ベストオーダー]

①マレックス・スミス……センター		⑥ダニエル・ヴォーグルバック……DH	
②シェド・ロング・ジュニア……セカンド		⑦カイル・ルイス……レフト	
③カイル・シーガー……サード		⑧J.P.クロフォード……ショート	
④エヴァン・ホワイト……ファースト		⑨ジェイク・フレイリー……ライト	
⑤トム・マーフィー……キャッチャー			

Depth Chart [ポジション別選手層・メンバーリスト]

※2020年2月4日時点の候補選手。数字は背番号(開幕前に変更する場合もあり)、右・左等は投・打の順。

センター
0 マレックス・スミス [右・左]
8 ジェイク・フレイリー [左・左]
5 ブレイデン・ビショップ [右・右]

レフト
1 カイル・ルイス [右・右]
8 ジェイク・フレイリー [左・左]
5 ブレイデン・ビショップ [右・右]
10 ティム・ロペス [右・右]

ライト
8 ジェイク・フレイリー [左・左]
5 ブレイデン・ビショップ [右・右]
25 ディラン・ムーア [右・右]
17 ミッチ・ハニガー [右・右]

ショート
3 J.P.クロフォード [右・左]
9 ディー・ゴードン [右・左]
25 ディラン・ムーア [右・右]

セカンド
4 シェド・ロング・ジュニア [右・左]
9 ディー・ゴードン [右・左]
25 ディラン・ムーア [右・右]

ローテーション
7 マルコ・ゴンザレス [左・双]
18 菊池雄星 [左・左]
49 ケンドール・グレイブマン [右・右]
ジャスタス・シェフィールド [右・左]
35 ジャスティン・ダン [右・右]
36 ネスター・コルテス [左・右]

サード
15 カイル・シーガー [右・右]
22 パトリック・ウィズダム [右・右]
25 ディラン・ムーア [右・右]
10 ティム・ロペス [右・右]

ファースト
12 エヴァン・ホワイト [左・右]
22 パトリック・ウィズダム [右・右]
20 ダニエル・ヴォーグルバック [右・左]
23 オースティン・ノーラ [右・右]

キャッチャー
2 トム・マーフィー [右・右]
23 オースティン・ノーラ [右・右]

DH
20 ダニエル・ヴォーグルバック [右・左]

ブルペン

61 マット・マギール [右・右] CL
— 平野佳寿 [右・右]
26 サム・トゥイヴァイララ [右・右]
50 エリック・スワンソン [右・右]
16 カール・エドワーズ・ジュニア [右・右]

65 ブランドン・ブレナン [右・右]
53 ダン・アルタヴィラ [右・右]
37 ザック・グロッツ [右・右]
45 テイラー・ギルボー [左・左]
43 アート・ウォーレン [右・右]

36 レジー・マクレーン [右・右]
97 マット・フェスタ [右・右]
46 ヘルソン・バウティスタ [右・右]
62 フィリップス・ヴァルデス [右・右]

※ CL=クローザー

マリナーズ試合日程……＊はアウェーでの開催

3月26·27·28·29 レンジャーズ	28·29 エンジェルス	29·30·31 ブレーブス
30·31·4月1 ツインズ	30·5月1·2·3 アストロズ	6月1·2·3 ヤンキース
2·4·5 ロイヤルズ＊	4·5·6 アスレティックス＊	5·6·7 マーリンズ＊
6·7·8 ホワイトソックス＊	7·8·9·10 アストロズ＊	9·10·11 ブルージェイズ＊
9·10·11·12 レッドソックス	12·13·14 アスレティックス	12·13·14 エンジェルス＊
13·14 ナショナルズ	15·16·17 タイガース	16·17 アストロズ
16·17·18·19 アスレティックス＊	19·20 ナショナルズ＊	18·19·20·21 ロイヤルズ
20·21·22·23 ツインズ＊	22·23·24·25 ヤンキース＊	22·23·24 レンジャーズ
24·25·26 レンジャーズ＊	26·27·28 タイガース＊	26·27·28 レンジャーズ

球団メモ 昨年、東京ドームでの開幕2連戦後、イチローが引退。メジャー実働19年で、通算打率は3割1分1厘。3089安打はMLB歴代23位。2001年にMVPと新人王を受賞。

■**投手力**➡…★★⯪★★【昨年度チーム防御率4.99、リーグ10位】

　先発防御率が5.30だったローテーションは、グレイヴマンが加わっただけで目立った補強はしていない。菊池雄星は学習能力が高いので、今季はメジャー流の投手起用にアジャストできるだろう。若手は成長待ちといったところだが、順調に育っているとは思えない。ブルペンは平野佳寿が加入し、オープン戦の出来次第ではあるがクローザーに起用される可能性が出てきた。

■**攻撃力**⬇…★★★★★【昨年度チーム得点758、リーグ10位】

　昨季のチーム打率は、リーグ平均を大きく下回る2割3分7厘。無能の極致と言っていいGMが、いじりまわしているうちに、見るも無残な打線になってしまった。とくにひどいのは、マイナーから上がってくる若手のレベルの低さだ。マリナーズはマイナーの人的資源が枯渇しているとしか思えない。

■**守備力**➡…★⯪★★★【昨年度チーム失策数132、リーグ15位】

　守備力を度外視した補強の結果、マリナーズはエラー数が、メジャーワーストの132もあった。守備範囲の広さにも問題があるため、DRS（守備で防いだ失点）-86はメジャー30球団中ワースト3位で、拙守が投手の足を引っ張り続けた。好材料は昨年バックアップだったマーフィーが正捕手になることだ。盗塁阻止率が抜群に高いうえ、ボールブロックもうまい。

■**機動力**➡…★★★⯪★【昨年度チーム盗塁数115、リーグ3位】

　昨季のチーム盗塁数115はリーグで3位だが、成功率は平均レベル。スミスが46盗塁を一人でかせぎ、チームではイチロー以来の盗塁王になった。

総合評価 ★★★★★

　マリナーズの惨状にアメリカの主要メディアも気がつき、GMを交代させるべきだと主張し始めた。サーヴィス監督は、トータルでは有能な部類に入るが、この3Aの打線と勘違いしそうな貧弱なオーダーでは、65勝できればいいほうだろう。

IN 主な入団選手	OUT 主な退団選手
投手	投手
平野佳寿 ←ダイヤモンドバックス	アンソニー・バース ➡ブルージェイズ
ケンドール・グレイヴマン ←カブス	フェリックス・ヘルナンデス ➡ブレーブス
カール・エドワーズ・ジュニア ←パドレス	野手
ニック・マーガヴァジェス ←パドレス	ドミンゴ・サンタナ ➡所属先未定
ネスター・コルテス ←ヤンキース	オマー・ナルヴァエズ ➡ブリュワーズ
野手	ライオン・ヒーリー ➡ブリュワーズ
とくになし	

マリナーズ

29・30・**7**月1	レッドソックス＊	30・31・**8**月1・2	エンジェルス＊	**9**月1・2	パドレス＊
3・4・5	フィリーズ＊	3・4	アスレティックス＊	4・5・6	アストロズ＊
6・7・8	オリオールズ＊	6・7・8・9	エンジェルス	7・8・9・10	レンジャーズ＊
9・10・11・12	アスレティックス＊	10・11・12	アストロズ	11・12・13	アスレティックス
14	オールスターゲーム	14・15・16	インディアンズ＊	14・15	パドレス
17・18・19	メッツ＊	17・18・19	アストロズ＊	17・18・19・20	インディアンズ
20・21・22	オリオールズ＊	20・21・22・23	ホワイトソックス＊	22・23・24	エンジェルス
24・25・26	ブルージェイズ	24・25・26	レイズ	25・26・27	レンジャーズ＊
28・29	レンジャーズ＊	28・29・30	エンジェルス		

球団メモ 昨季は開幕から13勝2敗と好スタートを切ったが、その後6連敗。さらに5月は、7勝21敗と大きく負け越し。以降も毎月負け越して、7年ぶりの地区最下位に沈んだ。

245

巻き返しを狙う、志の大きい求道者　先 発

18 菊池雄星
Yusei Kikuchi

29歳｜183cm｜88kg｜左投左打

◆速球のスピード／150キロ前後（フォーシーム主体）
◆決め球と持ち球／◎スプリッター、○スライダー、△フォーシーム、△カーブ
◆対左打者被打率／.263　◆対右打者被打率／.304
◆ホーム防御率／5.73　◆アウェー防御率／5.21
◆ドラフトデータ／2010①埼玉西武、2019㊺マリナーズ
◆出身地／岩手県
◆年俸／1400万ドル（約15億4000万円）

球威 4
制球 3
緩急 2
精神・潜在 3
度胸 3

　課題山積の状態で2年目を迎えるサウスポー。昨シーズンは結果から見れば、惨敗の年となったが、5月中旬までは、日本人投手の中で菊池が一番いいピッチングをしていた。5月20日時点でQS7はアメリカン・リーグの4位タイ、WHIPはトップ10、防御率と被打率もトップ20に入っていた。5月19日までの球種別被打率は、フォーシームが2割8分9厘、スライダーが1割5分2厘、カーブが1割9分4厘、スプリッター＆チェンジアップが1割4分3厘で、変化球がよく機能していた。

　問題はそれ以降のピッチングだ。5月25日の登板から3試合連続で4回途中にノックアウトされ、5月19日時点で3.43だった防御率が4.99に跳ね上がった。その後はしばしば好投したが、2試合続くことがないため防御率がズルズル悪化して、シーズン後半はずっと5点台で推移した。5月25日以降の球種別の被打率は、フォーシームが3割5分1厘、スライダーが3割0分7厘、カーブが4割8分7厘、スプリッター＆チェンジアップが2割0分8厘となっており、カーブは右打者に5割1分6厘（31打数16安打）という高率で打たれていた。

　今季の一番の課題は、シーズンを通してスタミナをどう維持するかということだ。実力は十分あるのに、昨季はそれを5月中旬までしか発揮できなかった。日本人投手のメジャー1年目は春先からフル回転になるので、シーズン中盤に疲労がピークに達して失点が多くなるが、昨季の菊池はそうなるのが早過ぎた。被本塁打36はアメリカン・リーグのワースト2位タイ、被本塁打率2.00（9イニング当たりの被本塁打）はワーストだった。本塁打を10本減らすことができれば、防御率は昨年のリーグの先発投手の平均防御率（4.76）くらいになる。それにはツーシーム系、カッター系を導入するなどして、フライ打球率を減らすことが不可欠である。

カモ M・ブラントリー（アストロズ）.000(8-0)0本　C・クローン（タイガース）.000(6-0)0本
苦手 G・スプリンガー（アストロズ）.667(9-6)0本　A・プーホールス（エンジェルス）.455(11-5)1本

年度	所属チーム	勝利	敗戦	防御率	試合数	先発	セーブ	投球イニング	被安打	失点	自責点	被本塁打	与四球	奪三振	WHIP
2019	マリナーズ	6	11	5.46	32	32	0	161.2	195	109	98	36	50	116	1.52
通算成績		6	11	5.46	32	32	0	161.2	195	109	98	36	50	116	1.52

第2のモイヤーへの道を歩み始めた頭脳派 　先 発

7 マルコ・ゴンザレス
Marco Gonzales

28歳｜185cm｜88kg｜左投左打

◆速球のスピード／140キロ台中頃（ツーシーム、フォーシーム）
◆決め球と持ち球／◎チェンジアップ、◎ツーシーム、
○フォーシーム、○カッター、△カーブ
◆対左打者被打率／.302　◆対右打者被打率／.251
◆ホーム防御率／3.98　◆アウェー防御率／4.00
◆ドラフトデータ／2013①カーディナルス
◆出身地／コロラド州
◆年俸／100万ドル（約1億1000万円）

球威	2
制球	5
緩急	5
守備・牽制	5
度胸	4

マリナーズ

どん底状態のマリナーズにあって、孤軍奮闘しているサウスポーのエース。昨季はエースの条件である3点台の防御率と200イニングをクリアし、キャリアハイの16勝をマークした。典型的な打たせて取るタイプで、よく称賛されるのは、見せ球の使い方がうまいことだ。チェンジアップを低めに投げ込む前に、フォーシームを高めに見せて打者の目線を狂わすこともあれば、同じスピードで逆に曲がるカーブを使うこともあり、一筋縄ではいかないピッチングを見せる。長所は失点しても、次のイニングに引きずらないこと。これは1つのイニングをミニゲームと考え、打たれようが打たれまいが、イニングの終了とともにゲームセットになったと思うようメンタルトレーニングをしているからだ。

決め球のチェンジアップは8歳のとき、マイナーの投手コーチである父フランクから教わったもので、はじめにスリーフィンガーチェンジを教わり、次のサークルチェンジを伝授された。カーブも父から教わったが、家が空気抵抗が弱いコロラドの標高1600メートルの高地にあったため曲がりが悪く、大学に入ってから覚え直した。

地元でたいへん人気があるのは大学時代、マリナーズの勢力圏である、スポーケイン（ワシントン州第2の都市）のゴンザガ大学でプレーしていたからだ。スポーケインの地元紙は、ゴンザレスを地元のヒーローとして扱っており、登板した翌日の紙面には長い記事が必ず出る。

母ジーナさんの実家であるディドナート家がイタリア系のため、以前からイタリア旅行を計画していたが、オフに実現。モニカ夫人と観光地を巡っただけでなく、親戚も訪ねて父祖の地に来たという充実感に浸った。

カモ	G・スプリンガー（アストロズ）.000（9-0）0本　A・プーホールス（エンジェルス）.138（29-4）1本
苦手	M・トラウト（エンジェルス）.429（28-12）2本　M・チャップマン（アスレティックス）.462（26-12）1本

年度	所属チーム	勝利	敗戦	防御率	試合数	先発	セーブ	投球イニング	被安打	失点	自責点	被本塁打	与四球	奪三振	WHIP
2014	カーディナルス	4	2	4.15	10	5	0	34.2	32	16	16	4	21	31	1.53
2015	カーディナルス	0	0	13.50	1	1	0	2.2	7	4	4	1	1	3	3.00
2017	カーディナルス	0	0	13.50	1	1	0	3.1	6	5	5	3	0	2	1.80
2017	マリナーズ	1	1	5.40	10	7	0	36.2	53	22	22	5	11	30	1.75
2017	2チーム計	1	1	6.08	11	8	0	40.0	59	27	27	8	11	32	1.75
2018	マリナーズ	13	9	4.00	29	29	0	166.2	172	76	74	17	32	145	1.22
2019	マリナーズ	16	13	3.99	34	34	0	203.0	210	106	90	23	56	147	1.31
通算成績		34	25	4.25	85	77	0	447.0	480	229	211	53	121	356	1.34

内野手から転向して9年目のリリーバー クローザー セットアップ

26 サム・トゥイヴァイララ Sam Tuivailala

28歳／191cm／102kg／右投右打

◆速球のスピード／150キロ前後（ツーシーム、フォーシーム）
◆決め球と持ち球／◎ツーシーム、◎スライダー、○カーブ、○フォーシーム
◆対左.185 ◆対右.151 ◆ホ防0.96 ◆ア防3.29
◆ド2010③カーディナルス ◆出カリフォルニア州
◆年80万ドル（約8800万円）

球威	4
制球	2
緩急	4
守備・牽制	3
度胸	3

腕にポリネシア風の派手なタトゥーをしているトンガ系米国人の右腕。一昨年7月末にカーディナルスから移籍したが、2週間もしないうちに試合でアキレス腱を断裂。回復に時間がかかり、昨年7月15日にようやく復帰がかなった。初登板のゲームで2失点したが、その後は無失点登板が続いたため8月中旬からセットアッパーとして起用され、いい働きを見せた。2010年に内野手としてプロ入り。しかしバッティングがお粗末で、出世の見込みがないため、12年に強肩を買われて三塁手からリリーフ投手にコンバートされた。その後はトントン拍子に出世し、2年後の14年にメジャーデビュー。

カモ A・フレイジャー（パイレーツ）.000(6-0)0本　苦手

年度	所属チーム	勝利	敗戦	防御率	試合数	先発	セーブ	投球イニング	被安打	失点	自責点	被本塁打	与四球	奪三振	WHIP
2014	カーディナルス	0	0	36.00	2	0	0	1.0	5	4	4	2	2	1	7.00
2015	カーディナルス	0	1	3.07	14	0	0	14.2	13	5	5	2	8	20	1.43
2016	カーディナルス	0	0	6.00	12	0	0	9.0	12	6	6	0	6	7	2.00
2017	カーディナルス	3	3	2.55	37	0	0	42.1	35	12	12	4	11	34	1.09
2018	カーディナルス	3	3	3.69	31	0	0	31.2	35	14	13	3	11	26	1.45
2018	マリナーズ	1	0	1.69	5	0	0	5.1	6	1	1	0	1	4	1.31
2018	2チーム計	4	3	3.41	36	0	0	37.0	41	15	14	3	12	30	1.43
2019	マリナーズ	1	0	2.35	23	0	2	23.0	13	6	6	1	11	27	1.04
通算成績		8	7	3.33	124	0	2	127.0	119	48	47	12	50	119	1.33

マリナーズ移籍でチャンスをつかんだ苦労人 セットアップ

61 マット・マギール Matt Magill

31歳／191cm／95kg／右投右打

◆速球のスピード／150キロ台前半（フォーシーム主体）
◆決め球と持ち球／◎スライダー、○フォーシーム、△カーブ
◆対左.280 ◆対右.231 ◆ホ防1.88 ◆ア防6.95
◆ド2008㉛ドジャース ◆出カリフォルニア州
◆年56万3500ドル（約6200万円）+α

球威	3
制球	3
緩急	2
守備・牽制	4
度胸	3

一昨年ツインズでメジャーに定着するまで、メジャーで11試合に投げただけだった。ツインズでもリリーフの7番手扱いだったため、失点が多くなった昨年7月中旬、40人枠から外されてしまった。それをマリナーズが、ウェイバー経由で獲得。人材難の深刻なチームに来たおかげで、その後はクローザーで度々起用され、5セーブをマークしている。初球ストライク率が大幅に向上し、早めに打者を追い込めるようになったことで、スライダーで右打者から三振をハイペースで奪えるように進化。左打者に対する武器がないが、カーブの制球が良くなれば、しばらくメジャーで活躍できるかもしれない。

カモ N・カステヤノス（レッズ）.000(5-0)0本　苦手 D・ファウラー（カーディナルス）.750(4-3)2本

年度	所属チーム	勝利	敗戦	防御率	試合数	先発	セーブ	投球イニング	被安打	失点	自責点	被本塁打	与四球	奪三振	WHIP
2013	ドジャース	0	2	6.51	6	6	0	27.2	27	25	20	6	28	26	1.99
2016	レッズ	0	0	6.23	5	0	0	4.1	3	3	3	1	5	1	2.31
2018	ツインズ	3	3	3.81	40	0	0	56.2	58	24	24	11	23	56	1.43
2019	ツインズ	2	0	4.45	28	0	0	28.1	30	21	14	4	15	36	1.59
2019	マリナーズ	3	2	3.63	22	0	5	22.1	21	10	9	3	5	28	1.16
2019	2チーム計	5	2	4.09	50	0	5	50.2	51	31	23	7	20	64	1.40
通算成績		8	7	4.52	101	6	5	139.1	141	83	70	25	76	147	1.56

対左=対左打者被打率　対右=対右打者被打率　ホ防=ホーム防御率　ア防=アウェー防御率
ド=ドラフトデータ　出=出身地　年=年俸　カモ 苦手 は通算成績

49 オール・オア・ナッシングのギャンブル契約　先発　移籍

ケンドール・グレイヴマン *Kendall Graveman*

30歳｜188cm｜91kg｜右投右打　速150キロ台前半（シンカー主体）　決◎シンカー
◆昨季メジャー出場なし　D2013⑧ブルージェイズ　田アラバマ州　年200万ドル（約2億2000万円）

球	4
制	4
緩	3
重厚度	4
度	3

　1年200万ドル＋出来高の契約で入団した、シンカーを多投するグラウンドボール・ピッチャー。2018年7月にトミー・ジョン手術を受けたため、今季が本格的なカムバックイヤーになる。アスレティックスでは17年18年に開幕投手を務めた実績があるが、18年7月のトミー・ジョン手術により、オフに再契約を見送られ、昨年はカブスに在籍。リハビリを続け、マイナーで8月22日に1日にリハビリ登板するが、メジャーでの登板はなかった。今回の契約の出来高部分は、限度額が150万ドルで、150イニングをクリアすると150万ドル出る。（5段階評価は手術前のもの）

年度	所属チーム	勝利	敗戦	防御率	試合数	先発	セーブ	投球イニング	被安打	失点	自責点	被本塁打	与四球	奪三振	WHIP
2018	アスレティックス	1	5	7.60	7	7	0	34.1	44	32	29	9	13	27	1.66
通算成績		23	29	4.38	83	78	0	446.0	484	228	217	58	130	286	1.38

33 制球難のため、リリーフ転向案も浮上　先発 セットアップ　ルーキー

ジャスタス・シェフィールド *Justus Sheffield*

24歳｜183cm｜91kg｜左投右打　速150キロ前後（フォーシーム主体）　決○スライダー
対左.207 対右.328　D2014①インディアンズ　田テネシー州　年56万3500ドル（約6200万円）＋α

球	3
制	2
緩	3
重厚度	3
度	3

　「本当に将来のエース」なのかという疑問の声が上がり始めた、鳴り物入りでヤンキースから移籍した左腕。2018年オフに、ディポートGMがエースのパクストンをヤンキースに放出して獲得したホープ中のホープ。かつてヤンキースなどで勇名を馳せたゲーリー・シェフィールドの甥っ子ということもあり、マリナーズファンの期待は大きかった。だが、いざ3Aで投げ始めると、ひどい制球難で四球を連発。一発もよく食い、6月中旬には防御率が6.87まで悪化し2Aに降格。ただ、ここでは安定した投球を見せ、8月下旬にメジャーに呼ばれたが、制球難と球威不足で1勝もできなかった。

年度	所属チーム	勝利	敗戦	防御率	試合数	先発	セーブ	投球イニング	被安打	失点	自責点	被本塁打	与四球	奪三振	WHIP
2019	マリナーズ	0	1	5.50	8	7	0	36.0	44	22	22	5	18	37	1.72
通算成績		0	1	5.82	11	7	0	38.2	48	25	25	6	21	37	1.78

65 ルール5で獲得した掘り出し物　ミドル リリーフ

ブランドン・ブレナン *Brandon Brennan*

29歳｜193cm｜100kg｜右投右打　速150キロ台前半（フォーシーム主体）　決◎チェンジアップ
対左.242 対右.175　D2012④ホワイトソックス　田カリフォルニア州　年56万3500ドル（約6200万円）＋α

球	4
制	2
緩	4
重厚度	3
度	3

　ナチュラルシンカーとチェンジアップを主体に投げる遅咲きのグラウンドボール・ピッチャー。2012年にプロ入り後、ずっとホワイトソックスのマイナーにいたが、3Aの壁を超えられないでいるうちに、2018年11月に解雇された。そのあとロッキーズにマイナー契約で入団したが、マリナーズの分析部門が、チェンジアップがレベルアップしていることに着目し、GMに獲得を進言。その結果、12月のルール5ドラフトで指名され、マリナーズに移籍。オープン戦でもまずまずの数字を出したため開幕メンバーに抜擢され、東京ドームでおこなわれた開幕第2戦でデビュー。

年度	所属チーム	勝利	敗戦	防御率	試合数	先発	セーブ	投球イニング	被安打	失点	自責点	被本塁打	与四球	奪三振	WHIP
2019	マリナーズ	3	6	4.56	44	0	0	47.1	34	25	24	6	24	47	1.23
通算成績		3	6	4.56	44	0	0	47.1	34	25	24	6	24	47	1.23

マリナーズ

速＝速球のスピード　決＝決め球

5度目の正直でメジャー定着なるか

53 ダン・アルタヴィラ Dan Altavilla

ミドル
リリーフ

28歳 | 180cm | 91kg | 右投右打 | 球150キロ台中頃（フォーシーム主体）| 決◎フォーシーム
対左.188 対右.176 ド2014⑤マリナーズ 田ペンシルヴァニア州 年56万3500ドル（約6200万円）+α

	球	5
	制	2
	緩	2
	守	3

ジェットコースターのような浮き沈みの激しい状態が続く、筋肉マンのリリーフ右腕。昨季は再建途中にあるマリナーズ・ブルペンの牽引役になることを期待された。初登板となったのは東京での開幕第2戦で、6回2死一、二塁の場面で登板したが、四球を出したあと2点タイムリーを許して同点に追いつかれ、帰国後3Aに降格。さらに3Aでも5試合目までに6失点し、4月19日に2A降格になった。その後もメジャーに上がるたびに失点したが、9月に上がった際は、豪速球とスライダーで大物打者を三振に切って取るパワーピッチングを見せ、今季への期待が高まっている。

年度	所属チーム	勝利	敗戦	防御率	試合数	先発	セーブ	投球イニング	被安打	失点	自責点	被本塁打	与四球	奪三振	WHIP
2019	マリナーズ	2	1	5.52	17	0	0	14.2	9	9	9	1	12	18	1.43
通算成績		6	4	3.63	95	0	0	94.1	74	44	38	12	48	103	1.29

変則投球フォームにこだわり、最悪の展開に

16 カール・エドワーズ・ジュニア Carl Edwards Jr.

ミドル
リリーフ

移籍

29歳 | 191cm | 77kg | 右投右打 | 球150キロ前後（フォーシーム主体）| 決◎フォーシーム
対左.222 対右.178 ド2011⑧レンジャーズ 田サウスカロライナ州 年95万ドル（約1億450万円）

	球	3
	制	2
	緩	3
	守	2

1年95万ドルで入団した、3、4年前はカブスで将来のクローザー候補と言われていた投手。昨季はキャンプで制球難解消のため、投球モーションの途中で上げた左足をいったん下げて静止し、また上げて投げ込むという、極端な二段モーションの練習に取り組んだ。しかし初登板のゲームで主審が違反と判定したため、打者がタイミングを合わせやすい元のフォームで投げるしかなくなった。しかも速球のスピードが151キロに低下したため、最初の4度の登板で6失点し3A降格。このときは1カ月でメジャーに復帰したが、失点の多い状態が続き、7月末にパドレスへ放出。

年度	所属チーム	勝利	敗戦	防御率	試合数	先発	セーブ	投球イニング	被安打	失点	自責点	被本塁打	与四球	奪三振	WHIP
2019	カブス	1	1	5.87	20	0	0	15.1	8	11	10	3	9	17	1.11
2019	パドレス	0	0	32.40	2	0	0	1.2	4	6	6	0	4	2	4.80
2019	2チーム計	1	1	8.47	22	0	0	17.0	12	17	16	3	13	19	1.47
通算成績		9	8	3.58	194	0	2	176.0	95	74	70	15	100	236	1.11

シーズン後半はリリーフで目を見張る成績

50 エリック・スワンソン Erik Swanson

セットアップ
先発

27歳 | 191cm | 107kg | 右投右打 | 球150キロ前後（フォーシーム）| 決◎フォーシーム
対左.267 対右.224 ド2014⑧レンジャーズ 田オハイオ州 年56万3500ドル（約6200万円）+α

	球	4
	制	3
	緩	2
	守	3

昨季後半リリーフで見事な働きをしたため、今季はセットアッパーで使われる可能性が高い右腕。2018年11月にシェフィールドとともにヤンキースから移籍。昨季は4月11日に救援でメジャーデビュー後、次の試合から先発で使われた。しかし、6回を無失点に抑えたゲームが2つあったが、それ以外の4試合は大量失点により不合格となり、マイナー落ち。その後7月中旬に再昇格したあとは、リリーフで使われ好投を続けた。後半は20試合の登板で防御率3.04。WHIPは0.86という目を見張る数字だった。速球は浮き上がる軌道で威力があるが、一発のリスクが高いのが難点。

年度	所属チーム	勝利	敗戦	防御率	試合数	先発	セーブ	投球イニング	被安打	失点	自責点	被本塁打	与四球	奪三振	WHIP
2019	マリナーズ	1	5	5.74	27	8	2	58.0	56	41	37	17	12	52	1.17
通算成績		1	5	5.74	27	8	2	58.0	56	41	37	17	12	52	1.17

球＝速球のスピード　決＝決め球　対左＝対左打者被打率　対右＝対右打者被打率
ド＝ドラフトデータ　田＝出身地　年＝年俸

3年前まではリリーフ投手だった先発の逸材 [先発 ロングリリーフ] [ルーキー]

35 ジャスティン・ダン *Justin Dunn*

25歳｜188cm｜84kg｜右投右打　球150キロ前後（フォーシーム主体）　決◎スライダー

対左.000 対右.133 ド2016①メッツ 出ニューヨーク州 年56万3500ドル（約6200万円）+α

球 4 / 制 3 / 緩 2 / 守 3 / 度 3

キャンプ前の段階では先発の5番手に予定されている、昨年9月にメジャーデビューしたピッチャーのホープ。エドウィン・ディアスとカノーがメッツに移籍したトレードで、マリナーズが獲得した戦力の一人。昨季は開幕から8月までずっと2Aのローテーションに入って投げ、3点台中盤の防御率をキープし続けた。メッツ時代の2018年に、ノーコンを改善するため、ストライクゾーンの高低、内外に投げ分けることに注力し、制球力が向上。長所は、速球を状況に応じて浮き上がる軌道にも沈む軌道にもできること。決め球はスライダー。これがあるので右打者にめっぽう強い。

年度	所属チーム	勝利	敗戦	防御率	試合数	先発	セーブ	投球イニング	被安打	失点	自責点	被本塁打	与四球	奪三振	WHIP
2019	マリナーズ	0	0	2.70	4	4	0	6.2	2	2	2	0	9	5	1.65
通算成績		0	0	2.70	4	4	0	6.2	2	2	2	0	9	5	1.65

フォーシームの精度が戻れば復活もあるか [セットアップ] [移籍]

66 平野佳寿 *Yoshihisa Hirano*

36歳｜185cm｜84kg｜右投右打　球150キロ前後（フォーシーム主体）　決◎スプリッター

対左.250 対右.248 ド2017外ダイヤモンドバックス 出京都府 年160万ドル（約1億7600万円）

球 4 / 制 3 / 緩 5 / 守 4 / 度 4

メジャー1年目の2018年に、ダイヤモンドバックスで32ホールドを記録し、セットアッパーに定着。昨季はクローザー候補にも名が出て期待されたが、62試合で防御率4.75の期待外れに終わった。決め球のスプリッターの威力は衰えておらず、奪三振率は上昇しているが、もう一方の軸であるフォーシームの制球に苦しみ、被打率が悪化してしまった。8月には右ヒジの炎症で自身初のIL入りも経験したが、大事には至らず、シーズンを投げ抜くスタミナを証明している。フォーシームの精度を上げ、実績のあるリリーバーとして、新天地で再びクローザー獲りに挑みたい。

年度	所属チーム	勝利	敗戦	防御率	試合数	先発	セーブ	投球イニング	被安打	失点	自責点	被本塁打	与四球	奪三振	WHIP
2019	ダイヤモンドバックス	5	5	4.75	62	0	1	53.0	51	31	28	7	22	61	1.38
通算成績		9	8	3.47	137	0	4	119.1	100	53	46	13	45	120	1.22

— ローガン・ギルバート *Logan Gilbert* [先発] [期待度 A-] [ルーキー]

23歳｜198cm｜102kg｜右投右打　◆昨季は1A、1A+、2Aでプレー　ド2018①マリナーズ 出フロリダ州

コーリー・クルーバーとジェイコブ・デグロムの母校ステトソン大学出身の逸材。強みはフォーシーム、スライダー、チェンジアップ、カーブのすべてが「中の上」レベル以上で、この4つの球種でどんなカウントからもストライクを取れること。今シーズン、3Aスタートなら、シーズン中盤までにメジャーデビューの可能性あり。

— ジョーイ・ガーバー *Joey Gerber* [リリーフ] [期待度 B] [ルーキー]

23歳｜193cm｜98kg｜右投右打　◆昨季は1A+、2Aでプレー　ド2018⑧マリナーズ 出ミネソタ州

フォーシームとスライダーだけでピッチングを組み立てるツーピッチ・ピッチャー。フォーシームは時速153〜156キロで、スピン量もすごい威力満点のボール。スライダーも空振り率が際立って高い。昨年前半は1A+で防御率が3.46だったが、シーズン中に成長しているため、後半在籍した2Aでは1.59だった。

マリナーズ

野手

2 トム・マーフィー Tom Murphy

ウリはメジャー4位の盗塁阻止率とパワー ［キャッチャー］

29歳｜185cm｜100kg｜右投右打　盗塁阻止率／.375(32-12)

- ◆対左投手打率／.347　◆対右投手打率／.211
- ◆ホーム打率／.288　◆アウェー打率／.259　◆得点圏打率／.200
- ◆19年のポジション別出場数／キャッチャー=67、DH=5、ピッチャー=3、レフト=1
- ◆Ⓓ2010⑮ロッキーズ　◆出ニューヨーク州
- ◆囲56万3500ドル（約6200万円）+α

ミート	3
パワー	5
走塁	2
守備	4
肩	5

今季は正捕手を務める、昨年ブレイクしたキャッチャー。ロッキーズで2015年にメジャーデビューしたが、定着できない状態が続いた末、昨年の開幕前に40人枠から外された。その後、ジャイアンツを経てマリナーズに拾われ、左投手用の捕手としてプラトーンで起用されることに。打撃のウリは長打力。昨季は14.4打数に1本というアレナードやドナルドソンと同レベルの生産ペースだった。出場数が大幅に増える今季は25本前後を期待できる。守備のウリは強肩。盗塁阻止率37.5%（32-12）は、メジャー全体で4位。リード面は評価が分かれるが、捕手防御率は正捕手ナルヴァエスより良かった。

カモ　C・モートン（レイズ）.600(5-3)1本　苦手　Z・グリンキー（アストロズ）.000(6-0)0本

年度	所属チーム	試合数	打数	得点	安打	二塁打	三塁打	本塁打	打点	四球	三振	盗塁	盗塁死	出塁率	OPS	打率
2015	ロッキーズ	11	35	5	9	1	0	3	9	4	10	0	0	.333	.876	.257
2016	ロッキーズ	21	44	8	12	2	0	5	13	4	19	1	0	.347	1.006	.273
2017	ロッキーズ	12	24	1	1	1	0	0	1	2	9	0	0	.115	.199	.042
2018	ロッキーズ	37	93	5	21	7	1	2	11	3	44	0	1	.250	.637	.226
2019	マリナーズ	75	260	32	71	12	1	18	40	19	87	2	0	.324	.858	.273
通算成績		156	456	51	114	23	2	28	74	32	169	3	1	.301	.795	.250

17 ミッチ・ハニガー Mitch Haniger

ほかの選手の模範となるチームリーダー ［ライト センター］

30歳｜188cm｜98kg｜右投右打

- ◆対左投手打率／.263　◆対右投手打率／.206
- ◆ホーム打率／.207　◆アウェー打率／.232　◆得点圏打率／.176
- ◆19年のポジション別出場数／ライト=43、センター=24、DH=3
- ◆Ⓓ2012①ブリュワーズ　◆出カリフォルニア州
- ◆囲301万ドル（約3億3110万円）

ミート	3
パワー	5
走塁	4
守備	5
肩	5

トレードの引き合いが絶えないマリナーズのベストプレーヤー。昨季は序盤不調で打率が低空飛行を続けた末、6月6日のアストロズ戦でヴァーランダーと対戦した際、ファウルチップが自分の股間を直撃。重度の睾丸損傷と診断され、IL（故障者リスト）入りした。8月中旬に1Aと3Aで1試合ずつリハビリ出場したがメジャー復帰は無理と判断され、そのままシャットダウン。リーダーシップを発揮できるタイプで、現在若い選手が多いマリナーズのチームリーダー的存在。試合への周到な準備、データの把握、健康管理に時間をかける姿勢はチームの内外から称賛されている。昨年11月の段階でGMが「もうすっかり良くなっている」と語っており、今季はキャンプから参加。

カモ　M・マイナー（レンジャーズ）.467(15-7)0本　苦手　L・リン（レンジャーズ）.000(10-0)0本

年度	所属チーム	試合数	打数	得点	安打	二塁打	三塁打	本塁打	打点	四球	三振	盗塁	盗塁死	出塁率	OPS	打率
2016	ダイヤモンドバックス	34	109	9	25	2	1	5	17	12	27	0	0	.309	.713	.229
2017	マリナーズ	96	369	58	104	25	2	16	47	31	93	5	4	.352	.843	.282
2018	マリナーズ	157	596	90	170	38	4	26	93	70	148	8	2	.366	.859	.285
2019	マリナーズ	63	246	46	54	13	1	15	32	30	81	4	0	.314	.778	.220
通算成績		350	1320	203	353	78	8	62	189	143	349	17	6	.348	.827	.267

3歳下の弟はフィリーズのエース

ファーストキャッチャー

23 オースティン・ノーラ Austin Nola

31歳 | 183cm | 88kg | 右投右打　盗塁阻止率／.000(3-0)

◆対左投手率／.256　◆対右投手率／.275

◆ミート 4
◆パワー 4
◆走塁 3
◆守備 3
◆肩 4

◆ホーム打率／.254　◆アウェー打率／.284　◆得点圏打率／.259
◆19年のポジション別出場数／ファースト=59、セカンド=15、キャッチャー=7、サード=4、レフト=1、ライト=1
◆ⓓ2012⑤マーリンズ　◆ⓗルイジアナ州
◆ⓢ56万3500ドル(約6200万円)＋α

　昨年6月に29歳でメジャーデビュー後、快調に長打やタイムリーを放って注目された遅咲きの大器。フィリーズのエースであるアーロン・ノーラの3歳上の兄だが、エリート街道を驀進して25歳でエースになった弟とは、正反対の野球人生を歩んできた苦労人。プロ入りは通常より1年遅い4年終了時。それでもマーリンズに入団し、4年目に3Aに到達したが、その後は3Aの壁を乗り越えられない状態が続いた末、2018年12月に契約を見送られFAに。昨年1月にマリナーズとマイナー契約。3Aの一塁手としてシーズンを迎えたが、出だしからハイペースでヒットが出て高打率をキープし、待望のメジャー昇格となった。打者としてはレベルスイングで二塁打を量産するタイプながらパワーアップしているため本塁打もいいペースで出るようになった。GMは今季、ファーストを中心に起用する計画だが、捕手での出番も増やす意向。

カモ M・マイナー(レンジャーズ).500(6-3)1本　苦手 G・コール(ヤンキース).000(5-0)0本

年度	所属チーム	試合数	打数	得点	安打	二塁打	三塁打	本塁打	打点	四球	三振	盗塁	盗塁死	出塁率	OPS	打率
2019	マリナーズ	79	238	37	64	12	1	10	31	23	63	1	0	.342	.796	.269
通算成績		79	238	37	64	12	1	10	31	23	63	1	0	.342	.796	.269

イチローを敬愛する俊足二塁手

セカンド

9 ディー・ゴードン Dee Gordon

32歳 | 180cm | 77kg | 右投左打

◆対左投手率／.326　◆対右投手率／.259

◆ミート 3
◆パワー 1
◆走塁 5
◆守備 2
◆肩 2

◆ホーム打率／.250　◆アウェー打率／.294　◆得点圏打率／.349
◆19年のポジション別出場数／セカンド=111、DH=3、ショート=2
◆ⓓ2008④ドジャース　◆ⓗフロリダ州　◆ⓢ1350万ドル(約14億8500万円)
◆前位打者1回(15年)、盗塁王2回(14,15,17年)、ゴールドグラブ1回(15年)、シルバースラッガー賞1回(15年)

　イチローが引退したあと、地元の有力紙『シアトルタイムズ』にイチローへの感謝を綴った全面広告を出し、日本のファンを感動させた二塁手。ただ昨年も打撃守備の両面で精彩を欠いた。打率が平凡な数字に終わった要因は、内野安打とバントヒットが激減しているからだ。2017年には合わせて45あったものが、昨年は12しかなかった。守備ではエラーが減ったが、致命的なミスが何度かあった。今季は5年契約の最終年。打席数が600を超えれば、年俸1400万ドルでもう1年在籍できるが、そうなる可能性は限りなく低い。

カモ C・マルティネス(カーディナルス).450(20-9)0本　苦手 T・バウアー(レッズ).000(13-0)0本

年度	所属チーム	試合数	打数	得点	安打	二塁打	三塁打	本塁打	打点	四球	三振	盗塁	盗塁死	出塁率	OPS	打率
2011	ドジャース	56	224	34	68	9	2	0	11	7	27	24	7	.325	.686	.304
2012	ドジャース	87	303	38	69	9	2	1	17	20	62	32	10	.280	.561	.228
2013	ドジャース	38	94	9	22	1	1	0	6	10	21	10	2	.314	.612	.234
2014	ドジャース	148	609	92	176	24	12	2	34	31	107	64	19	.326	.704	.289
2015	マーリンズ	145	615	88	205	24	8	4	46	25	91	58	20	.359	.776	.333
2016	マーリンズ	79	325	47	87	7	6	1	14	18	55	30	7	.305	.641	.268
2017	マーリンズ	158	653	114	201	20	9	2	33	25	93	60	16	.341	.716	.308
2018	マリナーズ	141	556	62	149	17	8	4	36	9	80	30	12	.288	.637	.268
2019	マリナーズ	117	393	36	108	12	6	3	34	18	61	22	5	.304	.663	.275
通算成績		969	3772	520	1085	123	54	18	231	163	597	330	98	.320	.683	.288

今季は35本以上を期待される大砲

20 ダニエル・ヴォーグルバック *Daniel Vogelbach*

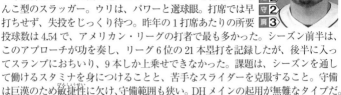

DH ファースト

28歳｜183cm｜113kg｜右投左打｜対左.161｜対右.225｜ホ.202｜ア.213｜得.210
D2011②カブス ⊞フロリダ州 年56万3500ドル（約6200万円）+α

　本塁打王レースに食い込めるレベルのパワーを備えた、あんこ型のスラッガー。ウリは、パワーと選球眼。打席では早打ちせず、失投をじっくり待つ。昨年の1打席あたりの所要投球数は4.54で、アメリカン・リーグの打者で最も多かった。シーズン前半は、このアプローチが功を奏し、リーグ6位の21本塁打を記録したが、後半に入ってスランプにおちいり、9本しか上乗せできなかった。課題は、シーズンを通して働けるスタミナを身につけることと、苦手なスライダーを克服すること。守備は巨漢のため敏捷性に欠け、守備範囲も狭い。DHメインの起用が無難なタイプだ。

年度	所属チーム	試合数	打数	得点	安打	二塁打	三塁打	本塁打	打点	四球	三振	盗塁	盗塁死	出塁率	OPS	打率
2019	マリナーズ	144	462	73	96	17	0	30	76	92	149	0	0	.341	.780	.208
通算成績		205	589	82	121	20	0	34	91	109	190	0	0	.332	.745	.205

昨シーズン後半17本叩き込んで完全復活

15 カイル・シーガー *Kyle Seager*

サード

33歳｜183cm｜95kg｜右投右打｜対左.285｜対右.217｜ホ.228｜ア.251｜得.250
D2009①マリナーズ ⊞ノースカロライナ州 年1900万ドル（約20億900万円）
◆ゴールドグラブ賞1回（14年）

　昨年はキャンプ中に左手にある腱の一つを断裂し、手術を受けたため、5月下旬からプレーを開始した。復帰後は尻上がりに良くなり、シーズン後半は17本塁打、45打点をマークし、主砲として機能していた。サードの守備は、エラーが多いが守備範囲が広いため、スーパープレーも多い。総額1億ドルの7年契約が、あと2年、3700万ドル分残っている。そのため若返りを急ぐ球団は、トレードで放出したいのが本音だが、契約に「トレードされると契約があと1年延長される（年俸は1500万ドル）」という条項があるため、欲しがる球団が3つ以上あるのに、進展していない。

年度	所属チーム	試合数	打数	得点	安打	二塁打	三塁打	本塁打	打点	四球	三振	盗塁	盗塁死	出塁率	OPS	打率
2019	マリナーズ	106	393	55	94	19	1	23	63	44	86	2	2	.321	.789	.239
通算成績		1261	4755	597	1218	268	13	198	666	442	926	47	26	.324	.767	.256

野球の基礎を叩き込んでくれたのはお姉さん

3 J.P.クロフォード *J.P. Crawford*

ショート

25歳｜188cm｜82kg｜右投左打｜対左.160｜対右.255｜ホ.205｜ア.250｜得.295
D2013①フィリーズ ⊞カリフォルニア州 年56万3500ドル（約6200万円）+α

　打撃面は課題山積だが、守備では身体能力の高さにものを言わせ、しばしばスーパープレーを見せる遊撃手。高い身体能力は、カナディアン・フットボールでオールスター出場4回の実績を誇る父ラリーさん譲りのものだ。野球選手への道筋をつけてくれたのは、姉のエリーザさん。強豪フラトーン州立大学のソフトボールチームで一塁手として活躍した女性で、この姉がよく打撃練習の相手をしてくれたので、フットボールの有名選手を父に持ちながら、野球が第一のスポーツになった。いとこに、レイズのリードオフマンとして一世を風靡したカール・クロフォードがいる。

年度	所属チーム	試合数	打数	得点	安打	二塁打	三塁打	本塁打	打点	四球	三振	盗塁	盗塁死	出塁率	OPS	打率
2019	マリナーズ	93	345	43	78	21	4	7	46	43	83	5	3	.313	.684	.226
通算成績		165	532	66	118	31	8	10	64	72	142	8	3	.320	.687	.222

対左＝対左投手打率　対右＝対右投手打率　ホ＝ホーム打率　ア＝アウェー打率　得＝得点圏打率
D＝ドラフトデータ　⊞＝出身地　年＝年俸

サイクル盗塁をやってのけ、脚光を浴びる

センター
レフト

0 マレックス・スミス *Mallex Smith*

27歳｜178cm｜82kg｜右投左打 対左.264 対右.213 ホ.253 ア.199 得.214
ド2012⑤パドレス 囲フロリダ州 囲235万ドル（約2億5850万円）
◆盗塁王1回（19年）

ミ **2**
バ **2**
走 **5**
守 **3**
肩 **2**

　2018年オフのトレードでレイズから移籍した快足外野手。昨シーズン、46盗塁をマークし、初めて盗塁王のタイトルを手にした。その中で最も注目されたのが、5月27日のレンジャーズ戦で見せたサイクル盗塁。四球で出塁すると、次打者の1球目に二盗成功、3球目に三盗成功。そして次打者ハニガーが四球で一塁に出ると、左腕バードが一塁に牽制球を投げたすきに本盗を敢行し、見事成功させている。ただ盗塁以外は散々のシーズンだった。4月末には打撃不振で、一時マイナー落ち。出塁率が低すぎるため、9月中旬にはトップバッター失格となり、9番打者に降格されてシーズンを終えた。外野の守備範囲も狭くなっている。また、バントが下手なのも気になる。

年度	所属チーム	試合数	打数	得点	安打	二塁打	三塁打	本塁打	打点	四球	三振	盗塁	盗塁死	出塁率	OPS	打率
2019	マリナーズ	134	510	70	116	19	6	6	37	42	141	46	9	.300	.635	.227
	通算成績	428	1435	196	372	61	27	13	111	132	349	118	34	.330	.696	.259

昨年9月中旬に待望のメジャーデビュー

レフト
ライト

ルーキー

1 カイル・ルイス *Kyle Lewis*

25歳｜193cm｜95kg｜右投右打 対左.158 対右.308 ホ.255 ア.292 得.300
ド2016①マリナーズ 囲ジョージア州 囲56万3500ドル（約6200万円）+α

ミ **3**
バ **3**
走 **3**
守 **2**
肩 **4**

　ヒザのケガで出世が遅れていた、マリナーズの2016年ドラフト1巡目指名選手。パワーの測定では高い数値を示すのに、長打数がなかなか増えないのが難点。昨季も2Aで122試合に出場しながら、本塁打は11本しか出なかった。打率も2割6分3厘という冴えない数字だったが、運良く9月中旬に2020年の開幕メンバーを決める実戦オーディションに呼ばれ、いい働きをしたため、今季、センターかレフトに先発で起用される可能性が高くなった。肩の強さは平均以上だが、ファーストステップがやや遅く、スピードにも欠けるため、ポジションはセンターよりライト向き。

年度	所属チーム	試合数	打数	得点	安打	二塁打	三塁打	本塁打	打点	四球	三振	盗塁	盗塁死	出塁率	OPS	打率
2019	マリナーズ	18	71	10	19	5	0	6	13	3	29	0	0	.293	.885	.268
	通算成績	18	71	10	19	5	0	6	13	3	29	0	0	.293	.885	.268

メジャー昇格前に6年2400万ドルの契約

ファースト
キャッチャー

ルーキー

12 エヴァン・ホワイト *Evan White*

27歳｜191cm｜93kg｜左投右打 ◆昨季は2Aでプレー
ド2017①マリナーズ 囲オハイオ州 囲130万ドル（約1億4300万円）

ミ **3**
バ **3**
走 **3**
守 **4**
肩 **3**

　今季ファーストのレギュラーに抜擢される可能性が高い、マリナーズの2017年ドラフト1巡目指名選手。昨シーズンは2Aでプレー。打率2割9分3厘、18本塁打、55打点という良好な数字をマークしている。ディポートGMはこれを高く評価。まだメジャーで1試合も出場していないにもかかわらず、昨年11月下旬、6年2400万ドル（約26億4000万円）の長期契約をホワイトにプレゼントした。これは将来の中心選手を、先の先まで囲い込むのが狙いだ。しかしながらマリナーズから1巡目指名を受けた者が、メジャーのレギュラー級、ローテーション級に出世する確率は5割程度なので、この長期契約がムダ金になることを懸念する向きもある。

マリナーズ

二塁打を量産するタイプのスーパーサブ

4 **シェド・ロング・ジュニア** *Shed Long Jr.*

セカンド
レフト

25歳｜173cm｜84kg｜右投左打　対左.333　対右.241　ホ.214　ア.324　得.205
ド2013⑫レッズ　出アラバマ州　年56万3500ドル（約6200万円）+α

ミ**3**
パ**4**
走**3**
守**2**
肩**3**

　昨年5月10日にメジャーデビューした、グラブよりバットで貢献するタイプの内野外野兼用ユーティリティ。昨年1月22日にまず、ソニー・グレイとの交換トレードでレッズからヤンキースに移籍。そのあとマリナーズとヤンキースの間でトレードが成立し、マイナーの有望株と交換でマリナーズに来た。内野手らしからぬ分厚い胸板をしているのは、キャッチャーでプロ入りし、3年目に二塁手にコンバートされたからだ。ウリはバットスピードと選球眼。広角にライナーを弾き返すタイプで、二塁打が多いのが特徴。守備はセカンドをやってもレフトをやってもイマイチ。

年度	所属チーム	試合数	打数	得点	安打	二塁打	三塁打	本塁打	打点	四球	三振	盗塁	盗塁死	出塁率	OPS	打率
2019	マリナーズ	42	152	21	40	12	1	5	15	16	40	3	3	.333	.787	.263
通算成績		42	152	21	40	12	1	5	15	16	40	3	3	.333	.787	.263

使い勝手のいい器用な脇役

25 **ディラン・ムーア** *Dylan Moore*

ユーティリティ

28歳｜183cm｜91kg｜右投右打　対左.224　対右.199　ホ.209　ア.204　得.271
ド2015⑦レンジャーズ　出カリフォルニア州　年56万3500ドル（約6200万円）+α

ミ**2**
パ**3**
走**3**
守**3**
肩**3**

　キャッチャー以外の8つのポジションに対応可能なスーパーサブ。昨季はキャンプでネグロンとスーパーユーティリティの座を争い、勝って開幕メンバー入り。3月20日に東京ドームでおこなわれた開幕戦で、7回からサードに入りメジャーデビューを果たした。長所は早打ちせず、失投をじっくり待てることだ。追い込まれて三振に倒れることも多いが、その一方で四球をたくさんかせげるため出塁率が高い。ポジションの得手不得手がハッキリしていて、得手は本来のポジションであるセカンドとレフト。昨季はレフトでDRS（守備で防いだ失点）が5、セカンドで3あった。

年度	所属チーム	試合数	打数	得点	安打	二塁打	三塁打	本塁打	打点	四球	三振	盗塁	盗塁死	出塁率	OPS	打率
2019	マリナーズ	113	247	31	51	14	2	9	28	25	93	11	9	.302	.691	.206
通算成績		113	247	31	51	14	2	9	28	25	93	11	9	.302	.691	.206

ー **キャル・ローリー** *Cal Raleigh*

キャッチャー　期待度B⁻　ルーキー

24歳｜191cm｜98kg｜右投両打　◆昨季は1A+、2Aでプレー　ド2018③マリナーズ　出ノースカロライナ州

　昨季1A＋と2Aで計29本塁打を記録している強打の捕手。左右どちらの打席でもフェンス越えのパワーがあるが、昨季は左打席で24本、右打席で5本打っている。守備面ではフレーミングがうまく、ピッチャーのリードもそつなくこなす。オフの特訓が実を結び、盗塁阻止率も大幅にアップした。

31 **ドニー・ウォルトン** *Donnie Walton*

セカンド
ショート　期待度B⁻　ルーキー

26歳｜178cm｜84kg｜右投左打　◆昨季メジャーで7試合出場　ド2016⑤マリナーズ　出テキサス州

　二塁手と遊撃手を兼ねる内野手。ウリは、選球眼がいいため高い出塁率を期待できることと、バントや逆方向への進塁打を高い確率で決める技術があること。パワーには欠けるが、よく二塁打が出る。すべての内野のポジションに対応可能で、メジャーで内野のユーティリティとして使うのに最適だ。

対左=対左投手打率　対右=対右投手打率　ホ=ホーム打率　ア=アウェー打率　得=得点圏打率
ド=ドラフトデータ　出=出身地　年=年俸

NATIONAL LEAGUE

ナショナル・リーグ

アトランタ・ブレーブス／ワシントン・ナショナルズ
ニューヨーク・メッツ／フィラデルフィア・フィリーズ
マイアミ・マーリンズ

東部地区

セントルイス・カーディナルス／ミルウォーキー・ブリュワーズ
シカゴ・カブス／シンシナティ・レッズ
ピッツバーグ・パイレーツ

中部地区

ロサンジェルス・ドジャース／アリゾナ・ダイヤモンドバックス
サンフランシスコ・ジャイアンツ／コロラド・ロッキーズ
サンディエゴ・パドレス

西部地区

NATIONAL LEAGUE

マリナーズ
（ワシントン州
シアトル市）

ツインズ
（ミネソタ州
ミネアポリス市）

ブリュワーズ
（ウィスコンシン州
ミルウォーキー市）

パイレーツ
（ペンシルヴァニア州
ピッツバーグ市）

フィリーズ
（ペンシルヴァニア州
フィラデルフィア市）

ホワイトソックス
（イリノイ州シカゴ市）

ブルージェイズ
（オンタリオ州
トロント市
（カナダ））

ヤンキース
（ニューヨーク州
ニューヨーク市）

メッツ
（ニューヨーク州
ニューヨーク市）

アスレティックス
（カリフォルニア州
オークランド市）

ロイヤルズ
（ミズーリ州カンザスシティ市）

タイガース
（ミシガン州
デトロイト市）

カブス
（イリノイ州
シカゴ市）

レッドソックス
（マサチューセッツ州
ボストン市）

ジャイアンツ
（カリフォルニア州
サンフランシスコ市）

レッズ
（オハイオ州
シンシナティ市）

エンジェルス
（カリフォルニア州
アナハイム市）

ロッキーズ
（コロラド州
デンバー市）

カーディナルス
（ミズーリ州セントルイス市）

オリオールズ
（メリーランド州
ボルティモア市）

インディアンズ
（オハイオ州
クリーブランド市）

ナショナルズ
（コロンビア特別区）

レンジャーズ
（テキサス州
アーリントン市）

ダイヤモンドバックス
（アリゾナ州
フェニックス市）

レイズ
（フロリダ州
セントピーターズバーグ市）

ブレーブス
（ジョージア州アトランタ市）

パドレス
（カリフォルニア州サンディエゴ市）

アストロズ
（テキサス州ヒューストン市）

ドジャース
（カリフォルニア州ロサンジェルス市）

マーリンズ
（フロリダ州マイアミ市）

		略記	
EAST	ATLANTA BRAVES	**ATL**	ブレーブス
	WASHINGTON NATIONALS	**WSH**	ナショナルズ
	NEW YORK METS	**NYM**	メッツ
	PHILADELPHIA PHILLIES	**PHI**	フィリーズ
	MIAMI MARLINS	**MIA**	マーリンズ
CENTRAL	ST. LOUIS CARDINALS	**STL**	カーディナルス
	MILWAUKEE BREWERS	**MIL**	ブリュワーズ
	CHICAGO CUBS	**CHC**	カブス
	CINCINNATI REDS	**CIN**	レッズ
	PITTSBURGH PIRATES	**PIT**	パイレーツ
WEST	LOS ANGELES DODGERS	**LAD**	ドジャース
	ARIZONA DIAMONDBACKS	**ARI**	ダイヤモンドバックス
	SAN FRANCISCO GIANTS	**SF**	ジャイアンツ
	COLORADO ROCKIES	**COL**	ロッキーズ
	SAN DIEGO PADRES	**SD**	パドレス

アトランタ・ブレーブス

◆創　立：1871年　　　　　　　　　　　◆ワールドシリーズ制覇：3回／リーグ優勝：17回
◆本拠地：ジョージア州アトランタ市　　　◆地区優勝：19回　◆ワイルドカード獲得：2回

主要オーナー　リバティ・メディア社（総合メディア企業）

過去5年成績

年度	勝	負	勝率	ゲーム差	地区順位	ポストシーズン成績
2015	67	95	.414	23.0	④	―
2016	68	93	.422	26.5	⑤	―
2017	72	90	.444	25.0	③	―
2018	90	72	.556	(8.0)	①	地区シリーズ敗退
2019	97	65	.599	(4.0)	①	地区シリーズ敗退

監督

43 ブライアン・スニッカー *Brian Snitker*

◆年　　齢…………65歳（イリノイ州出身）
◆現役時代の経歴…メジャーでのプレー経験なし
　（キャッチャー）
◆監督経歴…………4シーズン　ブレーブス（2016〜）
◆通算成績…………318勝292敗（勝率.521）最優秀監督1回（18年）

　選手、コーチ、球団スタッフからの信望が厚い監督。2018年にナショナル・リーグの最優秀監督賞を受賞しているが、地区2連覇を成し遂げた昨季も、同賞の投票で3位に入っている。昨年8月、チームの若き主砲・アクーニャが緩慢な走塁を見せた際は、懲罰交代させ、厳しさを見せた。現役時代は捕手。ブレーブス傘下のマイナーでプレーしていたが、20代半ばで引退し、指導者の道へ。選手、指導者として、なんと40年以上もブレーブスの組織に属している。

注目コーチ　4 ウォルト・ワイス *Walt Weiss*

　ベンチコーチ。56歳。ロッキーズで4年間（2013〜16年）、指揮を執ったが、監督としては結果を残せず。現役時代は遊撃手で、1988年のアメリカン・リーグ新人王。

編成責任者　アレックス・アンソポウロス *Alex Anthopoulos*

　43歳。就任早々、適確な補強で地区2連覇を達成した。カナダ出身で、同国に本拠を置くブルージェイズでのGM経験がある。その後、ドジャースの育成部門でも活躍。

スタジアム　サントラスト・パーク *SunTrust Park*

◆開 場 年…………2017年
◆仕　　様…………天然芝
◆収容能力…………41,084人
◆フェンスの高さ …1.8〜4.9m
◆特　　徴…………メジャーで2番目に新しい球場。
　投手、打者のどちらかに有利ということはないが、
　左打者にやや本塁打が出やすいというデータが出
　ている。命名権を持つサントラスト銀行が昨年買
　収されたため、開幕前に球場名変更の可能性も。

ニュートラルパーク

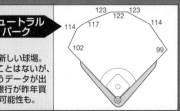

Best Order
[ベストオーダー]

① ロナルド・アクーニャ・ジュニア……センター
② オズィー・アルビーズ……セカンド
③ フレディ・フリーマン……ファースト
④ マーセル・オズーナ……レフト
⑤ ニック・マーケイキス……ライト
⑥ オースティン・ライリー……サード
⑦ トラヴィス・ダーノウ……キャッチャー
⑧ ダンズビー・スワンソン……ショート

Depth Chart
[ポジション別選手層・メンバーリスト]

※2020年2月4日時点の候補選手。
数字は背番号(開幕前に変更する場合もあり)、右・左等は投・打の順。

センター
11 ロナルド・アクーニャ・ジュニア [右・右]
13 エンダー・インシアーテ [左・左]

レフト
20 マーセル・オズーナ [右・右]
22 ニック・マーケイキス [左・右]
23 アダム・デュヴァル [右・右]

ライト
13 ニック・マーケイキス [左・左]
22 ロナルド・アクーニャ・ジュニア [右・右]
23 アダム・デュヴァル [右・右]

ショート
7 ダンズビー・スワンソン [右・右]
24 アデイニー・エチェヴァリア [右・右]
17 ヨハン・カマーゴ [右・両]

セカンド
1 オズィー・アルビーズ [右・両]
24 アデイニー・エチェヴァリア [右・右]

ローテーション
40 マイク・ソロカ [右・右]
26 マイク・フォルティネヴィッチ [右・右]
54 マックス・フリード [左・左]
32 コール・ハメルズ [左・左]
30 カイル・ライト [右・右]
15 ショーン・ニューカム [左・右]
46 ブライス・ウィルソン [右・右]
— フェリックス・ヘルナンデス [右・右]

サード
17 オースティン・ライリー [右・右]
27 ヨハン・カマーゴ [右・両]
— ヤンガーヴィス・ソラーテ [右・両]

ファースト
5 フレディ・フリーマン [右・左]
27 オースティン・ライリー [右・右]
24 アデイニー・エチェヴァリア [右・右]

キャッチャー
16 トラヴィス・ダーノウ [右・右]
25 タイラー・フラワーズ [右・右]
12 アレックス・ジャクソン [右・右]

ブルペン
36 マーク・メランソン [右・右] CL
51 ウィル・スミス [左・右]
19 シェイン・グリーン [右・右]
77 ルーク・ジャクソン [右・右]
56 ダレン・オデイ [右・右]

55 クリス・マーティン [右・右]
71 ジェイコブ・ウェッブ [右・右]
75 グラント・デイトン [左・右]
33 A.J.ミンター [左・右]
61 チャド・ソボトカ [右・右]

63 ジェレミー・ウォーカー [右・右]
72 パトリック・ウェイゲル [右・右]
73 フアスカー・イノーア [右・右]
62 トゥーキ・トゥーサン [右・右]

※ CL =クローザー

ブレーブス試合日程……＊はアウェーでの開催

3月26・27・28・29 ダイヤモンドバックス＊	27・28・29 レッズ＊	29・30・31 マリナーズ＊
30・31・**4月**1 パドレス＊	**5月**1・2・3 メッツ＊	**6月**1・2・3 ドジャース＊
3・4・5 マーリンズ	4・5・6 フィリーズ＊	5・6・7 フィリーズ
6・7・8 パドレス	8・9・10 マーリンズ	9・10・11 ナショナルズ
9・10・11・12 マーリンズ	12・13 レッドソックス	12・13・14 ドジャース
13・14・15・16 メッツ＊	15・16・17 ジャイアンツ＊	16・17 レッドソックス＊
17・18・19 ジャイアンツ	18・19・20・21 カーディナルス＊	19・20・21 ナショナルズ＊
21・22・23 ダイヤモンドバックス	22・23・24 メッツ	22・23・24・25 メッツ
24・25・26 メッツ	25・26・27 カーディナルス	26・27・28 マーリンズ＊

球団メモ 2006年から13年まで、正捕手として活躍したブライアン・マッキャンが、昨季で引退。昨季は6年ぶりに古巣ブレーブスに復帰し、83試合でマスクをかぶった。

ブレーブス

■投手力⬆…★★★★☆ 【昨年度チーム防御率4.19、リーグ5位】

　昨シーズン、「中の上」レベルだったローテーションからテヘランが抜け、ハメルズが加わった。これは多少プラスになっている。重点的に補強をおこなったのはリリーフ陣のほうで、スミスが加入した。昨年7月末に移籍し、シーズン終了後にFAになっていたマーティンも呼び戻した。昨年7月にはメランソンとグリーンも獲得しているので、昨シーズン前半は最大の弱点だったブルペンが、今シーズンは最強レベルになっている。

■攻撃力⬇…★★★★☆ 【昨年度チーム得点855、リーグ3位】

　昨シーズンのリーグ3位の強力打線からドナルドソンが抜け、オズーナが入った。これは多少マイナスになる程度だろう。注目されるのは、本塁打王になりうるパワーを備えたマイリーをどう活用するかということだ。放っておくと出塁率が3割に届かなくなるが、40本塁打を期待できる潜在能力があるので、打撃コーチの腕の見せどころになるだろう。

■守備力★★★☆☆ 【昨年度チーム失策数78、リーグ2位】

　全体で見ると、昨シーズンのエラー数はリーグで2番目に少なく、内外野とも守備範囲が広い。しかし、正捕手がフラワーズからダーノウに変わるのは、ディフェンス面では多少マイナスに作用するだろう。

■機動力➡…★★★☆☆ 【昨年度チーム盗塁数89、リーグ4位】

　盗塁は積極的にやるほうで成功率も高いが、送りバントはあまりやらなくなった。昨季、アクーニャ・ジュニアが盗塁王に輝いている。

総合評価
★★★★☆

　最大の強みは、打線に計算できる打者がそろっていること。そのうえ、最大の弱点だったブルペンが、最強レベルにまで補強されている。監督の采配も手堅いので、故障者が続出しなければ90勝は行き、今季も優勝争いを展開することになるだろう。

IN　主な入団選手	OUT　主な退団選手
投手	投手
ウィル・スミス←ジャイアンツ	ダラス・カイクル→ホワイトソックス
コール・ハメルズ←カブス	フリオ・テヘラン→エンジェルス
フェリックス・ヘルナンデス←マリナーズ	ジョシュ・トムリン→所属先未定
野手	野手
マーセル・オズーナ←カーディナルス	ジョシュ・ドナルドソン→ツインズ
トラヴィス・ダーノウ←レイズ	フランシスコ・セルヴェッリ→マーリンズ
	ブライアン・マッキャン→引退

29・30・**7月**1	レンジャーズ*	31・**8月**1・2	ナショナルズ	**9月**1・2・3	ナショナルズ
3・4・5	エンジェルス	3・4・5・6	カブス*	4・5・6	パイレーツ*
6・7・8・9	パイレーツ	7・8・9	マーリンズ*	7・8・9	メッツ
10・11・12	カブス	10・11・12・13	メッツ*	11・12・13	フィリーズ
14	オールスターゲーム	14・15・16	マーリンズ	15・16・17	ブリュワーズ*
17・18・19	ロッキーズ*	17・18・19	ブリュワーズ	18・19・20	フィリーズ
21・22	アスレティックス*	21・22・23	フィリーズ	21・22・23・24	ナショナルズ
24・25・26	ナショナルズ*	25・26	アスレティックス	25・26・27	アストロズ
27・28・29・30	レッズ	27・28・29・30	ロッキーズ		

球団メモ　マリナーズの大エースだったフェリックス・ヘルナンデス（昨季は1勝）が、今年1月、マイナー契約で入団。春季キャンプで実力を示し、開幕メジャーを狙う。

防御率2.68はナショナル・リーグ3位　先　発

40 マイク・ソロカ
Mike Soroka

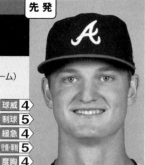

23歳／196cm／102kg／右投右打

◆速球のスピード／150キロ前後（ツーシーム、フォーシーム）
◆決め球と持ち球／☆ツーシーム、◎スライダー、◎チェンジアップ、○フォーシーム
◆対左打者被打率／.282　◆対右打者被打率／.203
◆ホーム防御率／4.14　◆アウェー防御率／1.55
◆ドラフトデータ／2015①ブレーブス
◆出身地／カナダ
◆年俸／56万3500ドル（約6200万円）+α

球威 4
制球 5
緩急 4
守備・牽制 5
度胸 4

　20歳でメジャーデビュー、21歳でオールスターに選出されたブレーブスの新エース。昨季はキャンプイン早々、肩の裏側にある僧帽筋（そうぼうきん）を痛め、出遅れた。メジャーでの昨季の初登板は、4月18日のダイヤモンドバックス戦で、オープン戦で1球も投げていないため不安を抱えての登板だったが、いざ投げ始めると制球、球威とも申し分なく、5回を1失点に抑えた。

　その後も制球が安定し、5月末までの7試合はすべて自責点0か1だった。6月にやや失点が多くなったが、シーズン前半の成績は9勝1敗、防御率2.42という見事なもので、初めてオールスターに選出された。後半になっても安定した投球が続き、大量失点が一度もなかったため、防御率はナショナル・リーグ3位の2.68でシーズンを終えている。

　球種はツーシーム、フォーシーム、スライダー、チェンジアップの4つで、通常はツーシームとスライダーを主体にして、ゴロを打たせることに主眼を置いたピッチングを見せる。

　カナダのカルガリー出身。一年のうち、10月から4月までが冬で、夏が短いこの地域は野球に不向きなため、いい選手が育ちにくいところだ。そんな土地柄なのに、ソロカが高校卒業時にドラフト1巡目指名される早熟の選手に成長したのは、12歳のときからジム・ローソンというコーチが経営する野球アカデミーに7年間通って、投球練習を続けたからだ。

　さらに高校進学時に、アイスホッケーをやめて野球一本にしぼったこともプラスになって、高校の最終学年になると153キロの速球を投げられるようになり、スカウトたちに注目されるようになった。

　高い身体能力は、父ゲーリーさん譲りのものだ。ゲーリーさんは現役のカナダ国税庁職員だが、高校大学時代はアイスホッケーで鳴らした人物。NHL（ナショナルホッケーリーグ）の選手の供給源であるカナダのジュニア・メジャー・ホッケーで、2年間プレーした経験もある。

カモ　V・ロブレス（ナショナルズ）.000（10-0）0本　　B・アンダーソン（マーリンズ）.133（15-2）0本
苦手　J・ソト（ブレーブス）.556（9-5）2本　　P・アロンゾ（メッツ）.444（9-4）1本

年度	所属チーム	勝利	敗戦	防御率	試合	先発	セーブ	投球イニング	被安打	失点	自責点	被本塁打	与四球	奪三振	WHIP
2018	ブレーブス	2	1	3.51	5	5	0	25.2	30	14	10	1	7	21	1.44
2019	ブレーブス	13	4	2.68	29	29	0	174.2	153	56	52	14	41	142	1.11
通算成績		15	5	2.79	34	34	0	200.1	183	70	62	15	48	163	1.15

カモ 苦手 は通算成績

昨年ブレイクし、チーム最多の17勝 　先発

54 マックス・フリード
Max Fried

26歳／193cm／86kg ｜ 左投左打

◆速球のスピード／150キロ台前半（フォーシーム主体）
◆決め球と持ち球／◎フォーシーム、◎カーブ、○スライダー、
　○カッター、△チェンジアップ
◆対左打者被打率／.231　◆対右打者被打率／.281
◆ホーム防御率／3.21　◆アウェー防御率／4.92
◆ドラフトデータ／2012①パドレス
◆出身地／カリフォルニア州
◆年俸／56万3500ドル（約6200万円）+α

球威	4
制球	4
緩急	5
守備・牽制	5
度胸	4

ブレーブス

　三塁側に大きく倒れ込む投球フォームを特徴とする、アグレッシブな投球を見せるサウスポー。球種はフォーシームと2種類のカーブが主体で、これにスライダーとカッターを交えながら投げ込んでくる。

　2年連続でメジャー定着に失敗したため、昨年はまず高校時代のチームメートであるカーディナルスのフラハティとミニキャンプを張り、モチベーションを高めてからチームのキャンプに参加。オープン戦で好成績を出して、先発5番手争いを制した。開幕後の滑り出しも上々で、最初の4試合はすべてQSという最高のスタート。その後、6月と7月は失点が多くなったが、8月以降復調し、勝ち星を17まで伸ばした。この数字は、ストラスバーグの18勝に次ぎ、ナショナル・リーグ2位の好成績だ。

　ロサンジェルスの高級住宅地サンタモニカに家を構える、ユダヤ系の裕福な家庭の出身。13歳のときに、バーミツヴァ（ユダヤ教の成人式）を盛大に祝ってもらったことなどで民族意識を持つようになり、同じユダヤ系の大投手サンディ・コーファックスを景敬するようになった。高校の最終学年に入るときに転校したハーバード・ウエストレイク高校の野球チームには、フラハティのほか、昨年ブレイクしたホワイトソックスのジオリートもいて競争が熾烈だった。しかしフリードは、背番号32（コーファックスの背番号）を付け、コーファックスの昔のフィルムを見て覚えたハンマー・カーブを多投して10勝3敗、防御率1.83という見事な数字をマーク。その年（2012年）のドラフトで、パドレスに1巡目（全体7番目）で指名された。ただ入団の翌年にトミー・ジョン手術を受けたあと、様々な不具合が生じた影響で、結局2シーズン全休する羽目になり、16年にブレーブス傘下の1Aで再出発することになった。しかしその後は故障が出なかったため、出世が早く、翌年8月にメジャーデビューを果たした。

カモ M・コンフォルト（メッツ）.077(13-1)0本　P・アロンゾ（メッツ）.100(10-1)1本
苦手 J・マクニール（メッツ）.455(11-5)0本　J・リアルミュート（マーリンズ）.385(13-5)2本

年度	所属チーム	勝利	敗戦	防御率	試合数	先発	セーブ	投球イニング	被安打	失点	自責点	被本塁打	与四球	奪三振	WHIP
2017	ブレーブス	1	1	3.81	9	4	0	26.0	30	15	11	3	12	22	1.62
2018	ブレーブス	1	4	2.94	14	5	0	33.2	26	12	11	3	20	44	1.37
2019	ブレーブス	17	6	4.02	33	30	0	165.2	174	80	74	21	47	173	1.33
通算成績		19	11	3.83	56	39	0	225.1	230	107	96	27	79	239	1.37

投 手

スライダー投手の代名詞的存在

51 ウィル・スミス *Will Smith*

クローザー セットアップ / 移籍

31歳／196cm／113kg／左投右打

◆速球のスピード／150キロ前後（フォーシーム主体）
◆決め球と持ち球／☆スライダー、○フォーシーム、○カーブ
◆対左.157　◆対右.212　◆ホ防2.27　◆ア防3.34
◆ド2008⑦エンジェルス　◆囲ジョージア州
◆囲1300万ドル（約14億3000万円）

球威 **3**
制球 **4**
緩急 **3**
守備・耐乱 **3**
度胸 **4**

　ジャイアンツで1年半クローザーを務めたあと、故郷ジョージアの球団ブレーブスに、3年4000万ドルで入団したリリーフ左腕。武器はスライダー。「ファングラフス」の球種評価では、全リリーフ投手の中で2番目に高い評価点が付く看板ピッチだ。奪三振率が高いのも、左打者にめっぽう強いのも、このスライダーがあるからだ。昨年ドジャースに同姓同名の捕手がメジャーデビューしたが、9月6日にウィル・スミス同士の対決が実現。投手のウィル・スミスが、スライダーで打者のウィル・スミスを三振に切って取った。

カモ J・ヴォト（レッズ）.000(10-0)0本　　苦手 W・マイヤーズ（パドレス）.571(7-4)2本

年度	所属チーム	勝利	敗戦	防御率	試合数	先発	セーブ	投球イニング	被安打	失点	自責点	被本塁打	与四球	奪三振	WHIP
2012	ロイヤルズ	6	9	5.32	16	16	0	89.2	111	54	53	12	33	59	1.61
2013	ロイヤルズ	2	1	3.24	19	1	0	33.1	24	16	12	6	7	43	0.93
2014	ブリュワーズ	1	3	3.70	78	0	1	65.2	62	31	27	6	31	86	1.42
2015	ブリュワーズ	7	2	2.70	76	0	0	63.1	52	23	19	5	24	91	1.20
2016	ブリュワーズ	1	3	3.68	27	0	0	22.0	18	13	9	3	9	22	1.23
2016	ジャイアンツ	1	1	2.95	26	0	0	18.1	13	6	6	0	9	26	1.20
2016	2チーム計	2	4	3.35	53	0	0	40.1	31	19	15	3	18	48	1.21
2018	ジャイアンツ	2	3	2.55	54	0	14	53.0	37	18	15	3	15	71	0.98
2019	ジャイアンツ	6	0	2.76	63	0	34	65.1	46	20	20	10	21	96	1.03
通算成績		26	22	3.53	359	17	49	410.2	363	181	161	45	149	494	1.25

打球が頭を直撃したが、大事に至らず

15 ショーン・ニューカム *Sean Newcomb*

スイング マン

27歳／196cm／116kg／左投左打

◆速球のスピード／150キロ台前半（フォーシーム主体）
◆決め球と持ち球／○フォーシーム、○カーブ、○スライダー、△チェンジアップ
◆対左.250　◆対右.230　◆ホ防2.14　◆ア防4.78
◆ド2014①エンジェルス　◆囲マサチューセッツ州
◆囲56万3500ドル（約6200万円）＋α

球威 **4**
制球 **3**
緩急 **3**
守備・耐乱 **2**
度胸 **3**

　3A降格のショックで制球力が向上し、今季はまた先発で使われる機会が増えそうな左腕。2018年に先発で30試合投げたため、昨季もフルシーズン、投げ続けると思われた。しかし開幕後3試合に先発しただけで、あっけなく3Aに降格。その時点の防御率は平均レベルの4.38だったので不可解な降格だと思われたが、ニューカムに関して首脳陣は制球力を重視しており、12イニングで8個も四球を出したことを問題視したのだ。6月中旬のフィリーズ戦で打球が頭を直撃し、脳震盪（のうしんとう）でIL（故障者リスト）入りのアクシデントがあったが、幸い大事には至らず、最短で復帰できた。その後はリリーフ陣立て直しの切り札として主にセットアッパーで起用され、いい働きを見せた。

カモ J・リアルミュート（マーリンズ）.095(21-2)本　　苦手 A・ロザリオ（メッツ）.500(10-5)0本

年度	所属チーム	勝利	敗戦	防御率	試合数	先発	セーブ	投球イニング	被安打	失点	自責点	被本塁打	与四球	奪三振	WHIP
2017	ブレーブス	4	9	4.32	19	19	0	100.0	100	51	48	10	57	108	1.57
2018	ブレーブス	12	9	3.90	31	30	0	164.0	137	74	71	18	81	160	1.33
2019	ブレーブス	6	3	3.16	55	4	1	68.1	61	28	24	8	29	65	1.32
通算成績		22	21	3.87	105	53	1	332.1	298	153	143	36	167	333	1.40

対左＝対左打者被打率　対右＝対右打者被打率　ホ防＝ホーム防御率　ア防＝アウェー防御率
ド＝ドラフトデータ　囲＝出身地　囲＝年俸　カモ 苦手は通算成績

色あせた感がある伝家の宝刀カッター

セットアップ

36 マーク・メランソン *Mark Melancon*

35歳｜188cm｜98kg｜右投右打

◆速球のスピード／140キロ台後半（カッター主体）
◆決め球と持ち球／◎カーブ、○カッター、○スプリッター、△フォーシーム
◆対左.278 ◆対右.265 ◆ホ防3.00 ◆ア防4.31
◆ド2006⑨ヤンキース ◆田コロラド州
◆年1400万ドル（約15億4000万円） ◆最多セーブ1回（15年）

球威 3
制球 4
緩急 4
将ｼ制 4
度胸 4

　昨年7月末のトレードで加入。グリーンが大乱調のため、2年ぶりにクローザーとして起用されることになった。移籍後は1勝11セーブで、セーブ失敗0だったが、内容はイマイチ。4点差の場面で登板して4点取られて同点にされたケースは、この数字に反映されていない。地区シリーズ初戦でも、9回に4失点して相手に勝利を献上している。首脳陣の信頼度も低めで、ブレーブスはオフに、ウィル・スミスを3年4000万ドルの高額契約で迎え入れた。

カモ J・セグーラ（フィリーズ）.091（11-1）0本　苦手 D・ラメイヒュー（ヤンキース）.625（8-5）0本

年度	所属チーム	勝利	敗戦	防御率	試合数	先発	セーブ	投球イニング	被安打	失点	自責点	被本塁打	与四球	奪三振	WHIP
2009	ヤンキース	0	1	3.86	13	0	0	16.1	13	8	7	0	10	10	1.41
2010	ヤンキース	0	0	9.00	2	0	0	4.0	7	5	4	1	0	3	1.75
2010	アストロズ	2	0	3.12	20	0	0	17.1	12	8	6	1	8	19	1.15
2010	2チーム計	2	0	4.22	22	0	0	21.1	19	13	10	2	8	22	1.27
2011	アストロズ	8	4	2.78	71	0	20	74.1	65	28	23	5	26	66	1.22
2012	レッドソックス	0	2	6.20	41	0	1	45.0	45	31	31	8	12	41	1.27
2013	パイレーツ	3	2	1.39	72	0	16	71.0	60	15	11	1	8	70	0.96
2014	パイレーツ	3	5	1.90	72	0	33	71.0	51	15	15	2	11	71	0.87
2015	パイレーツ	3	2	2.23	78	0	51	76.2	57	22	19	4	14	62	0.93
2016	パイレーツ	1	1	1.51	45	0	30	41.2	31	10	7	2	9	38	0.96
2016	ナショナルズ	1	1	1.82	30	0	17	29.2	21	6	6	1	3	27	0.81
2016	2チーム計	2	2	1.64	75	0	47	71.1	52	16	13	3	12	65	0.90
2017	ジャイアンツ	1	2	4.50	32	0	11	30.0	37	16	15	3	6	29	1.43
2018	ジャイアンツ	1	4	3.23	41	0	3	39.0	48	18	14	2	14	31	1.59
2019	ジャイアンツ	4	2	3.50	43	0	1	46.1	49	19	18	6	16	44	1.40
2019	ブレーブス	1	0	3.86	23	0	11	21.0	22	9	9	1	2	24	1.14
2019	2チーム計	5	2	3.61	66	0	12	67.1	71	28	27	4	18	68	1.32
通算成績		28	26	2.85	583	0	194	583.1	518	210	185	34	139	535	1.13

大谷翔平と2年チームメートだったグッドガイ

セットアップ

55 クリス・マーティン *Chris Martin*

34歳｜203cm｜98kg｜右投右打

◆速球のスピード／150キロ台中頃（フォーシーム、ツーシーム）
◆決め球と持ち球／◎フォーシーム、◎スプリッター、○ツーシーム、△カッター、△スライダー
◆対左.202 ◆対右.291 ◆ホ防3.54 ◆ア防3.25
◆ド2011㉚レッドソックス ◆田テキサス州
◆年700万ドル（約7億7000万円）

球威 4
制球 5
緩急 3
将ｼ制 4
度胸 4

　2年1400万ドルで残留した日本ハムの元クローザー。1点リードの場面で踏ん張れること、狙って三振を取れること、与四球の少なさなどが評価され、予想をはるかに上回る契約規模を実現。遅咲きのため、昨年までの年俸総額は750万ドル程度だったが、今回の契約で苦労が報われた形になった。昨季は序盤、カッターを高率で打たれたため、途中から使用頻度を半減させ、スプリッターの頻度を数％から20％近くまで上げた。スプリッターの被打率は0割6分7厘。これを決め球に使ったときは、5割の確率で三振を奪っている。

カモ A・ブレグマン（アストロズ）.167（6-0）0本　苦手 J・アルトゥーヴェ（アストロズ）.556（9-5）0本

年度	所属チーム	勝利	敗戦	防御率	試合数	先発	セーブ	投球イニング	被安打	失点	自責点	被本塁打	与四球	奪三振	WHIP
2014	ロッキーズ	0	0	6.89	16	0	0	15.2	22	12	12	2	4	14	1.66
2015	ヤンキース	0	2	5.66	24	0	1	20.2	28	13	13	2	6	18	1.65
2018	レンジャーズ	1	5	4.54	46	0	4	41.2	46	21	21	5	8	37	1.22
2019	レンジャーズ	0	2	3.08	38	0	4	38.0	35	13	13	8	4	43	1.03
2019	ブレーブス	1	1	4.08	20	0	0	17.2	17	10	8	1	1	22	1.02
2019	2チーム計	1	3	3.40	58	0	4	55.2	52	23	21	9	5	65	1.02
通算成績		2	10	4.51	144	0	9	133.2	148	69	67	18	20	134	1.26

タテスラ主体の投球に変え、クローザーに出世

セットアップ クローザー

77 ルーク・ジャクソン Luke Jackson

29歳｜188cm｜95kg｜右投右打｜速150キロ台前半〜中頃（フォーシーム主体）｜決☆スライダー

対左.157 対右.331 ド2010①レンジャーズ 出フロリダ州 年182.5万ドル（約2億75万円）

球	4
制	3
緩	5
守	2
度	3

　昨シーズン3カ月間クローザーを務めて注目されたリリーフ右腕。一昨年までメジャーに定着できず、昨季もリリーフの7番手（末席）としてスタート。しかも開幕戦でフィリーズのホスキンスに満塁アーチを食った。これを機に、ジャクソンは垂直に変化するように改良したスライダーを多投するようになった。その結果14試合連続で無失点を続けたため、評価が急上昇し、4月末にクローザーに抜擢された。このスライダーは左打者には有効だが、右打者に痛打されることが多く、度々セーブに失敗して7月下旬にお役御免になったが、ファンの記憶には残る出世物語となった。

年度	所属チーム	勝利	敗戦	防御率	試合	先発	セーブ	投球イニング	被安打	失点	自責点	被本塁打	与四球	奪三振	WHIP
2019	ブレーブス	9	2	3.84	70	0	18	72.2	76	34	31	10	26	106	1.40
通算成績		12	4	4.65	163	0	19	182.0	199	99	94	22	76	194	1.51

現在も実力はクローザーが務まるレベル

セット アップ

19 シェイン・グリーン Shane Greene

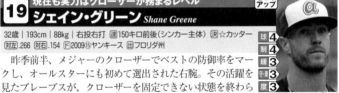

32歳｜193cm｜88kg｜右投右打｜速150キロ前後（シンカー主体）｜決☆カッター

対左.266 対右.154 ド2009⑮ヤンキース 出フロリダ州

球	4
制	4
緩	3
守	3
度	3

　昨季前半、メジャーのクローザーでベストの防御率をマークし、オールスターにも初めて選出された右腕。その活躍を見たブレーブスが、クローザーを固定できない状態を終わらせるため、7月末のトレードでタイガースから獲得。さっそくクローザーに据えて使ったが、まさかの炎上続きで首脳陣の信頼を失い、メランソンに取って代わられた。その後はセットアッパーに回って安定したピッチングを見せただけに、移籍直後の1週間の異常さが際立つ形になった。シンカー、カッター、スライダーを効果的に組み合わせて、ゴロを打たせることに主眼を置いた投球を見せる。

年度	所属チーム	勝利	敗戦	防御率	試合	先発	セーブ	投球イニング	被安打	失点	自責点	被本塁打	与四球	奪三振	WHIP
2019	タイガース	0	2	1.18	38	0	22	38.0	21	11	5	5	12	43	0.87
2019	ブレーブス	0	1	4.01	27	0	1	24.2	25	11	11	3	5	21	1.22
2019	2チーム計	0	3	2.30	65	0	23	62.2	46	22	16	8	17	64	1.01
通算成績		22	28	4.50	285	33	66	416.1	406	226	208	50	148	392	1.33

若手に好影響を与える通算163勝左腕

移籍

32 コール・ハメルズ Cole Hamels

37歳｜193cm｜93kg｜左投左打｜速140キロ台後半（フォーシーム主体）｜決◎チェンジアップ

対左.265 対右.259 ド2002①フィリーズ 出カリフォルニア州 年1800万ドル（約19億8000万円）

球	3
制	4
緩	5
守	2
度	4

　現役左腕では、レスター、カーショウに次ぐ通算勝利数を誇るベテラン。昨季は開幕からカブスのローテーションに入って、シーズン前半は好投。6月末の時点で防御率は2点台だった。だがその後、脇腹の筋肉を痛めてIL入り。復帰後はフォームを崩し、10試合で1勝しかできなかった。オフにFAとなり、1年1800万ドルでブレーブス入り。球団は、若手の多い先発陣の教育係としても期待している。ハイディ夫人は、元プレイメイトの金髪美人。4人の子供のうち、長女はエチオピアの孤児院から引き取った養子だ。フィリーズ時代の2008年ワールドシリーズで、MVPを受賞した。

年度	所属チーム	勝利	敗戦	防御率	試合	先発	セーブ	投球イニング	被安打	失点	自責点	被本塁打	与四球	奪三振	WHIP
2019	カブス	7	7	3.81	27	27	0	141.2	141	64	60	17	56	143	1.39
通算成績		163	121	3.42	422	421	0	2694.2	2421	1100	1024	310	766	2558	1.18

速=速球のスピード　決=決め球　対左=対左打者被打率　対右=対右打者被打率
ド=ドラフトデータ　出=出身地　年=年俸

ブレーブス

26 マイク・フォルティネヴィッチ Mike Foltynewicz
マイナー落ちの屈辱をバネに見事に復調 **先発**

29歳｜193cm｜91kg｜右投右打 [球]150キロ台前半(ツーシーム、フォーシーム) [決]○ツーシーム
[対左].228 [対右].258 [ド]2010①アストロズ [出]イリノイ州 [年]642.5万ドル(約7億675万円)

球5 制3 緩2 守・走3 度3

　一ır年大化けした先発右腕。新エースとして、昨シーズンは開幕投手確実に思われていた。しかしヒジの不調で開幕前にIL入り。4月27日に復帰したが、その影響で、平均153キロあった速球の球速が148キロに落ちたため、頻繁に集中打を浴び、苦しいピッチングが続いた。結局2カ月が経過しても復調気配が見られず、6月下旬に3A降格となった。3A在籍はひと月半に及んだが、その間にピッチングを再構築したため、8月上旬にメジャー復帰後は別人のように好調で、降格前の成績が2勝5敗、防御率6.37だったのに対し、再昇格後は6勝1敗、防御率2.65だった。

年度	所属チーム	勝利	敗戦	防御率	試合数	先発	セーブ	投球イニング	被安打	失点	自責点	被本塁打	与四球	奪三振	WHIP
2019	ブレーブス	8	6	4.54	21	21	0	117.0	109	65	59	23	37	105	1.25
通算成績		44	41	4.27	137	117	0	682.2	668	351	324	98	235	652	1.32

71 ジェイコブ・ウェッブ Jacob Webb
制球力がつき、急成長した将来のクローザー候補 **ミドル リリーフ**

27歳｜185cm｜91kg｜右投右打 [球]150キロ台前半〜中盤(フォーシーム主体) [決]○フォーシーム
[対左].179 [対右].218 [ド]2014⑱ブレーブス [出]カリフォルニア州 [年]56万3500ドル(約6200万円)+α

球4 制3 緩4 守・走3 度3

　昨年7月中旬にヒジの故障でIL入りするまで、ルーキーながらリリーフ陣で一番の活躍をしていた注目の右腕。マイナーでは速球、カーブの威力はメジャー級だが、制球力に難があると評価されていた。だが、昨年制球力の向上が見られ、4月16日にメジャーデビュー。いきなり9イニング連続無失点登板を続け、注目された。投手をやりだしたのが大学に入ってからで、しかもスカウトの目が届きにくい学生数700人の小規模校でプレーしていたため、ドラフトでは18巡目指名の低い評価になった。ヒジの故障は神経障害で、完治しており、今季は開幕からフル回転で行ける。

年度	所属チーム	勝利	敗戦	防御率	試合数	先発	セーブ	投球イニング	被安打	失点	自責点	被本塁打	与四球	奪三振	WHIP
2019	ブレーブス	4	0	1.39	36	0	2	32.1	24	10	5	4	12	28	1.11
通算成績		4	0	1.39	36	0	2	32.1	24	10	5	4	12	28	1.11

56 ダレン・オデイ Darren O'Day
変則タイプのスライダーの魔術師 **ミドル リリーフ**

38歳｜193cm｜100kg｜右投アンダー 右打 [球]140キロ前後(フォーシーム、ツーシーム) [決]○スライダー
[対左].200 [対右].143 [ド]2006⑥エンジェルス [出]ジョージア州 [年]275万ドル(約3億250万円)

球2 制4 緩5 守・走4 度4

　オリオールズがヤンキース、レッドソックスと互角の優勝争いをしていた頃、オリオールズのトップ・セットアッパーとして大活躍したサブマリン。一昨年7月末にトレードで移籍後は、ハムストリング痛と前腕筋の故障で登板できない状態が続いたが、8月下旬になって青信号が灯り、マイナーで4試合投げたあと +9月7日に復帰した。速球半分、スライダー半分の比率で投げるスタイルに変わりはないが、速球はツーシームよりフォーシームが多くなっている。妻エリザベスさんは、CNN系のニュース専門局「HLN」のキャスターを務める才女。14年に生まれた娘が1人いる。

年度	所属チーム	勝利	敗戦	防御率	試合数	先発	セーブ	投球イニング	被安打	失点	自責点	被本塁打	与四球	奪三振	WHIP
2019	ブレーブス	0	0	1.69	8	0	0	5.1	3	1	1	0	1	6	0.75
通算成績		36	19	2.55	585	0	21	560.1	422	170	159	58	153	578	1.03

33 A.J.ミンター *A.J. Minter*

昨年は肩の故障に泣き、前途に暗雲

ミドルリリーフ

27歳 | 183cm | 98kg | 左投左打 速150キロ台中頃(フォーシーム) 決◎スライダー
対左.260 対右.324 ド2015②ブレーブス 出テキサス州 年56万3500ドル(約6200万円)+α

球4 制2 緩3 守・牽3 度3

昨季はすべてが悪いほうに転がり、無残な成績に終わったため、今季の巻き返しに執念を燃やすサウスポーの豪腕リリーバー。不調の原因は、キャンプ中に起きた肩関節の炎症。これにより開幕に間に合わず、4月4日から投げ始めたが、速球はキレがないうえに制球難。スライダーも曲がりがフラットになり、度々痛打された。それでも前年の実績を買われて、ヴィスカイーノが故障したあとクローザーを託されたが、4月27日のロッキーズ戦で大炎上し、L・ジャクソンに取って代わられた。その後、3A降格とメジャー昇格を2度繰り返したが、立ち直れないまま終わった。

年度	所属チーム	勝利	敗戦	防御率	試合数	先発	セーブ	投球イニング	被安打	失点	自責点	被本塁打	与四球	奪三振	WHIP
2019	ブレーブス	3	4	7.06	36	0	5	29.1	36	23	23	3	23	35	2.01
通算成績		7	8	4.26	117	0	20	105.2	106	51	50	7	47	130	1.45

75 グラント・デイトン *Grant Dayton*

トミー・ジョン手術のあとは、つま先の骨折

ミドルリリーフ

33歳 | 188cm | 95kg | 左投左打 速140キロ台後半(フォーシーム主体) 決◎カーブ
対左.250 対右.258 ド2010⑪マーリンズ 出アラバマ州 年65.5万ドル(約7205万円)

球4 制4 緩3 守・牽4 度3

奪三振率の高さをウリにしている苦労人のリリーフ左腕。ドジャースに在籍していた2016年7月に、28歳でメジャーデビュー。フォーシームとカーブを高低に投げ分けて、ハイペースで三振を奪い注目されたが、翌17年8月にトミー・ジョン手術を受けたため、18年は全休。しかも術後4カ月目に解雇されてしまい、投手人生が終わりかけた。だが、ブレーブスに拾われてリハビリを継続。その甲斐あって、昨年の開幕から3Aでプレーを再開し、4月末にはメジャー復帰を果たした。しかし7月上旬に足のつま先の骨を骨折したため、念願のメジャー定着は今季に持ち越された。

年度	所属チーム	勝利	敗戦	防御率	試合数	先発	セーブ	投球イニング	被安打	失点	自責点	被本塁打	与四球	奪三振	WHIP
2019	ブレーブス	0	1	3.00	14	0	0	12.0	12	5	4	4	4	14	1.33
通算成績		1	3	3.34	68	0	0	62.0	45	25	23	13	22	73	1.08

63 ジェレミー・ウォーカー *Jeremy Walker*

リリーフ 期待度 B+ ルーキー

25歳 | 196cm | 93kg | 右投右打 ◆昨季メジャーで6試合出場 ド2016⑤ブレーブス 出ノースカロライナ州

昨年2Aと3Aで好成績をあげ、短期間メジャーでも試されたシンカーボーラーのリリーフ右腕。球種は時速150キロ前後のシンカーとヨコの変化が大きいカーブが主体。ゴロを打たせることに主眼を置き、ストライクゾーンにどんどん投げ込んでくるが、奪三振率も平均以上。一発のリスクも低い。

— イアン・アンダーソン *Ian Anderson*

先発 期待度 B+ ルーキー

22歳 | 191cm | 77kg | 右投右打 ◆昨季は2A、3Aでプレー ド2016①ブレーブス 出ニューヨーク州

投手の育成に定評があるブレーブスでは、カイル・ギブソン、ブライス・ウィルソン、このアンダーソンの3人の逸材が、今季の投手有望株リストのトップ3に名を連ねている。速球の威力、第一の変化球のクオリティはアンダーソンが一番。制球力が向上すれば、今季途中のメジャーデビューも。

速=速球のスピード 決=決め球 対左=対左打者被打率 対右=対右打者被打率
ド=ドラフトデータ 出=出身地 年=年俸
※メジャー経験がない投手の「先発」「リリーフ」はマイナーでの役割

野手

史上5人目となる「40-40」への期待

ライト
センター

13 ロナルド・アクーニャ・ジュニア
Ronald Acuna Jr.

ブレーブス

23歳｜183cm｜82kg｜右投右打

◆対左投手打率／.270(126-34)　◆対右投手打率／.282(500-141)
◆ホーム打率／.281(306-86)　◆アウェー打率／.278(320-89)
◆得点圏打率／.323(127-41)
◆19年のポジション別出場数／センター=100、レフト=46、ライト=35
◆ドラフトデータ／2014㊾ブレーブス
◆出身地／ベネズエラ
◆年俸／100万ドル(約1億1000万円)
◆盗塁王1回(19年)、シルバースラッガー賞1回(19年)、新人王(18年)

ミート 3
パワー 5
走塁 5
守備 4
肩 5

　メジャー2年目の昨シーズン、早くも「30-30」(サーティ・サーティ＝30本塁打と30盗塁の同時達成)をやってのけた天才外野手。41本塁打はナショナル・リーグ5位タイ、37盗塁はリーグトップの数字だ。

　昨季打撃面で進化した点は、スライダーにうまく対応できるようになったことだ。1年目は引っかけて内野ゴロに倒れるケースが目立ったが、昨季は十分に引き付けてから逆方向にライナーで弾き返すケースが多くなり、苦にしなくなった。守備では強肩が光る。アシスト(補殺)数10は、メジャーの全外野手で7位タイの数字。課題は、塀際まで飛ばした打球を本塁打と勘違いして、走らないこと。昨季はこれを2度やって、楽々二塁打になる当たりをシングルにしたため、スニッカー監督が激怒。翌日の試合のスタメンからアクーニャを外し、お灸をすえたことがあった。

　昨年4月2日に総額1億ドル(110億円)の8年契約にサイン。20歳で1億ドル・プレーヤーになったのは史上初、メジャー経験1年未満で1億ドル・プレーヤーになったのもアクーニャが第1号だ。

　父ロナルド・シニアは、マイナーで8年間プレーした外野手。スピード、守備、肩はハイレベルだったが、パワーが決定的に欠けていて、メジャー入りがかなわなかった。それを骨身にしみてわかっている父は、息子が14歳の頃からウエイトトレーニングをやらせ、パワーアップをはかった。

　母方のいとこに、ブルージェイズなどで活躍した通算101勝のケルヴィム・エスコバーと、ロイヤルズがワールドシリーズを制したときに正遊撃手として活躍したアルシデス・エスコバー(今季はヤクルト)がいる。この2人がアクーニャ一家を、ヤンキー・スタジアムでのゲームや春のキャンプに招待してくれたため、アクーニャは少年時代、メジャーリーガーを間近で見ることができ、それが野球にのめり込む一つの要因になった。

カモ S・ストラスバーグ(ナショナルズ).429(14-6)1本　Z・エフリン(フィリーズ).444(9-4)1本
苦手 S・アルカンタラ(マーリンズ).000(8-0)0本　Z・グリンキー(アストロズ).000(9-0)0本

年度	所属チーム	試合数	打数	得点	安打	二塁打	三塁打	本塁打	打点	四球	三振	盗塁	盗塁死	出塁率	OPS	打率
2018	ブレーブス	111	433	78	127	26	4	26	64	45	123	16	5	.366	.917	.293
2019	ブレーブス	156	626	127	175	22	2	41	101	76	188	37	9	.365	.883	.280
通算成績		267	1059	205	302	48	6	67	165	121	311	53	14	.365	.897	.285

カモ 苦手 は通算成績

本塁打、打点、得点はすべてキャリアハイ ［ファースト］

5 フレディ・フリーマン
Freddie Freeman

31歳｜196cm｜100kg｜右投左打

◆対左投手打率／.255(161-41) ◆対右投手打率／.310(436-135)
◆ホーム打率／.276(297-82) ◆アウェー打率／.313(300-94)
◆得点圏打率／.358(137-49)
◆19年のポジション別出場数／ファースト＝158
◆ドラフトデータ／2007②ブレーブス
◆出身地／カリフォルニア州
◆年俸／2200万ドル（約24億2000万円）
◆ゴールドグラブ賞1回(18年)、シルバースラッガー賞1回(19年)

ミート	4
パワー	5
走塁	3
守備	4
肩	4

　チームリーダーとしても重要な存在になっている、ブレーブス生え抜きのスラッガー。昨季も開幕から「3番・ファースト」で起用されたが、フルシーズン勝負強さをいかんなく発揮して、ナショナル・リーグ2位の121打点をマークした。得点圏打率は3割5分8厘という高率で、走者なしの場面の打率2割7分0厘に比べると、8分8厘も高かった。昨季は38本塁打もキャリアハイの数字になったが、シーズン後半、ヒジの故障に悩まされてスローダウンしなければ、40本を超えていた可能性が高い。

　ヒジの故障は、ヒジ関節に骨棘（骨組織が増殖して棘状になったもの）ができたことによるもの。シーズン終了後に内視鏡手術を受けて切除したので、今季はヒジに違和感がない状態で打席に入ることができる。

　惜しまれるのは、ポストシーズンで打率2割、1本塁打、1打点とまったくいいところがなかったこと。これはヒジの故障が原因ではなく、苦手にしているスライダーを多投されたからだ。その一方で、相変わらず速球系にはめっぽう強く、昨季の38本塁打のうち28本は速球系を叩いたものだった。

　2010年に20歳の若さでメジャーデビューしているが、そのときの自分と最近20歳前後で台頭してきたアクーニャ、ソトらから比べると、「今の20歳のほうがずっとのびのびやっている。だから見ていて面白い。オレが20歳でメジャーデビューしたときは、チッパー（ジョーンズ）、ビリー（ワグナー）をはじめベテランが何人もいて、オレはチーム内でどう身を処すか考えながら行動していたよ」と語っている。

カモ　J・ウレイニャ(マーリンズ).423(26-11)4本　N・シンダーガード(メッツ).455(22-10)1本
苦手　H・ノリス(フィリーズ).083(12-1)0本　P・コービン(ナショナルズ).192(26-5)0本

年度	所属チーム	試合数	打数	得点	安打	二塁打	三塁打	本塁打	打点	四球	三振	盗塁	盗塁死	出塁率	OPS	打率
2010	ブレーブス	20	24	3	4	0	0	1	1	0	8	0	0	.167	.500	.167
2011	ブレーブス	157	571	67	161	32	0	21	76	53	142	4	4	.346	.795	.282
2012	ブレーブス	147	540	91	140	33	2	23	94	64	129	2	0	.340	.796	.259
2013	ブレーブス	147	551	89	176	27	2	23	109	66	121	1	0	.396	.897	.319
2014	ブレーブス	162	607	93	175	43	4	18	78	90	145	3	4	.386	.847	.288
2015	ブレーブス	118	416	62	115	27	0	18	66	56	98	3	1	.370	.841	.276
2016	ブレーブス	158	589	102	178	43	6	34	91	89	171	6	1	.400	.968	.302
2017	ブレーブス	117	440	84	135	35	2	28	71	65	95	8	5	.403	.989	.307
2018	ブレーブス	162	618	94	191	44	4	23	98	76	132	10	3	.388	.892	.309
2019	ブレーブス	158	597	113	176	34	2	38	121	87	127	6	3	.389	.938	.295
通算成績		1346	4953	798	1451	319	22	227	805	646	1168	43	21	.379	.883	.293

課題は左打席での打撃成績向上

セカンド

1 オズィー・アルビーズ *Ozzie Albies*

23歳｜173cm｜75kg｜右投両打

◆対左投手率／.389　◆対右投手打率／.267
◆ホーム打率／.310　◆アウェー打率／.282　◆得点圏打率／.338
◆19年のポジション別出場数／セカンド＝158　◆⑤2013外ブレーブス
◆⑪オランダ領キュラソー島　◆⑪100万ドル（約1億1000万円）
◆シルバースラッガー賞1回（19年）

ミート	4
パワー	4
走塁	5
守備	5
肩	4

　メジャーデビューから2年半で、メジャーを代表する二塁手に成長したキュラソー出身の逸材。昨季はシルバースラッガー賞を初めて受賞。ナショナル・リーグで最もバッティングのいい二塁手という折り紙が付いた。ゴールドグラブ賞は最終候補になったものの、DRSが一番多かったウォンに持っていかれた。ただ併殺ゴロ達成数と守備率はメジャーの二塁手でトップだった。打者としての特徴は、右打席では最強レベル、左打席では平均レベルのスイッチヒッターであること。メジャー通算打率は右打席が3割5分3厘であるのに対し、左打席は2割5分3厘で1割も差がある。以前からアンドレアさんという中南米系の女性と事実婚状態。彼女はいつもブラジルの会社が作ったセクシーなドレスを着ているため、「ブラジリアン・ミス」のあだ名がある。

| **カモ** J・キンターナ（カブス）.833(6-5)2本 | **苦手** M・シャーザー（ナショナルズ）.158(19-3)0本 |

年度	所属チーム	試合数	打数	得点	安打	二塁打	三塁打	本塁打	打点	四球	三振	盗塁	盗塁死	出塁率	OPS	打率
2017	ブレーブス	57	217	34	62	9	5	6	28	21	36	8	1	.354	.810	.286
2018	ブレーブス	158	639	105	167	40	5	24	72	36	116	14	3	.305	.757	.261
2019	ブレーブス	160	640	102	189	43	8	24	86	54	112	15	4	.352	.852	.295
通算成績		375	1496	241	418	92	18	54	186	111	264	37	8	.332	.806	.279

30本を期待される注目のパワーハウス

サード／レフト

27 オースティン・ライリー *Austin Riley*

23歳｜191cm｜100kg｜右投右打

◆対左投手率／.262　◆対右投手打率／.215
◆ホーム打率／.248　◆アウェー打率／.204　◆得点圏打率／.250
◆19年のポジション別出場数／レフト＝58、ファースト＝6、サード＝5、
ライト＝2、DH＝1　◆⑤2015①ブレーブス　◆⑪テネシー州
◆⑪56万3500ドル（約6200万円）＋α

ミート	3
パワー	5
走塁	2
守備	4
肩	5

　今季はサードのレギュラーの有力候補と目されている、波に乗ると目を見張るペースでアーチが飛び出すスラッガー。昨年は開幕を3Aで迎えたあと、4月25日から一発ラッシュになり、20日間で13本生産して5月15日にメジャーに呼ばれた。メジャーでもアーチラッシュは続き、2週間で7本外野席に叩き込んで、月間最優秀新人に選ばれた。6月も7本出たが、7月はスランプで2本しか出ず、さらにヒザの捻挫で8月4日にIL入りしたため、8月以降は2本しか叩き込めなかった。それでもトータルで見ると昨季は15.2打数に1本のペースで生産しているので、球団は強力な戦力になると見て、今季はまとまった出場機会を与える方針だ。ウリは逆方向にも飛距離が出ること。高校時代はピッチャー兼三塁手だったので、強肩で送球も正確。スピードは平均以下のレベルだが、打球への反応が速く、グラブさばきもうまい。

| **カモ** S・ストラスバーグ（ナショナルズ）.500(6-3)1本 | **苦手** N・シンダーガード（メッツ）.000(4-0)0本 |

年度	所属チーム	試合数	打数	得点	安打	二塁打	三塁打	本塁打	打点	四球	三振	盗塁	盗塁死	出塁率	OPS	打率
2019	ブレーブス	80	274	41	62	11	1	18	49	16	108	0	2	.279	.750	.226
通算成績		80	274	41	62	11	1	18	49	16	108	0	2	.279	.750	.226

⑤＝ドラフトデータ　⑪＝出身地　⑪＝年俸

守備よりバッティングで貢献するタイプ キャッチャー 移籍

16 トラヴィス・ダーノウ Travis d'Arnaud

31歳｜188cm｜95kg｜右投右打｜盗塁阻止率／.222(45-10)

◆対左投手打率／.276　◆対右投手打率／.235
◆ホーム打率／.247　◆アウェー打率／.254　◆得点圏打率／.320
◆19年のポジション別出場数／キャッチャー＝85、ファースト＝21、
　DH＝4　◆Ⓓ2007①フィリーズ　◆⊞カリフォルニア州
◆㉓800万ドル（約8億8000万円）

ミート 3
パワー 4
走塁 2
守備 3
肩 3

　2年1600万ドルで入団したベテラン捕手。2014年からメッツで正捕手を務めていたが、18年4月にヒジを痛めトミー・ジョン手術を受けた。1年後の昨年4月に復帰したが、10試合出場したところでメッツから解雇され、ドジャースと契約。ここでは1試合の出場でレイズにトレードされ、レイズでは92試合に出場した。ウリは長打力。約100試合に先発出場した場合、本塁打と二塁打を各15本前後期待できる。盗塁阻止力とボールブロックは平均レベル。母マリータさんがフィリピン系で、東洋人の血が半分入っている。

カモ G・コール（ヤンキース）1.000(4-4)1本　苦手 V・ヴェラスケス（フィリーズ）.100(10-1)0本

年度	所属チーム	試合数	打数	得点	安打	二塁打	三塁打	本塁打	打点	四球	三振	盗塁	盗塁死	出塁率	OPS	打率
2013	メッツ	31	99	4	20	3	0	1	5	12	21	0	0	.286	.548	.202
2014	メッツ	108	385	48	93	22	3	13	41	32	64	1	0	.302	.718	.242
2015	メッツ	67	239	31	64	14	1	12	41	23	49	0	0	.340	.825	.268
2016	メッツ	75	251	27	62	7	0	4	15	19	50	0	0	.307	.629	.247
2017	メッツ	112	348	39	85	19	1	16	57	23	59	0	0	.293	.735	.244
2018	メッツ	4	15	1	3	0	0	1	3	1	5	0	0	.250	.650	.200
2019	ドジャース	1	1	0	0	0	0	0	0	0	0	0	0	.000	.000	.000
2019	メッツ	10	23	2	2	0	0	0	2	2	5	0	0	.160	.247	.087
2019	レイズ	92	327	50	86	16	0	16	67	30	80	0	1	.323	.782	.263
2019	3チーム計	103	351	52	88	16	0	16	69	32	85	0	1	.312	.745	.251
通算成績		500	1688	202	415	81	5	63	231	142	333	1	1	.307	.719	.246

2017年にシルバースラッガー＆ゴールドグラブ レフト 移籍

20 マーセル・オズーナ Marcell Ozuna

30歳｜185cm｜102kg｜右投右打

◆対左投手打率／.217　◆対右投手打率／.249
◆ホーム打率／.240　◆アウェー打率／.247　◆得点圏打率／.231
◆19年のポジション別出場数／レフト＝129
◆Ⓓ2008外マーリンズ　◆⊞ドミニカ　◆㉓1800万ドル（約19億8000万円）
◆ゴールドグラブ賞1回(17年)、シルバースラッガー賞1回(17年)

ミート 3
パワー 5
走塁 3
守備 3
肩 4

　今年1月21日、1年1800万ドルの契約で入団したスラッガー。マーリンズ時代の2017年に、37本塁打をマークしたパワーヒッターで、カーディナルス2年目の昨季も、シーズン序盤から快調に長打を放っていた。だが終盤に失速。シーズン29本塁打は自身2番目にいい数字だが、打率は自己ワーストだった。レフトの守備は、17年にゴールドグラブ賞を獲得しているが、最近はフライの目測を誤ることが増え、捕球しようとフェンスによじ登ったオズーナの手前に、打球がポトンと落ちる珍プレーも2年連続で起きている。

カモ R・モンテーロ（レンジャーズ）.615(13-8)0本　苦手 H・ネリス（フィリーズ）.067(15-1)1本

年度	所属チーム	試合数	打数	得点	安打	二塁打	三塁打	本塁打	打点	四球	三振	盗塁	盗塁死	出塁率	OPS	打率
2013	マーリンズ	70	275	31	73	17	4	3	32	13	57	5	1	.303	.693	.265
2014	マーリンズ	153	565	72	152	26	5	23	85	41	164	3	1	.317	.772	.269
2015	マーリンズ	123	459	47	119	27	0	10	44	30	110	2	3	.308	.691	.259
2016	マーリンズ	148	557	75	148	23	6	23	76	43	115	0	3	.321	.773	.266
2017	マーリンズ	159	613	93	191	30	2	37	124	64	144	1	3	.376	.924	.312
2018	カーディナルス	148	582	69	163	16	2	23	88	38	110	3	0	.325	.758	.280
2019	カーディナルス	130	485	80	117	23	1	29	89	62	114	12	2	.328	.800	.241
通算成績		931	3536	467	963	162	20	148	538	291	814	26	13	.329	.784	.272

ブレーブス

7 ショート
女子サッカーの米国代表選手と交際中
ダンズビー・スワンソン Dansby Swanson

26歳｜185cm｜86kg｜右投右打｜対左.293 対右.240 困.229 ア.270 得.187
ド2015①ダイヤモンドバックス 出ジョージア州 囲315万ドル（約3奥4650万円）

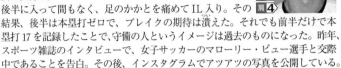

ミ3
パ3
走4
守3
肩4

　打撃面で急速に進化している遊撃手。昨季は序盤から快調に長打が出て、ブレイクイヤーになると思われた。しかし、後半に入って間もなく、足のかかとを痛めてIL入り。その結果、後半は本塁打ゼロで、ブレイクの期待は潰えた。それでも前半だけで本塁打17を記録したことで、守備の人というイメージは過去のものになった。昨年、スポーツ雑誌のインタビューで、女子サッカーのマローリー・ピュー選手と交際中であることを告白。その後、インスタグラムでアツアツの写真を公開している。ピュー選手は米国代表チームのメンバーで、リオ五輪で活躍した実績がある。

年度	所属チーム	試合数	打数	得点	安打	二塁打	三塁打	本塁打	打点	四球	三振	盗塁	盗塁死	出塁率	OPS	打率
2019	ブレーブス	127	483	77	121	26	3	17	65	51	124	10	5	.325	.748	.251
通算成績		445	1578	207	387	81	10	40	192	167	400	26	12	.318	.703	.245

11 センター
故障がなければゴールドグラブの有力候補
エンダー・インシアーテ Ender Inciarte

30歳｜180cm｜86kg｜左投左打｜対左.273 対右.239 困.250 ア.243 得.275
ド2008①ダイヤモンドバックス 出ベネズエラ 囲800万ドル（約8億8000万円）
◆ゴールドグラブ賞3回（16、17、18年）

ミ3
パ3
走5
守5
肩5

　2016年から3年連続でゴールドグラブ賞に輝いたが、昨季は故障に泣き、4年連続はならなかった守備の名手。昨季は2度IL入りしたが、最初に出たのは腰部挫傷で復帰まで2カ月かかった。次は8月中旬に起きたハムストリング痛で、こちらは1カ月ほどで復帰できたが、故障が続いた結果、守備力が平均レベルに低下したためポストシーズンのメンバーから外された。ただ現在も、ゴールドグラブ級の守備力を備えていることに変わりはない。今季故障と無縁でいることができれば、4度目のゴールドグラブも夢ではない。盗塁、バントなど、スモールボールのスキルも高い。

年度	所属チーム	試合数	打数	得点	安打	二塁打	三塁打	本塁打	打点	四球	三振	盗塁	盗塁死	出塁率	OPS	打率
2019	ブレーブス	65	199	30	49	11	2	5	24	26	41	7	1	.343	.740	.246
通算成績		759	2922	418	834	134	27	39	243	220	400	113	44	.338	.728	.286

22 ライト／レフト
スランプがない、計算できるベテラン
ニック・マーケイキス Nick Markakis

37歳｜185cm｜95kg｜左投左打｜対左.245 対右.298 困.305 ア.265 得.286
ド2003①オリオールズ 出ニューヨーク州 囲400万ドル（約4億4000万円）
◆ゴールドグラブ賞3回（11、14、18年）、シルバースラッガー賞1回（18年）

ミ4
パ4
走3
守4
肩4

　30代後半に入っても衰えが見られないメジャー15年目の外野手。昨季は打撃部門のほとんどの数字が前年を下回った。これは7月末の試合で手首に死球を受けて骨折し、ひと月半IL入りを余儀なくされたためだ。打者としての最大の特徴は、スランプの年がないため、この10年間、毎年、判で押したように2割8分台前後の打率と、3割5分前後の出塁率を出し続けていること。昨年3月末、フィラデルフィアに遠征して開幕シリーズを戦っていたとき、アトランタの家に泥棒が侵入。現金2万ドルと、ライフル・拳銃を計5丁盗まれた。護身用にしては銃の数が多すぎるが。

年度	所属チーム	試合数	打数	得点	安打	二塁打	三塁打	本塁打	打点	四球	三振	盗塁	盗塁死	出塁率	OPS	打率
2019	ブレーブス	116	414	61	118	25	2	9	62	47	59	2	0	.356	.776	.285
通算成績		2117	8172	1104	2355	499	22	188	1031	881	1207	66	31	.358	.782	.288

対左=対左投手打率　対右=対右投手打率　困=ホーム打率　ア=アウェー打率　得=得点圏打率　273

ウリは長打力と使い勝手の良さ

ユーティリティ

17 ヨハン・カマーゴ *Johan Camargo*

27歳｜183cm｜88kg｜右投両打　対左.215　対右.240　ホ.256　ア.207　得.309
ド2010外ブレーブス　出パナマ　年170万ドル（約1億8700万円）

ミ	3
パ	4
走	3
守	2
肩	4

すべてが悪いほうに転がった2019年に封印をして、気分を新たに2020年シーズンに臨むスイッチヒッターのスーパーサブ。昨季は、ドナルドソンの加入でサードのレギュラーになれなかったモヤモヤを引きずったまま、シーズンに入った。そのため出だしから打撃守備の両面で精彩を欠いた。とくにひどかったのは、8月にIL入りしたスワンソンの代役でショートに起用されたときで、大事な場面でエラーを連発し、3Aに降格となった。2週間ほどでメジャーに呼び戻されたものの、今度は打席で自打球をスネにあてて骨折したため、IL入りしてそのままシーズンを終えた。

年度	所属チーム	試合数	打数	得点	安打	二塁打	三塁打	本塁打	打点	四球	三振	盗塁	盗塁死	出塁率	OPS	打率
2019	ブレーブス	98	232	31	54	12	1	7	32	15	43	1	0	.279	.663	.233
通算成績		314	937	124	252	60	4	30	135	78	202	2	1	.328	.765	.269

痛くない死球で出塁する名人

キャッチャー

25 タイラー・フラワーズ *Tyler Flowers*

34歳｜193cm｜118kg｜右投右打　盗塁阻止率.148(54-8)　対左.155　対右.262　ホ.259
ア.197　得.203　ド2005③ブレーブス　出ジョージア州　年400万ドル（約4億4000万円）

ミ	2
パ	4
走	3
守	2
肩	3

今季も70試合くらいに先発出場すると思われるベテラン捕手。昨季はテヘラン（今季エンジェルス）と相性が良く、バッテリーを組んだ13試合の防御率が2.38。ソロカと組んだ13試合も2.57といういい数字だった。守備面では、盗塁阻止率が14.8%で中の下レベル。ワイルドピッチを出す頻度も平均よりやや高い。パスボール16は昨年のメジャーワースト記録で、今季は大幅に減らす必要がある。パスボールが多いのは以前からで、通算74パスボールは現役捕手で4番目に多い数字。打者としては長打力がウリ。内角球を上手に体に当て、死球で出塁することにも長けている。

年度	所属チーム	試合数	打数	得点	安打	二塁打	三塁打	本塁打	打点	四球	三振	盗塁	盗塁死	出塁率	OPS	打率
2019	ブレーブス	85	271	36	62	11	3	11	34	31	105	0	0	.319	.733	.229
通算成績		780	2387	262	567	105	5	85	296	219	818	2	6	.319	.711	.238

― ドルー・ウォーターズ *Drew Waters*

外野手　**期待度 B+**　**ルーキー**

22歳｜188cm｜83kg｜右投両打　◆昨季は2A、3Aでプレー　ド2017②ブレーブス　出ジョージア州

トップバッターに成長することを期待されているスイッチヒッターの外野手。昨季は2Aと3Aでプレー。計134試合に出場し、打率3割0分9厘、二塁打40、三塁打9、本塁打7の見事な数字を出している。俊足で守備範囲が広いので、ポジションはセンター向きだが、強肩なのでライトでも使える。

― クリスチャン・パチェイ *Cristian Pache*

外野手　**期待度 B**　**ルーキー**

22歳｜188cm｜84kg｜右投右打　◆昨季は2A、3Aでプレー　ド2015外ブレーブス　出ドミニカ

強肩で守備力が高く、スピードも併せ持つためセンターで使うと生きるタイプ。後方に飛んだフライに強く、瞬時に軌道を読んで最短ルートで落下点に入り、難なくキャッチしてしまう。昨季は2Aと3Aでプレー。打率2割7分7厘、二塁打36、三塁打9、本塁打12と、まずまずの数字を出している。

ワシントン・ナショナルズ

◆創　立：1969年
◆本拠地：コロンビア特別区ワシントンD.C.
◆ワールドシリーズ制覇：1回／◆リーグ優勝：1回
◆地区優勝：5回／◆ワイルドカード獲得：1回

主要オーナー マーク・ラーナー(不動産開発会社ラーナー社オーナー)

過去5年成績

年度	勝	負	勝率	ゲーム差	地区順位	ポストシーズン成績
2015	83	79	.512	7.0	②	
2016	95	67	.586	(8.0)	①	地区シリーズ敗退
2017	97	65	.599	(20.0)	①	地区シリーズ敗退
2018	82	80	.506	8.0	②	
2019	**93**	**69**	**.574**	**4.0**	**②**	**ワールドシリーズ制覇**

監督　4 デイヴ・マルティネス *Dave Martinez*

◆年　齢…………56歳(ニューヨーク州出身)
◆現役時代の経歴…16シーズン　カブス(1986~88)、エクスポズ(1988~91)、
(外野手)　　　　レッズ(1992)、ジャイアンツ(1993~94)、ホワイトソックス
　　　　　　　　(1995~97)、デビルレイズ(1998~2000)、カブス(2000)、
　　　　　　　　レンジャーズ(2000)、ブルージェイズ(2000)、ブレーブス(2001)
◆現役通算成績……1918試合 .276　91本 580打点
◆監督歴…………2シーズン　ナショナルズ(2018~)
◆通算成績…………175勝149敗(勝率.540)

　選手を甘やかさない鬼軍曹タイプであるため、就任1年目(2018年)は一部の主力選手が反発し、チーム内がまとまりに欠けた。昨季も序盤は投打がかみ合わず黒星が先行。5月23日には19勝31敗になり、監督解任の第1号になると思われた。しかし、そこからナショナルズは2勝1敗のペースで巻き返し、頂点に上り詰めた。ただ昨年のワールドシリーズ制覇は強運によるもので、監督の手腕によるものではない。多くの主力が抜けた今季こそ、真価が問われる。

注目コーチ 59 ポール・メンハート *Paul Menhart*

　投手コーチ。51歳。昨季開幕時はマイナーで若手投手を指導していたが、5月にリリクイスト投手コーチが解雇されたのを受け、同職に。就任後、チーム防御率は改善。

編成責任者 マイク・リゾ *Mike Rizzo*

　60歳。2018年オフ、ハーパーとの再契約には至らなかったが、結果的にはそれが吉と出た。元マイナーの内野手。引退後、ダイヤモンドバックスなどでスカウトを務めた。

スタジアム ナショナルズ・パーク *Nationals Park*

◆開場年…………2008年
◆仕　様…………天然芝
◆収容能力…………41,339人
◆フェンスの高さ …2.4~3.7m
◆特　徴…………アメリカの首都のワシントン
D.C.にある球場。ホームランが他球場に比べ、やや出やすい傾向にある。ワシントンやリンカーンの着ぐるみが競争する人気アトラクション「プレジデンツ・レース」が、試合の間合におこなわれる。

ヒッターズパーク

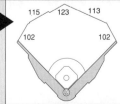

115　123　113
102　　　102

275

①アダム・イートン……ライト
②ヴィクター・ロブレス……センター
③トレイ・ターナー……ショート
④ホアン・ソト……レフト
⑤スターリン・カストロ……セカンド
⑥ハウィー・ケンドリック／
　エリック・テイムズ……ファースト
⑦カーター・キーブーム／
　アズドルバル・カブレラ……サード
⑧カート・スズキ／ヤン・ゴームス……キャッチャー

Depth Chart [ポジション別選手層・メンバーリスト]

※2020年2月4日時点の候補選手。
数字は背番号(開幕前に変更する
場合もあり)、右・左等は投・打の順。

センター
16 ヴィクター・ロブレス [右・右]
3 マイケル・テイラー [右・右]
2 アダム・イートン [左・左]

レフト
22 ホアン・ソト [左・左]
17 アンドルー・スティーヴンソン [左・左]
2 アダム・イートン [左・左]

ライト
2 アダム・イートン [左・左]
17 アンドルー・スティーヴンソン [左・左]
3 マイケル・テイラー [右・右]

ショート
7 トレイ・ターナー [右・右]
1 ウィルマー・ディフォー [右・両]
14 スターリン・カストロ [右・右]

セカンド
14 スターリン・カストロ [右・右]
47 ハウィー・ケンドリック [右・右]
8 カーター・キーブーム [右・右]

ローテーション
31 マックス・シャーザー [右・右]
37 スティーブン・ストラスバーグ [右・右]
46 パトリック・コービン [左・左]
19 アニバル・サンチェス [右・右]
41 ジョー・ロス [右・右]
50 オースティン・ヴォース [右・右]
23 エリック・フェディ [右・右]

サード
13 アズドルバル・カブレラ [右・両]
14 スターリン・カストロ [右・右]
8 カーター・キーブーム [右・右]

ファースト
9 エリック・テイムズ [右・左]
11 ライアン・ジマーマン [右・右]
47 ハウィー・ケンドリック [右・右]

キャッチャー
28 カート・スズキ [右・右]
10 ヤン・ゴームス [右・右]

ブルペン
63 ショーン・ドゥーリトル [左・左] CL
36 ウィル・ハリス [右・右]
44 ダニエル・ハドソン [右・右]
21 タナー・レイニー [右・右]
51 ワンダー・スエロ [右・右]
60 ハンター・ストリックランド [右・右]
55 ロエニス・エリーアス [左・左]
67 カイル・フィネガン [右・右]
41 ジョー・ロス [右・右]
23 エリック・フェディ [右・右]
50 オースティン・ヴォース [右・右]
※CL=クローザー

ナショナルズ試合日程……＊はアウェーでの開催

3月26・28・29	メッツ＊	28・29・30	ブリュワーズ＊	29・30・31	フィリーズ＊
30・31・**4月**1	マーリンズ＊	**5月**1・2・3	レッズ	**6月**1・2・3	ブリュワーズ
2・4・5	メッツ	5・6・7	ダイヤモンドバックス	4・5・6・7	メッツ
6・7・8	マーリンズ	8・9・10	カブス＊	9・10・11	ブレーブス＊
10・11・12	ドジャース＊	11・12・13	エンジェルス＊	12・13・14	メッツ＊
13・14	マリナーズ＊	14・15・16・17	ダイヤモンドバックス＊	16・17・18	ジャイアンツ
16・17・18・19	カブス	19・20	マリナーズ	19・20・21	ブレーブス
21・22・23	ドジャース	22・23・24・25	マーリンズ	22・23・24・25	パイレーツ
24・25・26	ジャイアンツ＊	26・27・28	レンジャーズ＊	26・27・28	レッズ＊

球団メモ 前身のエキスポス時代を含め、昨季が球団史上初めてのワールドシリーズ進出だった。これでワールドシリーズ未出場のメジャー球団は、マリナーズだけになった。

ナショナルズ

■投手力 ➡️ … ★★★★ ☆ 【昨年度チーム防御率4.27、リーグ8位】

ローテーションは1～3番手が3点台前半の防御率を期待できるシャーザー、ストラスバーグ、コービン。4、5番手のサンチェス、ロスも平均以上の防御率を出す力がある。ローテーションがレベルダウンするのは、故障者が2人出た場合だ。6番手以下に平均以上の防御率を期待できる人材がいない。リリーフ陣はポストシーズンで活躍したあとFAになったハドソンを厚待遇で呼び戻し、ドゥーリトルと併用でクローザーとして使うことになる。新加入のハリスは、セットアッパーとして大きな戦力になるだろう。

■攻撃力 ↘️ … ★★★☆ ☆ 【昨年度チーム得点873、リーグ2位】

昨年はチーム得点がリーグの2位だったが、打線から3番打者のレンドーンが抜けたため、得点力の低下は避けられない。球団はそのスポットに最強のトップバッター、ターナーを充てる方針。これはかなりのギャンブルだ。カストロとテイムズの補強は、さほど大きなプラスにならないだろう。

■守備力 ➡️ … ★★★ ☆ ☆ 【昨年度チーム失策数87、リーグ4位】

ゴールドグラブ賞候補になったレンドーンが抜けたが、守備力は平均レベルだったので大きなマイナスにはならない。今季はカストロがセカンドに入るが、最近守備が良くなり、これも大きなマイナスにはならない。

■機動力 ➡️ … ★★★★ ☆ 【昨年度チーム盗塁数116、リーグ1位タイ】

ターナーとロブレスがいるため昨年はチーム盗塁が116で、リーグのトップタイ。マルティネス監督は送りバントのサインをよく出すタイプだ。

総合評価 ➡️
★★★★ ☆

怖いのはワールドシリーズを制したことによる慢心だ。それがもとでチームの成績が序盤、振るわない可能性もある。もしそうなっても本気モードになると強さが違うので、90勝近くまで持っていくだろう。ブレーブスとの直接対決は負け越せない。

IN 主な入団選手	OUT 主な退団選手
投手	**投手**
ウィル・ハリス←アストロズ	フェルナンド・ロドニー➡所属先未定
フェルナンド・アバド←ジャイアンツ	
	野手
野手	アンソニー・レンドーン➡エンジェルス
エリック・テイムズ←ブリュワーズ	ヘラルド・パーラ➡巨人
スターリン・カストロ←マーリンズ	マット・アダムズ➡メッツ

29・30・**7**月1・2	カーディナルス*	31・**8**月1・2	ブレーブス*	**9**月1・2・3	ブレーブス
3・4・5	アストロズ	4・5・6	マーリンズ*	4・5・6	メッツ*
7・8・9	カーディナルス	8・9	オリオールズ*	8・9・10	フィリーズ*
10・11・12	フィリーズ	10・11・12	アスレティックス	11・12・13	マーリンズ*
14	オールスターゲーム	13・14・15	パドレス	15・16	オリオールズ
17・18・19	パイレーツ*	17・18・19・20	ロッキーズ*	18・19・20	マーリンズ
20・21・22・23	フィリーズ*	21・22・23	パドレス*	21・22・23・24	ブレーブス*
24・25・26	ブレーブス	25・26・27	メッツ	25・26・27	フィリーズ
27・28・29	ロッキーズ	28・29・30	フィリーズ		

球団メモ ストラスバーグ、シャーザー、コービンが200奪三振以上を記録。200奪三振以上3人は、1969年、当時ナショナル・リーグ所属のアストロズ以来、リーグ2例目。

新たに球団と7年2億4500万ドルの契約 **先 発**

37 スティーヴン・ストラスバーグ
Stephen Strasburg

32歳｜196cm｜107kg｜右投右打

◆速球のスピード／150キロ台前半(フォーシーム、ツーシーム)
◆決め球と持ち球／☆カーブ、☆チェンジアップ、◎シンカー、○フォーシーム、△スライダー
◆対左打者被打率／.192 ◆対右打者被打率／.224
◆ホーム防御率／3.21 ◆アウェー防御率／3.39
◆ドラフトデータ／2009①ナショナルズ
◆出身地／カリフォルニア州
◆年俸／3500万ドル(約38億5000万円)
◆最多勝1回(19年)、最多奪三振1回(14年)、シルバースラッガー賞1回(12年)

球威	5
制球	4
緩急	4
守備・牽制	3
度胸	4

　ポストシーズンで驚異的な活躍を見せ、チームをワールドチャンピオンに押し上げた第2のエース。昨季は出だしからカーブとチェンジアップの制球が良く、ハイペースで三振を奪って勝ち星を積み重ねていった。18勝はナショナル・リーグトップ、奪三振251も2位の数字だ。しかし、これらもポストシーズンの華々しい活躍に比べれば、前座のようなものだ。

　ポストシーズンではまず、ワイルドカードゲームにリリーフで登板。3イニングを無失点に抑えている間に味方が逆転し、勝利投手になった。地区シリーズでは、第2戦でカーショウに投げ勝ったあと、第5戦に先発。この日はキレも制球も悪く、早い回に大量失点する恐れもあったが、粘りの投球で6回を投げ切り、その後の大逆転を呼び込んだ。もう一つの金字塔は、アストロズとのワールドシリーズで、この年サイ・ヤング賞を受賞したヴァーランダーと2度投げ合って、2度とも勝ったことだ。これが評価されてワールドシリーズのMVPになったが、まさに値千金の2勝だった。

　オフにFAになることができたのは、契約に「2019年のシーズン終了後、本人が望めば契約を解除してFAになることが可能」という「オプトアウト」条項があったからだ。ナショナルズと新たに交わした7年2億4500万ドルの契約は、2020～26年の7年間の年俸がどの年も3500万ドルというシンプルな内容だ。ボーナスは、サイ・ヤング賞投票、MVP投票で1位～5位に入ったときは、順位に応じて7.5万～50万ドル、ワールドシリーズMVPが15万ドル、オールスター選出、ゴールドグラブ賞、シルバースラッガー賞が、各10万ドルと規定されている。

カモ R・ホスキンス(フィリーズ).118(17-2)0本　C・ベリンジャー(ドジャース).133(15-2)0本
苦手 R・アクーニャ・ジュニア(ブレーブス).429(14-6)1本　J・リアルミュート(マーリンズ).393(28-11)0本

年度	所属チーム	勝利	敗戦	防御率	試合数	先発	セーブ	投球イニング	被安打	失点	自責点	被本塁打	与四球	奪三振	WHIP
2010	ナショナルズ	5	3	2.91	12	12	0	68.0	56	25	22	5	17	92	1.07
2011	ナショナルズ	1	1	1.50	5	5	0	24.0	15	5	4	0	2	24	0.71
2012	ナショナルズ	15	6	3.16	28	28	0	159.1	136	62	56	15	48	197	1.15
2013	ナショナルズ	8	9	3.00	30	30	0	183.0	136	71	61	16	56	191	1.05
2014	ナショナルズ	14	11	3.14	34	34	0	215.0	198	86	75	23	43	242	1.12
2015	ナショナルズ	11	7	3.46	23	23	0	127.1	115	56	49	14	26	155	1.11
2016	ナショナルズ	15	4	3.60	24	24	0	147.2	119	59	59	15	44	183	1.10
2017	ナショナルズ	15	4	2.52	28	28	0	175.1	131	55	49	13	47	204	1.02
2018	ナショナルズ	10	7	3.74	22	22	0	130.0	118	59	54	18	38	156	1.20
2019	ナショナルズ	18	6	3.32	33	33	0	209.0	161	79	77	24	56	251	1.04
通算成績		112	58	3.17	239	239	0	1438.2	1185	557	506	143	377	1695	1.09

鼻を骨折した状態で強行登板し、好投

31 マックス・シャーザー
Max Scherzer

36歳／191cm／98kg／右投右打

- ◆速球のスピード／150キロ台前半（フォーシーム、ツーシーム）
- ◆決め球と持ち球／☆カーブ、☆チェンジアップ、◎フォーシーム、◎ツーシーム
- ◆対左打者被打率／.255　◆対右打者被打率／.193
- ◆ホーム防御率／3.16　◆アウェー防御率／2.64
- ◆ドラフトデータ／2006①ダイヤモンドバックス
- ◆出身地／ミズーリ州
- ◆年俸／3500万ドル（約38億5000万円）
- ◆サイ・ヤング賞3回（13、16、17年）、最多勝4回（13、14、16、18年）、最多奪三振3回（16、17、18年）

球威	5
制球	5
緩急	5
守備・走塁	4
度胸	5

ナショナルズ

　昨年もサイ・ヤング賞の最終候補になったが、3位に終わったメジャーリーグにおけるピッチャーの最高峰の一人。ナショナルズは昨季序盤、得点力の低い状態が続き、5月末時点の勝敗は24勝33敗だった。しかし6月に18勝8敗と大勝ちして、6月末には勝率が5割を超えた。この6月の猛チャージを牽引したのがシャーザーだった。この月、シャーザーは6試合に登板して6勝。45イニング投げて失点はわずか5（防御率1.00）だったので、月間最優秀投手にも選出された。

　6月の6勝のうち、6月30日にあげた1勝はとくに価値あるものだった。前日バント練習をしていた際、バントをし損ねてバットに当たった打球が内側にはね、シャーザーの鼻を直撃。鼻骨にひびが入り、目の下には青黒い大きなクマができた。マルティネス監督から「ホテルに帰って静養してくれ。登板回避するかどうかは、明日朝の状態を見て決めよう」と言われたシャーザーは、それに同意したものの、最初から「チームの大事な時期にこれしきのケガで登板回避などできるか」という気持ちだった。翌朝シャーザーは監督に電話をして、腫れが引いたから投球に何の支障もないことを伝え、その日のゲームに登板。8回を4安打1失点に抑える快投をやってのけた。

　この1勝は大きく負けが込んでいたナショナルズが、1つ勝ち越した記念すべき勝利だった。それ以降、ナショナルズは着実に勝ち越しの数を増やしていき、ポストシーズン進出を果たしたのである。

> カモ　J・リアルミュート（フィリーズ）.075（40-3）1本　R・ホスキンス（フィリーズ）.000（17-0）0本
> 苦手　秋信守（レンジャーズ）.583（24-14）3本　B・クロフォード（ジャイアンツ）.400（15-6）2本

年度	所属チーム	勝利	敗戦	防御率	試合数	先発	セーブ	投球イニング	被安打	失点	自責点	被本塁打	与四球	奪三振	WHIP
2008	ダイヤモンドバックス	0	4	3.05	16	7	0	56.0	48	24	19	5	21	66	1.23
2009	ダイヤモンドバックス	9	11	4.12	30	30	0	170.1	166	94	78	20	63	174	1.34
2010	タイガース	12	11	3.50	31	31	0	195.2	174	84	76	20	70	184	1.25
2011	タイガース	15	9	4.43	33	33	0	195.0	207	101	96	29	56	174	1.35
2012	タイガース	16	7	3.74	32	32	0	187.2	179	82	78	23	60	231	1.27
2013	タイガース	21	3	2.90	32	32	0	214.1	152	73	69	18	56	240	0.97
2014	タイガース	18	5	3.15	33	33	0	220.1	196	80	77	18	63	252	1.18
2015	ナショナルズ	14	12	2.79	33	33	0	228.2	176	74	71	27	34	276	0.92
2016	ナショナルズ	20	7	2.96	34	34	0	228.1	165	77	75	31	56	284	0.97
2017	ナショナルズ	16	6	2.51	31	31	0	200.2	126	62	56	22	55	268	0.90
2018	ナショナルズ	18	7	2.53	33	33	0	220.2	150	66	62	23	51	300	0.91
2019	ナショナルズ	11	7	2.92	27	27	0	172.1	144	59	56	18	33	243	1.03
通算成績		170	89	3.20	365	356	0	2290.0	1883	876	813	254	618	2692	1.09

36 ウィル・ハリス Will Harris
凡ゴロを量産する技術はピカイチ

セットアップ/クローザー　移籍

36歳 | 193cm | 109kg | 右投右打
◆速球のスピード／140キロ台後半（カッター）
◆決め球と持ち球／☆カッター、◎カーブ
◆対左.207　◆対右.183　◆本防1.19　◆ア防1.82
◆ド2006⑨ロッキーズ　◆出テキサス州
◆年800万ドル（約8億8000万円）

球威 5 / 制球 5 / 緩急 4 / 守備・走塁 4 / 度胸 4

　アストロズを出て、3年2400万ドルというクローザーレベルの契約で入団したベテランリリーバー。最大の特徴は、ナチュラルカッターとカーブのコンビネーションで投げるツーピッチ・ピッチャーであること。昨季はアストロズでトップセットアッパーとして使われ、カッターの制球が良かったため凡ゴロを量産して、1点台中盤の防御率を最後までキープした。大学3年生までは三塁手だったが、4年のときにリリーフピッチャー兼任になり、好投してスカウトの目に留まり、プロへの道が開けた。プロ入り後は故障続きで、30歳を過ぎてから活躍できるようになったため、35歳で初めてFA権を取得。

カモ R・カノー（メッツ）.100(10-1)0本　苦手 J・アプトン（エンジェルス）.375(8-3)2本

年度	所属チーム	勝利	敗戦	防御率	試合数	先発	セーブ	投球イニング	被安打	失点	自責点	本塁打	与四球	奪三振	WHIP
2012	ロッキーズ	1	1	8.15	20	0	0	17.2	27	17	16	3	6	19	1.87
2013	ダイヤモンドバックス	4	1	2.91	61	0	0	52.2	50	17	17	3	15	53	1.23
2014	ダイヤモンドバックス	0	3	4.34	29	0	0	29.0	27	14	14	3	9	35	1.24
2015	アストロズ	5	5	1.90	68	0	2	71.0	42	18	15	8	22	68	0.90
2016	アストロズ	1	2	2.25	66	0	12	64.0	52	17	16	3	15	69	1.05
2017	アストロズ	3	2	2.98	46	0	2	45.1	37	15	15	7	7	52	0.97
2018	アストロズ	5	3	3.49	61	0	0	56.2	48	22	22	3	14	64	1.09
2019	アストロズ	4	1	1.50	68	0	4	60.0	42	14	10	6	14	62	0.93
通算成績		23	18	2.84	419	0	20	396.1	325	135	125	36	102	422	1.16

44 ダニエル・ハドソン Daniel Hudson
オフにFAとなり、2年1100万ドルで再契約

クローザー/セットアップ

33歳 | 191cm | 102kg | 右投右打
◆速球のスピード／150キロ台中頃（フォーシーム、ツーシーム）
◆決め球と持ち球／◎フォーシーム、◎スライダー、◎チェンジアップ、◎シンカー
◆対左.205　◆対右.213　◆本防3.72　◆ア防1.05
◆ド2008⑤ホワイトソックス　◆出ヴァージニア州
◆年500万ドル（約5億5000万円）

球威 5 / 制球 3 / 緩急 4 / 守備・走塁 4 / 度胸 4

　昨年は開幕からブルージェイズで投げ、7月まで安定した投球を見せていた。それに目を付けたナショナルズがトレードを申し入れ、7月末に移籍。その後はセットアッパーで投げていたが、ドゥーリトルがIL（故障者リスト）入りしたため、クローザーに回ることになり、6セーブをマーク。ポストシーズンではドゥーリトルとクローザーの座を分け合い、4セーブをマークした。トミー・ジョン手術を2度受けながら、奇跡の復活を遂げた不屈の男。

カモ B・クロフォード（ジャイアンツ）.143(14-2)0本　苦手 D・ゴードン（マリナーズ）.455(11-5)0本

年度	所属チーム	勝利	敗戦	防御率	試合数	先発	セーブ	投球イニング	被安打	失点	自責点	本塁打	与四球	奪三振	WHIP
2009	ホワイトソックス	1	1	3.38	6	0	0	18.2	16	9	7	3	9	14	1.34
2010	ホワイトソックス	1	1	6.32	3	3	0	15.2	17	11	11	1	11	14	1.79
2010	ダイヤモンドバックス	7	1	1.69	11	11	0	79.2	51	15	15	7	16	70	0.84
2010	2チーム計	8	2	2.45	14	14	0	95.1	68	26	26	8	27	84	1.00
2011	ダイヤモンドバックス	16	12	3.49	33	33	0	222.0	217	98	86	17	50	169	1.20
2012	ダイヤモンドバックス	3	2	7.35	9	9	0	45.1	42	37	37	9	12	37	1.63
2013	ダイヤモンドバックス	0	1	13.50	3	0	0	2.2	4	4	4	0	0	2	1.50
2015	ダイヤモンドバックス	4	3	3.86	64	0	4	67.2	64	34	29	7	25	71	1.32
2016	ダイヤモンドバックス	3	2	5.22	70	0	5	60.1	65	40	35	6	22	58	1.44
2017	パイレーツ	2	7	4.38	71	0	0	61.2	57	34	30	7	33	66	1.46
2018	ドジャース	3	2	4.11	40	1	0	46.2	38	25	21	6	18	44	1.22
2019	ブルージェイズ	6	3	3.00	45	1	2	48.0	38	18	16	5	23	48	1.27
2019	ナショナルズ	3	0	1.44	24	0	0	25.0	18	4	4	2	4	23	0.88
2019	2チーム計	9	3	2.47	69	1	2	73.0	56	25	20	8	27	71	1.14
通算成績		49	35	3.83	379	61	17	692.2	647	332	295	71	223	616	1.26

対左=対左打者被打率　対右=対右打者被打率　本防=ホーム防御率　ア防=アウェー防御率
ド=ドラフトデータ　出=出身地　年=年俸　カモ 苦手 は通算成績

63 ショーン・ドゥーリトル Sean Doolittle

ホワイトハウス訪問を辞退したトランプ嫌い `クローザー/セットアップ`

ナショナルズ

34歳｜188cm｜93kg｜左投左打

- ◆速球のスピード／150キロ前後（フォーシーム主体）
- ◆決め球と持ち球／◎フォーシーム、◯スライダー、△チェンジアップ
- ◆対左.221 ◆対右.279 ◆ホ防3.86 ◆ア防4.32
- ◆ド2007①アスレティックス ◆出サウスダコタ州
- ◆年650万ドル（約7億1500万円）

球威	4
制球	4
緩急	2
守備・牽制	3
度胸	4

　昨年のポストシーズンでは、2人クローザーの2番手として使われた左腕。昨季も開幕から守護神を務めたが、速球の威力がやや落ちたことや、飛ぶボールが極秘裏に導入されたことなどで本塁打を11本も浴びた。そのためセーブ失敗が6回もあり、防御率もクローザーの座を維持できないレベルに悪化した。夫人ともども根っからのリベラル派で、トランプ大統領が大嫌い。ワールドシリーズを制したチームのホワイトハウス訪問に、参加しなかった。

`カモ` R・カノー（メッツ）.167(24-4)0本　　`苦手` W・ラモス（メッツ）.667(6-4)0本

年度	所属チーム	勝利	敗戦	防御率	試合数	先発	セーブ	投球イニング	被安打	失点	自責点	被本塁打	与四球	奪三振	WHIP
2012	アスレティックス	2	1	3.04	44	0	1	47.1	40	18	16	3	11	60	1.08
2013	アスレティックス	5	5	3.13	70	0	2	69.0	53	24	24	4	13	60	0.96
2014	アスレティックス	2	4	2.73	61	0	22	62.2	38	19	19	5	8	89	0.73
2015	アスレティックス	1	0	3.95	12	0	4	13.2	12	6	6	1	5	15	1.24
2016	アスレティックス	2	3	3.23	44	0	4	39.0	33	14	14	6	8	45	1.05
2017	アスレティックス	1	0	3.38	23	0	3	21.1	12	8	8	3	2	31	0.66
2017	ナショナルズ	1	0	2.40	30	0	21	30.0	22	10	8	2	8	31	1.00
2017	2チーム計	2	0	2.81	53	0	24	51.1	34	18	16	5	10	62	0.86
2018	ナショナルズ	3	3	1.60	43	0	25	45.0	21	8	8	3	6	60	0.60
2019	ナショナルズ	6	5	4.05	63	0	29	60.0	63	27	27	11	15	66	1.30
通算成績		23	21	3.02	390	0	111	388.0	294	134	130	38	76	457	0.95

46 パトリック・コービン Patrick Corbin

移籍1年目の勲章はリーグ最多のQS24 `先発`

31歳｜191cm｜95kg｜左投左打

- ◆速球のスピード／150キロ前後（ツーシーム、フォーシーム）
- ◆決め球と持ち球／☆スライダー、◎シンカー、◯フォーシーム、△カーブ、△チェンジアップ
- ◆対左.190 ◆対右.235 ◆ホ防2.40 ◆ア防4.18
- ◆ド2009②エンゼルス ◆出ニューヨーク州
- ◆年1900万ドル（約20億9000万円）

球威	4
制球	4
緩急	4
守備・牽制	5
度胸	4

　6年契約の2年目に入る、メジャー屈指のスライダーを武器にする先発サウスポー。6年1億4000万ドルの契約で入団して迎えた昨季は、出だしから安定したピッチングを見せた。キャンプから飛ばしたことで、5月末から6月中旬にかけ、疲労で失点が多くなるが、それ以降は持ち直した。しかしポストシーズンに入ると再度疲労の波が押し寄せ、苦しいピッチングになった。それでも昨季はQSが24あり、ナショナル・リーグ最多。防御率、投球イニング数、奪三振数、被打率も軒並みトップテンに入り、高額年俸に見合った働きはしている。スターピッチャーらしからぬ、口数の少ない地味な性格。

`カモ` F・フリーマン（ブレーブス）.192(26-5)0本　　`苦手` J・カマーゴ（ブレーブス）.385(13-5)1本

年度	所属チーム	勝利	敗戦	防御率	試合数	先発	セーブ	投球イニング	被安打	失点	自責点	被本塁打	与四球	奪三振	WHIP
2012	ダイヤモンドバックス	6	8	4.54	22	17	1	107.0	117	56	54	14	25	86	1.33
2013	ダイヤモンドバックス	14	8	3.41	32	32	0	208.1	189	81	79	19	54	178	1.17
2015	ダイヤモンドバックス	6	5	3.60	16	16	0	85.0	91	34	34	9	17	78	1.27
2016	ダイヤモンドバックス	5	13	5.15	36	24	1	155.2	177	109	89	24	66	131	1.56
2017	ダイヤモンドバックス	14	13	4.03	33	32	0	189.2	208	97	85	26	61	178	1.42
2018	ダイヤモンドバックス	11	7	3.15	33	33	0	200.0	162	70	70	15	48	246	1.05
2019	ナショナルズ	14	7	3.25	33	33	0	202.0	169	81	73	24	70	238	1.18
通算成績		70	61	3.80	205	187	2	1147.2	1113	528	484	131	341	1135	1.27

投手

ポストシーズンの通算防御率は2.93

19 アニバル・サンチェス *Anibal Sanchez* 先発

36歳 | 183cm | 93kg | 右投右打 | 速140キロ台中盤〜後半(フォーシーム、ツーシーム) | 決◎カッター
対左.248 対右.226 ド2001⑦レッドソックス 出ベネズエラ 年900万ドル(約9億9000万円)

球制 3
制 4
緩 5
守備 2
度 4

多彩な球種を駆使し、打者に的をしぼらせないピッチングを見せるベテラン右腕。昨季は出だしから得点援護に恵まれず、8試合目を終わって0勝6敗。しかも、9試合目の2回にハムストリングを痛めてIL入りした。しかし、これで気持ちを切り替えることができたため、5月29日の復帰戦で、7回を1安打無失点に抑えて初勝利をあげた。その後は得点援護にも恵まれ、8月末まで負けなしの8連勝。ポストシーズンではリーグ優勝決定シリーズの第4戦に先発し、カーディナルス打線を8回途中まで1安打無失点に封じ込める快投を見せ、チームをワールドシリーズに導いた。

年度	所属チーム	勝利	敗戦	防御率	試合数	先発	セーブ	投球イニング	被安打	失点	自責点	被本塁打	与四球	奪三振	WHIP
2019	ナショナルズ	11	8	3.85	30	30	0	166.0	153	77	71	22	58	134	1.27
通算成績		108	108	3.98	339	316	0	1895.1	1835	913	838	214	635	1683	1.30

同郷のロドニーがカッターの投げ方を伝授

51 ワンダー・スエロ *Wander Suero* セットアップ

29歳 | 193cm | 95kg | 右投右打 | 速150キロ前後(カッター主体) | 決◎カッター
対左.279 対右.207 ド2010⑯ナショナルズ 出ドミニカ 年56万3500ドル(約6200万円)+α

球制 4
制 3
緩 3
守備 2
度 3

チーム最多の78試合に登板した、ドミニカ出身のリリーフ右腕。最大の特徴は、速球の代わりにカッターを多投すること。これが全投球の75%を占める。だが昨季は出だしからこのカッターを打たれて頻繁に失点し、5月末時点の防御率は6.85だった。ところが6月下旬あたりから、見違えるように失点が減った。その陰にはフェルナンド・ロドニーの存在があった。6月上旬にナショナルズに入団したロドニーは、同国人であるスエロの苦境を見かねて、カッターを続けて投げる場合、どこにどう投げ分ければ効果的かを伝授してくれたのだ。この師匠の助言でよみがえった。

年度	所属チーム	勝利	敗戦	防御率	試合数	先発	セーブ	投球イニング	被安打	失点	自責点	被本塁打	与四球	奪三振	WHIP
2019	ナショナルズ	6	9	4.54	78	0	1	71.1	64	36	36	5	26	81	1.26
通算成績		10	10	4.16	118	0	1	119.0	107	56	55	9	41	128	1.24

決め球は空振り率63%のスライダー

21 タナー・レイニー *Tanner Rainey* セットアップ

28歳 | 188cm | 107kg | 右投右打 | 速150キロ台後半(フォーシーム主体) | 決☆スライダー
対左.261 対右.139 ド2015②レッズ 出ルイジアナ州 年56万3500ドル(約6200万円)+α

球制 5
制 4
緩 4
守備 4
度 3

昨年5月にメジャーに呼ばれたあと、驚異的なペースで三振を奪い注目された豪腕リリーバー。フォーシームとスライダーだけのコンビネーションで投げるツーピッチ・ピッチャー。フォーシームは平均球速が157.5キロで、最高163キロまで出る。スライダーは142キロ前後で、プレート付近に来てから鋭く変化する一品級。被打率1割2分4厘、空振り率63.1%という目を見張るデータが出ている。一昨年4月にレッズでメジャーデビューし、12月のトレードでナショナルズにやって来たが、年齢が26歳になっていたこともあり、当初はほとんど注目されていなかった。

年度	所属チーム	勝利	敗戦	防御率	試合数	先発	セーブ	投球イニング	被安打	失点	自責点	被本塁打	与四球	奪三振	WHIP
2019	ナショナルズ	2	3	3.91	52	0	0	48.1	32	22	21	6	38	74	1.45
通算成績		2	3	6.51	60	0	0	55.1	45	41	40	10	50	81	1.72

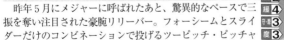

282 速=速球のスピード　決=決め球　対左=対左打者被打率　対右=対右打者被打率
ド=ドラフトデータ　出=出身地　年=年俸

ナショナルズ

60 ハンター・ストリックランド Hunter Strickland

ミドル
リリーフ

東京ドームで2セーブのあと、すべてが暗転

32歳｜191cm｜102kg｜右投右打｜園150キロ台中頃（フォーシーム主体）｜愛○フォーシーム
対左.342 対右.164 №2007⑱レッドソックス ⊞ジョージア州 囲160万ドル（約1億7600万円）

球 4
制 2
緩 2
守 3
度 2

　クローザーで投げたのは3試合に終わったツキのない豪腕リリーバー。昨シーズンはマリナーズのクローザーとして東京ドームで開幕を迎え、2試合連続で走者を一人も出さずに2セーブをゲット。いけそうな空気が漂ったが、ホームでの最初の登板で、レッドソックスのモアランドにスリーランを献上。そのあと広背筋を痛めてIL入りし、7月下旬まで復帰できなかった。7月末にトレードでナショナルズに来てからは、セットアッパーとして起用され10ホールドを記録したものの、一発病が深刻で5本被弾。ポストシーズンでは2イニングで3本被弾し、メンバーから外された。

年度	所属チーム	勝利	敗戦	防御率	試合数	先発	セーブ	投球イニング	被安打	失点	自責点	被本塁打	与四球	奪三振	WHIP
2019	マリナーズ	0	0	8.10	4	0	2	3.1	3	3	3	1	3	0	0.60
2019	ナショナルズ	0	0	5.14	24	0	0	21.0	20	12	12	5	15	15	1.33
2019	2チーム計	0	0	5.14	28	0	2	24.1	22	15	15	6	18	15	1.33
通算成績		16	15	3.16	281	0	21	250.1	213	95	88	23	87	229	1.20

41 ジョー・ロス Joe Ross

先発
ミドルリリーフ

トランプ大統領が観戦に来た試合で好投できず

27歳｜193cm｜100kg｜右投右打｜園150キロ前後（シンカー、フォーシーム）｜愛○シンカー
対左.314 対右.272 №2011①パドレス ⊞カリフォルニア州 囲150万ドル（約1億6500万円）

球 4
制 2
緩 3
守 3
度 2

　昨季前半はリリーフで、後半は先発で起用された右腕。前半はまだ、トミー・ジョン手術の影響で制球が定まらず、18試合にリリーフで登板して0勝2敗、防御率11.17だった。しかし、シーズン後半に入って先発で使われるようになると、別人のように制球が安定。9試合に先発し、4勝2敗、防御率3.02という見事な数字だった。ポストシーズンではワールドシリーズからメンバー入り。トランプ大統領が観戦に来たワールドシリーズ第5戦に、腰痛のシャーザーに代わって先発した。復活をアピールする格好の機会だったが、5回までに4失点し、負け投手になっている。

年度	所属チーム	勝利	敗戦	防御率	試合数	先発	セーブ	投球イニング	被安打	失点	自責点	被本塁打	与四球	奪三振	WHIP
2019	ナショナルズ	4	4	5.48	27	9	0	64.0	74	41	39	7	33	57	1.67
通算成績		21	19	4.29	78	57	0	335.1	351	171	160	42	107	294	1.37

23 エリック・フェデイ Erick Fedde

先発
ロングリリーフ

GMは今後も先発で使う方針

27歳｜193cm｜88kg｜右投右打｜園150キロ前後（ツーシーム主体）｜愛○カッター
対左.333 対右.217 №2014①ナショナルズ ⊞ネヴァダ州 囲56万3500ドル（約6200万円）+α

球 3
制 3
緩 3
守 3
度 3

　まだローテーションに定着できないが、先発投手の平均防御率は出せるようになった右腕。シンカーとカッターを多投する、打たせて取るタイプの投手。昨季は4度メジャーに上がって投げたが、4月末に最初の昇格をしたときはすべてリリーフで起用され、メディアからリゾGMに「リリーフに固定するのか」という質問が飛んだ。だが同GMは「これは一時的なもので、彼はこの先ずっと先発投手だ」と、明確に否定している。シャーザーがよく故障するようになったことや、サンチェスとの契約が今季で切れることなどで、先発で使える人材をキープしておきたいようだ。

年度	所属チーム	勝利	敗戦	防御率	試合数	先発	セーブ	投球イニング	被安打	失点	自責点	被本塁打	与四球	奪三振	WHIP
2019	ナショナルズ	4	2	4.50	21	12	0	78.0	81	39	39	11	33	41	1.46
通算成績		6	7	5.39	35	26	0	143.2	161	86	86	24	63	102	1.56

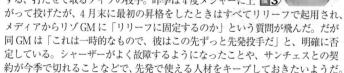

昨季マリナーズでクローザーを経験

ミドルリリーフ

55 ロエニス・エリアス *Roenis Elias*

32歳｜185cm｜93kg｜左投左打　速150キロ台前半（フォーシーム、ツーシーム）　決◎カーブ

対左.368　対右.181　D2011外マリナーズ　田キューバ　囲197.5万ドル（約2億1725万円）

球	3
制	3
緩	4
守・走	2
度	2

　昨年マリナーズで14セーブを記録したあと、7月末にナショナルズに移籍したキューバ亡命組のサウスポー。ロングリリーフとしてシーズンに入ったエリアスが、適任とは思えないクローザーで使われるようになったのは、ストリックランドが3月末に故障後、無茶なトレードで弱体化していたリリーフ陣の中に、クローザーを務まりそうな人材がいなかったからだ。ナショナルズ移籍後はハムストリング痛でIL入りしたため、4試合の登板に終わった。2016年にヴァネッサ・ウォンさんと結婚。現在は1男1女の父だ。ヴァネッサさんは中国系のハーフで、肉感的な美人。

年度	所属チーム	勝利	敗戦	防御率	試合	先発	セーブ	投球イニング	被安打	失点	自責点	被本塁打	与四球	奪三振	WHIP
2019	マリナーズ	4	2	3.64	44	0	14	47.0	41	28	19	8	17	45	1.23
2019	ナショナルズ	0	0	9.00	4	0	0	3.0	5	4	3	1	1	2	2.00
2019	2チーム計	4	2	3.96	48	0	14	50.0	46	32	22	10	18	47	1.28
通算成績		22	24	3.97	126	54	14	388.0	364	194	171	44	148	325	1.32

ピンチに打たれ強くなり、着実に成長

ロングリリーフ 先発

50 オースティン・ヴォース *Austin Voth*

28歳｜188cm｜91kg｜右投右打　速150キロ前後（フォーシーム主体）　決◎フォーシーム

対左.263　対右.165　D2013⑤ナショナルズ　田ワシントン州　囲56万3500ドル（約6200万円）＋α

球	3
制	3
緩	4
守・走	3
度	4

　昨年メジャーで先発した8試合のうち6試合を2失点以内に抑え、評価が高くなった右腕。長所は、強い打球を打たれる割合が低いこと。これは、打者にタイミングを合わせられないよう配球に気をつけているだけでなく、打者の様子をうかがいながら、投球モーションにも緩急をつけて投げているからだ。先発でのメジャー定着を目標にしているが、弱点はその決め手になる武器がないこと。今年1月12日のファンフェスタに出席した際、本人は「オフの間は、スライダーの精度を上げることに取り組みました」と語っており、それをメジャー定着に向けた武器にする考えだ。

年度	所属チーム	勝利	敗戦	防御率	試合	先発	セーブ	投球イニング	被安打	失点	自責点	被本塁打	与四球	奪三振	WHIP
2019	ナショナルズ	2	1	3.30	9	8	0	43.2	33	16	16	5	13	44	1.05
通算成績		3	2	4.02	13	10	0	56.0	45	25	25	8	19	55	1.14

67 カイル・フィネガン *Kyle Finnegan*

リリーフ　期待度 B　ルーキー

29歳｜188cm｜88kg｜右投右打　◆昨季は2A、3Aでプレー　D2013⑥アスレティックス　田ミシガン州

　レッズのブランドン・フィネガンの兄。超スピード出世の弟とは逆に、7年間マイナー暮らしが続いている。昨年は人材豊富なアスレティックスの2A、3Aにいたため、好成績を出しながら留め置かれた。今季はリリーフの層が薄いナショナルズに来たので、活躍の場がメジャーに移る可能性が高い。

ー ジャクソン・ラトレッジ *Jackson Rutledge*

先発　期待度 A　ルーキー

21歳｜203cm｜113kg｜右投右打　◆昨季はルーキー級、1Aでプレー　D2019①ナショナルズ　田ミズーリ州

　ナショナルズは1巡目指名者を最短でメジャーに上げて活用してきたが、その系譜の一人になりそうな逸材。幾多の名投手を生んだサンホアシント短大出身。制球がイマイチだが、フォーシーム、スライダー、カーブは高水準だ。今季は2Aか3Aでスタートし、シーズンで中盤のメジャー入りを目指す。

一流投手を打ち砕いた若きスラッガー 　レフト

22 ホアン・ソト
Juan Soto

22歳｜185cm｜84kg｜左投左打
- ◆対左投手打率／.285(186-53)　◆対右投手打率／.281(356-100)
- ◆ホーム打率／.311(280-87)　◆アウェー打率／.252(262-66)
- ◆得点圏打率／.274(164-45)
- ◆19年のポジション別出場数／レフト＝150
- ◆ドラフトデータ／2015㊹ナショナルズ
- ◆出身地／ドミニカ
- ◆年俸／56万3500ドル（約6200万円）＋α

ミート	4
パワー	5
走塁	4
守備	3
肩	3

ナショナルズ

　ベストピッチャーのベストボールを打ち砕く怪物打者。メジャー2年目の昨季は開幕から4番打者に固定され、途切れることなく一発やタイムリーを放って打点を積み重ねた。レギュラーシーズンの打撃成績は34本塁打、110得点、110打点がすべてナショナル・リーグの10傑に入っており、主砲としてフルに機能した。また、20歳の主砲ということで記録にも関心が集まり、「20までにシーズン30本塁打以上」を達成した史上7人目の打者になったことや、「21歳になる前に長打を100本」打った史上4人目の打者になったことは、メディアでも報じられた。

　しかし真価を発揮したのはポストシーズンに入ってからで、ソトはベストピッチャーのベストピッチを次々に打ち砕いて、チームをワールドチャンピオンに押し上げてしまった。最初はブリュワーズとのワイルドカードゲームで、昨年のベストリリーバー、ジョシュ・ヘイダーから打った逆転のスリーラン。次はドジャースとの地区シリーズ第5戦で大エース、クレイトン・カーショウのスライダーを右中間スタンドに叩き込んだ同点アーチ。3つ目は、アストロズとのワールドシリーズ初戦で、ゲリット・コールのハイファストボール（高めのフォーシーム）を逆方向のスタンドに運んだスリーランだ。この試合でソトは、コールから二塁打とシングルも打っているが、すべて逆方向に運んだものだった。

　このゲームはFOXテレビが実況中継していて、リポーターの一人が、ナショナルズのロング打撃コーチが「ソトはこの試合でコールのハイファストボールを叩いて、逆方向にホームランを打つ。オレが保証する」と語っていたことを紹介。その通りの結果になったため、同コーチがそれを予見できた背景に関心が集まった。実は同コーチは、ワールドシリーズ初戦でコールと対戦することを見越して、ハイファストボールだけに的をしぼり、それを逆方向に運ぶ特打をソトにやらせて、感覚をつかませていたのだ。

カモ M・ソロカ（ブレーブス）.556(9-5)2本　S・アルカンタラ（マーリンズ）.429(14-6)2本
苦手 A・ノーラ（フィリーズ）.190(21-4)1本　M・フリード（ブレーブス）.125(8-1)0本

年度	所属チーム	試合数	打数	得点	安打	二塁打	三塁打	本塁打	打点	四球	三振	盗塁	盗塁死	出塁率	OPS	打率
2018	ナショナルズ	116	414	77	121	25	1	22	70	79	99	5	2	.406	.923	.292
2019	ナショナルズ	150	542	110	153	32	5	34	110	108	132	12	1	.401	.949	.282
通算成績		266	956	187	274	57	6	56	180	187	231	17	3	.403	.937	.287

カモ 苦手 は通算成績

「メジャー最速の男」という評価が定着　ショート

7 トレイ・ターナー
Trea Turner

27歳｜188cm｜84kg｜右投右打

◆対左投手打率／.316(117-37)　◆対右投手打率／.292(404-118)
◆ホーム打率／.305(266-81)　◆アウェー打率／.290(255-74)
◆得点圏打率／.239(92-22)
◆19年のポジション別出場数／ショート＝122
◆ドラフトデータ／2014①パドレス
◆出身地／フロリダ州
◆年俸／745万ドル（約8億1950万円）
◆盗塁王1回(18年)

ミート **4**
パワー **4**
走塁 **5**
守備 **3**
肩 **4**

　ゲームを変えるスピードを備えた快足遊撃手。昨季は4月2日のフィリーズ戦でバントを試みた際、投球が人差し指を直撃。骨折したため、ひと月半ほど欠場を余儀なくされた。それによりレギュラーシーズンは122試合の出場にとどまったが、本塁打、二塁打、得点、打点の生産ペースはこれまでで最高で、チームのポストシーズン進出に多大な貢献をした。昨季は勝負強さを発揮することも多くなり、3月31日のフィリーズ戦と6月5日のロッキーズ戦では、サヨナラアーチを外野席に叩き込んでヒーローになった。また、7月3日のマーリンズ戦では、同点に追いつかれて迎えた9回裏にサヨナラ二塁打を放って、チームに貴重な1勝をもたらした。

　一昨年、盗塁王を獲得。昨季はシーズンの4分の3しか稼働できなかったことが響いて35盗塁に終わり、アクーニャに2つ及ばなかった。だが、スピードではメジャー・ナンバーワンの折り紙が付くようになった。『ベースボールアメリカ』が昨年夏におこなった監督・スカウト・球団幹部による投票では、「ベスト・ベースランナー」と「最速のベースランナー」の2部門でリーグの1位にランクされた。ターナーの速さはデータにも示されるようになり、「スタットキャスト」の「スプリントスピード・データ」によると、ターナーの1秒あたりの走行距離は9.24メートルで、メジャーの全選手の中でトップだった。オフには、ターナーが長打を量産できるようになったことを評価して、レンドーンが去ったあとの3番打者に据えることを球団が検討しているという報道が流れた。そうなると長打を打つことに比重がかかって、スピードをフルに活用できなくなるので、ナショナルズファンの多くは、3番打者で使う案に否定的だ。

カモ　Z・ウィーラー(フィリーズ).409(22-9)1本　　J・サマージャ(ジャイアンツ).500(12-6)1本
苦手　J・ウレイニャ(マーリンズ).000(16-0)0本　　V・ヴェラスケス(フィリーズ).000(12-0)0本

年度	所属チーム	試合数	打数	得点	安打	二塁打	三塁打	本塁打	打点	四球	三振	盗塁	盗塁死	出塁率	OPS	打率
2015	ナショナルズ	27	40	5	9	1	0	1	1	4	12	2	2	.295	.620	.225
2016	ナショナルズ	73	307	53	105	14	8	13	40	14	59	33	6	.370	.937	.342
2017	ナショナルズ	98	412	75	117	24	6	11	45	30	80	46	8	.338	.789	.284
2018	ナショナルズ	162	664	103	180	27	6	19	73	69	132	43	9	.344	.760	.271
2019	ナショナルズ	122	521	96	155	37	5	19	57	43	113	35	5	.353	.850	.298
通算成績		482	1944	332	566	103	25	63	216	160	396	159	30	.348	.815	.291

16 今季は盗塁王とゴールドグラブの有力候補 **センター**

ヴィクター・ロブレス Victor Robles

23歳 | 183cm | 86kg | 右投右打

◆対左投手率／.248 ◆対右投手率／.257
◆ホーム率／.266 ◆アウェー率／.244 ◆得点圏打率／.275
◆19年のポジション別出場数／センター＝141、ライト＝15
◆Ⓓ2013外ナショナルズ ◆囲ドミニカ
◆囲56万3500ドル（約6200万円）＋α

ミート **3**
パワー **4**
走塁 **5**
守備 **5**
肩 **4**

ナショナルズ

　昨季開幕からセンターのレギュラーで起用され、攻守両面で華々しい活躍を見せた。守備面では、強肩で守備範囲が広く、球際にも強い。DRS（守備で防いだ失点）22は、メジャーの中堅手で最多。ルーキーながらゴールドグラブ賞の最終候補になったが、受賞は逸した。スピードもトップレベルで、昨季の28盗塁はリーグ5位。内野安打、バントヒットも27本ある。事前の予想よりずっとパワーがあり、メジャーの投手の投球術にさらに慣れれば、毎年20本塁打以上期待できる打者になる可能性がある。死球を上手に体に当てるテクニックも持っており、昨季は死球による出塁が25回もあった。課題はチェンジアップ対策。とくに左投手のチェンジアップを苦手としている。

カモ A・ノーラ（フィリーズ）.500(8-4)0本　苦手 M・ソロカ（ブレーブス）.000(10-0)0本

年度	所属チーム	試合数	打数	得点	安打	二塁打	三塁打	本塁打	打点	四球	三振	盗塁	盗塁死	出塁率	OPS	打率
2017	ナショナルズ	13	24	2	6	1	2	0	4	0	6	0	1	.308	.766	.250
2018	ナショナルズ	21	59	8	17	3	1	3	10	4	12	3	2	.348	.874	.288
2019	ナショナルズ	155	546	86	139	33	3	17	65	35	140	28	9	.326	.745	.255
通算成績		189	629	96	162	37	6	20	79	39	158	31	12	.327	.758	.258

2 細かいことに長けたクセモノ外野手 **ライト**

アダム・イートン Adam Eaton

32歳 | 175cm | 79kg | 左投左打

◆対左投手率／.290 ◆対右投手率／.276
◆ホーム率／.281 ◆アウェー率／.277 ◆得点圏打率／.258
◆19年のポジション別出場数／ライト＝139、レフト＝7
◆Ⓓ2010⑲ダイヤモンドバックス ◆囲オハイオ州
◆囲950万ドル（約10億4500万円）

ミート **4**
パワー **3**
走塁 **5**
守備 **3**
肩 **4**

　昨季はシーズンを通してケガがなく、3年ぶりにフル稼働できた。最大の長所は出塁率の高さ。いざとなれば死球で出塁することもいとわない。昨季は得点が100を超えたが、それも優秀な出塁能力がもたらしたもの。スモールボールのスキルも依然高い。盗塁成功率は83.3%という高率で、バントヒット9はメジャー全体で2位タイ。三塁打が多いのも長所の一つで、昨季の7本はメジャー4位。逆方向に打つことに長けた打者の代表格でもあり、昨年も逆方向への打球の比率がナショナル・リーグの打者で2番目に高かった。

カモ Z・ウィーラー（フィリーズ）.455(22-10)0本　苦手 J・ウレイニャ（マーリンズ）.071(14-1)0本

年度	所属チーム	試合数	打数	得点	安打	二塁打	三塁打	本塁打	打点	四球	三振	盗塁	盗塁死	出塁率	OPS	打率
2012	ダイヤモンドバックス	22	85	19	22	3	2	2	5	14	15	2	3	.382	.794	.259
2013	ダイヤモンドバックス	66	250	40	63	10	4	3	22	17	44	5	2	.314	.674	.252
2014	ホワイトソックス	123	486	76	146	26	10	1	35	43	83	15	9	.362	.763	.300
2015	ホワイトソックス	153	610	98	175	28	9	14	56	58	131	18	8	.361	.792	.287
2016	ホワイトソックス	157	619	91	176	29	9	14	59	63	115	14	5	.362	.790	.284
2017	ナショナルズ	23	91	24	27	7	1	2	13	14	18	3	1	.393	.854	.297
2018	ナショナルズ	95	319	55	96	18	1	5	33	38	64	9	1	.394	.805	.301
2019	ナショナルズ	151	566	103	158	25	7	15	49	65	106	15	3	.365	.792	.279
通算成績		790	3026	506	863	146	43	56	272	312	576	81	32	.363	.781	.285

ポストシーズンで神がかった働き
47 ハウィー・ケンドリック Howie Kendrick

37歳｜180cm｜100kg｜右投右打｜対左.376｜対右.324｜ホ.374｜ア.316｜得.270
ド2002⑩エンジェルス｜出フロリダ州｜年625万ドル（約6億8750万円）

ミ⑤
パ④
走②
守②
肩②

　昨年のポストシーズンで値千金の一打を2度打ち、クラッチヒッターの中のクラッチヒッターと賞賛されたベテラン。最初の値千金の一打は、地区シリーズ第5戦で延長10回表に出た満塁アーチ。これでナショナルズは大方の予想に反してリーグ優勝決定シリーズに勝ち進み、ケンドリックはこのシリーズで4本二塁打を打ってMVPに。さらにワールドシリーズ第7戦では、7回の1点リードされた場面でライトポール直撃の逆転ツーランを放ち、シリーズ制覇の立役者になった。レギュラーシーズンでは打率3割4分4厘をマークし、300打数以上の打者では首位打者だった。

年度	所属チーム	試合数	打数	得点	安打	二塁打	三塁打	本塁打	打点	四球	三振	盗塁	盗塁死	出塁率	OPS	打率
2019	ナショナルズ	121	334	61	115	23	1	17	62	27	49	2	1	.395	.966	.344
通算成績		1596	5859	781	1722	350	38	125	710	342	1085	126	47	.337	.768	.294

トランプ大統領に抱きしめられて話題に
28 カート・スズキ Kurt Suzuki

37歳｜180cm｜95kg｜右投右打｜盗塁阻止率.063(48-3)｜対左.343｜対右.239｜ホ.277
ア.252｜得.366｜ド2004②アスレティックス｜出ハワイ州｜年600万ドル（約6億6000万円）

ミ③
パ⑤
走②
守③
肩②

　打者としての貢献度が抜群に高い日系人の捕手。昨季は280打数で17本塁打を記録しているが、これはソトやレンドーンと同レベルの生産ペース。打点63は、捕手ではメジャー5位の数字だ。リード面ではシャーザーと抜群に相性が良く、バッテリーを組んだ16試合の防御率は2.08だった。守備ではエラーが少ないが、盗塁阻止率は6.3%（48-3）。ワールドシリーズの勝者として、昨年11月1日にチームがホワイトハウスに招待された際、トランプ大統領の選挙スローガンが記された通称「MAGAキャップ」をかぶってスピーチし、大統領から抱きしめられる一幕があった。

年度	所属チーム	試合数	打数	得点	安打	二塁打	三塁打	本塁打	打点	四球	三振	盗塁	盗塁死	出塁率	OPS	打率
2019	ナショナルズ	85	280	37	74	11	0	17	63	20	36	0	1	.324	.809	.264
通算成績		1479	5094	552	1317	275	6	131	682	349	659	19	11	.315	.708	.259

捕手牽制刺4はメジャー最多タイ
10 ヤン・ゴームス Yan Gomes

33歳｜188cm｜98kg｜右投右打｜盗塁阻止率.226(53-12)｜対左.261｜対右.212｜ホ.211｜ア.235｜得.250
ド2009⑩ブルージェイズ｜出ブラジル｜年400万ドル（約4億4000万円）
●シルバースラッガー賞1回（14年）

ミ②
パ④
走②
守④
肩⑤

　ディフェンス面の能力がオールラウンドに高い、ブラジル・サンパウロ出身のキャッチャー。強肩捕手の代表格だが、ナショナルズにはクイックモーションのできない投手が多いため、昨季は盗塁阻止率が平均レベルの22.6%（53-12）だった。しかし捕手牽制刺を4つ記録し、並の肩ではないことをアピール。ボールブロックやキャッチングがうまいため、ワイルドピッチを出す頻度は最少レベル。ただ、パスボールが多い。リード面ではコービンのパーソナルキャッチャーを務めて度々好投を引き出したほか、ストラスバーグとも相性が良く、組んだ16試合の防御率は2.89だった。

年度	所属チーム	試合数	打数	得点	安打	二塁打	三塁打	本塁打	打点	四球	三振	盗塁	盗塁死	出塁率	OPS	打率
2019	ナショナルズ	97	314	36	70	16	0	12	43	38	84	2	0	.316	.704	.223
通算成績		749	2548	306	623	137	6	99	351	160	694	4	0	.297	.717	.245

　対左＝対左投手打率　対右＝対右投手打率　ホ＝ホーム打率　ア＝アウェー打率　得＝得点圏打率
ド＝ドラフトデータ　出＝出身地　年＝年俸

野手

ナショナルズ

スライダーが弱点のフリースインガー
14　スターリン・カストロ *Starlin Castro*　セカンド／サード　移籍

30歳／188cm／104kg／右投右打　対左.323　対右.252　得.255　ア.286　得.281
ド2006⑭カブス　出ドミニカ　年500万ドル（約5億5000万円）

ミ3／パ4／走3／守3／肩3

　2年1600万ドルの契約で入団した、オールスター出場3回の名のある二塁手。昨年はマーリンズで打線の中軸を担い、負けが込んで士気が上がらない中で、22本塁打と86打点でキャリアハイの数字をマークした。打者としての特徴は、ボール球によく手を出す早打ちのフリースインガーであることと、スライダーを苦手にしていること。スライダーを苦手にする最大の理由は、調子が落ちてくると左肩の開きが早くなって、右投手が外角に投じたスライダーに、バットが届かなくなるからだ。ヤンキース時代は守備力がかなり低下していたが、現在は平均レベルに回復している。

年度	所属チーム	試合数	打数	得点	安打	二塁打	三塁打	本塁打	打点	四球	三振	盗塁	盗塁死	出塁率	OPS	打率
2019	マーリンズ	162	636	68	172	31	4	22	86	28	111	2	2	.300	.736	.270
通算成績		1470	5773	664	1617	296	39	133	636	309	1033	89	51	.319	.733	.280

レンドーンの後継者に浮上したホープ
8　カーター・キーブーム *Carter Kieboom*　サード／ショート　ルーキー

23歳／188cm／86kg／右投右打　対左.143　対右.125　得.130　ア.125　得.000
ド2016①ナショナルズ　出ジョージア州　年56万3500ドル（約6200万円）＋α

ミ4／パ5／走3／守3／肩3

　昨年3Aで打ちまくったナショナルズ今年度の最有望新人。本来のポジションはショートだが、レンドーンがチームを去ったため、今季は開幕からサードのレギュラーに抜擢される可能性が出てきた。ナショナルズは今年1月、サードで使う目的でアズドルバル・カブレラと再契約したが、大型新人が台頭した場合、思い切り良くスイッチして成功してきたチームなので、開幕からレギュラーで使われる場面は十分にあるだろう。マルティネス監督は「キーブームは最適の人材だと思う。オフの筋トレで体重が7、8キロ増えて、パワーアップしているようだ」と期待をにじませている。

年度	所属チーム	試合数	打数	得点	安打	二塁打	三塁打	本塁打	打点	四球	三振	盗塁	盗塁死	出塁率	OPS	打率
2019	ナショナルズ	11	39	4	5	0	0	2	2	4	16	0	0	.209	.491	.128
通算成績		11	39	4	5	0	0	2	2	4	16	0	0	.209	.491	.128

キーブームの保険として再契約
13　アズドルバル・カブレラ *Asdrubal Cabrera*　サード／セカンド

35歳／183cm／93kg／右投両打　対左.265　対右.258　得.254　ア.265　得.328
ド2002②マリナーズ　出ベネズエラ　年250万ドル（約2億7500万円）
◆シルバースラッガー賞1回（11年）

ミ3／パ3／走3／守3／肩3

　昨季終了後FAになったが、今年1月にナショナルズと1年250万ドルで再契約したベテラン内野手。ナショナルズがストーブリーグの終盤になってカブレラを連れ戻すことにしたのは、早ければ開幕から、遅くても7月末までにはサードのレギュラーになる、大型新人キーブームの保険という意味合いが濃い。昨年6月、不利な判定をした主審に打撃用の手袋を投げつけて3試合出場停止になっているが、普段は口数の少ない地味なキャラ。早婚で、2007年に高校時代から交際してきたリスマーさんと結婚。現在は3児の父で、長男アズドルバル・ジュニア君は12歳になった。

年度	所属チーム	試合数	打数	得点	安打	二塁打	三塁打	本塁打	打点	四球	三振	盗塁	盗塁死	出塁率	OPS	打率
2019	レンジャーズ	93	323	45	76	15	0	12	51	38	85	0	0	.318	.711	.235
2019	ナショナルズ	38	124	24	40	10	1	6	40	19	18	0	0	.404	.969	.323
2019	2チーム計	131	447	69	116	25	1	18	91	57	103	0	0	.342	.783	.260
通算成績		1660	6133	829	1646	371	25	180	796	534	1210	90	32	.331	.756	.268

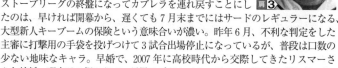

289

プラトーンで使うといい戦力になる一塁手

ファースト　移籍

9 エリック・テイムズ *Eric Thames*

34歳｜183cm｜95kg｜右投左打　[対左].200 [対右].254 [ホ].274 [ア].221 [得].229
[ド]2008⑦ブルージェイズ　[出]カリフォルニア州　[年]400万ドル（約4億4000万円）

ミート	2
パワー	5
走塁	3
守備	3
肩	3

　1年400万ドルの契約で入団した右投手用のスラッガー。韓国リーグで3年プレーしている間に、フリースインガーから失投を待てる長距離砲に生まれ変わり、2017年にメジャーにUターンして、アーチをハイペースで生産するようになった。欠点は、左投手を打てないことと三振が多いこと。そのためブリュワーズでは右投手用の半レギュラーとして使われてきたが、今季ナショナルズでも、右打者のケンドリックとコンビを組む形で使われる。特徴は安定して本塁打を生産できること。ブリュワーズでの3年間は毎年、15.1〜15.8打数に1本というペースで一発を生産。

年度	所属チーム	試合数	打数	得点	安打	二塁打	三塁打	本塁打	打点	四球	三振	盗塁	盗塁死	出塁率	OPS	打率
2019	ブリュワーズ	149	396	67	98	23	2	25	61	51	140	3	2	.346	.851	.247
通算成績		564	1745	276	426	95	17	93	223	193	575	17	6	.327	.805	.244

今季は巨人に去ったパーラの後釜を務める

外野手

17 アンドルー・スティーヴンソン *Andrew Stevenson*

26歳｜183cm｜86kg｜左投左打　[対左]1.000 [対右].345 [ホ].462 [ア].294 [得].000
[ド]2015②ナショナルズ　[出]ルイジアナ州　[年]56万3500ドル（約6200万円）+α

ミート	4
パワー	2
走塁	4
守備	4
肩	2

　グラブと足だけでなくバットでも貢献できるようになり、メジャーに定着できるレベルに成長した外野手。昨年3Aで打撃に開眼し、3割3分4厘（301打数101安打）というハイアベレージをマーク。メジャーでは6人目の外野手という位置付けだったため、代打でしか出番がなかったが、ヒットと四球をよくかせぎ、4割8分6厘と目を見張る出塁率をマークした。今季は、ヘラルド・パーラ（今季は日本の巨人）が昨季担ったレフトとライトの2番手、左の代打の切り札という役回りを引き継ぐ形で使われる可能性が高いため、メジャーでの出場機会が大幅に増えそうだ。

年度	所属チーム	試合数	打数	得点	安打	二塁打	三塁打	本塁打	打点	四球	三振	盗塁	盗塁死	出塁率	OPS	打率
2019	ナショナルズ	30	30	4	11	1	1	0	0	6	11	0	1	.486	.953	.367
通算成績		124	162	18	39	5	1	1	14	19	54	2	2	.323	.625	.241

67 ルイス・ガルシア *Luis Garcia*

ショート　セカンド　期待度 B⁻　ルーキー

20歳｜188cm｜86kg｜右投左打　◆昨季は2Aでプレー　[ド]2017⑩ナショナルズ　[出]ニューヨーク州

　打者としては広角にライナーや強いゴロを弾き返すタイプだが、パワーが増え、昨季後半は長打もコンスタントに出ていた。遊撃手としては敏捷性に富み、グラブさばきもうまい。守備範囲の広さはトップレベルで、かなりの強肩。父ルイス・シニアはタイガースでのプレー経験がある元内野手。

— コール・フリーマン *Cole Freeman*

セカンド　センター　期待度 C⁺　ルーキー

26歳｜175cm｜79kg｜右投右打　◆昨季は1A+でプレー　[ド]2017⑭ナショナルズ　[出]ルイジアナ州

　近い将来メジャーに上がり、使い勝手のいいユーティリティとして活躍する可能性がある野球巧者。ウリは、出塁能力の高さと、盗塁を30前後決められるスピードだ。本来のポジションはセカンドだが、メジャーでスーパーサブとして使うこと想定し、センターでも起用されるようになった。

[対左]=対左投手打率　[対右]=対右投手打率　[ホ]=ホーム打率　[ア]=アウェー打率　[得]=得点圏打率
[ド]=ドラフトデータ　[出]=出身地　[年]=年俸

ニューヨーク・メッツ

◆創　立：1962年
◆本拠地：ニューヨーク州ニューヨーク市

◆ワールドシリーズ制覇：2回／◆リーグ優勝：5回
◆地区優勝：6回／◆ワイルドカード獲得：3回

主要オーナー　フレッド・ウィルポン（スポーツ企業家）

過去5年成績

年度	勝	負	勝率	ゲーム差	地区順位	ポストシーズン成績
2015	90	72	.556	(7.0)	①	ワールドシリーズ敗退
2016	87	75	.537	8.0	②	ワイルドカードゲーム敗退
2017	70	92	.432	27.0	④	―
2018	77	85	.475	13.0	④	―
2019	**86**	**76**	**.531**	**11.0**	**③**	―

監　督　　19 ルイス・ロハス *Luis Rojas*

新

◆年　齢…………39歳（ドミニカ出身）
◆現役時代の経歴…メジャーでのプレー経験なし
　（ファースト、外野手）
◆監督経歴…………メジャーでの監督経験なし

　昨年11月、メッツは新監督にカルロス・ベルトランを任命。しかしその後、2017年にアストロズがおこなった不正なサイン盗みが明るみになり、当時選手としてアストロズにいたベルトランが、主導的役割を果たしていたことが判明。そのためメッツはベルトランを解任し、クオリティーコントロールコーチとして、分析スタッフ、コーチ、選手間の重要なパイプ役を担っていたロハスを内部昇格させた。父のフェリーペ・アルーは監督経験も豊富な元メジャーリーガー。

注目コーチ　ヘンスリー・ミューレンス *Hensley Meulens*

　新ベンチコーチ。53歳。昨季までは、ジャイアンツのベンチコーチ。オランダ領キュラソー島出身の初のメジャーリーガー。日本や韓国球界でのプレー経験もある。

編成責任者　ブロディ・ヴァンワゲネン *Brodie Van Wagenen*

　46歳。前職は敏腕代理人。2018年オフに就任し、大胆な補強策を進めたが、不発に終わった。妻の継父は、初めて月に降り立った宇宙飛行士ニール・アームストロング。

スタジアム　シティ・フィールド *Citi Field*

◆開場　年…………2009年
◆仕　様…………天然芝
◆収容能力…………41,922人
◆フェンスの高さ…2.4m
◆特　徴…………やや投手に有利な球場。形状は、ライトフェンスの一部が、やや奥まった位置にあること。開場当初は、きわめて投手に有利な球場だったが、その後、外野フェンスの位置を前にずらしたり、高さを低くしたりしている。

ピッチャーズ
パーク

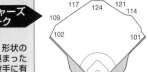

117　124　121
109　　　　　114
102　　　　　101

Best Order

① ブランドン・ニモ……センター
② ジェフ・マクニール……サード
③ ピート・アロンゾ……ファースト
④ ロビンソン・カノー……セカンド
⑤ J.D.デイヴィス……レフト
⑥ マイケル・コンフォルト……ライト
⑦ ウィルソン・ラモス……キャッチャー
⑧ アーメッド・ロザリオ……ショート

Depth Chart

[ポジション別選手層・メンバーリスト]

※2020年2月4日時点の候補選手。
数字は背番号(開幕前に変更する
場合もあり)。右・左等は投・打の順。

センター
9 ブランドン・ニモ [右・左]
16 ジェイク・マリズニック [右・右]

レフト
28 J.D.デイヴィス [右・右]
22 ドミニック・スミス [左・左]
52 ヨエニス・セスペデス [右・右]
6 ジェフ・マクニール [右・左]

ライト
30 マイケル・コンフォルト [右・左]
16 ジェイク・マリズニック [右・右]
6 ジェフ・マクニール [右・左]

ショート
1 アーメッド・ロザリオ [右・右]
13 ルイス・ギヨーメ [左・左]
4 ジェド・ラウリー [右・両]

セカンド
24 ロビンソン・カノー [右・左]
6 ジェフ・マクニール [右・左]

ローテーション
48 ジェイコブ・デグロム [右・右]
34 ノア・シンダーガード [右・右]
0 マーカス・ストローマン [右・右]
45 マイケル・ワカ [右・右]
22 リック・ポーセロ [右・右]
32 スティーヴン・マッツ [左・左]

サード
6 ジェフ・マクニール [右・左]
28 J.D.デイヴィス [右・右]
4 ジェド・ラウリー [右・両]

ファースト
20 ピート・アロンゾ [右・右]
22 ドミニック・スミス [左・左]

キャッチャー
40 ウィルソン・ラモス [右・右]
3 トマス・ニド [右・右]
- アリ・サンチェス [右・右]

ブルペン
39 エドウィン・ディアス [右・右] CL
67 セス・ルーゴ [右・右]
68 デリン・ベタンセス [右・右]
27 ジュウリス・ファミリア [右・右]
38 ジャスティン・ウィルソン [左・右]
29 ブラッド・ブラック [右・右]
65 ロバート・ゲセルマン [右・右]
61 チェイスン・シュリーヴ [左・右]
51 ポール・シーウォルド [右・右]
49 タイラー・バシューラー [右・右]
73 ダニエル・ザモラ [左・左]
62 ドルー・スミス [右・右]
35 ジェイコブ・レイム [右・右]

※CL=クローザー

メッツ試合日程……*はアウェーでの開催

3月26・28・29 ナショナルズ	28・29・30 マーリンズ*	29・30・31 ドジャース
30・31・**4月**1 フィリーズ	**5月**1・2・3 ブレーブス	**6月**2・3 アストロズ
2・4・5 ナショナルズ*	4・5・6 レッズ	4・5・6・7 ナショナルズ*
7・8 アストロズ	8・9・10 カーディナルス*	8・9・10 カーディナルス
9・10・11・12 ブリュワーズ	11・12・13 ダイヤモンドバックス*	12・13・14 ナショナルズ
13・14・15・16 ブレーブス	15・16・17・18 パイレーツ	16・17・18 カブス*
17・18・19 ブリュワーズ	19・20・21 ダイヤモンドバックス	19・20・21 フィリーズ
21・22・23 マーリンズ	22・23・24 ブレーブス*	22・23・24・25 ジャイアンツ*
24・25・26 ブレーブス*	26・27・28 フィリーズ	26・27・28 パドレス*

球団メモ 昨季は前半戦を借金10でターン。しかし後半戦は46勝26敗と追い上げ、プレーオフ進出にあと一歩までせまった。後半戦の勝率は、ドジャースに次ぐリーグ2位。

■**投手力**➡…★★★⭐★　【昨年度チーム防御率4.24、リーグ6位】

　サイ・ヤング投手デグロム、シンダーガードの二枚看板が君臨するローテーションは、リーグ上位。オフに昨季3点台の防御率を残したウィーラーが、ライバルのフィリーズへ去ったのはマイナスだが、元サイ・ヤング右腕のポーセロ、そしてワカが加入したことで、ローテーションに厚みが増した。課題のブルペンには、ヤンキースで活躍した豪腕リリーバーのベタンセスが加入。ただ、昨季はアキレス腱の断裂で1試合しか登板していない。

■**攻撃力**➡…★★★⭐★　【昨年度チーム得点791、リーグ7位】

　昨季、得点力アップの起爆剤になることを期待されたカノーがまったくと言っていいほど貢献できなかったが、若手の成長がそれを帳消しにした。ルーキーのアロンゾが本塁打王のタイトルを獲得し、2年目のマクニールも首位打者争いを演じる活躍を見せた。コンフォルトも自己ベストの数字を残し、チーム得点もリーグ平均を上回っている。昨季21本塁打のフレイジャーが去ったが、若手のさらなる成長でカバーできるだろう。

■**守備力**⬆…★★⭐★★　【昨年度チーム失策数99、リーグ11位】

　カノーの劣化は守備面でも深刻。二遊間をカノーと組むロザリオも守備範囲が狭くなり、ミスも多かった。新加入のマリズニックの守備力は高い。

■**機動力**⬆…★★⭐★★　【昨年度チーム盗塁数56、リーグ12位】

　昨季はロザリオが19盗塁をマークしたが、失敗も多かった。走れる選手が少ないが、オフにマリズニックが加入したので、機動力は多少アップ。

メッツ

総合評価
★★★★★　➡

新監督に就任したカルロス・ベルトランが、1試合も指揮することなく辞任。この白けたムードを吹き飛ばすような活躍を、若い選手たちができるかどうか注目だ。優勝争いに食い込むには、デグロムがサイ・ヤング賞レベルの活躍を今年もする必要がある。

IN	主な入団選手
投手	
リック・ポーセロ ← レッドソックス	
マイケル・ワカ ← カーディナルス	
デリン・ベタンセス ← ヤンキース	
野手	
ジェイク・マリズニック ← アストロズ	

OUT	主な退団選手
投手	
ザック・ウィーラー → フィリーズ	
野手	
トッド・フレイジャー → レンジャーズ	
ジョー・パニック → ブルージェイズ	
ホアン・ラガレス → 所属先未定	

30・**7**月1・2	ジャイアンツ	30・31・**8**月1・2	マーリンズ	31・**9**月1・2・3	ロッキーズ
3・4・5・6	パドレス	3・4・5	ロッキーズ*	4・5・6	ナショナルズ
7・8	ヤンキース*	6・7・8・9	ドジャース*	7・8・9	ブレーブス*
10・11・12	マーリンズ*	11・12・13	ブレーブス	11・12・13	パイレーツ*
14	オールスターゲーム	14・15・16	フィリーズ	15・16・17	マーリンズ
17・18・19	マリナーズ	18・19・20	エンジェルス*	18・19・20	レンジャーズ
21・22・23	レッズ*	21・22・23	アスレティックス*	21・22・23・24	フィリーズ*
24・25・26	フィリーズ	25・26・27	ナショナルズ*	25・26・27	マーリンズ*
28・29	ヤンキース	28・29・30	カブス		

球団メモ　昨年5月、埼玉西武ライオンズとパートナーシップ契約を締結した。スカウティング方法、データ分析方法、コーチング技術、ビジネス面のノウハウなどの情報を共有する。

20歳のとき初めて投手になった超遅咲き　先発

48 ジェイコブ・デグロム
Jacob deGrom

32歳／193cm／82kg／右投左打
◆球速のスピード／150キロ台中頃～後半（フォーシーム主体）
◆決め球と持ち球／☆フォーシーム、☆スライダー、◎チェンジアップ、△カーブ
◆対左打者被打率／.213　◆対右打者被打率／.202
◆ホーム防御率／2.50　◆アウェー防御率／2.34
◆ドラフトデータ／2010⑨メッツ
◆出身地／フロリダ州
◆年俸／2300万ドル（約25億3000万円）
◆サイ・ヤング賞2回（18、19年）、最優秀防御率1回（18年）、最多奪三振1回（19年）、新人王（14年）

球威	5
制球	5
緩急	5
守備・敏捷	4
度胸	5

　史上11人目となる「2年連続サイ・ヤング賞」をやってのけたメッツの大エース。一昨年は得点援護の低さが話題になったが、その傾向は昨季も続き、シーズン前半は18試合に先発し4勝7敗、防御率3.27（アメリカン・リーグ13位）という数字に終わった。この時点では、完全にサイ・ヤング賞の圏外だった。しかし、シーズン後半は速球のスピードが96マイル台（154.5～156.1キロ）から97マイル台（156.1～157.7キロ）にアップしたため、スライダーの効果も上がり、14試合に先発したうち10試合を自責点0か1に抑え、7勝（1敗）。防御率は1.44というすごい数字だった。とくに最後の3試合はいずれも7回まで無失点に抑える好投を見せ、2度目のサイ・ヤング賞に一気に駆け上がった。

　このデグロムのユニークな点は、大学3年生になるまでピッチャーをやったことがなかったことだ。それまではずっと遊撃手としてプレー。強肩で守備もうまかったが、バッティングの才能はない貧打のショートだった。そのため高校卒業時はメジャー球団どころか、強豪大学からも勧誘されず、自宅から車で40分ほどのところにある学生数2500の小規模校ステットソン大学に進んだ。ここでも2年までは貧打の遊撃手だったが、3年生になるとき、強肩に目を付けた同大のダン監督が遊撃手兼任のままクローザーで起用。球威だけでなく制球もいいため、その後ローテーションに故障者が出た際、先発に回ることになった。それによってメッツのスカウトの目に留まり、その年のドラフトで9巡目に指名された。

　一昨年の11月、自分の代理人を務めていたブローディ・ヴァンワゲネンが、メッツのGMに就任した。その後、メッツと5年総額1億3750万ドル（約151億円）の契約にサインしている。

カモ J・リアルミュート（マーリンズ）.160(25-4)0本　O・アルビーズ（ブレーブス）.156(32-5)0本
苦手 C・イェリッチ（ブリュワーズ）.441(34-15)0本　G・スタントン（ヤンキース）.333(27-9)4本

年度	所属チーム	勝利	敗戦	防御率	試合数	先発	セーブ	投球イニング	被安打	失点	自責点	被本塁打	与四球	奪三振	WHIP
2014	メッツ	9	6	2.69	22	22	0	140.1	117	44	42	7	43	144	1.14
2015	メッツ	14	8	2.54	30	30	0	191.0	149	59	54	16	38	205	0.98
2016	メッツ	7	8	3.04	24	24	0	148.0	142	53	50	15	36	143	1.20
2017	メッツ	15	10	3.53	31	31	0	201.1	180	87	79	28	59	239	1.19
2018	メッツ	10	9	1.70	32	32	0	217.0	152	48	41	10	46	269	0.91
2019	メッツ	11	8	2.43	32	32	0	204.0	154	59	55	19	44	255	0.97
通算成績		66	49	2.62	171	171	0	1101.2	894	350	321	95	266	1255	1.05

昨季は監督と対立、正捕手と不仲で問題児に 先発

34 ノア・シンダーガード Noah Syndergaard

28歳｜198cm｜109kg｜右投左打

◆速球のスピード／150キロ台後半(ツーシーム、フォーシーム)
◆決め球と持ち球／◎ツーシーム、◎フォーシーム、◎スライダー、◎チェンジアップ、○カーブ
◆対左.266 ◆対右.248 ◆赤防5.02 ◆ア防3.40
◆㋹2010①ブルージェイズ ◆囲テキサス州
◆囲970万ドル(約10億6700万円)

球威 5
制球 4
緩急 4
守備・牽制 2
度胸 3

メッツ

　今季は昨季のモヤモヤを吹き飛ばす投球を期待される第2のエース。自分の代理人だったヴァンワゲネンがGMに就任したため、昨季は張り切ってシーズンに入った。しかし、新たに正捕手になったラモスと波長が合わないことや、投手交代が早すぎるキャラウェイ監督への不満が積み重なってフラストレーションのたまるシーズンになった。他球団はチームが変われば、またエースの働きをすると見ていたので、7月末のトレード期限には申し込みが殺到した。最大のウリは、速球の威力がすごいこと。昨年の速球の平均スピードは157.8キロで、メジャーの先発投手で最も速かった。課題だった初球ストライク率の低さも改善され、打者を早めに追い込めるようになった。

カモ H・ケンドリック(ナショナルズ).000(9-0)0本 　苦手 R・ホスキンス(フィリーズ).429(14-6)2本

年度	所属チーム	勝利	敗戦	防御率	試合	先発	セーブ	投球イニング	被安打	失点	自責点	本塁打	与四球	奪三振	WHIP
2015	メッツ	9	7	3.24	24	24	0	150.0	126	60	54	19	31	166	1.05
2016	メッツ	14	9	2.60	31	30	0	183.2	168	61	53	11	43	218	1.15
2017	メッツ	1	2	2.97	7	7	0	30.1	29	14	10	0	3	34	1.05
2018	メッツ	13	4	3.03	25	25	0	154.1	148	55	52	9	39	155	1.21
2019	メッツ	10	8	4.28	32	32	0	197.2	194	101	94	24	50	202	1.23
通算成績		47	30	3.31	119	118	0	716.0	665	291	263	63	166	775	1.16

WBCでは米国代表のエースとして活躍 先発

0 マーカス・ストローマン Marcus Stroman

29歳｜170cm｜82kg｜右投右打

◆速球のスピード／150キロ前後(ツーシーム主体)
◆決め球と持ち球／☆スライダー、◎ツーシーム、○チェンジアップ、△カッター
◆対左.291 ◆対右.220 ◆赤防3.63 ◆ア防2.72
◆㋹2012①ブルージェイズ ◆囲ニューヨーク州
◆囲1200万ドル(約13億2000万円) ◆ゴールドグラブ賞1回(17年)

球威 4
制球 4
緩急 4
守備・牽制 4
度胸 4

　昨年7月末のトレードでトロントから移籍した、ニューヨーク郊外で生まれ育った右腕。昨季は負け越したが投球内容はハイレベルで、第2のブレイクイヤーになった。好調の要因は、スライダーの制球がシーズンを通して安定していたこと。スライダーが狙ったところに行くため、右打者に強かった。移籍後メッツでも背番号「7」を付けていたが、この番号はメッツのスター選手だったホセ・レイエスが付けていたものなので、敬意を表して今季は背番号を「0」に変更。正確な身長は170.8センチで、メジャーの投手で最も低いが、それに誇りを持ち、「身長では心の大きさは測れない」がモットー。

カモ E・インシアーテ(ブレーブス).111(9-1)0本 　苦手 O・アルビーズ(ブレーブス).444(9-4)0本

年度	所属チーム	勝利	敗戦	防御率	試合	先発	セーブ	投球イニング	被安打	失点	自責点	本塁打	与四球	奪三振	WHIP
2014	ブルージェイズ	11	6	3.65	26	20	1	130.2	125	56	53	7	28	111	1.17
2015	ブルージェイズ	4	0	1.67	4	4	0	27.0	20	5	5	2	6	18	0.96
2016	ブルージェイズ	9	10	4.37	32	32	0	204.0	209	104	99	21	54	166	1.29
2017	ブルージェイズ	13	9	3.09	33	33	0	201.0	201	82	69	21	62	164	1.31
2018	ブルージェイズ	4	9	5.54	19	19	0	102.1	115	68	63	9	36	77	1.48
2019	ブルージェイズ	6	11	2.96	21	21	0	124.2	118	50	41	10	35	99	1.23
2019	メッツ	4	2	3.77	11	11	0	59.2	65	27	25	8	23	60	1.47
2019	2チーム計	10	13	3.22	32	32	0	184.1	183	77	66	18	58	159	1.31
通算成績		51	47	3.76	146	140	1	849.1	853	392	355	78	244	695	1.29

対左=対左打者被打率　対右=対右打者被打率　赤防=ホーム防御率　ア防=アウェー防御率
㋹=ドラフトデータ　囲=出身地　囲=年俸

投 手

スライダーが抜けまくってクローザー失格

クローザー

39 エドウィン・ディアス *Edwin Diaz*

26歳｜191cm｜75kg｜速150キロ台後半(フォーシーム主体)｜決○フォーシーム
対左.193 対右.299 ド2012③マリナーズ 田プエルトリコ 年510万ドル(約5億6100万円)
◆最多セーブ1回(18年)

球 5
制 2
緩 2
守 3
度 3

一昨年はマリナーズで57セーブをマークし、アメリカン・リーグの最優秀リリーフ投手に贈られるマリアーノ・リヴェラ賞を受賞。メッツで迎えた昨季も、序盤はクローザーとして安定した投球を見せていた。しかし、5月下旬から右打者に対する制球が不安定になり、大量失点するケースが何度もあった。頭を抱えた球団は、7月末にトレードで放出しようと画策。だが引き取り手はなく、結局8月上旬にクローザーを外され「ゲーム終盤に投げるリリーバーの一人」という扱いになった。ヴァンワゲネンGMは、今季に関しては「メインのクローザー」として使うと語っている。

年度	所属チーム	勝利	敗戦	防御率	試合数	先発	セーブ	投球イニング	被安打	失点	自責点	被本塁打	与四球	奪三振	WHIP
2019	メッツ	2	7	5.59	66	0	26	58.0	58	36	36	15	22	99	1.38
通算成績		6	21	3.33	254	0	135	249.0	188	97	92	35	86	400	1.10

本人は先発で投げることに強いこだわり

セット
アップ

67 セス・ルーゴ *Seth Lugo*

31歳｜193cm｜102kg｜右投右打｜速150キロ台前半(フォーシーム、ツーシーム)｜決☆ツーシーム
対左.167 対右.211 ド2011㉞メッツ 田ルイジアナ州 年200万ドル(約2億2000万円)

球 5
制 4
緩 3
守 3
度 3

昨季は初めてフルシーズン、リリーフで投げた右腕。7月末までは主にセットアッパーで使われ、8月上旬にエドウィン・ディアスがクローザーを外されたあとは、クローザーでも度々起用され6セーブをマーク。これまでは、スピン量がメジャーリーグで一番多いカーブが高く評価されてきたが、昨季はフォーシームとツーシームのキレが増し、最高レベルの評価を受けるようになった。少年時代から身体能力が抜群に高く、高校時代は、秋はアメフトのパンター、冬はサッカーのゴールキーパー、春は野球のピッチャーをやるかたわら、陸上競技の走り高跳びでも活躍した。

年度	所属チーム	勝利	敗戦	防御率	試合数	先発	セーブ	投球イニング	被安打	失点	自責点	被本塁打	与四球	奪三振	WHIP
2019	メッツ	7	4	2.70	61	0	6	80.0	56	28	24	8	16	104	0.90
通算成績		22	15	3.27	151	31	9	346.2	300	140	126	37	90	337	1.13

ヒジの不調で初の戦線離脱

セット
アップ

38 ジャスティン・ウィルソン *Justin Wilson*

33歳｜188cm｜93kg｜左投左打｜速150キロ台前半(フォーシーム主体)｜決○カッター
対左.217 対右.232 ド2008⑤パイレーツ 田カリフォルニア州 年500万ドル(約5億5000万円)

球 5
制 2
緩 3
守 3
度 3

2012年のメジャーデビュー後、一度も故障で戦列を離れたことがなかった鉄腕投手。ところが昨季は4月22日にヒジの不調で、初めてIL(故障者リスト)入り。2週間で復帰したが数日で再発したため、またもIL入りした。このときは約50日間戦列を離れ、7月2日に復帰。その後は登板するごとに球威が増し、ディアスとファミリアが機能不全におちいる中で、8月からはルーゴと交代でクローザーに起用され、4セーブをマークした。球種は、150キロ台前半の速球と140キロ台中頃のカッターが主体。これに時折、曲がりの小さいスライダーを交え、タイミングを狂わせる。

年度	所属チーム	勝利	敗戦	防御率	試合数	先発	セーブ	投球イニング	被安打	失点	自責点	被本塁打	与四球	奪三振	WHIP
2019	メッツ	4	2	2.54	45	0	4	39.0	33	12	11	4	19	44	1.33
通算成績		30	21	3.25	457	0	18	409.2	337	155	148	31	185	451	1.27

速=速球のスピード　決=決め球　対左=対左打者被打率　対右=対右打者被打率
ド=ドラフトデータ　田=出身地　年=年俸

32 昨年メジャー初完封と初の2ケタ勝利　先発
スティーヴン・マッツ Steven Matz

29歳｜188cm｜91kg｜左投右打　⚡150キロ前後（ツーシーム主体）　◎チェンジアップ
対左.270　対右.258　🅓2009⑨メッツ　🅗ニューヨーク州　🅔500万ドル（約5億5000万円）

メッツ

球 ③
制 ④
緩 ③
守・走 ④
度 ③

　計算できる先発4番手に成長した、シンカーを多投するサウスポー。三振を奪う能力は決して低くないが、ピッチングの主眼はあくまでも効率良くアウトを取ることに置いており、好調時は凡ゴロの山ができる。それを最高の形で実現したのが、わずか99球で終わらせた昨年7月27日のプロ初完封だった（パイレーツ戦）。ニューヨーク東郊のロングアイランド出身。昨年7月末にトレードで来たマーカス・ストローマンも同じ地域の出身で、高校時代はライバル校のエース同士という関係だった。マッツの父ロンさんとストローマンの父アールさんは、以前から親しい仲だった。

年度	所属チーム	勝利	敗戦	防御率	試合数	先発	セーブ	投球イニング	被安打	失点	自責点	被本塁打	与四球	奪三振	WHIP
2019	メッツ	11	10	4.21	32	30	0	160.1	163	83	75	27	52	153	1.34
通算成績		31	36	4.05	103	101	0	549.0	543	268	247	82	170	516	1.30

22 メジャー11年で2ケタ勝利は10度　先発　移籍
リック・ポーセロ Rick Porcello

32歳｜196cm｜93kg｜右投右打　⚡140キロ台中頃（フォーシーム、ツーシーム）　◎スライダー
対左.284　対右.273　🅓2007⑪タイガース　🅗ニュージャージー州　🅔1000万ドル（約11億円）
◆サイ・ヤング賞1回（16年）、最多勝1回（16年）、カムバック賞1回（16年）

球 ②
制 ④
緩 ④
守・走 ③
度 ③

　1年1000万ドルで入団した、サイ・ヤング賞受賞歴がある技巧派。レッドソックスとの契約最終年だった昨季は、勝ち運に恵まれてチーム2位の14勝をマークしたが、内容はイマイチ。防御率5.52は自己ワーストの数字だった。7月31日のレイズ戦では、ふがいない自身の投球にいら立ち、ベンチ内に設置されたモニターを2台、パンチで破壊している。打者のタイミングを外し、打たせてアウトを取るピッチングが持ち味。故障がない点も魅力だ。22勝した2016年のサイ・ヤング賞投票では、1位票はヴァーランダーに及ばなかったが、2位票を大量に集め、僅差で逆転受賞。

年度	所属チーム	勝利	敗戦	防御率	試合数	先発	セーブ	投球イニング	被安打	失点	自責点	被本塁打	与四球	奪三振	WHIP
2019	レッドソックス	14	12	5.52	32	32	0	174.1	198	114	107	31	45	143	1.39
通算成績		149	118	4.36	343	339	0	2037.1	2196	1081	988	255	474	1507	1.31

45 新天地での復活に期待　先発　移籍
マイケル・ワカ Michael Wacha

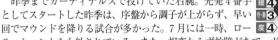

29歳｜198cm｜98kg｜右投右打　⚡150キロ前後（フォーシーム）　◎チェンジアップ
対左.259　対右.309　🅓2012①カーディナルス　🅗アイオワ州　🅔300万ドル（約3億3000万円）

球 ③
制 ③
緩 ④
守・走 ③
度 ④

　昨季までカーディナルスで投げていた右腕。先発4番手としてスタートした昨季は、序盤から調子が上がらず、早い回でマウンドを降りる試合が多かった。7月には一時、ローテーションからも外されている。また、相変わらず故障がちで、ポストシーズンにも出場できなかった。オフに1年契約でメッツ入り。年俸は300万ドルだが、登板数やイニング数に応じ、最大で700万ドルが加算される契約になっている。ピッチングは、フォーシームの速球に、チェンジアップ、カッター、カーブを交える。年々、速球の威力が落ちているのが気がかり。少年の頃はカブスのファン。

年度	所属チーム	勝利	敗戦	防御率	試合数	先発	セーブ	投球イニング	被安打	失点	自責点	被本塁打	与四球	奪三振	WHIP
2019	カーディナルス	6	7	4.76	29	24	0	126.2	143	71	67	26	55	104	1.56
通算成績		59	39	3.91	165	151	0	867.2	849	410	377	97	301	759	1.33

68 デリン・ベタンセス *Dellin Betances*

昨季は故障に泣いた豪腕セットアッパー

セットアップ　移籍

32歳｜203cm｜120kg｜右投右打 速150キロ台後半(フォーシーム主体) 決☆ナックルカーブ
対左.000 対右.000 ド2006⑧ヤンキース 出ニューヨーク州 年750万ドル(約8億2500万円)

球5 制3 緩4 守・牽3 度3

ニューヨークの球団からニューヨークの球団に移る、ニューヨーク生まれのリリーフ右腕。2014年にヤンキースで、セットアッパーとして大ブレイク。以降、ヤンキースのブルペンを大車輪の活躍で支えてきた。故障とは無縁のタフさもウリだったが、昨季は右肩の不調で開幕からIL入り。当初の見込みより時間がかかり、9月15日にようやくメジャー復帰を果たした。復帰戦では打者2人を相手に2三振と最高の結果を残したが、試合後、左足アキレス腱(けん)の部分断裂が判明。これでシーズン終了となり、わずか1試合の登板に終わった。オフにFAとなり、1年契約でメッツ入り。

年度	所属チーム	勝利	敗戦	防御率	試合数	先発	セーブ	投球イニング	被安打	失点	自責点	被本塁打	与四球	奪三振	WHIP
2019	ヤンキース	0	0	0.00	1	0	0	0.2	0	0	0	0	0	2	0.00
通算成績		21	22	2.36	358	1	36	381.2	228	113	100	26	170	621	1.04

27 ジュウリス・ファミリア *Jeurys Familia*

DV事件で付いたヒールのイメージ

セットアップ

31歳｜191cm｜109kg｜右投右打 速150キロ台中頃(シンカー主体) 決◎スライダー
対左.312 対右.248 ド2007外メッツ 出ドミニカ 年1100万ドル(約12億1000万円)
◆最多セーブ1回(16年)

球5 制2 緩3 守・牽3 度3

昨季は3年3000万ドルというクローザー級の待遇でメッツにカムバックし、トップセットアッパーを務めることになった。だが、4月下旬になって肩関節が痛み出し、5月1日にIL入り。このときは2週間で復帰したが、6月中旬にまた痛みが出てIL入り。検査でベネット病変であることが判明し、その治療を受けたあと、7月初旬に復帰した。ベネット病変は、投球動作を繰り返すことで肩関節後方に骨棘(こつきょく)が生じる疾患(しっかん)である。この肩の不調で、昨季は「エドウィン・ディアスに何かあったときの保険」という役割を果たせず、ブルペンが崩壊状態におちいる元凶になった。

年度	所属チーム	勝利	敗戦	防御率	試合数	先発	セーブ	投球イニング	被安打	失点	自責点	被本塁打	与四球	奪三振	WHIP
2019	メッツ	4	2	5.70	66	0	0	60.0	62	39	38	7	42	63	1.73
通算成績		21	21	3.16	409	1	124	412.2	346	159	145	23	185	432	1.29

― デイヴィッド・ピーターソン *David Peterson*

先発　期待度 B⁻　ルーキー

25歳｜198cm｜109kg｜左投左打 ◆昨季は2Aでプレー ド2017①メッツ 出コロラド州

スリークォーターからシンカー、スライダー、チェンジアップを投げ込んでくるサウスポー。ウリは、打球の6割以上がゴロになるグラウンドボール投手であるため、一発リスクが低いこと。制球力があり与四球が少ないのも長所だ。今季は開幕から3Aで投げる可能性が高い。メジャーは目前だ。

― トーマス・サパーキ *Thomas Szapucki*

先発　期待度 B　ルーキー

25歳｜198cm｜109kg｜左投左打 ◆昨季は2Aでプレー ド2017①メッツ 出コロラド州

速球、カーブ、チェンジアップを効果的に組み合わせる奪三振率の高いサウスポー。2017年7月にトミー・ジョン手術を受けたため、翌2018年は全休。昨年の開幕からマイナーの1Aで投げ始めた。将来はメジャーの先発3、4番手に成長すると見る識者が多いが、セットアッパー向きという意見もある。

速=速球のスピード　決=決め球　対左=対左打者被打率　対右=対右打者被打率
ド=ドラフトデータ　出=出身地　年=年俸
※メジャー経験がない投手の「先発」「リリーフ」はマイナーでの役割

グレープフルーツを打って鍛えた長打力 ［ファースト］

20 ピート・アロンゾ
Pete Alonso

メッツ

26歳｜191cm｜111kg｜右投右打

◆対左投手打率／.240(150-36) ◆対右投手打率／.266(447-119)
◆ホーム打率／.218(284-62) ◆アウェー打率／.297(313-93)
◆得点圏打率／.246(130-32)
◆19年のポジション別出場数／ファースト＝156、DH＝1
◆ドラフトデータ／2016②メッツ
◆出身地／フロリダ州
◆年俸／56万3500ドル(約6200万円)＋α
◆本塁打王1回(19年)、新人王(19年)

ミート	4
パワー	5+
走塁	2
守備	2
肩	2

　昨年、ルーキーのシーズン最多本塁打記録となる53本のアーチを放って、ナショナル・リーグの本塁打王になったメッツの若き主砲。一昨年(2018年)、マイナーの2Aと3Aで合わせて36本のアーチを記録。さらに俊英が集うアリゾナリーグで、時速166キロの速球を叩いてセンターへの特大ホーマーにしたことで注目が集まった。

　昨季はオープン戦で打ちまくって開幕メンバーに入り、初戦からスタメンで起用された。その後はシーズン終了まで途切れることなく一発が出て、ベリンジャー、イェリッチとの本塁打王争いを制した。本塁打を量産するうえで最大の強みとなっているのは、タメのとり方がうまいことだ。それにより、どんな変化球が来ても、ドンピシャのタイミングで叩くことができる。一方、ファーストの守備は発展途上レベル。ホームラン王を取る活躍をしても、守備力が平均以下だとWARの数値が低くなり、MVP争いで大きなマイナスになる。平均レベルまでは上げておきたいところだ。

　類まれな打撃の才能の原点は、自宅の裏庭で父ピートさんが投げるグレープフルーツやオレンジを、バットで打つ練習だった。フロリダの住宅地では、どの家も庭にグレープフルーツやオレンジの木を何本も植えている。とても食べきれないので、そのような形で活用していたのだ。リトルリーグの試合の前になると、打撃練習はゴルフボールでおこなっていた。そうすれば、試合で野球のボールがグレープフルーツの大きさに見えるからだ。

　アロンゾの家はカタルーニャ系で、曾祖父がスペイン内戦のとき、左派の人民戦線側に立っていたため、祖父が終戦後、弾圧を避けて米国に移住。メッツの球場のあるニューヨークのクイーンズに住み着いた。そのためアロンゾには、父祖の地でプレーしているという思いがある。

　私生活は純愛派で、プロ入りした2015年からハイリー・ウォルシュさんと一緒に暮らし始めて、現在も事実婚状態にある。

カモ M・ソロカ(ブレーブス).444(9-4)1本　W・ビューラー(ドジャース).400(5-2)2本
苦手 M・フリード(ブレーブス).100(10-1)1本　M・シャーザー(ナショナルズ).167(12-2)0本

年度	所属チーム	試合数	打数	得点	安打	二塁打	三塁打	本塁打	打点	四球	三振	盗塁	盗塁死	出塁率	OPS	打率
2019	メッツ	161	597	103	155	30	2	53	120	72	183	1	0	.358	.941	.260
通算成績		161	597	103	155	30	2	53	120	72	183	1	0	.358	.941	.260

カモ 苦手 は通算成績

スリコギのようなバットを使う安打製造機 ^{サードセカンドライト}

6 ジェフ・マクニール
Jeff McNeil

28歳｜185cm｜88kg｜右投左打

◆対左投手打率／.312(141-44)　◆対右投手打率／.320(369-118)
◆ホーム打率／.310(242-75)　◆アウェー打率／.325(268-87)
◆得点圏打率／.350(103-36)
◆19年のポジション別出場数／レフト=71、ライト=42、
　セカンド=37、サード=31
◆ドラフトデータ／2013⑫メッツ
◆出身地／カリフォルニア州
◆年俸／56万3500ドル（約6200万円）+α

ミート	5
パワー	4
走塁	3
守備	4
肩	3

　昨年ブレイクし、オールスターにも選出された万能プレーヤー。昨季は開幕からよくヒットが出たため、4月下旬から守備位置日替わりでトップバッターに固定され、シーズン終盤まで高打率をキープ。ブリュワーズのクリスチャン・イェリッチと、首位打者争いを繰り広げた。結局、ナショナル・リーグ4位の3割1分8厘でシーズンを終えている。

　打者としての特徴は、早打ちのフリースインガーで、ボール球に手を出す比率が高いことだ。それでいて高打率をキープできるのは、当てることが誰よりもうまく、ボール球を高い確率でヒットにできるからだ。これは特殊なバットを使っていることと無関係ではない。使用しているバットは、米国では「ノブレスバット」と呼ばれるグリップエンドのないタイプで、形状は日本で「タイ・カップ型」と呼ばれているものに近い。バットコントロールがしやすく、重量もやや軽いため、昔は安打製造機タイプの打者が好んで使っていたものだ。マクニールはこのバットをマイナー時代、巡回打撃コーチだったラマー・ジョンソンに1本プレゼントされたのをきっかけに使い始めた。昨年守備では、セカンド、サード、レフト、ライトに起用されたが、サードの守備はトップレベル。二塁手としての守備力は平均レベル。外野の守備はレフト、ライトとも「中の下」レベルで、エラーがやや多いが、時々スーパーキャッチを見せる。

　特技はゴルフ。高校時代はゴルフが優先スポーツで、全米アマ・ジュニア選手権に出場した実績がある。現在もシーズン中のオフの日は、ゴルフ場に出かけてスクラッチ（ハンディ0）でプレーしている。

　まだ3Aに在籍していた2018年1月に、タティアナさんと結婚。まだ子供はいないが、昨年8月に子犬を1匹「養子」にしている。球場の近くで、動物愛護団体がやっているホームレス犬の養子キャンペーンで見つけてきた犬で、奥さんを2週間かけて説得し、飼い始めた。

カモ E・フェディ(ナショナルズ).833(6-5)0本　M・フリード(ブレーブス).455(11-5)0本
苦手 P・コービン(ナショナルズ).111(9-1)0本　M・ソロカ(ブレーブス).000(6-0)0本

年度	所属チーム	試合数	打数	得点	安打	二塁打	三塁打	本塁打	打点	四球	三振	盗塁	盗塁死	出塁率	OPS	打率
2018	メッツ	63	225	35	74	11	6	3	19	14	24	7	1	.381	.852	.329
2019	メッツ	133	510	83	162	38	1	23	75	35	75	5	6	.384	.916	.318
通算成績		196	735	118	236	49	7	26	94	49	99	12	7	.383	.896	.321

左投手のスライダーが最大の弱点

30 マイケル・コンフォルト Michael Conforto

27歳｜185cm｜98kg｜右投左打

◆対左投手打率／.241 ◆対右投手打率／.264
◆ホーム打率／.274 ◆アウェー打率／243 ◆得点圏打率／.286
◆19年のポジション別出場数／ライト=132、センター=39
◆🅓2014①メッツ ◆🅗ワシントン州
◆🅎800万ドル（約8億8000万円）

ミート	3
パワー	5
走塁	3
守備	3
肩	3

　キャリアハイの33本塁打と92打点をマークした、血統書付きの強打者。5月に守備でカノーと激突し、脳震盪でIL入り。だが、9試合の欠場で復帰し、その後はフル出場した。課題は、右投手にはOPS.926で最強打者レベルなのに、左投手には.701で平均レベルなこと。左投手のスライダーが弱点で、誘い球にバットが出てしまうのだ。克服できれば100打点に届くだろう。少年時代から運動神経抜群で、リトルリーグ時代には注目された存在。これはオリンピックのシンクロナイズド・スイミングで金メダルを2つ、銀メダルを1つ取った母トレイシーさん（旧姓ルイーズ）のDNAを受け継いでいるからだ。

カモ P・コービン（ナショナルズ）.368(19-7)4本　　苦手 M・フリード（ブレーブス）.077(13-1)0本

年度	所属チーム	試合数	打数	得点	安打	二塁打	三塁打	本塁打	打点	四球	三振	盗塁	盗塁死	出塁率	OPS	打率
2015	メッツ	56	174	30	47	14	0	9	26	17	39	0	1	.335	.841	.270
2016	メッツ	109	304	38	67	21	1	12	42	36	89	2	1	.310	.725	.220
2017	メッツ	109	373	72	104	20	1	27	68	57	113	2	0	.384	.939	.279
2018	メッツ	153	543	78	132	25	1	28	82	84	159	3	4	.350	.797	.243
2019	メッツ	151	549	90	141	29	1	33	92	84	149	7	2	.363	.856	.257
通算成績		578	1943	308	491	109	4	109	310	278	549	14	8	.353	.834	.253

ドミニカのインテリ家庭で育った逸材

1 アーメッド・ロザリオ Amed Rosario

25歳｜188cm｜86kg｜右投右打

◆対左投手打率／.311 ◆対右投手打率／.280
◆ホーム打率／.248 ◆アウェー打率／.323 ◆得点圏打率／.282
◆19年のポジション別出場数／ショート=152、レフト=1、DH=1
◆🅓2012㊕メッツ ◆🅗ドミニカ
◆🅎56万3500ドル（約6200万円）+α

ミート	5
パワー	4
走塁	3
守備	4
肩	3

　昨年、ナショナル・リーグの遊撃手では最多の177安打を記録した、打撃面の成長が著しい内野手。長打力もアップし、昨季は満塁ホーマー2本を含む本塁打15本と二塁打30本、三塁打7本を記録し、非力な遊撃手というイメージは過去のものになった。ただ意識がバッティングに向き過ぎているためか、エラーがメジャーの遊撃手で4番目に多い17個あり、DRS（守備で防いだ失点）も-16になっている。今季はこうした守備面の改善が目標になる。ドミニカでは少数派の、中産階級の家庭出身。父ヘルマンさんは裁判官から弁護士に転じたインテリで、家では常に野球より学校の勉強が優先されていた。それでも父と母方の祖父ラダメさんが大の野球好きで、この2人が幼少の頃からしっかり基礎を叩き込んでくれたので、優秀な内野手に成長した。

カモ S・ニューカム（ブレーブス）.500(10-5)0本　　苦手 S・アルカンタラ（マーリンズ）.083(12-1)0本

年度	所属チーム	試合数	打数	得点	安打	二塁打	三塁打	本塁打	打点	四球	三振	盗塁	盗塁死	出塁率	OPS	打率
2017	メッツ	46	165	16	41	4	4	4	10	3	49	7	3	.271	.665	.248
2018	メッツ	154	554	76	142	26	8	9	51	29	119	24	11	.295	.676	.256
2019	メッツ	157	616	75	177	30	7	15	72	31	124	19	10	.323	.755	.287
通算成績		357	1335	167	360	60	19	28	133	63	292	50	24	.305	.711	.270

打撃面では穴のない怖い打者に成長

28 J.D.デイヴィス J.D. Davis

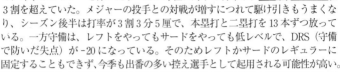

27歳 | 191cm | 102kg | 右投右打 | 対左.312 | 対右.305 | ホ.354 | ア.260 | 得.257
ド2014③アストロズ 田カリフォルニア州 囲56万3500ドル(約6200万円)+α

ミ5 パ5 走3 守3 肩3

アストロズから移籍して迎えた昨シーズン、パワーを全開にしてブレイクしたスラッガー。長所は対応力が高いことで、昨季はカッターを除いたすべての球種に対する打率が、3割を超えていた。メジャーの投手との対戦が増すにつれて駆け引きもうまくなり、シーズン後半は打率が3割3分5厘で、本塁打と二塁打を13本ずつ放っている。一方守備は、レフトをやってもサードをやっても低レベルで、DRS(守備で防いだ失点)が－20になっている。そのためレフトかサードのレギュラーに固定することもできず、今季も出番の多い控え選手として起用される可能性が高い。

年度	所属チーム	試合数	打数	得点	安打	二塁打	三塁打	本塁打	打点	四球	三振	盗塁	盗塁死	出塁率	OPS	打率
2019	メッツ	140	410	65	126	22	1	22	57	38	97	3	0	.369	.895	.307
通算成績		206	575	82	158	28	1	27	69	52	146	4	1	.338	.805	.275

ウリは出塁能力の高さとハッスルプレー

9 ブランドン・ニモ Brandon Nimmo

27歳 | 191cm | 93kg | 右投左打 | 対左.375 | 対右.182 | ホ.223 | ア.219 | 得.350
ド2011①メッツ 田ワイオミング州 囲217.5万ドル(約2億3925万円)

ミ3 パ4 走4 守2 肩3

昨季は首の故障で3カ月以上欠場したため、今季巻き返しを図る外野手。首に強い張りが出てIL入りしたのは5月22日のことで、6月にマイナーでリハビリ出場した際に再発したせいで時間がかかり、9月1日にようやく復帰できた。その後は好調で、9月は26試合に出場し4割を超える出塁率と、5本塁打、15打点をマークし、評価が再上昇した。オフにアストロズから、守備範囲の広い本職の中堅手マリズニックが移籍したため、今季は本来のポジションのレフトがメインになる。西部劇の舞台ワイオミング州シャイアン出身。少年時代はロデオのプロになるのが夢だった。

年度	所属チーム	試合数	打数	得点	安打	二塁打	三塁打	本塁打	打点	四球	三振	盗塁	盗塁死	出塁率	OPS	打率
2019	メッツ	69	199	34	44	11	1	8	29	46	71	3	0	.375	.783	.221
通算成績		310	882	149	224	51	10	31	103	165	291	14	6	.387	.827	.254

アストロズから移籍した本職の中堅手

16 ジェイク・マリズニック Jake Marisnick

29歳 | 193cm | 100kg | 右投右打 | 対左.225 | 対右.237 | ホ.228 | ア.237 | 得.231
ド2009③ブルージェイズ 田カリフォルニア州 囲331万ドル(約3億6410万円)

ミ2 パ4 走5 守4 肩5

守備能力の高さだけが称賛されるが、パワーにも恵まれ、3年連続で2ケタ本塁打を記録している名脇役。走者としても価値が高く、アグレッシブな走塁を頻繁に見せる。昨年7月7日のエンジェルス戦では、本塁に突入した際、相手の捕手ルクロイにアメフト流の体当たりを食らわせたところ、ルクロイは脳震盪を起こして昏倒、担架で医務室に運ばれる羽目に。これにより2試合出場停止になっている。同じカリフォルニア州リバーサイド出身の、ブリッタニー・ペリーさんというメチャかわいいルックスの女性と事実婚状態で、昨年5月のメキシコ遠征にも連れてきていた。

年度	所属チーム	試合数	打数	得点	安打	二塁打	三塁打	本塁打	打点	四球	三振	盗塁	盗塁死	出塁率	OPS	打率
2019	アストロズ	120	292	46	68	16	3	10	34	17	95	10	3	.289	.700	.233
通算成績		685	1691	243	384	77	10	54	178	100	551	73	27	.280	.660	.227

対左=対左投手打率 対右=対右投手打率 ホ=ホーム打率 ア=アウェー打率 得=得点圏打率 ド=ドラフトデータ 田=出身地 囲=年俸

野手

メッツ

キャッチャー
40 シンダーガードとの相性の悪さが表面化
ウィルソン・ラモス Wilson Ramos

33歳｜185cm｜111kg｜右投右打 盗塁阻止率／.138(109-15) 対左.346 対右.270 困.291
デ.285 優.307 Ⓞ2004⑩ツインズ ⊞ベネズエラ 囤925万ドル（約10億1750万円）
◆シルバースラッガー賞1回（16年）

ミ 4
バ 4
走 2
守 3
肩 3

　2年1900万ドルの契約で迎えられた昨シーズンは、打撃面でいい働きを見せ、打率2割8分8厘はメジャーの捕手でベスト、打点73も2位だった。守備面ではワイルドピッチを出す頻度は低いが、盗塁阻止率は13.8%に低下。許盗塁数94はメジャーの捕手で最多だった。リード面ではシンダーガードとの相性が悪く、9月にシンダーガードがラモスと組むことを嫌い、控えのニドかリヴェラと組ませて欲しいと、GMや監督に直訴する事件があった。データを見るとシンダーガードと組んだときの防御率は5.02で良くないが、ほかの先発投手と組んだときの防御率は良好な数字。

年度	所属チーム	試合数	打数	得点	安打	二塁打	三塁打	本塁打	打点	四球	三振	盗塁	盗塁死	出塁率	OPS	打率
2019	メッツ	141	473	52	136	19	0	14	73	44	69	1	0	.351	.768	.288
通算成績		901	3199	334	881	140	2	123	499	226	571	1	3	.322	.758	.275

キャッチャー
3 出場機会を増やすには打力の向上が不可欠
トマス・ニド Tomas Nido

26歳｜183cm｜95kg｜右投右打 盗塁阻止率／.081(37-3) 対左.194 対右.190 困.153
デ.221 優.175 ⒹD2012⑧メッツ ⊞フロリダ州 囤56万3500ドル（約6200万円）+α

ミ 2
バ 3
走 2
守 4
肩 3

　今季はシンダーガードのパーソナル捕手が主要な役目になると思われる、バックアップ捕手。投手と密にコミュニケーションをとって投げやすいようにリードするタイプで、シンダーガードと相性が良く、一昨年はバッテリーを組んだ11試合の防御率が1.97、昨年はバッテリーを組んだ12試合の防御率が2.88で、ほかの捕手と組んだときよりずっといい数字が出ている。ボールブロックとキャッチングがうまく、ワイルドピッチを出す頻度は最少レベル。弱肩ではないが盗塁阻止率は8%。これはクイックができない投手の相方を務めることが多いため。捕手牽制刺は2つある。

年度	所属チーム	試合数	打数	得点	安打	二塁打	三塁打	本塁打	打点	四球	三振	盗塁	盗塁死	出塁率	OPS	打率
2019	メッツ	50	136	9	26	5	0	4	14	7	37	0	0	.231	.547	.191
通算成績		89	230	19	43	9	0	5	26	11	66	0	0	.222	.514	.187

セカンド
24 史上最悪の超大型契約になる可能性も
ロビンソン・カノー Robinson Cano

38歳｜183cm｜95kg｜右投左打 対左.215 対右.272 困.288
デ.236 優.210 ⒹD2001⑪ヤンキース ⊞ドミニカ 囤2400万ドル（約26億4000万円）
◆ゴールドグラブ賞2回（10、12年）、シルバースラッガー賞5回（06、10、11、12、13年）

ミ 3
バ 3
走 2
守 2
肩 3

　メッツに移籍したとたん、年俸2400万ドルの巨大なお荷物になってしまった二塁手。ヴァンワゲネンGMがかつて代理人を務めていた大物選手。その縁でGM就任後、真っ先にマリナーズから移籍させ、チームの打点製造機として活用する算段だった。だが、打力が見る影もなく低下しており、打点の生産力は8番打者レベル。貢献ポイントであるWARは、メジャーの二塁手でワースト3位。守備でもDRS（守備で防いだ失点）が-6でワースト5位と、みじめな結果のオンパレードとなった。契約はあと4年9600万ドル分も残っている。今季、どのように立て直すか注目したい。

年度	所属チーム	試合数	打数	得点	安打	二塁打	三塁打	本塁打	打点	四球	三振	盗塁	盗塁死	出塁率	OPS	打率
2019	メッツ	107	390	46	100	28	0	13	39	25	69	0	0	.307	.736	.256
通算成績		2185	8502	1234	2570	562	33	324	1272	607	1165	51	38	.352	.843	.302

22 ドミニック・スミス *Dominic Smith*

選球眼とパワーは二重マルだが守備に難

レフト ファースト

25歳｜183cm｜109kg｜左投左打 [対左].303 [対右].278 [ホ].241 [ア].316 [得].262
[ド]2013①メッツ [出]カリフォルニア州 [年]56万3500ドル(約6200万円)+α

ミ4 パ5 走2 守2 肩3

ミニブレイクした長打力がウリの一塁手兼外野手。一昨年までは体重オーバーと、睡眠時無呼吸症候群に端を発する睡眠不足や遅刻で問題児扱いされていた。しかし昨年はこの2つの問題を克服し、オープン戦から好調。ファーストのレギュラー争いではアロンゾに敗れたが、開幕後はレフトの2番手および代打の切り札として起用され、快調にヒットを放った。それによって6月以降出番が増え、一発もよく出るようになったが、7月下旬に脛骨(けいこつ)疲労骨折で2カ月間IL入りしたため、尻切れトンボに終わった。守備に難があるため、DH制のあるアメリカン・リーグ向きの強打者。

年度	所属チーム	試合数	打数	得点	安打	二塁打	三塁打	本塁打	打点	四球	三振	盗塁	盗塁死	出塁率	OPS	打率
2019	メッツ	89	177	35	50	10	0	11	25	19	44	1	2	.355	.881	.282
通算成績		194	487	66	115	27	1	25	62	37	140	1	2	.295	.745	.236

13 ルイス・ギヨーメ *Luis Guillorme*

打力もついてきた守備のスペシャリスト

ユーティリティ

26歳｜178cm｜88kg｜右投左打 [対左].333 [対右].236 [ホ].244 [ア].250 [得].143
[ド]2013⑩メッツ [出]ベネズエラ [年]56万3500ドル(約6200万円)+α

ミ3 パ2 走3 守5 肩4

守備で貢献するタイプの内野のユーティリティ。昨季は忙しく降格と昇格を繰り返したが、8月5日の5度目の昇格後は打撃面でも貢献できるようになり、今季は出場機会が大幅に増える可能性がある。守備力が全般に高く、打球への反応、グラブさばき、球際の強さ、リリースの素早さ、肩の強さはすべて平均以上で、レギュラーのカノーやロザリオよりレベルの高い守備を期待できる。ベネズエラ生まれだが、12歳のときに一家で米フロリダ州に移住。そのためドラフト経由でプロ入り。祖父がスペイン国籍保有者だった関係で、WBCの予選にスペイン代表の遊撃手として参加。

年度	所属チーム	試合数	打数	得点	安打	二塁打	三塁打	本塁打	打点	四球	三振	盗塁	盗塁死	出塁率	OPS	打率
2019	メッツ	45	61	8	15	4	0	1	3	7	14	0	0	.324	.684	.246
通算成績		80	128	12	29	6	0	1	8	14	17	1	0	.303	.600	.227

― アリ・サンチェス *Ali Sanchez*

キャッチャー 期待度 C+ ルーキー

23歳｜183cm｜88kg｜右投右打 ◆昨季は2A、3Aでプレー [ド]2013㊈メッツ [出]ベネズエラ

16歳のとき、契約金69万ドルでプロ入りした捕手のホープ。ディフェンス面の能力が高く、盗塁阻止力は際立っている。リード面の評価も高く、ボールブロックも巧みでワイルドピッチをあまり出さない。今季3Aで打率2割5分以上をキープできれば、メジャーで故障者が出た際、呼ばれるだろう。

― アンドレス・ヒメネス *Andres Gimenez*

ショート セカンド 期待度 B ルーキー

22歳｜183cm｜73kg｜右投左打 ◆昨季は2Aでプレー [ド]2015㊈メッツ [出]ベネズエラ

細身で敏捷性(びんしょうせい)に富んだ遊撃手。16歳のとき、契約金120万ドルでプロ入り。守備力の高さがウリで、グラブさばきがうまく、守備範囲が広い。俊足でベースランニングはうまいが、盗塁能力はイマイチ。打撃面の評価は低かったが、昨秋のアリゾナリーグで打率3割7分1厘をマークし、評価が急上昇。

[対左]=対左投手打率 [対右]=対右投手打率 [ホ]=ホーム打率 [ア]=アウェー打率 [得]=得点圏打率
[ド]=ドラフトデータ [出]=出身地 [年]=年俸

フィラデルフィア・フィリーズ

◆創　立：1883年　　　　　　　◆ワールドシリーズ制覇：2回　◆リーグ優勝：7回
◆本拠地：ペンシルヴァニア州フィラデルフィア市　◆地区優勝：11回　◆ワイルドカード獲得：0回

主要オーナー　ジョン・S・ミドルトン(スポーツ企業家)

過去5年成績	年度	勝	負	勝率	ゲーム差	地区順位	ポストシーズン成績
	2015	63	99	.389	27.0	⑤	―
	2016	71	91	.438	24.0	④	―
	2017	66	96	.407	31.0	⑤	―
	2018	80	82	.494	10.0	③	―
	2019	81	81	.500	16.0	④	―

監督　25 ジョー・ジラーディ *Joe Girardi*

新

◆年　　齢…………56歳(イリノイ州出身)
◆現役時代の経歴…15シーズン　カブス(1989〜92)、
　(キャッチャー)　ロッキーズ(1993〜95)、ヤンキース(1996〜99)、
　　　　　　　　　カブス(2000〜02)、カーディナルス(2003)
◆現役通算成績……1277試合　.267　36本　422打点
◆監督経歴…………11シーズン　マーリンズ(2006)、ヤンキース(2008〜17)
◆通算成績…………897勝723敗(勝率.554)
　　　　　　　　　　最優秀監督賞1回(06年)

　フィリーズは昨季、ハーパーら大型補強をおこないながら、地区4位という結果に終わった。今季は個性豊かな面々を、ジラーディがどのようにまとめていくか注目されている。ヤンキースで長く指揮を執ったので、スター選手の扱いには慣れている。ヤンキースでは監督就任2年目の2009年に、ワールドシリーズでフィリーズを破り、頂点に立った(シリーズMVPは松井秀喜)。現役時代は捕手。ヤンキース時代には、伊良部秀輝と度々バッテリーを組んでいた。

注目コーチ ― ジョー・ディロン *Joe Dillon*

　新打撃コーチ。45歳。昨季までは、ワールドシリーズを制したナショナルズで打撃コーチ補佐を務めていた。現役時代の2006年に巨人でプレー(31試合で2本塁打)。

編成責任者 マット・クレンタック *Matt Klentak*

　40歳。豊富な補強資金、若手有望株と引き換えに、がむしゃらな補強を続けている。今季の失敗はもう許されない。以前、エンジェルスのGM候補になったことがある。

スタジアム シティズンズ・バンク・パーク *Citizens Bank Park*

◆開場年…………2004年
◆仕　様…………天然芝
◆収容能力………42,792人
◆フェンスの高さ…1.8〜4.0m
◆特　徴…………外野フェンスにふくらみがなく、
　球場サイズも小さめのため、本塁打が出やすい。
　チームの主軸であるハーパー、リアルミュート、
　ホスキンスも、昨季、この本拠地球場でよく一
　発を放つなど、ホームでの打撃成績が良かった。

ヒッターズ
パーク

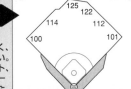

Best Order [ベストオーダー]

①アンドルー・マカッチェン……レフト
②J.T.リアルミュート……キャッチャー
③ブライス・ハーパー……ライト
④リース・ホスキンス……ファースト
⑤ディディ・グレゴリアス……ショート
⑥ジーン・セグーラ……セカンド
⑦スコット・キンガリー……サード
⑧アダム・ヘイズリー……センター

Depth Chart [ポジション別選手層・メンバーリスト]

※2020年2月4日時点の候補選手。
数字は背番号(開幕前に変更する
場合もあり)、右・左等は投・打の順。

センター
40 アダム・ヘイズリー [左・左]
24 ロマン・クイン [右・両]

レフト
22 アンドルー・マカッチェン [右・右]
23 ジェイ・ブルース [左・右]
5 ニック・ウィリアムズ [左・右]
一 ニック・マティーニ [左・右]

ライト
3 ブライス・ハーパー [右・左]
23 ジェイ・ブルース [左・右]
24 ロマン・クイン [右・両]
5 ニック・ウィリアムズ [左・右]

ショート
18 ディディ・グレゴリアス [右・左]
2 ジーン・セグーラ [右・右]
4 スコット・キンガリー [右・右]

セカンド
2 ジーン・セグーラ [右・右]
4 スコット・キンガリー [右・右]
一 ジョシュ・ハリソン [右・右]

ローテーション
27 アーロン・ノーラ [右・右]
45 ザック・ウィーラー [右・右]
49 ジェイク・アリエタ [右・右]
56 ザック・エフリン [右・右]
21 ヴィンス・ヴェラスケス [右・右]
43 ニック・ピヴェッタ [右・右]
47 コール・アーヴィン [左・左]

サード
4 スコット・キンガリー [右・右]
2 ジーン・セグーラ [右・右]
一 ジョシュ・ハリソン [右・右]

ファースト
17 リース・ホスキンス [右・右]
23 ジェイ・ブルース [左・右]
10 J.T.リアルミュート [右・右]
一 ニック・マティーニ [左・右]
一 ニール・ウォーカー [右・両]

キャッチャー
10 J.T.リアルミュート [右・右]
15 アンドルー・ナップ [右・両]
73 デイヴィー・グルヨン [右・右]

ブルペン
50 ヘクター・ネリス [右・右] CL
58 セランソニー・ドミンゲス [右・右]
52 ホセ・アルヴァレス [左・左]
64 ヴィクター・アラーノ [右・右]
46 アダム・モーガン [左・左]
55 ランゲル・スアレス [左・左]
43 ニック・ピヴェッタ [右・右]
一 ロバート・ストック [右・右]
30 デイヴィッド・ロバートソン [右・右]
一 トレヴァー・ケリー [右・右]
一 フランシスコ・リリアーノ [左・左]

※CL=クローザー

フィリーズ試合日程……*はアウェーでの開催

3月26・27・28・29	マーリンズ*	27・28・29	ジャイアンツ*	29・30・31	ナショナルズ
30・31・**4月**1	メッツ*	**5月**1・2・3	ロッキーズ	**6月**2・3・4	マーリンズ*
2・4・5	ブリュワーズ	4・5・6	ブレーブス	5・6・7	ブレーブス*
6・7	ブルージェイズ	8・9・10	パイレーツ	8・9・10	カブス
9・10・11・12	レッズ*	12・13・14	ドジャース	12・13・14	アスレチックス
13・14・15・16	ブリュワーズ*	15・16・17	カーディナルス	16・17・18	マーリンズ
17・18・19	マーリンズ	18・19・20	ドジャース*	19・20・21	メッツ*
21・22	レンジャーズ	22・23・24	ロッキーズ*	22・23・24・25	ブレーブス*
24・25・26	カブス*	26・27・28	メッツ	26・27・28・29	ダイヤモンドバックス

球団メモ 昨年1月、守護神候補として、デイヴィッド・ロバートソンが2年2300万ドルで入団。だが、開幕直後に右ヒジを故障、その後トミー・ジョン手術を受け、今季は全休。

■投手力⬆…★★★☆☆ 【昨年度チーム防御率4.53、リーグ11位】

経験不足の先発投手陣に、ウィーラーが加わったことは大きな収穫。ノーラやエフリンの成長、実力者アリエタやヴェラスケスの復調が加味されれば、安定的にローテーションを組めるだろう。一方、ブルペンは昨季、ケガ人続きで四苦八苦したものの、おかげで新戦力も台頭し、リリーフ防御率はリーグ平均より少し良かった。顔ぶれはほぼ変わらないが、個々がレベルアップすれば、大きな底上げとなるはず。ただ、クローザーのネリスが昨季並みの成績を残すことができるかどうか。真価が問われるシーズンとなる。

■攻撃力→…★★★★☆ 【昨年度チーム得点774、リーグ8位】

昨季はハーパー、マカッチェン、セグーラ、リアルミュートら大補強をおこなってシーズンに臨んだが、ポストシーズン進出を逃している。今季はフランコ、ヘルナンデスが抜けたが、グレゴリアスが加わった。実力ある選手は多い。今季の課題は、点から線へとつなげるベンチワークだろう。

■守備力⬆…★★★★☆ 【昨年度チーム失策数97、リーグ8位タイ】

扇のかなめの位置にいる、リアルミュートの存在が頼もしい。今季はグレゴリアスがショートに入ることで内野陣はポジションが固定され、守備力の向上が期待される。サードがフランコからキンガリーに変わるのもプラス。

■機動力→…★★★☆☆ 【昨年度チーム盗塁数101、リーグ3位】

ケガから復帰のマカッチェン、不調から脱したいセグーラが本来の走力を発揮すれば、ベンチが望む機動力も大いに武器となるだろう。

総合評価 ★★★☆☆　ジラーディ新監督が、実力者ぞろいのチームをどう操縦していくか見ものだ。投手力に若干の不安はあるものの、投打が噛み合いさえすれば、戦力的には90勝前後は可能だろう。ナショナルズ、ブレーブスと地区優勝争いをすることになるのではないか。

フィリーズ

IN 主な入団選手	OUT 主な退団選手
投手	投手
ザック・ウィーラー←メッツ	ドルー・スマイリー→ジャイアンツ
フランシスコ・リリアーノ←パイレーツ	野手
野手	マイケル・フランコ→ロイヤルズ
ディディ・グレゴリアス←ヤンキース	コーリー・ディッカーソン→マーリンズ
ニール・ウォーカー←マーリンズ	シーザー・ヘルナンデス→インディアンズ
ジョシュ・ハリソン←タイガース	オデュベル・ヘレーラ→所属先未定
	ブラッド・ミラー→所属先未定

30・**7**月1・2	パドレス	30・31・**8**月1・2	パドレス*	31・**9**月1・2・3	カーディナルス*
3・4・5	マリナーズ*	4・5・6	レッズ	4・5・6・7	マーリンズ
7・8・9	アストロズ*	7・8・9・10	ジャイアンツ	8・9・10	ナショナルズ
10・11・12	ナショナルズ*	11・12	レンジャーズ*	11・12・13	ブレーブス*
14	オールスターゲーム	14・15・16	メッツ*	15・16	ブルージェイズ*
17・18・19	エンジェルス	18・19	マーリンズ	18・19・20	ブレーブス
20・21・22・23	ナショナルズ	21・22・23	ブレーブス	21・22・23・24	メッツ
24・25・26	メッツ	24・25・26	パイレーツ	25・26・27	ナショナルズ*
27・28・29	ダイヤモンドバックス*	28・29・30	ナショナルズ*		

球団メモ 2007年から2011年まで、5年連続でプレーオフ進出。08年にはワールドシリーズも制覇した。だが、12年以降は勝ち越しがなく、プレーオフから遠ざかっている。

復帰後に才能を開花させ続けている本格派 先発

移籍

45 ザック・ウィーラー
Zack Wheeler

30歳｜193cm｜88kg｜右投左打

◆速球のスピード／150キロ台前半（フォーシーム主体）
◆決め球と持ち球／☆☆フォーシーム、◎スライダー、
◎ツーシーム、◎カーブ
◆対左打者被打率／.275　◆対右打者被打率／.245
◆ホーム防御率／3.92　◆アウェー防御率／4.00
◆ドラフトデータ／2009①ジャイアンツ
◆出身地／ジョージア州
◆年俸／1億1800万ドル（約130億円）※5年総額

球威	5
制球	5
緩急	4
守備・牽制	3
度胸	3

　FAによってフィリーズの一員となり、新しい次元に踏み出そうとしている大型先発右腕。2015年開幕直前、右ヒジ靭帯の断裂によって2シーズンを棒に振った。16年には一時復帰したが、筋肉の回復が思わしくなくマイナーで数試合に登板するのみ。トミー・ジョン手術後は、制球力が戻るのに2年かかるのが通説となっており、その例に漏れず復帰の17年シーズンは9イニングあたり4.2与四球と苦しんだ。

　ところが直近の2シーズンは見違えるように制球力が改善し、WHIPも一流レベルに到達した。昨季は右腕の不調で、7月に一時離脱したものの、それ以外はシーズンを通してローテーションを全うし、「先発王国」メッツの3本柱の一角として働き、自らの価値を急上昇させた。同月には有力なトレード候補にもあげられていたが、結局、最終盤まで投げ切り、オフにFA市場においてストラスバーグやコールに次ぐ先発投手の注目株となった。そして、5年1億1800万ドルでフィリーズと契約。

　これまで一度も200イニングを投げたことがなく、その実績に「9ケタの金額を投じるべきか」疑問を投げかける声もあったが、チームは思い切った決断を下した。ジラーディ新監督は「この数年で見違えるように進化した。そして、本領を発揮するのはこれからだ」と、ノーラと先発エースの座を争うことに期待を寄せている。投球の中心は最速155キロ超の速球で、全体の約40％を占める。加えてツーシーム、スライダー、カーブと持ち球も多彩。今季は新天地で真価が問われるシーズンとなる。

　ホワイトソックスがより良い条件を提示していたにもかかわらず、フィリーズを選んでいるが、これはテイラー夫人が、本拠地に近いニュージャージー州出身であることが大きな理由の一つだった。

カモ D・スワンソン（ブレーブス）.091（11-1）0本　W・ディフォー（ナショナルズ）.100（10-1）0本
苦手 F・フリーマン（ブレーブス）.483（29-14）2本　A・イートン（ナショナルズ）.455（22-10）0本

年度	所属チーム	勝利	敗戦	防御率	試合数	先発	セーブ	投球イニング	被安打	失点	自責点	被本塁打	与四球	奪三振	WHIP
2013	メッツ	7	5	3.42	17	17	0	100.0	90	42	38	10	46	84	1.36
2014	メッツ	11	11	3.54	32	32	0	185.1	167	84	73	14	79	187	1.33
2017	メッツ	3	7	5.21	17	17	0	86.1	97	53	50	15	40	81	1.59
2018	メッツ	12	7	3.31	29	29	0	182.1	150	69	67	14	55	179	1.12
2019	メッツ	11	8	3.96	31	31	0	195.1	196	93	86	22	50	195	1.26
通算成績		44	38	3.77	126	126	0	749.1	700	341	314	75	270	726	1.29

フィリーズ

投手

チーム浮沈のカギを握る先発一番手候補 先発

27 アーロン・ノーラ *Aaron Nola*

27歳｜188cm｜88kg｜右投右打

- ◆速球のスピード／150キロ台中頃（フォーシーム、ツーシーム）
- ◆決め球と持ち球／☆カーブ、◎フォーシーム、◎ツーシーム、◎チェンジアップ
- ◆対左.240 ◆対右.227 ◆ホ防2.91 ◆ア防5.19
- ◆ド2014①フィリーズ ◆出ルイジアナ州
- ◆年800万ドル（約8億8000万円）

球威	4
制球	4
緩急	5
膽力・精神力	3
度胸	5

　昨季の低迷を挽回し、エースの座の確保を狙う奪三振マシン。昨年失速した要因は、制球力の低下と被本塁打の激増にある。2018年と比べ、与四球率が2.5から3.6に、9イニングあたりの被弾数が0.7から1.2に悪化。余計な走者を出して一発を食らうケースが多かった。また、対左打者被打率が1割8分7厘から2割4分と悪化したことも大きい。ただ、奪三振数は依然トップレベルで、能力の高さに疑いの余地はない。無駄なボール球を減らせば18年同様、サイ・ヤング賞の有力候補となり得る。入団当初は大都会の生活にストレスを感じていたが、今ではフィラデルフィアに愛着を抱いている。

カモ A・イートン（ナショナルズ）.148(27-4)0本　苦手 C・ブラックモン（ロッキーズ）.538(13-7)1本

年度	所属チーム	勝利	敗戦	防御率	試合数	先発	セーブ	投球イニング	被安打	失点	自責点	被本塁打	与四球	奪三振	WHIP
2015	フィリーズ	6	2	3.59	13	13	0	77.2	74	31	31	11	19	68	1.20
2016	フィリーズ	6	9	4.78	20	20	0	111.0	116	68	59	10	29	121	1.31
2017	フィリーズ	12	11	3.54	27	27	0	168.0	154	67	66	18	49	184	1.21
2018	フィリーズ	17	6	2.37	33	33	0	212.1	149	57	56	17	58	224	0.97
2019	フィリーズ	12	7	3.87	34	34	0	202.1	176	91	87	27	80	229	1.27
通算成績		53	35	3.49	127	127	0	771.1	669	314	299	83	235	826	1.17

スプリッターを武器に、抑えの座に復活 クローザー

50 ヘクター・ネリス *Hector Neris*

31歳｜188cm｜98kg｜右投右打

- ◆速球のスピード／150キロ台前半（フォーシーム主体）
- ◆決め球と持ち球／☆スプリッター、◎フォーシーム、◎ツーシーム
- ◆対左.167 ◆対右.201 ◆ホ防3.49 ◆ア防2.17
- ◆ド2010⑳フィリーズ ◆出ドミニカ

球威	5
制球	4
緩急	3
膽力・精神力	3
度胸	4

　2018年の不安定な出来から見事に再生したクローザー。昨季は「3番手の守護神候補」として開幕を迎えたが、早々にロバートソンが離脱したことでその座をつかみ、6月にはドミンゲスも故障で去ったため、およそ2年ぶりにクローザーとしてシーズンを全うした。もともとスプリッター依存度の高い投手だったが、昨季はさらにスプリッターの割合を増やし、全投球の60％以上を占めていた。昨季はこのスプリッターがとくに好調。速球と同じフォーム、リリースポイントから投じられるので、面白いように打者から空振りを奪っていた。今季もその出来が続くように、ベンチは切に願っている。

カモ F・フリーマン（ブレーブス）.083(12-1)0本　苦手 N・マーケイキス（ブレーブス）.474(19-9)1本

年度	所属チーム	勝利	敗戦	防御率	試合数	先発	セーブ	投球イニング	被安打	失点	自責点	被本塁打	与四球	奪三振	WHIP
2014	フィリーズ	1	0	0.00	1	0	0	1.0	1	0	0	0	0	1	0.00
2015	フィリーズ	2	0	3.79	32	0	0	40.1	38	19	17	8	10	41	1.19
2016	フィリーズ	4	4	2.58	79	0	2	80.1	59	26	23	9	30	102	1.11
2017	フィリーズ	4	5	3.01	74	0	26	74.2	68	26	25	9	26	86	1.26
2018	フィリーズ	1	3	5.10	53	0	11	47.2	46	27	27	11	16	76	1.30
2019	フィリーズ	3	6	2.93	68	0	28	67.2	45	24	22	10	24	89	1.02
通算成績		15	20	3.29	307	0	67	311.2	256	122	114	47	106	395	1.16

対左=対左打者被打率　対右=対右打者被打率　ホ防=ホーム防御率　ア防=アウェー防御率
ド=ドラフトデータ　出=出身地　年=年俸

三本柱の一人となる可能性も
56 ザック・エフリン Zach Eflin

先発

26歳｜198cm｜98kg｜右投右打｜速150キロ台前半（フォーシーム主体）｜決◎スライダー
対左.268｜対右.268｜ド2012①パドレス｜出フロリダ州｜年262.5万ドル（約2億8875万円）

球 4
制 4
緩 4
守備 3
度 3

　ローテーションの一角として15勝以上を期待できる成長株。昨季は絶好調の序盤からアップダウンの激しいシーズンだった。6月末から8月にかけての11試合で防御率8.75と落ち込み、7月下旬には一時ブルペンへの降格を経験。しかし、終盤はなんとか立ち直って先発の役割を果たし切った。ブレイクした一昨年に比べ奪三振率は若干落ちたものの、大きく曲がるスライダーでボール球を振らせる技術は進化している。トンプソン・ベンチコーチは、往年の名投手マイク・ムシーナを引き合いに出し、「彼も同じように頭脳的な投球をする」と伸び盛りの投手を評している。

年度	所属チーム	勝利	敗戦	防御率	試合数	先発	セーブ	投球イニング	被安打	失点	自責点	被本塁打	与四球	奪三振	WHIP
2019	フィリーズ	10	13	4.13	32	28	0	163.1	172	88	75	28	48	129	1.35
通算成績		25	31	4.73	78	74	0	419.0	448	244	220	72	114	318	1.34

欲しいのはシーズンを通した安定感
21 ヴィンス・ヴェラスケス Vince Velasquez

先発

28歳｜191cm｜93kg｜右投右打｜速150キロ台前半（フォーシーム主体）｜決◎フォーシーム
対左.266｜対右.259｜ド2010②アストロズ｜出カリフォルニア州｜年360万ドル（約3億9600万円）

球 4
制 3
緩 3
守備 3
度 3

　先発ローテーションを守れるか注目の速球派右腕。一昨年に比べ、昨季は期待通りとはいかなかった。5月に右前腕部を痛めてIL（故障者リスト）入りしたこともあり、その後、しばらくリリーフに回されるなど、低迷が続いた。持ち味はキレのいい速球で空振り三振を数多く奪うこと。ただ、8月以降に防御率を悪化させる傾向は続いており、依然として耐久力不足が課題。昨年8月2日のホワイトソックス戦では、延長14回にレフトの守備について、矢のような送球で二塁走者を本塁でアウトにし、さらにダイビングキャッチでピンチを救うなど、外野手としての活躍が話題になった。

年度	所属チーム	勝利	敗戦	防御率	試合数	先発	セーブ	投球イニング	被安打	失点	自責点	被本塁打	与四球	奪三振	WHIP
2019	フィリーズ	7	8	4.91	33	23	0	117.1	120	69	64	26	43	130	1.39
通算成績		27	34	4.67	122	99	0	522.2	511	288	271	83	202	569	1.36

このまま去るわけにはいかない元エース
49 ジェイク・アリエタ Jake Arrieta

先発

34歳｜193cm｜102kg｜右投右打｜速140キロ台後半（ツーシーム）｜決◎ツーシーム
対左.317｜対右.252｜ド2007⑤オリオールズ｜出ミズーリ州｜年2000万ドル（約22億円）
◎サイ・ヤング賞1回（15年）、最多勝1回（15年）、シルバースラッガー賞1回（16年）

球 3
制 3
緩 4
守備 4
度 4

　往年の輝きを取り戻そうと奮闘している2015年サイ・ヤング投手。カブスから移籍して2年目の昨季は、一昨年にも増して残念な内容だった。開幕直後はまずまずの投球だったが、5、6月になると打線の援護で勝ち星を拾うケースが増えた。そして右ヒジの骨棘除去手術を受けるため、8月11日でシーズン終了。結局、投球回数、勝ち星、防御率など主たる項目で、14年以来最低の成績となった。とくに三振／与四球比率は、全盛期（2016年）の4.92に比べて半減以下の2.16。奥さんのブリタニーさんとは小学校の頃からの知り合いで、高校のときに交際を開始し、同じ大学に進学。

年度	所属チーム	勝利	敗戦	防御率	試合数	先発	セーブ	投球イニング	被安打	失点	自責点	被本塁打	与四球	奪三振	WHIP
2019	フィリーズ	8	8	4.64	24	24	0	135.2	149	76	70	21	51	110	1.47
通算成績		106	75	3.72	252	246	0	1469.1	1268	671	607	151	511	1318	1.21

速=速球のスピード　決=決め球　対左=対左打者被打率　対右=対右打者被打率
ド=ドラフトデータ　出=出身地　年=年俸

58 セランソニー・ドミンゲス Seranthony Dominguez

ケガ人続きのブルペンに差し込んだ光明

セットアップ

26歳 | 185cm | 84kg | 右投右打 | 剛150キロ台後半（フォーシーム） | 決◎スライダー

対左.372 対右.151 ド2011例フィリーズ 田ドミニカ 甲56万3500ドル（約6200万円）+α

球5 / 制3 / 緩3 / 守3 / 度4

フィリーズ

　勝利の方程式に組み込まれた豪腕ドミニカン。鮮烈なデビューを飾った一昨年の勢いのまま、昨季はセットアッパーとしてシーズン入り。四球が増えたうえ、左打者に痛打を食らうケースも多くなり、防御率は悪化したが、及第点を与える投球が続いた。しかし6月上旬、右ヒジの内側側副靭帯（ないそくそくふくじんたい）の損傷のため戦線離脱し、シーズンを終えている。一時はトミー・ジョン手術の可能性もあったが、結局はPRP（多血小板血漿（ばんけっしょう））療法を用いることになり、今季も開幕からマウンドに立てることになった。ピッチングの基本は、160キロ近い速球と鋭いスライダーのコンビネーション。

年度	所属チーム	勝利	敗戦	防御率	試合数	先発	セーブ	投球イニング	被安打	失点	自責点	被本塁打	与四球	奪三振	WHIP
2019	フィリーズ	3	0	4.01	27	0	0	24.2	24	13	11	3	12	29	1.46
通算成績		5	5	3.27	80	0	16	82.2	56	32	30	7	34	103	1.09

52 ホセ・アルヴァレス Jose Alvarez

闘志満々にタイミングを外すレフティ

ミドルリリーフ

31歳 | 180cm | 82kg | 左投右打 | 剛140キロ台後半（フォーシーム） | 決◎チェンジアップ

対左.236 対右.328 ド2005例レッドソックス 田ベネズエラ 甲295万ドル（約3億2450万円）

球3 / 制3 / 緩4 / 守3 / 度5

　リーグが変わっても頼りになるリリーフ左腕。一昨年まではエンジェルスでプレー。移籍1年目の昨季は、ゲームの終盤に流れを引き寄せるピッチングを数多く見せた。小柄で速球の威力はさほどでもないが、チェンジアップやスライダーを駆使して打者を幻惑する。6月1日のドジャース戦では、オープナーとして、デビュー年以来6年ぶりに先発のマウンドに立ち、2回を見事無失点で切り抜けた。課題は、右打者をかなり苦手にしていること。17年以降、つねに被打率が3割を大きく上回っている。ワンポイントリリーフを禁じる、今季のルール改正がどう影響するか注目だ。

年度	所属チーム	勝利	敗戦	防御率	試合数	先発	セーブ	投球イニング	被安打	失点	自責点	被本塁打	与四球	奪三振	WHIP
2019	フィリーズ	3	4	3.36	67	1	1	59.0	66	25	22	8	18	51	1.42
通算成績		15	22	3.63	351	7	3	334.1	339	152	135	34	106	297	1.33

55 ランゲル・スアレス Ranger Suarez

ブルペンのエースに成長する可能性も

ミドルリリーフ

25歳 | 185cm | 82kg | 左投左打 | 剛140キロ台後半（フォーシーム） | 決◎チェンジアップ

対左.213 対右.310 ド2012例フィリーズ 田ベネズエラ 甲56万3500ドル（約6200万円）+α

球3 / 制4 / 緩4 / 守4 / 度4

　ブルペンで重要な役割を果たすようになった前途有望な左腕。昨季は開幕を3Aでスタート。5月には腹筋を痛め、防御率も5.68とパッとしなかったが、6月上旬に短い昇降のあと、メジャーに定着。7月には3試合連続でリリーフ勝利をあげるなどして波に乗った。とくに大事な9月には、登板12試合で失点がわずかに1。防御率0.77とほぼ完璧な内容だった。本来、変化球で打たせて取るタイプだが、速球のスピードが増したことで緩急差がつき、チェンジアップを有効に使えるようになったことが成績向上の要因だ。今シーズンは、より勝敗を左右する場面での起用が見込まれる。

年度	所属チーム	勝利	敗戦	防御率	試合数	先発	セーブ	投球イニング	被安打	失点	自責点	被本塁打	与四球	奪三振	WHIP
2019	フィリーズ	6	1	3.14	37	0	0	48.2	52	18	17	6	12	42	1.32
通算成績		7	2	3.68	41	3	0	63.2	73	32	26	9	18	53	1.43

ミドルリリーフ
43 リリーフに回って、いよいよ実力発揮
ニック・ピヴェッタ Nick Pivetta

27歳｜196cm｜100kg｜右投右打｜球150キロ台前半（フォーシーム）｜決◎カーブ
対左.261 対右.294 ド2013④ナショナルズ 出カナダ 年56万3500ドル（約6200万円）+α

球	4
制	3
緩	3
守	3
度	3

　リリーフに活路を見出した大型右腕。ピッチングは、速球と大きく割れるカーブに、スライダーを交える。メジャー3年目となった昨季は開幕から先発として起用され、4〜5月にマイナー降格となったものの、6月8日のレッズ戦では完投勝利を飾るなど、ローテーションに加わったかに見えた。しかし、7月にチームがドルー・スマイリーを獲得したため、ブルペンに移動となった。結果的にこの配置転換は、奏功したと言える。先発では、勝負どころで制球が甘くなって痛打されるケースが多かったが、救援に回ったことで安定感が出てきたのだ。今季も同じ役割を与えられる。

年度	所属チーム	勝利	敗戦	防御率	試合数	先発	セーブ	投球イニング	被安打	失点	自責点	被本塁打	与四球	奪三振	WHIP
2019	フィリーズ	4	6	5.38	30	13	1	93.2	103	64	56	20	39	89	1.52
通算成績		19	30	5.34	89	71	1	390.2	410	246	232	69	147	417	1.43

ミドルリリーフ
54 ハラデー門下で初のメジャーリーガー
オースティン・デイヴィス Austin Davis

27歳｜193cm｜111kg｜左投左打｜球150キロ前後（フォーシーム）｜決◎スライダー
対左.269 対右.273 ド2014⑫フィリーズ 出アリゾナ州 年56万3500ドル（約6200万円）+α

球	4
制	2
緩	3
守	3
度	3

　ブルペンの核となる期待がかかるサウスポー。昨季は6度のマイナー降格と7度のメジャー昇格を経験。故障者が続出したブルペンの様相を、象徴するような存在だった。一方、一昨年に比べて制球に苦しみ、自滅するケースが増えたために登板数を減らしてしまった。メジャーでは、マイナー時代のように、速球で三振を多く奪えなくなっている。2014年のドラフトで、フィリーズから12巡目に指名され、プロ入り。殿堂入りの大先輩ロイ・ハラデーが生前、キャンプ地クリアウォーターで講演をおこなっていたときの受講生で、そこから生まれた初のメジャーリーガーだ。

年度	所属チーム	勝利	敗戦	防御率	試合数	先発	セーブ	投球イニング	被安打	失点	自責点	被本塁打	与四球	奪三振	WHIP
2019	フィリーズ	0	0	6.53	14	0	0	20.2	22	15	15	6	14	24	1.74
通算成績		1	2	5.04	46	0	0	55.1	57	35	31	10	26	62	1.50

ー スペンサー・ハワード Spencer Howard　先発　期待度 A　ルーキー

24歳｜188cm｜93kg｜右投右打｜◆昨季は1A+、2Aでプレー｜ド2017②フィリーズ 出カリフォルニア州

　2017年ドラフトでフィリーズから2巡目に指名された、急成長している右腕。昨季は1A+で防御率1.29、2Aで防御率2.35という抜群の数字を叩き出した。今季の開幕は3Aからスタートし、メジャー昇格の機会をうかがう。武器は、最速158キロの豪速球とスライダー。チェンジアップもレベルが高い。

51 エニエル・デロスサントス Enyel De Los Santos　リリーフ先発　期待度 C+　ルーキー

25歳｜191cm｜77kg｜右投右打｜◆昨季メジャーで5試合出場｜ド2014⑳マリナーズ 出ドミニカ

　ドミニカ出身の右腕。一昨年、先発投手としてマイナーで好成績を収め、メジャーの舞台も経験。昨季はさらなる飛躍を期待されていた。しかし、リリーフと先発で計5試合試されたが、結果を残せず、3Aでも物足りない成績に終わっている。武器であるチェンジアップの制球に苦しんだのが、その原因。

球=速球のスピード　決=決め球　対左=対左打者被打率　対右=対右打者被打率

　ド=ドラフトデータ　出=出身地　年=年俸額
　　　※メジャー経験がない投手の「先発」「リリーフ」はマイナーでの役割

野手

ライト

古巣ファンからの野次に意地の一発

3 ブライス・ハーパー
Bryce Harper

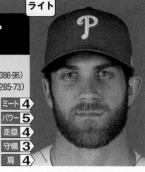

28歳／191cm／100kg／右投左打

◆対左投手打率／.283(187-53)　◆対右投手打率／.249(386-96)
◆ホーム打率／.264(288-76)　◆アウェー打率／.256(285-73)
◆得点圏打率／.357(126-45)
◆19年のポジション別出場数／ライト=152、DH=2
◆ドラフトデータ／2010①ナショナルズ
◆出身地／ネヴァダ州　◆年俸／2600万ドル(約28億6000万円)
◆MVP1回(15年)、本塁打王1回(15年)、シルバースラッガー賞1回
(15年)、ハンク・アーロン賞1回(15年)、新人王(12年)

ミート **4**
パワー **5**
走塁 **4**
守備 **3**
肩 **4**

フィリーズ

　大きな節目を乗り越え、名実ともにスターの道を歩み始めたスラッガー。13年3億3000万ドルの超大型契約を結び、新天地で迎えた昨季は、大きな重圧の中でしっかり実力を発揮。打点114はキャリアハイ、本塁打35は同2番目で、大きなケガもなく、157試合の出場を果たした。

　古巣ナショナルズ・パークでの初戦では、相手先発のマックス・シャーザーから二塁打を含む3安打、1本塁打、3打点と、ブーイングの嵐の中で結果を残した。結局、昨シーズンは同球場で3割4分4厘と、球場別で最も高い打率(15打数以上)をマークして、「ヒール役」を全うしている(チームは1勝9敗と、勝利には貢献できていないが)。チームをプレーオフに導くことはできなかったが、内容的には合格ラインをクリアしたと言っていい。ただ、過去8シーズンでは、150試合以上出場したのが3回だけ、打率3割をマークしたのが2回しかない。最近の4シーズンでは三振率が上昇傾向にあるため「過大評価」のレッテルを張る向きも多い。ハーパー自身も古巣で毎度浴びせられる「overrated(過大評価)」コールに対して、あからさまにウンザリした表情、仕草を見せていた。

　昨年8月22日、カイラ夫人との間に第1子の男児クルー・アロン君が誕生。チームメートから届いた多くの祝福メッセージに、感謝の意を表していた。4日間の休業後に出場したパイレーツ戦では本塁打を放ち、自らを祝っている。今後も古巣からの鋭い視線は続くかもしれないが、フィリーズやフィラデルフィアの街に快く受け入れられたことは間違いない。ワールドシリーズ制覇というチームの悲願に向け、一層奮起せねばなるまい。

カモ S・アルカンタラ(マーリンズ).500(12-6)0本　D・ハドソン(カーディナルス).800(5-4)1本
苦手 R・ポーセロ(メッツ).091(11-1)1本　J・サマージャ(ジャイアンツ).136(22-3)0本

年度	所属チーム	試合数	打数	得点	安打	二塁打	三塁打	本塁打	打点	四球	三振	盗塁	盗塁死	出塁率	OPS	打率
2012	ナショナルズ	139	533	98	144	26	9	22	59	56	120	18	6	.340	.817	.270
2013	ナショナルズ	118	424	71	116	24	3	20	58	61	94	11	4	.368	.854	.274
2014	ナショナルズ	100	352	41	96	10	2	13	32	38	104	2	2	.344	.768	.273
2015	ナショナルズ	153	521	118	172	38	1	42	99	124	131	6	4	.460	1.109	.330
2016	ナショナルズ	147	506	84	123	24	2	24	86	108	117	21	10	.373	.814	.243
2017	ナショナルズ	111	420	95	134	27	1	29	87	68	99	4	2	.413	1.008	.319
2018	ナショナルズ	159	550	103	137	34	0	34	100	130	169	13	3	.393	.889	.249
2019	フィリーズ	157	573	98	149	36	1	35	114	99	178	15	3	.372	.882	.260
通算成績		1084	3879	708	1071	219	19	219	635	684	1012	90	34	.385	.897	.276

カモ 苦手 は通算成績

才能がさらに開花した、メジャーを代表する捕手 **キャッチャー**

10 J.T.リアルミュート
J.T. Realmuto

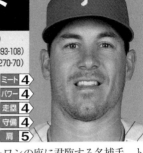

29歳／185cm／95kg／右投右打　盗塁阻止率／.430(86-37)

◆対左投手打率／.276(145-40)　◆対右投手打率／.275(393-108)
◆ホーム打率／.291(268-78)　◆アウェー打率／.259(270-70)
◆得点圏打率／.241(145-35)
◆19年のポジション別出場数／キャッチャー=133、ファースト=4、DH=1
◆ドラフトデータ／2010③マーリンズ
◆出身地／オクラホマ州
◆ゴールドグラブ賞1回(19年)、
　シルバースラッガー賞2回(18、19年)

ミート	4
パワー	4
走塁	4
守備	4
肩	5

　攻守走すべてにおいてメジャーナンバーワンの座に君臨する名捕手。トレードでマーリンズから移籍して1年目の昨季は、自身最高の結果を残した。打撃面では主に5番を任されたが、リードオフマンとしても120打席以上に立ち、打点、得点、二塁打、本塁打などでキャリアハイをマーク。ジョニー・ベンチ、ホルヘ・ポサダに続き、捕手として歴代3人目となる90得点、35二塁打、25本塁打を同時に達成し、2年連続でシルバースラッガー賞を受賞した。守備面では、メジャーの正捕手では断トツの盗塁阻止率43%を記録して、初めてゴールドグラブ賞を受賞。ポップタイム(二塁への送球時間)は平均1.87秒で、球速が140キロを超える驚異的な強肩である。ただ、本人は「送球が短めになりがちだけど、内野手がうまくキャッチしてくれるので安心して送球できるんだ」と、連係の妙を強調している。9月下旬に半月板手術のため、最後の8試合を欠場したことが惜しまれるが、チームとの相性の良さは自他ともに認めるところだ。

　昨季は2シーズン連続で選出されたオールスターに、チームから唯一出場。その3日後の7月12日に、第2子となる次女が誕生している。

　今季の目標はもちろん優勝。「このチームは勝利に飢えている。オーナー以下関係者全員が一つになっているし、自分も100%の力を発揮する準備ができている」と、本人も意欲満々だ。球団はFAとなる来季以降も引き留めたいと考えており、シーズン中に長期大型契約を結ぶことを検討している。リアルミュート本人も、その可能性を否定していない。

　高校時代はショートを守っていたが、マーリンズにいた2人のスカウトの慧眼によってキャッチャーへ転向したことで、運命が開けた。類いまれな運動能力と順応性、そして野球IQの高さのなせる業である。

| カモ | A・サンチェス(ナショナルズ).500(12-6)2本　S・ストラスバーグ(ナショナルズ).393(28-11)0本 |
| 苦手 | M・シャーザー(ナショナルズ).075(40-3)1本　田中将大(ヤンキース).111(9-1)1本 |

年度	所属チーム	試合数	打数	得点	安打	二塁打	三塁打	本塁打	打点	四球	三振	盗塁	盗塁死	出塁率	OPS	打率
2014	マーリンズ	11	29	4	7	1	1	0	9	1	8	0	0	.267	.611	.241
2015	マーリンズ	126	441	49	114	21	7	10	47	19	70	8	4	.343	.696	.259
2016	マーリンズ	137	509	60	154	31	0	11	48	28	100	12	4	.343	.771	.303
2017	マーリンズ	141	532	68	148	31	5	17	65	36	106	8	2	.332	.783	.278
2018	マーリンズ	125	477	74	132	30	3	21	74	38	104	3	2	.340	.825	.277
2019	フィリーズ	145	538	92	148	36	3	25	83	41	123	9	1	.328	.820	.275
通算成績		685	2526	347	703	150	19	84	326	163	511	40	13	.327	.779	.278

結婚してさらなる飛躍を期すスラッガー ユーティリティ

17 リース・ホスキンス *Rhys Hoskins*

フィリーズ

27歳｜193cm｜102kg｜右投右打

◆対左投手打率／.261　◆対右投手打率／.215

◆ホーム打率／.248　◆アウェー打率／.206　◆得点圏打率／.219

◆19年のポジション別出場数／ファースト＝158、DH＝2

◆⑤2014⑤フィリーズ　◆⑪カリフォルニア州

◆㊷56万3500ドル（約6200万円）+α

ミート	2
パワー	5
走塁	3
守備	3
肩	3

　無類のパワーを秘めた若き主砲。一昨年と比べ、昨季は主要打撃3部門の成績がダウン。とくにシーズン終盤、大きく打率が低下（8月以降1割6分6厘）したことはチーム失速の要因ともなり、4番打者としては反省しなければならない。昨季の打率2割2分6厘は、規定打席に到達したナショナル・リーグの打者で、下から2番目だった。ただ、四球数はリーグ1位の116で、出塁率は一昨年を上回っている。守備面では、昨季はファースト専任となり、一昨年のように苦手な外野守備で投手の足を引っ張ることはなかった。昨年11月、長年付き合っていたジェイミーさんと、実家近くのレイクタホで挙式。

カモ N・シンダーガード（メッツ）.429（14-6）2本　**苦手** M・フォルティネヴィッチ（ブレーブス）.095（21-2）1本

年度	所属チーム	試合数	打数	得点	安打	二塁打	三塁打	本塁打	打点	四球	三振	盗塁	盗塁死	出塁率	OPS	打率
2017	フィリーズ	50	170	37	44	7	0	18	48	37	46	2	0	.396	1.014	.259
2018	フィリーズ	153	558	89	137	38	0	34	96	87	150	5	3	.354	.850	.246
2019	フィリーズ	160	570	86	129	33	5	29	85	116	173	2	2	.364	.819	.226
通算成績		363	1298	212	310	78	5	81	229	240	369	9	5	.364	.858	.239

打者有利の球場で強打復活へ ショート 移籍

18 ディディ・グレゴリアス *Didi Gregorius*

30歳｜191cm｜93kg｜右投左打

◆対左投手打率／.216　◆対右投手打率／.246

◆ホーム打率／.196　◆アウェー打率／.273　◆得点圏打率／.308

◆19年のポジション別出場数／ショート＝80、DH＝1

◆⑪2007㊗レッズ　◆⑪オランダ

◆㊷1400万ドル（約15億4000万円）

ミート	3
パワー	4
走塁	3
守備	4
肩	5

　優勝への重要なピースとして加わった遊撃手。トミー・ジョン手術からわずか8カ月でヤンキースのラインナップに戻った昨季は、打撃面が低調に終わり、「復帰が早すぎたのでは」とも言われた。オフにFAとなり、ヤンキース時代の指揮官であるジラーディ新監督の声かけもあって、1年1400万ドルの契約でフィリーズ入り。監督は「近年のように、3～5番の打順を任せるつもり」と述べている。昨季までと同じく本拠地が打者有利の球場だけに、本塁打の量産も期待できる。そして何より安定した守備がチームに好影響を与える可能性が大。ここで活躍し、複数年契約を勝ち取るのが本人の算段。

カモ S・マッツ（メッツ）.429（14-6）0本　**苦手** S・ストラスバーグ（ナショナルズ）.000（8-0）0本

年度	所属チーム	試合数	打数	得点	安打	二塁打	三塁打	本塁打	打点	四球	三振	盗塁	盗塁死	出塁率	OPS	打率
2012	レッズ	8	20	1	6	0	0	0	2	0	5	0	0	.300	.600	.300
2013	ダイヤモンドバックス	103	357	47	90	16	3	7	28	37	65	0	2	.332	.704	.252
2014	ダイヤモンドバックス	80	270	35	61	9	5	6	27	22	52	3	0	.290	.653	.226
2015	ヤンキース	155	525	57	139	24	2	9	56	33	85	5	3	.318	.688	.265
2016	ヤンキース	153	562	68	155	32	2	20	70	19	82	7	1	.304	.751	.276
2017	ヤンキース	136	534	73	153	27	0	25	87	25	70	3	1	.318	.796	.287
2018	ヤンキース	134	504	89	135	23	5	27	86	48	69	10	6	.335	.829	.268
2019	ヤンキース	82	324	47	77	14	2	16	61	17	53	2	1	.276	.718	.238
通算成績		851	3096	417	816	145	19	110	417	201	481	30	14	.313	.742	.264

走攻守3拍子そろって実力上昇中

サード

4 スコット・キンガリー Scott Kingery

26歳｜178cm｜82kg｜右投右打

◆対左投手打率／.293　◆対右投手打率／.245
◆ホーム打率／.248　◆アウェー打率／.266　◆得点圏打率／.226
◆19年のポジション別出場数／センター＝65、サード＝41、ショート＝18、セカンド＝10、レフト＝10、ライト＝1　◆囲2015②フィリーズ　◆囲アリゾナ州　◆囲150万ドル（約1億6500万円）

ミート **3**
パワー **3**
走塁 **3**
守備 **4**
肩 **4**

　今季はサードのレギュラーとして起用される、伸び盛りの万能選手。期待外れだったルーキーイヤーから一転、昨季は内外野ともにこなす能力を生かし、ラインナップに定着した。打撃面ではパンチ力があり、スピードも十分。走塁技術が向上すれば、盗塁数はさらに伸びるだろう。荒削りな面が残っているため、出塁率が低く、まだ1、2番の打順は任せられないが、ベンチの期待は大きい。身長が低いことで高校時代は「将来メジャー入りは無理だろう」と指摘されていたが、生来の負けん気の強さでそのハンデを跳ね返した。

カモ S・マッツ（メッツ）.353(17-6)2本　**苦手** J・キンタナ（カブス）.000(9-0)0本

年度	所属チーム	試合数	打数	得点	安打	二塁打	三塁打	本塁打	打点	四球	三振	盗塁	盗塁死	出塁率	OPS	打率
2018	フィリーズ	147	452	55	102	23	2	8	35	24	126	10	3	.267	.605	.226
2019	フィリーズ	126	458	64	118	34	4	19	55	34	147	15	4	.315	.788	.258
通算成績		273	910	119	220	57	6	27	90	58	273	25	7	.291	.698	.242

復活を期すベテラン

レフト

22 アンドルー・マカッチェン Andrew McCutchen

34歳｜180cm｜88kg｜右投右打

◆対左投手打率／.294　◆対右投手打率／.244
◆ホーム打率／.245　◆アウェー打率／.266　◆得点圏打率／.281
◆19年のポジション別出場数／レフト＝52、センター＝15、DH＝1
◆囲2005①パイレーツ　◆囲フロリダ州　◆囲1700万ドル（約18億7000万円）　◆MVP1回（13年）、
ゴールドグラブ賞1回（12年）、シルバースラッガー賞4回（12, 13, 14, 15年）、ロベルト・クレメンテ賞1回（15年）

ミート **3**
パワー **4**
走塁 **3**
守備 **3**
肩 **4**

　2013年のナショナル・リーグMVP。フィリーズ1年目の昨季は開幕から高い出塁率をキープし、リードオフマンとしてまずまずの働き。ところが6月3日のパドレス戦で、走塁中に左ヒザ前十字靭帯を断裂し、シーズンを終えてしまった。幸い今季は、開幕から出場可能な見込みだ。昨年のクリスマスイブに、ピッツバーグでマリア夫人が第2子となる次男を出産。3年前まで所属していたパイレーツのホームタウンに現在も自宅があり、「この町で彼女と出会い、家族ができた。ぼくにとってのホームなんだ」と語っている。

カモ M・ワカ（メッツ）.378(37-14)2本　**苦手** S・ストラスバーグ（ナショナルズ）.160(25-4)1本

年度	所属チーム	試合数	打数	得点	安打	二塁打	三塁打	本塁打	打点	四球	三振	盗塁	盗塁死	出塁率	OPS	打率
2009	パイレーツ	108	433	74	124	26	9	12	54	54	83	22	5	.365	.836	.286
2010	パイレーツ	154	570	94	163	35	5	16	56	70	89	33	10	.365	.814	.286
2011	パイレーツ	158	572	87	148	34	5	23	89	89	126	23	10	.364	.820	.259
2012	パイレーツ	157	593	107	194	29	6	31	96	70	132	20	12	.400	.953	.327
2013	パイレーツ	157	583	97	185	38	5	21	84	78	101	27	10	.404	.911	.317
2014	パイレーツ	146	548	89	172	38	6	25	83	84	115	18	3	.410	.952	.314
2015	パイレーツ	157	566	91	165	36	3	23	96	98	133	11	5	.401	.889	.292
2016	パイレーツ	153	598	81	153	26	3	24	79	69	143	6	7	.336	.766	.256
2017	パイレーツ	156	570	94	159	30	2	28	88	73	116	11	5	.363	.849	.279
2018	ジャイアンツ	130	482	65	123	28	2	15	55	73	123	13	6	.357	.772	.255
2018	ヤンキース	25	87	18	22	2	1	5	10	22	22	1	3	.421	.892	.253
2018	2チーム計	155	569	83	145	30	3	20	65	95	145	14	9	.368	.792	.254
2019	フィリーズ	59	219	45	56	12	1	10	29	43	55	2	1	.378	.834	.256
通算成績		1560	5821	942	1664	334	48	233	819	823	1238	187	77	.378	.858	.286

一流への扉をノックした期待の若手 **センター**

40 アダム・ヘイズリー *Adam Haseley*

24歳｜185cm｜88kg｜左投左打

- ◆対左投手打率／.212 ◆対右投手打率／.282
- ◆ホーム打率／.304 ◆アウェー打率／.233 ◆得点圏打率／.300
- ◆19年のポジション別出場数／センター＝40、レフト＝22、ライト＝10
- ◆㊅2017①フィリーズ ◆囲フロリダ州
- ◆囲56万3500ドル（約6200万円）＋α

ミート	3
パワー	3
走塁	4
守備	5
肩	4

フィリーズ

　昨年6月、マカッチェンの負傷リタイアにより3Aから昇格し、メジャーデビューを果たした期待の若手外野手。一躍その名を高めたのは、9月4日のレッズ戦で、フレディ・ガルヴィスが右中間へ放った大飛球を、あざやかに「ホームランキャッチ」したプレーだった。失点をまぬがれて大喜びのブレイク・パーカー投手、大興奮の実況アナウンサーらを尻目に、クールに守備位置に戻るヘイズリーの姿は、ファンにも強い印象を残した。今季はマカッチェン、ハーパーとともに、外野の先発メンバーに名を連ねてくることになりそうだ。身体的能力は高く、本塁打数、盗塁数を大幅に伸ばす可能性はある。

カモ ── 苦手 J・サマージャ（ジャイアンツ）.000（4-0）0本

年度	所属チーム	試合数	打数	得点	安打	二塁打	三塁打	本塁打	打点	四球	三振	盗塁	盗塁死	出塁率	OPS	打率
2019	フィリーズ	67	222	30	59	14	0	5	26	14	60	4	0	.324	.720	.266
通算成績		67	222	30	59	14	0	5	26	14	60	4	0	.324	.720	.266

セカンドへ移って攻守ともに好転期待 **セカンド**

2 ジーン・セグーラ *Jean Segura*

30歳｜178cm｜93kg｜右投右打

- ◆対左投手打率／.289 ◆対右投手打率／.277
- ◆ホーム打率／.294 ◆アウェー打率／.265 ◆得点圏打率／.298
- ◆19年のポジション別出場数／ショート＝142
- ◆㊅2007㊱エンゼルス ◆囲ドミニカ
- ◆囲1425万ドル（約15億6750万円）

ミート	4
パワー	3
走塁	4
守備	3
肩	4

　コンバートを機に再浮上を目指す攻撃型内野手。マリナーズから移籍して迎えた昨シーズンは、攻守ともに精彩を欠いた。3年連続でマークしていた打率3割を下回り、盗塁数はメジャー定着後最少。失策数も過去最多の20を数えるなど、もっとハイレベルな働きを求められていただけに残念な内容だった。シーザー・ヘルナンデスが去り、ディディ・グレゴリアスが加入した今シーズンは、メインの守備位置がショートからセカンドに変更となる。ダイヤモンドバックス時代の2016年に、正二塁手としてプレーした経験がある。このときは、ナショナル・リーグ最多のシーズン203安打をマークした。

カモ J・ロス（ナショナルズ）.571（14-8）0本 苦手 M・メランソン（ブレーブス）.091（11-1）0本

年度	所属チーム	試合数	打数	得点	安打	二塁打	三塁打	本塁打	打点	四球	三振	盗塁	盗塁死	出塁率	OPS	打率
2012	エンゼルス	1	3	0	0	0	0	0	0	0	2	0	0	.000	.000	.000
2012	ブルワーズ	44	148	19	39	4	3	0	14	13	21	7	1	.321	.652	.264
2012	2チーム計	45	151	19	39	4	3	0	14	13	23	7	1	.315	.640	.258
2013	ブルワーズ	146	588	74	173	20	10	12	49	25	84	44	13	.329	.752	.294
2014	ブルワーズ	146	513	61	126	14	6	5	31	28	70	20	9	.289	.614	.246
2015	ブルワーズ	142	560	57	144	16	5	6	50	13	93	25	6	.281	.616	.257
2016	ダイヤモンドバックス	153	637	102	203	41	7	20	64	39	101	33	10	.368	.867	.319
2017	マリナーズ	125	524	80	157	30	2	11	45	34	83	22	8	.349	.776	.300
2018	マリナーズ	144	586	91	178	29	3	10	63	32	69	20	11	.341	.755	.304
2019	フィリーズ	144	576	79	161	37	4	12	60	30	73	10	2	.323	.743	.280
通算成績		1045	4135	563	1181	191	40	76	376	214	596	181	60	.326	.733	.286

対左=対左投手打率 対右=対右投手打率 ㋭=ホーム打率 ㋐=アウェー打率 ㋫=得点圏打率

移籍直後に記録的な大当たり

9 ジェイ・ブルース *Jay Bruce*

33歳｜191cm｜102kg｜左投左打　対左.211　対右.218　困.143
⑦.276　得.176　回2005①レッズ　個テキサス州　囲1300万ドル（約14億3000万円）

◆シルバースラッガー賞2回（12、13年）

ミ	2
パ	5
走	3
守	3
肩	3

昨年6月2日にマリナーズからトレード移籍してきた左の長距離砲。翌日のダブルヘッダー第2戦では、ツーランとグランドスラムを放つ大活躍で、チームを勝利に導いた。さらに、続く2試合でもそれぞれホームランを打ち、「フィリーズの選手としてプレーした最初の4試合で4本塁打」という、20世紀以降チーム初となる快挙を達成している。しかし、7月17日に右脇腹を痛めIL入り。8月8日に復帰したものの、1試合に出ただけで再びIL入りと、移籍当初の勢いが完全に止まってしまった。奥さんのハンナさんとは高校時代に知り合い、のちに結婚。息子が2人いる。

年度	所属チーム	試合数	打数	得点	安打	二塁打	三塁打	本塁打	打点	四球	三振	盗塁	盗塁死	出塁率	OPS	打率
2019	マリナーズ	47	165	27	35	11	0	14	28	16	53	1	0	.283	.816	.212
2019	フィリーズ	51	145	16	32	6	0	12	31	3	29	0	0	.235	.745	.221
2019	2チーム計	98	310	43	67	17	0	26	59	19	82	1	0	.261	.784	.216
通算成績		1608	5834	825	1432	307	30	312	934	588	1535	65	40	.315	.784	.245

守備は改善しつつある控え捕手

15 アンドルー・ナップ *Andrew Knapp*

29歳｜185cm｜88kg｜右投両打　盗塁阻止率／.261(23-6)　対左.250　対右.202　困.262
⑦.173　得.118　回2013②フィリーズ　個カリフォルニア州　囲71万ドル（約7810万円）

ミ	1
パ	2
走	2
守	3
肩	3

守備には改善が見られたバックアップ捕手。2017、18年ともに低調だった盗塁阻止率が、昨季は平均レベルまで上昇。また、パスボールを出す頻度も低くなり、ディフェンス面の心配は薄まった一方、打撃は相変わらずワーストレベル。昨季もシーズン終盤まで、打率が1割台に低迷していた。控え捕手としての信頼は得られておらず、昨季の先発マスク30試合は、他球団の2番手捕手と比べると、かなり少ない数。試合結果も13勝17敗と、リアルミュートの欠場時には、チームの戦力が大幅にダウンしてしまった。今季は若手デイヴィー・グルヨンらと、その座を争うことになる。

年度	所属チーム	試合数	打数	得点	安打	二塁打	三塁打	本塁打	打点	四球	三振	盗塁	盗塁死	出塁率	OPS	打率
2019	フィリーズ	74	136	12	29	9	0	2	8	18	51	1	0	.318	.642	.213
通算成績		214	494	57	110	23	3	9	36	73	182	2	0	.327	.663	.223

73 デイヴィー・グルヨン *Deivy Grullon* キャッチャー 期待度C ルーキー

24歳｜185cm｜82kg｜右投右打　◆昨季メジャーで4試合出場　回2013⑨フィリーズ　個ドミニカ

ドミニカ出身の捕手。昨季は3Aでプレーし、108試合で打率2割8分3厘、21本塁打。9月にメジャーデビューし、2試合でマスクをかぶった。守備は強肩だが、敏捷性にやや欠ける。打撃の評価もそれほど高いものではないが、パワーはあるほうで、アンドルー・ナップの打撃よりは期待できる。

— アレック・ボーム *Alec Bohm* サードファースト 期待度A ルーキー

24歳｜196cm｜102kg｜右投右打　◆昨季は1A、1A+、2Aでプレー　回2018①フィリーズ　個ネブラスカ州

2018年のドラフトで、フィリーズが1巡目（全体3位）に獲得したトップ・プロスペクト（有力望株）。打撃面の評価が高く、196センチ、102キロの堂々とした体格から、力強いスイングを見せる。一方、サードの守備、走塁面の評価はイマイチだ。今シーズン後半のメジャーデビューが濃厚。

対左=対左投手打率　対右=対右投手打率　困=ホーム打率　⑦=アウェー打率　得=得点圏打率
回=ドラフトデータ　個=出身地　囲=年俸

マイアミ・マーリンズ

◆創　立：1993年
◆本拠地：フロリダ州マイアミ市

◆ワールドシリーズ制覇：2回／◆リーグ優勝：2回
◆地区優勝：0回／◆ワイルドカード獲得：2回

主要オーナー ブルース・シャーマン（スポーツ企業家）

過去5年成績

年度	勝	負	勝率	ゲーム差	地区順位	ポストシーズン成績
2015	71	91	.438	19.0	③	―
2016	79	82	.491	15.5	③	―
2017	77	85	.475	20.0	②	―
2018	63	98	.391	26.5	⑤	―
2019	57	105	.352	40.0	⑤	―

監　督 **8 ドン・マティングリー** *Don Mattingly*

◆年　齢…………59歳（インディアナ州出身）
◆現役時代の経歴…14シーズン　ヤンキース（1982～95）
　（ファースト）
◆現役通算成績……1785試合　.307　222本　1099打点
◆監督経歴…………9シーズン　ドジャース（2011～15）、マーリンズ（2016～）
◆通算成績…………722勝733敗（勝率.496）

　現役時代はヤンキースの主砲だった監督。選手としての才能と監督としての才能が、全く別物であることを知らしめてくれる監督でもある。チームに勢いを与えるようなハッキリした指針を示せていないため、再建モードに入ってだいぶたつのに、大化けして牽引役になる人材が一人も出ていない。通常、再建モードに入ったチームは、春に未熟だった選手がシーズン中に成長するので、シーズン後半は得点力が大幅に向上する。しかし、マーリンズにはそれもない。

注目コーチ **82 ジェイムズ・ロウソン** *James Rowson*

　新ベンチコーチ。44歳。昨季までツインズで打撃コーチを務め、シーズン307本塁打（メジャー新記録）の強力打線形成に力を尽くした。現役時代、メジャー経験なし。

編成責任者 **デレク・ジーター** *Derek Jeter*

　46歳。CEO就任後、主力を次々放出して有望株を獲得。ヒルGMらとともにチームの再建に取り組んでいる。元ヤンキースのスター選手で、今年1月、殿堂入りした。

スタジアム **マーリンズ・パーク** *Marlins Park*

◆開場年…………2012年
◆仕　様…………天然芝、開閉式屋根付き
◆収容能力…………36,742人
◆フェンスの高さ …2.1～6.1m
◆特　徴…………球場サイズが大きいため、ホームランが出にくい投手に有利な球場。マーリンズの打線はただでさえ迫力不足だが、この本拠地の影響も加わって、昨季のチーム本塁打数、チーム得点は、一昨年に続いてともにリーグワーストだった。

ピッチャーズパーク

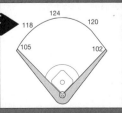

319

Best Order

①ジョナサン・ヴィアー……サード
②ミゲール・ロハス……ショート
③ブライアン・アンダーソン……ライト
④コーリー・ディッカーソン……レフト
⑤ヘスース・アギラー……ファースト
⑥ホルヘ・アルファロ……キャッチャー
⑦イーサン・ディアス……セカンド
⑧ルイス・ブリンソン……センター

Depth Chart
[ポジション別選手層・メンバーリスト]

※2020年2月4日時点の候補選手。数字は背番号(開幕前に変更する場合もあり)、右・左等は投・打の順。

センター
25 ルイス・ブリンソン [右・右]
5 ジョン・バーティ [右・右]
34 マグネウリス・シエラ [左・左]
47 ハロルド・ラミレス [右・右]

レフト
23 コーリー・ディッカーソン [左・左]
47 ハロルド・ラミレス [右・右]
63 モンテ・ハリソン [右・右]
7 マッド・ジョイス [右・左]

ライト
15 ブライアン・アンダーソン [右・右]
47 ハロルド・ラミレス [右・右]
63 モンテ・ハリソン [右・右]
76 ヘスース・サンチェス [右・左]

ショート
19 ミゲール・ロハス [右・右]
2 ジョナサン・ヴィアー [右・両]
5 ジョン・バーティ [右・右]

セカンド
1 イーサン・ディアス [右・右]
2 ジョナサン・ヴィアー [右・両]

サード
2 ジョナサン・ヴィアー [右・両]
15 ブライアン・アンダーソン [右・右]
19 ミゲール・ロハス [右・右]

ローテーション
22 サンディ・アルカンタラ [右・右]
31 ケイレブ・スミス [左・右]
49 パブロ・ロペス [右・右]
68 ジョーダン・ヤマモト [右・右]
57 エリーザー・ヘルナンデス [右・右]

ファースト
24 ヘスース・アギラー [右・右]
26 ギャレット・クーパー [右・右]
68 レウィン・ディアス [左・左]

キャッチャー
38 ホルヘ・アルファロ [右・右]
29 フランシスコ・セルヴェッリ [右・右]
17 チャド・ウォーラック [右・右]

ブルペン
71 ドルー・ステッケンライダー [右・右] CL
20 ブランドン・キンツラー [右・右]
62 ホセ・ウレイニャ [右・右]
35 ライン・スタネック [右・右]
93 イーミ・ガルシア [右・右]
56 スターリング・シャープ [右・右]
61 アダム・コンリー [右・左]
43 ジェフ・ブリガム [右・右]
37 スティーヴン・ターブリー [左・右]
— パット・ヴェンディティ [両・両]

※CL=クローザー

マーリンズ試合日程……*はアウェーでの開催

3月26・27・28・29	フィリーズ	28・29・30	メッツ	29・30・31	パドレス*
30・31・**4月**1	ナショナルズ	**5月**1・2・3	パイレーツ	**6月**2・3・4	フィリーズ
3・4・5	ブレーブス*	4・5・6・7	ブリュワーズ	5・6・7	マリナーズ
6・7・8	ナショナルズ*	8・9・10	ブレーブス*	9・10	エンジェルス*
9・10・11・12	ブレーブス	11・12・13	レッズ	12・13・14	ジャイアンツ*
14・15	エンジェルス	15・16・17	ロッキーズ	16・17・18	フィリーズ
17・18・19	フィリーズ*	19・20・21	パドレス	19・20・21	ジャイアンツ
21・22・23	メッツ*	22・23・24・25	ナショナルズ*	22・23・24・25	カーディナルス
24・25・26	カーディナルス*	26・27・28	ブレーブス	26・27・28	ブレーブス

球団メモ 昨季はチーム得点、チーム本塁打数、チーム出塁率がリーグワースト。盗塁成功率も64.7%(リーグ14位)と低かった。投手成績では与四球数がリーグワースト。

マーリンズ

■投手力➡…★★★★★ 【昨年度チーム防御率4.74、リーグ13位】

アルカンタラ、パブロ・ロペス、ヤマモトなど、ローテーションに期待の若手は多いが、まだ鍛え上げている最中で今季本格的に開化するかは不透明。低迷期にありがちな若手の成長を見守る1年になりそうだ。ブルペンは昨季、守護神のステッケンライダーが満足に投げられず、冴えない中堅の墓場になってしまった。オフにキンツラーを獲得し、補強している。

■攻撃力↗…★★★★★ 【昨年度チーム得点615、リーグ15位】

打線では、昨季チーム最多の22本塁打を放ったカストロが抜けたが、新加入のヴィアーやアギラーが中軸の穴を埋める。戦力アップは間違いないが、相対的に見れば、まだ低水準。とくに長打力不足は深刻で、若手スラッガーの台頭が待ち望まれる。昨季のチーム本塁打数は、リーグ最低だった。

■守備力➡…★★★⭑★ 【昨年度チーム失策数94、リーグ7位】

二塁、遊撃、三塁を守るヴィアーを含め、フィールディングに長けたユーティリティ・プレーヤーは多く、内野守備は及第点以上。外野にも大きな穴はない。正捕手のアルファロは守備が粗くやや不安だが、ベテラン捕手のセルヴェッリの加入が、チームや捕手陣に好影響を与えそうだ。

■機動力↗…★★★⭑★ 【昨年度チーム盗塁数55、リーグ13位】

近年はほとんど走れる選手がいない。昨シーズンもバーティの17盗塁がチームトップ。しかし、新加入のヴィアーは昨季も40盗塁を記録しており、機動力野球のくさびを打つことができる韋駄天だ。

総合評価 ➡ ★★★★★

ジーターCEOが矢面に立っているが、そもそも球団の資金不足が問題だった。オフは鳴かず飛ばずの陳偉殷（チェン・ウェイン）との契約を打ち切り、高給取りは一掃。チームとしてもようやく若手育成の準備が整った。地区最下位は濃厚といった状況だが、楽しみはある。

IN 主な入団選手	OUT 主な退団選手
投手	投手
イーミ・ガルシア◄ドジャース	タイラー・キンリー➡ロッキーズ
野手	ハーリン・ガルシア➡所属先未定
ヘスース・アギラー◄レイズ	野手
コーリー・ディッカーソン◄フィリーズ	スターリン・カストロ➡ナショナルズ
ジョナサン・ヴィアー◄オリオールズ	オースティン・ディーン➡カーディナルス
フランシスコ・セルヴェッリ◄ブレーブス	カーティス・グランダーソン➡引退
加藤豪将◄ヤンキース	マーティン・プラド➡所属先未定

29・30・**7**/1	アスレティックス*	30・31・**8**/1・2	メッツ*	**9**/1・2・3	アストロズ*
3・4・5	ドジャース*	4・5・6	ナショナルズ	4・5・6・7	フィリーズ*
7・8・9	レンジャーズ*	7・8・9	ブレーブス	8・9	レイズ
10・11・12	メッツ	11・12・13	ブリュワーズ*	11・12・13	ナショナルズ
14	オールスターゲーム	14・15・16	ブレーブス*	15・16・17	メッツ*
17・18・19	ダイヤモンドバックス*	18・19	フィリーズ	18・19・20	ナショナルズ*
20・21・22・23	ロッキーズ*	20・21・22・23	パイレーツ*	21・22・23	レッズ
24・25・26・27	ドジャース	25・26・27	カブス	25・26・27	メッツ
28・29	レイズ*	28・29・30・31	ダイヤモンドバックス		

飛び級で己の実力を証明した日系3世

68 ジョーダン・ヤマモト *Jordan Yamamoto* `先発`

24歳／183cm／84kg／右投右打
◆速球のスピード／140キロ台中頃（フォーシーム）
◆決め球と持ち球／☆スライダー、◎フォーシーム、○カッター、△カーブ
◆対左.152 ◆対右.223 ◆ホ防6.00 ◆ア防2.95
◆ド2014⑫ブリュワーズ ◆出ハワイ州
◆年56万3500ドル（約6200万円）+α

球威	3
制球	5
緩急	4
守備・走塁	3
度胸	3

　ハワイ出身の日系3世右腕。昨季は2Aで開幕を迎え、6月までの12先発で、防御率3.58とまずまずの成績。すると先発陣の駒不足により、6月12日に飛び級でメジャー昇格。翌日にメジャー初登板初先発を果たし、7回無失点に封じると、2戦目も7回無失点。一気に3連勝を決め、先発ローテーションに定着した。コーナーを突く制球力に加え、スライダーはベース1個分曲がる魔球クラス。そのうえ、曲がりの小さなカッターも持ち合わせており、右打者の外角への攻めは上々だ。WHIP1.14に対し、防御率4.46は物足りないが、これはランナーが出たときの不安定さが要因。カーブ頼りの内角攻めのバリエーションが増えれば、さらにハイレベルな数字を残せるだろう。

`カモ` M・カーペンター（カーディナルス）.000(6-0)0本 `苦手`

年度	所属チーム	勝利	敗戦	防御率	試合数	先発	セーブ	投球イニング	被安打	失点	自責点	被本塁打	与四球	奪三振	WHIP
2019	マーリンズ	4	5	4.46	15	15	0	78.2	54	42	39	11	36	82	1.14
通算成績		4	5	4.46	15	15	0	/8.2	54	42	39	11	36	82	1.14

死球数激減で怖さも減った暫定守護神

62 ホセ・ウレイニャ *Jose Urena* `先発 クローザー`

29歳／188cm／91kg／右投右打
◆速球のスピード／150キロ台中頃（ツーシーム主体）
◆決め球と持ち球／○スライダー、△チェンジアップ、△ツーシーム
◆対左.319 ◆対右.270 ◆ホ防6.69 ◆ア防3.86
◆ド2008外マーリンズ ◆出ドミニカ
◆年375万ドル（約4億1250万円）

球威	5
制球	2
緩急	3
守備・走塁	4
度胸	4

　マーリンズの先発陣を支えてきたファイター。アグレッシブな内角攻めがウリで、2017年、18年は2年連続でナショナル・リーグ最多死球を記録した。なかなか怪しい死球も多い投手で、18年には故意死球からの乱闘で、6試合の出場停止処分を受けたこともある。しかし、昨季はどういうわけか死球数が激減。右打者に踏み込まれるシーンが目立ち、持ち味を完全には発揮できなかった。それでも13先発で8度のQSを記録するなど、一定の安定感を維持していたが、6月に椎間板ヘルニアでIL（故障者リスト）入りする羽目に。9月に復帰後はチーム事情からクローザーを任されたが、11試合で0勝3敗3セーブ、防御率9.00とフィットできず。やはり本領はスターターか。

`カモ` T・ターナー（ナショナルズ）.000(16-0)0本 `苦手` F・フリーマン（ブレーブス）.423(26-11)4本

年度	所属チーム	勝利	敗戦	防御率	試合数	先発	セーブ	投球イニング	被安打	失点	自責点	被本塁打	与四球	奪三振	WHIP
2015	マーリンズ	1	5	5.25	20	9	0	61.2	75	37	36	5	25	28	1.59
2016	マーリンズ	4	9	6.13	28	12	1	83.2	91	59	57	11	29	58	1.43
2017	マーリンズ	14	7	3.82	34	28	0	169.2	152	77	72	26	64	113	1.27
2018	マーリンズ	9	12	3.98	31	31	0	174.0	155	78	77	19	51	130	1.18
2019	マーリンズ	4	10	5.21	24	13	3	84.2	99	53	49	13	26	62	1.48
通算成績		32	43	4.57	137	93	4	573.2	570	304	291	74	195	391	1.33

対左=対左打者被打率　対右=対右打者被打率　ホ防=ホーム防御率　ア防=アウェー防御率
ド=ドラフトデータ　出=出身地　年=年俸　カモ 苦手 は通算成績

22 サンディ・アルカンタラ Sandy Alcantara
高速シンカーで台頭も、援護が足りず最多敗　　先発

25歳｜193cm｜77kg｜右投右打｜速150キロ台中頃（シンカー、フォーシーム）｜決シンカー
対左.253　対右.226　ド2013外カーディナルス　出ドミニカ　年56万3500ドル（約6200万円）+α

	球	4
制	3
緩	4
守	5
度	3

　長い手足を生かした躍動感あるフォームで、快速球を投げ込んでくる右腕。フォーシームのキレもさることながら、シュート気味に動く高速シンカーも150キロ台中盤をマークし、好調時は手に負えない。変化球の精度も上がっていて、制球力も改善。好不調の波はあるものの、ストライクゾーンに集める省エネ投球ができるようになり、2完封もマークした。良好な成長曲線を描いているが、マーリンズ打線が力不足で、昨季は6勝14敗と大きく負け越した。援護率は規定投球回到達者の中で、メジャーワースト2位だった。ドミニカの大家族出身で、自身含め兄弟姉妹が11人いる。

年度	所属チーム	勝利	敗戦	防御率	試合数	先発	セーブ	投球イニング	被安打	失点	自責点	本塁打	与四球	奪三振	WHIP
2019	マーリンズ	6	14	3.88	32	32	0	197.1	179	94	85	23	81	151	1.32
通算成績		8	17	3.83	46	38	0	239.2	213	113	102	28	110	191	1.34

31 ケイレブ・スミス Caleb Smith
奇跡的な2ケタ勝利をマーク　　先発

29歳｜188cm｜93kg｜左投右打｜速150キロ前後（フォーシーム）｜決◯スライダー
対左.211　対右.227　ド2013⑭ヤンキース　出テキサス州　年56万3500ドル（約6200万円）+α

	球	2
制	3
緩	3
守	4
度	4

　2017年11月にヤンキースからトレード移籍し、マーリンズで一定の結果を出している先発左腕。アルカンタラとは対照的に、昨季105敗を喫したマーリンズでは奇跡的な2ケタ勝利を達成した。フォーシームとスラーブ気味のスライダーのコンビネーションが生命線。イニング数を超える奪三振数を誇り、与四球もある程度は抑えたが、問題は深刻な一発病。フォーシームの被打率は2割1分程度で上々だが、球質が軽く、狙い打ちされたときはどこまでも打球が飛んでいく。昨季はリーグワーストの33本塁打を浴びてしまった。打撃が得意で、昨季の打率は2割3分3厘。

年度	所属チーム	勝利	敗戦	防御率	試合数	先発	セーブ	投球イニング	被安打	失点	自責点	本塁打	与四球	奪三振	WHIP
2019	マーリンズ	10	11	4.52	28	28	0	153.1	128	82	77	33	60	168	1.23
通算成績		15	18	4.66	53	46	0	249.1	212	134	129	47	103	274	1.26

20 ブランドン・キンツラー Brandon Kintzler
30代中盤で粘りを見せる「ザ・シンカーボーラー」　　クローザーセットアップ　移籍

36歳｜183cm｜88kg｜右投右打｜速150キロ前後（シンカー主体）｜決◯シンカー
対左.163　対右.256　ド2004⑭パドレス　出ネバダ州　年325万ドル（約3億5750万円）

	球	4
制	4
緩	2
守	3
度	3

　2016年から17年の前半にかけて、ツインズで守護神を務めたベテラン右腕。ゴロを打たせることに主眼を置いたピッチングを見せるグラウンドボール・ピッチャーで、グネリと曲がるシンカーが投球のほとんどを占める。低めに集める投球は長打を許さず、被本塁打が非常に少ない。18年はやや制球に苦しんだが、昨季は見事に修正し、3年連続で60登板に到達。オフにFAになってからは年齢面の不安からなかなか移籍先が決まらなかったが、ブルペン陣に不安を抱えるマーリンズが獲得した。チーム状況や自身の活躍によっては、今季夏場のトレードもあるかもしれない。

年度	所属チーム	勝利	敗戦	防御率	試合数	先発	セーブ	投球イニング	被安打	失点	自責点	本塁打	与四球	奪三振	WHIP
2019	カブス	3	3	2.68	62	0	1	57.0	45	18	17	5	13	48	1.02
通算成績		20	20	3.37	430	0	49	424.1	419	172	159	37	110	299	1.25

速=速球のスピード　決=決め球

マーリンズ

医学部進学が決まっていたインテリ右腕

49 パブロ・ロペス *Pablo Lopez* 先発

24歳｜191cm｜91kg｜右投左打｜速150キロ前後（フォーシーム主体）｜決◎カーブ
対左.303 対右.217 ド2012㉘マリナーズ 出ベネズエラ 年56万3500ドル（約6200万円）+α

球 **3**
制 **4**
緩 **4**
守 **3**
度 **3**

　2017年にマリナーズからトレードで加入した、目下売り出し中の若手右腕。カーブとチェンジアップを駆使した投球術が持ち味。14年にトミー・ジョン手術を受け、また、昨季は右肩の故障もあったため、慎重に起用されている。ベネズエラ出身。両親は医者で、自身も成績優秀。高校卒業後には医学部進学が決まっていた。しかし同時にマリナーズからマイナー契約の誘いがあり、父の「体は衰えゆくが、脳は成長する。野球は今しかできない」との言葉に後押しされ、野球の道に進む決断をしたという。高校卒業時にはすでに英語をマスターしており、インタビューの対応も知的。

年度	所属チーム	勝利	敗戦	防御率	試合数	先発	セーブ	投球イニング	被安打	失点	自責点	被本塁打	与四球	奪三振	WHIP
2019	マーリンズ	5	8	5.09	21	21	0	111.1	111	64	63	15	27	95	1.24
通算成績		7	12	4.76	31	31	0	170.0	167	92	90	23	45	141	1.25

オープナーで実力を伸ばした豪腕

35 ライン・スタネック *Ryne Stanek* セットアップ

29歳｜193cm｜102kg｜右投右打｜速150キロ台後半（フォーシーム）｜決☆スプリッター
対左.197 対右.227 ド2013①レイズ 出カンザス州 年56万3500ドル（約6200万円）+α

球 **4**
制 **2**
緩 **3**
守 **3**
度 **3**

　一昨年レイズで、全世界の野球に衝撃を与えた戦術「オープナー制」の一翼に抜擢され、大きく実力を伸ばした。昨年7月、マーリンズにトレードで加入。長身から投げ下ろす最速160キロ超の豪速球を主体に、スプリッターやスライダーを織り交ぜた投球で三振を奪う。WHIP1.09の好成績を残した18年は、スライダーが変化球のメインだったが、年々スプリットの精度が増しており、昨季は被打率0割台の決め球に進化。マーリンズ移籍後はやや疲労の蓄積が垣間見えたものの、今季は仕切り直しでリリーフの柱になることを期待されている。課題は、失投で食らう一発の多さ。

年度	所属チーム	勝利	敗戦	防御率	試合数	先発	セーブ	投球イニング	被安打	失点	自責点	被本塁打	与四球	奪三振	WHIP
2019	レイズ	0	2	3.40	41	27	0	55.2	44	24	21	7	20	61	1.15
2019	マーリンズ	0	2	5.48	22	0	1	21.1	17	15	13	4	19	28	1.69
2019	2チーム計	0	4	3.97	63	27	1	77.0	61	39	34	11	39	89	1.30
通算成績		2	7	3.80	143	56	1	163.1	132	75	69	25	78	199	1.29

ハイスピンファストボールが復活

93 イーミ・ガルシア *Yimi Garcia* セットアップ 移籍

30歳｜183cm｜102kg｜右投右打｜速150キロ前後（フォーシーム）｜決◎フォーシーム
対左.171 対右.182 ド2009㉘ドジャース 出ドミニカ 年110万ドル（約1億2100万円）

球 **4**
制 **4**
緩 **2**
守 **3**
度 **2**

　新加入のリリーフ右腕。2015年にドジャースで台頭し、59登板でWHIP0.96の好成績を残した。16年からは右肩、股関節の故障に加えてトミー・ジョン手術も受け、3シーズン満足に投げられなかったが、昨季ようやく軌道に乗った。15年にはメジャーで最もフォーシームのスピン量が多い投手として名をあげたが、当時に匹敵するハイスピンを取り戻しており、メカニック（投球における一連の動作）の問題は解消している。唯一の不安は被本塁打の急増。昨季は62回1/3で15本塁打を浴びており、メジャーのトレンドである「フライボール・レボリューション」の餌食になった。

年度	所属チーム	勝利	敗戦	防御率	試合数	先発	セーブ	投球イニング	被安打	失点	自責点	被本塁打	与四球	奪三振	WHIP
2019	ドジャース	4	4	3.61	64	0	0	62.1	40	28	25	15	14	66	0.87
通算成績		5	11	3.66	165	1	13	159.2	128	74	65	32	30	166	0.99

速=速球のスピード　決=決め球　対左=対左打者被打率　対右=対右打者被打率
ド=ドラフトデータ　出=出身地　年=年俸

71 クローザーとして機能するかは疑問　クローザー セットアップ
ドルー・ステッケンライダー Drew Steckenrider

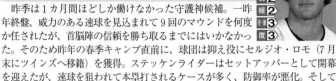

29歳｜196cm｜98kg｜右投右打　[速]150キロ台前半（フォーシーム）　[決]◎フォーシーム
[対左].130　[対右].207　[ド]2012⑧マーリンズ　[出]ジョージア州　[年]56万3500ドル（約6200万円）+α

球 4
制 2
緩 2
守 3
度 3

　昨季は１カ月間ほどしか働けなかった守護神候補。一昨年終盤、威力のある速球を見込まれて９回のマウンドを何度か任されたが、首脳陣の信頼を勝ち取るまでにはいかなかった。そのため昨年の春季キャンプ直前に、球団は抑え役にセルジオ・ロモ（７月末にツインズへ移籍）を獲得。ステッケンライダーはセットアッパーとして開幕を迎えたが、速球を狙われる本塁打されるケースが多く、防御率が悪化。そして５月に入ってすぐ、右ヒジの故障でシーズンを終えた。速球とスライダーのコンビネーションで投げるツーピッチ・ピッチャー。今季開幕には間に合う見込み。

年度	所属チーム	勝利	敗戦	防御率	試合数	先発	セーブ	投球イニング	被安打	失点	自責点	被本塁打	与四球	奪三振	WHIP
2019	マーリンズ	0	2	6.28	15	0	0	14.1	9	10	10	6	5	14	0.98
通算成績		5	7	3.72	123	0	6	113.2	94	52	47	17	50	142	1.27

57 このままでは「帯に短し、たすきに長し」　先発 ミドルリリーフ
エリーザー・ヘルナンデス Elieser Hernandez

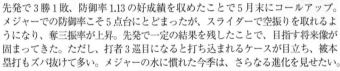

25歳｜183cm｜95kg｜右投右打　[速]140キロ台中盤（フォーシーム主体）　[決]◎スライダー
[対左].260　[対右].226　[ド]2011⑨アストロズ　[出]ベネズエラ　[年]56万3500ドル（約6200万円）+α

球 2
制 3
緩 3
守 3
度 4

　2017年12月に、ルール５ドラフトでアストロズ傘下より移籍。低いリリースポイントから、浮き上がるフォーシームを投げるオーバーハンド。昨季は3Aで開幕を迎えたが、９先発で３勝１敗、防御率1.13の好成績を収めたことで５月末にコールアップ。メジャーでの防御率こそ５点台にとどまったが、スライダーで空振りを取れるようになり、奪三振率が上昇。先発で一定の結果を残したことで、目指す将来像が固まってきた。ただし、打者３巡目になると打ち込まれるケースが目立ち、被本塁打もズバ抜けて多い。メジャーの水に慣れた今季は、さらなる進化を見せたい。

年度	所属チーム	勝利	敗戦	防御率	試合数	先発	セーブ	投球イニング	被安打	失点	自責点	被本塁打	与四球	奪三振	WHIP
2019	マーリンズ	0	2	6.28	15	0	0	14.1	9	10	10	6	5	14	0.98
通算成績		5	7	3.72	123	0	6	113.2	94	52	47	17	50	142	1.27

64 ロバート・ダガー Robert Dugger　先発　期待度 C+　ルーキー

25歳｜188cm｜82kg｜右投右打　◆昨季メジャーで7試合出場　[ド]2016⑱マリナーズ　[出]アリゾナ州

　150キロ台のフォーシームにシンカー、スライダー、カーブなどを組み合わせて投げる。昨季、3Aで結果を残せていなかったが、チーム事情から８月にメジャーデビュー。７先発で３度のQSを記録したものの、初勝利はあげられなかった。今季は開幕からローテーションに入って投げる可能性がある。

73 シクスト・サンチェス Sixto Sanchez　先発　期待度 A　ルーキー

22歳｜183cm｜84kg｜右投右打　◆昨季は1A+、2Aでプレー　[ド]2015⑰フィリーズ　[出]ドミニカ

　トップ・プロスペクト（最有望株）の呼び声高いドミニカ出身腕。2019年２月、リアルミュートとのトレードでフィリーズ傘下から加入。すでに球速は160キロ台に到達しており、昨シーズンは2Aで18先発、８勝４敗、防御率2.53。球筋はシュート気味に切れ込むが、補って余りあるスピードが魅力だ。

マーリンズ

再建期のチームのキーマン

15 ブライアン・アンダーソン Brian Anderson

27歳／191cm／84kg／右投右打

◆対左投手打率／.232　◆対右投手打率／.271
◆ホーム打率／.255　◆アウェー打率／.269　◆得点圏打率／.280
◆19年のポジション別出場数／サード=67、ライト=55、DH=1
◆⑤2014③マーリンズ　◆⑭オクラホマ州
◆㉕56万3500ドル（約6200万円）+α

ミート	3
パワー	4
走塁	2
守備	3
肩	4

　2017年にメジャーデビューし、順調に成長している強打者。昨季は主に3番を任され、コンスタントに長打を放っていた。高めの球を、右中間へ逆らわず弾き返せるのが強み。出塁率も悪くないが、やや死球が多く、昨季はその不安が的中。8月に死球で左手を骨折し、一足早くシーズンを終えた。守備も成長していて、昨季はサードでもライトでも平均レベルに達し、外野守備では9補殺を記録している。野球観戦を楽しんでいた子供の頃、同じ「ブライアン・アンダーソン」という名前の選手が2人（投手と外野手）、メジャーでプレー。彼らの存在が、メジャーを身近なものにしていたという。

カモ D・カイクル（ホワイトソックス）1.000(5-5)2本　**苦手** S・ストラスバーグ（ナショナルズ）.071(14-1)0本

年度	所属チーム	試合数	打数	得点	安打	二打	三打	本塁打	打点	四球	三振	盗塁	盗塁死	出塁率	OPS	打率
2017	マーリンズ	25	84	11	22	7	1	0	8	10	28	0	0	.337	.706	.262
2018	マーリンズ	156	590	87	161	34	4	11	65	62	129	2	4	.357	.757	.273
2019	マーリンズ	126	459	57	120	33	1	20	66	44	114	5	1	.342	.811	.261
通算成績		307	1133	155	303	74	6	31	139	116	271	7	5	.349	.775	.267

昨季は不遇をかこった巨漢スラッガー

24 ヘスース・アギラー Jesus Aguilar

30歳／191cm／113kg／右投右打

◆対左投手打率／.236　◆対右投手打率／.236
◆ホーム打率／.213　◆アウェー打率／.258　◆得点圏打率／.286
◆19年のポジション別出場数／ファースト=75、サード=2、DH=13
◆⑤2007⑦インディアンズ　◆⑭ベネズエラ

ミート	3
パワー	5
走塁	2
守備	3
肩	3

　ベネズエラ出身の巨漢大砲。長い下積みを経て、2018年にブリュワーズで大ブレイク。ナショナル・リーグ5位タイの35本塁打を放ち、その年のオールスターでは、最後の1人を選ぶ「34番目の男」に選出されている。だが昨季は開幕から本塁打のペースが上がらず、ブリュワーズは7月末にトレードでレイズに放出。レイズでも自慢の長打力は発揮できず、シーズン終了後に構想外になった。それでもマーリンズにとっては待望の正一塁手であり、広い本拠地でも十二分な飛距離を出せるパワーヒッターだ。昨季も粘り強く四球を選び、最後まで集中力を切らさなかった。このまま終わるとは思えない。

カモ K・フリーランド（ロッキーズ）.500(8-4)3本　**苦手** S・マッツ（メッツ）.100(10-1)0本

年度	所属チーム	試合数	打数	得点	安打	二打	三打	本塁打	打点	四球	三振	盗塁	盗塁死	出塁率	OPS	打率
2014	インディアンズ	19	33	2	4	0	0	0	3	4	13	0	0	.211	.332	.121
2015	インディアンズ	7	19	0	6	1	0	0	2	0	7	0	0	.350	.718	.316
2016	インディアンズ	9	6	0	0	0	0	0	0	0	1	0	0	.000	.000	.000
2017	ブリュワーズ	133	279	40	74	15	2	16	52	25	94	0	0	.331	.837	.265
2018	ブリュワーズ	149	492	80	135	25	0	35	108	58	143	0	0	.352	.890	.274
2019	ブリュワーズ	94	222	26	50	9	0	8	34	31	59	0	0	.320	.694	.225
2019	レイズ	37	92	13	24	3	0	4	16	12	22	0	0	.336	.760	.261
2019	2チーム計	131	314	39	74	12	0	12	50	43	81	0	0	.325	.714	.236
通算成績		448	1143	161	293	53	2	63	215	130	339	0	0	.334	.805	.256

ズバッと振り抜くバッドボールヒッター レフト 移籍

23 コーリー・ディッカーソン Corey Dickerson

31歳｜185cm｜95kg｜右投左打

◆対左投手打率／.271 ◆対右投手打率／.313
◆ホーム打率／.302 ◆アウェー打率／.306 ◆得点圏打率／.364
◆19年のポジション別出場数／レフト＝65 ◆Ⓓ2010④ロッキーズ
◆囲ミシシッピ州 ◆甲1750万ドル（約19億2500万円）※2年総額
◆ゴールドグラブ賞1回（18年）

ミート **4**
パワー **4**
走塁 **3**
守備 **3**
肩 **3**

レイズ時代の2017年に、オールスターでスタメン出場（指名打者）を果たした中距離打者。大きな打撃フォームだが、スイングスピードが速く、バットの残像は芸術的。「抜刀術」を彷彿とさせる美しいスイングでボールをバットに乗せる。また、ボール球を打ってヒットにしてしまうケースも多く、ワンバウンドの球を打ち返すことも。レフトの守備は、パイレーツに在籍していた18年に突如覚醒し、ゴールドグラブ賞を受賞したが、パイレーツとフィリーズでプレーした昨季は、並レベルに逆戻り。18年に7つ記録したアシスト（補殺）は、昨年は0だった。オフに2年1750万ドルでマーリンズ入り。

カモ M・ストローマン（メッツ）.424(33-14)2本 　苦手 J・ヴァーランダー（アストロズ）.000(11-0)0本

年度	所属チーム	試合数	打数	得点	安打	二塁打	三塁打	本塁打	打点	四球	三振	盗塁	盗塁死	出塁率	OPS	打率
2013	ロッキーズ	69	194	32	51	13	5	5	17	16	41	2	2	.316	.775	.263
2014	ロッキーズ	131	436	74	136	27	6	24	76	37	101	8	7	.364	.931	.312
2015	ロッキーズ	65	224	30	68	18	2	10	31	10	56	0	1	.333	.869	.304
2016	レイズ	148	510	57	125	36	3	24	70	33	134	0	2	.293	.761	.245
2017	レイズ	150	588	84	166	33	4	27	62	35	152	4	3	.325	.815	.282
2018	パイレーツ	135	504	65	151	35	7	13	55	21	80	8	3	.330	.804	.300
2019	パイレーツ	44	127	20	40	18	0	4	25	13	23	1	0	.373	.924	.315
2019	フィリーズ	34	133	13	39	10	2	8	34	3	33	0	0	.307	.886	.293
2019	2チーム計	78	260	33	79	28	2	12	59	16	56	1	0	.341	.906	.304
通算成績		776	2716	375	776	190	29	115	370	168	620	23	18	.328	.832	.286

超強肩だが、攻守に粗さが残るクマさん キャッチャー

38 ホルヘ・アルファロ Jorge Alfaro

27歳｜188cm｜102kg｜右投右打 　盗塁阻止率／.298(47-14)

◆対左投手打率／.286 ◆対右投手打率／.254
◆ホーム打率／.288 ◆アウェー打率／.238 ◆得点圏打率／.245
◆19年のポジション別出場数／キャッチャー＝118、ファースト＝1、DH＝1
◆Ⓓ2010⑩レンジャーズ ◆囲コロンビア
◆甲56万3500ドル（約6200万円）＋α

ミート **2**
パワー **4**
走塁 **2**
守備 **2**
肩 **5**

昨年2月、J.T.リアルミュートとのトレードで、フィリーズから加入した選手の一人。愛称は「エル・オソ（スペイン語でクマさん）」。これが言い得て妙で、武骨なプレースタイル。簡単に盗塁を試みさせない強肩を誇る一方で、キャッチングが甘く、パスボールや失策が多い。バッティングはゴツンと当てにいくスタイルで、平均打球角度4.7度は、250打席以上の選手ではメジャーで7番目に低い。その代わり、フライボールの約4分の1がフェンスオーバーで、昨季は18本塁打をかっ飛ばしている。今後、打球に角度をつけるコツを習得すれば、さらに「打てる捕手」として価値が高まるだろう。

カモ S・マッツ（メッツ）.500(12-6)2本 　苦手 S・ストラスバーグ（ナショナルズ）.111(9-1)0本

年度	所属チーム	試合数	打数	得点	安打	二塁打	三塁打	本塁打	打点	四球	三振	盗塁	盗塁死	出塁率	OPS	打率
2016	フィリーズ	6	16	0	2	0	0	0	1	0	5	0	0	.176	.301	.125
2017	フィリーズ	29	107	12	34	6	0	5	14	3	33	0	0	.360	.874	.318
2018	フィリーズ	108	344	35	90	16	2	10	37	18	138	3	0	.324	.731	.262
2019	マーリンズ	130	431	44	113	14	1	18	57	22	154	4	4	.312	.736	.262
通算成績		273	898	91	239	36	3	33	108	44	333	7	4	.320	.743	.266

マーリンズ

ようやく軌道に乗った快足選手　ユーティリティ

5　ジョン・バーティ　Jon Berti

30歳／178cm／88kg／右投右打　対左.269　対右.275　ホ.276　ア.271　得.268
ド2011⑱ブルージェイズ　田ミシガン州　年56万3500ドル（約6200万円）＋α

ミ	3
パ	2
走	5
守	3
肩	3

　30歳を目前にしてメジャーでの出番をつかんだユーティリティ。堅実なバッティングと快足を生かしたベースランニングには定評があり、昨季はチームトップの17盗塁（3盗塁死）をマーク。守備では主にサード、ショート、センターを守り、フレキシブルに対応していた。マティングリー監督は「打撃は打席が増えればまだ伸びる」と見通しを語っているが、一方で「スターターで起用するにはポジションが悩ましい」とも話しており、器用貧乏のままで終わる可能性も否めない。センターにフィットすれば、俊足が生きそうだが、現状では今季も流動的な起用になりそうだ。

年度	所属チーム	試合数	打数	得点	安打	二塁打	三塁打	本塁打	打点	四球	三振	盗塁	盗塁死	出塁率	OPS	打率
2019	マーリンズ	73	256	52	70	14	1	6	24	24	73	17	3	.348	.755	.273
通算成績		77	271	54	74	15	2	6	26	24	77	18	3	.344	.754	.273

人望厚いクラブハウスのリーダー　ショート

19　ミゲール・ロハス　Miguel Rojas

31歳／180cm／88kg／右投右打　対左.297　対右.278　ホ.304　ア.266　得.337
ド2005㊱レッズ　田ベネズエラ　年475万ドル（約5億2250万円）

ミ	4
パ	2
走	3
守	4
肩	4

　攻守にわたって貢献度の高いプレーヤー。打撃面は、非力さは否めないが、しっかりとバットに当てる技術は高く、しぶとさが光る。守備では、これまで内野全ポジションを守るユーティリティだったが、昨季はほぼショートに固定され、好守で内野を支えた。チームは世代交代が進んでいるものの、ロハスはキャプテン格であり、精神的支柱。同じくベネズエラ出身で、昨季限りで退団したチームリーダー、マーティン・プラドの正統後継者とも言われる。首脳陣からの信頼も厚く、昨季のシーズン最終戦ではプレーイングマネージャーに任命され、見事4対3でフィリーズを破った。

年度	所属チーム	試合数	打数	得点	安打	二塁打	三塁打	本塁打	打点	四球	三振	盗塁	盗塁死	出塁率	OPS	打率
2019	マーリンズ	132	483	52	137	29	1	5	46	32	62	9	5	.331	.710	.284
通算成績		643	1728	189	454	80	4	20	165	115	234	19	11	.314	.662	.263

昨季も40盗塁を記録した韋駄天　ユーティリティ　移籍

2　ジョナサン・ヴィアー　Jonathan Villar

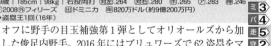

29歳／185cm／98kg／右投両打　対左.264　対右.280　ホ.265　ア.283　得.246
ド2008㊱フィリーズ　田ドミニカ　年820万ドル（約9億200万円）
◆盗塁王1回（16年）

ミ	3
パ	4
走	5
守	2
肩	4

　オフに野手の目玉補強第1弾としてオリオールズから加入した俊足内野手。2016年にはブリュワーズで62盗塁をマークし、盗塁王を獲得したスピードスター。昨季も40盗塁に加え、自己最多の24本塁打、さらに全試合出場のタフネスぶりも見せており、今季のトップバッター候補の筆頭にあげられている。昨年8月のヤンキース戦では、自身初のサイクルヒットを記録した。守備は主にセカンドとショートを守るが、華麗なダイビングキャッチを見せる一方で、動き出しが遅く、もったいないエラーも多い。とくに三塁の守備がかなり苦手で、安易に起用すると痛い目を見る。

年度	所属チーム	試合数	打数	得点	安打	二塁打	三塁打	本塁打	打点	四球	三振	盗塁	盗塁死	出塁率	OPS	打率
2019	オリオールズ	162	642	111	176	33	5	24	73	61	176	40	9	.339	.792	.274
通算成績		779	2689	381	701	132	15	78	268	264	800	202	54	.328	.736	.261

　対左=対左投手打率　対右=対右投手打率　ホ=ホーム打率　ア=アウェー打率　得=得点圏打率　ド=ドラフトデータ　田=出身地　年=年俸

野手

マーリンズ

47 飛ばす能力はあるが、本拠地が広すぎる　外野手

ハロルド・ラミレス　*Harold Ramirez*

26歳｜178cm｜100kg｜右投右打　対左.263　対右.281　(本).278　(ア).274　(得).289
(ド)2011(外)パイレーツ　(出)コロンビア　(年)56万3500ドル(約6200万円)+α

ミ2 / パ3 / 走3 / 守2 / 肩2

　2018年11月にマーリンズとマイナー契約を結び、昨季3A
からメジャーへとステップアップした外野手。積極性が光る
クラッチヒッターで、広角にハードヒットを打つことができ
る。ルーキーとしては上々の打撃能力を見せたが、打撃型の選手としてはやや小
粒な体格で、圧倒的な飛距離を有していない。広いマーリンズ・パークでは二塁
打になる当たりも多く、将来的に30本塁打を打てるようになるかは少し怪しい。
守備では昨季、外野の3ポジションを守ったが、守備範囲はやや狭い。明るいキ
ャラクターでファンの人気を集めており、チームの中核になってほしい一人だ。

年度	所属チーム	試合数	打数	得点	安打	二塁打	三塁打	本塁打	打点	四球	三振	盗塁	盗塁死	出塁率	OPS	打率
2019	マーリンズ	119	421	54	116	20	3	11	50	18	91	2	1	.312	.728	.276
通算成績		119	421	54	116	20	3	11	50	18	91	2	1	.312	.728	.276

26 グランドスラム2発を放った満塁男　ファーストライト

ギャレット・クーパー　*Garrett Cooper*

30歳｜198cm｜104kg｜右投右打　対左.220　対右.305　(本).292　(ア).267　(得).289
(ド)2013(6)ブリュワーズ　(出)アラバマ州　(年)56万3500ドル(約6200万円)+α

ミ3 / パ4 / 走2 / 守3 / 肩2

　昨季飛躍した大型スラッガー。5月23日にメジャー初本
塁打を放つと波に乗り、シーズン15本塁打を記録。とくに
満塁時には集中力を発揮し、6打数4安打、うち2本のグラ
ンドスラムをお見舞いした。選球眼はそこそこだが、長いリーチを柔軟に使いこ
なし、ボール球でも楽々とスタンドインさせる。ホームランアーティストとしての
素質を感じさせるハイフライが光った。足は速くはないが、守備は落ち着いてお
り果敢なダイビングキャッチでファンを沸かせる。ただ、手首、ふくらはぎ、左
ヒザなど、故障のデパートと化している面もあり、継続的な活躍には懐疑的な声も。

年度	所属チーム	試合数	打数	得点	安打	二塁打	三塁打	本塁打	打点	四球	三振	盗塁	盗塁死	出塁率	OPS	打率
2019	マーリンズ	107	381	52	107	16	1	15	50	33	110	0	0	.344	.791	.281
通算成績		134	457	57	128	22	1	15	58	38	134	0	0	.341	.777	.280

29 今季はアルファロのバックアップ　キャッチャー　移籍

フランシスコ・セルヴェッリ　*Francisco Cervelli*

34歳｜185cm｜95kg｜右投右打　盗塁阻止率ー/.261(23-6)　対左.156　対右.229　(本).236
(ア).198　(得).158　(ド)2003(外)ヤンキース　(出)ベネズエラ　(年)200万ドル(約2億2000万円)

ミ3 / パ2 / 走2 / 守3 / 肩4

　2015年からパイレーツで正捕手を務めていたベテラン。コ
リジョンルール導入前は、クロスプレーもいとわないファイ
ターだったが、時折、脳震盪の後遺症に悩まされてきた。昨
季も体調が万全ではなく、5月末に戦線離脱。8月下旬にパイレーツからリリース
された。だが直後にブレーブスと契約し、ポストシーズンにも出場している。昨
季はバッティングがやや不調だったが、通算で3割6分2厘の出塁率を誇る「選
べる捕手」だ。インスタグラムの更新に熱心で、イタリア出身の父譲りのセンス
を披露。インスタ映えする写真を撮らせれば、メジャーナンバーワンかもしれない。

年度	所属チーム	試合数	打数	得点	安打	二塁打	三塁打	本塁打	打点	四球	三振	盗塁	盗塁死	出塁率	OPS	打率
2018	ブルージェイズ	26	79	16	23	6	0	4	16	7	14	0	0	.349	.868	.291
2018	レッドソックス	50	136	19	38	8	1	4	26	22	27	0	0	.394	.901	.279
2018	2チーム計	76	215	35	61	14	1	11	42	29	41	0	0	.378	.890	.284
通算成績		737	2167	281	556	127	8	90	294	233	478	13	7	.336	.783	.257

329

2シーズン連続で打率2割未満

25 ルイス・ブリンソン *Lewis Brinson*

センター

26歳｜191cm｜88kg｜右投右打 [対左].200 [対右].164 [ホ].174 [ア].171 [得].222
[ド]2012①レンジャーズ [出]フロリダ州 [年]56万3500ドル（約6200万円）+α

ミ **1**
パ **3**
走 **4**
守 **4**
肩 **4**

・崖っぷちに追い込まれている元トップ・プロスペクト（最有望株）の外野手。2017年にブリュワーズでメジャーデビュー。同年オフのトレードで、イェリッチの交換要員の一人としてマーリンズ入りすると、素質の高さを見込まれ、18年は109試合に出場した。その年は1割9分9厘とに終わったが、球団は潜在能力の高さを信じて疑わず、昨季開幕は「1番・センター」でスタート。しかし打率はずっと低空飛行を続けたままで、4月末にマイナー落ちとなった。8月に再昇格後もバットは湿ったままで、18年を下回る1割7分3厘でシーズンを終え、首脳陣を落胆させている。

年度	所属チーム	試合数	打数	得点	安打	二塁打	三塁打	本塁打	打点	四球	三振	盗塁	盗塁死	出塁率	OPS	打率
2019	マーリンズ	75	226	15	39	9	1	0	15	13	74	1	1	.236	.457	.173
通算成績		205	655	48	120	19	7	13	60	37	211	4	2	.238	.531	.183

サイ・ヤング賞投手からメジャー初本塁打

1 イーサン・ディアス *Isan Diaz*

セカンド

24歳｜178cm｜84kg｜右投左打 [対左].100 [対右].194 [ホ].225 [ア].131 [得].295
[ド]2014②ダイヤモンドバックス [出]プエルトリコ [年]56万3500ドル（約6200万円）+α

ミ **2**
パ **3**
走 **3**
守 **3**
肩 **3**

小柄ながら、力強いスイングが自慢の二塁手。2018年1月、クリスチャン・イエリッチとの大型トレードでブリュワーズ傘下から加入したプロスペクト（有望株）。昨季は3Aで102試合に出場し、打率3割0分5厘、26本塁打、出塁率3割9分5厘をマークし、8月にメジャー昇格。メッツとのデビュー戦でいきなり、2年連続サイ・ヤング賞投手のジェイコブ・デグロムから特大ホームランをかっ飛ばした。それも中継テレビ局が、スタンドで観戦していた家族にインタビューしている最中の一発。父ラウルさんは感情を爆発させ、両手を高々と掲げて息子の名前を叫びまくった。

年度	所属チーム	試合数	打数	得点	安打	二塁打	三塁打	本塁打	打点	四球	三振	盗塁	盗塁死	出塁率	OPS	打率
2019	マーリンズ	49	179	17	31	5	2	5	23	19	59	0	3	.259	.566	.173
通算成績		49	179	17	31	5	2	5	23	19	59	0	3	.259	.566	.173

63 モンテ・ハリソン *Monte Harrison*

外野手　期待度 **B⁻**　ルーキー

25歳｜191cm｜100kg｜右投右打 ◆昨季は1A+、3Aでプレー [ド]2014②ブリュワーズ [出]ミズーリ州

類稀なるスピード感を誇る外野手。昨季3Aにステップアップすると、56試合で20盗塁を決め、武器を大いにアピールした。ゆるめたと見せかけて次の塁を狙うなど、知略もあなどれない。高校時代は、アメフトのワイドレシーバーとしても活躍。兄のシャキールは、NBAでプレーするバスケ選手。

一 加藤豪将 *Gosuke Katoh*

ユーティリティ　期待度 **C⁺**　移籍　ルーキー

26歳｜188cm｜88kg｜右投左打 ◆昨季は2A、3Aでプレー [ド]2013②ヤンキース [出]カリフォルニア州

両親の仕事の関係で、アメリカで生まれ育った日米の国籍を持つ内野手。昨季はヤンキース傘下で3Aに進み、83試合で打率2割7分9厘、11本塁打を記録。オフに自由契約となり、マーリンズとマイナー契約を結んだ。新天地でメジャー初出場を狙う。内野ならどこでも守れる器用さがウリだ。

[対左]=対左投手打率　[対右]=対右投手打率　[ホ]=ホーム打率　[ア]=アウェー打率　[得]=得点圏打率
[ド]=ドラフトデータ　[出]=出身地　[年]=年俸

セントルイス・カーディナルス

◆創　立：1882年
◆本拠地：ミズーリ州セントルイス市
◆ワールドシリーズ制覇：11回／◆リーグ優勝：19回
◆地区優勝：14回／◆ワイルドカード獲得：3回

主要オーナー　ウィリアム・デウィットJr.（スポーツ企業家）

過去5年成績

年度	勝	負	勝率	ゲーム差	地区順位	ポストシーズン成績
2015	100	62	.617	(2.0)	①	地区シリーズ敗退
2016	86	76	.531	17.5	②	—
2017	83	79	.512	9.0	③	—
2018	88	74	.543	7.5	③	—
2019	91	71	.562	(2.0)	①	リーグ優勝決定シリーズ敗退

監督 ▶ 8 マイク・シルト *Mike Shildt*

◆年　　齢…………52歳（ノースカロライナ州）
◆現役時代の経歴…メジャーでのプレー経験なし（マイナー経験もなし）
◆監督経歴…………2シーズン　カーディナルス（2018〜）
◆通算成績…………132勝99敗（勝率.571）
　　　　　　　　　最優秀監督賞1回（19年）

　大学卒業後、高校や大学チームの指導者、カーディナルスのスカウト、マイナーの監督・コーチ、メジャーのベンチコーチを経て、一昨年7月に代理監督に就任。プロ経験がまったくないためコーチ陣に気をつかっており、昨年最優秀監督賞に選出された際は「優秀なコーチたちに恵まれたおかげです」。昨年6月に2度、高校野球のようにエース格のフラハティを9回の1点が欲しい場面で代走に使ったが、いずれも走塁ミスでアウトになり、それ以降はやめている。

注目コーチ ▶ 31 マイク・マダックス *Mike Maddux*

　投手コーチ。59歳。ブリュワーズ、レンジャーズ、ナショナルズでも投手コーチを務め、結果を残してきた。通算355勝の殿堂入り投手グレッグ・マダックスは実弟。

編成責任者 ▶ ジョン・マゼリアック *John Mozeliak*

　51歳。編成トップの座についてから12シーズン、負け越しは一度もなし。ただ、最近は補強成功率が低下気味。昨年、大金を払ってゴールドシュミットとの契約を延長。

スタジアム ▶ ブッシュ・スタジアム *Busch Stadium*

◆開場年…………2006年
◆仕　様…………天然芝
◆収容能力………45,494人
◆フェンスの高さ…2.4m
◆特　徴…………他球場に比べて球場サイズが大きいため、ホームランは出にくいようだ。ファウルテリトリーが他球場に比べてやや大きい点も、投手に有利に働いている。球場名は命名権を持つビール製造会社アンハイザー・ブッシュ社による。

ピッチャーズ
パーク

Best Order

① デクスター・ファウラー……ライト
② コルテン・ウォン……セカンド
③ ポール・ゴールドシュミット……ファースト
④ ポール・デヤング……ショート
⑤ マット・カーペンター……サード
⑥ ヤディアー・モリナ……キャッチャー
⑦ トミー・エドマン……レフト
⑧ ハリソン・ベイダー……センター

Depth Chart
[ポジション別選手層・メンバーリスト]

※2020年2月4日時点の候補選手。数字は背番号(開幕前に変更する場合もあり)、右・左等は投・打の順。

センター
48 ハリソン・ベイダー [右・右]
35 レイン・トーマス [右・右]
25 デクスター・ファウラー [右・両]

レフト
19 トミー・エドマン [右・両]
41 タイラー・オニール [右・右]
67 ジャスティン・ウィリアムズ [右・左]
38 オースティン・ディーン [右・右]

ライト
25 デクスター・ファウラー [右・両]
41 タイラー・オニール [右・右]
67 ジャスティン・ウィリアムズ [右・左]
38 オースティン・ディーン [右・右]

ショート
11 ポール・デヤング [右・右]
19 トミー・エドマン [右・両]
34 ヤイロ・ムニョス [右・右]

セカンド
16 コルテン・ウォン [右・左]
19 トミー・エドマン [右・両]
63 エドマンド・ソーサ [右・右]

サード
13 マット・カーペンター [右・左]
19 トミー・エドマン [右・両]
34 ヤイロ・ムニョス [右・右]
63 エドマンド・ソーサ [右・右]

ローテーション
22 ジャック・フラハティ [右・右]
43 ダコタ・ハドソン [右・右]
39 マイルス・マイコラス [右・右]
50 アダム・ウェインライト [右・右]
33 金廣鉉 (キム・ヴァンヒョン) [左・左]
10 カルロス・マルティネス [右・右]
－ オースティン・ゴンバー [左・右]
62 ダニエル・ポンセデレオン [右・右]

ファースト
46 ポール・ゴールドシュミット [右・右]
47 ランゲル・ラヴェロ [右・右]

キャッチャー
4 ヤディアー・モリナ [右・右]
32 マット・ウィータース [右・両]
7 アンドルー・クニズナー [右・右]

ブルペン
21 アンドルー・ミラー [左・左] CL
65 ジオヴァニー・ガイエゴス [右・右]
56 ライアン・ヘルズリー [右・右]
60 ジョン・ブレビア [右・右]
30 タイラー・ウェッブ [左・左]
53 ジョン・ガント [右・右]
92 ヘネシス・カブレラ [左・左]
27 ブレット・スィースル [左・左]
44 ジュニア・フェルナンデス [右・右]
29 アレックス・レイエス [右・右]
62 ダニエル・ポンセデレオン [右・右]
12 ジョーダン・ヒックス [右・右]

※CL=クローザー

カーディナルス試合日程……*はアウェーでの開催

3月26・28・29	レッズ*	27・28・29・30	パドレス*	29・30・31	パイレーツ
30・31・**4月**1	ブリュワーズ*	**5月**1・2・3	ブリュワーズ*	**6月**1・2	ブルージェイズ
2・4・5	オリオールズ	4・5・6	パドレス	4・5・6・7	パイレーツ*
6・7・8・9	ドジャース	8・9・10	メッツ	8・9・10	メッツ*
10・11・12	カブス*	11・12・13	パイレーツ*	13・14	カブス
14・15・16	ドジャース*	15・16・17	フィリーズ*	16・17・18	ロッキーズ
17・18・19	ロッキーズ*	18・19・20・21	ブレーブス	19・20・21	レッズ
20・21・22	レッズ	22・23・24	ダイヤモンドバックス	22・23・24・25	マーリンズ*
24・25・26	マーリンズ	25・26・27	ブレーブス*	26・27・28	レッドソックス*

球団メモ 2000年以降の20シーズンで、プレーオフに13度進出し、ワールドシリーズには4度出場。負け越したのは、ワールドシリーズを制した翌年(07年シーズン)だけ。

■投手力➡…★★★★☆【昨年度チーム防御率3.80、リーグ2位】

　昨季の先発防御率3.82はリーグ3位。ブレイクを果たしたフラハティとハドソンに、実績あるウェインライトとマイコラスが、強固なローテーションを形成している。また、ほかの先発候補にも、マルティネス、韓国球界から新加入の金廣鉉（キム・グァンヒョン）など、実力者が控えている。ミラー、ヘルズリー、ガイエゴス、ブレビアらが顔をそろえるブルペンも、リーグ上位の陣容だ。

■攻撃力⬊…★★☆☆☆【昨年度チーム得点764、リーグ10位】

　昨季はゴールドシュミットが加入。待望の主砲が加入したことで得点力のアップが期待されたが、チーム得点は一昨年の759から5つ増えただけ。リーグ平均にも届かなかった。オフには、オズーナがFAで出て、マルティネスもトレードでレイズへ移籍。大きな補強はしなかった。

■守備力➡…★★★★☆【昨年度チーム失策数66、リーグ1位】

　守備力の高さはリーグ随一。とくに捕手モリナ、二遊間のウォンとデヤング、中堅手ベイダーで構成されるセンターラインは「特上」レベルだ。この鉄壁の守り、そしてモリナのリードに、投手陣はかなりの恩恵を受けている。

■機動力⬊…★★★★☆【昨年度チーム盗塁数116、リーグ1位タイ】

　チームにはスピードのある選手がそろっている。昨季のチーム盗塁数は、ナショナルズと並ぶリーグトップタイの116。盗塁成功率も、両チームとも80.0％と高率だった。昨季12盗塁のオズーナと、スモールボールのスキルが高いアロザレーナがオフにチームを去っている点は、多少マイナス。

総合評価➡
★★★★☆

　投手陣の世代交代に成功したことが最大の強み。オフに打線の補強をおこなわなかったが、これはカーペンター、ベイダーの復調を見込んでいるためだ。今季はブリュワーズ、カブス、レッズと地区優勝を争う展開になるだろうが、鼻の差リードしている。

カーディナルス

IN　主な入団選手
投手
金廣鉉（キム・グァンヒョン）◆SK（韓国）
野手
オースティン・ディーン◆マーリンズ

OUT　主な退団選手
投手
マイケル・ワカ➡メッツ
マイク・マイヤーズ➡エンジェルス
野手
マーセル・オズーナ➡ブレーブス
ホセ・マルティネス➡レイズ
ランディ・アロザレーナ➡レイズ

29・30・**7月**1・2	ナショナルズ	31・**8月**1・2	パイレーツ*	31・**9月**1・2・3	フィリーズ
3・4・5	ブリュワーズ	4・5	ロイヤルズ*	4・5・6	ダイヤモンドバックス*
7・8・9	ナショナルズ*	7・8・9	レッズ	7・8・9	ジャイアンツ*
10・11・12	レイズ*	10・11・12	パイレーツ	10・11・12・13	カブス
14	オールスターゲーム	14・15・16	ブリュワーズ	15・16	ロイヤルズ
17・18・19	ヤンキース	18・19	ブルージェイズ*	17・18・19・20	レッズ*
20・21・22	ジャイアンツ	21・22・23	カブス*	21・22・23	ブリュワーズ
23・24・25・26	カブス	24・25・26	レッズ*	25・26・27	カブス*
27・28・29・30	ブリュワーズ*	28・29・30	パイレーツ		

投 手

精神的支柱はシングルマザーの母　**先 発**

22 ジャック・フラハティ
Jack Flaherty

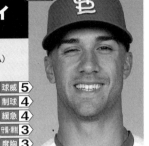

25歳｜193cm｜93kg｜右投右打

◆速球のスピード／150キロ台前半〜中頃（フォーシーム）
◆決め球と持ち球／☆フォーシーム、☆スライダー、
　◎ツーシーム、○カーブ、△チェンジアップ
◆対左打者被打率／.202　◆対右打者被打率／.182
◆ホーム防御率／2.37　◆アウェー防御率／3.13
◆ドラフトデータ／2014①カーディナルス
◆出身地／カリフォルニア州
◆年俸／56万3500ドル（約6200万円）+α

球威	5
制球	4
緩急	4
守備・牽制	3
度胸	3

　昨シーズンの後半、先発した15試合のうち9試合を無失点に抑えて、チームを地区優勝に導いた若きエース。最大のウリは、メジャーリーグでトップテンに入るレベルの球種が2つあることだ。野球データサイト「ファングラフス」に掲載されている球種ごとの評価（PITCH　VALUE）によると、フラハティのフォーシームは評価点がナショナル・リーグの全投手の中で1位。スライダーも4位で、前年より大幅にランクアップした。

　フォーシームの威力が格段にアップしたのは、オフにピッチング指導のカリスマ、ティム・ホーバーシンの指導を受けながら、投球メカニズムの改良に取り組み、強烈なスピンのかかるフォーシームを、高めの狙ったところに投げられるようになったからだ。これ以外にも、オフには高校時代チームメートだったブレーブスのマックス・フリードとミニキャンプをおこなっており、向上心の高さは並のレベルではない。

　その一方で、ドジなところもある。カーディナルス投手陣で一番の俊足ということで、昨年6月に2度代走で起用されているが、一度目はまずい走塁で本塁タッチアウト、二度目は投手のほうに目をやらずにリードをとり、牽制球で刺されて大恥をかいた。

　母アイリーンさんとは一心同体と言っていいほど、太い絆で結ばれている。彼女は生みの母ではなく、生後3週間のフラハティを養子として引き取り、シングルマザーで生活を支えながら育ててくれた「育ての親」だ。野球の道に誘導してくれたのは、このお母さん。高校1年のとき、野球チームの監督と衝突して野球を断念しかけたとき、思い直すきっかけを与えてくれたのも彼女だった。アイリーンさんは、今もフラハティの精神的支柱で、昨年の地区シリーズ第4戦で勝ち投手になったときは、試合後、球場内の通路で長く抱き合う2人の姿が見られた。

| カモ | K・ブライアント（カブス）.111(18-2)0本　　J・バエズ（カブス）.083(12-1)0本 |
| 苦手 | A・リゾ（カブス）.500(18-9)3本　　R・ブラウン（ブリュワーズ）.438(16-7)3本 |

年度	所属チーム	勝利	敗戦	防御率	試合数	先発	セーブ	投球イニング	被安打	失点	自責点	被本塁打	与四球	奪三振	WHIP
2017	カーディナルス	0	2	6.33	6	5	0	21.1	23	15	15	4	10	20	1.55
2018	カーディナルス	8	9	3.34	28	28	0	151.0	108	59	56	20	59	182	1.11
2019	カーディナルス	11	8	2.75	33	33	0	196.1	135	62	60	25	55	231	0.97
通算成績		19	19	3.20	67	66	0	368.2	266	136	131	49	124	433	1.06

カモ 苦手 は通算成績

先発1年目に16勝した内野ゴロ生産マシン　先発

43 ダコタ・ハドソン
Dakota Hudson

26歳｜196cm｜98kg｜右投右打

◆速球のスピード／150キロ台前半（シンカー、フォーシーム）
◆決め球と持ち球／☆カッター、◎シンカー、
　◎フォーシーム、△スライダー
◆対左打者被打率／.260 ◆対右打者被打率／.232
◆ホーム防御率／2.75 ◆アウェー防御率／4.13
◆ドラフトデータ／2016①カーディナルス
◆出身地／テネシー州
◆年俸／56万3500ドル（約6200万円）+α

球威	5
制球	2
緩急	3
守率・制	4
度胸	3

カーディナルス

　今季さらなる飛躍を期待される、昨年急成長した右腕。打球がゴロになる比率が高いグラウンドボール・ピッチャーで、昨年打球がゴロになった割合（56.9%）は、規定投球回に達した先発投手の中で、最も高かった。打球が高い割合でゴロになるのは、速球を普通に投げても、シュートしながら沈むナチュラルシンカーになるからだ。ピッチングはこれとカッターが主体で、時折スライダーを交えて組み立てている。

　一昨年の7月下旬にメジャーデビューし、シーズン終了までリリーフで投げたが、昨季はキャンプでポンセデレオン、ゴンバーと先発5番手の座を争って勝ち、開幕ローテーション入り。出だしは制球が定まらないうえ、速球がナチュラルシンカーの軌道にならず、たびたび浮いて一発を食った。しかし5月に入るとナチュラルシンカーとカッターを両サイドに投げ分けられるようになり、5月は先発した6試合のうち、5試合を自責点2以内に抑えた。さらに6月は先発した5試合のうち、4試合を自責点1に抑える好調ぶりだった。7月になると疲労で腕の振りがやや鈍くなり、投球が浮いて頻繁に一発を食うようになるが、その後復調し、8月以降、6勝してチームの地区優勝に大きく貢献した。

　課題は立ち上がりが不安定で、初回に失点が多いこと。ナショナルズとのリーグ優勝決定シリーズ第4戦に先発したときは、立ち上がり、制球が定まらず失投を痛打されたうえ、味方の拙守にも足を引っ張られ、大量失点（失点7）。アウトを一つ取っただけでKOされる屈辱を味わった。

　グラウンドを離れると、誰とでもフレンドリーに接する好青年。早婚で、マイナー時代の2017年12月（23歳のとき）に、アシュレン・シアさんと結婚した。その6カ月後に長男ノーラン君が誕生している。

　アシュレンさんは、高校時代に女子サッカーで活躍したスポーツウーマンで、モデルが務まりそうな九頭身美人。

カモ	Y・グランダル（ホワイトソックス）.000(7-0)0本　L・ケイン（ブリュワーズ）.125(8-1)0本
苦手	E・スアレス（レッズ）.455(11-5)2本　J・ベル（パイレーツ）.750(8-6)0本

年度	所属チーム	勝利	敗戦	防御率	試合数	先発	セーブ	投球イニング	被安打	失点	自責点	被本塁打	与四球	奪三振	WHIP
2018	カーディナルス	4	1	2.63	26	0	0	27.1	19	9	8	0	18	19	1.35
2019	カーディナルス	16	7	3.35	33	32	1	174.2	160	80	65	22	86	136	1.41
通算成績		20	8	3.25	59	32	1	202.0	179	89	73	22	104	155	1.40

スライダーがよみがえれば大勝ちも可能 【先発】

39 マイルス・マイコラス Miles Mikolas

32歳｜196cm｜100kg｜右投右打

- ◆速球のスピード／150キロ台前半（フォーシーム、ツーシーム）
- ◆決め球と持ち球／◎ツーシーム、◎カーブ、◎フォーシーム、○スライダー、△チェンジアップ
- ◆対左.284 ◆対右.261 ◆ホ防3.01 ◆ア防5.40
- ◆ド2009⑦パドレス ◆出フロリダ州
- ◆年1675万ドル（約18億4250万円） ◆最多勝1回（18年）

球威3／制球4／緩急3／精・制4／度胸4

| カモ | C・イェリッチ（ブリュワーズ）.176(17-3)1本 | 苦手 | E・スアレス（レッズ）.545(11-6)2本 |

年度	所属チーム	勝利	敗戦	防御率	試合	先発	セーブ	投球イニング	被安打	失点	自責点	被本塁打	与四球	奪三振	WHIP
2012	パドレス	2	1	3.62	25	0	0	32.1	32	15	13	4	15	23	1.45
2013	パドレス	0	0	0.00	2	0	0	1.2	0	0	0	0	1	1	0.60
2014	レンジャーズ	2	5	6.44	10	10	0	57.1	64	43	41	8	18	38	1.43
2018	カーディナルス	18	4	2.83	32	32	0	200.2	186	70	63	16	29	146	1.07
2019	カーディナルス	9	14	4.16	32	32	0	184.0	193	90	85	27	32	144	1.22
通算成績		31	24	3.82	101	74	0	476.0	475	218	202	55	95	352	1.20

レギュラーシーズンでは大きく負け越したが、ポストシーズンでは好投を続けた日本のファンにお馴染みの投手。日本から帰国して迎えた一昨年のシーズンは、ナショナル・リーグ最多タイの18勝をマークしたため、昨年のキャンプ中に4年契約（2020～23年、総額6800万ドル）をプレゼントされ、さらに開幕投手に指名される僥倖（ぎょうこう）に浴した。しかし、昨季は前年強力な武器になったスライダーがシーズンを通して機能せず、苦しいピッチングが続いた。スライダーを頻繁（ひんぱん）に打たれるようになった原因は諸説あるが、一部のアナリストは、投げるアングルを前年より上げたことにより、スライダーの曲がりがややフラットになって、浮くことが多くなったのが原因と指摘している。

故障がちな野武士タイプの右腕 【クローザー・先発】

18 カルロス・マルティネス Carlos Martinez

29歳｜183cm｜86kg｜右投右打

- ◆速球のスピード／150キロ台前半～中頃（ツーシーム、フォーシーム）
- ◆決め球と持ち球／◎スライダー、◎ツーシーム、◎チェンジアップ、○フォーシーム、○カッター
- ◆対左.237 ◆対右.208 ◆ホ防1.82 ◆ア防4.56
- ◆ド2010⑱カーディナルス ◆出ドミニカ
- ◆年1150万ドル（約12億6500万円）

球威4／制球3／緩急4／精・制3／度胸5

どう使われるのか不透明になっている右腕。昨季は先発2番手の予定だったが、肩の回旋筋（かいせんきん）を痛め、開幕直前にIL（故障者リスト）入り。5月18日に復帰後はセットアッパーを務め、6月末にクローザーのジョーダン・ヒックスのトミー・ジョン手術が決まると、その後任に指名され、まずまずの仕事をした。だがポストシーズンは大乱調。2試合連続で3失点し、首脳陣の信頼を失った状態でオフに入った。気持ちの切り替えがうまい図太い神経の持ち主で、打ち込まれた試合後、記者から非難めいた質問を受けても「誰だって悪い日はある。今日は俺に順番が回ってきただけだよ」と明るく開き直る。

| カモ | J・ベル（パイレーツ）.133(15-2)0本 | 苦手 | J・ウィンカー（レッズ）.600(10-6)0本 |

年度	所属チーム	勝利	敗戦	防御率	試合	先発	セーブ	投球イニング	被安打	失点	自責点	被本塁打	与四球	奪三振	WHIP
2013	カーディナルス	2	1	5.08	21	1	0	28.1	31	16	16	1	9	24	1.41
2014	カーディナルス	2	4	4.03	57	7	1	89.1	90	41	40	4	36	84	1.41
2015	カーディナルス	14	7	3.01	31	29	0	179.2	168	65	60	13	63	184	1.29
2016	カーディナルス	16	9	3.04	31	31	0	195.1	169	68	66	15	70	174	1.22
2017	カーディナルス	12	11	3.64	32	32	0	205.0	179	93	83	27	71	217	1.22
2018	カーディナルス	8	6	3.11	33	18	5	118.2	100	48	41	5	60	117	1.35
2019	カーディナルス	4	2	3.17	48	0	24	48.1	39	18	17	2	18	53	1.18
通算成績		58	40	3.36	253	118	31	864.2	776	349	323	67	327	853	1.28

対左=対左打者被打率 対右=対右打者被打率 ホ防=ホーム防御率 ア防=アウェー防御率
ド=ドラフトデータ 出=出身地 年=年俸 カモ 苦手 は通算成績

投 手

ポストシーズンではチーム1の働き

先発
ロングリリーフ

50 アダム・ウェインライト *Adam Wainwright*

30歳｜201cm｜107kg｜右投右打｜圏140キロ台中頃(フォーシーム主体)｜決☆カーブ
対左.288 対右.262 ⑤2000①ブレーブス 囲ジョージア州 囲500万ドル(約5億5000万円)
◆最多勝2回(09、13年)、ゴールドグラブ賞2回(09、13年)、シルバースラッガー賞1回(17年)

球	2
制	4
緩	3
度	4

　昨シーズンの活躍でまた引退が1年延び、もうひと働き
することになった元エース。サイ・ヤング賞投票2位が2回、
20勝も2度ある大投手だが、2015年にアキレス腱の手術を
受けたため、ケガのデパートと化していた。昨年はそれに歯止めがかかり、開
幕からローテーション入りしてフルシーズン先発で投げた。シーズン終盤には5
連勝して、チームの地区優勝に貢献。ポストシーズンでも2度先発し、どちらも
8回途中まで踏ん張る力投を見せ、まだまだやれることをアピールした。クラシ
ックな速球とカーブのコンビネーションを主体に黙々と投げ抜く姿は絵になる。

年度	所属チーム	勝利	敗戦	防御率	試合数	先発	セーブ	投球イニング	被安打	失点	自責点	被本塁打	与四球	奪三振	WHIP
2019	カーディナルス	14	10	4.19	31	31	0	171.2	181	83	80	22	64	153	1.43
通算成績		162	95	3.39	383	316	3	2103.2	2012	851	792	167	576	1776	1.23

大舞台にめっぽう強いポストシーズン男

セットアップ
クローザー

21 アンドルー・ミラー *Andrew Miller*

35歳｜201cm｜93kg｜左投左打｜圏150キロ前後(フォーシーム主体)｜決◎スライダー
対左.213 対右.236 ⑤2006①タイガース 囲フロリダ州 囲1150万ドル(約12億6500万円)

球	3
制	3
緩	3
守・走	4
度	4

　ヤンキース時代の2015年、その年のベスト救援投手に授
与されるマリアーノ・リベラ賞に輝いた実績があるリリーフ
左腕。最近は見せ球に使う速球の威力が落ちたことで、ボー
ルになるスライダーに手を出す打者が減少。一昨年から、思うようにアウトをと
れなくなり、2年連続で防御率が4点台になった。しかし、ポストシーズンにな
ると自信がよみがえるようで、昨年も6試合に登板して失点ゼロ。これでポスト
シーズンの通算登板数は28に増え、通算防御率は0.95という目を見張る数字に
なった。スライダー依存が強まり、昨季は使用比率が投球の63%まで増えている。

年度	所属チーム	勝利	敗戦	防御率	試合数	先発	セーブ	投球イニング	被安打	失点	自責点	被本塁打	与四球	奪三振	WHIP
2019	カーディナルス	5	6	4.45	73	0	6	54.2	45	32	27	11	27	70	1.32
通算成績		54	54	4.02	556	66	59	780.0	682	390	348	75	362	923	1.34

2、3カ月なら先発で活躍できるレベルに成長

先発
ロングリリーフ

62 ダニエル・ポンセデレオン *Daniel Ponce de Leon*

28歳｜191cm｜91kg｜右投右打｜圏150キロ台前半(フォーシーム主体)｜決◎フォーシーム
対左.164 対右.234 ⑤2014⑨カーディナルス 囲カリフォルニア州 囲56万3500ドル(約6200万円)+α

球	4
制	2
緩	4
守・走	4
度	3

　先発5番手の有力候補と見なされている苦労人の投手。大
学生のドラフト指名がおこなわれる大学3年のとき、いい成
績が出せず、4年生のとき小規模校に移って好成績を出し、
カーディナルスに9巡目で指名された。しかし1年遅れのため、契約金はたった
の5000ドルだった。3Aに在籍していた2017年には、センター返しの強烈なライ
ナーがこめかみを直撃。頭蓋骨陥没の大ケガを負い、再起が危ぶまれたが奇跡的
に回復。復帰後、球速が上がったこともあり、事故の14カ月後にメジャーデビュ
ーを果たした。既婚で、ジェニファー夫人との間に16年に生まれた男の子がいる。

年度	所属チーム	勝利	敗戦	防御率	試合数	先発	セーブ	投球イニング	被安打	失点	自責点	被本塁打	与四球	奪三振	WHIP
2019	カーディナルス	1	2	3.70	13	8	0	48.2	36	21	20	6	26	52	1.27
通算成績		1	4	3.31	24	12	1	81.2	60	31	30	8	39	83	1.21

圏=速球のスピード　決=決め球

カーディナルス

チェロキー先住民の血を引く注目の豪腕

56 ライアン・ヘルズリー *Ryan Helsley*

26歳｜185cm｜88kg｜右投右打｜⚾150キロ台後半（フォーシーム）｜🅺◎スライダー
対左.231｜対右.257｜Ⓓ2015①カーディナルス｜⊞オクラホマ州｜⊞56万3500ドル（約6200万円）+α

球制	5
制	3
緩	3
守	2
度	4

昨年ポストシーズンのメンバーに抜擢され、時速160キロの豪速球で並み居る好打者から連続して三振を奪った逸材。オクラホマ州出身のカントリーボーイで、大学時代はNCAA（全米大学体育協会）2部校でプレーしていたため、まったく無名の存在だったが、カーディナルスが発掘して5巡目で指名。典型的なパワーピッチャーで、オーバーハンドから投げ込む速球とスライダーの威力はピカイチ。速球は平均157.5キロだが、160キロ超もよく出る。闘争心旺盛なブルドッグ・メンタリティで、細かい制球にこだわらず、ストライクゾーンにどんどん投げ込んでくるタイプだ。

年度	所属チーム	勝利	敗戦	防御率	試合数	先発	セーブ	投球イニング	被安打	失点	自責点	被本塁打	与四球	奪三振	WHIP
2019	カーディナルス	2	0	2.95	24	0	0	36.2	34	13	12	5	12	32	1.25
通算成績		2	0	2.95	24	0	0	36.2	34	13	12	5	12	32	1.25

スライダーが進化し、セットアッパーに出世

65 ジオヴァニー・ガイエゴス *Giovanny Gallegos*

29歳｜188cm｜95kg｜右投右打｜⚾150キロ台前半（フォーシーム主体）｜🅺スライダー
対左.149｜対右.186｜Ⓓ2011⑯ヤンキース｜⊞メキシコ｜⊞56万3500ドル（約6200万円）+α

球制	4
制	3
緩	3
守	4
度	5

過小評価されているメキシコ出身のリリーフ右腕。なかなかメジャーに定着できずにいたが、昨年4月中旬の再昇格後は大量失点がなくなった。シーズン中盤以降は、ピンチの火消し役として頻繁に起用され、引き継いだ走者の84%を生還させなかった。7月以降はセットアッパーで使われる機会が増え、逃げ切りリレーの一角をなすようになった。昨年4月には、MLBが故国メキシコで開催したファン交流イベントに参加。遠隔地にある家から、父ウンベルトさんが駆けつけてくれたので、お礼に今季初勝利を飾った試合のウイニングボールをプレゼントし、感激させていた。

年度	所属チーム	勝利	敗戦	防御率	試合数	先発	セーブ	投球イニング	被安打	失点	自責点	被本塁打	与四球	奪三振	WHIP
2019	カーディナルス	3	2	2.31	66	0	1	74.0	44	19	19	9	16	93	0.81
通算成績		3	3	2.98	88	0	2	105.2	76	36	35	14	24	127	0.95

リリーフ専業になり、球威が格段にアップ

53 ジョン・ガント *John Gant*

28歳｜191cm｜91kg｜右投右打｜⚾150キロ台前半～中頃（ツーシーム、フォーシーム）｜🅺◎バルカンチェンジ
対左.221｜対右.215｜Ⓓ2011㉑メッツ｜⊞ジョージア州｜⊞130万ドル（約1億4300万円）

球制	4
制	4
緩	3
守	3
度	3

昨季前半、目を見張る働きを見せたのに、9月の大乱調でポストシーズンのメンバーから外されてしまった悲運の投手。9月絶不調のガントを外す決定を下したのはシルト監督で、本人を呼んで口頭で伝えられた。同監督は「その際、タフな会話があった」と語っているので、ガントはすんなり了承せず、強く反発したようだ。一昨年までは先発とリリーフを兼任するスイングマンとして起用されていたが、昨年は初めてフルシーズン、リリーフで投げている。今シーズンもリリーフ一本で行く可能性が高い。昨季から新たにカッターを使い出し、バルカンチェンジに次ぐ武器になった。

年度	所属チーム	勝利	敗戦	防御率	試合数	先発	セーブ	投球イニング	被安打	失点	自責点	被本塁打	与四球	奪三振	WHIP
2019	カーディナルス	11	1	3.66	64	0	3	66.1	51	29	27	4	34	60	1.28
通算成績		19	12	3.89	117	28	3	247.2	213	124	107	24	122	215	1.35

⚾=速球のスピード　🅺=決め球　対左=対左打者被打率　対右=対右打者被打率
Ⓓ=ドラフトデータ　⊞=出身地　⊞=年俸

60 ジョン・ブレビア John Brebbia

長い回り道をしてきた晩成型の投手

セットアップ

30歳｜185cm｜84kg｜右投右打　園150キロ台前半（フォーシーム主体）　図◎スライダー
対右.225　対左.212　①2011⑩ヤンキース　⊞マサチューセッツ州　甲56万3500ドル（約6200万円）+α

球4
制3
緩3
守3
度3

　昨季は初めてマイナー落ちがなく、30歳になる前にメジャー定着を果たしたネバーギブアップの男。これに加え、昨年6月にはパパになり、10月にはポストシーズンで初めて投げたので最良の年になった。フォーシームとスライダーだけで投げるツーピッチピッチャーで、長所は打球のフライ率が高いのに、被本塁打が少ないこと。独立リーグで2年プレーした苦労人。ルール5ドラフト経由の移籍、ドラフト30巡目での指名といった超レアな経験もしている。2016年に結婚したアマンダ夫人は、ノースカロライナ出身のサザンベル（南部美人）で、実家はワイン製造所だ。

年度	所属チーム	勝利	敗戦	防御率	試合数	先発	セーブ	投球イニング	被安打	失点	自責点	被本塁打	与四球	奪三振	WHIP
2019	カーディナルス	3	4	3.59	66	0	0	72.2	59	31	29	6	27	87	1.18
通算成績		6	7	3.14	161	0	2	175.0	139	64	61	19	54	198	1.10

33 金廣鉉（キム・グァンヒョン）Kwang Hyun Kim

5年越しのメジャー移籍の夢がかなう

スイングマン　ルーキー

32歳｜188cm｜84kg｜左投右打　園140キロ台後半（フォーシーム主体）　図◎スライダー
◆メジャーでのプレー経験なし　対左　①2020⑱カーディナルス　⊞韓国　甲400万ドル（約4億4000万円）

球3
制4
緩4
守3
度3

　ポスティングシステムを利用し、今季からメジャーで投げることになった韓国人サウスポー。昨季までSKワイバーンズに所属し、韓国球界を代表する投手として活躍を続けてきた。トミー・ジョン手術の影響で2017年シーズンは全休したが、昨季はリーグ3位の防御率をマーク。30歳を過ぎ、投球に円熟味が加わってきた。14年オフに一度、ポスティングを利用してパドレスと入団交渉をおこなっている。このときは交渉が決裂したが、今回は2年800万ドルでカーディナルスと話がまとまった。ピッチングは速球に、スライダー、カーブ、スプリッターを組み合わせて投げる。

年度	所属チーム	勝利	敗戦	防御率	試合数	先発	セーブ	投球イニング	被安打	失点	自責点	被本塁打	与四球	奪三振	WHIP
2019	SK	17	6	2.51	31	30	0	190.1	198	64	53	13	38	180	1.24
通算成績		136	77	3.27	298	276	0	1673.2	1577	691	609	143	646	1456	1.33

92 ヘネシス・カブレラ Genesis Cabrera

リリーフ先発　期待度 B　ルーキー

24歳｜188cm｜86kg｜左投左打　◆昨季メジャーで13試合出場　①2013⑩レイズ　⊞ドミニカ

　球威がすごいため、球団は先発で育成することにこだわっている。昨季はずっと3Aで投げ防御率が5.89だったのに、降格させるどころかメジャーに昇格させ、束の間、メジャーリーガー気分に浸らせた。ただ、リリーフで使えばノーコンが隠れるので、クローザーとして成功する可能性がある。

44 ジュニア・フェルナンデス Junior Fernandez

リリーフ　期待度 B　ルーキー

23歳｜185cm｜82kg｜右投右打　◆昨季メジャーで13試合出場　①2014⑩カーディナルス　⊞ドミニカ

　クローザーに成長しうる逸材と評価されているホープ。昨季は1Aで防御率1.54、2Aで1.55、3Aで1.48と連続してすごい防御率を出し、8月半ばにメジャーデビュー。11試合リリーフで出番を与えられて試されたが、合格とならなかったので、今季は3Aに戻され、再昇格の機会をうかがうことに。

曾祖父と祖父はナチスを逃れたユダヤ人移民　ファースト

46 ポール・ゴールドシュミット
Paul Goldschmidt

33歳／191cm／102kg／右投右打

◆対左投手打率／.269(104-28)　◆対右投手打率／.258(493-127)
◆ホーム打率／.277(303-84)　◆アウェー打率／.241(294-71)
◆得点圏打率／.252(119-30)
◆19年のポジション別出場数／ファースト=159
◆ドラフトデータ／2009⑧ダイヤモンドバックス
◆出身地／デラウェア州　◆年俸／2425万ドル
（約26億6750万円）　◆本塁打王1回(13年)、打点王1回
(13年)、ゴールドグラブ賞3回(13、15、17年)、シルバースラ
ッガー賞4回(13、15、17、18年)、ハンク・アーロン賞1回(13年)

ミート	4
パワー	5
走塁	3
守備	3
肩	3

　ほぼ毎年、主砲のノルマである30前後の本塁打と100前後の打点を出し続けているダウンイヤー（外れ年）のないスラッガー。ダイヤモンドバックスから移籍して迎えた昨シーズンは、開幕直前にカーディナルスとの5年1億3000万ドル（2020〜24年）の契約延長にサインしてシーズンを迎えた。大いに期待されたが、シーズン前半は不調で、チャンスに結果を出せないため打点が37しかなかった。しかし、後半に入るとエンジン全開になり、7月下旬に6試合連続ホーマーを記録。終盤にはここぞというとき、よくタイムリーが出てチームの地区優勝に貢献した。

　ダイヤモンドバックスが、長い間主砲としてチームに多大な貢献をしてきたゴールドシュミットを、トレードで放出したのは、オーナーの方針で年俸総額の大幅削減が最優先課題になったからだ。

　以前は速球にめっぽう強く、積極的に打ちに行って長打を量産していたが、ここにきて差し込まれるケースが目立つようになっている。

　エイミー夫人とはテキサス州立大学に入学した直後に知り合い、彼は野球、エイミーさんはゴルフのチームで活躍しながら交際を続け、23歳の若さで結婚。その後、長男ジェイコブ君と長女エマちゃんを授かった。

　ゴールドシュミット家は、第2次世界大戦が始まる直前に、ナチスの迫害を逃れてドイツから米国に移住したユダヤ人の家系。それだけに自分のルーツに強い関心を持ち、曽祖父母が、盛業中の印刷会社を畳んで移住を決断したことに、強い感謝の念を抱いている。

カモ　J・キンターナ(カブス).571(14-8)3本　J・レスター(カブス).471(17-8)1本
苦手　S・グレイ(レッズ).000(11-0)0本　C・キンブル(カブス).000(7-0)0本

年度	所属チーム	試合数	打数	得点	安打	二塁打	三塁打	本塁打	打点	四球	三振	盗塁	盗塁死	出塁率	OPS	打率
2011	ダイヤモンドバックス	48	156	28	39	4	1	8	26	20	53	4	0	.333	.808	.250
2012	ダイヤモンドバックス	145	514	82	147	43	1	20	82	60	130	18	3	.359	.850	.286
2013	ダイヤモンドバックス	160	602	103	182	36	3	36	125	99	145	15	7	.401	.952	.302
2014	ダイヤモンドバックス	109	406	75	122	39	1	19	69	64	110	9	3	.396	.938	.300
2015	ダイヤモンドバックス	159	567	103	182	38	2	33	110	118	151	21	5	.435	1.005	.321
2016	ダイヤモンドバックス	158	579	106	172	33	3	24	95	110	150	32	5	.411	.899	.297
2017	ダイヤモンドバックス	155	558	117	166	34	3	36	120	94	147	18	5	.404	.966	.297
2018	ダイヤモンドバックス	158	593	95	172	35	5	33	83	90	173	7	4	.389	.922	.290
2019	カーディナルス	161	597	97	155	25	1	34	97	78	166	3	1	.346	.821	.260
	通算成績	1253	4572	806	1337	292	20	243	807	733	1225	127	33	.391	.916	.292

40歳までやる可能性が出てきた大捕手 キャッチャー

4 ヤディアー・モリナ
Yadier Molina

38歳｜180cm｜93kg｜右投右打　盗塁阻止率／.214(28-6)

◆対左投手打率／.320(75-24)　◆対右投手打率／.259(344-89)
◆ホーム打率／.303(211-64)　◆アウェー打率／.236(208-49)
◆得点圏打率／.305(105-32)
◆19年のポジション別出場数／キャッチャー=111、ファースト=4、サード=1
◆ドラフトデータ／2000④カーディナルス
◆出身地／プエルトリコ　◆年俸／2000万ドル（約22億円）
◆ゴールドグラブ賞9回(08～15、18)、シルバースラッ
ガー賞1回(13年)、ロベルト・クレメンテ賞1回(18年)

ミート **3**
パワー **3**
走塁 **2**
守備 **4**
肩 **4**

カーディナルス

　引退はもう少し先の話になりそうな、チームの守りの要として重きをなす捕手。モリナが今季限りで引退すると認識されるようになったのは、2018年1月に3年契約にサインしたあと、記者会見で「この3年契約が2020年に終わったら引退を計画している」と語ったからだ。それがいつの間にか立ち消えになったのは、ディフェンスと投手陣のハンドリングで、彼に依存している部分があまりに多いことが球団内で認識され、あと2年くらいは彼が必要だということになったからだ。

　リードがうまい捕手と評価される背景には、各審判のデータを徹底的に分析して判定傾向を詳細に調べ上げ、それを念頭に置いてリードを構築しているからだ。日本では誤審王として名高いボブ・デーヴィッドソン審判にも気に入られていたようで、かつてネット裏のスタンドにいた観客がモリナに汚いヤジを執拗に浴びせた際、主審のデーヴィッドソンがMLBの至宝であるモリナを守る必要があると思い立ち、バックネットまで走っていってその観客を指さし、退場を命じたことがあった。これは史上初めて主審が観客に退場を命じたケースであるため、珍事としてニュースでも報じられた。

　キャッチャーの一大産地として知られるプエルトリコ出身。3人の兄弟が、全員メジャーリーグの正捕手になったことで有名なモリナ三兄弟の末弟で、現役時代に守備の名手として知られた次兄のホセとは、現在も頻繁に連絡を取り合い、アドバイスを受けている。

カモ J・ヴァーランダー(アストロズ).545(11-6)0本　前田健太(ツインズ).444(9-4)1本
苦手 A・デスクラファニ(レッズ).160(25-4)1本　ダルビッシュ有(カブス).000(5-0)0本

年度	所属チーム	試合数	打数	得点	安打	二塁打	三塁打	本塁打	打点	四球	三振	盗塁	盗塁死	出塁率	OPS	打率
2004	カーディナルス	51	135	12	36	6	0	2	15	13	20	0	1	.329	.684	.267
2005	カーディナルス	114	385	36	97	15	1	8	49	23	30	2	3	.295	.654	.252
2006	カーディナルス	129	417	29	90	26	0	6	49	26	41	1	2	.274	.595	.216
2007	カーディナルス	111	353	30	97	15	0	6	40	34	43	1	1	.340	.708	.275
2008	カーディナルス	124	444	37	135	18	0	7	56	32	29	0	2	.349	.740	.304
2009	カーディナルス	140	481	45	141	23	1	6	54	50	39	9	3	.366	.749	.293
2010	カーディナルス	136	465	34	122	19	0	6	62	42	51	8	4	.329	.671	.262
2011	カーディナルス	139	475	55	145	32	1	14	65	33	44	4	5	.349	.814	.305
2012	カーディナルス	138	505	65	159	28	0	22	76	45	55	12	3	.373	.874	.315
2013	カーディナルス	136	505	68	161	44	0	12	80	30	55	3	2	.359	.836	.319
2014	カーディナルス	110	404	40	114	21	0	7	38	28	55	1	1	.333	.719	.282
2015	カーディナルス	136	488	34	132	23	2	4	61	32	59	3	1	.310	.660	.270
2016	カーディナルス	147	534	56	164	38	1	8	58	39	63	3	2	.360	.787	.307
2017	カーディナルス	136	501	60	137	27	1	18	82	28	74	9	4	.312	.751	.273
2018	カーディナルス	123	459	45	120	20	0	20	74	29	66	4	3	.314	.750	.261
2019	カーディナルス	113	419	45	113	24	0	10	57	23	58	6	0	.312	.711	.270
通算成績		1983	6970	701	1963	379	7	156	916	507	782	66	37	.333	.738	.282

期待されるのは20本と20盗塁の同時達成 _{サード セカンド ライト}

19 トミー・エドマン *Tommy Edman*

25歳／178cm／82kg／右投両打

◆対左投手打率／.321 ◆対右投手打率／.298
◆ホーム打率／.356 ◆アウェー打率／.261 ◆得点圏打率／.208
◆19年のポジション別出場数／サード=55、セカンド=29、ライト=12、センター=1、レフト=1
◆Ⓓ2016⑥カーディナルス ◆Ⓟカリフォルニア州
◆Ⓨ56万3500ドル（約6200万円）+α

ミート 5 / パワー 3 / 走塁 5 / 守備 3 / 肩 2

マイナーでは内野外野兼用のスーパーサブとして育成されてきた選手。昨年6月8日にメジャーに初めて呼ばれたのも、チームのあちこちに生じた穴を埋める脇役プレーヤーが必要になったからだ。通常この役回りを担う者は打率が低い。しかしエドマンはレベルスイングでヒットを量産し、いきなり3割台の打率をマークした。そのため今季は高い打率を出せる点を買われ、守備位置日替わりで1番打者か2番打者に固定される可能性がある。父ジョンさんは大学野球で4年間プレーしたあと、高校の教員になり、野球チームの監督も兼務するようになった人物。エドマンは父の勤務する高校に進み、野球チームで活躍。勉学にも励み、高校時代のGPA（通信簿の平均値）は4.46だった。そのため秀才が集うスタンフォード大学に進むことができた。母モーリーンさんは韓国系で、エドマンのミドルネームは「ヒョンス」だ。

カモ ダルビッシュ有（カブス）.571(7-4)0本 苦手 A・デスクラファニ（レッズ）.000(5-0)0本

年度	所属チーム	試合数	打数	得点	安打	二塁打	三塁打	本塁打	打点	四球	三振	盗塁	盗塁死	出塁率	OPS	打率
2019	カーディナルス	92	326	59	99	17	7	11	36	16	61	15	1	.350	.850	.304
通算成績		92	326	59	99	17	7	11	36	16	61	15	1	.350	.850	.304

昨年9月に兄弟メジャーリーガーが実現 _{セカンド}

16 コルテン・ウォン *Kolten Wong*

30歳／175cm／84kg／右投左打

◆対左投手打率／.288 ◆対右投手打率／.283
◆ホーム打率／.255 ◆アウェー打率／.316 ◆得点圏打率／.283
◆19年のポジション別出場数／セカンド=147
◆Ⓓ2011①カーディナルス ◆Ⓟハワイ州
◆Ⓨ1025万ドル（約11億2750万円） ◆ゴールドグラブ賞1回（19年）

ミート 4 / パワー 3 / 走塁 5 / 守備 5 / 肩 3

初めてゴールドグラブ賞を手にした、ハワイ島のベースボールファミリー出身の二塁手。昨季はセカンドのDRS（守備で防いだ失点）が、両リーグ通じて最多の14あり、アシスト（ゴロを送球アウトにした数）424もナショナル・リーグ最多だった。ただポストシーズンでは、ピンチに悪送球を2度やって投手の足を引っ張った。スモールボールでもいい働きを見せ、バントヒット11はメジャー最多。盗塁24はキャリアハイで、シーズン前半は14回トライして全部成功。弟のキーンが昨年9月にレイズで待望のメジャーデビューを果たし、兄弟メジャーリーガーが実現。キーンはその後エンジェルスに移籍。

カモ R・イグレシアス（レッズ）.571(14-8)1本 苦手 A・デスクラファニ（レッズ）.000(21-0)0本

年度	所属チーム	試合数	打数	得点	安打	二塁打	三塁打	本塁打	打点	四球	三振	盗塁	盗塁死	出塁率	OPS	打率
2013	カーディナルス	32	59	6	9	1	0	0	3	12	3	3	0	.194	.363	.153
2014	カーディナルス	113	402	52	100	14	3	12	42	21	71	20	4	.292	.680	.249
2015	カーディナルス	150	557	71	146	28	4	11	61	36	95	15	8	.321	.707	.262
2016	カーディナルス	121	313	39	75	7	7	5	23	34	52	7	0	.327	.682	.240
2017	カーディナルス	108	354	55	101	27	3	4	42	41	60	8	2	.376	.788	.285
2018	カーディナルス	127	353	41	88	18	2	9	38	31	60	6	5	.332	.720	.249
2019	カーディナルス	148	478	61	136	25	4	11	59	47	83	24	4	.361	.784	.285
通算成績		799	2516	325	655	120	23	52	265	213	433	83	23	.332	.720	.260

Ⓓ=ドラフトデータ Ⓟ=出身地 Ⓨ=年俸 カモ 苦手 は通算成績

野手

地球温暖化に詳しい、ユニフォームを着た科学者　ショート

11 ポール・デヤング　*Paul DeJong*

27歳｜183cm｜91kg｜右投右打

◆対左投手打率／.221　◆対右投手打率／.236
◆ホーム打率／0.219　◆アウェー打率／.247　◆得点圏打率／.193
◆19年のポジション別出場数／ショート=157　◆Ⓓ2015④カーディナルス
◆Ⓗフロリダ州
◆Ⓨ150万ドル（約1億6500万円）

ミート	3
パワー	5
走塁	4
守備	5
肩	5

選手生活が短命に終われば、医学部後期課程に進んで医者になる計画を持っている秀才遊撃手。打撃面では打線の中軸を担うことが多く、初めて30本塁打を記録。しかしシーズン終盤、打率が急降下。ポストシーズンでも精彩を欠いたため、打順が8番に下がったゲームもあった。守備では初めてゴールドグラブ賞候補にノミネートされた。昨年の守備成績は目を見張るレベルで、ダブルプレー達成数（104）、守備率（98.4%）はメジャーリーグ全体で1位。アシスト（435）は2位、守備で防いだ失点（14）は4位だった。大学時代、マイナー時代は守備力が低いと見なされ、ユーティリティとして使われていたので、たいへんな努力をして守備力の向上を図ったものと思われる。

カモ N・シンダーガード（メッツ）.545(11-6)0本　**苦手** K・ヘンドリックス（カブス）.103(29-3)1本

年度	所属チーム	試合数	打数	得点	安打	二塁打	三塁打	本塁打	打点	四球	三振	盗塁	盗塁死	出塁率	OPS	打率
2017	カーディナルス	108	417	55	119	26	1	25	65	21	124	1	0	.325	.857	.285
2018	カーディナルス	115	436	68	105	25	1	19	68	36	123	1	1	.313	.746	.241
2019	カーディナルス	159	583	97	136	31	1	30	78	62	149	9	5	.318	.762	.233
通算成績		382	1436	220	360	82	3	74	211	119	396	11	6	.318	.785	.251

2021年まで続く最悪の長期契約　ライトセンター

25 デクスター・ファウラー　*Dexter Fowler*

34歳｜196cm｜88kg｜右投両打

◆対左投手打率／.213　◆対右投手打率／.245
◆ホーム打率／.248　◆アウェー打率／.229　◆得点圏打率／.292
◆19年のポジション別出場数／ライト=118、センター=58
◆Ⓓ2004⑭ロッキーズ　◆Ⓗジョージア州
◆Ⓨ450万ドル（約4億9500万円）

ミート	3
パワー	4
走塁	3
守備	3
肩	3

波の激しい状態が続く外野手。一昨年はひどい低打率にあえいだうえ、精神的にもおかしくなり、マシーニー前監督やシルト監督と火花を散らす場面があった。シーズン終了時には解雇するのではとの憶測が流れ、GMが声明を出して、それを否定する一幕もあった。昨季もオープン戦不調だったが、4月中旬から突然ヒットのラッシュ。これでブーイングはやんだが、9月は打率1割台、ポストシーズンは0割台で、完全復活とは言えないシーズンだった。

カモ J・キンターナ（カブス）.391(23-9)1本　**苦手** ダルビッシュ有（カブス）.000(11-0)0本

年度	所属チーム	試合数	打数	得点	安打	二塁打	三塁打	本塁打	打点	四球	三振	盗塁	盗塁死	出塁率	OPS	打率
2008	ロッキーズ	13	26	3	4	0	0	0	0	0	6	0	1	.185	.339	.154
2009	ロッキーズ	135	433	73	115	29	10	4	34	67	116	27	10	.363	.770	.266
2010	ロッキーズ	132	439	73	114	20	14	6	36	57	104	13	8	.347	.757	.260
2011	ロッキーズ	125	481	84	128	35	15	5	45	68	130	12	9	.363	.796	.266
2012	ロッキーズ	143	454	72	136	18	11	13	53	68	128	12	5	.389	.863	.300
2013	ロッキーズ	119	415	71	109	18	3	12	42	65	105	19	9	.369	.776	.263
2014	アストロズ	116	434	61	120	21	4	8	35	66	108	11	4	.375	.774	.276
2015	カブス	156	596	102	149	29	8	17	46	84	154	20	7	.346	.757	.250
2016	カブス	125	456	84	126	25	7	13	48	79	124	13	4	.393	.840	.276
2017	カーディナルス	118	420	68	111	22	9	18	64	63	101	7	3	.363	.851	.264
2018	カーディナルス	90	289	40	52	10	0	8	31	38	75	5	2	.278	.574	.180
2019	カーディナルス	150	487	69	116	24	1	19	67	74	142	8	5	.346	.754	.238
通算成績		1422	4930	800	1280	251	82	123	501	729	1292	147	67	.359	.778	.260

ポストシーズンでは控えに回る屈辱

サード

13 マット・カーペンター *Matt Carpenter*

35歳／191cm／93kg／右投左打

◆対左投手打率／.217　◆対右投手打率／.228
◆ホーム打率／.254　◆アウェー打率／.200　◆得点圏打率／.270
◆19年のポジション別出場数／サード=107、ファースト=4、DH=2
◆Ⓓ2009⑬カーディナルス　◆Ⓗテキサス州
◆Ⓨ1850万ドル（約20億3500万円）　◆シルバースラッガー賞1回（13年）

ミート	4
パワー	5
走塁	3
守備	3
肩	3

　一昨年までは多大な貢献をしてきたが、昨年無様な成績に終わったため巻き返しに燃える三塁手。昨季は開幕時から腰に張りがあり、その影響で打率が低空飛行を続けた挙句、6月末にIL入り。復帰後、今度は自打球が足を直撃し、再度IL入り。8月上旬に復帰したが、その後も復調しないため、ポストシーズンではサードにルーキーのエドマンが起用され、控えに回った。昨年4月に、2021年までの契約延長にサイン。20年と21年の打席数の合計が1100を超えた時点で、22年も年俸1850万ドルでプレーすることが決まる。

カモ Z・デイヴィース（パドレス）.480（25-12）3本　**苦手** J・キンターナ（カブス）.174（23-4）0本

年度	所属チーム	試合数	打数	得点	安打	二塁打	三塁打	本塁打	打点	四球	三振	盗塁	盗塁死	出塁率	OPS	打率
2011	カーディナルス	7	15	0	1	1	0	0	4	4	0	0	0	.263	.396	.067
2012	カーディナルス	114	296	44	87	22	5	6	46	34	63	1	1	.365	.828	.294
2013	カーディナルス	157	626	126	199	55	7	11	78	72	98	3	3	.392	.873	.318
2014	カーディナルス	158	595	99	162	33	2	8	59	95	111	5	3	.375	.750	.272
2015	カーディナルス	154	574	101	156	44	3	28	84	81	151	4	3	.365	.871	.272
2016	カーディナルス	129	473	81	128	36	6	21	68	81	108	0	4	.380	.885	.271
2017	カーディナルス	145	497	91	120	31	2	23	69	109	125	2	1	.384	.835	.241
2018	カーディナルス	156	564	111	145	42	0	36	81	102	158	4	1	.374	.897	.257
2019	カーディナルス	129	416	59	94	20	2	15	46	63	129	6	1	.334	.726	.226
通算成績		1149	4056	712	1092	284	27	148	531	644	947	25	17	.372	.835	.269

マイナー落ちの屈辱をバネに巻き返しを図る

センター

48 ハリソン・ベイダー *Harrison Bader*

26歳／183cm／88kg／右投右打

◆対左投手打率／.177　◆対右投手打率／.215
◆ホーム打率／.164　◆アウェー打率／.239　◆得点圏打率／.213
◆19年のポジション別出場数／センター=122
◆Ⓓ2015③カーディナルス　◆Ⓗニューヨーク州
◆Ⓨ56万3500ドル（約6200万円）+α

ミート	2
パワー	3
走塁	5
守備	5
肩	5

　早くもゴールドグラブ賞候補になったニューヨーカーの外野手。守備面では、守備範囲の広さが光る。スピードもあり、途中からどんどん加速して、間に合うはずがないように見えた飛球をキャッチするシーンが、昨季何度もあった。打撃面では序盤から変化球にてこずり、打率が低空飛行を続けた末、7月30日にマイナー落ちしたが、8月20日の再昇格後は、2週間ほどよくヒットが出ていた。ニューヨーク北郊の高級住宅地ブロンクスヴィルで育った都会っ子。父ルイスさんが大の野球好きで、少年時代は、仕事から帰ったあと打撃投手になって息子に好きなだけ打たせてくれた。裕福な家庭だったので、16歳のときからは夏休み期間中トラベルリーグに参加。ここで大学野球のリクルーターたちから注目されるようになり、強豪フロリダ大学に進んだ。

カモ A・デスクラファニ（レッズ）.556（9-5）0本　**苦手** B・スーター（ブリュワーズ）.125（8-1）0本

年度	所属チーム	試合数	打数	得点	安打	二塁打	三塁打	本塁打	打点	四球	三振	盗塁	盗塁死	出塁率	OPS	打率
2017	カーディナルス	32	85	10	20	3	0	3	10	5	24	2	1	.283	.659	.235
2018	カーディナルス	138	379	61	100	20	2	12	37	31	125	15	3	.334	.756	.264
2019	カーディナルス	128	347	54	71	14	3	12	39	46	117	11	3	.314	.680	.205
通算成績		298	811	125	191	37	5	27	86	82	266	28	7	.320	.713	.236

打撃より守備での貢献が大きいスーパーサブ `ユーティリティ`

34 ヤイロ・ムニョス *Yairo Munoz*

25歳｜185cm｜91kg｜右投右打 | 対左.282 | 対右.263 | ホ.242 | ア.282 | 得.297
| ド2012⑦アスレティックス | 国ドミニカ | 囲56万3500ドル(約6200万円)+α

ミ	3
パ	2
走	4
守	4
肩	5

セカンド、サード、ショートと外野の3つのポジション
をカバーするユーティリティ。守備面での最大のウリは強肩。
これがあるため、昨季は強肩が必須となるショート、サード、
ライトで出場する機会が多かった。もう一つのウリは、エラーが少ないこと。昨季はショートで悪送球を一度やっただけで、ほかのポジションでは無失策だった。打撃面での特徴は、パワーに欠けるため、広角にライナーや強いゴロを弾き返すことに徹している点。昨年打球がゴロになった比率は57.8%で、打数が100以上ある451人の打者の中で、7番目に高かった。短所は早打ちで四球が少ないこと。

年度	所属チーム	試合数	打数	得点	安打	二塁打	三塁打	本塁打	打点	四球	三振	盗塁	盗塁死	出塁率	OPS	打率
2019	カーディナルス	88	172	20	46	7	1	2	13	7	37	8	3	.298	.653	.267
通算成績		196	465	59	127	23	1	10	55	37	108	13	9	.331	.723	.273

意外性に富んだハイボールヒッター `センター ライト`

35 レイン・トーマス *Lane Thomas*

25歳｜185cm｜95kg｜右投右打 | 対左.364 | 対右.296 | ホ.333 | ア.286 | 得.500
| ド2014⑤ブルージェイズ | 国テネシー州 | 囲56万3500ドル(約6200万円)+α

ミ	2
パ	4
走	3
守	4
肩	4

昨年4月にメジャーデビューした、ハリソン・ベイダーに
似たタイプの外野手。ウリはセンター向きのハイレベルな守
備力があること。とくに肩の強さとジャンプ力は二重マルが
付く。打撃面の長所は、平均以上のパワーがあること。短所は空振りが多いことと、盗塁死が多いことだ。昨季はメジャーデビュー後わずか38打数で4本塁打を記録、打率も3割台だった。しかしこれは出来過ぎ。昨年3Aでの打率は2割6分8厘という冴えない数字だった。父マイクさんはドラッグレーサー。家には父が練習に使うレーシングシミュレーターがあり、子供の頃はそれでよく遊んだ。

年度	所属チーム	試合数	打数	得点	安打	二塁打	三塁打	本塁打	打点	四球	三振	盗塁	盗塁死	出塁率	OPS	打率
2019	カーディナルス	34	38	6	12	0	1	4	12	4	8	1	1	.409	1.093	.316
通算成績		34	38	6	12	0	1	4	12	4	8	1	1	.409	1.093	.316

モリナの後継者候補の一人 `キャッチャー` `ルーキー`

7 アンドルー・クニズナー *Andrew Knizner*

25歳｜185cm｜91kg｜右投右打 | 盗塁阻止率/.667(3-2) | 対左.200 | 対右.233 | ホ.217
| ア.233 | 得.250 | ド2016⑦カーディナルス | 国ヴァージニア州 | 囲56万3500ドル(約6200万円)+α

ミ	4
パ	3
走	2
守	2
肩	2

昨年6月2日にメジャーデビューしたキャッチャーのホ
ープ。守備よりバッティングで貢献するタイプで、マイナー
の通算打率が3割を超えている好打者だ。球種を識別する能
力が高く、快速球が内側に来ればコンパクトに振り抜き、スライダーやカーブが外側に来ればうまくためを作って逆方向に弾き返す。短所は積極的に打ちにいくタイプなので、四球が少ないことだ。守備は、肩の強さ、ボールブロック、フットワークはイマイチ。リードに関しては、未知数の部分が多いが、マンツーマンで大捕手の教えを受けられる立場なので、リード巧者になる可能性は十分ある。

年度	所属チーム	試合数	打数	得点	安打	二塁打	三塁打	本塁打	打点	四球	三振	盗塁	盗塁死	出塁率	OPS	打率
2019	カーディナルス	18	53	7	12	2	0	2	7	4	14	2	0	.293	.670	.226
通算成績		18	53	7	12	2	0	2	7	4	14	2	0	.293	.670	.226

対左=対左投手打率　対右=対右投手打率　ホ=ホーム打率　ア=アウェー打率　得=得点圏打率　　

345

メジャーで結果が出ない「4A」選手

38 オースティン・ディーン *Austin Dean*

レフト／ファースト　移籍

27歳｜185cm｜86kg｜右投右打　対左.242　対右.216　ホ.247　ア.204　得.281
ド2012④マーリンズ　田テキサス州　年56万3500ドル（約6200万円）+α

ミ 2
パ 3
走 3
守 2
肩 3

オフのトレードでマーリンズから移籍の外野手。2018年には3Aで87試合に出場し、打率3割2分6厘、19年も73試合で3割3分7厘を記録した中距離打者だが、メジャーでは結果を残せず、レギュラー奪取とはならなかった。マーリンズよりも競争が激しいチームに来たので、今季は少ない出番の中で、確実にアピールする必要がある。外野の守備力は高いとは言えないので、打撃で目に見える結果を残すほか道はない。昨年9月、外野フェンス上にファンが構築したビール缶のピラミッドにボールを投げ、頂点の1缶だけを射抜いた動画がSNSやメディアで話題になった。

年度	所属チーム	試合数	打数	得点	安打	二塁打	三塁打	本塁打	打点	四球	三振	盗塁	盗塁死	出塁率	OPS	打率
2019	マーリンズ	64	178	17	40	14	0	6	21	9	47	0	2	.261	.665	.225
通算成績		98	291	33	65	18	0	10	35	16	69	1	2	.268	.656	.223

メジャー2年目は自慢のパワーを発揮できず

41 タイラー・オニール *Tyler O'Neill*

レフト

25歳｜180cm｜95kg｜右投右打　対左.269　対右.261　ホ.345　ア.205　得.275
ド2013③マリナーズ　田カナダ　年56万3500ドル（約6200万円）+α

ミ 2
パ 4
走 2
守 3
肩 3

カナダ出身の怪力外野手。一昨年メジャーデビューし、14.4打数に1本のペースでホームランを生産したため、昨季は大いに期待され、開幕メジャー入りを果たした。しかし一向に長打が出ず、故障もあって5月に入ってすぐマイナー落ち。その後、昇格と降格を経て8月末に2度目の昇格を果たしたが、1カ月で1本のホームランしか打てなかった。筋トレで鍛えた上腕二頭筋はムキムキで、マイナー時代のニックネームは「ポパイ」。趣味はピアノという意外な一面もある。2017年のWBCでは、カナダ代表チームの一員としてプレー。父テリーさんは実績あるボディビルダー。

年度	所属チーム	試合数	打数	得点	安打	二塁打	三塁打	本塁打	打点	四球	三振	盗塁	盗塁死	出塁率	OPS	打率
2019	カーディナルス	60	141	18	37	6	0	5	16	10	53	1	0	.311	.723	.262
通算成績		121	271	47	70	11	0	14	39	17	110	3	0	.307	.761	.258

68 ディラン・カールソン *Dylan Carlson*

外野手　期待度 B　ルーキー

22歳｜191cm｜93kg｜左投両打　◆昨季は2A、3Aでプレー　ド2016①カーディナルス　田カリフォルニア州

昨年、高い潜在力を開花させ、2Aと3Aで計26本塁打を記録したスイッチヒッターの外野手。昨年8月に3Aに昇格し、18試合の出場ながら3割6分1厘を出して評価が上がったが、もう少し実戦で経験を積む必要があるため、今季は3Aでしばらくプレーしたあと、メジャー昇格の可能性が高い。

63 エドマンド・ソーサ *Edmundo Sosa*

ショート　期待度 C⁺　ルーキー

24歳｜180cm｜77kg｜右投右打　◆昨季メジャーで8試合出場　ド2012⑯カーディナルス　田パナマ

メジャー圏内に入りつつある守備力の高い遊撃手。打撃面ではパワーが中の上レベルにアップし、打つほうでも戦力になると見なされるようになった。2年連続でシーズン終盤に数日メジャーに呼ばれ、束の間大リーガー気分を味わったが、今度は戦力として呼ばれたいという欲求が高まっている。

対左=対左投手打率　対右=対右投手打率　ホ=ホーム打率　ア=アウェー打率　得=得点圏打率　ド=ドラフトデータ　田=出身地　年=年俸

ミルウォーキー・ブリュワーズ

◆創　立：1969年
◆本拠地：ウィスコンシン州ミルウォーキー市

◆ワールドシリーズ制覇：0回　◆リーグ優勝：1回
◆地区優勝：3回　◆ワイルドカード獲得：2回

主要オーナー　マーク・アタナシオ（資産運用会社トラストカンパニー・オブ・ウエスト社共同経営者）

過去5年成績

年度	勝	負	勝率	ゲーム差	地区順位	ポストシーズン成績
2015	68	94	.420	32.0	④	―
2016	73	89	.451	30.5	④	―
2017	86	76	.531	6.0	②	―
2018	96	67	.589	(1.0)	①	リーグ優勝決定シリーズ敗退
2019	**89**	**67**	**.549**	**2.0**	**②**	**ワイルドカードゲーム敗退**

監　督　**30 クレイグ・カウンセル** *Craig Counsell*

◆年　齢…………50歳（インディアナ州出身）
◆現役時代の経歴…16シーズン　ロッキーズ（1995、97）、マーリンズ（1997～99）、
（セカンド、ショート）ドジャース（1999）、ダイヤモンドバックス（2000～03）、
ブリュワーズ（2004）、ダイヤモンドバックス（2005～06）、
ブリュワーズ（2007～11）
◆現役通算成績……1624試合　.255　42本　390打点
◆監督経歴…………5シーズン　ブリュワーズ（2015～）
◆通算成績…………405勝381敗（勝率.515）

　データを深読みする能力と、敵の弱点を察知することに長けたクセモノ監督。昨季はチーム得点が769、失点が766でほぼ同数だったが大きく勝ち越し。1点が欲しい場面でスモールボールを活用し、接戦をものにするケースが多かったからだ。采配の特徴は三塁盗塁が大好きなこと。三盗は捕手の悪送球を誘発し、1点が入る確率がかなりある。その一方で犠打はほとんどやらない。敵に苦労させずワンアウトをプレゼントするのは、彼の野球哲学に反するのだ。

注目コーチ　**49 アンディ・ヘインズ** *Andy Haines*

　打撃コーチ。43歳。チームの主砲イェリッチとは師弟関係にある。マーリンズ傘下の1A監督時代、当時19歳だったイェリッチを熱心に指導し、その才能を伸ばした。

編成責任者　**デイヴィッド・スターンズ** *David Stearns*

　35歳。限られた資金の中で効果的な補強を続けて結果を残し、すでに「名GM」として高い評価を得ている。名門ハーバード大学出身で、政治学の学位を取得している。

スタジアム　**ミラー・パーク** *Miller Park*

◆開場年…………2001年
◆仕　様…………天然芝、開閉式屋根付き
◆収容能力………41,900人
◆フェンスの高さ…1.8～2.4m
◆特　徴…………外野フェンスが低いこともあり、ホームランがやや出やすい。夏場は気流の関係で打球がよく飛ぶ。6回表終了後に、ソーセージの着ぐるみが徒競走をおこなう「ソーセージレース」は、メジャーを代表する名物アトラクションだ。

ヒッターズパーク

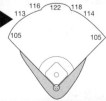

Best Order [ベストオーダー]

① エリック・ソガード……サード　⑥ オマー・ナルヴァエズ……キャッチャー
② ロレンゾ・ケイン……センター　⑦ アヴィサイル・ガルシア……レフト
③ クリスチャン・イェリッチ……ライト　⑧ ルイス・ウリーアス……ショート
④ ケストン・ヒウラ……セカンド
⑤ ライアン・ブラウン……ファースト

Depth Chart [ポジション別選手層・メンバーリスト]

※2020年2月4日時点の候補選手。
数字は背番号(開幕前に変更する
場合もあり)、右・左等は投・打の順。

センター
6 ロレンゾ・ケイン [右・右]
24 アヴィサイル・ガルシア [右・右]
15 タイロン・テイラー [右・右]
78 コーリー・レイ [左・右]

レフト
24 アヴィサイル・ガルシア [右・右]
8 ライアン・ブラウン [右・右]
16 ベン・ギャメル [左・左]
7 エリック・ソガード [右・左]

ライト
22 クリスチャン・イェリッチ [右・左]
16 ベン・ギャメル [左・左]
15 タイロン・テイラー [右・右]
7 エリック・ソガード [右・左]

ショート
2 ルイス・ウリーアス [右・右]
3 オルランド・アルシア [右・右]
7 エリック・ソガード [右・左]

セカンド
18 ケストン・ヒウラ [右・右]
2 ルイス・ウリーアス [右・右]
7 エリック・ソガード [右・左]

サード
7 エリック・ソガード [右・左]
5 ジェド・ジャーコ [右・右]
2 ルイス・ウリーアス [右・右]
28 ライオン・ヒーリー [右・右]

ローテーション
53 ブランドン・ウッドラフ [右・左]
37 エイドリアン・ハウザー [右・右]
25 ブレット・アンダーソン [左・右]
29 ジョシュ・リンドブロム [右・右]
27 エリック・ラウアー [左・右]
39 ブレント・スーター [左・左]
39 コービン・バーンズ [右・右]
51 フレディ・ペラルタ [右・右]

ファースト
8 ライアン・ブラウン [右・右]
12 ジャスティン・スモーク [左・両]
10 オマー・ナルヴァエズ [右・左]
5 ジェド・ジャーコ [右・右]

キャッチャー
10 オマー・ナルヴァエズ [右・左]
9 マニー・ピーニャ [右・右]
26 ジェイコブ・ノッティンガム [右・右]

ブルペン
71 ジョシュ・ヘイダー [左・左] CL
58 アレックス・クラウディオ [左・左]
46 コーリー・クネーベル [右・右]
31 ボビー・ウォール [右・右]
35 ブレント・スーター [左・左]

39 コービン・バーンズ [右・右]
51 フレディ・ペラルタ [右・右]
50 レイ・ブラック [右・右]
38 デヴィン・ウィリアムズ [右・右]
43 デオリス・ゲーラ [右・右]

54 テイラー・ウィリアムズ [右・両]
57 エリック・ヤードリー [右・右]
67 アンヘル・ペルドモ [左・左]
76 J.P.バイアライゼン [右・右]

※ CL =クローザー

ブリュワーズ試合日程……＊はアウェーでの開催

3月26・28・29	カブス	28・29・30	ナショナルズ	30・31	レイズ＊
30・31・4月1	カーディナルス	5月1・2・3	カーディナルス	6月1・2・3	ナショナルズ
2・4・5	フィリーズ＊	4・5・6・7	マーリンズ＊	5・6・7	レッドソックス＊
6・7	レッズ＊	8・9・10	ダイヤモンドバックス	9・10・11	パドレス
9・10・11・12	メッツ	11・12・13	カブス＊	12・13・14	レッズ
13・14・15・16	フィリーズ	14・15・16・17	レッズ＊	16・17	ツインズ＊
17・18・19	メッツ＊	19・20・21	ヤンキース	19・20・21	ダイヤモンドバックス
21・22・23	パイレーツ＊	22・23・24	カブス	22・23・24	ブルージェイズ
24・25・26	ロッキーズ＊	26・27・28	ジャイアンツ	26・27・28	パイレーツ

348　**球団メモ** ダルビッシュ有が苦手。ダルビッシュの対ブリュワーズ成績は、一昨年が2試合で
防御率0.75(12回・自責点1)、昨年は2試合で防御率0.90(10回・自責点1)。

■投手力➡…★★⯪★★【昨年度チーム防御率4.40、リーグ10位】

　ウッドラフとハウザー以外、ローテーションの顔ぶれはがらっと変わり、ブレット・アンダーソン、ラウアー、スーター、そして昨季、韓国球界で大活躍したリンドブロムが新たに加わる。絶対的なエースと呼べる人材がいないので、昨季から防御率が大きく好転するとは考えにくい。ブルペンは、クネーベルの復帰が好材料。クローザーは今季もヘイダーが務める。

■攻撃力➡…★★★★★【昨年度チーム得点769、リーグ9位】

　イェリッチが昨季もMVP級の活躍を見せ、ルーキーのヒウラがブレイクして4番に定着。ほかにもパワーのある打者が多く、チーム本塁打数はリーグ3位の250本まで伸びた。だがオフに、昨季35本塁打のムスタカス、28本塁打のグランダルがFAで抜け、25本塁打のテイムズも引き止めなかった。22本塁打のナルヴァエズ、20本塁打のガルシア、13本塁打のソガードが新たに加わった。ケインの復調も見込めるので、得点力に大きな増減はないだろう。

■守備力⬊…★★★★★【昨年度チーム失策数97、リーグ8位タイ】

　正捕手がグランダルからナルヴァエズに変わるのはマイナス。昨季はセンターを守るケインが、メジャー10年目で初めてゴールドグラブ賞を受賞。

■機動力➡…★★★★★【昨年度チーム盗塁数101、リーグ3位】

　昨季、イェリッチが自己ベストの30盗塁をマーク。ケインも18盗塁を記録し、この2人でチーム盗塁数の約半分をかせぎ出したが、ほかにもスモールボールに対応できる選手は多い。カウンセル監督は足を絡めた攻撃が得意。

総合評価➡ ★★★⯪★

　昨季、投手陣の主力に故障者が続出する中での89勝は、やや出来過ぎな感がある。今季は補強で先発の層が厚くなったので、勝ち越しは固いが、イェリッチが3年連続MVP級の活躍をするとは思えない。90勝に達できるかどうかは微妙な状況だ。

ブリュワーズ

IN 主な入団選手	**OUT** 主な退団選手
投手	投手
ジョシュ・リンドブロム←斗山(韓国)	ジオ・ゴンザレス➡ホワイトソックス
ブレット・アンダーソン←アスレティックス	ザック・デイヴィース➡パドレス
エリック・ラウアー←パドレス	ジョーダン・ライルズ➡レンジャーズ
野手	野手
アヴィサイル・ガルシア←レイズ	ヤスマニ・グランダル➡ホワイトソックス
オマー・ナルヴァエズ←マリナーズ	マイク・ムスタカス➡レッズ
エリック・ソガード←レイズ	エリック・テイムズ➡ナショナルズ

29・30・**7月**1・2	カブス*	31・**8月**1・2	カブス*	31・**9月**1・2・3	パイレーツ*
3・4・5	カーディナルス*	3・4・5	パイレーツ*	4・5・6・7	ドジャース
7・8	レイズ	7・8・9	カブス	8・9	レッズ
9・10・11・12	ロッキーズ	11・12・13	マーリンズ	11・12・13	オリオールズ*
14	オールスターゲーム	14・15・16	カーディナルス*	15・16・17	ブレーブス
17・18・19	パドレス*	17・18・19	ブレーブス	18・19・20	パイレーツ
20・21・22	ドジャース*	20・21・22・23	レッズ	21・22・23	カーディナルス*
24・25・26	パイレーツ	25・26	ツインズ	24・25・26・27	ジャイアンツ*
27・28・29・30	カーディナルス	27・28・29・30	レッズ*		

球団メモ 1985年、江夏豊(日本通算206勝・193セーブ)が、ブリュワーズの春季キャンプに参加。だが36歳の年齢もネックになり、メジャー昇格とはならず、現役引退。

349

またたく間にエースになった強心臓の右腕 先発

53 ブランドン・ウッドラフ
Brandon Woodruff

27歳／193cm／98kg／右投左打

◆速球のスピード／150キロ前後（フォーシーム、シンカー）
◆決め球と持ち球／☆フォーシーム、☆シンカー、
　◎スライダー、△チェンジアップ、△カーブ
◆対左打者被打率／.265　◆対右打者被打率／.218
◆ホーム防御率／3.06　◆アウェー防御率／4.41
◆ドラフトデータ／2014⑪ブリュワーズ
◆出身地／ミシシッピ州
◆年俸／56万3500ドル（約6200万円）+α

球威	5
制球	3
緩急	4
守備・牽制	3
度胸	5

　昨年ブレイクしたブルドッグ・メンタリティのパワーピッチャー。一昨年のポストシーズンで大活躍したため、昨季は先発3番手に抜擢されてスタート。3月4月は球速が上がらず、防御率は5点台から6点台で推移したが、5月に入るとフォーシーム、シンカーとも球速が154～158キロにアップ。好投が続くようになり、5月は4勝0敗、防御率1.36という月間成績をマークした。オールスターにも同僚ヘイダーの代替メンバーとして出場したが、7月下旬に脇腹の筋肉を痛めてIL（故障者リスト）入りしたため、シーズン後半はほとんどチームに貢献できなかった。

　ナショナルズとのワイルドカードゲームでは先発して好投したが、8回にヘイダーが逆転スリーランを食ったため、その先に進めなかった。一昨年はレギュラーシーズンでは3勝しかしていないのに、ポストシーズンでは投手として大活躍しただけでなく、左打席に立って左腕のカーショウからセンター奥に特大アーチを叩き込んだ。昨年もそのレベルの活躍を期待されていただけに、ファンの落胆は大きかった。

　深南部ミシシッピ州の田舎町で生まれ育ったカントリーボーイ。野球の基礎を叩き込んでくれたのは、5歳上の兄ブレイクさん。少年時代はこの兄と代わる代わる投手と捕手になって投げ込みをおこない、そのあと守備練習をやるのが日課だった。兄は高校のチームでプレーしていたため、教えるのも上手で、ウッドラフはどんどんレベルアップしていった。

　ウッドラフにとって何よりも心残りなのは、メジャーリーガーになった自分の姿をこの兄に見てもらえなかったことだ。兄が交通事故で亡くなったのは、ウッドラフがメジャーデビューする前年の2016年7月のことで、このとき彼は2Aで好成績をあげていたが、訃報を聞いて家に帰ると、ショックからすぐに立ち直れず、復帰するまでに10日を要した。

カモ J・ベル（パイレーツ）.143(14-2)0本　R・ホスキンス（フィリーズ）.000(7-0)0本
苦手 J・ヴォト（レッズ）.667(9-6)2本　J・ウィンカー（レッズ）.571(7-4)0本

年度	所属チーム	勝利	敗戦	防御率	試合数	先発	セーブ	投球イニング	被安打	失点	自責点	被本塁打	与四球	奪三振	WHIP
2017	ブリュワーズ	2	3	4.81	8	8	0	43.0	43	23	23	5	14	32	1.33
2018	ブリュワーズ	3	0	3.61	19	4	1	42.1	36	18	17	4	14	47	1.18
2019	ブリュワーズ	11	3	3.62	22	22	0	121.2	109	49	49	12	30	143	1.14
通算成績		16	6	3.87	49	34	1	207.0	188	90	89	21	58	222	1.19

投手

奪三振率は1位だが、被本塁打はワースト　クローザー

71 ジョシュ・ヘイダー
Josh Hader

26歳｜191cm｜84kg｜左投左打

◆速球のスピード／150キロ台前半〜中頃（フォーシーム主体）
◆決め球と持ち球／☆フォーシーム、◎スライダー
◆対左打者被打率／.143　◆対右打者被打率／.158
◆ホーム防御率／2.25　◆アウェー防御率／3.03
◆ドラフトデータ／2012⑲オリオールズ
◆出身地／メリーランド州

球威	5
制球	3
緩急	4
守備・牽制	3
度胸	2

ブリュワーズ

　ナショナル・リーグの最優秀救援投手に授与されるトレヴァー・ホフマン賞を、2年連続で受賞したサウスポーのクローザー。昨季はキャンプ中にクネーベルがヒジを痛めてトミー・ジョン手術を受けることになったため、開幕からクローザーとして起用され、ナショナル・リーグで2番目に多い37セーブをマークした。典型的なパワーピッチャーで、全投球の85％を平均時速155キロの快速球が占め、通常はこれにスライダーを交えて投げている。最大のウリは、三振を奪う能力が驚くほど高いこと。一昨年、左のリリーフ投手ではシーズン最多となる143奪三振を記録し、「奪三振マシン」の異名をとるようになったが、昨シーズンも出だしから快調に三振を奪い、138奪三振を記録した。奪三振数では前年に及ばなかったが、奪三振率（9イニングあたりの奪三振）16.41は、一昨年の15.84をしのぐもので、2年連続でナショナル・リーグの1位だった。

　その一方でハッキリした短所もある。最大の短所は、一発を食い過ぎることだ。昨季はナショナル・リーグのリリーフ投手では、ワーストタイとなる被本塁打15を記録。それによりセーブ失敗が7回もあった。

　それ以外にも、ナショナルズとのワイルドカードゲームで、手痛いセーブ失敗があった。このゲームは、ブリュワーズが3対1でリードして8回を迎え、カウンセル監督は大事をとってクローザーのヘイダーを投入した。しかし、そのヘイダーが四球2つと安打で満塁にしたあと、ホアン・ソトにタイムリーを打たれてしまい、味方の拙守もあって相手に3点を献上。自らチームの息の根を止めてしまった。

　今季は、昨年3月にトミー・ジョン手術を受けた前クローザーのクネーベルが、6月までに復帰すると思われる。だが、以前の球威を取り戻すのは来季になるので、今季中にクローザーの地位が揺らぐことはないだろう。

カモ　J・バエズ（カブス）.091(11-1)0本　J・ヴォト（レッズ）.111(9-1)0本
苦手　S・マーテイ（ダイヤモンドバックス）.500(6-3)2本　M・オズーナ（ブレーブス）.333(6-2)2本

年度	所属チーム	勝利	敗戦	防御率	試合数	先発	セーブ	投球イニング	被安打	失点	自責点	被本塁打	与四球	奪三振	WHIP
2017	ブリュワーズ	2	3	2.08	35	0	0	47.2	25	11	11	4	22	68	0.99
2018	ブリュワーズ	6	1	2.43	55	0	12	81.1	36	23	22	9	30	143	0.81
2019	ブリュワーズ	3	5	2.62	61	0	37	75.2	41	24	22	15	20	138	0.81
通算成績		11	9	2.42	151	0	49	204.2	102	58	55	28	72	349	0.85

351

波乱万丈の投手人生を歩んだ苦労人

先発 **移籍**

29 ジョシュ・リンドブロム *Josh Lindblom*

33歳｜193cm｜109kg｜右投右打

◆速球のスピード／140キロ台後半（フォーシーム主体）
◆決め球と持ち球／◎スプリッター、○フォーシーム、
○スライダー、△カーブ、△チェンジアップ
◆昨季メジャー出場なし ◆ド2008②ドジャース
◆囲インディアナ州 ◆囲275万ドル（約3億250万円）

球威	4
制球	4
緩急	3
守備・牽制	3
度胸	4

　3年913万ドルの契約で入団した、韓国リーグで大化けした右腕。2011年にドジャースでメジャーデビューしたあと3球団を渡り歩いたが、マイナーで投げることが多くなったため韓国リーグに移籍。15、16年はロッテ・ジャイアンツで投げたあと、右心低形性症候群という先天性の心疾患の治療を受けている幼い娘の近くにいたいという理由で、17年の前半は米国に戻り、パイレーツでプレー。後半はまた韓国に戻ってロッテに在籍し、18年19年は斗山ベアーズで投げた。ここで速球の威力を増し、それにともなってスプリッター、スライダーの効果もアップしたため、昨季は20勝をマークしMVPに輝いた。それによりメジャー球団から注目され、ブリュワーズ入団となった。

カモ P・ゴールドシュミット（カーディナルス）.000(7-0)0本　苦手 M・マチャード（パドレス）1.000(3-3)3本

年度	所属チーム	勝利	敗戦	防御率	試合数	先発	セーブ	投球イニング	被安打	失点	自責点	被本塁打	与四球	奪三振	WHIP
2011	ドジャース	4	1	2.73	27	0	0	29.2	21	9	9	4	10	28	1.04
2012	ドジャース	1	2	3.02	48	0	0	47.2	42	16	16	9	18	43	1.26
2012	フィリーズ	1	3	4.63	26	0	0	23.1	19	15	12	4	17	27	1.54
2012	2チーム計	3	5	3.55	74	0	1	71.0	61	31	28	13	35	70	1.35
2013	レンジャーズ	1	1	5.46	8	5	0	31.1	35	19	19	4	11	21	1.47
2014	アスレティックス	0	0	3.86	1	1	0	4.2	5	2	2	1	6	2	1.50
2017	パイレーツ	0	0	7.84	10	0	0	8.0	19	7	7	3	10	10	2.03
通算成績		5	8	4.10	114	6	1	147.0	140	70	67	18	61	131	1.37

最大のウリは一発を食うリスクが低いこと

スイングマン

37 エイドリアン・ハウザー *Adrian Houser*

27歳｜193cm｜107kg｜右投右打

◆速球のスピード／150キロ台前半（シンカー、フォーシーム）
◆決め球と持ち球／☆シンカー、○フォーシーム、○チェンジアップ、△スライダー、△カーブ
◆対左.277 ◆対右.217 ◆ホ防3.17 ◆ア防4.14
◆ド2011②アストロズ ◆囲オクラホマ州
◆囲56万3500ドル（約6200万円）＋α

球威	4
制球	3
緩急	3
守備・牽制	3
度胸	3

　回り道が長かった、先発でもリリーフでも行ける右腕。高校卒業後、アストロズに入団。順調に出世して、2015年7月末にブリュワーズ移籍後、メジャーデビュー。しかし16年7月にトミー・ジョン手術を受けたため、1年後にマイナーの一番下から先発投手として再出発することになった。その後、球威が回復するにつれて持ち前の沈む軌道の速球でゴロを量産するピッチングが冴えを見せ、翌18年4月末にリリーフ投手としてメジャーに復帰。昨年はスイングマンとして起用され、先発では18試合に投げて2勝7敗、防御率4.57、リリーフでは17試合に投げ、4勝0敗、防御率1.47という数字だった。課題は、武器になる変化球がないこと。がんばり屋で、体調不良時に登板し、マウンド上で2度ゲロを吐きながら投げ続けて、話題になったことがある。

カモ N・センゼル（レッズ）.000(5-0)0本　苦手 E・スアレス（レッズ）.429(7-3)2本

年度	所属チーム	勝利	敗戦	防御率	試合数	先発	セーブ	投球イニング	被安打	失点	自責点	被本塁打	与四球	奪三振	WHIP
2015	ブリュワーズ	0	0	0.00	2	0	0	2.0	1	0	0	0	1	1	1.50
2018	ブリュワーズ	0	0	3.29	7	0	0	13.2	13	5	5	0	7	8	1.46
2019	ブリュワーズ	6	7	3.72	35	18	0	111.1	101	49	46	14	37	117	1.24
通算成績		6	7	3.61	44	18	0	127.0	115	54	51	14	45	126	1.27

対左＝対左打者被打率　対右＝対右打者被打率　ホ防＝ホーム防御率　ア防＝アウェー防御率
ド＝ドラフトデータ　囲＝出身地　囲＝年俸　カモ 苦手＝通算成績

復帰後いきなり月間最優秀リリーフ投手に

スイングマン

35 ブレント・スーター Brent Suter

31歳｜196cm｜88kg｜左投左打｜球140キロ前後（フォーシーム主体）｜決◎フォーシーム

対左.235｜対右.128｜ド2012③ブリュワーズ｜田イリノイ州

球	2
制	4
緩	4
守・走	4
度	5

2018年7月にトミー・ジョン手術を受けた、ハーバード大学出身の頭脳派サウスポー。昨季は7月末からマイナーのゲームでリハビリ登板を開始し、9月1日にメジャー復帰を果たした。その後は主にロングリリーフで9試合に登板したが、最初の登板で1失点した以外はすべて無失点に抑える好投見せて4勝をマーク。リーグの月間最優秀リリーフ投手にも選ばれた。ワイルドカードゲームでも、1イニングを3人で片づける好投を見せている。速球のスピードは手術後も時速140キロくらいしかないが、これを高めに使い、三振か凡フライにしとめるピッチングはスリル満点。

年度	所属チーム	勝利	敗戦	防御率	試合数	先発	セーブ	投球イニング	被安打	失点	自責点	被本塁打	与四球	奪三振	WHIP
2019	ブリュワーズ	4	0	0.49	9	0	0	18.1	10	1	1	1	1	15	0.60
通算成績		17	11	3.63	65	34	0	223.0	220	97	90	30	47	178	1.20

昨年アスレティックスで見事に復活

先発 **移籍**

25 ブレット・アンダーソン Brett Anderson

32歳｜193cm｜104kg｜左投左打｜球140キロ台後半（シンカー主体）｜決◎シンカー

対左.221｜対右.280｜ド2006①ダイヤモンドバックス｜田テキサス州｜年500万ドル（約5億5000万円）

球	3
制	4
緩	4
守・走	2
度	3

1年500万ドルで入団したグラウンド・ボールピッチャーの代表格。故障リスクの高い投手の代表格でもあるが、アスレティックスで投げた昨季は4年ぶりにフルシーズン、ローテーションにとどまって投げた。特徴は、効率良くゴロを引っかけさせることに主眼を置いているため、イニングあたりの球数が最少レベルで、三振と四球が少ないこと。通常はシンカー、スライダー、カッターをストライクゾーンにどんどん投げ込んで、テンポ良くアウトを取っていく。古巣のアスレティックスに戻ると安定した投球を見せるが、それ以外の球団では、結果を出せない傾向がある。

年度	所属チーム	勝利	敗戦	防御率	試合数	先発	セーブ	投球イニング	被安打	失点	自責点	被本塁打	与四球	奪三振	WHIP
2019	アスレティックス	13	9	3.89	31	31	0	176.0	181	80	76	20	49	90	1.31
通算成績		59	61	4.05	188	176	3	997.1	1065	496	449	98	266	682	1.33

父の死で受けたショックを乗り越えて成長

先発 **移籍**

27 エリック・ラウアー Eric Lauer

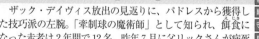

25歳｜191cm｜93kg｜左投右打｜球140キロ台後半（フォーシーム主体）｜決◎フォーシーム

対左.331｜対右.247｜ド2016①パドレス｜田オハイオ州｜年56万3500ドル（約6200万円）+α

制	3
制	4
緩	4
守・走	5+
度	3

ザック・デイヴィス放出の見返りに、パドレスから獲得した技巧派の左腕。「牽制球の魔術師」として知られ、餌食になった走者は2年間で12名。昨年7月に父リックさんが病死。少年時代、野球の基礎を叩き込んでくれたのは父で、練習相手になってくれたのも父だった。メジャーの投手になってからも、父は毎日メールを送って太いきずなを保ち続けた。それだけに悲しみは深く、少年時代の自分が父の投げるボールをスイングしているコミカルタッチのイラストをプロに描いてもらい、それをスニーカーの上に焼き込んでチームメートに配り、弔いのしるしにしていた。

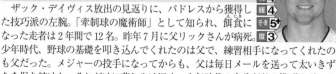

年度	所属チーム	勝利	敗戦	防御率	試合数	先発	セーブ	投球イニング	被安打	失点	自責点	被本塁打	与四球	奪三振	WHIP
2019	パドレス	8	10	4.45	30	29	0	149.2	158	82	74	20	51	138	1.40
通算成績		14	17	4.40	53	52	0	261.2	285	143	128	35	97	238	1.46

球＝速球のスピード　決＝決め球

ブリュワーズ

先発では防御率7.07、リリーフでは4.01

先発 ロングリリーフ

51 フレディ・ペラルタ Freddy Peralta

24歳｜180cm｜79kg｜右投右打｜球速150キロ前後(フォーシーム主体)｜決○フォーシーム
対左.219 対右.280 ▷2013外マリナーズ 田ドミニカ 年56万3500ドル(約6200万円)+α

球 5
制 2
緩 2
守 3
度 3

先発で投げると、いいときと悪いときのギャップが極端に大きくなる先発5番手候補の一人。昨季は2度目の先発となった4月3日のレッズ戦で、8回を2安打無失点に抑える好投を見せた。だが、悪いときは7失点や9失点のゲームがあり、6月11日を最後に先発で使われなくなった。全投球の8割を占めるフォーシームは、スピンレートが高い一級品だが、制球が不安定。ドミニカ人選手では少数派の中産階級出身で、高校を最終学年まで修了している稀有な存在。同じドミニカ出身のマリッツァ・タヴェラスさんというチャーミングな女性といつも行動をともにしている。

年度	所属チーム	勝利	敗戦	防御率	試合数	先発	セーブ	投球イニング	被安打	失点	自責点	被本塁打	与四球	奪三振	WHIP
2019	ブリュワーズ	7	3	5.29	39	8	1	85.0	87	58	50	15	37	115	1.46
通算成績		13	7	4.79	55	22	1	163.1	136	95	87	23	77	211	1.30

クローザー返り咲きを狙う豪腕リリーバー

セットアップ クローザー

46 コーリー・クネーベル Corey Knebel

29歳｜193cm｜100kg｜右投右打｜球速150キロ台中頃(フォーシーム主体)｜決○カーブ
◆昨季メジャー出場なし ▷2013①タイガース 田テキサス州 年512.5万ドル(約6375万円)

球 5
制 2
緩 5
守 3
度 4

昨年4月3日にトミー・ジョン手術を受けたため、昨季は全休となったリリーフ右腕。クネーベルがヒジの腱を痛めるのはこれが初めてではなく、2014年にも部分断裂と診断されたことがあった。このときはPRP療法で治癒し、その後4年以上再発が見られなかったため、今回もPRP療法で行けないものかと思ったようだが、2020年の開幕に確実に出場したいなら手術しかないと説得され、了承した。昨年12月に、19年度と同じ1年512.5万ドルで契約更改を済ませているが、今年の契約書には、カムバック賞を受賞した場合は5万ドルのボーナスを支給という項目が入った。

年度	所属チーム	勝利	敗戦	防御率	試合数	先発	セーブ	投球イニング	被安打	失点	自責点	被本塁打	与四球	奪三振	WHIP
2018	ブリュワーズ	4	3	3.58	57	0	16	55.1	38	23	22	7	22	88	1.08
通算成績		6	11	3.15	224	0	57	223.0	173	83	78	24	98	321	1.22

速球のスピン量は依然最高レベル

ロングリリーフ 先発

39 コービン・バーンズ Corbin Burnes

26歳｜191cm｜93kg｜右投右打｜球速150キロ台前半(フォーシーム主体)｜決○スライダー
対左.398 対右.287 ▷2016④ブリュワーズ 田カリフォルニア州 年56万3500ドル(約6200万円)+α

球 4
制 2
緩 2
守 2
度 2

悪夢の2019年が去り、心機一転巻き返しを図る右腕。昨季は開幕から先発4番手として起用されたが、4試合目までに19イニングで本塁打を11本打たれる荒れようでマイナー落ちした。その後は昇格と降格を繰り返すようになるが、リリーフで数試合好投しても時々大量失点するため、防御率があり得ない高さで推移した。しまいには炎上癖が3Aでも炸裂し、メジャーと3Aの防御率がどちらも8点台になってしまった。最悪の展開になったのは、先発で失敗してからあれもしようこれもしようと考え過ぎるようになり、本当に大事な一つのことに集中できなくなったからだ。

年度	所属チーム	勝利	敗戦	防御率	試合数	先発	セーブ	投球イニング	被安打	失点	自責点	被本塁打	与四球	奪三振	WHIP
2019	ブリュワーズ	1	5	8.82	32	4	1	49.0	70	52	48	17	20	70	1.84
通算成績		8	5	6.10	62	4	2	87.0	97	63	59	21	31	105	1.47

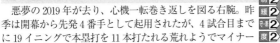

球=速球のスピード 決=決め球 対左=対左打者被打率 対右=対右打者被打率
▷=ドラフトデータ 田=出身地 年=年俸

160キロでもよく打たれる豪速球

ミドル リリーフ

50 レイ・ブラック *Ray Black*

30歳｜196cm｜102kg｜右投右打｜球速150キロ台後半（フォーシーム）｜決め球○フォーシーム

対左.292 対右.194 ｜Ⓓ2011①ジャイアンツ｜出ペンシルヴァニア州｜年56万3500ドル（約6200万円）+α

	球	3
制	2
緩	2
守・走	3
度	3

　昨年7月末にジャイアンツから移籍した苦労人の豪腕投手。ウリは、速球が頻繁（ひんぱん）に160キロに届くこと。通常はこの豪速球75%、高速スライダー25%くらいの割合で投げている。これだけの球速がありながらよく打たれるのは、タイミングを合わせやすい投球フォームで投げていることに加え、ストレートな軌道になりがちなため。28歳になるまでメジャーに上がれなかったのは、肩、ヒジ、ヒザ、腰などを次々に痛め、満足にプレーできない状態が続いたからだ。何度もユニフォームを脱ごうと思ったそうだが、その度に、自分には野球しかないのだと考え直して練習に励（はげ）んだ。

年度	所属チーム	勝利	敗戦	防御率	試合数	先発	セーブ	投球イニング	被安打	失点	自責点	被本塁打	与四球	奪三振	WHIP
2019	ジャイアンツ	0	0	4.50	2	0	0	2.0	1	1	1	1	1	9	2.50
2019	ブリュワーズ	0	0	5.14	15	0	0	14.0	10	8	8	4	8	13	1.29
2019	2チーム計	0	0	5.06	17	0	0	16.0	14	9	9	5	9	18	1.44
	通算成績	2	3	5.72	43	0	0	39.1	31	25	25	9	19	51	1.27

変則的なサイドハンドスローのリリーフ左腕

セット アップ

58 アレックス・クラウディオ *Alex Claudio*

28歳｜191cm｜82kg｜左投左打｜球速130キロ台後半（ツーシーム主体）｜決め球○チェンジアップ

対左.218 対右.274 ｜Ⓓ2010㉗レンジャーズ｜出プエルトリコ｜年175万ドル（約1億9250万円）

球	2
制	3
緩	4
守・走	4
度	4

　絵に描いたようなワンポイントタイプの変則サウスポー。レンジャーズから移籍して迎えた昨季は、メジャー最多の83試合に登板し、左殺しのスペシャリストとしてまずまずの働きを見せた。特徴はゴロ打球の比率が際立って高いことで、三振を取るより一発を食わないことを最優先にしている。今季「リリーフ投手は最低3人の打者と対戦しなくてはならない」という新ルールが導入されるため、ワンポイントタイプのリリーバーが絶滅危惧種のような目で見られている。座して死を待つ気はないと思われるので、今季、生き残りをかけてどのような変貌（へんぼう）を遂げるか注目だ。

年度	所属チーム	勝利	敗戦	防御率	試合数	先発	セーブ	投球イニング	被安打	失点	自責点	被本塁打	与四球	奪三振	WHIP
2019	ブリュワーズ	2	2	4.06	83	0	0	62.0	57	29	28	8	24	44	1.31
	通算成績	15	8	3.38	291	2	12	292.2	300	119	110	23	72	202	1.27

38 デヴィン・ウィリアムズ *Devin Williams*

リリーフ ｜ 期待度 A-｜ ルーキー

26歳｜191cm｜75kg｜右投右打｜◆昨季メジャーで13試合出場｜Ⓓ2013②ブリュワーズ｜出ミズーリ州

　トミー・ジョン手術から復帰後、制球難が改善されないため、昨年リリーフに回ったところ、速球のスピードが大幅にアップし、最大161キロまで出るようになった。チェンジアップの制球も良くなったので、この2つを高低に投げ分けることが可能になり、ハイペースで三振を奪えるようになった。

79 トレイ・シューパック *Trey Supak*

先発 ｜ 期待度 B ｜ ルーキー

24歳｜196cm｜109kg｜右投右打｜◆昨季は2A、3Aでプレー｜Ⓓ2014②パイレーツ｜出テキサス州

　速球、スライダー、チェンジアップ、カーブを効果的に組み合わせ、三振より、ゴロを打たせることに主眼を置いたピッチングを見せる投手。昨季は2Aで20試合に先発し、11勝4敗、防御率2.20という目を見張る数字を出したあと3Aに昇格。今季は開幕を3Aで迎え、シーズン中の昇格を目指す。

ブリュワーズ

自打球がヒザを直撃し、万事休す ライト

22 クリスチャン・イェリッチ
Christian Yelich

29歳／191cm／88kg／右投左打

- ◆対左投手打率／.277(173-48) ◆対右投手打率／.358(316-113)
- ◆ホーム打率／.347(236-82) ◆アウェー打率／.312(253-79)
- ◆得点圏打率／.327(101-33)
- ◆19年のポジション別出場数／ライト=124、レフト=6、DH=2、センター=1
- ◆ドラフトデータ／2010①マーリンズ
- ◆出身地／カリフォルニア州 ◆年俸／1250万ドル(約13億7500万円)
- ◆MVP1回(18年)、首位打者2回(18、19年)、ゴールドグラブ賞1回(14年)、
  シルバースラッガー賞3回(16、18、19年)、ハンク・アーロン賞2回(18、19年)

ミート	5
パワー	5
走塁	5
守備	4
肩	3

　2年連続でナショナル・リーグの首位打者になったが、MVP投票では2位に終わったスター外野手。昨季は開幕戦から4試合連続で、アーチを外野席に叩き込む派手なスタートを切った。その後もMVPになった一昨年をしのぐペースで本塁打を生産したが、ドジャースのベリンジャーも序盤から絶好調で本塁打を量産、MVP争いはこの2人の競り合いになった。決着をつけたのは、9月10日のゲームで起きた不運なアクシデントだった。マーリンズ戦でイェリッチが内角に来たスライダーをスイングした際、自打球がヒザを直撃し、膝蓋骨骨折の大ケガを負ったのだ。これがなければ、最終的に本塁打は49±2、打点は107±4になっていたと思われるので、MVP投票の順位が逆になっていた可能性がある。ヒザのケガは完治しており、今季はキャンプから参加できる見込みだ。

　よく称賛されるのは、本塁打を量産するパワーヒッターになっても、トップレベルの脚力を維持していること。昨季は初めて30盗塁を記録し、「30-30」(本塁打30と盗塁30の同時達成)をやってのけた。30盗塁は、ナショナル・リーグ3位タイの数字だった。

　今や野球界を代表するスター選手の一人であるため、昨年のキャンプ前には、CBCテレビの人気クライムドラマ『私立探偵マグナム』から声がかかり、ゲスト出演。キャンプ中の3月4日にオンエアされた。また、昨年1月には山火事犠牲者の支援をおこなうNPOの要請を受けて、スポーツ界や芸能界のスターが多数参加する大がかりなソフトボール大会の開催に力を尽くし、注目度の高いイベントにした。

カモ	C・カーショウ(ドジャース).500(18-9)2本　G・コール(ヤンキース).450(20-9)3本
苦手	M・ロレンゼン(レッズ).071(14-1)0本　T・ウィリアムズ(パイレーツ).091(11-1)0本

年度	所属チーム	試合数	打数	得点	安打	二塁打	三塁打	本塁打	打点	四球	三振	盗塁	盗塁死	出塁率	OPS	打率
2013	マーリンズ	62	240	34	69	12	1	4	16	31	66	10	0	.370	.766	.288
2014	マーリンズ	144	582	94	165	30	6	9	54	70	137	21	7	.362	.764	.284
2015	マーリンズ	126	476	63	143	30	2	7	44	47	101	16	5	.366	.782	.300
2016	マーリンズ	155	578	78	172	38	3	21	98	72	138	9	4	.376	.859	.298
2017	マーリンズ	156	602	100	170	36	2	18	81	80	137	16	2	.369	.807	.282
2018	ブリュワーズ	147	574	118	187	34	7	36	110	68	135	22	4	.402	1.000	.326
2019	ブリュワーズ	130	489	100	161	29	3	44	97	80	118	30	2	.429	1.100	.329
通算成績		920	3541	587	1067	209	24	139	500	448	832	124	24	.383	.874	.301

ルーキーながら4番打者で起用された逸材　セカンド

18 ケストン・ヒウラ
Keston Hiura

24歳｜180cm｜86kg｜右投右打

◆対左投手率／.240(75-18)　◆対右投手率／.322(239-77)
◆ホーム打率／.331(130-43)　◆アウェー打率／.283(184-52)
◆得点圏打率／.233(73-17)
◆19年のポジション別出場数／セカンド=81
◆ドラフトデータ／2017①ブリュワーズ
◆出身地／ペンシルヴァニア州
◆年俸／56万3500ドル（約6200万円）+α

ミート	5
パワー	5
走塁	4
守備	2
肩	3

ブリュワーズ

　今季は30本塁打100打点級の活躍を期待されている、大きな可能性を秘めた日系人のスラッガー。一昨年のアリゾナ・フォールリーグ（オフにおこなわれる教育リーグ）でMVPになったため、昨季はキャンプ前に発表されるチームの有望新人リストのトップにランクされ、期待が高まった。開幕は3Aで迎え、セカンドのレギュラーとしてスタート。出だしから打ちまくって5月14日にメジャーに呼ばれた。このときはトラヴィス・ショウのIL入りにともなう穴埋め昇格で、20日ほどで3Aに戻された。しかし、メジャーで17試合に出ただけで本塁打を5本打っていたため、球団は正式にセカンドのレギュラーに据えて使う方針を固め、まずスランプから立ち直れないサードのショウをマイナーに落とした。次にセカンドのムスタカスをサードに回したうえで、ヒウラを再昇格させ正二塁手にした。

　打者としての最大の長所は、優れた動体視力とスイングスピードの速さ。この2つがあるので、どんな球種が来ても瞬時に軌道を読んで対応できる。そのため苦手な球種がなく、高打率を生み出すもとになっている。長打がよく出るが、バッティングの基本線はあくまでもセンター返しと、広角に強い打球を打ち返すことに置いている。

　大学時代は、UCアーヴァイン校でプレー。3年のとき、打率4割4分2厘、出塁率5割6分7厘をマークし、大学野球屈指の好打者と見なされるようになった。父カークさんは日系、母ジャニスさんはチャイニーズアメリカン。アジア系でいながら群を抜く強打者に成長したのは、9歳のときからショーン・トンプソンという打撃指導を専門にするインストラクターのもとに通って、きめ細かい指導を受けたからだ。

　打撃とは対照的に、守備には難がある。これは大学3年（2017年）のシーズンが始まる前に、ヒジの腱の部分断裂が見つかり、1シーズン、ずっとPRP療法を受けながらDHで出場していたからだ。

| カモ | T・ウィリアムズ（パイレーツ）.600(5-3)2本　L・カスティーヨ（レッズ）.500(6-3)1本 |
| 苦手 | J・キンターナ（カブス）.125(8-1)0本　S・グレイ（レッズ）.143(7-1)0本 |

年度	所属チーム	試合数	打数	得点	安打	二塁打	三塁打	本塁打	打点	四球	三振	盗塁	盗塁死	出塁率	OPS	打率
2019	ブリュワーズ	84	314	51	95	23	2	19	49	25	107	9	3	.368	.938	.303
通算成績		84	314	51	95	23	2	19	49	25	107	9	3	.368	.938	.303

同国人の絶世の美女と結婚して生活が充実　レフト　移籍

24 アヴィサイル・ガルシア　*Avisail Garcia*

29歳｜193cm｜113kg｜右投右打

◆対左投手打率／.265　◆対右投手打率／.291
◆ホーム打率／.296　◆アウェー打率／.270　◆得点圏打率／.294
◆19年のポジション別出場数／ライト=92、DH=24、センター=12
◆⑱2007㊍タイガース　◆㊷ベネズエラ
◆㊷700万ドル（約7億7000万円）

ミート	4
パワー	4
走塁	4
守備	4
肩	4

　昨年レイズでよみがえったあと、ブリュワーズに来た身体能力の高い外野手。一昨年までは左投手に対しては一流、右投手に対して三流と見なされ、プラトーンで使えば生きるタイプと思われていた。しかし昨季は右投手の変化球に肩が開かなくなり、対右投手の打率（2割9分1厘）が対左投手の打率（2割6分5厘）を上回った。それにより評価が急上昇し、2年2000万ドルの契約をゲット。以前はやんちゃ坊主で、タイガース時代にはチームメートの奥さんの浮気の相手をして、トレードされたことがあるが、絶世の美女アナカリーナさんと結婚してからは、子供第一のマイホームパパになった。

カモ R・ポーセロ（メッツ）.406(32-13)2本　苦手 S・グレイ（レッズ）.083(12-1)0本

年度	所属チーム	試合数	打数	得点	安打	二塁打	三塁打	本塁打	打点	四球	三振	盗塁	盗塁死	出塁率	OPS	打率
2012	タイガース	23	47	7	15	0	0	0	3	3	10	0	2	.373	.692	.319
2013	タイガース	30	83	12	20	3	1	2	10	4	21	0	1	.273	.646	.241
2013	ホワイトソックス	42	161	19	49	4	2	5	21	5	38	3	2	.327	.775	.304
2013	2チーム計	72	244	31	69	7	3	7	31	9	59	3	3	.309	.731	.283
2014	ホワイトソックス	46	172	19	42	8	0	7	29	14	44	4	1	.305	.718	.244
2015	ホワイトソックス	148	553	66	142	17	2	13	59	36	141	7	7	.309	.675	.257
2016	ホワイトソックス	120	413	59	101	18	2	12	51	34	115	4	3	.307	.692	.245
2017	ホワイトソックス	136	518	75	171	27	5	18	80	33	111	5	3	.380	.885	.330
2018	ホワイトソックス	93	356	47	84	11	2	19	49	20	102	3	1	.281	.719	.236
2019	レイズ	125	489	61	138	25	2	20	72	31	125	10	4	.332	.796	.282
	通算成績	763	2792	365	762	113	16	96	374	180	707	36	25	.323	.751	.273

守備力の向上が課題の正捕手　キャッチャー　移籍

10 オマー・ナルヴァエズ　*Omar Narvaez*

28歳｜180cm｜100kg｜右投左打　盗塁阻止率／.121(66-8)

◆対左投手打率／.227　◆対右投手打率／.289
◆ホーム打率／.275　◆アウェー打率／.282　◆得点圏打率／.255
◆19年のポジション別出場数／キャッチャー=98、DH=22、セカンド=1
◆⑱2008㊍レイズ　◆㊷ベネズエラ
◆㊷272.5万ドル（約2億9975万円）

ミート	3
パワー	5
走塁	2
守備	2
肩	2

　昨年、マリナーズで打者としてブレイクしたあと、オフのトレードでブリュワーズに来たバットで貢献するタイプの捕手。打者としては速球を好むローボール・ヒッターで、昨年記録した22本塁打のうち15本はフォーシームを叩いたものだ。その一方でスライダーが苦手で、1割2分3厘（57-7）しか打てなかった。守備のほうは課題が山積している。ボールブロックに難があり、昨季はメジャー全体で2番目に多い54のワイルドピッチを出した。また、盗塁阻止率も12.1%（66-8）で、許盗塁58はメジャーで3番目に多い数字。リード面もイマイチで、捕手防御率はワーストレベルの5.26だった。

カモ 田中将大（ヤンキース）.417(12-5)0本　苦手 T・バウアー（レッズ）.167(12-2)0本

年度	所属チーム	試合数	打数	得点	安打	二塁打	三塁打	本塁打	打点	四球	三振	盗塁	盗塁死	出塁率	OPS	打率
2016	ホワイトソックス	34	101	13	27	4	0	1	10	14	14	0	0	.350	.687	.267
2017	ホワイトソックス	90	253	23	70	10	0	2	14	38	45	0	0	.373	.713	.277
2018	ホワイトソックス	97	280	30	77	14	1	9	30	38	65	0	2	.366	.794	.275
2019	マリナーズ	132	428	63	119	12	0	22	55	47	92	0	0	.353	.813	.278
	通算成績	353	1062	129	293	40	1	34	109	137	216	0	2	.361	.772	.276

野手

球場を沸かせる守備を連発する千両役者 　センター

6 ロレンゾ・ケイン Lorenzo Cain

34歳｜188cm｜93kg｜右投右打

◆対左投手打率／.264　◆対右投手打率／.258
◆ホーム打率／.251　◆アウェー打率／.269　◆得点圏打率／.238
◆19年のポジション別出場数／センター＝143
◆Ⓓ2004⑰ブリュワーズ　◆囲ジョージア州
◆匭1600万ドル（約17億6000万円）　◆ゴールドグラブ賞1回（19年）

ミート **4**
パワー **3**
走塁 **5**
守備 **5**
肩 **4**

初めてゴールドグラブ賞を受賞した、チームの空気を良くする外野手。長所は、ピンチにスーパープレーをやって投手を助けるクラッチディフェンダーであること。昨季は守備で防いだ失点が20あるが、これはメジャーの中堅手では2番目に多い数字だ。フェンス際に飛んだフライ打球に強いことでも知られ、ジャンプ一番ホームランキャッチをやったことが何度もある。打撃面では、5月から8月にかけて長いスランプがあった。以前得意にしていた快速球に差し込まれることが多く、強い打球を打てる比率が大幅に減少した。

[カモ] S・グレイ（レッズ）.429(21-9)0本　[苦手] ダルビッシュ有（カブス）.143(14-2)0本

年度	所属チーム	試合数	打数	得点	安打	二塁打	三塁打	本塁打	打点	四球	三振	盗塁	盗塁死	出塁率	OPS	打率
2010	ブリュワーズ	43	147	17	45	11	1	1	13	9	28	7	1	.348	.763	.306
2011	ロイヤルズ	6	22	4	6	1	0	0	1	4	0	0	0	.304	.623	.273
2012	ロイヤルズ	61	222	27	59	9	2	7	31	15	56	10	0	.316	.734	.266
2013	ロイヤルズ	115	399	54	100	21	3	4	46	33	90	14	6	.310	.658	.251
2014	ロイヤルズ	133	471	55	142	29	4	5	53	24	108	28	5	.339	.751	.301
2015	ロイヤルズ	140	551	101	169	34	6	16	72	37	98	28	6	.361	.838	.307
2016	ロイヤルズ	103	397	56	114	19	1	9	56	31	84	14	5	.339	.747	.287
2017	ロイヤルズ	155	584	86	175	27	5	15	49	54	100	26	2	.363	.803	.300
2018	ブリュワーズ	141	539	90	166	25	2	10	38	71	94	30	7	.395	.813	.308
2019	ブリュワーズ	148	562	75	146	30	0	11	48	50	106	18	8	.325	.697	.260
通算成績		1045	3894	565	1122	206	24	78	407	325	768	175	40	.347	.761	.288

GMは守備力の低下を心配 　ショート

3 オルランド・アルシア Orlando Arcia

26歳｜183cm｜75kg｜右投右打

◆対左投手打率／.240　◆対右投手打率／.217
◆ホーム打率／.214　◆アウェー打率／.231　◆得点圏打率／.242
◆19年のポジション別出場数／ショート＝150
◆Ⓓ2010⑭ブリュワーズ　◆囲ベネズエラ
◆匭220万ドル（約2億4200万円）

ミート **2**
パワー **2**
走塁 **2**
守備 **3**
肩 **4**

2年連続の打撃不振で、レギュラーの座が危うくなっているベネズエラ出身の遊撃手。とくに問題なのは、出塁率がレギュラーを維持できなくなる目安とされる3割のラインを、2シーズン連続で大きく割り込んでいることだ。デイヴィッド・スターンズGMは、アルシアが守備面でもレベルダウンしていることに不満を募らせ、昨年11月のパドレスとのトレードで、後釜になり得る人材として二塁手兼遊撃手のルイス・ウリーアスを獲得した。春のキャンプで、アルシアと競わせる構えだ。こうした方針は、アルシア本人にも伝達されている。キャンプでは生き残りをかけた必死のプレーが見られるだろう。

[カモ] M・ロレンゼン（レッズ）.385(13-5)2本　[苦手] ダルビッシュ有（カブス）.000(8-0)0本

年度	所属チーム	試合数	打数	得点	安打	二塁打	三塁打	本塁打	打点	四球	三振	盗塁	盗塁死	出塁率	OPS	打率
2016	ブリュワーズ	55	201	21	44	10	3	4	17	15	47	8	0	.273	.631	.219
2017	ブリュワーズ	153	506	56	140	17	2	15	53	36	100	14	7	.324	.731	.277
2018	ブリュワーズ	119	348	32	82	16	0	3	30	15	87	7	4	.268	.576	.236
2019	ブリュワーズ	152	494	51	110	16	1	15	59	43	109	8	5	.283	.633	.223
通算成績		479	1549	160	376	59	6	37	159	109	343	37	16	.292	.652	.243

ブリュワーズ

ユニフォームを着た金融アナリスト

7 **エリック・ソガード** *Eric Sogard*

ユーティリティ　移籍

34歳／178cm／84kg／右投左打

◆対左投手打率／.279　◆対右投手打率／.295
◆ホーム打率／.270　◆アウェー打率／.308　◆得点圏打率／.333
◆19年のポジション別出場数／セカンド=74、DH=16、サード=6、ライト=6、ショート=1、レフト=1
◆Ⓓ2007②パドレス　◆Ⓗアリゾナ州
◆Ⓨ450万ドル（約4億9500万円）

ミート	3
パワー	3
走塁	4
守備	3
肩	2

　1年間ブルージェイズとレイズでプレー後、1年450万ドルの契約で戻ってきた使い勝手のいい内野手。以前は非力な内野手の代表格で、守備力を買われて主にセカンドとショートの2番手として使われていた。しかしここに来てパワーが付き、油断すると痛い目にあう打者になった。レイズの一員としてプレーした昨年の地区シリーズでは、第5戦でゲリット・コールの豪速球をライトスタンドに運んで男をあげた。資産運用に詳しいことで知られ、経済番組に出演し、スポーツ選手の資産運用について持論を述べたことがある。

カモ　J・サマージャ（ジャイアンツ）.500（14-7）1本　　苦手　C・マルティネス（カーディナルス）.143（14-2）0本

年度	所属チーム	試合数	打数	得点	安打	二塁打	三塁打	本塁打	打点	四球	三振	盗塁	盗塁死	出塁率	OPS	打率
2010	アスレティックス	4	7	0	3	0	0	0	0	2	1	0	1	.556	.984	.429
2011	アスレティックス	27	70	7	14	3	0	0	4	4	13	0	0	.243	.572	.200
2012	アスレティックス	37	102	8	21	3	1	2	9	5	17	2	0	.206	.480	.167
2013	アスレティックス	130	368	45	98	24	3	2	35	27	51	10	5	.322	.686	.266
2014	アスレティックス	117	291	38	65	10	0	1	22	31	37	11	4	.298	.567	.223
2015	アスレティックス	120	372	40	92	12	3	1	37	23	50	6	1	.294	.598	.247
2017	ブリュワーズ	94	249	37	68	15	1	3	18	45	37	3	3	.393	.770	.273
2018	ブリュワーズ	55	97	7	13	3	0	0	12	12	23	3	0	.241	.406	.134
2019	ブルージェイズ	73	287	45	86	17	2	10	30	29	47	6	0	.300	.840	.300
2019	レイズ	37	109	14	29	6	0	3	10	9	16	2	0	.328	.731	.266
2019	2チーム計	110	396	59	115	23	2	13	40	38	63	8	0	.353	.810	.290
通算成績		694	1952	241	485	93	10	24	165	187	292	43	14	.318	.661	.248

2017年は25本、2018年は24本の長距離砲

28 **ライオン・ヒーリー** *Ryon Healy*

サード
ファースト　移籍

28歳／196cm／102kg／右投右打

◆対左投手打率／.200　◆対右投手打率／.250
◆ホーム打率／.224　◆アウェー打率／.250　◆得点圏打率／.188
◆19年のポジション別出場数／サード=44、ファースト=11
◆Ⓓ2013③アスレティックス　◆Ⓗカリフォルニア州
◆Ⓨ100万ドル（約1億1000万円）+α

ミート	2
パワー	5
走塁	2
守備	2
肩	4

　マリナーズを出て、1年100万ドルのバーゲン価格で入団した、昨年腰痛にトコトン苦しめられた内野手。バットで貢献するタイプの三塁手兼一塁手で、変化球にめっぽう強いため、田中将大、ダルビッシュ有などの日本人投手をカモにしてきた実績がある。昨季は正三塁手のシーガーが手のケガで5月中旬まで復帰できないため、その穴埋めに開幕から連日サードでスタメン出場した。腰に痛みが出たのは5月に入ってからで、それがひどくなった5月21日にIL入り。6月中旬に神経ブロック注射をしたところ痛みが消えたので練習を始めたが、すぐに激痛が走り、8月10日に手術を受けた。これによって痛みが出ることはなくなり、今季はキャンプから参加できる見込みだ。

カモ　J・パクストン（ヤンキース）.545（11-6）0本　　苦手　C・クルーバー（レンジャーズ）.071（14-1）0本

年度	所属チーム	試合数	打数	得点	安打	二塁打	三塁打	本塁打	打点	四球	三振	盗塁	盗塁死	出塁率	OPS	打率
2016	アスレティックス	72	269	36	82	20	0	13	37	12	60	0	0	.337	.861	.305
2017	アスレティックス	149	576	66	156	29	0	25	78	23	142	0	1	.302	.754	.271
2018	マリナーズ	133	493	51	116	15	0	24	73	27	113	0	0	.277	.688	.235
2019	マリナーズ	47	169	24	40	16	0	7	26	13	40	0	0	.289	.744	.237
通算成績		401	1507	177	394	80	0	69	214	75	355	0	1	.298	.750	.261

薬物汚染歴のある打者の代表格

ファースト / レフト

8 ライアン・ブラウン *Ryan Braun*

37歳 | 188cm | 93kg | 右投右打 対左.287 対右.306

⑦.263 得.290 ⓓ2005①ブリュワーズ ⑰カリフォルニア州 俸1600万ドル（約17億6000万円）
◆MVP1回（11年）、本塁打王1回（12年）、シルバースラッガー賞5回（08〜12年）、新人王（07年）

ミ **4**
パ **5**
走 **4**
守 **3**
肩 **4**

5年契約の最終年に入るチーム生え抜きのスラッガー。昨季は延長18回裏に出たサヨナラタイムリー、1点ビハインドの9回2死満塁で飛び出した満塁アーチなど、劇的な一打がいくつかあり存在感を示した。逆方向への本塁打が多いことで知られ、昨年打った22本も、レフト・左中間が7本、センターが6本、ライト・右中間が9本で、逆方向への一発が一番多かった。通算本塁打が昨季終了時点で現役5位の344本になったが、ほとんどメディアの関心を引かない。筋肉増強剤を常用していたことがわかっている2011年と12年に生産されたものが、70本くらいあるからだ。

年度	所属チーム	試合数	打数	得点	安打	二塁打	三塁打	本塁打	打点	四球	三振	盗塁	盗死	出塁率	OPS	打率
2019	ブリュワーズ	144	459	70	131	31	2	22	75	34	105	11	1	.343	.849	.285
通算成績		1727	6493	1066	1933	401	48	344	1128	579	1336	215	60	.360	.893	.298

若い投手から好投を引き出す職人型の捕手

キャッチャー

9 マニー・ピーニャ *Manny Pina*

33歳 | 183cm | 98kg | 右投右打 盗塁阻止率.222(27-6) 対左.319 対右.151 ⑪.259

⑦.195 得.235 ⓓ2004外レンジャーズ ⑰ベネズエラ 俸185万ドル（約2億350万円）

ミ **2**
パ **3**
走 **3**
守 **4**
肩 **4**

守備の名手として知られる捕手だが、昨季はワイルドピッチを出す頻度が高く、盗塁阻止率も平均レベルの22.2%（27-6）にとどまった。ただ、リード面ではハウザー、ライルズ、ペラルタから度々好投を引き出したため、捕手防御率は3.82で、正捕手グランダルの4.64よりずっと良かった。打撃面ではフライ打球を打つことに注力するようになり、本塁打の生産ペースがかなりアップしている。昨シーズンは強打の捕手の代表格グランダルが正捕手を務めたため、出番が大幅に減ったが、今シーズンは守備力の低いナルヴァエズが正捕手なので、出場機会が大幅に増えるだろう。

年度	所属チーム	試合数	打数	得点	安打	二塁打	三塁打	本塁打	打点	四球	三振	盗塁	盗死	出塁率	OPS	打率
2019	ブリュワーズ	76	158	10	36	8	0	7	25	16	50	1	0	.313	.724	.228
通算成績		319	881	100	226	48	2	27	108	68	208	4	1	.317	.725	.257

アルシアと正遊撃手の座を争うホープ

ショート / セカンド　**移籍**

2 ルイス・ウリーアス *Luis Urias*

23歳 | 175cm | 84kg | 右投右打 対左.351 対右.177 ⑪.233 ⑦.214 得.224

ⓓ2013外パドレス ⑰メキシコ 俸56万3500ドル（約6200万円）+α

ミ **3**
パ **2**
走 **3**
守 **4**
肩 **3**

ブリュワーズがオフのトレードでパドレスから獲得した、急成長の途上にあるメキシコ出身の内野手。一昨年メジャーデビューを果たしたが、12試合の出場にとどまったため、昨季は3Aに戻って開幕を迎えた。その後は3Aで打席に立つと快調にヒットが出るが、メジャーに上がると極端な貧打にあえぐという状態が7月末まで続いた。しかし8月以降はメジャーの投手にアジャストできるようになり、9月は月間成績が打率3割、2本塁打、10打点だった。本来のポジションはセカンドだが、ショートにも対応できるため、スターンズGMはキャンプでアルシアと競わせる方針。

年度	所属チーム	試合数	打数	得点	安打	二塁打	三塁打	本塁打	打点	四球	三振	盗塁	盗死	出塁率	OPS	打率
2019	パドレス	71	215	27	48	8	1	4	24	25	56	0	1	.329	.655	.223
通算成績		83	263	32	58	9	1	6	29	28	66	1	1	.318	.649	.221

対左=対左投手打率　対右=対右投手打率　⑪=ホーム打率　⑦=アウェー打率　得=得点圏打率

（右余白縦書き）ブリュワーズ

ブロンドの長髪がトレードマーク

外野手

16 ベン・ギャメル *Ben Gamel*

28歳｜180cm｜84kg｜左投左打　[対左].354　[対右].220　[ホ].275　[ア].225　[得].266
[ド]2010⑩ヤンキース　[出]フロリダ州　[年]140万ドル（約1億5400万円）

ミ 3
バ 2
走 4
守 4
肩 3

　常にハッスルプレーを心がけるハイエナジープレーヤー。ブリュワーズ1年目の昨季は、レフトを中心に外野の3ポジションを守り、計134試合に出場。5月26日のフィリーズ戦では1試合2本塁打、6月26日の古巣マリナーズ戦ではランニングホームランを放ち、ミルウォーキーのファンを熱狂させた。今季はA・ガルシアの加入もあり、ライトの2番手兼レフトの3番手扱いか。スパイクのかかと部分でレッドブルの缶に穴を開け、そこに口をつけて一気に飲み干すのが試合前のルーティーン。兄マットも元メジャーリーガーで、2008年から12年までブリュワーズでプレー。

年度	所属チーム	試合数	打数	得点	安打	二塁打	三塁打	本塁打	打点	四球	三振	盗塁	盗塁死	出塁率	OPS	打率
2019	ブリュワーズ	134	311	47	77	18	0	7	33	40	104	2	2	.337	.710	.248
通算成績		402	1125	161	296	61	9	20	116	113	303	13	6	.333	.720	.263

エリック・テイムズに代わる新一塁手

ファースト

移籍

12 ジャスティン・スモーク *Justin Smoak*

34歳｜193cm｜100kg｜左投両打　[対左].220　[対右].202　[ホ].211　[ア].204　[得].221
[ド]2008①レンジャーズ　[出]サウスカロライナ州　[年]500万ドル（約5億5000万円）

ミ 2
バ 4
走 2
守 3
肩 4

　優秀な若手に押し出される形でトロントを去り、ミルウォーキーへやって来た強打の一塁手。2017年に自己最多の38本塁打をマークし、オールスターにも初めて選出された。しかし、一昨年、昨年と打撃成績は大きく下降。昨季は故障もあり、打率が2割を切る寸前までいってしまった。ただ、昨季は強い当たりが野手の正面を突く、アンラッキーなケースも多かった。また、四球をたくさん選んだので、出塁率は3割4分2厘と、打率のようなひどい数字ではなかった。オフに、一塁手のエリック・テイムズとの契約を破棄したブリュワーズに、1年500万ドルの契約で入団。

年度	所属チーム	試合数	打数	得点	安打	二塁打	三塁打	本塁打	打点	四球	三振	盗塁	盗塁死	出塁率	OPS	打率
2019	ブルージェイズ	121	414	54	86	16	0	22	61	79	106	0	0	.342	.748	.208
通算成績		1250	4034	491	930	189	2	191	555	542	1080	3	3	.324	.744	.231

15 タイロン・テイラー *Tyrone Taylor*

外野手　期待度 C+　ルーキー

26歳｜183cm｜84kg｜右投右打　◆昨季メジャーで15試合出場　[ド]2012②ブリュワーズ　[出]カリフォルニア州

　センターで使うと生きる守備範囲の広い外野手。以前はパワーに欠けると見なされていたが、昨年3Aで本塁打と二塁打をコンスタントに放ち、評価が急上昇。終盤メジャーに呼ばれ、束の間メジャーリーガー気分を味わった。肩の強さは並だが、送球が正確。一昨年、マイナーで18アシストを記録。

93 マリオ・フェリシアーノ *Mario Feliciano*

キャッチャー　期待度 C　ルーキー

22歳｜185cm｜88kg｜右投右打　◆昨季は1A+、2Aでプレー　[ド]2016②ブリュワーズ　[出]プエルトリコ

　カルロス・ベルトランが現役時代に、プエルトリコに設立した全寮制の野球選手育成高校から巣立った捕手のホープ。ミットよりもバットで貢献するタイプで、天性の打撃センスを備え、コースに逆らわずに広角に強い打球を弾き返す。ここに来てパワーアップして、一発もよく出るようになった。

[対左]＝対左投手打率　[対右]＝対右投手打率　[ホ]＝ホーム打率　[ア]＝アウェー打率　[得]＝得点圏打率
[ド]＝ドラフトデータ　[出]＝出身地　[年]＝年俸

シカゴ・カブス

◆創　立：1876年
◆本拠地：イリノイ州シカゴ市

◆ワールドシリーズ制覇：3回 ／ ◆リーグ優勝：17回
◆地区優勝：7回 ／ ◆ワイルドカード獲得：3回

主要オーナー　トム・リケッツ（証券会社TDアメリトレード・ホールディングス取締役）

過去5年成績

年度	勝	負	勝率	ゲーム差	地区順位	ポストシーズン成績
2015	97	65	.599	3.0	③	リーグ優勝決定シリーズ敗退
2016	103	58	.640	(17.5)	①	ワールドシリーズ制覇
2017	92	70	.568	(6.0)	①	リーグ優勝決定シリーズ敗退
2018	95	68	.583	1.0	②	ワイルドカードゲーム敗退
2019	84	78	.519	7.0	③	―

監督　3 デイヴィッド・ロス *David Ross*

新

◆年　齢…………43歳（ジョージア州出身）
◆現役時代の経歴…15シーズン　ドジャース（2002～04）、
（キャッチャー）　パイレーツ（2005）、パドレス（2005）、レッズ（2006～
　08）、レッドソックス（2008）、ブレーブス（2009～12）、
　レッドソックス（2013～14）、カブス（2015～16）
◆現役通算成績……883試合　.229　106本　314打点
◆監督経歴…………メジャーでの監督経験なし

　現役時代は、投手の能力を引き出す捕手と評価されていた。カブス在籍中はマドン監督の教えでトリックプレーを得意とし、一塁のリゾにわざと極端なバントシフトを敷くよう合図を送って走者を油断させ、捕手牽制刺でアウトにするプレーを何度もやっている。指揮を執るうえで大きなプラスになるのは、投の柱レスター、打の柱リゾと兄弟分の関係にあることだ。3年間テレビ解説者としてカブスに同行していたので、ほかの主力とも気軽に言葉を交わす仲だ。

注目コーチ　1 ターメル・スレッジ *Terrmel Sledge*

　打撃コーチ補佐。43歳。日本ハム（2008～09、12年）、横浜（2010～11年）で計5シーズンプレーし、通算96本塁打。日本ハムでダルビッシュとチームメートだった。

編成責任者　テオ・エプスタイン *Theo Epstein*

　46歳。レッドソックスとカブスで編成トップを務め、それぞれでワールドシリーズを制覇。祖父は脚本家。映画『カサブランカ』で、1943年にアカデミー脚本賞を受賞。

スタジアム　リグレー・フィールド *Wrigley Field*

◆開 場 年…………1914年
◆仕　様…………天然芝
◆収容能力…………41,649人
◆フェンスの高さ …3.5～4.6m
◆特　徴…………長い歴史があるナショナル・リーグ最古の球場。つたで覆われた美しい外野フェンスが特徴だ。風の影響を受けやすい球場で、それによって投手に有利になったり、打者に有利になったりと変化する。デーゲームでの開催が多い。

ニュートラルパーク

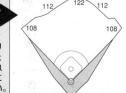

①アンソニー・リゾ……ファースト
②クリス・ブライアント……サード
③ハヴィエア・バエズ……ショート
④カイル・シュワーバー……レフト
⑤ウィルソン・コントレラス……キャッチャー
⑥ジェイソン・ヘイワード……ライト
⑦イアン・ハップ……センター
⑧デイヴィッド・ボーティ……セカンド

Depth Chart [ポジション別選手層・メンバーリスト]

※2020年2月4日時点の候補選手。数字は背番号(開幕前に変更する場合もあり)、右・左等は投・打の順。

センター
8 イアン・ハップ [右・両]
5 アルバート・アルモーラ・ジュニア [右・右]
22 ジェイソン・ヘイワード [左・右]

レフト
12 カイル・シュワーバー [右・左]
8 イアン・ハップ [右・両]
17 クリス・ブライアント [右・右]
16 ロベル・ガルシア [右・両]

ライト
22 ジェイソン・ヘイワード [左・右]
− スティーブン・スーザ・ジュニア [右・右]
8 イアン・ハップ [右・両]

ショート
9 ハヴィエア・バエズ [右・右]
2 ニコ・ホーナー [右・右]
13 デイヴィッド・ボーティ [右・右]

セカンド
13 デイヴィッド・ボーティ [右・右]
2 ニコ・ホーナー [右・右]
33 ダニエル・デスカルソ [右・左]

ローテーション
34 ジョン・レスター [左・左]
11 ダルビッシュ有 [右・右]
28 カイル・ヘンドリックス [右・右]
62 ホセ・キンタナ [左・右]
32 タイラー・チャットウッド [右・右]
30 アレック・ミルズ [右・右]
73 アドバート・アルゾレイ [右・右]

サード
17 クリス・ブライアント [右・右]
13 デイヴィッド・ボーティ [右・右]
8 イアン・ハップ [右・両]
33 ダニエル・デスカルソ [右・左]

ファースト
44 アンソニー・リゾ [左・左]
7 ヴィクター・カラティーニ [右・両]

キャッチャー
40 ウィルソン・コントレラス [右・右]
7 ヴィクター・カラティーニ [右・両]
− ミゲール・アマヤ [右・右]

ブルペン
24 クレイグ・キンブル [右・右] CL
56 カイル・ライアン [左・右]
50 ロワン・ウィック [右・右]
51 デュエイン・アンダーウッド・ジュニア [右・右]
− トレヴァー・メギル [右・右]

43 ダン・ウィンクラー [右・右]
− ケイシー・サドラー [右・右]
42 ライアン・テペラ [右・右]
36 ディロン・マプレス [右・右]
57 ジェイムズ・ノーウッド [右・右]

38 ブラッド・ウィック [右・右]
64 CDペルハム [左・左]
− ジャレル・コットン [右・右]
73 アドバート・アルゾレイ [右・右]

※ CL=クローザー

カブス試合日程……＊はアウェーでの開催

3月26・28・29 ブリュワーズ＊	27・28・29 パイレーツ	29・30・31・**6**月1 レッズ
30・31・**4**月1 パイレーツ	30・**5**月1・2・3 ダイヤモンドバックス＊	2・3 オリオールズ
3・4・5 ダイヤモンドバックス	4・5・6 ドジャース＊	4・5・6・7 レッズ＊
6・7・8・9 パイレーツ＊	8・9・10 ナショナルズ	8・9・10 フィリーズ＊
10・11・12 カーディナルス	11・12・13 ブリュワーズ	13・14 カーディナルス＊
14・15 オリオールズ＊	14・15・16・17 パドレス＊	16・17・18 メッツ
16・17・18・19 ナショナルズ＊	19・20・21 パイレーツ	19・20・21 レッドソックス
21・22・23 パドレス	22・23・24 ブリュワーズ＊	23・24・25 レッズ＊
24・25・26 フィリーズ	26・27・28 マーリンズ	26・27・28 ヤンキース＊

364

球団メモ 昨季は終盤までカーディナルスと首位を争っていたが、9月17日からまさかの9連敗。地区優勝どころか、4年連続で出場してしていたプレーオフ進出も逃している。

■**投手力** ↗ …★★★⯪☆　【昨年度チーム防御率4.10、リーグ3位】

　ローテーションは昨季の先発防御率が「中の上」レベルの4.18。ここからハメルズが抜け、チャトウッドが入る見込みだ。レスターは年齢的な衰えが見られ、3点台の防御率を期待できなくなっているが、ほかの3人は十分出す力がある。課題は酷暑期のスタミナ。デーゲームが多いうえ、夏場は酷暑になるため、昨年8月、ヘンドリックス、レスター、ハメルズは夏バテで成績が急落した。同じ失敗は許されない。ブルペンはキンブルがどの程度復調するかにかかっている。防御率2点台は微妙でも、3点台前半なら出せるはず。

■**攻撃力** ➡ …★★★★☆　【昨年度チーム得点814、リーグ5位】

カブス

　昨季はチーム得点が814で「中の上」レベルだったが、選球眼のいい打者や計算できる打者が多く、打線のクオリティはトップレベル。トップバッターに適材を欠くため、ロス監督はリゾを1番打者で使う意向だ。出塁率はメジャーでも屈指の高さなので、得点力の向上につながるのは確実。今季は、昨年不調だったアルモーラに代わって、ハップがセンターに入る。

■**守備力** ➡ …★★★⯪☆☆　【昨年度チーム失策数118、リーグ14位】

　昨シーズンは内野陣にエラーが頻発した。117失策はメジャー30球団の中でワースト2位（タイ）の数字。一番多かったのがボーティの16。次いでブライアントとバエズが15、コントレラスが12だった。

■**機動力** ➡ …★⯪☆☆☆　【昨年度チーム盗塁数45、リーグ15位】

　盗塁を2ケタ決められるのはバエズだけだ。成功率も低い。

総合評価 ➡
★★★★☆

　ロス監督は現役時代、ピッチャーの操縦に長けた捕手だった。監督としても、劣化しかけている投手陣を上手に使って、機能させるはずだ。90勝前後行く可能性が高いが、ローテーションに複数故障者が出ると、勝ち越しもおぼつかなくなるだろう。

IN 主な入団選手
投手
ジャレル・コットン ← アスレティックス
ケイシー・サドラー ← ドジャース
トラヴィス・レイキンス ← レッドソックス
野手
スティーヴン・スーザ・ジュニア ← ダイヤモンドバックス

OUT 主な退団選手
投手
コール・ハメルズ → ブレーブス
スティーヴ・スィーシェク → ホワイトソックス
ケンドール・グレイヴマン → マリナーズ
野手
ニック・カステヤノス → レッズ
ベン・ゾブリスト → 所属先未定
ジョナサン・ルクロイ → 所属先未定

29・30・**7**月1・2	ブリュワーズ	31・**8**月1・2	ブリュワーズ	31・**9**月1・2	ジャイアンツ
3・4・5	レイズ	3・4・5・6	ブレーブス	4・5・6	レッズ
7・8	ホワイトソックス＊	7・8・9	ブリュワーズ＊	7・8・9	ロッキーズ＊
10・11・12	ブレーブス＊	11・12	レッズ＊	10・11・12・13	カーディナルス＊
14	オールスターゲーム	14・15・16	ブルージェイズ＊	14・15・16・17	パイレーツ
17・18・19	レッズ	17・18・19・20	ドジャース	18・19・20	ロッキーズ
20・21	ホワイトソックス	21・22・23	カーディナルス	22・23	パイレーツ＊
23・24・25・26	カーディナルス＊	25・26・27	マーリンズ＊	25・26・27	カーディナルス
27・28・29・30	ジャイアンツ	28・29・30	メッツ＊		

球団メモ　カブスでのプレー経験がある日本人選手には、現在所属しているダルビッシュ有のほか、福留孝介、田口壮、髙橋尚成、藤川球児、和田毅、川崎宗則、上原浩治がいる。

昨季後半、若いカラティーニを女房役に奮投 【先発】

11 ダルビッシュ有
Yu Darvish

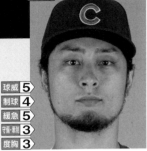

34歳｜196cm｜100kg｜右投右打

◆速球のスピード／150キロ台前半(フォーシーム主体)
◆決め球と持ち球／☆スライダー、◎フォーシーム、◎スプリッター、◎カーブ、○カッター、△ツーシーム
◆対左打者被打率／.243　◆対右打者被打率／.181
◆ホーム防御率／4.96　◆アウェー防御率／3.09
◆ドラフトデータ／2012㉑レンジャーズ
◆出身地／大阪府
◆年俸／2200万ドル(約24億2000万円)
◆最多奪三振1回(13年)

球威	5
制球	4
緩急	5
順・順	3
度胸	3

　昨季後半、見事によみがえったため、今季はエース級の活躍を期待される6年契約の3年目に入る右腕。カブス1年目は腕の故障で長期欠場したため、昨季は巻き返しを期待されていた。だが、シーズン前半は速球系(フォーシーム、ツーシーム)の制球が不安定で、これを叩かれた本塁打が頻発し、スライダー依存の苦しい投球が続いた。前半戦終了時点の防御率は5.01で、ナショナル・リーグの規定投球回数に達した41人の投手の中でワースト。被本塁打20はワーストタイ、与四球49はワースト4位だった。

　ところがオールスターブレイクが終わって後半戦に入ると、速球の制球が見違えるように安定。速球系を叩かれた本塁打が激減した。速球系がよみがえったことで配球のバランスも良くなり失点が半減、猛烈な勢いで三振を奪うようになった。この好調ぶりは数字にも反映され、シーズン後半は防御率2.76で、ナショナル・リーグの規定投球回以上の投手で4位。奪三振118は2位、奪三振率13.00は1位だった。地元メディアはこの好調ぶりに素直に反応し、「前半戦役立たずのダルビッシュ、後半に入って野獣に変身!」(シカゴ・サンタイムズ)、「ダルビッシュの復活は、ハメルズの故障で弱体化が懸念されたローテーションを逆にレベルアップさせた」(ESPN)といった見出しを付けて復活を報じた。

　見逃せないのはパーソナル捕手を務めたカラティーニの存在だ。ダルビッシュは正捕手のコントレラスと相性が悪く、バッテリーを組んだ8試合の防御率は6.00だったが、カラティーニと組んだ19試合は3.29だった。シーズン後半はほとんどカラティーニと組んで好結果が出ているので、今季もこの若い捕手を女房役にして投げることが多くなりそうだ。

カモ D・ファウラー(カーディナルス).000(11-0)0本　H・ケンドリック(ナショナルズ).000(19-0)0本
苦手 C・イェリッチ(ブリュワーズ).364(11-4)2本　N・アレナード(ロッキーズ).385(13-5)2本

年度	所属チーム	勝利	敗戦	防御率	試合	先発	セーブ	投球イニング	被安打	失点	自責点	被本塁打	与四球	奪三振	WHIP
2012	レンジャーズ	16	9	3.90	29	29	0	191.1	156	89	83	14	89	221	1.28
2013	レンジャーズ	13	9	2.83	32	32	0	209.2	145	68	66	26	80	277	1.07
2014	レンジャーズ	10	7	3.06	22	22	0	144.1	133	54	49	13	49	182	1.26
2016	レンジャーズ	7	5	3.41	17	17	0	100.1	81	43	38	12	31	132	1.12
2017	レンジャーズ	6	9	4.01	22	22	0	137.0	115	63	61	20	45	148	1.17
2017	ドジャース	4	3	3.44	9	9	0	49.2	44	20	19	7	13	61	1.15
2017	2チーム計	10	12	3.86	31	31	0	186.2	159	83	80	27	58	209	1.16
2018	カブス	1	3	4.95	8	8	0	40.0	36	24	22	7	21	49	1.43
2019	カブス	6	8	3.98	31	31	0	178.2	140	82	79	33	56	229	1.10
通算成績		63	53	3.57	170	170	0	1051.0	850	443	417	132	384	1299	1.17

見えない部分の努力をたくさんしている投手　先発

62 ホセ・キンターナ　Jose Quintana

31歳｜185cm｜100kg｜左投右打

◆速球のスピード／140キロ台後半（フォーシーム、ツーシーム）
◆決め球と持ち球／◎ツーシーム、○フォーシーム、◎ナックルカーブ、△チェンジアップ
◆対左.253　◆対右.290　◆ホ防4.85　◆ア防4.50
◆ド2006⑤メッツ　◆田コロンビア
◆年1050万ドル（約11億5500万円）

球威	3
制球	4
緩急	4
精神	4
度胸	4

　2012年にメジャーデビューしてから、一度も故障したことがない鉄人投手。制球力が生命線の技巧派で、速球系をストライクゾーンの四隅に決めているときは好投することが多い。ゲームでは、相手打線の1巡目は速球系主体で投げ、2巡目になるとカーブとチェンジアップを交えてガラッと投球パターンを変えてくる。また、登板するたびに各球種の比率を大きく変え、打者に狙い球をしぼらせないようにしている。今季終了後にFAになるため、今季は是非でも3点台の防御率をマークし、3年契約をゲットしたいところだ。

| カモ | K・ウォン（カーディナルス）.091（11-1）0本 | 苦手 | P・ゴールドシュミット（カーディナルス）.571（14-8）3本 |

年度	所属チーム	勝利	敗戦	防御率	試合数	先発	セーブ	投球イニング	被安打	失点	自責点	被本塁打	与四球	奪三振	WHIP
2012	ホワイトソックス	6	6	3.76	25	22	0	136.1	142	61	57	14	42	81	1.35
2013	ホワイトソックス	9	7	3.51	33	33	0	200.0	188	83	78	23	56	164	1.22
2014	ホワイトソックス	9	11	3.32	32	32	0	200.1	197	87	74	10	52	178	1.24
2015	ホワイトソックス	9	10	3.36	32	32	0	206.1	218	81	77	16	44	177	1.27
2016	ホワイトソックス	13	12	3.20	32	32	0	208.0	192	76	74	22	50	181	1.16
2017	ホワイトソックス	4	8	4.49	18	18	0	104.1	98	55	52	14	40	109	1.32
2017	2チーム計	7	3	3.74	14	14	0	84.1	72	37	35	9	21	98	1.10
2018	カブス	13	11	4.03	32	32	0	174.1	162	81	78	25	68	158	1.32
2019	カブス	13	9	4.68	32	31	0	171.0	191	100	89	20	46	152	1.39
通算成績		83	77	3.72	250	246	0	1485.0	1460	662	614	153	419	1298	1.27

逆転の発想で遅いフォーシームを有効活用　先発

28 カイル・ヘンドリックス　Kyle Hendricks

31歳｜191cm｜86kg｜右投右打

◆速球のスピード／140キロ前後（シンカー、フォーシーム）
◆決め球と持ち球／◎シンカー、○フォーシーム、◎チェンジアップ、○カーブ
◆対左.237　◆対右.260　◆ホ防2.04　◆ア防5.02
◆ド2011⑧レンジャーズ　◆田カリフォルニア州
◆年1200万ドル（約13億2000万円）　◆最優秀防御率1回（16年）

球威	2
制球	5
緩急	4
精神	4
度胸	4

　ピッチングは頭脳のゲームであることを知らしめてくれる、思考能力の高い投手。まだ若いのに、速球の遅い投手の代表格と見なされており、昨年のシンカーの平均球速は139.8キロ、フォーシームは140.5キロだった。それでも好成績を出せるのは、相手の弱点を突くピッチングができるからだ。昨年注目されたのは、フライ打球至上主義の打者に対応するため、フォーシームを打者の胸の高さにどんどん投げ込んで、好結果を得ていたことだ。フライ打球を狙う打者はバットが下から出るため、高めに投げれば投げるほどリスクが減ると考えたのだ。秀才が集うアイビーリーグのダートマス大学出身。

| カモ | P・デヤング（カーディナルス）.103（29-3）0本 | 苦手 | J・ヴォト（レッズ）.393（28-11）3本 |

年度	所属チーム	勝利	敗戦	防御率	試合数	先発	セーブ	投球イニング	被安打	失点	自責点	被本塁打	与四球	奪三振	WHIP
2014	カブス	7	2	2.46	13	13	0	80.1	72	24	22	4	15	47	1.08
2015	カブス	8	7	3.95	32	32	0	180.0	166	82	79	17	43	167	1.16
2016	カブス	16	8	2.13	31	30	0	190.0	142	53	45	15	44	170	0.98
2017	カブス	7	5	3.03	24	24	0	139.2	126	49	47	15	44	123	1.19
2018	カブス	14	11	3.44	33	33	0	199.0	184	82	76	22	44	161	1.15
2019	カブス	11	10	3.46	30	30	0	177.0	168	78	68	19	32	150	1.13
通算成績		63	43	3.14	163	162	0	966.0	858	368	337	94	218	818	1.11

対左＝対左打者被打率　対右＝対右打者被打率　ホ防＝ホーム防御率　ア防＝アウェー防御率
ド＝ドラフトデータ　田＝出身地　年＝年俸

投｜手

通算200勝まであと10勝となった大投手　先発

34 ジョン・レスター　Jon Lester

36歳｜193cm｜109kg｜左投左打

◆速球のスピード／140キロ台後半（フォーシーム、ツーシーム）
◆決め球と持ち球／◎カッター、○フォーシーム、○ツーシーム、○カーブ、△チェンジアップ
◆対左.319　◆対右.286　◆ホ防4.22　◆ア防4.69
◆ド2002②レッドソックス　◆田ワシントン州
◆年1500万ドル（約16億5000万円）　◆最多勝1回（18年）

球威	3
制球	5
緩急	3
守備・牽制	2
度胸	3

　今年は6年契約の最終年。2021年は①年俸2500万ドルで契約、②1000万ドルのバイアウト（違約金を支払って契約解除）の選択肢があり、選ぶ権利は双方にある。ただレスターが残りたくても球団がノーと言えば、1000万ドル受け取って退団ということになる。契約に「2020年に200イニング以上投げれば年俸2500万ドルで契約を1年延長」という条項があるが、年齢的な衰えでそれも難しい。今季10勝できれば200勝を花道に引退という可能性も。

カモ J・マルティネス（カーディナルス）.188（16-3）0本　苦手 P・ゴールドシュミット（カーディナルス）.471（17-8）1本

年度	所属チーム	勝利	敗戦	防御率	試合数	先発	セーブ	投球イニング	被安打	失点	自責点	被本塁打	与四球	奪三振	WHIP
2006	レッドソックス	7	2	4.76	15	15	0	81.1	91	43	43	7	43	60	1.65
2007	レッドソックス	4	0	4.57	12	11	0	63.0	61	33	32	10	31	50	1.46
2008	レッドソックス	16	6	3.21	33	33	0	210.1	202	78	75	14	66	152	1.27
2009	レッドソックス	15	8	3.41	32	32	0	203.1	186	80	77	20	64	225	1.23
2010	レッドソックス	19	9	3.25	32	32	0	208.0	167	81	75	14	83	225	1.20
2011	レッドソックス	15	9	3.47	31	31	0	191.2	166	77	74	20	75	182	1.26
2012	レッドソックス	9	14	4.82	33	33	0	205.1	216	117	110	25	68	166	1.38
2013	レッドソックス	15	8	3.75	33	33	0	213.1	209	94	89	19	67	177	1.29
2014	レッドソックス	10	7	2.52	21	21	0	143.0	128	52	40	9	32	149	1.12
2014	アスレティックス	6	4	2.35	11	11	0	76.2	66	24	20	7	16	71	1.07
2014	2チーム計	16	11	2.46	32	32	0	219.2	194	76	60	16	48	220	1.10
2015	カブス	11	12	3.34	32	32	0	205.0	183	83	76	21	47	207	1.12
2016	カブス	19	5	2.44	32	32	0	202.2	154	57	55	21	52	197	1.02
2017	カブス	13	8	4.33	32	32	0	180.2	179	101	87	26	60	180	1.32
2018	カブス	18	6	3.32	32	32	0	181.2	174	75	67	24	64	149	1.31
2019	カブス	13	10	4.46	31	31	0	171.2	205	101	85	26	52	165	1.50
通算成績		190	108	3.56	412	411	0	2537.2	2387	1096	1005	258	820	2355	1.26

効率良くゴロアウトを取るクセモノ左腕　セットアップ

56 カイル・ライアン　Kyle Ryan

29歳｜196cm｜98kg｜左投左打

◆速球のスピード／140キロ台中頃（カッター、フォーシーム）
◆決め球と持ち球／◎カッター、○シンカー、○フォーシーム、△スライダー
◆対左.226　◆対右.256　◆ホ防2.37　◆ア防4.70
◆ド2010⑫タイガース　◆田フロリダ州
◆年97.5万ドル（約1億725万円）

球威	3
制球	2
緩急	3
守備・牽制	3
度胸	4

　変則的なスリークォーターの左腕。一昨年はカブスのマイナーでプレー。昨季も開幕を3Aで迎えた。だが、リリーフ陣に故障者が続出し、4月6日にメジャー昇格。その後、6月初旬までは三振をとることにこだわっていた。しかし、それだと四球や被安打も多くなって失点が増えるため、カッターとシンカーでゴロアウトを取るスタイルに変えたところ、見違えるように安定。大事な場面でも使われるようになった。長所は武器となる良質なカッターがあり、右打者にも強いこと。そのため今季、リリーフ投手に3人以上の打者との対戦を義務付ける新ルールが導入されても、さほどマイナスにはならない。

カモ C・イェリッチ（ブリュワーズ）.111（9-1）0本　苦手 C・サンタナ（インディアンズ）.500（8-4）0本

年度	所属チーム	勝利	敗戦	防御率	試合数	先発	セーブ	投球イニング	被安打	失点	自責点	被本塁打	与四球	奪三振	WHIP
2014	タイガース	2	0	2.61	6	1	0	10.1	10	3	3	0	2	4	1.16
2015	タイガース	2	4	4.47	16	6	0	56.1	60	29	28	9	20	30	1.42
2016	タイガース	4	2	3.07	56	0	0	55.2	48	21	19	2	15	35	1.13
2017	タイガース	0	0	7.94	8	0	0	5.2	9	5	5	0	7	1	2.82
2019	カブス	4	2	3.54	73	0	0	61.0	55	26	24	5	29	58	1.38
通算成績		12	8	3.76	159	7	0	189.0	182	84	79	16	73	128	1.35

対左=対左打者被打率　対右=対右打者被打率　ホ防=ホーム防御率　ア防=アウェー防御率
ド=ドラフトデータ　田=出身地　年=年俸　カモ 苦手 は通算成績

15失点のうち13点は本塁打によるもの　クローザー

24 クレイグ・キンブル Craig Kimbrel

32歳｜183cm｜95kg｜右投右打

◆速球のスピード／150キロ台中頃（フォーシーム主体）
◆決め球と持ち球／◎ナックルカーブ、△フォーシーム
◆対左.233　◆対右.289　◆ホ防4.38　◆ア防9.72
◆ド2008①ブレーブス　◆田アラバマ州
◆甲1600万ドル（約17億6000万円）　◆最多セーブ4回（11、12、13、14年）、新人王（11年）

球威3　制球3　緩急4　守備/打撃2　度胸2

カブス

カブスの守護神になるはずだったのに、疫病神になってしまった豪腕リリーバー。一昨年のシーズン終了後にFAになったが、ピークを過ぎているのに4年契約に固執したため、入団先が決まらないままシーズンが始まり、6月7日にようやく3年4300万ドルでカブスと契約。6月27日から実戦に復帰したが、その後はフォーシームのスピードとキレが落ちているため、ライバルチーム相手の打たれてはいけない場面で度々一発を食った。今季もクローザーとして起用されるが、どの部分を修正してシーズンに臨むか注目したい。

カモ P・ゴールドシュミット（カーディナルス）.000（7-0）0本　苦手 C・イェリッチ（ブリュワーズ）.500（4-2）2本

年度	所属チーム	勝利	敗戦	防御率	試合数	先発	セーブ	投球イニング	被安打	失点	自責点	被本塁打	与四球	奪三振	WHIP
2010	ブレーブス	4	0	0.44	21	0	1	20.2	9	2	1	0	16	40	1.21
2011	ブレーブス	4	3	2.10	79	0	46	77.0	48	19	18	3	32	127	1.04
2012	ブレーブス	3	1	1.01	63	0	42	62.2	27	7	7	3	14	116	0.65
2013	ブレーブス	4	3	1.21	68	0	50	67.0	39	10	9	4	20	98	0.88
2014	ブレーブス	0	3	1.61	63	0	47	61.2	30	13	11	2	26	95	0.91
2015	パドレス	4	2	2.58	61	0	39	59.1	40	19	17	6	22	87	1.04
2016	レッドソックス	2	6	3.40	57	0	31	53.0	28	22	20	4	30	83	1.09
2017	レッドソックス	5	0	1.43	67	0	35	69.0	33	11	11	6	14	126	0.68
2018	レッドソックス	5	1	2.74	63	0	42	62.1	31	19	19	7	31	96	0.99
2019	カブス	0	4	6.53	23	0	13	20.2	21	15	15	9	12	30	1.60
通算成績		31	23	2.08	565	0	346	553.1	306	137	128	44	217	898	0.95

3年契約の最終年に先発復帰　先発 ロングリリーフ

32 タイラー・チャトウッド Tyler Chatwood

31歳｜183cm｜84kg｜右投右打

◆速球のスピード／150キロ台前半（シンカー、ツーシーム）
◆決め球と持ち球／☆シンカー、◎フォーシーム、◎カッター、◎チェンジアップ、△カーブ
◆対左.306　◆対右.176　◆ホ防4.15　◆ア防3.24
◆ド2008②エンジェルス　◆田カリフォルニア州
◆甲1300万ドル（約14億3000万円）

球威3　制球2　緩急3　守備/打撃4　度胸3

昨季、ロングリリーフで好投が続いたため、今季は先発5番手に返り咲くゴロ打球を量産する右腕。ロッキーズで活躍したあと、2017年オフに3年3800万ドルでカブスに入団。昨季は開幕から、先発5番手として起用された。だが、ひどい制球難で四球がらみの失点が多く、7月に先発を外されリリーフに回った。昨季はリリーフで33試合、スポット先発で5試合に登板したが、リリーフでは4勝2敗、防御率3.67。先発では1勝1敗、防御率3.97で、どちらも良好な数字だった。課題は、左打者を抑える武器がないこと。2度のトミー・ジョン手術を乗り越えて、現役生活を続けている強運の持ち主。

カモ L・ケイン（ブリュワーズ）.000（8-0）0本　苦手 M・カーペンター（カーディナルス）.583（12-7）1本

年度	所属チーム	勝利	敗戦	防御率	試合数	先発	セーブ	投球イニング	被安打	失点	自責点	被本塁打	与四球	奪三振	WHIP
2011	エンジェルス	6	11	4.75	27	25	0	142.0	166	81	75	14	71	74	1.67
2012	ロッキーズ	5	6	5.43	19	12	1	64.2	74	43	39	9	33	41	1.65
2013	ロッキーズ	8	5	3.15	20	20	0	111.1	118	44	39	5	41	66	1.43
2014	ロッキーズ	1	0	4.50	4	4	0	24.0	21	13	12	4	8	20	1.21
2016	ロッキーズ	12	9	3.87	27	27	0	158.0	147	75	68	15	70	117	1.37
2017	ロッキーズ	8	15	4.69	33	25	1	147.2	136	79	77	20	77	120	1.44
2018	カブス	4	6	5.30	24	20	0	103.2	92	62	61	9	95	85	1.80
2019	カブス	5	3	3.76	38	5	2	76.2	65	33	32	8	37	74	1.33
通算成績		49	55	4.38	192	138	4	828.0	819	430	403	84	432	597	1.51

突然現れた将来のクローザー候補　セットアップ

50 ローワン・ウィック　Rowan Wick

28歳｜191cm｜107kg｜右投左打　速150キロ台前半～中頃(フォーシーム主体)　決◎フォーシーム
対左.226　対右.149　ド2012⑨カーディナルス　田カナダ　年56万3500ドル(約6200万円)+α

球 5
制 3
緩 3
守 2
度 4

　今季は開幕からセットアッパーで起用が、昨年急成長したリリーフ右腕。一昨年の11月にカブスがトレードで獲得。昨季は開幕を3Aで迎えたあと、5月下旬から昇格と降格を繰り返したが、月を追うごとに良くなるため、7月22日の4度目の昇格後は、重要度の高い場面で使われるようになった。「150キロ台中盤のフォーシームとナックルカーブのコンビネーションで投げるパワーピッチャー」という点は、同僚のクレイグ・キンブルと同じだが、ナックルカーブのクオリティには大差があり、キンブルは速球と同じレベルで三振を取れるが、ウィックはまだ5合目あたりだ。

年度	所属チーム	勝利	敗戦	防御率	試合数	先発	セーブ	投球イニング	被安打	失点	自責点	被本塁打	与四球	奪三振	WHIP
2019	カブス	2	0	2.43	31	0	1	33.1	22	13	9	0	16	35	1.14
通算成績		2	1	3.24	41	0	2	41.2	35	19	15	1	17	42	1.25

移籍後ナックルカーブが強力な武器に　ミドルリリーフ

38 ブラッド・ウィック　Brad Wieck

29歳｜206cm｜116kg｜左投左打　速150キロ台中頃(フォーシーム主体)　決◎フォーシーム
対左.265　対右.183　ド2014⑦メッツ　田テキサス州　年56万3500ドル(約6200万円)+α

球 5
制 3
緩 4
守 2
度 4

　昨年7月末にパドレスから移籍した長身左腕。ピッチングはフォーシームが主体。2メートル6センチの長身を利して高いポイントから投げ込んでくるため角度がつき、かなり威力がある。通常はこれにスライダーとナックルカーブを交えて投げているが、移籍後、球団からナックルカーブのクオリティがイマイチなので、アリゾナの球団施設に行ってブラッシュアップするよう指示され、投球アナリストのジョシュ・ザイドの助言を受けながらクオリティを最高レベルに上げた。9月にメジャーに呼ばれたときは、それが強力な武器になっていた。ウリは奪三振率が高いこと。

年度	所属チーム	勝利	敗戦	防御率	試合数	先発	セーブ	投球イニング	被安打	失点	自責点	被本塁打	与四球	奪三振	WHIP
2019	パドレス	0	1	6.57	30	0	0	24.2	26	19	18	7	9	31	1.42
2019	カブス	2	1	3.60	14	0	0	10.0	5	5	4	2	4	18	0.90
2019	2チーム計	2	2	5.71	44	0	0	34.2	31	24	22	9	13	49	1.18
通算成績		2	2	4.97	49	0	0	41.2	31	24	23	9	13	59	1.06

効率良くアウトを取る頭脳的な投球が持ち味　スイングマン

30 アレック・ミルズ　Alec Mills

29歳｜193cm｜86kg｜右投右打　速140キロ台中頃(フォーシーム、シンカー)　決◎シンカー
対左.321　対右.167　ド2012⑫ロイヤルズ　田テネシー州　年56万3500ドル(約6200万円)+α

球 2
制 4
緩 3
守 4
度 4

　今季はメジャーでスイングマンを務める技巧派右腕。テネシー大学マーティン校という無名校で、奨学金のない一般部員としてプレーしていたため、22巡目指名という低い評価でプロ入り。速球も145キロ程度しか出せず、期待されていなかった。しかし、ナチュラルシンカーになるフォーシーム、ツーシーム、チェンジアップ、スライダーを組み合わせ、効率良くゴロアウトを取る投球術を身につけてメジャーに到達。昨季、メジャーでは先発で投げた4試合の防御率が2.70、リリーフの5試合は2.81で、メディアからミルズを先発5番手で使うべきだという声があがった。

年度	所属チーム	勝利	敗戦	防御率	試合数	先発	セーブ	投球イニング	被安打	失点	自責点	被本塁打	与四球	奪三振	WHIP
2019	カブス	1	0	2.75	9	4	1	36.0	31	11	11	5	11	42	1.17
通算成績		1	1	3.77	19	6	1	57.1	45	24	24	6	23	69	1.19

速=速球のスピード　決=決め球　対左=対左打者被打率　対右=対右打者被打率
ド=ドラフトデータ　田=出身地　年=年俸

投手

不正トレードの犠牲になり、トミー・ジョン手術

先発
ロングリリーフ

― コリン・レイ *Colin Rea*

30歳｜196cm｜107kg｜右投右打｜園150キロ前後（シンカー、フォーシーム）｜凤○シンカー
◆昨季メジャー出場なし ｜ ⑫2011②パドレス ｜ 囲アイオワ州 ｜ 囯56万3500ドル（約6200万円）+α

球 3
制 3
緩 2
守 2
度 3

　4年ぶりのメジャー昇格が、実現する可能性の高い苦労人
右腕。2016年7月30日にパドレスが、ヒジの故障歴を隠し
てマーリンズにトレード。すぐに先発で起用されたところ、
いきなりヒジの腱を断裂。怒ったマーリンズは翌日、送り返した。その後、トミー・
ジョン手術を受けて翌年復帰したが、様々な症状が出て、まともにプレーできな
い状態が続いた。しかし、昨季はカブス傘下の3Aにフルシーズン在籍し、14勝
4敗の好成績をあげたため、今季は先発5番手の第3候補になっており、ローテ
ーションに故障者が複数出た場合、メジャーからお呼びがかかるかもしれない。

年度	所属チーム	勝利	敗戦	防御率	試合数	先発	セーブ	投球イニング	被安打	失点	自責点	被本塁打	与四球	奪三振	WHIP
2016	パドレス	5	5	4.98	19	18	0	99.1	101	63	55	12	44	76	1.46
2016	マーリンズ	0	0	0.00	1	0	0	3.1	1	0	0	0	1	4	0.30
2016	2チーム計	5	5	4.82	20	19	0	102.2	102	63	55	12	44	80	1.42
通算成績		7	7	4.69	26	25	0	134.1	131	79	70	14	55	106	1.38

契約金は雀の涙だったが、プロ入り後急成長

先発
ロングリリーフ
ルーキー

73 アドバート・アルゾレイ *Adbert Alzolay*

25歳｜183cm｜82kg｜右投右打｜園150キロ台前半（フォーシーム主体）｜凤○チェンジアップ
対左.321｜対右.182｜⑫2012⑥カブス｜囲ベネズエラ｜囯56万3500ドル（約6200万円）+α

球 4
制 2
緩 2
守 2
度 3

　昨年6月20日にメジャーデビューしたベネズエラ出身の
右腕。まだメジャーに定着できるレベルではないので、今季
はメジャーのローテーションで投げる期間を、できるだけ長
くすることが目標になる。将来有望な16歳、17歳の少年がひしめくベネズエラ
では、目立たない存在だった。そのため、18歳になってようやくメジャー球団
の入団テストに合格。契約金も1万ドルしかもらえなかった。しかしプロ入り後、
トレーニングに励んだところ、速球のスピードが急速に上昇。チェンジアップに
も磨きがかかり、マイナーの出世階段を着実に上がって、昨年メジャーに到達。

年度	所属チーム	勝利	敗戦	防御率	試合数	先発	セーブ	投球イニング	被安打	失点	自責点	被本塁打	与四球	奪三振	WHIP
2019	カブス	1	1	7.30	4	2	0	12.1	13	10	10	4	9	13	1.78
通算成績		1	1	7.30	4	2	0	12.1	13	10	10	4	9	13	1.78

― タイソン・ミラー *Tyson Miller*

先発
期待度 B⁻
ルーキー

25歳｜193cm｜98kg｜右投右打｜◆昨季は2A、3Aでプレー｜⑫2016④カブス｜囲カリフォルニア州

　カブスの先発4、5番手に成長する可能性がある右腕。フォーシームの球速は
平均レベルだが、スピン量が多く、空振りを取れる。2018年オフにナックルカ
ーブを覚えてから投球の幅が広がり、2Aで好成績を出して7月に3Aに昇格。
結果を出せなかったが、11月に40人枠に加えられ、メジャーが射程内に入った。

― コーリー・アボット *Cory Abbott*

先発
期待度 B⁻
ルーキー

25歳｜188cm｜100kg｜右投右打｜◆昨季は2Aでプレー｜⑫2017②カブス｜囲カリフォルニア州

　最大の武器はスライダー。大学時代、メッツのノア・シンダーガードが、自分
のスライダーの投げ方を詳しく説明している映像を繰り返し見て、真似しながら
覚えたもので、プレート付近に来てから鋭く変化する一級品。速球も重い球質で、
威力がある。今季は3Aの先発投手としてスタートし、シーズン中の昇格を目指す。

カブス

いくら死球をぶつけられても壊れない鉄人選手　ファースト

44 アンソニー・リゾ
Anthony Rizzo

31歳／191cm／109kg／左投左打

- ◆対左投手打率／.250(124-31)　◆対右投手打率／.307(388-119)
- ◆ホーム打率／.354(254-90)　◆アウェー打率／.233(258-60)
- ◆得点圏打率／.318(110-35)
- ◆19年のポジション別出場数／ファースト＝146
- ◆ドラフトデータ／2007⑥レッドソックス
- ◆出身地／フロリダ州　◆年俸／1450万ドル(約15億9500万円)
- ◆ゴールドグラブ賞3回(16、18、19年)、シルバースラッガー賞1回(16年)、ロベルト・クレメンテ賞1回(17年)

ミート	5
パワー	5
走塁	3
守備	5
肩	3

　カブスファンに最も愛されているフランチャイズ・ヒーロー。スロースターターとして知られ、昨季も4月17日時点の打率は1割5分9厘だった。しかし、4月下旬からエンジンがかかりはじめ、長打がコンスタントに出るようになった。ただ、昨季は94打点にとどまり、5年連続の100打点はならなかった。これは腰痛、背中の張り、足首のケガで数日出場できなかったことが3回あり、146試合の出場にとどまったからだ。

　打撃面の長所は、タメを作るのがうまいので変化球に強いこと。弱点はインハイの速球。そのことが知れ渡っているため、徹底したインサイド攻めを受けることが多く、昨年はメジャー最多の27死球を記録。通算の死球は145になった。鉄人選手の代表格だけあって、これだけぶつけられていながら、負傷して戦列を離れたことは一度もない。守備では3度目のゴールドグラブ賞に輝いた。守備範囲の広さは平均より多少広い程度だが、グラブさばきが巧みで、内野手からのワンバウンド送球を上手にすくい上げ、後ろにそらすことはめったにない。タッチプレーにも長けているため、カブスは投手の牽制刺がナショナル・リーグで一番多かった。

　新監督のデイヴィッド・ロスは、兄貴分のような存在。ロスがバックアップ捕手としてカブスに在籍していたときは「グランパ（じいちゃん）」というあだ名で呼んでいた。ロスのあごヒゲに白髪が多く、実際の年齢より老けて見えるので、親しみを込めてそう呼んでいたのだ。

　カブスは秋山翔吾の獲得に失敗したため、今季も1番打者に適材を欠く状態が続きそうだ。昨年は出塁率の高さを買われて、12試合で1番打者に起用されたが、今年はもっと増える可能性がある。

[カモ] J・フラハティ(カーディナルス).500(18-9)3本　J・デグロム(メッツ).435(23-10)1本
[苦手] J・マスグローヴ(パイレーツ).000(14-0)0本　W・マイリー(レッズ).130(23-3)0本

年度	所属チーム	試合数	打数	得点	安打	二塁打	三塁打	本塁打	打点	四球	三振	盗塁	盗塁死	出塁率	OPS	打率
2011	パドレス	49	128	9	18	8	1	1	9	21	46	2	1	.281	.523	.141
2012	カブス	87	337	44	96	15	0	15	48	27	62	3	2	.342	.805	.285
2013	カブス	160	606	71	141	40	2	23	80	76	127	6	5	.323	.742	.233
2014	カブス	140	524	89	150	28	1	32	78	73	116	5	4	.386	.913	.286
2015	カブス	160	586	94	163	38	3	31	101	78	105	17	6	.387	.899	.278
2016	カブス	155	583	94	170	43	4	32	109	74	108	3	5	.385	.928	.292
2017	カブス	157	572	99	153	32	3	32	109	91	90	10	4	.392	.899	.273
2018	カブス	153	566	74	160	29	1	25	101	70	80	6	4	.376	.846	.283
2019	カブス	146	512	89	150	29	3	27	94	71	86	5	2	.405	.924	.293
通算成績		1207	4414	663	1204	262	18	218	729	581	820	57	33	.373	.862	.273

　[カモ] [苦手] は通算成績

オールスターに2年連続出場

キャッチャー

40 ウィルソン・コントレラス
Willson Contreras

28歳／185cm／95kg／右投右打　盗塁阻止率／.250(52-13)

◆対左投手打率／.320(75-24)　◆対右投手打率／.260(285-74)
◆ホーム打率／.291(172-50)　◆アウェー打率／.255(188-48)
◆得点圏打率／.280(93-26)
◆19年のポジション別出場数／キャッチャー=99、
　ファースト=2、ライト=2、レフト=1、DH=1
◆ドラフトデータ／2009㉙カブス
◆出身地／ベネズエラ
◆年俸／450万ドル(約4億9500万円)

ミート	3
パワー	5
走塁	2
守備	4
肩	5

カブス

　強打のキャッチャーの代表格。打撃面ではタイミングのとり方がうまいため、どの変化球にもうまく対応するようになったが、その一方でフォーシームの快速球を打ちあぐねるようになった。昨季は自己ベストの24本塁打を記録したが、フォーシームを打ったのは4本しかない。変化球の中ではカーブに強く、4割7分1厘(34-16)という高率で打っていた。

　守備では、「バズーカ・アーム」と異名をとる強肩が光る。昨年の盗塁阻止率は25.0%(52-13)で、「中の上」レベルだったが、投球モーションの大きいレスターと25試合バッテリーを組みながら、この数字を出したことは称賛に値する。リード面でも進化している。ダルビッシュとの相性はあまり良くないが、ほかの先発投手とは意思の疎通が図れていたため、昨年の捕手防御率は3.95で、バックアップ捕手を務めたルクロイの4.25や、カラティーニの4.50より良かった。

　正捕手に抜擢されたのは2016年7月のことだが、その4年前に三塁手からコンバートされた捕手だったため経験に乏しく、バックアップ捕手のデイヴィッド・ロスから様々な助言を受けながらプレーしていた。今季からそのロスがカブスの監督になるが、捕手の技術には注文が多いタイプなので、守備での手抜きは許されない。捕手のフレーミングの技術が注目されているが、コントレラスはこれには批判的。昨年の6月24日のブレーブス戦では、本塁打を打ったあと、プレート付近でフレーミングのうまい相手捕手フラワーズと口論になり、両軍総出のもみ合いに発展した。この一件以外にも、思ったことを口に出してしまうタイプのため、損をしている。

　野球における父親的存在は、タイガースなどで活躍した同郷のヴィクター・マルティネス。オフにはフロリダにある彼の牧場を訪ね、英気を養う。

カモ S・ブロールト(パイレーツ).455(11-5)2本　C・アンダーソン(ブルージェイズ).588(17-10)2本
苦手 R・イグレシアス(レッズ).000(9-0)0本　M・ロレンゼン(レッズ).111(9-1)1本

年度	所属チーム	試合数	打数	得点	安打	二塁打	三塁打	本塁打	打点	四球	三振	盗塁	盗塁死	出塁率	OPS	打率
2016	カブス	76	252	33	71	14	1	12	35	26	67	2	2	.357	.845	.282
2017	カブス	117	377	50	104	21	0	21	74	45	98	5	4	.356	.855	.276
2018	カブス	138	474	50	118	27	5	10	54	53	121	4	1	.339	.730	.249
2019	カブス	105	360	57	98	18	2	24	64	38	102	1	2	.355	.888	.272
通算成績		436	1463	190	391	80	8	67	227	162	388	12	9	.350	.821	.267

5球団がトレードでの獲得に意欲

サード
レフト

17 クリス・ブライアント Kris Bryant

28歳｜196cm｜104kg｜右投右打

◆対左投手打率／.295　◆対右投手打率／.279
◆ホーム打率／.282　◆アウェー打率／.282　◆得点圏打率／.260
◆19年のポジション別出場数／サード=115、ライト=27、レフト=23、ファースト=3、DH=3
◆Ⓓ2013①カブス　◆囲ネヴァダ州　◆囲1860万ドル（約20億4600万円）
◆MVP1回（16年）、ハンク・アーロン賞1回（16年）、新人王（15年）

ミート	4
パワー	5
走塁	3
守備	3
肩	4

　一昨年のスランプを乗り越え、昨年見事に復活した2016年のMVP。それでいながら、オフに入ったとたん、トレードの噂がひっきりなしに出るようになった。そのような事態になったのは①カブスでは2021年のシーズン終了後に中心選手のブライアント、バエズ、シュワーバーが同時にFA権を取得するが、レスターに代わるエース級の投手の獲得にも大金がかかるため、3人と同時に高額の長期契約するのは金満球団のカブスでも不可能。②2018年11月に総額2億ドルの長期契約を提示したが、ブライアントの代理人ボラスに一蹴された。③レンドーンがFAでナショナルズを出たのをきっかけに、大物三塁手の玉突き移動が起きることが予想された、といった事情があったからだ。

カモ S・ブロールト（パイレーツ）.500（16-8）2本　苦手 J・フラハティ（カーディナルス）.111（18-2）0本

年度	所属チーム	試合数	打数	得点	安打	二塁打	三塁打	本塁打	打点	四球	三振	盗塁	盗塁死	出塁率	OPS	打率
2015	カブス	151	559	87	154	31	5	26	99	77	199	13	4	.369	.858	.275
2016	カブス	155	603	121	176	35	3	39	102	75	154	8	5	.385	.939	.292
2017	カブス	151	549	111	162	38	4	29	73	95	128	7	4	.409	.946	.295
2018	カブス	102	389	59	106	28	3	13	52	48	107	2	4	.374	.834	.272
2019	カブス	147	543	108	153	35	1	31	77	74	145	4	0	.382	.903	.282
通算成績		706	2643	486	751	167	16	138	403	369	733	34	18	.385	.901	.284

球場を沸かせる直情径行型の千両役者

ショート

9 ハヴィエア・バエズ Javier Baez

28歳｜183cm｜86kg｜右投右打

◆対左投手打率／.304　◆対右投手打率／.275
◆ホーム打率／.309　◆アウェー打率／.253　◆得点圏打率／.333
◆19年のポジション別出場数／ショート=129、DH=2、サード=1
◆Ⓓ2011①カブス　◆囲プエルトリコ　◆囲1000万ドル（約11億円）
◆打点王1回（18年）、シルバースラッガー賞1回（18年）

ミート	3
パワー	5
走塁	4
守備	5
肩	5

　二塁手から遊撃手にポジションが変わったが、身体能力の高さにものを言わせてスーパープレーを連発しているスター内野手。ポジション変更はショートのレギュラーだったラッセルが、家庭内暴力で出場停止になったことによるもので、一昨年8月下旬からショートに回り、昨年の開幕から正遊撃手となった。昨年のショートでの守備成績は、悪送球を9回やったため12失策を記録したが、DRS（守備で防いだ失点）15はメジャーの全遊撃手の中で3位。ゴロ打球の併殺達成数87は2位と健闘した。打撃面では、打点王になった2018年同様チャンスによく打ったが、打線の低迷で得点圏に走者がいる場面で打席に入るケースが28%も減少し、打点の大幅ダウンという結果に。

カモ C・アーチャー（パイレーツ）.533（15-8）1本　苦手 C・マルティネス（カーディナルス）.148（27-4）0本

年度	所属チーム	試合数	打数	得点	安打	二塁打	三塁打	本塁打	打点	四球	三振	盗塁	盗塁死	出塁率	OPS	打率
2014	カブス	52	213	25	36	6	0	9	20	15	95	5	1	.227	.551	.169
2015	カブス	28	76	4	22	6	0	1	4	4	24	1	2	.325	.733	.289
2016	カブス	142	421	50	115	19	1	14	59	15	108	12	3	.314	.737	.273
2017	カブス	145	469	75	128	24	2	23	75	30	144	10	3	.317	.796	.273
2018	カブス	160	606	101	176	40	9	34	111	29	167	21	9	.326	.881	.290
2019	カブス	138	531	89	149	38	4	29	85	28	156	11	7	.316	.847	.281
通算成績		665	2316	344	626	133	16	110	354	121	694	60	25	.310	.794	.270

　Ⓓ=ドラフトデータ　囲=出身地　囲=年俸　カモ 苦手 は通算成績

3Aまではキャッチャーだった重戦車

レフト

12 カイル・シュワーバー Kyle Schwarber

27歳｜183cm｜107kg｜右投左打

◆対左投手打率／.229　◆対右投手打率／.255
◆ホーム打率／.283　◆アウェー打率／.218　◆得点圏打率／.233
◆19年のポジション別出場数／レフト＝140、DH＝2、キャッチャー＝1
◆下2014①カブス　◆出オハイオ州
◆年701万ドル（約7億7110円）

ミート **3**
パワー **5**
走塁 **3**
守備 **3**
肩 **4**

　38本塁打を放ちブレイクした、プロレスラー体型のスラッガー。本塁打が急増したのはフライ打球の比率が増えたことに加え、以前苦手にしていたスライダーとシンカーに対応できるようになり、この2球種を叩いた本塁打が14本もあったからだ。打順は5月中旬から2カ月間1番打者で起用されたが、それ以外は目まぐるしく変わり、最後の2週間はほとんど4番で起用された。オフに秋山翔吾の獲得に失敗し、今季もチーム内に1番打者の適材がいないため、同じような展開になるかもしれない。高校時代から交際しているペイジ・ハートマンさんという愛くるしいルックスの女性とシカゴで同棲しており、ブルーという名のダルマチア犬が、子供の代わりを務めている。

カモ T・ウィリアムズ（パイレーツ）.364(22-8)3本　**苦手** J・フラハティ（カーディナルス）.133(15-2)1本

年度	所属チーム	試合数	打数	得点	安打	二塁打	三塁打	本塁打	打点	四球	三振	盗塁	盗塁死	出塁率	OPS	打率
2015	カブス	69	232	52	57	6	1	16	43	36	77	3	3	.355	.842	.246
2016	カブス	2	4	0	0	0	0	0	0	1	2	0	0	.200	.200	.000
2017	カブス	129	422	67	89	16	1	30	59	59	150	1	1	.315	.782	.211
2018	カブス	137	428	64	102	14	3	26	61	78	140	4	3	.356	.823	.238
2019	カブス	155	529	82	132	29	3	38	92	70	156	2	3	.339	.871	.250
通算成績		492	1615	265	380	65	8	110	255	244	525	10	10	.339	.829	.235

正捕手が務まるレベルに成長

キャッチャー

7 ヴィクター・カラティーニ Victor Caratini

27歳｜185cm｜98kg｜右投両打　盗塁阻止率／.121(33-4)

◆対左投手打率／.250　◆対右投手打率／.270
◆ホーム打率／.234　◆アウェー打率／.300　◆得点圏打率／.219
◆19年のポジション別出場数／キャッチャー＝59、ファースト＝23、サード＝2、ピッチャー＝2
◆下2013②ブレーブス　◆出プエルトリコ
◆年56万3500ドル（約6200万円）＋α

ミート **4**
パワー **4**
走塁 **2**
守備 **3**
肩 **3**

　昨季中盤から、ダルビッシュの女房役を連続して務めたスイッチヒッターの捕手。打撃面ではミートのうまい好打者と見なされていたが、昨年はパワーも付いて、限られた打席数で11本塁打を記録。守備面では、ワイルドピッチを出す頻度が減少した。盗塁阻止率は平均以下の12.1%だったが、捕手牽制刺を3つ記録している。リード面ではダルビッシュと相性が良く、女房役を務めた18試合の防御率は3.29だったが、ほかの先発投手と組んだときはそういい結果が出ておらず、昨年の捕手防御率は4.50だった。プエルトリコの典型的な野球エリートで、15歳のとき、プエルトリコ野球アカデミーに入学。卒業後米国に移り、サザン大学で1年間プレーしたあと、野球の強豪マイアミ・デイド短大に転じて打ちまくり、ブレーブスに2巡目で指名され、プロ入り。

カモ J・デグロム（メッツ）.444(9-4)2本　**苦手** L・カスティーヨ（レッズ）.063(16-1)0本

年度	所属チーム	試合数	打数	得点	安打	二塁打	三塁打	本塁打	打点	四球	三振	盗塁	盗塁死	出塁率	OPS	打率
2017	カブス	31	59	6	15	3	0	1	2	4	13	0	0	.333	.689	.254
2018	カブス	76	181	21	42	7	0	2	21	12	42	0	0	.293	.597	.232
2019	カブス	95	244	31	65	11	0	11	34	29	59	1	0	.348	.794	.266
通算成績		202	484	58	122	21	0	14	57	45	114	1	0	.326	.708	.252

22 最悪の状況は脱したが、依然前途多難 ライトセンター
ジェイソン・ヘイワード Jason Heyward

31歳｜196cm｜109kg｜左投左打

◆対左投手打率／.205　◆対右投手打率／.264　　ミート **3**
◆ホーム打率／.251　◆アウェー打率／.252　◆得点圏打率／.230　　パワー **4**
◆19年のポジション別出場数／ライト＝105、センター＝84　　走塁 **4**
◆Ｄ2007①ブレーブス　◆囲ニュージャージー州　　守備 **3**
◆囲2100万ドル（約23億1000万円）　◆ゴールドグラブ賞5回（12、14、15、16、17年）　　肩 **4**

　過大評価されて8年契約（総額1億8400万ドル）で入団したため、契約がまだ4年残っている外野手。昨年の成果は1ケタに落ちた本塁打数を20本台まで引き上げたことだ。出塁率もまずまずだが、左投手が苦手、変化球に弱い、チャンスに結果を出せないといった欠点は改善されていない。それでも2、3年前はゴールドグラブ賞の守備力があったので看板にすることができたが、ここ1、2年でそれも色あせている。昨季はセンターで74試合に先発出場したが、守備範囲の広さがイマイチであるため、ライトに戻された。

カモ S・ストラスバーグ（ナショナルズ）.381（42-16）1本　　苦手 J・フラハティ（カーディナルス）.063（16-1）1本

年度	所属チーム	試合数	打数	得点	安打	二塁打	三塁打	本塁打	打点	四球	三振	盗塁	盗塁死	出塁率	OPS	打率
2010	ブレーブス	142	520	83	144	29	5	18	72	91	128	11	6	.393	.849	.277
2011	ブレーブス	128	396	50	90	18	2	14	42	51	93	9	2	.319	.708	.227
2012	ブレーブス	158	587	93	158	30	6	27	82	58	152	21	8	.335	.814	.269
2013	ブレーブス	104	382	67	97	22	1	14	38	48	73	2	4	.349	.776	.254
2014	ブレーブス	149	573	74	155	26	3	11	58	67	98	20	4	.351	.735	.271
2015	カーディナルス	154	547	79	160	33	4	13	60	56	90	23	3	.359	.797	.293
2016	カブス	142	530	61	122	27	1	7	49	54	93	11	4	.306	.631	.230
2017	カブス	126	432	59	112	15	4	11	59	41	67	4	4	.326	.715	.259
2018	カブス	127	440	67	119	23	4	8	57	42	60	1	1	.335	.731	.270
2019	カブス	147	513	78	129	20	4	21	62	68	110	8	3	.343	.772	.251
通算成績		1377	4920	711	1286	243	34	144	579	576	964	110	39	.343	.755	.261

13 41打点中ダルビッシュ先発試合で20打点 ユーティリティ
デイヴィッド・ボーテイ David Bote

27歳｜185cm｜95kg｜右投右打

◆対左投手打率／.218　◆対右投手打率／.271　　ミート **2**
◆ホーム打率／.253　◆アウェー打率／.261　◆得点圏打率／.239　　パワー **4**
◆19年のポジション別出場数／サード＝67、セカンド＝50、ショート＝9、ライト＝7　　走塁 **3**
◆Ｄ2012⑱カブス　◆囲コロラド州　　守備 **4**
◆囲95万ドル（約1億450万円）　　肩 **3**

　メジャーデビューした一昨年に、2本のサヨナラ本塁打をかっ飛ばしてシカゴの人気者になったユーティリティ。パワフルな打撃と、複数のポジションをこなせる使い勝手の良さが好感され、昨季開幕直後に5年1500万ドルの長期契約を球団と結んでいる。昨季はダルビッシュが先発した試合で印象的な活躍をすることが多く、4月27日のダイヤモンドバックス戦では2本塁打5打点、6月5日のロッキーズ戦では1人で7打点を叩き出した。コロラド州デンバー近郊の出身で、子供の頃はロッキーズのファン。妻のレイチェルさんは高校時代からの恋人で、昨年4月に3人目の子供が誕生している。

カモ G・マルケス（ロッキーズ）.500（6-3）2本　　苦手 M・マイコラス（カーディナルス）.000（7-0）0本

年度	所属チーム	試合数	打数	得点	安打	二塁打	三塁打	本塁打	打点	四球	三振	盗塁	盗塁死	出塁率	OPS	打率
2018	カブス	74	184	23	44	9	2	6	33	19	60	3	4	.319	.727	.239
2019	カブス	127	303	47	78	17	0	11	41	44	93	5	1	.362	.785	.257
通算成績		201	487	70	122	26	2	17	74	63	153	8	5	.346	.763	.251

セカンドのレギュラーに起用される逸材

2 **ニコ・ホーナー** *Nico Hoerner*

セカンドショート ルーキー

23歳／180cm／91kg／右投右打 対左.273 対右.284 ホ.262 ア.306 得.450
ド2018①カブス 出カリフォルニア州 年56万3500ドル（約6200万円）+α

ミ 4
パ 4
走 4
守 3
肩 3

マイナーで1年2カ月プレーしただけで、昨年9月にメジャーデビューした注目の二塁手。打者としては、広角にライナーや強いゴロを弾き返すタイプ。昨年9月9日のデビュー戦では、第1打席でライト前にシングル、第2打席でレフト線にライナーの三塁打、第3打席にセンター返しのシングルを放って4打点をマークし、敵地ペトコ・パークのファンからニコ・コールが上がった。平均以上のパワーも備えており、内寄りに甘いボールが来ると、コンパクトに振り抜いてレフトスタンドに運んでしまう。守備は派手なスーパープレーは見せないが敏捷性に富み、ミスも少ない。

年度	所属チーム	試合数	打数	得点	安打	二塁打	三塁打	本塁打	打点	四球	三振	盗塁	盗塁死	出塁率	OPS	打率
2019	カブス	20	78	13	22	1	1	3	17	3	11	0	0	.305	.741	.282
通算成績		20	78	13	22	1	1	3	17	3	11	0	0	.305	.741	.282

7月までの苦労が育てた果実を9月に収穫

8 **イアン・ハップ** *Ian Happ*

センターライト

26歳／183cm／93kg／右投両打 対左.233 対右.273 ホ.250 ア.273 得.314
ド2015①カブス 出ペンシルヴァニア州 年56万3500ドル（約6200万円）+α

ミ 3
パ 3
走 4
守 3
肩 3

昨年苦労してスイングの矯正に成功したため、センターのレギュラーに抜擢される両打ちの外野手。昨年はオープン戦で低打率にあえぎ、三振の山を築いたため、球団からスイングを一から見直すよう指示され3Aに降格。そこではまず、より多く投球をバットに当てられるスイングを完成させ、そのうえでパワーを加えていった。7月24日にメジャーに復帰してそのスイングで打ったが、最初はいい結果が出なかった。しかし9月20日を過ぎてからヒットラッシュになり、本塁打も4本立て続けに出たため、リーグの週間MVPに選出され、今季の活躍を期待されるようになった。

年度	所属チーム	試合数	打数	得点	安打	二塁打	三塁打	本塁打	打点	四球	三振	盗塁	盗塁死	出塁率	OPS	打率
2019	カブス	58	140	25	37	7	1	11	30	15	39	2	0	.333	.898	.264
通算成績		315	891	143	219	43	6	50	142	124	335	18	8	.340	.816	.246

最期のひと花を咲かせようとしている名脇役

33 **ダニエル・デスカルソ** *Daniel Descalso*

ユーティリティ

34歳／178cm／86kg／右投左打 対左.167 対右.173 ホ.131 ア.214 得.289
ド2007③カーディナルス 出カリフォルニア州 年250万ドル（約2億7500万円）

ミ 2
パ 3
走 3
守 3
肩 3

年齢的な衰えが見え始めたメジャー生活10年目のベテラン。トニー・ラルーサ監督時代のカーディナルスで鍛えられた野手巧者で、一度もレギュラーになったことはないが、強豪チームで活躍してきたためポストシーズンゲームに48試合出場し、本塁打4本と送りバントを5本決めた実績がある。昨季は出だし好調だったが、4月末頃からタイミングが合わなくなり、出番がどんどん減った挙句、7月中旬に足首の捻挫でIL入り。9月上旬に復帰したが、その後はほとんど出番がなかった。イタリア移民の家系で、2017年のWBCではイタリア代表チームの一員としてプレー。

年度	所属チーム	試合数	打数	得点	安打	二塁打	三塁打	本塁打	打点	四球	三振	盗塁	盗塁死	出塁率	OPS	打率
2019	カブス	82	168	20	29	5	1	2	15	23	57	2	1	.271	.521	.173
通算成績		1079	2519	326	593	126	25	48	294	303	600	26	15	.320	.683	.235

対左=対左投手打率 対右=対右投手打率 ホ=ホーム打率 ア=アウェー打率 得=得点圏打率

野手

昨季はアンラッキーな転倒でシーズン終了

一 スティーヴン・スーザ・ジュニア Steven Souza Jr. ライト 移籍

31歳 | 193cm | 102kg | 右投右打 ◆昨季メジャー出場なし

Ⓓ2007③ナショナルズ 🏠ワシントン州 💰100万ドル（約1億1000万円）

ミ 2 / バ 4 / 走 4 / 守 4 / 肩 5

　2017年にレイズで30本塁打を放ったパワーヒッター。走攻守に高い能力を見せ、選球眼も向上していたが、ダイヤモンドバックスに移籍した18年はオープン戦でダイビングキャッチを試みた際に胸筋を痛めて離脱し、調整不足に泣いた。復活を期した昨シーズンもオープン戦で本塁に生還した際に、ホームベースに足を取られて激しく転倒し、前十字靭帯断裂、外側側副靭帯断裂、後十字靭帯の部分断裂などの大ケガを負い、開幕前にシャットダウンとなった。どこまで回復しているのかは不明だが、以前のようなスピード感あるプレーは、期待しないほうがいいかもしれない。

年度	所属チーム	試合数	打数	得点	安打	二塁打	三塁打	本塁打	打点	四球	三振	盗塁	盗塁死	出塁率	OPS	打率
2018	ダイヤモンドバックス	72	241	21	53	15	3	5	29	28	75	6	1	.309	.678	.220
通算成績		471	1590	218	371	68	7	70	198	192	564	41	17	.323	.740	.233

レギュラー返り咲きを狙う俊足外野手

5 アルバート・アルモーラ・ジュニア Albert Almora Jr. センター

26歳 | 188cm | 86kg | 右投右打 対左.213 対右.247 ホ.217 ア.251 得.179

Ⓓ2012①カブス 🏠フロリダ州 💰157.5万ドル（約1億7325万円）

ミ 2 / バ 3 / 走 4 / 守 3 / 肩 3

　打撃守備の両面で期待外れの働きだったため、昨季終盤センターのレギュラーから滑り落ちた外野手。一昨年2割8分6厘という好打率を出したことで、昨季は出塁能力の高いチャンスメーカーになることを期待された。しかし逆に出塁率が3割を大きく割り込む状態が続き、守備範囲も狭くなっていたため評価が下がり、8月中旬にレギュラーを外されマイナー落ちした。球団は今季、その後釜に秋山翔吾を獲得して据えることを考えていたが、獲得に失敗したのでイアン・ハップがセンターのレギュラーに抜擢され、アルモーラは控えに回る。返り咲くチャンスは十分ある。

年度	所属チーム	試合数	打数	得点	安打	二塁打	三塁打	本塁打	打点	四球	三振	盗塁	盗塁死	出塁率	OPS	打率
2019	カブス	130	339	41	80	11	1	12	32	16	62	2	1	.271	.651	.236
通算成績		461	1194	156	327	62	4	28	133	64	218	4	4	.311	.713	.274

一 ミゲール・アマヤ Miguel Amaya キャッチャー 期待度 B+ ルーキー

21歳 | 185cm | 84kg | 右投右打 ◆昨季は1A+でプレー Ⓓ2015㉟カブス 🏠パナマ

　カブスが将来の正捕手と評価して育成してきた逸材。ウリは、守備力と長打力。フレーミングが上手で、盗塁阻止力も高い。打者としては選球眼が良く、二塁打を量産するタイプ。今季は2Aでスタートするが、カブスで捕手に故障者が出た場合、3Aをスルーしてメジャーに呼ばれる可能性がある。

一 ザック・ショート Zack Short ショート セカンド 期待度 C ルーキー

25歳 | 178cm | 82kg | 右投右打 ◆昨季は2A、3Aでプレー Ⓓ2016⑰カブス 🏠ニューヨーク州

　カブスがショートとセカンドの2番手を兼ねるユーティリティで使うのにうってつけな、守備力の高い内野手。ウリは出塁能力の高さ。選球眼がいいうえ、当ててファウルにするのがうまいので、四球による出塁が多い。そこそこ長打力もあり、インサイドに甘い投球が来ると、スタンドに叩き込む。

対左=対左投手打率　対右=対右投手打率　ホ=ホーム打率　ア=アウェー打率　得=得点圏打率　Ⓓ=ドラフトデータ　🏠=出身地　💰=年俸

シンシナティ・レッズ

◆創　立：1881年
◆本拠地：オハイオ州シンシナティ市
◆ワールドシリーズ制覇：5回／リーグ優勝：9回
◆地区優勝：10回／ワイルドカード獲得：1回

主要オーナー▶ ロバート・カステリーニ（野菜果物卸売り企業カステリーニ社社長）

過去5年成績	年度	勝	負	勝率	ゲーム差	地区順位	ポストシーズン成績
	2015	64	98	.395	36.0	⑤	—
	2016	68	94	.420	35.5	⑤	—
	2017	68	94	.420	24.0	⑤	—
	2018	67	95	.414	28.5	⑤	—
	2019	75	87	.463	16.0	④	—

監督 ▶ **25 デイヴィッド・ベル** *David Bell*

◆年　　齢…………48歳（オハイオ州出身）
◆現役時代の経歴…12シーズン　インディアンズ（1995）、カーディナルス
（サード、セカンド）（1995〜98）、インディアンズ（1998）、マリナーズ
　　　　　　　　（1998〜2001）、ジャイアンツ（2002）、フィリーズ
　　　　　　　　（2003〜06）、ブリュワーズ（2006）
◆現役通算成績……1403試合　.257　123本　589打点
◆監督経歴…………1シーズン　レッズ（2019〜）
◆通算成績…………75勝87敗（勝率.463）

　昨季、メジャーの監督では最多タイの、8度の退場処分を受けた熱血監督。就任1年目で、現役12シーズンの総退場数を上回った。出場停止処分中だった8月1日のブレーブス戦では、外野席で試合を見ようと座席に座ったところ、たちまちファンに騒がれ、退散している。ベースボールファミリー出身。祖父ガスは、1950年代のレッズの中心打者。父バディは通算2514安打の名選手で、3球団で監督を経験。弟マイクも19試合だけだが、レッズでメジャーを経験。

注目コーチ ▶ **59 アラン・ジンター** *Alan Zinter*

　新打撃コーチ。52歳。ベル監督とは2018年に、ジャイアンツの組織でともに働いていた。アストロズ、パドレスで、コーチの経験がある。1999年に来日し、西武でプレー。

編成責任者 ▶ **ディック・ウィリアムズ** *Dick Williams*

　49歳。レッズの本拠地・シンシナティ出身の元金融マン。父と叔父が、レッズの重役を務めている。また、祖父と大叔父が、レッズの主要オーナーだった時代がある。

スタジアム ▶ **グレートアメリカン・ボールパーク** *Great American Ball Park*

◆開場年…………2003年
◆仕　様…………天然芝
◆収容能力………42,319人
◆フェンスの高さ…2.4〜3.7m
◆特　徴…………ホームランが出やすい球場の一つ。ファウルテリトリーが狭い点も投手に不利。レッズ投手陣の被本塁打数は、一昨年まで3年連続でリーグ最下位だったが、昨季は投手陣が奮闘し、被本塁打数はリーグ平均とほぼ同数だった。

ヒッターズパーク ▶

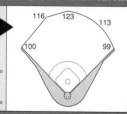

116　123　113
100　99

379

Best Order [ベストオーダー]

- ①秋山翔吾……センター
- ②ジョーイ・ヴォト……ファースト
- ③エウヘイニオ・スアレス……サード
- ④マイク・ムスタカス……セカンド
- ⑤ニック・カステヤノス……レフト
- ⑥アリスティーデス・アキーノ……ライト
- ⑦フレディ・ガルヴィス……ショート
- ⑧タッカー・バーンハート……キャッチャー

Depth Chart [ポジション別選手層・メンバーリスト]

※2020年2月4日時点の候補選手。数字は背番号(開幕前に変更する場合もあり)、右・左等は投・打の順。

センター
4 秋山翔吾 [右・左]
15 ニック・センゼル [右・右]
31 トラヴィス・ジャンカウスキー [右・左]
21 マイケル・ロレンゼン [右・右]

レフト
2 ニック・カステヤノス [右・右]
33 ジェシー・ウインカー [左・左]
6 フィリップ・アーヴィン [右・右]
4 秋山翔吾 [右・左]

ライト
44 アリスティーデス・アキーノ [右・右]
2 ニック・カステヤノス [右・右]
6 フィリップ・アーヴィン [右・右]

ショート
3 フレディ・ガルヴィス [右・両]
52 カイル・ファーマー [右・右]

セカンド
9 マイク・ムスタカス [右・左]
3 フレディ・ガルヴィス [右・両]
17 ジョシュ・ヴァンミーター [右・左]

ローテーション
58 ルイス・カスティーヨ [右・右]
54 ソニー・グレイ [右・右]
27 トレヴァー・バウアー [右・右]
28 アンソニー・ディスクラファーニ [右・右]
22 ウェイド・マイリー [左・左]
30 タイラー・マーリー [右・右]
74 トニー・サンティラン [右・右]

サード
7 エウヘイニオ・スアレス [右・右]
52 カイル・ファーマー [右・右]
2 アレックス・ブランディーノ [右・右]
17 ジョシュ・ヴァンミーター [右・左]

ファースト
19 ジョーイ・ヴォト [右・左]
17 ジョシュ・ヴァンミーター [右・左]
52 カイル・ファーマー [右・右]

キャッチャー
16 タッカー・バーンハート [右・左]
12 カート・カサーリ [右・右]
52 カイル・ファーマー [右・右]

ブルペン
26 ライセル・イグレシアス [右・右] CL
21 マイケル・ロレンゼン [右・右]
50 アミール・ギャレット [左・右]
55 ロバート・スティーヴンソン [右・右]
66 ジョエル・クーネル [右・右]
67 マット・ボウマン [右・右]
39 ルーカス・シムズ [右・右]
47 サル・ロマーノ [右・右]
51 ジャスティン・シェイファー [右・右]
87 ホセ・デレオン [右・右]
30 タイラー・マーリー [右・右]
74 トニー・サンティラン [右・右]
— ペドロ・ストロップ [右・右]

※CL=クローザー

レッズ試合日程……*はアウェーでの開催

3月26・28・29	カーディナルス	27・28・29	ブレーブス	29・30・31・**6月**1	カブス*
30・31・**4月**1	ブルージェイズ	**5月**1・2・3	ナショナルズ*	2・3	パイレーツ*
2・4・5	パイレーツ*	4・5・6	メッツ*	4・5・6・7	カブス
6・7	ブリュワーズ	7・8・9・10	ロッキーズ*	9・10・11	ドジャース
9・10・11・12	フィリーズ	11・12・13	マーリンズ	12・13・14	ブリュワーズ
14・15・16	ジャイアンツ	14・15・16・17	ブリュワーズ	16・17・18	パドレス*
17・18・19	ヤンキース*	19・20	インディアンズ*	19・20・21	カーディナルス*
20・21・22	カーディナルス*	22・23・24・25	パドレス	23・24・25	カブス
24・25・26	ダイヤモンドバックス	26・27・28	パイレーツ	26・27・28	ナショナルズ

球団メモ 「MLB最古の球団」への敬意から、長い間、レッズの開幕戦はほかの開幕戦より早くおこなわれていた。その慣習がなくなった今も、開幕戦は本拠地でおこなわれる。

■投手力 … ★★★☆☆ 【昨年度チーム防御率4.18、リーグ4位】

ローテーションは、頭の3人がカスティーヨ、グレイ、バウアーとエース級で、4、5番手は平均以上の防御率を期待できるマイリーとディスクラファーニ。この中で機能しないリスクがあるのはバウアーだが、そうなってもほかの4人が機能すれば、「中の上」レベルの先発防御率を出せるだろう。ブルペンはクローザーのイグレシアスに劣化の兆しが見えるが、後釜をやれそうな人材がいない。しいてあげれば、新加入のストロップか？

■攻撃力 … ★★★☆☆ 【昨年度チーム得点701、リーグ12位】

打線は昨年スアレスが49本塁打、103打点の活躍をしたのに、チーム得点はリーグ12位の701点だった。本拠地が本塁打の出やすい狭い球場なのに、これほど低いチーム得点になったことにレッズ首脳は衝撃を受け、チャンスメーカーと打点マシンの獲得に乗り出し、秋山翔吾、ムスタカス、カステヤノスの加入が実現した。秋山は出塁率3割7分を期待できるので、得点力アップに貢献するだろう。

■守備力 … ★★★★☆ 【昨年度チーム失策数91、リーグ6位】

キャッチャーの守備力はトップレベル。ワイルドピッチを出した回数は35回で、メジャー30球団の中で最少。チーム全体のDRS（守備で防いだ失点）も58あり、30球団で6番目に多かった。エラーは捕球ミスより悪送球が多い。

■機動力 … ★★★☆☆ 【昨年度チーム盗塁数80、リーグ6位】

昨季は盗塁数が平均レベルで、成功率は低かった。秋山はスモールボールのスキルが高く、バントヒット10、内野安打30、盗塁20の期待がかかる。

総合評価 ★★★★☆	昨年はチーム得点が701、チーム失点が711だったが、オフの大がかりな補強で今季はチーム得点が70〜100増え、チーム失点は30〜50減るだろう。中央値を取るとチーム得点は786、チーム失点は671になり、90勝前後行く計算になる。

IN 主な入団選手

投手
ウェイド・マイリー ← アストロズ
ジャスティン・シェイファー ← ブルージェイズ
ペドロ・ストロップ ← カブス

野手
秋山翔吾 ← 埼玉西武
マイク・ムスタカス ← ブリュワーズ
トラヴィス・ジャンカウスキー ← パドレス

OUT 主な退団選手

投手
ケヴィン・ガウスマン → ジャイアンツ
アレックス・ウッド → ドジャース

野手
ホセ・イグレシアス → オリオールズ
ホセ・ペラザ → レッドソックス

29・30・**7月**1・2	ドジャース*	31・**8月**1・2	レイズ
3・4・5	ダイヤモンドバックス*	4・5・6	フィリーズ*
7・8	インディアンズ	7・8・9	カーディナルス*
10・11・12	パイレーツ	11・12	カブス
14	オールスターゲーム	13・14・15・16	パイレーツ
17・18・19	カブス*	18・19	レッドソックス*
21・22・23	メッツ	20・21・22・23	ブリュワーズ*
24・25・26	ロッキーズ	24・25・26	カーディナルス
27・28・29・30	ブレーブス*	27・28・29・30	ブリュワーズ

31・**9月**1・2	オリオールズ
4・5・6	カブス*
8・9	ブリュワーズ*
10・11・12・13	ジャイアンツ*
15・16	レッドソックス
17・18・19・20	カーディナルス
21・22・23	マーリンズ*
24・25・26・27	パイレーツ*

球団メモ　今シーズン、秋山翔吾が加入するまで、日本人選手が所属したことのない唯一のメジャー球団だった。昨年8月、田澤純一がマイナー契約で入団したが、昇格はならず。

レッズ

投手

昨年ブレイクしてオールスターに出場　　**先 発**

58 ルイス・カスティーヨ
Luis Castillo

28歳｜188cm｜86kg｜右投右打

◆速球のスピード／150キロ台前半～中頃（シンカー、フォーシーム）

◆決め球と持ち球／☆チェンジアップ、◎シンカー、
　○フォーシーム、○スライダー

◆対左打者被打率／.209　◆対右打者被打率／.194

◆ホーム防御率／3.15　◆アウェー防御率／3.88

◆ドラフトデータ／2011⑱ジャイアンツ

◆出身地／ドミニカ

◆年俸／56万3500ドル（約6200万円）+α

球威	5
制球	3
緩急	5
守備・牽制	3
度胸	5

　チェンジアップの魔術師として知られるようになったドミニカ出身の右腕。昨季は出だしから好投が続き、4月の月間最優秀投手に選出された。好調の要因は、最大の武器であるチェンジアップの制球が安定し、打者を追い込むとこれを使って三振か凡ゴロにしとめていたからだ。その後もチェンジアップの威力は衰えず、シーズン前半終了時点の防御率は2.29でナショナル・リーグ2位だった。オールスターにも初めて選出され、1イニングを投げた。シーズン後半は第2の武器であるスライダーが頻繁に抜けるようになったことに加え、フォーシームが棒球になるケースも増えたため、失点が多くなった。しかしチェンジアップだけは最後まで機能し、昨季の被打率は1割2分9厘という低い数字だった。このチェンジアップはタテよりヨコの曲がりが大きいタイプで、途中まではツーシームとほとんど同じ軌道で来るため、見分けがつきにくい。

　メジャーリーグには、柳賢振とマイク・マイナーがチェンジアップの使い手として有名だが、カスティーヨのチェンジアップはそれ以上の評価を受けるようになっており、昨年7月に『ベースボール・アメリカ』がおこなった監督などによる投票では、ナショナル・リーグ「チェンジアップ部門」の1位（2位は柳賢振）。また、野球データサイト「ファングラフス」の球種別評価でも、チェンジアップ部門で最高点が付いた。

　ドミニカ人選手としてはかなり遅い19歳の誕生日の前後に、ジャイアンツと契約し、プロ入り。しかもドミニカのルーキーリーグに2年、留め置かれたため、21歳になってから米国に来て、マイナーの1Aでプレーを開始。それから2017年6月にメジャーデビューするまでの3年半の間に、トレードで4回動いている。早婚で、ドミニカ時代に知り合って結婚したベラ夫人との間に、男児と女児が一人ずついる。

カモ E・テイムズ（ブリュワーズ）.000（11-0）0本　　V・カラティーニ（カブス）.063（16-1）0本

苦手 K・ウォン（カーディナルス）.429（14-6）1本　　C・モラン（パイレーツ）.500（12-6）1本

年度	所属チーム	勝利	敗戦	防御率	試合数	先発	セーブ	投球イニング	被安打	失点	自責点	被本塁打	与四球	奪三振	WHIP
2017	レッズ	3	7	3.12	15	15	0	89.1	64	32	31	11	32	98	1.07
2018	レッズ	10	12	4.30	31	31	0	169.2	158	89	81	28	49	165	1.22
2019	レッズ	15	8	3.40	32	32	0	190.2	139	76	72	22	79	226	1.14
通算成績		28	27	3.68	78	78	0	449.2	361	197	184	61	160	489	1.16

大学時代の恩師が投手コーチで大助かり　先発

54 ソニー・グレイ
Sonny Gray

31歳／178cm／86kg／右投右打

◆速球のスピード／150キロ前後（シンカー、フォーシーム）
◆決め球と持ち球／☆カーブ、◎シンカー、◎スライダー、○チェンジアップ、△フォーシーム
◆対左打者被打率／.196　◆対右打者被打率／.196
◆ホーム防御率／3.05　◆アウェー防御率／2.71
◆ドラフトデータ／2011①アスレティックス
◆出身地／テネシー州
◆年俸／1000万ドル（約11億円）

球威	4
制球	3
緩急	4
守備・牽制	2
度胸	4

レッズ

　昨年1月25日にヤンキースから移籍し、見事な復活を遂げた右腕。2014年と15年にはアスレティックスでエースとして投げた実績があり、ヤンキースが田中将大とエースの座を分け合う存在になると期待して、17年7月末にトレードで獲得。しかしプレッシャーに弱いタチであるため、ロードでは好投するのに、プレッシャーのかかるヤンキー・スタジアムでは肩に力が入って打ち込まれるというパターンが繰り返された。その挙句、ローテーションから外されオフにトレードされる可能性が高くなり、結局レッズに放出されることになった。

　移籍後はレッズで別人のように安定したピッチングを見せるようになったが、これはデレク・ジョンソン投手コーチの指導を受けられるようになったことが大きい。同コーチは元ヴァンダービルト大学の投手コーチで、グレイは同大在学中に彼の指導により、大学野球屈指の投手に成長した。レッズ移籍後、この恩師のアドバイスを受け、いくつか修正を加えた結果、シンカー、カーブ、スライダーの威力が増し、失点が大幅に減少した。

　好調ぶりを象徴するのが、2015年以来となるオールスター出場だった。前日の記者会見で、グレイは「こうしてオールスターの場に来ることが出来たのはデレク・ジョンソン投手コーチのおかげです。彼といると、投球術の2度目の授業を受けているような気になりますよ」と恩師を称賛している。その一方で、ヤンキースでは屈辱的な扱いを受けたという思いがあるようで、移籍後ひと月がたった頃、「ヤンキースはスライダーが好きなんだ。俺もコーチからスライダーばかり投げろって繰り返し言われたから、うんざりしたよ。田中のようになれって言われても、もともと違うタイプなんだから、なれるわけない」と噛みついている。

カモ	P・ゴールドシュミット（カーディナルス）.000（11-0）0本　J・バエズ（カブス）.100（10-1）0本
苦手	D・ファウラー（カーディナルス）.500（14-7）0本　L・ケイン（ブリュワーズ）.429（21-9）0本

年度	所属チーム	勝利	敗戦	防御率	試合数	先発	セーブ	投球イニング	被安打	失点	自責点	被本塁打	与四球	奪三振	WHIP
2013	アスレティックス	5	3	2.67	12	10	0	64.0	51	22	19	4	20	67	1.11
2014	アスレティックス	14	10	3.08	33	33	0	219.0	187	84	75	15	74	183	1.19
2015	アスレティックス	14	7	2.73	31	31	0	208.0	166	71	63	17	59	169	1.08
2016	アスレティックス	5	11	5.69	22	22	0	117.0	133	80	74	18	42	94	1.50
2017	アスレティックス	6	5	3.43	16	16	0	97.0	84	48	37	8	30	94	1.18
2017	ヤンキース	4	7	3.72	11	11	0	65.1	55	31	27	11	27	59	1.26
2017	2チーム計	10	12	3.55	27	27	0	162.1	139	79	64	19	57	153	1.21
2018	ヤンキース	11	9	4.90	30	23	0	130.1	138	73	71	14	57	123	1.50
2019	レッズ	11	8	2.87	31	31	0	175.1	122	59	56	17	68	205	1.08
通算成績		70	60	3.53	186	177	0	1076.0	936	468	422	104	377	994	1.22

オフに来日し、交友の輪を広げる　先発

27 トレヴァー・バウアー Trevor Bauer

29歳／185cm／93kg／右投右打

- ◆速球のスピード／150キロ台前半（フォーシーム、ツーシーム）
- ◆決め球と持ち球／○ナックルカーブ、○カッター、○ツーシーム、○フォーシーム、○スライダー、△チェンジアップ
- ◆対左.247　◆対右.216　◆ホ防4.66　◆ア防4.31
- ◆ド2011①ダイヤモンドバックス　◆出カリフォルニア州
- ◆年1750万ドル（約19億2500万円）

球威	5
制球	3
緩急	4
守備・援軽	3
度胸	4

最先端の野球理論とトレーニング法を追求する革命児。昨季は出だしから制球が悪く、失点が多い状態が続いた。しかもインディアンズの資金力の関係で、7月末のトレードが有力視されていたため、それによるストレスもあり、インディアンズでの最終登板となった7月28日の試合で、5回途中に交代を告げられた際、監督にボールを渡さず、外野フェンスの向こうに遠投。フラストレーションを爆発させた。オフには脱輪したトラックのタイヤが近くのカーディーラーに飛び込み、そこに預けてあったバウアー所有の高級車マクラーレン650S（30万ドルで購入）を直撃。大破させる事故が起きている。昨年11月末に来日。日本の野球関係者たちと、野球談義に花を咲かせた。

| カモ | J・ヘイワード（カブス）.000(11-0)0本 | 苦手 | D・ファウラー（カーディナルス）.500(8-4)1本 |

年度	所属チーム	勝利	敗戦	防御率	試合数	先発	セーブ	投球イニング	被安打	失点	自責点	被本塁打	与四球	奪三振	WHIP
2012	ダイヤモンドバックス	1	2	6.06	4	4	0	16.1	14	13	11	2	13	17	1.65
2013	インディアンズ	1	2	6.29	4	4	0	17.0	15	11	10	3	16	11	1.82
2014	インディアンズ	5	8	4.18	26	26	0	153.0	151	76	71	16	60	143	1.38
2015	インディアンズ	11	12	4.55	31	30	0	176.0	152	90	89	23	79	170	1.31
2016	インディアンズ	12	8	4.26	35	28	0	190.0	179	96	90	20	70	168	1.31
2017	インディアンズ	17	9	4.19	32	31	0	176.1	181	84	82	25	60	196	1.37
2018	インディアンズ	12	6	2.21	28	27	1	175.1	134	51	43	9	57	221	1.09
2019	インディアンズ	9	8	3.79	24	24	0	156.2	127	76	66	22	63	185	1.21
2019	レッズ	2	5	6.39	10	10	0	56.1	57	42	40	12	19	68	1.35
2019	2チーム計	11	13	4.48	34	34	0	213.0	184	118	106	34	82	253	1.25
通算成績		70	60	4.04	194	184	1	1117.0	1010	539	502	132	437	1179	1.30

スライダーが武器の武闘派サウスポー　セットアップ

50 アミール・ギャレット Amir Garrett

28歳／196cm／104kg／左投右打

- ◆速球のスピード／150キロ台前半（ツーシーム、フォーシーム）
- ◆決め球と持ち球／☆スライダー、○フォーシーム、△シンカー
- ◆対左.202　◆対右.221　◆ホ防2.73　◆ア防3.76
- ◆ド2011㉒レッズ　◆出カリフォルニア州
- ◆年56万3500ドル（約6200万円）+α

球威	5
制球	2
緩急	3
守備・援軽	4
度胸	5

一昨年はフォーシーム6割、スライダー3割、シンカー、チェンジアップ各5%くらいの比率で投げていたが、昨年はスライダーが全投球の6割を占めるスライダーマシンに変身。それが功を奏し、奪三振率が大幅にアップした。闘争心旺盛で、果敢にインサイドを突く攻撃的な投球が持ち味。欠点は、感情のコントロールができないこと。昨年7月30日のパイレーツ戦で、投手交代の際、相手のベンチからヤジられて逆上し、マウンドから敵のベンチめがけて突っ走り、殴りかかった。それが両チームあげての大乱闘に発展したため、8試合出場停止になっている。パイレーツのトレヴァー・ウィリアムズは「ガレットはピッチングじゃなく、ケンカしに登板している」と酷評。

| カモ | J・ベル（パイレーツ）.071(14-1)1本 | 苦手 | E・タイムズ（ブリュワーズ）.667(6-4)3本 |

年度	所属チーム	勝利	敗戦	防御率	試合数	先発	セーブ	投球イニング	被安打	失点	自責点	被本塁打	与四球	奪三振	WHIP
2017	レッズ	3	8	7.39	16	14	0	70.2	74	60	58	23	40	63	1.61
2018	レッズ	1	2	4.29	66	0	0	63.0	56	30	30	8	25	71	1.29
2019	レッズ	5	3	3.21	69	0	0	56.0	44	22	20	7	35	78	1.41
通算成績		9	13	5.12	151	14	0	189.2	174	112	108	38	100	212	1.44

対左＝対左打者被打率　対右＝対右打者被打率　ホ防＝ホーム防御率　ア防＝アウェー防御率
ド＝ドラフトデータ　出＝出身地　年＝年俸　カモ　苦手 は通算成績

投手

カッターの多投で計算できる投手に　先発　移籍

22 ウェイド・マイリー Wade Miley

34歳｜183cm｜100kg｜左投左打

◆速球のスピード／140キロ台中頃〜後半（フォーシーム、カッター）
◆決め球と持ち球／○チェンジアップ、○カッター、○フォーシーム、△ツーシーム、△スライダー、△カーブ
◆対左.207　◆対右.267　◆ホ防4.12　◆ア防3.87
◆ド2008①ダイヤモンドバックス　◆出ルイジアナ州
◆年600万ドル（約6億6000万円）

球威	3
制球	3
緩急	4
曲・翻	4
度胸	3

2年1500万ドルで入団した耐久性抜群の左腕。多彩な球種を使い、タイミングを外すことと、芯を外すことに主眼を置いたピッチングを見せる。ブリュワーズに在籍した2018年に、デレク・ジョンソン投手コーチのアドバイスで曲がりの大きいスライダーを捨て、カッターを多投するようにしたところ、以前ほど右打者に打たれなくなり、計算できる投手に進化した。レッズを選択したのは、ジョンソンが現在はレッズの投手コーチを務めているからだ。

カモ A・リゾ（カブス）.130（23-3）0本　　苦手 K・ブライアント（カブス）.429（14-6）1本

年度	所属チーム	勝利	敗戦	防御率	試合数	先発	セーブ	投球イニング	被安打	失点	自責点	被本塁打	与四球	奪三振	WHIP
2011	ダイヤモンドバックス	4	2	4.50	8	7	0	40.0	48	20	20	6	18	25	1.65
2012	ダイヤモンドバックス	16	11	3.33	32	29	0	194.2	193	79	72	14	37	144	1.18
2013	ダイヤモンドバックス	10	10	3.55	33	33	0	202.2	201	88	80	21	66	147	1.32
2014	ダイヤモンドバックス	8	12	4.34	33	33	0	201.1	207	103	97	23	75	183	1.40
2015	レッドソックス	11	11	4.46	32	32	0	193.2	201	98	96	17	64	147	1.37
2016	マリナーズ	7	8	4.98	19	19	0	112.0	117	62	62	18	34	82	1.35
2016	オリオールズ	2	5	6.17	11	11	0	54.0	70	38	37	7	15	55	1.57
2016	2チーム計	9	13	5.37	30	30	0	166.0	187	100	99	25	49	137	1.42
2017	オリオールズ	8	15	5.61	32	32	0	157.1	179	104	98	25	93	142	1.73
2018	ブリュワーズ	5	2	2.57	16	16	0	80.2	71	28	23	3	27	50	1.21
2019	アストロズ	14	6	3.98	33	33	0	167.1	164	83	74	23	61	140	1.34
通算成績		85	82	4.23	249	245	0	1403.2	1451	703	659	157	490	1115	1.38

投手として酷使されたうえ、野手でもいい働き　セットアップ　外野手

21 マイケル・ロレンゼン Michael Lorenzen

28歳｜191cm｜98kg｜右投右打

◆速球のスピード／150キロ台中頃（フォーシーム、ツーシーム）
◆決め球と持ち球／○スライダー、○フォーシーム、○チェンジアップ、○カッター、○ツーシーム、△カーブ
◆対左.195　◆対右.240　◆ホ防4.46　◆ア防1.60
◆ド2013①レッズ　◆出カリフォルニア州
◆年372.5万ドル（約4億975万円）

球威	4
制球	3
緩急	4
曲・翻	4
度胸	3

トップ・セットアッパーとして重要な存在になったが、打者としてもしばしばいい働きをするツーウェイプレーヤー。昨季はリリーフ投手としてチーム最多の73試合に登板したほか、外野の守備についた試合が30、中堅手として先発した試合が6、代打出場が7、代走での出場が2と、まさに八面六臂の活躍を見せた。投手としては、フォーシームの平均球速が2キロアップ。それにともないカッターとチェンジアップの威力も増し、初めて2点台の防御率をマーク。一時期乱調のイグレシアスに代わってクローザーも務め、7セーブをあげた。打者としては9月4日のフィリーズ戦で、もつれた試合に決着をつけるツーランを左中間スタンドに叩き込み、4年連続で本塁打を記録。

カモ C・イェリッチ（ブリュワーズ）.071（14-1）0本　　苦手 K・ブライアント（カブス）.417（24-10）1本

年度	所属チーム	勝利	敗戦	防御率	試合数	先発	セーブ	投球イニング	被安打	失点	自責点	被本塁打	与四球	奪三振	WHIP
2015	レッズ	4	9	5.40	27	21	0	113.1	131	70	68	18	57	83	1.66
2016	レッズ	2	1	2.88	35	0	0	50.0	41	16	16	5	13	48	1.08
2017	レッズ	8	4	4.45	70	0	2	83.0	78	43	41	9	34	80	1.35
2018	レッズ	4	2	3.11	45	3	1	81.0	78	32	28	6	34	54	1.38
2019	レッズ	1	4	2.92	73	0	7	83.1	68	29	27	9	28	85	1.15
通算成績		19	20	3.94	250	24	10	410.2	396	190	180	47	166	350	1.37

レッズ

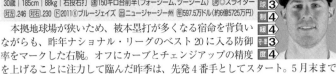

投手

28 アンソニー・ディスクラファーニ Anthony DeSclafani
被本塁打を10本減らせれば、さらなる飛躍も 先発

30歳｜185cm｜88kg｜右投右打｜速150キロ台前半（フォーシーム、ツーシーム）｜決◎スライダー｜[対左].246 [対右].230｜下2011⑥ブルージェイズ｜田ニュージャージー州｜年597.5万ドル（約66億5725万円）

球3 制4 緩4 守3 度4

本拠地球場が狭いため、被本塁打が多くなる宿命を背負いながらも、昨年ナショナル・リーグのベスト20に入る防御率をマークした右腕。オフにカーブとチェンジアップの精度を上げることに注力して臨んだ昨季は、先発4番手としてスタート。5月末までは11試合で14本外野席に運ばれ失点が多かったが、6月入って制球が安定し、持ち直した。被本塁打29はリーグワースト5位の数字だが、そのうちの18本はホームで打たれたものだ。「ディスコ」というあだ名があるので、以前は遊んでいたのかもしれないが、現在は婚約者のローレン・ハイニンガーさんと事実婚状態。

年度	所属チーム	勝利	敗戦	防御率	試合	先発	セーブ	投球イニング	被安打	失点	自責点	被本塁打	与四球	奪三振	WHIP
2019	レッズ	9	9	3.89	31	31	0	166.2	151	77	72	29	49	167	1.20
通算成績		36	37	4.13	116	108	0	622.2	623	312	286	90	169	557	1.27

26 ライセル・イグレシアス Raisel Iglesias
同点の場面で使うと踏ん張れない守護神 クローザー

30歳｜188cm｜86kg｜右投右打｜速150キロ台前半（フォーシーム、ツーシーム）｜決◎スライダー｜[対左].241 [対右].240｜下2014㊅レッズ｜田キューバ｜年900万ドル（約9億9000万円）

球4 制3 緩4 守4 度3

一発病が治らないキューバ亡命組のクローザー。昨季は敗戦投手になった試合が12、セーブに失敗した試合が6あった。チーム内に代わる人材がいないため今季も地位に変動はないが、今季は優勝を狙える戦力になっているので、クローザーの大負けは許されない。赤信号が灯った場合はトレードで、他球団からクローザー経験者を獲得することになるだろう。被本塁打が2年連続で12本もあったが、これは2017年には32%だったフライ打球の比率が昨年は44%に増加し、しかも「フライボール革命」や「飛ぶボールの極秘導入」で、フライ打球の飛距離がかなり伸びたことによる。

年度	所属チーム	勝利	敗戦	防御率	試合	先発	セーブ	投球イニング	被安打	失点	自責点	被本塁打	与四球	奪三振	WHIP
2019	レッズ	3	12	4.16	68	0	34	67.0	61	31	31	12	21	89	1.22
通算成績		14	29	3.17	252	21	98	388.2	314	142	137	47	127	448	1.13

30 タイラー・マーリー Tyler Mahle
昨年から使い出したスプリッターが武器に 先発 ロングリリーフ

26歳｜191cm｜95kg｜右投右打｜速150キロ前後（フォーシーム主体）｜決◎スプリッター｜[対左].282 [対右].252｜下2013⑦レッズ｜田カリフォルニア州｜年56万3500ドル（約6200万円）+α

球2 制4 緩4 守4 度3

マイリーの加入で、今季は先発6番手に序列が下がる右腕。昨季は先発5番手としてスタートしたがツキに見放され、8試合目までに無失点が1試合、1失点が3試合あったのに勝ち星はゼロ。9試合目に1勝したが、その後も好投しても勝ち星が付かず、大きく負け越した。防御率は5.12だが、昨年は飛ぶボールの極秘導入があったため、メジャーの先発投手の平均防御率は前年の4.18から4.54に悪化。さらに本拠地が打者天国であることを考えれば、そう悪い数字ではない。ローテーションは常時故障者が1～2人出ると思われるので、一定の先発試合数を確保できるだろう。

年度	所属チーム	勝利	敗戦	防御率	試合	先発	セーブ	投球イニング	被安打	失点	自責点	被本塁打	与四球	奪三振	WHIP
2019	レッズ	3	12	5.14	25	25	0	129.2	136	82	74	25	34	129	1.31
通算成績		11	23	4.88	52	52	0	261.2	280	156	142	47	98	253	1.44

速=速球のスピード　決=決め球　[対左]=対左打者被打率　[対右]=対右打者被打率
下=ドラフトデータ　田=出身地　年=年俸

55 初球ストライク率が大幅にアップ
ロバート・スティーヴンソン *Robert Stephenson*

27歳／191cm／98kg／右投右打／速150キロ台前半（フォーシーム主体）／決☆スライダー
対左.214 対右.159 ド2011①レッズ 出カリフォルニア州 年56万3500ドル（約6200万円）＋α

球	4
制	3
緩	3
守	2
度	3

　昨年からリリーフ専任投手になり、チームに貢献できるようになった右腕。先発からリリーフに回って変わった点は、スライダーの比率を4割から6割に上げ、それまで2割くらいの比率で使っていたスプリットチェンジをあまり使わなくなったことだ。スライダーは右打者の空振りを誘う斜めに大きく曲がるタイプ、空振りを奪う地面に突き刺さるタイプ、左打者に使うバックドアで外角いっぱいに食い込むタイプがある。初球ストライクを取ることにもこだわるようになり、2018年に44%だった初球ストライク率が63%に上昇し、有利なカウントに持ち込めるケースが増えた。

年度	所属チーム	勝利	敗戦	防御率	試合数	先発	セーブ	投球イニング	被安打	失点	自責点	被本塁打	与四球	奪三振	WHIP
2019	レッズ	3	2	3.76	57	0	0	64.2	43	30	27	9	24	81	1.04
通算成績		10	13	4.91	94	22	1	198.0	182	120	108	32	108	209	1.46

39 一発のバーゲンセールに終止符を打てるか
ルーカス・シムズ *Lucas Sims*

26歳／188cm／102kg／右投右打／速150キロ前後（フォーシーム、ツーシーム）／決◎カーブ
対左.172 対右.222 ド2012①ブレーブス 出ジョージア州 年56万3500ドル（約6200万円）＋α

球	3
制	3
緩	4
守	5
度	3

　リリーフで登板すると、目を見張るペースで三振を奪うようになったブレーブス育ちの右腕。昨季は3Aでスタート。シーズン前半は、5月28日に一度スポット先発でメジャーに呼ばれただけだった。しかし7月18日に再昇格したあとは、ずっとメジャーで投げ、今季に期待を抱かせる好投を何度も見せた。武器はカーブ。これがあるため左打者にめっぽう強い。弱点は一発を食いやすいこと。いくらフライボール・ピッチャーでも、9イニングあたりの被本塁打が1.67というのは多すぎる。プラチナブロンドの美人妻ダニさんは、ジョージア大学で金融学を専攻した才媛。

年度	所属チーム	勝利	敗戦	防御率	試合数	先発	セーブ	投球イニング	被安打	失点	自責点	被本塁打	与四球	奪三振	WHIP
2019	レッズ	2	1	4.60	24	4	0	43.0	31	24	22	8	19	57	1.16
通算成績		5	7	5.49	47	14	0	116.1	110	72	71	20	55	117	1.42

66 **ジョエル・クーネル** *Joel Kuhnel* リリーフ ／ 期待度 A− ／ ルーキー

25歳／196cm／118kg／右投右打／◆昨季メジャーで11試合出場／ド2016①レッズ 出ノースカロライナ州

　155キロ前後のツーシーム、フォーシームとスライダーを主体に攻めのピッチングを見せる。昨季は2Aで3勝2敗10S、防御率2.27という数字をマークし、6月下旬3A昇格。ここでは2勝1敗4S、防御率2.00とさらにいい数字を出して、シーズン終盤にオーディション昇格でメジャーに呼ばれた。

70 **ティージェイ・アントーン** *Tejay Antone* 先発 ／ 期待度 B ／ ルーキー

27歳／193cm／93kg／右投右打／◆昨季は2A、3Aでプレー／ド2014⑤レッズ 出テキサス州

　シンカー系の速球で内野ゴロの山を築く技巧派右腕。2017年春にトミー・ジョン手術を受け、その年は全休。18年5月に1Aで復帰。昨年は2Aで好成績をあげて、6月中旬3Aに昇格。その後は不調だったが、8月中旬以降4試合連続で目を見張る好投をしたため、評価が急上昇。40人枠にも入った。

レッズ

期待されるのは「シンシナティのイチロー」 センター ルーキー

4 秋山翔吾
Shogo Akiyama

32歳｜183cm｜82kg｜右投左打

◆メジャーでのプレー経験なし

◆ドラフトデータ／2011③埼玉西武、2020外レッズ

◆出身地／神奈川県

◆年俸／600万ドル（約6億6000万円）

ミート	5
パワー	3
走塁	4
守備	4
肩	3

　埼玉西武ライオンズを FA で出て、これまで日本人選手の在籍がなかった唯一の球団であるレッズに入団した安打製造機。当初、契約規模は2年500万〜700万ドルくらいと予測する向きが多かったが、レッズ、カブスなど4球団の競合になったため、松井秀喜や松井稼頭央と同規模の3年2100万ドル（約23億円）にふくらんだ。レッズが秋山獲得に執着したのは、①トップバッターを固定できない、②外野の守備の要になる中堅手が不在、という2つの問題を一挙に解決してくれるからだ。

　レッズは昨季序盤、センターに守備力の高いシェブラーを使っていたが、極端な打撃不振におちいったためマイナーに送り、その後釜にドラフト全体2位指名の大型新人センゼルをメジャーデビューさせて、センターのレギュラーに据えた。しかしセンゼルは前年まで三塁手をやっていたので守備範囲が平均以下で、記録にならないエラーがたくさんあったが、代わる人材がいないので、ベル監督は使い続けるしかなかった。センゼルは昨季終盤、肩を痛めて手術を受けることになったが、チーム内にその穴を埋める人材が不在のため、二刀流選手で普段はセットアッパーをしているロレンゼンを中堅手として6試合に先発出場させ急場をしのいだ。センゼルは、打つほうではトップバッターとして使われたが、出塁率が低いのに使われ続けたのは、この面でもチーム内に適材がいなかったからだ。

　本物の1番打者がいないことは、昨年レッズのチーム得点が極端に低下した一つの要因になっていたので、オフにレベルの高いトップバッターを獲得することは至上命令になっていた。

　秋山獲得を強く希望したのはベル監督だった。同監督にとって最高の1番打者は、2001年にマリナーズで一緒にプレーしたイチローだった。そのイチローが持つ NPB のシーズン最多安打記録を更新したのが秋山なのだから、強く惹かれるのは自然な成り行きだった。ベル監督は、必要に応じてスモールボールを展開したいという気持ちも強いので、盗塁とバントのスキルも高い秋山は、どうしても獲得したい選手だったのだ。

年度	所属チーム	試合数	打数	得点	安打	二塁打	三塁打	本塁打	打点	四球	三振	盗塁	盗塁死	出塁率	OPS	打率
2019	埼玉西武	143	590	112	179	31	4	20	62	78	108	12	8	.392	.864	.303
通算成績		1207	4674	769	1405	251	58	116	513	526	802	112	65	.376	.829	.301

野球をあきらめる瀬戸際で入団テスト合格 　サード

7　エウヘイニオ・スアレス
Eugenio Suarez

29歳／180cm／98kg／右投右打

◆対左投手打率／.276(123-34)　◆対右投手打率／.270(452-122)
◆ホーム打率／.293(270-79)　◆アウェー打率／.252(305-77)
◆得点圏打率／.271(133-36)
◆19年のポジション別出場数／サード=158、DH=1
◆ドラフトデータ／2008㊊タイガース
◆出身地／ベネズエラ
◆年俸／925万ドル（約10億1750万円）

ミート	4
パワー	5
走塁	2
守備	3
肩	4

レッズ

　過小評価されている感がある、昨季メジャーリーグ全体で2番目に多い49本塁打を放ったスラッガー。本塁打王のピート・アロンゾ（メッツ）に4本差の2位だったのに、本塁打王争いに加わった印象がないのは、シーズン前半終了時点ではまだ20本で、トップ10にも入っていなかったからだ。一昨年34本塁打を記録したときは、これが限界だろうと思われていたのに、昨年49本まで数を伸ばしたのは、レフト方向に引っ張る打球を増やすことと、打球の角度を上げることに徹したからだ。

　ベネズエラ出身。少年時代はこれといった実績のない野球少年で、16歳になったときから何度もメジャーリーグ球団の入団テストを受けたが、鈍足が災いして落ち続けた。17歳になると、入団試験を受けさせてくれない球団も出だしたうえ、両親からは工学系の大学に進んで、将来は技師になるよう勧められていた。そのため、これで落ちたら野球はあきらめると心に決めてタイガースの入団試験を受けたところ、60メートル・ダッシュを6.2秒で走ることができた。ショートの守備でも、難しい打球や強い打球を軽快にさばいたので合格となり、プロへの道が開けた。

　タイガース時代は、パワーに欠ける非力な打者と見なされていた。それが2014年オフにトレードでレッズに来て、長距離砲に変身できたのは、レッズのトニー・ハラミーヨ打撃コーチ補佐のアドバイスで、左足を大きく上げてタイミングをとる、体重移動の大きい打撃フォームに変えたことが大きい。それにより、飛距離が出るようになった。

　一昨年11月MLBオールスターチームの一員として来日。浅草でヘネシス夫人、愛嬢ニコルちゃんと3人で着物姿になり、ご満悦の様子だった。

カモ M・マイコラス（カーディナルス）.545(11-6)2本　J・レスター（カブス）.381(42-16)6本
苦手 Z・グリンキー（アストロズ）.000(14-0)0本　J・ガント（カーディナルス）.000(7-0)0本

年度	所属チーム	試合数	打数	得点	安打	二塁打	三塁打	本塁打	打点	四球	三振	盗塁	盗塁死	出塁率	OPS	打率
2014	タイガース	85	244	33	59	9	1	4	23	22	67	3	2	.316	.652	.242
2015	レッズ	97	372	42	104	19	2	13	48	17	94	4	1	.315	.761	.280
2016	レッズ	159	565	78	140	25	2	21	70	51	155	11	5	.317	.728	.248
2017	レッズ	156	534	87	139	25	2	26	82	84	147	4	5	.367	.828	.260
2018	レッズ	143	527	79	149	22	2	34	104	64	142	1	1	.366	.892	.283
2019	レッズ	159	575	87	156	22	2	49	103	70	189	3	2	.358	.930	.271
通算成績		799	2817	406	747	122	11	147	430	308	794	26	16	.345	.817	.265

58二塁打はメジャー全体で1位　ライトレフト　移籍

2 ニック・カステヤノス *Nick Castellanos*

28歳｜193cm｜93kg｜右投右打

◆対左投手打率／.370　◆対右投手打率／.272
◆ホーム打率／.306　◆アウェー打率／.273　◆得点圏打率／.243
◆19年のポジション別出場数／ライト＝137、レフト＝11、DH＝1
◆Ⓓ2010①タイガース　◆Ⓗフロリダ州
◆Ⓨ1600万ドル（約17億6000万円）

ミート	4
パワー	4
走塁	2
守備	2
肩	2

　4年6400万ドルの大型契約でレッズ入りした強打の外野手。2013年にタイガースでメジャーデビューし、安定した打撃成績を残してきたが、昨年7月末にカブスへ移籍するとさらに覚醒し、長打を量産。移籍後の2カ月間で16本塁打を放ち、オフのFA市場で最も注目を集める外野手となった。打者としての特徴は、二塁打が多いことと、左投手に抜群に強いこと。昨季の二塁打58本はメジャー全体でトップの数字だ。近年の野球界を取り巻くデータ偏重傾向にはいささかうんざりしていて、選手たちの没個性化を危惧。

[カモ] J・ハップ（ヤンキース）.545（22-12）1本　　[苦手] J・サマージャ（ジャイアンツ）.067（15-1）0本

年度	所属チーム	試合数	打数	得点	安打	二塁打	三塁打	本塁打	打点	四球	三振	盗塁	盗塁死	出塁率	OPS	打率
2013	タイガース	11	18	1	5	0	0	0	0	1	0	0	0	.278	.556	.278
2014	タイガース	148	533	50	138	31	4	11	66	36	140	2	1	.306	.700	.259
2015	タイガース	154	549	42	140	33	6	15	73	39	152	0	3	.303	.721	.255
2016	タイガース	110	411	54	117	25	4	18	58	28	111	1	1	.331	.827	.285
2017	タイガース	157	614	73	167	36	10	26	101	41	142	4	5	.320	.811	.272
2018	タイガース	157	620	88	185	46	5	23	89	49	151	2	1	.354	.854	.298
2019	カブス	51	212	43	68	21	0	16	36	10	47	0	1	.356	1.002	.321
2019	2チーム計	151	615	100	178	58	3	27	73	41	143	2	2	.337	.863	.289
通算成績		888	3360	408	930	229	32	120	460	234	840	11	14	.326	.797	.277

本塁打30、二塁打30を期待できる実力者　セカンド　移籍

9 マイク・ムスタカス *Mike Moustakas*

32歳｜183cm｜102kg｜右投左打

◆対左投手打率／.276　◆対右投手打率／.244
◆ホーム打率／.231　◆アウェー打率／.276　◆得点圏打率／.234
◆19年のポジション別出場数／サード＝105、セカンド＝47、DH＝1
◆Ⓓ2007①ロイヤルズ　◆Ⓗカリフォルニア州
◆Ⓨ1200万ドル（約13億2000万円）　◆カムバック賞1回（17年）

ミート	3
パワー	5
走塁	2
守備	3
肩	4

　4年6400万ドルで入団した強打の内野手。昨季はブリュワーズでプレー。ポジションは未経験のセカンドをしばらく守ったあと、大型新人ケストン・ヒウラの台頭にともない、本来のポジションであるサードに回った。セカンドをしばらくやったのは、代理人スコット・ボラスのアドバイスによるもの。その甲斐あってオフになると、正二塁手が欲しいレッズ、フィリーズ、ナショナルズなど数球団が獲得に意欲を見せたため売り手市場になり、事前予想は2年2000万〜3000万ドル程度だったが、その倍以上の規模にふくらんだ。

[カモ] J・マスグローヴ（パイレーツ）.500（8-4）3本　　[苦手] R・ロドリゲス（パイレーツ）.000（8-0）0本

年度	所属チーム	試合数	打数	得点	安打	二塁打	三塁打	本塁打	打点	四球	三振	盗塁	盗塁死	出塁率	OPS	打率
2011	ロイヤルズ	89	338	26	89	18	1	5	30	22	51	2	0	.309	.675	.263
2012	ロイヤルズ	149	563	69	136	34	1	20	73	39	124	5	2	.296	.708	.242
2013	ロイヤルズ	136	472	42	110	26	0	12	42	32	83	2	4	.287	.651	.233
2014	ロイヤルズ	140	457	45	97	21	1	15	54	35	74	1	0	.271	.632	.212
2015	ロイヤルズ	147	549	73	156	34	1	22	82	43	76	1	2	.348	.817	.284
2016	ロイヤルズ	27	104	12	25	6	0	7	13	9	13	0	1	.301	.801	.240
2017	ロイヤルズ	148	555	75	151	24	0	38	85	34	94	0	0	.314	.835	.272
2018	ロイヤルズ	98	378	46	94	21	1	20	62	30	63	3	0	.309	.778	.249
2018	ブリュワーズ	54	195	20	50	12	0	8	33	19	40	1	1	.326	.767	.256
2018	2チーム計	152	573	66	144	33	1	28	95	49	103	4	1	.315	.774	.251
2019	ブリュワーズ	143	523	80	133	30	1	35	87	53	98	3	0	.329	.845	.254
通算成績		1131	4134	488	1041	226	6	182	561	316	716	18	10	.310	.797	.252

　Ⓓ＝ドラフトデータ　Ⓗ＝出身地　Ⓨ＝年俸　[カモ] [苦手] は通算成績

ワイルドピッチを出さない能力はピカイチ キャッチャー

16 タッカー・バーンハート Tucker Barnhart

29歳｜180cm｜86kg｜右投左打　盗塁阻止率／.212(52-11)

◆対左投手打率／.133　◆対右投手打率／.247
◆ホーム打率／.265　◆アウェー打率／.195　◆得点圏打率／.246
◆19年のポジション別出場数／キャッチャー＝102、ファースト＝3
◆Ⓓ2009⑩レッズ　◆囲インディアナ州
◆囲350万ドル（約3億8500万円）

ミート **3**
パワー **3**
走塁 **2**
守備 **5**
肩 **4**

　2017年のブレイク後、伸び悩んでいるスイッチヒッターの捕手。昨季は脇腹の筋肉痛に悩まされ、6月下旬にIL入りするまで打率が2割を切る状態が続いたが、7月下旬に復帰後は快調にヒットが出た。ウリは守備。ボールブロックとキャッチングに優れ、ワイルドピッチを出す頻度はメジャーリーグ屈指の低さ。ただ17年には最高レベルだった盗塁阻止率が、昨年は平均レベルに落ちている。打撃面では右打席での不振が目立ち、相手先発が左投手の場合は、バックアップ捕手のカサーリがスタメン出場することが多くなった。

カモ T・ウィリアムズ（パイレーツ）.455(11-5)0本　苦手 N・シンダーガード（メッツ）.000(9-0)0本

年度	所属チーム	試合数	打数	得点	安打	二塁打	三塁打	本塁打	打点	四球	三振	盗塁	盗塁死	出塁率	OPS	打率
2014	レッズ	21	54	3	10	0	0	1	4	10	0	0	.241	.482	.185
2015	レッズ	81	242	23	61	9	0	3	18	25	45	0	1	.324	.650	.252
2016	レッズ	115	377	34	97	23	1	7	51	36	72	1	0	.323	.702	.257
2017	レッズ	121	370	26	100	24	2	7	44	42	68	4	0	.347	.750	.270
2018	レッズ	138	460	50	114	21	3	10	46	54	96	0	4	.328	.698	.248
2019	レッズ	114	316	32	73	14	0	11	40	44	83	1	0	.328	.708	.231
通算成績		590	1819	168	455	91	6	39	200	205	374	6	5	.328	.699	.250

年俸27億円だが、働きは6億円程度 ファースト

19 ジョーイ・ヴォト Joey Votto

37歳｜188cm｜100kg｜右投左打

◆対左投手打率／.243　◆対右投手打率／.268
◆ホーム打率／.265　◆アウェー打率／.257　◆得点圏打率／.253
◆19年のポジション別出場数／ファースト＝133、DH＝4、レフト＝1
◆Ⓓ2002②レッズ　◆囲カナダ　◆囲2500万ドル（約27億5000万円）
◆MVP1回(10年)、ゴールドグラブ賞1回(11年)、ハンク・アーロン賞1回(10年)

ミート **4**
パワー **3**
走塁 **2**
守備 **3**
肩 **3**

　10年契約の7年目に入る、年齢的な衰えが顕著な看板選手。2017年まではメジャーリーグを代表する左打者の一人と評価され、選球眼の良さはナンバーワンと見なされていた。しかし一昨年からパワーが目に見えて衰え、17年まではフライ打球の2割前後が本塁打になったのに、1割弱しか外野フェンスを越えなくなった。契約はあと4年、1億ドル（110億円）分も残っている。一人でチーム年俸総額の約2割を占める打者が、不良資産化することは許されない。どのように立て直すか注目だ。一塁の守備力は平均レベルを維持。

カモ J・キンタナ（カブス）.522(23-12)0本　苦手 M・マイコラス（カーディナルス）.158(19-3)1本

年度	所属チーム	試合数	打数	得点	安打	二塁打	三塁打	本塁打	打点	四球	三振	盗塁	盗塁死	出塁率	OPS	打率
2007	レッズ	24	84	11	27	7	0	4	17	5	15	1	0	.360	.907	.321
2008	レッズ	151	526	69	156	32	3	24	84	59	102	7	5	.368	.874	.297
2009	レッズ	131	469	82	151	38	1	25	84	70	106	4	1	.414	.981	.322
2010	レッズ	150	547	106	177	36	2	37	113	91	125	16	5	.424	1.024	.324
2011	レッズ	161	599	101	185	40	3	29	103	110	129	8	6	.416	.947	.309
2012	レッズ	111	374	59	126	44	0	14	56	94	85	5	3	.474	1.041	.337
2013	レッズ	162	581	101	177	30	3	24	73	135	138	6	3	.435	.926	.305
2014	レッズ	62	220	32	56	16	0	6	23	47	49	1	1	.390	.799	.255
2015	レッズ	158	545	95	171	33	2	29	80	143	135	11	3	.459	1.000	.314
2016	レッズ	158	556	101	181	34	2	29	97	108	120	8	1	.434	.985	.326
2017	レッズ	162	559	106	179	34	1	36	100	134	83	5	1	.454	1.032	.320
2018	レッズ	145	503	67	143	28	2	12	67	108	101	2	0	.417	.837	.284
2019	レッズ	142	525	79	137	32	1	15	47	76	123	5	0	.357	.768	.261
通算成績		1717	6088	1009	1866	404	20	284	944	1180	1311	79	29	.421	.941	.307

敵を挑発する癖があるクセモノ内野手

3 フレディ・ガルヴィス Freddy Galvis

31歳／178cm／84kg／右投両打

◆対左投手打率／.283　◆対右投手打率／.249
◆ホーム打率／.237　◆アウェー打率／.279　◆得点圏打率／.259
◆19年のポジション別出場数／ショート＝110、セカンド＝32、DH＝5
◆Ⓓ2006⑦フィリーズ　◆Ⓗベネズエラ
◆Ⓨ550万ドル（約6億500万円）

ミート	3
パワー	4
走塁	3
守備	3
肩	4

　昨年8月にウェーバー経由でブルージェイズから移籍した、長いドレッドヘアがトレードマークの内野手。フリースインガーで出塁率が低いが、パワーアップしており、昨年、本塁打と打点で自己ベストの数字を記録。守備も堅実で、エラーが少ない。はまり役は出番の多い内野のユーティリティだが、イグレシアスがチームを去ったため、ショートのレギュラーで起用される可能性もある。相手を挑発する癖があり、昨年8月にカーディナルス戦でわざとマウンドを横切ってマイコラスともめ、ベンチ総出のにらみ合いに発展。

カモ C・カーショウ（ドジャース）.500(16-8)0本	苦手 M・バムガーナー（ダイヤモンドバックス）.143(21-3)0本

年度	所属チーム	試合数	打数	得点	安打	二塁打	三塁打	本塁打	打点	四球	三振	盗塁	盗塁死	出塁率	OPS	打率
2012	フィリーズ	58	190	14	43	15	1	3	24	7	29	0		.254	.617	.226
2013	フィリーズ	70	205	13	48	5	4	6	19	13	45	1	0	.283	.668	.234
2014	フィリーズ	43	119	14	21	3	1	4	12	8	30	1	0	.227	.546	.176
2015	フィリーズ	151	559	63	147	14	5	7	50	30	103	10	1	.302	.645	.263
2016	フィリーズ	158	584	61	141	26	3	20	67	25	136	17	6	.274	.673	.241
2017	フィリーズ	162	608	71	155	29	6	12	61	45	111	14	5	.309	.690	.255
2018	パドレス	162	602	62	149	31	5	13	67	45	147	8	6	.299	.680	.248
2019	ブルージェイズ	115	450	55	120	24	1	18	54	21	112	4	1	.290	.743	.267
2019	レッズ	32	107	12	25	4	0	5	16	7	33	0	1	.284	.696	.234
2019	2チーム計	147	557	67	145	28	1	23	70	28	145	4	2	.296	.734	.260
通算成績		951	3424	365	849	151	26	88	370	201	746	55	20	.291	.675	.248

初めてフルシーズン、メジャーでプレー

12 カート・カサーリ Curt Casali

32歳／191cm／102kg／右投右打　盗塁阻止率／.190(42-8)

◆対左投手打率／.241　◆対右投手打率／.258
◆ホーム打率／.231　◆アウェー打率／.267　◆得点圏打率／.152
◆19年のポジション別出場数／キャッチャー＝67、ファースト＝4、DH＝1
◆Ⓓ2011⑩タイガース　◆Ⓗカリフォルニア州
◆Ⓨ146万ドル（約1億6060万円）

ミート	3
パワー	3
走塁	3
守備	4
肩	3

　打者としても一定の貢献ができるようになった、レイズで育ったキャッチャー。昨季は正捕手のバーンハートが打撃不振におちいった末、6月下旬からひと月ほどIL入りしたため出番が増えた。守備面の長所はボールブロックがうまいことで、ワイルドピッチを出す頻度は最少レベル。リード面では昨季、カスティーヨ、グレイと相性が良く、度々好投を引き出した。盗塁阻止率は19.0％で、メジャーの平均レベル。2018年12月にレニー・ソボルースキーさんと結婚。カントリーミュージックのファンなので、披露宴をテネシー州ナッシュビルにあるカントリーミュージックの殿堂で執りおこなった。

カモ D・プライス（ドジャース）.500(14-7)3本	苦手 J・キンターナ（カブス）.176(17-3)0本

年度	所属チーム	試合数	打数	得点	安打	二塁打	三塁打	本塁打	打点	四球	三振	盗塁	盗塁死	出塁率	OPS	打率
2014	レイズ	30	72	10	12	3	0	0	3	8	23	0		.268	.477	.167
2015	レイズ	38	101	13	24	6	0	10	18	8	34	0	0	.304	.898	.238
2016	レイズ	84	226	23	42	10	0	8	25	25	82	0	0	.273	.609	.186
2017	レイズ	9	9	2	3	0	0	0	0	5	7	0	0	.462	1.128	.333
2018	レッズ	52	140	15	41	10	0	4	16	12	32	0	2	.355	.805	.293
2019	レッズ	84	207	24	52	9	0	8	32	25	59	0	0	.331	.741	.251
通算成績		297	755	87	174	38	0	31	97	81	233	0	2	.310	.714	.230

野手

33 弱肩なのにアシスト6を記録　レフト／ライト
ジェシー・ウィンカー　Jesse Winker

27歳／191cm／98kg／左投左打　[対左].163　[対右].285　[ホ].311　[ア].224　[得].250
[ド]2012①レッズ　[出]ニューヨーク州　[年]56万3500ドル（約6200万円）+α

ミ	5
パ	4
走	2
守	2
肩	3

　プラトーンでレフトに使われることの多いミートのうまい外野手。ウリは、逆方向に打つ技術が高いこと。昨季は16本塁打のうち9本がレフト、3本が左中間に飛んだもので、75%は逆方向に打ったものだった。5月6日のジャイアンツ戦で、レッズ打線がサマージャから「3球連続本塁打」をやってのけたが、2本目はウィンカーがレフト席に運んだ初球アーチだった。長所は出塁能力が高いこと。追い込まれてもファウル、ファウルで逃げ、四球をゲットすることがよくある。守備では肩の強さに難があるが、送球は正確であるため、昨年はアシスト（補殺）6を記録している。

年度	所属チーム	試合数	打数	得点	安打	二塁打	三塁打	本塁打	打点	四球	三振	盗塁	盗塁死	出塁率	OPS	打率
2019	レッズ	113	338	51	91	17	2	16	38	38	60	1	2	.357	.830	.269
通算成績		249	740	110	211	40	2	30	96	102	130	1	3	.379	.845	.285

15 2016年のドラフトで全体2位指名された逸材　センター／ライト
ニック・センゼル　Nick Senzel

25歳／185cm／93kg／右投右打　[対左].316　[対右].236　[ホ].250　[ア].262　[得].323
[ド]2016①レッズ　[出]テネシー州　[年]56万3500ドル（約6200万円）+α

ミ	4
パ	3
走	4
守	3
肩	4

　1年目は期待外れに終わったため、2年目の巻き返しを期待されるホープ中のホープ。昨年はオープン戦で好調だったにもかかわらず、開幕前に3Aに送られ、メジャーデビューは5月3日にズレ込んだ。これはFA権の取得年限を1年遅らせる、球団の狙いだった。その後はトップバッターに固定され、7月まではまずまずの出来。だが8月に入ってスランプとなった末、9月上旬に肩痛でIL入りして手術を受けた。ただ、ダメージの小さい手術なので、今季はキャンプからプレー可能だ。球種別打率を見ると、スライダーを極端に苦手にしていて、1割1分9厘（67打数8安打）だった。

年度	所属チーム	試合数	打数	得点	安打	二塁打	三塁打	本塁打	打点	四球	三振	盗塁	盗塁死	出塁率	OPS	打率
2019	レッズ	104	375	55	96	20	4	12	42	30	101	14	5	.315	.742	.256
通算成績		104	375	55	96	20	4	12	42	30	101	14	5	.315	.742	.256

44 メジャー昇格後に大噴火し、月間MVPに　ライト
アリスティーデス・アキーノ　Aristides Aquino

26歳／193cm／100kg／右投右打　[対左].265　[対右].256　[ホ].284　[ア].236　[得].356
[ド]2011外レッズ　[出]ドミニカ　[年]56万3500ドル（約6200万円）+α

ミ	3
パ	5
走	2
守	3
肩	5

　昨年8月1日にメジャーに呼ばれたあと、2カ月弱で19本塁打を放ったスラッガー。デビュー10試合で7本塁打はトレヴァー・ストーリーと並ぶメジャーリーグ・タイ記録。8月だけで14本塁打、33打点を記録し、月間最優秀選手にも選出された。一昨年、シーズン最終戦でメジャーデビューを果たしたものの、本塁打も多いが三振も異様に多い打者で、評価が低かった。しかし昨年は7月末まで3Aで、10打数に1本という驚異的なペースで一発を生産し、メジャーで一定期間先発出場する機会を与えられることになった。タメのとり方がうまく、スライダーとカーブをよく打つ。

年度	所属チーム	試合数	打数	得点	安打	二塁打	三塁打	本塁打	打点	四球	三振	盗塁	盗塁死	出塁率	OPS	打率
2019	レッズ	56	205	31	53	8	0	19	47	16	60	7	0	.316	.891	.259
通算成績		57	206	31	53	8	0	19	47	16	61	7	0	.314	.887	.257

[対左]=対左投手打率　[対右]=対右投手打率　[ホ]=ホーム打率　[ア]=アウェー打率　[得]=得点圏打率

レッズ

野手

6 7月のロッキーズ戦で6打数6安打の離れ業　外野手
フィリップ・アーヴィン　*Phillip Ervin*

28歳｜178cm｜93kg｜右投右打｜対左.349 対右.227 ホ.246 ア.300 得.283
ド2013①レッズ｜出アラバマ州｜年56万3500ドル（約6200万円）+α

ミ**2**
バ**4**
走**5**
守**5**
肩**5**

　メジャーとマイナーを行き来する状態に終止符を打てるか注目される、身体能力の高い外野手。昨季は3Aでシーズンに入ったあと、3回昇格と降格を繰り返し、6月15日に4度目の昇格をしたあとは、シーズン終了までメジャーでプレーした。ウリはパワーとスピードを併せ持っているため、三塁打が多いこと。昨季の三塁打7本はリーグで4位タイで、打数が236しかないことを考えれば驚異的な数字。代打の切り札としても機能しており、昨季は代打打率が2割9分7厘で、本塁打と三塁打を各2本放っている。守備力も向上し、昨季はDRS（守備で防いだ失点）が6つあった。

年度	所属チーム	試合数	打数	得点	安打	二塁打	三塁打	本塁打	打点	四球	三振	盗塁	盗塁死	出塁率	OPS	打率
2019	レッズ	94	236	30	64	11	7	7	23	18	63	4	3	.331	.797	.271
通算成績		200	512	65	134	23	8	17	64	42	138	14	5	.326	.764	.262

52 レッズ移籍1年目は自己最多の97試合に出場　サード／キャッチャー／ファースト
カイル・ファーマー　*Kyle Farmer*

30歳｜183cm｜98kg｜右投右打｜盗塁阻止率／.143 (7-1) 対左.274 対右.207 ホ.258
ア.202 得.308 ド2013⑧ドジャース｜出ジョージア州｜年56万3500ドル（約6200万円）+α

ミ**2**
バ**3**
走**3**
守**3**
肩**4**

　2018年オフのトレードで、ドジャースから来た内野手兼捕手。昨季中盤、正捕手バーンハート、2番手捕手カサリが相次いで離脱した際は、15試合でマスクをかぶり、チームの窮地を救った。内野ではセカンドで41試合、ファーストで18試合、サードで12試合、ショートで1試合出場。大差のついた試合でマウンドにも立っている。大学時代はショートで、12年のドラフトでヤンキースが35巡目に指名したが、入団せず。翌年、ドジャースが捕手として育てる方針で8巡目に指名し、プロ入りに至った。アトランタ出身で、少年の頃はブレーブスのファン。犬好きで知られる。

年度	所属チーム	試合数	打数	得点	安打	二塁打	三塁打	本塁打	打点	四球	三振	盗塁	盗塁死	出塁率	OPS	打率
2019	レッズ	97	183	22	42	6	0	9	27	10	59	4	1	.279	.689	.230
通算成績		156	271	24	64	11	1	9	38	15	77	4	1	.289	.673	.236

71 タイラー・スティーヴンソン　*Tyler Stephenson*　キャッチャー｜期待度 A-｜ルーキー

24歳｜193cm｜102kg｜右投右打｜◆昨季は2Aでプレー｜ド2015①レッズ｜出ジョージア州

　将来の正捕手候補の呼び声高い捕手のホープ。ウリは守備力が全般に高いこと。送球モーションが大きくなる欠点が改善され、盗塁阻止率も向上。今季は3Aの正捕手としてスタートし、バーンハートかカサリが故障した際、補充要員でメジャーに呼ばれるだろう。定着には2、3年かかりそう。

— イバンデル・イーサベル　*Ibandel Isabel*　ファースト／レフト｜期待度 C｜ルーキー

25歳｜193cm｜102kg｜右投右打｜◆昨季は2Aでプレー｜ド2013㉚ドジャース｜出ドミニカ

　ドミニカ出身の一塁手兼外野手。最大のストロングポイントはパワー。昨季は2Aで14.2打数に1本のペースでホームランを生産していた。ただ、典型的な「当たれば飛ぶ」タイプの打者で、昨季は2.4打数に1度というとんでもないペースで三振も積み重ねていた。この点を改善できない限り、メジャー定着は難しいだろう。守備、スピードも平均未満だ。

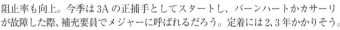

394　対左=対左投手打率　対右=対右投手打率　ホ=ホーム打率　ア=アウェー打率　得=得点圏打率
　　　ド=ドラフトデータ　出=出身地　年=年俸

ピッツバーグ・パイレーツ

◆創　立：1882年
◆本拠地：ペンシルヴァニア州ピッツバーグ市
◆ワールドシリーズ制覇：5回／◆リーグ優勝：9回
◆地区優勝：9回／◆ワイルドカード獲得：3回

主要オーナー　ロバート・ナッティング（スポーツ企業家）

過去5年成績	年度	勝	負	勝率	ゲーム差	地区順位	ポストシーズン成績
	2015	98	64	.605	2.0	②	ワイルドカードゲーム敗退
	2016	78	83	.484	25.0	③	―
	2017	75	87	.463	17.0	④	―
	2018	82	79	.509	13.0	④	―
	2019	69	93	.426	22.0	⑤	―

監督　**17 デレク・シェルトン** *Derek Shelton*

新

◆年　　齢…………50歳（イリノイ州出身）
◆現役時代の経歴…メジャーでのプレー経験なし
　（キャッチャー）
◆監督経歴…………メジャーでの監督経験なし

　チーム内の悪い空気を一新することを期待され、ツインズのベンチコーチから就任。パイレーツは昨季、負けが込むにつれて選手間のケンカや選手とコーチの口論が次々に発生。チーム内の空気がとげとげしいものになってしまった。さらに9月には、クローザーのヴァスケスが少女と性関係を持ったとして逮捕される事件が発生。選手の士気は地に落ちた。そのためオーナーが、球団社長、GM、監督の総入れ替えを決断し、新GMのチェリントンがシェルトンを選んだ。

注目コーチ　**12 ドン・ケリー** *Don Kelly*

　新ベンチコーチ。40歳。昨季はアストロズの一塁ベースコーチ。現役時代はタイガースでユーティリティとして活躍し、名将ジム・リーランド監督に重宝されていた。

編成責任者　**ベン・チェリントン** *Ben Cherington*

　46歳。昨年11月に就任したパイレーツの新GM。レッドソックスGM時代の2013年に、ワールドシリーズ制覇を成し遂げている。昨季はブルージェイズの組織に所属していた。

スタジアム　**PNCパーク** *PNC Park*

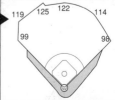

◆開場年…………2001年
◆仕　様…………天然芝
◆収容能力…………38,747人
◆フェンスの高さ …1.8～6.4m
◆特　徴…………右中間が深く、また、ライトフェンスが21フィート（約6.4メートル）と高いこともあり、ホームランが出にくい。ライトフェンスの高さは、慈善活動中の事故で命を落とした、ロベルト・クレメンテの背番号「21」にちなむ。

ピッチャーズパーク

119　125　122　114
99　　　　　　98

Best Order [ベストオーダー]

①ブライアン・レイノルズ……レフト
②グレゴリー・ポランコ……ライト
③ジョシュ・ベル……ファースト
④コリン・モラン……サード
⑤ケヴィン・ニューマン……ショート
⑥アダム・フレイジャー……セカンド
⑦ギレルモ・ヘレディア……センター
⑧ジェイコブ・スターリングス……キャッチャー

Depth Chart [ポジション別選手層・メンバーリスト]

※2020年2月4日時点の候補選手。数字は背番号(開幕前に変更する場合もあり)。右・左等は投・打の順。

センター
5 ギレルモ・ヘレディア [左・右]
10 ブライアン・レイノルズ [右・両]
51 ジェイソン・マーティン [右・右]

レフト
10 ブライアン・レイノルズ [右・両]
5 ギレルモ・ヘレディア [左・右]
51 ジェイソン・マーティン [右・右]
2 エリック・ゴンザレス [右・右]

ライト
25 グレゴリー・ポランコ [左・左]
5 ギレルモ・ヘレディア [左・右]
36 ホセ・オスナ [右・右]
44 ケヴィン・クレイマー [右・左]

ショート
27 ケヴィン・ニューマン [右・右]
3 コール・タッカー [右・両]
2 エリック・ゴンザレス [右・右]

セカンド
26 アダム・フレイジャー [右・左]
27 ケヴィン・ニューマン [右・右]
3 コール・タッカー [右・両]

ローテーション
59 ジョー・マスグローヴ [右・右]
34 トレヴァー・ウィリアムズ [右・右]
24 クリス・アーチャー [右・右]
23 ミッチ・ケラー [右・右]
43 スティーヴン・ブロールト [左・左]
39 チャド・クール [右・右]
46 クリス・ストラットン [右・右]

サード
19 コリン・モラン [右・右]
2 エリック・ゴンザレス [右・右]
13 ケブライアン・ヘイズ [右・右]
36 ホセ・オスナ [右・右]

ファースト
55 ジョシュ・ベル [右・両]
36 ホセ・オスナ [右・右]
19 コリン・モラン [右・右]

キャッチャー
58 ジェイコブ・スターリングス [右・右]
14 ルーク・メイリー [右・右]
─ ジョン・ライアン・マーフィー [右・右]

ブルペン
35 キオニー・ケラ [右・右] **CL**
30 カイル・クリック [右・右]
48 リチャード・ロドリゲス [右・右]
45 マイケル・フェリーズ [右・右]
37 エドガー・サンタナ [右・右]
57 ニック・バーディ [右・右]
46 クリス・ストラットン [右・右]
52 クレイ・ホルムズ [右・右]
72 ジェフ・ハートリーブ [右・右]
38 ヤクセル・リオス [右・右]
54 サム・ハワード [左・右]
66 ドヴィダス・ネヴァラウスカス [右・右]
60 コーディー・ポンセ [右・右]

※**CL**=クローザー

パイレーツ試合日程……＊はアウェーでの開催

3月26・28・29 レイズ＊	27・28・29 カブス＊	29・30・31 カーディナルス＊
30・31・4月1 カブス＊	5月1・2・3 マーリンズ＊	6月2・3 レッズ
2・4・5 レッズ	5・6 ヤンキース＊	4・5・6・7 カーディナルス
6・7・8・9 カブス	8・9・10 フィリーズ	9・10・11 ジャイアンツ＊
10・11・12 オリオールズ＊	11・12・13 カーディナルス	12・13・14 ロッキーズ＊
14・15・16 ダイヤモンドバックス＊	15・16・17・18 メッツ＊	16・17 ヤンキース
17・18・19 ドジャース＊	19・20・21 カブス	19・20・21 ブルージェイズ
21・22・23 ブリュワーズ	22・23・24・25 ジャイアンツ	22・23・24・25 ナショナルズ＊
24・25・26 ドジャース	26・27・28 レッズ＊	26・27・28 ブリュワーズ＊

396 **球団メモ** 1979年にワールドシリーズを制したが、その後40年、ワールドシリーズに進出できていない。とくに93年から2012年は暗黒期で、20シーズン連続で負け越し。

■投手力 ➡ …★★⯪★★ 【昨年度チーム防御率5.18、リーグ14位】

投手陣にとくに大きな動きはなし。昨季はマスグローヴが2ケタ勝利を達成したが、ウィリアムズ、アーチャーは防御率5点台で期待外れに終わってしまった。昨季開幕時はいずれも15勝の可能性があると言われていたが、シーズンを通して波に乗れないまま終了。2018年に14勝したタイヨンは、昨季トミー・ジョン手術を受け、復帰は2021年の予定。プロスペクト(若手有望株)のミッチ・ケラーの台頭にかけるしかない。ブルペンも、昨季リーグ11位の防御率4.91(平均4.46)と冴えない。唯一、防御率1点台の快投を見せていたフェリーペ・ヴァスケスは、昨年9月に未成年者との淫行の疑いで逮捕され、長期欠場が濃厚。それに代わる人材がいないのが現状だ。

■攻撃力 ⬆ …★★★★★ 【昨年度チーム得点758、リーグ11位】

昨シーズン24本塁打のマーテイを放出したため、マイナス評価だが、ベル、レイノルズ、ニューマンの3人が昨季ブレイクし、戦えないレベルではない。ただし、チーム本塁打数はリーグ14位の163本に沈んでおり、破壊力不足。昨シーズン37本塁打のベルに続く、大物打者が必要。

■守備力 ➡ …★★★★★ 【昨年度チーム失策数121、リーグ15位】

正捕手がスターリングスに代わることはプラスとなるだろう。

■機動力 ⬆ …★★⯪★★ 【昨年度チーム盗塁数64、リーグ10位】

昨季25盗塁のマーテイの放出は痛い。昨季16盗塁のニューマンや新加入のヘレディアは俊足だが、成功率が低く、多くの盗塁は見込めない。

総合評価 ★★⯪★★

このオフも補強には消極的で、若手が経験を積むシーズンとの位置付けが明確になった。地区優勝は難しいが、打線は若手に脂が乗ってきており、投手陣の踏ん張り次第では、勝率5割も目指せるはず。勝利の方程式を確立できるかが勝敗を分けそうだ。

パイレーツ

IN　　主な入団選手	OUT　　主な退団選手
投手	**投手**
とくになし	ダリオ・アグラザル ➡ タイガース
	フランシスコ・リリアーノ ➡ フィリーズ
野手	
ルーク・メイリー ⬅ ブルージェイズ	**野手**
ギレルモ・ヘレディア ⬅ レイズ	メルキー・カブレラ ➡ 所属先未定
ジョン・ライアン・マーフィー ⬅ ブレーブス	エリアス・ディアス ➡ 所属先未定

29・30・**7月**1	ロッキーズ	31・**8月**1・2	カーディナルス	31・**9月**1・2・3	ブリュワーズ
3・4・5	レッドソックス	3・4・5	ブリュワーズ	4・5・6	ブレーブス
6・7・8・9	ブレーブス*	6・7・8・9	ダイヤモンドバックス	8・9	タイガース*
10・11・12	レッズ*	10・11・12	カーディナルス*	11・12・13	メッツ
14	オールスターゲーム	13・14・15・16	レッズ*	14・15・16・17	カブス*
17・18・19	ナショナルズ	18・19	タイガース	18・19・20	ブリュワーズ*
21・22・23	パドレス	20・21・22・23	マーリンズ	22・23	カブス
24・25・26	ブリュワーズ*	24・25・26	フィリーズ*	24・25・26・27	レッズ
27・28・29	パドレス*	28・29・30	カーディナルス*		

球団メモ 昨年4月7日のレッズ戦で大乱闘が起き、両チーム合わせて5名の退場者が出た。さらに7月30日のレッズ戦でも乱闘が勃発。この試合では、計9人もの退場者が出た。

ファンを大切にする新エース
59 ジョー・マスグローヴ *Joe Musgrove*

先 発

28歳 | 196cm | 104kg | 右投右打

◆速球のスピード／150キロ前後（フォーシーム主体）
◆決め球と持ち球／◎スライダー、○チェンジアップ、○フォーシーム、△カーブ
◆対左.270 ◆対右.239 ◆ホ防5.09 ◆ア防3.73
◆ド2011①ブルージェイズ ◆田カリフォルニア州
◆年280万ドル（約3億800万円）

	球威	3
制球	4
緩急	3
守備・走塁	2
度胸	4

　昨季スライダーに磨きがかかり、2ケタ勝利を記録した長身先発右腕。バッティングにも定評があり、9月12日の試合で、チームの投手では9年ぶりの三塁打を放った。2018年1月にアストロズからトレードで移籍した際には、アストロズファンへの感謝を述べた手書きの手紙を自身のツイッターで公開。1万件以上の「いいね」が付いた。昨年8月のプレーヤーウィークエンド（カラフルなユニフォームを着る週）では、著名なアーティストがデザインしたアベンジャーズのグローブを新調し、パイレーツファンを喜ばせている。愛称は高校時代に名付けられた、ヘラジカを意味する「moose（ムース）」。

カモ A・リゾ（カブス）.000（14-0）0本　苦手 P・ゴールドシュミット（カーディナルス）.500（12-6）1本

年度	所属チーム	勝利	敗戦	防御率	試合数	先発	セーブ	投球イニング	被安打	失点	自責点	被本塁打	与四球	奪三振	WHIP
2016	アストロズ	4	4	4.06	11	10	0	62.0	59	28	28	9	16	55	1.21
2017	アストロズ	7	8	4.77	38	15	2	109.1	117	59	58	18	28	98	1.33
2018	パイレーツ	6	9	4.06	19	19	0	115.1	113	56	52	12	23	100	1.18
2019	パイレーツ	11	12	4.44	32	31	0	170.1	168	98	84	21	39	157	1.22
通算成績		28	33	4.37	100	75	2	457.0	457	241	222	60	106	410	1.23

期待されるのは3年ぶりの2ケタ勝利
24 クリス・アーチャー *Chris Archer*

先 発

32歳 | 188cm | 88kg | 右投右打

◆速球のスピード／150キロ台前半（フォーシーム主体）
◆決め球と持ち球／◎スライダー、○フォーシーム、△カーブ、△チェンジアップ、△ツーシーム
◆対左.235 ◆対右.260 ◆ホ防3.92 ◆ア防6.55
◆ド2006⑤インディアンズ ◆田ノースカロライナ州
◆年900万ドル（約9億9000万円）

	球威	4
制球	3
緩急	3
守備・走塁	4
度胸	4

　昨季は不完全燃焼に終わったレイズの元エース。スペイン語で「細くて強い」を意味する「Flaco Fuerte（フラコ・フエルテ）」という愛称通り、強い球を投げる。名付け親は西武でも活躍したデストラーデだ。昨年は8月下旬に右肩の故障でシーズンを終えたこともあり、後半戦は0勝に終わったが、痛烈な打球を打たれるケースは減り、今季に期待を持たせる内容だった。昨季は一昨年と比べ、ツーシームの投げる割合を減らし、本来の武器であるフォーシームとスライダーの比率を増やしていた。昨年4月、滑り止めとしての使用を禁じられている松ヤニを、ベルト上部辺りに塗っているのを試合中継中のアナウンサーに指摘され、その動画がSNSで拡散されたことがあった。

カモ C・イェリッチ（ブリュワーズ）.143（14-2）1本　苦手 J・バエズ（カブス）.533（15-8）1本

年度	所属チーム	勝利	敗戦	防御率	試合数	先発	セーブ	投球イニング	被安打	失点	自責点	被本塁打	与四球	奪三振	WHIP
2012	レイズ	1	3	4.60	6	4	0	29.1	23	17	15	3	13	36	1.23
2013	レイズ	9	7	3.22	23	23	0	128.2	107	49	46	15	38	101	1.13
2014	レイズ	10	9	3.33	32	32	0	194.2	177	85	72	12	72	173	1.28
2015	レイズ	12	13	3.23	34	34	0	212.0	175	85	76	19	66	252	1.14
2016	レイズ	9	19	4.02	33	33	0	201.1	183	100	90	30	67	233	1.24
2017	レイズ	10	12	4.07	34	34	0	201.0	193	101	91	27	60	249	1.26
2018	レイズ	3	5	4.31	17	17	0	96.0	102	50	46	11	31	102	1.39
2018	パイレーツ	3	3	4.30	10	10	0	52.1	53	27	25	8	18	60	1.36
2018	2チーム計	6	8	4.31	27	27	0	148.1	155	77	71	19	49	162	1.38
2019	パイレーツ	3	9	5.19	23	23	0	119.2	114	73	69	25	55	143	1.41
通算成績		60	80	3.86	212	210	0	1235.0	1127	587	530	150	420	1349	1.25

対左=対左打者被打率　対右=対右打者被打率　ホ防=ホーム防御率　ア防=アウェー防御率
ド=ドラフトデータ　田=出身地　年=年俸　カモ 苦手=通算成績

34 SNSでの発言が注目されるローテーション右腕 先発
トレヴァー・ウィリアムズ Trevor Williams

28歳｜191cm｜104kg｜右投右打

◆速球のスピード／140キロ台中頃（フォーシーム主体）
◆決め球と持ち球／◎フォーシーム、◎ツーシーム、△スライダー、△チェンジアップ
◆対左.335 ◆対右.247 ◆木防5.54 ◆ア防5.24
◆ド2013②マーリンズ ◆出カリフォルニア州
◆年282.5万ドル（約3億1075万円）

	球威	3
制球	4
緩急	2
守備・走塁	3
度胸	3

　低めへの制球が武器の先発投手。一昨年後半に大ブレイクしたが、昨季はそれが続かず、防御率は3点台から5点台に下落してしまった。2017年オフ、メジャー挑戦を表明していた大谷翔平に対し、自身のツイッターでピッツバーグの街、及びパイレーツの魅力について「親愛なる大谷様あなたにはパイレーツが最適です」と書き出し、名物のビール、レストラン、試合中のアトラクションなどを紹介。また、「クラブハウスは平均かそれ以上のジョークにあふれています」と、アピールしていた。昨年11月にはツイッターで、一連のサイン盗み問題について「そもそも、サインなんかやめちゃえばいいんだ。キャッチャーも何が来るかわからないくらいが良い（笑）」と持論を展開。

カモ C・イェリッチ（ブリュワーズ）.091(11-1)0本　苦手 J・ヴォト（レッズ）.400(25-10)0本

年度	所属チーム	勝利	敗戦	防御率	試合数	先発	セーブ	投球イニング	被安打	失点	自責点	被本塁打	与四球	奪三振	WHIP
2016	パイレーツ	1	1	7.82	7	1	0	12.2	19	13	11	4	5	11	1.89
2017	パイレーツ	7	9	4.07	31	25	0	150.1	145	73	68	14	52	117	1.31
2018	パイレーツ	14	10	3.11	31	31	0	170.2	146	64	59	15	55	126	1.18
2019	パイレーツ	7	9	5.38	26	26	0	145.2	162	93	87	27	44	113	1.41
通算成績		29	29	4.22	95	83	0	479.1	472	243	225	60	156	367	1.31

35 タテのカーブを武器にする武闘派 クローザー
キオニー・ケラ Keone Kela

27歳｜185cm｜95kg｜右投右打

◆速球のスピード／150キロ台中頃（フォーシーム）
◆決め球と持ち球／◎フォーシーム、◎カーブ、△チェンジアップ
◆対左.200 ◆対右.164 ◆木防2.25 ◆ア防1.98
◆ド2012⑫レンジャーズ ◆出カリフォルニア州
◆年372.5万ドル（約4億975万円）

	球威	5
制球	3
緩急	3
守備・走塁	3
度胸	3

　クローザー候補の武闘派右腕。昨年7月30日のレッズ戦では、危険球を投じたあと、9回にレッズの選手へヤジを飛ばし、相手チームのギャレットが激昂。殴りかかってきたことから大乱闘へと発展し、選手や監督10人以上に、出場停止と罰金が科せられる事態となった。レンジャーズ時代には、先輩選手とクラブハウスで口論になり、17日間の懲罰的マイナー降格を経験している。過去には、ジョシュ・ドナルドソンと激しい怒鳴り合いを演じたこともあった。親はハワイ出身で、本人はシアトル育ち。幼少時代に祖父母の住むハワイ島を訪れていたこともあり、ハワイの現地語も少しだけ話せる。

カモ C・コレイア（アストロズ）.000(7-0)0本　苦手 N・クルーズ（ツインズ）.625(8-5)1本

年度	所属チーム	勝利	敗戦	防御率	試合数	先発	セーブ	投球イニング	被安打	失点	自責点	被本塁打	与四球	奪三振	WHIP
2015	レンジャーズ	7	5	2.39	68	0	0	60.1	52	18	16	4	18	68	1.16
2016	レンジャーズ	5	1	6.09	35	0	0	34.0	30	23	23	6	17	45	1.38
2017	レンジャーズ	4	1	2.79	39	0	2	38.2	18	12	12	4	17	51	0.91
2018	レンジャーズ	3	3	3.44	38	0	24	36.2	28	14	14	3	14	44	1.15
2018	パイレーツ	0	1	2.93	16	0	0	15.1	10	5	5	2	5	22	0.98
2018	2チーム計	3	4	3.29	54	0	24	52.0	38	19	19	5	19	66	1.10
2019	パイレーツ	2	0	2.12	32	0	1	29.2	19	7	7	3	11	33	1.01
通算成績		21	11	3.23	228	0	28	214.2	157	79	77	22	82	263	1.11

パイレーツ

72試合はチーム最多登板

48 リチャード・ロドリゲス *Richard Rodriguez*

30歳／193cm／104kg／右投右打／囧150キロ前後（フォーシーム）／囮◎フォーシーム

|対左|.294|対右|.221|囝2010例アストロズ|囲ドミニカ|囲56万3500ドル（約6200万円）+α|

球 4
制 3
緩 3
守 3
度 4

　一昨年、28歳でメジャーデビューし、しなやかなフォームを武器に三振の山を築いた遅咲きリリーバー。昨季は5月にマイナー落ちしたが、再昇格後はまずまずのピッチングを見せた。組み立ての80%以上が速球。回転数が多く、ハードル元監督も、ロドリゲスにチャンスを与えた理由の一つに、速球の回転数をあげていた。フォーシームの握りで投げるこの速球は、シュートしながら沈むナチュラルシンカーになるため、ゴロを誘発できるのも特徴だ。また、カーブは変化が大きく、打者の目線を外す武器になっている。ドミニカ出身。祖国の英雄ペドロ・マルティネスを尊敬。

年度	所属チーム	勝利	敗戦	防御率	試合数	先発	セーブ	投球イニング	被安打	失点	自責点	被本塁打	与四球	奪三振	WHIP
2019	パイレーツ	4	5	3.72	72	0	1	65.1	65	30	27	14	23	63	1.35
通算成績		8	8	3.53	140	0	1	140.1	132	58	55	23	45	154	1.26

奪三振率と生還阻止能力の高さが光る

45 マイケル・フェリーズ *Michael Feliz*

27歳／193cm／109kg／右投右打／囧150キロ台前半（フォーシーム）／囮◎フォーシーム

|対左|.194|対右|.227|囝2010例アストロズ|囲ドミニカ|囲110万ドル（約1億2100万円）|

球 5
制 2
緩 2
守 3
度 3

　昨季、キャリア最高の成績を残した、高い奪三振率を誇る豪腕リリーフ。マウンドでは、引き継いだ走者を生還させない能力も高い。今季も三振を取れる強みをいかんなく発揮し、試合終盤のセットアッパーとしての役割を期待できる。昨季はオープナーで1試合登板し、5点を失った部分を差し引けば、すばらしい成績だった（リリーフ防御率3.21）。2010年に契約金80万ドルでアスレティックスに入団したが、薬物テストで筋肉増強剤の使用が発覚し、一度契約解除になっている。それを見てアストロズが半分の契約金40万ドルで獲得。50試合出場停止後、プレーを再開した。

年度	所属チーム	勝利	敗戦	防御率	試合数	先発	セーブ	投球イニング	被安打	失点	自責点	被本塁打	与四球	奪三振	WHIP
2019	パイレーツ	4	4	3.99	58	1	0	56.1	44	27	25	11	27	73	1.26
通算成績		17	9	4.96	203	1	0	225.0	210	131	124	37	98	300	1.37

投げて打って歌える三刀流サウスポー

43 スティーヴン・ブロールト *Steven Brault*

28歳／183cm／88kg／左投左打／囧150キロ前後（フォーシーム）／囮◎スライダー

|対左|.250|対右|.270|囝2013①オリオールズ|囲カリフォルニア州|囲56万3500ドル（約6200万円）+α|

球 3
制 3
緩 2
守 3
度 4

　打撃のいい投手の代表格。昨季、先発では19試合に登板し、先発防御率は4.99だった。注目度が高いのはピッチングよりもバッティング。昨季は50打席で打率3割3分3厘、OPS.777で、今後、外野手との二刀流もささやかれているほど。本人も乗り気だ。マイナー時代の通算打率は4割1分9厘。趣味は歌うこと。大学時代はバンドのボーカルとしてCDを出したこともあり、昨季は2年連続で試合前にアメリカ国歌を熱唱。家族を喜ばせた。オフにはピッツバーグのNFLチーム、スティーラーズのユニフォームを着て、同僚マスグローヴとともにファンとの交流を楽しんだ。

年度	所属チーム	勝利	敗戦	防御率	試合数	先発	セーブ	投球イニング	被安打	失点	自責点	被本塁打	与四球	奪三振	WHIP
2019	パイレーツ	4	6	5.16	25	19	0	113.1	117	69	65	15	53	100	1.50
通算成績		11	12	4.88	89	35	1	273.0	287	167	148	33	141	234	1.57

囧=速球のスピード　囮=決め球　対左=対左打者被打率　対右=対右打者被打率
囝=ドラフトデータ　囲=出身地　囲=年俸

57 ニック・バーディ Nick Burdi

回復の具合が気になる速球派

ミドルリリーフ

27歳｜191cm｜102kg｜右投右打｜球150キロ台中923（フォーシーム）｜決◎フォーシーム

対左.188｜対右.381｜ド2014②ツインズ｜囲イリノイ州｜年56万3500ドル（約6200万円）+α

球	5
制	3
緩	2
キレ・重	3
度	3

　元ツインズのトップ・プロスペクト（最有望株）。昨季開幕はメジャーで迎えたが、4月22日のダイヤモンドバックス戦で、投球後に悲鳴をあげながら右腕を押さえ、マウンドに倒れ込んだ。検査の結果、神経系統の問題であることが判明。結局、自身2度目のトミー・ジョン手術は回避したが、6月に胸郭出口症候群の手術を受け、シーズンを終えている。力のある速球とスライダーのコンビネーションで、高い空振り率を誇る投手。万全の状態で今季開幕を迎えられれば、ブルペンの大きな強化となるはず。昨季は8回2/3の登板機会しかなかったが、三振を17個奪っている。

年度	所属チーム	勝利	敗戦	防御率	試合数	先発	セーブ	投球イニング	被安打	失点	自責点	被本塁打	与四球	奪三振	WHIP
2019	パイレーツ	2	1	9.35	11	0	0	8.2	11	9	9	1	3	17	1.62
通算成績		2	1	10.80	13	0	0	10.0	14	13	12	2	5	19	1.90

46 クリス・ストラットン Chris Stratton

スピンレートが超一級品のリリーフ2年目右腕

先発ロングリリーフ

30歳｜188cm｜95kg｜右投右打｜球140キロ台後半（フォーシーム）｜決◎フォーシーム

対左.300｜対右.300｜ド2012①ジャイアンツ｜囲ミシシッピ州｜年56万3500ドル（約6200万円）+α

球	4
制	3
緩	4
キレ・重	3
度	3

　2012年のドラフトでジャイアンツから1巡目に指名され、18年には10勝をマークした右腕。昨季開幕直前のトレードで、エンジェルスへ移籍。7試合に登板（うち先発5試合）したあと、5月11日に今度は金銭トレードでパイレーツへ移籍となり、新天地ではリリーフ専任で投げた。投球の回転数が非常に多いことで知られ、速球の平均回転数は2500回転を超える。さらにスライダーは2900回転超え、カーブは3100回転超えと、こちらもトップクラスの回転数を誇る。敬虔なクリスチャン。昨年7月1日に急死したエンジェルスのタイラー・スカッグスとは、旧知の仲だった。

年度	所属チーム	勝利	敗戦	防御率	試合数	先発	セーブ	投球イニング	被安打	失点	自責点	被本塁打	与四球	奪三振	WHIP
2019	エンジェルス	0	2	8.59	7	5	0	29.1	43	28	28	6	18	22	2.08
2019	パイレーツ	1	1	3.66	28	0	0	46.2	50	22	19	7	15	47	1.39
2019	2チーム計	1	3	5.57	35	5	0	76.0	93	50	47	13	33	69	1.66
通算成績		16	17	4.88	83	41	1	289.2	316	166	157	38	120	238	1.51

23 ミッチ・ケラー Mitch Keller

先発　期待度 A⁻　ルーキー

24歳｜188cm｜95kg｜右投右打｜◆昨季メジャーで11試合出場｜ド2016②パイレーツ｜囲アイオワ州

　マイナーで好投し、メジャーでも高い奪三振率を記録した右腕。5月末の初昇格後は速球の制球に苦しんだが、8月の再昇格後は安定。計11試合に先発し、48イニングで65個の三振を奪った。高い空振り率を誇るスライダーを、2ストライク後はあえて使わなかったことに伸びしろを感じさせた。

65 JTブルベイカー JT Brubaker

先発　期待度 C⁺　ルーキー

27歳｜191cm｜84kg｜右投右打｜◆昨季は3Aでプレー｜ド2015⑥パイレーツ｜囲オハイオ州

　今シーズン中のメジャーデビューが予想される右腕。長所は与四球が少なく、長打を浴びないこと。速球、カーブのスピン量も多く角度もあり、ゴロを誘発できる。昨シーズンは故障であまり投げられなかったが、今季開幕には間に合う見込み。父フランクはヤンキース傘下のマイナーでプレーした元投手。

パイレーツ

※メジャー経験がない投手の「先発」「リリーフ」はマイナーでの役割

野手

両打ちで37本塁打116打点 ファースト

55 ジョシュ・ベル Josh Bell

28歳／193cm／109kg／右投両打

- ◆対左投手打率／.224 ◆対右投手打率／.297
- ◆ホーム打率／.254 ◆アウェー打率／.297 ◆得点圏打率／.336
- ◆19年のポジション別出場数／ファースト＝134、DH＝7
- ◆Ⓓ2011②パイレーツ ◆⊞テキサス州
- ◆⊞480万ドル（約5億2800万円）

ミート	4
パワー	5
走塁	2
守備	2
肩	3

強打の両打ち一塁手。2017年に、新人スイッチヒッターとしては、1995年のチッパー・ジョーンズの23本塁打を抜く、MLB新記録の26本塁打をマーク。長打力がさらにアップした昨シーズンは、オールスターにも初選出された。両打ちにしたのは5歳からで、父親の影響が大きい。子供の頃は家の裏庭で、5本以上塀を超えると外食ができるのがご褒美。マシンも常設しての打撃練習が日課だった。学生時代は、フットボールはケガのリスクがあるから禁止で、野球とバスケのみ許されていた。母親や兄弟の影響から、ヨガを練習に取り入れていることで知られるが、もともとは一塁の守備をもっと柔軟にするために、信頼するフロントのコーディネーターからの助言がきっかけ。

| カモ D・ハドソン（カーディナルス）.750(8-6)0本 | 苦手 B・ウッドラフ（ブリュワーズ）.143(14-2)0本 |

年度	所属チーム	試合数	打数	得点	安打	二塁打	三塁打	本塁打	打点	四球	三振	盗塁	盗塁死	出塁率	OPS	打率
2016	パイレーツ	45	128	18	35	8	0	3	19	21	19	0	1	.368	.775	.273
2017	パイレーツ	159	549	75	140	26	6	26	90	66	117	2	4	.334	.800	.255
2018	パイレーツ	148	501	74	131	31	4	12	62	77	104	2	5	.357	.768	.261
2019	パイレーツ	143	527	94	146	37	3	37	116	74	118	0	1	.367	.936	.277
通算成績		495	1705	261	452	102	13	78	287	238	358	4	11	.354	.831	.265

ルーキーながらリーグ7位の打率 レフト

10 ブライアン・レイノルズ Bryan Reynolds

25歳／191cm／93kg／右投両打

- ◆対左投手打率／.264 ◆対右投手打率／.334
- ◆ホーム打率／.291 ◆アウェー打率／.335 ◆得点圏打率／.317
- ◆19年のポジション別出場数／レフト＝78、ライト＝31、センター＝25
- ◆Ⓓ2016②ジャイアンツ ◆⊞メリーランド州
- ◆⊞56万3500ドル（約6200万円）＋α

ミート	4
パワー	4
走塁	2
守備	2
肩	3

昨季、新人王投票4位にランクインした両打ちの外野手。2018年1月に、マカッチェンおよび金銭とのトレードで、クリックとともに移籍。その後、マカッチェンのトレード相手ということがプレッシャーになり、打てなかった時期があったが、「自分は彼の代わりじゃない」と考えることで結果が出始めた。昨年4月20日にメジャーデビュー。以降、高打率をキープし、終盤まで首位打者争いを演じた。守備では、ファーストステップや、ボールの落下点へのルート効率の評価が高く、昨シーズンは貢献度を示すWAR（攻撃・守備の総合指標）が、ベルの2.5を上回る3.2だった。ハードル監督は、決して目立とうとしない人間性も高く評価している。ヴァンダービルト大学時代の14年、全米大学ナンバーワンを決定するカレッジ・ワールドシリーズで優勝。チームには、ダンズビー・スワンソン、ウォーカー・ビューラーらがいた。

| カモ M・マイコラス（カーディナルス）.429(14-6)0本 | 苦手 K・ヘンドリックス（カブス）.000(11-0)0本 |

年度	所属チーム	試合数	打数	得点	安打	二塁打	三塁打	本塁打	打点	四球	三振	盗塁	盗塁死	出塁率	OPS	打率
2019	パイレーツ	134	491	83	154	37	4	16	68	46	121	3	2	.377	.880	.314
通算成績		134	491	83	154	37	4	16	68	46	121	3	2	.377	.880	.314

左肩の不安は続いたまま

25 グレゴリー・ポランコ *Gregory Polanco* `ライト`

29歳｜196cm｜107kg｜左肩左打

◆対左投手率／.229　◆対右投手率／.246
◆ホーム率／.257　◆アウェー率／.229　◆得点圏打率／.212
◆19年のポジション別出場数／ライト=36、DH=1
◆⑤2009⑨パイレーツ　◆⑪ドミニカ
◆⑭800万ドル（約8億8000万円）

ミート	3
パワー	3
走塁	3
守備	3
肩	3

　一昨年の走塁時に負った左肩のケガの影響で、昨季は守備面も含め大きく成績を落としたドミニカ出身の外野手。出場もわずか42試合に終わった。2015年に27盗塁を記録したスピードも衰え気味。左肩の調子はいまだ万全ではなく、今季どこまでの成績を残せるかは不透明な状況だ。契約は2021年（22年、23年は球団オプション）まで続き、球団は最低でもあと2200万ドルを支払わなければならない。祖国ドミニカでは、両親が警察官という家庭に育った。尊敬するのは同郷の先輩で、元レッドソックスのデイヴィッド・オルティズ。昨年、彼の顔が書かれたナイキ社製特注スパイクも披露した。17年のWBCにドミニカ代表で出場し、大会最優秀外野手に選ばれている。

`カモ` C・マルティネス（カーディナルス）.519(27-14)1本　`苦手` B・アンダーソン（ブリュワーズ）.000(8-0)0本

年度	所属チーム	試合数	打数	得点	安打	二塁打	三塁打	本塁打	打点	四球	三振	盗塁	盗塁死	出塁率	OPS	打率
2014	パイレーツ	89	277	50	65	9	0	7	33	30	59	14	5	.307	.650	.235
2015	パイレーツ	153	593	83	152	35	6	9	52	55	121	27	10	.320	.701	.256
2016	パイレーツ	144	527	79	136	34	4	22	86	53	119	17	6	.323	.786	.258
2017	パイレーツ	108	379	39	95	20	0	11	35	27	60	8	1	.305	.695	.251
2018	パイレーツ	130	461	75	117	32	6	23	81	61	117	12	2	.340	.839	.254
2019	パイレーツ	42	153	23	37	8	1	6	17	12	49	3	1	.301	.726	.242
通算成績		666	2390	349	602	138	17	78	304	238	525	81	25	.320	.741	.252

3割2ケタ本塁打2ケタ盗塁の若手内野手 `ショート`

27 ケヴィン・ニューマン *Kevin Newman*

27歳｜183cm｜88kg｜右投右打

◆対左投手率／.286　◆対右投手率／.316
◆ホーム率／.269　◆アウェー率／.350　◆得点圏打率／.289
◆19年のポジション別出場数／ショート=104、セカンド=23、サード=6、レフト=3
◆⑤2015①パイレーツ　◆⑪カリフォルニア州
◆⑭56万3500ドル（約6200万円）+α

ミート	4
パワー	3
走塁	3
守備	4
肩	3

　昨季ブレイクを果たした、2015年のドラフト1巡目指名内野手。勝負強さを発揮して、昨季は3度サヨナラ打を放ち、ファンを熱狂させた。また、8月25日のロッキーズ戦では、あわやサイクルヒット達成の2本塁打、4打数4安打をやってのけている。スピードはあるほうで、昨季の内野安打22は、ナショナル・リーグトップタイの数字。だが、16盗塁に対し、8盗塁死はいただけない。守備では、セカンドでは度々好守を見せていたが、メインポジションのショートでは、やや肩の弱さが気になった。フィリーズのスコット・キンガリーとはアリゾナ大学時代のルームメイトで、住居も近所同士。シーズンオフにはアリゾナ州のフィッシャーで、トレーニングを一緒におこなう。

`カモ` J・キンターナ（カブス）.471(17-8)0本　`苦手` Z・デイヴィース（パドレス）.125(16-2)0本

年度	所属チーム	試合数	打数	得点	安打	二塁打	三塁打	本塁打	打点	四球	三振	盗塁	盗塁死	出塁率	OPS	打率
2018	パイレーツ	31	91	7	19	2	0	0	6	4	23	0	1	.247	.478	.209
2019	パイレーツ	130	493	61	152	20	6	12	64	28	62	16	8	.353	.800	.308
通算成績		161	584	68	171	22	6	12	70	32	85	16	9	.337	.750	.293

パイレーツ

セカンド一本に専念し、守りで魅せた

26 アダム・フレイジャー *Adam Frazier*

セカンド

29歳｜178cm｜82kg｜右投左打｜対左.259｜対右.285｜⛨.301｜⛩.255｜得.257
Ⓓ2013⑥パイレーツ｜⛩ジョージア州｜年280万ドル（約3億800万円）

	ミ	3
	バ	3
	走	3
	守	3
	肩	3

昨季、ゴールドグラブ賞のファイナリストになった二塁手。本来は外野も守れるユーティリティだが、セカンドで出場し続けた結果、軒並み高い守備成績を残した。打撃面では7月1日の試合で、4本の二塁打を含む5安打。その翌日は4安打。7月1日〜7日の打率は6割（30打数18安打）に達し、週間MVPを受賞した。ミシシッピ州立大学時代にはカレッジ・ワールドシリーズにも出場し、2015年には、プレミア12で米国代表に選ばれている。大学時代のチームメートに、ケンドール・グレイヴマン（今季マリナーズ）がいる。高校時代はバスケットの選手としても活躍。

年度	所属チーム	試合数	打数	得点	安打	二塁打	三塁打	本塁打	打点	四球	三振	盗塁	盗塁死	出塁率	OPS	打率
2019	パイレーツ	152	554	80	154	33	7	10	50	40	75	5	5	.336	.753	.278
通算成績		452	1424	208	398	84	16	28	149	117	211	19	14	.342	.762	.279

期待に応えたベネズエラ出身の大型野手

36 ホセ・オスーナ *Jose Osuna*

ユーティリティ

28歳｜188cm｜109kg｜右投右打｜対左.228｜対右.284｜⛨.277｜⛩.252｜得.229
Ⓓ2009㋐パイレーツ｜⛩ベネズエラ｜年56万3500ドル（約6200万円）＋α

	ミ	3
	バ	4
	走	2
	守	3
	肩	4

強肩強打のユーティリティ。昨季は春先のケガで出遅れ、メジャーでのプレーは5月下旬からとなったが、以前まで苦しんでいた速球への対応が改善し、打撃成績が向上。代打でも5本のホームランを打ち、コーリー・ディカーソンのトレードや、姜正浩の退団などにより回ってきたチャンスをものにした。強肩で、2017年に二塁打を狙う打者走者をことごとく刺し、1試合3補殺を記録したことがあるが、昨年7月24日のカーディナルス戦では敗戦処理としてマウンドに立ち、151キロの速球を投げていた。昨シーズン、レッズとの乱闘騒ぎで5試合の出場停止を食らっている。

年度	所属チーム	試合数	打数	得点	安打	二塁打	三塁打	本塁打	打点	四球	三振	盗塁	盗塁死	出塁率	OPS	打率
2019	パイレーツ	95	261	41	69	20	0	10	36	18	48	0	0	.310	.766	.264
通算成績		250	582	86	143	42	4	20	77	30	110	0	0	.285	.719	.246

レギュラーの座を守り抜けるか!?

19 コリン・モラン *Colin Moran*

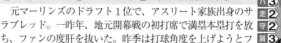

サード

28歳｜193cm｜93kg｜右投左打｜対左.273｜対右.278｜⛨.287｜⛩.267｜得.328
Ⓓ2013①マーリンズ｜⛩ニューヨーク州｜年56万3500ドル（約6200万円）＋α

	ミ	3
	バ	3
	走	2
	守	2
	肩	3

元マーリンズのドラフト1位で、アスリート家族出身のサラブレッド。一昨年、地元開幕戦の初打席で満塁本塁打を放ち、ファンの度肝を抜いた。昨季は打球角度を上げようとフォーム改造をしたが、シーズン後半に調子が落ち、後半戦はわずか3本塁打。守備も低調だった。守れるトップ・プロスペクト（最有望株）のヘイズがすぐ後ろに控えており、うかうかしてはいられない。昨年、マーリンズでメジャーデビューしたブライアン・モラン（投手）は実兄。元メジャーリーガーのB.J.サーホフとリック・サーホフは叔父にあたり、祖父のディック・サーソフは元NBA選手。

年度	所属チーム	試合数	打数	得点	安打	二塁打	三塁打	本塁打	打点	四球	三振	盗塁	盗塁死	出塁率	OPS	打率
2019	パイレーツ	149	466	46	129	30	1	13	80	30	117	0	1	.322	.751	.277
通算成績		309	915	99	251	50	3	25	143	71	208	0	3	.328	.746	.274

対左=対左打者被打率　対右=対右打者被打率　⛨防=ホーム防御率　⛩防=アウェー防御率
Ⓓ=ドラフトデータ　⛩=出身地　年=年俸

俊足を生かした守備が光るが盗塁は苦手

外野手　移籍

5　ギレルモ・ヘレディア　Guillermo Heredia

29歳 | 170cm | 88kg | 左投右打 | 対左.281 | 対右.156 | 本.232 | ⑦.220 | 得.204
ド2016外マリナーズ 囲キューバ 囲100万ドル(約1億1000万円)

ミ **2**
パ **3**
走 **4**
守 **5**
肩 **4**

　2013年のWBCキューバ代表。15年に亡命し、16年にマリナーズと契約した。18年にはイチローと第4の外野手の座を争い、地元メディアやファンから「若いヘレディアを使え」と、猛プッシュを受けていたこともある。俊足を生かした広大な守備範囲が魅力で、ワイルドなダイビングキャッチやホームランキャッチもしばしば。隙あらばバントヒットを決めるなど、スプリント能力はかなり高い。しかし、盗塁のセンスはまるでない。打撃はときおりホームランは出るものの、基本的には往年のキューバ代表のようなレベルスイングで、ラインドライブ性の当たりが多い。

年度	所属チーム	試合数	打数	得点	安打	二塁打	三塁打	本塁打	打点	四球	三振	盗塁	盗塁死	出塁率	OPS	打率
2019	レイズ	89	204	31	46	13	0	5	20	18	60	2	2	.306	.668	.225
通算成績		382	974	115	234	46	1	17	75	89	191	6	12	.317	.659	.240

正捕手不在とは言わせない!

キャッチャー

58　ジェイコブ・ストーリングス　Jacob Stallings

31歳 | 193cm | 100kg | 右投右打 | 盗塁阻止率/.368(19-7) | 対左.340 | 対右.236 | 本.210
⑦.319 得.186 ド2012⑦パイレーツ 囲テネシー州 囲56万3500ドル(約6200万円)+α

ミ **3**
パ **3**
走 **2**
守 **4**
肩 **4**

　攻守にいぶし銀の働きを見せる捕手。打撃面では、常時試合に出れば2ケタの本塁打を打つ力がある。守備面ではパスボールを出す頻度が低く、盗塁阻止能力も評価されている。父ケヴィンさんは、イリノイ州立大学、ピッツバーグ大学のバスケチームで、ヘッドコーチを歴任した人物。子供の頃、この父のオフィスによく遊びに行き、どうやって相手チームを研究しているかを見ていた。それが捕手として現在役立っているという。父が名門バスケチームのコーチだったことはよく知られた話で、試合中、「お前のおやじは、ダメなコーチだ!」とヤジられたこともあったそうだ。

年度	所属チーム	試合数	打数	得点	安打	二塁打	三塁打	本塁打	打点	四球	三振	盗塁	盗塁死	出塁率	OPS	打率
2019	パイレーツ	71	191	26	50	5	0	6	13	16	40	0	0	.325	.708	.262
通算成績		95	257	31	69	8	0	6	23	21	55	1	0	.327	.697	.268

走らせたら実はメジャートップクラス

セカンド
ショート

3　コール・タッカー　Cole Tucker

24歳 | 191cm | 93kg | 右投両打 | 対左.191 | 対右.220 | 本.222 | ⑦.200 | 得.205
ド2014①パイレーツ 囲アリゾナ州 囲56万3500ドル(約6200万円)+α

ミ **3**
パ **2**
走 **5**
守 **3**
肩 **3**

　長髪をなびかせる俊足の遊撃手。2014年ドラフトの1巡目指名選手で、昨季メジャー初昇格。パワーはないが、足、肩、守備のツールはそろっており、とくに走力に定評がある。昨年6月に降格した際、「トラウトだってファームに落ちたことあるでしょ!? これが世界の終わりではないよ」とポジティブにコメント。アリゾナ出身で、少年時代はダイヤモンドバックスのファン。オフに同じマウンテン・ポイント高校出身のクローン兄弟(C.J. ケヴィン)らと、母校でのホームランダービーなどのイベントを、地元のコミュニティと企画した。弟のカーソンも今季のドラフト候補。

年度	所属チーム	試合数	打数	得点	安打	二塁打	三塁打	本塁打	打点	四球	三振	盗塁	盗塁死	出塁率	OPS	打率
2019	パイレーツ	56	147	16	31	10	3	2	13	10	40	0	0	.266	.626	.211
通算成績		56	147	16	31	10	3	2	13	10	40	0	0	.266	.626	.211

攻撃面のアップグレードは多くを望めず ユーティリティ

2 エリック・ゴンザレス *Erik Gonzalez*

29歳｜191cm｜93kg｜右投右打 対左.333 対右.213 困.292 ⑦.214 得.036
Ⓓ2008外インディアンズ 国ドミニカ 囲72.5万ドル（約7975万円）

ミ **2**
パ **2**
走 **4**
守 **4**
肩 **3**

　守備と足でアピールしている内野のユーティリティ。打撃面は、三振が多く四球が少ないフリースインガー・タイプ。昨年は一昨年と比べ、さらに選球眼の点で苦労した。しかも速球に対応できなくなっており、打球速度も大きく低下。打球も上がらなくなっている。足は速く、一昨年、昨年とも足でかせいだ内野安打のおかげで、なんとか出塁率3割をクリアしている。昨年は4月19日の試合でショートを守った際、打球を追ってセンターのマーティと衝突。鎖骨を骨折し、3カ月半も試合に出られなかった。オフのウインターリーグでも左足を骨折するなど、不運が続いている。

年度	所属チーム	試合数	打数	得点	安打	二塁打	三塁打	本塁打	打点	四球	三振	盗塁	盗塁死	出塁率	OPS	打率
2019	パイレーツ	53	142	15	36	4	1	4	9	4	37	1	.301	.618	.254
通算成績		215	404	52	105	20	2	6	33	18	116	8	4	.295	.659	.260

新GMからの評価も高いバックアップ捕手 キャッチャー 移籍

14 ルーク・メイリー *Luke Maile*

29歳｜191cm｜102kg｜右投右打 盗塁阻止率／.280(25-7) 対左.057 対右.190 困.190
⑦.107 得.087 Ⓓ2012⑧レイズ 国ケンタッキー州 囲90万ドル（約9900万円）

ミ **2**
パ **2**
走 **2**
守 **3**
肩 **3**

　オフにブルージェイズからFAとなり、1年90万ドルで入団した第2捕手。ブルージェイズの前に在籍したレイズ時代から捕手防御率が良く、リードのうまさに定評がある。新GMに就任したチェリントンは、過去3年間同じ時期に、ブルージェイズのフロントで重役を務めていた。また、シェルトン監督は、レイズ在籍時の打撃コーチだ。5人兄弟の長男で、父親はバスケット、野球、アメフトをケンタッキー大学でプレー。その父の影響で多くのスポーツをプレーしてきた。運動能力が高く、昨年5月には敗戦処理で投手デビュー。レンジャーズの秋信守から空振り三振も奪った。

年度	所属チーム	試合数	打数	得点	安打	二塁打	三塁打	本塁打	打点	四球	三振	盗塁	盗塁死	出塁率	OPS	打率
2019	ブルージェイズ	44	119	9	18	2	1	2	9	8	33	1	0	.205	.440	.151
通算成績		215	605	53	120	30	2	10	60	40	179	4	0	.252	.556	.198

31 ウィル・クレイグ *Will Craig* ファーストライト 期待度 B ルーキー

26歳｜191cm｜96kg｜右投右打 ◆昨季は3Aでプレー Ⓓ2016①パイレーツ 国テネシー州

　2016年のドラフトでパイレーツが1巡目（全体22位）に指名。昨年3Aで23本塁打を放った長打力が自慢。マイナーのゴールドグラブ賞を獲得するなど、ファーストの守備もまずまず。昨年、マイナーのオールスターであるフューチャーズゲームに出場したが、不運にも死球を2度受けてしまった。

13 ケブライアン・ヘイズ *Ke'Bryan Hayes* サード 期待度 A⁻ ルーキー

23歳｜185cm｜95kg｜右投右打 ◆昨季は1A、3Aでプレー Ⓓ2015①パイレーツ 国テキサス州

　将来、サードのレギュラーが有望視されている、2015年のドラフト1巡目指名選手。打撃面はまだ発展途上だが、守備はうまく、走力もある。三塁のレギュラー、モランの成績が下がり気味なだけに、今夏のメジャー昇格もあり得る。父チャーリーも元三塁手で、14シーズンのメジャー経験がある。

  球=速球のスピード 決=決め球 対左=対左打者被打率 対右=対右打者被打率
Ⓓ=ドラフトデータ 国=出身地 囲=年俸

ロサンジェルス・ドジャース

◆創　立：1883年
◆本拠地：カリフォルニア州ロサンゼルス市
◆ワールドシリーズ制覇：6回 ／ ◆リーグ優勝：23回
◆地区優勝：18回 ／ ◆ワイルドカード獲得：2回
◆主要オーナー　マーク・ウォルター（投資会社グッゲンハイム・パートナーズ最高責任者）

過去5年間成績

年度	勝	負	勝率	ゲーム差	地区順位	ポストシーズン成績
2015	92	70	.568	(8.0)	①	地区シリーズ敗退
2016	91	71	.562	(4.0)	①	リーグ優勝決定シリーズ敗退
2017	104	58	.642	(11.0)	①	ワールドシリーズ敗退
2018	92	71	.564	(1.0)	①	ワールドシリーズ敗退
2019	106	56	.654	(21.0)	①	地区シリーズ敗退

監督　30 デイヴ・ロバーツ *Dave Roberts*

◆年　齢…………48歳（沖縄県出身）
◆現役時代の経歴…10シーズン　インディアンズ（1999〜2001）、
（センター、レフト）ドジャース（2002〜04）、レッドソックス（2004）、
パドレス（2005〜06）、ジャイアンツ（2007〜08）
◆現役通算成績……832試合　.266　23本　213打点
◆監督経歴…………4シーズン　ドジャース（2016〜）
◆監督経歴…………393勝256敗（勝率.589）　最優秀監督賞1回（16年）

　昨季は4月から独走で、球団新記録となるシーズン106勝を達成。指揮を執った4シーズンすべてで、チームは地区優勝を果たしている。にもかかわらず、「名監督」の評は得られていない。巨大戦力を有しているため、ファンが望んでいるのは「ワールドシリーズ制覇」のみ。そのためポストシーズンでの「采配ミス批判」が、オフの風物詩になってしまっているのだ。球団との監督契約は2022年まで。米国軍人だった父と日本人の母を持ち、沖縄県で生まれた。

注目コーチ　23 マーク・プライアー *Mark Prior*

　新投手コーチ。40歳。昨季まではブルペンコーチ。14年間、投手コーチを務めたハニーカットのフロント入りにともなって就任。現役時代の2003年に、18勝をマーク。

編成責任者　アンドルー・フリードマン *Andrew Friedman*

　44歳。レイズでGMを務め、多くの実績を残したあと、2014年オフに年平均700万ドル（約8億円）の巨額契約でドジャースに迎え入れられ、結果を出し続けている。

スタジアム　ドジャー・スタジアム *Dodger Stadium*

◆開場年…………1962年
◆仕　様…………天然芝
◆収容能力………56,000人
◆フェンスの高さ …1.4〜2.4m
◆特　徴…………メジャーの球場では珍しい左右対称な造り。球場サイズ、風の影響などから、投手に有利と言える。座席数がメジャーの球場で最も多い。シーズンを通して大雨がほとんど降らず、雨天中止は稀。今年のオールスター開催球場。

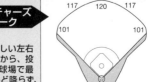

ピッチャーズパーク

407

Best Order [ベストオーダー]

①ムッキー・ベッツ……ライト
②マックス・マンシー……ファースト
③ジャスティン・ターナー……サード
④コーディー・ベリンジャー……センター
⑤コーリー・シーガー……ショート
⑥A.J.ポロック……レフト
⑦ウィル・スミス……キャッチャー
⑧ギャヴィン・ラックス……セカンド

Depth Chart [ポジション別選手層・メンバーリスト]

※2020年2月4日時点の候補選手。
数字は背番号(開幕前に変更する
場合もあり)。右・左等は投・打の順。

センター
35 コーディー・ベリンジャー [左・左]
3 クリス・テイラー [右・右]
— DJピーターズ [右・右]

レフト
11 A.J.ポロック [右・右]
3 クリス・テイラー [右・右]
45 マット・ベイティ [右・左]
41 カイル・ガーリック [右・右]

ライト
— ムッキー・ベッツ [右・右]
31 ジョック・ピーダーソン [左・左]
45 マット・ベイティ [右・左]
3 クリス・テイラー [右・右]

ショート
5 コーリー・シーガー [右・左]
3 クリス・テイラー [右・右]
48 ギャヴィン・ラックス [右・左]

セカンド
48 ギャヴィン・ラックス [右・左]
14 エンリケ・ヘルナンデス [右・右]
13 マックス・マンシー [右・左]

ローテーション
21 ウォーカー・ビューラー [右・右]
22 クレイトン・カーショウ [左・左]
7 フリオ・ウリアス [左・左]
57 アレックス・ウッド [左・右]
— デイヴィッド・プライス [左・左]
— ジミー・ネルソン [右・右]
85 ダスティン・メイ [右・右]

サード
10 ジャスティン・ターナー [右・右]
14 エンリケ・ヘルナンデス [右・右]
13 マックス・マンシー [右・左]
45 マット・ベイティ [右・左]

ファースト
13 マックス・マンシー [右・左]
45 マット・ベイティ [右・左]
28 タイラー・ホワイト [右・右]
14 エンリケ・ヘルナンデス [右・右]

キャッチャー
16 ウィル・スミス [右・右]
15 オースティン・バーンズ [右・右]
70 ケイバート・ルイーズ [右・両]

ブルペン
74 ケンリー・ジャンセン [右・両] CL
17 ジョー・ケリー [右・右]
49 ブレイク・トライネン [右・右]
52 ペドロ・バエズ [右・右]
56 アダム・コレアレク [左・右]
68 ロス・ストリップリング [右・右]
75 スコット・アレグザンダー [左・右]
51 ディラン・フローロ [右・右]
64 ケイレブ・ファーガソン [左・右]
76 ジョシュ・スボールツ [右・右]
— ヴィクター・ゴンザレス [左・右]
46 トニー・ゴンソリン [右・右]
85 ダスティン・メイ [右・右]

※CL=クローザー

ドジャース試合日程……＊はアウェーでの開催

3月26・27・28	ジャイアンツ	28・29	ツインズ	29・30・31	メッツ＊
30・31・4月1	ロッキーズ	5月1・2・3	パドレス＊	6月1・2・3	ブレーブス
3・4・5	ジャイアンツ＊	4・5・6	カブス	4・5・6・7	ロッキーズ
6・7・8・9	カーディナルス＊	8・9・10	パドレス	9・10・11	レッズ＊
10・11・12	ナショナルズ	12・13・14	フィリーズ	12・13・14	ブレーブス＊
14・15・16	カーディナルス	15・16・17	ロイヤルズ＊	15・16・17・18	ダイヤモンドバックス
17・18・19	パイレーツ	18・19・20	フィリーズ	19・20・21	タイガース
21・22・23	ナショナルズ＊	22・23・24	インディアンズ	22・23・24	ダイヤモンドバックス＊
24・25・26	パイレーツ＊	25・26・27・28	ロッキーズ＊	26・27・28	ジャイアンツ

球団メモ 昨季も独走で地区優勝を果たした。シーズンの最後には7連勝し、これまでのシーズン最多勝ち星だった105勝(1953年)を抜き、球団新記録の106勝をマーク。

408

■投手力⬊…★★★★☆【昨年度チーム防御率3.37、リーグ1位】

　昨季の先発防御率は3.11。2位のナショナルズ（3.53）を大きく引き離し、リーグ断トツの数字だったが、オフに最優秀防御率のタイトルを獲得した柳、前田健太が抜け、新たな大物先発投手の獲得も不発に終わった。しかし、大エースのカーショウ、成長著しいビューラー、肩の不安がなくなったウリーアスらが名を連ねるローテーションは、依然リーグ上位。17年にドジャースで16勝をあげたウッドも復帰する。リリーフ陣も、ジャンセン、バエズ、新加入のトライネンなど実力のある選手がそろっている。

■攻撃力⬈…★★★★⯪【昨年度チーム得点886、リーグ1位】

　昨季もリーグ最多の本塁打を記録するなど、攻撃力もリーグ屈指。毎年ブレイクする若手が出てくるが、昨季はスミスがハイペースで長打を生産していた。今季はラックスに大ブレイクの期待がかかる。オフにベッツが加入。

■守備力➡…★★★⯪☆【昨年度チーム失策数106、リーグ12位】

　外野を守るポロックの守備力低下が激しく、サードを守るターナーも守備には不安が多い。だが、それ以外は平均以上の守備を期待できる。外野のベリンジャーは守備でも成長していて、昨季、ゴールドグラブ賞を獲得。

■機動力➡…★★★☆☆【昨年度チーム盗塁数57、リーグ11位】

　盗塁数は少ないが、成功率（85.1％）はリーグで2番目だった。打線に切れ目がないため、必然的に投手の送りバントが多くなり、昨季の55犠打はリーグ最多。カーショウ、前田、柳が、リーグの犠打数ランキングトップ3だった。

総合評価 ➡
★★★★☆

　今年もハイレベルな戦力になっている。若い選手が多く、マイナー組織も充実。フロントも優秀なため、2020年代もしばらくドジャース王国の牙城は揺るぎそうにない。ただ、ポストシーズンを勝ち抜くためには、優秀な先発がもう1人欲しいところだ。

IN 主な入団選手	OUT 主な退団選手
投手	投手
ブレイク・トライネン ← アスレティックス	柳賢振(リュ・ヒョンジン) → ブルージェイズ
アレックス・ウッド ← レッズ	リッチ・ヒル → ツインズ
シミー・ネルソン ← ブリュワーズ	イーミ・ガルシア → マーリンズ
デイヴィッド・プライス ← レッドソックス	J.T.シャギワ → 東北楽天
野手	前田健太 → ツインズ
ムッキー・ベッツ ← レッドソックス	野手
	デイヴィッド・フリース → 引退

29・30・**7月**1・2	レッズ	30・31・**8月**1・2	ダイヤモンドバックス*	**9月**1・2	ダイヤモンドバックス*
3・4・5	マーリンズ	3・4・5	パドレス	4・5・6・7	ブリュワーズ*
7・8・9	パドレス*	6・7・8・9	メッツ	8・9・10	ホワイトソックス*
10・11	エンジェルス*	11・12・13	ジャイアンツ*	11・12・13	ダイヤモンドバックス
14	オールスターゲーム	14・15・16	ダイヤモンドバックス	15・16	ロッキーズ*
16・17・18・19	ジャイアンツ	17・18・19・20	カブス*	18・19・20	ジャイアンツ
20・21・22	ブリュワーズ	21・22・23	ロッキーズ*	22・23・24	ロッキーズ*
24・25・26・27	マーリンズ*	25・26	エンジェルス	25・26・27	パドレス*
28・29	ツインズ*	27・28・29・30	ロッキーズ		

ドジャース

精神的に成熟し、IQも高いパワーピッチャー 先 発

21 ウォーカー・ビューラー
Walker Buehler

26歳／188cm／84kg／右投右打
- ◆速球のスピード／150キロ台中頃（フォーシーム主体）
- ◆決め球と持ち球／☆フォーシーム、○カッター、○スライダー、○カーブ、○ツーシーム、△チェンジアップ
- ◆対左打者被打率／.216　◆対右打者被打率／.231
- ◆ホーム防御率／2.86　◆アウェー防御率／3.66
- ◆ドラフトデータ／2015①ドジャース
- ◆出身地／ケンタッキー州
- ◆年俸／56万3500ドル（約6200万円）+α

球威	5
制球	5
緩急	4
守備・牽制	4
度胸	4

　ポストシーズンで2試合に先発、12回3分の2を1失点に抑える快投を見せた右のエース。昨季はキャンプ中、肩に軽い痛みが出て調整が遅れたため、4月は制球、球威ともイマイチで失点が多かった。しかし5月に入ると本来の球威がよみがえり、シーズン終盤まで好投が続いた。とくに昨季はフォーシームの制球が良く、シーズンを通して最強の武器になっていた。最大の強みは与四球が少ないこと。昨季の与四球37は、規定投球回に達したナショナル・リーグの投手で5番目に少ない数字だ。もう一つの強みは、立ち上がりが抜群にいいこと。昨季は初回の防御率が1.80、被打率が1割9分0厘で、大半の試合で初回を危なげなく抑えている。

　ケンタッキー州の州都レキシントン出身。小学校低学年の頃、両親が離婚。弟とともにシングルマザーとなった母ケアレン・ウォーカーさんのもとで育つが、このお母さんは法律事務所を経営する有能な弁護士だったので、経済的には恵まれた環境で育った。

　オーバーハンドの投球フォームを伝授してくれたのは、母方の祖父デイヴ・ウォーカーさんで、ピッチングの基礎はこのおじいさんから教わった。離婚後も父トニーさんは、息子の野球活動のサポートに熱心で、高額なサマーリーグなどの参加費を出してくれたので、高校生になるとピッチャーとして注目される存在になった。学業成績も優秀で、高校時代のGPA（通信簿の平均点。5.0が満点）は4.3。全国共通学力テストACTの点数も、上位6%に入る30点だった。あのどこまでも冷静でクールなマウンドさばきも、高校時代にすでに出来上がっており、メジャー球団や大学のスカウトたちから精神面の成熟度が高い投手と称賛されていた。10代半ばから交際を続けてきたマッケンジー・マーシニクさんという女性と事実婚状態。新居を購入しているので、いずれ正式な結婚に進むものと思われる。

カモ I・デズモンド（ロッキーズ）.111(22-2)0本　B・クロフォード（ジャイアンツ）.091(11-1)0本
苦手 C・ブラックモン（ロッキーズ）.394(33-13)2本　E・ロンゴリア（ジャイアンツ）.500(8-4)0本

年度	所属チーム	勝利	敗戦	防御率	試合数	先発	セーブ	投球イニング	被安打	失点	自責点	被本塁打	与四球	奪三振	WHIP
2017	ドジャース	1	0	7.71	8	0	0	9.1	11	8	8	2	8	12	2.04
2018	ドジャース	8	5	2.62	24	23	0	137.1	95	43	40	12	37	151	0.96
2019	ドジャース	14	4	3.26	30	30	0	182.1	153	77	66	20	37	215	1.04
通算成績		23	9	3.12	62	53	0	329.0	259	128	114	34	82	378	1.04

地区シリーズ敗退の元凶に

先発

22 クレイトン・カーショウ
Clayton Kershaw

32歳｜193cm｜102kg｜左投左打

◆速球のスピード／140キロ台後半（フォーシーム主体）
◆決め球と持ち球／☆フォーシーム、☆スライダー、◎カーブ
◆対左打者被打率／.208　◆対右打者被打率／.225
◆ホーム防御率／2.89　◆アウェー防御率／3.21
◆ドラフトデータ／2006①ドジャース
◆出身地／テキサス州　◆年俸／2333万ドル（約25億6630万円）
◆◆MVP1回（14年）、サイ・ヤング賞3回（11、13、14年）、最優秀防御率5回（11、12、13、14、17年）、最多勝3回（11、14、17年）、最多奪三振3回（11、13、15年）、ゴールドグラブ賞1回（11年）、ロベルト・クレメンテ賞1回（12年）

球威	5
制球	5
緩急	5
守備・運動	4
度胸	4

ドジャース

　ピークを過ぎた感があるサイ・ヤング賞3回の大投手。昨季はキャンプインして間もなく、肩の炎症により投球練習を中断。しばらくシャットダウンする必要が生じたため、開幕前にIL（故障者リスト）入りした。そのため開幕投手は8年連続で途切れた。復帰は4月中旬のことで、調整不足が懸念されたが、いざ投げ始めると速球、変化球とも制球が安定し、着実に勝ち星を積み重ねていった。シーズン後半は得点援護にも恵まれたためどんどん勝ち星が付いて、28回の先発ながら16勝をマークした。

　問題はここからだ。ドジャースは2年連続で「準優勝」に終わっているため、昨季はワールドシリーズ制覇が至上命令になっていた。エースの彼にはその牽引役になることが期待されたが、結果は散々。地区シリーズ第2戦に先発して負け投手になり、第5戦では2点リードの場面でリリーフに起用され、ソロアーチを2本立て続けに食って敗戦の元凶になった。それでも試合後、厳しい質問を浴びせる記者たちに淡々と答えて、動揺した様子をまったく見せなかったことは賞賛された。何事にも揺るがない強靭な精神力の基盤にあるのは、信仰だ。敬虔なメソジスト派の信者で、自分は野球選手である前に、一人のクリスチャンであるとの思いが強い。野球選手としての成功も、努力の対価として得たものではなく、神の意思によるものと理解している。そのためあれこれ思い悩むことはなく、その日できることを最大限やったら、あとは神の意思に従うしかないと考えている。

カモ B.ベルト（ジャイアンツ）.067(60-4)0本　W.マイヤーズ（パドレス）.108(37-4)0本
苦手 C.ウォーカー（ダイヤモンドバックス）.455(11-5)4本　K.ピラー（ジャイアンツ）.545(11-6)0本

年度	所属チーム	勝利	敗戦	防御率	試合数	先発	セーブ	投球イニング	被安打	失点	自責点	被本塁打	与四球	奪三振	WHIP
2008	ドジャース	5	5	4.26	22	21	0	107.2	109	51	51	11	52	100	1.50
2009	ドジャース	8	8	2.79	31	30	0	171.0	119	55	53	7	91	185	1.23
2010	ドジャース	13	10	2.91	32	32	0	204.1	160	73	66	13	81	212	1.18
2011	ドジャース	21	5	2.28	33	33	0	233.1	174	66	59	15	54	248	0.98
2012	ドジャース	14	9	2.53	33	33	0	227.2	170	70	64	16	63	229	1.02
2013	ドジャース	16	9	1.83	33	33	0	236.0	164	55	48	11	52	232	0.92
2014	ドジャース	21	3	1.77	27	27	0	198.1	139	42	39	9	31	239	0.86
2015	ドジャース	16	7	2.13	33	33	0	232.2	163	62	55	15	42	301	0.88
2016	ドジャース	12	4	1.69	21	21	0	149.0	97	31	28	8	11	172	0.72
2017	ドジャース	18	4	2.31	27	27	0	175.0	136	49	45	23	30	202	0.95
2018	ドジャース	9	5	2.73	26	26	0	161.1	139	55	49	17	29	155	1.04
2019	ドジャース	16	5	3.03	29	28	0	178.1	145	63	60	28	41	189	1.04
通算成績		169	74	2.44	347	344	0	2274.2	1715	672	617	173	577	2464	1.01

依然カッターが75%を占める豪腕リリーバー クローザー

74 ケンリー・ジャンセン Kenley Jansen

33歳｜196cm｜120kg｜右投両打

◆速球のスピード／150キロ前後（カッター、ツーシーム）
◆決め球と持ち球／◎カッター、○スライダー、○ツーシーム
◆対左.198　◆対右.229　◆ホ防3.28　◆ア防4.28
◆下2004外ドジャース　◆田オランダ領キュラソー島
◆年1800万ドル（約19億8000万円）　◆最多セーブ1回（17年）

球威	3
制球	3
緩急	2
対左右·球種対応力	3
度胸	3

伝家の宝刀カッターの軌道がフラットになり、セーブ失敗が増えた守護神。セーブ成功率80.5%はワーストレベルで、今季も同程度の成功率であれば、途中でクローザーを外されるだろう。カッター依存を減らすため、昨季はツーシーム＋スライダーの比率を15%から25%に増やし、それなりに効果をあげていた。だが、依然75%を占めるカッターの被打率は2割3分台まで上昇し、失点の多い状態が続いた。心臓の不整脈が持病で、現在も毎日、薬を服用。

カモ I・デズモンド（ロッキーズ）.000（16-0）0本　苦手 A・リゾ（カブス）.455（11-5）2本

年度	所属チーム	勝利	敗戦	防御率	試合数	先発	セーブ	投球イニング	被安打	失点	自責点	被本塁打	与四球	奪三振	WHIP
2010	ドジャース	1	0	0.67	25	0	4	27.0	12	2	2	0	15	41	1.00
2011	ドジャース	2	1	2.85	51	0	5	53.2	30	17	17	3	26	96	1.04
2012	ドジャース	5	3	2.35	65	0	25	65.0	33	18	17	6	22	99	0.85
2013	ドジャース	4	3	1.88	75	0	28	76.2	48	16	16	6	18	111	0.86
2014	ドジャース	2	3	2.76	68	0	44	65.1	55	20	20	5	19	101	1.13
2015	ドジャース	2	1	2.41	54	0	36	52.1	33	14	14	6	8	80	0.78
2016	ドジャース	3	2	1.83	71	0	47	68.2	44	15	14	4	11	104	0.67
2017	ドジャース	5	0	1.32	65	0	41	68.1	44	11	10	5	7	109	0.75
2018	ドジャース	1	5	3.01	69	0	38	71.2	54	28	24	13	17	82	0.99
2019	ドジャース	5	3	3.71	62	0	33	63.0	51	28	26	9	16	80	1.06
通算成績		30	21	2.35	605	0	301	611.2	395	168	160	57	159	903	0.91

ピッチャーになって8年目の元三塁手 セットアップ

52 ペドロ・バエス Pedro Baez

32歳｜183cm｜104kg｜右投右打

◆速球のスピード／150キロ台前半〜中頃（フォーシーム主体）
◆決め球と持ち球／☆チェンジアップ、◎フォーシーム、◎スライダー
◆対左.176　◆対右.172　◆ホ防1.96　◆ア防4.36
◆下2007外ドジャース　◆田ドミニカ

球威	5
制球	3
緩急	3
対左右·球種対応力	2
度胸	3

酷使されても壊れないため、「ロバ」のあだ名があるセットアッパー。毎年3.00前後の防御率を出す投手だが、投球内容は年によってかなり差がある。昨季は制球が良くなり、以前ほど四球を出さなくなったため、格段に安定感が増した。昨季は打者をチェンジアップで凡フライにしとめるケースが急増。使用比率を15%から32%にアップさせた。このボールはバックスピンがかかり過ぎているため、あまり落ちないのが特徴だ。父はパン職人、母は工場労働者というドミニカのブルーカラー層出身で、6人いる子供の4番目。早い時期に学校をドロップアウトし、プロ野球選手を目指して練習に励んだ。

カモ C・ブラックモン（ロッキーズ）.000（12-0）0本　苦手 E・スアレス（レッズ）.400（10-4）2本

年度	所属チーム	勝利	敗戦	防御率	試合数	先発	セーブ	投球イニング	被安打	失点	自責点	被本塁打	与四球	奪三振	WHIP
2014	ドジャース	0	0	2.63	20	0	0	24.0	16	7	7	3	5	18	0.88
2015	ドジャース	4	2	3.35	52	0	0	51.0	47	22	19	4	11	60	1.14
2016	ドジャース	3	3	3.04	73	0	0	74.0	52	27	25	11	22	83	1.00
2017	ドジャース	3	6	2.95	66	0	0	64.0	56	24	21	9	29	64	1.33
2018	ドジャース	4	3	2.88	55	0	0	56.1	46	19	18	4	23	62	1.22
2019	ドジャース	7	2	3.10	71	0	1	69.2	43	30	24	6	23	69	0.95
通算成績		21	15	3.03	337	0	1	339.0	260	129	114	37	113	356	1.10

対左=対左打者被打率　対右=対右打者被打率　ホ防=ホーム防御率　ア防=アウェー防御率
下=ドラフトデータ　田=出身地　年=年俸　カモ 苦手は通算成績

68 エンジェルスへの移籍が濃厚 [スイングマン]

ロス・ストリップリング *Ross Stripling*

31歳｜188cm｜100kg｜右投右打

◆速球のスピード／140キロ台後半(フォーシーム主体)
◆決め球と持ち球／☆カーブ、○フォーシーム、○チェンジアップ、○スライダー、△ツーシーム
◆対左.249　◆対右.239　◆ホ防3.12　◆ア防3.80
◆ド2012②ドジャース　◆田テキサス州
◆年210万ドル(約2億3100万円)

球威	3
制球	5
緩急	5
守備・牽制	5
度胸	4

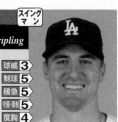

　先発で使ってもリリーフで使っても、平均レベル以上のピッチングを期待できる万能投手。昨シーズンは先発で登板した15試合が防御率3.60、リリーフで使われた17試合が3.05で、どちらも平均をはるかに上回る数値だった。株式投資に熱心なことで知られていて、株式仲買人と投資アドバイザーの資格を持つ。シーズン中も毎日、パソコンで株式の売り買いをおこなっており、景気の動向や相場の見通しについても自分なりの見解を持つ。昨年1月には、「FOXビジネスネットワーク」の番組に出演して「経済の先行きが不透明なので、投資家は長期的な視野に立つ必要があります」と語っている。

[カモ] E・ホズマー(パドレス).071(14-1)0本　　[苦手] N・アーメド(ダイヤモンドバックス).538(13-7)2本

年度	所属チーム	勝利	敗戦	防御率	試合数	先発	セーブ	投球イニング	被安打	失点	自責点	被本塁打	与四球	奪三振	WHIP
2016	ドジャース	5	9	3.96	22	14	0	100.0	96	46	44	10	30	74	1.26
2017	ドジャース	3	5	3.75	49	2	0	74.1	69	31	31	10	19	74	1.18
2018	ドジャース	8	6	3.02	33	21	0	122.0	123	42	41	18	22	136	1.19
2019	ドジャース	4	4	3.47	32	15	0	90.2	84	40	35	11	20	93	1.15
通算成績		20	24	3.51	136	52	2	387.0	372	159	151	49	91	377	1.20

7 肩の状態が良くなり、先発で好投 [先発]

フリオ・ウリーアス *Julio Urias*

24歳｜183cm｜102kg｜左投左打

◆速球のスピード／150キロ台前半(フォーシーム主体)
◆決め球と持ち球／☆フォーシーム、◎スライダー、○チェンジアップ、△カーブ
◆対左.198　◆対右.203　◆ホ防3.07　◆ア防1.86
◆ド2012⑩ドジャース　◆田メキシコ
◆年100万ドル(約1億1000万円)

球威	5
制球	3
緩急	4
守備・牽制	3
度胸	3

　長い回り道を経て、先発でフルシーズン投げられる状態になったメキシコ出身のサウスポー。2016年5月に19歳でメジャーデビューし、見事な活躍をしたため、すぐにエース級に成長すると期待された。しかし17年に肩を痛め、関節包断裂と診断され、修復手術を受けた。回復に時間がかかる手術であるため、昨季になってようやく本格的な投球が可能になった。ロングリリーフで起用されることが多かったが、先発でも8試合に起用され、先発で投げたときの防御率は3.26という良好な数字を残している。そのため今季は開幕からローテーション入りして、5番手で使われる可能性が高くなった。

[カモ] C・イェリッチ(ブリュワーズ).000(6-0)0本　　[苦手] N・アレナード(ロッキーズ).667(9-6)0本

年度	所属チーム	勝利	敗戦	防御率	試合数	先発	セーブ	投球イニング	被安打	失点	自責点	被本塁打	与四球	奪三振	WHIP
2016	ドジャース	5	2	3.39	18	15	0	77.0	81	32	29	5	31	84	1.45
2017	ドジャース	0	2	5.40	5	5	0	23.1	23	15	14	1	14	11	1.59
2018	ドジャース	0	0	0.00	3	0	0	4.0	1	0	0	0	0	7	0.25
2019	ドジャース	4	3	2.49	37	8	4	79.2	59	28	22	7	27	85	1.08
通算成績		9	7	3.18	63	28	4	184.0	164	75	65	13	72	187	1.28

ドジャース

投手

2017年にリーグ4位タイの16勝

先発　移籍

57 アレックス・ウッド *Alex Wood*

29歳｜193cm｜98kg｜左投右打｜速140キロ台中頃（シンカー主体）｜決◎チェンジアップ
対左.296｜対右.289｜ド2012②ブレーブス｜田ノースカロライナ州｜年400万ドル（約4億4000万円）

球2／制4／緩4／守4／度4

　2年ぶりにドジャースに復帰した先発左腕。2017年にドジャースで、規定投球回未満ながら防御率2.72を記録し、16勝をマーク。翌18年は9勝をあげ、そのオフのトレードでレッズへ移籍した。しかしオープン戦で背中を痛め、昨季は大きく出遅れ。7月末からメジャーで投げ始めたが、わずか1勝に終わった。オフにFAとなり、1年契約でドジャースと契約。17年ワールドシリーズで戦ったアストロズの不正なサイン盗みに対しては、ツイッターで「投げる球種がすべてわかっている打者と対戦するよりは、ステロイドを服用した打者と対戦するほうがマシだね」と皮肉。

年度	所属チーム	勝利	敗戦	防御率	試合数	先発	セーブ	投球イニング	被安打	失点	自責点	被本塁打	与四球	奪三振	WHIP
2019	レッズ	1	3	5.80	7	7	0	35.2	41	25	23	11	9	30	1.40
通算成績		53	43	3.40	179	136	0	839.0	788	348	317	79	238	768	1.22

敵ではなく自軍を沈没させた10月男

ミドルリリーフ

17 ジョー・ケリー *Joe Kelly*

32歳｜185cm｜79kg｜右投右打｜速150キロ台中盤～後半（フォーシーム、ツーシーム）｜決◎ナックルカーブ
対左.247｜対右.241｜ド2009③カーディナルス｜田カリフォルニア州｜年850万ドル（約9億3500万円）

球3／制2／緩4／守2／度3

　昨季、生まれ育ったロサンジェルスのドジャースに移籍し、泥にまみれたため、今季巻き返しを図るリリーフ右腕。ドジャースが3年2500万ドル（約27億5000万円）というクローザー並みの待遇でケリーを迎え入れたのは、「10月に活躍する強心臓のリリーバー」という点を評価したからだ。ところがいざ投げ始めてみると、開幕直後に立て続けに炎上してセットアッパーを外され、期待されたポストシーズンでは、ナショナルズとの地区シリーズ第5戦の延長10回に、満塁ホームランを献上。ワールドシリーズの本命だったドジャースを、地区シリーズで敗退させてしまった。

年度	所属チーム	勝利	敗戦	防御率	試合数	先発	セーブ	投球イニング	被安打	失点	自責点	被本塁打	与四球	奪三振	WHIP
2019	ドジャース	5	4	4.56	55	0	1	51.1	49	31	26	6	22	62	1.38
通算成績		48	29	3.92	305	79	3	676.2	661	323	295	61	276	560	1.38

大学では二刀流選手だったピッチャーのホープ

先発　ルーキー
ロングリリーフ

46 トニー・ゴンソリン *Tony Gonsolin*

26歳｜191cm｜93kg｜右投右打｜速150キロ前後（フォーシーム主体）｜決◎スライダー
対左.182｜対右.174｜ド2016⑨ドジャース｜田カリフォルニア州｜年56万3500ドル（約6200万円）+α

球3／制3／緩4／守3／度3

　契約金わずか2500ドル（27万円）でプロ入りしたのに、3年でメジャーに到達した右腕。ドラフトでは、通常より1年遅い大学4年終了時に指名された。最終学年で指名された者は次に指名される機会がないため立場が弱く、契約金は低く抑えられる傾向がある。大学ではライトとピッチャーを兼務していたが、ドジャースは速球が150キロ前後出ることに目を付けた。投手専業になればあと5、6キロはアップするはず。そう予測して指名に踏み切ったのだ。球団の予測は見事に当たり、プロ入り1年目で最高159キロまで出るようになった。昨季、先発した6試合の防御率は2.89。

年度	所属チーム	勝利	敗戦	防御率	試合数	先発	セーブ	投球イニング	被安打	失点	自責点	被本塁打	与四球	奪三振	WHIP
2019	ドジャース	4	2	2.93	11	6	1	40.0	26	15	13	4	15	37	1.03
通算成績		4	2	2.93	11	6	1	40.0	26	15	13	4	15	37	1.03

414

速=速球のスピード　決=決め球　対左=対左打者被打率　対右=対右打者被打率
ド=ドラフトデータ　田=出身地　年=年俸

投手

ポストシーズンでも投げた細身の大器

先発
ロングリーフ

ルーキー

85 ダスティン・メイ Dustin May

23歳｜198cm｜82kg｜右投右打 | 球150キロ中頃(ツーシーム、フォーシーム) | 決○ツーシーム
対左.346 対右.188 | 来2016③ドジャース | 出テキサス州 | 年56万3500ドル(約6200万円)+α

球 4
制 5
緩 3
守備 3
度 3

　3年後には先発の3番手か4番手で投げていると思われる、赤毛のロングヘアがトレードマークの右腕。ゆったりとした投球フォームでツーシーム、カッター、カーブを主体に投げ込んでくるパワーピッチャー。最大の武器はツーシーム。高いリリースポイントから、低めいっぱいに決める制球力があるため角度がつき、来るとわかっていても、簡単には打てないボールだ。昨季は2Aでスタートし、15試合に先発したあと、6月下旬に3A昇格。ここで5試合に先発して3勝し、8月2日にメジャーデビュー。先発で投げた4試合の防御率は、2.82という目を見張るものだった。

年度	所属チーム	勝利	敗戦	防御率	試合数	先発	セーブ	投球イニング	被安打	失点	自責点	被本塁打	与四球	奪三振	WHIP
2019	ドジャース	2	3	3.63	14	4	0	34.2	33	17	14	2	5	32	1.10
通算成績		2	3	3.63	14	4	0	34.2	33	17	14	2	5	32	1.10

ドジャース

2018年にアスレティックスで38セーブ

セットアップ

移籍

49 ブレイク・トライネン Blake Treinen

32歳｜196cm｜102kg｜右投右打 | 球150キロ台後半(シンカー、フォーシーム) | 決○シンカー
対左.254 対右.259 | 来2011⑦アスレティックス | 出カンザス州 | 年1000万ドル(約11億円)

球 5
制 3
緩 3
守備 3
度 3

　新天地での復活を目指す豪腕リリーバー。2017年途中から昨季までアスレティックスでプレー。昨季は出だし好調で、防御率0.78をマークした18年の好調さが続いている印象を与えた。だが、4月下旬にヒジの不調で球威が低下。制球も悪く、四球がらみや一発を食って失点するケースが多くなった。さらに6月中旬になって肩にも痛みが出たため、IL入りすることに。このときは10日間ほど戦列を離れただけで、すぐに復帰。しかし、代役を務めていたヘンドリックスが好調で無失点登板を続けていたため、その後は中継ぎ要員の一人として使われたが、最後まで安定感に欠けた。

年度	所属チーム	勝利	敗戦	防御率	試合数	先発	セーブ	投球イニング	被安打	失点	自責点	被本塁打	与四球	奪三振	WHIP
2019	アスレティックス	6	5	4.91	57	0	16	58.2	58	33	32	9	37	59	1.62
通算成績		26	22	2.97	345	7	71	400.0	354	148	132	27	159	391	1.28

昨季は四球連発病でマイナー落ちを3回経験

ミドルリリーフ

64 ケイレブ・ファーガソン Caleb Ferguson

24歳｜191cm｜102kg｜左投右打 | 球150キロ台前半(フォーシーム主体) | 決○フォーシーム
対左.194 対右.263 | 来2014⑧ドジャース | 出オハイオ州 | 年56万3500ドル(約6200万円)+α

球 3
制 2
緩 3
守備 3
度 3

　制球難から立ち直れるか注目されるリリーフサウスポー。2018年に7勝2敗、防御率3.49という見事な数字をマークしたため、昨季は左のセットアッパーに抜擢されてスタート。しかし半月が過ぎた頃から頻繁に四球を出すようになり、そこからピンチを招いて失点するパターンが続いた。その結果、7月には防御率が6点台に悪化したが、終盤持ち直し、最終的に4点台に収めた。高校の最終学年でトミー・ジョン手術を受けたが、それを承知でドジャースがドラフト38巡目で指名。十分回復してからマイナーの1A級で投げ始めたところ、2年足らずでメジャーに到達した。

年度	所属チーム	勝利	敗戦	防御率	試合数	先発	セーブ	投球イニング	被安打	失点	自責点	被本塁打	与四球	奪三振	WHIP
2019	ドジャース	1	2	4.84	46	2	0	44.2	39	26	24	7	27	54	1.48
通算成績		8	4	4.13	75	5	2	93.2	82	47	43	15	39	113	1.29

ミドルリリーフ

56 アダム・コレアレク Adam Kolarek
7月末に移籍後の防御率は0.77

31歳 | 191cm | 98kg | 左投左打 | 速140キロ台中盤(ツーシーム、フォーシーム) | 決○ツーシーム

対左.178 対右.282 | ドラ2010⑪メッツ | 出メリーランド州 | 年56万3500ドル(約6200万円)+α

球 2
制 4
経 3
守 4
度 4

　昨年までシチュエーショナル・レフティとして使われてきたリリーフサウスポー。とくに7月末にレイズから移籍したあとのピッチングは見事で、引き継いだ走者18人のうち16人の生還を阻止。阻止率はトップレベルの88.9%だった。父フランクはマイナーで4年捕手をやったあと、スカウトおよびコーチとして活動。現在は息子の個人コーチのような存在になり、登板があったときは一球ごとの詳しい批評を書いて、息子へ送っている。ルール改正で、今季からリリーフ投手は最低3人の打者と対戦することを義務付けられるため、どのような変身を図るか注目される。

年度	所属チーム	勝利	敗戦	防御率	試合数	先発	セーブ	投球イニング	被安打	失点	自責点	被本塁打	与四球	奪三振	WHIP
2019	レイズ	4	3	3.95	54	0	1	43.1	39	19	19	6	14	36	1.22
2019	ドジャース	2	0	0.77	26	0	0	11.2	9	3	1	1	2	9	0.94
2019	2チーム計	6	3	3.27	80	0	1	55.0	48	22	20	7	16	45	1.16
通算成績		8	3	3.78	123	0	3	97.2	95	43	41	9	25	68	1.23

先発　移籍

⚊ デイヴィッド・プライス David Price
チーム事情でボストンを出るベテラン

35歳 | 196cm | 98kg | 左投左打 | 速150キロ前後(ツーシーム、フォーシーム) | 決○フォーシーム

対左.263 対右.257 | ドラ2007①デビルレイズ | 出テネシー州 | 年3200万ドル(約35億2000万円)

※サイ・ヤング賞1回(12年)、最優秀防御率2回(12,15年)、最多勝1回(12年)、最多奪三振1回(14年)、カムバック賞1回(18年)

球 3
制 4
経 4
守 4
度 3

　契約があと3年9600万ドル分残っている、昨季はレッドソックスで投げていた先発左腕。昨季は5月にヒジの腱の炎症で半月ほどIL入り。8月上旬には手首を痛めて、三角繊維軟骨に病変があることがわかりIL入り。9月1日に復帰したが、手首の状態が良くないためその後は登板できなかった。ピッチングはシーズン前半、まずまずの出来だったが、後半は乱調で、チームの浮上にブレーキをかけた。オフに、チームの年俸総額を抑えたいレッドソックスはプライスの放出を画策。ベッツとのセットでドジャース移籍が決定的となった。(2月4日現在、移籍の正式発表なし)

年度	所属チーム	勝利	敗戦	防御率	試合数	先発	セーブ	投球イニング	被安打	失点	自責点	被本塁打	与四球	奪三振	WHIP
2019	レッドソックス	7	5	4.28	22	22	0	107.1	109	57	51	15	32	128	1.31
通算成績		150	80	3.31	321	311	0	2029.2	1813	819	746	207	527	1981	1.15

⚊ ジョサイア・グレイ Josiah Gray
先発　期待度 B+　ルーキー

23歳 | 185cm | 86kg | 右投右打 | ◆昨季は1A、1A+、2Aでプレー | ドラ2018②レッズ | 出ニューヨーク州

　大学時代は弱小校でプレー。しかも2年生までは、遊撃手としてプレーしていた変わり種。速球は150キロ台前半のスピードがあり、ゲーム中盤になってもキレが落ちない。スライダーも武器になってきたので、今季は3Aでスタートして3点台の防御率をキープしていれば、シーズン途中、メジャーに呼ばれる可能性がある。

⚊ エドウィン・ウセタ Edwin Uceta
先発　期待度 B　ルーキー

22歳 | 183cm | 70kg | 右投右打 | ◆昨季は1A+、2Aでプレー | ドラ2016⑨ドジャース | 出ドミニカ

　ドミニカではかなり遅い18歳になって、ようやく格安契約金(1万ドル)でプロ入りがかなった。プロ入りしたあとは制球力を磨いてトントン拍子に出世し、今シーズンは開幕から3Aで投げる可能性が高くなった。被本塁打の多さが最大の欠点だが、今季これを克服できれば、メジャー行きの展望が開けるだろう。

野手

MVP＋ゴールドグラブ＋シルバースラッガー ライト センター

35 コーディー・ベリンジャー
Cody Bellinger

25歳｜193cm｜93kg｜左投左打

◆対左投手打率／.280(193-54) ◆対右投手打率／.317(366-116)
◆ホーム打率／.304(280-85) ◆アウェー打率／.306(278-85)
◆得点圏打率／.298(121-36)
◆19年のポジション別出場数／ライト＝115、ファースト＝36、センター＝25
◆ドラフトデータ／2013④ドジャース
◆出身地／アリゾナ州 ◆年俸／1150万ドル(約12億6500万円)
◆MVP1回(19年)、ゴールドグラブ賞1回(19年)、
　シルバースラッガー賞1回(19年)、新人王(17年)

ミート **4**
パワー **5**
走塁 **4**
守備 **5**
肩 **5**

ドジャース

　24歳の若さでナショナル・リーグのMVPに輝いたオールラウンド・プレーヤー。昨季は出だしから好調で、4月末時点で本塁打はメジャーリーグ記録となる14本に達した。その後はイェリッチ、アロンゾと熾烈な本塁打王争いを繰り広げたが、9月に失速し、本塁打王をアロンゾにゆずった。MVPはイェリッチと一騎打ちになり、1位票を19票獲得したベリンジャーが、10票に終わったイェリッチを制した。

　打者としての強みは、苦手な球種がないことだ。昨季はチェンジアップを除く全球種を、10.3打数～13.0打数に1本のペースで本塁打にしている。チェンジアップは本塁打こそ21.8打数に1本のペースだったが、二塁打の出る頻度は一番高かった。守備力も進化しており、昨季はDRS(守備で防いだ失点)が19あり、初めてゴールドグラブ賞に輝いた。

　ベリンジャーがMVPになったことでクローズアップされたのが、父クレイ・ベリンジャーの存在だった。父が元メジャーリーガーだったことは有名だが、早熟の息子とは逆に、マイナー暮らしを10年続けた末、30歳でメジャーデビューした苦労人であることはあまり知られていない。34歳で引退した父は、自宅のあるアリゾナに帰って3年間不動産関係の仕事をしたあと、38歳で地元の消防署に転職した。消防士は3シフト制なので、夜のシフトをメインにすれば、息子たちの野球活動をサポートする時間をたっぷりとれるからだ。ベリンジャーがリトルリーグのチームに入ると父もそのチームのコーチになり、チームが全国大会に進出したときは、父が代理監督としてチームを指揮し、スポーツメディアから注目された。リトルリーグ時代からポジションは一塁手だったが、肩の強さも群を抜いていたため、高校時代はピッチャーも兼任。最終学年のときは7試合に登板して、4勝0敗、防御率1.21という数字を残している。

カモ M.リーク(ダイヤモンドバックス).500(8-4)2本 Z.グリンキー(アストロズ).458(24-11)2本
苦手 G.マルケス(ロッキーズ).136(22-3)2本 M.シャーザー(ナショナルズ).091(11-1)0本

年度	所属チーム	試合数	打数	得点	安打	二塁打	三塁打	本塁打	打点	四球	三振	盗塁	盗塁死	出塁率	OPS	打率
2017	ドジャース	132	480	87	128	26	4	39	97	64	146	10	3	.352	.933	.267
2018	ドジャース	162	557	84	145	28	7	25	76	69	151	14	1	.343	.814	.260
2019	ドジャース	156	558	121	170	34	3	47	115	95	108	15	5	.406	1.035	.305
通算成績		450	1595	292	443	88	14	111	288	228	405	39	9	.368	.928	.278

カモ 苦手 は通算成績

ベリンジャーをしのぐペースでアーチを生産 キャッチャー

16 ウィル・スミス
Will Smith

25歳／178cm／88kg／右投右打　盗塁阻止率.200(25-5)

◆対左投手打率／.211(57-12)　◆対右投手打率／.274(113-31)
◆ホーム打率／.227(88-20)　◆アウェー打率／.280(82-23)
◆得点圏打率／.356(45-16)
◆19年のポジション別出場数／キャッチャー＝46、DH＝1
◆ドラフトデータ／2016①ドジャース
◆出身地／ケンタッキー州
◆年俸／56万3500ドル（約6200万円）＋α

ミート	3
パワー	5
走塁	3
守備	4
肩	4

　昨年5月28日にメジャーデビューし、その2カ月後に正捕手に抜擢されたマイク・ピアッツアの再来。最大のウリは長打力。昨年はメジャーで、「11.3打数に1本」という驚異的なペースで本塁打を生産。これはベリンジャーの「11.9打数に1本」を上回る数字だ。勝負強さも兼ね備えていて、6月には2本サヨナラアーチをドジャー・スタジアムの外野席に叩き込み、ファンを熱狂させた。勝負強さは数字にもハッキリ表れていて、走者なしの場面では打率2割1分3厘だったが、走者がいる場面では3割0分3厘、走者が得点圏にいる場面では3割5分6厘、満塁の場面では5割7分1厘と、重要度の高い場面ほどよく打った。

　ルーイヴィル大学時代は、58.9打数に1本というペースでしか本塁打を打てなかったのに、ドジャース入団後は、ハイペースで打てるようになり、プロ入り2年目の2017年には22.7打数に1本、3年目の18年には17.6打数に1本、4年目の19年（昨年）は3Aで11.2打数に1本のペースで生産できるまでになった。これはドジャース入団後、マイナーのコーチ陣の指導でスイングを一からやり直し、強いバックスピンがかかったフライ打球を、コンスタントに打てるようになった結果だ。

　身体能力に恵まれており、守備力も総じて高い。ボールブロックとキャッチングがうまいため、ワイルドピッチを出す頻度は最少レベル。エラーはゼロで、バントやプレート前に転がったゴロにも俊敏に対応する。盗塁阻止率は20.0%（25-5）で、昨年のメジャー平均（22.1%）より多少悪いが、昨年はバーンズが14.3%、マーティンが11.5%だったので、ドジャースの捕手陣では一番良かった。リード面はイマイチ。とくに変化球の比率が高い柳賢振と組んだ6試合は防御率が5.40、前田健太と組んだときも防御率は5.34で、経験の浅さを露呈した。しかし若いウリーアス、ゴンソリン、メイとは相性が良く、度々好投を引き出していた。

カモ ――

苦手 N・シンダーガード（メッツ）.000(5-0)0本　E・ラウアー（ブリュワーズ）.000(5-0)0本

年度	所属チーム	試合数	打数	得点	安打	二塁打	三塁打	本塁打	打点	四球	三振	盗塁	盗塁死	出塁率	OPS	打率
2019	ドジャース	54	170	30	43	9	0	15	42	18	52	2	0	.337	.907	.253
通算成績		54	170	30	43	9	0	15	42	18	52	2	0	.337	.907	.253

野手

メジャーを代表する5ツールプレーヤー [ライトセンター] [移籍]

ム ッ キ ー ・ ベ ッ ツ
Mookie Betts

28歳／175cm／82kg／右投右打

◆対左投手打率／.271(166-45) ◆対右投手打率／.304(431-131)
◆ホーム打率／.314(299-94) ◆アウェー打率／.275(298-82)
◆得点圏打率／.298(94-28)
◆19年のポジション別出場数／ライト=132、センター=17、DH=7
◆ドラフトデータ／2011⑤レッドソックス
◆出身地／テネシー州 ◆年俸／2700万ドル(約29億7000万円)
◆MVP1回(18年)、首位打者1回(18年)、ゴールドグラブ
賞4回(16、17、18、19年)、シルバースラッガー賞3回(16、18、19年)

ミート	5
パワー	5
走塁	5
守備	5
肩	5

ドジャース

　レッドソックスから移籍の、小さな体のオールラウンドプレーヤー。昨季は5月から6月にかけてスランプがあり、それが響いてダウンイヤーになったが、それでも2年連続でゴールドグラブ賞とシルバースラッガー賞をダブル受賞。得点135はメジャー全体で断トツだった。ゴールドグラブ賞は4年連続となるが、2014年にメジャーに上がるまではずっと二塁手だったことを思えば、称賛に値する。ちなみに外野へコンバートされたのは、レッドソックスのセカンドはペドロイアの指定席だったからだ。

　ひと際小さな体でハイレベルな打撃成績を出せるのは、動体視力が抜群にいいため、早い段階で球種を判別できるからだ。動体視力が最も必要とされる競技は卓球だが、ベッツはお得意のボウリングと同様、卓球でも負けたことがない。打撃フォームの特徴は、一本足打法と同じくらい前の足を高く上げること。本人はピッチャーが投球モーションに入るとき、足を高く上げるので、それに合わせて上げているだけで、それが一番タイミングを取りやすいから続けている、と語っている。

　昨季終了後から、トレードの噂が飛び交っていたが、これは今シーズンのオフに、FAになる可能性が高くなっていたからだ。もちろんレッドソックスの首脳には、貢献度が最も高いベッツを長期契約でつなぎ止めておきたいという思いはあった。しかし、今、レッドソックスの最優先事項になっているのは、年俸総額を贅沢税がかからない範囲に落とすことだ。10年3億ドル級の契約になると思われるベッツと長期契約すると、それを達成することは困難になる。そこでFA権を取得する前に他球団に放出して、マイナーの有望株と交換してしまおうと考えた。その結果、2月にトレードが成立。(2月4日現在、球団からの正式な移籍発表はなし)

[カモ] A・チャップマン(ヤンキース).500(8-4)1本　田中将大(ヤンキース).354(48-17)2本
[苦手] J・ヴァーランダー(アストロズ).000(16-0)0本　R・ヤーブロー(レイズ).154(13-2)0本

年度	所属チーム	試合数	打数	得点	安打	二塁打	三塁打	本塁打	打点	四球	三振	盗塁	盗塁死	出塁率	OPS	打率
2014	レッドソックス	52	189	34	55	12	1	5	18	21	31	7	3	.368	.812	.291
2015	レッドソックス	145	597	92	174	42	8	18	77	46	82	21	6	.341	.820	.291
2016	レッドソックス	158	672	122	214	42	5	31	113	49	80	26	4	.363	.897	.318
2017	レッドソックス	153	628	101	166	46	2	24	102	77	79	26	3	.344	.803	.264
2018	レッドソックス	136	520	129	180	47	5	32	80	81	91	30	6	.4381.078	.346
2019	レッドソックス	150	597	135	176	40	5	29	80	97	101	16	3	.391	.915	.295
通算成績		794	3203	613	965	229	26	139	470	371	464	126	25	.374	.893	.301

ジム・トーミィをお手本に、打者として成長 セカンド／ファースト

13 マックス・マンシー Max Muncy

30歳｜183cm｜100kg｜右投左打

◆対左投手打率／.268　◆対右投手打率／.242
◆ホーム打率／.258　◆アウェー打率／.243　◆得点圏打率／.276
◆19年のポジション別出場数／セカンド=70、ファースト=65、サード=35
◆🄳2012⑤アスレティックス　◆🄟テキサス州

ミート	3
パワー	5
走塁	3
守備	3
肩	3

　26歳でアスレティックスを解雇されたあと、マイナー契約で入団して大化けしたスラッガー。長所は、パワーと選球眼を併せ持つこと。球種は速球にめっぽう強い半面、カーブ、チェンジアップなど遅い変化球に弱い傾向がある。守備面も進化しており、昨季はセカンド、ファースト、サードで起用されたが、どのポジションでも球際に強く、ダイビングキャッチでヒット性の打球を好捕するシーンが度々見られた。打席ではスタンスをかなり広くとって、まずバットの先を投手のほうに向ける。これは少年時代、ジム・トーミィにあこがれ、彼のバッティングをお手本にして成長したからだ。ソックスを外に出し、ヒザのところまでたくし上げているのもトーミィを真似たものだ。

カモ J・アリエタ（フィリーズ）.400(10-4)2本　　苦手 J・サマージャ（ジャイアンツ）.100(10-1)1本

年度	所属チーム	試合数	打数	得点	安打	二塁打	三塁打	本塁打	打点	四球	三振	盗塁	盗塁死	出塁率	OPS	打率
2015	アスレティックス	45	102	14	21	8	1	3	9	9	31	0	0	.268	.660	.206
2016	アスレティックス	51	113	13	21	2	0	2	8	20	24	0	0	.308	.565	.186
2018	ドジャース	137	395	75	104	17	2	35	79	79	131	3	0	.391	.973	.263
2019	ドジャース	141	487	101	122	22	1	35	98	90	149	4	1	.374	.889	.251
通算成績		374	1097	203	268	49	4	75	194	198	335	7	1	.364	.866	.244

好不調の波が大きい未完の大器 ショート

5 コーリー・シーガー Corey Seager

26歳｜193cm｜98kg｜右投左打

◆対左投手打率／.240　◆対右投手打率／.289
◆ホーム打率／.269　◆アウェー打率／.275　◆得点圏打率／.313
◆19年のポジション別出場数／ショート=132
◆🄳2012①ドジャース　◆🄟ノースカロライナ州
◆🄨760万ドル（約9億3600万円）　◆シルバースラッガー賞2回(16、17年)、新人王(16年)

ミート	4
パワー	4
走塁	3
守備	3
肩	4

　故障続きで、高い潜在力がフルに開花できない状態が続く遊撃手。トミー・ジョン手術明けの昨季は、好調時と不調時のギャップが大きいシーズンになった。好調だったのは、9月と5月中旬から6月中旬までの1カ月間。とくに9月はチャンスによく長打が出て、26打点を叩き出したためポストシーズンでの活躍が期待された。しかし結果は20打数3安打0本塁打0打点という無残なものだった。そのため戻りかけていた評価が再度急落。球団はオフの課題の一つに遊撃手のレベルアップをあげ、インディアンズ・リンドーアの獲得工作に血道をあげた。ただ埋蔵資源が大きいのも事実で、何かをきっかけに、打率3割、35本、100打点レベルの活躍をする可能性は十分ある。

カモ K・フリーランド（ロッキーズ）.600(10-6)0本　　苦手 R・レイ（ダイヤモンドバックス）.156(32-5)1本

年度	所属チーム	試合数	打数	得点	安打	二塁打	三塁打	本塁打	打点	四球	三振	盗塁	盗塁死	出塁率	OPS	打率
2015	ドジャース	27	98	17	33	8	1	4	17	14	19	2	0	.425	.986	.337
2016	ドジャース	157	627	105	193	40	5	26	72	54	133	3	5	.365	.877	.308
2017	ドジャース	145	539	85	159	33	0	22	77	67	131	4	2	.375	.854	.295
2018	ドジャース	26	101	13	27	5	1	2	13	11	17	0	0	.348	.744	.267
2019	ドジャース	134	489	82	133	44	1	19	87	44	98	1	0	.335	.817	.272
通算成績		489	1854	302	545	130	8	73	266	190	398	10	5	.362	.853	.294

野手

ロス市庁舎で表彰された地元産のヒーロー 　サード

10 ジャスティン・ターナー Justin Turner

36歳｜180cm｜91kg｜右投右打

◆対左投手打率／.287　◆対右投手打率／.292
◆ホーム打率／.258　◆アウェー打率／.321　◆得点圏打率／.287
◆19年のポジション別出場数／サード=124、DH=3、セカンド=1
◆Ⓓ2006⑦レッズ　◆Ⓔカリフォルニア州
◆Ⓢ1900万ドル（約20億9000万円）

ミート **5**
パワー **4**
走塁 **3**
守備 **2**
肩 **4**

　４年契約の最終年に入る、赤毛のあごヒゲがトレードマークの三塁手。メッツを解雇されたあと、ドジャースにマイナー契約で入団して中心打者に生まれ変わった稀有な存在。ポストシーズンで劇的なサヨナラアーチを打つなど、大舞台で勝負強さを発揮するため、地元ロサンジェルスで絶大な人気がある。社会貢献活動にも熱心で、ロサンジェルス市は昨年１月23日を「ジャスティン・ターナー・デー」にすると発表。当日はターナー夫妻が市庁舎に招待され、赤毛の付けヒゲをした市の幹部から表彰状と記念品が授与された。

ドジャース

カモ K・フリーランド（ロッキーズ）.480(25-12)0本　苦手 G・マルケス（ロッキーズ）.125(16-2)1本

年度	所属チーム	試合数	打数	得点	安打	二塁打	三塁打	本塁打	打点	四球	三振	盗塁	盗塁死	出塁率	OPS	打率
2009	オリオールズ	12	18	2	3	0	0	0	1	0	3	0	0	.318	.485	.167
2010	オリオールズ	5	9	0	0	0	0	0	0	0	3	0	0	.000	.000	.000
2010	メッツ	4	8	1	1	1	0	0	1	0	0	0	0	.222	.472	.125
2010	2チーム計	9	17	1	1	1	0	0	1	0	3	0	0	.111	.229	.059
2011	メッツ	117	435	49	113	30	0	4	51	39	59	7	2	.334	.690	.260
2012	メッツ	94	171	20	46	13	1	2	19	9	24	1	1	.319	.711	.269
2013	メッツ	86	200	12	56	13	1	2	16	11	34	0	1	.319	.704	.280
2014	ドジャース	109	288	46	98	21	1	7	43	28	58	6	1	.404	.897	.340
2015	ドジャース	126	385	55	113	26	1	16	60	36	71	5	2	.370	.861	.294
2016	ドジャース	151	556	79	153	34	3	27	90	48	107	4	1	.339	.832	.275
2017	ドジャース	130	457	72	147	32	0	21	71	59	56	7	1	.415	.945	.322
2018	ドジャース	103	365	62	114	31	1	14	52	47	54	2	1	.406	.924	.312
2019	ドジャース	135	479	80	139	23	0	27	67	51	88	2	0	.372	.881	.290
通算成績		1072	3371	478	983	225	8	120	542	333	557	34	10	.380	.837	.292

エンジェルスが獲得に興味 　レフト/ライト/ファースト

31 ジョック・ピーダーソン Joc Pederson

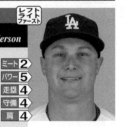

28歳｜185cm｜100kg｜左投左打

◆対左投手打率／.224　◆対右投手打率／.252
◆ホーム打率／.270　◆アウェー打率／.230　◆得点圏打率／.274
◆19年のポジション別出場数／レフト=84、ライト=39、ファースト=20、センター=2、DH=2
◆Ⓓ2010⑪ドジャース　◆Ⓔカリフォルニア州

ミート **2**
パワー **5**
走塁 **4**
守備 **4**
肩 **4**

　今季終了後FA権を得るためトレードの噂が絶えない、ファンに愛されている強打の外野手。相手の先発が右投手の場合に先発出場するプラトーンプレーヤーなので、年間の打数は400～450程度ということが多い。そのため本塁打は26本が最高だったが、昨季はスライダー、カーブにタイミングをうまく合わせて外野席に運べるようになり、出だしからものすごいペースで生産。５月末までに17本塁打を記録した。６月～８月はややペースが落ちたが、９月に９本叩き込んで、36本まで本数を伸ばしている。外野の守備力も進化し、昨季はライトとレフトを合わせてDRS（守備で防いだ失点）が11あった。

カモ D・ラメット（パドレス）.750(4-3)2本　苦手 J・クエト（ジャイアンツ）.100(20-2)1本

年度	所属チーム	試合数	打数	得点	安打	二塁打	三塁打	本塁打	打点	四球	三振	盗塁	盗塁死	出塁率	OPS	打率
2014	ドジャース	18	28	1	4	0	0	0	0	9	11	0	0	.351	.494	.143
2015	ドジャース	151	480	67	101	19	1	26	54	92	170	4	7	.346	.763	.210
2016	ドジャース	137	406	64	100	26	0	25	68	63	130	6	2	.352	.847	.246
2017	ドジャース	102	273	44	58	20	0	11	35	39	68	4	3	.331	.738	.212
2018	ドジャース	148	395	65	99	27	3	25	56	40	85	1	5	.321	.843	.248
2019	ドジャース	149	450	83	112	16	3	36	74	50	111	1	1	.339	.876	.249
通算成績		705	2032	324	473	108	7	123	287	293	575	16	18	.339	.813	.233

野手

常にフルスイングのハイエナジー選手　ユーティリティ

3 クリス・テイラー Chris Taylor

30歳｜185cm｜88kg｜右投右打

◆対左投手打率／.255　◆対右投手打率／.267
◆ホーム打率／.286　◆アウェー打率／.238　◆得点圏打率／.341
◆19年のポジション別出場数／レフト=56、ショート=39、セカンド=20、センター=20、サード=6、ライト=3
◆Ⓓ2012⑤マリナーズ　◆Ⓗヴァージニア州

ミート	3
パワー	4
走塁	4
守備	3
肩	3

　セカンド、サード、ショートと外野の3ポジションをカバーするスーパーサブ。打者としての特徴は、①追い込まれてもフルスイングするため三振が多い。②速球系にめっぽう強いがスライダーが大の苦手。③本塁打ではなく二塁打、三塁打志向。④死球を恐れない、といった点だ。マリナーズからドジャースに移籍して長打を量産する打者に変身したのは、ジャスティン・ターナーのアドバイスで、現在の前足を高く上げる一本足打法にしたところ、飛距離が飛躍的に伸びたことが大きい。祖父と父が元レスリング選手というレスリングファミリーの出身。本人も少年時代に、レスリングの経験がある。

カモ D・ポメランツ（パドレス）.455(11-5)3本　苦手 T・アンダーソン（ジャイアンツ）.111(18-2)0本

年度	所属チーム	試合数	打数	得点	安打	二塁打	三塁打	本塁打	打点	四球	三振	盗塁	盗塁死	出塁率	OPS	打率
2014	マリナーズ	47	136	16	39	8	0	0	4	9	11	39	5	2	.347	.692	.287
2015	マリナーズ	37	94	9	16	3	1	0	1	6	31	3	2	.220	.443	.170
2016	マリナーズ	3	3	0	1	0	0	0	0	0	3	0	0	.333	.667	.333
2016	ドジャース	34	58	8	12	2	2	1	7	4	13	0	0	.258	.620	.207
2016	2チーム計	36	61	8	13	2	2	1	7	4	15	0	0	.262	.622	.213
2017	ドジャース	140	514	85	148	34	5	21	72	50	142	17	4	.354	.850	.288
2018	ドジャース	155	536	85	136	35	8	17	63	55	178	9	6	.331	.775	.254
2019	ドジャース	124	366	52	96	29	4	12	52	37	115	8	0	.333	.794	.262
通算成績		539	1707	255	448	111	20	51	204	163	520	42	14	.331	.772	.262

高打率を期待できる安打製造機タイプ　セカンド　ルーキー

48 ギャヴィン・ラックス Gavin Lux

23歳｜188cm｜86kg｜右投左打

◆対左投手打率／.083　◆対右投手打率／.270
◆ホーム打率／.200　◆アウェー打率／.275　◆得点圏打率／.235
◆19年のポジション別出場数／セカンド=22、DH=1
◆Ⓓ2016①ドジャース　◆Ⓗウィスコンシン州
◆Ⓨ56万3500ドル（約6200万円）+α

ミート	5
パワー	3
走塁	3
守備	3
肩	4

　昨年9月にメジャーデビューし、ルーキーながらポストシーズンで本塁打を放った天性の打撃センスを備えた二塁手。2016年のドラフト1巡目指名選手で、プロ入り後は筋トレでパワーを付けながら、マイナーの出世階段を駆け上がった。昨季は6月末に2Aから3Aに昇格、ここで長打を打ちまくって4割近い打率をマークしていたため、9月2日にメジャーに呼ばれたあとセカンドのレギュラー格で起用され、さらにポストシーズンのメンバーにも抜擢された。最大のウリは、高度な動体視力とバットコントロール能力を併せ持つため、高打率を期待できること。本塁打20〜25本を期待できるパワーも備えている。守備はセカンドをやらせてもショートをやらせてもグラブさばきがうまく、守備範囲が広い。肩の強さも平均以上だが、送球の正確さはイマイチ。スピードに恵まれ、ベースランニングがうまいが、盗塁技術は低い。

カモ ──　苦手 ──

年度	所属チーム	試合数	打数	得点	安打	二塁打	三塁打	本塁打	打点	四球	三振	盗塁	盗塁死	出塁率	OPS	打率
2019	ドジャース	23	75	12	18	4	1	2	9	7	24	2	0	.305	.705	.240
通算成績		23	75	12	18	4	1	2	9	7	24	2	0	.305	.705	.240

4年契約の1年目から不良資産化の兆候 【レフト／センター】

11 A.J.ポロック *A.J. Pollock*

33歳｜185cm｜95kg｜右投右打

◆対左投手率／.323　◆対右投手率／.239
◆ホーム率／.279　◆アウェー率／.255　◆得点圏打率／.351
◆19年のポジション別出場数／センター＝62、レフト＝18、DH＝1
◆Ⓓ2009①ダイヤモンドバックス　◆Ⓗコネティカット州
◆Ⓢ1200万ドル（約13億2000万円）　◆ゴールドグラブ賞1回（15年）

ミート3
パワー4
走塁3
守備2
肩3

　近年稀に見る馬鹿げたFA補強と誹られる可能性が出てきたため、今シーズン、巻き返すことを期待される外野手。ダイヤモンドバックス時代の2015年に華々しい活躍をしたあと、様々な故障で、打撃守備の両面で衰えが進んだ。ドジャースはそれを過小評価して、昨年1月に4年5500万ドルで契約し、センターのレギュラーに据えた。しかしヒジの炎症で2カ月以上欠場し、稼働率が5割にとどまっただけでなく、守備範囲が狭くなり、レフトでしか使えなくなっている。さらにポストシーズンでは13打数で11三振する醜態をさらした。

| カモ | K・フリーランド（ロッキーズ）.400（20-8）2本 | 苦手 | D・ポメランツ（パドレス）.000（7-0）0本 |

年度	所属チーム	試合数	打数	得点	安打	二塁打	三塁打	本塁打	打点	四球	三振	盗塁	盗塁死	出塁率	OPS	打率
2012	ダイヤモンドバックス	31	81	8	20	4	1	2	8	9	11	1	2	.315	.710	.247
2013	ダイヤモンドバックス	137	443	64	119	28	5	8	38	33	82	12	3	.322	.730	.269
2014	ダイヤモンドバックス	75	265	41	80	19	6	7	24	19	46	14	3	.353	.851	.302
2015	ダイヤモンドバックス	157	609	111	192	39	6	20	76	53	89	39	7	.367	.865	.315
2016	ダイヤモンドバックス	12	41	9	10	0	0	2	4	5	8	4	0	.326	.716	.244
2017	ダイヤモンドバックス	112	425	73	113	33	6	14	49	35	71	20	6	.330	.801	.266
2018	ダイヤモンドバックス	113	413	61	106	21	5	21	65	31	100	13	2	.316	.800	.257
2019	ドジャース	86	308	49	82	15	1	15	47	23	74	5	1	.327	.795	.266
通算成績		723	2585	416	722	159	30	89	311	208	481	108	24	.337	.804	.279

奥さんのマリアーナは元ミス・プエルトリコ 【ユーティリティ】

14 エンリケ・ヘルナンデス *Enrique Hernandez*

29歳｜180cm｜86kg｜右投右打

◆対左投手率／.263　◆対右投手率／.221
◆ホーム打率／.260　◆アウェー打率／.216　◆得点圏打率／.277
◆19年のポジション別出場数／セカンド＝85、センター＝17、ショート＝
11、レフト＝10、ファースト＝2、サード＝1　◆Ⓓ2009⑥アストロズ
◆Ⓗプエルトリコ　◆Ⓢ590万ドル（約6億4900万円）

ミート3
パワー4
走塁3
守備4
肩5

　メジャーリーグを代表する名脇役になった感があるスーパーサブ。昨シーズンは内野の4つのポジションと、外野の3つのポジションすべての守備についたほか、代打や代走でも出場した。ウリは時々、値千金の一発やタイムリーを打つことだ。昨季は4月19日のブリュワーズ戦で、被打率0割4分8厘と絶好調だったジョシュ・ヘイダーから、逆転スリーランホーマーを打ったのが光る。一昨年、2歳年上のマリアーナ・ヴィセンテさんと結婚した。マリアーナさんは南欧風の美女で、2010年のミス・プエルトリコに選出された女性だ。

| カモ | M・バムガーナー（ダイヤモンドバックス）.500（50-25）4本 | 苦手 | H・ロブレス（エンジェルス）.111（9-1）0本 |

年度	所属チーム	試合数	打数	得点	安打	二塁打	三塁打	本塁打	打点	四球	三振	盗塁	盗塁死	出塁率	OPS	打率
2014	アストロズ	24	81	10	23	4	2	1	8	3	11	0	0	.348	.768	.284
2014	マーリンズ	18	40	3	7	2	1	2	6	4	10	0	0	.267	.692	.175
2014	2チーム計	42	121	13	30	6	3	3	14	12	21	0	0	.321	.742	.248
2015	ドジャース	76	202	24	62	12	2	7	22	11	46	0	2	.346	.836	.307
2016	ドジャース	109	216	25	41	8	0	7	18	28	64	2	0	.283	.607	.190
2017	ドジャース	140	297	46	64	24	2	11	37	41	80	3	0	.308	.729	.215
2018	ドジャース	145	402	67	103	17	3	21	52	50	78	3	0	.336	.806	.256
2019	ドジャース	130	414	49	98	19	1	17	64	36	97	4	0	.304	.715	.237
通算成績		642	1652	232	398	86	11	66	207	178	386	12	2	.316	.742	.241

ドジャース

バットでの貢献が少なすぎるため正捕手陥落　キャッチャー

15 オースティン・バーンズ　*Austin Barnes*

31歳｜178cm｜84kg｜右投右打　盗塁阻止率／.143(21-3)　対左.194　対右.207 ホ.204
ア.202　得.176　ド2011⑨マーリンズ　出カリフォルニア州　年110万ドル(約1億2100万円)

ミ	2
バ	2
走	3
守	4
肩	5

　昨年7月26日に正捕手の座をルーキーのウィル・スミスにゆずり、3A降格の屈辱を味わった不運な捕手。このような措置が取られたのは、2018年、19年と2年連続で打撃不振が続き、打者としての貢献が少なすぎると判断されたからだ。昨季はバックアップ捕手のラッセル・マーティンも低レベルな打撃成績だったが、マーティンは柳賢振(リュ・ヒョンジン)のメインの女房役となって連続して好投を引き出していたので、残された可能性が高い。特技はフレーミング。これは捕手がピッチャーの投球を受ける際、一瞬の早業でミットを動かし、ボール球をストライクとコールさせる技術のことだ。

年度	所属チーム	試合数	打数	得点	安打	二塁打	三塁打	本塁打	打点	四球	三振	盗塁	盗塁死	出塁率	OPS	打率
2019	ドジャース	75	212	28	43	12	1	5	25	23	56	5	0	.293	.633	.203
通算成績		318	691	102	158	35	3	17	80	104	181	12	4	.343	.705	.229

地味だが、使い勝手の良さは抜群　ファースト レフト

45 マット・ベイティ　*Matt Beaty*

27歳｜183cm｜98kg｜右投左打　対左.125　対右.286　ホ.295　ア.236　得.379
ド2015⑫ドジャース　出ジョージア州　年56万3500ドル(約6200万円)+α

ミ	4
バ	4
走	3
守	3
肩	3

　通常より1年遅い大学4年終了時に、ドラフトで12巡目に指名され、契約金6万ドルでプロ入りした期待値の低かった選手。傑出した能力もなかったため、ベイティは失投をじっくり待つことに徹し、その結果、長打をコンスタントに生産できるようになった。その打撃の質の高さを評価され、昨年4月に待望のメジャーデビュー。その後は大事な場面で一発やタイムリーを放ち、注目された。とくに6月21日のロッキーズ戦で、9回裏2死から飛び出したサヨナラアーチは、「スーパー・ルーキー・トリオ」による3日連続サヨナラアーチの先駆けをなす、値千金の一打だった。

年度	所属チーム	試合数	打数	得点	安打	二塁打	三塁打	本塁打	打点	四球	三振	盗塁	盗塁死	出塁率	OPS	打率
2019	ドジャース	99	249	36	66	19	1	9	46	17	33	5	0	.317	.775	.265
通算成績		99	249	36	66	19	1	9	46	17	33	5	0	.317	.775	.265

70 ケイバート・ルイーズ　*Keibert Ruiz*　キャッチャー　期待度 B　ルーキー

22歳｜183cm｜91kg｜右投両打　◆昨季は2A、3Aでプレー　ド2014⑯ドジャース　出ベネズエラ

　元タイガースのカルロス・ギーエンが、ベネズエラに設立した野球アカデミー出身。打撃は左右どちらでもバットスピードが速いが、ナチュラルなスイングで無理なく打球を上げられるのは左打席だ。肩の強さは平均レベルだが、送球は正確。今季は3Aでスタートし、シーズン中の昇格をうかがう。

─ DJピータース　*DJ Peters*　外野手　期待度 C　ルーキー

25歳｜198cm｜102kg｜右投右打　◆昨季は2A、3Aでプレー　ド2016④ドジャース　出カリフォルニア州

　とてつもないパワーを備えているが、それがまだ本塁打数に反映されていない。ネックは三振が異常に多いこと。これは腕が長いため、インサイドに来た速球にうまく対応できないことが原因。その一方で、球種の見極めが良く、外に逃げるスライダーを追いかけ振りするようなことはなくなった。

対左=対左投手打率　対右=対右投手打率　ホ=ホーム打率　ア=アウェー打率　得=得点圏打率
ド=ドラフトデータ　出=出身地　年=年俸

アリゾナ・ダイヤモンドバックス

◆創　立：1998年
◆本拠地：アリゾナ州フェニックス市
◆ワールドシリーズ制覇：1回／リーグ優勝：1回
◆地区優勝：5回／ワイルドカード獲得：1回

主要オーナー　ケン・ケンドリック（ソウトウエア開発企業データテル社会長）

過去5年成績

年度	勝	負	勝率	ゲーム差	地区順位	ポストシーズン成績
2015	79	83	.488	13.0	③	―
2016	69	93	.426	22.0	④	―
2017	93	69	.574	11.0	②	地区シリーズ敗退
2018	82	80	.506	9.5	③	―
2019	85	77	.525	21.0	②	―

監督　17 トーリ・ロヴロ　*Torey Lovullo*

◆年　　齢…………55歳（カリフォルニア州出身）
◆現役時代の経歴…8シーズン　タイガース（1988〜89）、
（セカンド）　　　　ヤンキース（1991）、エンジェルス（1993）、
　　　　　　　　　　マリナーズ（1994）、アスレティックス（1996）、
　　　　　　　　　　インディアンズ（1998）、フィリーズ（1999）
◆現役通算成績……303試合　.224　15本　60打点
◆監督経歴…………3シーズン　ダイヤモンドバックス（2017〜）
◆通算成績…………260勝226敗（勝率.535）　最優秀監督賞1回（17年）

　オーナーが年俸総額を大幅に削減する方針を打ち出したため、昨季は投打の主力が抜けた戦力でシーズンを戦うことになったが、前半は限られた戦力をフル活用し、大きく勝ち越し。7月末には大エースのグリンキーが抜けたが、若い戦力でその穴を埋めて、その後、40勝33敗に収めた。長所は1点が欲しい場面の用兵と、延長戦の投手起用が巧みであること。そのため接戦に強い。なりふり構わぬ選手起用で、連敗を最小限にとどめることができるのも大きな強み。

注目コーチ　━ マット・ハージェス　*Matt Herges*

　新投手コーチ。50歳。昨季まではジャイアンツのブルペンコーチ。現役時代はリリーフ投手で、ナショナル・リーグ西部地区の5球団すべてでプレーした経験がある。

編成責任者　マイク・ヘイゼン　*Mike Hazen*

　44歳。2018年オフから昨季にかけ、投打の主力を放出しながら、戦える戦力を整えている。マイナーでのプレー経験がある元外野手。肩を痛めて2年で引退している。

スタジアム　チェイス・フィールド　*Chase Field*

◆開場年…………1998年
◆仕　様…………人工芝、開閉式屋根付き
◆収容能力………48,686人
◆フェンスの高さ …2.3〜7.6m
◆特　徴…………乾燥した空気の影響で打球がよく飛び、かつてはクアーズ・フィールドと並ぶ打者天国だった。しかし近年、ボールの加湿管理が徹底され、そして昨季からは天然芝が人工芝に変わったことで、打者の優位性は小さくなっている。

ヒッターズパーク

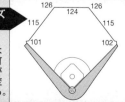

Best Order [ベストオーダー]

① **ケテル・マーテイ**……セカンド
② **スターリング・マーテイ**……センター
③ **デイヴィッド・ペラルタ**……レフト
④ **エドゥアルド・エスコバー**……サード
⑤ **クリスチャン・ウォーカー**……ファースト
⑥ **コール・カルフーン**……ライト
⑦ **ニック・アーメド**……ショート
⑧ **カーソン・ケリー**……キャッチャー

Depth Chart [ポジション別選手層・メンバーリスト]

※2020年2月4日時点の候補選手。
数字は背番号（開幕前に変更する
場合もあり）、右・左等は投・打の順。

センター
② **スターリング・マーテイ [右・右]**
⑯ ティム・ロカストロ [右・右]

レフト
⑥ **デイヴィッド・ペラルタ [右・左]**
⑯ ティム・ロカストロ [右・右]
⑨ ジョシュ・ロハス [右・左]

ライト
㊌ **コール・カルフーン [左・左]**
⑯ ティム・ロカストロ [右・右]
⑨ ジョシュ・ロハス [右・左]

ショート
⑬ **ニック・アーメド [右・右]**
⑮ イルデマーロ・ヴァルガス [右・両]
④ ケテル・マーテイ [右・両]

セカンド
④ **ケテル・マーテイ [右・両]**
⑨ ジョシュ・ロハス [右・左]

サード
⑤ **エドゥアルド・エスコバー [右・両]**
㉒ ジェイク・ラム [右・左]
⑨ ジョシュ・ロハス [右・左]
⑮ イルデマーロ・ヴァルガス [右・両]

ローテーション
㊵ マディソン・バムガーナー [左・右]
㊳ ロビー・レイ [左・左]
⑧ マイク・リーク [右・右]
㉔ ルーク・ウィーヴァー [右・右]
㉙ メリル・ケリー [右・右]
㉓ ザック・ギャレン [右・右]
㊾ アレックス・ヤング [左・左]

ファースト
㊾ **クリスチャン・ウォーカー [右・右]**
㉒ ジェイク・ラム [右・左]
㉜ ケヴィン・クローン [右・右]

キャッチャー
⑱ **カーソン・ケリー [右・右]**
㉑ スティーヴン・ヴォート [右・右]

ブルペン
㉕ アーチー・ブラッドリー [右・右] **CL**
㊼ アンドルー・チェイフィン [左・右]
㊿ ヨアン・ロペス [右・右]
㊶ ジュニア・ゲーラ [右・右]
㊲ ケヴィン・ギンケル [右・左]
㊺ テイラー・クラーク [右・右]
㊻ ステファン・クライン [右・右]
㉘ ヘクター・ロンドン [右・右]
㊱ シルヴィーノ・ブラーコ [右・右]
— テイラー・ワイドナー [右・左]
㉞ ジョン・デュプランター [右・右]
㊾ アレックス・ヤング [左・左]

※ **CL**＝クローザー

ダイヤモンドバックス試合日程……*はアウェーでの開催

3月26・27・28・29 ブレーブス	28・29 アストロズ	29・30・31 タイガース
30・31・**4**月1 ジャイアンツ	30・**5**月1・2・3 カブス	**6**月1・2・3 ロッキーズ
3・4・5 カブス*	5・6・7 ナショナルズ*	5・6・7 パドレス
6・7・8・9 ジャイアンツ*	8・9・10 ブリュワーズ*	9・10・11 ロッキーズ*
10・11・12 ロッキーズ	11・12・13 メッツ	12・13・14 パドレス*
14・15・16 パイレーツ	14・15・16・17 ナショナルズ	15・16・17・18 ドジャース*
18・19 パドレス	19・20・21 メッツ*	19・20・21 ブリュワーズ
21・22・23 ブレーブス*	22・23・24 カーディナルス*	22・23・24 ドジャース
24・25・26 レッズ	26・27・28 パドレス	26・27・28・29 フィリーズ*

球団メモ 昨年9月24日、本拠地でのカーディナルス戦の試合時間は、6時間53分。試合は延長19回にダイヤモンドバックスがサヨナラ勝ち。試合終了は深夜1時33分だった。

■投手力➡…★★★⯪★ 【昨年度チーム防御率4.25、リーグ7位】

オフに、同地区ジャイアンツのエースだったバムガーナーを獲得した。レイ、リーク、ケリーは昨シーズン、170イニング以上投げており、バムガーナーも往年の輝きがなくなったとはいえ、200イニングオーバー。ウィーヴァーやギャレンなどの若手も突き上げてきており、通年で防御率3〜4点台を狙えるスターターは豊富。飛び抜けたエースはいないが、安定して戦えるだろう。一方でリリーフ陣は決め手に欠ける。やや不調だったアンドリース、マクファーランド、平野佳寿らが抜けたのは、戦力的に大きなマイナスにならないとしても、オフに加入した目ぼしい人材はロンドーンのみ。

■攻撃力➡…★★★⯪★ 【昨年度チーム得点813、リーグ6位】

昨季はエスコバーが35本塁打、ブレイクしたケテル・マーティが32本塁打。オフにアダム・ジョーンズが日本に活躍の場を求めて移籍したものの、昨季33本塁打のカルフーンをエンジェルスから獲得し、破壊力は問題なし。スターリング・マーティが加入したことで、上位打線も固まりそうだ。

■守備力➡…★★★★☆ 【昨年度チーム失策数86、リーグ3位】

センターのスターリング・マーティの加入によって、急造センターのケテル・マーティを二塁に戻すことができる。アーメドとの二遊間は心強い。

■機動力➡…★★★☆☆ 【昨年度チーム盗塁数88、リーグ5位】

昨季30盗塁の走り屋・ダイソンがチームを出たが、ロカストロの稼働が増えれば穴埋め可能。2人のマーティの走りっぷりにも期待したい。

総合評価 ★★★⯪☆

昨季は、ゴールドシュミットやグリンキー（7月末移籍）といった主力組が抜けた中で勝ち越し。これはロヴロ監督の用兵や戦術の手腕によるところが大きい。オフには、派手ではないが堅実な補強をおこない、ドジャースを追撃する態勢は整えた。

ダイヤモンドバックス

IN	主な入団選手
投手	
マディソン・バムガーナー	←ジャイアンツ
ヘクター・ロンドーン	←アストロズ
ジュニア・ゲーラ	←ブリュワーズ
野手	
コール・カルフーン	←エンジェルス
スティーヴン・ヴォート	←ジャイアンツ

OUT	主な退団選手
投手	
マット・アンドリース	→エンジェルス
T.J.マクファーランド	→アスレティックス
平野佳寿	→マリナーズ
野手	
アレックス・アヴィーラ	→ツインズ
スティーヴン・スーザ・ジュニア	→カブス
アダム・ジョーンズ	→オリックス

30・**7月**1	ロイヤルズ＊	30・31・**8月**1・2	ドジャース	**9月**1・2	ドジャース
3・4・5	レッズ	4・5	アストロズ＊	4・5・6	カーディナルス
6・7・8	ロッキーズ＊	6・7・8・9	パイレーツ	7・8・9・10	パドレス＊
10・11・12	ホワイトソックス＊	10・11・12・13	ロッキーズ	11・12・13	ドジャース＊
14	オールスターゲーム	14・15・16	ドジャース	14・15・16	ジャイアンツ
17・18・19	マーリンズ＊	17・18	ロイヤルズ	17・18・19・20	パドレス
20・21・22	ツインズ	20・21・22・23	ジャイアンツ	22・23	ジャイアンツ＊
24・25・26	ジャイアンツ＊	25・26・27	インディアンズ＊	25・26・27	ロッキーズ＊
27・28・29	フィリーズ	30・31	マーリンズ＊		

球団メモ 昨季の盗塁数88は、メジャー30球団中10番目（リーグでは5番目）で、平均の76よりやや多い程度だが、成功率は86.3%もあり、メジャートップの成功率だった。

移籍の決め手はアリゾナの愛馬たち？ 【先発】 【移籍】

40 マディソン・バムガーナー *Madison Bumgarner*

31歳｜193cm｜109kg｜左投右打

◆速球のスピード／140キロ台後半（フォーシーム）、140キロ前後（カッター）
◆決め球と持ち球／☆カーブ、◎フォーシーム、◎カッター、〇チェンジアップ
◆対左.200　◆対右.258　◆ホ防2.93　◆ア防5.29
◆ド2007①ジャイアンツ　◆田ノースカロライナ州
◆年600万ドル（約6億6000万円）　◆シルバースラッガー賞2回（14、15年）

球威	4
制球	5
緩急	4
守備・牽制	4
度胸	4

ジャイアンツ一筋11年のエース左腕が、同地区のダイヤモンドバックスに移籍。ジャイアンツ時代は5度の開幕投手を務め、通算で119勝をマークした。2017年のシーズン中にダートバイクで左肩を負傷してからは、やや低調な成績だったが、昨季は久々の200イニング到達。制球力を取り戻した。5年8500万ドルの契約はお買い得と言われるが、バムガーナーは馬を愛するカントリーボーイ。実はアリゾナで馬を飼っていることが、決め手ともささやかれている。現役投手屈指の打撃屋でもあり、昨季も2本塁打を記録した。

カモ M・マチャード（パドレス）.158(19-3)1本　苦手 E・ヘルナンデス（ドジャース）.500(50-25)4本

年度	所属チーム	勝利	敗戦	防御率	試合数	先発	セーブ	投球イニング	被安打	失点	自責点	被本塁打	与四球	奪三振	WHIP
2009	ジャイアンツ	0	0	1.80	4	1	0	10.0	8	2	2	2	3	10	1.10
2010	ジャイアンツ	7	6	3.00	18	18	0	111.0	119	40	37	11	26	86	1.31
2011	ジャイアンツ	13	13	3.21	33	33	0	204.2	202	82	73	12	46	191	1.21
2012	ジャイアンツ	16	11	3.37	32	32	0	208.1	183	87	78	23	49	191	1.11
2013	ジャイアンツ	13	9	2.77	31	31	0	201.1	146	68	62	15	62	199	1.03
2014	ジャイアンツ	18	10	2.98	33	33	0	217.1	194	81	72	21	43	219	1.09
2015	ジャイアンツ	18	9	2.93	32	32	0	218.1	101	73	71	21	39	234	1.01
2016	ジャイアンツ	15	9	2.74	34	34	0	226.2	179	79	69	26	54	251	1.03
2017	ジャイアンツ	4	9	3.32	17	17	0	111.0	101	41	41	17	20	101	1.09
2018	ジャイアンツ	6	7	3.26	21	21	0	129.2	118	51	47	14	43	109	1.24
2019	ジャイアンツ	9	9	3.90	34	34	0	207.2	191	99	90	30	43	203	1.13
通算成績		119	92	3.13	289	286	0	1846.0	1622	703	642	192	428	1794	1.11

高めの速球で三振を奪える左腕 【先発】

38 ロビー・レイ *Robbie Ray*

29歳｜188cm｜88kg｜左投左打

◆速球のスピード／150キロ前後（フォーシーム主体）
◆決め球と持ち球／◎スライダー、◎フォーシーム、◎カーブ、△シンカー
◆対左.209　◆対右.241　◆ホ防4.11　◆ア防4.50
◆ド2010⑫ナショナルズ　◆田テネシー州
◆年943万ドル（約10億3730万円）

球威	5
制球	2
緩急	4
守備・牽制	4
度胸	5

高めの速球と曲がりの大きなスライダーのコンビネーションで、三振の山を築くサウスポー。昨季は2年ぶりの規定投球回に到達。ただ、勝ち越しはしたものの、球速がやや低下傾向にあり、シンカーを復活させたが投球の幅は広がらず、そのシンカーを打ち込まれた。高い奪三振率を誇る一方で、スタミナにもやや難があり、5イニングを超えると、とらえられるケースも目立っている。昨夏、グリンキーが移籍したあと、周囲から「エース」と見なされることが増えたが、「自分ではそうは思わない。ただ、自分の仕事をするだけ」と語っている。自身にもトレードの噂があったが、結局実現しなかった。

カモ C・シーガー（ドジャース）.156(32-5)1本　苦手 C・ブラックモン（ロッキーズ）.435(46-20)5本

年度	所属チーム	勝利	敗戦	防御率	試合数	先発	セーブ	投球イニング	被安打	失点	自責点	被本塁打	与四球	奪三振	WHIP
2014	タイガース	1	4	8.16	9	6	0	28.2	43	26	26	5	11	19	1.88
2015	ダイヤモンドバックス	5	12	3.52	23	23	0	127.2	121	56	50	9	49	119	1.33
2016	ダイヤモンドバックス	8	15	4.90	32	32	0	174.1	185	105	95	24	71	218	1.47
2017	ダイヤモンドバックス	15	5	2.89	28	28	0	162.0	116	57	52	23	71	218	1.15
2018	ダイヤモンドバックス	6	2	3.93	24	24	0	123.2	97	55	54	19	70	165	1.35
2019	ダイヤモンドバックス	12	8	4.34	33	33	0	174.1	150	91	84	30	84	235	1.35
通算成績		47	46	4.11	149	146	0	790.2	712	390	361	110	356	974	1.35

428　対左=対左打者被打率　対右=対右打者被打率　ホ防=ホーム防御率　ア防=アウェー防御率
ド=ドラフトデータ　田=出身地　年=年俸　カモ 苦手 は通算成績

29 メリル・ケリー *Merrill Kelly*

韓国球界で実力を磨き、30歳でメジャーデビュー 先発

32歳｜188cm｜86kg｜右投右打

◆速球のスピード／140キロ台中頃(フォーシーム主体)
◆決め球と持ち球／◎カーブ、◎フォーシーム、◎カッター、△チェンジアップ、△シンカー
◆対左.274 ◆対右.247 ◆本防3.49 ◆ア防5.42
◆ド2010⑧レイズ ◆出アリゾナ州
◆年300万ドル(約3億3000万円)

球威	3
制球	3
緩急	3
守備・割	2
度胸	3

昨年メジャーデビューした、韓国球界からの逆輸入右腕。2014年までレイズ傘下で過ごしたが、メジャー昇格の機会を得られずに韓国球界入り。18年までSKワイバーンズに4年間所属し、超打高投低の韓国球界で、通算48勝32敗、防御率3.86の成績を収めた。若手時代はフォーシームに頼った投球だったが、韓国でカーブやカットボールを覚えて、投球術が開花。毎年、180イニング以上投げたスタミナも評価され、18年オフのFA市場に名乗りを上げると、多くのメジャー球団が興味を示す中、生まれ育ったアリゾナへの帰還が決定した。年俸も安く、当たれば儲けモノと言われていたが、開幕ローテーション入りを果たすと最後までその座を死守。最終的にチーム最多の183回1/3を投げ、15のQSを記録。イニングイーターとして、十分な働きを見せた。韓国時代は最初、辛い食べ物に苦労したが、今ではキムチが大好物。

カモ M・マチャード(パドレス).167(12-2)0本　　苦手 B・ポージー(ジャイアンツ).444(9-4)0本

年度	所属チーム	勝利	敗戦	防御率	試合	先発	セーブ	投球イニング	被安打	失点	自責点	本塁打	与四球	奪三振	WHIP
2019	ダイヤモンドバックス	13	14	4.42	32	32	0	183.1	184	95	90	29	57	158	1.31
通算成績		13	14	4.42	32	32	0	183.1	184	95	90	29	57	158	1.31

25 アーチー・ブラッドリー *Archie Bradley*

走者を出すと危ないハラハラ系クローザー クローザー

28歳｜193cm｜102kg｜右投右打

◆速球のスピード／150キロ台中頃(フォーシーム主体)
◆決め球と持ち球／◎ナックルカーブ、◎フォーシーム、◎ツーシーム、△チェンジアップ
◆対左.267 ◆対右.231 ◆本防3.76 ◆ア防3.24
◆ド2011①ダイヤモンドバックス ◆出オクラホマ州

球威	5
制球	3
緩急	4
守備・割	3
度胸	3

守護神候補として獲得したグレッグ・ホランドが不発に終わり、昨季後半からクローザーに昇格。21回のセーブ機会で18セーブを記録し、苦しいブルペンを救った。最大の武器であるナックルカーブはハイレベルだが、走者を塁に出すと不安定になる傾向にあり、昨季、無走者時の被打率が2割3分1厘だったのに対し、走者一塁では2割6分1厘、得点圏では2割7分0厘だった。イカツイ風貌で気迫満点の雰囲気を漂わせるが、意外に繊細。2018年には登板直前にブルペンで「大」を少し漏らしたことを告白。「漏らしたことがないというヤツは嘘つきだ」と語り、ファンから正直者の評を受けた。

カモ C・ブラックモン(ロッキーズ).500(10-5)1本　　苦手 I・デズモンド(ロッキーズ).100(10-1)0本

年度	所属チーム	勝利	敗戦	防御率	試合	先発	セーブ	投球イニング	被安打	失点	自責点	本塁打	与四球	奪三振	WHIP
2015	ダイヤモンドバックス	2	3	5.80	8	8	0	35.2	36	23	23	3	22	23	1.63
2016	ダイヤモンドバックス	8	9	5.02	26	26	0	141.2	154	84	79	16	67	143	1.56
2017	ダイヤモンドバックス	3	3	1.73	63	0	1	73.0	55	14	14	4	21	79	1.04
2018	ダイヤモンドバックス	3	4	3.64	76	0	3	71.2	62	30	29	9	20	75	1.14
2019	ダイヤモンドバックス	4	5	3.52	66	1	18	71.2	67	30	28	5	36	87	1.44
通算成績		21	25	3.96	239	35	22	393.2	374	181	173	37	166	407	1.37

ダイヤモンドバックス

キャリア397試合目で初の先発

28 ヘクター・ロンドーン Hector Rondon

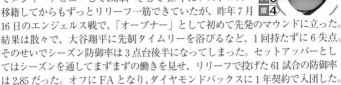

32歳｜191cm｜104kg｜右投右打｜速150キロ台中頃(フォーシーム主体)｜決☆スライダー

対左.219 対右.259 Ｄ2004⑳インディアンズ 出ベネズエラ 年300万ドル(約3億3000万円)

球速	5
制球	3
緩急	4
守備	3
度	4

クローザー経験も豊富な豪腕リリーバー。2013年にカブスでメジャーデビューして以降、そして18年にアストロズへ移籍してからもずっとリリーフ一筋できていたが、昨年7月16日のエンジェルス戦で、「オープナー」として初めて先発のマウンドに立った。結果は散々で、大谷翔平に先制タイムリーを浴びるなど、1回持たずに6失点。そのせいでシーズン防御率は3点台後半になってしまった。セットアッパーとしてはシーズンを通してまずまずの働きを見せ、リリーフで投げた61試合の防御率は2.85だった。オフにFAとなり、ダイヤモンドバックスに1年契約で入団した。

年度	所属チーム	勝利	敗戦	防御率	試合数	先発	セーブ	投球イニング	被安打	失点	自責点	被本塁打	与四球	奪三振	WHIP
2019	アストロズ	3	2	3.71	62	1	0	60.2	56	25	25	10	20	48	1.25
通算成績		23	20	3.29	421	1	92	416.0	365	166	152	44	123	418	1.17

チェンジアップが絶好調も、ヒジの故障に泣く

24 ルーク・ウィーヴァー Luke Weaver

27歳｜188cm｜77kg｜右投右打｜速150キロ前後(フォーシーム主体)｜決☆チェンジアップ

対左.225 対右.230 Ｄ2014①カーディナルス 出フロリダ州 年56万3500ドル(約6200万円)+α

球速	3
制球	4
緩急	4
守備	3
度	3

今季の完全復活が望まれる先発右腕。低めに突き刺さる速球と、チェンジアップが最大の武器。先発枠から押し出される形で、2018年12月にカーディナルスからトレードでやって来た。18年はチェンジアップの制球が定まらず、カーディナルスで先発失格の烙印を押されてしまったが、昨季、新天地のダイヤモンドバックスでは低めいっぱいから沈み込むチェンジアップが復活。4～5月に4勝をマークし、実力を示した。しかし、5月末に右ヒジを痛めて戦線離脱。トミー・ジョン手術も検討されたが、球団は保存療法を選択し、9月22日にリリーフで復帰登板を果たした。

年度	所属チーム	勝利	敗戦	防御率	試合数	先発	セーブ	投球イニング	被安打	失点	自責点	被本塁打	与四球	奪三振	WHIP
2019	ダイヤモンドバックス	4	3	2.94	12	12	0	64.1	55	22	21	6	14	69	1.07
通算成績		19	20	4.39	64	55	0	297.1	310	161	145	39	97	307	1.37

新天地でも好スタートを切った若手右腕

23 ザック・ギャレン Zac Gallen

25歳｜188cm｜86kg｜右投右打｜速150キロ前後(フォーシーム主体)｜決◎ナックルカーブ

対左.207 対右.217 Ｄ2016③カーディナルス 出ニュージャージー州 年56万3500ドル(約6200万円)+α

球速	3
制球	4
緩急	4
守備	3
度	3

昨年6月にマーリンズでメジャーデビューを果たした若手右腕。7試合先発したのち、7月31日にトレードでダイヤモンドバックスに入団。新天地でも防御率2点台を記録し、トップ・プロスペクト（最有望株）の評価をキープしている。ナックルカーブやチェンジアップをはじめ、変化球が多彩で精度も優れており、速球もフォーシームとツーシームを投げ分け、メジャー1年目とは思えない完成度の高い投球を見せた。長身細身で、ゴーグルをかける姿はいかにも技巧派。指先の感覚が鋭く、投球への探究心も豊かで、「ピッチングプロフェッサー」になる素質を持っている。

年度	所属チーム	勝利	敗戦	防御率	試合数	先発	セーブ	投球イニング	被安打	失点	自責点	被本塁打	与四球	奪三振	WHIP
2019	マーリンズ	1	3	2.72	7	7	0	36.1	25	12	11	3	18	43	1.18
2019	ダイヤモンドバックス	3	2	2.89	8	8	0	43.2	37	14	14	5	18	53	1.26
2019	2チーム計	3	5	2.81	15	15	0	80.0	62	26	25	8	36	96	1.23
通算成績		3	5	2.81	15	15	0	80.0	62	26	25	8	36	96	1.23

速=速球のスピード 決=決め球 対左=対左打者被打率 対右=対右打者被打率 Ｄ=ドラフトデータ 出=出身地 年=年俸

安心安全のイニングイーター
8 マイク・リーク Mike Leake

33歳｜178cm｜77kg｜右投右打 ❀140キロ台中頃（シンカー主体） ❀スライダー
対左.296 対右.297 ⑥2002①ロイヤルズ ⑪カリフォルニア州 ⑭1800万ドル（約19億8000万円）
◆ゴールドグラブ賞1回（19年）

球 **3**
制 **4**
緩 **3**
守・走 **5**
度 **3**

　8年連続で30先発を達成している鉄人。故障者続出で先発陣が手薄になった昨年7月に、マリナーズからトレードで加入。これまでのキャリアで、防御率3〜4点台からはみ出した年はなく、コンスタントに10勝10敗を期待できる「ザ・イニングイーター」。タイトルとは無縁と思われていたが、昨季は自慢の守備で好プレーを連発し、ゴールドグラブ賞を初めて受賞した。バッティングも得意で、通算8本塁打を放っている。昨季は21打数1安打にとどまったが、ナショナル・リーグでは一つの武器になる要素だ。メジャーリーグ屈指のイケメンとしても知られている。

年度	所属チーム	勝利	敗戦	防御率	試合数	先発	セーブ	投球イニング	被安打	失点	自責点	本塁打	与四球	奪三振	WHIP
2019	マリナーズ	9	8	4.27	22	22	0	137.0	153	68	65	26	19	100	1.26
2019	2チーム計	3	3	4.35	10	10	0	60.0	74	36	29	15	8	27	1.37
通算成績		105	98	4.05	301	296	0	1829.0	1940	905	824	238	403	1231	1.28

何の前触れもなくプチブレイクした左腕
49 アレックス・ヤング Alex Young

27歳｜188cm｜93kg｜左投左打 ❀140キロ台中頃（シンカー主体） ❀カーブ
対左.167 対右.253 ⑥2015②ダイヤモンドバックス ⑪イリノイ州 ⑭56万3500ドル（約6200万円）＋α

球 **3**
制 **3**
緩 **4**
守・走 **2**
度 **3**

　昨季後半、ローテーションの座を確保した左腕。2015年の入団から着実にステップアップしていたが、3Aで迎えた昨季は20試合8先発で7勝5敗、防御率6.09の成績だった。打高投低のリーグとはいえ、ほめられる数字ではなかったが、深刻な先発不足により、6月28日に予想外のメジャーデビュー。いきなり5回1失点で初勝利をあげると、2度目の先発機会でも6回無失点の好投を見せ、首脳陣のハートをつかんだ。曲がりの大きいカーブやチェンジアップは馬力があり、三振が取れる球種を2つ持っていることが強み。とくにカーブの被打率は、1割1分6厘と、かなり優秀だ。

年度	所属チーム	勝利	敗戦	防御率	試合数	先発	セーブ	投球イニング	被安打	失点	自責点	本塁打	与四球	奪三振	WHIP
2019	ダイヤモンドバックス	7	5	3.56	17	15	0	83.1	72	40	33	14	27	71	1.19
通算成績		7	5	3.56	17	15	0	83.1	72	40	33	14	27	71	1.19

ワンポイント禁止が功を奏するか？
47 アンドルー・チェイフィン Andrew Chafin

30歳｜188cm｜102kg｜左投右打 ❀150キロ前後（フォーシーム主体） ❀☆スライダー
対左.258 対右.256 ⑥2011①ダイヤモンドバックス ⑪オハイオ州 ⑭304.5万ドル（約3億3495万円）

球 **4**
制 **2**
緩 **4**
守・走 **4**
度 **3**

　スライダーが冴えるリリーフ左腕。フォーシームの握りでナチュラルに落ちるシンカーも持ち味だが、意図的にコントロールできるわけではなく、落ちないフォーシームを痛打されることも少なくない。昨季は8度、ワンポイントリリーフで起用されたが、今季からメジャーリーグ全体のルール変更で、打者3人もしくはイニング終了まで投手交代ができなくなった。チェイフィンも被害を受けそうな一人と言われているが、そもそもクロスファイアが光る「右キラー」タイプ。ピンチに強いが、1人目の打者に苦労する傾向もあり、今季はかえって成績が安定する可能性もある。

年度	所属チーム	勝利	敗戦	防御率	試合数	先発	セーブ	投球イニング	被安打	失点	自責点	本塁打	与四球	奪三振	WHIP
2019	ダイヤモンドバックス	2	2	3.76	77	0	0	52.2	52	23	22	6	18	68	1.33
通算成績		9	11	3.57	326	3	2	265.0	232	109	105	15	113	278	1.30

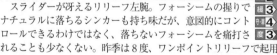

ダイヤモンドバックス

かつては「災害」と呼ばれたプロスペクト

ミドル リリーフ

50 ヨアン・ロペス *Yoan Lopez*

27歳｜191cm｜84kg｜右投右打｜速150キロ台中盤(フォーシーム主体)｜決○スライダー

対左.211 対右.246 ド2015⑤ダイヤモンドバックス 出キューバ 年56万3500ドル(約6200万円)+α

球	4
制	2
緩	2
守	3
度	3

2014年にキューバから亡命し、最速160キロ超えの速球から、「チャップマン2世」と評された右腕。各球団による争奪戦の末、15年1月にダイヤモンドバックスに入団した。しかし、825万ドルの契約金が、22歳未満の選手獲得規定に違反するとして、球団がMLB機構から契約金と同じ825万ドルの罰金を課せられた。そのうえ、マイナー時代はたびたびメンタル面の問題で行方不明になり、ファンからは「契約は災害」とすら言われていた。それでも球団が粘り強く育てた結果、昨季ようやくブルペンに定着。シーズン前半は防御率1.59の数字を残し、一筋の光を見せた。

年度	所属チーム	勝利	敗戦	防御率	試合数	先発	セーブ	投球イニング	被安打	失点	自責点	被本塁打	与四球	奪三振	WHIP
2019	ダイヤモンドバックス	2	7	3.41	70	0	1	60.2	52	27	23	11	17	42	1.14
通算成績		2	7	3.36	80	0	1	69.2	59	30	26	13	18	53	1.11

30歳を超えて本格化した元キャッチャー

ミドル リリーフ **移籍**

41 ジュニア・ゲーラ *Junior Guerra*

35歳｜183cm｜93kg｜右投右打｜速150キロ前後(フォーシーム主体)｜決○スプリッター

対左.178 対右.206 ド2001⑨ブレーブス 出ベネズエラ 年250万ドル(約2億7500万円)

球	4
制	3
緩	4
守	3
度	3

22歳で捕手から投手に転向。スペインリーグ、アメリカ独立リーグ、メキシカンリーグ、イタリアリーグを渡り歩き、2015年に30歳でメジャーの大舞台にたどり着いた苦労人。16年から所属したブリュワーズでは、1年目に先発で9勝3敗、防御率2.81の好成績を記録。17年には栄えある開幕投手を任された。しかし、好調をキープできず、成績は右肩下がりに。だが、崖っぷちで迎えた昨シーズン、リリーフに本格転向すると秘めた才能を発揮し、72試合に登板。イニングまたぎもいとわぬタフネスを見せ、リリーフで9勝をかせいだ。ボールゾーンに沈むスプリッターが生命線。

年度	所属チーム	勝利	敗戦	防御率	試合数	先発	セーブ	投球イニング	被安打	失点	自責点	被本塁打	与四球	奪三振	WHIP
2019	ブリュワーズ	9	5	3.55	72	0	3	83.2	58	35	33	11	36	77	1.12
通算成績		25	21	3.81	147	60	3	420.2	363	196	178	59	178	383	1.29

34 ジョン・デュプランター *Jon Duplantier*

先発 リリーフ **期待度 C** **ルーキー**

26歳｜193cm｜102kg｜右投左打｜◆昨季メジャーで15試合出場 ド2016③ダイヤモンドバックス 出デラウェア州

昨年、3A、メジャーと一気にステップアップした右腕。腕を後ろに大きく引く変則フォームから、ツーシーム、スライダー、カーブ、チェンジアップを操る。素質を認められている一方で、慢性的な肩の故障を抱えており、フォームの影響も指摘されている。ナイキのスポーツ眼鏡がトレードマーク。

37 ケヴィン・ギンケル *Kevin Ginkel*

先発 **期待度 B-** **ルーキー**

26歳｜193cm｜95kg｜右投左打｜◆昨季メジャーで25試合出場 ド2016②ダイヤモンドバックス 出カリフォルニア州

角度のあるフォーシームとスライダーのコンビネーションがウリ。昨季は3Aで破格の奪三振率19.44を記録し、8月に初のコールアップ。メジャーでも25試合で防御率1.48、奪三振率10.36の好成績を残し、9月にはセーブの付く場面でもテストされた。今シーズン途中で、クローザーで起用される可能性もある。

打撃でも守備でも光るユーティリティ性

セカンド・センター

4 ケテル・マーテイ
Ketel Marte

27歳｜185cm｜75kg｜右投両打

◆対左投手打率／.333(165-55) ◆対右投手打率／.327(404-132)
◆ホーム打率／.347(259-90) ◆アウェー打率／.313(310-97)
◆得点圏打率／.298(121-36)
◆19年のポジション別出場数／センター＝96、
　セカンド＝83、ショート＝11
◆ドラフトデータ／2010㊾マリナーズ
◆出身地／ドミニカ
◆年俸／400万ドル（約4億4000万円）

ミート **5**
パワー **5**
走塁 **4**
守備 **4**
肩 **3**

　昨季、大ブレイクしたドミニカ出身のスイッチヒッター。2018年は右打席で打率3割2分1厘を記録した一方で、左打席の打率は2割2分4厘と課題を残していたが、昨季は左打席が3割2分8厘と急進し、全体でも3割2分9厘をマーク。ナショナル・リーグ首位打者まで6毛差にせまった。さらに、ラインドライブの打球が多かった左打席でも見違えるようなアーチ性の当たりを連発し、非力さを克服。打率も本塁打も見込めるメジャートップクラスの2番打者に成長し、オールスターにも初選出された。

　守備ではセカンド、ショートがメインポジションだったが、昨年からセンターに本格挑戦。俊足を生かしたフィールディングで、リーグ平均以上のスタッツを残した。肩の強さは平凡だが、コントロールが光る送球で補っている。それでも完全にセンターにコンバートされたわけではなく、センターで89試合、セカンドで45試合、ショートで5試合の先発出場。セカンドの守備も安定しており、試合終盤にセンターからセカンドに入ることも多かった。打撃もさることながら、戦術の幅を生み出すユーティリティ性も見逃せない。2018年に2024年までの長期契約を結んでいるが、ヘイゼンGMは思惑（おもわく）通りの活躍にガッツポーズをしていることだろう。

　不安があるとすれば、昨季終盤に腰痛を起こし、9月17日にシーズンを終えたことか。昨季より、ダイヤモンドバックスは本拠地チェイス・フィールドの芝を人工芝に変更しており、その影響が議論の的になっているが、本人は「初めてセンターをメインで守ったこともあるし、今後はベルトの下（下半身）で経験を積むしかない」と語っている。

　伯父は北京五輪に出場する宮本慎也の穴埋めとして、2008年6月にヤクルトに入団し、約半年間日本でプレーしたウィルソン・ヴァルデス。

ダイヤモンドバックス

カモ 前田健太（ツインズ）.471(17-8)0本　J・サマージャ（ジャイアンツ）.400(20-8)2本
苦手 J・デグロム（メッツ）.000(9-0)0本　B・ショウ（ロッキーズ）.000(6-0)0本

年度	所属チーム	試合数	打数	得点	安打	二塁打	三塁打	本塁打	打点	四球	三振	盗塁	盗塁死	出塁率	OPS	打率
2015	マリナーズ	57	219	25	62	14	3	2	17	24	43	8	4	.351	.753	.283
2016	マリナーズ	119	437	55	113	21	2	1	33	18	84	11	5	.287	.610	.259
2017	ダイヤモンドバックス	73	223	30	58	11	2	5	18	29	37	3	1	.345	.740	.260
2018	ダイヤモンドバックス	153	520	68	135	26	12	14	59	54	79	6	1	.332	.768	.260
2019	ダイヤモンドバックス	144	569	97	187	36	9	32	92	53	86	10	2	.389	.981	.329
通算成績		546	1968	275	555	108	28	54	219	178	329	38	13	.342	.790	.282

カモ 苦手 は通算成績

猛打激走で勢いづけるガッツマン

サード / セカンド

5 エドゥアルド・エスコバー Eduardo Escobar

31歳／178cm／84kg／右投両打

◆対左投手打率／.298　◆対右投手打率／.256
◆ホーム打率／.278　◆アウェー打率／.260　◆得点圏打率／.287
◆19年のポジション別出場数／サード＝144、セカンド＝33、DH＝1
◆D2006外ホワイトソックス　◆田ベネズエラ
◆年750万ドル（約8億2500万円）

ミート	3
パワー	5
走塁	4
守備	4
肩	3

2018年7月にツインズからトレード加入。昨季は再建期のチームの中軸を任され、自己最多の35本塁打をかっ飛ばした。打球速度はリーグ平均以下だが、変化球をバットに乗せるのがうまく、外野席前列へのホームランも多い。盗塁は多くないが、スプリント能力は高く、昨季はメジャー全体1位タイの10三塁打も記録。本塁打や三塁打が出やすいと言われるチェイス・フィールドに、見事にフィットした。昨年は息子たちのグリーンカード取得のために、アメリカ国内を飛び回る日々だったが、球団がプライベートジェットを貸し出すなどサポート。エスコバーも「恩義を感じている」と語っていた。

カモ G・マルケス（ロッキーズ）.727（11-8）1本　苦手 P・バエズ（ドジャース）.000（7-0）0本

年度	所属チーム	試合数	打数	得点	安打	二塁打	三塁打	本塁打	打点	四球	三振	盗塁	盗塁死	出塁率	OPS	打率
2011	ホワイトソックス	9	7	0	2	0	0	0	0	0	0	0	0	.286	.571	.286
2012	ホワイトソックス	36	87	14	18	4	1	0	3	9	23	2	0	.281	.557	.207
2012	ツインズ	14	44	4	10	0	0	0	6	2	8	1	0	.271	.498	.227
2012	2チーム計	50	131	18	28	4	1	0	9	11	31	3	0	.278	.537	.214
2013	ツインズ	66	165	23	39	6	3	3	10	11	34	0	2	.282	.628	.236
2014	ツインズ	133	433	52	119	35	2	6	37	24	90	1	1	.315	.721	.275
2015	ツインズ	127	409	48	107	31	4	12	58	28	86	2	3	.309	.754	.262
2016	ツインズ	105	352	32	83	14	2	6	37	21	72	1	3	.280	.618	.236
2017	ツインズ	129	457	62	116	16	5	21	73	33	98	5	1	.309	.758	.254
2018	ツインズ	97	368	45	101	37	3	15	63	34	91	1	3	.338	.852	.274
2018	ダイヤモンドバックス	54	198	30	53	11	0	8	21	16	44	0	0	.327	.772	.268
2018	2チーム計	151	566	75	154	48	3	23	84	52	126	1	4	.334	.824	.272
2019	ダイヤモンドバックス	158	636	94	171	29	10	35	118	50	130	5	1	.320	.831	.269
通算成績		928	3156	404	819	182	29	106	426	230	671	19	15	.311	.747	.260

期待の大砲がついに本格化

ファースト

53 クリスチャン・ウォーカー Christian Walker

29歳／183cm／100kg／右投右打

◆対左投手打率／.241　◆対右投手打率／.266
◆ホーム打率／.254　◆アウェー打率／.265　◆得点圏打率／.222
◆19年のポジション別出場数／ファースト＝142、DH＝3
◆D2012④オリオールズ　◆田ペンシルバニア州
◆年56万3500ドル（約6200万円）＋α

ミート	2
パワー	5
走塁	3
守備	5
肩	3

長打と好守で頭角を現したスラッガー。ジェイク・ラムの不調が続いたことで、昨季ファーストの定位置を確保すると、メジャーの大舞台で29本塁打をマークした。パワーヒッターだが、引っ張り一辺倒ではなく、センターやライトにも柔軟に打球を弾き返す。本塁打の約半分がセンターよりも右で、シフトで対応できない怖い打者になりつつある。ファーストの守備もうまい。長所は球際に強いことで、DRS（守備で防いだ失点）の指標では、ナショナル・リーグトップの9をマーク。ゴールドグラブ賞候補にもノミネートされた。

カモ C・カーショウ（ドジャース）.455（11-5）4本　苦手 C・パダック（パドレス）.000（7-0）0本

年度	所属チーム	試合数	打数	得点	安打	二塁打	三塁打	本塁打	打点	四球	三振	盗塁	盗塁死	出塁率	OPS	打率
2014	オリオールズ	6	18	1	3	0	0	0	0	0	6	0	0	.211	.599	.167
2015	オリオールズ	7	9	0	1	0	0	0	3	4	0	0	0	.333	.444	.111
2017	ダイヤモンドバックス	11	12	2	3	1	0	2	2	1	5	0	0	.400	1.233	.250
2018	ダイヤモンドバックス	37	49	6	8	2	0	3	6	3	22	1	0	.226	.614	.163
2019	ダイヤモンドバックス	152	529	86	137	26	1	29	73	67	155	8	1	.348	.825	.259
通算成績		213	617	95	152	30	1	35	82	75	195	9	1	.336	.805	.246

野手

13 エゲツない遊撃守備でインフィールドを支配 ショート
ニック・アーメド Nick Ahmed

30歳／188cm／88kg／右投右打
◆対左投手打率／.312　◆対右投手打率／.234
◆ホーム打率／.238　◆アウェー打率／.268　◆得点圏打率／.225
◆19年のポジション別出場数／ショート=158　◆Ⓓ2011②ブレーブス
◆⽥マサチューセッツ州
◆ゴールドグラブ賞2回(18、19年)

ミート **2**
パワー **3**
走塁 **3**
守備 **5⁺**
肩 **5**

　2年連続でゴールドグラブ賞を獲得した守備職人。ショートの守備範囲ははず
ば抜けて広いわけではないが、肩が強く、送球の精度も高い。ダイナミックで
はないが、玄人(くろうと)好みのプレーが光る。セイバーメトリクスにも好守は表れてお
り、昨シーズンのDRS(守備で防いだ失点)は18。こちらも2年連続でメジャー
の遊撃手の中でトップで、セイバーメトリクスの有識者が選ぶフィールディング・バイブル賞も初めて受賞した。かつては典型的な守備偏重型の選手だったが、2年連続で2ケタ本塁打を放ち、出塁率もキャリア初の3割超え。12犠飛もリーグトップと、攻撃面でも最低限の仕事をこなせるようになっている。

カモ S・ストラスバーグ(ナショナルズ).500(14-7)1本　苦手 前田健太(ツインズ).154(13-2)1本

年度	所属チーム	試合数	打数	得点	安打	二塁打	三塁打	本塁打	打点	四球	三振	盗塁	盗塁死	出塁率	OPS	打率
2014	ダイヤモンドバックス	25	70	9	14	2	0	1	4	3	10	0	1	.233	.504	.200
2015	ダイヤモンドバックス	134	421	49	95	17	6	9	34	29	81	4	5	.275	.634	.226
2016	ダイヤモンドバックス	90	284	26	62	9	1	4	20	15	58	5	2	.265	.564	.218
2017	ダイヤモンドバックス	53	167	24	42	8	1	6	21	10	39	3	4	.298	.717	.251
2018	ダイヤモンドバックス	153	516	61	121	33	5	16	70	40	109	5	4	.290	.700	.234
2019	ダイヤモンドバックス	158	556	79	141	33	6	19	82	52	113	8	2	.316	.753	.254
通算成績		613	2014	248	475	102	19	55	231	149	410	25	18	.289	.677	.236

6 リーダーシップと馬力が自慢の貨物列車 レフト
デイヴィッド・ペラルタ David Peralta

33歳／185cm／95kg／左投左打
◆対左投手打率／.248　◆対右投手打率／.286
◆ホーム打率／.275　◆アウェー打率／.275　◆得点圏打率／.326
◆19年のポジション別出場数／レフト=93、DH=1　◆Ⓓ2004㉚カーディナルス
◆⽥ベネズエラ　◆⑲700万ドル(約7億7000万円)
◆ゴールドグラブ賞1回(19年)、シルバースラッガー賞1回(18年)

ミート **4**
パワー **4**
走塁 **2**
守備 **4**
肩 **3**

　2018年にシルバースラッガー賞を獲得したバットマンにして、ダイヤモンドバックスの精神的支柱。投手として16歳でカーディナルス傘下に入団するも、22歳でクビになった。それでも夢をあきらめられず、野手に転向し、独立リーグを経てメジャーの舞台に立った不屈の男だ。ガッツあふれるプレーと馬力から、「フレイト・トレイン(貨物列車)」の愛称で親しまれている。貨物列車が描かれたTシャツは、チームの売れ筋商品だ。昨季は5月までは好調だったものの、その後は度重なる肩の不調で、99試合の出場にとどまった。それにもかかわらず、ゴールドグラブ賞(左翼手)に選出されている。

カモ H・マルケス(ロッキーズ).438(32-14)2本　苦手 K・ジャンセン(ドジャース).105(19-2)1本

年度	所属チーム	試合数	打数	得点	安打	二塁打	三塁打	本塁打	打点	四球	三振	盗塁	盗塁死	出塁率	OPS	打率
2014	ダイヤモンドバックス	88	329	40	94	12	9	8	36	16	60	6	3	.320	.770	.286
2015	ダイヤモンドバックス	149	462	61	144	26	10	17	78	44	107	9	4	.371	.893	.312
2016	ダイヤモンドバックス	48	171	23	43	9	5	4	15	8	42	2	0	.295	.728	.251
2017	ダイヤモンドバックス	140	525	82	154	31	3	14	57	43	94	8	4	.352	.796	.293
2018	ダイヤモンドバックス	146	560	75	164	25	5	30	87	48	124	4	0	.352	.868	.293
2019	ダイヤモンドバックス	99	382	48	105	29	3	12	57	35	87	0	0	.343	.804	.275
通算成績		670	2429	329	704	132	35	85	330	194	514	29	11	.346	.824	.290

ダイヤモンドバックス

打撃急成長で正捕手に定着

18 **カーソン・ケリー** *Carson Kelly*

キャッチャー

26歳｜188cm｜100kg｜右投右打　盗塁阻止率／.111(36-4)

◆対左投手打率／.356　◆対右投手打率／.203

ミート	3
パワー	4
走塁	2
守備	4
肩	4

◆ホーム打率／.192　◆アウェー打率／.294　◆得点圏打率／.263

◆19年のポジション別出場数／キャッチャー＝101、サード＝1

◆📋2012②カーディナルス　◆🏠イリノイ州

◆💰56万3500ドル(約6200万円)＋α

　2018年オフに、ポール・ゴールドシュミット放出の見返り要員の一人として、カーディナルスから移籍した捕手。14年に三塁手から捕手転向し、カーディナルスではヤディアー・モリナの後継者候補として育てられてきた。守備は順調に成長したものの、打撃が3Aレベルにとどまったため、見切られる形でダイヤモンドバックスにやって来たが、突如打撃が開花し、第一捕手に定着した。昨季、捕手としては球団歴代1位タイの18本塁打を放ったほか、選球眼も良好で、300打席以上立った捕手としてはメジャー全体5位のOPS.826を記録。前評判とは裏腹に、「打てる捕手」に成長を遂げ、いい波に乗っている。

カモ 柳賢振（ブルージェイズ）.500(6-3)0本　　苦手 W・ビューラー（ドジャース）.111(9-1)0本

年度	所属チーム	試合数	打数	得点	安打	二塁打	三塁打	本塁打	打点	四球	三振	盗塁	盗塁死	出塁率	OPS	打率
2016	カーディナルス	10	13	1	2	1	0	0	1	0	2	0	0	.214	.445	.154
2017	カーディナルス	34	69	5	12	3	0	0	6	5	11	0	0	.240	.457	.174
2018	カーディナルス	19	35	1	4	0	0	0	3	3	7	0	0	.205	.319	.114
2019	ダイヤモンドバックス	111	314	46	77	19	0	18	47	48	79	0	0	.348	.826	.245
通算成績		174	431	53	95	23	0	18	57	56	99	0	0	.316	.716	.220

大スランプから抜け出したハッスルマン

56 **コール・カルフーン** *Kole Calhoun*

ライト　移籍

33歳｜178cm｜98kg｜左投左打

◆対左投手打率／.212　◆対右投手打率／.240

ミート	2
パワー	5
走塁	4
守備	4
肩	4

◆ホーム打率／.206　◆アウェー打率／.256　◆得点圏打率／.211

◆19年のポジション別出場数／ライト＝150、センター＝2

◆📋2010⑧エンジェルス　◆🏠アリゾナ州

◆💰600万ドル(約6億6000万円)　◆ゴールドグラブ賞1回(15年)

　昨季までエンジェルスでプレーしていた外野手。お腹は少しふっくらしているが、動きは俊敏で、ダイビングキャッチを連発。ガッツのあるプレーと強肩、明るいキャラクターで人気だった。打撃は中距離打者の評価だったが、昨シーズンは自身初の30本塁打に到達。2018年の開幕直後には、47日間長打なしの大スランプにおちいったが、フォームを見直し、不振を成長の糧にした。典型的なプルヒッターで大胆なシフトを敷かれることもあるが、ガラ空きの三塁線にセーフティバントを決めるなど、スマートにやりくりしている。

カモ Z・グリンキー（アストロズ）.579(19-11)1本　　苦手 前田健太（ツインズ）.000(9-0)0本

年度	所属チーム	試合数	打数	得点	安打	二塁打	三塁打	本塁打	打点	四球	三振	盗塁	盗塁死	出塁率	OPS	打率
2012	エンジェルス	21	23	2	4	1	0	0	1	2	6	1	0	.240	.457	.174
2013	エンジェルス	58	195	29	55	7	2	8	32	21	41	2	2	.347	.808	.282
2014	エンジェルス	127	493	90	134	31	3	17	58	38	104	5	3	.325	.776	.272
2015	エンジェルス	159	630	78	161	23	2	26	83	45	164	4	1	.308	.731	.256
2016	エンジェルス	157	594	91	161	35	5	18	75	67	118	2	3	.348	.786	.271
2017	エンジェルス	155	569	77	139	23	2	19	71	71	134	5	1	.333	.725	.244
2018	エンジェルス	137	491	71	102	18	2	19	57	53	133	6	2	.283	.652	.208
2019	エンジェルス	152	552	92	128	29	1	33	74	70	162	4	1	.325	.792	.232
通算成績		966	3547	530	884	167	17	140	451	367	862	29	13	.322	.747	.249

2017年の薬物出場停止から見事に復活　センター　移籍

② スターリング・マーテイ　*Starling Marte*

32歳｜185cm｜86kg｜右投右打　対左.269　対右.304　ホ.304　ア.286　得.331
Ｄ2007Ⓓパイレーツ　ドミニカ　1150万ドル（約12億6500万円）
◆ゴールドグラブ賞2回（15、16年）

ミ4
パ4
走5
守3
肩4

　オフのトレードでパイレーツから移籍した俊足強打の外野手。昨季、打撃面ではキャリア最高の成績をマークした。走塁面では盗塁成功率が回復。2年前にリーグワーストだった盗塁死の数を、6に減少させた。その一方、センターの守備には苦しんだ。2013年から4年連続で死球が16個を下回ったことがなく、昨季も16個死球を食らっている。ただ、死球によるケガは少なく、耐久性がある。9歳のときに、シングルマザーだった母親が死去。その後、祖母に育てられた。12年にメジャー初打席の初球をレフトスタンドに叩き込む、衝撃的なデビューを飾っている。

年度	所属チーム	試合数	打数	得点	安打	二塁打	三塁打	本塁打	打点	四球	三振	盗塁	盗塁死	出塁率	OPS	打率
2019	パイレーツ	132	539	97	159	31	6	23	82	25	94	25	6	.342	.845	.295
通算成績		953	3647	555	1047	192	42	108	420	196	812	239	77	.341	.793	.287

鋼の肉体を持つ狂気の当たり屋　外野手

⑯ ティム・ロカストロ　*Tim Locastro*

28歳｜185cm｜91kg｜右投右打　対左.225　対右.265　ホ.250　ア.250　得.302
Ｄ2013⑬ブルージェイズ　ニューヨーク州　56万3500ドル（約6200万円）+α

ミ2
パ2
走5
守4
肩2

　投手泣かせのトンでもないクセモノ。バッターボックスではホーム寄りギリギリで構え、際どいボールでも決して避けない「当たり屋」。マイナー時代には約17打席に1個のペースで死球をかせいできたが、メジャー本格デビューを果たした昨季は、250打席でメジャー4位の22死球。顔色ひとつ変えずにスタスタと一塁に走っていく姿からは、もはや狂気を感じる。そのうえ、足の速さを示すスプリントスピードはメジャートップで、昨季は17盗塁0盗塁死の「走り屋」でもあり、塁に出せば厄介な存在。さらには振り逃げの名手でもあるという、メチャクチャなトリックスターだ。

年度	所属チーム	試合数	打数	得点	安打	二塁打	三塁打	本塁打	打点	四球	三振	盗塁	盗塁死	出塁率	OPS	打率
2019	ダイヤモンドバックス	91	212	38	53	12	2	1	17	14	44	17	0	.357	.697	.250
通算成績		112	224	44	55	13	2	1	17	16	49	22	0	.356	.691	.246

内野3ポジションを守れるが特色不足　ユーティリティ

⑮ イルデマーロ・ヴァルガス　*Ildemaro Vargas*

29歳｜183cm｜77kg｜右投両打　対左.340　対右.243　ホ.253　ア.281　得.326
Ｄ2008Ⓒカーディナルス　ベネズエラ　56万3500ドル（約6200万円）+α

ミ4
走3
守3
肩2

　ベネズエラ出身のユーティリティ。ここ数年、3Aでは3割を超える打率を記録しており、ヒットメーカーとしての活躍も期待されていたが、昨季はチームメートの打力を超えられず、レギュラー獲得には至らなかった。このオフは競争相手のウィルマー・フローレスがFA市場に出たため、内野のユーティリティとしてはファーストチョイスに違いないが、メジャーで生き残るにはバットで実力を示すほかない。昨季3Aでは137打席で、打率4割3厘、三振はわずか5個。本来のコンタクト能力を発揮すれば、メジャー定着の日も近い。昨季は2試合で、外野の守備にもついている。

年度	所属チーム	試合数	打数	得点	安打	二塁打	三塁打	本塁打	打点	四球	三振	盗塁	盗塁死	出塁率	OPS	打率
2019	ダイヤモンドバックス	92	201	25	54	9	1	6	24	9	24	1	0	.299	.712	.269
通算成績		118	233	31	62	10	1	7	32	10	31	2	0	.295	.703	.266

対左=対左投手打率　対右=対右投手打率　ホ=ホーム打率　ア=アウェー打率　得=得点圏打率　437

ダイヤモンドバックス

元アスレティックスの人気捕手

キャッチャー 移籍

21 スティーヴン・ヴォート *Stephen Vogt*

36歳｜183cm｜102kg｜右投左打｜盗塁阻止率／.147(34-5)｜対左.222｜対右.271｜田.270
｜⑦.256｜得.265｜⑤2007⑫レイズ｜⊞カリフォルニア州｜钣300万ドル(約3億3000万円)

ミ **2**
バ **3**
走 **2**
守 **3**
肩 **2**

　アスレティックス時代に、オールスターに2度選出されたベテラン捕手。アスレティックスの本拠地の外野席には、鳴り物を使ったサッカー風の応援団がいるが、ムードメーカーのヴォートはカルト的な人気を集め、「I believe in Stephen Vogt」のチャントが名物だった。昨年は2月にジャイアンツとマイナー契約を交わし、5月1日にメジャー昇格。熟練のリードは健在だったが、2018年に右肩を手術した影響もあって、盗塁阻止率は低下していた。プロ入りした年（07年）に結婚し、苦しいマイナー時代をともに過ごしたアリッサ夫人との間に、3人（二男一女）の子供がいる。

年度	所属チーム	試合数	打数	得点	安打	二塁打	三塁打	本塁打	打点	四球	三振	盗塁	盗塁死	出塁率	OPS	打率
2019	ジャイアンツ	99	255	30	67	24	2	10	40	20	66	3	1	.314	.804	.263
通算成績		620	1898	211	480	106	11	67	258	159	371	4	5	.310	.737	.253

守備も悪くない巨漢大砲

ファースト

32 ケヴィン・クローン *Kevin Cron*

27歳｜196cm｜113kg｜右投右打｜対左.222｜対右.208｜田.222｜⑦.208｜得.304
｜⑤2014⑭ダイヤモンドバックス｜⊞アリゾナ州｜钣56万3500ドル(約6200万円)+α

ミ **3**
バ **5**
走 **1**
守 **3**
肩 **2**

　ブレイク目前にせまった長距離砲。昨季、メジャー初出場を果たし、打率は伸び悩んだが、11.8打数に1本というハイペースで一発を生産した。3Aでの成績は圧倒的で、82試合で打率3割3分1厘、38本塁打をマーク。体型のわりに守備も悪くないが、10月に右ヒザの手術をしており、その影響が心配だ。ただ、2025年までの長期契約を結んでおり、遅かれ早かれクローンに十分な打席を与えることはチームの重要課題になっている。3歳上の兄であるC.J.は、昨季、ツインズで25本塁打を放った。同じような体型で、弟の将来像が見えやすい。父のクリスも元メジャーリーガー。

年度	所属チーム	試合数	打数	得点	安打	二塁打	三塁打	本塁打	打点	四球	三振	盗塁	盗塁死	出塁率	OPS	打率
2019	ダイヤモンドバックス	39	71	12	15	4	0	6	16	4	28	0	1	.269	.790	.211
通算成績		39	71	12	15	4	0	6	16	4	28	0	1	.269	.790	.211

― アンディ・ヤング *Andy Young*

ユーティリティ 期待度 **C+** ルーキー

26歳｜183cm｜88kg｜右投右打｜◆昨季は2A、3Aでプレー｜⑤2016㊲カーディナルス｜⊞ノースダコタ州

　昨季3Aでは、68試合で打率2割8分、21本塁打を記録したプロスペクト（有望株）。二塁、遊撃、三塁を守るユーティリティだ。昨季終了後、40人枠に入らなければルール5ドラフトのリストに載るところだったが、締め切り3時間前に球団が契約を決断。「安心したが、試合に出ることが目標」と語る。

― セス・ビアー *Seth Beer*

外野手 ファースト 期待度 **B** ルーキー

24歳｜191cm｜88kg｜右投左打｜◆昨季はA+、2Aでプレー｜⑤2018①アストロズ｜⊞イリノイ州

　クレムソン大学時代に、史上初めて全米大学野球MVPに値するディック・ハウザー・トロフィーを、1年生で獲得したスラッガー。2018年にアストロズに入団し、19年7月にトレード移籍。12歳のときに、背泳ぎの50m、100mで世代新記録を樹立した、水泳界のトップ・プロスペクトでもあった。

対左＝対左投手打率　対右＝対右投手打率　田＝ホーム打率　⑦＝アウェー打率　得＝得点圏打率　⑤＝ドラフトデータ　⊞＝出身地　钣＝年俸

サンフランシスコ・ジャイアンツ

◆創　立：1883年
◆本拠地：カリフォルニア州サンフランシスコ市
◆ワールドシリーズ制覇：8回／リーグ優勝：23回
◆地区優勝：8回／ワイルドカード獲得：3回

主要オーナー　ラリー・ベア（スポーツ企業家）

過去5年成績	年度	勝	負	勝率	ゲーム差	地区順位	ポストシーズン成績
	2015	84	78	.519	8.0	②	―
	2016	87	75	.537	4.0	②	地区シリーズ敗退
	2017	64	98	.395	40.0	⑤	―
	2018	73	89	.451	18.5	④	―
	2019	77	85	.475	29.0	③	―

監　督　■ ゲイブ・キャプラー *Gabe Kapler*

新

◆年　齢…………45歳（カリフォルニア州出身）
◆現役時代の経歴…12シーズン　タイガース（1998～99）、
（外野手）　　　　レンジャーズ（2000～02）、ロッキーズ（2002～
03）、レッドソックス（2003～06）、ブリュワーズ
（2008）、レイズ（2009～10）
◆現役通算成績……1104試合　.268　82本　386打点
◆監督経歴…………2シーズン　フィリーズ（2018～19）
◆通算成績…………161勝163敗（勝率.497）

　日本のジャイアンツでプレーした経験がある、本家ジャイアンツの新監督。昨季はフィリーズで監督を務めたが、大補強に見合った結果を残せず、オフに解任となった。だが、ジャイアンツはキャプラーのデータ分析能力などを高く評価した。編成トップのザイディとは旧知の仲で、ドジャースの組織でともに働いていたことがある。ボディビルで鍛え上げた肉体美が有名。『NBCスポーツ』が毎年発表している「監督男前ランキング」で、1位に輝いたこともある。

注目コーチ　■ アンドルー・ベイリー *Andrew Bailey*

　新投手コーチ。36歳。現役時代はリリーフ投手。2009年にアメリカン・リーグ新人王に輝いたが、12年以降は肩の故障などで活躍できなかった。17年に33歳で引退。

編成責任者　ファーハン・ザイディ *Farhan Zaidi*

　44歳。2015～18年までドジャースのGMを務め、編成トップのフリードマンとともに常勝軍団を作り上げた。パキスタン系カナダ人。少年時代はフィリピンで育った。

スタジアム　AT&T パーク *AT&T Park*

◆開場 年…………2000年
◆仕　様…………天然芝
◆収容能力…………41,915人
◆フェンスの高さ …1.8～6.4m
◆特　微…………形状や海風の影響などで、メジャーで最もホームランが出にくい球場になっている。とくに左の強打者には不利な造りと言える。ライトスタンドの後ろはすぐ海。小舟を浮かべて、特大アーチを待ち構えているファンもいる。

ピッチャーズパーク

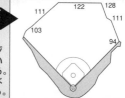

Best Order [ベストオーダー]

①マイク・ヤストレムスキー……センター
②バスター・ポージー……キャッチャー
③ブランドン・ベルト……ファースト
④エヴァン・ロンゴリア……サード
⑤アレックス・ディッカーソン……レフト
⑥ブランドン・クロフォード……ショート
⑦マウリシオ・デュボン……セカンド
⑧スティーヴン・ダガー……ライト

Depth Chart [ポジション別選手層・メンバーリスト]

※2020年2月4日時点の候補選手。
数字は背番号（開幕前に変更する
場合もあり）、右・左等は投・打の順。

センター
5 マイク・ヤストレムスキー [左・左]
6 スティーヴン・ダガー [右・左]
49 ジェイリン・デイヴィス [右・右]

レフト
8 アレックス・ディッカーソン [左・左]
53 オースティン・スレイター [右・右]
5 マイク・ヤストレムスキー [左・左]
26 クリス・ショウ [右・右]

ライト
6 スティーヴン・ダガー [右・左]
5 マイク・ヤストレムスキー [左・左]
49 ジェイリン・デイヴィス [右・右]
26 クリス・ショウ [右・右]

ショート
35 ブランドン・クロフォード [右・左]
19 マウリシオ・デュボン [右・右]
7 ドノヴァン・ソラーノ [右・右]

セカンド
19 マウリシオ・デュボン [右・右]
7 ドノヴァン・ソラーノ [右・右]
- キーン・ウォン [左・左]

サード
10 エヴァン・ロンゴリア [右・右]
- アビアタル・アヴェリーノ [右・右]
- キーン・ウォン [右・左]

ファースト
9 ブランドン・ベルト [左・左]
28 バスター・ポージー [右・右]
16 アラミス・ガルシア [右・右]
53 オースティン・スレイター [右・右]

ローテーション
47 ジョニー・クエト [右・右]
29 ジェフ・サマージャ [右・右]
- ケヴィン・ガウスマン [右・左]
- ドルー・スマイリー [左・左]
62 ローガン・ウェッブ [右・右]
38 タイラー・ビーディ [右・右]
- タイラー・アンダーソン [左・左]
57 デレク・ロドリゲス [右・右]

キャッチャー
28 バスター・ポージー [右・右]
16 アラミス・ガルシア [右・右]

ブルペン
56 トニー・ワトソン [左・左] CL
58 トレヴァー・ゴット [右・右]
64 ショーン・アンダーソン [右・右]
60 ワンディ・ペラルタ [左・左]
65 サム・クーンロッド [右・右]
71 タイラー・ロジャーズ [右・右]
74 ジャンデル・グスタヴェ [右・右]
- ダニー・ヒメネス [右・右]
59 アンドルー・スアレス [左・左]
51 コナー・メネス [左・左]
84 メルヴィン・アドン [右・右]
61 バーチ・スミス [右・右]
67 サム・セルマン [左・左]
75 エンダーソン・フランコ [右・右]

※CL=クローザー

3月26・27・28	ドジャース*	27・28・29	フィリーズ	29・30・31	ロッキーズ
30・31・4月1	ダイヤモンドバックス*	5月1・2・3	インディアンズ*	6月1・2・3・4	パドレス
3・4・5	ドジャース	4・5・6	ツインズ*	6・7	アスレティックス*
6・7・8・9	ダイヤモンドバックス	8・9・10	ホワイトソックス	9・10・11	パイレーツ
10・11・12	パドレス*	11・12・13・14	ロッキーズ*	12・13・14	マーリンズ
14・15・16	レッズ*	15・16・17	ブレーブス	16・17・18	ナショナルズ*
17・18・19	ブレーブス*	19・20	タイガース	19・20・21	マーリンズ*
21・22・23	ロッキーズ	22・23・24・25	パイレーツ*	22・23・24・25	メッツ
24・25・26	ナショナルズ	26・27・28	ブリュワーズ*	26・27・28	ドジャース

440　球団メモ　2007年から監督を13年間務め、ワールドシリーズ制覇を3度成し遂げたブルース・ボウチーが昨季で勇退。パドレス監督時代を含めた監督通算2003勝は、歴代11位。

■投手力 ⬊…★★★☆☆【昨年度チーム防御率4.38、リーグ9位】

長年ローテーションを支えてきたエース格のバムガーナーと守護神のウィル・スミスが抜けた穴は大きい。ガウスマンとスマイリーを獲得し、ローテーションの形にはなりそうだが、全体的には「中の下」の評価にとどまる。トミー・ジョン手術から本格復帰のジョニー・クエトも先発陣に食い込みそうだが、どこまでやれるか。ブルペンはリーグ3位のリリーフ防御率3.85と決して悪くはなかったが、先述の通りスミスが抜けたため、表面上の戦力はダウン。ただし、昨季メジャーデビューを果たしたグスタヴェやクーンロッドなどもリリーフで資質を示しており、安定感の維持は不可能ではないだろう。

■攻撃力 ⬊…★★☆☆☆【昨年度チーム得点678、リーグ14位】

野手陣は特筆すべき補強はなし。つまり、昨季リーグ14位の低い得点力やリーグ13位の本塁打数は据え置きが濃厚で、期待できない。さらに主力のほとんどが30代であり、伸びしろを探すことも難しい。21本塁打のピラーがFA市場に出ているため1枠空きそうだが、代わる若手もいない。

■守備力 ➡…★★★☆☆【昨年度チーム失策数90、リーグ5位】

センターのピラーが抜けたが、内外野ともに大きな穴はない。正捕手・ポージーの守備力は衰えておらず、チームの大黒柱。

■機動力 ⬊…★★☆☆☆【昨年度チーム盗塁数47、リーグ14位】

残留した戦力で2ケタ盗塁を記録した選手はおらず、深刻なスピード不足におちいっている。今シーズンも機動力は使えそうにない。

総合評価 ⬊ ★★☆☆☆
野手陣の高齢化に歯止めをかける若手も現れておらず、後退はまぬがれない。バムガーナーとスミスを早めに売り出したかったが、昨年7月にチームが大幅に勝ち越したせいで、踏ん切りがつかなかった。本格的な再建に入るべきタイミングだ。

ジャイアンツ

IN 主な入団選手	OUT 主な退団選手
投手	投手
ケヴィン・ガウスマン ←レッズ	マディソン・バムガーナー ➡ダイヤモンドバックス
ドリュー・スマイリー ←フィリーズ	ウィル・スミス ➡ブレーブス
タイラー・アンダーソン ←ロッキーズ	フェルナンド・アバド ➡ナショナルズ
タイソン・ロス ←タイガース	
野手	野手
とくになし	スティーヴン・ヴォート ➡ダイヤモンドバックス

30・**7月**1・2	メッツ*	31・**8月**・1・2	ロッキーズ*	31・**9月**1・2	カブス*
3・4・5	ロッキーズ*	4・5	タイガース*	3・4・5・6	パドレス*
7・8	アスレティックス	7・8・9・10	フィリーズ*	7・8・9	カーディナルス
10・11・12	パドレス	11・12・13	ドジャース	10・11・12・13	レッズ
14	オールスターゲーム	14・15・16	ロッキーズ	14・15・16	ダイヤモンドバックス*
16・17・18・19	ドジャース*	18・19	パドレス*	18・19・20	ドジャース*
20・21・22	カーディナルス*	20・21・22・23	ダイヤモンドバックス*	22・23	ダイヤモンドバックス
24・25・26	ダイヤモンドバックス	24・25・26	パドレス	24・25・26・27	ブリュワーズ
27・28・29・30	カブス	28・29・30	ロイヤルズ		

球団メモ 一昨年に続き、昨年もセットアッパーとして活躍したレイエス・モロンタだが、昨年9月1日の試合で右肩を故障。手術を受け、今季の復帰は早くて8月以降の見込み。

投手

3年ぶりの2ケタ勝利で完全復活　先発

29 ジェフ・サマージャ Jeff Samardzija

35歳／196cm／109kg／右投右打

- ◆速球のスピード／140キロ台後半（フォーシーム、ツーシーム）、140キロ台前半（カッター）
- ◆決め球と持ち球／☆カッター、◎フォーシーム、◎スライダー、◎スプリッター
- ◆[対左].233 ◆[対右].216 ◆[ホ防]3.55 ◆[ア防]3.50
- ◆[ド]2006⑤カブス ◆[出]インディアナ州
- ◆[年]1950万ドル（約21億4500万円）

球威	4
制球	4
緩急	4
守備・牽制	3
度胸	4

　バムガーナーの移籍により、名実ともにチームの大黒柱となった右腕。一昨年の肩の故障を反省し、オフから肩の強化を中心にトレーニングした結果、昨季は3年ぶりの2ケタ勝利をマーク。一昨年はツーシーム主体のピッチングだったが、昨季はフォーシームの割合を大幅に増やし、それが制球の安定にもつながった。昨年8月のシカゴ遠征時には、年金が満額支払われるメジャー満10年に到達。自身の愛称である「シャーク（サメ）」をかたどったケーキを贈られ、「デビューしたときには考えもしなかった」と感激していた。

[カモ] M・マンシー（ドジャース）.100(10-1)1本　[苦手] D・マーフィー（ロッキーズ）.455(22-10)1本

年度	所属チーム	勝利	敗戦	防御率	試合数	先発	セーブ	投球イニング	被安打	失点	自責点	被本塁打	与四球	奪三振	WHIP
2008	カブス	1	0	2.28	26	0	1	27.2	24	12	7	0	15	25	1.41
2009	カブス	1	3	7.53	20	2	0	34.2	46	29	29	7	15	21	1.76
2010	カブス	2	2	8.38	7	2	0	19.1	21	22	18	4	20	9	2.12
2011	カブス	8	4	2.97	75	0	0	88.0	64	35	29	5	50	87	1.30
2012	カブス	9	13	3.81	28	28	0	174.2	157	79	74	20	56	180	1.22
2013	カブス	8	13	4.34	33	33	0	213.2	210	109	103	25	78	214	1.35
2014	カブス	2	7	2.83	17	17	0	108.0	99	44	34	7	31	103	1.20
2014	アスレティックス	5	6	3.14	16	16	0	111.2	92	42	39	13	12	99	0.93
2014	2チーム計	7	13	2.99	33	33	0	219.2	191	86	73	20	43	202	1.07
2015	ホワイトソックス	11	13	4.96	32	32	0	214.0	228	122	118	29	49	163	1.29
2016	ジャイアンツ	12	11	3.81	32	32	0	203.1	190	88	86	24	54	167	1.20
2017	ジャイアンツ	9	15	4.42	32	32	0	207.2	204	107	102	30	32	205	1.14
2018	ジャイアンツ	1	5	6.25	10	10	0	44.2	47	32	31	6	26	30	1.63
2019	ジャイアンツ	11	12	3.52	32	32	0	181.1	152	78	71	28	49	140	1.11
通算成績		80	104	4.09	360	237	1	1628.2	1534	799	741	198	487	1443	1.24

前田に投げ勝った元グリンキー2世　先発

38 タイラー・ビーデイ Tyler Beede

27歳／191cm／95kg／右投右打

- ◆速球のスピード／150キロ前後（フォーシーム）
- ◆決め球と持ち球／◎フォーシーム、◎チェンジアップ、◎スライダー、△カーブ
- ◆[対左].272 ◆[対右].271 ◆[ホ防]3.75 ◆[ア防]6.08
- ◆[ド]2014①ジャイアンツ ◆[出]マサチューセッツ州
- ◆[年]56万3500ドル（約6200万円）+α

球威	4
制球	3
緩急	3
守備・牽制	3
度胸	4

　高卒時の2011年のドラフトで、ブルージェイズの1巡指名（全体21位）を断った右腕。350万ドルの契約金を見込んだが、オファーが250万ドルだったため大学に進学。当時は「グリンキー2世」と称され、14年のドラフトでジャイアンツの1巡指名（全体14位）を受けて入団したが、契約金は260万ドルだった。同じように、2度の1巡指名を受けたゲリット・コールと同じ道を歩むも、メジャー初昇格は5年目（2018年）と少し時間がかかっている。昨年は5月にメジャー昇格。6月17日の試合で前田健太と投げ合って、メジャー初勝利を手にするなど、ドジャース戦では2戦2勝。7月19日のメッツ戦では、サイ・ヤング賞投手デグロムと、8回無失点の投手戦を演じた。

[カモ] A・ヘッジス（パドレス）.000(5-0)0本　[苦手] D・ペラルタ（ダイヤモンドバックス）1.000(4-4)0本

年度	所属チーム	勝利	敗戦	防御率	試合数	先発	セーブ	投球イニング	被安打	失点	自責点	被本塁打	与四球	奪三振	WHIP
2018	ジャイアンツ	0	1	8.22	2	2	0	7.2	9	7	7	0	8	9	2.22
2019	ジャイアンツ	5	10	5.08	24	22	0	117.0	127	70	66	22	46	113	1.48
通算成績		5	11	5.27	26	24	0	124.2	136	77	73	22	54	122	1.52

442　[対左]=対左打者被打率　[対右]=対右打者被打率　[ホ防]=ホーム防御率　[ア防]=アウェー防御率
[ド]=ドラフトデータ　[出]=出身地　[年]=年俸　[カモ] [苦手]は通算成績

47 不良資産化が問われるベテラン　先発

ジョニー・クエト Johnny Cueto

34歳｜180cm｜104kg｜右投右打　球140キロ台後半（フォーシーム、ツーシーム）　決☆ツーシーム
対左.280 対右.120 ド2004 外レッズ 田ドミニカ 年2200万ドル（約24億2000万円）
◆最多奪三振1回（14年）

球3
制3
緩3
守3
度5

　トミー・ジョン手術からのカムバックを目指す右腕。2018年8月に受けた手術から昨年の夏場に復帰し、マイナー6試合を経て、9月に昇格。最初の2試合はともに5回無失点も、最終2試合は計6回で9点を失っている。一昨年はフォーシームの平均球速が144キロだったが、昨季は147キロにアップ。それでも全盛時より3キロほど遅くなっている。今季は6年契約（総額1億3000万ドル）の5年目。1年目に18勝したあとは、3年でわずか12勝。オフには母国ドミニカで、500エーカーもある牧場で乗馬を楽しみながら、タップダンスもできるホールのある豪邸で過ごす。

年度	所属チーム	勝利	敗戦	防御率	試合数	先発	セーブ	投球イニング	被安打	失点	自責点	被本塁打	与四球	奪三振	WHIP
2019	ジャイアンツ	1	2	5.06	4	4	0	16.0	11	9	9	3	9	13	1.25
通算成績		126	87	3.35	296	296	0	1856.1	1680	746	690	193	530	1556	1.19

― 2年前の輝き取り戻せるか　先発

ケヴィン・ガウスマン Kevin Gausman

29歳｜191cm｜86kg｜右投左打　球150キロ台前半（フォーシーム）　決◎スプリッター
対左.265 対右.295 ド2012① オリオールズ 田コロラド州 年900万ドル（約9億9000万円）

球4
制4
緩3
守2
度3

　一昨年、シーズン半ばにオリオールズからブレーブスへ移籍し、地区優勝に貢献した右腕。だが、昨季は球速が思うように定まらなかった。5月3日のマーリンズ戦では、一昨年8月、アクーニャにぶつけたウレイニャに、その報復とばかりに背中を通る危険球で即退場。5試合の出場停止を食った。その後もスプリッター頼みの苦しい投球が続き、8月にブレーブスを戦力外。拾ってくれたレッズでは敗戦処理が続いた。オフに1年900万ドルでジャイアンツ入り。契約翌日、ジャイアンツのパジャマを着せた、昨年1月誕生のサディーちゃんの写真をツイートし、再起を誓った。

年度	所属チーム	勝利	敗戦	防御率	試合数	先発	セーブ	投球イニング	被安打	失点	自責点	被本塁打	与四球	奪三振	WHIP
2019	ブレーブス	3	7	6.19	16	16	0	80.0	92	60	55	12	27	85	1.49
2019	レッズ	3	2	4.03	15	1	0	22.1	21	11	10	3	5	29	1.16
2019	2チーム計	3	9	5.72	31	17	0	102.1	113	71	65	15	32	114	1.42
通算成績		47	63	4.30	191	154	0	925.2	964	465	442	130	280	855	1.34

57 2年目のジンクスに跳ね返された2世投手　先発

デレク・ロドリゲス Dereck Rodriguez

28歳｜185cm｜98kg｜右投右打　球140キロ台後半（フォーシーム主体）　決◎チェンジアップ
対左.250 対右.288 ド2011⑥ ツインズ 田テキサス州 年56万3500ドル（約6200万円）＋α

球3
制3
緩3
守3
度4

　メジャー2年目の昨季は、ローテーションの3番手で開幕を迎え、5戦目までに3勝。28イニングで5与四球の好内容だったが、その後「急にボールが甘くなって、制球がつかなくなった」と、3戦連続KOされマイナー降格。復帰後はブルペンに回ったが、結果を残せず、再降格。8月の再昇格後は先発に戻り、8月15日の試合で7回を無失点に抑えたが、その後先発では5連敗でシーズンを終えている。ファンを嘆かせたのが、ボウチー監督の最終戦。2週間ぶりの先発も、2回途中5失点で、監督のサヨナラ試合を台無しにしてしまった。父は殿堂入り捕手のイヴァン・ロドリゲス。

年度	所属チーム	勝利	敗戦	防御率	試合数	先発	セーブ	投球イニング	被安打	失点	自責点	被本塁打	与四球	奪三振	WHIP
2019	ジャイアンツ	6	11	5.64	28	16	0	99.0	108	74	62	21	36	71	1.45
通算成績		12	15	4.10	49	35	0	217.1	206	117	99	30	72	160	1.28

球=速球のスピード　決=決め球

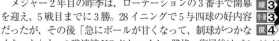

ジャイアンツ

投 手

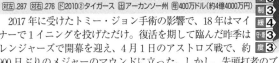

サンフランシスコで今年こそ復活なるか 先発 移籍

― ドルー・スマイリー *Drew Smyly*

31歳｜191cm｜86kg｜左投左打 ⚾140キロ台後半（フォーシーム主体） 決◎カーブ

対左.287 対右.276 ド2010②タイガース 田アーカンソー州 年400万ドル（約4億4000万円）

球 3
制 3
緩 4
守 3

2017年に受けたトミー・ジョン手術の影響で、18年はマイナーで1イニングを投げただけ。復活を期して臨んだ昨季はレンジャーズで開幕を迎え、4月1日のアストロズ戦で、約900日ぶりのメジャーのマウンドに立った。しかし、先頭打者のブレグマンにいきなり被弾。以降の試合でもハイペースで本塁打を打たれ、6月に戦力外となった。その後、ブリュワーズとのマイナー契約を経て、7月下旬からはフィリーズで投げていたが、全盛期には程遠い内容だった。12年にタイガースでメジャーデビュー。大いに期待された存在だったが、度重なる故障に泣かされ続けている。

年度	所属チーム	勝利	敗戦	防御率	試合数	先発	セーブ	投球イニング	被安打	失点	自責点	被本塁打	与四球	奪三振	WHIP
2019	レンジャーズ	1	5	8.42	13	9	1	51.1	64	49	48	19	34	52	1.91
2019	フィリーズ	3	2	4.45	12	12	0	62.2	62	34	31	13	21	68	1.32
2019	2チーム計	4	7	6.24	25	21	1	114.0	126	83	79	32	55	120	1.59
	通算成績	35	34	4.16	181	106	3	684.1	649	336	316	109	216	672	1.26

ホールド最多記録まであと14 セットアップ

56 トニー・ワトソン *Tony Watson*

35歳｜191cm｜100kg｜左投左打 ⚾150キロ前後（シンカー主体） 決◎チェンジアップ

対左.359 対右.223 ド2007⑨パイレーツ 田アイオワ州 年250万ドル（約2億7500万円）

球 4
制 4
緩 4
守 3
度 5

70試合登板は5年連続でストップしたリリーフ左腕。9月4日のカーディナルス戦で、一塁線のバントを処理し、打者走者にダイビングタッチした際、左手を地面について手首を骨折。初めて故障者リスト入りした。防御率などメジャー9年目で最悪だったが、25ホールドをマークして通算217ホールドは現役最多。この記録の歴史は新しいが、アーサー・ローズのメジャー記録に、あと14とせまっている。ワトソン側に選択権のある今季契約オプションを行使して残留が決まり、新記録を目指す。昨年6月には、このタフな左腕にアストロズが興味を示したがまとまらなかった。

年度	所属チーム	勝利	敗戦	防御率	試合数	先発	セーブ	投球イニング	被安打	失点	自責点	被本塁打	与四球	奪三振	WHIP
2019	ジャイアンツ	2	2	4.17	60	0	0	54.0	56	26	25	9	12	41	1.26
	通算成績	39	25	2.81	606	0	30	573.0	475	188	179	56	153	511	1.10

セントルイス遠征では地元からのべ1000人が応援 セットアップ

65 サム・クーンロッド *Sam Coonrod*

28歳｜188cm｜102kg｜右投右打 ⚾150キロ台中頃（シンカー、フォーシーム） 決◎フォーシーム

対左.207 対右.200 ド2014⑤ジャイアンツ 田ミズーリ州 年56万3500ドル（約6200万円）＋α

球 5
制 2
緩 2
守 4
度 4

トミー・ジョン手術を経てリリーフに転向した右腕。昨季開幕は初めて3Aで迎え、5月末にメジャー初昇格。3度目の昇格となった7月23日のカブス戦延長13回、バエズ、ブライアント、リゾを封じ初勝利。その際、3Aサクラメントで同僚だった左右投げヴェンディティー投手のエリン夫人が、脳出血で倒れたことを明かしてエールを送った。ミズーリ州の人口約2400人の小さな街キャロルトンの高校から、初のメジャーリーガー。9月のセントルイス遠征のカーディナルス4連戦では、地元紙によれば、4日間でのべ1000人が詰めかけたが、登板は1試合だけだった。

年度	所属チーム	勝利	敗戦	防御率	試合数	先発	セーブ	投球イニング	被安打	失点	自責点	被本塁打	与四球	奪三振	WHIP
2019	ジャイアンツ	5	1	3.58	33	0	0	27.2	19	11	11	3	15	20	1.23
	通算成績	5	1	3.58	33	0	0	27.2	19	11	11	3	15	20	1.23

⚾=速球のスピード 決=決め球 対左=対左打者被打率 対右=対右打者被打率
ド=ドラフトデータ 田=出身地 年=年俸

7勝0敗の勝利の女神

ミドル リリーフ

58 トレヴァー・ゴット *Trevor Gott*

28歳｜183cm｜84kg｜右投右打｜🎯160キロ台前半（フォーシーム、ツーシーム）｜🔮◎ツーシーム

対左.208 対右.220｜📋2013⑥パドレス｜🏠ケンタッキー州｜💰56万3500ドル（約6200万円）+α

球 4 / 制 4 / 緩 2 / 守 4 / 度 4

　微妙に動くツーシームが武器のスリークォーター右腕。昨春、キャンプ開始4日前にナショナルズから移籍し、オープン戦で11 2/3を投げ、自責点0。それが買われ開幕メジャー入りを果たし、リリーフで自身最多の50試合に登板した。ホールドはわずか1だが、投げるとチームが決勝点をあげ、7勝0敗の好成績。ただし、27歳の誕生日だった8月26日の試合で右ヒジを痛め、シーズン終了した。その後チームは12勝19敗とゴット離脱が大きく影響した。防御率こそ4.44だったが、WHIPは1.10と優秀。成長の陰に、昨季3Aのホルマン投手コーチの助言があったという。

年度	所属チーム	勝利	敗戦	防御率	試合	先発	セーブ	投球イニング	被安打	失点	自責点	被本塁打	与四球	奪三振	WHIP
2019	ジャイアンツ	7	0	4.44	50	0	1	52.2	41	26	26	4	17	57	1.10
通算成績		12	4	4.56	131	0	1	128.1	120	68	65	11	49	108	1.32

史上最悪のスタッツ返上なるか

先発　移籍

一 タイラー・アンダーソン *Tyler Anderson*

31歳｜191cm｜98kg｜左投左打｜🎯140キロ台後半（フォーシーム、ツーシーム）｜🔮◎チェンジアップ

対左.348 対右.368｜📋2011①ロッキーズ｜🏠ネヴァダ州｜💰177.5万ドル（約1億9525万円）

球 3 / 制 2 / 緩 4 / 守 3 / 度 3

　昨季はロッキーズで、開幕直後に左ヒザの炎症でIL（故障者リスト）入り。復帰後も球威は戻らず、計5試合でマイナー落ち。開幕5先発すべてで、5イニング以下＆5自責点以上は、自責点が発表されるようになった1913年以降でワーストの記録だ。結局、6月に左ヒザの軟骨修正手術を受け、シーズンを終えている。オフにジャイアンツと契約。年俸は177万5000ドルだが、150日以上の登録と130イニング以上なら、昨季と同じ262万5000ドルとなる。一昨年は32試合に先発しているだけに、バムガーナー移籍で抜けた唯一の左腕ローテーション投手として期待がかかる。

年度	所属チーム	勝利	敗戦	防御率	試合	先発	セーブ	投球イニング	被安打	失点	自責点	被本塁打	与四球	奪三振	WHIP
2019	ロッキーズ	0	3	11.76	5	5	0	20.2	33	27	27	8	11	23	2.13
通算成績		18	24	4.69	73	71	0	397.0	405	219	207	66	124	367	1.33

62 ローガン・ウェッブ *Logan Webb*

先発　期待度 **B**　ルーキー

24歳｜188cm｜100kg｜右投右打｜◆昨季メジャーで8試合出場｜📋2014④ジャイアンツ｜🏠カリフォルニア州

　昨年5月、禁止薬物使用の陽性反応で80試合の出場停止処分。メジャー初昇格は8月にずれこんだが、8月17日の試合で、チームのデビュー戦記録では10年ぶりの先発勝利をマーク。22歳の先発デビューは、バムガーナー以来の年少記録でもあった。計8試合で防御率は5.22。最終2試合はQS。

71 タイラー・ロジャーズ *Tyler Rogers*

リリーフ　期待度 **C**　ルーキー

30歳｜196cm｜84kg｜右投アンダーハンド右打｜◆昨季メジャーで17試合出場｜📋2013ジャイアンツ｜🏠コロラド州

　昨季メジャーデビューした遅咲きのサブマリン。ツインズの守護神左腕テイラー・ロジャーズと一卵性双生児で、顔はうり二つながら、利き腕、フォームは対照的。高校までは上手投げだったが、短大1年のときに、投手コーチのアドバイスで下手投げに転向した。昨季防御率は1.02（17回2/3）。

ジャイアンツ

祖父は殿堂入りの名選手

5 マイク・ヤストレムスキー Mike Yastrzemski

ライトセンター

30歳／180cm／82kg／左投左打

◆対左投手打率／.329　◆対右投手打率／.256
◆ホーム打率／.238　◆アウェー打率／.300　◆得点圏打率／.277
◆19年のポジション別出場数／レフト＝61、ライト＝56、センター＝7
◆Ⓓ2013⑭オリオールズ　⊞マサチューセッツ州
◆㊭56万3500ドル（約6200万円）+α

ミート **4**
パワー **5**
走塁 **3**
守備 **4**
肩 **3**

　1967年に三冠王に輝いた、カール・ヤストレムスキーを祖父に持つ外野手。昨季は3Aで開幕を迎えたが、40試合で12本塁打を放ち、プロ入りから苦節7年目で、亡き父が果たせなかったメジャー昇格を達成。8月には9本塁打して定着するも、「結果を残せなければボストン遠征に行けない」と奮闘を続け、9月17日、念願だった祖父が長年プレーしたフェンウェイ・パークのグラウンドに立った。その祖父が見守る中で20号本塁打を放ち、「夢がかなった」とダイヤモンドを一周、敵地ファンからも大歓声を受けていた。7月にはチーム49年ぶりの新人サヨナラ本塁打、8月には1試合3本塁打の活躍も見せている。背番号は祖父の「8」を打診されたが、3Aで使っていた「5」を選択。

| カモ G・マルケス（ロッキーズ）.600(5-3)1本 | 苦手 C・パダック（パドレス）.000(5-0)0本 |

年度	所属チーム	試合数	打数	得点	安打	二塁打	三塁打	本塁打	打点	四球	三振	盗塁	盗塁死	出塁率	OPS	打率
2019	ジャイアンツ	107	371	64	101	22	3	21	55	32	107	2	4	.334	.852	.272
通算成績		107	371	64	101	22	3	21	55	32	107	2	4	.334	.852	.272

2年続きの故障＆不振から立ち直れるか

28 バスター・ポージー Buster Posey

キャッチャー

33歳／185cm／95kg／右投右打　盗塁阻止率／.231(65-15)

◆対左投手打率／.230　◆対右投手打率／.269
◆ホーム打率／.259　◆アウェー打率／.255　◆得点圏打率／.268
◆19年のポジション別出場数／キャッチャー＝101、ファースト＝4、DH＝2　◆Ⓓ2008①ジャイアンツ　⊞ジョージア州
◆㊭2140万ドル（約23億5400万円）◆MVP1回(12年)、首位打者1回(12年)、ゴールドグラブ賞1回(16年)、シルバースラッガー賞4回(12.14.15.17年)、ハンク・アーロン賞1回(12年)、カムバック賞1回(12年)、新人王(10年)

ミート **4**
パワー **3**
走塁 **2**
守備 **5**
肩 **3**

　打撃に陰りが見えてきたスーパースター。昨季は、前年8月の右股関節手術の影響を引きずる形でシーズンイン。5月に脳震盪、6月に右太もも裏を痛め、2年続けて規定打席不足に終わった。237打数本塁打0、プロ入り初の1試合4三振、9月9日の試合では初の犠打のサインも出た。一方守備で、DRS（守備で防いだ失点）が14あり、メジャーの捕手で3位だった。また、きわどいコースをストライクにするフレーミングでも、好結果を残している。慈善活動に熱心で、自身の頭文字と背番号をとった「BP28」という小児癌の基金活動をおこなっている。昨年8月のプレーヤーズウィークでは、入院中の子供たちのサインが書かれたプロテクターをつけてプレーした。

| カモ A・ブラッドリー（ダイヤモンドバックス）.412(17-7)0本 | 苦手 A・センザテーラ（ロッキーズ）.091(11-1)0本 |

年度	所属チーム	試合数	打数	得点	安打	二塁打	三塁打	本塁打	打点	四球	三振	盗塁	盗塁死	出塁率	OPS	打率
2009	ジャイアンツ	7	17	1	2	0	0	0	0	0	1	0	0	.118	.235	.118
2010	ジャイアンツ	108	406	58	124	23	2	18	67	30	55	0	2	.357	.862	.305
2011	ジャイアンツ	45	162	17	46	5	0	4	21	18	30	3	0	.368	.756	.284
2012	ジャイアンツ	148	530	78	178	39	1	24	103	69	96	1	1	.408	.957	.336
2013	ジャイアンツ	148	520	61	153	34	1	15	72	60	70	2	1	.371	.821	.294
2014	ジャイアンツ	147	547	72	170	28	2	22	89	47	69	0	1	.364	.854	.311
2015	ジャイアンツ	150	557	74	177	28	0	19	95	56	52	2	0	.379	.849	.318
2016	ジャイアンツ	146	539	82	155	33	2	14	80	64	68	6	1	.362	.796	.288
2017	ジャイアンツ	140	494	62	158	34	0	12	67	61	66	6	1	.400	.861	.320
2018	ジャイアンツ	105	398	47	113	22	1	5	41	45	53	3	1	.359	.741	.284
2019	ジャイアンツ	114	405	43	104	24	0	7	38	34	71	0	0	.320	.688	.257
通算成績		1258	4575	595	1380	270	9	140	673	484	634	23	9	.370	.826	.302

野手

10 エヴァン・ロンゴリア Evan Longoria
300本塁打まであと3本にせまったスラッガー　サード

35歳｜185cm｜98kg｜右投右打

◆対左投手打率／.286　◆対右投手打率／.240
◆ホーム打率／.231　◆アウェー打率／.279　◆得点圏打率／.257
◆19年のポジション別出場数／サード=119　◆Ⓓ2006①レイズ
◆囲カリフォルニア州　◆歯1500万ドル（約16億5000万円）
◆ゴールドグラブ賞3回（09、10、17年）、シルバースラッガー賞1回（09年）、新人王（08年）

ミート **3**
パワー **4**
走塁 **3**
守備 **4**
肩 **3**

　地元での活躍が待たれる強打の三塁手。レイズ時代の本拠トロピカーナ・フィールドでは、通算打率2割7分5厘、20.4打数に1本の割合で本塁打を放っていた。だがジャイアンツ移籍後の2年間は、本拠地オラクル・パークで打率2割3分0厘、44.8打数に1本と、打撃成績が低迷している。長年、動物愛護団体に多額の寄付をしている動物好き。そのせいではないだろうが、そばに世界最大規模の動物園がある、サンディエゴのペトコ・パークでは、3連戦で4発打ったのをはじめ、昨季計5本塁打（打率は4割5分8厘）。

| カモ R・レイ（ダイヤモンドバックス）.500(12-6)1本 | 苦手 K・イェーツ（パドレス）.091(11-1)0本 |

年度	所属チーム	試合数	打数	得点	安打	二塁打	三塁打	本塁打	打点	四球	三振	盗塁	盗塁死	出塁率	OPS	打率
2008	レイズ	122	448	67	122	31	2	27	85	46	122	7	0	.343	.874	.272
2009	レイズ	157	584	100	164	44	0	33	113	72	140	9	0	.364	.889	.281
2010	レイズ	151	574	96	169	46	5	22	104	72	124	15	5	.372	.879	.294
2011	レイズ	133	483	78	118	26	1	31	99	80	93	3	2	.355	.850	.244
2012	レイズ	74	273	39	79	14	0	17	55	33	61	2	3	.369	.896	.289
2013	レイズ	160	614	91	165	39	3	32	88	70	162	1	0	.343	.842	.269
2014	レイズ	162	624	83	158	26	1	22	91	57	133	5	0	.320	.724	.253
2015	レイズ	160	604	74	163	35	1	21	73	51	132	3	1	.328	.764	.270
2016	レイズ	160	633	81	173	41	4	36	98	42	144	0	3	.318	.840	.273
2017	レイズ	156	613	71	160	36	2	20	86	46	109	6	1	.313	.737	.261
2018	ジャイアンツ	125	480	51	117	25	4	16	54	22	101	3	1	.281	.694	.244
2019	ジャイアンツ	129	453	59	115	19	2	20	69	43	112	3	1	.325	.762	.254
通算成績		1689	6383	890	1703	382	25	297	1015	634	1433	57	17	.335	.809	.267

35 ブランドン・クロフォード Brandon Crawford
チームリーダーの名遊撃手　ショート

33歳｜188cm｜102kg｜右投左打

◆対左投手打率／.236　◆対右投手打率／.225
◆ホーム打率／.209　◆アウェー打率／.247　◆得点圏打率／.250
◆19年のポジション別出場数／　◆Ⓓ2008④ジャイアンツ
◆囲カリフォルニア州　◆歯1500万ドル（約16億5000万円）
◆シルバースラッガー賞1回（15年）

ミート **3**
パワー **3**
走塁 **4**
守備 **4**
肩 **5**

　8年連続143試合以上出場し、故障者リスト入りは一回だけというタフな遊撃手。昨年7月15日の試合で8打点をかせぎ、サンフランシスコ移転後3人目となる1試合の球団最多打点をマーク。ただ、定位置獲得後、最低の打率を記録するなど、シーズンを通しては低迷した。クラブハウスではチームリーダー的存在。音楽好きで、昨季最終戦では、この試合を最後に勇退するボウチー監督のために、全ナインに登場曲を変更させ、名将を送り出した。

| カモ G・マルケス（ロッキーズ）.421(19-8)1本 | 苦手 C・カーショウ（ドジャース）.125(48-6)0本 |

年度	所属チーム	試合数	打数	得点	安打	二塁打	三塁打	本塁打	打点	四球	三振	盗塁	盗塁死	出塁率	OPS	打率
2011	ジャイアンツ	66	196	22	40	5	2	3	21	23	31	1	3	.288	.584	.204
2012	ジャイアンツ	143	435	44	108	26	3	4	45	33	95	1	4	.304	.653	.248
2013	ジャイアンツ	149	499	52	124	24	3	9	43	42	96	1	3	.311	.674	.248
2014	ジャイアンツ	153	491	54	121	20	10	10	69	43	119	5	3	.324	.713	.246
2015	ジャイアンツ	143	507	65	130	33	4	21	84	39	119	6	4	.321	.782	.256
2016	ジャイアンツ	155	553	67	152	28	11	12	84	57	115	7	0	.342	.772	.275
2017	ジャイアンツ	144	518	58	131	34	1	14	77	42	113	3	5	.305	.709	.253
2018	ジャイアンツ	151	531	63	135	28	2	14	54	50	122	4	5	.325	.719	.254
2019	ジャイアンツ	147	500	58	114	24	2	11	59	53	117	0	2	.304	.654	.228
通算成績		1251	4230	483	1055	222	38	98	536	398	937	28	28	.316	.706	.249

ジャイアンツ

4人外野に泣かされたフライボールヒッター ファースト

9 ブランドン・ベルト Brandon Belt

32歳｜193cm｜107kg｜左投左打

- ◆対左投手打率／.211　◆対右投手打率／.242
- ◆ホーム打率／.228　◆アウェー打率／.239　◆得点圏打率／.214
- ◆19年のポジション別出場数／ファースト＝144、レフト＝14、ライト＝1、DH＝1
- ◆Ⓓ2009⑤ジャイアンツ　◆Ⓗテキサス州
- ◆Ⓨ1600万ドル（約17億6000万円）

ミート	3
パワー	4
走塁	4
守備	4
肩	4

　昨季はレギュラー獲得後、最低の打率に終わった一塁手。ゴロアウト率が低い（昨季はリーグ最低の28.3%）打者として知られる。レイズはそのデータから4月5日、三塁手のヤンディ・ディアスが左翼手の定位置近くに動くと、ほかの外野手3人がそれぞれ右寄りにシフト。外野4人のシフトに、ベルトは「オープン戦でギャロ（レンジャーズ）の打席で見たことがあったが、自分のときに動くとは思わなかった」。結果は、右中間への大きな中飛に終わった。昨季、ベルトのときの4人外野は計12打席あり、2安打と泣かされた。

カモ G・マルケス（ロッキーズ）.438(16-7)0本　苦手 C・カーショウ（ドジャース）.067(60-4)0本

年度	所属チーム	試合数	打数	得点	安打	二塁打	三塁打	本塁打	打点	四球	三振	盗塁	盗塁死	出塁率	OPS	打率
2011	ジャイアンツ	63	187	21	42	6	1	9	18	20	57	3	2	.306	.718	.225
2012	ジャイアンツ	145	411	47	113	27	6	7	56	54	106	12	2	.360	.781	.275
2013	ジャイアンツ	150	509	76	147	39	4	17	67	52	125	5	2	.360	.841	.289
2014	ジャイアンツ	61	214	30	52	8	0	12	27	18	64	3	1	.306	.755	.243
2015	ジャイアンツ	137	492	73	138	33	5	18	68	56	147	9	3	.356	.834	.280
2016	ジャイアンツ	156	542	77	149	41	8	17	82	104	148	0	4	.394	.868	.275
2017	ジャイアンツ	104	382	63	92	27	3	18	51	66	104	3	2	.355	.823	.241
2018	ジャイアンツ	112	399	50	101	18	2	14	46	49	107	4	0	.342	.756	.253
2019	ジャイアンツ	156	526	76	123	32	3	17	57	83	127	4	3	.339	.742	.234
通算成績		1084	3662	513	957	231	32	129	472	502	985	43	19	.354	.801	.261

急成長を見せたドラフト773位 セカンド ルーキー

19 マウリシオ・デュボン Mauricio Dubon

26歳｜183cm｜73kg｜右投右打

- ◆対左投手打率／.267　◆対右投手打率／.276
- ◆ホーム打率／.300　◆アウェー打率／.239　◆得点圏打率／.231
- ◆19年のポジション別出場数／セカンド＝22、ショート＝10
- ◆Ⓓ2013㉖レッドソックス　◆Ⓗカリフォルニア州
- ◆Ⓨ56万3500ドル（約6200万円）＋α

ミート	3
パワー	3
走塁	4
守備	4
肩	3

　快足で鳴らしたジェラルド・ヤングに次ぐ、史上2人目のホンジュラス出身のメジャーリーガー。アメリカに移住し、2013年のドラフトで、レッドソックスから26巡目（全体773位）に指名されてプロ入り。昨年7月にブリュワーズでメジャーデビューも、2試合出ただけでジャイアンツに移籍となり、3Aで好成績を残したあと、8月29日にメジャー昇格。主に先発でセカンドを守り、攻守にハツラツとしたプレーを見せた。9月6日のドジャース戦では、カーショウから本塁打を放つなど、3安打の活躍。ショートが本職で、ベンチにいるときはクロフォードやポージーの隣に座って、質問攻めにしている。

カモ C・カーショウ（ドジャース）.1.000(2-2)1本　苦手 ——

年度	所属チーム	試合数	打数	得点	安打	二塁打	三塁打	本塁打	打点	四球	三振	盗塁	盗塁死	出塁率	OPS	打率
2019	ブリュワーズ	2	2	0	0	0	0	0	0	0	1	0	0	.000	.000	.000
2019	ジャイアンツ	28	104	12	29	5	0	4	9	5	19	3	1	.312	.754	.279
2019	2チーム計	30	106	12	29	5	0	4	9	5	20	3	1	.306	.740	.274
通算成績		30	106	12	29	5	0	4	9	5	20	3	1	.306	.740	.274

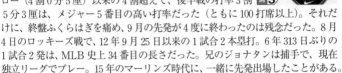

3年ぶりメジャー復帰の小兵

ユーティリティ

7 ドノヴァン・ソラーノ *Donovan Solano*

33歳 | 178cm | 93kg | 右投右打 | 対左.339 | 対右.320 | 木.259 | ⑦.402 | 得.405
Ⓓ2005外カーディナルス | 田コロンビア | 囲137.5万ドル(約1億5125万円)

ミ	3
パ	2
走	3
守	3

昨年5月、3年ぶりにメジャー復帰すると、シュアな打撃で安打を量産。敵地での打率4割0分2厘は、2004年のイチロー(4割0分5厘)以来の4割超えで、後半戦の打率3割5分3厘は、メジャー5番目の高い打率だった(ともに100打席以上)。それだけに、終盤ふくらはぎを痛め、9月の先発が4度に終わったのは残念だった。8月4日のロッキーズ戦で、12年9月25日以来の1試合2本塁打。6年313日ぶりの1試合2発は、MLB史上34番目の長さだった。兄のジョナタンは捕手で、現在独立リーグでプレー。15年のマーリンズ時代に、一緒に先発出場したことがある。

年度	所属チーム	試合数	打数	得点	安打	二塁打	三塁打	本塁打	打点	四球	三振	盗塁	盗塁死	出塁率	OPS	打率
2019	ジャイアンツ	81	215	27	71	13	1	4	23	10	49	0	1	.360	.815	.330
通算成績		451	1283	126	345	53	7	13	122	75	246	11	4	.315	.666	.269

「ケガの常連」という不名誉な異名を付けられる

センターライト

6 スティーヴン・ダガー *Steven Duggar*

27歳 | 188cm | 86kg | 右投右打 | 対左.207 | 対右.247 | 木.202 | ⑦.263 | 得.288
Ⓓ2015⑥ジャイアンツ | 田サウスカロライナ州 | 囲56万3500ドル(約6200万円)+α

ミ	3
パ	2
走	3
守	5
肩	4

73試合の出場で、DRS(守備で防いだ失点)が6あった好守の外野手。昨季は初の開幕「1番・中堅」に座るなど、6月まではほぼレギュラーとして出場。だが一昨年に続き、昨季もケガに泣いた。4月26日のメッツ戦、本拠の右翼ファウルグラウンドで、ブルペンのマウンドにつまずいたときは3試合の欠場で済んだが、8月7日のナショナルズ戦では、ソトの打球にダイビングキャッチを試み、左肩を負傷。その後全休した。ほかにも背筋を痛めて1カ月戦列を離れるなど、果敢なプレーが裏目となった。退任したボウチー監督にも「ケガさえなければ」と言わせた逸材なのだが。

年度	所属チーム	試合数	打数	得点	安打	二塁打	三塁打	本塁打	打点	四球	三振	盗塁	盗塁死	出塁率	OPS	打率
2019	ジャイアンツ	73	261	46	61	12	2	4	28	16	78	1	4	.278	.619	.234
通算成績		114	402	46	97	23	3	6	41	26	122	6	5	.286	.645	.241

2年全休から不屈の闘志でカムバック

レフトファースト

8 アレックス・ディッカーソン *Alex Dickerson*

30歳 | 191cm | 107kg | 左投左打 | 対左.190 | 対右.288 | 木.267 | ⑦.286 | 得.311
Ⓓ2011③パイレーツ | 田カリフォルニア州 | 囲92.5万ドル(約1億120万円)

ミ	3
パ	3
走	3
守	4
肩	3

移籍初戦でグランドスラムを打った苦労人。2016年、パドレス2年目で4試合連続など10本塁打を放ち、レギュラーを期待された。しかしその後、トミー・ジョン手術も含め故障続きで、2年間はマイナーでの出場も0。3年ぶり復帰の昨季は、早々とジャイアンツにトレードとなった。だがこれが幸いし、6月21日の移籍初戦で満塁本塁打を含む6打点。球団初戦の満塁本塁打は3人目だが、6打点は初だった。次の試合も3打点と衝撃のデビューを飾り、移籍最初の30試合は打率3割8分6厘、6本塁打、23打点。ところがその後は脇腹などを痛め、26試合で本塁打は0だった。

年度	所属チーム	試合数	打数	得点	安打	二塁打	三塁打	本塁打	打点	四球	三振	盗塁	盗塁死	出塁率	OPS	打率
2019	パドレス	12	19	1	3	0	0	0	0	0	9	0	0	.158	.316	.158
2019	ジャイアンツ	56	155	28	45	13	3	6	26	13	35	1	1	.351	.880	.290
2019	2チーム計	68	174	29	48	13	3	6	26	13	44	1	1	.332	.820	.276
通算成績		163	435	68	115	29	5	16	65	39	89	6	2	.331	.796	.264

対左=対左投手打率　対右=対右投手打率　木=ホーム打率　⑦=アウェー打率　得=得点圏打率　449

バリー・ボンズの教えで出塁率アップ

53 オースティン・スレイター *Austin Slater* レフト／ライト

28歳／188cm／88kg／右投右打　対左.275　対右.205　ホ.134　ア.307　得.297
ド2014⑧ジャイアンツ　出フロリダ州　年56万3500ドル(約6200万円)+α

ミ**2**／バ**4**／走**4**／守**4**／肩**4**

　チーム16年ぶりの快挙達成の代打男。昨季は7月1日にメジャー昇格。チームが上昇運に乗った、8月半ばまでの昇格後40試合は、3割を超える打率をマークした。だが、その後の28試合は1割3分1厘。ほかの若手たち同様、調子を落とした。昨季向上したのは選球眼。打席における四球の割合がアップした。これは球団の特別アドバイザー、バリー・ボンズの教えによるものだという。7月6日のカーディナルス戦で、球団では2003年にリック・オーリリアが記録して以来となる、代打満塁逆転本塁打を放った。昨季代打では17打数6安打5四球で、出塁率は5割。

年度	所属チーム	試合数	打数	得点	安打	二塁打	三塁打	本塁打	打点	四球	三振	盗塁	盗塁刺	出塁率	OPS	打率
2019	ジャイアンツ	68	168	20	40	9	3	5	21	22	59	1	0	.333	.750	.238
通算成績		176	484	56	123	18	5	9	60	50	157	8	0	.335	.702	.254

今季もメジャーとマイナーの往復か

16 アラミス・ガルシア *Aramis Garcia* キャッチャー／ルーキー

27歳／188cm／100kg／右投右打　盗塁阻止率.250(4-1)　対左.120　対右.176　ホ.130
ア.158　得.143　ド2014②ジャイアンツ　出フロリダ州　年56万3500ドル(約6200万円)+α

ミ**2**／バ**3**／走**2**／守**3**／肩**3**

　一昨年8月末にメジャーデビューした捕手。その年のオフ、打撃指導専門のインストラクターやパウエル打撃コーチ(今季から中日ドラゴンズ打撃巡回コーチ)に指導を請い、昨季は一定の手ごたえをつかんでシーズン入り。3Aでまずまずの打撃成績を残し、何度かメジャーでプレーする機会を得た。しかしメジャーでは、打率1割台だった。打撃面は、パワーはあるが、確実性はイマイチ。四球をほとんど選ばないので、出塁率も期待できない。大物若手捕手ジョーイ・バートが下に控えているため、球団は一塁や外野も守らせ、ガルシアの引き出しを増やそうとしている。

年度	所属チーム	試合数	打数	得点	安打	二塁打	三塁打	本塁打	打点	四球	三振	盗塁	盗塁刺	出塁率	OPS	打率
2019	ジャイアンツ	18	42	5	6	1	0	2	5	4	21	0	0	.217	.527	.143
通算成績		37	105	13	24	2	0	6	14	6	52	0	0	.270	.689	.229

― ジョーイ・バート *Joey Bart* キャッチャー／期待度 A+／ルーキー

24歳／63cm／235kg／右投右打　◆昨季は1A+、2Aでプレー　ド2018①ジャイアンツ　出ジョージア州

　ジャイアンツが2018年のドラフトで、1巡目(全体2位)に指名したポージーの後継候補。契約金702.5万ドル(約7億8000万円)は、捕手の歴代最高額だった。打撃センスが高く評価されている。肩も強い。今年の1月に「MLB.COM」から発表された捕手の有望株ランキングでは、全体2位。

26 クリス・ショウ *Chris Shaw* レフト／ファースト／期待度 B⁻／ルーキー

27歳／191cm／102kg／右投右打　◆昨季メジャーで16試合出場　ド2015①ジャイアンツ　出マサチューセッツ州

　パワーが魅力の左翼手兼一塁手。「大学生最高の打者の一人」の触れ込みで、2015年ドラフトで指名され、プロ入り。一昨年、メジャーデビューを果たしている。ただ、メジャーでは82打席で1本塁打、打率も1割台と、結果を残せていない。守備は、スピードに欠けるため守備範囲は狭いが、肩は弱くない。

対左=対左投手打率　対右=対右投手打率　ホ=ホーム打率　ア=アウェー打率　得=得点圏打率　ド=ドラフトデータ　出=出身地　年=年俸

コロラド・ロッキーズ

◆創　立：1993年
◆本拠地：コロラド州デンバー市
◆ワールドシリーズ制覇：0回　◆リーグ優勝：1回
◆地区優勝：0回　◆ワイルドカード獲得：5回

主要オーナー　チャーリー・モンフォート、ディック・モンフォート（スポーツ企業家）

過去5年成績

年度	勝	負	勝率	ゲーム差	地区順位	ポストシーズン成績
2015	68	94	.420	24.0	⑤	―
2016	75	87	.463	16.0	③	―
2017	87	75	.537	17.0	③	ワイルドカードゲーム敗退
2018	91	72	.558	1.0	②	地区シリーズ敗退
2019	71	91	.438	35.0	④	―

監督　10 バド・ブラック *Bud Black*

◆年　齢…………63歳（カリフォルニア州出身）
◆現役時代の経歴…15シーズン　マリナーズ（1981）、
（ピッチャー）　　ロイヤルズ（1982〜88）、インディアンズ（1988〜90）、
　　　　　　　　　ブルージェイズ（1990）、ジャイアンツ（1991〜94）、
　　　　　　　　　インディアンズ（1995）
◆現役通算成績……398試合　121勝116敗11S　防御率3.84
◆監督経歴…………12シーズン　パドレス（2007〜15年）、ロッキーズ（2017〜）
◆通算成績…………898勝951敗（勝率.486）　最優秀監督賞1回（10年）

　現役監督では唯一の投手出身監督。就任後、ロッキーズ投手陣のレベルアップに貢献し、昨季開幕前には、2022年までの延長契約を球団と結んだ。しかし、昨季のチーム防御率はナショナル・リーグ最下位。一昨年から勝利数と敗戦数がほぼ入れ替わる形で、大きく負け越した。ただ、メディアやファンからの批判はあまりなく、球団からの評価も依然高いままだ。2007年から15年まではパドレスで監督を務め、08年にはチームに井口資仁（現千葉ロッテ監督）がいた。

注目コーチ　― ダリル・スコット *Darryl Scott*

　新ブルペンコーチ。52歳。2009年からロッキーズの組織で働いている。1994年に横浜でプレー。同僚に佐々木主浩、斎藤隆、大家友和ら未来のメジャーリーガーがいた。

編成責任者　ジェフ・ブリディッチ *Jeff Bridich*

　43歳。ハーバード大学を卒業後、MLB機構に勤務。その後、ロッキーズの組織に加わり、2014年オフから編成トップの座を任されている。成功と呼べる補強が少ない。

スタジアム　クアーズ・フィールド *Coors Field*

◆開場年…………1995年
◆仕　様…………天然芝
◆収容能力………46,897人
◆フェンスの高さ…2.4〜4.3m
◆特　徴…………メジャーで最も得点の入りやすい球場。標高1マイル（約1600メートル）の高地にあるので気圧が低く、その影響でとにかく打球が飛ぶのだ。ホームランもよく出るが、それよりも二塁打、三塁打が、他球場に比べて非常に出やすい。

ヒッターズパーク

128　127　129
119　　　　　114
106　　　　　107

451

Best Order
[ベストオーダー]

① トレヴァー・ストーリー……ショート
② デイヴィッド・ダール……センター
③ ノーラン・アレナード……サード
④ チャーリー・ブラックモン……ライト
⑤ ダニエル・マーフィー……ファースト
⑥ ライアン・マクマーン……セカンド
⑦ ライメル・タピア……レフト
⑧ トニー・ウォルターズ……キャッチャー

Depth Chart
[ポジション別選手層・メンバーリスト]

※2020年2月4日時点の候補選手。
数字は背番号（開幕前に変更する
場合もあり)。右・左等は投・打の順。

レフト
15 ライメル・タピア [左・左]
20 イアン・デズモンド [右・右]
1 ギャレット・ハンプソン [右・右]

センター
26 デイヴィッド・ダール [右・左]
15 ライメル・タピア [左・左]
43 サム・ヒリアード [左・左]
31 ヨナタン・ダーサ [右・右]

ライト
19 チャーリー・ブラックモン [左・左]
26 デイヴィッド・ダール [右・左]
43 サム・ヒリアード [左・左]
31 ヨナタン・ダーサ [右・右]

ショート
27 トレヴァー・ストーリー [右・右]
1 ギャレット・ハンプソン [右・右]
7 ブレンダン・ロジャース [右・右]

セカンド
24 ライアン・マクマーン [右・左]
1 ギャレット・ハンプソン [右・右]
7 ブレンダン・ロジャース [右・右]

サード
28 ノーラン・アレナード [右・右]
24 ライアン・マクマーン [右・左]
1 ギャレット・ハンプソン [右・右]
7 ブレンダン・ロジャース [右・右]
8 ジョシュ・フエンテス [右・右]

ローテーション
48 ヘルマン・マルケス [右・右]
55 ジョン・グレイ [右・右]
21 カイル・フリーランド [左・右]
49 アントニオ・センザテーラ [右・右]
23 ピーター・ランバート [右・右]
50 チチ・ゴンザレス [右・右]
32 ジェフ・ホフマン [右・右]

ファースト
9 ダニエル・マーフィー [右・左]
24 ライアン・マクマーン [右・左]
8 ジョシュ・フエンテス [右・右]

キャッチャー
14 トニー・ウォルターズ [右・左]
58 ドム・ヌニェス [右・左]

ブルペン
45 スコット・オーバーグ [右・右] CL
71 ウェイド・デイヴィス [右・右]
54 カルロス・エステヴェス [右・右]
51 ジェイク・マギー [左・右]
29 ブライアン・ショウ [右・両]
37 ハイロ・ディアス [右・右]
62 イェンシー・アルモンテ [右・両]
47 ジェイムズ・パゾス [左・右]
64 フィリップ・ディール [左・右]
40 タイラー・キンリー [右・右]
49 アントニオ・センザテーラ [右・右]
34 ジェフ・ホフマン [右・右]
50 チチ・ゴンザレス [右・右]
32 ヘスス・ティノコ [右・右]

※ CL=クローザー

ロッキーズ試合日程……＊はアウェーでの開催

3月26・27・28・29 パドレス＊	28・29 ホワイトソックス	29・30・31 ジャイアンツ＊
30・31・4月1 ドジャース＊	5月1・2・3 フィリーズ＊	6月1・2・3 ダイヤモンドバックス＊
3・4・5 パドレス	4・5・6 タイガース＊	4・5・6・7 ドジャース＊
7・8 レンジャーズ	7・8・9・10 レッズ	9・10・11 ダイヤモンドバックス
10・11・12 ダイヤモンドバックス＊	11・12・13・14 ジャイアンツ	12・13・14 パイレーツ
14・15・16 パドレス	15・16・17 マーリンズ	16・17・18 カーディナルス＊
17・18・19 カーディナルス	19・20 ホワイトソックス＊	19・20・21 パドレス
21・22・23 ジャイアンツ＊	22・23・24 フィリーズ	22・23・24 ロイヤルズ＊
24・25・26 ブリュワーズ	25・26・27・28 ドジャース	26・27・28 ツインズ＊

球団メモ　昨年6月、本拠地クアーズ・フィールドでのパドレスとの4連戦は、両軍合わせて計92得点の乱打戦。1900年以降では、4連戦におけるMLBの最多得点記録だった。

■投手力➡…★★☆☆☆【昨年度チーム防御率5.56、リーグ15位】

　標高1600メートルに位置する本拠地クアーズ・フィールドは、メジャー屈指の打高投低のスタジアム。そうであるにしても、昨季のリーグ最低となる5.56というチーム防御率は、相当にいただけない数字であることは間違いない。ローテーションでは、一昨年、2点台をマークしたフリーランドの防御率が6点台まで悪化。ほかの先発投手も、グレイとマルケス以外はひどい成績だった。ローテーション、ブルペンとも、オフに大きな補強もしていないので、今シーズンも苦しい状態が続くことになりそうだ。

■攻撃力➡…★★★★☆【昨年度チーム得点835、リーグ4位】

　アレナード、ストーリー、ブラックモンといった主力打者たちは、今季も一級品の数字を残す可能性は高い。ただし、頼りになる新戦力の補強もなく、昨季リーグ4位だったチーム得点を、飛躍的に伸ばすのは難しそうだ。攻撃力アップのために、ダール、ハンプソンらの奮起に期待したい。

■守備力➡…★★★☆☆【昨年度チーム失策数97、リーグ8位タイ】

　昨季まで7年連続ゴールドグラブ賞のアレナードが、内野の守備を締めてはいるが、チーム全体の守備力は辛うじて平均点といったところ。中でも外野陣の守備力強化は、チームの課題となっている。

■機動力➡…★★★☆☆【昨年度チーム盗塁数71、リーグ8位】

　強打者ストーリーが2年連続20盗塁以上をマークしていることは立派。ハンプソン、タピアら走れる野手たちには、盗塁技術向上を望みたい。

| 総合評価 ➡ ★★☆☆☆ | 選手たちの能力は決して低くはない。だが、シーズンオフに二転三転した看板選手アレナードのトレード話に象徴されるように、チーム作りの方向性がなかなか見えない状況にある。オフに目立った補強もなく、昨季からの上昇はあまり期待できない。 |

ロッキーズ

IN　主な入団選手	OUT　主な退団選手
投手 タイラー・キンリー←マーリンズ	投手 タイラー・アンダーソン→ジャイアンツ チャド・ベティス→所属先未定
野手 とくになし	野手 ヨンデール・アロンソ→所属先未定 クリス・アイアネタ→ヤンキース

29・30・**7月**1	パイレーツ*	31・**8月**1・2	ジャイアンツ	31・**9月**1・2・3	メッツ*
3・4・5	ジャイアンツ	3・4・5	メッツ	4・5・6	インディアンズ
6・7・8	ダイヤモンドバックス	7・8・9	パドレス*	7・8・9	カブス
9・10・11・12	ブリュワーズ*	10・11・12・13	ダイヤモンドバックス*	11・12・13	パドレス
14	オールスターゲーム	14・15・16	ブレーブス	15・16	ドジャース*
17・18・19	ブレーブス	17・18・19・20	ナショナルズ*	18・19・20	カブス*
20・21・22・23	マーリンズ	21・22・23	ドジャース	22・23・24	ドジャース
24・25・26	レッズ*	24・25	レンジャーズ*	25・26・27	ダイヤモンドバックス
27・28・29	ナショナルズ*	27・28・29・30	ブレーブス*		

球団メモ 2018年途中からロッキーズで投げていた元阪神の呉昇桓（オ・スンファン）だが、故障もあり、昨年7月に自由契約となった。その後、韓国プロ野球のサムソンと契約。

3年連続2ケタ勝利をマークした本格派　先発

48 ヘルマン・マルケス German Marquez

25歳／185cm／102kg／右投右打

◆速球のスピード／150キロ台中頃（フォーシーム、ツーシーム）　球威 **5**

◆決め球と持ち球／☆スライダー、◎フォーシーム、○カーブ、○ツーシーム、○チェンジアップ　制球 **5**

◆対左.264　◆対右.254　◆ホ防6.26　◆ア防3.67　緩急 **4**

◆ド2011㉟レイズ　◆出ベネズエラ　守備・牽制 **3**

◆年450万ドル（約4億9500万円）　◆シルバースラッガー賞1回（18年）　度胸 **4**

　2019年シーズン当初に、ロッキーズと5年4300万ドルで契約延長したベネズエラ人右腕。最大の魅力は、150キロ台中盤の力強いフォーシームで追い込み、鋭くタテに落ちるスライダーで空振りを奪えること。また、一昨年の与四球率2.62から、昨季は1.81とさらに数値が改善し、制球力の面でも進化している。ただし、調子の波は大きいほうで、1安打無四球の完封勝利を飾った、4月14日のジャイアンツ戦のような快投劇を見せたかと思えば、7月15日の同じジャイアンツ戦では、2回2/3で11失点と大炎上し、地元紙から酷評された。18年には、シルバースラッガー賞を受賞。昨季も得点圏打率3割5分3厘で11打点をあげるなど、バッティングにも定評がある。

| カモ | J・ターナー（ドジャース）.125(16-2)1本 | 苦手 | D・ペラルタ（ダイヤモンドバックス）.438(32-14)2本 |

年度	所属チーム	勝利	敗戦	防御率	試合数	先発	セーブ	投球イニング	被安打	失点	自責点	被本塁打	与四球	奪三振	WHIP
2016	ロッキーズ	1	1	5.23	6	3	0	20.2	28	12	12	2	6	15	1.65
2017	ロッキーズ	11	7	4.39	29	29	0	162.0	174	82	79	25	49	147	1.38
2018	ロッキーズ	14	11	3.77	33	33	0	196.0	179	90	82	24	57	230	1.20
2019	ロッキーズ	12	5	4.76	28	28	0	174.0	174	96	92	29	35	175	1.20
通算成績		38	24	4.32	96	93	0	552.2	555	280	265	80	147	567	1.27

好調キープも、無念の骨折リタイア　先発

55 ジョン・グレイ Jon Gray

29歳／193cm／102kg／右投右打

◆速球のスピード／150キロ台中頃（フォーシーム）　球威 **5**

◆決め球と持ち球／☆スライダー、◎フォーシーム、○カーブ、○チェンジアップ　制球 **4**

◆対左.272　◆対右.248　◆ホ防3.46　◆ア防4.22　緩急 **4**

◆ド2013①ロッキーズ　◆出オクラホマ州　守備・牽制 **3**

◆年560万ドル（約6億1600万円）　度胸 **3**

　アメリカの先住民であるチェロキー族の血を継ぐ豪腕投手。投球の5割強を占めるフォーシームに、軌道や球速を使い分けることができるスライダー、落差のあるカーブを織り交ぜ、高い奪三振率を誇る。体調面の不安があり、内容が今一つだった2018年シーズンから立て直した昨季は、6月に5勝1敗の成績を収めるなど、好調をキープ。8月16日ロッキーズ戦では8回無失点で11勝目をマークしたが、直後に左足を骨折、60日間のIL（故障者リスト）入りとなり、そのままシーズンを終えた。7月12日のレッズ戦で、相手投手ソニー・グレイと、86年ぶりとなる「同名の右先発投手対決」が実現。

| カモ | E・ロンゴリア（ジャイアンツ）.000(7-0)0本 | 苦手 | D・ペラルタ（ダイヤモンドバックス）.429(21-9)0本 |

年度	所属チーム	勝利	敗戦	防御率	試合数	先発	セーブ	投球イニング	被安打	失点	自責点	被本塁打	与四球	奪三振	WHIP
2015	ロッキーズ	0	2	5.53	9	9	0	40.2	52	26	25	4	14	40	1.62
2016	ロッキーズ	10	10	4.61	29	29	0	168.0	153	92	86	18	59	185	1.26
2017	ロッキーズ	10	4	3.67	20	20	0	110.1	113	47	45	10	30	112	1.30
2018	ロッキーズ	12	9	5.12	31	31	0	172.1	180	102	98	27	52	183	1.35
2019	ロッキーズ	11	8	3.84	26	25	0	150.0	147	70	64	19	56	150	1.35
通算成績		43	33	4.46	115	114	0	641.1	645	337	318	78	211	670	1.33

対左＝対左打者被打率　対右＝対右打者被打率　ホ防＝ホーム防御率　ア防＝アウェー防御率　ド＝ドラフトデータ　出＝出身地　年＝年俸　カモ　苦手は通算成績

復活を期す地元出身のサウスポー

21 **カイル・フリーランド** Kyle Freeland

先発

27歳 | 193cm | 91kg | 左投左打 | 球150キロ前後（フォーシーム主体） | 決☆フォーシーム
対左.200 対右.295 ド2014①ロッキーズ 出コロラド州 年287.5万ドル（約3億1625万円）

	球	4
	制	4
	緩	3
	守	3
	度	3

　子供の頃からロッキーズファンだった、デンバー生まれの左腕。ドラフト1巡目で入団し、2017年に11勝をあげ新人王投票第7位、17勝をあげた18年にはサイ・ヤング賞投票第4位とすばらしい成長曲線を描いてきたが、開幕投手も任された昨季は、まさかの大不振におちいった。5月末までに12試合に先発し、2勝6敗、防御率7.13。一度3Aに落ちて、自らを見直す機会を得たが、メジャー復帰後も修正はできず、3勝11敗、防御率6.73という惨状のままシーズンを終えている。昨季は直球の伸び、高速スライダーのキレが落ちたことで、手痛い一発を浴びるケースが目立った。

年度	所属チーム	勝利	敗戦	防御率	試合	先発	セーブ	投球イニング	被安打	失点	自責点	被本塁打	与四球	奪三振	WHIP
2019	ロッキーズ	3	11	6.73	22	22	0	104.1	126	85	78	25	39	79	1.58
通算成績		31	29	4.14	88	83	0	462.2	477	227	213	59	172	359	1.40

チーム不振の象徴となったクローザー

71 **ウェイド・デイヴィス** Wade Davis

クローザー
セットアップ

34歳 | 198cm | 102kg | 右投右打 | 球150キロ前後（フォーシーム）、140キロ台前半（カッター） | 決☆カッター
対左.280 対右.300 ド2004③レイズ 出フロリダ州 年1700万ドル（約18億7000万円）
◆最多セーブ1回（18年）

	球	3
	制	2
	緩	3
	守	3
	度	3

　今季が3年5300万ドルの大型契約最終年となる2018年のセーブ王。契約では、2020年に30試合交代完了を果たせば、デイヴィス側が2021年オプションを持つことになっている。内容的には悪かったものの、18年にはリーグ最多の43セーブをあげ、ポストシーズン進出へ一定の貢献を示した。しかし、昨季は1勝6敗15セーブ、防御率8.65という成績に終わっている。打者有利のコロラドとはいえ、直球の球威、変化球のキレの衰えがともに顕著なだけに、輝きを取り戻すことは容易ではないだろう。家庭では妻と2人の子供、そして3匹の犬たちと幸せな生活を送っている。

年度	所属チーム	勝利	敗戦	防御率	試合	先発	セーブ	投球イニング	被安打	失点	自責点	被本塁打	与四球	奪三振	WHIP
2019	ロッキーズ	1	6	8.65	50	0	15	42.2	51	42	41	7	29	42	1.88
通算成績		63	51	3.73	512	88	137	943.1	842	415	391	93	367	888	1.28

「勝ち運」を持つブルペン陣の柱

45 **スコット・オーバーグ** Scott Oberg

セットアップ
クローザー

30歳 | 188cm | 93kg | 右投右打 | 球150キロ台前半（フォーシーム） | 決☆フォーシーム
対左.225 対右.173 ド2012⑮ロッキーズ 出マサチューセッツ州 年200万ドル（約2億2000万円）

	球	5
	制	3
	緩	3
	守	2
	度	4

　今季は開幕からクローザーを任される可能性もあるリリーフ右腕。球速以上の伸びを感じさせるフォーシームとスライダーで勝負する、シンプルな投球スタイルが特徴となっている。ブレイクを果たした2018年は8勝1敗、昨季も6勝1敗と勝ち運に恵まれているタイプ。その小気味の良いピッチングで打撃陣にリズムをもたらすことが、勝率の高さにつながっているのかもしれない。両腕の血栓のため、昨季は8月中旬にシーズンを終えてしまったが、今季もブルペン陣の核となるはずだ。自身のインスタグラムには、愛娘シャーロットちゃんの写真が多数掲載されている。

年度	所属チーム	勝利	敗戦	防御率	試合	先発	セーブ	投球イニング	被安打	失点	自責点	被本塁打	与四球	奪三振	WHIP
2019	ロッキーズ	6	1	2.25	49	0	5	56.0	39	18	14	5	23	58	1.11
通算成績		18	8	3.85	259	0	7	257.1	238	120	110	26	101	234	1.32

球=速球のスピード　決=決め球

ロッキーズ

2度目の2ケタ勝利を記録　　　　　　　　　　　　先発

49　アントニオ・センザテーラ　Antonio Senzatela

25歳｜185cm｜111kg｜右投右打｜⑲150キロ台前半（フォーシーム）｜⑱◎フォーシーム
[対左].327｜[対右].300｜Ⓓ2011㉘ロッキーズ｜Ⓗベネズエラ｜Ⓨ56万3500ドル（約6200万円）+α

球 4
制 3
緩 2
守 4
度 3

　スリークォーターから、ナチュラルに沈む直球を投げ込ん
でくるベネズエラ人右腕。2017年に22歳でメジャーデビュ
ー、先発で10勝をあげたが、チーム事情もあり、夏場以降
リリーフに回った。18年も先発、リリーフの双方をこなし、6勝。昨季は全25試
合に先発し、2度目の2ケタ勝利となる11勝をあげたが、内容はイマイチだった。
今季は先発5番手が予想されているが、カーブ、チェンジアップを磨き、投球に
もっと緩急をつけたいところだ。メジャーデビュー前年に、お母さんが胃癌によ
り、52歳の若さで死去。母の遺品であるロザリオを身につけ、マウンドに上がる。

年度	所属チーム	勝利	敗戦	防御率	試合数	先発	セーブ	投球イニング	被安打	失点	自責点	被本塁打	与四球	奪三振	WHIP
2019	ロッキーズ	11	11	6.71	25	25	0	124.2	161	99	93	19	57	76	1.75
通算成績		27	22	5.33	84	58	0	349.2	383	216	207	47	134	247	1.48

マイナー契約からローテーション入り　　　　　　先発

50　チチ・ゴンザレス　Chi Chi Gonzalez

28歳｜191cm｜98kg｜右投右打｜⑲150キロ前後（フォーシーム主体）｜⑱◎スライダー
[対左].250｜[対右].242｜Ⓓ2013①レンジャーズ｜Ⓗフロリダ州｜Ⓨ56万3500ドル（約6200万円）+α

球 3
制 3
緩 3
守 3
度 4

　2018年12月に、ロッキーズとマイナー契約。昨年6月に
メジャーへ昇格し、何度かマイナーとの間を往復しながら、
計12試合で先発登板した。初登板からなかなか勝ち星が付
かなかったが、9月に入って調子を上げ、6回を被安打4、1失点に抑えた10日の
カーディナルス戦、5回を被安打2、2失点でしのいだ21日のドジャース戦と、
強敵相手に2つの勝ち星をマークした。投球の4割強を占めるフォーシームのほか、
ツーシーム、スライダー、カッター、チェンジアップ、カーブと、球種は多彩。「チ
チ（Chi Chi）」は、祖父が付けた子供時代の愛称だ。本名は「アレグザンダー」。

年度	所属チーム	勝利	敗戦	防御率	試合数	先発	セーブ	投球イニング	被安打	失点	自責点	被本塁打	与四球	奪三振	WHIP
2019	ロッキーズ	2	6	5.29	14	12	0	63.0	59	39	37	11	33	46	1.46
通算成績		6	14	4.87	31	26	0	140.1	129	85	76	18	74	83	1.45

成長する余地も大きい新進気鋭　　　　　　　　　先発

23　ピーター・ランバート　Peter Lambert

23歳｜188cm｜84kg｜右投右打｜⑲140キロ台後半（フォーシーム）｜⑱◎チェンジアップ
[対左].339｜[対右].305｜Ⓓ2015②ロッキーズ｜Ⓗカリフォルニア州｜Ⓨ56万3500ドル（約6200万円）+α

球 2
制 4
緩 3
守 4
度 3

　2015年ドラフトで、ロッキーズから2巡目に指名された若
手右腕。メジャーデビュー戦となった昨年6月6日のカブス
戦では、先発して7回を被安打4、1失点に抑え、初勝利を
マークした。次戦も勝ち投手になったが、その後は壁に突き当たり、結局3勝を
あげただけでシーズンを終えている。決め球のチェンジアップをより生かすため
にも、速球とスライダーに磨きをかけたいところだ。兄のジミーもピッチャーで、
ホワイトソックス傘下のマイナーでプレー。小さい頃から、野球だけでなく、あ
らゆる遊びでも勝敗を競ってきた。投げ合う日が来るのを、ともに待ち望んでいる。

年度	所属チーム	勝利	敗戦	防御率	試合数	先発	セーブ	投球イニング	被安打	失点	自責点	被本塁打	与四球	奪三振	WHIP
2019	ロッキーズ	3	7	7.25	19	19	0	89.1	119	74	72	18	36	57	1.74
通算成績		3	7	7.25	19	19	0	89.1	119	74	72	18	36	57	1.74

⑲=速球のスピード　⑱=決め球　[対左]=対左打者被打率　[対右]=対右打者被打率
Ⓓ=ドラフトデータ　Ⓗ=出身地　Ⓨ=年俸

8年連続60試合以上登板のタフネス右腕

29 ブライアン・ショウ Bryan Shaw

ミドル
リリーフ

33歳｜185cm｜104kg｜右投両打｜球150キロ前後（カッター主体）｜決○カッター
対左.200 対右.290 ｜D2008②ダイヤモンドバックス｜囲カリフォルニア州｜年900万ドル（約9億9000万円）

球 3
制 3
緩 2
守 2
度 3

　投球の8割近くを占めるカッターで勝負するリリーバー。ダイヤモンドバックスに在籍していた2012年から昨季まで、8年連続60試合以上登板を果たしたことには、高い評価が与えられてしかるべきだろう。ただし、ロッキーズに移籍してからの直近2年間は、ともに5点台の防御率を記録するなど、内容は低調。ゴロを打たす本来のピッチングができず、手痛い一発を浴びる場面も多い。今季が3年契約の最終年。登板試合数、交代完了数による契約延長オプションが付いているとは言え、正念場を迎えたことは間違いない。高校時代は野球のほか、アメフト、バスケでも活躍。

年度	所属チーム	勝利	敗戦	防御率	試合数	先発	セーブ	投球イニング	被安打	失点	自責点	被本塁打	与四球	奪三振	WHIP
2019	ロッキーズ	3	2	5.38	70	0	1	72.0	69	44	43	12	29	58	1.36
通算成績		30	36	3.68	606	0	12	573.0	536	268	234	58	208	510	1.30

長女誕生後の防御率は2.53

54 カルロス・エステヴェス Carlos Estevez

ミドル
リリーフ

28歳｜198cm｜125kg｜右投右打｜球150キロ台後半（フォーシーム）｜決☆フォーシーム
対左.287 対右.222 ｜D2011①ロッキーズ｜囲ドミニカ｜年108万ドル（約1億1880万円）

球 5
制 3
緩 2
守 2
度 4

　昨季は71試合に登板し、厳しい状況にあったブルペン陣を支えたベネズエラ人右腕。2018年は度重なるケガのため、シーズンを通して3Aでプレーすることを余儀なくされた。しかし、昨季はその鬱憤（うっぷん）を晴らすように、チーム最多の登板数を記録した。フォーシームの速球は、平均球速が97.83マイル（157.5キロ）あり、空振りを奪う強力な武器になっている。この速球に、スライダーを交えるピッチングスタイル。昨年はハードワークを続けながらも、8月にしっかり父親休暇を取り、出産を間近に控えたマーガレット夫人のもとへ。第1子となる長女の誕生を見届けている。

年度	所属チーム	勝利	敗戦	防御率	試合数	先発	セーブ	投球イニング	被安打	失点	自責点	被本塁打	与四球	奪三振	WHIP
2019	ロッキーズ	2	2	3.75	71	0	0	72.0	70	34	30	12	23	81	1.29
通算成績		10	9	4.63	169	0	11	159.1	159	87	82	21	65	171	1.41

81 ベン・ボウデン Ben Bowden

リリーフ｜期待度 B｜ルーキー

26歳｜193cm｜107kg｜左投左打｜◆昨季は2A、3Aでプレー｜D2016②ロッキーズ｜囲マサチューセッツ州

　球団がセットアッパーとしての成長を期待している左腕。武器は、威力のある150キロ台前半のツーシームとチェンジアップ。奪三振率の高さがウリだ。今後の課題は、制球力の向上とスライダーのレベルアップ。学生時代はレッドソックスのファンで、ペドロ・マルティネスがあこがれの投手だった。

60 ライアン・カステラーニ Ryan Castellani

先発｜期待度 C｜ルーキー

24歳｜193cm｜102kg｜右投右打｜◆昨季は3Aでプレー｜D2014②ロッキーズ｜囲アリゾナ州

　やや伸び悩んでいる投手の有望株。昨季は初めて3Aで開幕を迎えたが、10試合に先発した時点で防御率は8点台。6月に右ヒジを痛め、その後手術を受けたため、シーズン終了となった。ピッチングの基本は、150キロ前後の速球（フォーシーム、ツーシーム）とチェンジアップのコンビネーション。

ロッキーズ

現代のMLBを代表する選手の一人

サード

28 ノーラン・アレナード
Nolan Arenado

29歳 | 188cm | 98kg | 右投右打

◆対左投手打率／.315(162-51) ◆対右投手打率／.315(426-134)
◆ホーム打率／.351(296-104) ◆アウェー打率／.277(292-81)
◆得点圏打率／.329(140-46)
◆19年のポジション別出場数／サード＝154
◆ドラフトデータ／2009②ロッキーズ
◆出身地／カリフォルニア州 ◆年俸／3500万ドル（約38億5000万円）
◆本塁打王3回（15、16、18年）、打点王2回（15、16年）、ゴールド
グラブ賞7回（13〜19年）、シルバースラッガー賞4回（15、16、17、18年）

ミート **5**
パワー **5**
走塁 **3**
守備 **5**
肩 **5**

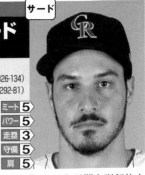

　昨年2月に8年2億6000万ドル（約289億円）という長期大型契約を結び、ロッキーズに残留することが決まった生え抜きの超一流プレーヤー。昨季も故障なくシーズンを全うし、155試合に出場。ともにキャリアハイとなる打率3割1分5厘、OPS.962のほか、41本塁打、118打点とスーパースターにふさわしい打撃成績を残した。圧倒的なまでの高評価を受けているサードの守備も、まさに円熟の境地にある印象。7年連続となるゴールドグラブ賞はもちろん、ゴールドグラブ賞受賞者の中で、最も守備が優れている選手に与えられるプラチナ・ゴールドグラブ賞も3年連続で獲得することとなった。アメリカン・リーグのプラチナ・ゴールドグラブ賞を受賞したのは、カリフォニア州レークフォレストに所在するエルトリロ高校の2学年後輩となる、アスレティックスのマット・チャップマン三塁手。同賞の授賞式では、高校時代に2人を指導したマイク・ゴンザレス氏が、サプライズでプレゼンターを務めた。

　瞬間湯沸かし器的な性格の持ち主で、カッとなると、暴力的な行動をとってしまうこともある。2018年5月には、空振りの三振を喫した自らの不甲斐なさに激昂、ベンチに置かれていた人気菓子「ハイチュウ」の容器を投げつけるという行動に出た。数日後、自らの取り乱した行為を恥じたアレナードは、ハイチュウの容器に絆創膏を張り、椅子に置かれたハイチュウに対し、謝罪の言葉と仲直りをしたい旨を話しかけるユーモラスな動画を公開している。両親の影響から敬虔なカトリックでもあり、その腕には、新約聖書「マタイによる福音書」にある「人にはできないが、神にはすべてのことができる」という文言のタトゥーが彫られている。

カモ G・コール（ヤンキース）.474(19-9)3本　柳賢振（ブルージェイズ）.516(31-16)4本
苦手 K・イェーツ（パドレス）.083(12-1)0本　前田健太（ツインズ）.133(30-4)0本

年度	所属チーム	試合数	打数	得点	安打	二塁打	三塁打	本塁打	打点	四球	三振	盗塁	盗塁死	出塁率	OPS	打率
2013	ロッキーズ	133	486	49	130	29	4	10	52	23	72	2	0	.301	.706	.267
2014	ロッキーズ	111	432	58	124	34	2	18	61	25	58	2	1	.328	.828	.287
2015	ロッキーズ	157	616	97	177	43	4	42	130	34	110	2	5	.323	.898	.287
2016	ロッキーズ	160	618	116	182	35	6	41	133	68	103	2	3	.362	.932	.294
2017	ロッキーズ	159	606	100	187	43	7	37	130	62	106	3	2	.373	.959	.309
2018	ロッキーズ	156	590	104	175	38	2	38	110	73	122	2	2	.374	.935	.297
2019	ロッキーズ	155	588	102	185	31	2	41	118	62	93	3	2	.379	.962	.315
通算成績		1031	3936	626	1160	253	27	227	734	347	664	16	15	.351	.897	.295

27 トレヴァー・ストーリー Trevor Story

遊撃手最速となる通算100本塁打

ショート

28歳｜180cm｜98kg｜右投右打
◆対左投手打率／.314 ◆対右投手打率／.286
◆ホーム打率／.328 ◆アウェー打率／.260 ◆得点圏打率／.264
◆19年のポジション別出場数／ショート＝144 ◆Ⓓ2011①ロッキーズ
◆⊞テキサス州 ◆⊞800万ドル（約8億8000万円）
◆シルバースラッガー賞2回（18、19年）

ミート **4**
パワー **5**
走塁 **5**
守備 **4**
肩 **5**

　2年連続でシルバースラッガー賞を受賞した、強打好守のショートストップ。昨季は2年連続でオールスターにも選出されている。昨年5月24日のオリオールズ戦では、遊撃手としてMLB史上最速記録となる「出場448試合で通算100本塁打」を達成。さらにこの試合の9回裏には、通算101本目となるサヨナラツーランも放った。デビュー当初は打撃の粗さも目立ったが、一昨年、打撃フォームを改良したことなどで、ワンランク上の打者に成長。昨季は打率、出塁率で、自己ベストの数字をマークしている。2018年11月に、高校時代からの恋人であるマリーさんと、故郷のテキサスで挙式。自身のインスタグラムに、マリーさんとの仲睦まじいツーショットを掲載している。

| カモ A・フラッドリー（ダイヤモンドバックス）.429(14-6)1本 | | | | | 苦手 前田健太（ツインズ）.136(22-3)0本 | | | | | | | | | |

年度	所属チーム	試合数	打数	得点	安打	二塁打	三塁打	本塁打	打点	四球	三振	盗塁	盗塁死	出塁率	OPS	打率
2016	ロッキーズ	97	372	67	101	21	4	27	72	35	130	8	5	.341	.909	.272
2017	ロッキーズ	145	503	68	120	32	3	24	82	49	191	7	2	.308	.765	.239
2018	ロッキーズ	157	598	88	174	42	6	37	108	47	168	27	6	.348	.914	.291
2019	ロッキーズ	145	588	111	173	38	5	35	85	58	174	23	8	.363	.917	.294
通算成績		544	2061	334	568	133	18	123	347	189	663	65	21	.341	.878	.276

19 チャーリー・ブラックモン Charlie Blackmon

「4連戦で15安打」の歴史的記録を達成

ライト

34歳｜191cm｜100kg｜左投左打
◆対左投手打率／.307 ◆対右投手打率／.318
◆ホーム打率／.379 ◆アウェー打率／.256 ◆得点圏打率／.385
◆19年のポジション別出場数／ライト＝135、DH＝2 ◆Ⓓ2008②ロッキーズ
◆⊞テキサス州 ◆⊞2100万ドル（約23億1000万円）
◆首位打者1回（17年）、シルバースラッガー賞2回（16、17年）

ミート **5**
パワー **5**
走塁 **2**
守備 **2**
肩 **3**

　首位打者、最多安打、最多得点、シルバースラッガー賞など数々の勲章を獲得している強打の外野手。昨年6月13〜16日の対パドレス4連戦では、各試合で4、4、4、3安打を放ち、「4連戦で計15安打」という、1900年以降では初めてとなる快記録を樹立した。かつてはセンターを守ることが多かったが、守備範囲が狭くなったこともあり、昨年からはライトで起用されている。一見すると長いヒゲに覆われた強面だが、陽気でチームメイトを和ますことが得意。ツイッターには、楽しい動画や写真が多数掲載されている。

| カモ R・レイ（ダイヤモンドバックス）.435(46-20)5本 | | | | | 苦手 Z・デイヴィース（パドレス）.100(10-1)0本 | | | | | | | | | |

年度	所属チーム	試合数	打数	得点	安打	二塁打	三塁打	本塁打	打点	四球	三振	盗塁	盗塁死	出塁率	OPS	打率
2011	ロッキーズ	27	98	9	25	1	0	1	8	3	8	5	1	.277	.573	.255
2012	ロッキーズ	42	113	15	32	8	0	2	9	4	17	1	2	.325	.732	.283
2013	ロッキーズ	82	246	35	76	17	2	6	22	7	49	7	0	.336	.803	.309
2014	ロッキーズ	154	593	82	171	27	3	19	72	31	96	28	10	.335	.775	.288
2015	ロッキーズ	157	614	93	176	31	9	17	58	46	112	43	13	.347	.797	.287
2016	ロッキーズ	143	578	111	187	35	5	29	82	43	102	17	9	.381	.933	.324
2017	ロッキーズ	159	644	137	213	35	14	37	104	65	135	14	10	.399	1.000	.331
2018	ロッキーズ	156	626	119	182	31	7	29	70	59	134	12	4	.358	.860	.291
2019	ロッキーズ	140	580	112	182	42	7	32	86	40	104	2	5	.364	.940	.314
通算成績		1060	4092	713	1244	227	47	172	511	298	757	129	54	.360	.868	.304

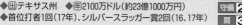

Ⓓ＝ドラフトデータ ⊞＝出身地 ⊞＝年俸

ロッキーズ

26 ケガの多さが大成を阻むスラッガー
デイヴィッド・ダール David Dahl

26歳｜188cm｜91kg｜右投左打

- ◆対左投手打率／.319　◆対右投手打率／.295
- ◆ホーム打率／.349　◆アウェー打率／.254　◆得点圏打率／.319
- ◆19年のポジション別出場数／センター＝40、レフト＝39、ライト＝24
- ◆Ⓓ2012①ロッキーズ　◆Ⓑアラバマ州
- ◆Ⓢ242.5万ドル（約2億6675万円）

ミート	4
パワー	4
走塁	3
守備	3
肩	3

レフト センター

　昨年、オールスターに初選出された強打の外野手。開幕から好調を維持し、6月には月間打率3割1分5厘、7本塁打、32打点と、すばらしい打撃を披露。キャリアハイのシーズン成績を収めることは確実と思われたが、8月2日の試合で守備中に、右足首を捻挫。当初の予想以上に症状は重く、結局、この日がシーズン最後の試合となってしまった。2017年は肋骨の疲労骨折などで全休、18年も自打球を当てて2カ月の離脱と、ケガに弱い体質を改善することが急務だ。自身のツイッターには、同僚ブラックモンが度々登場している。

カモ K・ヘンドリックス（カブス）.444(9-4)2本　苦手 R・レイ（ダイヤモンドバックス）.091(11-1)0本

年度	所属チーム	試合数	打数	得点	安打	二塁打	三塁打	本塁打	打点	四球	三振	盗塁	盗塁死	出塁率	OPS	打率
2016	ロッキーズ	63	222	42	70	12	4	7	24	15	59	5	0	.359	.859	.315
2018	ロッキーズ	77	249	31	68	11	3	16	48	19	68	5	3	.325	.859	.273
2019	ロッキーズ	100	374	67	113	28	5	15	61	28	110	4	4	.353	.877	.302
通算成績		240	845	140	251	51	12	38	133	62	237	14	7	.346	.867	.297

20 6度目となるシーズン20本塁打を記録
イアン・デズモンド Ian Desmond

35歳｜191cm｜100kg｜右投右打

- ◆対左投手打率／.297　◆対右投手打率／.226
- ◆ホーム打率／.293　◆アウェー打率／.216　◆得点圏打率／.265
- ◆19年のポジション別出場数／センター＝74、レフト＝44、DH＝2、ピッチャー＝1
- ◆Ⓓ2004③ナショナルズ　◆Ⓑフロリダ州　◆Ⓢ1500万ドル（約16億5000万円）
- ◆シルバースラッガー賞3回（12、13、14年）

ミート	3
パワー	4
走塁	3
守備	2
肩	5

レフト センター

　メジャー12シーズン目を迎える、実績十分のベテラン。ナショナルズ時代の2012～14年には、遊撃手として3年連続でシルバースラッガー賞を受賞。ロッキーズ移籍3年目の昨季も、自身6度目となるシーズン20本塁打を記録するなど、パワフルな打撃は健在だった。6月10日のカブス戦では、レフトスタンドへ飛距離148メートルという超特大の一発も放っている。一方、守備面と走塁面は衰えが顕著。昨季は主にセンターで起用されていたが、ミスが目立った。9月2日のドジャース戦では、大差のついた場面で投手として登板。

カモ 前田健太（ツインズ）.412(17-7).2本　苦手 W・ビューラー（ドジャース）.111(18-2)0本

年度	所属チーム	試合数	打数	得点	安打	二塁打	三塁打	本塁打	打点	四球	三振	盗塁	盗塁死	出塁率	OPS	打率
2009	ナショナルズ	21	82	9	23	7	4	4	12	5	14	1	0	.318	.879	.280
2010	ナショナルズ	154	525	59	141	27	4	10	65	28	109	17	5	.308	.700	.269
2011	ナショナルズ	154	584	65	148	27	5	8	49	35	139	25	10	.298	.656	.253
2012	ナショナルズ	130	513	72	150	33	2	25	73	30	113	21	6	.335	.845	.292
2013	ナショナルズ	158	600	77	168	38	3	20	80	43	145	21	6	.331	.784	.280
2014	ナショナルズ	154	593	73	151	26	3	24	91	46	183	24	5	.313	.743	.255
2015	ナショナルズ	156	583	69	136	27	2	19	62	45	187	13	5	.290	.674	.233
2016	レンジャーズ	156	625	107	178	29	3	22	86	44	160	21	6	.335	.782	.285
2017	ロッキーズ	95	339	47	93	11	1	7	40	24	87	15	4	.326	.701	.274
2018	ロッキーズ	160	555	82	131	21	8	22	88	53	146	20	6	.307	.729	.236
2019	ロッキーズ	140	443	64	113	31	4	20	65	34	119	3	3	.310	.788	.255
通算成績		1478	5442	724	1432	277	37	181	711	387	1402	181	56	.315	.742	.263

Ⓓ＝ドラフトデータ　Ⓑ＝出身地　Ⓢ＝年俸　カモ 苦手 は通算成績

野手

9　移籍1年目の打撃成績はやや期待外れ
ダニエル・マーフィー　*Daniel Murphy*

ファースト

35歳｜185cm｜100kg｜右投左打　対左.320　対右.260　闭.317　ア.237　得.320
D2006⑬メッツ　田フロリダ州　年800万ドル（約8億8000万円）
◆シルバースラッガー賞2回（16.17年）

ミ	4
バ	4
走	3
守	2
肩	2

　二塁打が多い強打の内野手。ナショナルズ時代の2016年に、リーグトップのOPSを記録している。18年オフにロッキーズと契約。二塁の守備が限界に来ていたため、ロッキーズにはレギュラー一塁手として迎え入れられた。移籍初年度の昨季は、開幕直後に左人差し指を骨折する不安なスタートとなったが、4月下旬に復帰。7月8〜14日の1週間には、打率6割6分7厘をマークして週間MVPに輝いた。とはいえ、シーズンを通して13本塁打は、ファーストのレギュラーとしては迫力不足と言わざるを得ない。12年に結婚した妻ヴィクトリアさんとの間に、3人の子供がいる。

年度	所属チーム	試合数	打数	得点	安打	二塁打	三塁打	本塁打	打点	四球	三振	盗塁	盗塁死	出塁率	OPS	打率
2019	ロッキーズ	132	438	56	122	31	1	13	78	32	74	1	1	.328	.780	.279
通算成績		1412	5185	700	1543	368	29	135	719	357	688	68	25	.343	.801	.298

14　課題だったバッティングに進化示す
トニー・ウォルターズ　*Tony Wolters*

キャッチャー

28歳｜178cm｜88kg｜右投右打　盗塁阻止率×.313(64-20)　対左.280　対右.254　闭.281
ア.241　得.265　D2010③インディアンズ　田カリフォルニア州

ミ	2
バ	2
走	2
守	4
肩	4

　バックアップ捕手から正捕手に昇格した、ディフェンス面での評価が高いキャッチャー。昨季、打撃面では一昨年1割台だった打率が、2割6分台に上昇。定評のあった守備もさらなる進化を遂げ、パスボールの割合が減り、盗塁阻止率がアップした。リード面では開幕からマルケス、グレイのパーソナル捕手を務めて好リードで支えたほか、捕手防御率もアイアネタ（シーズン途中に自由契約）よりずっと良かった。チームメートからの信頼は厚く、ベンチではムードメーカー的な役割も果たしている。子供の頃はパドレスファンで、トニー・グウィンがあこがれの選手だった。

年度	所属チーム	試合数	打数	得点	安打	二塁打	三塁打	本塁打	打点	四球	三振	盗塁	盗塁死	出塁率	OPS	打率
2019	ロッキーズ	121	359	42	94	17	2	1	42	36	68	0	1	.337	.666	.262
通算成績		349	975	118	233	44	9	7	115	116	209	6	3	.327	.651	.239

24　勝負強さと長打力が魅力の若手内野手
ライアン・マクマーン　*Ryan McMahon*

セカンド
ファースト

26歳｜188cm｜95kg｜右投左打　対左.257　対右.247　闭.270　ア.226　得.258
D2013②ロッキーズ　田カリフォルニア州　年56万3500ドル（約6200万円）+α

ミ	3
バ	5
走	3
守	3
肩	3

　昨季はセカンドを中心に、サード、ファーストでも先発出場した生え抜きの内野手。一昨年の181から480と打数が増えた昨季は、24本塁打、83打点と長打力、勝負強さに光るものを見せた。リーグワーストの三振率29.7%を記録したが、しっかりと四球を選べるタイプでもある。昨年8月26日のブレーブス戦でサヨナラツーランを放つなど、劇的な場面で大仕事をするスター性も備えているだけに、今後メジャーを代表する内野手に育つ可能性も十分だ。今季はアウェーでも結果を残したいところ。高校時代は、アメフトのクォーターバックとしても高い評価を得ていた。

年度	所属チーム	試合数	打数	得点	安打	二塁打	三塁打	本塁打	打点	四球	三振	盗塁	盗塁死	出塁率	OPS	打率
2019	ロッキーズ	141	480	70	120	22	1	24	83	56	160	5	1	.329	.779	.250
通算成績		249	680	89	165	32	2	29	103	79	229	6	1	.323	.747	.243

対左=対左投手打率　対右=対右投手打率　闭=ホーム打率　ア=アウェー打率　得=得点圏打率　461

ロッキーズ

野手

1 課題は多いが、魅力は十分の俊足内野手 ユーティリティ
ギャレット・ハンプソン Garrett Hampson

26歳｜180cm｜86kg｜右投右打 対左.243 対右.250 ㊭.257 ⑦.238 ㉆.164
Ⓓ2016③ロッキーズ ㊒ネヴァダ州 ㉛56万3500ドル（約6200万円）+α

ミ③
パ③
走④
守④
肩③

　昨季はセカンドを中心に、ショート、センター、レフトの守備について先発出場した若手野手。2018年7月にメジャーデビューし、昨季は105試合に出場と、順調にキャリアアップを果たしている。シーズン当初から夏場まで打撃は振るわなかったが、9月に調子が上昇。月間打率3割1分8厘、5本塁打、9盗塁（失敗なし）と、アピールポイントである「シュアなバッティング」「長打力」「俊足」を披露した。9月18日のメッツ戦では、遊撃手ストーリーがファンブルしたボールが目の前に転がってきたことで、首尾よくダブルプレーを完成させた「珍&好プレー」を演じている。

年度	所属チーム	試合数	打数	得点	安打	二塁打	三塁打	本塁打	打点	四球	三振	盗塁	盗塁死	出塁率	OPS	打率
2019	ロッキーズ	105	299	40	74	9	4	8	27	24	88	15	3	.302	.686	.247
通算成績		129	339	43	85	12	5	8	31	31	100	17	3	.314	.700	.251

15 足の速さが武器となるドミニカン外野手 センター／レフト
ライメル・タピア Raimel Tapia

26歳｜191cm｜84kg｜左投左打 対左.277 対右.274 ㊭.316 ⑦.234 ㉆.272
Ⓓ2010外ロッキーズ ㊒ドミニカ ㉛56万3500ドル（約6200万円）+α

ミ③
パ③
走⑤
守③
肩③

　メジャー4年目の昨季は主にレフトを守り、138試合に出場した外野手。8月下旬に左手を打撲しIL入りしたが、すぐに復帰し、ほぼシーズンを完走した。足の速さが大きな武器で、二塁打、三塁打が多い。ただし盗塁数は9にとどまり、盗塁技術に関しては改善の余地が大いにある。426打数で100三振と、打撃の粗さも課題。素質は高いが、それを十分に生かし切れていないのが現状だ。ドミニカ出身。尊敬する人物は、ヤンキースやカブスで活躍したアルフォンソ・ソリアーノで、直接打撃指導を受けたこともある。打撃フォームがどことなく似ているのも、そのためだ。

年度	所属チーム	試合数	打数	得点	安打	二塁打	三塁打	本塁打	打点	四球	三振	盗塁	盗塁死	出塁率	OPS	打率
2019	ロッキーズ	138	426	54	117	23	5	9	44	21	100	9	3	.309	.724	.275
通算成績		255	649	91	178	37	8	12	69	33	154	17	5	.311	.722	.274

7 ブレンダン・ロジャーズ Brendan Rodgers セカンド／ショート 期待度A− ルーキー

24歳｜183cm｜82kg｜右投右打 ◆昨季メジャーで25試合出場 Ⓓ2015①ロッキーズ ㊒フロリダ州

　攻守に優れた内野手で、2015年にメジャー全体3位で入団して以降、多くの期待を背に受けてきた。昨年5月にメジャーデビューを果たしたが、その後、右肩を手術。サッカー好きで、ルーキー時代に、同姓同名のプレミアリーグ・リバプール監督が解任された直後、「私は監督ではない」とツイート。

8 ジョシュ・フエンテス Josh Fuentes ファースト／サード 期待度C+ ルーキー

27歳｜188cm｜95kg｜右投右打 ◆昨季メジャーで24試合出場 Ⓓ2014外ロッキーズ ㊒カリフォルニア州

　主砲ノーラン・アレナードのいとこ。ドラフトでは指名されず、偉大なるいとこの伝手を頼り、ドラフト外でロッキーズ入団にこぎつけた。マイナー生活で打撃守備ともに期待以上の成長を見せ、昨年4月にメジャーデビュー。その後マイナー落ちしたが、9月に復帰し、メジャー初本塁打も記録した。

462　対左=対左投手打率　対右=対右投手打率　㊭=ホーム打率　⑦=アウェー打率　㉆=得点圏打率　Ⓓ=ドラフトデータ　㊒=出身地　㉛=年俸

サンディエゴ・パドレス

◆創 立：1969年
◆本拠地：カリフォルニア州サンディエゴ市
◆主要オーナー▶ ロン・ファウラー（実業家）

◆ワールドシリーズ制覇：0回　◆リーグ優勝：2回
◆地区優勝：5回／ワイルドカード獲得：0回

過去5年成績

年度	勝	負	勝率	ゲーム差	地区順位	ポストシーズン成績
2015	74	88	.457	18.0	④	—
2016	68	94	.420	23.0	⑤	—
2017	71	91	.438	33.0	④	—
2018	66	96	.407	25.5	⑤	—
2019	**70**	**92**	**.432**	**36.0**	**⑤**	**—**

監督　32 ジェイス・ティングラー *Jayce Tingler*

新

◆年　齢…………40歳（ミズーリ州出身）
◆現役時代の経歴…メジャーでのプレー経験なし
（センター）
◆監督経歴…………メジャーでの監督経験なし

　知名度は低いが、経験豊富な新リーダー。メジャー経験のないまま現役を引退後、レンジャーズ傘下のマイナーで指導者として実績を重ね、GM補佐としてフロントも経験している。昨季はレンジャーズの育成部門で働いていた。パドレスは「指導力」「球団運営」「選手育成」といったティングラーの持つ包括的な能力が、チーム力を底上げすると確信しているようだ。スペイン語を話せるので、中南米出身の選手とうまくコミュニケーションがとれる点も大きな魅力だ。

注目コーチ ━ ラリー・ロスチャイルド *Larry Rothschild*

　新投手コーチ。66歳。2011年から昨季までヤンキースの投手コーチ。若手、ベテラン問わず、信頼されていた。1998年に誕生したデビルレイズ（現レイズ）の初代監督。

編成責任者 A.J.プレラー *A.J. Preller*

　43歳。2014年8月にGM就任。それ以前はレンジャーズで、大学の同級生でもあったダニエルズGMをサポート。契約は2022年までだが、そろそろ結果を出したいところ。

スタジアム ペトコ・パーク *Petco Park*

◆開 場 年…………2004年
◆仕　様…………天然芝
◆収容能力…………40,209人
◆フェンスの高さ…2.4m
◆特　徴…………センターからライトにかけての外野フェンスが深い位置にあり、また、湿気を含んだ海風がボールを湿らせて打球の伸びを抑制するため、投手に有利になっている。レフトスタンド後方にある古いレンガ造りのビルがシンボル。

ピッチャーズパーク

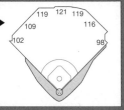

Best Order [ベストオーダー]

①フェルナンド・タティース・ジュニア	……ショート		⑥フランシスコ・メヒーア	……キャッチャー
②トミー・ファム	……レフト		⑦ウィル・マイヤーズ	……ライト
③マニー・マチャード	……サード		⑧ジュリクソン・プロファー	……セカンド
④エリック・ホズマー	……ファースト			
⑤トレント・グリシャム	……センター			

Depth Chart [ポジション別選手層・メンバーリスト]

※2020年2月4日時点の候補選手。
数字は背番号(開幕前に変更する
場合もあり)、右・左等は投・打の順。

センター
- ─ トレント・グリシャム [左・左]
- 7 マニュエル・マーゴ [右・右]
- 33 フランチー・コーデロ [左・左]

レフト
- 28 トミー・ファム [右・右]
- 4 ウィル・マイヤーズ [右・右]
- 22 ジョシュ・ネイラー [左・左]

ライト
- 4 ウィル・マイヤーズ [右・右]
- 22 ジョシュ・ネイラー [左・左]
- 33 フランチー・コーデロ [左・左]
- ─ トレント・グリシャム [左・左]

ショート
- 23 フェルナンド・タティース・ジュニア [右・右]
- 10 ジュリクソン・プロファー [右・両]

セカンド
- 10 ジュリクソン・プロファー [右・両]
- 5 グレッグ・ガルシア [右・左]

ローテーション
- 59 クリス・パダック [右・右]
- 43 ギャレット・リチャーズ [右・右]
- 29 ディネルソン・ラメット [右・右]
- 17 ザック・デイヴィース [右・右]
- 37 ジョーイ・ルケーシ [左・左]
- 40 キャル・クワントリル [右・左]
- 50 エイドリアン・モレホン [右・右]

サード
- 13 マニー・マチャード [右・右]
- 11 タイ・フランス [右・右]
- 5 グレッグ・ガルシア [右・左]

ファースト
- 30 エリック・ホズマー [左・左]
- 11 タイ・フランス [右・右]
- 4 ウィル・マイヤーズ [右・右]

キャッチャー
- 27 フランシスコ・メヒーア [右・両]
- 18 オースティン・ヘッジス [右・右]
- 21 ルイス・トレンス [右・右]

ブルペン
- 39 カービー・イェーツ [右・左] CL
- 15 ドルー・ポメランツ [左・右]
- 52 アンドレス・ムニョス [右・右]
- 55 マット・ストラーム [左・左]
- ─ ピアース・ジョンソン [右・右]
- 65 ホセ・カスティーヨ [左・左]
- 8 ハーヴィー・ゲーラ [左・左]
- 61 ルイス・ペルドモ [右・右]
- 67 デイヴィッド・ベドナー [右・右]
- 50 エイドリアン・モレホン [右・右]
- 49 マイケル・バエズ [右・右]
- 64 ジェラード・レイエス [右・右]
- 58 トレイ・ウィンゲンター [右・右]

※CL＝クローザー

3月26・27・28・29 ロッキーズ	27・28・29・30 カーディナルス	29・30・31 マーリンズ
30・31・4月1 ブレーブス	5月1・2・3 ドジャース	6月1・2・3・4 ジャイアンツ*
3・4・5 ロッキーズ*	4・5・6 カーディナルス*	5・6・7 ダイヤモンドバックス*
6・7・8 ブレーブス*	8・9・10 ドジャース*	9・10・11 ブリュワーズ*
10・11・12 ジャイアンツ	11・12・13 ホワイトソックス	12・13・14 ダイヤモンドバックス
14・15・16 ロッキーズ	14・15・16・17 カブス	16・17・18 レッズ
18・19 ダイヤモンドバックス*	19・20・21 マーリンズ*	19・20・21 ロッキーズ*
21・22・23 カブス*	22・23・24・25 レッズ*	23・24 インディアンズ
24・25・26 タイガース*	26・27・28 ダイヤモンドバックス	26・27・28 メッツ

球団メモ 昨シーズンは前半を勝率5割で折り返したが、後半に入って失速。シーズン終了間際の9月21日に、2016年からチームを率いていたアンディ・グリーン監督を解任。

■**投手力** ↗…★★☆★★【昨年度チーム防御率4.60、リーグ12位】

　ラウアーがトレードで去ったローテーションには、完全復帰が予定されるリチャーズが加わる。本来の調子を取り戻せるなら、伸びしろの大きいパダックとともに中心的存在となるだろう。2人で25勝させられればチームはおのずと浮上する。絶対的なクローザーのイェーツにつなぐブルペンが防御率を4点前後に抑えられれば言うことなしだが、それはやや高望みか。

■**攻撃力** ➡…★★★★★【昨年度チーム得点682、リーグ13位】

　打線を活性化させるためには、まず主砲のマチャードが復調すること。さらには新加入のファムやグリシャムの活躍と、彼らに刺激されたマイヤーズが「やる気」を見せることが必須条件。そして、新星タティース・ジュニアがフル稼働すれば、少なくとも昨季よりは得点がアップするはず。また、チームのまとめ役である、ホズマーの出来が、意外と大きく影響するのではないか。

■**守備力** ➡…★★★★★【昨年度チーム失策数116、リーグ13位】

　昨季は失策数がメジャー全体でワースト3位と散々だったが、それが劇的に改善される可能性は低い。守りを優先してヘッジスにマスクをかぶらせるのか、メヒーアの可能性にかけるのか。捕手の起用法もポイントとなる。

■**機動力** ↗…★★★★★【昨年度チーム盗塁数70、リーグ9位】

　ファムが加入したことで、機動力アップが期待される。リードオフマンのタティース・ジュニアが走塁面でも本格的にブレイクすれば、2人合わせて70個以上の盗塁もあり得る。少なくとも昨季よりは向上するはずだ。

総合評価 ➡　★★☆★★
　育成方針のブレや5年前の補強失敗などがいまだに尾を引いて長期低迷から抜け出せていないが、徐々に光は見えつつある。その起爆剤はやはりタティース・ジュニアだろう。21歳には荷が重いかもしれないが、この選手ならやってくれるに違いない。

パドレス

IN 主な入団選手	OUT 主な退団選手
投手	投手
ザック・デイヴィース←ブリュワーズ	エリック・ラウアー→ブリュワーズ
ドルー・ポメランツ←レッドソックス	ルイス・ウリーアス→ブリュワーズ
ピアース・ジョンソン←阪神	ロビー・アーリン→パイレーツ
野手	野手
トミー・ファム←レイズ	イアン・キンズラー→引退
ジュリクソン・プロファー←アスレティックス	ハンター・レンフロー→レイズ
トレント・グリシャム←ブリュワーズ	トラヴィス・ジャンカウスキー→レッズ

30・**7月**1・2	フィリーズ＊	30・31・**8月**1・2	フィリーズ	**9月**1・2	マリナーズ
3・4・5・6	メッツ＊	3・4・5	ドジャース＊	3・4・5・6	ジャイアンツ
7・8・9	ドジャース	7・8・9	ロッキーズ	7・8・9・10	ダイヤモンドバックス
10・11・12	ジャイアンツ＊	11・12	インディアンズ＊	11・12・13	ロッキーズ＊
14	オールスターゲーム	13・14・15・16	ナショナルズ＊	14・15	マリナーズ＊
17・18・19	ブリュワーズ	18・19	ジャイアンツ	17・18・19・20	ダイヤモンドバックス＊
21・22・23	パイレーツ＊	21・22・23	ナショナルズ	22・23・24	ツインズ
24・25・26	ロイヤルズ＊	24・25・26	ジャイアンツ＊	25・26・27	ドジャース
27・28・29	パイレーツ	27・28・29・30	ドジャース＊		

球団メモ 2018年1月に、2年契約で牧田和久が入団。1年目はリリーフで27試合に登板し、防御率5.40。昨季はメジャーでの登板がなかった。今季は東北楽天でプレーする。

465

投手

スプリッターが切り拓いた逆転人生

クローザー

39 カービー・イェーツ
Kirby Yates

33歳｜178cm｜95kg｜右投左打

◆速球のスピード／150キロ前後（フォーシーム主体）
◆決め球と持ち球／◎スプリッター、○フォーシーム、△スライダー
◆対左打者被打率／.197　◆対右打者被打率／.172
◆ホーム防御率／1.02　◆アウェー防御率／1.42
◆ドラフトデータ／2009㊾レイズ
◆出身地／ハワイ州
◆年俸／706万ドル（約7億7660万円）
◆最多セーブ1回（19年）

- 球威 **5**
- 制球 **5**
- 緩急 **4**
- 守備・牽制 **3**
- 度胸 **4**

　苦労の末、メジャーの舞台で輝きを放つ抑えのエース。ベンチの信頼を得た2018年に続き、昨季は完全に相手を制圧するクローザーへと成長し、41セーブをマーク。セーブ王のタイトルを手にした。4月に14セーブ機会すべてに成功し、防御率0.56という快調なスタートで月間最優秀救援投手となったが、その勢いはシーズンを通して止まらなかった。結局、奪三振／与四球は7.77、被本塁打率0.3（被弾わずかに2本）など、圧倒的な成績を残すに至った。しかし、そこまでの道のりは平坦ではなかった。09年のプロ入り以来、パドレスが5球団目。その間に2度、実質的な戦力外を味わった。12～14年にはレイズ傘下の3Aで合計52セーブをマークはしたものの、メジャーに上がると結果を出せずじまいだった。

　転機が訪れたのは16年のヤンキース時代。同僚のネイサン・イヴォルディ（現レッドソックス）やタイラー・クリッパード（現ツインズ）らのスプリッターを見て、その握り方がそれぞれ微妙に異なることに興味をかきたてられ、とくに田中将大の握り方が刺激となって自分のスタイルを確立していった。「人差し指を左の縫い目に乗せ、中指を右の縫い目の外側に添わせる彼の握りをモデルにした」と本人は述べている。

　その後、試行錯誤を繰り返し、スプリッターを完全に体得したのが18年だった。それまで主武器としていたスライダーをほぼ捨て去り、落差の激しいスプリッターを決め球にしてからは、面白いように三振を奪えるようになったのだ。今季も当然、試合を締めくくる大役を任されることになる。伝家の宝刀がさびつかない限り、ミッションは完遂されるはずだ。

[カモ] N・アレナード（ロッキーズ）.083(12-1)0本　C・ベリンジャー（ドジャース）.000(7-0)0本
[苦手] K・マーティ（ダイヤモンドバックス）.667(6-4)0本　N・クルーズ（ツインズ）.500(6-3)2本

年度	所属チーム	勝利	敗戦	防御率	試合数	先発	セーブ	投球イニング	被安打	失点	自責点	被本塁打	与四球	奪三振	WHIP
2014	レイズ	0	2	3.75	37	0	1	36.0	33	16	15	4	15	42	1.33
2015	レイズ	1	0	7.97	20	0	0	20.1	23	18	18	10	7	21	1.48
2016	ヤンキース	2	1	5.23	41	0	0	41.1	41	24	24	5	19	50	1.45
2017	エンゼルス	0	0	18.00	1	0	0	1.0	2	2	2	0	1	2	2.00
2017	パドレス	4	5	3.72	61	0	1	55.2	42	26	23	10	19	87	1.10
2017	2チーム計	4	5	3.97	62	0	1	56.2	44	28	25	12	19	88	1.11
2018	パドレス	5	3	2.14	65	0	12	63.0	41	15	15	6	17	90	0.92
2019	パドレス	0	5	1.19	60	0	41	60.2	41	14	8	2	13	101	0.89
通算成績		12	16	3.40	285	0	55	278.0	223	115	105	39	90	392	1.13

[カモ][苦手] は通算成績

20歳でトミー・ジョン手術をクリア

先発

59 クリス・パダック *Chris Paddack*

24歳 | 193cm | 88kg | 右投右打

◆速球のスピード／150キロ台前半（フォーシーム）
◆決め球と持ち球／☆チェンジアップ、◎フォーシーム
◆対左.211 ◆対右.198 ◆ホ防3.06 ◆ア防3.53
◆ド2015⑧マーリンズ ◆出テキサス州
◆年56万3500ドル（約6200万円）+α

球威	4
制球	5
緩急	3
守備・敏捷	3
度胸	4

抜群の制球力を誇る若きエース候補。昨季は新人として十分の働きを見せ、チームに光明をもたらした。6月に一度マイナーに降格したものの、シーズン後半はローテーションを守り切った。2015年にマーリンズから8巡目に指名され19歳でプロ入りすると、翌年は1Aで奪三振率15.1という目覚ましい内容だったが、夏場にトミー・ジョン手術を受けて約1年半全休。復帰2年目に花が開いた。メジャー1年目の昨季は、開幕からほぼローテーション通りに投げ、与四球率5.5%、奪三振率26.9%とトップレベルの数字を残している。WHIP0.98はメジャー5位の好成績だ。速球を高低に投げ分け、チェンジアップとのコンビネーションで打者を翻弄していた。昨季は9月中旬にシーズンを終了したが、これは球団が設けたイニング制限と球数制限のため。

カモ B・クロフォード（ジャイアンツ）.143(7-1)0本　**苦手** R・カノー（メッツ）.600(5-3)2本

年度	所属チーム	勝利	敗戦	防御率	試合数	先発	セーブ	投球イニング	被安打	失点	自責点	被本塁打	与四球	奪三振	WHIP
2019	パドレス	9	7	3.33	26	26	0	140.2	107	58	52	23	31	153	0.98
通算成績		9	7	3.33	26	26	0	140.2	107	58	52	23	31	153	0.98

昨年は9月に3試合登板

先発

43 ギャレット・リチャーズ *Garrett Richards*

32歳 | 191cm | 95kg | 右投右打

◆速球のスピード／150キロ台前半（フォーシーム主体）
◆決め球と持ち球／◎フォーシーム、○スライダー
◆対左.190 ◆対右.462 ◆ホ防21.60 ◆ア防5.14
◆ド2009①エンジェルス ◆出カリフォルニア州
◆年850万ドル（約9億3500万円）

球威	4
制球	3
緩急	3
守備・敏捷	3
度胸	4

5年ぶりの完全復活を目指す元エース右腕。過去4シーズンでわずか31試合、147イニングしか投げておらず、輝きは薄れかけている。原因は右ヒジ痛で、2016、17年は幹細胞療法によって靭帯を温存していたがなかなか完治せず、18年7月、ついにトミー・ジョン手術に踏み切った。同年エンジェルスからFAになると、パドレスが1年をリハビリに費やすことを承知のうえで2年契約（1550万ドル）した。地力はあるので、開幕からローテーションに入り、投手陣の底上げに貢献したい。だが、投球回数は限定的になるだろう。

カモ E・エスコバー（ダイヤモンドバックス）.154(13-2)0本　**苦手** D・ファウラー（カーディナルス）.556(9-5)0本

年度	所属チーム	勝利	敗戦	防御率	試合数	先発	セーブ	投球イニング	被安打	失点	自責点	被本塁打	与四球	奪三振	WHIP
2011	エンジェルス	0	2	5.79	7	3	0	14.0	16	11	9	4	7	9	1.64
2012	エンジェルス	4	3	4.69	30	9	1	71.0	77	46	37	7	34	47	1.56
2013	エンジェルス	7	8	4.16	47	17	1	145.0	151	73	67	12	44	101	1.34
2014	エンジェルス	13	4	2.61	26	26	0	168.2	124	51	49	5	51	164	1.04
2015	エンジェルス	15	12	3.65	32	32	0	207.1	181	94	84	20	76	176	1.24
2016	エンジェルス	1	3	2.34	6	6	0	34.2	31	16	9	2	15	34	1.33
2017	エンジェルス	0	2	2.28	6	6	0	27.2	18	8	7	1	7	27	0.90
2018	エンジェルス	5	4	3.66	16	16	0	76.1	64	43	31	11	34	87	1.28
2019	パドレス	0	1	8.31	3	3	0	8.2	10	8	8	2	6	11	1.85
通算成績		45	39	3.60	173	118	2	753.1	672	350	301	64	274	656	1.26

パドレス

巧みな投球術を武器とする先発右腕 　先発　移籍

17 ザック・デイヴィース Zach Davies

27歳｜183cm｜70kg｜右投右打｜速140キロ台中頃（ツーシーム主体）｜決◎ツーシーム
対左.254 対右.258 ド2011㉗オリオールズ 田ワシントン州 囲525万ドル（約5億7750万円）

球制 2
制 4
緩 4
守 5
度 4

オフにエリック・ラウアー、ルイス・ウリーアスとのトレードで、トレント・グリシャムらとともにパドレスへ移籍してきた先発右腕。揺れながら沈んでいくツーシームを主体に、チェンジアップ、カーブを織り交ぜていく技巧派で、幅と奥行きを使いながら打者を打ち取っていく。ブリュワーズでプレーした昨季は、勝ち星こそ10に終わったが、自己最多の17勝をマークした2017年に匹敵する、中身の濃いピッチングを披露した。16年に長年の交際を実らせて結婚した妻メーガンさんは、恵まれない境遇にある犬や猫たちの保護活動に、熱意を持って取り組んでいる。

年度 所属チーム	勝利	敗戦	防御率	試合数	先発	セーブ	投球イニング	被安打	失点	自責点	被本塁打	与四球	奪三振	WHIP
2019 ブリュワーズ	10	7	3.55	31	31	0	159.2	155	73	63	20	51	102	1.29
通算成績	43	32	3.91	111	111	0	614.1	618	292	267	70	180	434	1.30

自らが命名した「チャーブ」が決め球に 　先発

37 ジョーイ・ルケーシ Joey Lucchesi

27歳｜196cm｜93kg｜左投左打｜速140キロ台中頃（シンカー主体）｜決◎チェンジアップ
対左.221 対右.236 ド2016④パドレス 田カリフォルニア州 囲56万3500ドル（約6200万円）+α

球 3
制 4
緩 4
守 3
度 3

先発ローテーションに定着して2年目となった昨季、初の2ケタ勝利をマークした新進気鋭のサウスポー。低めに集まるツーシームと、チェンジアップの握りでカーブのような変化を見せる自称「チャーブ」が武器。昨季はライナーを打たれる割合が17%と、メジャー全投手の中で最も低い数値を残している。本塁打を打たれにくいタイプであることに加え、奪三振率が高いことも魅力。課題は5回あたりから球のキレが落ちる点で、30試合に先発した昨シーズンもQSは11試合にとどまった。カリフォルニア州アラメダ郡の出身。少年時代は、地元アスレティックスのファンだった。

年度 所属チーム	勝利	敗戦	防御率	試合数	先発	セーブ	投球イニング	被安打	失点	自責点	被本塁打	与四球	奪三振	WHIP
2019 パドレス	10	10	4.18	30	30	0	163.2	144	78	76	23	56	158	1.22
通算成績	18	19	4.14	56	56	0	293.2	269	141	135	46	99	303	1.25

奪三振の山を築ける豪腕投手 　先発

29 ディネルソン・ラメット Dinelson Lamet

28歳｜193cm｜84kg｜右投右打｜速150キロ台後半（フォーシーム）｜決◎スライダー
対左.242 対右.208 ド2014㊾パドレス 田ドミニカ 囲130万ドル（約1億4300万円）

球 5
制 4
緩 3
守 3
度 4

昨年7月にトミー・ジョン手術からの復帰を果たしたドミニカ出身右腕。8月6日のマリナーズ戦では、7回を被安打2の無失点、三振を10個奪う快投を見せ、久しぶりの勝ち星をマークした。150キロ台後半のパワフルなフォーシームが強力な武器。140キロ前後のスライダーもレベルが高く、奪三振の山を築けることが大きな魅力となっている。一方、好不調の波が激しいタイプでもあり、あっけなく失点を重ねて敗北を喫する試合も少なくない。19歳のとき、フィリーズとの契約が成立しかけたが、書類の不備で結局無効に。2014年に改めてパドレスと契約を結んだ。

年度 所属チーム	勝利	敗戦	防御率	試合数	先発	セーブ	投球イニング	被安打	失点	自責点	被本塁打	与四球	奪三振	WHIP
2019 パドレス	3	5	4.07	14	14	0	73.0	62	38	33	12	30	105	1.26
通算成績	10	13	4.37	35	35	0	187.1	150	101	91	30	84	244	1.25

速=速球のスピード　決=決め球　対左=対左打者被打率　対右=対右打者被打率
ド=ドラフトデータ　田=出身地　囲=年俸

15 ドルー・ポメランツ Drew Pomeranz

古巣に復帰した長身サウスポー

32歳／198cm／109kg／左投右打　🎯140キロ台後半（フォーシーム、ツーシーム）　🔵◎カーブ
対左.230　対右.274　D2010①インディアンズ　田テネシー州　囲400万ドル（約4億4000万円）

球 3
制 3
緩 4
守備 4
度 4

　昨年11月、4年3400万ドルの契約をパドレスと結んだ経験豊かな左腕。2016年シーズン前半にパドレスでプレーしていたため、4年ぶりの古巣復帰となる。昨季はジャイアンツで先発、ブリュワーズではリリーフに回ったが、ジャイアンツ時代のWHIP1.61、ブリュワーズでのWHIP0.91という数値が示す通り、救援投手としての働きが際立っていた。パドレスでも、抑えのイェーツにつなぐセットアップの役割が期待されるが、右打者をどう抑えるかが成否のカギとなりそうだ。兄ステュワートは元オリオールズの投手。曾祖父も、1920年代に計30勝をあげたピッチャーだった。

年度	所属チーム	勝利	敗戦	防御率	試合数	先発	セーブ	投球イニング	被安打	失点	自責点	被本塁打	与四球	奪三振	WHIP
2019	ジャイアンツ	2	9	5.68	21	17	0	77.2	89	51	49	17	36	92	1.61
2019	ブリュワーズ	2	1	2.39	25	1	5	26.1	16	7	7	4	8	45	0.91
2019	2チーム計	4	10	4.85	46	18	5	104.0	105	58	56	21	44	137	1.43
通算成績		46	58	4.04	242	140	5	814.0	758	394	365	107	349	824	1.36

55 マット・ストローム Matt Strahm

今季はリリーフに専念する左腕投手

29歳／191cm／84kg／左投右打　🎯140キロ台後半（フォーシーム）　🔵◎カーブ
対左.274　対右.264　D2012⑤ロイヤルズ　田ノースダコタ州　囲140万ドル（約1億5400万円）

球 4
制 3
緩 4
守備 3
度 4

　昨季前半は先発で投げていた、長髪がトレードマークの左腕。今季は、本来の役割であるリリーフに専念することになりそうだ。スリークォーターから投げ込むフォーシームは球速以上の伸びを感じさせ、これに130キロ前後のカーブを交え、ピッチングを組み立てていく。左腕だが右打者を苦手にしておらず、対左打者被打率が通算で2割6分3厘であるのに対し、対右打者被打率は通算で2割2分0厘。妻のメーガンさんとは、コミュニティカレッジ（公立の短大）で知り合い、のちに結婚。そこの野球チームでは、カブスのデイヴィッド・ボーティとチームメートだった。

年度	所属チーム	勝利	敗戦	防御率	試合数	先発	セーブ	投球イニング	被安打	失点	自責点	被本塁打	与四球	奪三振	WHIP
2019	パドレス	6	11	4.71	46	16	0	114.2	121	61	60	22	22	118	1.25
通算成績		13	22	3.79	132	24	0	232.2	203	103	98	34	76	254	1.20

40 キャル・クワントリル Cal Quantrill

親子2代でメジャーの投手に

25歳／191cm／95kg／右投左打　🎯150キロ台前半（フォーシーム、ツーシーム）　🔵◎ツーシーム
対左.290　対右.217　D2016①パドレス　田カナダ　囲56万3500ドル（約6200万円）+α

球 3
制 3
緩 3
守備 3
度 3

　昨年5月にメジャーデビューを果たしたカナダ人右腕。先発登板した5月25日のブルージェイズ戦で、6回3失点9奪三振の好投を見せ、記念すべきメジャー初勝利を記録した。持ち球はツーシーム、フォーシーム、スライダー、チェンジアップ。打者の手元で微妙に動くツーシーム、落差のあるスライダーは、打者にとっては厄介な球種となっている。父ポールは、14シーズンにわたりメジャーでプレーしたリリーフ投手。2005年には息子と同じパドレスに在籍していた。昨季オープン戦では、親子2代にわたるイチローとの対戦が実現。引退間近のレジェンドを左飛に打ち取った。

年度	所属チーム	勝利	敗戦	防御率	試合数	先発	セーブ	投球イニング	被安打	失点	自責点	被本塁打	与四球	奪三振	WHIP
2019	パドレス	6	8	5.16	23	18	0	103.0	106	61	59	15	28	89	1.30
通算成績		6	8	5.16	23	18	0	103.0	106	61	59	15	28	89	1.30

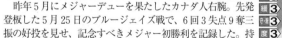

FAとなって再契約を結んだリリーバー

34 クレイグ・スタメン Craig Stammen

36歳｜193cm｜104kg｜右投右打｜速140キロ台後半(ツーシーム、シンカー)｜決◎シンカー

対左.203 対右.290 ｜ド2005⑫ナショナルズ｜出オハイオ州｜年450万ドル(約4億9500万円)

球3 制4 緩3 守3 度3

昨季、リーグで4番目の多さとなる76試合に登板したタフなリリーフ右腕。シーズン終了後にFAとなったが、2020年1月に2年900万ドル(2022年は球団にオプション)でパドレスと再契約を交わした。シンカー、ツーシームを主体に、スライダー、カーブ、チェンジアップといった変化球を交えていく投球スタイル。ランナーを出しながらも、粘り強いピッチングで無失点に抑えることを身上としている。17年に出身地であるオハイオ州のカトリック教会で、オードリーさんと挙式。新婚旅行で訪れたハワイのゴルフ場で、新妻があざやかなホールインワンを達成している。

年度	所属チーム	勝利	敗戦	防御率	試合数	先発	セーブ	投球イニング	被安打	失点	自責点	被本塁打	与四球	奪三振	WHIP
2019	パドレス	8	7	3.29	76	0	4	82.0	80	36	30	13	15	73	1.16
通算成績		44	37	3.63	438	38	15	732.0	707	327	295	71	209	605	1.25

阪神での活躍が評価されメジャー復帰

一 ピアース・ジョンソン Pierce Johnson

29歳｜188cm｜91kg｜右投右打｜速150キロ台中頃(フォーシーム主体)｜決◎カーブ

◆昨季メジャー出場なし｜ド2012①カブス｜出コロラド州｜年200万ドル(約2億2000万円)

球4 制3 緩4 守3 度3

昨季、阪神タイガースで大活躍し、MLBからの評価を高めたリリーフ右腕。シーズン終了後、ブルペン補強を急ぐパドレスから2年500万ドルのオファーを受け、2年ぶりのメジャー復帰がかなった。150キロ台中頃のフォーシームと、独特の曲がり方をするカーブが武器。ツーシーム、スライダー、シンカー、カッターと、球種も多彩。38試合に登板し、防御率5.44というカブス、ジャイアンツ在籍時のパッとしない成績を根拠に、パドレスでの成功を疑問視する声も強い。だが、阪神時代のようなメリハリが効いた投球ができれば、前評判を上回る好結果が得られるはずだ。

年度	所属チーム	勝利	敗戦	防御率	試合数	先発	セーブ	投球イニング	被安打	失点	自責点	被本塁打	与四球	奪三振	WHIP
2018	ジャイアンツ	3	2	5.56	37	0	0	43.2	38	27	27	5	22	36	1.37
通算成績		3	2	5.44	38	0	0	44.2	40	29	27	5	23	38	1.41

一 マッケンジー・ゴア MacKenzie Gore

先発 ┃ 期待度 A+ ┃ ルーキー

21歳｜191cm｜88kg｜左投左打｜◆昨季は1A+、2Aでプレー｜ド2017①パドレス｜出ノースカロライナ州

高校卒業時の2017年ドラフトで1巡目(全体3位)に指名された、世代ナンバーワンの呼び声高い左腕。右ヒザを高く上げるダイナミックな投球フォームが特徴的。威力のある速球と落差の大きなカーブに、スライダー、チェンジアップを交える。今シーズン終盤、メジャーでその雄姿を拝めるかも。

49 マイケル・バエズ Michel Baez

リリーフ ┃ 期待度 A- ┃ ルーキー

24歳｜203cm｜100kg｜右投右打｜◆昨季メジャーで24試合に出場｜ド2016㉝パドレス｜出キューバ

2メートルを超える長身から、最速158キロの豪速球を投げ込んでくるキューバ出身の右腕。スライダー、カーブ、チェンジアップと球種も豊富だ。課題は制球力の向上。昨シーズンは故障で出遅れたが、復帰後2Aで好投し、7月23日にメジャーデビュー。計24試合(うち先発1試合)で、防御率3.03。

すべての才能を持ち合わせた超新星

ショート

23 フェルナンド・タティース・ジュニア
Fernando Tatis Jr.

21歳｜191cm｜84kg｜右投右打

- ◆対左投手打率／.419(62-26)　◆対右投手打率／.294(272-80)
- ◆ホーム打率／.323(164-53)　◆アウェー打率／.312(170-53)
- ◆得点圏打率／.355(62-22)
- ◆19年のポジション別出場数／ショート＝83
- ◆ドラフトデータ／2015⑰ホワイトソックス
- ◆出身地／ドミニカ
- ◆年俸／56万3500ドル（約6200万円）+α

ミート	4
パワー	4
走塁	5
守備	4
肩	5

パドレス

　チームのみならず、MLBの将来を担うスケールの大きい攻撃型遊撃手。マイナーで3シーズンを過ごしたあと、3Aを経ずに昨季開幕戦でメジャーデビュー。4月28日までに打率3割、6本塁打、13打点と期待を上回る出足を見せた。その後、左ハムストリングを痛めて34試合を欠場。6月6日に復帰するも、8月13日の試合中、打席でスイングしたときに今度は背中に故障が発生し、43試合を残してシーズン終了。しかし、出場試合数が少ないにもかかわらず、ナショナル・リーグ新人王投票では3位となった。

　スピードがあり、アグレッシブな走塁も見せるリードオフマンだが、完成された肉体から繰り出されるフライボールも飛距離十分。7月には2試合連続の先頭打者本塁打を放った。ショートの守備ではエラーも多いが、ときおりアクロバティックな動きと並外れた強肩で観客を魅了した。21歳で迎える2年目の今季は、ケガを予防してフルシーズン参戦することが望まれる。将来的に、40本塁打40盗塁の達成も夢ではない。

　同名の父は2010年まで現役を続けていた元メジャーリーガー。ジュニアが生まれて3カ月後の1999年4月23日、1イニング2満塁本塁打という空前絶後の大記録をマークしている。昨季、同じく2世選手としてデビューしたヴラディミール・ゲレーロ・ジュニアの父は、一昨年殿堂入りを果たした名選手だった。2人はモントリオール・エキスポス（現ワシントン・ナショナルズ）時代のチームメートだったことから、同い年の息子たちも幼少期を同じモントリオールで過ごしており、互いを「異なる父親から生まれた兄弟」と呼び合っている（父親同士も生年月日が1カ月違い）。

　少年時代は野球のみならず、バスケットボールやバレーボールなどでも才能を発揮してきた。「でも、もしスポーツ選手になっていなかったら、自分は外科医の道を進んでいただろう」と本人は述べている。「学業も優秀で、理数系が得意な子供だった」と、父親も証言している。

カモ M・バムガーナー（ダイヤモンドバックス）.667(6-4)1本　C・カーショウ（ドジャース）.600(5-3)0本
苦手 前田健太（ツインズ）.000(5-0)0本　G・マルケス（ロッキーズ）.000(4-0)0本

年度	所属チーム	試合数	打数	得点	安打	二塁打	三塁打	本塁打	打点	四球	三振	盗塁	盗塁死	出塁率	OPS	打率
2019	パドレス	84	334	61	106	13	6	22	53	30	110	16	6	.379	.969	.317
通算成績		84	334	61	106	13	6	22	53	30	110	16	6	.379	.969	.317

カモ 苦手 は通算成績

本塁打狙いの打撃は再考の余地あり

セカンド

13 マニー・マチャード
Manny Machado

28歳／191cm／98kg／右投右打

◆対左投手打率／.315(127-40)　◆対右投手打率／.239(460-110)
◆ホーム打率／.219(283-62)　◆アウェー打率／.289(304-88)
◆得点圏打率／.276(123-34)
◆19年のポジション別出場数／サード=119、ショート=37
◆ドラフトデータ／2010①オリオールズ
◆出身地／フロリダ州
◆年俸／3000万ドル（約33億円）
◆ゴールドグラブ賞2回(13、15年)

ミート	4
パワー	5
走塁	4
守備	4
肩	4

　チーム浮上のため、本来の実力をフルに発揮することが期待されるスラッガー。2018年オフ、ハーパーとともにFAの超目玉選手として注目を浴び、昨年2月21日にパドレスと10年3億ドル（平均年俸33億円）の超大型契約を結んだ。そのため昨季は大いに期待されたが、やや物足りない結果に終わった。5年連続で30本塁打以上をマークしたものの、打率、打点が過去4シーズンを下回り、平均35.5本だった二塁打が21本に減少したこともあって長打率も最低。三振率が19.4%、併殺打数も24（リーグ最多）と低調な内容で、攻撃面での貢献度は「中の上」程度だった。とくにシーズン後半は12本塁打、27打点にとどまり、9月は打率1割9分3厘。新天地で結果を残そうと力が入り過ぎたこと、加えて本拠地が本塁打の出にくいペトコ・パークになったことが多分に影響したと思われる。サードの守備はまずまずで、DRS（守備で防いだ失点）が5あった。

　出身地はフロリダ州マイアミ近郊のハイアリア。両親が当地で婦人服の製造にたずさわっていたことから、子供の頃は学校から帰るとその手伝いをしたため、「自分はアパレル業界の中で育った」と自負しており、衣服には人一倍の情熱を注いでいる。今や球界では「ファッションリーダー」として知られており、昨年7月にはチームがマチャードの出身地であるマイアミに遠征する際、全員がそのセンスを真似てドレスアップし、移動したことがあった。ビジネスやフォーマルな場では、ステファノリッチ、トム・フォード、アルマーニなどを好んで着用している。

カモ　G・マルケス(ロッキーズ).500(12-6)0本　T・バウアー(レッズ).588(17-10)4本
苦手　前田健太(ツインズ).143(14-2)1本　M・シャーザー(ナショナルズ).147(34-5)1本

年度	所属チーム	試合数	打数	得点	安打	二塁打	三塁打	本塁打	打点	四球	三振	盗塁	盗塁死	出塁率	OPS	打率
2012	オリオールズ	51	191	24	50	8	3	7	26	9	38	2	0	.294	.739	.262
2013	オリオールズ	156	667	88	189	51	3	14	71	29	113	6	7	.314	.746	.283
2014	オリオールズ	82	327	38	91	14	0	12	32	20	68	2	0	.324	.755	.278
2015	オリオールズ	162	633	102	181	30	1	35	86	70	111	20	8	.359	.861	.286
2016	オリオールズ	157	640	105	188	40	1	37	96	48	120	0	3	.343	.876	.294
2017	オリオールズ	156	630	81	163	33	1	33	95	50	115	9	4	.310	.782	.259
2018	オリオールズ	96	365	48	115	21	1	24	65	45	51	8	1	.387	.963	.315
2018	ドジャース	66	267	36	73	14	2	13	42	25	53	6	1	.338	.825	.273
2018	2チーム計	162	632	84	188	35	3	37	107	70	104	14	2	.367	.905	.297
2019	パドレス	156	587	81	150	21	2	32	85	65	128	5	3	.334	.796	.256
通算成績		1082	4307	603	1200	232	14	207	598	361	797	58	27	.335	.818	.279

闘志の炎を燃やし続ける勝負師

28 トミー・ファム *Tommy Pham*

レフト **移籍**

32歳｜185cm｜98kg｜右投右打　対左.340　対右.248　本打.271　ア.276　得.240
ド2006⑯カーディナルス　出ネヴァダ州　年790万ドル（約8億6900万円）

ミ	4
パ	4
走	4
守	4
肩	5

　トレードでレイズから移籍してきた外野手。昨シーズンは3年連続で20本塁打をクリアし、安打もコンスタントに放った。選球眼も確かで四球をよく選び、走力にも長けている。アストロズとの地区シリーズ第4戦では、ヴァーランダーから先制の一発を放つなど勝負強さも見せた。レフトの守備も安定しており、走攻守が平均レベルを上回る選手だ。母親が17歳のときに、ファムを出産。父親は暴行など様々な犯罪のために今なお獄中にあり、交流はほとんどない。「自分は典型的な野球選手ではない」と述べており、その分、不屈の精神でメジャーリーガーになったという。

年度	所属チーム	試合数	打数	得点	安打	二塁打	三塁打	本塁打	打点	四球	三振	盗塁	盗塁死	出塁率	OPS	打率
2019	レイズ	145	567	77	155	33	2	21	68	81	123	25	4	.369	.818	.273
通算成績		546	1819	328	504	87	15	79	239	258	494	69	20	.373	.844	.277

正念場のメジャー生活第2章

10 ジュリクソン・プロファー *Jurickson Profar*

セカンド **移籍**

27歳｜183cm｜86kg｜右投両打　対左.305　対右.192　本打.215　ア.221　得.228
ド2009㉟レンジャーズ　出オランダ領キュラソー島　年570万ドル（約6億2700万円）

ミ	2
パ	4
走	4
守	3
肩	3

　長いブランクから復調して3シーズン目、また新たなチームでステップアップを期すキュラソー島出身の内野手。度重なるケガで2014年から2シーズンを棒に振り、復帰後も低迷して現役生活に黄信号が灯ったのが17年。そこから復活した18年こそが再生元年だった。ただ、アスレティックスに移籍した昨季はレギュラーの座を守ったとはいえ、低打率にあえぎ、下位打線の支え程度の働きだった。初のナショナル・リーグ参戦となる今季も、レギュラー二塁手として開幕を迎える。本来はリードオフマンタイプだが、出塁率を上げない限り、また下位を打つことになるだろう。

年度	所属チーム	試合数	打数	得点	安打	二塁打	三塁打	本塁打	打点	四球	三振	盗塁	盗塁死	出塁率	OPS	打率
2019	アスレティックス	139	459	65	100	24	2	20	67	48	75	9	1	.301	.711	.218
通算成績		491	1616	222	378	80	11	52	197	167	305	24	7	.315	.709	.234

逆転エラーの悪夢を新天地でかき消せるか

― トレント・グリシャム *Trent Grisham*

センター **移籍**

24歳｜183cm｜93kg｜左投左打　対左.219　対右.234　本打.279　ア.200　得.143
ド2015①ブリュワーズ　出テキサス州　年56万3500ドル（約6200万円）+α

ミ	3
パ	4
走	4
守	3
肩	3

　心機一転、悪夢を払拭したい若手外野手。2015年にドラフト1巡目でブリュワーズへ入団し、マイナーでは当初三振の山を築いていたが、徐々に選球眼が養われ、頭角を現した。そして昨季、26本塁打を放って8月1日にメジャー昇格。念願のデビューを果たすと、新人としては合格点の内容を示した。そして「事件」はナショナルズとのワイルドカードゲームで起こった。2点リードの8回裏、2死満塁からホワン・ソトが放った右前安打を後逸し、一塁走者まで生還を許して、逆転負けの要因となってしまったのだ。今季は新天地パドレスで、気分も新たに外野の一角を担う。

年度	所属チーム	試合数	打数	得点	安打	二塁打	三塁打	本塁打	打点	四球	三振	盗塁	盗塁死	出塁率	OPS	打率
2019	ブリュワーズ	51	156	24	36	6	2	6	24	20	48	1	0	.328	.738	.231
通算成績		51	156	24	36	6	2	6	24	20	48	1	0	.328	.738	.231

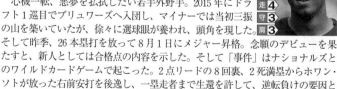

対左=対左打者被打率　対右=対右打者被打率　本防=ホーム防御率　ア防=アウェー防御率
ド=ドラフトデータ　出=出身地　年=年俸

昨季後半はバッティングが低迷

30 エリック・ホズマー *Eric Hosmer* ファースト

31歳｜193cm｜102kg｜左投左打｜対左.231｜対右.276｜困.267｜ア.263｜圏.328
⑤2008①ロイヤルズ｜⊞フロリダ州｜囲2000万ドル（約22億円）
◆ゴールドグラブ賞4回（13,14,15,17年）・シルバースラッガー賞1回（17年）

ミ	3
パ	4
走	3
守	3
肩	4

　かつてロイヤルズの主砲として活躍していた一塁手。2018年2月、8年1億4400万ドルの大型契約でパドレス入り。2年目の昨季はチャンスによく打ち、メジャー9年間で自身2番目に多い99打点をマーク。しかし、そのほかの打撃成績は1年目同様高額年俸に見合った数字ではなく、ゴールドグラブの常連だった一塁の守備も精彩を欠いた。明るい性格で人望があり、クラブハウスではリーダー的存在。ロイヤルズ時代のチームメートで、17年1月に交通事故死した友人、ヨーダーノ・ヴェントゥーラへの思いを込めて、パドレス移籍後は彼と同じ背番号「30」を着けている。

年度	所属チーム	試合数	打数	得点	安打	二塁打	三塁打	本塁打	打点	四球	三振	盗塁	盗塁死	出塁率	OPS	打率
2019	パドレス	160	619	72	164	29	2	22	99	40	163	0	3	.310	.735	.265
通算成績		1365	5223	691	1451	266	20	167	734	462	1019	67	26	.336	.768	.278

期待したいのは攻守両面の大化け

27 フランシスコ・メヒーア *Francisco Mejía* キャッチャー

25歳｜178cm｜82kg｜右投両打｜盗塁阻止率／.138(29-4)｜対左.279｜対右.261｜困.243
ア.287｜圏.273｜⑤2012⑰インディアンズ｜⊞ドミニカ｜囲56万3500ドル（約6200万円）+α

ミ	3
パ	2
走	2
守	2
肩	4

　正捕手として開幕を迎える若手ホープ。インディアンズのマイナー時代から、打撃面で将来を嘱望されていた一方、守備面の不安が懸念されていた。2018年7月にトレードでパドレスへ移籍。昨季は十分な出場機会を与えられなかったが、一時1割6分台まで落ちていた打率が、8月に3割4分8厘を打って持ち直し、両打ちのメリットもあって一定の評価を得た。ただし、守備面はまだまだ。肩は強いほうだが、フットワーク、ブロッキングなどに課題があり、技術的に未熟なために盗塁阻止率も物足りない。昨季、前田健太と5度対戦し、長打2本含む3安打とよく打った。

年度	所属チーム	試合数	打数	得点	安打	二塁打	三塁打	本塁打	打点	四球	三振	盗塁	盗塁死	出塁率	OPS	打率
2019	パドレス	79	226	27	60	11	2	8	22	13	56	1	1	.316	.754	.265
通算成績		111	295	34	72	13	2	11	31	19	78	1	1	.300	.714	.244

守備はゴールドグラブ賞レベル

18 オースティン・ヘッジス *Austin Hedges* キャッチャー

28歳｜185cm｜93kg｜右投右打｜盗塁阻止率／.226(31-7)｜対左.143｜対右.186｜困.163
ア.189｜圏.226｜⑤2011②パドレス｜⊞カリフォルニア州｜囲300万ドル（約3億3000万円）

ミ	2
パ	3
走	2
守	5
肩	4

　メジャーを代表する守備的な捕手。きわどいコースをストライク判定させる「フレーミング」の技術は、メジャートップクラス。また、強肩で、ブロッキングや送球の処理も一流。昨季もゴールドグラブ賞の最終候補者に名を連ね、本人も「自分が受賞すべきだと思う」と自信をのぞかせていたが、受賞には至らなかった。問題は、1割台の打率に沈んだ打撃面だ。パンチ力は平均レベルだが、確実性が低く、三振率31.4%はお粗末。今季は若手メヒーア中心の起用が予想されるためとりあえず控えに回るが、守備固めという意味では依然として頼りにしたい貴重な戦力である。

年度	所属チーム	試合数	打数	得点	安打	二塁打	三塁打	本塁打	打点	四球	三振	盗塁	盗塁死	出塁率	OPS	打率
2019	パドレス	102	312	28	55	11	0	11	36	27	109	1	0	.252	.563	.176
通算成績		377	1163	108	234	43	2	46	140	79	366	8	2	.257	.617	.201

対左=対左投手打率　対右=対右投手打率　困=ホーム打率　ア=アウェー打率　圏=得点圏打率
⑤=ドラフトデータ　⊞=出身地　囲=年俸

野手

スランプによくおちいる大砲
4 ウィル・マイヤーズ *Wil Myers*

ライト

30歳｜191cm｜93kg｜右投右打 （対左）.233 （対右）.241 （木）.243 （ア）.236 （得）.228
（ド）2009⑤ロイヤルズ （田）ノースカロライナ州 （年）2000万ドル（約22億円）
◆新人王（13年）

ミ	2
パ	4
走	4
守	3
肩	3

　浮き沈みが激しい右の強打者。2015年にパドレス入りして以来、内外野の守備位置を転々としてきたが、昨季は外野にほぼ専念。ところが6月下旬に極度のスランプとなり、7月末までの24試合のうち先発がわずか3試合。結局、出場試合155のうち、先発はわずか106試合、490打席というくやしい結果に終わった。13年のアメリカン・リーグ新人王、16年のオールスター出場などは過去の栄光となりつつある。ただ、気分屋だが長距離砲としての才能は誰もが認めるところだ。契約期間があと3年あるだけに、トレードも含めてどう扱うのか、球団首脳も悩みどころである。

年度	所属チーム	試合数	打数	得点	安打	二塁打	三塁打	本塁打	打点	四球	三振	盗塁	盗塁死	出塁率	OPS	打率
2019	パドレス	155	435	58	104	22	1	18	53	51	168	16	7	.321	.739	.239
通算成績		785	2798	403	703	155	10	114	377	313	838	93	25	.327	.763	.251

地元に戻ってハツラツとプレー
5 グレッグ・ガルシア *Greg Garcia*

ユーティリティ

31歳｜183cm｜86kg｜右投左打 （対左）.200 （対右）.254 （木）.236 （ア）.260 （得）.276
（ド）2010⑦カーディナルス （田）カリフォルニア州 （年）150万ドル（約1億6500万円）

ミ	2
パ	2
走	3
守	4
肩	3

パドレス

　様々な役割を担うことができる野球巧者。パドレスに加わって1年目の昨季は、内野の各ポジションを守りながら四球を数多く選び、46回の代打起用も含めて出塁率をかせいでチームに貢献した。左投手に対しては、過去3シーズン通算で1割4分9厘とほとんど役に立たないのでレギュラーとなるには厳しいが、今季もチームは貴重なベンチメンバーとして認めており、150万ドルの1年契約を交わした。2018年オフ、カーディナルスの40人枠から外れたときは「落胆した」が、故郷エルカホンに近いサンディエゴへの移籍が決まったときは「家族一同で大喜びした」という。

年度	所属チーム	試合数	打数	得点	安打	二塁打	三塁打	本塁打	打点	四球	三振	盗塁	盗塁死	出塁率	OPS	打率
2019	パドレス	134	311	52	77	13	4	4	31	53	83	0	2	.364	.718	.248
通算成績		543	1036	136	257	45	6	14	88	159	252	6	5	.359	.702	.248

ー テイラー・トラメル *Taylor Trammell*

外野手　期待度 B　ルーキー

23歳｜188cm｜98kg｜左投左打 ◆昨季は2Aでプレー （ド）2016①レッズ （田）ジョージア州

　レッズ傘下の2Aでプレーしていた昨年7月末、三角トレードでやって来た外野手。昨シーズンは2Aで計126試合に出場し、打率2割3分4厘、10本塁打、20盗塁をマーク。ウリはスピード。センターも守るが、主な守備位置はレフトで、守備範囲は広いものの、肩はあまり強くない。課題は出塁率。

ー オーウェン・ミラー *Owen Miller*

ユーティリティ　期待度 C+　ルーキー

24歳｜183cm｜86kg｜右投右打 ◆昨季は2Aでプレー （ド）2018③パドレス （田）ウィスコンシン州

　2018年のドラフトで、パドレスから3順目に指名された内野手。昨シーズンは2Aで130試合に出場し、打率2割9分0厘、13本塁打を記録した。ショートとセカンドの守りは、グラブさばきと守備範囲は合格点だが、肩はイマイチ。打撃面でのレベルアップを図り、メジャー昇格を目指す。

所属先未定選手

※2020年2月4日時点で、所属先が決まっていない主なプレーヤー

野手

30本塁打にはまたしても届かず `ライト`

ヤシエル・プイグ *Yasiel Puig*

30歳｜188cm｜109kg｜右投右打 対左.279 対右.263 ホ.295 ア.239 得.331
ド2012⑭ドジャース 田キューバ

ミ 3
バ 4
走 4
守 4
肩 5

　キューバ出身の暴れん坊スラッガー。レッズで迎えた昨季は一発がまずまずのペースで出て、初の30本塁打も見えたが、7月末にインディアンズへ移籍したあとは2カ月間で2本しか打てず、大台到達はならなかった。ただ、OPSは移籍後のほうが良かった。昨シーズンも試合中に起きた乱闘で大立ち回りを演じるなど、荒々しさは相変わらず。

年度	所属チーム	試合数	打数	得点	安打	二塁打	三塁打	本塁打	打点	四球	三振	盗塁	盗塁死	出塁率	OPS	打率
2019	レッズ	100	373	51	94	15	1	22	61	23	89	14	5	.302	.777	.252
2019	インディアンズ	49	182	25	54	15	1	2	23	21	44	5	2	.377	.800	.297
2019	2チーム計	149	555	76	148	30	2	24	84	44	133	19	7	.327	.785	.267
通算成績		861	3015	441	834	159	21	132	415	297	681	79	38	.348	.823	.277

ナショナル・リーグ3位タイの30盗塁 `センター`

ジャロッド・ダイソン *Jarrod Dyson*

36歳｜178cm｜75kg｜右投左打 対左.326 対右.218 ホ.215 ア.246 得.292
ド2006㊿ロイヤルズ 田ミシシッピ州

ミ 2
バ 2
走 5
守 4
肩 3

　足と守備ではまだ大きな戦力になるベテラン外野手。メジャー10年目の昨季は、ダイヤモンドバックスで自己最多の130試合に出場。さらに打席数、本塁打数も自己最多だった。35歳になっても俊足ぶりは健在で、30盗塁はナショナル・リーグ3位の数字。盗塁成功率88.2%は、昨季20盗塁以上記録した21選手の中で、2番目にいい数字だ。

年度	所属チーム	試合数	打数	得点	安打	二塁打	三塁打	本塁打	打点	四球	三振	盗塁	盗塁死	出塁率	OPS	打率
2019	ダイヤモンドバックス	130	400	65	92	11	2	7	47	47	86	30	4	.313	.633	.230
通算成績		858	2317	361	573	76	36	21	170	228	434	250	44	.319	.657	.247

パイレーツが獲得に興味 `外野手`

キャメロン・メイビン *Cameron Maybin*

33歳｜191cm｜98kg｜右投右打 対左.231 対右.311 ホ.292 ア.280 得.295
ド2005①タイガース 田ノースカロライナ州

ミ 3
バ 2
走 4
守 3
肩 3

　ニューヨークでまさかの輝きを見せた外野手。昨年4月下旬にヤンキースに加入。高い出塁率をマークし、外野に故障者が続出したチームの窮状を救った。ポストシーズンではホームランも放っている。ただ、昨シーズンの好成績は、運が味方したと見る向きもある。オフに入り、パイレーツが獲得に興味を示したが、契約には至っていない。

年度	所属チーム	試合数	打数	得点	安打	二塁打	三塁打	本塁打	打点	四球	三振	盗塁	盗塁死	出塁率	OPS	打率
2019	ヤンキース	82	239	48	68	17	0	11	32	30	72	9	6	.364	.858	.285
通算成績		1121	3703	546	949	165	33	71	347	358	884	183	55	.324	.701	.256

対左＝対左投手打率　対右＝対右投手打率　ホ＝ホーム打率　ア＝アウェー打率　得＝得点圏打率
ド＝ドラフトデータ　田＝出身地　年＝年俸

2019年度
MAJOR LEAGUE BASEBALL
最終成績

巻末付録
1

アメリカン・リーグ

東部地区 — EAST

順位	チーム名	勝数	負数	勝率	差	打率	得点	本塁打	盗塁	防御率	失策
1位	*ヤンキース	103	59	.636	-	.267	943	306	55	4.31	102
2位	*レイズ	96	66	.593	7.0	.254	769	217	94	3.65	87
3位	レッドソックス	84	78	.519	19.0	.269	901	245	68	4.70	88
4位	ブルージェイズ	67	95	.414	36.0	.236	726	247	51	4.79	96
5位	オリオールズ	54	108	.333	49.0	.246	729	213	84	5.59	108

中部地区 — CENTRAL

順位	チーム名	勝数	負数	勝率	差	打率	得点	本塁打	盗塁	防御率	失策
1位	*ツインズ	101	61	.623	—	.270	939	307	28	4.18	111
2位	インディアンズ	93	69	.574	8.0	.250	769	223	103	3.76	83
3位	ホワイトソックス	72	89	.447	28.5	.261	708	182	63	4.90	117
4位	ロイヤルズ	59	103	.364	42.0	.247	691	162	117	5.20	73
5位	タイガース	47	114	.292	53.5	.240	582	149	57	5.24	110

西部地区 — WEST

順位	チーム名	勝数	負数	勝率	差	打率	得点	本塁打	盗塁	防御率	失策
1位	*アストロズ	107	55	.660	—	.274	920	288	67	3.66	71
2位	*アスレティックス	97	65	.599	10.0	.249	845	257	49	3.97	80
3位	レンジャーズ	78	84	.481	29.0	.248	810	223	131	5.06	105
4位	エンジェルス	72	90	.444	35.0	.247	769	220	65	5.12	92
5位	マリナーズ	68	94	.420	39.0	.237	758	239	115	4.99	132

ナショナル・リーグ

東部地区 — EAST

順位	チーム名	勝数	負数	勝率	差	打率	得点	本塁打	盗塁	防御率	失策
1位	*ブレーブス	97	65	.599	—	.258	855	249	89	4.19	78
2位	*ナショナルズ	93	69	.574	4.0	.265	873	231	116	4.27	87
3位	メッツ	86	76	.531	11.0	.257	791	242	56	4.24	99
4位	フィリーズ	81	81	.500	16.0	.246	774	215	78	4.53	97
5位	マーリンズ	57	105	.352	40.0	.241	615	146	55	4.74	94

中部地区 — CENTRAL

順位	チーム名	勝数	負数	勝率	差	打率	得点	本塁打	盗塁	防御率	失策
1位	*カーディナルス	91	71	.562	—	.245	764	210	116	3.80	66
2位	*ブリュワーズ	89	73	.549	2.0	.246	769	250	101	4.40	97
3位	カブス	84	78	.519	7.0	.252	814	256	45	4.10	117
4位	レッズ	75	87	.463	16.0	.244	701	227	80	4.18	91
5位	パイレーツ	69	93	.426	22.0	.265	758	163	64	5.18	121

西部地区 — WEST

順位	チーム名	勝数	負数	勝率	差	打率	得点	本塁打	盗塁	防御率	失策
1位	*ドジャース	106	56	.654	—	.257	886	279	57	3.37	106
2位	ダイヤモンドバックス	85	77	.525	21.0	.252	813	220	88	4.25	86
3位	ジャイアンツ	77	85	.475	29.0	.239	678	167	47	4.38	90
4位	ロッキーズ	71	91	.438	35.0	.265	835	224	71	5.56	97
5位	パドレス	70	92	.432	36.0	.238	682	219	70	4.60	116

*はプレーオフ出場チーム。

2019年度 プレーオフ結果

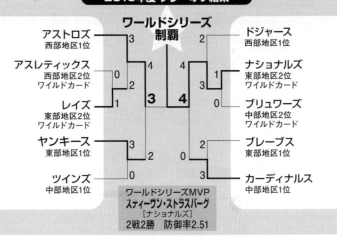

ワールドシリーズ制覇

アストロズ　西部地区1位　3
アスレティックス　西部地区2位　ワイルドカード　0
レイズ　東部地区2位　ワイルドカード　1
ヤンキース　東部地区1位　3
ツインズ　中部地区1位　0

4　2
2
3
2

ドジャース　西部地区1位　2
ナショナルズ　東部地区2位　ワイルドカード　4
ブリュワーズ　中部地区2位　ワイルドカード　0
ブレーブス　東部地区1位　2
カーディナルス　中部地区1位　3

4
1
3
4
0

ワールドシリーズMVP
スティーワン・ストラスバーグ
[ナショナルズ]
2戦2勝　防御率2.51

2019年度 タイトル受賞者

アメリカン・リーグ	ナショナル・リーグ
MVP MOST VALUABLE PLAYER	**MVP** MOST VALUABLE PLAYER
マイク・トラウト [エンジェルス] .291　45本　104打点　11盗塁	**コーディー・ベリンジャー** [ドジャース] .305　47本　115打点　15盗塁
サイ・ヤング賞 CY YOUNG AWARD	**サイ・ヤング賞** CY YOUNG AWARD
ジャスティン・ヴァーランダー [アストロズ] 34試合21勝6敗　防御率2.58	**ジェイコブ・デグロム** [メッツ] 32試合11勝8敗　防御率2.43
新人王 ROOKIE OF THE YEAR	**新人王** ROOKIE OF THE YEAR
ヨーダン・アルヴァレス [アストロズ] .313　27本　78打点　0盗塁	**ピート・アロンゾ** [メッツ] .260　53本　120打点　1盗塁
最優秀監督 MANAGER OF THE YEAR	**最優秀監督** MANAGER OF THE YEAR
ロッコ・バルデッリ [ツインズ] 効果的な指導でチーム本塁打数大幅増。	**マイク・シルト** [カーディナルス] 前評判を覆し、地区優勝を果たす。

アメリカン・リーグ　投手

勝利　WINS

順位	選手名(チーム名)	勝利
1位	ジャスティン・ヴァーランダー (アストロズ)	21
2位	ゲリット・コール (アストロズ)	20
3位	エドゥアルド・ロドリゲス (レッドソックス)	19
4位	ドミンゴ・ヘルマン (ヤンキース)	18
5位	マルコ・ゴンザレス (マリナーズ)	16
5位	ランス・リン (レンジャーズ)	16
5位	チャーリー・モートン (レイズ)	16
8位	シェーン・ビーバー (インディアンズ)	15
8位	マイク・ファイアーズ (アスレティックス)	15
8位	ジェイク・オドリッジ (ツインズ)	15
8位	ジェイムズ・パクストン (ヤンキース)	15

防御率*　EARNED RUN AVERAGE

順位	選手名(チーム名)	防御率
1位	ゲリット・コール (アストロズ)	2.50
2位	ジャスティン・ヴァーランダー (アストロズ)	2.58
3位	チャーリー・モートン (レイズ)	3.05
4位	シェーン・ビーバー (インディアンズ)	3.28
5位	ルーカス・ジオリート (ホワイトソックス)	3.41
6位	マイク・マイナー (レンジャーズ)	3.59
7位	ランス・リン (レンジャーズ)	3.67
8位	ホセ・ベリオス (ツインズ)	3.68
9位	エドゥアルド・ロドリゲス (レッドソックス)	3.81
10位	ブレット・アンダーソン (アスレティックス)	3.89

セーブ　SAVES

順位	選手名(チーム名)	セーブ
1位	ロベルト・オスーナ (アストロズ)	38
2位	アロルディス・チャップマン (ヤンキース)	37
3位	ブラッド・ハンド (インディアンズ)	34
4位	アレックス・コローメ (ホワイトソックス)	30
4位	イアン・ケネディ (ロイヤルズ)	30
4位	テイラー・ロジャーズ (ツインズ)	30
7位	リアム・ヘンドリクス (アスレティックス)	25
8位	ケン・ジャイルズ (ブルージェイズ)	23
8位	ハンセル・ロブレス (エンジェルス)	23
10位	シェイン・グリーン (タイガース)	22

奪三振　STRIKEOUTS

順位	選手名(チーム名)	奪三振
1位	ゲリット・コール (アストロズ)	326
2位	ジャスティン・ヴァーランダー (アストロズ)	300
3位	シェーン・ビーバー (インディアンズ)	259
4位	ランス・リン (レンジャーズ)	246
5位	チャーリー・モートン (レイズ)	240
6位	マシュー・ボイド (タイガース)	238
7位	ルーカス・ジオリート (ホワイトソックス)	228
8位	クリス・セイル (レッドソックス)	218
9位	エドゥアルド・ロドリゲス (レッドソックス)	213
10位	マイク・マイナー (レンジャーズ)	200

登板試合　GAMES

順位	選手名(チーム名)	試合
1位	ユスメイロ・ペティット (アスレティックス)	80
2位	ジェイク・ディークマン (アスレティックス)	76
3位	リアム・ヘンドリクス (アスレティックス)	75
4位	バック・ファーマー (タイガース)	73
4位	アダム・オタヴィーノ (ヤンキース)	73
4位	ブランドン・ワークマン (レッドソックス)	73
7位	タイ・バトリー (エンジェルス)	72
7位	トミー・ケインリー (ヤンキース)	72
9位	ハンセル・ロブレス (エンジェルス)	71
9位	チャズ・ロー (レイズ)	71
9位	ホアキム・ソリア (アスレティックス)	71

登板イニング　INNING PITCHED

順位	選手名(チーム名)	イニング
1位	ジャスティン・ヴァーランダー (アストロズ)	223
2位	シェーン・ビーバー (インディアンズ)	214⅓
3位	ゲリット・コール (アストロズ)	212⅓
4位	ランス・リン (レンジャーズ)	208⅓
4位	マイク・マイナー (レンジャーズ)	208⅓
6位	エドゥアルド・ロドリゲス (レッドソックス)	203⅓
7位	マルコ・ゴンザレス (マリナーズ)	203
8位	ホセ・ベリオス (ツインズ)	200⅓
9位	チャーリー・モートン (レイズ)	194⅔
10位	イヴァン・ノヴァ (ホワイトソックス)	187

奪三振率*　STRIKE PER 9 INNINGS

順位	選手名(チーム名)	イニング平均個
1位	ゲリット・コール (アストロズ)	13.82
2位	ジャスティン・ヴァーランダー (アストロズ)	12.11
3位	ルーカス・ジオリート (ホワイトソックス)	11.62
4位	マシュー・ボイド (タイガース)	11.56
5位	チャーリー・モートン (レイズ)	11.10
6位	シェーン・ビーバー (インディアンズ)	10.88
7位	ランス・リン (レンジャーズ)	10.63
8位	エドゥアルド・ロドリゲス (レッドソックス)	9.43
9位	ホセ・ベリオス (ツインズ)	8.76
10位	マイク・マイナー (レンジャーズ)	8.64

被打率*　OPP BATTING AVG AGAINST

順位	選手名(チーム名)	被打率
1位	ジャスティン・ヴァーランダー (アストロズ)	.172
2位	ゲリット・コール (アストロズ)	.186
3位	ルーカス・ジオリート (ホワイトソックス)	.205
4位	チャーリー・モートン (レイズ)	.215
5位	シェーン・ビーバー (インディアンズ)	.230
6位	マイク・ファイアーズ (アスレティックス)	.243
7位	ランス・リン (レンジャーズ)	.243
8位	マイク・マイナー (レンジャーズ)	.244
9位	ブラッド・ケラー (ロイヤルズ)	.247
10位	マシュー・ボイド (タイガース)	.247

*のついたランキングは、規定球回数以上の投手に限る。

アメリカン・リーグ　打者

打率*   BATTING AVERAGE

順位	選手名（チーム名）	打率
1位	ティム・アンダーソン（ホワイトソックス）	.335
2位	DJラメイヒュー（ヤンキース）	.327
3位	ヨアン・モンカダ（ホワイトソックス）	.315
4位	マイケル・ブラントリー（アストロズ）	.311
5位	ラファエル・デヴァース（レッドソックス）	.311
6位	ネルソン・クルーズ（ツインズ）	.310
7位	ザンダー・ボーガーツ（レッドソックス）	.309
8位	ハンサー・アルベルト（オリオールズ）	.305
9位	J.D.マルティネス（レッドソックス）	.304
10位	ウィット・メリフィールド（ロイヤルズ）	.302

本塁打   HOME RUNS

順位	選手名（チーム名）	本塁打
1位	ホルヘ・ソレアー（ロイヤルズ）	48
2位	マイク・トラウト（エンジェルス）	45
3位	アレックス・ブレグマン（アストロズ）	41
3位	ネルソン・クルーズ（ツインズ）	41
5位	ジョージ・スプリンガー（アストロズ）	39
6位	グレイバー・トーレス（ヤンキース）	38
7位	マット・チャップマン（アスレティックス）	36
7位	マックス・ケプラー（ツインズ）	36
7位	J.D.マルティネス（レッドソックス）	36
7位	マット・オルソン（アスレティックス）	36

打点   RUNS BATTED IN

順位	選手名（チーム名）	打点
1位	ホセ・アブレイユ（ホワイトソックス）	123
2位	ザンダー・ボーガーツ（レッドソックス）	117
2位	ホルヘ・ソレアー（ロイヤルズ）	117
4位	ラファエル・デヴァース（レッドソックス）	115
5位	アレックス・ブレグマン（アストロズ）	112
6位	エディー・ロザリオ（ツインズ）	109
7位	ネルソン・クルーズ（ツインズ）	108
8位	J.D.マルティネス（レッドソックス）	105
9位	ユリ・グリエル（アストロズ）	104
9位	マイク・トラウト（エンジェルス）	104

OPS*   ON-BASE PLUS SLUGGING

順位	選手名（チーム名）	OPS
1位	マイク・トラウト（エンジェルス）	1.083
2位	ネルソン・クルーズ（ツインズ）	1.031
3位	アレックス・ブレグマン（アストロズ）	1.015
4位	ジョージ・スプリンガー（アストロズ）	.974
5位	ザンダー・ボーガーツ（レッドソックス）	.939
6位	J.D.マルティネス（レッドソックス）	.939
7位	ホルヘ・ソレアー（ロイヤルズ）	.922
8位	オースティン・メドウズ（レイズ）	.922
9位	ラファエル・デヴァース（レッドソックス）	.916
10位	ヨアン・モンカダ（ホワイトソックス）	.915

安打   HITS

順位	選手名（チーム名）	安打
1位	ウィット・メリフィールド（ロイヤルズ）	206
2位	ラファエル・デヴァース（レッドソックス）	201
3位	DJラメイヒュー（ヤンキース）	197
4位	ザンダー・ボーガーツ（レッドソックス）	190
5位	マーカス・シミエン（アスレティックス）	187
6位	ホルヘ・ポランコ（ツインズ）	186
7位	ホセ・アブレイユ（ホワイトソックス）	180
8位	マイケル・ブラントリー（アストロズ）	179
9位	ムッキー・ベッツ（レッドソックス）	176
9位	ジョナサン・ヴィアー（オリオールズ）	176

盗塁   STOLEN BASES

順位	選手名（チーム名）	盗塁
1位	マレックス・スミス（マリナーズ）	46
2位	アダルベルト・モンデシー（ロイヤルズ）	43
3位	ジョナサン・ヴィアー（オリオールズ）	40
4位	エルヴィス・アンドルス（レンジャーズ）	31
5位	トミー・ファム（レイズ）	25
6位	デライノ・デシールズ（レンジャーズ）	24
6位	ホセ・ラミレス（インディアンズ）	24
8位	ディー・ゴードン（マリナーズ）	22
8位	フランシスコ・リンドーア（インディアンズ）	22
10位	ダニー・サンタナ（レンジャーズ）	21

四球   WALKS

順位	選手名（チーム名）	四球
1位	アレックス・ブレグマン（アストロズ）	119
2位	マイク・トラウト（エンジェルス）	110
3位	カルロス・サンタナ（インディアンズ）	108
4位	ムッキー・ベッツ（レッドソックス）	97
5位	ダニエル・ヴォーグルバック（マリナーズ）	92
6位	マーカス・シミエン（アスレティックス）	87
7位	トミー・ファム（レイズ）	81
8位	ジャスティン・スモーク（ブルージェイズ）	79
9位	秋信守（チュ・シンス）（レンジャーズ）	78
10位	ザンダー・ボーガーツ（レッドソックス）	76

犠打   SACRIFICE HITS

順位	選手名（チーム名）	犠打
1位	レウリー・ガルシア（ホワイトソックス）	11
2位	デライノ・デシールズ（レンジャーズ）	8
3位	オスカー・メルカド（インディアンズ）	7
3位	ロベルト・ペレス（インディアンズ）	7
3位	ヨルマー・サンチェス（ホワイトソックス）	7
6位	ライアン・コーデル（ホワイトソックス）	6
6位	マイク・フリーマン（インディアンズ）	6
8位	ジョン・ジェイ（ホワイトソックス）	5
8位	ジェイソン・キプニス（インディアンズ）	5
8位	リッチー・マーティン（オリオールズ）	5

*のついたランキングは、規定打席以上の打者に限る。

ナショナル・リーグ　投手

勝利　WINS

順位	選手名（チーム名）	勝利
1位	スティーヴン・ストラスバーグ（ナショナルズ）	18
2位	マックス・フリード（ブレーブス）	17
3位	ダコタ・ハドソン（カーディナルス）	16
3位	クレイトン・カーショウ（ドジャース）	16
5位	ルイス・カスティーヨ（レッズ）	15
6位	ウォーカー・ビューラー（ドジャース）	14
6位	パトリック・コービン（ナショナルズ）	14
6位	柳賢振（リュ・ヒョンジン）（ドジャース）	14
6位	アダム・ウェインライト（カーディナルス）	14
10位	メリル・ケリー（ダイヤモンドバックス）	13
10位	ジョン・レスター（カブス）	13
10位	ホセ・キンターナ（カブス）	13
10位	マイク・ソロカ（ブレーブス）	13

防御率*　EARNED RUN AVERAGE

順位	選手名（チーム名）	防御率
1位	柳賢振（リュ・ヒョンジン）（ドジャース）	2.32
2位	ジェイコブ・デグロム（メッツ）	2.43
3位	マイク・ソロカ（ブレーブス）	2.68
4位	ジャック・フラハティ（カーディナルス）	2.75
5位	ソニー・グレイ（レッズ）	2.87
6位	マックス・シャーザー（ナショナルズ）	2.92
7位	クレイトン・カーショウ（ドジャース）	3.03
8位	パトリック・コービン（ナショナルズ）	3.25
9位	ウォーカー・ビューラー（ドジャース）	3.26
10位	スティーヴン・ストラスバーグ（ナショナルズ）	3.32

セーブ　SAVES

順位	選手名（チーム名）	セーブ
1位	カービー・イェーツ（パドレス）	41
2位	ジョシュ・ヘイダー（ブリュワーズ）	37
3位	ライセル・イグレシアス（レッズ）	34
4位	ウィル・スミス（ジャイアンツ）	34
5位	ケンリー・ジャンセン（ドジャース）	33
6位	ショーン・ドゥーリトル（ナショナルズ）	29
7位	ヘクター・ネリス（フィリーズ）	28
7位	フェリーペ・ヴァスケス（パイレーツ）	28
9位	エドウィン・ディアス（メッツ）	26
10位	カルロス・マルティネス（カーディナルス）	24

奪三振　STRIKEOUTS

順位	選手名（チーム名）	奪三振
1位	ジェイコブ・デグロム（メッツ）	255
2位	スティーヴン・ストラスバーグ（ナショナルズ）	251
3位	マックス・シャーザー（ナショナルズ）	243
4位	パトリック・コービン（ナショナルズ）	238
5位	ロビー・レイ（ダイヤモンドバックス）	235
6位	ジャック・フラハティ（カーディナルス）	231
7位	ダルビッシュ有（カブス）	229
7位	アーロン・ノーラ（フィリーズ）	229
9位	ルイス・カスティーヨ（レッズ）	226
10位	ウォーカー・ビューラー（ドジャース）	215

登板試合　GAMES

順位	選手名（チーム名）	試合
1位	アレックス・クラウディオ（ブリュワーズ）	83
2位	ワンダー・スエロ（ナショナルズ）	78
3位	アンドルー・チェイフィン（ダイヤモンドバックス）	77
4位	クレイグ・スタメン（パドレス）	76
5位	マイケル・ロレンゼン（レッズ）	73
5位	アンドルー・ミラー（カーディナルス）	73
5位	カイル・ライアン（カブス）	73
8位	ジュニア・ゲーラ（ブリュワーズ）	72
8位	ジャレッド・ヒューズ（フィリーズ）	72
8位	リチャード・ロドリゲス（パイレーツ）	72

登板イニング　INNING PITCHED

順位	選手名（チーム名）	イニング
1位	スティーヴン・ストラスバーグ（ナショナルズ）	209
2位	マディソン・バムガーナー（ジャイアンツ）	207⅔
3位	ジェイコブ・デグロム（メッツ）	204
4位	アーロン・ノーラ（フィリーズ）	202⅓
5位	パトリック・コービン（ナショナルズ）	202
6位	ノア・シンダーガード（メッツ）	197⅔
7位	サンディ・アルカンタラ（マーリンズ）	197⅓
8位	ジャック・フラハティ（カーディナルス）	196⅓
9位	ザック・ウィーラー（メッツ）	195⅓
10位	ルイス・カスティーヨ（レッズ）	190⅔

奪三振率*　STRIKE PER 9 INNINGS

順位	選手名（チーム名）	9イニング平均値
1位	マックス・シャーザー（ナショナルズ）	12.69
2位	ロビー・レイ（ダイヤモンドバックス）	12.13
3位	ダルビッシュ有（カブス）	11.54
4位	ジェイコブ・デグロム（メッツ）	11.25
5位	スティーヴン・ストラスバーグ（ナショナルズ）	10.81
6位	ルイス・カスティーヨ（レッズ）	10.67
7位	ウォーカー・ビューラー（ドジャース）	10.61
8位	パトリック・コービン（ナショナルズ）	10.60
9位	ジャック・フラハティ（カーディナルス）	10.59
10位	ソニー・グレイ（レッズ）	10.52

被打率*　OPP BATTING AVG AGAINST

順位	選手名（チーム名）	被打率
1位	ジャック・フラハティ（カーディナルス）	.192
2位	ソニー・グレイ（レッズ）	.196
3位	ルイス・カスティーヨ（レッズ）	.202
4位	ジェイコブ・デグロム（メッツ）	.207
5位	スティーヴン・ストラスバーグ（ナショナルズ）	.210
6位	ダルビッシュ有（カブス）	.213
7位	マックス・シャーザー（ナショナルズ）	.222
8位	クレイトン・カーショウ（ドジャース）	.222
9位	ウォーカー・ビューラー（ドジャース）	.223
10位	ジェフ・サマージャ（ジャイアンツ）	.225

*のついたランキングは、規定投球回数以上の投手に限る。

ナショナル・リーグ　打者

打率* — BATTING AVERAGE

順位	選手名(チーム名)	打率
1位	クリスチャン・イェリッチ (ブリュワーズ)	.329
2位	ケテル・マーテイ (ダイヤモンドバックス)	.328
3位	アンソニー・レンドン (ナショナルズ)	.319
4位	ジェフ・マクニール (メッツ)	.318
5位	ノーラン・アレナード (ロッキーズ)	.315
6位	チャーリー・ブラックモン (ロッキーズ)	.313
7位	ブライアン・レイノルズ (パイレーツ)	.313
8位	ケビン・ニューマン (パイレーツ)	.308
9位	コーディー・ベリンジャー (ドジャース)	.305
10位	トレイ・ターナー (ナショナルズ)	.298

本塁打 — HOME RUNS

順位	選手名(チーム名)	本塁打
1位	ピート・アロンゾ (メッツ)	53
2位	エウヘイニオ・スアレス (レッズ)	49
3位	コーディー・ベリンジャー (ドジャース)	47
4位	クリスチャン・イェリッチ (ブリュワーズ)	44
5位	ロナルド・アクーニャ・ジュニア (ブレーブス)	41
5位	ノーラン・アレナード (ロッキーズ)	41
7位	フレディ・フリーマン (ブレーブス)	38
7位	カイル・シュワーバー (カブス)	38
9位	ジョシュ・ベル (パイレーツ)	37
9位	ジョシュ・ドナルドソン (ブレーブス)	37

打点 — RUNS BATTED IN

順位	選手名(チーム名)	打点
1位	アンソニー・レンドン (ナショナルズ)	126
2位	フレディ・フリーマン (ブレーブス)	121
3位	ピート・アロンゾ (メッツ)	120
4位	ノーラン・アレナード (ロッキーズ)	118
4位	エドゥアルド・エスコバー (ダイヤモンドバックス)	118
6位	ジョシュ・ベル (パイレーツ)	116
7位	コーディー・ベリンジャー (ドジャース)	115
8位	ブライス・ハーパー (フィリーズ)	114
9位	ホアン・ソト (ナショナルズ)	110
10位	エウヘイニオ・スアレス (レッズ)	103

OPS* — ON-BASE PLUS SLUGGING

順位	選手名(チーム名)	OPS
1位	クリスチャン・イェリッチ (ブリュワーズ)	1.100
2位	コーディー・ベリンジャー (ドジャース)	1.035
3位	アンソニー・レンドン (ナショナルズ)	1.010
4位	ケテル・マーテイ (ダイヤモンドバックス)	.981
5位	ノーラン・アレナード (ロッキーズ)	.962
6位	ホアン・ソト (ナショナルズ)	.949
7位	ピート・アロンゾ (メッツ)	.941
8位	チャーリー・ブラックモン (ロッキーズ)	.940
9位	フレディ・フリーマン (ブレーブス)	.938
10位	ジョシュ・ベル (パイレーツ)	.936

安打 — HITS

順位	選手名(チーム名)	安打
1位	オジー・アルビーズ (ブレーブス)	189
2位	ケテル・マーテイ (ダイヤモンドバックス)	187
3位	ノーラン・アレナード (ロッキーズ)	185
4位	チャーリー・ブラックモン (ロッキーズ)	182
5位	アーメド・ロザリオ (メッツ)	177
6位	フレディ・フリーマン (ブレーブス)	176
7位	ロナルド・アクーニャ・ジュニア (ブレーブス)	175
8位	アンソニー・レンドン (ナショナルズ)	174
9位	トレヴァー・ストーリー (ロッキーズ)	173
10位	スターリン・カストロ (マーリンズ)	172

盗塁 — STOLEN BASES

順位	選手名(チーム名)	盗塁
1位	ロナルド・アクーニャ・ジュニア (ブレーブス)	37
2位	トレイ・ターナー (ナショナルズ)	35
3位	ジャロッド・ダイソン (ダイヤモンドバックス)	30
3位	クリスチャン・イェリッチ (ブリュワーズ)	30
5位	ヴィクター・ロブレス (ナショナルズ)	28
6位	スターリング・マーティ (パイレーツ)	25
7位	コルテン・ウォン (カーディナルス)	24
8位	トレヴァー・ストーリー (ロッキーズ)	23
9位	マニュエル・マーゴー (パドレス)	20
10位	アーメッド・ロザリオ (メッツ)	19

四球 — WALKS

順位	選手名(チーム名)	四球
1位	リース・ホスキンス (フィリーズ)	116
2位	ヤスマニ・グランダル (ブリュワーズ)	109
3位	ホアン・ソト (ナショナルズ)	108
4位	ジョシュ・ドナルドソン (ブレーブス)	100
5位	ブライス・ハーパー (フィリーズ)	99
6位	コーディー・ベリンジャー (ドジャース)	95
7位	マックス・マンシー (ドジャース)	90
8位	フレディ・フリーマン (ブレーブス)	87
9位	マイケル・コンフォルト (メッツ)	84
10位	ブランドン・ベルト (ジャイアンツ)	83

犠打 — SACRIFICE HITS

順位	選手名(チーム名)	犠打
1位	クレイトン・カーショウ (ドジャース)	15
2位	前田健太 (ドジャース)	13
3位	ソニー・グレイ (レッズ)	12
3位	柳賢振 (リュ・ヒョンジン) (ドジャース)	12
5位	ヘルマン・マルケス (ロッキーズ)	10
6位	アダム・イートン (ナショナルズ)	9
6位	ジャック・フラハティ (カーディナルス)	9
6位	ジョン・グレイ (ロッキーズ)	9
6位	ホセ・キンタナ (カブス)	9
10位	ジョー・マスグローヴ (パイレーツ)	8

*のついたランキングは、規定打席以上の打者に限る。

ゴールドグラブ賞 Gold Glove Awards

■ アメリカン・リーグ

ポジション	選手名(チーム名)	受賞回数
投 手	マイク・リーク (マリナーズ)	初受賞
捕 手	ロベルト・ペレス (インディアンズ)	初受賞
一塁手	マット・オルソン (アスレティックス)	2度目
二塁手	ヨルマー・サンチェス (ホワイトソックス)	初受賞
三塁手	マット・チャップマン (アスレティックス)	2度目
遊撃手	フランシスコ・リンドーア (インディアンズ)	2度目
左翼手	アレックス・ゴードン (ロイヤルズ)	7度目
中堅手	ケヴィン・キアマイア (レイズ)	3度目
右翼手	ムッキー・ベッツ (レッドソックス)	4度目

■ ナショナル・リーグ

ポジション	選手名(チーム名)	受賞回数
投 手	ザック・グリンキー (ダイヤモンドバックス)	6度目
捕 手	J.T.リアルミュート (フィリーズ)	初受賞
一塁手	アンソニー・リゾ (カブス)	3度目
二塁手	コルテン・ウォン (カーディナルス)	初受賞
三塁手	ノーラン・アレナード (ロッキーズ)	7度目
遊撃手	ニック・アーメド (ダイヤモンドバックス)	2度目
左翼手	デイヴィッド・ペラルタ (ダイヤモンドバックス)	初受賞
中堅手	ロレンゾ・ケイン (ブリュワーズ)	初受賞
右翼手	コーディー・ベリンジャー (ドジャース)	初受賞

※受賞回数は同ポジション・同リーグとは限らない。

シルバースラッガー賞 Silver Slugger Awards

■ アメリカン・リーグ

ポジション	選手名(チーム名)	受賞回数
捕 手	ミッチ・ガーヴァー (ツインズ)	初受賞
一塁手	カルロス・サンタナ (インディアンズ)	初受賞
二塁手	DJラメイヒュー (ヤンキース)	初受賞
三塁手	アレックス・ブレグマン (アストロズ)	初受賞
遊撃手	ザンダー・ボーガーツ (レッドソックス)	3度目
外野手	マイク・トラウト (エンジェルス)	7度目
外野手	ジョージ・スプリンガー (アストロズ)	2度目
外野手	ムッキー・ベッツ (レッドソックス)	3度目
D H	ネルソン・クルーズ (ツインズ)	3度目

■ ナショナル・リーグ

ポジション	選手名(チーム名)	受賞回数
捕 手	J.T.リアルミュート (フィリーズ)	2度目
一塁手	フレディ・フリーマン (ブレーブス)	初受賞
二塁手	オジー・アルビーズ (ブレーブス)	初受賞
三塁手	アンソニー・レンドン (ナショナルズ)	2度目
遊撃手	トレヴァー・ストーリー (ロッキーズ)	2度目
外野手	コーディー・ベリンジャー (ドジャース)	初受賞
外野手	クリスチャン・イェリッチ (ブリュワーズ)	3度目
外野手	ロナルド・アクーニャ・ジュニア (ブレーブス)	初受賞
投 手	ザック・グリンキー (ダイヤモンドバックス)	2度目

※受賞回数は同ポジション・同リーグとは限らない。

年度	アメリカン・リーグ	成績	ナショナル・リーグ
1903	**ボストン・ピルグリムス**	5－3	ピッツバーグ・パイレーツ
1904	ボストン・ピルグリムス	中止（ジャイアンツがボイコット）	ニューヨーク・ジャイアンツ
1905	フィラデルフィア・アスレティックス	1－4	**ニューヨーク・ジャイアンツ**
1906	**シカゴ・ホワイトソックス**	4－2	シカゴ・カブス
1907	デトロイト・タイガース	0①4	**シカゴ・カブス**
1908	デトロイト・タイガース	1－4	**シカゴ・カブス**
1909	デトロイト・タイガース	3－4	**ピッツバーグ・パイレーツ**
1910	**フィラデルフィア・アスレティックス**	4－1	シカゴ・カブス
1911	**フィラデルフィア・アスレティックス**	4－2	ニューヨーク・ジャイアンツ
1912	**ボストン・レッドソックス**	4①3	ニューヨーク・ジャイアンツ
1913	**フィラデルフィア・アスレティックス**	4－1	ニューヨーク・ジャイアンツ
1914	フィラデルフィア・アスレティックス	0－4	**ボストン・ブレーブス**
1915	**ボストン・レッドソックス**	4－1	フィラデルフィア・フィリーズ
1916	**ボストン・レッドソックス**	4－1	ブルックリン・ロビンス
1917	**シカゴ・ホワイトソックス**	4－2	ニューヨーク・ジャイアンツ
1918	**ボストン・レッドソックス**	4－2	シカゴ・カブス
1919	シカゴ・ホワイトソックス	3－5	**シンシナティ・レッズ**
1920	**クリーブランド・インディアンス**	5－2	ブルックリン・ロビンス
1921	ニューヨーク・ヤンキース	3－5	**ニューヨーク・ジャイアンツ**
1922	ニューヨーク・ヤンキース	0①4	**ニューヨーク・ジャイアンツ**
1923	**ニューヨーク・ヤンキース**	4－2	ニューヨーク・ジャイアンツ
1924	**ワシントン・セネタース**	4－3	ニューヨーク・ジャイアンツ
1925	ワシントン・セネタース	3－4	**ピッツバーグ・パイレーツ**
1926	ニューヨーク・ヤンキース	3－4	**セントルイス・カーディナルス**
1927	**ニューヨーク・ヤンキース**	4－0	ピッツバーグ・パイレーツ
1928	**ニューヨーク・ヤンキース**	4－0	セントルイス・カーディナルス
1929	**フィラデルフィア・アスレティックス**	4－1	シカゴ・カブス
1930	**フィラデルフィア・アスレティックス**	4－2	セントルイス・カーディナルス
1931	フィラデルフィア・アスレティックス	3－4	**セントルイス・カーディナルス**
1932	**ニューヨーク・ヤンキース**	4－0	シカゴ・カブス
1933	ワシントン・セネタース	1－4	**ニューヨーク・ジャイアンツ**
1934	デトロイト・タイガース	3－4	**セントルイス・カーディナルス**
1935	**デトロイト・タイガース**	4－2	シカゴ・カブス
1936	**ニューヨーク・ヤンキース**	4－2	ニューヨーク・ジャイアンツ
1937	**ニューヨーク・ヤンキース**	4－1	ニューヨーク・ジャイアンツ
1938	**ニューヨーク・ヤンキース**	4－0	シカゴ・カブス
1939	**ニューヨーク・ヤンキース**	4－0	シンシナティ・レッズ
1940	デトロイト・タイガース	3－4	**シンシナティ・レッズ**
1941	**ニューヨーク・ヤンキース**	4－1	ブルックリン・ドジャース
1942	ニューヨーク・ヤンキース	1－4	**セントルイス・カーディナルス**
1943	**ニューヨーク・ヤンキース**	4－1	セントルイス・カーディナルス
1944	セントルイス・ブラウンズ	2－4	**セントルイス・カーディナルス**
1945	**デトロイト・タイガース**	4－3	シカゴ・カブス
1946	ボストン・レッドソックス	3－4	**セントルイス・カーディナルス**
1947	**ニューヨーク・ヤンキース**	4－3	ブルックリン・ドジャース
1948	**クリーブランド・インディアンス**	4－2	ボストン・ブレーブス
1949	**ニューヨーク・ヤンキース**	4－1	ブルックリン・ドジャース
1950	**ニューヨーク・ヤンキース**	4－0	フィラデルフィア・フィリーズ
1951	**ニューヨーク・ヤンキース**	4－2	ニューヨーク・ジャイアンツ
1952	**ニューヨーク・ヤンキース**	4－3	ブルックリン・ドジャース
1953	**ニューヨーク・ヤンキース**	4－2	ブルックリン・ドジャース
1954	クリーブランド・インディアンス	0－4	**ニューヨーク・ジャイアンツ**
1955	ニューヨーク・ヤンキース	3－4	**ブルックリン・ドジャース**
1956	**ニューヨーク・ヤンキース**	4－3	ブルックリン・ドジャース
1957	ニューヨーク・ヤンキース	3－4	**ミルウォーキー・ブレーブス**
1958	**ニューヨーク・ヤンキース**	4－3	ミルウォーキー・ブレーブス
1959	シカゴ・ホワイトソックス	2－4	**ロサンジェルス・ドジャース**
1960	ニューヨーク・ヤンキース	3－4	**ピッツバーグ・パイレーツ**
1961	**ニューヨーク・ヤンキース**	4－1	シンシナティ・レッズ

年度	アメリカン・リーグ	成績	ナショナル・リーグ
1962	**ニューヨーク・ヤンキース**	4−3	サンフランシスコ・ジャイアンツ
1963	ニューヨーク・ヤンキース	0−4	**ロサンジェルス・ドジャース**
1964	ニューヨーク・ヤンキース	3−4	**セントルイス・カーディナルス**
1965	ミネソタ・ツインズ	3−4	**ロサンジェルス・ドジャース**
1966	**ボルティモア・オリオールズ**	4−0	ロサンジェルス・ドジャース
1967	ボストン・レッドソックス	3−4	**セントルイス・カーディナルス**
1968	**デトロイト・タイガース**	4−3	セントルイス・カーディナルス
1969	ボルティモア・オリオールズ	1−4	**ニューヨーク・メッツ**
1970	**ボルティモア・オリオールズ**	4−1	シンシナティ・レッズ
1971	ボルティモア・オリオールズ	3−4	**ピッツバーグ・パイレーツ**
1972	**オークランド・アスレティックス**	4−3	シンシナティ・レッズ
1973	**オークランド・アスレティックス**	4−3	ニューヨーク・メッツ
1974	**オークランド・アスレティックス**	4−1	ロサンジェルス・ドジャース
1975	ボストン・レッドソックス	3−4	**シンシナティ・レッズ**
1976	ニューヨーク・ヤンキース	0−4	**シンシナティ・レッズ**
1977	**ニューヨーク・ヤンキース**	4−2	ロサンジェルス・ドジャース
1978	**ニューヨーク・ヤンキース**	4−2	ロサンジェルス・ドジャース
1979	ボルティモア・オリオールズ	3−4	**ピッツバーグ・パイレーツ**
1980	カンザスシティ・ロイヤルズ	2−4	**フィラデルフィア・フィリーズ**
1981	ニューヨーク・ヤンキース	2−4	**ロサンジェルス・ドジャース**
1982	ミルウォーキー・ブリュワーズ	3−4	**セントルイス・カーディナルス**
1983	**ボルティモア・オリオールズ**	4−1	フィラデルフィア・フィリーズ
1984	**デトロイト・タイガース**	4−1	サンディエゴ・パドレス
1985	**カンザスシティ・ロイヤルズ**	4−3	セントルイス・カーディナルス
1986	ボストン・レッドソックス	3−4	**ニューヨーク・メッツ**
1987	**ミネソタ・ツインズ**	4−3	セントルイス・カーディナルス
1988	オークランド・アスレティックス	1−4	**ロサンジェルス・ドジャース**
1989	**オークランド・アスレティックス**	4−0	サンフランシスコ・ジャイアンツ
1990	オークランド・アスレティックス	0−4	**シンシナティ・レッズ**
1991	**ミネソタ・ツインズ**	4−3	アトランタ・ブレーブス
1992	**トロント・ブルージェイズ**	4−2	アトランタ・ブレーブス
1993	**トロント・ブルージェイズ**	4−2	フィラデルフィア・フィリーズ
1994		中止（選手会ストライキのため）	
1995	クリーブランド・インディアンズ	2−4	**アトランタ・ブレーブス**
1996	**ニューヨーク・ヤンキース**	4−2	アトランタ・ブレーブス
1997	クリーブランド・インディアンズ	3−4	**フロリダ・マーリンズ**
1998	**ニューヨーク・ヤンキース**	4−0	サンディエゴ・パドレス
1999	**ニューヨーク・ヤンキース**	4−0	アトランタ・ブレーブス
2000	**ニューヨーク・ヤンキース**	4−1	ニューヨーク・メッツ
2001	ニューヨーク・ヤンキース	3−4	**アリゾナ・ダイヤモンドバックス**
2002	**アナハイム・エンジェルス**	4−3	サンフランシスコ・ジャイアンツ
2003	ニューヨーク・ヤンキース	2−4	**フロリダ・マーリンズ**
2004	**ボストン・レッドソックス**	4−0	セントルイス・カーディナルス
2005	**シカゴ・ホワイトソックス**	4−0	ヒューストン・アストロズ
2006	デトロイト・タイガース	1−4	**セントルイス・カーディナルス**
2007	**ボストン・レッドソックス**	4−0	コロラド・ロッキーズ
2008	タンパベイ・レイズ	1−4	**フィラデルフィア・フィリーズ**
2009	**ニューヨーク・ヤンキース**	4−2	フィラデルフィア・フィリーズ
2010	テキサス・レンジャーズ	1−4	**サンフランシスコ・ジャイアンツ**
2011	テキサス・レンジャーズ	3−4	**セントルイス・カーディナルス**
2012	デトロイト・タイガース	0−4	**サンフランシスコ・ジャイアンツ**
2013	**ボストン・レッドソックス**	4−2	セントルイス・カーディナルス
2014	カンザスシティ・ロイヤルズ	3−4	**サンフランシスコ・ジャイアンツ**
2015	**カンザスシティ・ロイヤルズ**	4−1	ニューヨーク・メッツ
2016	クリーブランド・インディアンズ	3−4	**シカゴ・カブス**
2017	**ヒューストン・アストロズ**	4−3	ロサンジェルス・ドジャース
2018	**ボストン・レッドソックス**	4−1	ロサンジェルス・ドジャース
2019	ヒューストン・アストロズ	3−4	**ワシントン・ナショナルズ**

※○内の数字は引き分け。1903年、1919年、1920年、1921年は5戦先取。

歴代投手記録

通算勝利　TOTAL WINS

順位	選手名（チーム名）	勝利
1位	サイ・ヤング（スパイダース→カーディナルス→レッドソックス→ナップス→ラスラーズ）1890～1911	511
2位	ウォルター・ジョンソン（セネタース）1907～1927	417
3位	グローバー・アレクサンダー（フィリーズ→カブス→カーディナルス→フィリーズ）1911～1930	373
3位	クリスティ・マシューソン（ジャイアンツ→レッズ）1900～1916	373
5位	ウォーレン・スパーン（ブレーブス→メッツ→ジャイアンツ）1942～1965	363
6位	ジム・ガルヴィン（ブラウンストッキングス→バイソンズ→バイレーツ→カーディナルス）1879～1892	361
6位	キッド・ニコルズ（ビーンイーターズ→カーディナルス→フィリーズ）1890～1906	361
8位	グレッグ・マダックス（カブス→ブレーブス→カブス→ドジャース→パドレス→ドジャース）1986～2008	355
9位	ロジャー・クレメンス（レッドソックス→ブルージェイズ→ヤンキース→アストロズ→ヤンキース）1984～2007	354
10位	ティム・キーフ（トロージャンズ→メトロポリタンズ→ジャイアンツ→フィリーズ）1880～1893	342

通算防御率　※通算2000イニング以上の投手対象　ERA

順位	選手名（チーム名）	防御率
1位	エド・ウォルシュ（ホワイトソックス→ブレーブス）1904～1917	1.82
2位	アディ・ジョス（ナップス）1902～1910	1.89
3位	モーデカイ・ブラウン（カーディナルス→カブス→レッズ→テリアズ→ティップトップス→ホエールズ→カブス）1903～1916	2.06
4位	ジョン・ウォード（グレイズ→ガッサムズ→ワンダーズ→グルームス→ジャイアンツ）1878～1894	2.10
5位	クリスティ・マシューソン（ジャイアンツ→レッズ）1900～1916	2.13
6位	ルーヴ・ワッデル（カーネルス→バイレーツ→カブス→アスレティックス→ブラウンズ）1897～1910	2.16
7位	ウォルター・ジョンソン（セネタース）1907～1927	2.17
8位	トミー・ボンド（アスレティックス→ダークブルース→レッドキャップス→ルビーレッグス→レッズ→フージャーズ）1876～1884	2.25
9位	ウィル・ホワイト（レッドキャップス→レッズ→ウルバリーンズ→レッドストッキングス）1877～1886	2.28
9位	エド・ロイルバック（カブス→ドジャース→ペパー→ブレーブス）1905～1917	2.28

通算セーブ　TOTAL SAVES

順位	選手名（チーム名）	セーブ
1位	マリアーノ・リヴェラ（ヤンキース）1995～2013	652
2位	トレヴァー・ホフマン（マーリンズ→パドレス→ブリュワーズ）1993～2010	601
3位	リー・スミス（カブス→レッドソックス→カーディナルス→ヤンキース→オリオールズ→エンジェルス→レッズ→エクスポズ）1980～1997	478
4位	フランシスコ・ロドリゲス（エンジェルス→メッツ→ブリュワーズ→オリオールズ→ブリュワーズ→タイガース）2002～2017	437
5位	ジョン・フランコ（レッズ→メッツ→アストロズ）1984～2005	424
6位	ビリー・ワグナー（アストロズ→フィリーズ→メッツ→レッドソックス→ブレーブス）1995～2010	422
7位	デニス・エカーズリー（インディアンズ→レッドソックス→カブス→アスレティックス→カーディナルス→レッドソックス）1975～1998	390
8位	ジョー・ネイサン（ジャイアンツ→ツインズ→レンジャーズ→タイガース→カブス→ジャイアンツ）1999～2016	377
9位	ジョナサン・パペルボン（レッドソックス→フィリーズ→ナショナルズ）2005～2016	368
10位	ジェフ・リアドン（メッツ→エクスポズ→ツインズ→レッドソックス→ブレーブス→レッズ→ヤンキース）1979～1994	367

通算奪三振　TOTAL STRIKEOUTS

順位	選手名（チーム名）	奪三振
1位	ノーラン・ライアン（メッツ→エンジェルス→アストロズ→レンジャーズ）1966～1993	5714
2位	ランディ・ジョンソン（エクスポズ→マリナーズ→アストロズ→ダイヤモンドバックス→ヤンキース→ダイヤモンドバックス→ジャイアンツ）1988～2009	4875
3位	ロジャー・クレメンス（レッドソックス→ブルージェイズ→ヤンキース→アストロズ→ヤンキース）1984～2007	4672
4位	スティーヴ・カールトン（カーディナルス→フィリーズ→ジャイアンツ→ホワイトソックス→インディアンズ→ツインズ）1965～1988	4136
5位	バート・ブライレブン（ツインズ→レンジャーズ→パイレーツ→インディアンズ→ツインズ→エンジェルス）1970～1992	3701
6位	トム・シーバー（メッツ→レッズ→メッツ→ホワイトソックス→レッドソックス）1967～1986	3640
7位	ドン・サットン（ドジャース→アストロズ→ブリュワーズ→エンジェルス→ドジャース）1966～1988	3574
8位	ゲイロード・ペリー（ジャイアンツ→インディアンズ→レンジャーズ→パドレス→レンジャーズ→ヤンキース→ブレーブス→マリナーズ→ロイヤルズ）1962～1983	3534
9位	ウォルター・ジョンソン（セネタース）1907～1927	3508
10位	グレッグ・マダックス（カブス→ブレーブス→カブス→ドジャース→パドレス→ドジャース）1986～2008	3371

*は現役選手。

歴代打者記録

通算本塁打　TOTAL HOME RUNS

順位	選手名 (チーム名)	本塁打
1位	バリー・ボンズ (パイレーツ→ジャイアンツ) 1986〜2007	762
2位	ハンク・アーロン (ブレーブス→ブリュワーズ) 1954〜1976	755
3位	ベーブ・ルース (レッドソックス→ヤンキース→ブレーブス) 1914〜1935	714
4位	アレックス・ロドリゲス (マリナーズ→レンジャーズ→ヤンキース) 1994〜2016	696
5位	ウィリー・メイズ (ジャイアンツ→メッツ) 1951〜1973	660
6位	アルバート・プーホールス (カーディナルス→エンジェルス) 2001〜	656
7位	ケン・グリフィー Jr. (マリナーズ→レッズ→ホワイトソックス→マリナーズ) 1989〜2010	630
8位	ジム・トーミィ (インディアンズ→フィリーズ→ホワイトソックス→ドジャース→ツインズ→インディアンズ→フィリーズ→オリオールズ) 1991〜2012	612
9位	サミー・ソーサ (レンジャーズ→ホワイトソックス→カブス→オリオールズ→レンジャーズ) 1989〜2007	609
10位	フランク・ロビンソン (レッズ→オリオールズ→ドジャース→エンジェルス→インディアンズ) 1956〜1976	586

通算安打　TOTAL HITS

順位	選手名 (チーム名)	安打
1位	ピート・ローズ (レッズ→フィリーズ→エクスポズ→レッズ) 1963〜1986	4256
2位	タイ・カッブ (タイガース→アスレティックス) 1905〜1928	4191
3位	ハンク・アーロン (ブレーブス→ブリュワーズ) 1954〜1976	3771
4位	スタン・ミュージアル (カーディナルス) 1941〜1963	3630
5位	トリス・スピーカー (レッドソックス→インディアンズ→セネタース→アスレティックス) 1907〜1928	3515
6位	デレク・ジーター (ヤンキース) 1995〜2014	3465
7位	ホーナス・ワグナー (カーネルズ→パイレーツ) 1897〜1917	3430
8位	カール・ヤストレムスキー (レッドソックス) 1961〜1983	3419
9位	ポール・モリター (ブリュワーズ→ブルージェイズ→ツインズ) 1978〜1998	3319
10位	エディ・コリンズ (アスレティックス→ホワイトソックス→アスレティックス) 1906〜1930	3314

通算打点　TOTAL RBIS

順位	選手名 (チーム名)	打点
1位	ハンク・アーロン (ブレーブス→ブリュワーズ) 1954〜1976	2297
2位	ベーブ・ルース (レッドソックス→ヤンキース→ブレーブス) 1914〜1935	2213
3位	アレックス・ロドリゲス (マリナーズ→レンジャーズ→ヤンキース) 1994〜2016	2086
4位	アルバート・プーホールス (カーディナルス→エンジェルス) 2001〜	2075
5位	バリー・ボンズ (パイレーツ→ジャイアンツ) 1986〜2007	1996
6位	ルー・ゲーリッグ (ヤンキース) 1923〜1939	1995
7位	スタン・ミュージアル (カーディナルス) 1941〜1963	1951
8位	タイ・カッブ (タイガース→アスレティックス) 1905〜1928	1938
9位	ジミー・フォックス (アスレティックス→レッドソックス→カブス→フィリーズ) 1925〜1945	1922
10位	エディ・マレー (オリオールズ→ドジャース→メッツ→インディアンズ→オリオールズ→エンジェルス→ドジャース) 1977〜1997	1917

通算盗塁　TOTAL STEALS

順位	選手名 (チーム名)	盗塁
1位	リッキー・ヘンダーソン (アスレティックス→ヤンキース→アスレティックス→ブルージェイズ→アスレティックス→パドレス→エンジェルス→アスレティックス→メッツ→マリナーズ→パドレス→レッドソックス→ドジャース) 1979〜2003	1406
2位	ルー・ブロック (カブス→カーディナルス) 1961〜1979	938
3位	ビリー・ハミルトン (カウボーイズ→フィリーズ→ビーンイーターズ) 1888〜1901	912
4位	タイ・カッブ (タイガース→アスレティックス) 1905〜1928	892
5位	ティム・レインズ (エクスポズ→ホワイトソックス→ヤンキース→アスレティックス→エクスポズ→オリオールズ→マーリンズ) 1979〜2002	808
6位	ヴィンス・コールマン (カーディナルス→メッツ→ロイヤルズ→マリナーズ→レッズ→タイガース) 1985〜1997	752
7位	エディ・コリンズ (アスレティックス→ホワイトソックス→アスレティックス) 1906〜1930	745
8位	アーリー・レイサム (バイソンズ→カーディナルス→パイレーツ→レッズ→カーディナルス→セネタース→ジャイアンツ) 1880〜1899, 1909	739
9位	マックス・キャリー (パイレーツ→ロビンズ) 1910〜1929	738
10位	ホーナス・ワグナー (カーネルズ→パイレーツ) 1897〜1917	722

*は現役選手。

489

年度	アメリカン・リーグ	ナショナル・リーグ
1931	レフティ・グローブ (アスレティックス)	フランク・フリッシュ (カーディナルス)
1932	ジミー・フォックス (アスレティックス)	チャック・クライン (フィリーズ)
1933	ジミー・フォックス (アスレティックス)	カール・ハッベル (ジャイアンツ)
1934	ミッキー・コークレーン (タイガース)	ディジー・ディーン (カーディナルス)
1935	ハンク・グリーンバーグ (タイガース)	ギャビー・ハートネット (カブス)
1936	ルー・ゲーリッグ (ヤンキース)	カール・ハッベル (ジャイアンツ)
1937	チャーリー・ゲーリンジャー (タイガース)	ジョー・メドウィック (カーディナルス)
1938	ジミー・フォックス (レッドソックス)	アーニー・ロンバルディ (レッズ)
1939	ジョー・ディマジオ (ヤンキース)	バッキー・ウォルターズ (レッズ)
1940	ハンク・グリーンバーグ (タイガース)	フランク・マコーミック (レッズ)
1941	ジョー・ディマジオ (ヤンキース)	ドルフ・カミリ (ドジャース)
1942	ジョー・ゴードン (ヤンキース)	モート・クーパー (カーディナルス)
1943	スパッド・チャンドラー (ヤンキース)	スタン・ミュージアル (カーディナルス)
1944	ハル・ニューハウザー (タイガース)	マーティ・マリオン (カーディナルス)
1945	ハル・ニューハウザー (タイガース)	フィル・キャバレッタ (カブス)
1946	テッド・ウィリアムズ (レッドソックス)	スタン・ミュージアル (カーディナルス)
1947	ジョー・ディマジオ (ヤンキース)	ボブ・エリオット (ブレーブス)
1948	ルー・ブードロー (インディアンズ)	スタン・ミュージアル (カーディナルス)
1949	テッド・ウィリアムズ (レッドソックス)	ジャッキー・ロビンソン (ドジャース)
1950	フィル・リズット (ヤンキース)	ジム・コンスタンティ (フィリーズ)
1951	ヨギ・ベラ (ヤンキース)	ロイ・キャンパネラ (ドジャース)
1952	ボビー・シャンツ (アスレティックス)	ハンク・サウアー (カブス)
1953	アル・ローゼン (インディアンズ)	ロイ・キャンパネラ (ドジャース)
1954	ヨギ・ベラ (ヤンキース)	ウィリー・メイズ (ジャイアンツ)
1955	ヨギ・ベラ (ヤンキース)	ロイ・キャンパネラ (ドジャース)
1956	ミッキー・マントル (ヤンキース)	ドン・ニューカム (ドジャース)
1957	ミッキー・マントル (ヤンキース)	ハンク・アーロン (ブレーブス)
1958	ジャッキー・ジェンセン (レッドソックス)	アーニー・バンクス (カブス)
1959	ネリー・フォックス (ホワイトソックス)	アーニー・バンクス (カブス)
1960	ロジャー・マリス (ヤンキース)	ディック・グロート (パイレーツ)
1961	ロジャー・マリス (ヤンキース)	フランク・ロビンソン (レッズ)
1962	ミッキー・マントル (ヤンキース)	モーリー・ウィルス (ドジャース)
1963	エルストン・ハワード (ヤンキース)	サンディ・コーファックス (ドジャース)
1964	ブルックス・ロビンソン (オリオールズ)	ケン・ボイヤー (カーディナルス)
1965	ゾイロ・ベルサイエス (ツインズ)	ウィリー・メイズ (ジャイアンツ)
1966	フランク・ロビンソン (オリオールズ)	ロベルト・クレメンテ (パイレーツ)
1967	カール・ヤストレムスキー (レッドソックス)	オルランド・セペダ (カーディナルス)
1968	デニー・マクレーン (タイガース)	ボブ・ギブソン (カーディナルス)
1969	ハーモン・キルブルー (ツインズ)	ウィリー・マッコビー (ジャイアンツ)
1970	ブーグ・パウエル (オリオールズ)	ジョニー・ベンチ (レッズ)
1971	バイダ・ブルー (アスレティックス)	ジョー・トーリー (カーディナルス)
1972	ディック・アレン (ホワイトソックス)	ジョニー・ベンチ (レッズ)
1973	レジー・ジャクソン (アスレティックス)	ピート・ローズ (レッズ)
1974	ジェフ・バローズ (レンジャーズ)	スティーヴ・ガービー (ドジャース)
1975	フレッド・リン (レッドソックス)	ジョー・モーガン (レッズ)
1976	サーマン・マンソン (ヤンキース)	ジョー・モーガン (レッズ)
1977	ロッド・カルー (ツインズ)	ジョージ・フォスター (レッズ)
1978	ジム・ライス (レッドソックス)	デイヴ・パーカー (パイレーツ)
1979	ドン・ベイラー (エンジェルス)	キース・ヘルナンデス (カーディナルス)、ウィリー・スタージェル (パイレーツ)
1980	ジョージ・ブレット (ロイヤルズ)	マイク・シュミット (フィリーズ)
1981	ロリー・フィンガーズ (ブリュワーズ)	マイク・シュミット (フィリーズ)
1982	ロビン・ヨーント (ブリュワーズ)	デール・マーフィー (ブレーブス)
1983	カル・リプケン (オリオールズ)	デール・マーフィー (ブレーブス)
1984	ウィリー・ヘルナンデス (タイガース)	ライン・サンドバーグ (カブス)
1985	ドン・マッティングリー (ヤンキース)	ウィリー・マギー (カーディナルス)
1986	ロジャー・クレメンス (レッドソックス)	マイク・シュミット (フィリーズ)
1987	ジョージ・ベル (ブルージェイズ)	アンドレ・ドーソン (カブス)
1988	ホセ・カンセコ (アスレティックス)	カーク・ギブソン (ドジャース)
1989	ロビン・ヨーント (ブリュワーズ)	ケビン・ミッチェル (ジャイアンツ)
1990	リッキー・ヘンダーソン (アスレティックス)	バリー・ボンズ (パイレーツ)
1991	カル・リプケン (オリオールズ)	テリー・ペンドルトン (ブレーブス)
1992	デニス・エカーズリー (アスレティックス)	バリー・ボンズ (パイレーツ)
1993	フランク・トーマス (ホワイトソックス)	バリー・ボンズ (ジャイアンツ)
1994	フランク・トーマス (ホワイトソックス)	ジェフ・バグウェル (アストロズ)
1995	モー・ボーン (レッドソックス)	バリー・ラーキン (レッズ)
1996	ホアン・ゴンザレス (レンジャーズ)	ケン・カミニッティ (パドレス)
1997	ケン・グリフィーJr. (マリナーズ)	ラリー・ウォーカー (ロッキーズ)
1998	ホアン・ゴンザレス (レンジャーズ)	サミー・ソーサ (カブス)
1999	イヴァン・ロドリゲス (レンジャーズ)	チッパー・ジョーンズ (ブレーブス)
2000	ジェイソン・ジオンビ (アスレティックス)	ジェフ・ケント (ジャイアンツ)
2001	イチロー (マリナーズ)	バリー・ボンズ (ジャイアンツ)
2002	ミゲール・テハーダ (アスレティックス)	バリー・ボンズ (ジャイアンツ)
2003	アレックス・ロドリゲス (レンジャーズ)	バリー・ボンズ (ジャイアンツ)
2004	ヴラディミール・ゲレーロ (エンジェルス)	バリー・ボンズ (ジャイアンツ)
2005	アレックス・ロドリゲス (ヤンキース)	アルバート・プーホールス (カーディナルス)
2006	ジャスティン・モルノー (ツインズ)	ライアン・ハワード (フィリーズ)
2007	アレックス・ロドリゲス (ヤンキース)	ジミー・ロリンズ (フィリーズ)
2008	ダスティン・ペドロイア (レッドソックス)	アルバート・プーホールス (カーディナルス)
2009	ジョー・マウアー (ツインズ)	アルバート・プーホールス (カーディナルス)
2010	ジョシュ・ハミルトン (レンジャーズ)	ジョーイ・ヴォトー (レッズ)
2011	ジャスティン・ヴァーランダー (タイガース)	ライアン・ブラウン (ブリュワーズ)
2012	ミゲール・カブレラ (タイガース)	バスター・ポージー (ジャイアンツ)
2013	ミゲール・カブレラ (タイガース)	アンドルー・マカッチェン (パイレーツ)
2014	マイク・トラウト (エンジェルス)	ライアン・ブラウン (ブリュワーズ)
2015	ジョシュ・ドナルドソン (ブルージェイズ)	ブライス・ハーパー (ナショナルズ)
2016	マイク・トラウト (エンジェルス)	クリス・ブライアント (カブス)
2017	ホセ・アルトゥーヴェ (アストロズ)	ジャンカルロ・スタントン (マーリンズ)
2018	ムッキー・ベッツ (レッドソックス)	クリスチャン・イェリッチ (ブリュワーズ)
2019	マイク・トラウト (エンジェルス)	コーディー・ベリンジャー (ドジャース)

索引　A to Z

監修者略歴
村上雅則 （むらかみ まさのり）

1944年、山梨県生まれ。法政二高卒。1963年、南海ホークスに入団。64年、サンフランシスコ・ジャイアンツ傘下の1Aフレズノ（カリフォルニア・リーグ）に野球留学。同リーグでの好成績（のちに同リーグの新人王、ベストナイン）を買われ、シーズン途中の9月1日に3階級特進でメジャー（ジャイアンツ）入りを果たし、日本人として初のメジャーリーガーとなる。その年は、1勝1セーブ。翌65年には、主にリリーフで45試合に登板。74回1/3を投げて、4勝1敗8セーブ（防御率3.75）奪三振85という抜群の成績を残した。66年に帰国後は南海、阪神、日本ハムで活躍し、103勝をマーク。のちに算出されたセーブポイントも100を超す。82年に引退後は、日本ハム、ダイエー、西武のコーチ、そしてサンフランシスコジャイアンツの春季キャンプのピッチングコーチ（日本人初のメジャーコーチ）、及び極東スカウトのほか、NHKの解説者などを歴任。現役中も今も、「マッシー」の愛称で多くのファンに親しまれている。2004年、日米交流150周年記念外務大臣表彰を受ける。2012年12月、国連UNHCR協会国連難民親善アスリート就任。著書に、『たった一人の大リーガー』（恒文社）、『ヒット・バイ・ピッチ』（ザ・マサダ）などがある。アメリカでは15年に、同氏を描いた評伝『MASHI』（ROBERT K. FITTS著）も刊行された。

編著者略歴
友成那智 （ともなり なち）

1956年、青森県生まれ。上智大卒。学生時代にアメリカで生のゲームに接してメジャーリーグ・マニアとなる。卒業後、雑誌のスポーツ担当編集記者として、日本で活躍する元メジャーリーガーたちと交流。メジャーに関する知識を深める。現在、様々な新聞、雑誌などにメジャーリーグ関連の記事を寄稿する一方、『NHKメジャーリーグガイド』『白夜ムック ウェルカム・メジャーリーグ』『別冊宝島 日本人大リーガー全戦績』等の執筆やプロデュースも手がけている。著書に、イチローのバットなどを作った職人たちをテーマにした『258本をうんだバット』（ポプラ社）。

装 幀	二宮貴子（ジャムスッカ）
本文デザイン	木村ミユキ
写真協力	Getty Images Major League Baseball/Getty Images
制作協力	松本 正・北村光二・清水光信（ドット・ライン）
編集協力	鳥羽 唯　佐野之彦　関口隆哉　矢島規男　湊都伊万里 落合初春　森 真平　長岡伸治（プリンシバル）
編 集	岩崎隆宏（廣済堂出版）

メジャーリーグ・完全データ選手名鑑2020

2020年3月5日　第1版第1刷

監修者	村上雅則
編著者	友成那智
発行者	後藤高志
発行所	株式会社 廣済堂出版
	〒101-0052　東京都千代田区神田小川町2-3-13 M&Cビル7F
	電話　03-6703-0964（編集）
	03-6703-0962（販売）
	FAX 03-6703-0963（販売）
	振替　00180-0-164137
	URL　http://www.kosaido-pub.co.jp
印刷所 製本所	株式会社 廣済堂

ISBN978-4-331-52282-0 C0075
©2020 Masanori Murakami, Nachi Tomonari　　Printed in Japan